Das Gewandhausorchester

Hans-Rainer Jung

DAS GEWANDHAUS ORCHESTER

Seine Mitglieder und seine Geschichte seit 1743

*Mit Beiträgen zur Kultur- und Zeitgeschichte
von Claudius Böhm*

Faber & Faber

Inhaltsverzeichnis

Einführung   7

I. Das Große Konzert und sein Orchester:
Auf der Höhe der Zeit   13

Die Mitglieder des Orchesters 1743–1780   17

II. Das neue Theaterorchester: Revolution
und Restauration   35

Die Mitglieder des Orchesters 1781–1839   41

III. Das Stadt- und Kirchenorchester: Ein bitterer
Beigeschmack   95

Die Mitglieder des Orchesters 1840–1880   101

IV. (K)ein Sinfonieorchester: Pensionsberechtigte,
Hilfsmusiker und Aspiranten   151

Die Mitglieder des Orchesters 1881–1920   157

V. Zwischen Europatournee und düsteren Vorboten:
Das Jahr 1931   205

Die Mitglieder des Orchesters 1921–1944   209

VI. Das Gewandhausorchester: Eine Entscheidung und
ihre Folgen   237

Die Mitglieder des Orchesters seit 1945   241

VII. Anhang
    Abkürzungen   324
    Siglen   325
    Literatur   326
    Verzeichnis der Fundstellen   331
    Abbildungsnachweis   334
    Persönliche Auskünfte und Hinweise   334
    Ortsregister   335
    Personenregister   343

Einführung

*Die Biographie sollte sich einen großen Vorrang vor der
Geschichte erwerben, indem sie das Individuum lebendig
darstellt und zugleich das Jahrhundert, wie auch dieses
lebendig darstellt und zugleich das Jahrhundert,
wie auch dieses lebendig auf jenes einwirkt.*
J. W. v. Goethe, Aus meinem Leben, Dichtung und Wahrheit

Die Musik ist neben den darstellenden Künsten die vergänglichste aller Formen des künstlerischen Ausdrucks, und so ist leicht zu erklären, warum ein Musiker, der nicht mehr musiziert, nur geringes Interesse erweckt und langsam in Vergessenheit gerät. Ausgenommen von diesem Vergessen sind diejenigen, die sich durch Kompositionen oder Schrifttum einen dauernden Platz in der Musikwelt oder in Bibliotheken verschafft haben, an deren Etüden noch hundert Jahre später Musikschüler verzweifelt üben oder deren Andenken durch Schüler eine Weile am Leben erhalten wird. Es ist immer das institutionalisierte Orchester, welches sich einen Platz in der Geschichtsschreibung und in unserem Empfinden für Tradition sichert. Dieses Buch erscheint anläßlich der Jubiläen 225 Jahre Gewandhauskonzerte und 25 Jahre Neues Gewandhaus, und wenn in diesen Tagen von der langen Tradition des Gewandhauses und des Gewandhausorchesters gesprochen wird, so wird dies die meisten Leipziger mit Stolz erfüllen. Zugleich kann Tradition und die daraus erwachsene Verantwortung für das Erbe auch als Bürde empfunden werden. Daß dieses Orchester über Jahrhunderte seiner Funktion als Konzert-, Theater- und Kirchenorchester der Stadt Leipzig ohne wirkliche Brüche in der Geschichte gerecht werden konnte und kann, mag wohl daran liegen, daß man in Leipzig Tradition nie als Fessel verstanden hat, sondern notwendige Veränderungen als Möglichkeit des Bewahrens.

Als ich 1977 mein Engagement hier antrat, kam es noch vor, daß Mendelssohnsche Werke aus den Erstausgaben gespielt wurden. Man findet in solchen Aufführungsmaterialien Eintragungen, die ein Kollege vor vielleicht 100 oder mehr Jahren vorgenommen hat. So etwas regt die Phantasie an und macht neugierig. Neugierig auf die Menschen, die in der gleichen Stadt die gleichen Werke zum Klingen gebracht haben, auf deren Umfeld und Lebensbedingungen. Doch was verbindet die hier genannten Orchestermitglieder außer der Musik und dem Musizieren im gleichen Orchester? Es ist – neben instrumentaler und musikalischer Begabung und den erworbenen Fertigkeiten – die nicht jedem gegebene Fähigkeit, die eigene künstlerische Individualität zurückzustellen und sich dienend einem größeren Zusammenhang unterzuordnen. Daß neben diesen notwendigen Voraussetzungen jeder seinen sehr individuellen Lebensweg einbringt, ist selbstverständlich. Und so wird das Lesen der Biographien auch zu einem Gang durch die Geschichte der deutschen Orchesterkultur.

Die Bibliographie zur Geschichte des Gewandhauses und des Gewandhausorchesters ist durchaus umfangreich. Die Arbeiten von A. Dörffel (1884), E. Creuzburg (1931), J. Forner (1981) und Cl. Böhm/Sv.-W. Staps (1993) sind im Auftrag der Gewandhaus-Konzertdirektion bzw. des Gewandhauses zu Leipzig entstanden, und der Schwerpunkt der Untersuchungen lag damit auf dem Konzertbetrieb. In den Monographien zur Leipziger Theatergeschichte von G. H. Müller (1887/1891), Fr. Schulze (1917) und Fr. Hennenberg (1993) spielt die Betrachtung des Orchesters zwangsläufig eine untergeordnete Rolle. In dem 1881 gehaltenen *Vortrag, die Verhältnisse des Stadtorchesters betreffend* von Oberbürgermeister Otto Georgi wurde – aus der Verantwortung des städtischen Patronats heraus – erstmals von außen die Entwicklung des Orchesters betrachtet, → C. A. Grenser verstand sich als Chronist, und ob → H.-J. Nösselts (1943) Zugeständnisse an den Zeitgeist seine eigenen Überzeugungen widerspiegeln, läßt sich nicht sagen.

Daß die Möglichkeit bisher eingeschränkt war, Biographisches zu den Mitgliedern des Gewandhausorchesters zu erfahren, liegt in der Natur der Geschichtsschreibung, denn hier tritt das Individuum zurück hinter größere Zusammenhänge. Personenlexika sind deshalb auch als wissenschaftliche Hilfsmittel zu betrachten, und so versteht sich das vorliegende Verzeichnis der Mitglieder des Gewandhausorchesters nicht zuletzt als begleitendes lexikalisches Handbuch zur bisherigen und künftigen Geschichtsschreibung. Die Fülle des zusammengetragenen Materials macht es jedoch zu weit mehr, und eine zeitlose Bedeutung erfährt das Buch durch die Auswertung umfangreicher archivalischer Quellen und deren überwiegender Erstveröffentlichung. Es erschließen sich neue Zusammenhänge und Aspekte, welche einen ersten Niederschlag in den Essays von Claudius Böhm finden, die die einzelnen Zeitabschnitte einleiten.

Während in den Essays die Entwicklungen in der Orchestergeschichte auch bewertet werden, ist es die erklärte Absicht, sich in den lexikalischen Einträgen den Personen mit größtmöglicher Neutralität zu nähern und keinerlei Wertungen vorzunehmen. Der damit einhergehende, die Sprache verarmende Verzicht auf den Gebrauch von Adjektiven ließ sich nicht vermeiden. Um so mehr wird sich der Leser an den zahlreichen Zitaten erfreuen können, die viel Zeitkolorit vermitteln.

Allgemeine Erläuterungen

Der aufmerksame Leser wird sehr bald feststellen, daß sich keine einheitlichen Kriterien für die Nennung als Mitglied des Orchesters finden ließen. Dies hängt damit zusammen, daß es lange Zeit keinen Träger und keine nur annähernd einheitliche Verwaltung des Orchesters gegeben hat. Es ist ein Werden und Wachsen, ein Sich-Strukturieren, welches geprägt ist von dem Willen, in Leipzig ein kontinuierliches Musikleben zu errichten. Es ist nicht das Anliegen dieses Buches, die mitunter verwirrenden Strukturen im einzelnen zu erläutern. Vielmehr geht es darum, den in der Literatur zur Leipziger Musikgeschichte und zur Geschichte des Gewandhausorchesters vielfach genannten Namen Biographisches zuzuordnen. Daß dabei, vor allem beim Zitieren bisher unveröffentlichter Dokumente, viele Fragen zur Struktur des Orchesters unbeantwortet bleiben, ließ sich in diesem Rahmen nicht vermeiden. Obwohl oft detaillierte Informationen fehlen, wurde versucht, den einzelnen Personeneinträgen einen einheitlichen Aufbau zu geben. Daß dabei die Fehlstellen um so deutlicher werden, ist beabsichtigt.

Die Form der chronologischen Nennung nach dem Eintritt in das Orchester wurde gewählt, um dem historisch interessierten Leser die Gelegenheit zu geben, sich in verschiedene Zeiträume zu begeben. Bei der Sortierung innerhalb eines Jahres wurde folgende Regel angewandt: Zuerst werden diejenigen genannt, bei denen ein genaues Eintrittsdatum ermittelt werden konnte. Bei gleichem Eintrittsdatum wurde sortiert nach dem zuerst gespielten Instrument in der Reihenfolge: hohe Streicher, tiefe Streicher, Holzbläser, Blechbläser, Harfe, Schlagzeug. Am Ende eines Jahres erscheinen dann in gleicher Reihenfolge jene, denen bloß ein Jahr und kein konkretes Eintrittsdatum zugeordnet werden konnte.

In der Namenszeile werden akademische Titel nur erwähnt, wenn sie bereits während der Mitgliedschaft getragen wurden, später erworbene oder verliehene Titel sind in den Biographien genannt. Auszeichnungen und Ehrungen bleiben unerwähnt. Die notwendigen Erläuterungen dazu hätten den Rahmen dieses Buches gesprengt. Bei den weiblichen Orchestermitgliedern erfolgt gegebenenfalls die Nennung des Geburtsnamens, Namensänderungen während der Mitgliedschaft erschließen sich über das Personenregister. Nicht genannt werden Eheschließungen innerhalb des Orchesters und ab 1945 auch solche nicht, die zu Verschwägerungen im Orchester führten.

Neben der Mitgliedschaft wird eine vorangehende Aushilfstätigkeit nur dann genannt, wenn sie auf einem Vertrag basierte, sporadische Aushilfen werden in den Biographien erwähnt. Entsprechend wurde mit einer sich anschließenden Tätigkeit nach dem offiziellen Ausscheiden aus dem Orchester verfahren. Die oft verwirrenden Positionsbezeichnungen wurden im Interesse der Verständlichkeit und Sinngebung vereinheitlicht und vereinfacht.

Es gibt wohl nur wenige Berufe, die ein Menschenleben von Kindheit an so prägen wie den des Musikers. Deshalb wurde bei den biographischen Angaben der Blick verstärkt auf die soziale Herkunft, das Elternhaus und die musikalische Ausbildung gelenkt. Alle Angaben zum Wirken in Leipzig wurden verkürzt dargestellt, auch das Wirken von Orchestermitgliedern als Solisten und Kammermusikspieler. Nur so war es möglich, an dem Prinzip festzuhalten, keine Bewertungen vorzunehmen. Lediglich die Mitwirkung in den institutionalisierten Ensembles Gewandhaus-Quartett und Gewandhaus-Bläserquintett wird erwähnt.

Bei 160 Mitgliedern des Orchesters finden sich Einträge unter der Rubrik Werke. Die Angaben dazu stammen in der Regel aus der benutzten Literatur, sind in keinem Falle vollständig und verstehen sich eher als informativer Hinweis. Bei der genannten Literatur handelt es sich um die benutzte Literatur. Zuerst erwähnt wird die ursächliche Quelle für die Nennung als Orchestermitglied, dann die Literatur, die nur als Sigel erscheint, weitere Literaturangaben folgen in der Kurzform, die wie die Sigel im Literaturverzeichnis bibliographisch aufgelöst wurde. Die Quellen sind nach Fundstellen sortiert, die entsprechenden Signaturen innerhalb einer Fundstelle durch ◊ getrennt. Im Anhang gibt es lediglich ein Fundstellenverzeichnis.

Die lexikalischen Einträge sind folgendermaßen aufgebaut:

| **Nr. Name [abweichende Schreibweisen], Vorname(n) [R u f n a m e n gesperrt] Titel**
Instrument(e)
Lebensdaten ♦ Verwandtschaft im Orchester
Mitgliedsdaten, Einschränkungen und Ergänzungen
♦ soziale Stellung im Orchester
Künstlerische Tätigkeiten im Orchester

Biographisches bis zum Eintritt in das Orchester ♦ Biographisches nach dem Ausscheiden aus dem Orchester ♦ Verwandtschaft von allgemeinem Interesse

Gewandhaus-Quartett, Gewandhaus-Bläserquintett; interne Verwaltungsaufgaben ♦ externe Tätigkeiten in Leipzig ♦ Schüler, die entweder selbst einen Haupteintrag haben oder im Text erwähnt werden

Werke: Auswahl unter Benutzung der genannten Literatur

Literatur: ursächliche Nennung als Orchestermitglied; Literatur als Sigel; weitere benutzte Literatur in Kurzform. Quellen: Fundstelle: Signatur ◊ Signatur ◊ Signatur; Fundstelle: …

Erläuterungen zu den einzelnen Zeitabschnitten

I. 1743–1780
Ursächliche Fundstellen für die Nennung als Orchestermitglied sind:
- 1746–48: Riemer
- 1746–81: Grenser
- 1765–68: Gerber I und II
- 1778: Schering, S. 428, »Das sämtliche Orchester in 3 Schwanen bestund aus folgenden Personen« und »Orchestre bey den Extra-Concerten« nach Akten des Stadt- und Gewandhausorchesters. Die betreffenden Akten befanden sich auch nach der vollkommenen Übernahme des Orchesters durch die Stadt Leipzig im Jahre 1921 noch unter der Obhut des Orchesters in einem Raum im Neuen Theater, wo sie bei der Bombardierung am 3./4. Dezember 1943 den Flammen zum Opfer fielen.
- 1781: Dörffel, S. 22; Schering, S. 487

So erfreulich auch die Quellenlage zu den Biographien der hier Genannten ist, muß man dennoch davon ausgehen, daß nur etwa die Hälfte der tatsächlich mitwirkenden Musiker erfaßt wurde.

II. 1781–1839
Ursächliche Fundstellen für die Nennung als Orchestermitglied sind:
- Grenser
- Dörffel, S. 236–244, »Die Mitglieder des Orchesters«. Erfaßt sind hier die Mitglieder des Orchester-Pensionsfonds und die Mitglieder des Konzertorchesters ab 1781. Dörffel benutzte dafür offensichtlich sowohl die Unterlagen des Orchester-Pensionsfonds als auch die Aufzeichnungen Grensers und die Geschäftsakten der Gewandhaus-Konzertdirektion.
- Nösselt, S. 241 ff., »Orchester-Verzeichnis«. Nösselt nutzte, wie festgestellt werden konnte, offenbar Dörffels Angaben bzw. die gleichen Quellen und ergänzte diese nach Akten des Orchesters für die nur beim Theater Beschäftigten und nach den AB 1821–1823.
- AB 1821–1823
- Dörffel, S. 78, Besetzung des Jubiläumskonzertes vom 24. November 1831

In diesem Abschnitt werden auch Musiker als Orchestermitglieder genannt, die lediglich als Aushilfen zu betrachten sind, um den Arbeitsalltag des Orchesters darzustellen und die Strukturen des musikalischen Lebens in Leipzig aufzuzeigen. Es wurden hauptsächlich die durch Grenser überlieferten Mitteilungen ausgewertet. Für die Jahre 1781–1838 verzeichnet er oft Orchesterbesetzungen, nennt Substituten und Hilfskräfte, auch mit der Unterscheidung für die Mitwirkung im Theater, Konzert und in der Kirche. Damit wird er für diesen Zeitraum zur wichtigsten Quelle. Die Verzeichnisse von Dörffel und Nösselt wurden ergänzt, gegebenenfalls korrigiert und durch vereinzelt eher zufällig gefundene Hinweise in der Literatur oder in Archiven vervollständigt.

III. 1840–1880
Ursächliche Fundstellen für die Nennung als Orchestermitglied sind:
- Dörffel, S. 236–244, »Die Mitglieder des Orchesters«. Erfaßt sind hier die Mitglieder des Orchester-Pensionsfonds und die Mitglieder des Konzertorchesters ab 1781. Dörffel benutzte dafür offensichtlich sowohl die Unterlagen des Orchester-Pensionsfonds als auch die Aufzeichnungen Grensers und die Geschäftsakten der Gewandhaus-Konzertdirektion.
- Nösselt, S. 241 ff., »Orchester-Verzeichnis«. Nösselt nutzte, wie festgestellt werden konnte, offenbar Dörffels Angaben bzw. die gleichen Quellen und ergänzte diese nach Akten des Orchesters für die nur beim Theater Beschäftigten und nach den AB 1842–1881.
- AB 1842–1881

Die Mitwirkung bei der Kirchenmusik wird nicht mehr genannt, denn diese gehört nun zu den Verpflichtungen der Mitglieder des Stadtorchesters. Die Verzeichnisse von Dörffel und Nösselt wurden ergänzt, gegebenenfalls korrigiert und durch vereinzelt eher zufällig gefundene Hinweise in der Literatur oder in Archiven vervollständigt.

IV. 1881–1920
Ursächliche Fundstellen für die Nennung als Orchestermitglied sind:
- Nösselt, S. 241 ff., »Orchester-Verzeichnis«. Nösselt wertete für sein Verzeichnis offenbar die AB 1881–1919 aus, nennt die Mitglieder des Stadtorchesters und noch zwei Mitglieder, die nur für die Mitwirkung im Konzert engagiert waren.
- Programmheft des Schweiz-Gastspiels des Gewandhausorchesters 1916
- AB 1881–1919

Bedauerlicherweise gibt es ab 1881 keine vollständigen Angaben mehr zu den von der Gewandhaus-Konzertdirektion engagierten Musikern, die lediglich in den Gewandhauskonzerten mitwirkten und nicht Mitglied des Stadtorchesters waren. Das Verzeichnis von Nösselt wurde ergänzt, gegebenenfalls korrigiert und durch vereinzelt eher zufällig gefundene Hinweise in der Literatur oder in Archiven vervollständigt. Außerdem werden in diesem Abschnitt ohne Haupteintrag noch die sogenannten Kriegsaushelfer während des Ersten Weltkrieges genannt sowie die Aushilfen für das Schweiz-Gastspiel 1916.

V. 1921–1944
Ursächliche Fundstellen für die Nennung als Orchestermitglied sind:
- Nösselt, S. 241 ff., »Orchester-Verzeichnis«. Er nennt außer den Mitgliedern des Stadtorchesters noch zwei Mitglieder, die nur für die Mitwirkung im Konzert engagiert waren.
- Deutsche Bühnenjahrbücher. Hier werden die Mitglieder des Stadtorchesters innerhalb der Instrumentengruppen in alphabetischer Reihenfolge genannt, so daß ein Wechsel der Position nicht immer zeitlich einzuordnen ist; die zusätzlich nur für die Mitwirkung im Konzert engagierten Musiker werden nicht erwähnt.
- Adreßverzeichnisse der Mitglieder des Stadtorchesters 1930, 1934 und 1939

Auch für diesen Zeitabschnitt gilt, daß Angaben zu den von der Gewandhaus-Konzertdirektion engagierten Musikern, die lediglich in den Gewandhauskonzerten mitwirkten, nicht vorliegen. Das Verzeichnis von Nösselt wurde ergänzt, ggf. korrigiert und durch vereinzelt eher zufällig gefundene Hinweise in der Literatur oder in Archiven vervollständigt. Außerdem werden in diesem Abschnitt ohne Haupteintrag noch die sogenannten Kriegsaushilfsmusiker während des Zweiten Weltkrieges genannt.

VI. 1945 – heute

Ursächliche Fundstellen für die Nennung als Orchestermitglied sind:
- Programmheft der Konzertreise durch die BRD 1951
- Adreßverzeichnis der Mitglieder des Gewandhausorchesters 1956
- Mitglieder-Verzeichnisse des Orchesters in den Gewandhaus-Jahresprogrammen 1958–2006

Da für die Jahre bis 1951 keine Mitglieder-Verzeichnisse vorliegen, ist es wahrscheinlich, daß nicht alle Mitglieder erfaßt sind. Einige Male sind in den Jahresprogrammen Namen von Musikern genannt, die ihr Engagement nicht antraten. Diese sind dann lediglich im Text erwähnt und erschließen sich über das Personenregister. Gründe für ein Ausscheiden aus dem Orchester werden nicht genannt. Während in den vorangegangenen Kapiteln wenn möglich die Eltern immer genannt werden und noch gelegentlich auf Verwandtschaft von allgemeinem Interesse verwiesen wird, schien es fast unmöglich, hier Grenzen zu ziehen und eine Auswahl zu treffen. So werden wegen ihrer Bedeutung für die frühkindliche Prägung die Eltern nur noch dann genannt, wenn sie durch ihren Beruf oder beruflichen Werdegang mit der Musik verbunden sind. Auf die Nennung von Geschwistern und weiteren Verwandten wurde gänzlich verzichtet. Wegen der Schwierigkeit, bei allen Orchestermitgliedern deren kammermusikalische Aktivitäten zu erwähnen, wurde gänzlich darauf verzichtet, ausgenommen davon sind wie in den vorherigen Abschnitten die institutionalisierten Ensembles Gewandhaus-Quartett und Gewandhaus-Bläserquintett. Ebenso verhält es sich mit den pädagogischen Verdiensten. Das Unterrichten gehört wie die Kammermusik zu den großen Selbstverständlichkeiten im Berufsleben der Orchestermitglieder. Wegen der Vielzahl der in ihrer Bedeutung ganz unterschiedlich zu bewertenden Lehrtätigkeiten werden diese nur genannt, wenn in deren Ergebnis Schüler ein Engagement im Orchester hatten oder haben. Auch bei der Nennung der Orchestervertreter wurden Einschränkungen vorgenommen. Der bis 1948 bestehende Betriebsrat, danach die BGL (Betriebsgewerkschaftsleitung), ab 1981 auch noch die AGL (Abteilungsgewerkschaftsleitung) waren frei gewählte Orchestervertretungen und bestanden aus fünf, später aus sieben Personen. Nach 1981 gab es teilweise über zehn Orchestervertreter, dazu kamen noch der sogenannte KÖR (Künstlerisch ökonomische Rat), ein Gremium, in welches man von der Leitung des Gewandhauses berufen wurde, die KK (Konfliktkommission) und die Vertreter des Orchesters bei übergeordneten gewerkschaftlichen Gremien. BGL, später auch AGL wurden in der Regel alle zwei Jahre gewählt. Die mit der Ausübung der Funktion eines Orchestervertreters verbundenen alltäglichen Schwierigkeiten führten zu schnellen personellen Wechseln. Es wurde deshalb bis 1990 nur der jeweilige Vorsitzende der Orchestervertretung genannt, auch weil er in allen schwierigen Fragen meist der alleinige Ansprechpartner des Gewandhauskapellmeisters, des Gewandhauses, staatlicher und städtischer Stellen war. Bei den Quellen handelt es sich entweder um Personalakten, die bereits zu Forschungszwecken freigegeben sind, oder um Auskünfte aus Personalakten, die mit der Einwilligung Betroffener erfolgten. Die meisten Informationen stammen jedoch aus persönlichen Auskünften.

Das Manuskript schließt im Juli 2006. Daraus resultiert, daß einige Informationen sprachlich in die Zukunft gelegt werden mußten, auch wenn sie bei Erscheinen des Buches bereits Gegenwart oder Vergangenheit sind.

Zusammenfassend kann man sagen, daß der größte Teil der seit 1743 in diesem Orchester engagierten Musiker erfaßt ist, Lücken bestehen lediglich im ersten Kapitel, nach 1881 den Konzertbetrieb betreffend, und zwischen 1945 und 1956.

Editorisches

- ( ) Zitatnachweis in Kurzform, aufgelöst bei den Literatur- und Quellenangaben
- [ ] Einfügung des Autors in das Zitat
- *kursiv* Auflösung von *Abkürzungen* im Zitat
- Bei Vornamen wurden, um Verwechslungen auszuschließen, Abkürzungen vor dem jeweils ersten Vokal angesetzt (zum Beispiel J. für Johann und Chr. für Christoph).
- Auf die Erklärung nicht mehr gebräuchlicher Wörter wurde verzichtet, wenn diese im Duden – Das Fremdwörterbuch, 8. Aufl., Mannheim 2005 zu finden sind.

Dank

Von den ersten Überlegungen, ob ein derartiges Projekt überhaupt realisierbar sein würde, bis zum Erscheinen in Buchform sind mehr als zehn Jahre vergangen. Mein Dank gilt in erster Linie all denen, die mich über Jahre hinweg immer wieder bestärkten, dieses Vorhaben zu Ende zu bringen, und die mir durch ihr Vertrauen und ihren Zuspruch die Kraft dazu gegeben haben. Während dieser Zeit hat die Gemeinschaft der Mitglieder des Gewandhausorchesters meine Arbeit in wesentlichen Teilen mitgetragen, und Claudius Böhm war es, der mich von Anfang an mit wertvollen fachlichen Ratschlägen und Hinweisen unterstützt hat. Dem Gewandhaus, seinen Mitarbeiterinnen und Mitarbeitern ist zu danken für vielfältigste Unterstützung und die Möglichkeit der Publikation im Rahmen der Jubiläumsfeierlichkeiten. Herr Dr. Rüdiger Otto, wissenschaftlicher Mitarbeiter der Sächsischen Akademie der Wissenschaften, hat mir viele Stunden seiner Freizeit geopfert. Das Verzeichnis der Fundstellen nennt 189 Orte von Archiven und Pfarrämtern. Überall hat man mir in entgegenkommender Weise geholfen, besonders bedanken möchte ich mich bei den Mitarbeiterinnen und Mitarbeitern der Leipziger Archive. Im Zusammenhang mit der vorliegenden Arbeit habe ich ungezählte Gespräche und Interviews geführt und bin dankbar für die Geduld, mit der meine Fragen beantwortet wurden. Glücklicherweise konnte der Verlag Faber & Faber für das Projekt gewonnen werden, dem ich für die professionelle Betreuung danke, sowie der Lektorin des Buches, Heike Mayer, die mir in den letzten Wochen in jeder Weise verständnisvoll zu Seite stand.

Leipzig, im Juli 2006   Hans-Rainer Jung

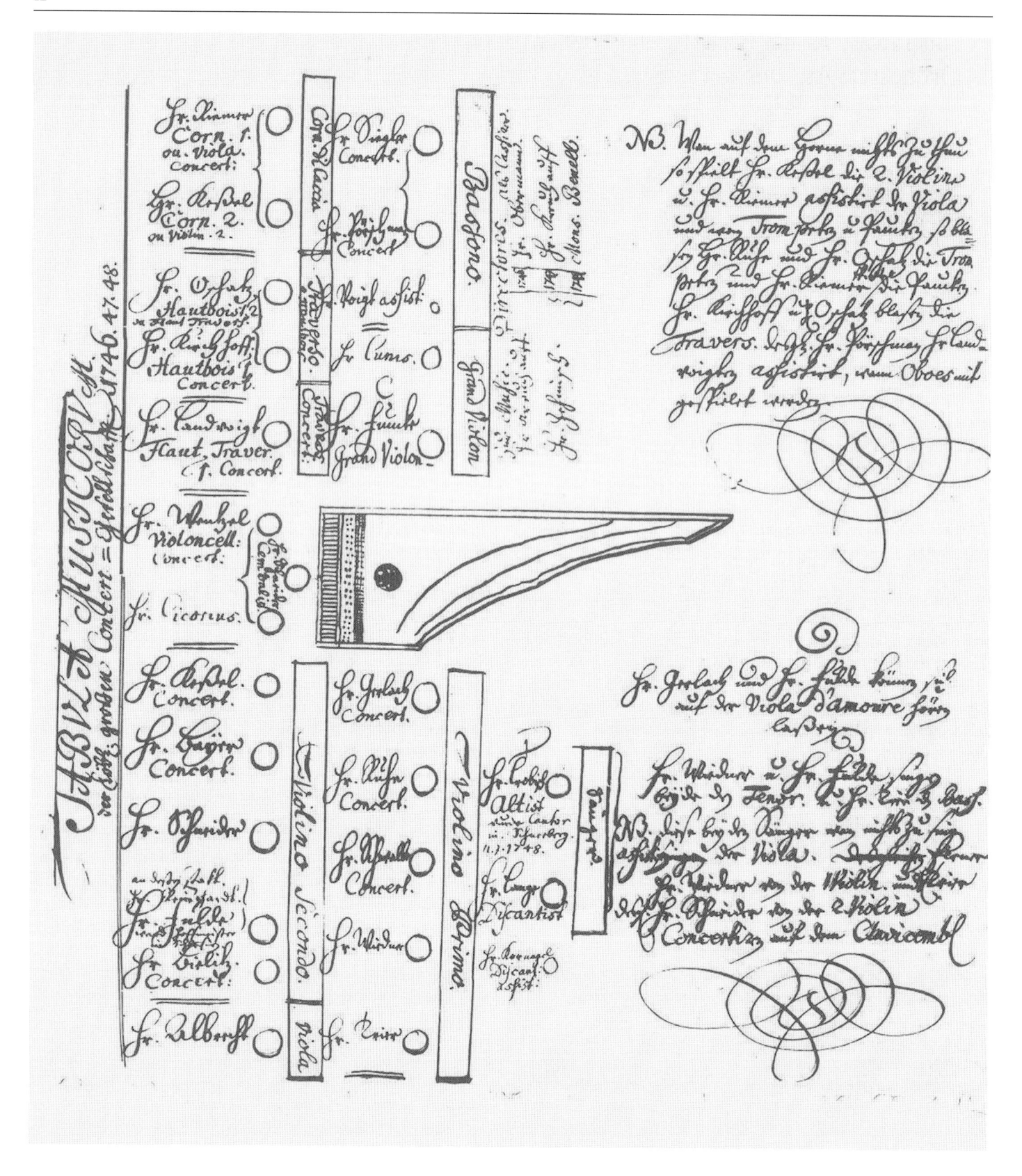

»Tabula musicorum« für das Orchester des Großen Konzerts,
aufgezeichnet von Johann Salomon Riemer, 1746

Das Große Konzert und sein Orchester: Auf der Höhe der Zeit

»Der für die italienische Oper begeisterte Friedrich August II. von Sachsen ... machte Dresden in den Jahren zwischen 1734 und 1764 zum mitteleuropäischen Zentrum der Opernpflege«.[1]

|1 Als sich 1743 16 Leipziger Persönlichkeiten zu einer Konzertgesellschaft vereinen, um auf Subskriptionsbasis Woche für Woche ein »Großes Concert« zu veranstalten, ist das nichts grundlegend Neues. Subskriptions- und ähnliche öffentliche oder mindestens bedingt öffentliche Konzerte gibt es in diesen Jahren an etlichen Orten. In Frankfurt am Main – Handelszentrum und Messestadt sowie Ort der Kaiserkrönungen – ist schon 20 Jahre zuvor von einem wöchentlich stattfindenden Großen Konzert die Rede. Einer der wichtigsten Träger des aufblühenden Konzertlebens in der an die 30 000 Einwohner zählenden Reichsstadt ist eine adlige Gesellschaft, und eine zentrale Persönlichkeit dieses Konzertlebens ist ein Musiker: Georg Philipp Telemann, der von 1712 bis 1721 als Kapellmeister und Musikdirektor in der Stadt wirkt.

Im Anschluß daran geht er nach Hamburg. Die Freie Hansestadt hat zu dieser Zeit um die 70000 Einwohner. Bis zu seinem Tod 1767 ist Telemann hier Stadtkantor. Ab 1723 veranstaltet er wöchentlich stattfindende, öffentliche Konzerte. Neben diesen finden sich aber auch andere, zumeist nichtöffentliche Konzertunternehmungen, die von einzelnen Großkaufleuten organisiert und finanziert werden.

1737 reist Telemann nach Paris. In der französischen Hauptstadt mit über 600 000 Einwohnern gibt es seit März 1725 öffentliche Konzertveranstaltungen: die von einem Musiker gegründeten »Concerts spirituels«. Sie finden regelmäßig immer dann statt, wenn die Oper aufgrund kirchlicher Feiertage nicht spielen darf. Gleichsam in ihrem Fahrwasser entstehen in den Jahren darauf mehrere andere Konzertunternehmungen, die jedoch nie die Bedeutung und den Ruhm der Concerts spirituels erlangen.

Öffentliche Konzerte gibt es aber nicht erst seit den 1720er Jahren. In London etwa veranstaltete der Gründer der Hofkapelle schon 1672 solche Konzerte in seinem Haus. Überhaupt scheint die Metropole in dieser Sache Vorreiter zu sein: Subskriptionskonzerten begegnet man dort schon um 1700. Zu dieser Zeit hat die Stadt längst mehr als eine halbe Million Einwohner.

Interessant ist schließlich noch ein Blick nach Köln. Denn in der Freien Reichs- und Universitätsstadt gründet sich 1743, im selben Jahr wie in Leipzig, eine »Musikalische Gesellschaft«, auch »Akademie« genannt. Sie richtet in der um 40 000 Einwohner zählenden Stadt jährlich zwölf Abonnementkonzerte aus. Deren Orchester besteht aus Liebhabern (den sogenannten Dilettanten), Mitgliedern der Domkapelle und Stadtmusikanten.

|2 Wie diese Beispiele zeigen, ist die Konzertgründung in Leipzig weder Ausnahme noch Novum. Im Vergleich zu anderen Städten erfolgt sie sogar ziemlich spät. Allerdings bestanden in Leipzig schon lange zuvor florierende Collegia musica, die in quasiöffentlichen Konzerten in Erscheinung traten. Eines dieser Collegia gründete und leitete übrigens ein Student namens Georg Philipp Telemann. Worin sich jedoch das Leipziger Große Konzert gegenüber vergleichbaren Unternehmungen als singulär erweist: Es gelingt ihm als einzigem seiner Art, sich auf Dauer zu etablieren und eine über das 18. Jahrhundert hinausreichende Tradition zu begründen, auf deren Basis es alle Brüche, die es selbstredend in dieser Entwicklung gibt, nahezu schadlos übersteht.

Aber was in Leipzig glückt, hätte auch in anderen Städten glücken können. Doch da kommen die Unterschiede ins Spiel, die zum Teil nur gering, letztlich aber entscheidend sind. In Frankfurt und Hamburg zehrt die Entwicklung des Konzertwesens vornehmlich vom Charisma und Organisationsgeschick eines einzigen Musikers: Telemann. In Frankfurt wird er zwar getragen von einer exklusiven Gesellschaft, die für die ökonomische Grundlage sorgt, aber er ist das Herz der Unternehmung, der Puls- und Impulsgeber. Sobald er die Unternehmung verläßt, gerät die Entwicklung ins Stocken. Hinzu kommt, daß gerade in den beiden genannten Städten verschiedene Konzerte wenn nicht miteinander konkurrieren, so doch nebeneinander bestehen. In Frankfurt ist noch dazu die exklusive adlige Ge-

---

1 Silke Leopold: Die italienische Hofoper als internationales System, in: Neues Handbuch der Musikwissenschaft, hrsg. v. Carl Dahlhaus (im folgenden: Dahlhaus, Neues Handbuch), Bd. 5, Laaber 1985, S. 150.

sellschaft, die die von Telemann geleiteten Konzerte trägt, nicht die einzige ihrer Art.

In Hamburg ist Telemann die zentrale Musikerpersönlichkeit. Er vereint fast alle musikalischen Ämter auf sich, ist Musikdirektor der fünf Hauptkirchen, Stadtkantor und Leiter der Oper. Mit seinem Tod beginnt der musikalische Niedergang Hamburgs, den auch sein Nachfolger Carl Philipp Emanuel Bach nicht aufhalten kann.

Ganz anders die Lage in Paris. Hier kommt die gleichsam brodelnde, von vielen verschiedenen Initiatoren vorangetriebene Entwicklung des Konzertwesens erst durch die Französische Revolution so vollständig zum Erliegen, daß ein Anknüpfen daran späterhin kaum mehr möglich ist. Auch die französische Oper, für mehrere Jahrzehnte erst von heftigen ästhetischen Diskussionen, dann von harten Konkurrenzkämpfen gezeichnet, ist von den »durch die Revolution verursachten schockartigen Umwälzungen der Pariser Musikszenerie«[2] in Mitleidenschaft gezogen.

Weniger dramatisch wirkt sich die Besetzung durch die Franzosen 1794 in Köln aus. Zwar werden »nicht nur die städtischen Musiker entlassen, sondern auch die gesamte Kirchenmusik eingestellt und die meisten Orgeln verkauft«,[3] wodurch der schon zuvor begonnene Niedergang der Domkapelle beschleunigt wird, aber von einer brodelnden Kölner Musikszene kann zu diesem Zeitpunkt ohnehin nicht mehr die Rede sein. Im Gegensatz zu London, wo es eine Menge von Konzertgesellschaften gibt, die sich meistenteils »an ein exklusives Publikum aus der Oberschicht«[4] wenden. In einem fort gehen dort Konzertunternehmungen ein und werden neu gegründet; mal sind es reiche und adlige Amateure, mal professionelle Musiker, die als Initiatoren und Veranstalter in Erscheinung treten. Zu letzteren gehört Johann Christian Bach, der bis zu seinem Tod 1782 in London zusammen mit Carl Friedrich Abel die namhaften »Bach-Abel-Concerts« durchführt.

|3 Leipzig mit seinen 30 000 Einwohnern, das (wohl nicht erst seit Johann Wolfgang Goethes »Faust«) den Beinamen »Klein Paris« trägt, ist wie Frankfurt Messeplatz, ist wie Köln Universitätsstadt, ist wie Hamburg – wo es zwar keine Universität, immerhin aber ein »Akademisches Gymnasium« gibt – protestantisch geprägt. Und hat die im 18. Jahrhundert führende Musikstadt London Georg Friedrich Händel, so hat Leipzig Johann Sebastian Bach, den Vater des »Londoner Bachs« Johann Christian. Doch anders als etwa Telemann in Frankfurt und Hamburg ist Vater Bach in Leipzig keine zentrale Persönlichkeit des aufkeimenden Konzertlebens. Zwar findet die Gründung des Großen Konzerts zu seinen Leipziger Leb- und Amtszeiten statt, aber ohne ihn.

Das stellt sich beim ersten Blick als bedauerlich dar. Zumal Bach bekanntermaßen erst ins Leipziger Amt kam, als der favorisierte Telemann nicht gewonnen werden konnte. Doch bei näherem Hinsehen erweist es sich als Glücksfall, daß Leipzigs Musikleben nicht vom agilen Telemann beherrscht wird: Gerade weil Johann Sebastian Bach nicht den Erwartungen der an repräsentativer Kultur interessierten Oberschicht, bestehend aus Adligen und besitzenden Bürgern, entspricht, weil er lediglich Stadtmusikdirektor und Kantor bleibt und nicht zum modernen Kapellmeister für Leipzig wird, schließen sich Leipziger Eliten zu einer konzertierten Aktion zusammen und rufen die ersten Subskriptionskonzerte der Stadt ins Leben. Es ist keine »bürgerliche«, keine gegen den Hof in Dresden gerichtete und keine auf einer flüchtigen Laune beruhende Gründung. Die mit erstaunlich klaren Strukturen hervortretende neue Konzertgesellschaft, bestehend aus Adligen und Bürgern, hängt in den Gasthaussaal, den sie sich im zweiten Jahr ihres Bestehens mietet und zum Konzertsaal umgestaltet, ein Bild des sächsischen Kurfürsten Friedrich August II. – als August III. zugleich König von Polen – und freut sich über die regelmäßigen Besuche desselben (wohlgemerkt: ein Bild des Regenten kann man nicht einfach nach Lust und Laune, sondern nur mit hoheitlicher Einwilligung aufhängen!).[5] Wenn denn schon die Leipziger Konzertgründung gegen etwas gerichtet sein sollte, dann wohl am ehesten gegen die stagnierenden Musikverhältnisse in der Stadt. Längst hat ein neues musikalisches Zeitalter begonnen, eine »Epoche des galanten Geschmacks«,[6] geprägt vom »bis in die Zeit der Wiener Klassik hineinreichenden Primat der italienischen Musik«.[7] Bach verweigert sich dem neuen Stil, zieht sich immer mehr zurück und zwingt damit, wenngleich unwillentlich und unwissentlich, das neue Konzertunternehmen zu einer Eigenständigkeit, die die strukturelle und inhaltliche Loslösung von den Gepflogenheiten der Collegia musica (deren eines Bach noch bis mindestens 1741 leitete) ermöglicht. Jetzt ist es also kein beamteter Musiker mehr, der Studenten um sich versammelt auch in der Absicht, sich brauchbares Hilfspersonal für die Musikdienste heranzuziehen, die zu seinen Amtspflichten gehören. Vielmehr tritt mit der neuen Konzertunternehmung erstmals ein außermusikalisches, keiner amtlichen Funktion innerhalb des städtischen Musiklebens verpflichtetes und in diesem Sinne »freies« Konzertmanagement auf, daß für seine Veranstaltungen sowohl professionelle städtische Musiker als auch semiprofessionelle Studenten engagiert.

Was ein wesentlicher Unterschied zu Frankfurt, Hamburg, Paris, London und anderen Orten aufblühenden Konzertlebens ist: In Leipzig haben die 16 adligen und bürgerlichen Konzertgründer mit ihrer Unternehmung keine Konkurrenz. Und sei es durch Geschick, sei es durch Zufall, sie schaffen den Spagat zwischen Öffentlichkeit und Exklusivität. Zu letzterer gehört, daß man nicht einfach ein Liebhaberkonzert aufstellt, in dem man selbst als Amateur mitwirkt. Nein, man läßt musizieren! Die 16 Musiker, die man dafür engagiert, bilden eine ausreichend besetzte Kapelle. Sie besteht je zur Hälfte aus in Leipzig festangestellten Profis (Organisten, Stadtpfeifern und Kunstgeigern) und aus Studenten der Leipziger Universität. Jene spielen meist mehrere Instrumente, je nach erforderlicher Besetzung, diese

---

2 MGG II, Sachteil Bd. 7, Sp. 1364.
3 Ebd., Sachteil Bd. 5, Sp. 459.
4 Ebd., Sp. 1467.

5 Bereits 1747 ist in einem Bericht über das Große Konzert, den die wöchentlich erscheinende Zeitschrift *Der Jüngling* (VIII. Stück, S. 58–61) abdruckt, die Rede von einem »Bilde des Königs«, das an zentraler Stelle im Konzertsaal hängt. Auch Johann Friedrich Reichardt schildert das Große Konzert in seinen »Briefen eines aufmerksamen Reisenden« (Teil 2, Frankfurt / Breslau 1776, S. 105–108) und berichtet dabei: »Übrigens ist dieser Saal mit dem Bilde des Churfürsten geziert, der diesem Concert wöchentlich so gut als persönlich beywohnt. Sein Bild ist sehr gut getroffen.« (Reichardt meint hier bereits Friedrich August III., den mittelbaren Nachfolger des 1763 gestorbenen Friedrich August II.)
6 Dahlhaus, Neues Handbuch, Bd. 5, S. 31.
7 Ebd., S. 19.

meist nur eines und vornehmlich ein Streichinstrument, übernehmen dafür jedoch öfter auch die Vokalpartien.

Der einzige Dilettant in den ersten Jahrzehnten ist → J. S. Riemer. Einen wie ihn gibt es zur gleichen Zeit in Köln wohl nicht, denn dort treten die Studenten im Musikleben der Universitätsstadt nicht nennenswert in Erscheinung. Daß sie es dagegen in Leipzig tun, dürfte nicht zuletzt der von der Konzertgesellschaft geschickt genutzten Verbindung zu Riemer zu danken sein. Denn der ist an der Universität Pedell und Famulus und für das Konzert nicht nur mitwirkender Musiker, sondern auch Notenkopist und eine Art Sekretär. Er hegt offensichtlich beste Kontakte zu den Studierenden – nur so läßt sich erklären, warum mancher Neuankömmling, kaum hat er sich an der Universität immatrikuliert, auch schon in der Musikerschar des Großen Konzerts auftaucht. Wobei die Studenten keineswegs nur »Füllpersonal« in dieser Musikerschar darstellen. Viele von ihnen kommen von Gymnasien, wo sie bereits musizierten, das Spiel mehrerer Instrumente erlernten und vielleicht sogar schon, wie beispielsweise → J. Fr. Doles, eine wöchentliche Konzertreihe leiteten oder, wie etwa → J. A. Hiller, in einem Collegium musicum mitwirkten. Und etliche bleiben auch nach dem Studium als aktive Musiker dem Konzertunternehmen verbunden.

So wird die Kapelle des Großen Konzerts ein ausgesprochen akademisches Orchester. Von den 66 Musikern, die für die Zeit bis 1778 bekannt sind, sind 37 an der Alma mater lipsiensis eingeschrieben. Dennoch wäre es verfehlt, dieses Konzertorchester als ein überwiegend studentisch geprägtes Ensemble zu bezeichnen. Schon der Blick auf das Durchschnittsalter der in Riemers »Tabula musicorum der Löblichen großen Concert-Gesellschaft«[8] von 1746 verzeichneten Musiker widerspricht dem, denn es beträgt circa 35 Jahre. Ausschlaggebend dafür ist das meist höhere Alter der professionellen Musiker (einer der Ältesten ist mit 61 Jahren der Kunstgeiger → H. Chr. Beyer), das wiederum wesentlich zur Ausgewogenheit der jungen Musiziergemeinschaft beiträgt. Was nicht nur hinsichtlich des Alters, sondern auch in bezug auf die Verweildauer und die Weitergabe von Musizierpraxis und -erfahrung gemeint ist.

|4   Aber ist diese »Musikerschar«, diese »Musiziergemeinschaft«, diese »Kapelle« schon ein richtiges »Orchester«? Ja und nein. Es ist noch nicht wie etwa die Mannheimer Hofkapelle – das führende Orchester seiner Zeit – »ein aufeinander eingespieltes, konstant besetztes Ensemble mit einer einheitlichen technischen Ausrichtung und klanglichen Disziplinierung«.[9] Die Mannheimer Hofkapelle besteht übrigens 1746 aus 16 Instrumentalisten. Dieses 16köpfige Ensemble bildet »die Grundlage für die berühmte Orchesterschule, so daß das Jahr 1746 als ihr eigentliches Gründungsjahr gelten kann«.[10] Für die nächsten zehn Jahre läßt sich eine konsequente Aufbauarbeit nachweisen. Vor allem der Streicherapparat wird mit Musikern vergrößert, die in Mannheim ausgebildet worden sind.

Für die Leipziger Konzertkapelle kann solche Aufbauarbeit nicht nachgewiesen werden. Auch keine über Jahre hin konstante Besetzung, wenngleich es führende Musiker wie → C. G. Göpfert, → J. G. Tromlitz, → J. G. Häser und → C. G. Berger sind, die als Garanten für die Kontinuität des Ensembles auch über das Pausieren des Großen Konzerts während des Siebenjährigen Krieges hinweg stehen. Aber dennoch ist die Leipziger Kapelle ein vollgültiges Orchester! Der Musiklexikograph → E. L. Gerber lobt, »das Ganze that die Würkung der

Silhouette von Johann Georg Häser mit einem Trauergedicht auf seinen Tod, Kupferstich, 1809

---

8   Bei der »Tabula« handelt es sich um das älteste Mitgliederverzeichnis der Leipziger Konzertkapelle und deren Aufstellung. Riemer hatte sie seiner Chronik »Andere Fortsetzung des Leipzigischen Jahr-Buchs« (StadtAL) beigelegt; sie gilt seit Jahren als verschollen. Abgebildet ist sie jedoch bei Claudius Böhm u. Sven-W. Staps: Das Leipziger Stadt- und Gewandhausorchester, Leipzig 1993, S. 11, außerdem findet sich eine stilisierte Wiedergabe bei Dörffel, S. 6.

9   Wulf Konold: Europäische Instrumentalmusik und böhmische Emigration, in: Dahlhaus, Neues Handbuch, Bd. 5, S. 202.

10   MGG II, Sachteil Bd. 5, Sp. 1653.

Johann Georg Tromlitz, Kupferstich, signiert »J. Tromlitz fec.«

zu hören sind. Aber auch die frühklassische Sinfonie neuen Stils, die vor allem aus der avantgardistischen Mannheimer Komponistenschule herrührt, wird mit Sicherheit von der Leipziger Kapelle gespielt. Immerhin begrüßt kein Geringerer als der Musikdirektor des Leipziger Konzerts → J. A. Hiller die »orchestrale Großform«, die aus der Opern-Sinfonia herauswächst »zur autonomen Gattung der bei den Mannheimern bald viersätzigen Symphonie«,[12] ausdrücklich in seiner Zeitschrift *Wöchentliche Nachrichten und Anmerkungen, die Musik betreffend*.

So findet und hält Leipzig mit dem Großen Konzert und seinem akademisch geprägten, professionellen Orchester Anschluß an die aktuelle Musik der Zeit, die »in ihren charakteristischen Ausprägungen höfisch und international«[13] ist.

geübtesten Fürst*lichen* Kapelle«.[11] Und gespielt wird, was auch in Mannheim genauso wie in Dresden, Frankfurt, Hamburg und anderswo das ganze 18. Jahrhundert lang die beherrschende Musik ist: italienische Oper. Natürlich in Ausschnitten. Aber unverkennbar ist die Absicht, sich ein Stück der italienischen Hofoper, die man in der benachbarten kurfürstlich sächsischen Residenz so exzellent pflegt, in die Stadt zu holen, an ihr nicht nur zu partizipieren, wenn während der jährlich drei Messen wandernde Operntruppen in Leipzig Station machen, sondern sie auch außerhalb der Messezeiten genießen zu können.

Zwar ragt noch das Zeitalter Bachs und Händels in die Anfangszeit des Leipziger Konzerts hinein: Von letzterem erklingt die »Feuerwerksmusik« 1751 im Gasthaus-Konzertsaal. Ansonsten werden wohl die Komponisten des galanten Stils bevorzugt. Was auch für die 1749 eingeführten Concerts spirituels im Rahmen der Großen Konzerte gilt. In ihnen erklingen vornehmlich katholische Oratorien, wie sie in Dresdens Hofkirche, nicht aber in Leipzigs protestantischen Kirchen

---

11 Gerber I, Sp. 640.

12 Wulf Konold: Europäische Instrumentalmusik und böhmische Emigration, in: Dahlhaus, Neues Handbuch, Bd. 5, S. 203.

13 Dahlhaus, Neues Handbuch, Bd. 5, S. 4. Wobei »der Begriff des Internationalen auf die Ausbreitung musikalischer Werke« zielt (ebd., S. 344).

1743

|1 Doles, Johann Friedrich
Musikdirektor
* 23. April 1715 in Steinbach-Hallenberg,
† 8. Februar 1797 in Leipzig
Musikdirektor des Großen Konzerts

Der Sohn des Kantors von Steinbach-Hallenberg wurde zunächst von seinem Vater unterrichtet, nach dessen Tod 1720 von seinem ältesten Bruder, der auch die Nachfolge im Kantorenamt übernahm. Im Alter von zwölf Jahren kam er auf die Schule in Schmalkalden, wo er sieben Jahre blieb. Dort wurde dem erst 15jährigen die Organistenstelle angeboten, die er auch ein Jahr lang interimistisch bekleidete. Er besuchte dann das Gymnasium in Schleusingen, wo er nach anderthalb Jahren erster Chor-Präfekt wurde und mit einigen Mitschülern ein wöchentliches Konzert ins Leben rief, für das er auch komponierte. Mit der lateinischen Rede *Vom Einfluss der Musik auf den Menschen* nahm er dort Abschied und studierte dann an der Leipziger Universität, immatrikuliert 1739. »Die Lehrer, die er sich wählte, waren Gottsched und Johann Heinr. Winkler über Philosophie, Bärmann über die Mathematik, Jöcher über die Geschichte, Teller und Joh. Christian Hebenstreit über die Theologie und hebräische Sprache. In der Musik nutzte er Joh. Sebast. Bach, bey dem er viel in der contrapunkt*ischen* Setzart gearbeitet hat … Nach 4 Jahren, die er in Leipzig höchst vergnügt zugebracht hatte, empfahl ihn Bach zu dem erledigten Kantorate in Salzwedel.« (Nachruf im Leipziger gelehrten Tagebuch 1797) Die in Leipzig lebende Witwe des Herzogs Ferdinand von Kurland, Johanna Magdalena, geb. Prinzessin von Sachsen-Weißenfels, überredete ihn aber, diese Stelle nicht anzunehmen, und versprach »ihm ein besseres Amt in Sachsen zu verschaffen … Nach einem halben Jahr wurde das Cantorat am Gymnas*ium* in Freyberg erledigt, und sie empfahl ihn so nachdrücklich, daß er nach beyfällig abgelegter Kirchen- und Schulprobe vom dasigen Rathe einstimmig erwählt wurde.« (Nachruf im Leipziger gelehrten Tagebuch 1797) ♦ Zum 1. Gründungstag des Großen Konzertes wurde seine Kantate *Das Lob der Musik* aufgeführt. In seinem Bewerbungsschreiben um das Stadtkantorat von Freiberg/Sa. vom 24. April 1744 schrieb er: »… zu mahl da das hiesige Leipziger neu aufgerichtete Concert mir die direction der music aufgetragen, welches ich mit aller hohen membrorum Zufriedenheit, die solches halten laßen, noch bis dato dirigiere.« (Schering) Er war dann von Mai 1744 bis 1755 Kantor in Freyberg/Sa. »Bey seinem Abgange aus Freyberg, bekam er rührende Beweise der Achtung und Liebe dasiger Einwohner, die ihm desto angenehmer seyn mußten, da manche über seinen Ruhm neidisch, vorgespielt hatten, es würde zuviel Musik auf dem Gymnasium getrieben«, was sogar den Rektor des Freiberger Gymnasiums veranlaßte, in einem Schulprogramm die Behauptung zu vertreten, »musice vivere heiße nichts anderes, als lüderlich« leben. (Nachruf im Leipziger gelehrten Tagebuch 1797)

Thomaskantor von 1755 bis zu seinem Tod (ab 1789 von seinem Adjunkt → J. A. Hiller vertreten); Musikdirektor der Universitätskirche von 1770 bis 1778 als Adjunkt von Johann Gottlieb Görner.

WERKE: 9 Passionen u. Oratorien; 6 Messen; ca. 160 Kantaten, Psalmen u. Choralbearbeitungen; 35 Motetten u. Chorlieder; mehrere Liedsammlungen; Klavier- u. Orgelwerke.
LITERATUR: Schering; Eitner; MGG I; Riemann I u. II; Vollhardt; Leipziger gelehrtes Tagebuch. 1797; G. Schünemann: Die Bewerber um das Freiberger Kantorat.

Empfehlungsschreiben für Johann Michael Pfaffe von Thomaskantor Johann Friedrich Doles, Autograph, 3. Juli 1769

1746–48

Die nachfolgenden 26 Musiker nennt → J. S. Riemer in seiner *Tabula musicorum*. Wer von diesen bereits vor 1746 und wie lange nach 1748 mitgewirkt hat, läßt sich im einzelnen nicht genau feststellen.

|2   **Schneider**[1], **Johann**
Musikdirektor
* 16. Juli 1702 in Oberlauter bei Coburg,
† 15. Januar 1788 in Leipzig
Cembalist und Musikdirektor des Großen Konzerts

Der Sohn des Mühlenbesitzers H. Schneider erhielt seinen ersten Unterricht bei dem Kantor N. Müller in Lauter. Um 1717 wurde Kapelldirektor Johann Heinrich Reinmann in Saalfeld und um 1720 Johann Sebastian Bach in Köthen sein Lehrer. Außerdem waren Johann Gottlieb Graun in Merseburg und Johann Graf in Rudolstadt seine Violinlehrer. 1721 wurde er Hoforganist und Primgeiger in Saalfeld und 1726 Geiger an der herzoglichen Kapelle in Weimar. 1729 kam er nach Leipzig, um als Organist der Nikolaikirche die Nachfolge Johann Gottlieb Görners anzutreten, der als Organist an die Thomaskirche wechselte. ♦ »Außer Herrn Bachen kann man in Leipzig nichts besseres hören.« (Mizler)
Organist der Nikolaikirche vom 23. Dezember 1729 bis 1766.

WERKE: Fantasie u. Fuge f. Orgel; 12 leichte Orgelstücke; Choral *Vater unser im Himmelreich* I u. II; Orgeltrio *Ach Gott, das Herze bring ich dir*; Präludium u. Fuge G-Dur I u. II; Präludium u. Fuge g-moll u. D-Dur; Fuge G-Dur; Triofragment; Thema mit Variationen. LITERATUR: MGG I; Riemann II; Schering; Bach-Dokumente Bd. II; L. C. Mizler von Kolof: Musikalische Bibliothek oder gründliche Nachricht … QUELLEN: Riemer.

|3   **Gerlach, Carl Gotthelf**
Violine
* 31. Dezember 1704 in Calbitz bei Oschatz,
† 9. Juli 1761 in Leipzig
Konzertmeister des Großen Konzerts; spielte auch Viola d'amore

Der Sohn des Calbitzer Pfarrers Melchior Gotthelf Gerlach war Thomasalumne vom 4. Juni 1716 bis 1723. Er studierte später an der Leipziger Universität Jura, immatrikuliert am 30. April 1727, und wurde Schüler von Johann Sebastian Bach. Dieser empfahl ihn 1729 beim Rat der Stadt, als es darum ging, die durch den Weggang von Georg Balthasar Schott vakant gewordene Stelle des Organisten und Musikdirektors der Matthäikirche neu zu besetzen. Am 10. Mai 1729 wurde er in dieses Amt gewählt und versah es, später unterstützt von seinem Substituten → J. G. Wiedner, bis zu seinem Tod. Von 1737 bis 1739 übernahm er die Leitung des Bachischen Collegium musicum zunächst interimistisch, spätestens ab 1744 endgültig; 1747 gab er diese vorübergehend an → J. Trier ab. ♦ Sein Vater und sein Großvater waren Schüler am Zittauer Gymnasium, sein Vater außerdem Thomasalumne, wie auch sein 1708 geborener Bruder Heinrich August Gerlach.

LITERATUR: Erler; Schering; Vollhardt; Bach-Dokumente Bd. II; Album des Gymnasiums zu Zittau, bearb. v. O. Friedrich; A. Glöckner: Die Musikpflege an der Leipziger Neukirche zur Zeit Johann Sebastian Bachs. QUELLEN: Riemer; Archiv Thomasalumnat: Album Alumnorum Scholae Lipsiensis.

|4   **Ruhe** [Ruhe sen.], **Ulrich Heinrich Christoph**
Violine, Trompete
* 29. Juli 1706 in Halberstadt, ☐ 11. April 17~87 in Leipzig ♦ Vater von → J. W. Ruhe
1. Geiger und Trompeter im Großen Konzert und im Gewandhauskonzert, nach 1783 vertrat ihn auch sein Substitut → C. Fr. S. Brödtler

Er ist das dritte Kind des Halberstädter Musikanten Johann Valentin Ruge; sein ältester Bruder Johann Friedrich Ruhe war von 1733 bis 1776 Lehrer und Kantor am Domgymnasium in Magdeburg. Bei beiden lautet der Name im Taufeintrag noch Ruge. ♦ Im Leichenbuch heißt es: »Ein Mann 80 Jahr. Herr Ulrich Heinrich Ruhe, Kirchen- und Stadtmusicus.« Stadtpfeifer von 1734 bis zu seinem Tod.

LITERATUR: Dörffel; Nösselt; Schering; O. Laeger: Lebensskizzen der Lehrer des Königlichen Domgymnasiums zu Magdeburg, Bd. 3. QUELLEN: Riemer; Domschatz-Verwaltung Halberstadt: TfR St. Martini; KAL: TfB St. Nikolai; StadtAL: Leichenbücher/Leichenschreiberei.

|5   **Schwalbe,**
Violine
1. Geiger im Großen Konzert

QUELLEN: Riemer.

|6   **Wiedner, Johann Gottlieb**
Violine, Tenor
Aus Schwerta[2]/Oberlausitz, * 1724,
† 17. November 1783 in Leipzig
1. Geiger und Tenorist im Großen Konzert

Er war von 1737 bis 1738 Schüler am Zittauer Gymnasium und studierte dann an der Leipziger Universität, immatrikuliert 1739. Als Substitut vertrat er den kränklichen → C. G. Gerlach an der Matthäikirche und bewarb sich schon vor dessen Tod um dessen Amt. Er war dann Organist und Musikdirektor der Matthäikirche vom 13. Juli 1761 bis zu seinem Tod.

WERKE: Kantate *Auf das Jubilaeo*; Flötenkonzerte; 1 Klavierstück; Der Handschriften-Katalog von St. Nicolai zu Luckau verzeichnet 16 Kantaten. LITERATUR: Erler; Schering; Vollhardt; Album des Gymnasiums zu Zittau, bearb. v. O. Friedrich; A. Glöckner: Die Musikpflege an der Leipziger Neukirche zur Zeit Johann Sebastian Bachs. QUELLEN: Riemer; StadtAL: Stift. IX C 19, Bl. 1 ff.

|7   **Trier, Johann**
Violine, Bass
* 2. September 1716 in Themar,
☐ 6. Januar 1790 in Zittau
1. Geiger und Bassist im Großen Konzert

Der Sohn des Schuhmachers Johann Matthäus Trier und dessen Ehefrau Magdalena, geb. Steitz, studierte an der Leipziger Universität Theologie, immatrikuliert am 2. Juni 1741. Er wurde Orgelschüler von Johann Sebastian Bach und übernahm 1747 die Leitung des Bachischen Collegium musicum für → J. G. Gerlach. Nach Bachs Tod 1750 bewarb er sich erfolglos um das Amt des Thomaskantors. ♦ 1754 wurde er Organist und Musikdirektor an der Johanniskirche in Zittau, wobei er sich gegen so bedeutende Konkurrenten wie Carl Philipp Emmanuel Bach, Wilhelm Friedemann

---

1   Riemer nennt den Namen Schneider noch ein zweites Mal, und zwar bei den 2. Violinen: »Hr. Schneider an deßen statt Hr. Reinhardt«. Auf die Frage, ob es sich dabei um Johann Schneider handeln könnte, gehen Dörffel, Schering, Nösselt u. a. nicht ein.

2   Heute Swiecie (Polen), bis 1742 kursächsischer Ort bei Marklissa (Leśna); die Kirchenbücher von Schwerta sind vernichtet.

Bach, Johann Ludwig Krebs und Gottfried August Homilius durchsetzte. Lehrer von → J. G. Schicht.

WERKE: 2 Jahrgänge Kirchenkantaten u. mehrere Gelegenheitskantaten, u.a. 2 Abendmusiken für Leipziger Professoren (1747/48); in Königsberg waren erhalten: 44 Kirchenkantaten u. eine *Serenata nach geschehener Erb-Huldigung*; in Brüssel: 4 Kirchenkantaten, Präludium auf drei Orgeln in der hl. Christnacht Anno 1755; Präludium f. Klavier; 7 Klavier-Polonaisen. LITERATUR: Dörffel; Erler; MGG I ; Schering; Vollhardt; Bach-Dokumente Bd. II. QUELLEN: Riemer; Landeskirchenarchiv Eisenach: Sign. K 3/17-3 (KB Themar).

|8 **Beyer, Heinrich Christian**
Violine
† 18. September 1748 in Leipzig, 67 Jahre alt
2. Geiger im Großen Konzert

Kunstgeiger von 1706 bis zu seinem Tod.
LITERATUR: Schering. QUELLEN: Riemer; StadtAL: Leichenbücher/-schreiberei.

|9 **Reinhardt**,
Violine
2. Geiger im Großen Konzert

QUELLEN: Riemer.

|10 **Fulde, Johann Gottfried**
Violine, Tenor
* 21. September 1718 in Nimptsch[3]/Schlesien,
† 4. Januar 1796 in Dyhernfurth[4]/Oder
2. Geiger und Tenorist im Großen Konzert;
spielte auch Viola d'amore

Er besuchte bis zu seinem 14. Lebensjahr die heimatliche Stadtschule, war ab 1732 Schüler am St. Maria Magdalena Gymnasium in Breslau und wurde 1738 Choralist an der dortigen Kirche St. Maria Magdalena. Hier lernte er 1740 Johann Christoph Altnickol, den späteren Schwiegersohn Johann Sebastian Bachs, kennen und Benjamin Gottlieb Faber, dem Bach den Kanon BWV 1078 widmete. Um Ostern 1743 verließ er Breslau und studierte dann an der Leipziger Universität Theologie, immatrikuliert am 25. Mai 1743. ♦ Er »ward Hoffmeister in Schlesien« (Riemer), 1748 Kandidat in Breslau und war ab 1772 Pastor in Dyhernfurth/Oder. ♦ In Fuldes Stammbuch schrieb Johann Sebastian Bach am 15. Oktober 1747 den Kanon *Canone doppio sopr'il Sogetto* BWV 1077. Dieses Stammbuch enthält 84 Eintragungen, darunter neben denen von Professoren der Universitäten Breslau, Halle/S. und Leipzig auch die der beiden führenden Direktionsmitglieder des Großen Konzerts Gottlob Benedict Zemisch und Daniel Friedrich Kreuchauff und die Eintragung von → C. G. Gerlach.

LITERATUR: Erler; Bach-Dokumente Bd. I u. III; Katalog der Versteigerung 63, hrsg. v. L. Liepmannssohn; H.-J. Schulze: Johann Sebastian Bachs Kanonwidmungen; B. Wiermann: Altnickol, Faber, Fulde – drei Breslauer Choralisten im Umfeld Johann Sebastian Bachs. QUELLEN: Riemer.

---

3 Heute Niemcza (Polen), Kreisstadt südlich von Breslau, bis 1742 kursächsischer Ort im Herzogtum Schlesien.
4 Heute Brzeg Dolny (Polen), Ort bei Wolow.

|11 **Bielitz**,
Violine
2. Geiger im Großen Konzert

Wahrscheinlich handelt es sich um: Carl Wilhelm Bielitz aus Zehista bei Pirna. Im Kirchenbuch von Zehista läßt sich seine Taufe allerdings nicht nachweisen. Er war ab 28. April 1736 Schüler der Kreuzschule in Dresden und studierte dann an der Leipziger Universität, immatrikuliert am 13. Oktober 1744. Im Kirchenbuch von Zehista ist nur nachweisbar: Carl Gottfried Bielitz, Sohn von Johann Gottfriedt Bi[e]litz, dem »Not*arius* Public*icus* Caes*areus* für Zehista«, und Johanna Concordia, geb. Köhler, jüngste Tochter des Stadtrichters von Dippoldiswalde. Jener war ebenfalls Kreuzschüler und ist wahrscheinlich ein Bruder von Carl Wilhelm Bielitz.
LITERATUR: Erler; Die Matrikel der Kreuzschule. QUELLEN: Riemer; PfA Pirna: KB Zehista.

|12 **Albrecht**,
Viola
Bratscher im Großen Konzert

»[→ J. A.] Landvoigt, Albrecht und [→ J. W.] Cunis waren Thomasschüler unter Bach gewesen …« (Schering) ♦ In dem in Frage kommenden Zeitraum gab es mehrere Thomasschüler mit dem Namen Albrecht.
LITERATUR: Schering; B. F. Richter: Stadtpfeifer und Alumnen der Thomasschule in Leipzig zu Bachs Zeit. QUELLEN: Riemer.

|13 **Lange**,
Discant, Viola
Discantist und Bratscher im Großen Konzert

QUELLEN: Riemer.

|14 **Drobisch** [Trobisch], **Johann Friedrich**
Altus, Viola
* 1. Oktober 1723 in Zwickau,
† 10. April 1762 in Dresden
Altist und Bratscher im Großen Konzert

Der Sohn des Rechenmeisters Burkhard Trobisch und dessen Ehefrau Johanne Marie, geb. Wetzel, studierte an der Leipziger Universität, immatrikuliert am 21. Mai 1743. ♦ Er wurde 1748 Substitut des Kantors Christian Umblaufft (Umlauf) in Schneeberg und war von 1753 bis zu seinem Tod Kantor an der Annenkirche in Dresden. 1755 bewarb er sich erfolglos um das Kantorat der Dresdner Kreuzkirche (die Stelle bekam Gottfried August Homilius) und 1756 neben → J. Chr. Kessel wiederum erfolglos um die Nachfolge → J. Fr. Doles als Kantor in Freiberg/Sa.
WERKE: Kantate f. Chor u. Orch. *Wirf dein Anliegen*. LITERATUR: MGG I; Vollhardt; G. Schünemann: Die Bewerber um das Freiberger Kantorat. QUELLEN: Riemer; PfA Zwickau: KB.

|15 **Wentzel**,
Violoncello
Cellist im Großen Konzert

Möglicherweise handelt es sich um: Gotthard Wenzel aus Bärenstein/Erzgebirge. Da die Kirchenbücher von Bärenstein 1738 bei einem Brand vernichtet worden sind, läßt sich kein Geburtsdatum ermitteln. Er studierte an der Leipziger Universität, immatrikuliert am 12. September 1740. ♦ Von

»Ranstädter Thor« und Komödienhaus, kolorierter Kupferstich von Carl Benjamin Schwarz, 1784

1749 bis zu seinem Tod 1757 war er Organist in Auerbach. In den dortigen Kirchenbüchern findet sich kein Eintrag zum Tod.[5]

WERKE: »2 Concerte f. 2 Viole d'amour u. a. Instr., die im Hds-Kataloge 1761 von Breitkopf angezeigt werden. Im Kat. 1771 werden 1 Konzert f. Vcl. Solo u. B. und eins für Vcl. mit 2 V. Va. u. B. in E dur, mit Wenzel gez., angezeigt. Beide letzteren Konzerte besitzt die Stb. Bibl. in Berlin in Ms. 22012 u. 23012 in K. auch nur mit Wenzel gezeichnet. Auch in der B. Brüssel Cons. befindet sich 1 Violoncell-Konzert in D, begleitet von 2 V. Va. B. u. 2 Hörner. Ms. Stb., mit Joh. Wenzel gez.« (Eitner)

LITERATUR: Eitner; Erler; Vollhardt. QUELLEN: Riemer.

|16 **Cic[h]orius, Friedrich August**
Violoncello
* 11. Juni 1723 in Frohburg,
† 15. Juni 1753 in Frohburg
Cellist im Großen Konzert

Sein Vater Friedrich August Cichorius war von 1719 bis 1760 Kantor in Frohburg. Er (der Sohn) studierte an der Leipziger Universität, immatrikuliert am 12. Juni 1745. Im Frohburger Sterbeeintrag heißt es: »Friedrich August Cichorius, studiosus juris, Hr. Cantoris allhier ältester Sohn, starb allhier beÿ seinen Eltern den 15.ten Junii und wurde den 17.ten darauf mit einer Leichenpredigt und Abdankung christ*lich* beerdigt aetate 30 Jahr und 4 Tage.« ◆ Sein Bruder Carl August Cichorius (*1734) war später in Großzschocher Schullehrer und Organist. Dessen Sohn Friedrich August Cichorius (*1763) war Kustos der Nikolaikirche und hatte fünf Kinder, von denen der Sohn August Cichorius (*1790) Magister und Prediger an der Thomaskirche wurde, der Sohn Friedrich Cichorius (*1793) Famulus an der Nikolaikirche. Carl Immanuel Cichorius, ein anderer Sohn von Carl August Cichorius, war wie sein Vater Schullehrer und Organist in Großzschocher; dessen Sohn Friedrich Ludwig Cichorius wurde Kustos der Peterskirche. Bis zum Ende des 19. Jahrhunderts taucht der Name Cichorius immer wieder bei Angestellten der Leipziger Kirchen auf.

5 Auskunft des Pfarramtes Auerbach.

LITERATUR: Erler; Vollhardt. QUELLEN: Riemer; PfA Frohburg: KB; KAL: Forschungsergebnisse Cichorius.

|17 **Funcke**,
Kontrabass
Kontrabassist im Großen Konzert

QUELLEN: Riemer.

|18 **Cunis [Kunis], Johann Wilhelm**
Kontrabass
* 25. Juni 1726 in Kölleda,
☐ 6. April 1796 in Frankenhausen
Kontrabassist im Großen Konzert

Der Sohn von Johann Jacob Cunis, Baccalaureus, »Organaedus et Collaborator in Cölleda« (Taufeintrag), war Thomasalumne vom 19. Mai 1741 bis 6. Juni 1747 und studierte dann an der Leipziger Universität, immatrikuliert am 6. Juni 1747. ◆ Von 1749 bis 1757 war er Kantor in Kölleda, »hielt d*en* 18.10.1756 [erfolglos] um das erledigte Kantorat der [Leipziger] Nicolaischule an« (Album Alumnorum) und war dann bis zu seinem Tod Kantor und Musikdirektor an der Unterkirche in Frankenhausen.

WERKE: E. Schönau berichtet von einem Frankenhäuser Collegium musicum, »welches öfter Compositionen von ihm brachte« und einer Kantate, aufgeführt anläßlich eines Friedensfestes am 10. April 1763. LITERATUR: Erler; E. Schönau: Geschichte der Unterkirche zu Frankenhausen. QUELLEN: Riemer; PfA Bad Frankenhausen: KB; Archiv Thomasalumnat: Album Alumnorum Scholae Lipsiensis.

|19 **Landvoigt, Johann August**
Flöte
* 9. November 1715 in Gaschwitz,
~ 10. November 1715 in Leipzig,
☐ 16. Februar 1766 in Marienberg/Erzgebirge
1. Flötist im Großen Konzert

Er ist der Sohn von Johann August Landvoigt, »Kunst- u*nd* Lustgärtner« (Taufeintrag), »Hortulanus« (Album Alumnorum), und dessen Ehefrau Dorothea, geb. Schiel. Ab 1730 war er externer Schüler, ab 9. Juli 1731 Alumne der Thomasschule und studierte dann an der Leipziger Universität, immatrikuliert am 7. Mai 1737. Er gehörte um 1740 zum Schülerkreis von Johann Christoph Gottsched und ist von 1753 bis 1755 als Notar in Leipzig nachweisbar. Im Leipziger Adreßbuch 1755 wird er unter den Ehrenmitgliedern der »Gesellschaft der freyen Künste« als »Jur*is* Prac*ticus*« genannt. Er ging als Akzisekommissar nach Marienberg/Erzgebirge, wo er starb als »Kurfürstlicher durchlauchter zu Sachsen wohlbestallter General-Akziskommisär im erzgebürgischen Kreyse.« (Sterbeeintrag) ◆ Er war ab 1758 verheiratet mit Friederike Sophie Schlegel, einer Nachkommin Lucas Cranach d. Ä. und Tante von August Wilhelm und Friedrich Schlegel.

WERKE: Textdichter der verschollenen Bach-Kantate *Thomana saß annoch betrübt* BWV Anh. 19. LITERATUR: AB 1753 u. 1755; Erler; Schering; Bach-Dokumente Bd. I; Hofpfalzgrafen-Register. QUELLEN: Riemer; Archiv Thomasalumnat: Album Alumnorum Scholae Lipsiensis; KAL: TrR St. Thomas; PfA Marienberg: KB.

|20 Kirchhoff, Johann Friedrich
Oboe, Flöte
* 8. August 1705 in Bitterfeld, † 17. Mai 1769 in Leipzig
1. Oboist und Flötist im Großen Konzert

Er ist der Sohn von Christian Friedrich Kirchhoff, »Stadtmusici« (Taufeintrag) in Bitterfeld, und dessen Ehefrau Marie Elisabeth. ◆ In dem Protokoll zur Neubesetzung einer vakanten Stadtpfeiferstelle vom 7. November 1737 heißt es: »… 1 [→] Heinrich Christian Beyer ein hiesiger Kunstgeiger, welcher aber bey der Probe nicht wohl bestanden; 2 Johann Friedrich Kirchhoff, hätte einige Jahre in Dreßden sich aufgehalten und nach des Cantoris, Bachs relation bey der Probe ganz gut bestanden, dass er vermeinete, wenn er ins völlige Exercitium käme, er sich vollends perfectioniren dürffte …« (Bach-Dokumente)
Stadtpfeifer von 1737 bis zu seinem Tod.

LITERATUR: Schering; Bach-Dokumente Bd. II. QUELLEN: Riemer; PfA Bitterfeld: KB; StadtAL: Leichenbücher/Leichenschreiberei.

|21 Oschatz, Johann Christian
Oboe, Flöte, Trompete
† 10. Januar 1762 in Leipzig, 51 Jahre alt[6]
2. Oboist, Flötist und Trompeter im Großen Konzert

In seinem Aufgebotseintrag von 1742 in Freiberg/Sa. heißt es, er sei der Sohn von Nicolai Jacobi Oschatz, »gewesener Stadtmusicus wie auch Bürger und Gastwirth in Coßwig«.
Kunstgeiger von 1738 bis 1747, Stadtpfeifer von 1747 bis zu seinem Tod.

LITERATUR: Schering; Bach-Dokumente Bd. I. QUELLEN: Riemer; KAL: TrB St. Nikolai; Kirchgemeindeverband Freiberg/Sa.: TrB St. Nikolai; StadtAL: Leichenbücher/Leichenschreiberei.

|22 Siegler, Philipp Christoph
Fagott
* 1. März 1709 in Magdeburg
Fagottist im Großen Konzert

Der Sohn eines »Typographen« (Album Alumnorum) verließ wegen drohender Soldatenwerbung seine Heimatstadt und bewarb sich am 2. Mai 1726 unter Berufung darauf, daß er seit langem die »Music exerciret« (Bach-Dokumente) und mit Singen sein Brot verdient habe, um Aufnahme ins Thomasalumnat. Dort blieb er vom 9. Mai 1726 bis 1732 und studierte an der Leipziger Universität, immatrikuliert am 16. Oktober 1729.

LITERATUR: Erler; Bach-Dokumente Bd. I. QUELLEN: Riemer; Archiv Thomasalumnat: Album Alumnorum Scholae Lipsiensis.

|23 Pörschmann,
Fagott, Flöte
Fagottist und 2. Flötist im Großen Konzert

Schering identifiziert ihn als den Instrumenten- und Pfeifenmacher Johann Pörschmann, * um 1680 in Wittenberg, † 27. Juli 1757 in Leipzig. Dieser ist der Vater von → J. G. Pörschmann. In → J. S. Riemers *Tabula Musicorum der Löbl. großen Concert-Gesellschaft. 1746.47.48.* ist vermerkt: »Pörschmann (concert.)«, was bedeuten würde, daß er auch solistisch auftrat. In Anbetracht seines Alters ist das eher unwahrscheinlich. Vermutlich handelt es sich um → J. G. Pörschmann.

LITERATUR: MGG I; Schering. QUELLEN: Riemer.

Johann Adam Hiller, porträtiert von Anton Graff, Öl auf Leinwand, 1774

---

[6] Die Kirchenbücher von Coswig für die Zeit vor 1757 sind verschollen, so daß kein Geburtsdatum ermittelt werden konnte.

|24 **Voigt**,
Fagott
Fagottist im Großen Konzert
QUELLEN: Riemer.

|25 **Riemer** [Rühmer], **Johann Salomon**
Horn, Viola, Pauke
* 10. Dezember 1702 in Otterwisch,
† 9. Dezember 1771 in Leipzig
1. Hornist, Bratscher, Pauker und Notenkopist
im Großen Konzert

Der Sohn von Christoph Rühmer, Schulmeister in Otterwisch, und dessen Ehefrau Maria, geb. Bayer, war Thomasalumne vom 8. Juni 1716 bis 1723 und studierte dann an der Leipziger Universität, immatrikuliert am 28. Juni 1724. In den Leipziger Adreßbüchern wird er 1764 unter den »Famuli jurati (Pedellen)« und 1768 und 1769 unter den »Nuncii jurati (Pedellen)« als »Notarius publicus juratus« genannt. In seiner Chronik bezeichnet er sich als »Misnensis Juris Utriusque Candidatus et Academiae Famulus juratus«. ◆ Seine als Manuskript vorliegende Chronik *Andere Fortsetzung des Leipzigischen Jahr-Buchs so ehemals von Herr Mag. Vogeln aufgeschrieben und heraus gegeben worden, nunmehro aber von 1714 fernerweit bis 17. allhier continuiret wird ...* schließt unmittelbar an das *Leipzigische Geschicht-Buch* von Johann Jacob Vogel an und berichtet über die Jahre 1714 bis 1771. Der Chronik beigeheftet: *Tabula Musicorum der Löbl. großen Concert-Gesellschaft. 1746.47.48.*
LITERATUR: AB 1764, 1768 u. 1769; Dörffel; Schering; Otterwischer und Stockheimer Stammreihen und Leichenpredigten ..., bearb. v. D. Papsdorf. QUELLEN: Riemer; Archiv Thomasalumnat: Album Alumnorum Scholae Lipsiensis; PfA Otterwisch: KB.

|26 **Kessel, Johann Christoph**
Horn, Violine
~ 22. März 1722 in Suhl,
† 8. August 1798 in Freiberg/Sa. ◆ Onkel von
→ J. Fr. Chr. Kühn
2. Hornist und 2. Geiger im Großen Konzert

»Johann Christoph, Johann Caspar Keßels, Sart.⁷ Fil*ius*« (Taufeintrag) studierte an der Leipziger Universität, immatrikuliert am 12. Juni 1742.⁸ In seinem Bewerbungsschreiben um das Freiberger Kantorat vom 15. Dezember 1755 gab er an, während der 13 Jahre seines Leipziger Aufenthalts neben seinem Studium viel Musik gemacht und als Musiklehrer tätig gewesen zu sein, u. a. habe er auch die Söhne des Grafen Brühl unterrichtet. Bei der Nennung der Bewerber um dieses Amt, findet sich bei Vollhardt der Eintrag: »Joh. Christoph *Kessel*, Concert-Director in Leipzig«. ◆ Er war vom 8. März 1756 bis zu seinem Tod Stadtkantor in Freiberg/Sa. und als solcher auch Lehrer an der Stadtschule. Er war damit Nachfolger von → J. Fr. Doles, der in Leipzig Thomaskantor wurde. Um diese Stelle bewarb sich auch der Kantor der Dresdener Annenkirche → J. Fr. Drobisch.
LITERATUR: Erler; Vollhardt; F. V. Reinhard: De conjugenda cum tradenis philosophiae plactis eorundem historia; G. Schünemann: Die Bewerber um das Freiberger Kantorat. QUELLEN: Riemer; PfA St. Marien Suhl: KB.

---

7 Sart. könnte Sartor bedeuten, was mit Flickschneider zu übersetzen wäre.

8 Die Matrikel der Leipziger Universität verzeichnen einen Johann Friedrich Kessel aus Coburg dp (depositus) 22. VIII. 1744 und einen Johann Christoph Kessel aus Suhlau B. (Bavarus) i (inscriptus) 12. VI. 1742. Vollhardt nennt einen Joh. Christoph Kessel, »Concertdirector in Leipzig« als Bewerber um das Freiberger Kantorenamt und einen Johann Friedrich Kessel als dann gewählten Kantor.

|27 **Kornagel, Johann Gottfried**
Discant
† 11. September 1753 in Leipzig, 64 Jahre alt
Discantist im Großen Konzert

Kunstgeiger von 1719 bis zu seinem Tod.
LITERATUR: Schering; Bach-Dokumente Bd. I. QUELLEN: Riemer; StadtAL: Leichenbücher/Richterstube.

1751

|28 **Hiller, Johann Adam**
Flöte, Musikdirektor
* 25. Dezember 1728 in Wendisch-Ossig⁹ bei Görlitz,
† 16. Juni 1804 in Leipzig ◆ Vater von → Fr. A. Hiller
Mitglied von 1751 bis Ostern 1754
1. Flötist im Großen Konzert

Der Sohn des Schulmeisters und Gerichtsschreibers Johann Christoph Hüller [sic!] besuchte von 1740 bis 1745 das Gymnasium in Görlitz, wo er bereits in einem Collegium musicum mitwirkte und erste Kompositionen verfaßte. Er war dann Schreiber eines Ratskämmerers in Sprottau¹⁰ und 1746 für drei Monate Schreiber beim Kreissteuereinnehmer in Wurzen. Am 15. August 1746 wurde er in Dresden Schüler der Kreuzschule, wo er später Präfekt des Chores war und Unterricht hatte bei Gottfried August Homilius, dem Bach-Schüler und Organisten der Frauenkirche. Ab 1751 war er in Leipzig, wo er bis 1754 Jura studierte¹¹ und auch Vorlesungen bei Johann Christoph Gottsched und Christian Fürchtegott Gellert hörte. 1754 wurde er Hauslehrer beim Grafen Brühl von Martinskirchen in Dresden, einem jüngeren Bruder des Sächsischen Premierministers. Er kam zu Michaelis 1758 mit dessen Sohn Heinrich Adolph Graf von Brühl wieder nach Leipzig, wo er 1762 die durch den Siebenjährigen Krieg unterbrochenen Konzerte zunächst auf eigenes Risiko wieder belebte. ◆ 1782 reiste er mit den Schwestern Thekla und Marianne Podleska zum Herzog von Kurland nach Mitau, wo sie am 18. Juli ankamen. Ob er die Reise zusammen mit → C. Tr. Hoffmann unternahm, ließ sich nicht feststellen. ◆ Er erhielt 1784 den Titel eines Herzoglich Kurländischen Kapellmeisters, legte 1785 alle Leipziger Ämter nieder und ging 1787 nach Breslau. 1789 kam er wieder nach Leipzig und wurde Thomaskantor für → J. Fr. Doles (von 1789 bis zu dessen Tod 1797 zunächst nur als sein Adjunkt).
Musikdirektor beim Großen Konzert von 1763 bis vermutlich 1775; Musikdirektor der Gewandhauskonzerte von 1781 bis 1785 ◆ Musikdirektor der Universitätskirche von 1779 (1778 berufen) bis 1785; Organist und Musikdirektor der Matthäikirche von 1784 (1783 berufen) bis 1785.
WERKE: Zahlreiche Singspiele, Kantaten u. a. Vokalwerke, Orchesterwerke u. Kammermusik; Bearbeitungen zahlreicher Werke v. Pergolesi, Homilius, Benda, Händel, Haydn, Grétry, Graun, Mozart u. a.; zahlreiche Abhandlungen, Übersetzungen, Schulwerke (darunter mehrere Gesangsschulen); Herausgeber der ersten modernen Musikzeitschrift *Wöchentliche Nachrichten und Anmerkungen, die Musik betreffend* und *Lebensbeschreibungen berühmter Musikgelehrter u. Tonkünstler neuerer Zeit* (enthält seine Autobiographie). LITERATUR: Gerber I; MGG I; Schering; F. C. Baumeister: Verzeichnis aller derjenigen Studirenden, so unter meiner Rectorats-Verwaltung ... des Görlitzischen Gymnasii sich als Zuhörer befunden ... haben; Johann Adam Hiller, hrsg. v. C. Böhm; Leipziger gelehrtes Tagebuch. 1804; Die Matrikel der Kreuzschule.

---

9 Heute Osiek Luzicki (Polen).

10 Heute Szprotawa (Polen).

11 Bei Erler in den Matrikeln der Leipziger Universität nicht genannt.

1753

|29 Göpfert [Göpfart], Carl Gottlieb
Violine
* 3. August 1734 in Weesenstein bei Dresden,
† 3. Oktober 1798 in Weimar
Mitglied von 1753 bis 1769
1. Geiger und Vorspieler (Konzertmeister) im Großen Konzert

Er ist der Sohn des Weesensteiner Kantors Johann Gottlieb Göpfert. Dieser war als »Chori Musici Director« (Taufeintrag) nicht bei der Kirche angestellt, sondern beim Dresdner Hof und gehörte 1744 neben → J. Fr. Doles zu den Bewerbern um das Freiberger Kantorenamt. Carl Gottlieb war ab dem 22. April 1748 Schüler der Kreuzschule in Dresden, wo → J. A. Hiller einer seiner Mitschüler war, und studierte dann an der Leipziger Universität Jura, immatrikuliert am 20. Juni 1753. Neben seiner Tätigkeit im Großen Konzert war er auch »Director und Vorspieler« (Schering) im Richterschen Konzert. ◆ 1769 ging er für ein Jahr nach Berlin und Potsdam, wollte dann nach London, wurde aber »beim passieren von Weimar von der Herzogin Anna Amalia erst für ein halbes Jahr, sodann dauernd [ab 31. Juli 1770] als Konzertmeister festgehalten« (Wasielewski) und »unter sehr annehmlichen Bedingungen« (Bernsdorf) an der Hofkapelle angestellt. Lehrer von → C. G. Berger.

WERKE: 6 Violin-Polonaisen, die »zu spielen nicht jedermanns Ding ist« (Gerber) und »damals für ungeheuer schwierig gehalten wurden« (Bernsdorf). LITERATUR: Gerber I; Bernsdorf; Nösselt; Schering; Vollhardt; W. Huschke: Musik im klassischen und nachklassischen Weimar. 1756–1861; Die Matrikel der Kreuzschule; W. J. v. Wasielewski: Die Violine und ihre Meister. QUELLEN: PfA Burckhardswalde: KB Schloßkapelle Weesenstein.

1754

|30 Tromlitz, Johann Georg
Flöte
* 8. November 1725 in Reinsdorf[12] bei Artern,
† 4. Februar 1805 in Leipzig
Mitglied von 1754 bis 1776
1. Flötist im Großen Konzert für → J. A. Hiller

Der Sohn des gleichnamigen »Königlich Polnischen und Chursächsischen Grenadiers« (Taufeintrag) besuchte die Schule in Gera, studierte dann an der Leipziger Universität, immatrikuliert am 10. Oktober 1750 und schloß das Studium mit dem Abschluß als öffentlicher Notar ab. ◆ Er schied wegen »zunehmender Leibesschwachheit« (Schering) aus und war danach als erfolgreicher Lehrer und Flötenbauer tätig. ◆ Im Leichenbuch wurde vermerkt: »Ein Mann 79 Jahr, Herr Georg Christian [sic!] Tromlitz, Notarius Publicus Caesareus und Musikmeister, auf der Hintergasse ist am 4.2.1805 gestorben, und 4 Tage später beerdigt worden.« In der anonym verfaßten »Nachricht über das Ableben von Tromlitz« in der *Allgemeinen Musikalischen Zeitung* heißt es: »Als Mensch kennen wir ihn als einen ordentlichen, strengen, achtungswerten, wenn auch hitzigen und etwas kampfeslustigen Charakter.« ◆ Er ist der Urgroßvater von Clara Schumann, geb. Wieck.

WERKE: Trois Concerts à Flute Traversiere Solo, Deux Violons, Taille et Basse op. 1; 3 Sonaten f. Fortepiano u. Flöte; 3 Sonaten f. Klavier u. obligate Flöte; Kurze Abhandlung vom Flötenblasen. Leipzig 1786; Der ausführliche und gründliche Unterricht, die Flöte zu blasen. Leipzig 1791; Über die Flöte mit mehreren Klappen. Leipzig 1800. LITERATUR: Gerber I; *Allgemeine Musikalische Zeitung.* 1805; Fr. Demmler: J. G. Tromlitz. Ein Beitrag zur Entwicklung der Flöte und des Flötenspiels. QUELLEN: StadtAL: Ratsleichenbücher.

1756

|31 Häser, Johann Georg
Violine, Viola
* 11. Oktober 1729 in Gersdorf bei Görlitz,
† 15. März 1809 in Leipzig ◆ Vater von → J. Fr. Häser
Mitglied von 1756 (Nösselt) bis 1800, nach seiner Pensionierung noch bis Ostern 1806 im Konzert tätig ◆ Hauptbegründer des Orchester-Pensionsfonds
Geiger, von 1763 bis 1795 Vorspieler (Konzertmeister) im Großen Konzert, später im Gewandhauskonzert; ab 1795 nur noch im Theater Konzertmeister, von 1800 bis 1806 Erster Bratscher im Konzert für den verstorbenen → G. Fr. Hertel

Der Sohn von Gottlob Häser, »Häusler und Zimmermann« (Brückner) in Gersdorf, erhielt den ersten Musikunterricht bei dem Organisten Rönisch im nahegelegenen Reichenbach und besuchte das Lyzeum in Löbau[13] (Bernsdorf), wo er auch Unterricht bei dem Kantor und Lehrer Carl Friedrich Gössel[14] hatte. Später studierte er an der Leipziger Universität Jura, immatrikuliert am 22. April 1752. Seine Inskription wurde 50 Jahre später durch den Rektor der Universität erneuert: »zum Andenken seiner in Leipzig so tätig und rühmlich durchlebten 50 Jahre.« (Gerber) ◆ »Joh. Georg Häser kommt auf die Universität um die Rechte zu studieren, muß aber zu seiner Unterstützung seine musikalischen Talente anwenden« (Grenser, 1752); »Häser giebt sein Rechtsstudium auf, und widmet sich ganz der Musik« (Grenser, 1756); »Häser wird Anführer des großen Conzerts, und des Opernorchesters« (Grenser, 1763); »Häser wird beym großen Conzert im 3 Schwanensaal, unter [→ J. A.] Hillers und Zemischs Direktion, als erster Violinist und Vorspieler angestellt. Uebrigens waren noch 11 Geiger bey diesem Conzerte, 6 für jede Stimme.« (Grenser, 1763) ◆ Er ist der Vater von → J. Fr. Häser, Carl Georg Häser (* 1777, Sänger und Schauspieler u. a. in Würzburg und Wiesbaden), August Ferdinand Häser (* 1779, † 1844, Kirchenmusiker, Komponist, zuletzt Kirchenmusikdirektor in Weimar), Charlotte Henriette Häser (* 1784, † 1871, Sängerin in Dresden, Wien, Italien) und Christian Wilhelm Häser (Hofsänger in Stuttgart, Komponist von Vokalwerken).

Mitglied des »Ausschusses für Einstellungen und Entlassungen« ◆ Musikdirektor der Universitätskirche von 1786 bis zu seinem Tod.

LITERATUR: Dörffel Nr. 1; Bernsdorf; Erler; Gerber I; Grenser; MGG I; Riemann I u. II; Schering; Brückner: Ortsgeschichte von Gersdorf bei Reichenbach O/L.

---

12 Angabe nach Dettling, abweichend davon Riemann (8. Januar 1725 in Reinsdorf), Eitner und → C. F. Becker (9. Februar 1726 in Schloß Heldrungen), Gerber und Leipziger gelehrtes Tagebuch von 1805 (bei Gera).

13 Die im Löbauer Stadtarchiv aufbewahrten Schultabellen enden 1746; in diesen findet sich der Name Häser nicht.

14 Er wurde 1752 Kantor und Lehrer am Zittauer Gymnasium und ist damit auch der Lehrer von → G. B. Flaschner, → J. Ph. Gutsch, → S. G. Jütner, → J. Chr. Müller und → J. G. Schicht.

|32 **Berger, Carl Gottlieb**
Violine
* 8. Juni 1735 in Ulbersdorf[15]/Sächsische Schweiz,
† 15. Januar 1812 in Leipzig
Mitglied von 1756 bis 1807, nach seiner Pensionierung noch bis 1810 im Konzert tätig ♦ Mitbegründer des Orchester-Pensionsfonds
1. Geiger, ab 1769 Vorspieler (Konzertmeister) für den ausgeschiedenen → C. G. Göpfert

Der Sohn von Gottfried Berger, »Lud*imagister* et Org*anista*« (Taufeintrag) in Ulbersdorf, war in Dresden Schüler der Kreuzschule[16] und besuchte ab 8. Juni 1748 das Gymnasium in Bautzen, wo er auch Unterricht bei dem Kantor und Lehrer Johann Heinrich Gössel[17] hatte. Er studierte dann an der Leipziger Universität, immatrikuliert am 4. Oktober 1756, und nahm Geigenunterricht bei → C. G. Göpfert. ♦ Er ist nicht verwandt mit → J. Fr. Berger. Beide kannten sich vom Gymnasium in Bautzen, hatten eine Kasse, eine Wohnung, setzten sich gegenseitig als Erben ein und schwuren, niemals zu heiraten. ♦ Die Quartette Haydns und Mozarts »wurden [vor 1786] einen Abend jeder Woche des Winterhalbjahres im Haus des Kunsthändlers Rost[18] von den beiden [C. G. und → J. Fr.] Berger, [→ J. G.] Schicht und [→ G. Fr.] Hertel, und in möglichster Vollendung, vor einem erwählten Kreise der ausgezeichnetsten Männer der Stadt vorgetragen.« (Rochlitz) ♦ Bei seinem Tod wurde er als »Academicus« bezeichnet. (Leichenbuch) Kassierer des Orchester-Pensionsfonds von dessen Gründung bis 1801; Mitglied des »Ausschusses für Einstellungen und Entlassungen«.

LITERATUR: Dörffel Nr. 2; Eitner; Erler; Gerber I; Nösselt; Schering; Vollhardt; H. Biehle: Musikgeschichte von Bautzen bis zum Anfang des 19. Jahrhunderts; Die Matrikel der Kreuzschule; F. Rochlitz: Für Freunde der Tonkunst. QUELLEN: PfA Lichtenhain: KB Ulbersdorf; StadtA Bautzen: Schülerverzeichnis des Bautzener Gymnasiums 1642-1834; StadtAL: Leichenbücher/Leichenschreiberei.

1757

|33 **Berger, Johann Friedrich**
Violoncello
* 12. Oktober 1732 in Neudorf Sohland/Oberlausitz,
□ 25. April 1786 in Leipzig
Mitglied von 1757 bis zu seinem Tod
Erster Cellist im Großen Konzert und später im Gewandhauskonzert

....

15 Bei dem in der Literatur angegebenen Geburtsort Olmarsdorf bei Pirna handelt es sich offensichtlich um eine durch mündliche Überlieferung entstandene Entstellung des Ortsnamens.

16 Angabe nach Rochlitz; die gedruckten Matrikel der Kreuzschule verzeichnen nur zwei Berger aus Ulbersdorf: Carl Gottfried, aufgenommen am 18. November 1747 und Johann Gottfried, aufgenommen am 11. Juli 1737. Es gab zwar den Kreuzschüler Carl Gottlieb Berger, dieser stammte jedoch aus Dresden und war bei seiner Aufnahme 1759 zwölf Jahre alt.

17 Er ist der Vater von Carl Friedrich Gössel, der ab 1747 Kantor in Löbau und Lehrer von → J. G. Häser war und nach 1752 Kantor in Zittau und Lehrer von → G. B. Flaschner, → J. Ph. Gutsch, → S. G. Jütner, → J. Chr. Müller und → J. G. Schicht.

18 Kaufmann Carl Christian Heinrich Rost (* 1742, † 1798); er handelte mit Abgüssen antiker Werke, war von 1786 bis 1793 Mitglied der Gewandhaus-Konzertdirektion, übersetzte u. a. Schauspiele aus dem Englischen und war Textdichter für → J. G. Schicht.

Der Sohn eines »Gärthners und Leinewebers in Neudorf« (Taufeintrag) besuchte ab 12. August 1748 das Gymnasium in Bautzen, wo er auch Unterricht bei dem Kantor und Lehrer Johann Heinrich Gössel[19] hatte. Später studierte er an der Leipziger Universität Jura, immatrikuliert am 27. Mai 1757. ♦ Er ist nicht verwandt mit → C. G. Berger. Beide kannten sich vom Gymnasium in Bautzen, hatten eine Kasse, eine Wohnung, setzten sich gegenseitig als Erben ein und schwuren, niemals zu heiraten. ♦ Die Quartette Haydns und Mozarts »wurden [vor 1786] einen Abend jeder Woche des Winterhalbjahres im Haus des Kunsthändlers Rost[20] von den beiden [J. Fr. und → C. G.] Berger, [→ J. G.] Schicht und [→ G. Fr.] Hertel, und in möglichster Vollendung, vor einem erwählten Kreise der ausgezeichnetsten Männer der Stadt vorgetragen.« (Rochlitz) ♦ »Eine ledige Mannsperson 54 Jahre H*err* Johann Friedrich Berger, Stud*iosus* juris, aus Sohland in der Niederlausitz« (Leichenbuch); »den 25. April war der Begräbnistag des verstorbenen Orchestermitglieds Johann Friedrich Bergers. Seine musikalischen Freunde, welche ihm ein Grabgedicht widmeten, waren: [→ J. C. L.] Bauer, M*agister* [→ G. Fr.] Baumgärtel, [→ C. G.] Berger, [→ C. Fr. S.] Brötler, [→ C. G.] Buchenthal, Engel, [→ G. B.] Flaschner, [→ J. Fr.] Fleischhauer, [→ J. G.] Geissler, Gestewitz, [→ J. Ph.] Gutsch, [→ J. G.] Häser, [→ G. Fr.] Hertel, [→ J. G.] Herzog, [→ C. Fr.] Hübler, [→ G. G.] Hunger, [→ C. A.] Jonne, [→ S. G.] Jüttner, [→ J. Chr.] Krausch, Ludewig, [→ G.] Martini, [→ J. Chr.] Müller, Röder, [→ J. W.] Ruhe, [→ J. G.] Schicht, [→ J. H.] Siebeck, [→ H. Fr.] Ströbel, [→ C. G. W.] Wach, Wagner, Werndt, [→ J. Chr.] Wünsch, Zitzmann.« (Grenser, 1786)

LITERATUR: Dörffel Nr. 205; Eitner; Erler; Gerber I; Nösselt; Schering; Vollhardt; H. Biehle: Musikgeschichte von Bautzen bis zum Anfang des 19. Jahrhunderts; F. Rochlitz: Für Freunde der Tonkunst. QUELLEN: PfA Sohland: KB; StadtA Bautzen: Schülerverzeichnis des Bautzener Gymnasiums 1642-1834; StadtAL: Leichenbücher/Leichenschreiberei.

1763

|34 **Löhlein [Lelei], Georg Simon**
Violine, Cembalo/Fortepiano, Musikdirektor
~ 16. Juli 1725 in Neustadt a. d. Haide,
† 16. Dezember 1781 in Danzig
Mitglied von 1763 bis 1778 (letzte Erwähnung)
1. Geiger und Klaviersolist im Großen Konzert, Musikdirektor des Großen Konzerts von 1771 bis 1775

Er wurde wegen seines hohen Wuchses 16jährig auf einer Reise nach Kopenhagen in Potsdam von preußischen Werbern aufgegriffen. Er nahm dann als Soldat an mehreren Schlachten teil und »wurde in der Schlacht bei Collin[21] unter den Todten gelassen. Die Kaiserlichen aber, die noch einiges Leben bei ihm spürten, brachten ihn in ein Hospital.« (Bernsdorf) Er studierte an der Jenaer Universität, immatrikuliert am 25. Mai 1758, wurde dort 1761 Akademischer Musikdirektor und Leiter eines Collegium musicum. Nach dem Ende des Siebenjährigen Krieges studierte er an der Leipziger Universität, immatrikuliert am 14. Juli 1763. Als erfolgreicher Pädago-

....

19 Wie 17.

20 Kaufmann Carl Christian Heinrich Rost (* 1742, † 1798); er handelte mit Abgüssen antiker Werke, war von 1786 bis 1793 Mitglied der Gewandhaus-Konzertdirektion, übersetzte u. a. Schauspiele aus dem Englischen und war Textdichter für → J. G. Schicht.

21 Schlacht bei Kolin 1757; die Niederlage gegen die (kaiserlichen) österreichischen Truppen zwang Friedrich II. zum Rückzug aus Böhmen.

ge initiierte er 1764 ein wöchentliches Liebhaberkonzert, in dem fast alle Instrumente von seinen Schülern besetzt wurden. ♦ Obwohl → J. A. Hiller vermutlich bis 1775 Musikdirektor beim Großen Konzert war, meint → Chr. G. Thomas: »Der Musikdirektor dieser Concerte nannte sich Löhlein, der ein ganz erträglicher Componiste dasiger Zeit war.« ♦ Anfang 1781 ging er als städtischer Musikdirektor nach Danzig.

WERKE: Klavierschule, 1765; Violinschule, 1774; Manuskripte mit dem italienisierten Namen Lelei, von denen sich nach Schering einige in der Bibliothek der Thomasschule befunden haben sollen, wären ihm zuzuschreiben. LITERATUR: Gerber I; Bernsdorf; Nösselt; Riemann I; Schering; F. v. Glasenapp: Georg Simon Löhlein; C. G. Thomas: *Unpartheiische Kritik der vorzüglichsten seit drey Jahren allhier zu Leipzig aufgeführten und fernerhin aufzuführenden Concerte und Opern ...*

|35 Hunger [Advokat Hunger], **Gottlob Gottwald**
Flöte, Cembalo/Fortepiano
* 28. März 1741 in Dorfschellenberg bei Augustusburg,
† 22. April 1796 in Leipzig
1763 erstmals erwähnt, Mitglied bis 1768
Flötist und »Flügelspieler« neben → G. S. Löhlein im Großen Konzert

Er ist der Sohn des Dorfschellenberger Schulmeisters Christoph Friedrich Hunger und dessen Ehefrau Dorothea, geb. Schild. Ab 22. Juli 1756 war er Schüler der Landesschule Pforta und studierte dann an der Leipziger Universität Jura, immatrikuliert am 3. Juni 1762. Er erwarb 1768 die Advokatur und zog sich vom aktiven Musizieren zurück. ♦ Im Leipziger Adreßbuch 1787 wird er als »Accisinspector und Inspectionsactuarius« genannt. ♦ Sein 1746 geborener Bruder Gottlob Gotthold Hunger war ebenfalls Schüler der Landesschule Pforta, studierte ab 1765 in Leipzig und war von 1772 bis 1779 Organist in Taucha, später Kantor in Bibra. Einer seiner Taufpaten war der Vater des Geigenbauers und Ehrenmitgliedes → Chr. Fr. Hunger. Ein weiterer Bruder, Gottlob Lebrecht Hunger, war ab 1750 Kreuzschüler.

WERKE: Kompositionen f. Klavier; Observationes ad successionem feudalem in Saxonia electorali spectantes (Beobachtungen zur Lehensfolge in Kursachsen). 1767 (Diss.). LITERATUR: Gerber I; Erler; Schering; Vollhardt; Pförtner Stammbuch, hrsg. v. M. Hoffmann; Hofpfalzgrafen-Register; Leipziger gelehrtes Tagebuch. 1796; Die Matrikel der Kreuzschule. QUELLEN: PfA Schellenberg; TfR.

|36 Schröter, **Johann Friedrich**
Oboe
* September 1723 in Eilenburg,
† Juni 1810 in Kassel
1763 erwähnt
Oboist im Großen Konzert

Der älteste Sohn des Zinngießers Johann Peter Schröter war spätestens ab 1748 »Hautboist bey dem hohen Graf. Brühlschen Regi*ment*e« (Schwarz), welches in der Garnisonsstadt Guben in der Niederlausitz stationiert war. Das Brühlsche Infanterieregiment hatte Guben noch vor der preußischen Besetzung am 8. August 1756 verlassen und wurde nach der Kapitulation von Struppen am 16. Oktober aufgelöst. Er war dann bis zum Ende des Siebenjährigen Krieges als »kurfürstlich sächsischer und königlich polnischer Hofmusikus« (Schwarz) in Warschau und kam als Witwer mit seinen vier Kindern wieder nach Sachsen. ♦ Er unternahm mit seinen Kindern einige ausgedehnte Konzertreisen und war ab 1778 als Hofmusikus in Hessen-Hanauischen Diensten, nach der Verlegung des Hofes 1785 in Kassel. ♦ Er ist der Vater von Corona Schröter (*1751, †1802, Patenkind von Henriette Schmidt, der späteren Ehefrau von → J. A. Hiller, 1764 als Gesangssolistin für das Große Konzert verpflichtet), Johann Samuel Schröter (†1788, trat als Knabe wiederholt als Solosänger im Großen Konzert auf, 1782 in London Nachfolger von Johann Christian Bach als Musikmeister der Königin, ab 1786 Hofmusiker beim Prince of Wales), Johann Heinrich Schröter (*1762, Solist des Violinkonzertes von Dittersdorf im Großen Konzert 1770).

WERKE: 6 Duette f. Vl. u. Vc. LITERATUR: Nösselt; MGG I; F. J. Schwarz: »Ihr, werth des Beyfalls!«.

|37 Müller, **J. D.**
Viola da Gamba
Zwischen 1763 und 1768 erwähnt

Er war zuvor bei der Kapelle des Reichsgrafen Heinrich v. Brühl angestellt und kam wohl nach dessen Tod nach Leipzig. »Beym Orchester des Conzerts im 3 Schwanensaal waren ... für die Gambe Hr. J. D. Müller; für die Laute Hr. Kropfgans ...« (Grenser, 1763); »Das Orchester im Konzert besteht aus 24 Mann, nebst noch [→ J. A.] Hillern am Flügel ... Müller aus der Brühlschen Kapelle ist Gambist und Kropfgans eben daher, ist Lautenist.« (Grenser, 1765)

LITERATUR: Gerber I; Grenser; Nösselt.

|38 Kropfgans, **Johann d. J.**
Laute
* 13. Oktober 1708 in Breslau
Zwischen 1763 und 1768 erwähnt
Lautenist

Er war Schüler von Sylvius Leopold Weiß und wird bereits 1751 als Solist erwähnt. Er war bei der Kapelle des Reichsgrafen Heinrich v. Brühl angestellt und kam wohl nach dessen Tod nach Leipzig. »Beym Orchester des Conzerts im 3 Schwanensaal waren ... für die Gambe Hr. J. D. Müller; für die Laute Hr. Kropfgans ...« (Grenser, 1763); »Concert Donnerstags, den 5. April 1764. – Der berühmte Lautenspieler, Herr Kropfganz, und Herr Buz, Baßist in der Hofkapelle zu Dreßden, werden sich vor unserer Gesellschaft hören lassen ...« (Grenser, 1764); »Kropfgans wird beym großen Conzerte als Lautenist angestellt« (Grenser, 1764); »Das Orchester im Conzert besteht aus 24 Mann, nebst noch [→ J. A.] Hillern am Flügel ... Müller aus der Brühlschen Kapelle ist Gambist und Kropfgans eben daher, ist Lautenist.« (Grenser, 1765)

WERKE: 3 Concerti f. obligate Laute, Vl. u. Vc., c-moll, B-Dur, B-Dur; 2 Sonaten f. Laute, Vl. u. Vc., D-Dur; Sonatine zum Divertimento f. Laute, Vl. u. Vc., D-Dur; Trietto f. Laute, Vl. u. Vc., C-Dur; Divertimenti f. obligate Laute, Vl. u. Vc, B-Dur u. F-Dur; Trio f. konzertante Laute. LITERATUR: Gerber I; Grenser, Nösselt.

|39 Herzog, **Johann Gottlieb**
Flöte, Oboe
† 16. Januar 1794 in Leipzig, 77 Jahre alt
1763 erstmals erwähnt, Mitglied bis zu seinem Tod ♦ Mitbegründer des Orchester-Pensionsfonds
2. Flötist im Theater und bei den Extrakonzerten, auch als Oboist im Großen Konzert erwähnt (Schering), nach 1781 nicht mehr im Konzert tätig (Dörffel)

Er bewarb sich 1769 zusammen mit → J. M. Pfaffe und → J. G. Neubert um die Stadtpfeiferstelle des verstorbenen → J. Fr. Kirchhoff. In diesem Zusammenhang bescheinigte ihm → J. A. Hiller: »Auf Verlangen des hiesigen Stadtmusicus Hrn. Herzog bezeuge ich hiermit, daß mir von seinen guten Talenten in der Music, und von seiner vorzüglichen Geschicklichkeit auf der Oboe, Flauto traverso, Violin, Waldhorn und Trompete hinlänglich

Empfehlungsschreiben für Johann Gottlieb Herzog von Musikdirektor Johann Adam Hiller, Autograph, 16. Mai 1769

Proben bekannt sind, so daß ich kein Bedenken trage, zu versichern: es werde besagtem Hrn. Herzog auch auf anderen bey einem Stadtmusicus üblichen Instrumenten an der erforderlichen Geschicklichkeit keineswegs fehlen, und mir ein Vergnügen machen, denselben seinen hohen Patronen bestens zu empfehlen.« Bei dem Probespiel im August 1769 zwischen ihm und Pfaffe erhielt letzterer die Stelle.

Kunstgeiger von 1754 bis 1773, Stadtpfeifer von 1773 bis zu seinem Tod.

LITERATUR: Dörffel Nr. 17; Gerber I; Schering. QUELLEN: StadtAL: Tit. LXII S. 30 d – Riemer Bd. IV S. 1586 – Leichenbücher/Leichenschreiberei.

|40 **Jonne** [Jonne sen.], **Andreas Christoph**
Fagott, Kontrabass
† 24. Juni 1784 in Leipzig, 64 Jahre alt ♦ Vater von
→ C. A. Jonne und → Fr. G. Jonne
1763 erstmals erwähnt, Mitglied bis zu seinem Tod
Fagottist und Kontrabassist

Er kam mit dem »Prinz Gothaischen Regiment«[22] nach Leipzig und bewarb sich 1748 um die durch den Tod von → H. Chr. Beyer frei gewordene Kunstgeiger-Stelle. Im Ratsprotokoll vom 21. Dezember 1748 heißt es: »Es hätten sich zu dieser Station 3e angegeben, davon mann Zwey, deren mann habhafft werden können, Probe machen laßen, nehmlich [→] Johann Michael Pfaffen, bisherigen Geselln bey den StadtPfeiffern und Andreas Christoph Jonnen, Hautboisten untern Löblichen Prinz Gothaischen Regiment von welchen der Cantor Herr Bach berichtet, daß sie beyde in einigen Stücken ziemlich egal; was aber die beyden Kirchen Instrumenta, als die Violin und Hautbois zutractieren betreffe, So fände sich darinnen ein merklicher Unterschied, indem Jonne die Hautbois weit reiner und wohlklingender blase, auch die Violine mit mehr Fertigkeit als Pfaffe zu tractiren wiße.« (Bach-Dokumente)

Kunstgeiger vom 7. Januar 1749 bis 1763, Stadtpfeifer von 1763 bis zu seinem Tod.

LITERATUR: Gerber I; Schering; Bach-Dokumente Bd. II. QUELLEN: KAL: TfB St. Nicolai; StadtAL: Leichenbücher/Leichenschreiberei.

1765

|41 **Hertel, Gottlob Friedrich**
Viola, Musikdirektor
* 4. Dezember 1730 in Olbernhau/Erzgebirge,
† 15. November 1795 in Leipzig
1765 erstmals erwähnt, Mitglied bis zu seinem Tod ♦
Mitbegründer des Orchester-Pensionsfonds
Erster Bratscher im Großen Konzert, später im Gewandhauskonzert, Musikdirektor des Großen Konzerts von 1775 bis 1778 für → J. G. Löhlein[23] (Grenser)

Der Sohn von Johann Gottfried Hertel, »Chirurgus« (Taufeintrag), war Schüler am Freiberger Gymnasium[24] und somit auch Schüler von → J. Fr. Doles. Er studierte dann an der Leipziger Universität, immatrikuliert am 20. Juni 1754. ♦ »Zemisch giebt die Direktion des großen Conzerts auf. Löhlein giebt seinen Musikdirektorposten dabey auf. Zwey Kaufleute unternehmen aufs neue die Direktion und stellen den Musicus Hertel als Musikdirektor dabey an. Diese Unternehmung dauerte aber nur 2–3 Jahre.« (Grenser, 1775) Die Quartette Haydns und Mozarts »wurden [vor 1786] einen Abend jeder Woche des Winterhalbjahres im Haus des Kunsthändlers Rost[25] von den beiden [→ C. G. und J. Fr.] Berger, [→ J. G.] Schicht und Hertel, und in möglichster Vollendung, vor einem erwählten Kreise der ausgezeichnetsten Männer der Stadt vorgetragen.« (Rochlitz) ♦ Seine Tochter war eine Zeitlang als Sängerin im Konzert beschäftigt.

22 Das kursächsische Regiment »Prinz von Gotha« war längere Zeit in Leipzig stationiert und wurde 1749 um sechs Kompanien reduziert.

23 Vermutlich war bis 1775 → J. A. Hiller Musikdirektor des Großen Konzerts.

24 Nur im Schulprogramm von 1748 nachweisbar, in den Matrikeln nicht genannt.

25 Kaufmann Carl Christian Heinrich Rost (*1742, †1798); er handelte mit Abgüssen antiker Werke, war von 1786 bis 1793 Mitglied der Gewandhaus-Konzertdirektion, übersetzte u. a. Schauspiele aus dem Englischen und war Textdichter für → J. G. Schicht.

Eintragung zu den Angestellten für die Kirchen- und Stadtmusik im Leipziger Adreßbuch für das Jahr 1768

Mitglied des »Ausschusses für Einstellungen und Entlassungen« ♦ Organist der Reformierten Kirche von 1773 bis zu seinem Tod, als Nachfolger von Christian Ehregott Weinlig, dem Onkel des späteren Kreuz- und Thomaskantors Christian Theodor Weinlig.
LITERATUR: Dörffel Nr. 6; Gerber I; Grenser; Nösselt; Schering; F. Rochlitz: Für Freunde der Tonkunst; P. Weinmeister: Beiträge zur Geschichte der evangelisch-reformierten Gemeinde zu Leipzig 1700–1900. QUELLEN: Gymnasium Freiberg: Andreas-Möller-Bibliothek, Schulprogramm 1748; PfA Olbernhau: KB; StadtAL: Leichenbücher/Leichenschreiberei.

|42 **Gerber, Ernst Ludwig**
Violoncello
* 29. September 1746 in Sondershausen,
† 30. Juni 1819 in Sondershausen
Mitglied von 1765 bis 1768
Cellist im Großen Konzert und im Theater

Der Sohn des Bachschülers Heinrich Nikolaus Gerber, Hoforganist und Hofsekretär in Sondershausen, kam 1765 nach Leipzig und studierte an der Universität Jura, immatrikuliert am 22. April 1766. »1765[26] bezieht Ernst Ludwig Gerber von Sondershausen die Akademie um die Rechte zu studiren, und widmet seine übrige Zeit der Musik. Schon im ersten Vierteljahr hatte er im großen, im Gelehrten, im Richterschen und im Sammetschen Konzerte und im Komödien Orchester als Accessist Zutritt« (Grenser, 1765); »Im zweiten Vierteljahre erhielt er schon wegen der Komposizion einiger Ballette das Theater für immer frey, auch wurde er als Violoncellist an allen genannten Konzerten wirklich angestellt … Im ersten Konzerte was Gerber in Leipzig hörte, wurde ein Violonzellconzert vorgetragen (wahrscheinlich vom Gambist [→ J. D.] Müller oder von [→ J. Fr.] Berger?).« (Grenser, 1765) ♦ Nach dem Studium kehrte er zur Unterstützung seines kranken Vaters nach Sondershausen zurück und wurde 1775 dort Hofsekretär. Sein *Historisch-Biographisches Lexicon der Tonkünstler* entstand als Ergänzung der Biographien in Johann Gottfried Walthers *Musicalischem Lexicon* (1732) und unter Verwendung seiner hinterlassenen Korrekturen. Der Erfolg des Werkes veranlaßte ihn zu einer neuen vierbändigen Ausgabe. Seine umfangreiche Musikbibliothek verkaufte er an die Gesellschaft der Musikfreunde in Wien.
WERKE: Historisch-Biographisches Lexicon der Tonkünstler … Leipzig 1790 ff.; Neues historisch-biographisches Lexikon der Tonkünstler. Leipzig 1812–1814; franz. Ausgabe mit Ergänzungen durch Choron: Dict. Historique des Musiciens. Paris 1810/11 u. 1817; engl. Ausgabe: Dict. of musicians. London 1824 u. 1827. LITERATUR: Gerber I; Dörffel; Grenser; MGG I; Nösselt; Schering.

---

26 Abweichend von dem bei Erler genannten Immatrikulationsjahr.

1771

|43 **Thomas, Christian Gottfried**
Horn
* 1. Februar 1748 in Wehrsdorf/Oberlausitz,
† 12. September 1806 in Leipzig
Mitglied von 1771 bis 1785
1. Hornist im Großen Konzert, später im Gewandhauskonzert

Der Sohn aus der zweiten Ehe des Wehrsdorfer Schulmeisters Gottfried Thomas war ab 13. April 1763 sieben Jahre lang Schüler am Bautzener Gymnasium, wo er auch Unterricht bei dem Kantor und Lehrer Johann Heinrich Gössel[27] hatte. Er studierte an der Leipziger Universität Jura, immatri-

---

27 Er ist der Vater von Carl Friedrich Gössel, der ab 1747 Kantor in Löbau und Lehrer von → J. G. Häser war, 1752 als Kantor nach Zittau ging und dort der Lehrer von → G. B. Flaschner, → J. Ph. Gutsch, → S. G. Jütner, → J. Chr. Müller und → J. G. Schicht war.

Christian Gottfried Thomas als »Concertmeister«,
Karikatur von Johann Salomon Richter,
kolorierte Radierung, um 1790

weiter säumen …« (Dörffel) ♦ Er führte einen Rechtsstreit mit der Universität und der Stadt Leipzig, wegen eines in der anonymen Schrift *Neue Heringe* erschienenen Pasquilles und der Herausgabe eines *Extract aus dem Codice Augusteo derjenigen Mandate, Rescripte und Constitutionen, die über anonymische Bücher, Schmähschriften und Pasquille ergangen sind*. Im Nachruf des Leipziger gelehrten Tagebuchs heißt es: »So viel Eifer ihn aber auch für seine Kunst beseelte, so beförderte sie doch, da er etwas eigensinnig war, sein äußeres Glück so wenig, dass die Worte aus einem alten Kirchenliede zur Grabschrift für ihn sehr passend angewendet werden könnten: Hab' viel gelitten; Mich müd' gestritten.«

WERKE: Vokalwerke; Kantate *Die Feyer der Auferstehung des Erlösers*; *Praktische Beyträge zur Geschichte der Musik, musikalischen Literatur und gemeinen Resten bestehend vorzüglich in der Einrichtung eines öffentlichen allgemeinen und ächten Verlages musikalischer Manuscripte*. Leipzig 1778; *Unpartheiische Kritik der vorzüglichsten seit drey Jahren allhier zu Leipzig aufgeführten und fernerhin aufzuführenden Concerte und Opern* … Leipzig 1798; *Musikalisch kritische Zeitschrift*. Leipzig 1805. LITERATUR: Schering; Dörffel; MGG I; Riemann II; Vollhardt; Leipziger gelehrtes Tagebuch. 1806; G. F. Otto: *Lexicon der seit dem fünfzehenden Jahrhunderte verstorbenen und jetzt lebenden Oberlausitzischen Schriftsteller und Künstler*. QUELLEN: PfA Wehrsdorf: KB; StadtA Bautzen: Schülerverzeichnis des Bautzener Gymnasiums 1642-1834; Staatsarchiv Hamburg: Hamburger Künstler-Lexikon (Gaedechens).

kuliert am 16. Juni 1770[28], gab das Studium jedoch bald wieder auf. 1776 eröffnete er einen Musikalienhandel, den er selbst definierte als »einen öffentlichen Ort, wo Musik-Autores ihre Arbeiten in Manuscripten niederlegen und selbige unter meiner Aufsicht und Direktion in und an auswärtigen Orten durch Commision in Abschriften verkaufen lassen«. (Schering) Dort war u.a. auch → C. G. W. Wach als Kopist für ihn tätig. Ab 1782 trat er auch als eigener Konzertunternehmer in Erscheinung. ♦ Nach 1785 führten ihn Reisen nach Breslau, Berlin, Prag und in zahlreiche Städte Mittel-, Nord- und Ostdeutschlands. Ab 1789 war er in Hamburg, und »führte hier eine Zeitlang in mehreren Konzerten Stücke seiner Kompositionen auf, wodurch er sich nach und nach das Zutrauen des Publikums in solchem Grade erwarb, dass er als Nachfolger Bachs in den Wahlaufsatz gelangte«. (Gaedechens) 1791 ließ er sich wieder in Leipzig nieder und schrieb sich nochmals an der Universität ein als »der Rechtsgelahrtheit Candidat« (Schering), immatrikuliert am 9. Mai 1791. Am 9. April 1797 bewarb er sich um die Stelle des verstorbenen 1. Geigers → J. Chr. Müller und schrieb an das Orchester-Institut, daß er dies schon früher habe tun wollen, es aber unterlassen habe, weil ihm bekannt geworden sei, daß → E. F. Villaret um diese Stelle nachgesucht hätte. »›Da denn nun aber gedachter Vilarett sich vor einigen Wochen von hier entfernt, und man muthmasset, dass er vielleicht gar nicht wiederkommen dürfte‹, so wolle er keinen Augenblick

---

[28] Die Immatrikulationen wurden in dieser Zeit oft erst später notiert. Dies erklärt den fehlenden Immatrikulationseintrag bei Erler, der nur die Deposition nennt: Thomas, Christ. Gottfried Wersdorf. Lus. dp. 16. VI. 1770, i 9. V. 1791.

1772

|44 Türk, Daniel Gottlob
Violine
* 10. August 1750 in Claußnitz bei Chemnitz,
† 26. August 1813 in Halle/S.
Mitglied von 1772 bis 1776
Geiger im Großen Konzert und im Theater

Er ist der Sohn des Strumpfwirkers und »gräf*lich*-schönburgischen Musicus instrumentalis« (MGG I) Daniel Türk. Ersten Violinunterricht erhielt er vom Vater, ab 5. August 1765 besuchte er in Dresden die Kreuzschule, war dort auch Schüler von Gottfried August Homilius[29] und lernte Orgel sowie etliche Blasinstrumente spielen. 1772 kam er zum Studium nach Leipzig, immatrikuliert am 10. November 1772 und nahm daneben Unterricht bei → J. A. Hiller. »Daniel Gottlob Türk, Kreuzschüler von Dresden, bezieht die Universität zu Leipzig u*nd* wird d*en* 10. No*vember* eingeschrieben. Homilius hatte ihn an Hiller empfohlen. Von demselben wurde er beym sogenannten gr*oßen* Co*n*zert als auch beym Schauspiele eingeführt, wo er in beyden Orchestern die erste Geige spielte. Er schrieb in Leipzig 2 Sinfonien und eine Cantate.« (Grenser, 1772) ♦ Er ging nach Halle/S., wurde Kantor an der Ulrichskirche und Lehrer am Lutherischen Gymnasium, 1779 Universitätsmusikdirektor und 1787 Organist an der Liebfrauenkirche. 1808 ehrte ihn die Philosophische Fakultät der Universität durch die Verleihung des Dr. h. c., gleichzeitig wurde er »als wirklicher Professor der

---

[29] Schüler von Johann Sebastian Bach und Lehrer von → J. A. Hiller.

Musik bei derselben angestellt« (Bernsdorf) und übernahm im gleichen Jahr die Direktion des Stadtsingechores.
Lehrer von → C. J. Ch. Kloß.

WERKE: 12 Sammlungen v. Klavier-Sonaten u. kleineren Stücken; Kantaten; 30 vierhändige Tonstücke für das Pianoforte; Lieder; *Die Hirten bei der Krippe zu Bethlehem*, 1782; Oper *Pyramus und Thisbe*, 1784; 60 Handstücke, 1792-95; Von den wichtigsten Pflichten eines Organisten. 1787; Klavierschule. 1789; Kurze Anweisung zum Generalbass-Spielen. 1791; Kurze Anweisung zum Klavierspielen. 1792; Kleines Lehrbuch für Anfänger. 1802; Anleitung zu Temperaturberechnungen. 1808. LITERATUR: Grenser; Bernsdorf; Erler; MGG I; Die Matrikel der Kreuzschule.

1776

|45   **Wünsch** [Wünsche, Wuntsche], **Johann Christian**
Violine
Aus Troitschendorf bei Görlitz[30],
† 4. Juli 1799 in Leipzig, 69 Jahre alt
1776 erstmals erwähnt, Mitglied bis zu seinem Tod ◆
Mitbegründer des Orchester-Pensionsfonds
Stimmführer der 2. Violinen im Großen Konzert
und bei den Extrakonzerten, später auch im
Gewandhauskonzert und im Theater

Er ist der jüngste Sohn des Schulmeisters und Gerichtsschreibers Gottfried Wünsche und studierte an der Leipziger Universität, immatrikuliert am 21. April 1752. Sein Vater, der in seinem Nachruf im Lausitzischen Magazin 1776 als ein aus bäuerlichen Verhältnissen stammender Mann und »überaus geschickter Schulmann, Organist und Musikus« bezeichnet wird, war bis zu seinem Tod über 58 Jahre lang als solcher tätig. Sein Sohn wird dort als »Studiosus Juris« und »Mitglied des Concerts in Leipzig« genannt. ◆ Bei seinem Tod wurde er als »Academicus« bezeichnet. (Leichenbuch)

LITERATUR: Dörffel Nr. 9; Erler; Schering; Lausitzisches Magazin. 1776. QUELLEN: StadtAL: Leichenbücher/Leichenschreiberei.

1778

|46   **Schicht, Johann Gottfried**
Violine, Cembalo/Fortepiano, Musikdirektor
* 29. September 1753 in Reichenau[31] bei Zittau,
† 16. Februar 1823 in Leipzig
1778 erstmals erwähnt, Mitglied bis 1785
1. Geiger im Großen Konzert, später bei der
»Musikübenden Gesellschaft«, Musikdirektor
der Gewandhauskonzerte von 1785 bis 1810 für
→ J. A. Hiller

Er ist der Sohn des Häuslers Friedrich Schicht, der Leineweber und Adjuvant bei der Kirchenmusik war. Nachdem er zunächst die Schule seines Heimatortes besucht hat, war er von 1767 bis 1776 Schüler am Gymnasium

---

30 Heute Trojca (Polen); in den Leichenbüchern der Leichenschreiberei fälschlicherweise: Treitzschendorf im Voigtland.
31 Heute Bogatynia (Polen).

Johann Gottfried Schicht, Öl auf Leinwand, um 1800

in Zittau, wo er auch Unterricht bei dem Kantor und Lehrer Carl Friedrich Gössel[32] und dem Organisten → J. Trier hatte. Unter seinen Mitschülern waren → G. B. Flaschner, → J. Ph. Gutsch, → S. G. Jütner und → J. Chr. Müller. Er studierte dann an der Leipziger Universität Jura, immatrikuliert am 18. Juni 1776. »Schicht wird im Gewandhauskonzerte als Orgelspieler, Konzertspieler auf dem Flügel und als Ripienist bey der ersten Violinstimme angestellt.« (Grenser, 1781) Die Quartette Haydns und Mozarts »wurden [vor 1786] einen Abend jeder Woche des Winterhalbjahres im Haus des Kunsthändlers Rost[33] von den beiden [→ C. G. und → J. Fr.] Berger, Schicht und [→ G. Fr.] Hertel, und in möglichster Vollendung, vor einem erwählten Kreise der ausgezeichnetsten Männer der Stadt vorgetragen«. (Rochlitz) ◆ 1786 gründete er einen Singverein, der bis 1810 bestand und zu den Aufführungen von Chorwerken im Gewandhaus herangezogen wurde, 1802 die Leipziger Sing-Akademie, den ersten gemischten Laienchor der Stadt. ◆ 1786 heiratete er die aus Pisa stammende Constanza Alessandra

---

32 Er war bis 1752 Kantor in Löbau und dort der Lehrer von → J. G. Häser. Sein Vater Johann Heinrich Gössel war ab 1740 Kantor in Bautzen und dort Lehrer von → C. G. Berger, → J. Fr. Berger, → J. Chr. Müller, → Fr. A. Pitterlin und → Chr. G. Thomas.

33 Kaufmann Carl Christian Heinrich Rost (* 1742, † 1798) in Auerbachs Hof; er handelte mit Abgüssen antiker Werke, war von 1786 bis 1793 Mitglied der Gewandhaus-Konzertdirektion, übersetzte u. a. Schauspiele aus dem Englischen und war Textdichter für → J. G. Schicht.

Ottavia Valdesturla, die dann 17 Jahre Sängerin bei den Gewandhauskonzerten war. Ihre Tochter Henriette Schicht war Sängerin im Konzert von 1806 bis 1810. ♦ 1820 wurde er Mitglied der Königlichen Akademie der Musik in Stockholm.
Organist und Musikdirektor der Mattäikirche von 1785 bis 1810 für → J. A. Hiller; Musikdirektor der Universitätskirche von 1808 bis 1810 für → J. G. Häser; Thomaskantor von 1810 bis zu seinem Tod für → A. E. Müller ♦ Lehrer von → C. F. Becker.

WERKE: Geistliche u. weltliche Vokalwerke, u. a. Choralbuch, Motetten, Oratorien, Messen u. Lieder; Instrumentalwerke f. Orgel, Klavier, Cornett-Quartett; 1 Sinfonie u. 1 Klavier-Konzert sind verschollen; Über das Aussprechen des Deutschen im Gesang; Grundregeln der Harmonie nach dem Verwechslungssystem. LITERATUR: Dörffel Nr. 202; Erler; Grenser; MGG I; Schering; Vollhardt; Album des Gymnasiums zu Zittau, bearb. v. O. Friedrich; F. Rochlitz: Für Freunde der Tonkunst.

|47 **Siebeck, Johann Heinrich**
Violine
* 22. Juni 1754 in Hettstedt,
† 27. April 1802 in Lößnitz ♦ Vater von
→ C. Chr. H. Siebeck
1778 erstmals erwähnt, Mitglied bis 4. August 1790 ♦
Mitbegründer des Orchester-Pensionsfonds
1. Geiger bei den Extrakonzerten, später im
Gewandhauskonzert, nach 1786 als 2. Geiger genannt

Der Sohn von Peter August Siebeck, »Bürger und Bergmann alhier in Hetstadt« (Taufeintrag), studierte an der Leipziger Universität, immatrikuliert am 7. Oktober 1776. ♦ »den 4. August, Siebeck ging vom Orchester ab und als Kantor nach Frohburg. Er bekam seine Collationen, 6 Rthl. 20 Gr. zurückgezahlt; den 7. July wurde an dessen Stelle vom engern Ausschuße [→ J. G.] Brandis beym Theater und Conzertorchester angenommen.« (Grenser, 1790) Von 1790 bis 1799 war er Kantor in Frohburg, ging dann als Kirchner und Collaborator nach Waldenburg und war zuletzt in Lößnitz »Cantor und collega III der hiesigen Stadtschule« (Sterbeeintrag). ♦ Sein 1786 geborener Sohn August David Heinrich Siebeck war von 1812 bis 1841 Organist der Johanniskirche, dann an der Peterskirche in Leipzig.

LITERATUR: Dörffel Nr. 4; Erler; Grenser; Vollhardt. QUELLEN: KAL: TfB St. Thomas; PfA Hettstedt: KB; PfA Lößnitz-Affalter: StB.

|48 **Rose, Johann Gottfried**
Violine
1778 erstmals erwähnt, Mitglied bis 1784
2. Geiger im Großen Konzert, 1. Geiger bei den
Extrakonzerten und im Gewandhauskonzert

Türmer der Matthäikirche von 1752 bis 1781.

LITERATUR: Dörffel Nr. 203; AB 1752 ff.; Nösselt; Schering S. 428.

|49 **Ruhe [Ruhe jun.], Johann Wilhelm**
Violine
~ 1. Oktober 1750 in Leipzig[34] ♦ Sohn von
→ U. H. Chr. Ruhe
1778 erstmals erwähnt, Mitglied bis zur Fastenzeit 1792 (Dörffel); ab 1789 auch bei der Kirchenmusik angestellt
♦ Mitbegründer des Orchester-Pensionsfonds
2. Geiger im Großen Konzert und bei den
Extrakonzerten, später im Gewandhauskonzert
und im Theater

Er studierte an der Leipziger Universität, immatrikuliert am 27. Juni 1771. Nach dem Tod seines Vaters bewarb er sich 1787 erfolglos um dessen Stadtpfeiferstelle. ♦ Abweichend von Dörffel notiert Grenser erst für 1793: »den 10. April reißt das Theaterorchestermitglied Ruhe jun. nach Amsterdam, kommt aber nicht wieder. Seine Collation an 8 Rthl. 18 Gr. wurde ihm nachgeschickt.« (Grenser, 1793) In Kassel, war der »brave Geiger und gründliche Musiker, der sich auch durch einige Kompositionen empfohlen hat, seit 1793 Musikdirektor des hiesigen deutschen Hof-Theaters.« (Apell) 1812 wird er als Geiger in der Hofkapelle genannt, die seit der napoleonischen Besetzung (1806-1813) überwiegend aus französischen Musikern bestand.
Mitglied des »Ausschusses für Einstellungen und Entlassungen«.

LITERATUR: Dörffel Nr. 8; Erler; Grenser; Nösselt; Schering; D. A. v. Apell: Gallerie der vorzüglichsten und merkwürdigsten Musikdilletanten in Cassel. QUELLEN: KAL: TfB St. Nikolai; StadtAL: Stift. LXII S 30 d, Bl. 52 f.

|50 **Geissler, Johann Gottlieb**
Violine, Oboe, Viola
~ 23. September 1739 in Zittau,
† 5. November 1813 in Leipzig ♦ Schwiegervater von
→ J. M. Poley, Großvater von → R. Poley
1778 erstmals erwähnt, Mitglied bis 1811 (Nösselt),
im Konzert aktiv bis 1806 (Dörffel) ♦ Mitbegründer
des Orchester-Pensionsfonds
1. Geiger im Großen Konzert, 2. Geiger bei den
Extrakonzerten und im Gewandhauskonzert,
ab 1782 Oboist, später auch Bratscher (Dörffel)

Der Sohn von Johann Gottlob Geißler, »dem löblichen Handwerke der Bäcker zugetan auf der Hintergassen« (Taufeintrag), und dessen Ehefrau Anna Rosina, geb. Berger, studierte an der Leipziger Universität, immatrikuliert am 19. Juni 1775. 1808 wird er im Heiratsregister von Dobichau bei der Eheschließung seiner Tochter als »Academicus zu Leipzig« bezeichnet. »Ostern. Für den alten Orchesterviolinisten Hrn. Geissler spielt ein junger Mann, Namens [→ J. Fr.] Herold unentgeldlich an dessen Stelle.« (Grenser, 1809) ♦ Im Leichenbuch wird er als »Academicus und Musiklehrer« bezeichnet.

LITERATUR: Dörffel Nr. 15; Erler; Grenser; Nösselt; Schering; Vollhardt; Album des Gymnasiums zu Zittau, bearb. v. O. Friedrich. QUELLEN: PfA Goseck: KB Dobichau, TrR; PfA Zittau: TfR 1739; StadtAL: Leichenbücher/Leichenschreiberei.

---

[34] Im Taufeintrag wird als Pate Gottlob Harrer bereits als Thomaskantor bezeichnet, seine Amtseinführung als Nachfolger von Johann Sebastian Bach an der Thomasschule fand erst am 2. Oktober 1750 statt.

|51 **Wach, Carl Gottfried Wilhelm**
Violine, Kontrabass
* 16. September 1755 in Löbau, † 25. Januar 1833 in Leipzig
1778 erstmals erwähnt, Mitglied bis 1. August 1827;
ab 1789 auch bei der Kirchenmusik angestellt,
jedoch mit Unterbrechungen ◆ Mitbegründer des
Orchester-Pensionsfonds
2. Geiger bei den Extrakonzerten, ab 1781 auch im
Gewandhauskonzert, ab 1783 Erster Kontrabassist

Er ist der Sohn des »wohlangesehenen Barbierer und Chirurgi« Carl Wilhelm Wach. Einer seiner Taufpaten, Gottfried Hermann, »hochverdienter Bürgermeister« (Taufeintrag), war auch Pate bei → C. Tr. Hennig. Er selbst war Schüler am Löbauer Lyceum, an dem er u. a. zusammen mit → J. Chr. G. Eichler am 16. März 1772 als Examinatus erwähnt wird und wo seine musikalische Ausbildung in den Händen des Kantors und Lehrers Johann Christian Zier lag. Nach dessen Tod am 17. Januar 1775 übernahm er ein Jahr lang vertretungsweise das Kantorat. Er studierte dann an der Leipziger Universität Jura, immatrikuliert am 26. April 1777, und war während dieser Zeit als Kopist für den Musikalienhändler → C. G. Thomas tätig. »Carl Gottfr. Wilhelm Wach, der sich auf der Löbauer Schule mit dem Singen, Klavier, Violin und Flötenspielen vertraut gemacht hatte, bezieht die Leipziger Universität um die Rechte zu studiren. Wegen geringer Mittel dazu schreibt er für Bezahlung Noten für den Thomasschen Verlag musikalischer Manuscripte.« (Grenser, 1777) ◆ In seiner Wohnung wurde am 17. Juli 1786 der sogenannte Gegenseitigkeitsvertrag von den 21 Gründungsmitgliedern unterzeichnet und damit der Orchester-Pensionsfonds begründet. »Den 9ten März war Convent, wo Hr. Wach zum Secretair des Instituts erwählt wurde.« (Grenser, 1788) »[Er] machte als Contrabassist 1804 eine Kunstreise nach Holland« (Bernsdorf) und konzertierte 1805 in Berlin. »Herr Contraviolinist Wach bekommt vom Rath eine Kirchengeigerstelle[35] mit Zusicherung lebenslänglichen Gehalts und Logiegeldes« (Grenser, 1805); »Wach war vom Theaterorchester abgegangen, Hr. [→ J. G.] Temmler nun vom 2ten zum 1sten Contrabaß gerückt, und Hr. [→ W. L.] Börner zum 2ten Contrabaß angenommen worden« (Grenser, 1819); »den 30. Julii wird dem Hrn. Wach, der sich seit mehrern Jahren vom Orchesterdienste zurückgezogen hat obgleich er noch die Gagen als Kirchengeiger und als 1ster Contrabaßspieler des großen Conzerts genießt, wegen seiner langen Dienste im Orchester und als Institutsbeamter, eine Pension von Monatlich 4 Rthl. angeboten, und von ihm angenommen. Hr. Wach erhielt die Pension für den Monat August den 30. August.« (Grenser, 1827) ◆ Er gehörte mit → J. J. Fr. Dotzauer und → H. A. Matthäi zu den ersten Mitgliedern des Orchesters, die im Zusammenhang mit der Neuordnung der Ratsmusik laut Beschluß der Ratsversammlung vom 5. Oktober 1805 neben den Stadtpfeifern und Kunstgeigern, die nun dem Stadtmusikus unterstanden, auch bei der Kirchenmusik angestellt waren.
Sekretär des Orchester-Pensionsfonds ab Einrichtung dieses Amtes am 9. März 1788 bis zum 17. September 1818; Mitglied des »Ausschusses für Einstellungen und Entlassungen«.
WERKE: »...auch hat er sich durch zahlreiche Arrangements von Oratorien, Opern und anderen größeren Musikwerken, die er fünf-, sechs- und siebenstimmig einrichtete, bekannt gemacht.« (Bernsdorf) LITERATUR: Dörffel Nr. 5; Bernsdorf; Grenser; MGG I; Nösselt; Schering. QUELLEN: PfA Löbau: KB; StadtA Löbau: Rep. 38, Sec. III, Cap. II, Loc. I, No. 3.

---

[35] Als Kirchengeiger wurden die zusätzlich für die Kirchenmusik engagierten Musiker bezeichnet, unabhängig vom gespielten Instrument.

|52 **Gerstenberg, Samuel Traugott**
Violine
* 8. Mai 1752, † 13. November 1820 in Grimma
1778 als 2. Geiger im Großen Konzert erwähnt

Er war Thomasalumne ab 15. Mai 1770, studierte dann an der Leipziger Universität Jura, immatrikuliert am 16. März 1775, und disputierte am 23. November 1780 über *Theses iuris controversi*. ◆ »Ein Oberlausitzer geb. 8. May 1752. Sein Vater war Soldat und zuletzt Visitator bey der General-Accis-Einnahme in der Stadt Borna gewesen. Er kam sehr jung nach Zittau, daselbst er seinen ersten Unterricht in der öffentlichen Schule genoß, hernach setzte er auf der Thomasschule zu Leipzig, unter dem berühmten Rector und Philologen Fischern, die Studien so lange fort; bis er 1775. die dasige höhere Schule beziehen konnte, daselbst er bis 1781. die Rechte studierte, auch am 23. November 1780 unter dem Vorsitze Doktor Zollers, öffentlich pro Schedula über einige Sätze des Rechtsstreits disputierte. Am 3. May 1783 zog er anhero nach Grimma um einen rechtlichen Beystand streitender Klienten abzugeben, erhielt 1786 die Gerichtshalterstelle beym Hrn: Hauptmann v. Döring, zu Seelingstädt und Beyersdorf (im hiesigen Amtsbezirke) dazu er am 15. März dicti anni vereydet ward, und zum Jahr darauf das Directorium über die Gerichte zu Künitzsch (unt. Stiftsamte Wurzen.) In seinem Notariatssigel führt er einen Gersten-Aehren-Stengel und einen Berg-Acker, als ein redendes Namens Sinnbild mit der Ueberschrift: MORIENDUM ANTEQUAM REVIVISCAS: (Man muss zuvor sterben eh man wieder lebendig werden kann).« (Ermel)
LITERATUR: Schering S. 428; Erler; Altes und Neues von der Churfürstlichen Sächsischen Stadt Grimma, hrsg. v. G. S. Ermel; Leipziger gelehrtes Tagebuch. 1780. QUELLEN: Archiv Thomasalumnat: Album Alumnorum Scholae Lipsiensis; PfA Grimma: KB.

|53 **Poll, Friedrich Christian**
Violine
* 10. Februar 1750 in Zerbst
1778 als 2. Geiger im Großen Konzert erwähnt

Der Sohn von Samuel Gottlieb Poll, »hochfürstlicher Kammermusikus« (Taufeintrag) in Zerbst, war Thomasalumne ab 6. Mai 1765 und studierte an der Leipziger Universität, immatrikuliert am 15. Oktober 1771.
LITERATUR: Schering S. 428; Erler. QUELLEN: Archiv Thomasalumnat: Album Alumnorum Scholae Lipsiensis; PfA St. Bartolomäi Zerbst: TfR.

|54 **Hopfe,**
Viola, Cembalo/Fortepiano
1778 als Erster Bratscher im Großen Konzert, 1781 als »Flügelspieler« im Gewandhauskonzert genannt

Er wird von Nösselt für 1781 als »Flügelspieler« neben → J. G. Schicht und → J. Chr. Müller genannt, Grenser erwähnt ihn beim ersten Gewandhauskonzert lediglich als »Flügelstimmer Hopfe«. (Grenser, 1781) ◆ »den 31. May erhielt ein alter Flügelstimmer Namens Hoppe oder Hopfe, der bey mehrern Benefizkonzerten als Stimmer gratis gedient hatte, aus der Institutskasse ein Geschenk von 5 Thaler.« (Grenser, 1804) Ob es sich dabei um den aus Thüringen stammenden Studenten Johann Christoph Hopfe handelt, der 1752 und 1753 auch als Komponist in Erscheinung trat, oder um einen Verwandten von ihm, ließ sich nicht feststellen. An der Leipziger Universität studierte ein Johann Christoph Hopfe aus Sondershausen, immatrikuliert am 22. Juli 1748. Dieser ist in den Kirchenbüchern von Sondershausen nicht nachweisbar. Am 12. März 1805 starb: »Eine Frau 56 Jahre, Johanna Maria Friederike, geb. [unleserlich] Herrn Johann Christoph Hopfens,

Academici Ehefrau, am Neukirchhof ... der Ehemann, Herr Johann Christoph Hopfe starb am 5. April darauf in Steygra[36] laut Totenschein.« (Leichenbuch)

LITERATUR: Schering S. 428; Erler; Grenser; Nösselt. QUELLEN: StadtAL: Leichenbücher/Leichenschreiberei.

|55 Meschke,
Viola
1778 als Bratscher im Großen Konzert erwähnt

In Leipzig ist in dieser Zeit nur nachweisbar: Johann Samuel Meschke, * 23. November 1745 in Lucka. Der Sohn von »Johann Meeschke, Bürger und Nadler« (Taufeintrag), und Johanna Dorothea, geb. Wetzel, besuchte ab Mai 1761 das Friedrichsgymnasium in Altenburg und studierte dann an der Leipziger Universität, immatrikuliert am 24. Mai 1769. ♦ Um 1796 wird er als Gerichtsdirektor erwähnt.

WERKE: Quaestio iuris controversi an vitae bene actae probatio sit defensionis inculpati argumentum (Eine Frage des Kontroversrechts, ob der Beweis des gut geführten Lebens ein Argument für die Verteidigung sei). Leipzig 1778 (Diss.). LITERATUR: Schering S. 428; Erler; Hofpfalzgrafen-Register. QUELLEN: ThStA Altenburg; PfA Lucka: KB.

|56 Kirchhübel, Carl Gottlob
Kontrabass
* 23. März 1736 in Olbernhau/Erzgebirge,
† 17. Juni 1787 in Leipzig
1778 erstmals erwähnt, Mitglied bis 1786
Kontrabassist im Großen Konzert und bei den Extrakonzerten, später auch im Gewandhauskonzert

Der Sohn von Adam Gottfried Kirchhübel, »Schaaf-Meister-Knecht« (Taufeintrag), und dessen Ehefrau Susanna, geb. Bellhut, besuchte ab 1752 das Gymnasium in Freiberg/Sa., wo er u. a. auch Schüler von → J. Fr. Doles und dessen Nachfolger → J. Chr. Kessel war. Er studierte dann an der Leipziger Universität, immatrikuliert am 19. Juni 1764. Im Traueintrag vom 4. November 1777 wird er als ein »bey der Churfürstlich Sächsischen General-Consumtions-Acsise, wohlbestallter Assistenz-Einnehmer allhier« bezeichnet. In den Leipziger Adressbüchern von 1778 bis 1787 findet sich der Eintrag »Ordentlicher Acciseinnehmer ... bey der Haupt-General-Acciseinnahme«.

LITERATUR: Dörffel Nr. 206; AB 1778–1787; Erler; Schering S. 428. QUELLEN: Gymnasium Freiberg: Andreas-Möller-Bibliothek, Matrikel des Freiberger Gymnasiums; KAL: TrB St. Nicolai; PfA Olbernhau: KB; StadtAL: Leichenbücher/Leichenschreiberei.

|57 Weiner, Gottlieb
Kontrabass
1778 als Kontrabassist im Großen Konzert erwähnt

»Im July ebenfalls bat Hr. Weiner ehemaliges Orchestermitglied beym 3 Schwanenkonzert um Unterstützung bey dem Institute. Da er aber nie beym Theater oder Conzertorchester angestellt gewesen war, so durfte die Kasse nichts thun. Sämtliche Mitglieder steuerten daher, um dem alten Mann zu helfen, alle Monate 2 Rthl. zusammen, solange er lebte.« (Grenser, 1802) ♦ An der Leipziger Universität studierte ein Gottlieb Weiner aus Schwerta[37], immatrikuliert am 17. September 1756.

LITERATUR: Schering S. 428; Erler; Grenser; Nösselt.

---

36 In den Kirchenbüchern von Steigra nicht nachweisbar.
37 Heute Swiecie (Polen), bis 1742 kursächsischer Ort bei Marklissa.

|58 Ficker,
Kontrabass
1778 und 1785 als Kontrabassist bei den Extrakonzerten erwähnt

In Leipzig ist in dieser Zeit nur nachweisbar: Christian Heinrich Ficker, * 22. Juni 1734 in Bernsbach/Erzgebirge, † 6. November 1798 in Leipzig. Er ist das erste Kind des Bergmanns Johannes Ficker und dessen Ehefrau Anna Dorothea, geb. Göthe. Er war ab 25. April 1750 Schüler der Kreuzschule in Dresden und studierte dann an der Leipziger Universität, immatrikuliert am 7. August 1758. »Hr. Magister Chr. Heinrich Ficker, ward Magister in Wittenberg 1764.« (Adreßbücher) Im Kirchenbuch von Bernsbach wird er 1769 als »Studiosus Theologie und der Weltweißheit Magister« erwähnt. 1774 war er ordentliches und ab 1775 Ehrenmitglied des Montäglichen Predigerkollegiums in der Paulinerkirche. Später war er »Schreib- und Rechenmeister an der Thomasschule«. (Leipziger gelehrtes Tagebuch)

LITERATUR: Schering S. 428; AB 1774 ff.; Erler; Leipziger gelehrtes Tagebuch. 1798; Die Matrikel der Kreuzschule. QUELLEN: PfA Bernsbach: KB.

|59 Krausch, Johann Christian
Flöte
† 28. November 1808 in Prößdorf bei Lucka, 70 Jahre alt
1778 erstmals erwähnt, Mitglied bis 25. Oktober 1800 ♦ Mitbegründer des Orchester-Pensionsfonds
1. Flötist für → J. G. Tromlitz, ab 1794 2. Flötist im Theater für den verstorbenen → J. G. Herzog

Seine Witwe bat im Dezember 1808 den Rat der Stadt mit dem Hinweis auf die langjährige Tätigkeit ihres verstorbenen Mannes in städtischen Diensten und auf ihre soziale Lage (fünfzehn Kinder, von denen zwölf noch lebten und vier minderjährig waren) um freies Logis im Stadtpfeifergäßchen.

Kunstgeiger von 1763 bis 1784, Stadtpfeifer von 1784 bis zu seinem Tod.

LITERATUR: Dörffel Nr. 16; Schering. QUELLEN: Kreiskirchenamt Gera: KB Prößdorf; StadtAL: LXII S 99 a, Bl. 11.

|60 Hoffmann, Carl Traugott
Flöte
* 11. Juli 1752 in Görlitz
1778 ohne Vornamen als 2. Flötist im Großen Konzert und Fagottist bei den Extrakonzerten erwähnt,
1781 als 2. Flötist im Gewandhauskonzert genannt

Der Sohn des Tuchscherergesellen Gottlob Hoffmann war neun Jahre Schüler am Görlitzer Gymnasium und »legte sich zugleich auf die Vokal- und Instrumental-Musik und that sich sonderlich durch seine reine Diskantistenstimme im Chore hervor«. (Otto) Am 16. April 1774 ging er zum Studium nach Leipzig, wo er »anfänglich die Arzneikunst, dann aber die Rechtsgelahrtheit erwählte, neben bey aber sich in der Tonkunst immer fester zu setzen suchte« (Otto); immatrikuliert am 20. April 1774. »Orchesterpersonal beym ersten Gewandhauskonzerte ... Fl. [→ J. Chr.] Krausch. C. T. Hoffmann ...« (Grenser, 1781) ♦ Er verließ Leipzig am 11. Juni 1782, um einem Ruf des Herzogs von Kurland nach Mitau zu folgen. Ob er die Reise zusammen mit → J. A. Hiller und den Schwestern Thekla und Marianne Podleska unternahm, die in Mitau am 18. Juli 1782 ankamen, ließ sich nicht feststellen. Er wurde dort Kammermusikus, unterrichtete die drei Töchter des Herzogs in Religion, Geschichte und Erdkunde und wurde am 29. Juni 1789 zum Hofrat ernannt.

LITERATUR: Dörffel S. 22; Erler; Schering S. 428 u. 487; F. C. Baumeister: Verzeichnis aller derjenigen Studirenden, so unter meiner Rectorats-Verwaltung … des Görlitzischen Gymnasii sich als Zuhörer befunden … haben; Lausitzisches Magazin. 1789; G. F. Otto: Lexicon der seit dem fünfzehenden Jahrhunderte verstorbenen und jetzt lebenden Oberlausitzischen Schriftsteller und Künstler.

|61 Hubrich, Carl Gottlieb
Oboe
† 14. September 1797 in Dresden
1778 erstmals erwähnt, Mitglied bis 10. Juni 1793 ♦
Mitbegründer des Orchester-Pensionsfonds
1. Oboist im Großen Konzert, später im Gewandhauskonzert, ab 1784 2. Oboist für → J. G. Geissler, der wieder 2. Geiger wurde; ab September 1788 nur noch im Theater

»In diesem Jahre wurden vom Institute an seine Mitglieder 13 Rthl. Krankengelder ausgezahlt. Hr. Hubrich war der Erste der d*en* 29. Febr*uar* 3 Rthl. Krankengeld empfing« (Grenser, 1788); »Die Direktion des großen Conzerts setzte immer noch willkürlich Musiker bey der Anstalt ab und ein. So hatte zb. der Musikdirektor [→ J. G.] Schicht anstatt des bisherigen 2ten Hoboespielers Hr. Hubrich, 74 Jahre alt, Hrn. [→ J. H.] Hunger zu Michaeli, als die Conzerte wieder anfingen, angestellt. Ein Schreiben des Orchesters vom 22. Sept*ember* bewirkte nichts, als daß der Kaufmann Otto, Kassirer des Conzerts u*nd* Mitglied der Direktion, dem Hrn. Hubrich das Conzert Honorar aus seinem Beutel bis zum 13. April 1793 fortzahlt« (Grenser, 1788); »Das Cassirer Amt des Conzertdirectoriums geht vom Kaufmann Otto den 13. April[38] auf den Kaufmann Hänel über; dadurch verliert der alte Hoboespieler Hubrich, der vom Musikdirektor Schicht 1788 aus dem Conzert verdrängt worden war, sein noch bisher bezogenes Gnadenhonorar.« (Grenser, 1793) ♦ »d*en* 10. Juni nimmt der alte Carl Gottlieb Hubrich schriftlich aus dem Orchester im Theater Abschied, und dankt für die ausgesetzte Pension von 9 Thalern auf die Monate Juni, July, Aug*ust* u*nd* Sept*ember* dieses Jahrs, so wie für bewilligte 2 Rthl. in 3 Wochen ohne Thätigkeit. (Hubrich ist der erste Pensionär u*nd* bekam monatlich 2 Rthl. 6 Gr., bekam auch 12 Rthl. 18 Gr. Collation zurück). Hr. Joh. Elias Fuchs erhielt dessen Stelle als Hoboist« (Grenser, 1793); »im Monat September starb das Orchestermitglied Hr. Hubrich zu Dresden, bey seinem Schwiegersohn dem Cantor Krieg[39] in Neustadt Dresden«. (Grenser, 1797) Im Sterbeeintrag heißt es: »Hr: Carl Gottlieb Hubrich, ein Wittwer u*nd* ehemaliger Stabs Secretarius beym Plöz*ischen*[40] Cavallarie Regimen*t* 80 Jahr 2 Monate alt.«

LITERATUR: Dörffel Nr. 11; Grenser; Nösselt; Schering. QUELLEN: Kirchenbuchamt Dresden: StR Kreuzkirche.

---

38 Grenser notiert den Amtswechsel 1793; nach Dörffel war Ernst Peter Otto nur bis 1790 Mitglied und Kassierer der Gewandhaus-Konzertdirektion.

39 Christian August Krieg studierte an der Leipziger Universität, wurde auf Empfehlung → J. A. Hillers 1776 Kantor in Luckau und war ab 1793 in Dresden.

40 Christian von Plötz, »Sr. Churfürstl. Durchl. zu Sachsen General-Lieutnant von der Cavalerie in der Catharinenstraße im Hohenthalschen Hause« (AB 1768).

|62 Jonne [Jonne jun.], Carl August
Oboe, Viola, Violoncello, Pauke
~ 29. März 1760 in Leipzig,
† 5. Juli 1811 in Leipzig ♦ Sohn von → A. Chr. Jonne, Bruder von → Fr. G. Jonne
Mitglied von 1778 (erstmals erwähnt) bis zu seinem Tod; auch bei der Kirchenmusik angestellt ♦
Mitbegründer des Orchester-Pensionsfonds
2. Oboist im Großen Konzert und bei den Extrakonzerten, ab 1781 Bratscher, Cellist und Pauker

Er studierte an der Leipziger Universität, immatrikuliert am 18. Oktober 1777. Zwischen 1786 und 1801 war er auch Konzertunternehmer. »Der Musikus Jonne unternimmt Sonntagskonzerte. Er giebt deren 4 vom 19. Febru*ar* an im Saale des Ranstädter Schießhauses. Im darauf folgenden Winter gab er 10 Sonntagskonzerte vom 23. Oct*ober* an bis 31. Dec*ember* 1786 auf dem Saale der 3 Schwanen« (Grenser, 1786); »Vom 14. Januar bis 11. März gab Jonne 9 Sonntagskonzerte im 3 Schwanensaal« (Grenser, 1787); »d*en* 23. März veranstaltete der Musikus Jonne ein Extrakonzert, und noch eins den 2. Nov*ember* beyde im Saale des Hotel de Saxe. (Jonne ist eines hiesigen Stadtmusikers Sohn)« (Grenser, 1790); »Der Musikus Carl Jonne veranstaltet 3 Extrakonzerte im Saale des Hotel de Saxe d*en* 12. April, d*en* 25. April u*nd* d*en* 26. May« (Grenser, 1791); »Der Musikus Jonne gab d*en* 2. 3. u*nd* 4. Adventssonntag Extrakonzerte im Saale des Thomäischen Hauses« (Grenser, 1792); »Der Musikus Jonne führt Die Schöpfung von Haydn im Gartensaale zur blauen Mütze auf.« (Grenser, 1801) ♦ Dörffel schreibt: »activ bis 1806«, doch Grenser berichtet, daß Wilhelmine Jonne nach dem Tod ihres Mannes »die Paukerstelle mit einem Substituten bis zum 20. Oct*ober*« besetzte. ♦ Abweichend vom Alter laut Taufeintrag heißt es im Leichenbuch: »Ein Mann 54 *Jahre* H. Carl August Jonne, Academicus und Musicus.«

WERKE: »[1800] giebt Carl Jonne 6 leichte Lieder f. d. Guitarre bey Karl Franz Köhler heraus.« (Grenser) LITERATUR: Dörffel Nr. 7; Erler; Grenser; Schering. QUELLEN: KAL: TfB St. Nicolai; StadtAL: Leichenbücher/Leichenschreiberei.

|63 Reiß, Johann Gottlob
Fagott, Horn
□ 29. Juli 1804 in Leipzig
1778 erstmals erwähnt, Mitglied bis 1. Juli 1801 ♦
Mitbegründer des Orchester-Pensionsfonds
1. Fagottist, später 2. Hornist

Er bewarb sich im Mai 1769 um die Stadtpfeiferstelle des verstorbenen → J. Fr. Kirchhoff mit dem Hinweis: »… da nun ich dieser Kunst zugethan und selbige erlernt, wie durch meinen Lehrbrief und andere Zeugnisse zu beweisen im Stande bin, habe auch durch solche erlernte Kunst für mich die Meinigen ohne frequentierung einiger Schrecken mein Brodt zu erwerben gesucht, auch zeithero und in die 6 Jahre die Kirchen Music in der Neuen Kirche allhier mit errichten helfen.« ♦ Am 29. November 1788 schrieb Christoph Gottlob Breitkopf, der ab September 1788 selbst Mitglied der Gewandhaus-Konzertdirektion war, an die anderen Direktionsmitglieder: »Magnifice! Wohlgebohrne, Hochedelgebohrne Herren! Da manches Mitglied unseres Concertes den Wunsch geäußert hat, die Stelle des Herrn Reiss/dessen Fagott Concerte dem Publico nicht zu gefallen das Glück hatten und daher nicht mehr auftritt / durch einen anderen diesem Instrumente gewachsenen Mann ersetzt zu sehen, so zeige ich hierdurch einem hochgeehrten Directorio an … daß ich einen Mann gefunden habe, der durch seinen mir schon bekannten schönen Ton und geschickten Vortrag auf diesem Instrument sich gewiß den Beyfall aller erwerben wird. Es ist der itzige Stadtpfeifer Thronicker aus Eulenburg, der lange beym Zauthierschen Regimente erster Fagottist war. Er hat meinen ihm gemachten Antrag zum Concertbläser angenommen und ist bereit künftigen Donnerstag den 4. December im nächsten Concert[41] aufzutreten.« (Goethe-Museum Düsseldorf) ♦ »Wegen des nahrlosen und harten Winters wurden auf den Antrag [→ C. W.] Möllers sämtliche Collationen an die Mitglieder zurückgezahlt. Reis hatte schon den 14. November darauf angetragen« (Grenser, 1794); »Bei Gelegenheit der Wiederherkunft der Jos. Secondaschen Operngesellschaft, welche den 26. October zu spielen anfing, erhielt das Orchester eine vortheilhafte Veränderung, indem der erste Fagottist Stadtmusikus Reis wegen Alter und schwachem Augenlichte in Ruhestand versetzt, und dafür der bisherige 2te Hoboespieler Hr. Fuchs zum ersten Fagott kam.« (Grenser, 1800) ♦ Im Leichenbuch heißt es: »Ein Mann 68. Jahr, Herr Johann Gottlieb Reiß, Stadtmusicus.«

Kunstgeiger von 1773 bis 1794, Stadtpfeifer von 1794 bis 1800; Türmer der Matthäikirche von 1783 bis 1794.

LITERATUR: Dörffel Nr. 18; Grenser; Hempel; Nösselt; Schering. QUELLEN: Goethe-Museum Düsseldorf: Anton-und-Katharina-Kippenberg-Stiftung, Katalog der Musik Nr. 2109; StadtAL: Leichenbücher/Leichenschreiberei ◊ Tit. LXII S 30 d.

|64 **Naumann, Gotthold Eusebius**
Horn, Trompete
□ 6. Oktober 1802 in Leipzig, 84 Jahre alt
1778 erstmals erwähnt, Mitglied bis 1788
1. Hornist im Theater und bei den Extrakonzerten bis 1786, ab 1781 1. Trompeter im Konzert

Er kam von Chemnitz, wo er bis 1769 Stadtmusicus war. ♦ »Der Kandidat juris und erste Waldhornist beym großen Konzert Hr. [→ Chr. G.] Thomas giebt seine Orchesterstelle auf, und geht auf Reisen. Naumann wird Waldhornist an seiner Stelle.« (Grenser, 1785)

Kunstgeiger von 1769 bis 1787, Stadtpfeifer von 1787 bis zu seinem Tod.[42]

LITERATUR: Dörffel Nr. 209; Grenser; Hempel; Nösselt; Schering. QUELLEN: StadtAL: Leichenbücher/Leichenschreiberei ◊ Tit. LXII S 30 d, Bl. 15.

|65 **Pfaffe, Johann Michael**
Horn, Trompete
† 4. April 1810 in Leipzig, 82 Jahre alt
1778 erstmals erwähnt, Mitglied bis 1788
2. Hornist im Theater und bei den Extrakonzerten bis 1786, ab 1781 2. Trompeter im Konzert

Er bewarb sich bereits 1748 um die durch den Tod von → H. Chr. Beyer frei gewordene Kunstgeiger-Stelle. Im Ratsprotokoll vom 21. Dezember 1748 heißt es: »Es hätten sich zu dieser Station 3e angegeben, davon mann Zwey, deren mann habhafft werden können, Probe machen laßen, nehmlich Johann Michael Pfaffen, bisherigen Gesellen bey den StadtPfeiffern und [→] Andreas Christoph Jonnen, Hautboisten untern Löblichen Prinz Gothaischen Regiment von welchen der Cantor Herr Bach berichtet, daß sie beyde in einigen Stücken ziemlich egal; was aber die beyden Kirchen Instrumenta, als die Violin und Hautbois zutractieren betreffe, So fände sich darinnen ein merklicher Unterschied, indem Jonne die Hautbois weit reiner und wohlklingender blase, auch die Violine mit mehr Fertigkeit als Pfaffe zu tractieren wiße.« (Bach-Dokumente) 1752 Kunstgeiger geworden, bewarb er sich 1769 neben → J. G. Herzog und → J. G. Neubert um die Stadtpfeifer-Stelle des verstorbenen → J. Fr. Kirchhoffs. Thomaskantor → J. Fr. Doles bescheinigte ihm in diesem Zusammenhang: »Auf Verlangen bezeuge ich hierdurch, daß der hiesige erste Kunstgeiger, Herr Pfaffe, die ganze Zeit meines Hierseins seine Dienste auf denen von einem Stadtmusico erforderlichen und verschiedenen Instrumenten im Blasen und spielen so verwaltet hat, daß ich nie Ursache gehabt habe, bey den aufzuführenden Musiken über ihn Klage zu führen. Auch habe ich wahrgenommen, daß er mit seinen übrigen Herrn Collegen jederzeit friedfertig und verträglich gelebt hat.« ♦ Sein jüngerer Bruder Carl Friedrich Pfaffe war von 1748 bis 1773 Kunstgeiger/Stadtpfeifer in Leipzig.

Kunstgeiger von 1752 bis 1769, Stadtpfeifer von 1769 bis zu seinem Tod.

LITERATUR: Dörffel Nr. 210; Nösselt; Schering; Bach-Dokumente Bd. II. QUELLEN: StadtAL: Leichenbücher/Leichenschreiberei ◊ Tit. LXII S 30 d.

|66 **Eichler, Johann Christ. Gottlieb**
Horn, Viola
† 22. Juli 1830 in Niederwildungen[43]
1778 als 2. Hornist im Großen Konzert und Bratscher bei den Extrakonzerten, 1781 als Bratscher im Gewandhauskonzert genannt

Der Sohn von »Meister Christian Eichler, Züchner und Weber« (Schultabelle) in Löbau, war ab 1766 Schüler am Lyzeum in Löbau, wo er u. a. mit → C. G. W. Wach am 16. März 1772 als Examinatus erwähnt wird. Seine musikalische Ausbildung lag dort in den Händen des Kantors und Lehrers Johann Christian Zier. Später studierte er an der Leipziger Universität, immatrikuliert am 30. Mai 1777. ♦ Er war dann bis zu seiner Pensionierung Organist und Lehrer am Lyzeum in Niederwildungen in Waldeck, wo er vor allem wegen der mehrmaligen Verweigerung des Orgelspielens bei Taufen als »Querulant« bezeichnet wurde. Von dort aus bewarb er sich an der Löbauer Schule um die ab Oktober 1797 vakante Stelle des Kantors und Lehrers. ♦ Im Sterbeeintrag heißt es: »Er war aus dem Königreich Sachsen gebürtig und wohl in dem Alter von einigen siebzig Jahren.«

LITERATUR: Schering S. 428; Dörffel; Erler; Vollhardt; Quellenbuch zur Geschichte des Lyzeums in Löbau. QUELLEN: Landeskirchliches Archiv der Evangelischen Kirche von Kurhessen-Waldeck: C 1.4, 825: Verweigerung des Orgelspielens bei Taufhandlungen durch den Schullehrer und Organisten Eichler zu Niederwildungen 1794-1804; PfA Bad Wildungen: KB; StadtA Löbau: Rep. 38, Sec. III, Cap. II, Loc. I, No. 3.

---

41 Thronicker war Solist des Konzertes am 4. Dezember 1788.

42 Seine Stadtpfeifer-Stelle war die erste, welche 1803 im Zuge der Neuorganisation des Stadtmusikats nicht wieder besetzt wurde.

43 Heute Bad Wildungen

Das neue Theaterorchester: Revolution und Restauration

»Die achtziger Jahre waren im Frankreich Ludwigs XVI. … wie im Österreich Josephs II. eine bereits revolutionär gestimmte (oder ›vorrevolutionäre‹) Periode …. Die ›Revolutionszeit‹ begann – ohne feste Grenzen – vor dem Bastillesturm, und sie überdauerte den Thermidor (1794) und sogar Napoleons Kaiserkrönung (1804).«[1]

Carl Wilhelm Müller, porträtiert von Ernst Gottlob, Öl auf Leinwand, um 1775

|1 Als am 17. Juli 1786 die 21 Musiker des Leipziger Theaterorchesters einen Gegenseitigkeitsvertrag unterzeichnen und damit zugleich einen Pensionsfonds gründen, ist zumindest letzteres nichts grundlegend Neues. Pensionskassen etwa für Schauspielergesellschaften gibt es schon länger, und auch für Musiker sind derlei Fonds andernorts schon gegründet. In Dresden beispielsweise wurde für die Mitglieder der Hofkapelle bereits 1712 eine Pensionskasse eingerichtet oder in Wien 1771 ein »Pensionsverein für Witwen und Waisen österreichischer Tonkünstler« ins Leben gerufen, die sogenannte Tonkünstler-Sozietät.

Dennoch darf das Leipziger Ereignis wohl als singulär angesehen werden. In lediglich sechs der insgesamt 22 Paragraphen des Vertrags geht es um die gemeinschaftliche Kasse. Alle anderen regeln organisatorische, disziplinarische und sogar künstlerische Fragen. Das reicht von Maßnahmen zur Erhaltung des »guten Rufes des hiesigen Orchesters«[2] – wozu gehört, daß künftig nur noch »alle oder keiner« der Musiker engagiert werden können – über die selbstbewußte Deklarierung der Personalhoheit bei Neueinstellungen und Entlassungen bis hin zum Versprechen, »alle für Einen, und Einer für alle zu stehen«.[3] Angesichts dessen stellt das Vertragswerk weit mehr als nur das Dokument einer Kassengründung dar; es ist nichts weniger als eine Unabhängigkeitserklärung, die in sich bereits das »Liberté, Egalité, Fraternité« der Französischen Revolution trägt, und darum gleichsam als Geburtsurkunde eines »freien« Orchesters, gar einer Orchesterrepublik anzusehen.

Es ist freilich keine totale Unabhängigkeit, die sich die Musiker mit ihrer selbständigen, von innen heraus erfolgenden Vereinigung schaffen. Zum einen sind sie gleich wieder auf Rückversicherung aus: Nur zwei Tage später berichten sie stolz, daß ihr Zusammenschluß »bey den Obern hiesiger Stadt auch viel Beyfall«[4] finde. Zum anderen gehören zwar alle 21 Musiker, die den Vertrag unterzeichnen, auch dem Konzertorchester an, aber ihre Vereinbarung treffen sie nur in Hinblick auf Oper, Schauspiel und Extrakonzerte.[5] Kein Wort vom Großen Konzert, das vor fünf Jahren in den neuerrichteten Konzertsaal im Gewandhaus eingezogen ist.

Rückblende: 1781 lagen harte Zeiten hinter dem Großen Konzert. Nachdem es mit Beginn des Siebenjährigen Krieges zum Erliegen gekommen war, wurde es nach dessen Ende im Gasthaus-Konzertsaal wieder aufgenommen und feierte bald außerordentliche Erfolge. Denn es hatte zwei exzellente Sängerinnen engagieren können, deren künstlerischer Wettstreit die wöchentlichen Konzerte zur Sensation

....

1   Neues Handbuch der Musikwissenschaft, hrsg. v. Carl Dahlhaus (im folgenden: Dahlhaus, Neues Handbuch), Bd. 5, Laaber 1985, S. 336.
2   Nösselt, S. 52; hier auch der volle Wortlaut des Vertrags.
3   Ebd., S. 56 f.
4   Schreiben des Theaterorchesters an den Theaterunternehmer Pasquale Bondini vom 19. Juli 1786, zit. nach Nösselt, S. 50´.
5   Extrakonzerte sind solche, die im Saal des Großen Konzerts respektive des Gewandhauskonzerts von Künstlern auf eigene Rechnung und Risiko veranstaltet werden und wofür sie, falls erforderlich, ein vom Vorspieler zusammengestelltes Orchester engagieren.

machte: Corona Schröter und Gertrud Elisabeth Schmeling. Zugleich aber mußte es drückende finanzielle Sorgen durchstehen: Die Stadt Leipzig war durch die ihr auferlegten Kriegskontributionen so hoch verschuldet, daß die Bürger für lange Zeit immense Zahlungen leisten mußten. Hinzu kamen die Hungerjahre 1771 und 1772 und durch sie eine Teuerungswelle, die mehrere Kaufleute in Konkurs trieb. Gerade die Kaufmannschaft aber war die Hauptträgerin der Konzertunternehmung. Diese geriet denn auch Mitte der 70er Jahre in zunehmende Schwierigkeiten, wofür jedoch nicht nur wirtschaftliche Gründe, sondern wohl auch interne Querelen nicht zuletzt um künstlerische Fragen verantwortlich waren. (Nachdem Gertrud Elisabeth Schmeling Leipzig verlassen hatte, konnte das Konzert keinen adäquaten Ersatz finden und somit nicht mehr an die bisherigen Erfolge anknüpfen.) In der Folge sank die Zahl der Subskribenten so sehr, daß die Konzerte 1778 ganz eingestellt werden mußten.

Inzwischen waren die meisten Musiker des Konzertorchesters Mitglieder des neuen Leipziger Theaterorchesters geworden. Entsprechend ihren Zunftprivilegien hatten zuvor die sieben Ratsmusiker das durch Studenten verstärkte Theaterorchester gebildet. Als 1773 eine Truppe »Italienischer Operisten« nach Leipzig gekommen war, hatten die Ratsmusiker nach kurzer Zeit ihre Kollegen vom Konzertorchester um Unterstützung bitten müssen, »weil sie sich mit ihren Gehülfen nicht mehr trauten, fortzukommen«[6] – sprich: weil sie erkannten (was immerhin für sie spricht), daß die gewachsenen musikalischen Anforderungen nach einem trainierten, mit der italienischen Musik vertrauten größeren Orchester verlangten. Im Jahr darauf verwiesen die Ratsmusiker den Theaterunternehmer gleich an den Vorspieler des Großen Konzerts → J. G. Häser. »Dieser versprach[,] ein gutes Orchester von 20 Personen ... zu stellen.«[7] Was geschah und womit sich zugleich das neue Leipziger Theaterorchester auf Dauer etablieren sollte.

Obwohl es noch kein stehendes Theater in Leipzig gab, sondern nach wie vor wandernde Theatertruppen in die Stadt kamen, blieben diese doch meist mehrere Monate lang und sicherten mit wöchentlich drei, vier Vorstellungen einen kontinuierlichen Spielbetrieb und damit laufende Einkünfte auch für die Musiker. Das ermöglichte ihnen die Fortexistenz auch in der Zeit, in der das Große Konzert ruhte. Allerdings fehlte ihnen da ein nicht unerheblicher Teil bisheriger Einnahmen. Hatte beispielsweise der Theaterimpresario Carl Theophilus Döbbelin 1774 pro Vorstellung elf Taler an das Orchester gezahlt, hatte sich die Gesellschaft des Großen Konzerts das Orchester pro Abend 18 Taler und 13 Groschen kosten lassen.[8] Gewiß waren drei Theaterhonorare pro Woche mehr als ein Konzerthonorar. Fiel dieses aber weg, bedeutete das für jeden einzelnen Musiker eine Mindereinnahme von etwa 35 Prozent. Daraus und aus dem Umstand, daß die Konzerthonorare wohl verläßlicher und kontinuierlicher flossen als die der stets wechselnden Theaterunternehmer, läßt sich erklären, warum das Orchester in seinen Gegenseitigkeitsvertrag 1786 nicht auch das Große Konzert einbezog.

»Nachricht von der künftigen Einrichtung des Leipziger Concerts«, Druck, 31. August 1781, Faksimile in Eberhard Creuzburg: Die Gewandhaus-Konzerte 1781–1931

---

6 Grenser, S. 27.
7 Ebd., S. 28.
8 Vgl. ebd. und Schering, S. 428. Mit Errichtung der Gewandhauskonzerte wird der Unterschied zwischen Theater- und Konzerthonorar noch größer.

Ein weiterer Grund für diese Zurückhaltung der Musiker mag auch sein, daß die Konzertgesellschaft mittlerweile zu einem Zentrum, gar zu einem Machtfaktor des städtischen Musiklebens geworden ist. Hat sie äußerlich immer noch den Anstrich einer »freien«, ungebundenen Unternehmung, die keinem amtlichen Auftrag respektive keiner städtischen Funktion verpflichtet ist, so ist sie doch längst von der Stadtregierung »unterwandert« und in die städtische Repräsentation integriert. Der Konzertsaal im Gewandhaus, den sie auf Dauer mietet, ist Eigentum der Stadt. Der Vorschlag, ihn in das leerstehende Dachgeschoß des Gewandhauses einzubauen, stammt von einem Bürgermeister: Carl Wilhelm Müller. Er ist es auch, der die ganze Unternehmung neu belebt und die Konzertdirektion unter seinem Vorsitz neu formiert: Dem zwölfköpfigen, ehrenamtlich arbeitenden Gremium gehören bei der Wiedereröffnung des Großen Konzerts unter anderem vier Ratsmitglieder, vier »Kauf- und Handelsherren« und zwei Bankiers an. Da verwundert es nicht, wenn die sich vereinenden Musiker es vermeiden wollen, die Konzertgesellschaft zu brüskieren. Die Theaterimpresari kommen und gehen; sie sind quasi Einzelunternehmer, die gegen den vereinten Willen der Orchestermitglieder nicht ankommen können. Hinter der Konzertunternehmung aber stehen die Spitzen der Stadt.

|2   So progressiv das Vertragswerk von 1786 auch ist, den letzten Schritt, die Unabhängigkeitserklärung gegenüber der Konzertgesellschaft, wagen die Leipziger Musiker nicht zu gehen. Wohl erschrocken vom eigenen Mut, nehmen sie in den kommenden Jahren immer wieder Satzungsänderungen vor und mit ihnen immer mehr zurück von den ursprünglichen Vereinbarungen, während zugleich ein »Nebenprodukt« des 86er Gegenseitigkeitsvertrags, nämlich der Orchester-Pensionsfonds, immer weiter in den Vordergrund rückt, bis er sogar einziger Gegenstand der Statuten wird. Das spiegelt sich auch in den wechselnden Namen wider, die sich der Musikerverein gibt: Nennt er sich am Anfang eine »zu den besten Absichten vereinigte musikalische Gesellschaft«[9] und tritt er später schlicht als »Sämmtliche Musiker des grossen Concerts und Theaters« auf, agiert er dann für längere Zeit als »Institut für alte und kranke Musiker«, um schließlich ab 1841[10] unter der Bezeichnung »Orchester-Pensionsfonds« zu firmieren.

Dennoch bleibt anzuerkennen, daß sich das Orchester mit dem Gegenseitigkeitsvertrag institutionalisiert und daß es in der Folgezeit Strukturen zu schaffen vermag, die das Orchesterinstitut bis weit in das 20. Jahrhundert hinein zu einer relativ eigenständigen Größe des Leipziger Musiklebens machen. Ein dreiköpfiger Vorstand wird gebildet, dem wenig später ein aus acht Mitgliedern bestehender »engerer Ausschuß« für Einstellungen und Entlassungen beigestellt wird. Allerdings scheint es bald darauf sowohl eine gewisse Divergenz zwischen dem Ausschuß und den Institutsmitgliedern als auch einige Freizügigkeiten der Amtsträger zu geben (zu letzterem siehe die Eintragung unter → Chr. J. Graun). Beispielsweise strebt der Ausschuß Anfang der 1790er Jahre die »landesherrliche Confirmation der Institutsgesetze«[11] an, was jedoch von der Vollversammlung wiederholt abgelehnt wird. Mitte der 90er Jahre zählt dieser Ausschuß nur noch fünf Mitglieder; spätere Nachrichten bleiben aus. Um die Jahrhundertwende gerät »die innere Ordnung des Orchesters offensichtlich in eine Krise«.[12] Und ab 1801 ist es mit Christian Gottlob Einert plötzlich ein Stadtrat und Angehöriger der Gewandhaus-Konzertdirektion, der in Besetzungs- und Anstellungsfragen des Theaterorchesters eingreift, so daß, wie der Orchesterchronist → C. A. Grenser lakonisch festhält, »von der Würksamkeit eines engern Ausschusses … nicht mehr die Rede seyn«[13] kann.

Es ist auch keine Rede mehr von Selbstbestimmung, von Personalhoheit, von der Devise »alle oder keiner«. Aus der Traum von der Orchesterrepublik, der doch bereits in Erfüllung gegangen zu sein schien. In Leipzig beginnt die Restauration – sofern man die 86er Erklärung als kleine Revolution verstehen mag – ein Jahrzehnt vor der in Frankreich. Da stellen die Vorgänge des Jahres 1817 nur noch den vorläufigen Schlußpunkt dieser Entwicklung dar: Alle Einigkeit der Orchestermitglieder ist dahin, bei Gründung des Stadttheaters – mit dem Leipzig erstmals ein eigenes, stehendes Theater bekommt – lassen sie sich zu Einzelverträgen mit dem Theaterpächter überreden. Und sie lassen es zu, daß die Gewandhaus-Konzertdirektion noch größeren Einfluß auf das Orchesterinstitut gewinnt. Denn sie wählen in das Amt des Sekretärs, quasi des Vorstandsvorsitzenden, → J. Ph. Chr. Schulz, den Gewandhaus-Musikdirektor. Der ist (zu Loyalität verpflichteter) Angestellter der Konzertdirektion, die somit unmittelbaren Zugriff auf alle Orchesterangelegenheiten gewinnt – im Gegensatz zum Theaterpächter, was in der Zukunft zu manchen Spannungen zwischen Theater- und Konzertinstitut führen wird.

|3   Die Zeitspanne, in der sich in Leipzig der Bogen spannt zwischen der Gründung eines freien Orchesters und dessen allmählicher Rückkehr in die alten Abhängigkeiten, ist eine Grauzone, was die »bürgerliche«, außerhöfische Orchestergeschichte betrifft. Im Vordergrund der retrospektiven Geschichtsschreibung steht der vielerorts zu beobachtende Niedergang des Konzertlebens, während die sich zugleich vollziehende Entwicklung hin zu stehenden Theatern weniger Beachtung findet. Dabei ist mit der Gründung von Stadttheatern oftmals die Festigung von »bürgerlichen« Theaterorchestern verbunden, die sich zum Teil aus einer ähnlichen Gemengelage wie in Leipzig herausbilden, indem sich etwa Stadtmusiker vereinen mit freien Musikern, die beispielsweise aus reduzierten Hofkapellen, aus aufgelösten Domkapellen oder aus eingestellten Konzertunternehmungen kommen. Doch interessanterweise treten diese Orchester erst dann aus dem Dunkel der Namenlosigkeit heraus, wenn sie neben ihrem Theaterdienst auch konzertieren respektive für eine Konzertunternehmung engagiert werden. Das 1782 neuerrichtete Theater in Frankfurt am Main wird zehn Jahre später zur Nationalbühne und arbeitet ab dieser Zeit mit einem festen Ensemble. Das Orchester des Hauses wird ab 1808 gleichzeitig zum ständigen Orchester der Konzerte, die das Frankfurter »Museum« – ein bürgerlicher Kunstverein –

---

9   Grenser, S. 46.
10 Zumindest taucht der neue Name ab diesem Jahr auf den Programmzetteln der Benefizkonzerte auf.
11 Grenser, S. 57.
12 Nösselt, S. 94.
13 Grenser, S. 89.

»Königliches Hoftheater zu Leipzig« (das Stadttheater war 1829–1832 an die Generaldirektion des Dresdner Hoftheaters verpachtet), Lithographie, um 1830

veranstaltet, und gewinnt erst damit seinen späteren Namen und Ruf als »Frankfurter Museumsorchester«.

In Hamburg mit seiner großen Operntradition wird das 1765 errichtete Komödienhaus 1810 zum »Stadt-Theater«. Dessen Orchester heißt schlicht Stadttheater-Orchester. Obwohl es im 19. Jahrhundert wichtigen Anteil hat am zwischenzeitlichen Erfolg der Opernbühne und unter manchem namhaften Dirigenten spielt – auch Abonnementkonzerte, die in der zweiten Hälfte des Jahrhunderts zeitweise den ersten Platz in Hamburgs Musikleben einnehmen –, wird es dereinst sang- und klanglos verschwinden, indem es im »Dritten Reich« verschmolzen wird mit dem Philharmonischen Orchester, einem Konzertorchester, das aus der 1828 gegründeten Philharmonischen Gesellschaft hervorgeht.

In Köln kommt es noch während der französischen Besatzung 1812 zur Neugründung der Musikalischen Gesellschaft (später »Concert-Gesellschaft«), deren Orchester personell zum großen Teil identisch ist mit dem des stehenden Theaters, das es in Köln ab 1822 gibt. (Napoleon hatte 1806 per Dekret nur Städten »ersten Ranges« gestattet,

Umgebautes Altes Theater auf der Ranstädter Bastei, Öl auf Leinwand, 1820

stehende Theater zu unterhalten. Alle übrigen, die zum französischen Herrschaftsbereich gehören, müssen sich seitdem mit ein oder zwei reisenden Theatertruppen begnügen, so also auch Köln, das noch bis 1814 von den Franzosen besetzt ist.) 1857 zieht die Concert-Gesellschaft in den Gürzenich ein; bald ist von den »Gürzenich-Konzerten« die Rede, dann auch vom »Cölner Theater- und Gürzenich-Orchester«[14] und schließlich nur noch vom »Gürzenich-Orchester«.
Köln ist auch in bezug auf die Orchester-Pensionskasse ein interessantes Beispiel: Sie wird hier nicht vom Orchester selbst angelegt und betreut, sondern von der Concert-Gesellschaft.

|4 Daß im Zuge der Französischen Revolution »das Konzertwesen, aber nicht die Oper ruiniert wurde, ist nicht erstaunlich. Denn das Theater, und besonders das Musiktheater, ist für Massen, die bisher von der Kultur ausgeschlossen waren, immer attraktiv gewesen. Das Konzert dagegen galt ... als sozial und ästhetisch exklusiv, als musikalisches Emblem der herrschenden, aristokratisch-großbürgerlichen Schicht.«[15] Da das über Frankreich hinaus bis zu einem gewissen Grad verallgemeinert werden kann, erklärt sich daraus auch die Stärke und der Einfluß der Konzertgesellschaften gleich welchen Ortes und warum sie es überhaupt schaffen, sich trotz teilweise enormer Brüche immer wieder neu zu beleben. Was sich aber weder daraus noch aus den musikalischen Entwicklungen der Zeit erklären läßt, ist die Frage, warum die »bürgerlichen« Theaterorchester in ihrer Frühzeit kaum aus dem Dunkel der Namenlosigkeit heraustreten.
Diese Frühzeit umfaßt eine Zeitspanne, in der drei wesentliche musikgeschichtliche Epochen ineinandergreifen: die Epoche Joseph Haydns und Wolfgang Amadeus Mozarts, die mit Mozarts Ankunft in Wien 1781 beginnt – im Jahr also, in dem in Leipzig die Reihe der Gewandhauskonzerte eröffnet wird – und mit Haydns Verstummen 1803 endet;[16] die Epoche Ludwig van Beethovens und Gioacchino Rossinis, in der gleichsam »zwei Kulturen der Musik«[17] sich gegenüberstehen – und zwar, verkürzt gesagt, italienische Oper und deutsche Instrumentalmusik – und als deren Beginn Beethovens Klaviersonate d-Moll op. 31,2 (1801/02) gesehen werden kann, mit der der Komponist nach eigenen Worten »neue Wege« einschlägt, und als deren Ende Rossinis letzte Opernkomposition, der 1829 uraufgeführte *Guillaume Tell*, gelten mag; schließlich die Epoche Giacomo Meyerbeers, Gaetano Donizettis, Felix Mendelssohn Bartholdys, Frédéric Chopins und Robert Schumanns – allesamt Komponisten, »deren Durchbruch in die musikalische Öffentlichkeit um 1830«[18] erfolgt und deren Werk um 1848 im Grunde abgeschlossen ist (Mendelssohn stirbt 1847, Donizetti 1848 und Chopin 1849).
Doch aus dem Blick auf die Mehrheit der genannten Komponisten zu schließen, daß bereits die klassische Sinfonie die Konzertorchester der Zeit prägt und diese deshalb stärker und vor allem in Sachen eige-

---

14 Irmgard Scharberth: Gürzenich-Orchester Köln 1888–1988, Köln 1988, S. 38.
15 Dahlhaus, Neues Handbuch, Bd. 5, S. 348.
16 Vgl. Ludwig Finscher: Haydn, Mozart und der Begriff der Wiener Klassik, in: Dahlhaus, Neues Handbuch, Bd. 5, S. 237.
17 Dahlhaus, Neues Handbuch, Bd. 6, 2. Aufl., Laaber 1989, S. 7.
18 Ebd., S. 93.

nen Rufes erfolgreicher als die Theaterorchester in Erscheinung treten, wäre nur die halbe Wahrheit. Gewiß ist die deutsche Instrumentalmusik dank Haydn und Beethoven längst neben die italienische und französische Oper gerückt. Zudem spielen im Musikleben in der ersten Hälfte des 19. Jahrhunderts auch »Gattungen der nicht-theatralischen Vokalmusik, vom Lied über die Kantate bis zum Oratorium«,[19] eine wesentliche Rolle. (Das spiegelt sich exemplarisch in den Gewandhauskonzerten wider, in denen ausgesprochene »Oratorienkomponisten« wie etwa → J. G. Schicht oder → Fr. Schneider mit ihren Liedern, Chören, Kantaten und eben Oratorien in herausragender Weise vertreten sind.) Aber desungeachtet florieren nach wie vor die italienische und die französische Oper, wie die Aufführungszahlen beispielsweise im ersten Jahrzehnt des Leipziger Stadttheaters belegen: Zu den meistaufgeführten Werken gehören die Opern Gioacchino Rossinis und François-Adrien Boieldieus. Mit ihnen, so könnte man meinen, wirkt noch das alte System der italienischen Hofoper nach, in dem die Hofkapelle nur Teil eines Ensembles ist, in dem die Starsänger die größte Aufmerksamkeit auf sich ziehen. Doch das wäre in seiner Rückbezogenheit zu kurz gesprungen. Zumal, um beim Leipziger Beispiel zu bleiben, vor Rossini und Boieldieu in der Aufführungshäufigkeit noch Mozart steht, der wiederum von dem Exponenten der »deutschen Romantischen Oper« übertroffen wird: Carl Maria von Weber. Daß für die Aufführungen seines *Freischütz*, der ein halbes Jahr nach der Berliner Uraufführung in Leipzig am 23. Dezember 1821 Premiere hat, die Besetzung der hohen Streicher des Theaterorchesters von je vier ersten und zweiten Violinen auf je sechs und von zwei auf drei Violen vergrößert wird, ist gewiß bemerkenswert. Aber dies gleichsam als Ausgangspunkt für ein analog zur wachsenden Orchestergröße stärkeres Hervortreten des Theaterorchesters zu markieren, auch das wäre nur eine Teilwahrheit. Vielmehr wird am Ende um die scheinbar so banal klingende Erklärung nicht herumzukommen sein: Im Musiktheater ist und bleibt das Orchester immer nur Teil des gesamten Ensembles; zuerst das Geschehen auf der Bühne, wie (und was) dort gesungen und gespielt wird, bestimmt, ob das Haus sich einen Namen macht und welchen Ruf es sich erwirbt. Die Kehrseite dessen ist, daß ehedem die im Orchestergraben Sitzenden oft genug geringgeschätzt wurden, als seien sie lediglich beliebig austauschbare Lieferanten der Begleitmusik. Daß sich das Leipziger Theaterorchester dagegen auflehnte und als eigenständige Korporation zu behaupten suchte, ist trotz seinem letztlichen Scheitern ein Vorgang, dessen fortdauernde Wirkung auf Selbstverständnis, Selbstbewußtsein und Selbstbehauptung der Musiker kaum überschätzt werden kann.

---

[19] Ebd., S. 4.

1781

|67 Müller, Johann Christian
Violine, Cembalo/Fortepiano
* 18. Januar 1749 in Nieder Sohland/Oberlausitz,
† 4. November 1796 in Leipzig
1781 erstmals erwähnt, Mitglied bis zu seinem Tod ◆
Mitbegründer des Orchester-Pensionsfonds
1. Geiger und »Flügelspieler« (Dörffel)

Der Sohn von Christian Müller, »Gärtner in Nieder Sohland« (Taufeintrag), besuchte ab 16. Juni 1765 das Gymnasium in Bautzen, wo er auch Unterricht bei dem Kantor und Lehrer Johann Heinrich Gössel hatte und → Chr. G. Thomas einer seiner Mitschüler war. 1768 wird er in der Secunda des Zittauer Gymnasiums genannt, wo er auch Unterricht bei dem Kantor und Lehrer Karl Friedrich Gössel[1] hatte. Seine Mitschüler waren u. a. → J. Ph. Gutsch, → S. G. Jütner und → J. G. Schicht. Ab 1769 besuchte er die Schule in Lauban, wo er Präfekt des Singechores wurde. 1778 kam er zum Studium nach Leipzig, immatrikuliert am 20. Oktober 1779. »Johann Christian Müller, welcher Präfekt des Singechores zu Lauban gewesen, kam nach Leipzig, fand im Breitkopfschen Hause Wohnung und Unterstützung und wurde von [→ J. A.] Hillern beym Konzert und beym Theaterorchester als Violinist angestellt« (Grenser, 1778); »Er unterstützte seine in Leipzig studierenden Landsleute auf mannigfache Weise und das bey dem dasigen grossen Konzert zur Unterstützung bejahrter Tonkünstler und deren nachgelassenen bestehende Institut, verdankt ihm bey dessen Gründung und Unterhaltung die eifrigste Mitwirkung.« (Otto) Er schrieb später über sein Amt im Orchester-Pensionsfonds: »Diese wohlthätige Anstallt hat mir in der Folge viele Mühe und Aergerniß verursacht; ja ich habe gesehen, daß sich einige Mitglieder von diesem musikalischen Institute mit Fleiß darauf gelegt haben, mich für meinen guten Willen recht zu ärgern und zu lästern.« (zit. nach Nösselt) ◆ Sein 1757 geborener Bruder Johann Gottlob Müller besuchte acht Jahre das Gymnasium in Bautzen, studierte ab 1779 in Leipzig und wurde im Januar 1782 Magister.

....

1 Er war bis 1752 Kantor in Löbau und Lehrer von → J. G. Häser. Er ist der Sohn des Bautzener Kantors Johann Heinrich Gössel, der Lehrer von → C. G. Berger, → J. Fr. Berger, → J. Chr. Müller, → Fr. A. Pitterlin und → Chr. G. Thomas war.

Fiskal des Orchester-Pensionsfonds bis zu seinem Tod; Mitglied des »Ausschusses für Einstellungen und Entlassungen«.

WERKE: »Schiller's Ode an die Freude, der Loge in Görlitz dedic. Leipzig 1786 … Choeur de chasseur ›Allons amis la chasse est une fête‹, avec orch … Six fugues, compos. Par J. Chrétien M. op. 2 … Anleitung zum Selbstunterricht auf der [Glas]Harmonika, Leipzig 1788 …« (Eitner) LITERATUR: Dörffel Nr. 3; Bernsdorf; Eitner; Erler; Grenser; Nösselt; Schering; Vollhardt; Album des Gymnasiums zu Zittau, bearb. v. O. Friedrich; Leipziger gelehrtes Tagebuch. 1782 u. 1796; G. F. Otto: Lexicon der seit dem fünfzehenden Jahrhunderte verstorbenen und jetzt lebenden Oberlausitzischen Schriftsteller und Künstler. QUELLEN: PfA Sohland: KB; StadtA Bautzen: Schülerverzeichnis des Bautzener Gymnasiums 1642–1834; StadtAL: Leichenbücher/Leichenschreiberei.

|68 Baumgärtel, Georg Friedrich Magister
Violine
* 8. September 1760 in Leipzig,
† 12. März 1840 in Leipzig
Mitglied von 1781 bis 1797 ◆ 1787 Aufnahme
in den Orchester-Pensionsfonds
2. Geiger

Der Sohn des »Wechselsensals« (Album Alumnorum) Johann Baumgärtel und seiner Ehefrau Christiana Sophia, geb. Weise, war Thomasalumne ab 15. Juni 1772. Er studierte dann an der Leipziger Universität, immatrikuliert am 17. September 1779, »und hörte die Hrn. Seydlitz und Platner in der Philosophie, Hrn. Wenk in der Geschichte, Ernesti, Reiz, Beck und Forbiger über die alten Sprachen und Literatur, Burscher, Körner, Morus, Forbiger, Enke und Schleusner über die verschiedenen Theile der Theologie. Dankvoll erkennt er die Unterstützung, die ihm durch den hiesigen Magistrat, Hrn Pr. Seydlitz und mehrere Gönner wiederfahren ist.« (Leipziger gelehrtes Tagebuch) »Beim ersten Gewandhauskonzerte waren einige angestellt: der Student Baumgärtel aus Leipzig …« (Grenser, 1781) Am 10. Februar 1785 erlangte er den Magister Artium[2], wurde 1786 Amanuensis von Superintendent Rosenmüller und war dann ab 28. Februar 1792 Lehrer an der Ratsfreischule. »Magister Baumgärtel an der Thomasschule geht vom Conzertorchester, wo er Violinripienist war, ab.« (Grenser, 1797) ◆ Vom 15. März 1797 bis zu seiner Emeritierung am 1. November 1831 war er Lehrer und Baccalaureus funerum (Leichenbaccalaureus) an der Thomasschule.

WERKE: Die Briefe des Apostels Paulus, von Baumgärtel übersetzt und mit Anmerkungen erläutert. Leipzig 1788; Etwas über den sichtbaren Leichtsinn bei öffentlichen Hinrichtungen der Missthäter. Leipzig 1790; Katechetische Entwickelung religiöser Gegenstände. Leipzig 1799; Abriß der Glaubens- und Sittenlehre in biblischen Sprüchen. Leipzig 1801; Register zum Handbuche des protestantischen Kirchenrechts. Leipzig 1801; Blumenkränze. Leipzig 1838. LITERATUR: Dörffel Nr. 23; Grenser; Nösselt; Leipziger gelehrtes Tagebuch. 1785; Hamberger/Meusel: Das Gelehrte Teutschland oder Lexikon der jetzt lebenden Teutschen Schriftsteller; F. W. Reiz: Saeculum ab inventis clarum XIII philosophiae candidatis… carmine solemni celebrat Fridericus Volgangus Reizius. QUELLEN: Archiv Thomasalumnat: Album Alumnorum Scholae Lipsiensis – Index disciplinorum Scholae Thomanae 1767–1841; StadtAL: Leichenbücher/Leichenschreiberei.

|69 Hiller, Friedrich Adam
Violine
* 26. Dezember 1767 in Leipzig,
† 23. November 1812 in Königsberg ◆ Sohn
von → J. A. Hiller
Mitglied von 1781 bis 1785
2. Geiger im Konzert

....

2 Dörffel schreibt: »erwarb die philosophische Doktorwürde«; zu dieser Zeit war Magister der höchste akademische Grad der philosophischen Fakultät.

Er studierte an der Leipziger Universität, immatrikuliert am 25. Juli 1781, »Orchesterpersonal beym ersten Gewandhauskonzerte … *Violine 2.* [→ J. Chr.] Wünsch, [→ J. W.] Ruhe, [→ J. G.] Geissler, [→ G. Fr.] Baumgärtel, [→ C. G. W.] Wach, F. A. Hiller jun. …« (Grenser, 1781) ◆ »Der junge Friedrich Hiller, Sohn des Musikdirektors, geht als Tenorist zur Tillyschen Operngesellschaft in Rostock.« (Grenser, 1789) Er wurde 1790 Theaterkapellmeister in Schwerin. Von Ende Dezember 1793 bis März 1794 war er Musikdirektor am Leipziger Theater für → F. A. Pitterlin, ging 1794 nach Altona und 1798 nach Königsberg. Nach Dettling hingegen war er von 1796 bis 1803 Musikdirektor in Altona, wo er sogenannte Emigrantenkonzerte unter dem Namen »Académie musicale dans le théatre national« im Schauspielhaus veranstaltete, und ging erst 1803 nach Königsberg.

WERKE: Operetten; Kammermusik; Arien. LITERATUR: Dörffel Nr. 204; Erler; Grenser; MGG I; Riemann I; Schering. QUELLEN: Staatsarchiv Hamburg: R. Dettling: Kurzbiographien hamburgischer Musiker.

|70 Günther, August Friedrich Wilhelm
Kontrabass
* 6. November 1756 in Thum, † 1801 in Dresden
Mitglied von 1781 bis 1783
Kontrabassist im Konzert

Der Sohn des Thumer Organisten Carl Gottlob Günther war ab 17. April 1769 Schüler der Kreuzschule in Dresden und studierte dann an der Leipziger Universität, immatrikuliert am 26. Juni 1779. »Orchesterpersonal beym ersten Gewandhauskonzerte … *Bass.* Günther. [→ J. J. Chr.] Saurbier …« (Grenser, 1781) ◆ »Im August ging Hr. Günther, der sein Studium an der Universität absolvirt hatte, von Leipzig ab. Er war der zweite Contrabassist im Gewandhauskonzerte. Hr. [→ C. G. W.] Wach bekam nun diese Stelle, und wurde dann auch im Theater angestellt. Günther hatte wahrscheinlich auch eine kleine Organistenstelle hier gehabt. (Nach einer andern Angabe war er der 1ste Contrabassist im Gewandhauskonzerte.) Es ist wahrscheinlich der nachher berühmte Organist Günther in Dresden. Seine Freunde widmeten ihm ein Abschiedsgedicht.« (Grenser, 1783) Vom 7. Juni 1785 bis 7. Juli 1789 war er Organist an der Dreikönigskirche in Dresden, dann bis zu seinem Tod 1801 in gleicher Funktion an der Kreuzkirche.

LITERATUR: Dörffel S. 22; Erler; Grenser; Schering S. 487; Vollhardt; Die Matrikel der Kreuzschule. QUELLEN: PfA Thum: KB.

|71 Saurbier, Johann Christian Jacob
Kontrabass
* 15. November 1759 in Sondershausen
1781 als Kontrabassist im Konzert genannt

Der Sohn von Georg Heinrich Sauerbier, »*Fürstlicher* Hoffmusici und Hautboist bei der Garde allhier« (Taufeintrag), studierte an der Leipziger Universität, immatrikuliert am 10. Juli 1781. »Orchesterpersonal beym ersten Gewandhauskonzerte … *Bass.* [→ A. Fr. W.] Günther. Saurbier …« (Grenser, 1781)

LITERATUR: Dörffel S. 22; Erler; Grenser; Schering S. 487. QUELLEN: PfA St. Trinitatis Sondershausen: KB – TfR.

|72 Jonne, Friedrich Gabriel
Oboe
~ 27. April 1753 in Leipzig ◆ Sohn von → A. Chr. Jonne, Bruder von → C. A. Jonne
1781 als 2. Oboist im Konzert erwähnt

Er studierte an der Leipziger Universität, immatrikuliert am 31. März 1772. »Orchesterpersonal beym ersten Gewandhauskonzerte … *Ob.* [→ C. G.] Hubrich, F. Jonne …« (Grenser, 1781) ◆ Von Michaelis 1782 bis Michaelis 1783 war er Stadtpfeifer und Türmer in Marienberg/Erzgebirge, ging aber bereits Ostern 1783 nach Colditz, wo er die Stelle des Stadtmusikus Johann Christoph Stahl übernahm, der sein Nachfolger in Marienberg wurde. Einschränkungen der Rechte, welche seinem Vorgänger eingeräumt wurden, führten bald zum Streit mit dem Rat der Stadt Colditz. ◆ »den 14. July erhielt der Bruder des Instituts Mitglieds Jonnens [→ C. A. Jonne], der ebenfalls sonst, jedoch noch vor Errichtung des Instituts, Mitglied des Orche-

Blick auf Leipzig von Osten aus
Kolorierte Radierung von
Johann Carl August Richter,
nach einer Zeichnung von
Harnisch, um 1830

sters gewesen, wegen Kränklichkeit und Armuth 5 Rthl. aus der Institutskasse geschenkt.« (Grenser, 1802)

LITERATUR: Dörffel S. 22; Erler; Grenser; Nösselt; Schering S. 487. QUELLEN: KAL: TfB St. Nicolai – TrB St. Nikolai; StadtA Colditz: Abt. II, Sect. IV, Nr. 5, Bl. 53 ff.; StadtA Marienberg: HA 2901, Bl. 73.

|73 **Pörschmann, Johann Gottlob**
Fagott
~ 24. Mai 1725 in Leipzig,
☐ 22. Juni 1792 in Leipzig
Mitglied von 1781 bis zu seinem Tod ◆ Ab 1790 Mitglied des Orchester-Pensionsfonds
2. Fagottist

Der Sohn von Johann Pörschmann, »Instrumentenmacher« (Taufeintrag), und dessen Ehefrau Susanna Regina, geb. Seyfried, studierte an der Leipziger Universität, immatrikuliert am 17. Februar 1758. ◆ Er selbst war auch Instrumentenmacher und wurde bei seinem Tod als »Acadimicus« (Leichenbuch) bezeichnet. ◆ Wahrscheinlich ist er identisch mit dem 1746 genannten → Pörschmann.

LITERATUR: Dörffel Nr. 30; Riemer. QUELLEN: KAL: TfB St. Nicolai; StadtAL: Leichenbücher/Leichenschreiberei.

|74 **Buchenthal, Carl Gottlob**
Horn, Fagott
~ 21. Dezember 1751 in Leipzig,
† 4. Dezember 1826 in Leipzig
Mitglied vom »Beginn der Concerte« (Dörffel) bis Ostern 1810, im Konzert nur bis 1799; ab 26. Dezember 1809 durch einen Substituten vertreten ◆
Mitbegründer des Orchester-Pensionsfonds
2. Hornist, ab 1783 2. Fagottist für den verstorbenen → A. Chr. Jonne

Der Sohn von Carl Gottlob Buchenthal, »Musical. Instrumentmacher« (Taufeintrag), studierte an der Leipziger Universität, immatrikuliert am 9. Dezember 1777. »Der Fagottist Karl Buchenthal wird vom Musikdirektor [→ J. A.] Hiller bey seinen Konzerten im Thomäischen Saale, die zu der Zeit die vorzüglichsten waren, angestellt« (Grenser, 1776); »Der Fagottist Buchenthal einer der im neuen großen Concerte zuerst mit angestellten. Er blies damals das Waldhorn« (Grenser, 1781); »Der Fagottist Karl Buchenthal wird vom Musikdirektor der italienischen Oper, Hrn. Gestewitz, beym Theaterorchester angenommen« (Grenser, 1783); »*den* 26. De*cember* … Von jetzt an blies Hr. [→ J. W.] Hartmann Stadtpfeifergeselle für den Fagottisten Hrn. Buchenthal der altersschwach wurde, als Substitut den 2ten Fagott.« (Grenser, 1809) ◆ »Ostern wurde Hr. Joh. Gottl. Buchenthal in Pension gesetzt. Hr. Hartmann wurde nun fest an dessen Fagottstelle angenommen. *Den* 5. May bekam Hr. Buchenthal die erste Pension, 4 Thaler für 4 Wochen« (Grenser, 1810); »Im Januar schenkte der Pensionair Hr. Buchenthal, der auch Messinginstrumentenmacher war, dem Theaterorchester eine Baßposaune, wozu auf Kosten der Institutskasse ein Futteral angeschafft wurde; sie war aber so schwerfällig gearbeitet, daß Niemand darauf blasen wollte.« (Grenser, 1815) ◆ Im Leichenbuch heißt es: »Ein Mann 69 *Jahre* Hr. Carl Christian Buchenthal, Academicus und Musicus am hiesigen Stadttheater.«

LITERATUR: Dörffel Nr. 19; Erler; Grenser; Nösselt. QUELLEN: KAL: TfB St. Nicolai; StadtAL: Leichenbücher/Leichenschreiberei

1783

|75 **Brötler** [Brödtler, Prätler], **Carl Friedrich Samuel**
Violine, Viola
* 7. August 1760 in Schönberg[3] bei Görlitz,
† 7. Januar 1810 in Leipzig
Mitglied von 1783 bis zu seinem Tod, im Konzert bis 1790 (Dörffel) ◆ Als Substitut von → U. H. Chr. Ruhe
Mitbegründer des Orchester-Pensionsfonds
1. Geiger, später Bratscher

Er ist wahrscheinlich der Sohn von Johann Samuel Brötler, der von 1760 bis 1797 Rektor und Stadtschreiber in Schönberg war. Er studierte an der Leipziger Universität Jura, immatrikuliert am 12. April 1780. Der »Can*didatus* ju*ris* u*nd* Mitgl*ied* des großen Concerts *und* Theaters in Leipzig stud*ierte* in Lauban u*nd* Leipzig«, disputierte am 29. Februar 1788 über *theses juris dubii* und »widmete sich aber nachher ganz der Musik.« (Otto) ◆ »*den* 6. *Januar* starb das Orchester- u*nd* Institutsmitglied Hr. Brötler, Bratschist, im 52sten Jahre seines Alters. Die Wittwe erhielt *den* 9. *Januar* 5 Rthl. zum Begräbnis aus der Institutskasse, und die Hälfte des Theaterhonorars für den Monat Januar, die andre Hälfte bekam der Substitut Hr. Siebek. Frau Christiane Brötler bekam die ersten 3 Rthl. vierteljährige Pension zum Ostertermin *den* 15. *Mai* 1810« (Grenser, 1810); »*den* 24. De*cember* bekam die Wittwe Brötler die letzten 3 Rthl. Pension zum Weihnachtstermin; denn sie machte sich darauf ihres Wittwengehalts verlustig, indem sie mit einem Schneidergesellen in unehelicher Verbindung lebte u*nd* sich hatte schwängern lassen.« (Grenser, 1811) ◆ Im Leichenbuch heißt es: »Ein Mann 52 Jahr. Carl Friedrich Samuel Prätler, Musicant … st*arb* 7. Ja*nuar* nachmi*ttag* 3. Uhr, hinterließ Witwe u*nd* 2 unmündige Kinder.«

LITERATUR: Dörffel Nr. 14; Erler; Grenser; P. G. Bronisch: Geschichte der Kirche zu Schönberg; Leipziger gelehrtes Tagebuch. 1788; G. F. Otto: Lexicon der seit dem fünfzehnden Jahrhunderte verstorbenen und jetzt lebenden Oberlausitzischen Schriftsteller und Künstler. QUELLEN: StadtAL: Leichenbücher/Leichenschreiberei.

|76 **Kimmerling, Johann Georg**[4]
Violine
* 13. Januar 1758 in Wittgendorf bei Döschnitz,
† 10. März 1814 in Leipzig
Mitglied von 1783 bis zu seinem Tod ◆ 1800 Aufnahme in den Orchester-Pensionsfonds
Geiger

Er studierte an der Leipziger Universität, immatrikuliert am 14. September 1779.

LITERATUR: Dörffel Nr. 44; Erler. QUELLEN: PfA Döschnitz: KB; StadtAL: Leichenbücher/Leichenschreiberei.

---

3   Heute Sulikow (Polen).
4   Abweichend von Dörffel, wird er im Taufeintrag Johann M i c h a e l K ü m m e r l i n g genannt, bei der Immatrikulation an der Leipziger Universität Johann Georg Kümmerling und im Leichenbuch Johann M i c h a e l Kimmerling.

|77 **Jütner, Samuel Gottfried**
Viola
Aus Seifersau[5]/Schlesien, * 1749, ☐ 18. Dezember 1794 in Leipzig
Mitglied von 1783 bis zu seinem Tod ♦ 1794 Aufnahme in den Orchester-Pensionsfonds
Bratscher

Er wird 1767 als Schüler am Zittauer Gymnasium erwähnt, wo er auch Unterricht bei dem Kantor und Lehrer Karl Friedrich Gössel[6] hatte. Unter seinen Mitschülern waren → J. Ph. Gutsch und → J. G. Schicht. Er studierte später an der Leipziger Universität, immatrikuliert am 20. Mai 1772. ♦ Bei seinem Tod als »Candidat der Rechte« bezeichnet. (Leichenbuch)
LITERATUR: Dörffel Nr. 37; Erler; Vollhardt; Album des Gymnasiums zu Zittau, bearb. v. O. Friedrich. QUELLEN: StadtAL: Leichenbücher/Leichenschreiberei.

1784

|78 **Hübler, Carl Friedrich**
Oboe, Flöte
† 11. April 1792, ☐ 15. April 1792 in Leipzig, 38 Jahre alt
Mitglied von 1784 bis zu seinem Tod ♦ Mitbegründer des Orchester-Pensionsfonds
»Flötist und Concertspieler seit 1784; erster Hoboist« (Dörffel)

In den Taufeinträgen seiner drei Kinder wird er 1780 als »Musikus bey der Aaronschen Gesellschaft« bezeichnet, 1781 als »Musicus bey der Neuen Kirche« und 1785 als »Musikant allhier«. Als deren Paten werden u. a. → J. A. Hiller und → J. G. Wiedner genannt. ♦ »den 11. April starb der Theatermusiker Hübler, worauf seine Wittwe die 10 Rthl. Collation, die er zum Institutsfond gesteuert hatte, wieder zurück bekam. Hr. [→ G. A. I.] Maurer kommt an Hüblers Stelle und giebt der Witwe Hüblers die Hälfte des Theaterverdienstes ab« (Grenser, 1792); »Hr. Maurer, der der Witwe Hüblers die Hälfte seiner Theatergage abläßt, fragt an, ob auch nach seinem Tode seine Witwe diesen Genuß bekäme. Da er zur Antwort bekommt, dies wäre blos freyer guter Wille, so zahlt er der Witwe Hübler nichts mehr. Von der Zeit an beschloß man den Witwen auch eine kleine Unterstützung aus der Institutskasse zu geben.« (Grenser, 1793)
Mitglied des »Ausschusses für Einstellungen und Entlassungen« ♦ Kunstgeiger von 1787 bis zu seinem Tod.
LITERATUR: Dörffel Nr. 10; Grenser; Schering. QUELLEN: KAL: TfB St. Thomas – TfB St. Nikolai; StadtAL: Leichenbücher/Leichenschreiberei.

|79 **Haberland, Johann Christian Friedrich**
Klarinette, Trompete, Kontrabass
† 7. Mai 1810 in Leipzig, 65 Jahre alt
Mitglied von 1784 bis 12. April 1806, im Konzert bis 1800 (Dörffel) ♦ Mitbegründer des Orchester-Pensionsfonds

2. Klarinettist im Konzert, 1804 2. Trompeter im Theater neben → J. G. Pfau (Grenser), später Kontrabassist

Er wurde bereits 1781 bei der Taufe seines Sohnes als »Musicus« bezeichnet. ♦ »Vom 19. October an, waren die Blasinstrumente im Theaterorchester folgendermaßen besetzt … Trompeten: Pfau und Stadtmusikus Haberland …« (Grenser, 1804)
Kunstgeiger von 1784 bis 1806.
LITERATUR: Dörffel Nr. 21; Grenser. QUELLEN: KAL: TfB St. Thomas; StadtAL: Leichenbücher/Leichenschreiberei.

|80 **Bauer, Johann Caspar Lorenz**
Horn, Violine, Klarinette
† 12. Juni 1813 in Leipzig, 52 Jahre alt
Mitglied von 1784 bis zu seinem Tod, im Konzert bis 1791 (Dörffel) ♦ Mitbegründer des Orchester-Pensionsfonds
1. Hornist für → Chr. G. Thomas, ab 1797 1. Geiger für → E. F. Villaret, ab Januar 1808 2. Geiger; im Konzert 2. Klarinettist (Grenser) für → J. Chr. Fr. Haberland, der Kontrabassist wurde

»den 19. April war Institutsconvent. In diesem wurde Hrn. Villarets Stelle, der Leipzig verlassen hatte, wieder besetzt, indem Hr. Bauer vom Waldhorn weg zur Violine kam …« (Grenser, 1797); »zu Miachaeli ist das große Concert folgendergestalt besetzt … Clarinetten: Barth, Bauer …« (Grenser, 1808)
Fiskal des Orchester-Pensionsfonds von 1796 bis 31. Januar 1801 für → J. Chr. Müller; Mitglied des »Ausschusses für Einstellungen und Entlassungen«.
LITERATUR: Dörffel Nr. 13; Grenser. QUELLEN: StadtAL: Leichenbücher/Leichenschreiberei.

|81 **Fleischhauer, Johann Friedrich** [Gottfried]
Horn, Pauke, Violine, Viola, Klarinette
~ 26. Februar 1758 in Sömmerda[7], † 2. Juni 1835 in Leipzig ♦ Bruder von → Chr. Fr. Fleischhauer
Mitglied von 1784 bis 17. Oktober 1818; auch bei der Kirchemusik angestellt (ab 1832 nachweisbar) ♦ Mitbegründer des Orchester-Pensionsfonds, am 5. Februar 1790 aus diesem ausgeschlossen, ab 1800 wieder Mitglied
2. Hornist für → C. G. Buchenthal, auch als 2. Klarinettist im Theater erwähnt (Grenser), im Konzert Hornist bis 1810 (Dörffel), im Theater Pauker bis zu seiner Pensionierung; 1832 als Geiger und 1833 als Bratscher bei der Kirchenmusik genannt

Der Sohn von Johann Christoph Fleischhauer, »Stadt-Musicant und Raths-Keller-Wirth« (Taufeintrag), und dessen Ehefrau Sophia Barbara, geb. Franck, bewarb sich 1787 um die durch den Tod von → U. H. Chr. Ruhe frei

---

5 Heute Kopaniec (Polen); auch Seifershau oder Seiferschau, bis 1742 kursächsischer Ort bei Hirschberg.

6 Er war bis 1752 Kantor in Löbau und Lehrer von → J. G. Häser. Er ist der Sohn des Bautzener Kantors Johann Heinrich Gössel, der Lehrer von → C. G. Berger, → J. Fr. Berger, → J. Chr. Müller, → Fr. A. Pitterlin und → Chr. G. Thomas war.

7 Taufdatum laut Taufeintrag, abweichend davon gibt Dörffel den 17. März 1754 als Geburtsdatum an. Das im Leichenbuch angegebene Alter beim Tod würde zwar Dörffels Angabe bestätigen, aber das Taufregister der Kirchgemeinde St. Bonifacius in Sömmerda, wo 1753 auch die Ehe der Eltern geschlossen wurde, verzeichnet nur zwei ältere Geschwister: Johann Sylvester Fleischhauer (~ 26. Dezember 1756) und Martha Elisabeth Sophia Fleischhauer (~ 25. August 1754).

Empfehlungsschreiben für Johann Friedrich Fleischhauer
von Musikdirektor Johann Gottfried Schicht,
Autograph, 11. Januar 1787

1785

|82 **Ströbel, Heinrich Friedrich**
Violine
* 5. September 1762 in Roßla[8]
Mitglied von 1785 bis 1790
Geiger im Konzert

Der Sohn von Johann Ludwig Adam Ströbel, »Hochgräf*licher* Laquais«, und Sophie Christiane Auguste Meißner, Tochter des »hochgräf*lichen* Stolberg + Roß*laischen* Regierungs und Cons*istorial* Sekretarii allhier« (Taufeintrag), war von Geburt an Halbwaise; der Vater starb am 5. August 1762. Er studierte an der Leipziger Universität, immatrikuliert am 7. Juni 1784, und disputierte am 3. April 1788 über *Theses iuris controversi*.
LITERATUR: Dörffel Nr. 211; Erler; Nösselt; Leipziger gelehrtes Tagebuch. 1788.
QUELLEN: PfA Rossla: KB.

|83 **Voigt, Johann Georg Hermann**
Violine, Viola, Violoncello
* 14. Mai 1769 in Osterwiek,
† 24. Februar 1811 in Leipzig ♦ Vater von → C. W. Voigt
Mitglied von 1785 bis 1790 und von 1801 bis zu seinem
Tod; ab 1789 auch bei der Kirchenmusik angestellt ♦
1801 Aufnahme in den Orchester-Pensionsfonds
Geiger, Bratscher und Cellist im Konzert (Dörffel),
von 1801 bis 1803 Vorspieler der 1. Violinen (Nösselt),
dann bis 1805 Erster Cellist für → C. W. Möller,
ab 1805 (Nösselt) Erster Bratscher für → J. G. Häser

Der Sohn des Stadtmusikus C. C. Voigt wuchs bei seinem Großvater, dem Stadtmusikus J. G. Rose, und seinem Onkel, dem Organisten J. H. V. Rose[9], in Quedlinburg auf. Er studierte an der Leipziger Universität, immatrikuliert am 4. November 1788. ♦ 1790 ging er als Schloßorganist nach Zeitz. ♦ »Voigt verläßt seine Schloßorganistenstelle in Zeitz und kommt wieder nach Leipzig, wo er dem Petri Organisten substituirt und beym Konzert als Violinist und Konzertviolonzellist angestellt wurde. Er versteht auch Bratsche u*nd* Hoboe zu spielen.« (Grenser, 1801)
Erster Bratscher des 1808 gegründeten Gewandhaus-Quartetts ♦ Von 1801 bis 1802 als Substitut für → A. H. Müller, Organist der Peterskirche; 1802 bis zu seinem Tod Organist der Thomaskirche.
WERKE: 12 Orchestermenuette; 7 Streichquartette; 1 Streichtrio; 1 Bratschenkonzert; 1 Polonaise f. Violoncello. u. Orchester; Klavierwerke. LITERATUR: Dörffel Nr. 48; Erler; Grenser; Hempel; MGG I; Nösselt; J. G. Meusel: Teutsches Künstlerlexikon.

....

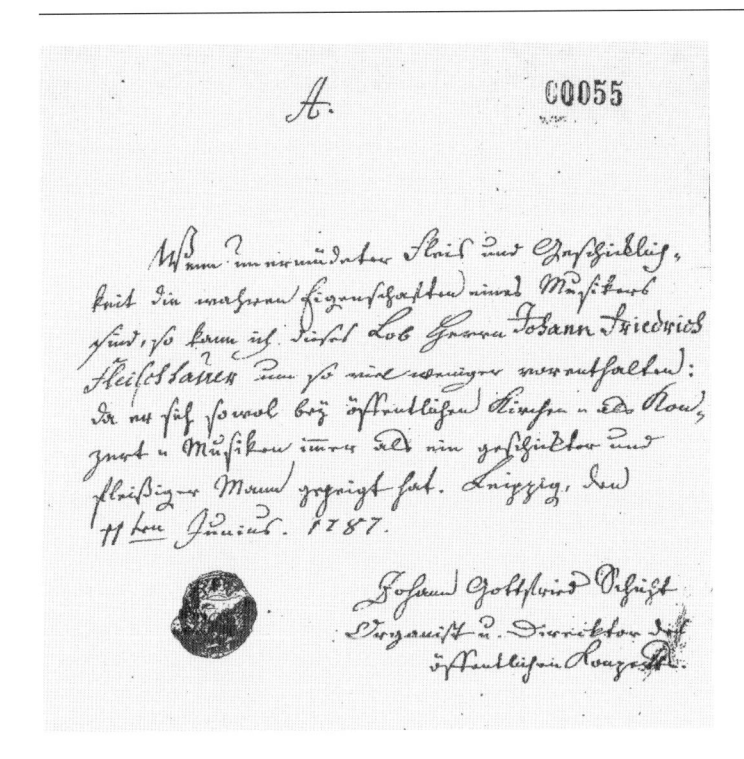

gewordene Stadtpfeifer-Stelle: »Nachdem ich nun ein gelernter Stadtpfeifer und verschiedenen Jahre in Leipzig auch bereits 4 Jahre im großen Concerte und noch länger in der Neuen Kirche allhier als Musicus angestellt, auch stets dahin getrachtet, immer nützlicher zu werden, mir solches die beykommenden Zeugnisse bekräftigen.« In der Beurteilung von → J. G. Schicht vom 1. Juni 1787 heißt es: »Wenn unermüdeter Fleiß und Geschicklichkeit die wahren Eigenschaften eines Musikers sind, so kann ich dieses Lob Herrn Johann Friedrich Fleischhauer um so weniger vorenthalten: da er sich sowohl beý öffentlichen Kirchen und Konzert Musiken immer als ein schickter und fleißiger Mann gezeigt hat.« In der Beurteilung von → J. G. Häsers heißt es: »Daß Herr Johann Friedrich Fleischhauer beý dem hiesigen großen Concerte, aber auch beý den Opern, Comedien und andern Concerten und Musick-Übungen alhier beým Orchestre, sehr nützliche Dienste leistet: Solches attestiret hierdurch. Leipzig den 10 Junÿ, 1787 [gez.] Johann Georg Häser Un*iversitäts* Mus*ik* Di*rektor*.« ♦ »den 2. Feb*ruar* hatte sich der 2te Waldhornist J. Fr. Fleischhauer sen. mit wörtlichen u*nd* thätlichen Beleidigungen gegen den Theatermusikdirektor [→ Fr. A.] Pitterlin vergangen. Er wurde aus dem Orchester entfernt, nachdem ihm seine Collation von 5 Rthl. 14 Gr. zurückgezahlt worden war.« (Grenser, 1790) Am 5. Februar 1790 wegen »Insubordination« aus dem Pensionsfonds ausgeschlossen, »weil er sich an Hrn Piterlin [→ F. A. Pitterlin] als Mus*ik* Di*rektor* bey einer Operette vergriffen und selbigen mit Prügeln injuriierte.« (zit. nach Nösselt) ♦ Noch 1833, also 75jährig, wird er als Bratscher bei der Kirchenmusik genannt, allerdings mit dem Vermerk: »kommt nie selbst«. ♦ Im Leichenbuch heißt es: »Ein Mann 81¼ *Jahre* Herr Joh. Friedrich Fleischhauer aus Groß Sömmern in Thüringen geb. ... Musicus am Theaterorchester und emeritierter Thürmer an der Neukirche.« Türmer der Matthäikirche von 1794 bis 1824 für → J. G. Reiß.
LITERATUR: Dörffel Nr. 12; Grenser; Nösselt. QUELLEN: PfA Sömmerda: KB St. Bonifacius; StadtAL: Tit. VII B 147, Vol I, Bl. 44 ◊ Stift. LXII S 30 d, Bl. 57 ◊ Leichenbücher/Leichenschreiberei.

---

8 Die Taufpaten waren: »1. Sr. Hochgrf. Gnaden Herr Heinrich der 30te Graf Reuß, Graf und Herr zu Gera und Plauen; 2. Sr. Hochgrf. Gnaden Frau Sophia Dorothea Henriette, Gräfin zu Stolberg-Roßla, unseres gnädigst regierenden Herrn Hochgrf. Gnadens Frau Gemahlin; 3. Hochgrf. Gnaden Herr Heinrich Christian Friedrich Erb-Graf zu Stolberg-Roßla, welcher das Kind selbst nebst der Fr. Hofmeisterin von Brandenstein gehoben hat.«

9 Die Äbtissin von Quedlinburg, Prinzessin Amalie von Preussen, nahm ihn 1756 mit nach Berlin, wo er Cellounterricht bei Ignaz Mara und Graul erhielt.

|84 **Gutsch** [Gutzsche], **Johann Philipp**
Violoncello
* 27. Oktober 1757 in Seifhennersdorf/Oberlausitz
Mitglied von 1785 bis 22. Mai 1787 ♦ Mitbegründer des Orchester-Pensionsfonds
Cellist im Konzert, ab 1786 Erster Cellist für → J. Fr. Berger

Er ist der Sohn von Johann George Gutsch und dessen Ehefrau Anna Rosina, geb. Prassin. Sein Vater, der Seifhennersdorfer Schulmeister und Gerichtsschreiber, war zugleich ein »geschickter Mechanikus, der sich unter andern mit Uhrmachen beschäftigte«. (Otto) Johann Philipp besuchte ab 1771 das Gymnasium in Zittau, wo er auch Unterricht beim Kantor und Lehrer Karl Friedrich Gössel[10] hatte. Seine Mitschüler waren u. a. → G. B. Flaschner, → S. G. Jütner und → J. G. Schicht. Später studierte er an der Leipziger Universität, immatrikuliert am 30. Mai 1781. ♦ »den 22. May ging der Violonzellist Hr. Gutsch als Musikdirektor zum Grafen von Solms. Er bekam 1 Rthl. 12 Gr., als soviel seine Collationen zur Stiftung eines Pensionsfonds betrugen, zurückgezahlt.« (Grenser, 1787) ♦ Sein älterer Bruder Ephraim Gottlieb Gutsche war ebenfalls Schüler am Zittauer Gymnasium. Er studierte später in Leipzig und wurde Schüler von Adam Friedrich Oeser, der ihn zum Portraitisten ausbildete.

LITERATUR: Dörffel Nr. 20; Erler; Grenser; Nösselt; Vollhardt; Album des Gymnasiums zu Zittau, bearb. v. O. Friedrich; Lausitzisches Magazin. 1776; G. F. Otto: Lexicon der seit dem fünfzehenden Jahrhunderte verstorbenen und jetzt lebenden Oberlausitzischen Schriftsteller und Künstler. QUELLEN: PfA Seifhennersdorf: KB.

1786

|85 **Möller, Carl Wilhelm**
Violoncello
Aus »Goeris/Lausitz« (Erler)[11],
† 8. Dezember 1819 in Leipzig, 78 Jahre alt
Mitglied von 1786 bis Dezember 1816; ab 1789 auch bei der Kirchenmusik angestellt ♦ Am 29. September 1787 Aufnahme in den Orchester-Pensionsfonds
Cellist im Konzert, von 1787 bis 1803 Erster Cellist für → J. Ph. Gutsch

Er studierte an der Leipziger Universität, immatrikuliert am 17. Juni 1764. »den 29. September kam an Gutschs Stelle im Theater- und Conzertorchester Hr. Möller als Violonzellist, der schon am 10. May darzu vorgeschlagen worden war.« (Grenser, 1787); »den 14. Juny bekommt durch Bewilligung der Mitglieder des Instituts Hr. Möller der krank war, 2 Rthl. 12 Gr. Unterstützung aus der Instituts Kasse. Möller ist erst seit Kurzem im Theaterorchester« (Grenser, 1788); »Bis Ende November betrugen der alten Institutsmitglieder Collationen 16 Rthl. 16 Gr. Die der jüngeren natürlich weniger. Wegen des nahrlosen und harten Winters wurden auf den Antrag Möllers sämtliche Collationen an die Mitglieder zurückgezahlt. Reis hatte schon den 14. November darauf angetragen.« (Grenser, 1794) ♦ Im Leichenbuch wird er als »Musicus und Academicus aus Görlitz [sic!]« bezeichnet.

LITERATUR: Dörffel Nr. 24; Erler; Grenser; Nösselt. QUELLEN: StadtAL: Leichenbücher/Leichenschreiberei.

|86 **Martini** [Martin], **Gottfried** Magister
Kontrabass
* 15. Oktober 1759 in Otterwisch,
† 20. Januar 1814 in Leipzig
Mitglied von 1786 bis 1795 ♦ 1787 Aufnahme in den Orchester-Pensionsfonds
Kontrabassist für → C. G. Kirchhübel

Er ist der Sohn von Gottfried Martin und dessen Ehefrau Rosine, geb. Hofmann. Sein Vater war bis 1769 Schöppe in Otterwisch, von 1780 bis 1782 dort herrschaftlicher Verwalter, dann Pächter in Abtnaundorf, ab 1786 im »Baurl. Rittergut zu Stötteritz« und 1792 im »Hommel'schen zu Zschöge« (Papsdorf). Er selbst war sieben Jahre Schüler der Thomasschule, zunächst extern, später als Alumne, aufgenommen im Mai 1776 und ausgeschieden am 23. März 1780. Er studierte dann an der Leipziger Universität, immatrikuliert am 1. Mai 1780. ♦ »Die Contrabassisten im großen Concerte waren damals [→ C. G. W.] Wach, [→ C. Tr.] Hennig und Magister Martini (später Buchhändler), letzterer spielte auf einem sehr großen Basse. Nach Martinis Abgange wurde dieser Baß nicht mehr gebraucht, und liegt seitdem auf dem Gewandhausboden.« (Grenser, 1787) ♦ In der Ansprache zur Verleihung der Magisterwürde 1795 berichtet Assmann, daß die Wittenberger Universtät ihm für die übersandte Dissertation *De descensu Christi ad inferos* (Vom Abstieg Christi in die Hölle) den Magistertitel[12] verliehen hat. Er errichtete eine Buchhandlung in der Ritterstraße 759. Nach seinem Tod wurde für die hochverschuldet hinterbliebene Familie ein Vormund bestimmt.

LITERATUR: Dörffel Nr. 25; Erler; Grenser; Chr. G. Assmann: De indefesso mutuae benevolentiae studio …; Otterwischer und Stockheimer Stammreihen und Leichenpredigten …, bearb. v. D. Papsdorf. QUELLEN: Archiv Thomasalumnat: Album Alumnorum Scholae Lipsiensis; PfA Otterwisch: KB; StadtAL: Vormundschaftsstube Nr. 5807 ◊ Leichenbücher/Leichenschreiberei.

1787

|87 **Hunger, Christoph Friedrich**
Ehrenmitglied
* 1718 in Borstendorf bei Augustusburg,
† 29. September 1787 in Leipzig
Ehrenmitglied des Orchester-Pensionsfonds ab 23. März 1787
Lauten- und Violinmacher

Der Sohn von Samuel Hunger, der außer Geigenmacher auch Zolleinnehmer gewesen sein soll, war Schüler von Andreas Balthasar Jauch in Dresden, arbeitete bis ca. 1760 als Geigenbauer in Borstendorf und übernahm dann die Werkstatt von Johann Christian Hoffmann in Leipzig. ♦ »Den 4. März war Institutsconvent, wobey einige Punkte der Gesellschaftsgesetze verbessert wurden; auch wurde ein 3procentiger Steuerschein à 200 Rthl. gekauft. Der Lautenmacher Christoph Friedrich Hunger schenkte

---

10 Er war bis 1752 Kantor Löbau und Lehrer von → J. G. Häser. Er ist der Sohn des Bautzener Kantors Johann Heinrich Gössel, der Lehrer von → C. G. Berger, → J. Fr. Berger, → J. Chr. Müller, → Fr. A. Pitterlin und → Chr. G. Thomas war.

11 Die Kirchenbücher der Gemeinde Göritz/Niederlausitz wurden 1756 bei einem Brand vernichtet, so daß sich kein Geburtsdatum ermitteln ließ.

12 Zu dieser Zeit war Magister der höchste akademische Grad der philosophischen Fakultät.

der Institutskasse 2 Rthl. 16 Gr. und versprach bey Benefizkonzerten die Darmsaiten gratis zu geben. Leider starb er, nachdem er sein Versprechen nur einmal hatte halten können, noch in diesem Jahre 69 Jahr alt, den 1. October.« (Grenser, 1787) ◆ »Als Hunger starb, ließen die Musiker beider Orchestergruppen (d. h. des Konzerts wie des Theaters) aus Dankbarkeit ein Gedicht in 6 Strophen drucken und unterzeichneten mit ihren 34 Namen. Als Überschrift stand zu lesen: ›Der Asche unsers guten Hungers Ehrenmitgliede der musikalischen Gesellschaft gewidmet von den sämmtlichen Mitgliedern des Konzert – und Theater – Orchestre. Leipzig, den 1. Oktober 1787.‹« (Schering[13])

LITERATUR: Dörffel Nr. 22; Grenser; Schering; W. L. v. Lütgendorf: Die Geigen- und Lautenmacher vom Mittelalter bis zur Gegenwart.

|88 Graun, Christian Jacob
Violine, Viola
Aus Leipzig (Matrikel),
† 13. Mai 1823 in Leipzig
Mitglied von 1787 bis 1817 ◆ Im November 1795
Aufnahme in den Orchester-Pensionsfonds
2. Geiger, ab Januar 1810 Bratscher

Er studierte an der Leipziger Universität, immatrikuliert am 14. April 1781. »Hr. Graun bekam dessen [→ G. Fr. Hertels] Stelle, aber von der dabey verbundenen Gage von jeder Vorstellung 14 Gr. bekam er nur 10 Gr. Die übrigen 4 Gr. vertheilte der Institutscassirer [→ C. G.] Berger (vermuthlich unter dem engern Ausschuß, der jetzt nur noch 5 Mitglieder statt 8 zählte)« (Grenser, 1795); »Ostern. Hr. Franz Seconda erfährt, daß das Orchestermitglied Graun 4 Gr. weniger als er für diese Stelle Gage zahlt, bekommt. Er zieht darauf diese 4 Gr. ein« (Grenser, 1796); »Personale des Conzerts im Gewandhause in Leipzig, während des Winters 1812 –13 … Viole: Hr. [→ C. Chr. H.] Siebeck. Hr. [→] Fink. Hr. [→] Weber. Hr. Graun …« (Grenser, 1813) ◆ In den Taufeinträgen seiner Kinder wird er 1799 und 1804 als »Academicus« bezeichnet. ◆ Im Leichenbuch heißt es: »Ein Mann 70 Jahre Hr. Christian Jacob Graun Academicus und Emeritus des Orchester Institutes …«

LITERATUR: Dörffel Nr. 39; Erler; Grenser; Schering. QUELLEN: KAL: TfB St. Thomas; StadtAL: Leichenbücher/Leichenschreiberei.

|89 Pitterlin, Friedrich Adolph
Violoncello, Viola
* 20. Februar 1769 in Bautzen, † 1. Oktober 1804 in Magdeburg
Mitglied von 1787 bis 1793
Cellist im Theater und Bratscher im Konzert, ab 1789
auch Musikdirektor am Theater

Der Sohn von Gottfried Siegmund Pitterlin, »Notarius und Landes Copist« (Taufeintrag) in Bautzen, kam 1785, »ungefähr 20 Jahre alt« (Bernsdorf[14]), zum Theologiestudium nach Leipzig. »Friedr. Adolph Pitterlin bezieht die Universität um Theologie zu studiren, wird aber bald durch überwiegenden Hang zur Musik davon abgezogen« (Grenser, 1785); »Pitterlin komponirt für die Secondasche Gesellschaft mehrere Ballets und Pantomimen, und hilft die Opern einstudiren« (Grenser, 1788); »Pitterlin engagirt sich ganz bey der Jos. Secondaschen Gesellschaft als Musikdirektor.« (Grenser, 1789) ◆ »Hr. Musikdirektor Pitterlin verließ Ende December die Gesellschaft, und Hr. [→] Friedrich Hiller übernahm bis Ende März 1794 die Orchesterdirektion.« (Grenser, 1793) ◆ Als Musikdirektor kam er »1795 zur Döbbelin'schen Gesellschaft« und war ab 1796 am Stadttheater in Magdeburg, wo er einige Jahre auch die Winterkonzerte der Freimaurerloge und Harmoniegesellschaft mit »besten Erfolg« (Bernsdorf) leitete.
Lehrer von → Fr. E. Fesca.

WERKE: Pantomime *Die Heuernte oder die Werbung auf dem Lande*; Lustspielmusik *Die Zigeuner*; Chöre zu *Alfred, König der Angelsachsen* u. *Inez de Castoro*; Singspiel *Die falsche Scham*[15], Variationen über J. A. Hillers *Als ich auf meiner Bleiche* f. Koloratursopran u. kleines Orch.; u.a. LITERATUR: Dörffel Nr. 212; Bernsdorf; Grenser; Nösselt; Schering; H. Biehle: Musikgeschichte von Bautzen bis zum Anfang des 19. Jahrhunderts. QUELLEN: PfA St Petri Bautzen: TfR.

|90 Flaschner, Gotthelf Benjamin
* 21. Dezember 1761 in Ober-Ullersdorf[16] bei Zittau,
† 12. Mai 1836 auf dem Gut Böhla bei Ortrand
Als Mitglied des Konzert- und Theaterorchesters 1787
erwähnt

Er gehörte zu den Unterzeichnern der Grabgedichte für → Chr. Fr. Hunger und → J. Fr. Berger. Welcher Art seine Zugehörigkeit zum Orchester war, bleibt offen. ◆ »Ein zu Zittau privatisirender Kandidat der Theologie; geb. zu Ober-Ullersdorf bey Zittau 1761 den 21. Dezember Vater: Gottlob Benjamin F. Weißbecker aus Jöhstadt bey Annaberg, er studierte auf dem Gymnasium zu Zittau, 1773 bis 1779 auf dem Lyceum zu Cottbus, bezog die Universität Leipzig und studirte daselbst Theologie bis 1787, war zu Dresden Hauslehrer in einigen Familien bis 1789 da er sich nach Zittau wendete.« (Otto) ◆ Abweichend von Otto ist er 1773 als Schüler am Zittauer Gymnasium nachweisbar (Noack), wo er auch Unterricht beim Kantor und Lehrer Karl Friedrich Gössel[17] hatte und → J. Ph. Gutsch, → S. G. Jütner und → J. G. Schicht seine Mitschüler waren. Der »Candidatus theologiae, später auf dem Lyzeum in Cottbus« (Friedrich), studierte an der Leipziger Universität, immatrikuliert am 22. Mai 1781. Später lebte er in Bautzen, Dresden und auf seinem Gut Böhla bei Ortrand. Am 15. Februar 1812 wurde er in den Adelsstand des Königreiches Sachsen erhoben und nannte sich dann Flaschner von Ruhberg.

WERKE: 20 Lieder vermischten Inhalts für Klavier und Gesang. Zittau 1789; Neue Sammlung von Liedern nebst 4 Märschen. Zittau 1791; Privil. Zittauisches Topograph. Biographisch-Historisches Tagebuch 1789 ff. (von 1796 bis März 1812 als alleiniger Herausgeber). LITERATUR: Nösselt; Eitner; Erler; Grenser; Schering; Vollhardt; W. v. Boetticher: Geschichte des Oberlausitzschen Adels und seiner Güter; Album des Gymnasiums zu Zittau, bearb. v. O. Friedrich; E. H. Kneschke: Neues allgemeines Deutsches Adels-Lexicon; Neues Lausitzisches Magazin. 1836; F. Noack: Album des Gymnasiums zu Zittau; G. F. Otto: Lexicon der seit dem fünfzehnden Jahrhunderte verstorbenen und jetzt lebenden Oberlausitzischen Schriftsteller und Künstler.

|91 Paufler, Christian Heinrich
* 14. August 1763 in Schneeberg,
† 1. Oktober 1806 in Dresden
Als Mitglied des Konzert- und Theaterorchesters
und Altus im Konzert 1787 erwähnt

---

13 Das von Schering erwähnte Exemplar der Leipziger Stadtbibliothek mit der Sign. Po. R. 234 cg. ist dort nicht mehr vorhanden.

14 Erler nennt in den Matrikeln der Leipziger Univesität nur seinen Vater. Bernsdorfs Angabe zum Alter bei seinem Eintreffen in Leipzig muß wohl korrigiert werden, denn er war 1785 erst 16 Jahre alt.

15 Im Finale verwendete er den Text aus Schillers Ode an die Freude: »Wem der große Wurf gelungen …«. Siehe auch Anm. zu → J. Ch. Müller.

16 Heute Kopaczow (Polen).

17 Er war bis 1752 Kantor in Löbau und Lehrer von → J. G. Häser.

Er studierte an der Leipziger Universität, immatrikuliert am 6. Juni 1785, und gehörte zu den Unterzeichnern der Grabgedichte für → J. Fr. Berger und → Chr. Fr. Hunger. ◆ »Im Singechor sangen damals, soviel sich Hr. [C. G.] Fischer von dem ich selbst die Nachricht habe, besinnen kann: Discant: Die Schüler Wendt (später Professor) und [→ J. Ph. Chr.] Schulz (später Musikdirektor) und Magister Stock. Alt: Paufler, Asmus und John (Studenten). Tenor: Neubert aus Chemnitz, Fischer und Martius (wurde später Pastor), Studenten; Baß: Advocat Richter …« (Grenser, 1787) ◆ Er war von 1792 bis 1803 Lehrer an der Schneeberger Schule, vom 1. Mai 1803 bis 1. August 1804 Rektor in Altdresden und dann bis zu seinem Tod Rektor der Kreuzschule in Dresden.

WERKE: zahlreiche Arbeiten zu pädagogischen Themen, u. a. Gedanken über ältere und neuere Unterrichtsmethoden und die darin herrschende Methode. 1803; Gedanken über das öffentliche Singen der Schüler auf den Gassen. 1808; Ein Wort zum Besten der Schulen. 1811; De horatio incredulo osore ad versum 188 epistolae ad pisones. 1812; De scholae Dresdensis brevis enerratio. 1813; De rectoribus scholae Dresdensis. 1814; De rebus quibusdam dubiis in Conelio Nepote obviis. 1815; De conrectoribus scholae Dresdensis. 1816; Quaestio antiquaria de pueris et puellis alimentariis. LITERATUR: Nösselt; Eitner; Erler; Grenser; Schering; Hamberger/Meusel: Das Gelehrte Teutschland oder Lexikon der jetzt lebenden Teutschen Schriftsteller.

1788

|92 Hunger, Johann Heinrich
Klarinette, Oboe
* 1747 in Eilenburg, † 29. November 1814 in Leipzig
Mitglied von September 1788 bis 1800 ◆ Mitglied des Orchester-Pensionsfonds
Klarinettist, Oboist im Konzert für → C. G. Hubrich, der nur noch im Theater spielte

Er wurde 1790 im Zusammenhang mit einer Streitsache zwischen den Neukirchenmusikern (Carl Friedrich Hayn und Consorten) und den Stadtpfeifern bei den ersteren erwähnt. 1805 ist er als Taufpate bei einem Sohn von → J. G. Hunger genannt. ◆ Im Polizeimeldebuch nach 1811 wird er als »Gewesener Hautboist« und im Leichenbuch als »verabschiedeter Hautboist« bezeichnet.

LITERATUR: Dörffel Nr. 26; Schering. QUELLEN: KAL: TfB St. Thomas; StadtAL: Stift. LXII S 30 a, Vol. III, Bl. 15 ◊ Polizeimeldebücher Bleibende Einwohner ◊ Leichenbücher/Leichenschreiberei.

|93 Hennig, Carl Traugott
Kontrabass
* 26. Mai 1764 in Löbau[18],
† 17. Dezember 1830 in Bautzen
Mitglied von 1788 bis 1790 ◆ 1789 Aufnahme in den Orchester-Pensionsfonds
Kontrabassist

Der Sohn des Löbauer Mälzers und Braumeisters Johann Christian Hennig war ab 25. März 1782 Schüler am Bautzener Gymnasium. Später studierte er an der Leipziger Universität, immatrikuliert am 18. Mai 1786, und disputierte am 17. Februar 1790 über *De Tutore Incerto*. ◆ Abweichend von Dörffel notiert Grenser bereits für 1787: »Die Contrabassisten im großen Concerte waren damals [→ C. G. W.] Wach, Hennig und Magister [→ G.] Martini (später Buchhändler).« (Grenser, 1787) ◆ Er ging nach Bautzen, war dort Stadt-Syndicus, später erster Stadtrichter und wurde am 30. Oktober 1822 zum Bürgermeister gewählt. 1806 wurde er in den Reichsadelsstand versetzt; ein Brustbild in Öl auf Kupfer befindet sich in der Sammlung des Stadtmuseums Bautzen.

WERKE: De Tutore Incerto (Über den unbestimmten Vormund). Leipzig 1790. LITERATUR: Dörffel Nr. 27, Erler; Grenser; E. H. Kneschke: Neues allgemeines Deutsches Adels-Lexicon; Neues Lausitzisches Magazin. 1822; Die Geschichte der Stadt Bautzen. QUELLEN: PfA Löbau: KB; StadtA Bautzen: Todten-Anzeigen auf das Jahr 1830 – Schülerverzeichnis des Bautzener Gymnasiums 1642-1834; Stadtmuseum Bautzen: Inv.-Nr. 9413.

|94 Helm, Johann Heinrich
Klarinette
~ 29. Mai 1753 in Leipzig,
† 2. Januar 1814 in Leipzig
1788 erwähnt
2. Klarinettist

Er ist das außereheliche Kind von Johanna Christina Helm; sein Vater wird im Taufeintrag nicht genannt. 1796 bewarb er sich um die Stelle des Thomastürmers: »Ich bin erst 43 Jahre alt, diene nunmehro 17 Jahr lang unter dem hiesigen von der Heydeschen[19] Regimente, habe ehemals in Schilda bey dem dasigen Thürmer gelernt, und dann 2 Jahre lang auf dem Thurme zu Eilenburg, 4 Jahre auf dem zu Delitzsch, und 3 Jahre auf dem Stadtthurme zu Merseburg als Gesell gedient, auch … alle die einem Thürmer obliegenden Geschäfte besorget, so dass mir dieserhalb ein solcher Dienst nicht unbekannt ist.« ◆ In den Taufeinträgen seiner Kinder 1788 und 1791 als »Hautboist«, 1798 als »Türmer zu St. Thomas« bezeichnet. ◆ »den 2. Januar starb Herr J. H. Helm, gewesener Thomas Thürmer, 62 Jahre alt.« (Grenser, 1814)
Türmer der Thomaskirche von 1796 bis 1805 für → J. G. Neubert.

LITERATUR: Nösselt; Grenser. QUELLEN: KAL: TfB St. Thomas; StadtAL: Stift. IX § Nr. 38, Bl. 76.

|95 Leibnitz, Johann Christian
Trompete
† 16. April 1811 in Leipzig, 52 Jahre alt
Mitglied von 1788 bis Michaelis 1804; ab 23. Juni 1789 auch bei der Kirchenmusik angestellt, im Konzert bis 1802 (Dörffel) ◆ Am 5. Februar 1790 Aufnahme in den Orchester-Pensionsfonds
Trompeter

Er bewarb sich 1787 aus Grimma kommend, wo er bei dem dortigen Stadtmusikus gelernt hatte, um die Stelle des verstorbenen Stadtpfeifers → U. H. Chr. Ruhe. »Ich habe von Jugend auf der Musik mich gewidmet und als Kunstgeiger zu Grimma in der Lehre gestanden, von da mich der Nicolaithürmer alhier, Pörschmann, zu seinen Gehülfen [unleserlich] schrieben hat, so daß ich demselben bereits seit geraumer Zeit im Dienst beistehe, meinen Unterhalt aber durch Information in der Musik mir erwerbe. In meinem Metier nicht ungeschickt wird es mir nun gar nicht schwer fallen als einzelner lediger Mensch auch überall Unterkommen zu finden, allein ich wünsche in dieser Stadt, deren wohlthätige Forthülfe ich lebenslang

---

18 Als Taufpate wird u. a. »hochverdienter Bürgermeister« Gottfried Hermann genannt. Dieser war auch Pate bei → C. G. W. Wach.

19 Generalleutnant Siegmund Friedrich August von der Heyde.

rühmen muß, verbleiben zu können.« »Der Thürmer Leibnitz kommt an des ausgestoßenen [→ J. Fr.] Fleischhauers Stelle ins Theaterorchester.« (Grenser, 1790) ◆ »zu Michaeli wurde das Orchester- und Institutsmitglied Hr. J. L. Leibnitz mit 1 Rthl. wöchentlich in Pension gesetzt. Den ersten Thaler Pension bekam Hr. Leibnitz den 20. October An Leibnitzens Stelle [im Pensionsfonds] kam als 2ter Waldhornist Hr. [→ Chr. G.] Herr.« (Grenser, 1804)
Türmer der Nikolaikirche von 1793 (bereits ab 1787 als Gehilfe) bis zu seinem Tod, ab 1803 nennen die Adreßbücher auch noch jeweils einen Substituten (1803/04 Gotthelf Wilhelm Barth, 1805 → Chr. G. Herr und 1811–1813 → W. L. Barth).

LITERATUR: Dörffel Nr. 28; AB 1800–1805 u. 1811–1813; Grenser. QUELLEN: StadtAL: Stift. LXII S 30 d, Bl. 32 ◊ Leichenbücher/Leichenschreiberei.

1789

|96 **Kühn, Johann Friedrich Christian** Magister
Violine
* 15. Februar 1757 in Martinroda bei Ilmenau,
† 11. Januar 1832 in Leipzig ◆ Neffe von → J. Chr. Kessel
Mitglied vom 6. September 1789 bis 1. Juli 1829; zunächst nur im Konzert tätig und bei der Kirchenmusik angestellt, dort noch bis Ende 1831 tätig ◆ 1791 während der Fastenzeit Aufnahme in den Orchester-Pensionsfonds
Geiger, von 1800 bis 1817[20] »Führer der 2. Violinen« (Dörffel) für den verstorbenen → J. Chr. Wünsch

Er ist der außereheliche Sohn von Johann Christian Ganns, »Musicus instrumentalis zu Mühlhausen« (Taufeintrag), und der namentlich nicht genannten Mutter, die während der Schwangerschaft den Martinrodaer Schulmeister Johann Sebastian Kühn[21] heiratete. Zwölfjährig kam er nach Freiberg, wo er neun Jahre verbrachte. In den Matrikeln des Freiberger Gymnasiums wird er erstmals 1771 genannt. Er studierte dann an der Leipziger Universität, immatrikuliert am 31. Mai 1779, und besuchte die Vorlesungen über Philosophie, Theologie, Geschichte, Mathematik und antike Literatur bei Ernesti. Um die Magisterwürde[22] zu erlangen, legte er der Wittenberger Universität 1780 die Abhandlung *De fama non imaginibus et statuis, sed virtute et meritis propaganda* (Über den Ruhm, der nicht durch Bilder und Statuen, sondern durch Tugend und Verdienste zu verbreiten ist) vor. In der Ansprache zur Magisterpromotion berichtet Franz Volkmar Reinhard, Professor der Philosophie in Wittenberg, daß Kühn besonders die Güte seines Onkels J. Chr. Kessel lobe, der ihm die Ausbildung durch materielle Unterstützung ermöglichte. »An [→ J. G. Brandis] Stelle wurde vom engern Ausschusse Hr. Magister Kühn angestellt den 6. September Hr. [→ J. G.] Kimmerling und Hr. [→ Chr. J.] Graun hatten sich auch zu dieser Stelle gemeldet.« (Grenser, 1789) ◆ 1796 bewarb er sich erfolglos um das Stadtkantorat von Delitzsch. Nach seiner Pensionierung war er noch bis Ende 1831 im Kirchenorchester tätig, hatte sich aber »schon seit einiger Zeit seines vorgerückten Alters wegen … durch den Musikus Herrn [→ J. G.] Hauschild sen. vertreten lassen.« ◆ Im Leichenbuch heißt es: »Ein Mann 76 Jahre Hr. Johann Friedrich Christian Kühn, Bürger, Bauer und Mitglied des musikalischen Instituts.«
Kassierer des Orchester-Pensionsfonds vom 31. Januar 1801 bis zu seinem Tod für → C. G. Berger.

LITERATUR: Dörffel Nr. 33; Erler; Grenser; F. V. Reinhard: De conjungenda cum tradenis philosophiae placitis eorundem historia. QUELLEN: PfA Martinroda: KB; StadtAL: Tit. VII B 147, Vol. I, Bl. 1 ◊ Leichenbücher/Leichenschreiberei; Gymnasium Freiberg: Andreas-Möller-Bibliothek, Matrikel des Freiberger Gymnasiums.

|97 **Rietschel, Christian Gottfried Ludwig**
Fagott, Horn
□ 4. August 1792 in Leipzig
Von 1789 bis zu seinem Tod bei der Kirchenmusik angestellt
2. Fagottist und 2. Hornist

Er bewarb sich am 16. Juni 1787 erfolglos um die Stelle des verstorbenen Stadtpfeifers → U. H. Chr. Ruhe: »Schon seit 21 Jahren diene ich als Hautboist Seiner Churfürstlichen Durchlaucht bei dem Regiment von Reitzenstein allhier und mein herannahendes Alter, und die im Felde gehabten Fatiguen machen mich zum fernern militair Dienst beihahe unbrauchbar.« ◆ 1789 bat → J. A. Hiller bei seinem Amtsantritt als Thomaskantor um die Erlaubnis, zur Verbesserung der Kirchenmusik für jährlich 100 Rth. 7 zusätzliche Musiker engagieren zu dürfen, und nannte in diesem Zusammenhang den Namen »Ritschel«. 1792 bat er den Rat der Stadt darum, »die durch den Tod des Hrn. Rietschel erledigte 2te Waldhornistenstelle« mit dem Türmer → J. G. Neubert besetzen zu dürfen. ◆ Im Leichenbuch heißt es: »Ein Mann 55 Jahre Herr Christian Gottfried Rietschel, Hautboist unterm Löblichen Infanterie Regiment von der Heyde[23].«

LITERATUR: Schering S. 654; Erler; Hempel; Die Matrikel der Kreuzschule. QUELLEN: StadtAL: Stift. VIII B 12, Bl. 5 u. Bl. 21 ff. ◊ Stift. LXII Bl. 30 d ◊ Leichenbücher/Leichenschreiberei.

|98 **Neubert, Johann Gottfried**
Trompete
1789 im Konzert erwähnt; ab 1792 auch bei der Kirchenmusik angestellt
Trompeter

Er bewarb sich im Mai 1769 erfolglos um die durch den Tod von → J. Fr. Kirchhoff frei gewordene Stadtpfeifer-Stelle, noch einmal im Juni 1787 mit ebenso wenig Erfolg um die Stelle des verstorbenen → U. H. Chr. Ruhe: »Ich habe ordentlich als Stadtpfeifer gelernt und bis auf diesen Tag mich aus Liebe für die Kunst auf blasenden und anderen Instrumenten so zu üben und zu perfektionieren gesucht, dass ich beÿ den Kirchen Musicen, Concerten und anderen großen Musicen auf blasenden und Saÿten Instru-

....

20 Dörffel nennt ab 1817 → C. A. Lange in dieser Position.

21 Eintrag im Taufbuch von Martinroda 1757: »Den 15. Febr: wurde die hies: Frau Schulmeisterin von einem Söhnlein entbunden dasselbe gelangte den 17. ejusd. zur heil. Tauffe. Die Taufzeugen waren 1.) Herr Joh: Friedrich Kühn, Steuerrevisor zu Ilmenauius, 2.) H. Friedrich Anton Schneider von hier welcher die Vathersstelle vertreten an Statt, H. Joh: Christian Ganns, Mus: instrum: zu Mühlhausen und 3.) Frau Clara Elisabeth Ehrhardtin, Mahlmüllerin ah.« Eintrag im Trauregister von Martinroda 1781: »Am 25t Febr: als Dom: Esto mihi wurde zum drittenmale proclamirt Herr M. Johann Friedrich Kühn, Bürger und Einwohner zu Leipzig, des hiesigen Herrn Schulmeisters Johann Sebastian Kühns ehelieb ältester Herr Sohn Juv: mit Jungfer Christianen Sophien Bellgern, weyland Herrn Heinrich Christian Bellgers gewesenen Bürgers und Einwohners zu Leipzig nachgelassenen Ehelieb einzigen Jungfer Tochter … zu Leipzig copuliret.«

22 Zu dieser Zeit war Magister der höchste akademische Grad der philosophischen Fakultät.

23 Generalleutnant Siegmund Friedrich August von der Heyde.

menten, als brauchbar angestellet worden. Seit 21 Jahren habe ich die Kirchen Musicen abgewartet und für den verstorbenen Ruhen, vom Rathhaus wegen seiner Schwachheit mit abgeblaßen.« ◆ »Der Thomasthürmer Johann Gottfried Neubert, der schon ehedem in den hiesigen Conzerten mit musicirt hat, sucht beym Orchester den 4. December um die vacante 2te Hornistenstelle an. Da er aber mehr ein Trompeter als Hornist ist, so wird ihm die nöthige Geschicklichkeit zum Horn nicht zugetrauet.« (Grenser, 1789) ◆ Er kündigte 1796 seine Stelle als Thomastürmer mit der Begründung, aus persönlichen Gründen nach Chemnitz gehen zu müssen. Türmer der Thomaskirche von 1771 bis 1796.

LITERATUR: Nösselt; Grenser. QUELLEN: KAL: TrB St. Nicolai ◊ TrB St. Thomas; StadtAL: Stift. IX A 38, Bl. 75 ◊ Stift. LXII S 30 d, Bl. 13 f.

1790

|99 Brandis, Johann George
Violine
* 27. April 1767 in Tennstedt,
† 26. Januar 1833 in Tennstedt
Mitglied vom 7. Juli 1790 bis 5. Juni 1791 ◆ Mitglied des Orchester-Pensionsfonds
Geiger

Der Sohn von »Christian Friedrich Brandisens, Advocati Immatriculati und Juris Practici allhier« (Taufeintrag), war Schüler der Thomasschule ab 1783. Er studierte dann an der Leipziger Universität, immatrikuliert am 20. Mai 1788, und disputierte am 14. Oktober 1790 über *Theses iuris controversi*. ◆ »den 4. August, [→ J. H.] Siebeck ging vom Orchester ab und als Kantor nach Frohburg. Er bekam seine Collationen, 6 Rthl. 20 Gr. zurückgezahlt; den 7. July wurde an dessen Stelle vom engern Ausschusse Brandis beym Theater und Conzertorchester angenommen.« (Grenser, 1790) ◆ »den 5. Juni ging Brandis vom Orchester ab nach Tennstädt …« (Grenser, 1791), wo er später »AccisInspector« zu Gebesee, Tennstädt und Weissensee war und außerdem »SteuerProkurator« für den Thüringischen Kreis Kursachsens (Staatskalender 1813). Im Sterbeeintrag wird er als » *Herr Hofrath Doktor* Hannß George Brandis, Rechtsgelehrter« bezeichnet.

LITERATUR: Dörffel Nr. 29; Erler; Grenser; Nösselt; Königlich Sächsischer Hof- und Staatskalender. 1813; Leipziger gelehrtes Tagebuch. 1790. QUELLEN: Archiv Thomasalumnat: Album Alumnorum Scholae Lipsiensis; PfA Bad Tennstedt: KB.

|100 Sennewald [Sönnewald], Johann Adam
Violine
† 27. Oktober 1813 in Leipzig, 51 Jahre alt
Als Mitglied des Orchester-Pensionsfonds von 1790 bis 1795 ohne weitere Angaben genannt; von 1805 bis 1813 im Konzert
Geiger

Im Leichenbuch heißt es: »Musicus am Petersschießgraben«.

LITERATUR: Dörffel Nr. 31 u. 227. QUELLEN: StadtAL: Leichenbücher/Leichenschreiberei.

|101 Wipprecht, Carl Rudolph
Als Mitglied des Orchester-Pensionsfonds von 1790 bis 1791 ohne weitere Angaben genannt

Möglicherweise handelt es sich um: Gottlieb Rudolph Wipprecht, * 23. April 1766 in Dippoldiswalde, Sohn des »Herrn Haubold Christian Wipprechts Bürgers, Chirurgi und Barbier allhier« (Taufeintrag), und seiner Ehefrau Johanna Elisabeth, geb. Niemeyerin. Dieser »chirurgi filius« (Matrikel Freiberg) war ab 1782 Schüler am Freiberger Gymnasium, wo → J. Chr. Kessel einer seiner Lehrer war. Er studierte dann an der Leipziger Universität, immatrikuliert am 8. Juni 1787.

LITERATUR: Dörffel Nr. 32; Erler. QUELLEN: Gymnasium Freiberg: Andreas-Möller-Bibliothek, Matrikel des Freiberger Gymnasiums; PfA Dippoldiswalde: KB.

1791

|102 Höne, Johann Christian
Violine
* 19. Juli 1768 in Bitterfeld, † 28. September 1803 in Leipzig
Mitglied von 1791 bis zu seinem Tod ◆ Am 8. Januar 1796 Aufnahme in den Orchester-Pensionsfonds
Geiger

Der erste Sohn des Forstbeamten Johann Christian Höne studierte an der Leipziger Universität, immatrikuliert am 26. April 1788. »Im Januar wird Hr. Höne an [→ C. Fr. G.] Kirstens Stelle ins Theaterorchester und Institut aufgenommen …« (Grenser, 1796) ◆ Im Trauregister von Bitterfeld wird 1800 sein Vater als »Churfürstlich Sächsischer gewesenen Hegereuter allhier« und er als »Notarius publicus zu Leipzig« bezeichnet. ◆ »den 28. September starb der Institutsfiskal Hr. Höne nach dreiwöchentlichem Krankenlager. Da die hinterlassene Wittwe in einer unehelichen Verbindung lebte, so machte sie sich dadurch später der von Weihnachten 1803 an erhaltenen Pension verlustig. Erst im Jahre 1803 war den Wittwen eine monatliche Pension von 1 Rthl. bestimmt worden, und Frau Caroline Höne war die erste Wittwe die diese Wohlthat genoß.« (Grenser, 1803) ◆ Im Leichenbuch wird er als »Academicus« bezeichnet. ◆ Sein jüngerer Bruder Adolph Gotthold Höne war ab 1794 Schüler der Thomasschule.
Fiskal des Orchester-Pensionsfonds vom 31. Januar 1801 bis 1803 für → J. C. L. Bauer.

LITERATUR: Dörffel Nr. 40; Erler; Grenser. QUELLEN: Archiv Thomasalumnat: Index disciplinorum Scholae Thomanae 1767-1841; PfA Bitterfeld: TfR ◊ TrR; StadtAL: Leichenbücher/Leichenschreiberei.

|103 Hossa, Franz
Violine
Mitglied von 1791 bis 1794
Geiger im Konzert

»Zu Michaeli wird der Violin und Bratschenvirtuos Franz Hossa aus Böhmen, von der Leipziger Conzertdirektion als Konzertspieler angestellt.« (Grenser, 1790) Möglicherweise handelt es sich um einen Verwandten der in Melnik geborenen Brüder Georg und Thomas Hossa, die als Hornisten bei dem Prinzen Karl von Lothringen in Brüssel angestellt waren.

LITERATUR: Nösselt; Eitner; Grenser; Schering; B. J. Dlabac: Allgemeines historisches Künstler-Lexikon für Böhmen und zum Theil auch für Mähren und Schlesien.

|104 **Fuchs, Johann Elias**
Oboe, Fagott
† 11. Oktober 1813 in Leipzig
Mitglied von 1791 bis zu seinem Tod ◆ Am 10. Juni 1793 Aufnahme in den Orchester-Pensionsfonds
2. Oboist, ab 1800 1. Fagottist für → J. G. Reiß, ab 1810 2. Fagottist.

»Nach Michaeli wird der Stadtmusikus Reis in Ruhestand versetzt und der bisherige zweite Hoboist Fuchs wird an jenes Stelle 1ster Fagottist …« (Grenser, 1800) ◆ »den 11. October starb der zweite Fagottist Hr. Fuchs sen., alt 48 Jahre. Den 12 October wurden die 5 Rthl. Begräbnisgeld an seine Wittwe ausgezahlt, und die Pension von 12 Rthl. jährlich bekam die Wittwe vom Januar 1814 an. Die ledig gewordene Fagottistenstelle bekam Hr. Humann.« (Grenser, 1813) Im Leichenbuch wird er als »Musicus und Hausbesitzer auf der Windmühlengasse« bezeichnet.
LITERATUR: Dörffel Nr. 36; Grenser. QUELLEN: StadtAL: Leichenbücher/Leichenschreiberei.

1792

|105 **Maurer, Gottlob Anton Ignatius**
Oboe
† 24. September 1813 in Leipzig, 50 Jahre alt ◆ Vater von → Maurer jun.
Mitglied vom 11. April 1792 bis zu seinem Tod ◆ Mitglied des Orchester-Pensionsfonds
1. Oboist für → C. Fr. Hübler

»Hr. Maurer kommt an Hüblers Stelle und giebt der Witwe Hüblers die Hälfte des Theaterverdienstes ab« (Grenser, 1792); »Hr. Maurer, der der Witwe Hüblers die Hälfte seiner Theatergage abläßt, fragt an, ob auch nach seinem Tode seine Witwe diesen Genuß bekäme. Da er zur Antwort bekommt, dies wäre blos freyer guter Wille, so zahlt er der Witwe Hübler nichts mehr. Von der Zeit an beschloß man den Witwen auch eine kleine Unterstützung aus der Institutskasse zu geben.« (Grenser, 1793) ◆ »den 24. September starb der Stadtmusikus und erste Hoboespieler des Orchesters Hr. Maurer sen. Zum Begräbnis desselben zahlte den 25. September das Institut die üblichen 5 Rthl. und die Wittwe Maurer wurde vom Monat Oktober an mit 12 Rthl. jährlich pensionirt.« (Grenser, 1813)
Kunstgeiger von 1792 bis 1803; Stadtmusikus von 1803 bis zu seinem Tod; seine Schüler/Gesellen waren: → W. L. Börner, → C. A. Clauß, → Hanewald, → Fr. A. F. Heinze, → C. H. Meyer, → J. J. Fr. Peglow, → H. G. Portig, → Chr. G. Schlotter, → Schupang, → J. G. Temmler und → J. Chr. Wunderlich.
LITERATUR: Dörffel Nr. 34; Grenser; Hempel; Nösselt. QUELLEN: StadtAL: Leichenbücher/Leichenschreiberei.

|106 **Fischer, Carl Gotthelf**
Violine
* 1. Juni 1766 in Lengefeld bei Marienberg,
† 12. Dezember 1841 in Leipzig
Mitglied von 1792 bis 15. September 1835, nach seiner Pensionierung noch bis 1839 im Konzert; auch bei der Kirchenmusik angestellt (ab 1832 nachweisbar) ◆ Im Dezember 1800 Aufnahme in den Orchester-Pensionsfonds
1. Geiger

Der Sohn von Carl Friedrich Fischer, Kantor in Lengefeld, war ab 1780 Schüler am Freiberger Gymnasium, wo → J. Chr. Kessel einer seiner Lehrer war. Er studierte dann an der Leipziger Universität, immatrikuliert am 8. Juni 1787. Bereits in diesem Jahr wird er als Tenorist im Konzert erwähnt: »Er wird zu Michaeli in das Singechor des großen Concerts angenommen. Im Singechor sangen damals, soviel sich Hr. Fischer von dem ich selbst die Nachricht habe, besinnen kann: Discant: Die Schüler Wendt (später Professor) und [→ J. Ph. Chr.] Schulz (später Musikdirektor) und Magister Stock. Alt: [→ Chr. H.] Paufler, Asmus und John (Studenten). Tenor: Neubert aus Chemnitz, Fischer und Martius (wurde später Pastor), Studenten; Baß: Advocat Richter …« (Grenser, 1787) ◆ »Seit dem 1sten October [1834] an, des Oberndienstes enthoben, jedoch beym Schauspieldienste beybehalten, und behielt seine volle Gage fort. Um die Stelle des Hn. Fischer beym Oberndienste zu besetzen zahlt die Institutskasse 100 rl … Hr. Fischer büßt nichts von seinen Gehalten ein, denn er spielt auch im Conzertorchester fort und genießt doch einige Ruhe, was eine große Wohlthat bey seinem hohen Alter ist.« (zit. nach Nösselt) [24] ◆ Bei seiner Verabschiedung in den Ruhestand wurde ihm der Titel Vizekonzertmeister verliehen; abweichend von Dörffel gibt Nösselt dafür das Jahr 1841 an.
Fiskal des Orchester-Pensionsfonds vom 19. September 1812 bis 1836 für → A. H. Müller.
LITERATUR: Dörffel Nr. 47; Grenser; Hempel; Nösselt; Vollhardt. QUELLEN: Gymnasium Freiberg: Andreas-Möller-Bibliothek, Matrikel des Freiberger Gymnasiums; PfA Lengefeld TfR; StadtAL: Leichenbücher/Leichenschreiberei.

|107 **Kirsten, Carl Friedrich Gotthelf**
Violine
* 2. August 1771 in Luckau/Niederlausitz,
† 31. Oktober 1813 in Zörbig
Mitglied von 1792 bis zum Ende der Michaelismesse 1795 ◆ Am 13. April 1793 Aufnahme in den Orchester-Pensionsfonds
Geiger

Sein Vater Johann Traugott Kirsten war das fünfte von sieben Kindern des Luckauer Stadtmusikus Christian Gottfried Kirsten, der wiederum ein Sohn des Kamenzer Stadtmusikus Johann Gottfried Kirsten war. Im Taufeintrag von Carl Friedrich Gotthelf Kirsten wird sein Vater als »Bürger und adjunctus der Stadt Musicy allhier« bezeichnet. Einer seiner Taufpaten war sein Onkel Johann Gottlob Kirsten, von 1769 bis 1800 »wohlbestallter Organist an der hiesigen Haupt und Pfarrkirche«[25], ein anderer

---

[24] Nösselt zitiert Grenser; dort ist diese Textstelle jedoch nicht zu finden, offensichtlich standen ihm auch heute verschollene Aufzeichnungen Grensers zur Verfügung.

[25] Die umfangreiche Musikaliensammlung von St. Nikolai in Luckau befindet sich heute in der Sächsischen Landesbibliothek – Staats- und Universitätsbibliothek Dresden und enthält u. a. auch Werke von → J. Fr. Doles, → Trier und → Wiedner.

Onkel war Johann Gottfried Kirsten, »Orga*nist* bey dem Reform*ierten* Gottesdienst²⁶ zu Dresden.« (Aufgebotseintrag, Luckau 1768) ◆ Carl Friedrich Gotthelf Kirsten studierte an der Leipziger Universität, immatrikuliert am 28. Mai 1791. »Hr. Kirsten, der eben vom Musikdirektor [→ J. G.] Schicht eine Stelle im Conzertorchester erhalten hat, bitte die Institutsmitglieder, da Hr. [→ J. W.] Ruhe vor einem halben Jahr von Leipzig abgegangen sey, er für diesen diese Zeit über substituirt habe, und es nicht wahrscheinlich sey, daß Hr. Ruhe wiederkehre, ihn in diesem Falle auch die erledigte Stelle im Theaterorchester gänzlich anzuvertrauen. Dieser Brief Kirstens ist datirt vom 3ten Sept*ember*« (Grenser, 1792); »Hr. C. E. Gotthelf Kirsten, der nun ein ganzes Jahr in der durch Hr. Ruhe erledigten Geigerstelle substituirt hat, bitte wiederholt d*en* 27. März 1793 um Aufnahme als wirkliches Mitglied, und erbietet sich bey vorkommendem Mangel zur Oboe, Flöte oder Fagott oder Klarinette übergehen zu wollen. Seine Leistungen auf letztern Instrumente wären bekannt, und er getraue sich auf den übrigen Instrumenten dasselbe zu leisten.« (Grenser, 1793) ◆ »zu Ende der Michaelismesse geht das Institutsmitglied Hr. Kirsten als Kantor nach Frohburg [sic!] ab. Hr. [→ J. Chr.] Höne wurde an seine Stelle angenommen, jedoch erst im Jan*uar* 1796.« (Grenser, 1795) Er wurde Kantor in Herzberg: »anno 1796 H*err* Cantor Kirsten aus Luckau gebürtig gewählt … der aber nicht länger als 3 Jahre hier blieb u*nd* in Zörbig Cantor wurde« (PfA Herzberg). 1796 bewarb er sich erfolglos um das Kantorat von Delitzsch. Im Leipziger gelehrten Tagebuch 1805 wird mitgeteilt: »Zum Predigtamte sind ordiniret worden … Gotthelf Karl Friedrich Kirsten, aus Luckau, in der Niederlausitz, bisher Cantor in Zörbig, ber*ufener* Diak*on* dahin, Insp*ektion* Delitsch. 6. Aug*ust*«. In den Kirchenbüchern von Zörbig wird er bei seinem Tod 1813 als »Archidiaconus allhier« bezeichnet, 1825 bei der Heirat des jüngsten Sohnes als »erster Diacon an hiesiger Stadtkirche und Prediger zu Löberitz und Zöberitz.«

LITERATUR: Dörffel Nr. 35; Erler; Grenser; Nösselt; Vollhardt; Leipziger gelehrtes Tagebuch. 1805; K. Paulke: Musikpflege in Luckau; A. Werner: Zur Musikgeschichte von Delitzsch. QUELLEN: PfA Herzberg: Cantorey-Acta, Bl. 23; PfA Luckau: TfR ◊ TrR ◊ StR; PfA Zörbig: KB; PfA Kamenz: KB.

1793

|108 **Häser, Johann Friedrich**
Violine
* 3. Juni 1775 in Leipzig, † 30. August 1801 ◆ Sohn von
→ J. G. Häser
Mitglied von 1793 bis zu seinem Tod
Geiger im Konzert

Er studierte an der Leipziger Universität, immatrikuliert am 10. Oktober 1788. ◆ »d*en* 13. July meldet sich auch um die durch [→ J. Chr.] Wünsch erledigte Geigerstelle im Theaterorchester Hr. J. Fr. Häser, der bisher für Hrn. Wünsch gespielt hatte.« (Grenser, 1799) ◆ »Ende August starb Joh. Friedr. Häser, der älteste Sohn des Conzertmeisters u*nd* Organist an der reformirten Kirche, auch Mitglied des Conzertorchesters. Wegen der Verdienste des Vaters um das Institut, wurde *von* demselben ausnahmsweise 5 Rthl. zum Begräbniß bewilligt.« (Grenser, 1801)

---

26 Er starb 1815 als »Organist emeritus beim Hofgottesdienst« (Vollhardt) in Dresden.

Organist der Reformierten Kirche von 1796 bis zu seinem Tod für → G. Fr. Hertel.
LITERATUR: Dörffel Nr. 213; Bernsdorf; Erler; Grenser; P. Weinmeister: Beiträge zur Geschichte der evangelisch-reformierten Gemeinde zu Leipzig 1700-1900.

1794

|109 **Müller, August Eberhard**
Flöte
* 13. Dezember 1767 in Northeim bei Göttingen,
† 3. Dezember 1817 in Weimar ◆ Bruder von
→ A. H. Müller
Mitglied von 1794 bis 1802
1. Flötist im Konzert für → J. Chr. Krausch

Der Sohn des Northeimer Organisten Matthäus Müller erhielt in Rinteln, wohin sein Vater berufen wurde, den ersten Musikunterricht. Außerdem war er in Bückeburg Kompositionsschüler von Johann Christoph Bach. Ab 1786 studierte er an der Göttinger Universität Jura, nahm jedoch 1789 eine Anstellung als Organist an der Ulrichkirche in Magdeburg an. Dort wurde er später städtischer Musikdirektor und übernahm 1792 die Leitung der Logen- und Privatkonzerte. Während seiner Zeit in Leipzig trat er häufig als Pianist auf und als Kammermusikspieler, auch gemeinsam mit seiner Ehefrau und seinem Bruder. ◆ »Die Mitglieder des Orchesters lassen beym Abschiede A. E. Müllers im April von Leipzig, ein Gedicht 'Nachruf der Freundschaft' betitelt, drucken bey Breitkopf u. Härtel. Es fängt an ›Wie hochbeglückt ist der, dem heilge Liebe.‹« (Grenser, 1810) ◆ Er wurde 1810 Großherzoglicher Kapellmeister in Weimar.
Organist der Nikolaikirche von 1794 bis 1804; Thomaskantor von 1804 (ab 1800 Adjunkt) bis 1810 für → J. A. Hiller ◆ Lehrer von → F. E. Fesca und → Fr. Schneider.[[Abb. Böhm 54]]

WERKE: 2 Klavierkonzerte; 11 Flötenkonzerte; 5 Klaviersonaten u. a. Klavierwerke; Orgelwerke; Klavierschule (1804, eigentlich die 6. Aufl. v. → G. S. Löhleins Pianoforteschule, deren 8. Aufl. Carl Czerny 1825 herausgab); Flötenschule und Tabellen für den Fingersatz auf der Flöte; Anleitung für den Vortrag Mozartscher Klavierkonzerte; maßgebliche Beteiligung an der Gesamtausgabe der Werke Mozarts und Haydns bei Breitkopf & Härtel.
LITERATUR: Dörffel Nr. 214; Grenser; MGG I; K. Gräbner: Die Großherzogliche Haupt- und Residenzstadt Weimar.

|110 **Köhler, Gottlieb Heinrich**
Flöte, Violine, Pauke
* 6. Juli 1765 in Dresden, † 29. Januar 1833 in Leipzig
Mitglied von 1794 bis 1. Oktober 1831 ◆ Mitglied des
Orchester-Pensionsfonds
1. Flötist im Theater und 2. Flötist im Konzert, nach
1799 2. Geiger, später wieder 2. Flötist, ab 1811 auch
Pauker

»D*en* 7. July hält der Flötist Köhler um die durch Hrn. [→ J. Chr.] Wünsch erledigte Geigerstelle an, da er d*en* 25. Juny das Unglück hatte von einem Blutsturz befallen zu werden, u*nd* daher das Flötenblaßen lassen muß. Hr. [→ A. H.] Müller substituirt indessen bey der Flötenstelle« (Grenser, 1799); »Hr. Köhler ging von der 2ten Flöte ab zu den Pauken, und dafür wird Hr. Gürgens [→ W. Jürgens] als zweiter Flötist angestellt.« (Grenser, 1811) ◆ »d*en* 29. Jan*uar* starb das pensionirte Orchestermitglied Hr. Heinrich Köh-

ler, der letzte der sonstigen 7 Stadtpfeifer (eigentlich 4 Stadtpfeifer und 3 Kunstgeiger) der auch den Genuß dieser Stelle bis an sein Ende behalten, in seinen 68. Jahre. Die Pension des Instituts hat er genossen … 150 Rthl. jährlich. Bey seinen Begräbnis den 2. Februar waren der Stadtmusikus [→ W. L.] Barth und Hr. [→ C. A.] Grenser sen., der das Orchester vertrat, welches wegen einer Theaterprobe abgehalten war. Hr. Köhler war zu Dresden geboren den 6. July 1765, hatte in Bautzen 7 Jahre beym Stadtmusikus gelernt, und hatte sich dann wegen fernerer Ausbildung in Dresden aufgehalten, von da kam er durch Recommandation des Minister Gutschmids, in dessen Familie Hr. Köhler Klavierunterricht gab, und die mit dem Bürgermeister Müller in Leipzig verwandt war, 1794 nach Leipzig als Stadtpfeifer. Hier hatte er sich als beliebter Komponist und Musiklehrer auf Klavier, Flöte und Violine einiges Vermögen gesammelt, was er seinen 2 mündigen Söhnen hinterläßt.« (Grenser, 1833)
Kunstgeiger, später Stadtpfeifer von 1794 bis zu seinem Tod.
WERKE: »… 200 Hefte leichter Stücke für Flöte, Klavier und Violine, Variationen, leichte Quartette, Trio's, Flötensolo's und Duo's, u.s.w., die in ihrer Zeit sehr beliebt waren« (Bernsdorf); Sextette f. 2 Kl., 2 Hr. u. 2 Fg. LITERATUR: Dörffel Nr. 38; Bernsdorf; Grenser; Schering; H. Biehle: Musikgeschichte von Bautzen bis zum Anfang des 19. Jahrhunderts. QUELLEN: StadtAL: Leichenbücher/Leichenschreiberei.

1795

|111 Villaret, E. F.
Violine
Mitglied von 1795 bis Ende 1796
Konzertmeister im Konzert für → J. G. Häser,
der nur noch im Theater Konzertmeister war

Am 8. November 1796 bewarb sich der Konzertmeister der Gewandhauskonzerte um die Tuttistelle des verstorbenen → J. Chr. Müller. »Die erledigte … Violinstelle bekam Hr. Villaret, zeitheriger Vorspieler im großen Conzerte.« (Grenser, 1796) Ende 1796 verschwand er spurlos aus Leipzig. »den 19. April war Institutsconvent. In diesem wurde Hrn. Villarets Stelle, der Leipzig verlassen hatte, wieder besetzt.« (Grenser, 1797)
LITERATUR: Dörffel Nr. 215; Grenser.

1796

|112 Campagnoli, Bartolomeo
Violine
* 10. September 1751 in Cento bei Bologna,
† 6. November 1827 in Neustrelitz
Mitglied von 1796 bis 1817 ◆ 1800 Aufnahme in
Orchester-Pensionsfonds
Konzertmeister im Konzert für → E. F. Villaret,
ab 1800 auch im Theater für → J. G. Häser

Er war Violinschüler von Dall'Occas[27] in Bologna, sowie Gustarobbas[28] in Modena, später Orchestergeiger in Bologna und in Florenz Schüler von Pietro Nardini. Von 1777 bis 1779 war er Konzertmeister des Fürstbischofs

---

27 Schüler von Antonio Lolli.
28 Schüler von Guiseppe Tartini.

Bartolomeo Campagnoli, Kupferstich der Gebrüder Klauber, 1778

von Freising, lebte ab 1780 in Dresden als Kammermusiker und Musikdirektor beim Herzog Carl von Curland und konzertierte 1783 erstmals in Leipzig. »Den 2. November war Extrakonzert des Herrn Campagnoli.« (Grenser, 1783) ◆ »Im Winter 1797–1798 wurde Camapagnoli fürs große Conzert und bey der Kirchenmusik als Conzertmeister engagirt. Er ist ein Schüler Nardinis und war in der Kapelle des Herzogs von Curland zu Dresden« (Grenser, 1798); »Der Conzertmeister Campagnoli hat nun ein neues Dilettantenkonzert zu Stande gebracht und es Dienstag den 30. October auf der Hainstraße im Richterschen Hofe (Kleines Joachimsthal) in einem Privatsale eröffnet« (Grenser, 1798); »Auch der Conzertmeister Campagnoli kommt zum Theaterorchester.« (Grenser, 1800) ◆ Er wurde vom 15. Juni 1816 bis Michaelis 1817 für eine Reise nach Italien beurlaubt, kam aber erst Ostern 1818 wieder nach Leipzig und »ging seiner Stelle verlustig« (Dörffel). Später war er Hofkapellmeister in Neustrelitz. ◆ Seine Töchter Albertina und Gianetta waren eine Zeitlang als Sängerinnen für das Konzert engagiert.
2. Geiger im 1808 gegründeten Gewandhaus-Quartett ◆ Lehrer von → Maurer jun.
WERKE: Violin- u. Flötenkonzerte; Werke f. Vl. allein, 2 Vl. u. Viola d'amore; 41 Capricen f. Va.; Violinschule. LITERATUR: Dörffel Nr. 45; Eitner; Grenser; MGG I.

|113 Pfau, Johann Gottlieb
Trompete
~ 29. März 1756 in Leipzig ◆ Vater von → C. G. Pfau
Mitglied von 1796 bis 1809 ◆ Von 1800 bis Sommer
1808 Mitglied des Orchester-Pensionsfonds
1. Trompeter, ab Sommer 1808 nur noch im Konzert

Er ist der Sohn des Strumpfwirkers Johann Gottlieb Pfau. 1800 wird er von Grenser als Musiker bei den »Feldmusikchören« genannt. ◆ »Zu Ende des Sommers geht vom Theaterorchester der Trompeter Pfau ab.« (Grenser, 1808) Im Zusammenhang mit der Schwierigkeit, den wachsenden Orchesterdienst mit den Nebenverdiensten in Einklang zu bringen, nennt Oberbürgermeister Otto Georgi 1881 das Beispiel, daß »der sehr geschickte Trompeter Pfau lieber die Mitgliedschaft des Orchesters und des Pensionsinstituts aufgab, als daß er fernere Störungen seines Verdienstes auf dem öffentlichen Vergnügungsorte zu den 3 Mohren ertragen hätte.«
LITERATUR: Dörffel Nr. 46; Grenser. QUELLEN: KAL: TfB St. Thomas; StadtAL: O. Georgi: Vortrag, die Verhältnisse des Stadtorchesters betreffend ◊ Leichenbücher/Leichenschreiberei.

|114 Müller, Carl Gottlob
Kontrabass
~ 20. August 1774 in Eilenburg,
† 14. Juli 1844[29] in Leisnig ◆ Bruder von → G. B. Müller
und → Chr. G. Müller
Mitglied von 1796 bis 1800, als Thomasschüler bereits
ab 1788 als Pauker und Posaunist beschäftigt
Kontrabassist für → G. Martini, in der Kirche für
→ C. G. W. Wach

Er ist der Sohn des »Organoedus« (Taufeintrag) und Mädchenschullehrers an der Bergkirche Johann Christoph Müller und dessen Ehefrau Christiana Charlotta. Von April 1788 bis 14. April 1796 war er Thomasalumne, zuletzt 1. Präfekt. »Carl Gottlob Müller, Thomasschüler, schlägt von Michaeli an, im großen Konzert und in den Kirchenmusiken die Pauken« (Grenser, 1788); »den 25. Januar wurde ›Die Zauberflöte‹ Oper von Mozart zum erstenmale aufgeführt. Die 3 Thomasschüler Graun, [→ J. G.] Schwips und Carl Gtlob Müller blasen die Posaunen.« (Grenser, 1793) Er studierte an der Leipziger Universität Theologie, immatrikuliert am 14. April 1796. »Nach dem Uebertritt des Hrn. Carl Gtlob Müller von den Pauken zum Contrabasse wird dessen Bruder Benjamin Müller als Pauker im großen Konzert und bey den Kirchenmusiken angestellt. Carl Gottlob Müller war Ostern 1796 von der Thomasschule abgegangen und studirte. Aus Eilenburg gebürtig.« (Grenser, 1796) Thomaskantor → J. A. Hiller wußte, nachdem »Herr Wach seine Stelle resigniert« hat, »den ersten Contra-Violon nicht in beßre Hände zu bringen, als in die des iezt von der Schule abgehenden ersten Präfects Müller, der die Behandlungsart des Instruments und mein Benehmen mit der Kirchenmusik beßer kennt, als Wach. « (StadtAL) ◆ »Der Contrabassist Carl Gottlob Müller beym großen Konzert geht ab von Leipzig.« (Grenser, 1800) Während seines Studiums war er »Hauslehrer beim Kaufmann Mende [und] meldete sich 1799 zum Kantorate nach Zeitz.« (Album Alumnorum) 1798 bewarb er sich erfolglos um die Nachfolge von → J. Chr. Kessel als Kantor in Freiberg/Sa. Von 1800 bis 1842 war er Kantor und Lehrer in Leisnig, wo der »treuverdiente Cantor an der Stadtkirche und emeritierter Knabenlehrer an der Stadtschule allhier« auch starb. (Sterbeeintrag)
LITERATUR: Nösselt; Erler; Grenser; Schering; Vollhardt; Calender für Prediger und Schullehrer der Königl. Sächsischen Lande 1808; Leipziger gelehrtes Tagebuch. 1796. QUELLEN: Archiv Thomasalumnat: Album Alumnorum Scholae Lipsiensis; Kreiskirchenarchiv Delitzsch: TfR Bergkirche Eilenburg; PfA Leisnig: StR; StadtAL: Stift. VIII B 12, Bl. 24.

1797

|115 Fleischhauer, Friedrich Christian Conrad
Horn, Trompete
~ 1. Mai 1763 in Sömmerda,
† 11. Oktober 1825 in Leipzig, ☐ 13. Oktober 1825
in Leipzig ◆ Bruder von → J. Fr. Fleischhauer
Mitglied vom 19. April 1797 bis 1. September 1825,
im Konzert ab 1805 (Dörffel) ◆ Mitglied des
Orchester-Pensionsfonds
1. Hornist im Theater für → J. C. L. Bauer, ab 1809
1. Trompeter für → J. G. Pfau

Der Sohn von Johann Christoph Fleischhauer, »Bürger und Stadtmusici allhier« (Taufeintrag), und dessen Ehefrau Sophia Barbara, geb. Franck, bewarb sich 1796 erfolglos um die frei gewordene Stelle des Thomastürmers. »… rückte Hr. Fleischhauer jun. als erster Waldhornist ins Theaterorchester ein.« (Grenser, 1797) Er wird von Grenser 1800 als Musiker bei den »Feldmusikchören« genannt. »An die … Trompetenstelle wird Hr. Fleischhauer jun., der bisher Waldhorn blies, gesetzt.« (Grenser, 1808) ◆ »den 1. September wird der Trompeter Hr. Fleischhauer jun. in Pension gesetzt.« (Grenser, 1825) ◆ Im Leichenbuch heißt es: »Ein Mann 57½ J. Hr. Christian Friedrich Fleischhauer, Musikus am hiesigen Stadttheater …«
LITERATUR: Dörffel Nr. 41; Grenser. QUELLEN: StadtAL: Stift. IX A 38, Bl. 84 ◊ Leichenbücher/Leichenschreiberei; PfA Sömmerda: KB St. Bonifacius.

|116 Poley, Jacob Michael
Violine
* 5. April 1774 in Dobichau bei Naumburg,
† 24. März 1850 in Leipzig ◆ Vater von → R. Poley,
Schwiegersohn von → J. G. Geissler
Mitglied von 1797 bis 1. Oktober 1842 ◆ 1804 Aufnahme
in den Orchester-Pensionsfonds
2. Geiger

Der Sohn von Michael Poley, »pro tempore Schultze, zuletzt Gerichtsschöppe« (Taufeintrag) in Dobichau, studierte an der Leipziger Universität, immatrikuliert am 22. Oktober 1795. Am 3. Juli 1808 heiratete der »Theologiae Candidatus und Academicus zu Leipzig« die »Jungfer Johanna Christiana Geißlerin, Herrn Johann Gottlieb Geißlers, Academicus zu Leipzig, älteste eheliche Tochter«. Im Adreßbuch 1839 findet sich unter der Rubrik »Privatlehranstalten für Instrumental- und Vocalmusik« der Eintrag: »Jak. Mich. Poley, im Clavierspielen nach Logier's Methode Katharinenstr. 390«. Nach seiner Pensionierung wirkte er noch bis 3 Tage vor seinem Tod im Konzert mit.
LITERATUR: Dörffel Nr. 51; Erler. QUELLEN: KAL: TrR; PfA Goseck: KB Dobichau, TfR u. TrR.

---
[29] Vollhardt nennt den 14. April 1844.

|117 Senf, Carl Heinrich
Violine
* 12. Juli 1779 in Audigast
Mitglied von 1797 bis 1801
Geiger im Konzert

Der Sohn von Johann Christian Senf, Pfarrer in Audigast, war Thomasalumne ab 21. März 1796. Er studierte dann an der Leipziger Universität, immatrikuliert am 26. April 1798. Im sächsischen Staatskalender wird er von 1809 bis 1813 als »Amtsactuarius« beim Justizamt in Annaburg genannt.

LITERATUR: Dörffel Nr. 216; Erler; Königlich Sächsischer Hof- und Staatskalender. 1809, 1810 u. 1813. QUELLEN: Archiv Thomasalumnat: Index disciplinorum Scholae Thomanae 1767-1841; PfA Audigast: TfR.

1798

|118 Kühnel, Ambrosius
Violine
* 1770, † 13. Oktober 1813
Mitglied von 1798 bis Dezember 1800
Geiger im Konzert, ab Michaelis 1800 auch im Theater

»Auch der Conzertmeister [→ B.] Campagnoli kommt zum Theaterorchester und der Organist an der katholischen Kirche Hr. Kühnel als Violinist. Letzterer ging aber, als er mit dem Kapellmeister Hoffmeister aus Wien, hier einen Musikverlag etablirte wieder ab ...« (Grenser, 1800) Von 1795 bis 1800 war er Organist an der Katholischen Schloßkapelle in der Pleißenburg[30] und gründete am 1. September 1800 zusammen mit Franz Anton Hoffmeister ein »Bureau de musique«; ab 1804 war er Alleininhaber. Er ist der Verleger von → E. L. Gerbers »Lexikon der Tonkünstler« in der 2. (erweiterten vierbändigen) Ausgabe. »den 19. August starb Ambrosius Kühnel, der Besitzer der Musikalienhandlung Bureau de Musique. Die Handlung wird von Madame Kühnel fortgeführt werden.« (Grenser, 1813) Später wurde der Verlag von seinen Erben an C. F. Peters verkauft, der ihn unter dem Namen »Bureau de Musique C. F. Peters« weiterführte.

LITERATUR: Dörffel Nr. 217; Grenser; Schering.

|119 Berger, Johann Gottfried
Klarinette
† 19. Februar 1807 in Leipzig, 32 Jahre alt
Mitglied von 1798 bis zu seinem Tod
2. Klarinettist im Konzert für → J. Chr. Fr. Haberland, der Kontrabassist wurde

»Den 23. Februar starb der zweite Klarinettist des großen Conzerts Hr. Berger. Den 24. Februar bekam die Wittwe Frau Christine Rosine Berger die gesetzlichen 5 Rthl. Begräbnisgeld und den 28. März als zum Ostertermin bekam sie die erste vierteljährige Pension von 3 Rthl.« (Grenser, 1807)

LITERATUR: Dörffel Nr. 218; Grenser. QUELLEN: StadtAL: Leichenbücher/Leichenschreiberei.

---

[30] Nachdem August der Starke auch König von Polen war, konvertierten die Mitglieder des sächsischen Hofes zum Katholizismus. Damit ihnen auch in Leipzig eine Kirche zur Verfügung stand, wurde 1710 eine Kapelle im Wohnhaus neben dem Turm der Pleißenburg gebaut.

|120 Liebeskind, Carl August
Cembalo/Fortepiano
* 29. März 1774 in Großkayna bei Merseburg
1798 als »Flügelspieler« (Nösselt) und 1799 als Musikdirektor (Grenser) im Theater genannt

Der Sohn von Johann Samuel Liebeskind, »Schulsubstitutus und Kirchvorsteher zu Großkayna« (Taufeintrag), war Thomasalumne von 1789 bis 1795 und studierte dann an der Leipziger Universität, immatrikuliert am 8. April 1795. »den 29. October fing das Sing- und Schauspiel unter Krügers Direktion an ... der Schluß war den 30. December mit: Der Doktor und der Apotheker, Oper von Dittersdorf. – Musikdirektor Liebeskind.« (Grenser, 1799) ♦ »Der Hauslehrer und Organist an der reformirten Kirche Liebeskind geht aus Leipzig ...« (Grenser, 1804) Von 1808 bis 1823 war er Pfarrer in Reinsdorf bei Nebra. Bei seiner Eheschließung mit der Tochter seines Taufpaten, dem Pfarrer von Ermlitz und Obertau bei Schkeuditz, wird er 1809 im Kirchenbuch von Großkayna genannt als: »Der Hochwohl Erwürdige hochgelehrte und hochachtbare Herr Carl August Liebeskind, wohlverdienter Pastor und Seelsorger der christlichen Gemeinden in [unleserlich] und Spielberg.«
Organist der Reformierten Kirche von 1801 bis 1807 für → J. Fr. Häser.

LITERATUR: Nösselt; Erler; Grenser; P. Weinmeister: Beiträge zur Geschichte der evangelisch-reformirten Gemeinde zu Leipzig 1700-1900. QUELLEN: Archiv Thomasalumnat: Album Alumnorum Scholae Lipsiensis; PfA Reinsdorf: KB; PfA Brausbedra: KB Kroßkayna.

1799

|121 Müller, Adolph Heinrich
Flöte
* 5. November 1769 in Rinteln, † 17. März 1837 in Leipzig ♦ Bruder von → A. E. Müller
Mitglied von 1799 bis 19. September 1812 ♦ Am 7. Juli 1799 Aufnahme in den Orchester-Pensionsfonds
1. Flötist, zunächst nur im Theater für den erkrankten → G. H. Köhler, ab 1803 auch im Konzert für → A. E. Müller

Der Sohn des Rintelner Organisten Matthäus Müller kam 1798 nach Leipzig und wurde Organist der Peterskirche. »An die Geigerstelle des [am 4. Juli 1799] verstorbenen Hrn. [→ J. Chr.] Wünsch trat nun Hr. Köhler über, der von den Flöten übertrat, und seine verlassene Flötenstelle dem neuen Mitgliede Hrn. A. H. Müller dem ohnlängst nach Leipzig berufenen Organisten bey St. Petri gegeben« (Grenser, 1799); »den 21. October bekam der Flötist Hr. Adolph Heinrich Müller das Amt eines Fiskals beym Institute« (Grenser, 1803); »den 19. September war ein Institutsconvent den Hr. Hofrath Gehler, Hr. Stadthauptmann Limburger und Hr. Musikdirektor [→ J. Ph. Chr.] Schulz beywohnten. Bey dieser Gelegenheit legte der erste Flötist Hr. Müller das Fiskalamt nieder ... Zugleich trat auch Hr. Müller aus dem Orchester.« (Grenser, 1812)

Fiskal des Orchester-Pensionsfonds vom 21. Oktober 1803 bis 19. September 1812 für → J. Chr. Höne ♦ Organist der Peterskirche von 1798 bis 1804; Organist der Nikolaikirche von 1804 bis 1837 für → A. E. Müller.

LITERATUR: Dörffel Nr. 42; Grenser. QUELLEN: StadtAL: Leichenbücher/Leichenschreiberei.

1800

|122 Schäfer [Schäffer], **Johann Gottlob**
Oboe, Klarinette, Trompete, Viola
* 8. August 1773 in Merseburg, † 26. Juni 1831 in Leipzig
Mitglied vom 19. Oktober 1800 bis 1. Juli 1830 ♦
Mitglied des Orchester-Pensionsfonds
Oboist, Klarinettist und Trompeter, ab 1817 Bratscher

Er ist der Sohn von »M*eister* Johann August Schäfer, Bürg*er un*d Lohgerber in Merseburg, zur Zeit Schenkwith im grünen Hof« (Taufeintrag). »Michaeli: Die Besetzung im großen Conzerte ist folgende … Trompeten: [→ J. G.] Pfau und Schäfer (im Theater blies Schäfer Hoboe) …« (Grenser, 1803); »Die 4 Bratschisten waren also: [→ C. H.] Meyer, Stadtpfeifergesell Rohde, Schäfer u*nd* [→ J. Chr. G.] Starke.« (Grenser, 1822) ♦ Im Leichenbuch heißt es: »Ein Mann 56 J*ahre* Hr. Johann Gottlob Schäffer, Musikus und pensioniertes Mitglied des Theater Orchesters …«

LITERATUR: Dörffel Nr. 43; Grenser. QUELLEN: PfA Merseburg: KB Altenburger Gemeinde St. Viti; StadtAL: Leichenbücher/Leichenschreiberei.

|123 Fischer,
Violine, Klarinette
Im Dezember 1800 genannt
1. Klarinettist

»Im December ging der Violinist [→ A.] Kühnel vom Orchester wieder ab und der Stud*iosus* theologiae Hr. Fischer kam an dessen Stelle. Auch Hr. Fischer, welcher die erste Clarinette bey vorkommenden Fällen blies, ging ab, und an dessen Stelle kam als Extraperson Hr. Eissert.« (Grenser, 1800) Möglicherweise handelt es sich um: Johann Christian Fischer, * 7. Juli 1777 in Langensalza, † »1859 oder 1860« (Album Alumnorum). Der Sohn von Johann Andreas Fischer, »dem Fleischhauer und dessen Eheweibe Justina Maria, geb. Popp« (Taufeintrag), war Schüler der Thomasschule vom 14. Juni 1794 bis 1799 und studierte dann an der Leipziger Universität, immatrikuliert am 11. April 1799. Er wurde 1802 Collaborator der Thomasschule, 1804 Katechet der Peterskirche und 1807 Pastor in Webstädt bei Langensalza. Zuletzt war er Oberpfarrer in Tennstädt.

LITERATUR: Nösselt; Erler; Grenser. QUELLEN: Archiv Thomasalumnat: Album Alumnorum Scholae Lipsiensis; PfA Bad Langensalza: TfR St. Stephani.

|124 Werner,
Oboe
Mitglied von 1800 bis 1805
Oboist im Konzert

LITERATUR: Dörffel Nr. 220.

|125 Eissert,
Klarinette
1800 erwähnt
1. Klarinettist

»Auch Hr. [→] Fischer, welcher die erste Clarinette bey vorkommenden Fällen blies, ging ab, und an dessen Stelle kam als Extraperson Hr. Eissert.« (Grenser, 1800)

LITERATUR: Nösselt; Grenser.

|126 Förster,
Horn, Trompete
Mitglied von 1800 bis 1809 (Dörffel), 1803 bis 1808 (Nösselt)
2. Hornist und 2. Trompeter

»Michaeli: Die Besetzung im großen Conzerte ist folgende … Fagotten: [→ J. E.] Fuchs, [Auslassung im Original] *u*nd der Kaufmann Förster. Waldhörner: [→ Fr. Chr. C.] Fleischhauer j*un*. und Förster …« (Grenser, 1803); »zu Michaeli ist das große Concert folgendergestalt besetzt … Trompeten: [→ J. G.] Pfau, Förster …« (Grenser, 1808) ♦ »den 2. April erhielt das ehemalige Conzertorchestermitglied Hr. Förster, der jetzt erblindet war, auf sein Ansuchen ein Geschenk von 2 Rthl. 12 Gr. aus der Casse des Instituts.« (Grenser, 1814)

LITERATUR: Dörffel Nr. 221; Grenser; Nösselt.

|127 Prinz, Johann Rudolph
Harfe
* 1779 in Hildesheim[31], † 12. Juli 1840 in Leipzig
Harfenist und Musiklehrer in Leipzig, wo er fast 40 Jahre lang »die Harfenparthien im Theater und Concerte aufführte« (Nösselt)[32]

Der Musikalienverleger Karl Friedrich Kistner, Mitglied der Gewandhaus-Konzertdirektion und Mitbegründer des Leipziger Konservatoriums, kaufte für den in großer Armut verstorbenen J. R. Prinz ein Doppelgrab, wobei die zweite Hälfte dieses Grabes dem Orchester zur Verfügung gestellt wurde, »damit wenn einmal es geschehen sollte, daß ein Mitglied des Orchesters in solcher Dürftigkeit verstürbe, daß ihm nur ein Armengrab bestimmt würde, das Orchester von dem beigelegten Kaufschein des Doppelgrabes und den damit verbundenen Rechten gebrauch machen könne.« (zit. nach Nösselt)

LITERATUR: Nösselt. QUELLEN: StadtAL: Polizeimeldebücher Bleibende Einwohner ◊ Leichenbücher/Leichenschreiberei

1801

|128 Etzel,
Klarinette
Als Mitglied ab 1801 genannt
2. Klarinettist im Konzert für → J. Chr. Fr. Haberland, der nur bis 1800 im Konzert mitwirkte

LITERATUR: Nösselt.

|129 Krug, Carl Gottlob
Kontrabass
* 24. Februar 1764 in Auligk,
† 3. November 1813 in Leipzig
Mitglied von 1801 bis zu seinem Tod ♦ Mitglied des Orchester-Pensionsfonds
Kontrabassist für → C. G. Müller

---

[31] Abweichend zu dem in den Meldebüchern genannten Geburtsjahr 1779, gibt das Leichenbuch das Alter beim Tod mit 62 Jahren an.

[32] Ist hier im Jahr 1800 eingetragen, weil sich kein Beleg für den Beginn seiner Tätigkeit im Orchester ermitteln ließ.

Er studierte an der Leipziger Universität, immatrikuliert am 18. Mai 1795. »*Den* 22. De*cember* hatte im Theater nach dem ersten Acte einer Oper der Violonzellist [→ Fr. W.] Riem nach einem Wortwechsel dem Contrabassisten Krug eine Ohrfeige gegeben. Der Bürgermeister Hr. Hofrath Dr. Einert entschied den andern Tag Riems Entlassung aus dem Orchester wenn Krug unversöhnlich bliebe. Da Hr. Riem seine unvorsichtige Hitze beklagte, so versöhnte sich, nach mehrtägigem Zureden endlich Hr. Krug wieder mit ihm.« (Grenser, 1802) ◆ »*Den* 3. Nov*ember* starb der 2te Contrabassist Hr. C. G. Krug im 48. Jahre seines Lebens. Er war unverheyrathet. Zum Begräbnis Krugs wurden d*en* 4. Nov*ember* 5 Rthl. ausgezahlt. Die erledigte Baßstelle erhielt Hr. [→ J. G.] Temmler.« (Grenser, 1813) Im Leichenbuch heißt es: »Eine ledige Mannsperson 48 *Jahre* Hr Carl Gottlob Krug, Academicus auf der Quergasse s*tarb* 4. Nov*ember* früh ¾ 10.«
LITERATUR: Dörffel Nr. 49; Erler; Grenser. QUELLEN: PfA Auligk-Gatzen-Michelwitz: KB Auligk; StadtAL: Leichenbücher/Leichenschreiberei.

1802

|130 Barth, Wilhelm Leberecht
Klarinette, Violine
*10. Mai 1775 in Grimma,
† 22. August 1849 ◆ Vater von → K. Tr. Barth
Mitglied vom 1. August 1802 bis 15. September 1835 ◆
Mitglied des Orchester-Pensionsfonds
1. Klarinettist für → Eissert, ab 1829 2. Geiger

Er war Schüler seines Vaters, dem Grimmaer Stadtmusikus Gotthelf Wilhelm Barth. »Im November ließen sich hören: Hr. Barth, Klarinettist aus der fürst*lich* Dessauischen Kapelle, wurde engagirt in Leipzig« (Grenser, 1802); »Michaeli: Die Besetzung im großen Conzerte ist folgende … Clarinetten: Barth u*nd* [→ J. G.] Berger …« (Grenser, 1803) Er bewarb sich 1813 erfolglos um die ausgeschriebene Stelle des Geraer Stadtmusikus[33], 1814 wurde er Stadtmusikus in Leipzig für den verstorbenen → G. A. I. Maurer. »An die erledigte Second Violinstelle [→ J. Fr. Chr. Kühns] geht Hr. Stadtmusikus Barth, bisher 1ster Klarinettist.« (Grenser, 1829) »d*en* 5. Aug*ust* [1833] gingen auf einmal 9 Gehülfen des Stadtmusikus Barth ab, mit dem Versprechen ihn noch 8 Tage zu unterstützen, worauf sie sich der alten Gesellschaft Musiker auf dem Posthörnchen anschlossen, die mehrere Mitglieder an eine Gesellschaft verloren hatten, die die Conzerte bey dem Schweitzerbäcker Kintschy im Rosenthäler Schweitzerhüttchen spielt. Die 9 abgegangenen Gehülfen des Stadtmusikus heißen: Schiefer, Gebler, May, Kunze, Leichsenring, Jäger, Wunderlich jun., Burg, Faulmann. Die 2 dem Stadtmusikus treugebliebenen Gehülfen heißen Frach u*nd* Wilke. Die neuvereinigte (Posthorn) Gesellschaft hat dem Stadtmusikus den Verdienst im *großen* Kuchengarten weggenommen; sie spielten auch d*en* 24. Aug*ust*. Da der neue große Saal im neuen Schießhause gehoben und gerichtet, ward der Schmauß u*nd* Tanz der Zimmerleute u*nd* Maurer, ihnen von der Schützengesellschaft noch im alten Schießhause gegeben. Der Rath [der Stadt] hat der neuen vereinigten Gesellschaft aufgegeben, auch 4 Wochen lang das Abblasen vom Rathhausthurme zu versehen. Der Stadtmusikus hat nun zwar sich schnell wieder Gehülfen aus der Ferne verschrieben, ehe dies neue Stadtpfeiferkorps sich gut einspielt und im Ruhm mit der vereinigten

---

33 Die Stelle erhielt C. Wilhelm Lindner, ein älterer Bruder von → A. Lindner.

Gesellschaft wetteifern kann, wird noch mancher Ort, wo der Stadtmusikus Verdienst fand, von ihm abspringen.« (Grenser, 1833) Der Rechtsstreit, welcher durch die damit verletzten Privilegien des Stadtmusikchores entstand, wurde erst 1836 geschlichtet, indem → C. Tr. Queisser dieses neue »Vereinigte Musikchor« pro forma wieder der Oberleitung Barths unterstellte und dessen Gehilfe wurde. »den 13. May erschien in der Zeitung folgende Bekanntmachung. ›Ergebenste Bekanntmachung. Die zeither wegen der musikalischen Leistungen in hiesiger Stadt zwischen Unterzeichneten statt gehabten Differenzen sind durch freundschaftliche Auseinandersetzung ausgeglichen und beide Musikchöre mit Genehmigung der hohen Behörden in ein gemeinschaftliches Musikchor vereinigt worden. Wir halten es für unsre besondere Pflicht das verehrte Publikum Leipzigs hiervon in Kenntniß zu setzen u*nd* dasselbe um sein ferneres uns so werthes Wohlwollen ergebenst zu bitten, indem wir zugleich versprechen, Letzteres durch Fleiß in der Ausführung u*nd* durch zeitgemäße Wahl der uns und unserm Musikchore übertragenen musikalischen Leistungen zu erhalten u*nd* zu verdienen bemüht zu sein. Bestellungen werden bei den ergebenst Unterzeichneten gleichmäßig angenommen. W. L. Barth. C. Queißer.‹« (Grenser, 1836) ◆ Sein jüngerer Bruder Friedrich August Barth übernahm 1814 das Amt des Sadtmusikus in Grimma vom Vater. Der 1813 geborene Sohn von W. L. Barth, Friedrich August Wilhelm Barth, wurde 1837 Musikdirektor des Leibinfanterieregiments in Dresden und 1839 Stadtmusikdirektor in Glauchau.
Türmer der Nikolaikirche von 1810 bis 1813 (im ersten Jahr als Substitut von → J. Chr. Leibnitz); Stadtmusikus von 1813 bis zu seinem Tod; seine Schüler/Gesellen waren: → Chr. G. Belcke, → Fr. A. Belcke, → W. L. Börner, → J. G. Burckhardt, → J. G. Burgk, → Fr. A. S. Gebler, → Fr. A. Grenser, → Fr. A. F. Heinze, → H. Tr. Hesse, → C. W. v. Inten, → J. G. Jäger, → H. G. Kunze, → E. J. Leichsenring, → Leine, → Lorenz, → Fr. A. Mai, → A. W. Mejo, → C. H. Meyer, → J. J. Fr. Peglow, → H. G. Portig, → C. Tr. Queisser, → J. G. Queisser, → G. W. Richter, → Rothe, → C. H. Rückner, → Chr. Schlotter, → J. F. Schiefer, → C. G. Steglich, → W. Fr. Wieprecht, → J. R. Wunderlich und → J. G. Zehrfeld.
LITERATUR: Dörffel Nr. 50; Grenser; Hempel; H. Engel: Musik in Thüringen. QUELLEN: PfA Grimma: TfR.

|131 Riem, Friedrich Wilhelm
Violoncello
*17. Dezember 1779 in Kölleda,
† 20. April 1857 in Bremen
Mitglied von 1802 bis 1803
Cellist im Theater, später auch im Konzert

Der Sohn des »Curis consultus« (Blum) Friedrich Ernst Riem und dessen Ehefrau Sophie Regine, geb. Schartau, wuchs nach dem Tod des Vaters zunächst bei den Großelten mütterlicherseits in Beichlingen auf, dann beim Großvater väterlicherseits in Zwätzen bei Jena. Dort erhielt er siebenjährig den ersten Klavierunterricht und trat bereits elfjährig in einem »Academischen Concert« in Jena auf. Nach dem Tod seiner Mutter kam er nach Leipzig und war Thomasalumne von Mai 1796 bis 11. April 1799. Er studierte dann an der Leipziger Universität Theologie, später Jura, immatrikuliert am 11. April 1799. Am 22. Dezember 1802 »hatte im Theater nach dem ersten Acte der Violonzellist Riem nach einem Wortwechsel dem Contrabassisten [→ C. G.] Krug eine Ohrfeige gegeben. Der Bürgermeister *Herr* Hofra*t* Dr. Einert entschied den anderen Tag Riems Entlassung aus dem Orchester wenn *Herr* Krug unversöhnlich bliebe. Da H*err* Riem seine unvorsichtige Hitze beklagte, so versöhnte sich, nach mehrtägigem Zureden endlich H*err* Krug wieder mit ihm« (Grenser, 1802); »Michaeli: Die Besetzung im großen Concerte ist folgende ... Violonzellos: [→ J. G. H.] Voigt, [→ C. W.] Möller und Riem ...« (Grenser, 1803) In dieser Zeit gewann er den aus Bremen stammenden Verleger Göschen zum Mäzen und unterrichtete dessen Sohn. ◆ 1810/11 war er Klaviersolist in Abonnementskonzerten und errichtete »neben der Schichtischen [→ J. G. Schicht], auch eine Singakademie« (Grenser, 1811); »Riem geht von Leipzig nach Bremen; er übergibt seine Singakademie an [→ J. Ph. Chr.] Schulz, und seine Klavierschüler an Annacker. Seine Schüler beschenkten ihn bey seinem Abgange v*on* hier mit einem silbernen Pokal.« (Grenser, 1813) Er wurde Domorganist in Bremen, wo er zusammen mit Johann Christian Leberecht Grabau, dem Vater von → J. A. Grabau, eine entscheidende Rolle bei der Entwicklung des Musikwesens spielte. 1832 wurde er städtischer Musikdirektor in Bremen, 1856 Ehrendoktor der Leipziger Universität.

WERKE: Klavierwerke (die Klaviersonaten op. 1 u. op. 2 sind Beethoven gewidmet, der diese Widmung annahm); Kammermusik; Orgelwerke; Lieder. LITERATUR: Nösselt; Grenser; MGG I; K. Blum: Musikfreunde und Musici. QUELLEN: Archiv Thomasalumnat: Album Alumnorum Scholae Thomanae Lipsiensis.

|132 Fleischmann, Christian Traugott
Flöte
* 16. März 1776 in Neustadt/Orla,
† 6. Januar 1813 in Leipzig
Mitglied von 1802 bis zu seinem Tod
2. Flötist im Konzert für → G. H. Köhler

Der Sohn von Johann Gottlob Fleischmann, »Organista et Collega quint*us* der Schule alhier« (Taufeintrag), war Thomasalumne ab 11. Mai 1791 und studierte dann an der Leipziger Universität, immatrikuliert am 28. März 1799. ◆ »... starb an einem hitzigen Nervenfieber« (Index disciplinorum); »d*en* 6. Jan*uar* starb der Thomasorganist u*nd* 2te Flötist des Conzertorchesters Hr. Fleischmann, alt 37 Jahr. Die Wittwe erhielt 2 Rthl. 16 Gr. Krankengeld u*nd* 5 Rthl. zum Begräbnisse, und vom Feb*ruar* an die jährliche Pension von 12 Rthl.« (Grenser, 1813) ◆ Seine älteren Brüder waren Johann Gottlob (~ 15. September 1768), Thomasalumne ab 1783, Student an der Leipziger Universität ab 1791 und Johann Christoph (* 17. April 1772), der spätere Dom- und Stadtkantor in Meißen.
Organist der Peterskirche von 1804 bis 1811 für → A. H. Müller; Organist der Thomaskirche von 1811 bis zu seinem Tod für → J. G. H. Voigt.

LITERATUR: Dörffel Nr. 222; Erler; Hempel. QUELLEN: Archiv Thomasalumnat: Album Alumnorum Scholae Thomanae Lipsiensis - Index disciplinorum Scholae Thomanae 1767–1841; PfA Neustadt/Orla: KB; StadtAL: Leichenbücher/Leichenschreiberei.

1803

|133 Temmler, Johann Gottlieb
Kontrabass
* 27. Oktober 1782 in Grimma,
† 3. Juni 1855
Mitglied von Michaelis 1803 bis 21. Oktober 1814 und vom 1. August 1817 bis 1. Mai 1850; »pausierte einige Jahre« (Dörffel) ◆ Am 7. November 1813 Aufnahme in den Orchester-Pensionsfonds
3. Kontrabassist im Konzert für → J. G. Schwips, ab Ostern 1810 2. Kontrabassist in der Kirche, ab November 1813 auch im Theater, ab 1. März 1819 Erster Kontrabassist

Er war Schüler des Grimmaer Stadtmusikus Gotthelf Wilhelm Barth[34], später Geselle des Leipziger Stadtmusikus → G. A. I. Maurer. 1813 bewarb er sich erfolglos um die Nachfolge seines ehemaligen Grimmaer Lehrers. In dem Empfehlungsschreiben von Musikdirektor → J. Ph. Chr. Schulz heißt es: »Herr Johann. Gottlieb. Temler aus Grimma, hat seit 1803, die Stelle eines Contraviolonisten im hiesigen großen Concerte, mit der rühmlichsten Pünktlichkeit und gewissenhaftesten Treue, verbunden mit der unterhaftesten und liebenswürdigsten Bescheidenheit, bekleidet. Außer diesen, in unseren Tagen immer seltner werdenden sittlichen Vorzügen, zeichnet er sich noch insbesondere durch vollkommene, gute praktische Kenntnisse der Musik vor vielen andern zu seinem Vortheile aus. Namentlich besitzt er eine nicht gewöhnliche Fertigkeit auf dem Violon, der Baß-Posaune und dem Serpent, – und versteht überdies noch mehrere Saiten- und Blaßinstrumente meisterlich zu behandeln, so daß er das Amt eines Stadtmusikers mit guter Ehre auszufüllen im Stande ist.« (zit. nach Wolschke) ◆ »d*en* 1. März erhielt der 1ste Contrabassist Hr. Temmler die durch [→ C. G. W.] Wachs Tod erledigte Kirchengeigerstelle[35], worauf er durch ein schriftliches Versprechen des Magistrats im Jahre 1829, als die Weimarsche Kapelle Temmlern zu gewinnen suchte, Anwartschaft hatte.« (Grenser, 1833)
Fiskal des Orchester-Pensionsfonds von 1836 bis 1846 für → C. G. Fischer.

LITERATUR: Dörffel Nr. 68; Grenser; Nösselt; M. Wolschke: Von der Stadtpfeiferei zur Lehrlingskapelle und Sinfonieorchester.

|134 Matthäi, Heinrich August
Violine
* 31. Oktober 1781 in Dresden,
† 4. November 1835 in Leipzig
Mitglied von Ende 1803 bis zu seinem Tod; auch bei der Kirchenmusik angestellt ◆ 1805 Aufnahme in den Orchester-Pensionsfonds
1. Geiger, ab 1816 Konzertmeister (im ersten Jahr vertretungsweise für → B. Campagnoli)

Er ist der Sohn von Gottlob Heinrich Matthäi, »Friseur« (Taufeintrag), und dessen Ehefrau Johanna Christiana, geb. Köhler. Als seine Taufpaten werden u. a. der »Churfürstl*iche* Müntz Graveur« Johann Friedrich Stieler und der »Churfürstl*iche* Opernschneider« Johann Ehrenfr. Graf genannt. Er trat am 1. Dezember 1803 als Solist im Abonnementskonzert auf »und wurde sogleich als Orchestermitglied angenommen und ihm eine Kirchengeigerstelle[36] übertragen.« (Grenser, 1804) Er studierte auf Initiative und Kosten der Gewandhaus-Konzertdirektion von 1804 bis 1805 bei Rudolphe Kreutzer in Paris: »Einige würdige Freunde der Musik unterstützten ihn bald mit einem zureichenden Kapitale zu einer Reise nach Paris, um sich bey dem großen Geiger Kreutzer zu vervollkommen, wohin Mathäi im May schon abreißte.« (Grenser, 1804) »Michaeli. Hr. Mathäi wird Conzertmeister beym großen Conzert; auch wird ihm durch Hrn. Oberstadtschrei-

---

34 Vater von → W. L. Barth.

35 Als Kirchengeiger wurden die zusätzlich für die Kirchenmusik engagierten Musiker bezeichnet, unabhängig vom gespielten Instrument.

36 Dsgl.

Heinrich August Matthäi, Pastell, um 1830

ber Werner von seiten des Raths die Vorspielerstelle bey der Kirchenmusik beyder Hauptkirchen übertragen.« (Grenser, 1817) ♦ Mit → C. G. W. Wach und → J. J. Fr. Dotzauer gehörte er zu den ersten Mitgliedern des Orchesters, die im Zusammenhang mit der Neuordnung der Ratsmusik laut Beschluß der Ratsversammlung vom 5. Oktober 1805 neben den Stadtpfeifern und Kunstgeigern, die nun dem Stadtmusikus unterstanden, auch bei der Kirchenmusik angestellt waren.
Erster Primarius des 1808 gegründeten Gewandhaus-Quartetts ♦ Lehrer von → Fr. E. Fesca, → W. Gährig → M. G. Klengel, → C. J. Chr. Kloß, → C. Tr. Queisser und → W. C. Uhlrich.
WERKE: 4 Konzerte u. Fantasie f. Vl. u. Orch.; 2 Streichquartette; Variationen f. Vl. u. Streichquartett; Duette f. 2 Vl.; einige ein- und mehrstimmige Gesänge. LITERATUR: Dörffel Nr. 53; Gerber II; Allgemeine Deutsche Biographie; Neuer Nekrolog der Deutschen. QUELLEN: Kirchenbuchamt Dresden: TfR Annenkirche.

|135 Klemm,
Violine
Mitglied von 1803 bis 1808
Geiger im Konzert

»Zu Michaeli ist das große Conzert folgendergestalt besetzt … 2te Violine: Mag. [→ J. Fr. Chr.] Kühn, [→ J. M.] Poley, Klemm …« (Grenser, 1808)
Möglicherweise handelt es sich um: Georg Israel Klemm, * 30. April 1784 in Weigmannsdorf/Erzgebirge. Der Sohn des Ölmüllers Johann George Klemm und dessen Ehefrau Johanna Christiana, geb. Kunze, war ab 1797 Schüler am Freiberger Gymnasium, wo u. a. → J. Chr. Kessel sein Lehrer war. Am 8. Februar 1798 wurde er Thomasalumne und studierte dann an der Leipziger Universität, immatrikuliert am 13. April 1803.
LITERATUR: Dörffel Nr. 223; Erler; Grenser. QUELLEN: Archiv Thomasalumnat: Index disciplinorum Scholae Thomanae 1767-1841; Gymnasium Freiberg: Andreas-Möller-Bibliothek, Matrikel des Freiberger Gymnasiums; PfA Lichtenberg: KB Weigmannsdorf.

|136 Schwips, Johann Gottlob
Kontrabass
* 11. März 1777 in Calbitz bei Oschatz
1803 erwähnt, als Thomasschüler bereits 1793
als Posaunist beschäftigt
Kontrabassist im Konzert

Der Sohn eines Bauern war Thomasalumne ab 12. Mai 1792 und wird als solcher schon 1793 als Posaunist erwähnt: »den 25. Jan*uar* wurde ›Die Zauberflöte‹ Oper von Mozart zum erstenmale aufgeführt. Die 3 Thomasschüler Graun, Schwips u*nd* Carl Gtlob Müller blasen die Posaunen.« (Grenser, 1793) »Michaeli: Die Besetzung im großen Conzerte ist folgende … Contrabässe: [→ C. G. W.] Wach, [→ C. G.] Krug u*nd* ein Student Schwips.« (Grenser, 1803) Er studierte an der Leipziger Universität, immatrikuliert am 18. April 1800, und disputierte am 22. Februar 1803 öffentlich über *Theses iuris controversi*. ♦ Im Trauregister von Calbitz wird er 1808 als »Vice-Actuarius beim Königl*ich* Sächs*ischen* Wohllöbl*ichen* Amte Weißenfels« bezeichnet.
LITERATUR: Nösselt; Erler; Grenser; Schering; Leipziger gelehrtes Tagebuch. 1803. QUELLEN: Archiv Thomasalumnat: Album Alumnorum Scholae Lipsiensis; PfA Malkwitz-Calbitz: KB Calbitz.

|137 Richter,
Oboe
1803 erwähnt
2. Oboist im Konzert

»Michaeli: Die Besetzung im großen Conzerte ist folgende … Oboen Maurer und der Student theol*ogiae* Richter … (im Theater blies [→ J. G.] Schäfer Hoboe) …« (Grenser, 1803)
LITERATUR: Nösselt; Grenser.

|138 Förster,
Fagott
1803 erwähnt
2. Fagottist im Konzert

»Michaeli: Die Besetzung im großen Conzerte ist folgende … Fagotten: [→ J. E.] Fuchs, [Auslassung im Original] u*nd* der Kaufmann Förster …« (Grenser, 1803)
LITERATUR: Nösselt; Grenser.

|139 Müller, Gottlieb Benjamin
Pauke
* 13. August 1782 in Eilenburg ♦ Bruder von
→ C. G. Müller und → Chr. G. Müller
Mitglied von 1803 bis 1812, als Thomasschüler bereits
ab 1796 (Grenser), ab 1799 (Dörffel) beschäftigt
Pauker im Konzert

Der Sohn von Johann Christoph Müller, »Organist an der Bergkirche allhier« (Taufeintrag), und dessen Ehefrau Christiana Charlotta, studierte an der Leipziger Universität, immatrikuliert am 9. April 1803. »Nach dem

Uebertritt des Hrn. Carl Gtlob Müller von den Pauken zum Contrabasse wird dessen Bruder Benjamin Müller als Pauker im großen Conzert und bey den Kirchenmusiken angestellt.« (Grenser, 1796) »Michaeli: Die Besetzung im großen Conzerte ist folgende ... Pauken: Benjamin Müller. (Dieser Müller wurde späterhin Conrector in Leisnig).« (Grenser, 1803) ♦ »Benjamin Müller geht von Leipzig ab. An dessen Stelle im großen Conzert als Pauker wird dessen Bruder Gotthold Müller angestellt.« (Grenser, 1812) Er wurde 1812 »Mädchenlehrer Substitut und Successor an des verstorbenen Organisten Werner Stelle« (Calender) in Leisnig. 1814 trat er der dortigen Cantorei-Gesellschaft bei und wirkte noch Ende der zwanziger Jahre bei der Kirchenmusik mit: »... das Waldhorn und Pauken besorgte der Oberlehrer Müller.« (Müller)

LITERATUR: Dörffel Nr. 219; Erler; Grenser; Calender für die evangelischen Geistlichen, Schullehrer und Kirchendiener im Königreiche Sachsen. 1818; M. Müller: Festschrift zum Gedächtniß des 300jährigen Bestehens der Cantorei zu Leisnig. QUELLEN: Kreiskirchenarchiv Delitzsch: TfR Bergkirche Eilenburg.

|140 Sattlow, Friedrich Erdmann
Ohne weitere Angaben als Orchestermitglied erwähnt[37] (Nösselt)
* 5. Januar 1781 in Oelsnitz/Vogtland

Der Sohn von Joseph Benjamin Sattlo, »Bürger, Zeug- Lein- und Wollenweber« (Taufeintrag), und Auguste Sophie, geb. Schweinitz, war Thomasalumne ab 16. März 1795 und studierte dann an der Leipziger Universität, immatrikuliert am 9. April 1803.

LITERATUR: Nösselt. QUELLEN: Archiv Thomasalumnat: Album Alumnorum Scholae Lipsiensis – Index disciplinorum Scholae Thomanae 1767–1841; PfA Oelsnitz/V.: TfR.

1804

|141 Herr [Herr sen.], Christian Gottlieb
Horn, Trompete
* 2. März 1777 in Lohmen bei Pirna,
† 18. September 1860 in Leipzig ♦
Bruder von → C. Chr. Herr
Mitglied vom 19. Oktober 1804 bis 15. März 1837;
auch bei der Kirchenmusik angestellt ♦ Mitglied des
Orchester-Pensionsfonds
2. Hornist, auch als Trompeter erwähnt,
ab 1805 im Konzert

Er ist der Sohn von Johann Christoph Herr, »Häusler und Schneider zu Oberlohmen« (Taufeintrag), und dessen Ehefrau Anna Rosina, geb. Müller. Bei seiner Heirat wurde er bezeichnet als »Musikinstrumentalist auf der Kirche zu St. Thomas in Leipzig« (Aufgebotseintrag, Lohmen 1805). 1813 »ging Hr. Herr jun. ab. Hr. Herr sen. ging nun wieder von der Trompete zum Waldhorn ...« (Grenser, Juni 1813) Kassierer des Orchester-Pensionsfonds vom 30. Juni 1829 bis 17. September 1855 für → J. Fr. Chr. Kühn ♦ 1805 Türmer der Nikolaikirche als Substitut für → J. Chr. Leibnitz; Türmer der Thomaskirche von 1805 bis 1824 für → H. Helm.

LITERATUR: Dörffel Nr. 52; AB 1800–1805; Hempel. QUELLEN: PfA Lohmen: TfB ◊ TrB; StadtAL: Tit. VII B 147, Vol. II, Bl. 153.

---

[37] Er wird an dieser Stelle genannt, wegen der 1803 erfolgten Immatrikulation an der Leipziger Universität.

|142 Mühling, Heinrich Leberecht August
Violine
* 26. September 1786 in Raguhn,
† 3. Februar 1847 in Magdeburg
Mitglied von 1804 bis 1808
Geiger im Konzert

Er ist der Sohn von August Friedrich Christian Mühling, des »hiesigen Bürgers, auch Collaborator bey der Medicamenten-Expedition des Halleschen Waysenhauses« (Taufeintrag), und dessen Ehefrau Johanne Amalie, geb. Meese. Vom 2. September 1800 bis 1805 war er Thomasalumne; im Inskriptionseintrag wird der Vater als »Medicinae in Bernburg« (Album Alumnorum) bezeichnet. Er studierte dann an der Leipziger Universität, immatrikuliert am 17. April 1805. »Der Student Aug. Mühling zeichnet sich durch sein Talent für Gesang und Orchesterkompositionen, und als geschickter Klavier- und Violinspieler aus. Als Violinspieler trat er öffentlich im Leipziger Konzerte mit Beyfall auf.« (Grenser, 1808) ♦ Von Leipzig ging er nach Naumburg/S. und wurde 1809 in Nordhausen städtischer Musikdirektor, Nikolaiorganist, Gymnasialkantor und Musiklehrer an der Töchterschule. Nach erfolgloser Bewerbung um das Leipziger Thomaskantorat war er ab 1823 in Magdeburg Organist an der Ulrichskirche, Leiter der Logen- und Harmoniekonzerte und des königlichen Musiklehrer-Seminars, ab 1843 auch Domorganist.

WERKE: 2 Sinfonien; 2 Ouvertüren; Sonaten; Klavier- und Orgelstücke; Sammlungen von Gesängen, Kanons, Kinderliedern; Motetten; Vokalquartette (Magdeburger Liedertafel); Oratorien *Abadonna, David, Bonifacius, Die Leidensfeier Jesu*; Psalmen. LITERATUR: Dörffel Nr. 225; Bernsdorf; Erler; Grenser; Hempel; MGG I; Riemann. QUELLEN: Archiv Thomasalumnat: Album Alumnorum Scholae Lipsiensis; PfA Raguhn: TfR.

|143 Clauß, Carl August
Violine, Klarinette
* 24. März 1778 in Mildenau
Mitglied von 1804 bis 1811 ♦ Am 19. Oktober 1810
Aufnahme in den Orchester-Pensionsfonds
Geiger im Konzert, ab 1810 2. Klarinettist

Er ist der Sohn von Johann Andreas Clauß und dessen Ehefrau Johanna Sophia, geb. Schiefer. »Im Advent kam Hr. Claus als der erste Geselle den der Stadtmusik [→ G. A. I.] Maurer bey der neuen Einrichtung der Stadtmusik annahm, nach Leipzig« (Grenser, 1802); »Michaeli. Der nunmehrige zweite fest angenommene Clarinettist des Theaters Hr. Claus wird auch zweyter Clarinettist im großen Conzerte.« (Grenser, 1810) ♦ »Die vereinigte musikalische Gesellschaft gab ihrem Mitgliede Hrn. Clauss bey seinem Abgange von Leipzig nach Dresden, wo er Musikdirektor beym Leibgardebataillon wurde, einen Abschiedsschmauß. Auf dem ihm gewidmeten Gedichte, was bey Tische gesungen wurde, waren die übrigen Mitglieder der Gesellschaft aufgezeichnet, es waren folgende: [→ J. G.] Buchheim. Claraveaux. Förster. Gottwald. Gürgens [→ W. Jürgens]. [→ J. W.] Hartmann. [→ Fr. A. F.] Heinze. Herr. Hunger jun. Künscher. Markgraf. Meyer. [→ J. G.] Pfau. Ramberg. [→] Rathgeber. Rauchschindel. Sachse. Herr Schneider. [→] F. Schneider. Schuhbank [→ Schupang]. Sönnewald [→ J. A. Sennewald]. [→ J. Fr.] Striegel. Tiede. Wenk. [→ J. Chr.] Wunderlich. [→ C. H.] Zimmermann. Zöllner. - Hr. Clauss wurde auch zu Wagen von der Gesellschaft mit Trompetenmusik bis Wurzen begleitet.« (Grenser, 1811)

LITERATUR: Dörffel Nr. 58 u. 224; Grenser. QUELLEN: PfA Mildenau: TfR; StadtAL: Polizeimeldebücher Bleibende Einwohner.

|144 **Petrick, Johann Gottfried**
Violine
* 20. März 1781 in Muskau,
† 20. Januar 1826 in Muskau
1804 als Geiger im Theater erwähnt

Er war Schüler des Sorauer Stadtmusikus Theile, besuchte das dortige Gymnasium und studierte dann an der Leipziger Universität, immatrikuliert am 28. Mai 1802. »Auch in Leipzig trieb er mit vieler Vorliebe die Musik und verherrlichte, namentlich durch die Violine, welche er mit seltener Fertigkeit handhabte, manches genußreiche Conzert«, unternahm dann eine Reise nach Italien, die er im wesentlichen mit Musizieren finanzierte, »kehrte aber im Jahre 1807 nach Leipzig zurück und zwar mit dem Entschlusse, die Jurisprudenz aufzugeben und Theologie zu studieren.« (Otto) Er wurde 1810 Diakon in Schönberg[38] bei Görlitz und 1819 (Otto) oder 1820 (Nekrolog, Bronisch) Hofprediger in Muskau, wo seine Predigten Aufsehen erregten.

WERKE: Predigt zur Jubelfeier des Reformationsfestes 1817. Görlitz u. Lauban 1818.
LITERATUR: Nösselt; Erler; P. G. Bronisch: Geschichte der Kirche zu Schönberg; Neuer Nekrolog der Deutschen; G. F. Otto: Lexicon der seit dem fünfzehenden Jahrhunderte verstorbenen und jetzt lebenden Oberlausitzischen Schriftsteller und Künstler. QUELLEN: PfA Bad Muskau; TfR ◊ StR.

|145 **Siebeck, Carl Christian Heinrich**
Viola
* 31. August 1784 in Leipzig,
† 12. März 1846 in Zwickau ◆ Sohn von → J. H. Siebeck
Mitglied von 1804 bis Oktober 1814 ◆ 1811 Aufnahme in den Orchester-Pensionsfonds
Bratscher, ab 1811 Erster Bratscher für den verstorbenen → J. G. H. Voigt

Er war bereits Mitglied des Orchesters, als er 22jährig Schüler der Thomasschule wurde. Er studierte dann an der Leipziger Universität Theologie, immatrikuliert am 7. März 1807, und bestand 1812 in Dresden das Kandidaten-Examen. ◆ »Im October verließ der erste Bratschist Hr. Siebek Leipzig. Hr. [→] Maurer jun. wurde nun von der Violine zur ersten Bratsche versetzt, und die so erledigte Stelle bey der zweyten Violine dem Hrn. [→ C. J. Chr.] Kloss ertheilt.« (Grenser, 1814) Er wurde 1814 Hauslehrer bei dem Königlich Sächsischen Kammerherrn Freiherrn von Beust auf Thossfell und war von 1818 bis zu seiner Pensionierung 1833 Oberkantor der Marienkirche in Zwickau und Lehrer an der dortigen Schule. ◆ Sein jüngerer Bruder August David Heinrich Siebeck (*1786) war von 1812 bis 1841 Organist der Johanniskirche, dann der Peterskirche in Leipzig.

LITERATUR: Dörffel Nr. 59; Erler; Grenser; Vollhardt; F. G. W. Hertel: De codicibus bibliothecae zwiccaviensis. QUELLEN: KAL; TfR St. Thomas.

|146 **Wunderlich, Johann Christian**
Fagott, Pauke
* 1778 in Horburg[39],
† 14. April 1846 in Leipzig ◆ Vater von
→ J. R. Wunderlich und → O. Fr. Wunderlich
Mitglied zwischen 1804 und 1839

Fagottist im Konzert von 1804 bis 1809; 1816 und von 1832 bis 1839 als Pauker bei der Kirchenmusik nachweisbar

Die »Stadtpfeifergesellen [von → G. A. I. Maurer] hießen: Wunderlich, [→ C. A.] Claus, Grübler, Herr jun. [→ C. Chr. Herr], [→ C. H.] Meyer (der Componist), [→] Schupang …« (Grenser, 1806); »Bei der Musik beyder Hauptkirchen waren angestellt … Pauken: Wunderlich …« (Grenser, 1816) ◆ Im Polizeimeldebuch als »Schutzverwandter und Musicus« bezeichnet.

LITERATUR: Dörffel Nr. 226; Grenser. QUELLEN: KAL; StadtAL: Polizeimeldebücher Bleibende Einwohner, Tit. VII B 147, Vol I, Bl 44 ◊ Tit. LXII S 92.

1805

|147 **Lange, Carl August**
Violine, Viola
* 1789 in Leipzig[40], † 6. Oktober 1865 in Leipzig
Mitglied von 1805 bis 1. Mai 1850; auch bei der Kirchenmusik angestellt (ab 1818 nachweisbar) ◆ Anfang Februar 1810 Aufnahme in den Orchester-Pensionsfonds
1. Geiger, von Februar 1816 bis 1817 Erster Bratscher für → J. Chr. G. Starke, ab 1817 Stimmführer der 2. Violinen für → J. Fr. Chr. Kühn

Der Sohn von Johann Elias Lange, »Academicus aus Görlitz« (Polizeimeldebuch), und dessen Ehefrau Elisa trat bereits 1799 als Solist im Gewandhaus auf und wurde deshalb am 27. März 1849 in einem »Festkonzert privaten Characters« als Jubilar gefeiert.
Mitglied des Gewandhaus-Quartetts, für den Winter 1812/13 als Bratscher genannt, ab 1816 als 2. Geiger für → B. Campagnoli.

LITERATUR: Dörffel Nr. 57. QUELLEN: StadtAL: Polizeimeldebücher Bleibende Einwohner.

|148 **Fesca, Friedrich Ernst**
Violine
* 15. Februar 1789 in Magdeburg,
† 24. Mai 1826 in Karlsruhe
Mitglied von 1805 bis 1806
Geiger im Konzert[41]

Er ist der Sohn von Johann Peter August Fesca, Obersekretär beim Magistrat der Stadt Magdeburg, und dessen Ehefrau Marianne, geb. Podleska. Seine Mutter war Schülerin von → J. A. Hiller, Sängerin im Gewandhauskonzert 1781/82 und später Kammersängerin am Hofe des Herzogs von Kurland Peter von Biron. Neunjährig erhielt er den ersten Geigenunterricht in Magdeburg, weiteren musikalischen Unterricht nahm er bei → Fr. A. Pitterlin. In Leipzig wurde → H. A. Matthäi sein Lehrer, außerdem nahm er hier Kompositionsunterricht bei → A. E. Müller. »Im Juni kommt Friedrich Ernst Fesca nach Leipzig, um seine musikalischen Studien unter Anleitung des Kantors und Musikdirektors Aug. Eberh. Müllers fortzusetzen. Zu Michaeli dieses Jahrs spielte Feska im Gewandhauskonzerte ein

---

38 Heute Sulikow (Polen).

39 Angabe nach den Polizeimeldebüchern; in den Kirchenbüchern von Horburg und Hohburg findet sich kein Eintrag.

40 Angabe nach den Polizeimeldebüchern; in den Kirchenbüchern von Leipzig ist nur die Geburt von zwei Geschwistern nachweisbar.

41 Nösselt nennt ihn als Vorspieler der 1. Violinen, Dörffel erwähnt ihn nur als Solist, nicht als Orchestermitglied.

selbstkomponirtes Violinkonzert mit Beifall, als 17½jähriger Jüngling. Durch Matthäi bekam Feska weitere Ausbildung auf der Violine.« (Grenser, 1805) ♦ Er ging als Konzertmeister zum Herzog von Oldenburg, »der ihn bey seiner Anwesenheit in Leipzig im Januar in einem Concerte gehört hatte« (Grenser, 1806) und 1808 nach Kassel. Nach dem Sturz Napoleons lebte er in Wien, bevor er 1814 Mitglied und 1815 Konzertmeister der Karlsruher Hofkapelle wurde.

WERKE: 2 Opern; 3 Sinfonien; 4 Ouvertüren, 5 Quintette; 20 Quartette; Kirchenmusik. LITERATUR: Nösselt; Grenser; MGG I; F. Rochlitz: Für Freunde der Tonkunst.

|149 Dotzauer, Justus Johann Friedrich
Violoncello
* 20. Januar 1783 in Häselrieth bei Hildburghausen,
† 6. März 1860 in Dresden
Mitglied von 1805 bis März 1811 ♦ Mitglied des Orchester-Pensionsfonds
Erster Cellist für → J. G. H. Voigt,
der Erster Bratscher wurde

Der Enkel des Hildburghäuser Orgelbauers Johann Christian Dotzauer und der dritte Sohn des Häselriether Pfarrers Justus Johann Georg Dotzauer wurde 16jährig Schüler von Johann Jacob Kriegk[42] in Meiningen. 1801 erhielt er eine Anstellung in Coburg[43], wo er bis 1805 Mitglied der Hofkapelle war. »Wird als zweiter Violonzellist im Theater, erster Violonzellist und Concertspieler im Concert und als Kirchengeiger[44] Justus Johann Friedrich Dotzauer angestellt. Im Theater behielt noch [→ C. W.] Möller die erste Stelle« (Grenser, 1805); »Dotzauer reißt nach Berlin um Berh. Rombergs Violonzellspiel zu hören und zu beobachten« (Grenser, 1806); »… Die Herren [→ H. A.] Matthäi, [→ B.] Campagnoli, [→ J. G. H.] Voigt und Dotzauer haben sich vereinigt in 12 Abenden die schönsten Quartetten vorzutragen. Sie führten deren auf von Mozart, Haydn, A. Romberg, B. Romberg, Dussek etc.« (Grenser, 1809) ♦ Er ging als 1. Cellist an die Hofkapelle Dresden, wo er bis 1850 wirkte. »Dotzauer folgt einem Rufe in die Königlich Sächsische Kapelle nach Dresden, im März« (Grenser, 1811); »den 18. März gab Hr. J. F. Dotzauer, bisher 1. Violoncellist unsres Conzert und Theater Orchesters und nun als 1. Violoncellist in die königliche Kapelle nach Dresden berufen, sein Abschieds Conzert Sinfonie von Dotzauer. Violoncello Conzert D-dur von Romberg …« (Grenser, 1811) ♦ Er gehörte neben → H. A. Matthäi und → C. G. W. Wach zu den ersten Mitgliedern des Orchesters, die im Zusammenhang mit der Neuordnung der Ratsmusik laut Beschluß der Ratsversammlung vom 5. Oktober 1805 neben den Stadtpfeifern und Kunstgeigern, die nun dem Stadtmusikus unterstanden, auch bei der Kirchenmusik angestellt waren. ♦ Sein Onkel Elias Friedrich Dotzauer war zeitweilig in Wien Kapellmeister der Privatkapelle des Hildburghäuser Prinzen Joseph Maria Friedrich Hollandinus, später Organist in Heldburg und Schulmeister in Hildburghausen. Seine älteren Brüder waren Justus Ernst Friedrich Ludwig Dotzauer (ab 1796 Student an der Leipziger Universität, ab 1806 Diakon in Sonnefeld) und Justus Carl Friedrich Dotzauer (ab 1818 Hoforganist in Hildburghausen). Sein Sohn Justus Bernhard Friedrich war Pianist und lebte zuletzt als Lehrer in Hamburg, sein Sohn Karl Ludwig war Cellist in der Kasseler Hofkapelle.

---
42 Schüler von Jean Louis Duport in Paris.
43 Angabe nach Ullrich, laut MGG I war er in dieser Zeit in Meiningen engagiert, aber auch Mühlfeld erwähnt ihn dort nicht.
44 Als Kirchengeiger wurden die zusätzlich für die Kirchenmusik engagierten Musiker bezeichnet, unabhängig vom gespielten Instrument.

Erster Cellist des 1808 gegründeten Gewandhaus-Quartetts ♦ Lehrer von → C. L. Voigt.

WERKE: 1 Oper; Sinfonien; 9 Konzerte; 3 Konzertinos; 2 Sonaten mit Baß; Variationen; Divertissements; Potpourris; Duette; 1 Messe, Kammermusik; umfangreiche Studienliteratur, die teilweise heute noch Anwendung findet. LITERATUR: Dörffel Nr. 54; Grenser; MGG I; C. Mühlfeld: Die Herzogliche Hofkapelle in Meiningen; I. Ullrich: Hildburghäuser Musiker; W. J. v. Wasielewski: Das Violoncell und seine Geschichte.

1807

|150 Schmiedichen [Schmiediger, Schmiedigen], Christian
Violine
* 1775, † 24. April 1812 in Wien
1807 erwähnt
Geiger

Er kam von der Hofkapelle Oldenburg nach Leipzig und trat am 15. Januar 1807 im Gewandhauskonzert auf: »Hr. Schmiedigen, Oldenburgischer Kammermusikus jetzt Mitglied unseres Orchesters, spielte ein Violinkonzert von Grasset.« (Grenser, 1807) ♦ »Im May ging der Violinist Schmiediger vom Leipziger Concert Orchester wieder ab« (Grenser, 1807); »Hr. Schmiedigen, früher Oldenburgscher Kammermusiker, jetzt etwa ein Jahr lang Orchestermitglied[45] in Leipzig gewesen, gab ein Benefizkonzert [20. Oktober 1807], worauf er Leipzig verließ um sich nach Prag und Wien zu begeben.« (Grenser, 1807)

WERKE: »Variations pour Violine. à Leipsic 1807« (Meusel). LITERATUR: Nösselt; Dörffel; Eitner; Grenser; J. G. Meusel: Teutsches Künstlerlexikon.

|151 Hartmann, Johann Wilhelm
Fagott, Klarinette
* 22. März 1781 in Schafstädt,
† 17. Februar 1837 in Leipzig
Mitglied von 1807 bis 15. September 1835; auch bei der Kirchenmusik angestellt ♦ Am 26. Dezember 1809 Aufnahme in den Orchester-Pensionsfonds
2. Klarinettist im Konzert für → J. G. Berger, von 1809 bis Juli 1829 1. Fagottist für → J. E. Fuchs, danach 2. Fagottist für → J. J. Fr. Peglow, der Kontrabassist wurde

Er ist der Sohn von Johann Gotthardt Hartmann, »Feldtpharrer unter des Herrn Rittmeister von Opels Companie« (Taufeintrag), und dessen Ehefrau Joh. Marie Sophie, geb. Fink. »… kommt Hartmann als Stadtpfeifergeselle zu [→ G. A. I.] Maurern« (Grenser, 1806); »den 26. December … Von jetzt an blies Hr. Hartmann Stadtpfeifergeselle [von → G. A. I. Maurer] für den Fagottisten Hrn. [→ C. G.] Buchenthal der altersschwach wurde, als Substitut den 2ten Fagott.« (Grenser, 1809) ♦ »Ostern wurde Hr. Joh. Gottl. Buchenthal in Pension gesetzt. Hr. Hartmann wurde nun fest an dessen Fagottstelle angenommen.« (Grenser, 1810)

Türmer der Nikolaikirche von 1813 bis zu seinem Tod für → W. L. Barth.

LITERATUR: Dörffel Nr. 55; Grenser. QUELLEN: PfA Schafstädt: KB; StadtAL: Leichenbücher/Leichenschreiberei.

---
45 Dörffel erwähnt ihn nur als Solist.

1808

|152 Küstner,
Violine
1808 erwähnt
1. Geiger im Konzert

»Zu Michaeli ist das große Conzert folgendergestalt besetzt … 1ste Violine … Küstner …« (Grenser, 1808)
Möglicherweise handelt es sich um: Karl Theodor Küstner, * 20. November 1784 in Leipzig, † 27. Oktober 1864 in Leipzig. Er ist der dritte Sohn von Johann Heinrich Küstner, Inhaber eines seit 1670 in Leipzig ansässigen Bankhauses und Mitglied der Gewandhaus-Konzertdirektion und Schwager von Jacob Bernhard Limburger, Mitglied der Gewandhaus-Konzertdirektion ab 1799. Karl Theodor war Thomasschüler bis 28. April 1803 und studierte dann an der Leipziger Universität, immatrikuliert am 10. Mai 1803. Er promovierte 1810 in Göttingen und war von 1817 bis 1828 der erste Pächter des nunmehrigen Leipziger Stadttheaters. In seine Zeit als Theaterdirektor fallen die Engagements der Kapellmeister → Fr. Schneider und → H. A. Präger. 1830 war er Geheimer Hofrat und Direktor des Hoftheaters in Darmstadt, von 1833 bis 1842 Intendant des Hoftheaters in München; während dieser Zeit von Ludwig I. geadelt. Von 1842 bis 1851 war er Generalintendant der königlichen Schauspiele in Berlin. Besondere Verdienste erwarb er sich bei den Verhandlungen zur 1846 erfolgten Gründung des Deutschen Bühnenvereins, deren erster Geschäftsführer er bis 1852 war.

WERKE: Dramatische Kleinigkeiten. 1815; Repertoire des Leipziger Stadttheaters unter der Direkzion des Hofrath Küstner. 1828; Rückblick auf das Leipziger Stadttheater. 1830; Trauerspiel *Die beiden Brüder*. 1833; Vierunddreißig Jahre meiner Theaterleitung in Leipzig, Darmstadt, München und Berlin. 1853; Taschen- und Handbuch der Theaterstatistik. 1855. LITERATUR: Nösselt; Grenser; F. Brümmer: Deutsches Dichterlexikon; Leipziger gelehrtes Tagebuch. 1803; F. Schulze: Hundert Jahre Leipziger Stadttheater.

|153 Starke, Johann Christian Gottlob
Violine, Viola, Violoncello
* 22. August 1773 in Molau,
† 26. März 1834 in Leipzig
Mitglied von 1808 bis Februar 1816 und von Dezember 1816 bis 1822 (Grenser), bis 1834 (Dörffel) ◆ Am 26. Oktober 1814 Aufnahme in den Orchester-Pensionsfonds, 1820 aus diesem »verabschiedet« (Dörffel)
Cellist im Konzert, von 1814 bis 1815 2. Geiger, dann Erster Bratscher für → Maurer jun., ab Dezember 1816 Cellist

Er ist der Sohn von Johann Philipp Starke, »Schulmeister allhier« (Taufeintrag), und dessen Ehefrau Maria Magdalena, geb. Bürger. Nachdem er die lateinische Stadtschule in Naumburg besucht hatte, wurde er am 29. Juli 1793 Schüler der Thomasschule und studierte dann an der Leipziger Universität, immatrikuliert am 9. November 1798. »Zu Michaeli ist das große Conzert folgendergestalt besetzt … Violonzellos: [→ J. J. Fr.] Dotzauer, [→ C. W.] Möller, Starke …« (Grenser, 1808); »den 26. October trat Hr. Starke als zweiter Violinist an Hrn. [→ A. A.] Bargiels Stelle, da letzterer freywillig vom Theaterorchester wieder abgegangen war, beym Conzertorchester jedoch noch blieb« (Grenser, 1814); »Hrn. Maurers Stelle bey der ersten Bratsche wurde vor der Hand mit dem 2ten Violinisten Hrn. Starke besetzt, und dafür wurde bey der Second Violine Hr. [→ Chr. A.] Cunze einstweilen als Substitut angestellt« (Grenser, 1815); »Zur Eröffnung der Jos. Secondaschen Oper im October wurde die 1ste Bratschenstelle an den Violinist [→ C. A.] Lange gegeben, Hr. Starke bekam wieder seinen Platz bey den Second Violinen angewiesen … Hr. Starke glaubte sich zurückgesetzt, als man ihn nicht bey der wichtigen 1sten Bratschenstelle ließ, und er ließ nun sogar deutliche Beweise von Verstandesverrücktheit merken; fast allemal beym Anfang einer Theatervorstellung oder eines Conzerts setzte er sich an die Bratschenstelle, von welcher er immer erst mit Güte und öfterer mit Ernst zur Violine gewiesen werden mußte« (Grenser, 1815); »Im Februar wurde Herr Starke wegen seines fortgesetzten unsinnigen Betragens sowohl von der Conzertdirektion durch Hrn. Stadthauptmann Limburger aus dem Conzertorchester, als auch von dem Theaterdirektor Hrn. Joseph Seconda aus dem Theaterorchester verwiesen, und seine Stelle wurde durch den Studiosus theologiae Hrn. [→ A. W.] Hünerfürst ersetzt« (Grenser, 1816); »den 13. December wurde Hr. Starke an des zweiten Violonzellisten Hrn. Möllers Stelle durch Herrn Stadthauptmann Limburger wieder angestellt. Hr. Möller, der alt und schwach geworden war bekam sein Honorar fort, bis auf 4 Gr. die er von jeder Probe an Hrn. Starken abtreten mußte. Hr. Starke bekam außerdem von Hrn. Seconda für jede Vorstellung 8 Gr.« (Grenser, 1816); »den 13. May mußte der 2te Violoncellist Hr. Starke in einer Conferenz des Instituts, an welcher die Theater- und die Conzertdirekzion Theil nahm, einen Revers ausstellen, sich an seinen Celloposten ruhig zu verhalten, oder sogleich die Orchester zu verlassen. Er hatte sich nämlich seit einiger Zeit wieder im Kopf gesetzt, ihm gehöre die erste Bratschenstelle, und verließ immer sein Cello und ergriff eine Bratsche, so daß er zu ärgerlichen Auftritten schon mehremalen Veranlassung gegeben hatte. Aber es half alles dies nichts, seine Thorheit nahm zu, so daß er den 30. Juny zur Kur ins Jacobsspital gebracht werden mußte« (Grenser, 1820); »den 28. Juli wurde Hr. Starke auf Bitten seiner Frau, aus dem Jacobsspital entlassen, worauf er nach Naumburg reißte. Er bekam während der Kur wöchentlich 1 Rthl. 12 Gr. Unterstützung, welche das Institut, das Conzertdirektorium, und der Theaterdirektor mit gleichen Antheilen bewilligte. Die Unterstützung dauerte bis Ende September. Nach wenig Tage Abwesenheit kam Starke von Naumburg wieder. Im Theaterorchester wurde er nicht wieder angestellt. Das Conzertdirektorium weißt ihn die letzte Stelle bey den Second Violinen an« (Grenser, 1820); »Hr. Starke wird zur vierten Bratsche gestellt, bekommt aber immerfort den Gehalt einer 1sten Stimme 1 Rthl. à Conzert. Die 4 Bratschisten waren also: [→ C. H.] Meyer, Stadtpfeifergesell Rohde, [→ J. G.] Schäfer und Starke. Hr. Starke war mit dieser Stellung nicht zufrieden, und seine Häkeleien wurden in der 9ten Conzertprobe so arg, daß er seinen Vormann Schäfer bey den Haren von seinem Platze verdrängen wollte. Nun wurde er von einem der Conzertdirektoren, dem Professor Hr. Amad. Wendt aus dem Orchester hinausgeschmissen.« (Grenser, 1822) ◆ »den 26. März starb Johann Gottlob Starcke, Organist der reformirten Gemeinde und Musiklehrer hier.« (Grenser, 1834) Im Leichenbuch heißt es: »Ein Mann 63 Jahre Hr. Johann Gottlieb Starke, aus Möhlau gebürtig Organist an hiesiger reformierter Kirche …«
Organist der Universitätskirche von 1812 bis 1817 für → Fr. Schneider; Organist der Reformierten Kirche von 1814 bis zu seinem Tod für → Fr. W. Riem.

LITERATUR: Dörffel Nr. 76; Erler; Grenser; P. Weinmeister: Beiträge zur Geschichte der evangelisch-reformierten Gemeinde zu Leipzig 1700–1900. QUELLEN: Archiv Thomasalumnat: Index disciplinorum Scholae Thomanae 1767–1841; PfA Frauenprießnitz: KB Molau; StadtAL: Leichenbücher/Leichenschreiberei.

|154 **Fuchs [Fuchs jun.], Christian Heinrich Leberecht**
Horn
* 18. Februar 1791 in Raguhn,
† 14. März 1849 in Dessau
Mitglied von 1808 (Nösselt), von 1809 (Dörffel) bis
Ostern 1814 ♦ Mitglied des Orchester-Pensionsfonds
1. Hornist für → Fr. Chr. C. Fleischhauer,
der 1. Trompeter wurde

Der Sohn des Raguhner Türmers und Stadtmusikus Johann Christian Gottfried Fuchs begann siebenjährig als Schüler seines Vaters mit dem Hornspiel. Später hatte er Unterricht bei dem Kammermusikus Kopprasch in Dessau, wo sein älterer Bruder Johann Christian Leopold bereits Mitglied der Hofkapelle war († 1853 in St. Petersburg, dort auch Korrespondent der *Allgemeinen Musikalischen Zeitung*). Er bemühte sich im Dezember 1813 erfolglos um die Stelle des verstorbenen Stadtmusikus → G. A. I. Maurer und bewarb sich am 30. August 1814 an der Hofkapelle in Dessau: »… Ich habe das Glück, in den fürstlich dessauischen Landen und zwar zu Raguhn, wo mein Vater Stadtmusikus war geboren zu seyn, habe die Musik bey demselben gehörig erlernt, nach überstandenen Lehrjahren conditioniert und bin seit mehr als fünf Jahren im hiesigen [Leipziger] Concert und Theater als erster Waldhornist angestellt; allein von Jugend auf ist es mein sehnlichster Wunsch gewesen, einst von meinem allergnädigsten Landesvater versorgt zu werden …« ♦ »Zu Ostern ging der erste Waldhornist des Orchesters Hr. Fuchs ab nach Dessau zur Kapelle.« (Grenser, 1814) In Dessau war er zunächst als Hautboist, ab September 1819 als Kammermusikus der Hofkapelle angestellt. Seine zahlreichen Bittgesuche geben Aufschluß über die große wirtschaftliche Not, in der er starb. ♦ Sein Bruder Johann Gottfried Ludwig Fuchs (*1781, †1858) war nach dem Tod des Vaters 1805 Stadtmusikus in Raguhn und erbte den stets verpachteten Gasthof »Zum schwarzen Adler«. Diesen erwarb 1815 Johann Gottfried Pohle, der Vater von → G. J. E. Pohle und → Chr. L. Pohle. Friedrich Heinrich Adolph Fuchs (*1825, †1887), der Sohn von Chr. H. L. Fuchs, war Mitglied der Dessauer Hofkapelle.

WERKE: Concertino f. Hr. LITERATUR: Dörffel Nr. 56; Grenser; Musikalisches Conversations-Lexikon. QUELLEN: Archiv der Evangelischen Landeskirche Anhalts Dessau: KB St. Johannis Dessau; Landeshauptarchiv Sachsen-Anhalt: Abteilung Dessau, A 12 b 4 Nr. 3; StadtA Dessau: Familienforschung Fuchs; StadtAL: Tit. VIII 303, Ratsprotokoll 1813, S. 328.

|155 **Striegel, Johann Friedrich**
Trompete
* 28. März 1788 in Leipzig,
† 17. August 1857 in Leipzig
Mitglied von 1808 bis 1. Oktober 1844 ♦ Am 29. August 1813 Aufnahme in den Orchester-Pensionsfonds
2. Trompeter

Er ist das jüngste von acht Kindern des »der Handlung zugethanen« (Taufeintrag) Johann Wilhelm Striegel und dessen Ehefrau Rosina Wilhelmina, geb. Kronbiegel. ♦ »Herr sen. [→ Chr. G. Herr] ging nun wieder von der Trompete zum Waldhorn, *und* Hr. Striegel wurde als 2ter Trompeter ins Orchester aufgenommen.« (Grenser, Juni 1813) Das Protokoll des Konvents vom April 1842 vermerkt: »… dem Trompeter Hr. Striegel, der absichtlich schlecht bläst um pensioniert zu werden, soll sein Vorhaben ausgeredet werden und er zur vermehrten Aufmerksamkeit ermahnt werden.« (zit. nach Nösselt) ♦ Im Leichenbuch heißt es: »Thürmer zu St. Nicolai und pens*ionier*tes Mitglied des Theaterorchesters …«

Türmer der Nikolaikirche von 1837 bis 1857 für → J. W. Hartmann.
LITERATUR: Dörffel Nr. 66; Grenser; Nösselt. QUELLEN: KAL: TfB St. Thomas; StadtAL: Leichenbücher/Leichenschreiberei.

|156 **Schupang [Schuhbank],**
Posaune
1808 erwähnt
Alt-Posaunist

»Die übrigen Stadtpfeifergesellen [des Stadtmusikus → G. A. I. Maurer] hießen: [→ J. Chr.] Wunderlich, [→ C. A.] Claus, Grübler, Herr jun.[→ C. Chr. Herr], [→ C. H.] Meyer (der Componist), Schupang …« (Grenser, 1806); »zu Michaeli ist das große Conzert folgendergestalt besetzt … Posaunen: Schupang Alt, [→] Hanewald Tenor, [→ J. J. Fr.] Peglow Baßposaune, alle 3 Stadtpfeifergesellen.« (Grenser, 1808)
LITERATUR: Nösselt; Grenser.

|157 **Han[n]ewald,**
Posaune
1808 erwähnt
Tenor-Posaunist

»Zu Michaeli ist das große Conzert folgendergestalt besetzt … Posaunen: [→] Schupang Alt, Hanewald Tenor, [→ J. J. Fr.] Peglow Baßposaune, alle 3 Stadtpfeifergesellen [des Stadtmusikus → G. A. I. Maurer].« (Grenser, 1808)
LITERATUR: Nösselt; Grenser.

1809

|158 **Herold, Johann Friedrich**
Violine, Viola
☐ 17. Mai 1789 in Leipzig
Mitglied vom 3. April 1809 bis 1813 ♦ Im Juni 1813 Aufnahme in den Orchester-Pensionsfonds
Geiger und Bratscher

Er ist der Sohn des »Cramers« (Taufeintrag) Friedrich Leberecht Herold und dessen Ehefrau Johanna Regina Panitsch. ♦ »Ostern. Für den alten Orchesterviolinisten Hrn. Geissler spielt ein junger Mann, Namens Herold unentgeltlich an dessen Stelle« (Grenser, 1809); »Er trat an Geissler's Stelle, nachdem er als Substitut desselben vom 3. April 1809 bis Juli 1812 thätig gewesen war.« (Dörffel) Im Polizeimeldebuch wird er als »Musicus« bezeichnet. ♦ Die Hofkapelle in Hannover verzeichnet einen Geiger Herold von September 1819 bis 1821.

LITERATUR: Dörffel Nr. 64; F. Schmidt: Das Historische Mitgliederverzeichnis des Niedersächsischen Staatsorchesters 1636–1986. QUELLEN: KAL: TfB St. Nicolai; StadtAL: Polizeimeldebücher Bleibende Einwohner.

|159 **Voigt, Carl Ludwig**
Violoncello
* 8. November 1792 in Zeitz,
† 21. Februar 1831 in Leipzig ♦ Sohn von → J. G. H. Voigt

Mitglied von 1809 bis 1. November 1830; auch bei der Kirchenmusik angestellt (ab 1811 nachweisbar) ♦
Am 29. September 1811 Aufnahme in den Orchester-Pensionsfonds
Cellist im Konzert, von März 1811 bis 1. Juli 1830 Erster Cellist für → J. J. Fr. Dotzauer, danach an zweiter Stelle

Er war Thomasalumne vom 26. Februar 1802 bis 29. März 1806. »Hr. Voigt jun. übernahm die 2te Violonzellstelle für Hrn. [→ C. W.] Möller unentgeldlich zu seiner Uebung« (Grenser, 1810); »Zu Ostern wurde der Violonzellist Hr. Dotzauer als Kammermusikus nach Dresden berufen. Hr. Louis Voigt, ein Sohn des verstorbenen Bratschisten, bekam die erledigte Violonzellstelle provisorisch, allein zu Michaeli bekam Hr. Voigt die Stelle fest, nachdem er ein Vierteljahr [von März bis September 1811] zu seiner weitern Ausbildung bey Hrn. Dotzauer in Dresden Unterricht gehabt hatte. Die Kosten dazu hatten einige wohlwollende Kunstfreunde bestritten« (Grenser, 1811); »Nach Michaeli. Bey der Quartettgesellschaft wurde anstatt Herrn Voigt, der zweite Violonzellist Hr. Grenser jun. angenommen. Sie unterzeichnen sich nun: [→ H. A.] Mat[t]häi, [→ C. A.] Lange, [→ C. Tr.] Queisser, [→ Fr. W.] Grenser« (Grenser, 1829); »den 30. November erhielt der erste Violonzellist Hr. Voigt ein Warnungsschreiben vom Institute, wegen seiner Trunksucht« (Grenser, 1829); »den 1. July mußte der bisherige Erste Violonzellist Hr. Voigt an die zweite Stelle; und Hr. Wilh. Grenser bekam dagegen die Erste Stelle.« (Grenser, 1830) ♦ »den 21. Februar starb der pensionirte Violonzellist Ludwig Voigt. Der Theaterorchestergehalt an 75 Rthl. für einen dritten Violoncellisten wird von der Hoftheaterdirektion vom Monat März an, eingezogen, bisher war er als Zuschuß zur Pensionierung des Hrn. Voigt noch ausgezahlt worden. Es wird kein 3ter Violonzellist wieder angestellt. Die Wittwe Voigt bekam sogleich die gewöhnliche Begräbnissteuer vom jeden Institutsmitgliede (Musikdirektor [→ Chr. A.] Pohlenz ausgenommen) und von jeden Pensionair 1 Rthl. 8 Gr., was über 40 Rthl. betrug, und am Ende Februars die volle Monatspension ihres Gehalts, dann fing ihre Wittwenpension mit 36 Rthl. jährlich an.« (Grenser, 1831)
Mitglied des Gewandhaus-Quartetts von 1811 bis Michaelis 1829.

WERKE: »Die von ihm vorhandenen Violoncellkompositionen, bestehend aus Sonaten, Duos, Übungsstücken und mancherlei Salonsachen, sind schwächlich, lassen sich aber teilweise, wie z. B. die 3 Sonaten Op. 40, zu Unterrichtszwecken benutzen.« (Wasielewski)
LITERATUR: Dörffel Nr. 60; Grenser; MGG I; W. J. v. Wasielewski,: Das Violoncell und seine Geschichte. QUELLEN: Archiv Thomasalumnat: Index disciplinorum Scholae Thomanae 1767–1841.

|160 **Rathgeber,**
Klarinette
Mitglied von Michaelis 1809 bis 1810
2. Klarinettist im Konzert für → J. W. Hartmann, der 1. Fagottist wurde

»Michaeli. Als zweyter Klarinettist fürs große Conzert des nächsten Winters wird der Academicus Hr. Rathgeber angestellt. Im Theater bläst der Stadtpfeifergehülfe Hr. [→ C. A.] Claus die zweyte Clarinette.« (Grenser, 1809)
Möglicherweise handelt es sich um: Friedrich August Christian Rathgeber, ~ 4. August 1785 in Leipzig. Der Sohn von Johann Georg Rathgeber und dessen Ehefrau Carolina Erdmuthe, geb. Wolf, studierte an der Leipziger Universität, immatrikuliert am 22. September 1804. Später lehrte er an der Leipziger Universität die italienische, portugiesische und spanische Sprache.
LITERATUR: Nösselt; AB 1839; Erler; Grenser. QUELLEN: KAL: TfB St. Thomas.

1810

|161 **Bargiel, August Adolph**[46]
Violine
* 1. November 1783 in Bauerwitz bei Ratibor[47]/Schlesien,
† 4. Februar 1841 in Berlin
Mitglied von 1810 bis 1819 ♦ Vom 1. Januar 1814 bis 26. Oktober 1814 Mitglied des Orchester-Pensionsfonds
1. Geiger

Bevor er nach Leipzig kam, war er gemeinsam mit Friedrich Wiek Hauslehrer bei Chr. A. v. Seckendorff auf dem Rittergut Zingst bei Querfurt. Dort erhielt Wiecks »Vorliebe zur Musik neue Nahrung durch die Bekanntschaft des in demselben Hause engagierten Musiklehrers Bargiel«. (Bernsdorf) Er studierte an der Leipziger Universität, immatrikuliert am 1. Mai 1809. ♦ »den 1. Januar tritt Hr. Bargiel an [→ J. G.] Geisslers Stelle fest ins Orchester ein. Hr. Bargiel ist ein guter Klavierlehrer« (Grenser, 1814); »den 26. October trat Hr. [→ J. Chr. G.] Starke als zweyter Violinist an Hrn. Bargiels Stelle, da letzterer freywillig vom Theaterorchester wieder abgegangen war, beym Conzertorchester jedoch noch blieb.« (Grenser, 1814) ♦ 1818 gründete er in Leipzig eine Gesangsbildungsanstalt und ging 1826 als Musiklehrer nach Berlin. Er heiratete 1824 Marianne Wieck, geb. Tromlitz, eine Enkelin von → J. G. Tromlitz. Sie war in erster Ehe verheiratet mit Friedrich Wieck und ist die Mutter von Clara Schumann. Der Komponist Woldemar Bargiel (*1828, †1897) ist ihr Sohn aus der Ehe mit Bargiel.
LITERATUR: Dörffel Nr. 69; Bernsdorf; Grenser; Riemann I; Robert Schumann Tagebücher, hrsg. v. G. Nauhaus, Bd. II; E. Weissweiler: Clara Schumann. QUELLEN: UniA: Rektormatrikel.

|162 **Herr** [Herr jun.], **Carl Christian**
Horn
* 12. September 1785 in Lohmen bei Pirna ♦ Bruder von → Chr. G. Herr
Mitglied von 1810 bis zum August 1813 ♦
Am 27. September 1812 Aufnahme in den Orchester-Pensionsfonds
2. Hornist für seinen Bruder → Chr. G. Herr, der 2. Trompeter wurde

Er ist der Sohn von Johann Christoph Herr, »Häusler und Schneider zu Oberlohmen« (Taufeintrag), und dessen Ehefrau Anna Rosina, geb. Müller. ♦ »den 17. May gab Hr. [→ Chr. G.] Thomas wieder ein Conzert im Theater. Darin spielten … die Herren Herr und Pfau jun. vom hiesigen Hoboistenchor des Regiments ein Doppelkonzert für 2 Waldhörner von Duvernoy.« (Grenser, 1804) ♦ 1813 »ging Hr. Herr jun. ab. Hr. Herr sen. ging nun wieder von der Trompete zum Waldhorn …« (Grenser, 1813) Er trat »einem polnischen Regimente« bei. (Dörffel)
LITERATUR: Dörffel Nr. 63; Grenser.

---

[46] Bis zu seiner Konversion zum Protestantismus Ostern 1807 Anastasius Antonius Aloysius Bargel.

[47] Heute Baborow bei Raciborz (Polen).

1811

|163 Heinze [Heintze]**, Friedrich August Ferdinand**
Klarinette
* 7. Juni 1793 in Leipzig, † 12. Juli 1850 ♦ Vater von
→ G. A. Heinze
Mitglied vom 25. Oktober 1811 bis zu seinem Tod; auch
bei der Kirchenmusik angestellt (ab 1832 nachweisbar)
♦ Mitglied des Orchester-Pensionsfonds
2. Klarinettist, ab Juli 1829 1. Klarinettist für
→ W. L. Barth, ab 1842 2. Klarinettist

Der Sohn des Musikinstrumentenmachers Johann Gottfried Heintze war Schüler und dann bis 24. Oktober 1816 Geselle des Stadtmusikus → W. L. Barth. ♦ »den 25. October eröffnete wieder Hr. Jos. Seconda mit seiner Operngesellschaft das Theater. Dabey gehen folgende Veränderungen im Orchester vor … Hr. [→ C. A.] Claus ging von Leipzig weg, und Hr. Ferd. Heinze wurde zur 2ten Clarinettstelle angenommen …« (Grenser, 1811) Nach dem Tod des Vaters 1823 übernahm er die Blasinstrumentenwerkstatt in der Türmerwohnung der Matthäikirche. »Gegen Ende des Jahrs stirbt der Instrumentenmacher J. G. Heinze sen. Die Geschäfte desselben setzt sein Sohn Ferdinand Heinze, der auch Mitglied des Orchesters ist, fort.« (Grenser, 1823) »An die Erste Klarinettstelle rückt Hr. Heinze bisher 2ter Klarinettist …« (Grenser, 1829)
Türmer der Matthäikirche von 1824 bis zu seinem Tod für → J. Fr. Fleischhauer.

LITERATUR: Dörffel Nr. 62; Hempel. QUELLEN: KAL: TfB St. Nicolai; StadtAL: O. Georgi: Vortrag, die Verhältnisse des Stadtorchesters betreffend.

|164 Jürgens [Gürgens]**, Wilhelm**
Flöte
* in Riga, † 1. Februar 1814 in Leipzig
Mitglied von Oktober 1811 bis zu seinem Tod ♦
Mitglied des Orchester-Pensionsfonds
2. Flötist im Theater für → G. H. Köhler, ab 1812
1. Flötist für → A. H. Müller

Er trat zwischen 1807 und 1812 mehrfach als Solist im Konzert auf. Am 16. Mai 1809 heiratete er in Leipzig; im Aufgebotseintrag heißt es: »Herr Wilhelm Jürgens, juventus Privatlehrer der Music allhier, Herrn Matthias Jürgens, Kaufmanns in Riga ehelich ältester Sohn. Der Vater lebt noch, aber ist auf Reisen, kaufmännischer Geschäfte halber …« ♦ »Hr. Köhler ging von der 2ten Flöte ab zu den Pauken, und dafür wird Hr. Gürgens als zweiter Flötist angestellt« (Grenser, 1811); »Hr. Jürgens, ein junger, hier privatisirender Musiker« (Grenser, 1812); »Hr. Gürgens rückte nun von der 2ten zur 1sten Flötenstelle.« (Grenser, 1812) ♦ »den 1. Februar starb der erste Flötist Hr. Gürgens, 26 Jahre alt. Den 3. Februar wurde an die Wittwe die üblichen 5 Rthl. Begräbnisgeld ausgezahlt, und vom Februar an gerechnet bekam die Wittwe Pension 12 Rthl. jährlich.« (Grenser, 1814)

LITERATUR: Dörffel Nr. 61; Dörffel Statistik; Grenser. QUELLEN: KAL: TrB St. Nicolai – Aufgebotsregister St. Nicolai; StadtAL: Leichenbücher/Leichenschreiberei ◊ Polizeimeldebücher Bleibende Einwohner.

1812

|165 Kachler,
Violine
Von Juli bis Michaelis 1812 erwähnt
2. Geiger

»Hr. [→ J. G.] Geissler durfte für sich fortwährend einen Substituten schikken, zuerst war dieses Hr. [→ J. Fr.] Herold, später, vom July 1812 an, Hr. Kachler, dann von Michaeli 1812 an Hr. [→] Maurer jun. « (Grenser, 1812)

LITERATUR: Nösselt; Grenser.

|166 Agthe, Wilhelm Johann Albrecht
Violine
* 14. April 1790 in Ballenstedt,
† 8. Oktober 1873 in Berlin
Mitglied von 1812[48] bis 1823
2. Geiger im Konzert

Der Sohn des Hoforganisten und anhalt-bernburgischen Kammermusikus Carl Christian Agthe hatte den ersten Musikunterricht bei dem Hoforganisten Friedrich Christian Ebeling, dem Nachfolger seines 1797 verstorbenen Vaters. Dann war er Schüler am Domgymnasium in Magdeburg. Später ging er nach Erfurt, um bei Michael Gotthard Fischer »contrapunktische Studien zu machen« (Bernsdorf), und kam 1810 zum Studium nach Leipzig, immatrikuliert am 18. November 1810. ♦ »22tes Conzert … Ouvertüre von Agthe. Manuskript. (Hr. Agthe ist ein junger hier studirender Musiker)« (Grenser, 1812); »19tes Conzert … Ouvertüre von Agthe, Mitglied des Orchesters. (Neu)« (Grenser, 1813); »Personale des Conzerts im Gewandhause in Leipzig, während des Winters 1812-13 … 2te Violine Hr. Magister [→ J. Fr. Chr.] Kühn. Hr. [→ J. M.] Poley. Hr. [→ C. H.] Meyer. Hr. [→ J. A.] Sennewald. Hr. Agthe oder Hr. [→ J. G.] Kimmerling. Hr. [→] Kachler.« (Grenser) ♦ Später gründete er eigene Musiklehranstalten nach der Methode von Bernhard Logier: in Dresden 1823, in Posen 1826, in Breslau 1830 und später in Berlin. Die Schule in Berlin leitete er bis 1845 und setzte sich dann krankheitsbedingt zur Ruhe.

WERKE: 2 Ouvertüren; Klavierstücke; Kirchenmusik; Lieder; Die diatonische Tonleiter aller Dur- und Moll-Tonarten. LITERATUR: Dörffel Nr. 228; Bernsdorf; Grenser; Hempel; MGG I; Musikalisches Conversations-Lexikon. QUELLEN: UniA: Rektormatrikel.

|167 Fink,
Viola
Mitglied von 1812 bis 1813
Bratscher im Konzert

»Personale des Conzerts im Gewandhause in Leipzig, während des Winters 1812–13 … Viole: Hr. [→ C. Chr. H.] Siebeck. Hr. Fink. Hr. [→] Weber. Hr. [→ Chr. J.] Graun …« (Grenser, 1813)

Wahrscheinlich handelt es sich um: Gottfried Wilhelm Fink, * 7. März 1783 in Sulza, † 27. August 1846 in Leipzig. Der Sohn eines reformierten Pfarrers kam 15jährig auf die lateinische Stadtschule in Naumburg und studierte dann ab 1809 an der Leipziger Universität Theologie und Geschichte, immatrikuliert am 28. März 1804. Von 1813 bis 1816 vertrat er den erkrankten

---

48 Angabe nach Dörffel; nach Riemann und Bernsdorf bereits ab 1810 Mitglied des Orchesters.

Pastor Petiscus, Prediger der Leipziger reformierten Gemeinde. 1814 gründete er eine Erziehungsanstalt für junge Theologen, die er bis 1827 leitete. Von 1828 bis 1841 arbeitete er als Redakteur der *Allgemeinen Musikalischen Zeitung*, 1842 wurde er Universitäts-Musikdirektor. Er war Ehrenmitglied des holländischen Musikvereins (1831), der Gesellschaft der Musik-Freunde Wien (1837), der Leipziger Euterpe (1838), des Mannheimer Musikvereins (1838), des Preßburger Kirchenvereins (1838) und der Preußischen Akademie der Künste Berlin (1841). Die Leipziger Universität verlieh ihm 1838 die Ehrendoktorwürde.

WERKE: Lied *Silberner freundlicher Mondschein* f. 2 Soprane, Tenor u. Baß, 1811; *Häusliche Andachten, in christlichen, mehrstimmigen Liedern*, 1811; Romanzen u. Balladen, 1811; Volkslieder, 1814; Kindergesangbuch, 1815; Musikalische Grammatik oder theoretischpraktischer Unterricht in der Tonkunst. 1836; Wesen und Geschichte der Oper. 1838; System der musikalischen Harmonielehre. 1842. LITERATUR: Grenser; Erler; MGG I; P. Weinmeister: Beiträge zur Geschichte der evangelisch-reformierten Gemeinde zu Leipzig 1700–1900.

|168 Weber,
Viola
Mitglied von 1812 bis 1813
Bratscher im Konzert

»Personale des Conzerts im Gewandhause in Leipzig, während des Winters 1812–13 … Viole: Hr. [→ C. Chr. H.] Siebeck. Hr. [→] Fink. Hr. [→] Weber. Hr. [→ Chr. J.] Graun …« (Grenser, 1813)
LITERATUR: Grenser.

|169 Müller, Christoph Gotthold
Pauke
* 8. Dezember 1788 in Eilenburg ◆ Bruder von
→ C. G. Müller und → G. B. Müller
Mitglied von 1812 und 1814
Pauker im Konzert

Der Sohn von Johann Christoph Müller, »Organist und Mägdleinschullehrer bey der Bergkirche« (Taufeintrag), und dessen Ehefrau Christiana Charlotta, studierte an der Leipziger Universität, immatrikuliert am 11. Mai 1811. »Benjamin Müller geht von Leipzig ab. An dessen Stelle im großen Conzert als Pauker wird dessen Bruder Gotthold Müller angestellt.« (Grenser, 1812) ◆ »Zu Michaeli kam an Gotthold Müllers Stelle als Pauker im großen Conzerte Hr. [→] Breuer. Student.« (Grenser, 1814)
LITERATUR: Nösselt; Grenser. QUELLEN: Kreiskirchenarchiv Delitzsch: TfR Bergkirche Eilenburg; UniA: Rektormatrikel.

1813

|170 Humann, Adolph Heinrich
Fagott
* 26. März 1794 in Strehla bei Riesa, † 1853
Mitglied vom Herbst 1813 bis Mitte Januar 1814 ◆
Mitglied des Orchester-Pensionsfonds
2. Fagottist im Theater[49] für → J. E. Fuchs

Er ist der Sohn von Carl Heinrich Humann, »*Chur Sächsischer Geleits Einnehmer*« (Taufeintrag), und dessen Ehefrau Christiana Beada, geb.

---

49 Im Winter 1813/14 fanden keine Gewandhauskonzerte statt.

Donner. ◆ »20tes *Conzert* [am 4. März 1813] *Sinfonie von* J. Haydn, Es Dur *Grosse Missa von* Abt Vogler. – *Ouvertüre zum* Melodram Isaak, *von* J. Fuchs. (Neu). Fagott *Conzert* componirt und gespielt von Hrn. Human, (einem jungen Mann der hier Musik studirt)« (Grenser, 1813); »Mitte Januars geht der Fagottist Hr. Humann wieder ab, so daß den 16. Januar Hr. [→ C. H.] Zimmermann an die erledigte 2te Fagottstelle angenommen wurde.« (Grenser, 1814) ◆ Er war von 1820 bis 1822 Mitglied der Hofkapelle in Dresden, dann bis 1825 1. Fagottist an der Hofkapelle in Kassel. ◆ Zwei seiner Brüder studierten an der Leipziger Universität, ein weiterer Bruder war in Dresden Kreuzschüler.

WERKE: Fagottkonzert, 1813; Polonaise f. Fg., 1823. LITERATUR: Dörffel Nr. 67; Erler; Grenser; *Allgemeine Musikalische Zeitung*. 1823; E. W. v. Gudenberg: Beiträge zur Musikgeschichte der Stadt Kassel unter den letzten beiden Kurfürsten (1822–1866); Königlich Sächsischer Hof- und Staatskalender. 1812; Die Matrikel der Kreuzschule; Tage-Buch des Königlich Sächsischen Hoftheaters, 1821 u. 1822. QUELLEN: PfA Strehla: TfR.

|171 Maurer, jun.
Violine, Viola, Horn
Sohn von → G. A. I. Maurer
Mitglied von 1813 bis 1. April 1815 ◆ 1813 Aufnahme in den Orchester-Pensionsfonds
Geiger, 1814 Hornist für → Chr. H. L. Fuchs, dann Erster Bratscher für → C. Chr. H. Siebeck; bereits 1812 als Substitut für den Bratscher → J. G. Geissler genannt

»… Maurer jun. der Sohn unsres Stadtmusik. und Schüler [→ B.] Campagnolis …« (Grenser, 1811); »Hr. Maurer der Jüngere wurde von der Conzertdirektion (wie Voigt jun.[→ C. L. Voigt] nach Dresden) das Sommerhalbjahr zu Spohr nach Gotha geschickt, um sich im Violinspiel zu vervollkommnen« (Grenser, 1811); »Hr. Geissler durfte für sich fortwährend einen Substituten schicken, zuerst war dieses Hr. [→ J. Fr.] Herold, später, vom July 1812 an, Hr. [→] Kachler, dann von Michaeli 1812 an Hr. Maurer jun.« (Grenser); »Hr. Maurer jun. erhielt [→ J. C. L.] Bauers Stelle und rückte nun fest ins Orchester ein« (Grenser, 1813); »zu Ostern ging der erste Waldhornist des Orchesters Hr. [→ Chr. H. L.] Fuchs ab nach Dessau zur Kapelle. Dessen Stelle wurde provisorisch durch Hrn. Maurer jun. versehen, welcher zu seiner Violinstelle indeß einen Substitut in der Person des Hrn. Kloos stellte.« (Grenser, 1814) ◆ »Ende Aprils verließen die Herren Maurer und [→ C. J. Chr.] Kloss das Orchester und gingen mit dem Musikdirektor [→ H. A.] Praeger nach Königsberg zum dortigen Theaterorchester.« (Grenser, 1815)

Wahrscheinlich handelt es sich um: Carl August Maurer, ~ 16. April 1794 in Leipzig. Dieser ist der einzige in Leipzig geborene Sohn von → G. A. I. Maurer. Seine Taufpaten waren → C. G. Berger, Constantia Alexandria Schicht, die Ehefrau von → J. G. Schicht, und → J. Chr. Müller. Dörffels Angabe: »Im Concert wirkte er schon seit 1799 mit, doch ist er daselbst nur selten beschäftigt worden« muss bezweifelt werden, es sei denn, es handelt sich um einen älteren nicht in Leipzig geborenen Bruder.

LITERATUR: Dörffel Nr. 65; Grenser. QUELLEN: KAL: TfB St. Nicolai.

1814

|172 Portig, Heinrich Gotthelf
Oboe
* 1. Mai 1790 in Zschaitz bei Döbeln,
† 10. August 1847 in Leipzig ♦ Vater von → G. W. Portig
Mitglied vom 1. Januar 1814 bis Ostern 1836; auch bei der Kirchenmusik angestellt (ab 1832 nachweisbar) ♦ Mitglied des Orchester-Pensionsfonds
1. Oboist für → G. A. I. Maurer, ab Juli 1829 2. Oboist für → J. G. Tr. Drobisch, der 2. Klarinettist wurde

Er ist der Sohn von Johann Christoph Portig, »Häusler und Geschirrmacher und Kramer« (Taufeintrag) in Zschaitz, der bei seinem Tod auch als »Muiscus« bezeichnet wurde. Wahrscheinlich war Heinrich Gotthelf bereits Geselle des Stadtmusikus G. A. I. Maurer, als nach dessen Tod → W. L. Barth dessen Amt übernahm. »Anfang des Jahrs waren folgende Gehülfen beym Stadtmusikus Barth: Portig, [→ Chr. G.] Schlotter, Jänichen [→ J. Jehnigen], [→ J. F.] Schiefer, [→ W. L.] Börner.« (Grenser, 1814) Die am 24. September 1813 durch den Tod von G. A. I. Maurer »ledig gwordene Hoboestelle besetzte der Stadtpfeifergeselle Hr. Portig provisorisch« (Grenser, 1813); »den 1. Januar wird Hr. Portig fest als 1ster Hoboespieler ins Orchester aufgenommen« (Grenser, 1814); »August. Der bisherige erste Oboist Hr. Portig, wird an die zweite Hoboe gesetzt. (Grenser, 1817) Nach dem Tod von → C. H. Scheibel wurde »der bisherige 2te Oboist Hr. Portig … nun wieder erster Hoboist, und zur 2ten Hoboe wurde Hr. Drobisch angenommen« (Grenser, 1817); »an die 2te Hoboistenstelle rückt Hr. Portig, bisher 1ster Hoboist. An die 1ste Hoboistenstelle wird angenommen den 1. August Hr. [→ G. W.] Richter, bisher Stadtpfeifergeselle.« (Grenser, 1829) ♦ Sein Vater war 1802 Taufpate bei dem in Zschaitz geborenen Heinrich Conrad Schleinitz, dem späteren Mitglied der Gewandhaus-Konzertdirektion, der zusammen mit Felix Mendelssohn Bartholdy als wesentlicher Initiator und Förderer bei der Errichtung des Leipziger Konservatoriums anzusehen ist.

WERKE: »Hr. H. G. Portig giebt bey Peters, Tänze f. d. Pf. heraus.« (Grenser, 1817) LITERATUR: Dörffel Nr. 70; Grenser; Hempel. QUELLEN: KAL: TfB St. Nicolai; PfA Jahnatal: KB Zschaitz.

|173 Zimmermann, Carl Heinrich
Fagott
* 19. April 1783 in Schmiedeberg/Dübener Heide,
† 19. Juni 1822 in Leipzig
Mitglied vom 16. Januar 1814 bis zu seinem Tod ♦ Mitglied des Orchester-Pensionsfonds
2. Fagottist für → A. Humann

Er ist der Sohn von Johann Andreas Zimmermann, »Reiter unter Herrn Obrist von Dürrfeldt, Companie beim fürstlich Anhaltischen Cuirassier Regiment« (Taufeintrag), und dessen Ehefrau Susanna Rebecka, geb. Knauth. 1808 heiratete er in Leipzig als »Hautboist bey dem löblichen Infanterie Regimente von Dyherrn …« Johanna Carolina Wilhelmina Eberhardt, die jünste Tochter des »Cassen Aufwärters bey der HauptSalzverwalterey« und nach ihrem Tod 1818, als »Musicus allhier«, ihre Schwester Johanna Christina Sophia. ♦ »Den 19. Juny starb der 2te Fagottist Hr. Zimmermann an der Auszehrung. Er hinterließ eine Wittwe und 3 Kinder. Für die hülfsbedürftige Wittwe sammelte Hr. [→] C. [A.] Grenser eine Collecte von 86 Rthl. 4 Gr. Dazu gab noch der Theaterdirektor den vollen Monatsgehalt Juny 11 Rthl. 12 Gr. den Hrn. Grenser zur Verwaltung. Hiervon wurde der Verstorbene anständig begraben (Die Mitglieder des Theaterorchesters folgten dem Sarge zur Ruhestätte), und von dem übrigen wurde der Wittwe Hülfe gereicht bis zum 17. Januar 1825.« (Grenser, 1822)

WERKE: Trios f. Ob., Fg. u. Vc. LITERATUR: Dörffel Nr. 71; Grenser. QUELLEN: KAL: TrB St. Nicolai; StadtAL: Leichenbücher/Leichenschreiberei ◊ Polizeimeldebücher Bleibende Einwohner.

|174 Schlotter, Christian Gottlieb
Flöte
Mitglied vom 14. März 1814 bis September 1814 ♦ Mitglied des Orchester-Pensionsfonds
1. Flötist für → W. Jürgens

Wahrscheinlich war er bereits Geselle des Stadtmusikus → G. A. I. Maurer, als nach dessen Tod → W. L. Barth dessen Amt übernahm. »Anfang des Jahrs waren folgende Gehülfen beym Stadtmusikus [→ W. L.] Barth: [→ H. G.] Portig, Schlotter, Jänichen [→ J. Jehnigen], [→ J. F.] Schiefer, [→ W. L.] Börner« (Grenser, 1814); »An die im Orchester erledigte Stelle bekam den 14. März Hr. Schlotter bisher Stadtpfeifergeselle« (Grenser, 1814) ♦ »Im September ging auch der erste Flötist des Orchesters Hr. Schlotter als Kammermusikus nach Dessau.« (Grenser, 1814) In Dessau wird er noch im Dezember 1845 als Mitglied der Hofkapelle genannt.

LITERATUR: Dörffel Nr. 72; Grenser; Hempel; Staats- und Adressbuchhandbuch für das Herzogthum Anhalt-Deßau. 1845. QUELLEN: Landeshauptarchiv Sachsen-Anhalt: Abteilung Dessau, A 12 b 4 Nr. 3.

|175 Klengel, Moritz Gotthold
Violine
* 4. Mai 1794 in Stolpen,
† 14. September 1870 ♦ Großvater von → J. Klengel und → P. Klengel, Schwiegervater von → E. Röntgen
Mitglied von Ende April 1814 bis Ostern 1868 ♦ Am 28. Mai 1815 Aufnahme in den Orchester-Pensionsfonds
Geiger im Konzert, ab 1815 Vorspieler der 1. Violinen für → C. A. Lange, ab 1. Mai 1850 Stimmführer der 2. Violinen

Er ist der Sohn von Johann Gottlieb Klengel, der Kantor in Stolpen war. Ab 28. März 1806 war er Schüler der Kreuzschule in Dresden und trat als solcher bereits am 8. Oktober 1809 als Solist des Violinkonzertes a-moll von Pietro Rode im Gewandhaus auf. Er kam nach Leipzig zum Theologiestudium, immatrikuliert am 14. Juni 1814. »Ende Aprils verließen die Herren Maurer [→ Maurer jun.] und [→ C. J. Chr.] Kloss das Orchester … An die Stelle des Hrn. Kloss rückte Hr. Moriz Klengel ins Orchester ein« (Grenser, 1814); »… im October … Hr. Klengel rückte in die Prim Violinen an [→ C.A.] Langens Stelle …« (Grenser, 1815) Er »spielte viele Jahre hindurch neben [→ H. A.] Matthäi, seinem Lehrer am ersten Pulte.« (Dörffel) ♦ Er entstammte einer weitverzweigten, eng mit der sächsischen Kunstgeschichte verbundenen Familie; sein Onkel Johann Christian Klengel (*1751, †1824) war Landschaftsmaler, sein Bruder August Gottlieb Klengel (*1787, †1860) war lange Zeit am Leipziger Theater als Tenor engagiert, sein Cousin August Alexander (*1783, †1852) galt als einer der bedeutendsten Pianisten seiner Zeit.

Lehrer am Leipziger Konservatorium ab 1843 ♦ Lehrer von → Fr. W. Eichler.

LITERATUR: Dörffel Nr. 77; MGG I; J. Hohlfeld: Die Reformierte Bevölkerung Leipzigs 1700–1875; W. Orf: Julius Klengel; Die Matrikel der Kreuzschule.

|176 Grenser [Grenser I, Grenser sen.], Carl Augustin
Flöte
* 14. Dezember 1794 in Dresden,
† 26. Mai 1864 in Leipzig ♦ Bruder von → Fr. W. Grenser und → Fr. A. Grenser
Mitglied vom 8. Oktober 1814 bis 1. Oktober 1855; auch bei der Kirchenmusik angestellt (ab 1832 nachweisbar) ♦ Mitglied des Orchester-Pensionsfonds
1. Flötist für → Chr. G. Schlotter

Er ist der Sohn des Dresdner Blasinstrumentenmachers und »Churfürstlich Sächsischen Hofinstrumentenmachers« (MGG I) Carl Augustin Grenser[50]. Ersten Unterricht hatte er bei seinem Vater, später bei dem herzoglich kurländischen Hofmusikus Knoll. Von 1810 bis 1813 war er Geselle des Stadtmusikus Krebs in Dresden. ♦ Sein im Leipziger Stadtgeschichtlichen Museum aufbewahrtes Manuskript *Geschichte der Musik, hauptsächlich aber des großen Conzert- und Theater-Orchesters in Leipzig* wurde von zahlreichen Autoren und Wissenschaftlern als Quelle genutzt und ist auch eine der Hauptquellen der hier vorliegenden Arbeit. Dieses Manuskript endet mit dem Jahr 1838.

Sekretär des Orchester-Pensionsfonds von 1827 bis zu seinem Tod für → J. Ph. Chr. Schulz ♦ Ab 1843 Archivar der Konzertdirektion und Inspektor des 1843 gegründeten Konservatoriums.

WERKE: Geschichte der Musik, hauptsächlich aber des großen Conzert- u. Theater-Orchesters in Leipzig, hrsg. u. transkribiert v. O. W. Förster. Leipzig 2005. LITERATUR: Dörffel Nr. 73; Bernsdorf; Grenser; Hempel; MGG I. QUELLEN: StadtAL: O. Georgi: Vortrag, die Verhältnisse des Stadtorchesters betreffend ◊ Tit. VII B 147, Vol. II, Bl. 151 f.

|177 Einert, Carl Ernst Maximilian
Kontrabass
* 25. Mai 1794 in Lommatzsch,
† 2. Juli 1840 in Wurzen
Mitglied vom 21. Oktober 1814 bis 1815 ♦ Mitglied des Orchester-Pensionsfonds
Kontrabassist für den pausierenden → J. G. Temmler

Sein aus Freiberg/Sa. stammender Vater Carl Gottlob Einert war von 1789 bis 1801 Kantor in Lommatzsch, dann in Kamenz und von 1804 bis zu seinem Tod Organist in Wurzen. Carl Ernst Maximilian war Schüler der Landesschule Grimma vom 20. Juni 1808 bis 28. März 1814 und studierte dann an der Leipziger Universität Theologie, immatrikuliert am 27. Mai 1814. ♦ Am 21. Oktober 1814 »kam Hr. *Stud*iosus Einert als 2ter Contrabassist an Hrn. Temmlers Stelle, weil letzterer seit seinem Engagement die meisten Proben und Vorstellungen durch Stellvertreter hatte besorgen lassen.« (Grenser, 1814) ♦ Von 1818 bis zu seinem Tod war er Kantor in Wurzen.

LITERATUR: Dörffel Nr. 75; Grenser; Vollhardt; C. G. Lorenz: Grimmenser-Album. QUELLEN: PfA Lommatzsch: TfR; UniAL: Rektormatrikel.

|178 Steglich [Stäglich], Carl Gottlieb
Horn
* 7. Januar 1794 in Göda[51] bei Bautzen, † 21. September 1849
Mitglied vom 21. Oktober 1814 bis 1. Oktober 1846; auch bei der Kirchenmusik angestellt (ab 1832 nachweisbar) ♦ Mitglied des Orchester-Pensionsfonds
1. Hornist für → Chr. H. L. Fuchs, ab 15. März 1837
2. Hornist für → Chr. G. Herr

Er ist der Sohn des »Pfarrers Pachter Joh. Christoph Steglich« (Taufeintrag) in Göda. ♦ »Auch Hr. Steglich trat, bisher Stadtpfeifergeselle, an diesem Tage [21. Oktober] als 1ster Waldhornist ins Orchester ... Hr. Steglich, geboren den 7. Jan*uar* 1794 in Gäthe bey Bautzen, war seit dem 5. Februar 1814 als Geselle beym Stadtmusikus [→ W. L.] Barth. (Grenser, 1814)

LITERATUR: Dörffel Nr. 74; Dörffel Statistik; Grenser; Hempel; Nösselt. QUELLEN: PfA Göda: KB Deutsche; StadtAL: O. Georgi: Vortrag, die Verhältnisse des Stadtorchesters betreffend.

|179 Meyer, Carl Heinrich
Violine, Viola
* 14. Juli 1784 in Buchholz bei Annaberg,
† 7. Juli 1837 in Leipzig
Mitglied von 1814[52] bis 24. März 1827 ♦ Am 1. Oktober 1818 Aufnahme in den Orchester-Pensionsfonds
Bratscher, ab 1817 Erster Bratscher für → C. A. Lange, der Stimmführer der 2. Violinen wurde

Der Sohn von Johann Heinrich Meyer, »Bürger und Weißbäcker allhier« (Taufeintrag), »Kutscherfahrer und Musicus instrumentalis« (Traueintrag der Eltern), erhielt seine Ausbildung zunächst in Annaberg, ab 1801 in Eisenberg bei Stadtmusikus Schnott, später in Gera und Ronneburg. 1805 kam er nach Leipzig zu Stadtmusikus → G. A. I. Maurer, war 1806 als Korrektor in der Kühnelschen Musikalienhandlung (→ A. Kühnel) tätig, wo er viel zur Verbesserung des Notenstichs beitrug. Zwischen 1809 und 1814 war er Musikdirektor reisender Theatergesellschaften und wurde dann Geselle des Stadtmusikus → W. L. Barth. ♦ »Personale des Conzerts im Gewandhause in Leipzig, während des Winters 1812–13 ... 2te *Violine* Hr. *Magister* [→ J. Fr. Chr.] Kühn. Hr. [→ J. M.] Poley. Hr. Meyer. Hr. [→ J. A.] Sennewald. Hr. [→ W. J. A.] Agthe *oder* Hr. [→ J. G] Kimmerling. Hr. [→] Kachler ...« (Grenser, 1813); »Ende August. Hr. Carl Meyer wird bey der ersten Bratsche im Theaterorchester angestellt ...« (Grenser, 1817) ♦ »Hr. Meyer Bratschist hat den 24. März seinen Abschied aus dem Theater Orchester wegen Trunksucht erhalten, nachdem er 3 mal gestraft *und* noch nachdem [er] den 9. Januar eine Warnung *und* Ermahnungsschreiben vom Orchester erhalten hatte.« (Grenser, 1827) ♦ »Leider gehörte er unter die viel begabten Kunstnaturen, die das innere Streben nach Kunsterzeugnissen mit ihrer äußeren Stellung nicht in Übereinstimmung bringen wollen, die daher im Bewußtsein ihrer Leistungen die bürgerliche Unterordnung als ein Unrecht des Schicksals ansehen, wodurch sie unzufrieden mit der Welt zerfallen und in Betäubung ihren Trost suchend, untergehen. In seinen letzten Lebensjahren sah er sich daher gezwungen, nur von Korrekturen und einer

---

50 Er war ab 1733 Lehrling bei → J. Pörschmann in Leipzig, ging 1739 nach Dresden und eröffnete dort 1744 eine eigene Werkstatt.

51 Bei Dörffel: »Gäthe bei Bautzen«; dies ist wohl eine Entstellung des Ortsnamens durch mündliche Überlieferung.

52 Angabe nach Dörffel; Grenser nennt »Hr. Meyer« bereits für den Konzertwinter 1812/13.

kleinen Pension zu leben.« (*Allgemeine Musikalische Zeitung*) ◆ Seine einzige Tochter war verheiratet mit → Fr. L. Weissenborn.
Als Mitglied des Gewandhaus-Quartetts genannt für 1816, 1817 und von 1821 bis 1823.

WERKE: 3 Opern *Theodore, Moses* u. *Faust*; Sinfonien; Harmoniemusik f. Militärchöre; Tänze. LITERATUR: Dörffel Nr. 84; AB 1822 f.; Grenser; Hempel; Nösselt; *Allgemeine Musikalische Zeitung*. 1837; J. Hohlfeld: Die Reformierte Bevölkerung Leipzigs 1700–1875. QUELLEN: PfA Annaberg: TfR u. TrR; StadtAL: Leichenbücher/Leichenschreiberei.

|180 Kloß, Carl Johann Christian
Violine
* 8. Februar 1792 in Morungen bei Eisleben,
† 20. April 1853 in Riga
Mitglied zwischen 1814 und 1818
2. Geiger

Er war Schüler seines Vaters, der Kantor in Eisleben war. Nach dessen Tod besuchte er von 1803 bis 1807 die Lateinschule in Sangerhausen. »Oekonomische Verhältenisse nöthigten den 15jährigen Jüngling, eine Organisten- und Lehrerstelle einige Jahre hindurch in einem kleinen sächsischen Orte zu bekleiden.« (Bernsdorf) Er studierte dann bis 1813 an der Universität in Halle/S., wo er Schüler von → D. G. Türk war, der ihn auch in sein Haus aufnahm. Er kam dann nach Leipzig, wo er auch Unterricht bei → H. A. Mattäi hatte. ◆ »Zu Ostern ging der erste Waldhornist des Orchesters Hr. [→ Chr. H. L.] Fuchs ab nach Dessau zur Kapelle. Dessen Stelle wurde provisorisch durch Hrn. [→] Maurer *jun*. versehen, welcher zu seiner Violinstelle indeß einen Substitut in der Person des Hrn. Kloos stellte« (Grenser, 1814); »Im October verließ der erste Bratschist Hr. [→ C. Chr. H.] Siebek Leipzig. Hr. [→] Maurer jun. wurde nun von der Violine zur ersten Bratsche versetzt, und die so erledigte Stelle bey der zweyten Violine dem Hrn. Kloss ertheilt.« (Grenser, 1814) ◆ »Ende Aprils verließen die Herren Maurer und Kloss das Orchester und gingen mit dem Musikdirektor [→ H. A.] Praeger nach Königsberg zum dortigen Theaterorchester.« (Grenser, 1815) ◆ »Die Personen des Orchesters beym neuen Stadttheater sind folgende: Prim Violinen: Conzertm*ei*ster Mathäi, Fiskal [→ C. G.] Fischer, [→] Mori[t]z [G.] Klengel, Kloss als Substitut für den abwesenden Hrn. [→ B.] Campagnoli …« (Grenser, 1817) ◆ »Hr. Kloß, früher Mitglied des Orchesters, u*nd* mit Musikdirektor [→ H. A.] Präger u*nd* Maurer nach Königsberg 1817 gegangen, später in Elbingen u*nd* Danzig gewesen, kommt im Frühjahr wieder nach Leipzig, und etablirt Ende Octobers eine Pianofortspiellehranstalt.« (Grenser, 1833) ◆ Er war dann als Orgelvirtuose meistens auf Reisen, hielt Vorträge und nahm zwischenzeitlich immer wieder Stellungen an, u. a. beim Fürsten Carolath in Schlesien, 1839 als Organist in Kronstadt/Siebenbürgen und als Professor der Musik in Eperies (Prešov).

WERKE: Klavierstücke; Lieder; liturgische Gesänge. LITERATUR: Dörffel Nr. 229; Bernsdorf, Grenser.

|181 Breuer [Breÿer],
Pauke
1814 Pauker im Konzert, als solcher bereits 1809 als Thomasschüler erwähnt

»Breuer wird im Conzerte Pauker« (Grenser, 1809); »Zu Michaeli kam an [→ Chr.] Gotthold Müllers Stelle als Pauker im großen Conzerte Hr. Breuer. Student.« (Grenser, 1814)
Möglicherweise handelt es sich um: Johann David Breuer, * 6. Dezember 1790 in Wurzen, † 25. Juni 1863 in Torgau. Der Sohn eines Bäckermeisters war Schüler der Thomasschule vom 7. Januar 1803 (ab 15. April 1803 Alumne) und studierte dann an der Leipziger Universität Theologie, immatrikuliert am 16. April 1812. Er wurde Hilfsprediger in Connewitz, verließ Leipzig Ostern 1820 und war dann bis 1863 Kantor und Lehrer am Gymnasium in Torgau.

LITERATUR: Nösselt; Grenser. QUELLEN: Archiv Thomasalumnat: Album Alumnorum Scholae Lipsiensis; StadtAL: Polizeimeldebücher Studenten.

1815

|182 Cunz, Christian August
Violine, Flöte
* 11. Mai 1781 in Wengelsdorf,
† 15. Juli 1835 in Leipzig
Mitglied von April 1815 bis 31. Mai 1823 ◆
Am 26. Oktober 1815 Aufnahme in den Orchester-Pensionsfonds
2. Geiger, 1817 2. Flötist

Er ist der Sohn von »M*agister* Christian Gottlieb Cunz, Pastor allhier« (Taufeintrag), und dessen Ehefrau Marie Christina. Im Aufgebotsprotokoll der Nikolaikirche heißt es 1810: »Herr Christian August Cunz, juv*entus* Musicus allhier, weil*and* H*er*rn M*agister* Christian Gottlieb Cunz, gewesenen Pastoris in Wengelsdorf …« ◆ »Ende Aprils verließen die Herren Maurer [→ Maurer jun.] und [→ C. J. Chr.] Kloss das Orchester und gingen mit dem Musikdirektor Praeger nach Königsberg zum dortigen Theaterorchester … dafür wurde bey der Second Violine Hr. Cunze einstweilen als Substitut angestellt.« (Grenser, 1815) ◆ »den 31. May bekommt der seit mehrern Jahren kranke 2te Flötist August Cunz, an dessen Stelle Hr. [→ Chr. G.] Belke angenommen wurde, nachdem ihn der Hofrath Küstner entlassen, die erste Pension welche vom Institute auf 50 Rthl. jährlich festgesetzt worden war, obgleich Cunz die Jahre des Verdienstes nicht erreichet hatte." (Grenser, 1823) ◆ In den Taufeinträgen seiner Kinder wird er als »Musiklehrer« bezeichnet.

LITERATUR: Dörffel Nr. 78; Grenser. QUELLEN: KAL: TfB St. Nicolai ◊ Aufgebotsregister St. Nicolai; PfA Großkorbetha: TfR; StadtAL: Leichenbücher/Leichenschreiberei.

|183 Kunze, Wilhelm Friedrich
Violine
* 11. November 1784 in Leipzig,
† 26. Januar 1862 in Leipzig
Mitglied von 1815 bis 1830
1. Geiger im Konzert

Er ist der Sohn des »Handelsmannes« (Taufeintrag) Johann Friedrich Kun[t]ze und dessen Ehefrau Wilhelmina Sophia, geb. Wurfbein. Er war Stadtleutnant, »später Wechselsensal und ab 1837 Bevollmächtigter bei der Feuerversicherungs-Anstalt.« (Dörffel) Von 1809 bis 1811 war er Mitglied der Gewandhauskonzert-Direktion und »galt ganz besonders als ein Freund des Orchesters und wirkte in ihm zu seinem Vergnügen eine Zeit lang als Violinspieler mit«. (Dörffel) »Das ausführende Personal beym großen Konzert für das Winterhalbjahr 1815 u*nd* 1816 ist folgendes … Prim-Violinen … Kaufmann Kunze …« (Grenser, 1815) ◆ »den 1. No*vember* trat Hr. Sensal Kunze freiwillig wegen Ueberhäufung mit andern Geschäften aus dem Theaterorchester. Der Dank aller Mitglieder folgt ihm, da er dem Orchester vielfältig durch seine Kenntnisse u*nd* Bekanntschaften große

Dienste geleistet, und seine Anhänglichkeit auch ferner versprochen hat. An seine Stelle als feste Extraperson bey den Violinen des Theaterorchesters trat Hr. [→ Fr.] Robert Sipp ein. Hrn. Kunzens Geschenke an die Institutskasse betrugen im letzten Jahre seiner Anstellung im Theaterorchester 23 Rthl. 20 Gr.« (Grenser, 1830)

LITERATUR: Nösselt; Dörffel; Grenser. QUELLEN: KAL: TfB St. Thomas.

|184 Hünerfürst, August Wilhelm
Violoncello, Violine
* 16. April 1794 in Neukirchen bei Borna,
† 15. Dezember 1879 in Reichenbach/Vogtland
Mitglied von 1815 bis März 1818 ◆ Im September 1817 Aufnahme in den Orchester-Pensionsfonds
2. Geiger und Cellist

Der Sohn von Christian Friedrich Hünerfürst, Pfarrer in Neukirchen bei Borna, war Schüler der Landesschule Grimma vom 29. April 1806 bis 17. März 1812. Er studierte dann an der Leipziger Universität, immatrikuliert am 30. April 1812. ◆ »Das ausführende Personal beym großen Conzert für das Winterhalbjahr 1815 und 1816 ist folgendes ... Violonzellos ... Hünerfürst Studiosus theologiae ...« (Grenser, 1815); »Im Februar wurde Herr [→ J. Chr. G.] Starke wegen seines fortgesetzten unsinnigen Betragens sowohl aus dem Conzertorchester, als auch aus dem Theaterorchester verwiesen, und seine Stelle wurde durch den Studiosus theologiae Hrn. Hünerfürst ersetzt« (Grenser, 1816); »im September bezahlten die Herren Hünerfurst, Musikdirektor [→ J. Ph. Chr.] Schulz, [→ C. H.] Scheibel und [→ Fr. W.] Sörgel ihr Eintrittsgeld ins Institut, jeder 5 Rthl.« (Grenser, 1817) ◆ »im März geht Hühnerfürst bey der 2. Violine von Leipzig ab nach Reichenbach ins Vogtland als Lehrer bey der Stadtschule. Er hatte einige Jahre im Conzert und Theater mitgespielt.« (Grenser, 1818) ◆ Von 1823 bis 1838 war er Kantor der Peterpaulskirche in Reichenbach/Sa., mußte dieses Amt aber wegen Taubheit aufgeben und übernahm dann den Kirchnerdienst.

LITERATUR: Dörffel Nr. 79; Grenser; Nösselt; Vollhardt; Neue Sächsische Kirchengalerie; C. G. Lorenz: Grimmenser-Album. QUELLEN: PfA Neukirchen: KB; PfA Reichenbach/Vogtland: StR; UniA: Rektormatrikel.

|185 Börner, Wilhelm Lobegott
Posaune, Kontrabass
* 24. Mai 1793 in Wermsdorf ◆ Schwager von
→ W. L. Barth
Mitglied von 1815 bis Juli 1829; auch bei der Kirchenmusik angestellt ◆ Am 30. September 1819 Aufnahme in den Orchester-Pensionsfonds
Kontrabassist für → C. E. M. Einert

Der Sohn von Johann Heinrich Börner, »musici Instrument zu Hubertusburg« (Taufeintrag), war verheiratet mit Johanna Juliane, geb. Barth, der Tochter des Grimmaer Stadtmusikus Gotthelf Wilhelm Barth. ◆ Wahrscheinlich war er bereits Geselle des Stadtmusikus → G. A. I. Maurer, als nach dessen Tod → W. L. Barth dessen Amt übernahm: »Anfang des Jahrs waren folgende Gehülfen beym Stadtmusikus [→ W. L.] Barth: [→ H. G.] Portig, [→ Chr. G.] Schlotter, Jänichen [→ J. Jehnigen], [→ J. F.] Schiefer, Börner« (Grenser, 1814); »Bei der Musik beyder Hauptkirchen waren angestellt ... Die Posaunen von Stadtpfeifergehülfen geblasen nämlich Alt von [→ J. G.] Zehrfeld; Tenor von Börner ...« (Grenser, 1816); »Hr. [→ C. G. W.] Wach giebt seine Orchesterstelle im Theater ganz auf; und nun wurde vom 1sten März an Hr. [→ J. G.] Temmler beym ersten Violone (Contrabaß) und Hr. Börner der beym Stadtmusikus Barth conditionirt hatte, beym 2ten Contrabaß angestellt« (Grenser, 1819); »den 30. September bezahlte der Contrabassist Börner 5 Rthl. Eintrittsgeld ans Institut.« (Grenser, 1819) ◆ »im July geht der 2te Contrabassist Hr. Börner als Kammermusikus nach Weimar. Er ist der Letzte der sein Eintrittsgeld 5 Rthl. aus dem Institute zurück bekam.« (Grenser, 1829) Er wird noch 1859 als Mitglied der dortigen Hofkapelle genannt.

LITERATUR: Dörffel Nr. 86; Grenser; Hempel; Staatshandbuch für das Großherzogthum Sachsen-Weimar-Eisenach. 1859. QUELLEN: KAL: TrB St. Nicolai; PfA Wermsdorf: KB; ThStA Weimar: GI 817, Bl. 1 ff.; StadtAL: Polizeimeldebücher Bleibende Einwohner.

|186 Belcke [Belke jun.], Christian Gottlieb
Flöte, Oboe
* 7. Juli 1796 in Lucka,
† 8. Juli 1875 in Lucka ◆ Bruder von → Fr. A. Belcke
Mitglied von 1815 bis 13. November 1832 ◆ Am 1. Januar 1819 Aufnahme in den Orchester-Pensionsfonds
2. Flötist für → G. H. Köhler

Der Sohn des Luckaer Stadtmusikus und Schuhmachers Christian Gottlieb Pölcke und dessen Ehefrau Rosina Dorthea, geb. Baurad, war Geselle des Stadtmusikus → W. L. Barth, später in Berlin Schüler von A. Schröck. ◆ »Das ausführende Personal beym großen Conzert für das Winterhalbjahr 1815 und 1816 ist folgendes ... Flöten: [→ C. A.] Grenser, Belke jun. Stadtpfeifergehülfe ...« (Grenser, 1815); »Bei der Musik beyder Hauptkirchen waren angestellt ... Hoboen: [→ H. G.] Portig und der Stadtpfeifergehülfe Belke jun. ...« (Grenser, 1816); »den 31. Januar bezahlen der Musikdirektor des Theaters und Thomasorganist [→ Fr.] Schneider und der neuerlich angestellte 2te Flötist Hr. Belke ihr Eintrittsgeld ans Institut, jeder 5 Rthl.« (Grenser, 1820); »vom 1sten July an, substituirt Hr. [→ G.] Wilh. Haake für den zweiten Flötisten des Orchesters Hrn. Belke der wegen gestörter Gesundheit auf ein Vierteljahr Urlaub hat, sich in seinen Geburtsort Lucka bey Altenburg begeben, wo sein Vater Stadtmusikus ist.« (Grenser, 1831) ◆ »den 13. November ging der 2te Flötist Hr. Belke vom Orchester ab, da er den Stadtmusikusdienst in Altenburgisch Luka, seinen Geburtsort übernommen hatte. An seine Stelle wurde sein bisheriger Substitut Hr. Wilh. Haake den 15. November ins Orchester und Institut aufgenommen.« (Grenser, 1832) Von 1834 bis 1841 war er auch Herzoglich Altenburgischer Kammermusikus an der neugegründeten Altenburger Hofkapelle.

WERKE: Flötenstücke; Märsche; Chöre u. Lieder. LITERATUR: Dörffel Nr. 85; Grenser; K. Gabler: Die Musikdynastie Belcke in Lucka. QUELLEN: StadtA Altenburg: Sammelmappe Gebrüder Belcke Sign. 1.5.2.2. AB 2.

|187 Belcke [Belke sen.], Friedrich August
Posaune
* 27. Mai 1795 in Lucka,
† 10. Dezember 1874 in Lucka ◆ Bruder von
→ Chr. G. Belcke
Mitglied von 1815 bis 1816
Bass-Posaunist

Der Sohn des Luckaer Stadtmusikus und Schuhmachers Christian Gottlieb Pölcke und dessen Ehefrau Rosina Dorothea, geb. Baurad, wurde 16jährig Schüler des Stadtmusikus Sachse in Altenburg und war später Geselle des Stadtmusikus → W. L. Barth in Leipzig. ◆ »Das ausführende Personal beym großen Conzert für das Winterhalbjahr 1815 und 1816 ist folgendes ... Flöten: [→ C. A.] Grenser, Belke jun. Stadtpfeifergehülfe ... Baßposaunen:

Belke sen. Stadtpfeifergehülfe.« (Grenser, 1815) ◆ Sein Auftritt als Solist auf der Bass-Posaune in dem Gewandhauskonzert am 6. April 1815 mit einem Potpourri von → C. H. Meyer gilt als bahnbrechend für den Einzug der Posaune als Soloinstrument in die Konzertsäle. Nachdem er mit dem gleichen Stück erfolgreich in Berlin auftrat wurde er Königlicher Kammermusikus in Berlin und war über 40 Jahre Mitglied der dortigen Hofkapelle, bis er 1858 wieder nach Lucka übersiedelte.

WERKE: Concertino f. Bass-Posaune; Trio f. 2 Hr. u. Bass-Posaune; Adagio f. 2 Posaunen concertant; 6 Duos f. 2 Bass-Posaunen; Duo concertante f. 2 Tromboni Basse; Fantasie f. Bass-Posaune; 7 Etüden f. Bass-Posaune mit Klavierbegleitung; 12 Etüden f. Bass-Posaune; Bearbeitung über den Choral *Wer nur den lieben Gott lässt walten* f. Bass-Posaune u. Orgel. LITERATUR: Nösselt; Grenser; Hempel; K. Gabler: Die Musikdynastie Belcke in Lucka.

1816

|188 **Cölln,**
Violine
1816 erwähnt
Geiger

»den 21. Juni reißte Hr. [→ B.] Campagnoli mit seinen beyden Töchtern, welche seit mehrern Jahren Sängerinnen im Concerte waren, nach Italien. Bis zu dessen Zurückkunft wurde Hr. Cöln aus Hamburg für ihn als Substitut angestellt. Hr. [→ H. A.] Mat[t]häi übernahm indessen die Concertmeisterstelle.« (Grenser, 1816)
Möglicherweise handelt es sich um: Georg Leonhard Wilhelm Cölln, * 20. August 1786 in Lüneburg, † 7. März 1875 in Hamburg. Er ist der Sohn des Lüneburger Organisten Joachim Justus Cölln und dessen Ehefrau Charlotte Friederike, geb. Schultz. Er wurde am 16. Oktober 1829 Bürger von Hamburg. Er war dort Tenorist, Musiklehrer und Mitglied der Singakademie. Sein Onkel ist Johann Heinrich Clasing.

LITERATUR: Nösselt; Grenser. QUELLEN: Staatsarchiv Hamburg: Hamburger Tonkünstler-Lexikon.

|189 **Mejo, August Wilhelm**
Viola
* 30. Januar 1791 in Nossen,
† 1. August 1886 in Chemnitz
Mitglied von 1816 bis Sommer 1821
Bratscher

Er ist das vierte von acht Kindern von Joachim Gotthilf Mejo, »Apotheker und med*icinae* prac*ticus*« (Taufeintrag). Er »erhielt seine erste Musikbildung in Oederan« (Bernsdorf) und war später Geselle des Stadtmusikus → W. L. Barth. ◆ »Die Stadtmusik, deren Amt is bey der Kirchenmusik zu assistiren, vom Thurme zu blasen … und die Tanzmusik für die Bürger zu besorgen, besteht aus … die Gehülfen … Mejo …« (Grenser, 1816); »November. Rothe wird bey den Violinen im Theater mit gebraucht, auch Mejo, [→ C. H.] Rückner, [→] Lorenz.« (Grenser, 1821) ◆ Er leitete später elf Jahre eine Privatkapelle in Domanze[53]/Schlesien. Von Ende 1832 bis 1867 war er Stadtmusikdirektor in Chemnitz und »hat sich um die Hebung der dortigen Musikzustände manche Verdienste erworben. Er war ein tüchtiger Violin-

und Klarinettspieler«. (Bernsdorf) Im Chemnitzer Opernhaus befindet sich eine Büste.

WERKE: »Ouvertüren, Stücke für Blasinstrumente u.s.w.« (Bernsdorf) LITERATUR: Dörffel Nr. 230; Bernsdorf; Grenser; Hempel; G. Schilling: Das musikalische Europa. QUELLEN: Ev.-Luth. Superintendentur Chemnitz: Totenbuch St. Jacobi; PfA Nossen: TfB.

|190 **Buchheim, Johann Gottlieb**
Viola, Violine
~ 16. November 1779 in Taucha,
† 12. Mai 1834 in Leipzig
Zwischen 1816 und 1833 erwähnt
1816 als Bratscher, 1832 als Geiger und 1833 als Erster Bratscher beim Kirchenorchester genannt

Er ist der Sohn von Gottlob Buchheim, »Bürger u*nd* Nachbar« (Taufeintrag), und dessen Ehefrau Marie Sophie, geb. Schmidt. ◆ »Bei der Musik beyder Hauptkirchen waren angestellt … Buchheim …« (Grenser, 1816); »Kirchen- u*nd* Stadtmusik … Buchheim …« (Grenser, 1831); »Buchheim, Leichenbitter[54], schickt zuweilen Substituten.« (StadtAL) ◆ »Um den 12. May starb an einer Gehirnentzündung Hr. […] Buchheim, 1ster Bratschist beym Kirchenorchester sonst Mitglied der Förstersche, ehemals Aronschen Musikgesellschaft, später selbst Haupt dieser Gesellschaft, die nun die Buchheimsche hieß, u*nd* welche seit Arons Zeit die beste unter den Garten u*nd* Tanzmusikchören war. Im Jahr 1816 etwa suchte der Stadtmusikus [→ W. L.] Barth seine alten Rechte zu behaupten, da diese Gesellschaft ihm den besten Verdienst wegnahm, und sie von Vocationen in der Stadt zu entfernen, was ihm auch nach langen Proceß, und nur auf den Grund des alten Kaiserlichen Privilegiums (was wie ich selbst gesehen auf Pergament geschrieben und mit dem Siegel in einer hölzernen Kapsel versehen war, und nun vom Rath aufbewahrt wird) und der Stadtobrigkeitlichen Begünstigung (hauptsächlich des Bürgermeisters Einerts u*nd* Aktuar Müllers) nach langen Prozeß gelang. Zur Beendigung des Prozesses mochte wohl auch nicht wenig beygetragen haben, daß der Magistrat dem eifrigsten Gegener Barths Herrn Buchheim eine vacante Hochzeit- u*nd* Leichenbitterstelle antrug und dieser annahm, welcher er auch bis jetzt vorgestanden hat. Die Musikgesellschaft hat nach seinem Abgange unter Hrn. [→ J. R.] Wunderlich fortbestanden, durfte aber kein neues Mitglied aufnehmen und hat sich im vorigen Jahre Michaeli, mit den abgegangenen Stadtpfeifergesellen unter Direktion des Hrn. [→ C. Tr.] Queisser vereinigt.« (Grenser, 1834)

LITERATUR: Nösselt; Grenser; Hempel. QUELLEN: PfA Taucha: TfR; StadtAL: Tit. VII B 147, Vol. I, Bl. 44 ◊ Leichenbücher/Leichenschreiberei ◊ Polizeimeldebücher Bleibende Einwohner.

|191 **Wünsch[e],**
Trompete
1816 erwähnt
Als Trompeter bei der Kirchenmusik angestellt

»Bei der Musik beyder Hauptkirchen waren angestellt … Trompeten: Wünsch …« (Grenser, 1816)

LITERATUR: Nösselt; Grenser.

---

53 Heute Domanice (Polen).

54 Frühe Form des Bestattungsunternehmers, der im Auftrag der Hinterbliebenen alle mit der Beerdigung zu erledigenden Aufgaben übernahm; zur Leiche bitten, zum Leichenschmaus, zur Trauerfeier.

1817

|192 Schulz, Johann Philipp Christian
Musikdirektor
* 24. September 1773 in Langensalza,
† 30. Januar 1827 in Leipzig
Am 1. September 1817 Aufnahme in den Orchester-Pensionsfonds
Musikdirektor der Gewandhauskonzerte vom 31. Juli 1810 bis zu seinem Tod für → J. G. Schicht

Er ist der Sohn von »Herrn Michael Schultzen, dem Postschaffner allhier, und dessen Ehegattin Frauen Maria Elisabeth Henrietta gebohrnen Weidemann aus Coburg« (Taufeintrag), wo der Großvater Hofjuwelier war. Er besuchte die Thomasschule ab 1783, trat zu dieser Zeit bereits als Diskantist in den Gewandhauskonzerten auf und studierte dann an der Leipziger Universität Theologie, immatrikuliert am 5. April 1793, und wurde Schüler von J. G. Schicht. ◆ Von 1800 bis 1810 war er Kapellmeister am Theater. 1813 »übernahm der Musik*direktor* Schulz die Singakademie [→ Fr. W.] Riem's, als dieser als Organist nach Bremen abging. Beide, die [→ Fr.] Schneidersche *und* Schulzsche Singakademie halten ihre Versammlungen im Vorzimmer des Concertsaals auf den Gewandhause *und* haben eine gesellschaftliche Einrichtung.« (Grenser, 1813) »Anfang August gab Hr. [→ C. G. W.] Wach sein Secretairamt beym Institute ab, welches nun vom Conzertdirektorium dem Musikdirektor des Conzert Hrn. Schulz übertragen wurde, zu welchem Behuf letzterer in das Institut aufgenommen werden mußte. Seine erste Sorge war nun zwey Conzertdirektoren als Depuirte des Conzertdirektoriums fürs Institut als Rathgeber bey rechtlichen *und* finanziellen Fällen zu erbitten. Es waren dies Hr. Assessor Dr. Dörjen *und* der Kaufmann Hr. Seyffert. Bey letztern wurde zugleich die Casse des Instituts deponiert, auch entwarf letzterer neue Institutsgesetze, die auch den 7ten Aug*ust* mit einigen Abänderungen von den Institutsmitgliedern angenommen wurden.« (Grenser, 1817) »in der Institutsconferenz *den* 16. Sept*ember* legte Hr. Wach sein seit 30 Jahren geführtes Secretairamt nieder, *und* übergab sein geführtes Protokoll. Musikdirektor Schulz wurde nun zum Secretair gewählt; ins Institut war er schon seit einem Jahre aufgenommen, und hatte seit jener Zeit fast Alles schon geleitet. Hr [→ C. G.] Fischer *und* Hr. Mag*ister* [→ J. Fr. Chr.] Kühn behielten ihre Institutsämter.« (Grenser, 1817) »Schulz wird Musikdirektor der Universität. Er komponirte *und* dirigirte ein Salvum fac regem in der Universitätskirche zur Jubiläumsfeyer des Königs.« (Grenser, 1818)
Sekretär des Orchester-Pensionsfonds vom 16. September 1818 bis 1827 für → C. G. W. Wach.[[Abb. Böhm 64]]
WERKE: Schauspielmusiken; Chöre u. Lieder. LITERATUR: Dörffel Nr. 80; Grenser; Riemann I u. II; Schering. QUELLEN: PfA Bad Langensalza: TfR St. Bonifacii.

|193 Scheibel, Carl Heinrich
Oboe
~ 4. August 1785 in Auma,
† 26. Februar 1818 in Leipzig
Mitglied vom 1. September 1817 bis zu seinem Tod ◆ Mitglied des Orchester-Pensionsfonds
2. Oboist

Der Sohn von »Johann Heinrich Scheibe [sic!], Mus*ikus*« (Taufeintrag), und Auguste Louise Ludwig, war ab 1812 als Hof-Pfeifer beim Oberhofmarschallamt des Dresdner Hofes angestellt[55] und wird im Hoftagebuch von 1817 als Oboist der Königlichen Kapelle genannt. ◆ »August. Der bisherige erste Oboist Hr. [→ H. G.] Portig, wird an die zweite Hoboe gesetzt, und an seine Stelle zur 1sten Hoboe kommt Hr. Scheibel, der deswegen aus der Dresdner Hofkapelle tritt, was schon anzeigte, der er einen schwachen Verstand haben mußte. Denn ein Kluger sucht im Gegentheil von Leipzig weg in eine Capelle zu kommen.« (Grenser, 1817) »Als der Hoboist Hr. Scheibel *den* 5. Feb*ruar* mit einem Potpourri von [→ C. A.] Claus sich im großen Conzerte hatte hören lassen, und er kein Zeichen des Beifalls bemerkte, nahm seine Geistesschwäche dergestalt zu, daß er Sonntag *den* 8. Feb*ruar*, nach dem Schlusse des Schauspiels: ›Welcher ist der Bräutigam‹, in dem Theaterorchester auf einen Stuhl sprang, und in einer Rede ans Publikum um Verzeihung wegen seines Spiels im Conzerte bat, und es auf künftig bessere Leistungen vertröstete. Einige Orchester Mitglieder machten der Rede ein gewaltsames Ende, indem sie ihn ergriffen, *und* zum Orchester hinaus trugen. Er lief sogleich nach Hause. Der Theaterarzt Hr. Dr. Wendler ging ihm sogleich in seine Wohnung nach, *und* traf Vorsichtsmasregeln; demungeachtet gelang es ihm noch dieselbe Nacht sich die Kehle mit einem Barbiermesser zu durchschneiden. Er starb an dieser Verwundung in der Nacht vom 26. bis 27. Febr*uar* im Jacobsspital. Zur Beerdigung Scheibels wurden *den* 4. März vom Institute 5 Rthl. ausgezahlt, *und* die hinterlassene Wittwe[56] mit 3 Kindern vom Monat März an mit 2 Rthl. monathlich pensionirt. Der bisherige 2te Oboist Hr. Portig wurde nun wieder erster Hoboist, *und* zur 2ten Hoboe wurde Hr. [→ J. G. Tr.] Drobisch angenommen.« (Grenser, 1818) ◆ Im Leichenbuch heißt es: »Ein Mann 33 Jahre Hr. Carl Heinrich Scheibe, Musikus … welcher sich am 9. Feb*ruar* aus Wahnsinn durch einen Schnitt in den Hals verletzt hatte, im Jacobs Spital † 26. Feb*ruar*«.
LITERATUR: Dörffel Nr. 81; Grenser; Königlich Sächsischer Hof- und Staatskalender. 1812 f; Tage-Buch des Königlich Sächsischen Hoftheaters. 1817. QUELLEN: PfA Auma: KB; StadtAL: Leichenbücher/Leichenschreiberei ◊ Polizeimeldebücher Bleibende Einwohner.

|194 Sörgel, Friedrich Wilhelm
Violine
* 3. April 1790 in Rudolstadt,
† 11. Juni 1870 in Nordhausen
Mitglied von 1817 bis 1826 ◆ Vom 1. September 1817 bis 1824 Mitglied des Orchester-Pensionsfonds
1. Geiger

Der Sohn von Johann Carl Friedemann Sörgel, »Fürst*lich* Schwarzburgischer Hofagent« (Taufeintrag), hatte in Rudolstadt Geigenunterricht bei Traugott Maximilian Eberwein und Theorie bei Heinrich Christoph Koch, einem Schüler von → C. G. Göpfert. In einer Aufstellung der Musiker der Hofkapelle Rudolstadt von 1811 wird unter den Violinisten ein »Hr. Sergel«

---

[55] Das Oberhofmarschallamt beschäftigte 1812 9 Trompeter, 2 Trompetenscholaren, 1 Pauker und 12 Pfeifer.

[56] »Im October kam die Wittwe Scheibel, die durch Wegzug von Leipzig im J. 1825 ihre Pension vom Institute verloren hatte, wiederum nach Leipzig und verlangte aufs neue Pension, was ihr aber abgeschlagen werden mußte. Sie bekam aber ein Geschenk von 10 Rthl. zur Bezahlung ihrer Schulden u. zur Reise zu ihren Schwager nach Chemnitz d. 24. December« (Grenser, 1819); »d. 7. Januar war die Wittwe Scheibel wieder von Chemnitz nach Leipzig gekommen, und ohne hier irgend Jemanden zu sprechen, wo sie doch sonst Hülfe gefunden hatte, stürzte sie sich noch denselben Abend von der Brücke der Barfußmühle in die Pleiße u. endigte darin ihr Leben.« (Grenser, 1830)

genannt, möglicherweise ist damit Sörgel gemeint. Er war 1811 Student in Jena und machte 1817 eine Reise durch Süddeutschland und die Schweiz. ♦ »Die Personen des Orchesters beym neuen Stadttheater sind folgende … Second Violinen … Sörgel« (Grenser, 1817); »… an die Stelle des Hrn. [→ Chr. A.] Cunz bey den Violinen wurde neu angenommen Hr. Sörgel.« (Grenser, 1817) ♦ »Das Institutsmitglied Sörgel geht ab nach Nordhausen als Kantor« (Grenser, 1824); »den 22. Februar bekam der Cantor Sörgel, sonst Mitglied des Instituts, das zurückgeforderte Eintrittsgeld 5 Rthl. aus der Institutskasse zurück.« (Grenser, 1826) Er schied 1824 aus dem Orchester-Pensionsfonds aus, war aber noch bis 1826 im Konzert tätig. Später war er Kantor und Musikdirektor in Nordhausen.

WERKE: 1 Sinfonie; 1 Ouvertüre; 1 Klavierquartett; Streichquartette; Kammermusik f. Klavier u. Vl., Vl. allein. LITERATUR: Dörffel Nr. 83; Bernsdorf; Grenser; Hempel; P. Larsen: Musik am Rudolstädter Hof. QUELLEN: PfA Rudolstadt: KB.

1818

|195 **Schneider, Johann Christian F r i e d r i c h**
Musikdirektor im Theater
* 3. Januar 1786 in Altwaltersdorf/Oberlausitz,
† 23. November 1853 in Dessau
Vom 1. Januar 1818[57] bis 1821 Mitglied des Orchester-Pensionsfonds

Er ist einer der drei Söhne von Johann Gottlob Schneider, einem gelernten Weber aus Altwaltersdorf, der später Organist in Alt-Gersdorf wurde. Von 1798 bis Michaelis 1805 besuchte er das Gymnasium in Zittau, wo Heinrich Marschner einer seiner Mitschüler war. Er studierte dann an der Leipziger Universität, immatrikuliert am 18. Oktober 1805, und wurde 1806 Gesangslehrer an der Ratsfreischule. ♦ Als Musikdirektor des 1817 neu gegründeten Stadttheaters überredete er die Mitglieder des Orchesters, die von Theaterdirektor Karl Theodor Küstner [→ Küstner] angebotenen Verträge anzunehmen, welche sich zwar zunächst als finanzielle Verschlechterung darstellten, aber letztlich der Stabilität des Orchesters dienten. → C. A. Grenser schrieb dazu: »Indessen hatte der neue Unternehmer des Theaters … einen Musikdirektor in der Person des Herrn Schneider, Organisten an der Thomaskirche angenommen, mit welchem er den Plan machte, sich des Orchesters fester zu versichern, so wenigstens, dass immer bey Opern auf ein zusamgespieltes Orchester gerechnet werden konnte, da bey sehr geringer Bezahlung und oft einfallender Pausen beym Wechsel der Truppen, den Orchestermitgliedern wegen des nöthigen Extraverdienst sogar bey Opern hatte Nachsicht gestattet werden müssen. Nun war aber die Bezahlungsart für die neu aufgelegte vermehrte Dienstbarkeit engherzig genug entworfen, nämlich für den unbedingten Dienst die ersten Stimmen 200 R. und die übrigen Stimmen 150 R.. Dem Conzertmeister 400 R.. Jetzt war die Einheit, ein gewisser Esprit de Corps des Orchesters recht zu vermissen. Seit einem Vierteljahre ging jedes Orchestermitglied seinem Extraverdienste nach, es war also kein allgemeines Zusammentreffen möglich, da auch nicht eins der Mitglieder den Gedanken fasste, oder den Muth hatte, eine Beratung in dieser Sache mit Allen andern vorzunehmen … und so geschah es denn, daß jedes Orchestermitglied einzeln von Herrn Musikdirektor Schneider vorgenommen und zur Annahme des Contractlichen Engagements bereidet wurde … den 1sten August 1817 bekam nun Jedes Orchstermitglied des Theaters seinen Contract …« (zit. nach Nösselt)[58]; »den 1. Januar tritt der Theatermusikdirektor Hr. Fr. Schneider dem Institute als Mitglied bey, wozu die Möglichkeit durch die veränderten Gesetze des Instituts im vorigen Jahre 1817 vorbereitet worden war.« (Grenser, 1818) ♦ 1821 ging er als Hofkapellmeister nach Dessau. ♦ Er war der Solist der Uraufführung des 5. Klavierkonzertes von Beethoven im Gewandhauskonzert am 28. November 1811. ♦ Seine Brüder sind Johann Gottlieb Schneider (* 1797, † 1856), später Organist an der evangelischen Gnadenkirche in Hirschberg[59]/Schlesien und Johann Gottlob Schneider (* 1789, † 1864), 1811/12 Organist an der Leipziger Universitätskirche und von 1825 bis zu seinem Tod Hoforganist in Dresden.

1807 Organist und 1810 Musikdirektor der Universitätskirche für → J. G. Schicht, der Thomaskantor wurde; Kapellmeister am Theater von 1810 bis 1. März 1821 für → J. Ph. Chr. Schulz, der Musikdirektor der Gewandhauskonzerte wurde; Organist der Thomaskirche von 1813 bis 1821 für den verstorbenen → Chr. Tr. Fleischmann; 1816 übernahm er die Leitung der Singakademie von → J. G. Schicht; ab 1817 Musikdirektor am neu gegründeten Stadttheater ♦ Lehrer von → C. F. Becker.

WERKE: 7 Opern; 17 Oratorien, u. a. *Das Weltgericht*; 23 Sinfonien; Ouvertüren; Klavierquartette, Violin- Flöten- und Klaviersonaten; 25 Kantaten; 5 Hymnen; 13 Psalmen; ca. 400 Chorlieder und 200 Klavierlieder; Elementarbuch der Harmonie und Tonsetzkunst; Vorschule der Musik; Handbuch des Organisten. LITERATUR: Dörffel Nr. 87; Grenser; MGG I; Riemann I; Vollhardt; Album des Gymnasiums zu Zittau, bearb. v. O. Friedrich.

|196 **Drobisch, Johann Gottfried Traugott**
Oboe, Klarinette
* 25. Mai[60] 1784 in Oberspar bei Meißen,
† 21. Februar 1848
Mitglied vom 1. März 1818 bis 15. März 1837 ♦ Mitglied des Orchester-Pensionsfonds
2. Oboist für → H. G. Portig, ab Juli 1829
2. Klarinettist für → Fr. A. F. Heinze.

»… zur 2ten Hoboe wurde Hr. Drobisch angenommen« (Grenser, 1818); »den 1. Januar bezahlte der 2te Hoboist Drobisch 5 Rthl. Eintrittsgeld ins Institut« (Grenser, 1819); »… an die so erledigte 2te Klarinettstelle geht Hr. Drobisch, bisher 2ter Hoboist …« (Grenser, 1829)

LITERATUR: Dörffel Nr. 82; Grenser. QUELLEN: PfA Meißen: KB.

|197 **Nörr** [Nerr, Neer], **Georg Wilhelm**
Violine
* 11. April 1797 in Kitzingen
Im März 1818 als Geiger erwähnt

Er ist das vierte von acht Kindern des Kantors und Schullehrers Andreas Ludwig Nörr und dessen Ehefrau Friederika Wilhemina, geb. Rieß, und studierte an der Leipziger Universität, immatrikuliert am 27. April 1818. »… der Student Neer spielt nun an dessen [→ A. W. Hünerfürsts] Stelle.« (Grenser, 1818)

LITERATUR: Nösselt; Grenser. QUELLEN: PfA Kitzingen: KB; UniA: Rektoratrikel.

---

57 Dörffel nennt den 1. Januar 1820.

58 Nösselt zitiert Grenser; dort ist diese Textstelle nicht zu finden, offensichtlich standen ihm auch heute verschollene Aufzeichnungen Grensers zur Verfügung.

59 Heute Jelenia Gora (Polen).

60 Dörffel nennt den 24. Mai als Geburtstag.

|198 Hübel,
Violine
Mitglied von 1818 bis 1819
Geiger im Konzert

»Der Student Hr. Hübel von Dresden der im Winter 1818–19 als Violinist im Conzerte mitgespielt hatte, [überließ] sein Honorar dafür dem Institute.« (Grenser, 1818)

Die Matrikel der Leipziger Universität verzeichnen die Dresdner Heinz Richard Alexander Hübel (1817), Mauritius Albert Hübel (1818) und Gustav Ludwig Hübel (1818). Wahrscheinlich handelt es sich um: Gustav Ludwig Hübel, * 12. Mai 1800 in Dresden. Der Sohn des Hofrates Dr. Moritz Ludwig Hübel war ab 1815 Schüler von St. Afra in Meißen und studierte dann an der Leipziger Universität, immatrikuliert am 21. April 1818. Er verließ 1819 die Stadt, ging für ein Jahr nach Heidelberg und kehrte dann nach Leipzig zurück. 1822 promovierte er zum Dr. jur., wurde 1826 Prokurator beim Sächsischen Finanzministerium, 1828 Oberkonsistorialrat und 1832 Geheimer Kirchenrat.

LITERATUR: Nösselt; Grenser; C. G. Biener: Procancellarius Christian Gottlob Bienerus; Königlich Sächsischer Hof- Civil- und Militärstaat. 1826 u. 1828; Königl. Sächs. Hof- Staats- und Militair-Behörden. 1832; J. H. Stepf: Gallerie aller juridischen Autoren … QUELLEN: UniA: Rektormatrikel.

|199 Grund,
Violine
1818 als Geiger erwähnt

»Michaeli. Herr Grund Violinist beym Conzertorchester«; »September. Hr. Grund, Violinist substituiert noch bey Theaterorchester.« (Grenser, 1818) Möglicherweise handelt es sich um: Eduard Grund, * 31. Mai 1802 in Hamburg, † 25. Mai 1871 in Meiningen. Sein Vater Georg Friedrich Grund, Musiklehrer und Kapellmeister am Ackermannschen Schauspielhaus und seine Mutter Chr. Eleon., geb. Steinert, kamen 1787 von Sorgau[61]/Schlesien nach Hamburg. Er selbst war u. a. Schüler von Louis Spohr. ♦ »den 11. December gab der Violinspieler Grund aus Hamburg ein Extrakonzert.« (Grenser, 1820) Er war von 1822 bis 1825 Konzertmeister, von 1829 bis 1857 Hofkapellmeister in Meiningen. ♦ Sein Bruder Friedrich Wilhelm Grund (* 1791, † 1874), eines seiner elf Geschwister, gründete 1819 die Hamburger Singakademie und war Leiter der philharmonischen Konzerte von 1828 bis 1862, seine Schwester Christiane Eleonore, verh. Sengstack, war Konzertsängerin und Klaviervirtuosin.

WERKE: »Violinconcert componirt und gefälligst vorgetragen von Herrn Grund, Herzoglich Sächsisch Meiningscher Kapellmeister.« (Grenser, 1830) LITERATUR: Nösselt; Grenser; MGG I; Riemann II; C. Mühlfeld: Die Herzogliche Hofkapelle in Meiningen. QUELLEN: Staatsarchiv Hamburg: R. Dettling: Kurzbiographien hamburgischer Musiker ◊ Hamburger Tonkünstler-Lexikon.

|200 Reißiger, Carl Gottlieb
Violine, Viola
* 31. Januar 1798 in Belzig bei Wittenberg,
† 7. November 1859 in Dresden
Mitglied von 1818 bis 1820
2. Geiger und Bratscher

Ersten Klavier- und Violinunterricht erhielt er von seinem Vater, dem Kantor Christian Gottlieb Reißiger, der ein Schüler von → D. G. Türk war. 1811 wurde er Schüler der Thomasschule und trat als solcher bereits als Altus im Gewandhauskonzert auf. »Personale des Conzerts im Gewandhause in Leipzig, während des Winters 1812–13 … Solosängerinnen und Sänger … Alt. Der Thomaner Reissiger …« (Grenser, 1813) Klavierunterricht hatte er bei Thomaskantor → J. G. Schicht, ab 1816 war er Präfekt. Er studierte dann an der Leipziger Universität Theologie, immatrikuliert am 27. April 1818, brach das Studium aber noch im selben Jahr ab. »zweite Hälfte des Jahrs. Monsieur Reissiger substituirt oft bey der Bratsche im Theater« (Grenser, 1818); »Sommer. Hr. Reissiger substituirt noch oft im Theaterorchester, Bratsche oder zweite Violine.« (Grenser, 1819) ♦ Er ging 1821 mit einem Stipendium der preußische Regierung nach Wien und München, lebte ab 1823 in Berlin und bereiste 1824/25 Italien, um für die Neuorganisation der Berliner Lehranstalten das europäische Musikbildungswesen kennenzulernen. 1826 wurde er Musikdirektor der Deutschen Oper in Dresden als Nachfolger von Carl Maria von Weber und 1828 zum Hofkapellmeister ernannt. ♦ Sein Bruder Friedrich August Reißiger (* 1809, † 1883) war in Berlin Schüler von → S. W. Dehn.

WERKE: Opern; 1 Fötenkonzert; 1 Concertino f. Klarinette; 1 Streichquintett; 1 Klavierquintett; 8 Streichquartette; 6 Klavierquartette; 27 Klaviertrios; 2 Violinsonaten; 1 Klarinettensonate; Klavierstücke u. Lieder, 10 große Messen u. a. Kirchenmusik. LITERATUR: Dörffel Nr. 231; Grenser; MGG I; Riemann I. QUELLEN: Archiv Thomasalumnat: Album Alumnorum Scholae Lipsiensis.

1819

|201 Grassi, Franz Joseph
Violine
* um 1775[62], † 1847 in Leipzig
Zwischen 1819 und September 1825 erwähnt,
nach 1822 nur noch im Theater
1. Geiger.

Sein Vater Joseph Peter Grassi und seine Mutter, geborene Buzzi aus Lucca, wanderten Mitte des 18. Jahrhunderts aus Italien nach Deutschland ein. Franz Joseph war verheiratet mit einer geborenen Rossi und gründete 1803 in der Leipziger Hainstraße eine Farbwarenhandlung und ca. 1815 ein Kommissions-, Speditions- und Wechselgeschäft. ♦ Er überließ das Honorar für seine Mitwirkung dem Orchester-Pensionsfonds. »Hr. Grassi ist freiwilliger Violinspieler beym Theaterorchester« (Grenser, 1821); »Der Kaufmann Hr. Grassi spielt als Volontair die Violine im Theater- und Conzertorchester seit 1820 und hat der Institutskasse schon manchen Thaler geschenkt« (Grenser, 1821); »Im September bey der in diesem Monat gewöhnlichen Regulierung des Conzertorchesters legte der Freywillige, Hr. Kaufmann Grassi seine Stelle als erster Prim Violinist nieder.« (Grenser, 1822) Am 16. September 1822 wandte er sich an Musikdirektor → J. Ph. Chr. Schulz: »… Höflichst dankbar, für den mir vergönnten Vorzug, seit 3 Jahren in dem Concert spielen zu dürfen, muß ich für die Folge, aus guten Gründen, auf dieses große Vergnügen Verzicht leisten, ich zeige Ihnen dieses der Ordnung halber nach an und empfehle mich ergebenst.« (zit. nach Dörffel) Es ist unbekannt, welches Vorkommnis der Grund für sein Ausscheiden war. Die Gewandhaus-Konzertdirektion schrieb am 18. September an Musikdirektor Schulz: »Da wir unsererseits wohl gethan haben was wir konnten, so wird die Sache nun ruhen bleiben.« (zit. nach Dörffel) »Im September geht Herr Grassi vom Theaterorchester ab, wo er der 6te

---

61 Heute Troska (Polen).

62 Nach Dörffel war er 1825 50 Jahre alt.

Geiger war, bey den 1sten Violinen.« (Grenser, 1825) ♦ Sein Sohn Franz Dominic Grassi, der schon zu Lebzeiten als großzügiger Stifter auftrat und kinderlos starb, setzte die Stadt zur Universalerbin seines 3,3 Millionen Mark umfassenden Vermögens ein. 60.000 Mark aus diesem Vermögen wurden 1881 dazu verwandt, den Orchester-Pensionsfonds in die Lage zu versetzen, die Anzahl der pensionsberechtigten Stellen von 32 auf 52 zu erhöhen.

LITERATUR: Dörffel Nr. 232; Grenser; Nösselt; H.-C. Mannschatz: Die Leipziger Stadtbibliothek.

|202 Dehn, Siegfried Wilhelm
Violoncello
* 24. Februar 1799 in Altona,
† 12. April 1858 in Berlin
Von 1819 bis 1824 erwähnt
Cellist im Konzert

Der Sohn des jüdischen Bankiers Salomon Dehn und dessen Ehefrau Ester, geb. Israel, hieß vor der Taufe Simon Dehn. Sein Vater wird in den Altonaer Adreßbüchern als Bankier in der Firma Israel & Dehn genannt. Er studierte von 1819 bis 1823 an der Leipziger Universität Jura, immatrikuliert am 13. Mai 1819. Neben dem Studium nahm er Unterricht bei dem Organisten der Peterskirche Johann Andreas Tröbs und »vervollkommnete sich im Cellospiel«. (Riemann) »Hr. Baron von Dehn spielte im Conzert das 3te Violonzell in den Jahren 1819, 20, 21, als Volontair, und schenkte sein Honorar der Institutskasse« (Grenser, 1821); »August. Der Student Dehn substituirt beym Violonzell im Theater« (Grenser, 1822); »Als Gehülfen bey der Theatermusik sind erwähnt ... Dehn ...« (Grenser, 1823); »Als Gehülfen bey der Theatermusik sind zu nennen ... Dehn ...« (Grenser, 1824) ♦ Nach Riemann erhielt er bereits 1823 eine Anstellung bei der schwedischen Gesandtschaft in Berlin, »1829 verlor er sein väterliches Vermögen und machte nun die Musik zum Lebensberuf.« (Riemann I) 1842 wurde er auf Empfehlung Giacomo Meyerbeers Kustos der späteren Musikabteilung der Königlichen Bibliothek, die durch ihn geordnet und katalogisiert wurde. In seine Amtszeit fällt der Erwerb zahlreicher Nachlässe, darunter die Beethoven-Autographen. Er war auch Theorie- und Kompositionslehrer, u. a. von Michail Glinka, Peter Cornelius, Anton Rubinstein und Friedrich August Reißiger, dem Bruder von → C. G. Reißiger. Außerdem hat er sich große Verdienste als Herausgeber erworben, u. a. mit den Bänden 15–23 der Peters-Ausgabe der Werke Bachs (Œuvres complets); von 1842 bis 1848 redigierte er die Zeitschrift *Cäcilia* ♦ Warum er von Grenser in den ersten Jahren seines Leipziger Aufenthaltes als »Baron von Dehn« bezeichnet wurde, ließ sich nicht feststellen.

WERKE: zahlreiche musiktheoretische Veröffentlichungen. LITERATUR: Dörffel Nr. 233; Grenser MGG I; Riemann I u. II; H. Fey: Schleswig-Holsteinische Musiker von der ältesten Zeit bis zur Gegenwart. QUELLEN: UniA: Rektormatrikel; Staatsarchiv Hamburg: R. Dettling: Kurzbiographien hamburgischer Musiker ◊ Hamburger Tonkünstler-Lexikon ◊ Sign. 424-2 Stadtbücher der Stadt Altona, I c 2 Bd. 4, S. 204; StadtAL: Polizeimeldebücher Studenten.

1820

|203 Kapp,
Violine
Im November 1820 erwähnt
Geiger im Theater

»*November*. Der Name Kapp kommt bey den Violinen im Theater vor.« (Grenser, 1820)
Möglicherweise handelt es sich um: Heinrich Ferdinand Kappe, * 11. August 1793 in Weida, † 1848. Er ist der Sohn von Johann Caspar Kappe, »Sergeant bey*m* löbl*ichen* Infanterie-Regiment von Lind u*nd* zwar bey des Hauptmanns Glück Kompanie und Frau Johanne Eleonore gebohrene Sandizin.« (Taufeintrag) Einer seiner Taufpaten war u. a. der Weidaer Kantor Christian Friedrich Wagner. Er studierte an der Leipziger Universität, immatrikuliert am 14. Mai 1817, verließ Leipzig 1822 und war später Pfarrer in Thränitz bei Gera.

LITERATUR: Grenser. QUELLEN: UniA: Rektormatrikel; PfA Weida: TfR; StadtAL: Polizeimeldebücher Studenten.

|204 Becker, Carl Ferdinand
Violine
* 17. Juli 1804 in Leipzig, † 26. Oktober 1877 in Leipzig
Mitglied von 1820 bis 1833
1. Geiger im Konzert, von 1821 bis 1824 auch im Theater

Er ist der zweite Sohn des Arztes Dr. Gottfried Wilhelm Becker. Nachdem er vorher lediglich Privatunterricht hatte, war er von 1811 bis 1815 Schüler der Nicolaischule, um sich danach »blos der Musik zu widmen«. (zit. nach Rosenmüller) Seine Lehrer waren → J. G. Schicht, → Fr. Schneider und der Organist der Peterskirche Johann Andreas Tröbs. ♦ »Hr. Becker mit den Violinen im Theater angestellt« (Grenser, 1821); »Als Gehülfen bey der Theatermusik sind zu nennen ... Becker ...« (Grenser, 1823) ♦ Er trat zwischen 1822 und 1826 mehrmals als Klaviersolist in den Gewandhauskonzerten auf. Von 1834 bis 1850 schrieb er für die *Neue Zeitschrift für Musik*, übernahm 1842 und von 1844 bis 1846 interimistisch die Schriftleitung der *Allgemeinen Musikalischen Zeitung* und veröffentlichte außerdem Artikel in mehreren Zeitungen und Zeitschriften. Im Frühjahr 1854 zog er sich aus dem öffentlichen Leben zurück. Nachdem bereits sein Vater die Stadt Leipzig zur Universalerbin bestimmt hatte, »zum Unterhalte und zur Ausbildung armer männlicher und weiblicher Blinder« (zit. nach Rosenmüller), schenkte er sein Elternhaus am Matthäikirchhof 12, seine Musikaliensammlung und seine umfangreiche Bibliothek der Stadt Leipzig gegen Zahlung einer Leibrente.

Organist der Peterskirche von 1825 bis 1837; Organist der Nikolaikirche von 1837 bis 1854 für → A. H. Müller ♦ Lehrer am Leipziger Konservatorium von 1843 bis 1863 »für Orgel und Vorlesungen über musikalische Gegenstände« (Röntsch) ♦ Ehrenmitglied der Leipziger »Euterpe« und der Gesellschaft der Musikfreunde in Wien.

WERKE: Rathgeber für Organisten. 1828; Systematisch-chronologische Darstellung der musikalischen Literatur. 1836, Nachtrag 1839; Hausmusik in Deutschland in dem 16., 17. und 18. Jahrhundert. 1840; Die Tonwerke des 16. und 17. Jahrhunderts, oder systematisch-chronologische Zusammenstellung der in diesen zwei Jahrhunderten gedruckten Musikalien. 1847; Alphabetisch und chronologisch geordnetes Verzeichniß einer Sammlung musikalischer Schriften. 1843; Die Tonkünstler des 19. Jahrhunderts; Ein kalendarisches Handbuch zur Kunstgeschichte. 1849; Aufsätze in der *Allgemeinen Musikalischen Zeitung*, der *Neuen Zeitschrift für Musik*, der *Cäcilia*, *Eutonia* u. a.

LITERATUR: Dörffel Nr. 234; Grenser; P. Röntsch: Das Königliche Konservatorium der Musik zu Leipzig 1843 bis 1918; A. Rosenmüller: C. F. Becker.

|205 Friedel,
Violine
Mitglied von 1820 bis 1833
2. Geiger im Konzert

Möglicherweise handelt es sich um: Friedrich Wilhelm Friedel, * 27. Oktober 1797 in Ernstthal[63] bei Chemnitz. Der Sohn des »Bürgers und Weißbäckers« (Taufeintrag) Carl Friedrich Friedel und dessen Ehefrau Johanna Christiana Concordia, geb. Leuschel, war in Leipzig »Güterbestäter« und »General-Aczise-Kassen-Controleur« bei der »General-Aczise«. Nach 1833 wird er in den Leipziger Adreßbüchern nicht mehr genannt.

LITERATUR: Dörffel Nr. 235; AB 1830 ff. QUELLEN: PfA Hohenstein-Ernstthal: TfR St. Trinitatis.

|206 Just, August
Violoncello
* 20. Juni 1800 in Muskau
Mitglied von 1820 bis 1. Juni 1827 ♦ Am 30. Juni 1821 Aufnahme in den Orchester-Pensionsfonds
Cellist für → J. Chr. G. Starke, der nur noch im Konzert mitwirkte

Er war ab 1817 als Musiker in Zittau tätig und kam 1820 nach Leipzig, »wo er auf dem Violoncell den Unterricht eines Schülers Romberg's, Namens Weise, und in der Theorie der Musik den [→ J. G.] Schicht's erhielt.« (Ledebur) »Sept*ember.* Der Name Just kommt beym Violoncell im Theater vor.« (Grenser, 1820) ♦ »Im May verreiste der zweite Violonzellist Hr. Just während der Landtrauer u*nd* meldete bald brieflich seine Anstellung in Berlin als Kammermusikus, forderte die 5 Rthl. Eintrittsgeld aus dem Institute zurück, die ihm auch sogleich überschickt wurden.« (Grenser, 1827) Später war er Schüler von Bernhard Romberg, den er auf mehreren Reisen begleitete.

WERKE: Operette *Der Selbstpreller*; Sinfonien; Ouvertüre *Emma und Eginhardt*; Streichquartett C-Dur; 1 Quartett für 4 Vc.; Kantaten; Lieder. LITERATUR: Dörffel Nr. 88; Grenser; C. v. Ledebur: Tonkünstlerlexikcon Berlin's.

1821

|207 Lorenz,
Violine, Klarinette
Im November 1821 erwähnt
Geiger und Klarinettist im Theater

»Nov*ember.* [→] Rothe wird bey den Violinen im Theater mit gebraucht, auch [→ A. W.] Mejo, [→ C. H.] Rückner, Lorenz« (Grenser, 1821); »Anfang August kam der Hoboespieler Rückner als Gehülfe zum Stadtmusikus [→ W. L.] Barth. Die andern Gehülfen hießen: Der Klarinettist Lorenz, [→ J. F.] Schiefer, [→] Rothe, [→ Fr. S. A.] Gebler, Grenser med. [→ W. L.] Börner zugleich im Orchester.« (Grenser, 1821)

LITERATUR: Grenser.

|208 Rothe [Rohde][64],
Viola, Violine
Im November 1821 und 1822 erwähnt
Geiger und Bratscher

»Nov*ember.* Rothe wird bey den Violinen im Theater mit gebraucht, auch [→ A. W.] Mejo, [→ C. H.] Rückner, [→] Lorenz …« (Grenser, 1821); »Ferner sind als Gehilfen bey der Musik im Theater erwähnt: Rückner, Rothe« (Grenser, 1822); »den 14. Sept*ember* thaten Rothe und Hr. [→ J. J. Fr.] Peglow Probe auf den Fagotte; letzterer wurde engagirt« (Grenser, 1822); »Die 4 Bratschisten waren also: [→ C. H.] Meyer, Stadtpfeifergesell [des Stadtmusikus → W. L. Barth] Rohde, [→ J. G.] Schäfer u*nd* [→ J. Chr. G.] Starke.« (Grenser, 1822)

LITERATUR: Nösselt; Grenser.

|209 Hunger, Johann Gottlieb
Viola
* 22. Februar 1778 in Naundorf bei Eilenburg ♦ Vater von → H. O. Hunger, Schwiegervater von → Chr. G. Müller
1821 erwähnt
Bratscher

Er ist der älteste Sohn von Johann Gottlieb Hunger, »Einwohner und Nachbar« (Taufeintrag), und dessen Ehefrau Anna Christiana. Er wurde bereits 1804 in seinem Aufgebotseintrag als »Musicus in Leipzig« und 1805 bei der Taufe seines Sohnes Johann Friedrich Louis Hunger als »Musicus« bezeichnet, einer der Paten war → J. H. Hunger. ♦ 1833 wird er als Mitglied des »Vereinigten Musikchors« unter → C. Tr. Queisser genannt.

LITERATUR: Nösselt. QUELLEN: KAL: TfB St. Thomas ◊ TrB St. Thomas; Kreiskirchenarchiv Delitzsch: TfR Krippehna; StadtAL: Tit. LXII S 92 ◊ Polizeimeldebücher Bleibende Einwohner.

|210 Grenser [Grenser II, Grenser med.], Friedrich August
Posaune, Pauke, Violine
* 6. Juli 1799 in Dresden,
† 10. Dezember 1861 in Leipzig ♦ Bruder von → C. A. Grenser und → Fr. W. Grenser
Mitglied von 1821 bis zu seinem Tod; auch bei der Kirchenmusik angestellt (ab 1832 nachweisbar) ♦ Am 1. Oktober 1831 Aufnahme in den Orchester-Pensionsfonds
Tenorposaunist, ab 1831 Pauker für → G. H. Köhler, ab 1. Oktober 1842 2. Geiger für → J. M. Poley

Er ist ein Sohn des bekannten Dresdner Blasinstrumentenmachers und »Chur*fürstlich* Sächs*ischen* Hofinstrumentenmachers« (MGG I) Carl Augustin Grenser[65]. ♦ Die Lehrlinge des Stadtmusikus → W. L. Barth waren: »Heine. Königsberg; [→] Friedr. Gebler; und Friedr. Aug. Grenser« (Grenser, 1816); »Anfang August kam der Hoboespieler [→ C. H.] Rückner als Gehülfe zum Stadtmusikus Barth. Die andern Gehülfen hießen … [→ Fr. A.] Grenser med. [→ W. L.] Börner zugleich im Orchester« (Grenser, 1821); »den 26. Aug*ust* war Probe wegen Wiederbesetzung der durch Hrn.

---

63 Heute Hohenstein-Ernstthal.

64 Grenser erwähnt Rothes Probespiel auf dem Fagott ohne den Zusatz, daß es sich um einen auswärtigen Kandidaten handelt. Dies läßt den Schluß zu, daß es sich um einen Gesellen von → W. L. Barth handelt und Rothe und Rhode somit identisch sind.

65 Er war ab 1733 Lehrling bei → J. Pörschmann in Leipzig, ging 1739 nach Dresden und eröffnete dort 1744 eine eigene Werkstatt.

Köhler erledigten Paukerstelle, wozu sich der Student theo*logiae* Hr. [→ E. G. B.] Pfund u*nd* der Gehülfe des Stadtmusikus Hr. [→] Fr. A. Grenser med. gemeldet hatten. Letzterer der schon über 10 Jahre lang als Tenorposaunist im Orchester gedient, und als Paukenschüler des Hrn. Kaufmann Gerhardt sich ebenfalls brav zeigte, wurde von den Direktionen des Theaters, Conzerts u*nd* Instituts gewählt, u*nd* trat de*n* 1. Oct*ober* seine Stelle an.« (Grenser, 1831)

LITERATUR: Dörffel Nr. 102; Grenser; MGG I.

1822

|211 Gährig, Wenzel
Violine
* 16. September 1794 in Zerchowitz[66]/Böhmen,
† 15. September 1864 in Berlin
Mitglied von September 1822 bis März 1825 ♦
Am 1. April 1823 Aufnahme in den Orchester-Pensionsfonds
Geiger

Er besuchte die Schule seines Geburtsortes, später das Piaristen-Gymnasium in Prag, wo er auch Geigenunterricht hatte. 1815 kam er nach Leipzig, um Jura zu studieren, immatrikuliert am 11. Oktober 1815. ♦ »Wegen mangelnder Substitenzmittel nahm er jedoch eine Stelle als Violinist beim Leipziger Theater-Orchester an und fing nun erst an, gründliche Musikstudien zu machen« (Bernsdorf); »Sept*ember*. Gährig bey den Violinen.« (Grenser, 1822) ♦ »Das Institutsmitglied Gährig geht ab nach Berlin in die König*liche* Kapelle, forderte u*nd* erhielt sein Eintrittsgeld 5 Rthl. zurück den 26. März 1825.« (Grenser, 1824) In Berlin war er zunächst Geiger und von 1845 bis 1860 Ballettkapellmeister am Königlichen Opernhaus. Er bewarb sich 1837 neben → Chr. G. Müller und weiteren 31 Bewerbern erfolglos um die Stelle des Stadtmusidirektors in Altenburg. In seinem Schreiben an den Rat der Stadt Altenburg heißt es: »… woselbst ich [in Leipzig], abgerechnet ein königl*iches* Stipendium, ohne alle andere Unterstützung drithalb Jahre Jura studierte. Musik war meine Ernährerin. Ich gab Clavierunterricht, spielte auf den Bällen Violine, wohl auch Kontrabass, blies in den Gartenconcerten Clarinett, Horn, Flöte, Posaune etc.« Weiter berichtet er, als Geiger in die »buchheimische Gesellschaft« eingetreten zu sein, und daß »der damalige Concertmeister [→ H. A.] Matthäi« sein »Lehrer im Violinspiel« war, »der mich nach einem halben Jahr soweit brachte, daß ich in einem Abonnements-Concert auf dem Gewandhause mit Beifall als Solospieler auftrat. Gleich darauf wurde ich in dem dortigen Theaterorchester als Violinist angestellt … In Berlin wurde ich bei den ersten Violinen angestellt, ließ mich aber später bewegen, zur Viola überzugehen …«

WERKE: Opern *Die Creolin, Der Freibeuter*; Ballette *Seeräuber, Don Quichotte, Die Insel der Liebe, Aladin*; Sinfonien; Concertino f. Kl.; Concertante f. 2 Kl.; 1 Streichquartett; Gelegenheitskantaten; Lieder; Tänze; Märsche; Kirchenmusik. LITERATUR: Dörffel Nr. 90; Bernsdorf; Grenser; Riemann I; J. Hohlfeld: Die Reformierte Bevölkerung Leipzigs 1700–1875. QUELLEN: Stadtarchiv Altenburg: XIII.1.1. Nr. 32.

|212 Peglow, Johann Jacob Friedrich
Posaune, Fagott, Kontrabass
* 27. Januar 1790 in Torgau, † 14. Juni 1868 in Leipzig
Mitglied vom 1. Oktober 1822 bis 1859; bereits 1808 als Geselle des Stadtmusikus als Bass-Posaunist im Theater erwähnt ♦ Am 20. März 1823 Aufnahme in den Orchester-Pensionsfonds
2. Fagottist für → C. H. Zimmermann, ab 20. Juli 1829 Kontrabassist für → W. L. Börner

Sein Vater, »M*eister*« Johann Emanuel Peglow aus »Zabelsdorff im Brandenburgischen« (Bürgerbuch), war ab 1772 Bürger von Torgau. ♦ »zu Michaeli ist das große Conzert folgendergestalt besetzt … Posaunen: [→] Schupang Alt, [→] Hanewald Tenor, Peglow Baßposaune, alle 3 Stadtpfeifergesellen [von Stadtmusikus → G. A. I. Maurer]« (Grenser, 1808); »den 14. Sept*ember* thaten [→] Rothe und Hr. Peglow Probe auf den Fagotte; letzterer wurde engagirt« (Grenser, 1822); »den 20. März trat Hr. Peglow als 2ter Fagottist des Orchesters ins Institut.« (Grenser, 1823) ♦ Er bewarb sich am 21. April 1827 erfolglos um die Nachfolge von Friedrich August Barth[67] als Stadtmusikus von Grimma: »… die Lehrjahre habe ich bey dem rühmlichst bekannten Stadtmusicus in Torgau, Herrn Witzsche, gehörig vollendet, auch später, als Hautboist der königl*ich* Sächs*ischen* Leibgarde mehreren Feldzügen beygewohnt …«

LITERATUR: Dörffel Nr. 89; Grenser; M. Wolschke: Von der Stadtpfeiferei zur Lehrlingskapelle und Sinfonieorchester. QUELLEN: PfA Torgau KB; StadtA Grimma: II Abschn. 5 b No. 67; StadtA Torgau: Bürgerbuch H 618.

|213 Präger, [Präger jun.] Johann Arnold August
Violoncello
Bruder von → H. A. Präger
Am 1. Dezember 1822 erwähnt[68]
Cellist im Theater

»Den 1. De*cember* wird ein dritter Violonzellist in der Person des Hrn. Präger, Bruder des Musikdirektors, im Theaterorchester angestellt mit 100 Rthl. Gehalt.« (Grenser, 1822)

LITERATUR: Nösselt; AB 1823; Grenser; J. Hohlfeld: Die Reformierte Bevölkerung Leipzigs 1700–1875.

|214 Zimmermann,
Viola
Mitglied vom Dezember 1822 bis 1824
Bratscher im Theater

»… December. Zimmermann bey der Bratsche erwähnt …« (Grenser, 1822); »Als Gehülfen bey der Theatermusik sind erwähnt: Zimmermann …« (Grenser, 1823); »Als Gehülfen bey der Theatermusik sind zu nennen … Zimmermann …« (Grenser, 1824)
Möglicherweise handelt es sich um: Johann Carl Samuel Zimmermann, der sowohl 1810 bei der Taufe seines unehelichen Kindes als auch 1811 bei seiner Trauung als »Musicus« bezeichnet wurde.

LITERATUR: Grenser. QUELLEN: KAL: TrB St. Thomas ◊ TfB St. Thomas.

---

[66] Heute Žeretice (Tschechien).

[67] Jüngerer Bruder von → W. L. Barth.

[68] Er war jüdischer Abstammung und ließ sich am 17. September 1822 in Leipzig reformiert taufen.

|215 **Präger** [Praeger], **Heinrich Aloys**
Viola, Musikdirektor im Theater
* 23. Dezember 1783 in Amsterdam,
† 7. August 1854 in Magdeburg[69] ◆ Bruder von
→ J. A. A. Präger [jun.]
Mitglied von 1822 bis 1828
Bratscher im Konzert und Musikdirektor im Theater

Er kam mit seiner Familie 1809 von Amsterdam nach Cleve, war 1813 in Augsburg und 1815 erstmals in Leipzig. »Ende Aprils verließen die Herren Maurer [→ Maurer jun.] und [→ C. J. Chr.] Kloss das Orchester und gingen mit dem Musikdirektor Praeger nach Königsberg zum dortigen Theaterorchester.« (Grenser, 1815) 1816 war er in Tilsit, 1819 in Braunschweig. Er bewarb sich im Dezember 1820 erfolglos um die Hofkapellmeisterstelle in Dessau und war ab 1821 wieder in Leipzig. 1826 bewarb er sich noch einmal in Dessau, diesmal in der Hoffnung, daß → Fr. Schneider nach Dresden gehen würde, um die Stelle des verstorbenen Carl Maria von Weber anzutreten. Von 1825 bis 1830 redigierte er die in Meißen erschienene Musikzeitung *Polyhymnia*. ◆ Vom 8. April 1829 bis 3. Januar 1831 war er Kapellmeister in Hannover, später Musikdirektor in Magdeburg.
Musikdirektor im Theater vom 1. März 1821 bis 1828 für → Fr. Schneider.

WERKE: Opern *Die Versöhnung, Der Kyffhäuser-Berg, Die Heerschau*, Lustspielmusiken u. Ballette; Kammermusik u. geistliche Vokalwerke. LITERATUR: Dörffel Nr. 236; Grenser; MGG I; J. Hohlfeld: Die Reformierte Bevölkerung Leipzigs 1700–1875; F. Schmidt: Das Historische Mitgliederverzeichnis des Niedersächsischen Staatsorchesters 1636–1986; Julius Schuberth's Musikalisches Conversations-Lexikon, hrsg. v. E. Breslaur. QUELLEN: Landeshauptarchiv Sachsen-Anhalt: Abteilung Dessau, A 12 b 4 Nr. 3.

|216 **Wieprecht** [Wiprecht, Wipprecht], **Friedrich Wilhelm**
Violine
* 10. August 1802 in Aschersleben,
† 4. August 1872 in Berlin
1822 und 1823 erwähnt
Geiger

Der Sohn des Aschersleber Stadtmusikanten Friedrich Jacob Wieprecht erlernte das Violinspiel und verschiedene Blasinstrumente zunächst bei seinem Vater und später in Dresden. Ab 1820 war er Geselle des Stadtmusikus → W. L. Barth in Leipzig. »November. Wiprecht bey den Violinen erwähnt« (Grenser, 1822); »Als Gehülfen bey der Theatermusik sind erwähnt … Wipprecht.« (Grenser, 1823) ◆ Er ging im Mai 1824 als Königlicher Kammermusiker nach Berlin, wo er sich ganz der Blasmusik zuwandte und 1835 zusammen mit dem Instrumentenbauer Johann Gottfried Moritz, unabhängig von Adolphe Sax, die Basstuba erfand. 1843 wurde ihm die Direktion über die Militärmusik eines Armeecorps des deutschen Bundesheeres übertragen. In den Jahren 1845 bis 1852 studierte er die Organisation süddeutscher Militärmusik und baute in der Türkei und Südamerika Militärmusik nach preußischem Muster auf. »Wieprecht darf mit Recht als der erste preuß. Armeemusikinspizient angesehen werden, obgleich er diesen Titel nie besaß. Seine Vorstellungen über das Militärmusikwesen entsprechen, von geringen Abweichungen abgesehen (Luftwaffenkapellen, neuere amer. Einflüsse), noch der gegenwärtigen Praxis.« (MGG I)
LITERATUR: Grenser; MGG I; Riemann I; Allgemeine Deutsche Biographie; C. v. Ledebur: Tonkünstlerlexikcon Berlin's.

|217 **Queisser** [Queißer], **Carl Traugott**
Posaune, Viola
* 11. Januar 1800 in Döben bei Grimma,
† 12. Juni 1846 in Leipzig ◆ Bruder von → J. G. Queisser
Mitglied von 1822[70] bis zu seinem Tod, ab 1827 im Konzert ◆ Am 1. April 1825 Aufnahme in den Orchester-Pensionsfonds
Bass-Posaunist und Bratscher, ab 13. April 1827 Erster Bratscher für → C. H. Meyer

Der Sohn des Döbener Gastwirtes Carl Traugott Benjamin Queisser, dessen Vater wiederum Türmer in Löbau/Oberlausitz war und später Kantor in Horka, war in Grimma Schüler des dortigen Stadtmusikus Gotthelf Wilhelm Barth[71]. Er kam 1817 nach Leipzig, wo er Geselle von Stadtmusikus → W. L. Barth und Schüler von → H. A. Matthäi wurde. ◆ »Theaterorch*ester* … Posaun*e* Queiser …« (Grenser, 1822); »Theaterorch*ester* … Posaun*e* Queiser« (Grenser, 1824); »d*en* 1sten April trat Hr. Queisser als Baßposaunist ins Orchester u*nd* Institut« (Grenser, 1825); »d*en* 13. April trat der bisherige Baßposaunist des Orchesters Hr. Queisser die Stelle des verabschiedeten Hrn. Meyers als 1ster Bratschist mittelst Contract mit dem Theaterdirektor Hrn. Hofrath Küstner, an.« (Grenser, 1827) ◆ Bei der Errichtung der Kommunalgarde 1830 wurde er zum Musikdirektor der beiden Musikchöre gewählt. 1834 verließ er mit neun der zwöf Gesellen den Stadtmusikus → W. L. Barth. Der Rechtsstreit, welcher durch die damit verletzten Privilegien des Stadtmusikchores entstand, wurde erst 1836 geschlichtet, indem Queisser sein neues »Vereinigtes Musikchor« pro forma wieder der Oberleitung Barths unterstellte und dessen Gehilfe wurde. Bis ca. 1841 war er außerdem für einige Jahre Inhaber des in den sogenannten Kohlgärten gelegenen Ausflugslokals »Kuchengarten« und daneben eine Zeitlang Konzertmeister der »Euterpe«-Konzerte. Berühmt wurde er vor allem als Posaunist. Mit diesem Instrument trat er nicht nur oft als Solist in den Gewandhauskonzerten auf, sondern feierte in ganz Deutschland Erfolge. ◆ Nach seinem Tod fand am 19. Juli 1846 ein »Concert zum Besten der Hinterlassenen des Herrn Carl Queißer« (Dörffel) statt. Die Leitung hatte Felix Mendelssohn Bartholdy. Die für Queisser komponierten Posaunenkonzerte von → F. David und → Chr. G. Müller gehören bis heute zur Standardliteratur für Posaune. ◆ Seine jüngeren Brüder Friedrich Benjamin Queisser (* 1817, † 1893) und → J G. Queisser waren Mitglieder der königlichen Hofkapelle in Dresden.
Bratscher des Gewandhaus-Quartetts von 1827 bis 1846[72] für → C. H. Meyer.
LITERATUR: Dörffel Nr. 92; Nösselt; Grenser; Allgemeine Deutsche Biographie; S. Krause: Der Posaunengott. Zum 200. Geburtstag des Posaunenheros Carl Traugott Queisser; G. Schilling: Das musikalische Europa; A. Schreiber: Von der Churfürstlichen Cantorey zur Sächsischen Staatskapelle Dresden. QUELLEN: PfA Döben: TfR.

---

69 Angabe nach MGG I; laut Schuberth verstarb er am 4. August 1854 in Koblenz, »wo er seit 1844 lebte«.

70 Angabe nach Grenser; die Allgemeine Deutsche Biographie (1888) nennt das Jahr 1824 als den Beginn seiner Tätigkeit.

71 Vater von → W. L. Barth.

72 Während dieser Zeit wirkten auch noch andere Bratscher im Quartett mit.

1823

|218 **Hermsdorf,**
Violine
Mitglied von 1823 bis 1827
Geiger im Konzert

Wahrscheinlich handelt es sich um: Wilhelm Eduard Hermsdorf, * 28. Juni 1804 in Leipzig, † 24. Juni 1886. Der Sohn des aus Cröbern stammenden Viktualienhändlers und »Bierschenks« (Taufeintrag) Johann Gottfried Hermsdorf, studierte an der Leipziger Universität Jura, immatrikuliert am 14. Oktober 1823. Später war er Rechtsanwalt und Stadtrat in Leipzig. Er gehörte 1826 zusammen mit → C. Fr. Fölck und → Fr. R. Sipp zu den Gründungsmitgliedern des Musikvereins, der ab 1828 als »Euterpe« firmierte und einen bedeutenden Beitrag zum Musikleben in Leipzig leistete; bis 1844 war er dessen »Vorsteher«.

LITERATUR: Dörffel Nr. 237; J. Hohlfeld: Die Reformierte Bevölkerung Leipzigs 1700 bis 1875; M. Würzberger: Die Entwicklung des Orchesterwesens in Leipzig außerhalb des Stadt- und Gewandhausorchesters; M. Würzberger: Die Konzerttätigkeit des Musikvereins »Euterpe« und des Winderstein-Orchesters im 19. Jahrhundert. QUELLEN: KAL: TfB St. Thomas; StadtAL: Polizeimeldebücher Bleibende Einwohner; UniA: Rektormatrikel.

|219 **Grenser** [Grenser III, Grenser jun.], **Friedrich Wilhelm**
Violoncello
* 5. November 1805 in Dresden,
† 4. Januar 1859 in Leipzig ♦ Bruder von
→ C. A. Grenser und → Fr. A. Grenser
Mitglied von 1823 bis 1858; auch bei der Kirchenmusik angestellt (ab 1832 nachweisbar) ♦ Am 1. Juni 1827 Aufnahme in den Orchester-Pensionsfonds
Cellist im Konzert für → S. W. Dehn, ab Juni 1827 auch im Theater an der neu eingerichteten 3. Stelle, ab 1. Juli 1830 Erster Cellist für → C. L. Voigt

Er ist ein Sohn des bekannten Dresdner Blasinstrumentenmachers und »Churfürstlich Sächsischen Hofinstrumentenmachers« (MGG I) Carl Augustin Grenser[73]. ♦ »Als Gehülfen bey der Theatermusik sind erwähnt ... Wilhelm Grenser ...« (Grenser, 1823); »Als Gehülfen bey der Theatermusik sind zu nennen ... Wilh. Grenser ...« (Grenser, 1824); »Theatergehülfen: Wilh. Grenser ...« (Grenser, 1826) »Im May verreiste der zweite Violonzellist Hr. [→ A.] Just während der Landtrauer und meldete bald brieflich seine Anstellung in Berlin als Kammermusikus, forderte die 5 Rthl. Eintrittsgeld aus dem Institute zurück, die ihm auch sogleich überschickt wurden. An Hrn. Justs Stelle trat den 30. May ein, Hr. Grenser jun. der bisher das 3te Cello gespielt hatte« (Grenser, 1827); »Nach Michaeli. Bey der Quartettgesellschaft wurde anstatt Herrn Voigt, der zweite Violonzellist Hr. Grenser jun. angenommen. Sie unterzeichnen sich nun: [→ H. A.] Mat[t]häi, [→ C. A.] Lange, [→ C. Tr.] Queisser, Grenser« (Grenser, 1829); »den 1. July mußte der bisherige Erste Violonzellist Hr. [→ C. L.] Voigt an die zweite Stelle und Hr. Wilh. Grenser bekam dagegen die Erste Stelle.« (Grenser, 1830) ♦ Im Zusammenhang mit dem Wunsch, den dritten Cellisten → Fr. W. L. Grützmacher dauernd an Leipzig zu binden, beurteilten

---

[73] Er war ab 1733 Lehrling bei → J. Pörschmann in Leipzig, ging 1739 nach Dresden und eröffnete 1744 dort eine eigene Werkstatt.

Eintragung zum Theaterorchester im Leipziger Adreßbuch für das Jahr 1823

ihn die Musikdirektoren Moritz Hauptmann, → J. Rietz und August Ferdinand Riccius am 5. November 1855: »... Er ist nicht befähigt irgend ein Solo genügend auszuführen, und wenn es der Zufall nicht gewollt hätte, daß stets bei ihm qualifiziertere Mitglieder im Orchester engagiert waren ... so würden dadurch höchst unangenehme ... und schließlich des Leipziger Orchesters unwürdiger Leistungen zu Gehör gebracht worden sein.« Als Mitglied des Gewandhaus-Quartetts erwähnt von 1829 bis 1830 für → C. L. Voigt.

LITERATUR: Dörffel Nr. 95; Grenser; MGG I. QUELLEN: StadtAL: Tit. VII B 147, Vol. II, Bl. 156.

|220 **Hesse, Heinrich Traugott**
*7. November 1795 in Reinsberg bei Nossen[74],
† 25. März 1877 in Grimma
Von 1823 bis 1826 erwähnt
Aushilfe im Theater

»Als Gehülfen bey der Theatermusik sind erwähnt … Hesse …« (Grenser, 1823); »Als Gehülfen bey der Theatermusik sind zu nennen … Hesse …« (Grenser, 1824); »Theatergehülfen … Hesse …« (Grenser, 1826) ◆ Am 8. April 1827 bewarb er sich mit einem Empfehlungsschreiben von → W. L. Barth erfolgreich um die Stelle des verstorbenen Stadtmusikus von Grimma, Friedrich August Barth. Er wurde, wie er schreibt, dazu »aufgemuntert durch meinen jetzigen Prinzipal, Herrn Stadtmusikus Barth hier«. Dessen beigefügtes Zeugnis bestätigte ihm, vier Jahre lang als »erster Clarinettist und zweyter Vorspieler angestellt« gewesen zu sein, »und während dieser Zeit, nicht allein durch seine Geschicklichkeit als Clarinettist und Violinspieler, den Beyfall und Zufriedenheit des Publicums, sondern auch durch seine mustergültige Aufführung, sich die Achtung und Liebe aller die ihn kennen gelernt, in einem hohen Grade erworben« zu haben. Sein Nachfolger als Stadtmusikus in Grimma wurde 1866 Johann Friedrich Wolschke, der Vater von → A. Wolschke und Großvater von → K. Wolschke.

LITERATUR: Grenser; M. Wolschke: Von der Stadtpfeiferei zur Lehrlingskapelle und Sinfonieorchester. QUELLEN: StadtA Grimma: II Abschn. 5 b No. 67; PfA Grimma KB.

1824

|221 **Hauschild** [Hauschild sen.], **Johann Gottfried**
Viola, Violine
*22. Februar 1804 in Goes bei Pirna,
† 19. Juni 1863 in Leipzig ◆ Onkel von
→ Fr. E. A. Hauschild
Mitglied vom 29. September 1824 bis 1862, zunächst nur im Konzert, ab 1825 auch im Theater; auch bei der Kirchenmusik angestellt (ab 1831 nachweisbar) ◆ Am 1. Juli 1830 Aufnahme in den Orchester-Pensionsfonds Bratscher für → J. G. Schäfer, später 1. Geiger, ab 1850 2. Geiger

Er ist der Sohn von Johann Gottlieb Hauschild, »Gärtner und Einwohner in Gooß« (Taufeintrag), und dessen Ehefrau Johanna Christiana, verw. Rupprecht. Die Bezeichnung »sen.« bezieht sich auf seinen jüngeren Bruder Johann August Hauschild, den Vater von → Fr. E. A. Hauschild. ◆ »… im August kam Hr. Joh. Gottfr. Hauschild in Leipzig an, und bekam eine Violinstelle beym Gewandhauskonzerte, wovon das erste den 29. September war. Er ist geboren zu Goos bey Pirna den 22. Februar 1804, und hat beym Stadtmusikus Richter in Pirna ausgelernt« (Grenser, 1824); »den 1. May bekam Hr. Hauschild eine Extra Geigerstelle im Theaterorchester« (Grenser, 1825); »… den 1. July … rückte ins Institut und zur zweiten Bratsche Hr. Hauschild, der seit 1824 beym Conzert- und seit 1825 beym Theaterorchester als Extra Geiger angestellt war.« (Grenser, 1830) Er wurde bei der Kirchenmusik angestellt, nachdem Thomaskantor Christian Theodor Weinlig am 12. November 1831 an den Rat der Stadt schrieb, daß sich → J. Fr. Chr. Kühn »seit einiger Zeit seines vorgerückten Alters wegen … durch den Musikus Herrn Hauschild sen. [hat] vertreten lassen«. ◆ Ab 1852 war er Inhaber eines konzessionierten Musikchores, in dem u. a. → Fr. Günther und → Fr. C. Chr. A. Steinfeldt seine Gehilfen waren.

LITERATUR: Dörffel Nr. 100; AB 1842 ff.; Grenser; Hempel. QUELLEN: Archiv HMT: Kon Nr. 502; PfA Pirna: KB Goes.

|222 **Eichler, Friedrich Wilhelm**
Violine
*2. Oktober 1809 in Leipzig
Mitglied von 1824 bis 1830
Geiger im Konzert, Aushilfe im Theater

Er ist der Sohn des Hautboisten Christian Friedrich Wilhelm Eichler. ◆ »Als Gehülfen bey der Theatermusik sind zu nennen … Monsieur Eichler …« (Grenser, 1824); »Als Gehülfen bey dem Theaterorchester sind zu nennen … Eichler …« (Grenser, 1825); »den 1. März ward von den Herren [→ J. G.] Hauschild, Eichler und [→ Fr. A.] Horn Probe abgelegt, um die Geigerstelle wieder besetzen zu können, die Hr. Gährig verlassen, welcher als Kammermusikus nach Berlin geht« (Grenser, 1825); »Theaterorchestergehülfen: Eichler, [→] Wagner, [→ Fr. R.] Sipp, Hauschild.« (Grenser, 1827) ◆ »Eichler, dem die Direktion und eine Anzahl von Kunstfreunden die Mittel gewährt hatten, mehrjährigen Unterricht bei Spohr in Cassel zu geniessen, war ein vielversprechender junger Künstler, doch hielt er nicht treu aus; statt seinem Contracte gemäss einige Jahre hier zu bleiben, war er eines Tages unerwartet von hier abgereist« (Dörffel); »den 4. Januar … Der jetzt hier privatisirende Violinist Hr. Eichler ein Schüler Spohrs spielte Variazionen und Polonaise von eigner Composition« (Grenser, 1832); »Im Herbst. Friedr. Wilhelm Eichler ein tüchtiger Violinvirtuos in Leipzig und von da gebürtig, 23. Jahr alt, geht zum Theaterorchester nach Mainz.« (Grenser, 1832) ◆ In welchen Jahren der Unterricht bei Louis Spohr stattfand, ließ sich nicht ermitteln. Über den weiteren Lebensweg gibt es stark differierende Angaben, nach Schilling war er 1832 1. Geiger im Theaterorchester in Königsberg, ab 1847 in London und später in Baden-Baden, nach Hohlfeld 1832 in Mainz und 1841 in Ulm.

WERKE: Etüden f. Vl. op. 1 u. op. 3; Variations sur un Thême Suisse f. Vl. u. Orch. op. 2; Lieder ohne Worte f. Vl. solo op. 4; Duo f. 2 Vl. op. 7; Bearbeitungen v. Werken Hummels, Mendelssohns und Spohrs. LITERATUR: Dörffel Nr. 238; Grenser; Nösselt; J. Hohlfeld: Die Reformierte Bevölkerung Leipzigs 1700–1875; Musikalisches Conversations-Lexikon; G. Schilling: Das musikalische Europa. QUELLEN: KAL: TfB St Thomas.

|223 **Pape** [Paape], **Johann** [Joachim] **Christian Ludwig**
Violine
*14. Mai 1799 in Lübeck,
† 9. Januar 1855 in Bremen
Mitglied von 1824 bis April 1825
2. Geiger im Theater

Er ist der Sohn von »Johann August & Anna Engel Papen gebohrne Westphalen, ein Pfeiffer unter den Stadtsoldaten …« (Taufeintrag) ◆ »Als Gehülfen bey der Theatermusik sind zu nennen … Paape …« (Grenser, 1824); »Musikus beim Stadttheater« (Polizeimeldebuch 1824); »Als Gehülfen bey dem Theaterorchester sind zu nennen: Paape …« (Grenser, 1825); »Orchesterveränderung. [→ Chr. G.] Müller anstatt [→ Fr. W.] Sörgel. [→ Chr. Fr.] Pohl anstatt Pape und [→] Pahls.« (Grenser, 1826) ◆ Er ging im »April 1825 zurück nach Lübeck« (Polizeimeldebuch), wo er 1836 Bürger wurde. Gestorben ist er in Bremen als »Großherzoglich Oldenburgischer Hofcomponist«. ◆ Von seinen sechs Geschwistern sind zwei als Musiker nach-

---
[74] Die Kirchenbücher von Nossen wurden bei einem Brand des Pfarrhauses 1921 vernichtet.

weisbar: Christoph Nicolaus Carl Pape (*1803, †1854), Hofkapellmeister in Oldenburg, und Matthias Wilhelm Diedrich Pape (*1806, †1881), Musiker in Lübeck. Ein Musiker Pape war vom 1. Juni bis 1. November 1829 interimistisches Mitglied der Hofkapelle Hannover, wo → H. A. Präger ab 8. April des gleichen Jahres Kapellmeister war.

LITERATUR: Grenser; F. Schmidt: Das Historische Mitgliederverzeichnis des Niedersächsischen Staatsorchesters 1636-1986. Robert Schumann Tagebücher, hrsg. v. G. Nauhaus, Bd II. QUELLEN: Archiv der Hansestadt Lübeck: Taufbuch St. Aegidien; Staatsarchiv Bremen: Zivilstandsregister; StadtAL: Polizeimeldebücher Bleibende Einwohner.

|224 **Rückner, Carl Heinrich**
Oboe
* 25. Januar 1797 in Frohnau bei Annaberg/Erzgebirge,
† 6. Januar 1835 in Leipzig
Mitglied von 1824 bis zu seinem Tod ♦ Am 1. Februar 1830 Aufnahme in den Orchester-Pensionsfonds
1. Oboist für den verstorbenen → G. W. Richter

Er ist das außereheliche Kind von Johanne Christiane Jacob und dem »Kunst-Schiefer-Gesellen« (Taufeintrag) Johann Christian Rückner. ♦ »Anfang August kam der Hoboespieler Rückner als Gehülfe zum Stadtmusikus [→ W. L.] Barth« (Grenser, 1821); »*November*. [→] Rothe wird bey den Violinen im Theater mit gebraucht, auch [→ A. W.] Mejo, Rückner, [→] Lorenz« (Grenser, 1821); »Als Gehülfen bey der Theatermusik sind zu nennen: Rückner …« (Grenser, 1824); »Als Gehülfen bey dem Theaterorchester sind zu nennen … Rückner …« (Grenser, 1825); »den 1. Feb*ruar* trat Hr. Carl Heinrich Rückner, der während Richters Krankheit u*nd* nach dessen Tode substituirt hatte, ordentlich als erster Hoboespieler ins Orchester u*nd* Institut.« (Grenser, 1830) ♦ Im Leichenbuch heißt es: »Carl Heinrich Rückner. Musicus aus Annaberg, welcher sich am 6. *des Mo*nats in seiner Wohnung erhängt hatte. Petersstraße 55.«

LITERATUR: Dörffel Nr. 99; Grenser. QUELLEN: PfA Annaberg-Buchholz: KB St Annen; StadtAL: Leichenbücher/Leichenschreiberei.

|225 **Schiefer, Johann Ferdinand**
Kontrabass
Mitglied von 1824 bis 1852
Kontrabassist, zunächst nur im Theater, ab 1833 auch im Konzert

Wahrscheinlich war er bereits Geselle des Stadtmusikus → G. A. I. Maurer, als nach dessen Tod → W. L. Barth dessen Amt übernahm. »Anfang des Jahrs waren folgende Gehülfen beym Stadtmusikus [→ W. L.] Barth: [→ H. G.] Portig, [→ Chr. G.] Schlotter, Jänichen [→ J. Jehnigen], Schiefer, [→ W. L.] Börner« (Grenser, 1814); »Anfang August kam der Hoboespieler [→ C. H.] Rückner als Gehülfe zum Stadtmusikus [→ W. L.] Barth. Die andern Gehülfen hießen: der Klarinettist [→] Lorenz, Schiefer, [→] Rothe, [→ Fr. A. S.] Gebler, [→ Fr. A.] Grenser med. [→ W. L.] Börner zugleich im Orchester. [→ A. W.] Mejo war schon weg von Leipzig« (Grenser, 1821); »den 13. July that Hr. Schiefer Probe auf den Fagott u*nd* Hr. [→ A.] Just Probe auf den Violonzell. Letzterer ward engagirt« (Grenser, 1822); »Als Gehülfen bey der Theatermusik sind zu nennen … Schiefer …« (Grenser, 1824)

LITERATUR: Dörffel Nr. 242; Grenser; Hempel. QUELLEN: StadtAL: Tit. LXII S 92.

|226 **Haake** [Haacke, Hacke], **Friedrich Heinrich Ferdinand**
* 5. November 1802 in Dresden,
† 7. Dezember 1889 in Hannover ♦ Bruder von → G. W. Haake.
1824 erwähnt.
Aushilfe im Theater.

Er ist der Sohn von Adreas Friedrich Hacke, »Hautboist beim Infanterieregiment Prinz Anton« (Taufeintrag), und dessen Ehefrau Juliane Christiane, geb. Schüttel. ♦ »Als Gehülfen bey der Theatermusik sind zu nennen: [→ C. H.] Rückner, [→ J. Chr. L.] Paape, [→ H. Tr.] Hesse, [→ Fr.] Wilh. Grenser, Haake, [→ Fr. S. A.] Gebler, [→ J. F.] Schiefer, [→] Zimmermann, [→ S. W.] Dehn, Monsieur [→ Fr. W.] Eichler, Monsieur Fischer, [→] Weiß, [→] Leine.« (Grenser, 1824) ♦ »im Sommer geht Hr. Haake, seit zehn Jahren in Condition beym Stadtmus*ikus* [→ W. L.] Barth, nach Hannover ab in die König*liche* Kapelle als 2ter Waldhornist.« (Grenser, 1832) In Hannover war er vom 20. August 1832 bis zu seiner Pensionierung am 1. Januar 1869 Posaunist und Bratscher, ab 27. Mai 1852 als Kammermusiker. ♦ Unklar bleibt, ob es sich bei dem 1832 von Grenser genannten Kontrabassisten um → P. A. Haake oder Fr. H. F. Haake handelt: »Personal des Conzertorchesters … Contrabass. [→ J. G.] Temmler. [→ J. J. Fr.] Peglow. Haacke …« (Grenser, 1832). ♦ Abweichend von seinem Taufeintrag wird in den Leipziger Polizeimeldebüchern P. A. Haake als sein Vater genannt. Dieser aus Wittenberg stammende Bierverleger war zu dieser Zeit verheiratet mit der Mutter von ihm und seinen drei Brüdern G. W. Haake, Ernst Adolph Haake (*1807 Dresden) und Georg Albrecht Haake (*1811 Bautzen).

LITERATUR: Grenser; F. Schmidt: Das Historische Mitgliederverzeichnis des Niedersächsischen Staatsorchesters 1636-1986. QUELLEN: Kirchenbuchamt Dresden: TfR Kreuzkirche; Niedersächsisches Landesarchiv, Hauptstaatsarchiv Hannover: Hann. 132 Acc. 2004/41 Nr. 715; StadtAL: Polizeimeldebücher Bleibende Einwohner; PfA Großenhain: KB.

|227 **Fischer,**
1824 erwähnt
Aushilfe im Theater

»Als Gehülfen bey der Theatermusik sind zu nennen: [→ C. H.] Rückner, [→ J. Chr. L.] Paape, [→ H. Tr.] Hesse, [→ Fr.] Wilh. Grenser, [→ Fr. H. F.] Haake, [→ Fr. S. A.] Gebler, [→ J. F.] Schiefer, Zimmermann, [→ S. W.] Dehn, Monsieur [→ Fr. W.] Eichler, Monsieur Fischer, [→] Weiß, [→] Leine.« (Grenser, 1824)

LITERATUR: Grenser.

|228 **Weiß,**
1824 erwähnt
Aushilfe im Theater

»Als Gehülfen bey der Theatermusik sind zu nennen: [→ C. H.] Rückner, [→ J. Chr. L.] Paape, [→ H. Tr.] Hesse, [→ Fr.] Wilh. Grenser, [→ Fr. H. F.] Haake, [→ Fr. S. A.] Gebler, [→ J. F.] Schiefer, Zimmermann, [→ S. W.] Dehn, Monsieur [→ Fr. W.] Eichler, Monsieur [→] Fischer, Weiß, [→] Leine.« (Grenser, 1824)

LITERATUR: Grenser.

|229 **Leine,**
1824 erwähnt
Aushilfe im Theater

Die Lehrlinge des Stadtmusikus → W. L. Barth waren Anfang August 1821 »Grenser junior, Trettbar, Leine« (Grenser, 1821); »Als Gehülfen bey der Theatermusik sind zu nennen: [→ C. H.] Rückner, [→ J. Chr. L.] Paape, [→ H. Tr.] Hesse, [→ Fr.] Wilh. Grenser, [→ Fr. H. F.] Haake, [→ Fr. S. A.] Gebler, [→ J. F.] Schiefer, Zimmermann, [→ S. W.] Dehn, Mon*sieur* [→ Fr. W.] Eichler, Mon*sieur* [→] Fischer, [→] Weiß, Leine.« (Grenser, 1824)

LITERATUR: Grenser.

|230 **Gebler** [Göbler, Gaebler], **Friedrich Samuel August**
* 15. November 1798 in Untermhaus bei Gera
1824 erwähnt
Aushilfe im Theater

Er ist der außereheliche Sohn von Sophie Marie Müller und Carl August Göbler »Musquetier unter den Churfürst*lich* Sächs*ischen* Hochlöbl*ichen* Infanterieregiment von der Heyde[75]« (Taufeintrag), einer seiner Paten war Johann Samuel Göbler, »Musicus unter der Stadtgarnision in Leipzig«, dieser ließ sich bei der Taufe vertreten. ♦ In den Leipziger Polizeimeldebüchern wird er als »Stadtpfeiferlehrling« und »Musicus« bezeichnet. »Anfang des Jahrs waren folgende Gehülfen beym Stadtmusikus [→ W. L.] Barth: [→ H. G.] Portig, [→ Chr. G.] Schlotter, Jänichen [→ J. Jehnigen], [→ J. F.] Schiefer, [→ W. L.] Börner. Der Pursche Gebler« (Grenser, 1814); »Anfang August kam der Hoboespieler [→ C. H.] Rückner als Gehülfe zum Stadtmusikus Barth. Die andern Gehülfen hießen: Der Klarinettist [→] Lorenz, Schiefer, [→] Rothe, Gebler …« (Grenser, 1821); »Als Gehülfen bey der Theatermusik sind zu nennen … Gebler …« (Grenser, 1824)

LITERATUR: Grenser; Hempel. QUELLEN: PfA Gera-Untermhaus: KB; StadtAL: Polizeimeldebücher Bleibende Einwohner ◊ Polizeimeldebücher Temporäre Einwohner.

1825

|231 **Horn, Franz Anton**
Violine
* 17. Februar 1801 in Donawitz bei Carlsbad,
† 27. Dezember 1855
Mitglied vom 1. März 1825 bis zu seinem Tod[76] ♦ Mitglied des Orchester-Pensionsfonds
1. Geiger, später 2. Geiger

»Als Gehülfen bey dem Theaterorchester sind zu nennen … Horn …« (Grenser, 1825); »*den* 1. März ward von den Herren [→ J. G.] Hauschild, [→ Fr. W.] Eichler u*nd* Horn Probe abgelegt, um die Geigerstelle wieder besetzen zu können, die Hr. Gährig verlassen, welcher als Kammermusikus nach Berlin geht« (Grenser, 1825); »Von July an bekommt das Orchestermitglied Hr. Horn das Amt bey Balletproben die Violine zu spielen.« (Grenser, 1825)

LITERATUR: Dörffel Nr. 91; AB 1842 ff.; Grenser.

|232 **Zehrfeld, Johann Gottfried**
Trompete
* 1795 in Oschatz[77],
† 15. Dezember 1869
Mitglied vom 1. September 1825 bis 1854; bereits 1816 als Alt-Posaunist bei der Kirchenmusik erwähnt ♦ Mitglied des Orchester-Pensionsfonds
1. Trompeter für → Fr. Chr. C. Fleischhauer, ab 1844
2. Trompeter

»Bei der Musik beyder Hauptkirchen waren angestellt … Die Posaunen von Stadtpfeifergehülfen [des Stadtmusikus → W. L. Barth] geblasen nämlich Alt von Zehrfeld; Tenor von [→ W. L.] Börner, u*nd* Bass von [→ Fr. A.] Belke sen. …« (Grenser, 1816); »*den* 31. Aug*ust* legt Hr. Zehrfeld seine Probe als 1ster Trompeter in der 1sten Probe zum Berggeist ab; der Berggeist 1ste Aufführung u*nd* 5 Proben hat Hr. Spohr selbst dirigirt« (Grenser, 1825); »*den* 1. Sept*ember* wird der Trompeter Hr. Fleischhauer jun. in Pension gesetzt. Hr. Zehrfeld, Substitut des Thomasthürmers Hrn. [→ Chr. G.] Herrs, tritt an denselben Tag als 1. Trompeter ins Orchester u*nd* Institut.« (Grenser, 1825)
Türmer der Thomaskirche von 1824 bis 1869 für → Chr. G. Herr.

LITERATUR: Dörffel Nr. 93; Grenser. QUELLEN: StadtAL: Polizeimeldebücher Bleibende Einwohner.

|233 **Müller, Christian Gottlieb**
Violine
* 6. Februar 1800 in Niederoderwitz bei Zittau,
† 29. Juni 1863[78] in Altenburg ♦ Schwiegersohn von → J. G. Hunger
Mitglied von 1825 bis 15. Juli 1838; auch bei der Kirchenmusik angestellt (ab 1832 nachweisbar) ♦ 1825 (Grenser), 1. März 1826 (Dörffel) Aufnahme in den Orchester-Pensionsfonds
1. Geiger

Der Sohn von Gottlieb Müller, Häusler und Weber, war sechs Jahre lang Schüler bei dem Zittauer Stadtmusikus H. Zimmermann und dann Geselle des Stadtmusikus in Wurzen. Er ging anderthalb Jahre später zum Stadtmusikus nach Göttingen und besuchte von dort aus Louis Spohr in Kassel, der ihn an Carl Maria von Weber empfahl. Er nahm dann zwei Jahre Kompositionsunterricht in Dresden. 1825 übernahm er in Leipzig die Leitung des sogenannten Buchheimschen Musikchors (→ J. G. Buchheim). ♦ »Theatergehülfen … Müller …« (Grenser, 1826); »*den* 15. Jan*uar* that Hr. Braun, Bruder des Stadtmusikus in Merseburg, u*nd den* 21. Jan*uar* Hr. Müller Probe, wegen der von Hrn. [→ Fr. W.] Sörgel verlassenen Violinstelle. Letzterer bekam die Stelle« (Grenser, 1826); »*den* 24. May heyrathet das Orchester u*nd* Institutsmitglied Müller die Jungfer Albertina Hunger eines hiesigen Musikers Tochter.« (Grenser, 1828) Von 1831 bis 1838 leitete er auch die »Euterpe«-Konzerte, wo er die Erstlingswerke seines Schülers Richard Wagner zur Uraufführung brachte. »*den* 6. Febr*uar* an des Orchestermitglieds Müllers Geburtstag wurde ihm als Musikdirektor der Euterpe, von den musikalischen Mitgliedern dieser Gesellschaft ein silberner Becher 10 Rthl. an Werth, überreicht.« (Grenser, 1833) ♦ Am 11. Mai 1838 wurde er unter

---

75 Generalleutnant Siegmund Friedrich August von der Heyde.
76 Angabe nach Nösselt; in den Adreßbüchern wird er jedoch 1853 letztmalig genannt.

77 Angabe nach dem Polizeimeldebuch; in den Kirchenbüchern von Oschatz und Altoschatz ist seine Taufe nicht nachweisbar.
78 Angabe nach Gabler; Dörffel nennt den 26. Juni 1863.

32 Bewerbern (darunter → W. Gährig) in das neu geschaffene Amt des Stadtmusikdirektors von Altenburg gewählt, wo er bis zu seinem Tod das Musikleben wesentlich prägte. Ab 1838 war er auch als Dirigent des Altenburger Sängervereins und ab 1842 als Leiter der Hofkapelle bei größeren Aufführungen tätig.

Lehrer → R. Sachse.

WERKE: Opern *Oleandro* u. *Rübezahl*; Sinfonien; Ouvertüren; Konzerte f. Blasinstrumente, u. a. Posaunenkonzert, 1832; Quartette; Kirchenmusik. LITERATUR: Dörffel Nr. 94; Bernsdorf; Grenser; Hempel; Allgemeine Deutsche Biographie; K. Gabler: Wie Richard Wagners Musiklehrer der erste Altenburger Stadtmusikdirektor wurde; K. Gabler: C. G. Müller, der erste Altenburger Musidirektor; M. Würzberger: Die Konzerttätigkeit des Musikvereins »Euterpe« und des Windersein-Orchesters im 19. Jahrhundert. QUELLEN: KAL: TfB St. Thomas; PfA Niederoderwitz: KB.

|234 Winter, Christian Eduard
Violine
* 4. Juni 1811 in Leipzig,
† 1. Dezember 1839 in Leipzig
Mitglied von 1825 bis zu seinem Tod ◆
Am 15. September 1835 Aufnahme in den Orchester-Pensionsfonds
1. Geiger

Er ist der Sohn von Gottfried Winter, »Bierschenk« (Taufeintrag), und dessen Ehefrau Johanna Rosina, geb. Knoblauch. ◆ »Als Gehülfen bey dem Theaterorchester sind zu nennen … Winter …« (Grenser, 1825); »Theatergehülfen … Winter …« (Grenser, 1826); »den 30. Juny reißte der Extra Orchester Geiger Hr. Winter nach Cassel, um wenigstens ein Jahr lang dort Spohrs Unterricht zu genießen. Indeß wird seine Stelle von [→ R.] Poley der Sohn als Substitut besetzt« (Grenser, 1830); »den 1. September trat Hr. Winter, der bey Spohr in Cassel eine Zeitlang Schule gemacht hatte, wieder seine Extra Violinstelle an, die indeß Hr. [→ H. O.] Hunger als Substitut versehen hatte.« (Grenser, 1831) Er wurde in den Pensionsfonds aufgenommen, »da er der älteste Extrageiger ist, bey Spohr die Schule gemacht, im Besitze einer der besten Violinen ist, und überhaupt ein talentvoller Musiker.« (zit. nach Nösselt) ◆ Im Leichenbuch heißt es: »Ein *Junggeselle 28½ Jahre Herr* Christian Eduard Winter, Musicus Gottfried Winters, Bürger und Bierschenk, auch Hausbesitzers Sohn in der Nicolaistraße 598.«

LITERATUR: Dörffel Nr. 106; Grenser; Nösselt. QUELLEN: KAL: TfB St. Nicolai; StadtAL: Leichenbücher/Leichenschreiberei.

|235 Sipp, Friedrich R o b e r t
Violine
* 5. Juli 1806 in Leipzig, † 21. Dezember 1899 in Leipzig
Mitglied von 1825 bis 1. April 1870, zunächst nur im Konzert, ab 1827 Gehilfe bei der Theatermusik, ab 1. November 1830 fest angestellt am Theater ◆ Am 15. Dezember 1835 Aufnahme in den Orchester-Pensionsfonds
1. Geiger, später 2. Geiger

Er ist der Sohn des Müllergesellen Friedrich Ehrenfried Sipp und dessen Ehefrau Johanna Friederike, geb. Schön. ◆ 1824 gründete er zusammen mit → C. Fr. Fölck u. a. einen Musikverein, der sich zwar Ostern 1826 bereits wieder auflöste, aber noch im selben Jahr mit Hilfe von Wilhelm Eduard Hermsdorf (→ Hermsdorf) neu konstituierte, ab 1828 als »Euterpe« firmierte und einen bedeutenden Beitrag zum Musikleben in Leipzig leistete. ◆ »Theaterorchestergehülfen: [→ Fr. W.] Eichler, [→] Wagner, Sipp, [→ J. G.] Hauschild« (Grenser, 1827); »den 1. November trat Hr. Sensal [→ W. Fr.] Kunze … aus dem Theaterorchester … An seine Stelle als feste Extraperson bey den Violinen des Theaterorchesters trat Hr. Robert Sipp …« (Grenser, 1830) »Im Frühjahr verheyrathete sich der Extraviolinist des Theaterorchesters Hr. Sipp mit Bertha geb. Richter aus Lukau in der *Nieder* Lausitz, des dortigen Stadtmusikus Tochter. Dieser Richter hat auch einmal hier in Leipzig beym vorigen Stadtmusikus [→ G. A. I.] Maurer conditionirt.« (Grenser, 1833)

Lehrer von → G. Essigke, → G. A. Härtel und Richard Wagner.

LITERATUR: Dörffel Nr. 114; Grenser; Schriften des Vereins für die Geschichte Leipzigs; M. Würzberger: Die Entwicklung des Orchesterwesens in Leipzig außerhalb des Stadt- und Gewandhausorchesters; M. Würzberger: Die Konzerttätigkeit des Musikvereins »Euterpe« und des Windersein-Orchesters im 19. Jahrhundert. QUELLEN: KAL: TfB St. Thomas.

|236 Patzls,
Violine
1825 erwähnt
Geiger im Theater

»Personal des Theaterorchesters … Violinen … Patzls …« (Grenser, 1825)

LITERATUR: Grenser.

|237 Tronicker, August Eduard
* 1798 in Eilenburg
1825 erwähnt
Aushilfe im Theater

»Als Gehülfen bey dem Theaterorchester sind zu nennen … Tronicker …« (Grenser, 1825) Er meldete sich in Leipzig polizeilich an am 15. Dezember 1821 und ging »im Jahre 1828 nach Eilenburg als Stadtmusicus«.

LITERATUR: Grenser. QUELLEN: StadtAL: Polizeimeldebücher Bleibende Einwohner.

|238 Queisser, Johann Gottlieb
* 17. Dezember 1807 in Döben bei Grimma ◆ Bruder von → C. Tr. Queisser
1825 und 1826 erwähnt
Aushilfe im Theater

Er ist der Sohn des Döbener Gastwirtes Carl Traugott Benjamin Queisser, dessen Vater wiederum Türmer in Löbau/Oberlausitz war und später Kantor in Horka. Nachdem er »seine Lehrjahre in Wurzen abgehalten hatte« (Schilling), kam er als Geselle des Stadtmusikus → W. L. Barth nach Leipzig. »Als Gehülfen bey dem Theaterorchester sind zu nennen: [→ J. Chr. L.] Paape, Queiser, [→ Fr. A.] Horn, [→ Chr. E.] Winter, [→ A. E.] Tronicker, [→ Fr. W.] Eichler, [→ J. G.] Hauschild, [→ C. H.] Rückner, [→ J. F.] Schiefer« (Grenser, 1825); »Theatergehülfen: [→ Fr.] Wilh. Grenser, Queiser, [→ H. Tr.] Hesse, [→ Chr. E.] Winter, [→ Chr. G.] Müller, [→] Pohbe, [→] Schnerwitz, [→] Fr. W. Eichler, [→ Fr. S. A.] Gebler, [→] J. F. Schiefer, [→] Kretschmer, [→] Wagner.« (Grenser, 1826) ◆ »nach Ostern wurde der Baßposaunist Queiser, Gehülfe des Stadtmusikus, und jüngerer Bruder unsers Posaunisten nach Dresden in die *Königliche* Kapelle berufen« (Grenser, 1833), wo er zunächst »Expectant«[79] und von 1839 bis 31. Dezember 1874 Mitglied der Hofkapelle war. ◆ Sein jüngster Bruder Friedrich Benjamin (* 1817, † 1893) war ebenfalls Schüler von Stadtmusikus → W. L. Barth und von 1842 bis 1885 Trompeter der Dresdner Hofkapelle.

---

[79] Anwärter.

LITERATUR: Grenser; S. Krause: Der Posaunengott. Zum 200. Geburtstag des Posaunenheros Carl Traugott Queisser; G. Schilling: Das musikalische Europa; A. Schreiber: Von der Churfürstlichen Cantorey zur Sächsischen Staatskapelle Dresden; Staatshandbuch für das Königreich Sachsen. 1837. QUELLEN: PfA Döben: TfR.

1826

|239 Fölck, Carl Friedrich
Violine, Viola
* 1798 in Oelsnitz[80],
† 15. Oktober 1878
Mitglied von 1826 bis 1868
Geiger, ab 1829 Bratscher im Konzert

Er hatte ein Musikchor, in dem u. a. → E. Elssig sein Gehilfe war. ♦ 1824 gründete er zusammen mit → Fr. R. Sipp u. a. einen Musikverein, der sich zwar Ostern 1826 bereits wieder auflöste, aber noch im selben Jahr mit Hilfe von Wilhelm Eduard Hermsdorf (→ Hermsdorf) neu konstituierte, ab 1828 als »Euterpe« firmierte und einen bedeutenden Beitrag zum Musikleben in Leipzig leistete.

LITERATUR: Dörffel Nr. 239; Hempel. QUELLEN: StadtAL: Polizeimeldebücher Bleibende Einwohner.

|240 Pohle [Pohl], Christian Friedrich Magister
Violine, Viola
* 14. April 1801 in Burgkemnitz,
† 17. September 1871 in Leipzig
Mitglied von 1826 bis 1835
Extrageiger im Theaterorchester bis 1. November 1830, Bratscher im Konzert

Er ist der Sohn von Christian Gotthilf August Pohle, Schulmeister und Organist in Burgkemnitz, Schlaitz und Gossa, und dessen Ehefrau Johanna Christiana, geb. Burkhardt. Nach dem Schulbesuch in Köthen war er ab 11. Juni 1816 in Halle/S. an der Lateinschule der Franckeschen Stiftungen und vom 20. Mai 1817 bis 13. März 1822 in Pforta. Er studierte dann an der Leipziger Universität, immatrikuliert am 21. Mai 1822. Die Möglichkeit zum Studium der Musik verschafften ihm [→ H. A.] Matthäi und der Bankier und Mitglied der Gewandhaus-Konzertdirektion Wilhelm Seyfferth. Er hörte theologische und philosophische Vorlesungen bei Traugott Wilhelm Krug, Christian Daniel Beck, Johann August Heinrich Tittmann und Heinrich Gottlieb Tzschirner. Nachdem er 1827 in Magdeburg das theologische Examen bestanden hatte, setzte er seine musikalischen Studien in Leipzig fort. ♦ »Orchesterveränderung. [→ Chr. G.] Müller anstatt [→ Fr. W.] Sörgel. Pohl anstatt [→ J. Chr. L.] Pape und [→] Pahls …« (Grenser, 1826); »den 1 November trat auch der Extraviolinist Hr. Pohl aus dem Theaterorchester. An seine Stelle wurde Hr. [→ R.] Poley jun. der Sohn des Orchester- und Institutsmitglieds angenommen.« (Grenser, 1830) ♦ Im Adreßbuch 1839 findet sich unter der Rubrik »Privatlehranstalten für Instrumental- und Vocalmusik« der Eintrag: »Magister Pohle Musiklehrer. Neukirchhof 259«, im Adreßbuch 1848: »Magister Pohle, Musiklehrer, Sa-

....
80 Geburtsort nach den Meldebüchern, jedoch ist weder in Oelsnitz/Vogtland noch in Oelsnitz bei Chemnitz seine Geburt nachweisbar.

lomonstr. 6« und im Adreßbuch 1854: »Pohle, C. F. Dr. phil. Musiklehrer Inselstr. 14«.

WERKE: Ueber das Einstudiren der Compositionen, oder Aufschluss über die Geheimnisse des Vortrages für Pianofortespieler. Leipzig 1836. LITERATUR: Dörffel Nr. 240; AB 1839, 1848 u. 1854; Grenser; G. Hermann: Emendationes coluthi; M. Hoffmann: Pförtner Stammbuch; Robert Schumann Tagebücher, hrsg. v. G. Nauhaus, Band II. QUELLEN: Archiv der Franckeschen Stiftungen: Schülerverzeichnis der Lateinischen Schule; PfA Burgkemnitz: TfR; UniA: Rektormatrikel.

|241 Wagner,
1826 und 1827 erwähnt
Aushilfe im Theater

»Theatergehülfen: [→ Fr.] Wilh. Grenser, [→ J. G.] Queiser, [→ H. Tr.] Hesse, [→ Chr. E.] Winter, [→ Chr. G.] Müller, [→] Pohle, [→] Schnerwitz, [→ Fr. W.] Eichler, [→ Fr. S. A.] Gebler, [→ J. F.] Schiefer, [→] Kretschmer, Wagner« (Grenser, 1826); »Theaterorchestergehülfen: Fr. W. Eichler, Wagner, [→ Fr. R.] Sipp, [→ J. G.] Hauschild.« (Grenser, 1827)

LITERATUR: Grenser.

|242 Kretschmer,
1826 erwähnt
Aushilfe im Theater

»Theatergehülfen: [→ Fr.] Wilh. Grenser, [→ J. G.] Queiser, [→ H. Tr.] Hesse, [→ Chr. E.] Winter, [→ Chr. G.] Müller, [→] Pohbe, [→] Schnerwitz, [→ Fr. W.] Eichler, [→ Fr. S. A.] Gebler, [→ J. F.] Schiefer, Kretschmer, [→] Wagner.« (Grenser, 1826)

Möglicherweiser handelt es sich um → J. G. Kretzschmar, jedoch halten sich zu dieser Zeit noch mindestens fünf weitere Musiker mit dem Namen Kretzschmar in Leipzig auf.

LITERATUR: Grenser. QUELLEN: StadtAL: Polizeimeldebücher Temporäre Einwohner – Polizeimeldebücher Bleibende Einwohner.

|243 Pohbe,
1826 erwähnt
Aushilfe im Theater

»Theatergehülfen: [→ Fr.] Wilh. Grenser, [→ J. G.] Queiser, [→ H. Tr.] Hesse, [→ Chr. E.] Winter, [→ Chr. G.] Müller, Pohbe, [→] Schnerwitz, [→ Fr. W.] Eichler, [→ Fr. S. A.] Gebler, [→ J. F.] Schiefer, [→] Kretschmer, [→] Wagner.« (Grenser, 1826)

LITERATUR: Grenser.

|244 Schnerwitz,
1826 erwähnt
Aushilfe im Theater

»Theatergehülfen: [→ Fr.] Wilh. Grenser, [→ J. G.] Queiser, [→ H. Tr.] Hesse, [→ Chr. E.] Winter, [→ Chr. G.] Müller, [→] Pohbe, Schnerwitz, [→ Fr. W.] Eichler, [→ Fr. S. A.] Gebler, [→ J. F.] Schiefer, [→] Kretschmer, [→] Wagner.« (Grenser, 1826)

LITERATUR: Grenser.

|245 Pahls,
1826 erwähnt
Aushilfe im Theater

»Orchesterveränderung. [→ Chr. G.] Müller anstatt [→ Fr. W.] Sörgel. [→ Chr. Fr.] Pohl anstatt [→ J. Chr. L.] Pape und Pahls.« (Grenser, 1826) ♦ 1829 werden als Mitglieder der Hofkapelle in Hannover ein Herr Pape (einge-

stellt am 1. Juni) und ein Herr Pahl (eingestellt am 20. August) genannt; dort war der früher am Leipziger Theater tätige Musikdirektor → H. A. Präger ab 8. April 1829 Kapellmeister.
LITERATUR: Grenser; F. Schmidt: Das Historische Mitgliederverzeichnis des Niedersächsischen Staatsorchesters 1636–1986.

1827

|246 Wolff, Christian Friedrich
Violoncello
* 19. Juli 1772 in Schönheide/Erzgebirge
1827 erwähnt
Cellist im Theater

Er ist der Sohn von Christian Friedrich Wolff, »Cantor substitut«, und Chr. Sibylla, »Fil*ia* Hr. Gottlieb Gerischers, Handelsmann und Gerichtsassesoris weil*and*«. (Taufeintrag) ♦ »Personal des Theaterorchesters … Violonzell: [→ C. L.] Voigt, Grenser jun. Hr. Kaufmann Wolff …« (Grenser 1827); »Dilletanten … Violonzell. Kaufmann Chr. Fr. Wolf. Violonzell. Sensal [→] Wilh. Fr. Kunze, u*nd* viel andre mehr.« (Grenser, 1827) ♦ Im Adreßbuch 1827 finden sich die Einträge: »Wolff, Chst. Fr. Neuer Neumarkt, 623. Petinet- und Spitzenstickerei, eig*ene* Fabrik« und »Fiskal der Kramerinnung.«
LITERATUR: Grenser; AB 1827; Erler. QUELLEN: Pfarramt Schönheide: KB; StadtAL: Polizeimeldebücher Bleibende Einwohner.

1828

|247 Pohlenz, Christian August
Musikdirektor
* 3. Juli 1790 in Sallgast/Niederlausitz,
† 10. März 1843 in Leipzig
Am 30. Januar 1828 Aufnahme in den Orchester-Pensionsfonds
Musikdirektor der Gewandhauskonzerte von 1827 bis 1835 für → J. Ph. Chr. Schulz

Er ist der Sohn von Christian Pohlenz, »Häusler, Schneider, Dorfeinnehmer und Musicante weiland Martin Pohlenzens, gew*esenen* Häuslers, Schneiders und Dorf Musicantens ehel*icher* hinterlassener Sohn« (Traueintrag der Eltern), und dessen Ehefrau Anna Matia, geb. Klaunigk. Er war ab 16. Mai 1802 Schüler der Kreuzschule in Dresden und studierte dann an der Leipziger Universität, immatrikuliert am 28. Mai 1811. ♦ »D*en* 30. Jan*uar* starb der Musikdirektor des großen Conzerts u*nd* Secretair des Instituts Hr. Schulz. Herr Organist Pohlenz, der schon während Schulzes Krankheit die Direktion besorgt hatte, wird nun Musikdirektor des Conzerts, doch noch ohne Gage, weswegen er noch den Eintritt ins Institut verweigert« (Grenser, 1827); »d*en* 30. Jan*uar* trat der Conzert Musikdirektor Hr. Pohlenz als Mitglied ins Institut ein.« (Grenser, 1828)
Organist Universitätskirche ab 1817 für → J. Chr. G. Starke; Organist der Thomaskirche von 1821 bis 1843 für → Fr. Schneider; interimistisch Thomaskantor nach dem Tod von → J. G. Schicht; Universitätsmusikdirektor ab 1827.

Christian August Pohlenz, Lithographie von Gustav Schlick, 1843

LITERATUR: Dörffel Nr. 96; Grenser; Hempel; Die Matrikel der Kreuzschule. QUELLEN: PfA Göllnitz: KB Sallgast.

|248 Wunderlich, Julius Robert
Violine
* 2. Januar 1810 in Leipzig ♦ Sohn von → J. Chr. Wunderlich, Bruder von → Fr. O. Wunderlich
Von 1828 bis 1833 erwähnt
2. Geiger in Konzert

»D*en* 4. Dec*ember* ging [→] Julius [Robert] Wunderlich als Musikdirektor nach Bamberg zum Theater. Er war Violinspieler bey Seconde im Leip*ziger* Gro*ßen* Conzert in diesen u*nd* vor*igen* Winter angestellt; u*nd* einer von denen die den Stadtmusikus [→ W. L.] Barth verließen an Michaelis.« (Grenser, 1833) Im Polizeimeldebuch heißt es: »Ostern 1834 als Musikdirector nach Bamberg«; in Bamberg ist er jedoch nicht nachweisbar. ♦ Am 21. Mai 1852 bewarb sich ein Musikdirektor Julius Wunderlich von Düsseldorf aus erfolglos um die vakante Hofkapellmeisterstelle in Sondershausen und wiederholte seine Anfrage von Göttingen aus am 4. Februar 1853.
WERKE: »Berglied von Th. Körner, mit Musikbegleitung v. Jul. Wunderlich … Variazionen für Alt Viola über ein Schweitzer Thema componirt u. vorgetr. v. Jul. Wunderlich … Ständchen aus der Hexenbraut, Oper von C. Siegel, comp. v. Jul. Wunderlich.« (Grenser, 1833) LITERATUR: Dörffel Nr. 241; Grenser; Hempel; Nösselt. QUELLEN: KAL: TfB St. Thomas; ThStA Rudolstadt: Hofmarschallamt Sondershausen, Nr. 1643; StadtAL: Tit. VII B 147, Vol. I, Bl. 44 ◊ Tit. LXII S 92 ◊ Polizeimeldebücher Bleibende Einwohner.

Johann Andreas Grabau, Photographie, 1879

stellt bey nöthigen Fällen einen 3ten Cellisten extra« (Grenser, 1830); »den 23. December trat der zweite Violonzellist Grabau seinen Orchesterdienst wieder an, nachdem er ein halb Jahr in Dresden den Unterricht des Kammermusikus Hrn. Fr. Kummer[81] genossen. Für ihn substituirt hatten indeß der Organist an der reformierten Kirche Hr. [→ J. Chr. G.] Starke oder Hr. [→] Karl Barth; zweiter Sohn des Stadtmusikus.« (Grenser, 1832) ◆ »[Er] war aber berufsmäßig nur bis zu seiner Verheiratung tätig, die ihm die Möglichkeit gewährte, Musik zu seinem Vergnügen treiben zu können.« (Wasielewski) Am 12. Juni 1834 heiratete er in Leutzsch Juliana Eleonora, die einzige Tochter des »Herrn Dr. Christian Friedrich Ludwigs, Professoris Publici Ordinarii Pathologiae, CreÿsAmbt und LandPhysici« (Traueintrag). »Alles was Andreas Grabau durch sein Cellospiel verdiente, 62.000 Mark, hat er für eine Kinderbewahranstalt dahingegeben, an der er viel Freude hatte. Nach seinem Tode haben seine Kinder sie bis 1897 weitergeführt und dann als 'Andreas-Grabau-Stiftung' der Gemeinde Leutzsch übergeben. Eine Straße in Leutzsch ist nach ihm benannt worden, Robert Schumann widmete ihm seine Komposition 'Fünf Stücke im Volkston für Violoncell und Pianoforte' op. 102.« (Grabau) ◆ Unter seinen fünf Geschwistern sind: Henriette Grabau, verh. Bünau (*1805, †1852), die von 1826 bis 1837 als Sängerin für die Gewandhauskonzerte engagiert war; Georg Grabau (*1806, †1854), Domkantor in Verden; Adelheid Grabau, verh. Wilkens (*1807, †1854) und Johann Christian Leberecht Grabau (*1810, †1874), Landschaftsmaler.

1836 als Mitglied des Gewandhaus-Quartetts erwähnt.[[Abb. Forner 94]]

LITERATUR: Dörffel Nr. 101; Grenser; Hempel; K. Blum: Musikfreunde und Musici; W. A. Grabau: Die Geschichte der Familie Grabau; W. J. v. Wasielewski: Das Violoncell und seine Geschichte. QUELLEN: KAL: TrB Leutzsch.

1829

|249 **Grabau, Johann Andreas**
Violoncello
* 19. Oktober 1808 in Bremen,
† 9. August 1884 in Leutzsch bei Leipzig.
Mitglied von 1828 bis zu seinem Tod; auch bei der Kirchenmusik angestellt (ab 1832 nachweisbar) ◆
Vom 1. November 1830 bis 14. Februar 1836 Mitglied des Orchester-Pensionsfonds
Cellist im Konzert, von 1830 bis 1836 dritter Cellist im Theater für → Fr. W. Grenser

Sein 1780 in Köthen geborener Vater Johann Christian Leberecht Grabau kam 1800 als Lehrer und Organist nach Bremen und beeinflußte nachhaltig das dortige Musikleben, u.a. durch die Gründung einer Singschule und die Einrichtung von »Privat-Abonnements-Concerten«. Zusammen mit seinem Geige spielenden Vater wirkte Johann Andreas Grabau nachweislich 1826 im Bremer Concert-Orchester unter der Leitung von → Fr. W. Riem mit und wählte 1828 Leipzig zu seinem ständigen Wohnsitz. ◆ »den 1. November wird Hr. [→ C. L.] Voigt, jetziger zweyter Violoncellist mit 100 Rthl. jährlich in Pension gesetzt, da er nicht einmal dieser Steller mehr gewachsen blieb. An die erledigte zweyte Violonzellstelle rückte Hr. Grabau von der 3ten Violoncellstelle und zugleich ins Institut. Die 3te Violoncellstelle wird vor der Hand nicht fest besetzt, sondern das Institut, welches die für diese Stelle bestimmten 75 Rthl. jetzt zur Pensionsausgabekasse nimmt,

|250 **Richter, Gottfried Wilhelm**
Oboe
† 8. Oktober 1829 in Leipzig
Mitglied vom 1. August 1829 bis zu seinem Tod
1. Oboist für → H. G. Portig

»An die 1ste Hoboistenstelle wird angenommen den 1. August Hr. Richter, bisher Stadtpfeifergeselle …« bei Stadtmusikus → W. L. Barth. (Grenser, 1829) ◆ »den 8. October starb der am 1sten August engagirte Erste Hoboist Hr. Richter. Nach 14 Tagen Dienst bey kränklichen Körper wurde er bettlägerig. Er hatte 12 Rthl. Krankengeld aus dem Institute erhalten. Seine Angehörigen forderten auch noch die Begräbnisssteuer, welche Forderung aber abgeschlagen wurde, da Hr. Richter die Institutsgesetze noch nicht unterschrieben gehabt hatte, und daher nicht Mitglied dejure war.« (Grenser, 1829) Im Leichenbuch heißt es: »Ein Junggeselle 21 Jahre Hr. … Wilhelm Gottfried Richter, Musikus beym hiesigen Stadttheater … Gottfried Richters, Lohnkutschers Sohn …«

LITERATUR: Dörffel Nr. 98. QUELLEN: StadtAL: Leichenbücher/Leichenschreiberei.

---

81 Schüler von → J. J. Fr. Dotzauer.

|251 **Schmidtbach, Carl Ferdinand**
Fagott
* 20. Oktober 1801 in Kaaden/Böhmen,[82]
† 25. Juni 1879 in Hannover
Mitglied vom 1. August 1829 bis 30. Juli 1832 ◆ Mitglied des Orchester-Pensionsfonds
1. Fagottist für → J. W. Hartmann, der ans 2. Fagott wechselte

»Die verlassene 2te Contrabassstelle erhielt Hr. [→ J. J. Fr.] Peglow, bisheriger zweiter Fagottist; an den zweiten Fagott ging der bisherige 1ste Fagottist Hr. Hartmann, und zum 1sten Fagott wurde neu engagirt Hr. Schmidtbach, welcher den 1. August seine Stelle antritt.« (Grenser, 1829) ◆ »den 3. May wird der 1ste Fagottist des Leipziger Orchesters Hr. Schmidtbach vom Kapellmeister Marschner in die Kapelle nach Hannover mit 400 Rthl. jährlich Gehalt engagirt.« (Grenser, 1832) Dort war er vom 1. September 1832 bis zu seinem Tod beschäftigt. ◆ Sein Sohn Gustav Carl Adolph Schmidtbach war als Fagottist von 1853 bis zu seiner Pensionierung 1901 ebenfalls Mitglied der Hofkapelle Hannover.

LITERATUR: Dörffel Nr. 97; Grenser; F. Schmidt: Das Historische Mitgliederverzeichnis des Niedersächsischen Staatsorchesters 1636–1986. QUELLEN: Niedersächsisches Landesrchiv, Hauptstaatsarchiv Hannover: Hann. 132 Acc. 2004/041 Nr. 1110.

1830

|252 **Uhlrich** [Ulrich, Ullrich], **Wilhelm Carl**
Violine
* 12. August 1815 in Leipzig,
† 26. November 1874 in Stendal,
☐ 30. November in Sondershausen
Mitglied vom 1. Juli 1830 bis Dezember 1841, zunächst im Konzert, ab 1825 auch im Theater ◆
Am 15. September 1835 Aufnahme in den Orchester-Pensionsfonds
2. Geiger

Er ist der Sohn des Holzblasinstrumentenmachers Franz Eduard Uhlrich und dessen Ehefrau Johanna Christina, geb. Schatz. ◆ »den 1. July wurde der zweite Bratschist des Orchesters Hr. [→ J. G.] Schäfer, mit 150 Rthl. jährlich pensionirt. An dessen Stelle rückte ins Institut und zur zweiten Bratsche Hr. [→ J. G.] Hauschild, der seit 1824 beym Conzert- und seit 1825 beym Theaterorchester als Extra Geiger angestellt war. Die erledigte Extrastelle bey den Violinen bekam Hr. Ulrich.« (Grenser, 1830) ◆ Der Schüler von → H. A. Matthäi ging als Konzertmeister nach Magdeburg, bewarb sich am 11. November 1846 um die Konzertmeisterstelle in Sondershausen und trat die dortige Stelle als »Concermeister und zweiter Dirigent, sowie als Solo und Vorgeiger« (Anstellungsvertrag) am 1. Mai 1847 an.

LITERATUR: Dörffel Nr. 107; Grenser; Riemann I. QUELLEN: KAL: TfB St. Nicolai; ThStA Rudolstadt: Hofmarschallamt 1828.

|253 **Poley** [Poley jun., Poley II], **Rudolph**[83]
Violine
* 5. April 1814 in Leipzig ◆ Sohn von → J. M. Poley, Enkel von → J. G. Geissler
1830 erwähnt
1. und 2. Geiger

»Den 30. Juny reißte der Extra Orchester Geiger Hr. [→ Chr. E.] Winter nach Cassel, um wenigstens ein Jahr lang dort Spohrs Unterricht zu genießen. Indeß wird seine Stelle von Poley der Sohn als Substitut besetzt« (Grenser, 1830); »den 1 November trat auch der Extraviolinist Hr. [→ Chr. Fr.] Pohl aus dem Theaterorchester. An seine Stelle wurde Hr. Poley jun. der Sohn des Orchester- und Institutsmitglieds angenommen.« (Grenser, 1830)

LITERATUR: Nösselt; Grenser. QUELLEN: KAL: TfB.

1831

|254 **Döring,**
Violoncello
1831 erwähnt
Als Cellist in dem Festkonzert am 24. November 1831 anläßlich des 50jährigen Jubiläums der Gewandhauskonzerte genannt.

LITERATUR: Dörffel S. 78.

1832

|255 **Inten** [Inten I], **Carl Wilhelm von**
Fagott
* 23. April 1799 in Zellerfeld,
† 18. Februar 1877 ◆ Bruder von → G. H. Fr. v. Inten
Mitglied vom 15. August 1832 bis 1857 ◆ Mitglied des Orchester-Pensionsfonds
1. Fagottist für → C. F. Schmidtbach

Im seinem Taufeintrag heißt es: »Des Bergmanns Friedrich Christian von Hinten[84] mit seiner Ehefrau Johanne Christiane Henriette Asmus erzeugte Zwillinge Sohn und Tochter 1. Johanne Dorthee Juliane 2. Carl Wilhelm.« ◆ »den 6. August wurde im Gewandhaussale wegen der Wiederbesetzung der 1sten Fagottstelle im Orchester eine Probe gehalten. Schon den [Auslassung im Original] hatte Hr. Moschke, Gehülfe des Stadtmusikus Zillmann in Dresden ... eine Probe seiner Kunst im Vortrag eines Thema mit Variazionen von Fr. Kummer gegeben. Heute spielten noch Hr. Frach, Mitglied der Gohlisser Musikgesellschaft, Hr. [→ J. F.] Schiefer Gehülfe des Stadt-

---

82 Heute Kadan (Tschechien).

83 In den Taufregistern von Leipzig findet sich der Name Poley nur einmal, so daß man davon ausgehen kann, daß Rudolph Poley das einzige Kind von → J. M. Poley ist. Es sei denn, es gäbe noch einen Sohn, der nicht in Leipzig getauft wurde.

84 Bei allen Eintragungen im Kirchenbuch von Zellerfeld, diese Familie betreffend, lautet der Familienname »von Hinten«.

musikus [→ W. L.] Barth hier und von Inten, ebenfalls Gehülfe des hiesigen Stadtmusikus. Der letztere bekam die Stelle.« (Grenser, 1832)

LITERATUR: Dörffel Nr. 103; Grenser; Nösselt. QUELLEN: PfA Zellerfeld: KB.

|256 **Haake** [Haack], **Gottlob Wilhelm**
Flöte
* 10. April 1804 in Großenhain,
† 25. März 1875 in Leipzig ◆ Bruder von
→ Fr. H. F. Haake
Mitglied vom 15. November 1832 bis 15. Juni 1866 ◆
Mitglied des Orchester-Pensionsfonds
2. Flötist für → Chr. G. Belcke, ab 1. Oktober 1855
1. Flötist für → C. A. Grenser

Er ist der Sohn von Friedrich Haake, »Hautboist« (Taufeintrag), und dessen Ehefrau Juliane Christiane, geb. Schüttel. ◆ Gottlob Wilhelm Haake war »Musikus in Wien seit July 1822, wieder hier seit 10. September 1828.« (Polizeimeldebuch) »Vom 1sten July an, substituirt Hr. Wilh. Haake für den zweiten Flötisten des Orchesters Hrn. Belke der wegen gestörter Gesundheit auf ein Vierteljahr Urlaub hat, sich in seinen Geburtsort Lucka bey Altenburg begeben, wo sein Vater Stadtmusikus ist.« (Grenser, 1831) ◆ Abweichend von seinem Taufeintrag wird in den Leipziger Polizeimeldebüchern → P. A. Haake als sein Vater genannt. Dieser aus Wittenberg stammende Bierverleger war zu dieser Zeit verheiratet mit der Mutter von ihm und seinen drei Brüdern → Fr. H. F. Haake, Ernst Adolph Haake (* 1807 Dresden) und Georg Albrecht Haake (* 1811 Bautzen).

WERKE: Concertino f. Fl.; Concertino f. Fg; Fantasie u. Variationen f. Fl. über ein Thema aus *Die Nachtwandlerin* v. Bellini; Variationen f. Fg. LITERATUR: Dörffel Nr. 104; Grenser; Hempel. QUELLEN: PfA Großenhain: KB; StadtAL: Kap. 32, Nr. 2, Vol. III, Bl. 11 ◊ Polizeimeldebücher Bleibende Einwohner.

|257 **Naundorf, Christian Magnus**
Kontrabass
* 11. Mai 1804 in Weißenfels
1832 erwähnt
Kontrabassist im Theater

Er ist der Sohn von Johann Gottlob Naundorf, »wohlverordneter Töchter Lehrer« (Taufeintrag) und dessen Ehefrau Maria Dorothea geb. Kleinicke. ◆ »Chr. Magn. Naundorf, Inhaber einer Privatschule, substituirt oft als Contrabassist im Theater.« (Grenser, 1832) ◆ Im Leipziger Adreßbuch von 1838 letzmalig als Inhaber einer Privatschule am »Thomaskirchhof, neben dem Posthause. Ehemaliges Consistorial-Gebäude« genannt, 1840 bei der Taufe eines Sohnes im Eutritzscher Kirchenbuch als »Schenkgutsbesitzer« bezeichnet.

LITERATUR: Nösselt; AB 1838; Grenser. QUELLEN: KAL: TfB Eutritzsch; PfA Weißenfels: TfR; StadtAL: Polizeimeldebücher Bleibende Einwohner.

|258 **Haake** [Haacke], **Peter Andreas**
Kontrabass
* 1779 in Wittenberg[85]
1832 und 1833 erwähnt
Kontrabassist im Konzert und bei der Kirchenmusik

»Personal des Conzertorchesters ... Contrabass. [→ J. G.] Temmler. [→ J. J. Fr.] Peglow. Haacke ...« (Grenser, 1832) In der Tabelle »Stand des Kirchenorchesters am 31. März 1833 nebst einigen neuen Vorschlägen« heißt es: »Ist eigentlich Bierverleger und beim Orchester als Liebhaber zu betrachten.« (StadtAL) Im Adreßbuch 1839 findet sich unter der Rubrik »Künstler, Fabrikanten, Handwerker und andere in Leipzig wohnende Gewerbe treibende Personen« bei den »Bierschänkern« der Eintrag: »Haacke, P. Andr. Petersssteinweg 809. Verlag des Grimma'schen Lagerbieres.« ◆ Unklar bleibt, ob es sich bei dem 1832 von Grenser genannten Kontrabassisten um ihn oder → Fr. H. F. Haake handelt. Abweichend von den Taufeinträgen zu Fr. H. F. Haake und → G. W. Haake wird er in den Leipziger Polizeimeldebüchern als deren Vater und als Ehemann von Christiane Haake, geb. Schüttel, genannt.

LITERATUR: Hempel; AB 1839; Grenser. QUELLEN: PfA Großenhain: KB; StadtAL: O. Georgi: Vortrag, die Verhältnisse des Stadtorchesters betreffend ◊ Tit. VII B 147, Vol. I, Bl. 44 ◊ Polizeimeldebücher Bleibende Einwohner.

1833

|259 **Inten** [Inten II], **Georg Heinrich Friedrich von**
Violine
* 20. Dezember 1803 in Zellerfeld,
† 1. Januar 1875 ◆ Bruder von → C. W. v. Inten
Mitglied von 1833 bis 1. Juli 1869 ◆ Am 15. Juli 1838
Aufnahme in den Orchester-Pensionsfonds
1. Geiger

In seinem Taufeintrag heißt es: »Des Bergmanns Friedrich Christian von Hinten[86] mit seiner Ehefrau Johanne Henriette Asmus erzeugter Sohn Georg Heinrich.« ◆ 1833 war er Mitglied des Vereinigten Musikchors unter → C. Tr. Queisser.

Lehrer von → Fr. E. A. Hauschild.

LITERATUR: Dörffel Nr. 113; Nösselt. QUELLEN: PfA Zellerfeld: KB; StadtAL: Kap. 32, Nr. 2, Vol. III, Bl. 73 ◊ Tit. LXII S 92.

|260 **Hunger, Hermann Otto**
Violine, Viola
* 21. Mai 1813 in Leipzig,
† 26. September 1866 in Leipzig ◆ Sohn von
→ J. G. Hunger
Mitglied von 1833 bis zu seinem Tod; ab 1839 auch bei der Kirchenmusik genannt ◆ Am 15. April 1842
Aufnahme in den Orchester-Pensionsfonds
1. Geiger, ab 1845 Bratscher

»Für Hrn. [→ Chr. E.] Winter der bey Spohr in Cassel seine Schule macht, substituirt nun Hr. Hunger« (Grenser, 1830); »den 1. September trat Hr. Winter, der bey Spohr in Cassel eine Zeitlang Schule gemacht hatte, wieder seine Extra Violinstelle an, die indeß Hr. Hunger als Substitut versehen hatte.« (Grenser, 1831)

LITERATUR: Dörffel Nr.118; AB 1839 ff.; Grenser. QUELLEN: KAL: TfB St. Thomas.

---

85 Angabe nach den Leipziger Meldebüchern; nach Auskunft des Kirchenarchivs Wittenberg ist dort seine Taufe nicht vermerkt.

86 Bei allen Eintragungen im Kirchenbuch von Zellerfeld, diese Familie betreffend, lautet der Familienname »von Hinten«.

|261 **Kunze, Heinrich Gustav**
Violine, Viola
* 3. April 1808 in Torgau ♦ Vater von → G. Kunze
Mitglied von 1833 bis 1844
Geiger und Bratscher im Konzert

Der Sohn des Gastwirts Johann Christoph Kuntze und Johanna Friederike Martha, geb. Barth, war Geselle des Stadtmusikus → W. L. Barth. »Den 1. Juni ... Adagio u. Rondo aus dem Klarinettkonzert von C. M. von Weber vorgetragen *von* Hrn. Kunze (Stadtpfeifergehülfe) ...« (Grenser, 1833) Im Kirchenbuch von Schönefeld wird er im Taufeintrag seines Sohnes als »Mitglied *des* Leip*ziger* KonzertOrchesters« bezeichnet. ♦ Von 1844 bis 1849 war er Musikdirektor beim Leibinfanterieregiment in Dresden, lebte dann wieder in Leipzig und kehrte später nach Dresden zurück.
LITERATUR: Dörffel Nr. 243; Grenser; Hempel; Robert Schumann Tagebücher, hrsg. v. G. Nauhaus, Band II. QUELLEN: KAL: TfB Schönefeld; PfA Torgau: KB; StadtAL: Tit. LXII S 92.

|262 **Portig, Gustav Wilhelm**
Violine
* 4. August 1817 in Leipzig,
† 23. Januar 1855 in Leipzig ♦ Sohn von → H. G. Portig
Mitglied von 1833 bis zu seinem Tod
Geiger im Konzert

In den Taufeinträgen seiner Kinder 1838 als »Clavierlehrer« und 1842, 1844 und 1848 als »Musiklehrer« bezeichnet. ♦ Im Leichenbuch heißt es: »... Musiklehrer und Mitglied des großen Orchesters ...«
LITERATUR: Dörffel Nr. 244, Nösselt. QUELLEN: KAL: TfB St. Nicolai; StadtAL: Leichenbücher/Leichenschreiberei.

|263 **Barth [jun.], Karl Traugott**
Violoncello
* 12. Januar 1818 in Leipzig ♦ Sohn von → W. L. Barth
Mitglied von 1833 bis 1843
Cellist im Konzert

»Den 23. *December* trat der zweite Violonzellist [→ J. A.] Grabau seinen Orchesterdienst wieder an, nachdem er ein halb Jahr in Dresden den Unterricht des Kammermusikus Hrn. Fr. Kummer genossen. Für ihn substituirt hatten indeß der Organist an der reform*ierten* Kirche Hr. [→ J. Chr. G.] Starke o*der* Hr. Karl Barth; zweiter Sohn des Stadtmusikus« (Grenser, 1832); »Der Stadtmusikus Barth, der seinen 2ten Sohn Karl an Ostern nach Dessau in die Musikschule des Kapellmeisters [→ Fr.] Schneider geschickt hatte, wo er Unterricht in der Komposition, Klavier, Orgel- u*nd* Violoncellspiel bekam, mußte ihn zu Michaeli wieder nach Hause nehmen, da er die Kosten in seiner üblen Lage, in die er durch den Abgang fast aller seiner Gehülfen gerathen, nicht mehr bestreiten konnte.« (Grenser, 1833) ♦ Sein 1813 geborener Bruder Friedrich August Wilhelm Barth wurde 1837 Musikdirektor des Leibinfanterieregiments in Dresden, 1839 Stadtmusikdirektor in Glauchau.
LITERATUR: Dörffel Nr. 245; Grenser. QUELLEN: KAL: TfB St. Nicolai.

|264 **Winter,**
Violoncello
Mitglied von 1833 bis 1835 und von 1838 bis 1839
Cellist im Konzert
LITERATUR: Dörffel Nr. 251.

|265 **Saupe, Friedrich August**
Klarinette
* 7. Mai 1809 in Meuselwitz
1833 und 1834 als Klarinettist erwähnt

Der Geselle des Stadtmusikus → W. L. Barth bewarb sich im Dezember 1834 um die vakante Stelle des Stadtmusikus in Colditz: »Ich bin in Meuselwitz beÿ Altenburgen 7ten May 1809 geboren, habe in Eisenberg beim dasigen Stadtmusicus Sachse die Music 5 Jahre lang erlernt, und habe noch 2 Jahre allda in Condition gestanden, später als Hautboist in herzoglich sächsischen Diensten zu Altenburg 5 Jahre gedient, allwo ich als Es-Clarinettist engagiert war, und zugleich beÿ der dortigen Hofmusik, die Stelle eines ersten Clarinettisten besetzte, auch ¾ Jahr lang, während der Krankheit des Musikmeisters das Directorium übernehmen mußte und befinde mich seit einem Jahre in Leipzig beÿm Stadtmusikus Herrn Barth als erster Clarinettist, wo ich zugleich den Dienst in Kirche, Theater und großen Concert mit zu versehen habe. Da ich aber nichts mehr wünsche, als mich in einen meinen Kräften angemessenen Wirkungskreis versetzt zu sehen, so erlaube ich mir hochweisen Stadtrath ganz ergebenst zu bitten: Beÿ einer etwaigen Besetzung der dortigen Stadtmusikus-Stelle auf mich geneigtest Rücksicht zu nehmen. Ohne die Bescheidenheit verletzen zu wollen, füge ich hinzu, daß ich seit frühester Jugend mich sowohl der praktischen als theoretischen Musik gewidmet, und die meisten gangbaren Piecen aus den beliebtesten Opern für jede Art der Instrumentation arrangiert habe, und sowohl im Generalbaß als auch auf jedem Instrumente Unterricht erteile, als auch beÿ Saiten-Musik erste Violine spiele.«
QUELLEN: StadtA Colditz: Abth. II, Sect. IV, Nr. 28.

1834

|266 **Wenck, Heinrich Moritz**
Viola
* 2. März 1813 in Leipzig,
† 7. September 1879 in Leipzig
Mitglied von 1834 bis 1868
Bratscher im Konzert

Er ist das fünfte von sieben Kindern des »Academici auch Musicus« (Taufeintrag) Christian Gottlieb Wenk [sic!], und dessen Ehefrau Christiane Sophie, geb. Kötzschke. Er betrieb eine Notenstecherwerkstatt, hatte ein Musikchor, in dem u. a. → G. Kröber, → Chr. Matthies und → A. Wilfer seine Gehilfen waren und war Kapellmeister bei der Kommunalgarde.
LITERATUR: Dörffel Nr. 246; AB 1839, 1854 u. 1862; A. Goldberg: Porträts und Biographien hervorragender Flöten-Virtuosen, -Dilettanten und -Komponisten. QUELLEN: KAL: TfB St. Thomas ◊ Familientafel Wenk-Kötzschke; StadtAL: Polizeimeldebücher Bleibende Einwohner.

1835

|267 **Weissenborn, Friedrich Louis**[87]
Fagott
* 29. Dezember 1813 in Friedrichs-Tanneck
bei Eisenberg,
† 4. Februar 1862 in Leipzig ◆ Bruder von
→ Chr. J. Weissenborn
Mitglied vom 15. September 1835 bis 1857 ◆ Mitglied des
Orchester-Pensionsfonds
2. Fagottist für → J. W. Hartmann

Der älteste Sohn von Johann Wilhelm Weissenborn, »Musicus und Einwohner in Friedrichs Tanneck« (Taufeintrag), und dessen Ehefrau Johanne Christiane, geb. Busch, war in erster Ehe mit der einzigen Tochter von → C. H. Meyer verheiratet. ◆ Sein 1849 geborener Bruder Max Weissenborn war zwischen 1865 und 1874 »Musikusgehilfe« bei verschiedenen Musikchören in Leipzig.

WERKE: 4 Sonaten f. Fg. allein; 6 Trios f. 3 Fg.; mehrere Kompositionen f. Fg. u. Klavier; Ballade u. Scherzo f. Fg. u. Orch.; Fagottschule. LITERATUR: Dörffel Nr. 105; J. Hohlfeld: Die Reformierte Bevölkerung Leipzigs 1700–1875. QUELLEN: PfA Eisenberg: TfR, StadtAL: Polizeimeldebücher Temporäre Einwohner.

1836

|268 **David, Ferdinand Ernst Vivtor Carl**
Violine, Musikdirektor
* 19. Januar 1810 in Hamburg,
† 19. Juli 1873 am Sivrettagletscher bei Klosters
(Schweiz), ☐ in Leipzig
Mitglied vom 13. Februar 1836 bis zu seinem Tod ◆
Am 15. Oktober 1836 Aufnahme in den Orchester-
Pensionsfonds
Konzertmeister für → H. A. Matthäi, Musikdirektor
der Gewandhauskonzerte 1841/42, Herbst 1852 und
1853/54

Das erste von vier Kindern des Kaufmanns und Wechselmaklers Salomon David und dessen Ehefrau Henriette, geb. Hertz, wurde am 19. Mai 1828 in Berlin getauft. Von 1823 bis 1824 war er Schüler von Louis Spohr und Moritz Hauptmann in Kassel und gastierte bereits 1825 im Gewandhaus. 1827 wurde er Geiger im Königstädtischen Theater in Berlin und 1829 Primarius des Privatquartetts des Livländischen Gutsbesitzers und Mäzens Karl von Liphardt in Dorpat. 1836 heiratete er dessen Tochter Sophie (* 1807, † 1893 in Stuttgart). ◆ Er kündigte am 31. Dezember 1851 seinen Vertrag als Konzertmeister, nachdem der Versuch gescheitert war, → J. Joachim als zweiten Konzertmeister an Leipzig zu binden. Seinen langjährigen Forderungen nach einer Dienstentlastung im Theater wurde daraufhin weitestgehend entsprochen, und er zog die Kündigung zurück. Ab 1853 substituierten ihn dann → Fr. W. Langhans und später → S. Jacobi im Theater. ◆ Er spielte am 13. März 1845 die Uraufführung des Violinkonzerts von Felix Mendelssohn

....
87 Wahrscheinlich identisch mit → L. Weissenborn.

Ferdinand David, Lithographie von Georg Weinhold, um 1840

Bartholdy. ◆ Von seinen zahlreichen Kompositionen hat sich lediglich sein Posaunenkonzert, von → C. Tr. Queisser unter Felix Mendelssohn Bartholdy uraufgeführt, bis heute im Repertoire gehalten und ist beim Gewandhausorchester Pflichtstück bei den Posaunenprobespielen. ◆ Seine älteren Geschwister sind Louise David, verh. Dulcken (* 1811 in Hamburg, † 1850 in London; gefeierte Pianistin und Klavierlehrerin); Jacob Heinrich David (* 1812 in Hamburg, † 1839 in Hamburg; neben seinem Beruf als Kaufmannsgehilfe, als Schauspieldichter und Librettist tätig) und Henriette Theresa David (* 1817 in Hamburg, † 1884 Hamburg; Pianistin in Hamburg). Sein Sohn Julius Paul David (* 1840 in Leipzig, † 1932 in Oxford/England) war von 1862 bis 1865 Konzertmeister an der Hofkapelle in Karlsruhe, von 1866 bis 1871 Konzertmeister am Stadttheater Hamburg, später Lehrer in Uppingham/England und von 1907 bis 1932 in Oxford.
Primarius des Gewandhaus-Quartetts von 1836 bis ca. 1870 für → H. A. Matthäi ◆ Lehrer am Leipziger Konservatorium ab dessen Gründung 1843 ◆ Lehrer[88] von → D v. Arx, → E. C. R. Becker, → Chr. Ersfeld, → G. Essigke, → H. F. G. Ewald, → E. R. Friese, → E. W. Fritzsch, → G. A. Härtel,

....
88 Bis zu → F. Davids Tod gab es am Konservatorium das von Heinrich Conrad Schleinitz befürwortete »Zweilehrersystem« (Alfred Richter). Es gab also parallel stattfindenden Unterricht bei zwei Lehrern. Erst um 1874 führten Unstimmigkeiten zwischen dem neu engagierten Lehrer → H. Schradiek und → E. Röntgen zum modernen Klassensystem. Die als Quellen benutzten Prüfungszeugnisse des Konservatoriums geben also keinen konkreten Hinweis auf den prägenden Lehrer.
David schrieb gewöhnlich als Erster die Beurteilung, → R. Dreyschock und später → E. Röntgen an zweiter Stelle.

→ Fr. G. Haubold, → Fr. E. A. Hauschild, → Fr. Hermann, → Chr. W. Hilf, → H. Hillmann, → G. F. Hoppe, → S. Jacobi, → H. Jacobsen, → G. J. Japha, → J. L. E. John, → A. Kummer, → C. H. O. Kunze, → P. Klengel, → H. Klesse, → W. Langhagen, → Fr. W. Langhans, → X. v. Makomasky, → E. Mertké, → W. A. Metzler, → L. Müller, → C. Oeser, → K. O. Pfitzner, → R. Radecke, → J. N. Rauch, → E. Fr. Renner, → H. J. Riccius, → E. Röntgen, → R. Sachse, → H. Schradieck, → A. Schultz, → G. J. Sesselmann, → A. C. Tottmann, → J. W. v. Wasielewki und → H. Zahn.

WERKE: Violinschule; Herausgeber zahlreicher Werke der Sololiteratur u. Kammermusik. LITERATUR: Dörffel Nr. 109; MGG I. QUELLEN: Staatsarchiv Hamburg: R. Dettling: Kurzbiographien hamburgischer Musiker ◊ Hamburger Tonkünstler-Lexikon; StadtAL: Tit. VII B 147, Vol. II, Bl. 85 ff.

|269 Kretzschmar, Johann Gottlob
Oboe
* 8. März 1809 in Rochlitz,
† 23. November 1882
Mitglied vom 1. April 1836, »blieb nur einige Monate« (Dörffel) ◆ Mitglied des Orchester-Pensionsfonds
1. Oboist für → C. H. Rückner

Er ist der Sohn von Johann Gottlob Kretzschmar, »Bürger und Zimmergeselle« (Taufeintrag), und dessen Ehefrau Chr. Dorothea, geb. Zimmermann. Im Polizeimeldebuch wird er als »verabschiedeter Hautboist« bezeichnet. ◆ Er ging nach Dresden an die Königliche Kapelle, wo er von 1837 bis 31. Dezember 1875 tätig war. ◆ Möglicherweise ist er identisch mit → Kretschmer.

LITERATUR: Dörffel Nr. 108; A. Schreiber: Von der Churfürstlichen Cantorey zur Sächsischen Staatskapelle Dresden. QUELLEN: PfA Rochlitz: KB; StadtAL: Polizeimeldebücher Theaterpersonen.

|270 Diethe, Johann Friedrich
Oboe
* 15. Juli 1810 in Ritteburg bei Artern,
† 30. Januar 1891 in Leipzig
Mitglied vom 15. November 1836 bis 1. Juli 1866 ◆ Mitglied des Orchester-Pensionsfonds
1. Oboist für → J. G. Kretzschmar

Sein Vater Johann Friedrich Diethe war Kantor und Schullehrer in Ritteburg. Einer seiner Taufpaten war Christoph Helm, dessen Ehefrau 20 Jahre später Taufpatin bei → F. Weinschenk war. Diethe war Schüler des Stadtmusikus in Sangerhausen und ging dann nach Düsseldorf, wo er erst bei einem Militärmusikchor beschäftigt war und später Mitglied des Theaterorchesters wurde.
Türmer der Matthäikirche von 1850 bis 1880 für → Fr. A. F. Heinze und damit der letzte Türmer aus den Reihen der Orchestermitglieder.

WERKE: Divertissement f. Ob.; Konzertstück f. Ob.; Concertino f. Trp in Form einer Gesangscene; Variationen f. Ob. über ein Thema von Beethoven; Variationen f. Hr. LITERATUR: Dörffel Nr. 110; Hempel; Nössel; J. Forner: Die Gewandhaus-Konzerte zu Leipzig 1781–1981. QUELLEN: PfA Artern-Heldrungen: KB Ritteburg.

|271 Wittmann, Carl Franz
Violoncello
~ 23. Oktober 1814 in Wien[89],
† 17. Oktober 1860 in Leipzig
Mitglied von 1836 bis zu seinem Tod; ab 1839 auch bei der Kirchenmusik angestellt ◆ Am 15. September 1840 Aufnahme in den Orchester-Pensionsfonds
Cellist für → J. A. Grabau, der nur noch im Konzert mitwirkte

Er war in Wien Schüler von Josef Merk.
Als Mitglied des Gewandhaus-Quartetts genannt von 1840 bis 1854.

LITERATUR: Dörffel Nr. 115; Felix Mendelssohn Bartholdy: Briefe aus Leipziger Archiven, hrsg. v. H.-J. Rothe u. R. Szeskus. QUELLEN: StadtAL: Leichenbücher/Leichenschreiberei.

|272 Pfundt, Ernst Wilhelm
Oboe
* 23. August 1810 in Oschatz
Mitglied 1836 bis 1. Oktober 1848 ◆ Am 15. April 1837 Aufnahme in den Orchester-Pensionsfonds
2. Oboist für → H. G. Portig

Er ist der Sohn von Johann Gabriel Pfund, »Bürger und Kunstgärtner« (Taufeintrag), und dessen zweiter Ehefrau Joh. Christiana, geb. Glaus. Im Polizeimeldebuch wird er als »verabschiedeter Signalist, Musikus beim Theater und Concert Orchester« bezeichnet. ◆ Er »wandte sich bei seinem Weggang nach Dresden« (Dörffel).

LITERATUR: Dörffel Nr. 112. QUELLEN: PfA Oschatz: TfR; StadtAL: Polizeimeldebücher Theaterpersonen.

|273 Pfundt, Ernst Gotthold Benjamin
Pauke
* 17. Juni 1806 in Dommitzsch bei Torgau,
† 7. Dezember 1871 in Leipzig
Mitglied von Ende 1836 bis zu seinem Tod, mit kurzzeitiger Unterbrechung 1841 ◆ Am 1. Oktober 1842 Aufnahme in den Orchester-Pensionsfonds
Pauker für → Fr. A. Grenser, der 2. Geiger wurde

Das fünfte Kind von Christian August Pfundt, »Cantor und II. Kollege an hiesiger Knabenschule« (Taufeintrag), und dessen erster Ehefrau Johanna Christiana Friederike, geb. Wiek, war ab 1820 Schüler am Bautzener Gymnasium. Er studierte von 1827 bis 1831 an der Leipziger Universität Theologie, immatrikuliert am 19. Mai 1827. Später war er Klavierlehrer, »Chorführer« im Theater und Sänger kleinerer Tenorpartien. »den 26. Aug*ust* war Probe wegen Wiederbesetzung der durch Hrn. [→ G. H.] Köhler erledigten Paukerstelle, wozu sich der Student theol*ogiae* Hr. Pfund *und* der Gehülfe des Stadtmusikus Hr. Fr. A. Grenser med. gemeldet hatten. Letzterer der schon über 10 Jahre lang als Tenorposaunist im Orchester gedient, und als Paukenschüler des Hrn. Kaufmann Gerhardt sich ebenfalls brav gezeigt, wurde von den Direktionen des Theaters, Conzerts *und* Instituts gewählt, *und* trat den 1. Oct*ober* seine Stelle an.« (Grenser, 1831) Am 25. August 1832 schrieb er sich ein zweites Mal zum Studium an der Leipziger Universität ein. ◆ Im Gewandhauskonzert am 12. Dezember 1836 spielte Felix Mendels-

---

[89] Angabe der Geburtsdaten nach Rothe/Szeskus; im Leichenbuch heißt es: »Ein Mann 50 Jahre, H*err* Carl Wittmann, Mitglied des Theaterorchesters ...«

sohn Bartholdy das 5. Klavierkonzert von Beethoven. »Die Ausführung … war ihm einigermassen verleidet worden, da es dem Paukenschläger [→ Fr. A.] Grenser nicht gelingen wollte, ihn in der Schlusspartie, wo die Pauken das Pianoforte ganz allein zu begleiten haben, vollständig zufrieden zu stellen. Mendelssohn sah sich aus diesem Grunde veranlasst, eine anderweitige Besetzung der Paukenstelle herbeizuführen, und liess zu diesem Zwecke den Candidaten der Theologie Ernst Gotthold Benjamin Pfundt kommen … Pfundt ging … so gut auf die Intentionen Mendelssohns ein … dass er von Stund' an … bei den Pauken im Concerte angestellt wurde.« (Dörffel) Später hatte man ihn zeitweilig seines Postens enthoben, was Robert Schumann in seiner Rezension über das Gewandhauskonzert vom 14. Januar 1841 beklagt: »Bedauern müssen wir den Verlust des früheren Paukers … der sich zum jetzigen [wieder → Fr. A. Grenser] und zu anderen wie das Genie zu blossen Talenten verhält.« (*Neue Zeitschrift für Musik*) »Vom Winter 1841/42 an wurde er für immer in seine Thätigkeit wieder eingesetzt.« (Dörffel) ◆ Nösselt schreibt: »Pfundt, der orginelle Schöpfer der Maschinenpauke.« ◆ Er ist der Neffe von Friedrich Wieck und Cousin von Clara Schumann, geb. Wieck.

WERKE: Die Pauken. Eine Anleitung dieses Instrument zu erlernen. Leipzig 1849.
LITERATUR: Dörffel Nr. 119; Nösselt; *Neue Zeitschrift für Musik* vom 15. Februar 1841.
QUELLEN: PfA Dommitzsch: TfR; StadtAL: Polizeimeldebücher Studenten.

1837

|274 Pfau, Carl Gustav
Horn
* 27. August 1809 in Leipzig,
† 15. Mai 1841 in Leipzig ◆ Sohn von → J. G. Pfau
Mitglied vom 15. März 1837 bis zu seinem Tod ◆
Mitglied des Orchester-Pensionsfonds
1. Hornist für → C. G. Steglich, der 2. Hornist wurde

LITERATUR: Dörffel Nr. 111. QUELLEN: KAL, TfB St Thomas; StadtAL: Polizeimeldebücher Bleibende Einwohner.

|275 Heinze, Gustav Adolf
Klarinette
* 1. Oktober 1820 in Leipzig,
† 20. Februar 1904 in Muidenberg bei Amsterdam ◆
Sohn von → Fr. A. F. Heinze
Mitglied vom Winter 1837 bis Mai 1844 ◆ Am
15. September 1840 Aufnahme in den Orchester-Pensionsfonds
2. Klarinettist für → J. G. Tr. Drobisch, ab 1842
1. Klarinettist für seinen Vater → F. A. F. Heinze

Er war Schüler von Johann Gottlieb Kotte, einem Mitglied der königlichen Hofkapelle in Dresden. ◆ Er ging als Theaterkapellmeister nach Breslau, wurde 1850 Kapellmeister der Deutschen Oper in Amsterdam und war Leiter verschiedener Konzert- und Gesangsvereine.

WERKE: Opern *Lorelei u. Ruinen von Tharandt*; Oratorien *Auferstehung, Sancta Cäcilia, Der Feenschleier, Vincentius von Paula*; 3 Ouvertüren; Concertino f. Kl.; 3 Messen; Kantaten; Hymnen; Lieder; Männerchöre. LITERATUR: Dörffel Nr. 116; Riemann I.

|276 Sachse, Rudolf
Violine
* 20. Mai 1821 in Weißenfels,
† 18 April 1848 in Leipzig
Mitglied von 1837 bis zu seinem Tod
1. Geiger

Im Zusammenhang mit seinem Gesuch um Aufnahme in die Freimaurerloge Minerva schrieb er 1843 folgenden Lebenslauf: »Ich heiße Rudolf Sachse, bin den 20ten Mai 1821 in Weißenfels geboren und bekenne mich zur evangelisch lutherischen Religion. Mein Vater ist der Stadtmusikus Sachse [Ernst Friedrich Ludwig Sachse] zu Weißenfels und meine Mutter eine geborene Fischer daher. Bis zu meinem 15ten Jahr habe ich den Schulunterricht in der Stadtschule daselbst genossen, außerdem aber auch in der letzteren Zeit die Privatstunden bei dem dasigen Rector Eydam besucht, und nebenbei Musikunterricht bei meinem genannten Vater gehabt. Um meine musikalischen Studien zu erweitern und zu vervollkommen, bin ich nach erlangter Confirmation nach meinem jetzigen Aufenthaltsorte Leipzig gekommen, wo ich bis zu meinem 18ten Jahr den musikalischen Unterricht des Concertmeisters Herrn [→ F.] David und des jetzigen Musikdirectors Herrn [→ Chr. G.] Müller in Altenburg benutzt habe; vor 5 Jahren wurde ich als Mitglied des Orchesters im Gewandhause und des Theaters als 1.ter Violinist aufgenommen, wo ich als solcher noch jetzt fungiere. Leipzig, den 27ten Februar 1843.«
Lehrer am Leipziger Konservatorium ab 1843.

WERKE: Introduktion u. Variationen über ein Thema aus *Die Tochter des Regiments* von Donizetti; 3 Elegien f. Vl. u. Klavier. LITERATUR: Dörffel Nr. 247; P. Röntsch: Das Königliche Konservatorium der Musik zu Leipzig 1843-1918. QUELLEN: Archiv Minerva: Sign. 167.

|277 Mai [May], Friedrich Traugott
Violine
* 6. April 1810 in Krumhermsdorf bei Stolpen,
† 22. August 1852 ◆ Bruder von → Fr. A. Mai
Mitglied von 1837 bis 1852, bis 1848 im Konzert,
ab 1844 Mitglied des Stadtorchesters ◆ Extrageiger
des Stadtorchesters
Geiger

Er ist der Sohn von Johann Gottfried May, »Häusler in Krumhermsdorf« (Taufeintrag), und dessen erster Ehefrau Johanna Sophie, geb. Friese. ◆ 1850 bewarb er sich um die vakante Stelle des Stadtmusikus in Colditz: »Ich will nicht damit ermüden dasjenige aufzuzählen; was ich als Musiker leiste, dieß geht aus den beiliegenden Zeugnißen annerkanter tüchtiger Musiker des hiesigen Theater und Gewandhausorchesters hervor, dessen Mitglied ich bereits seit dem Jahre 1837 bin, nur soviel erlaube ich mir ergebenst zu bemerken, daß ich mit Sicherheit hoffe, dieser Stelle genügen zu können … da ich bereits 3 Jahre lang die Stelle eines Musikdirectors beim Königlich Sächsischen II. Schützenbattaillon zur vollkommenen Zufriedenheit meiner Vorgesetzten bekleidet und dieselbe nur um deswillen aufgegeben habe, weil mir bekannt, dass Militair-Musikchöre eine gänzliche Veränderung erlitten haben und zum Theil aufgelöst wurden.« ◆ Welchen der Brüder Mai Felix Mendelssohn Bartholdy in seinem Brief an → F. David vom 11. März 1838 als Kopist für sein Streichquartett e-moll op. 44 vorgeschlug, ließ sich nicht zweifelsfrei feststellen: »… oder könntest Du sie [die Stimmen] mir (durch May etwa) bis Mittwoch Nachmittag verschaffen?«

LITERATUR: Dörffel Nr. 248; AB 1844 ff.; Felix Mendelssohn Bartholdy: Briefe aus Leipziger Archiven, hrsg. v. H.-J. Rothe u. R. Szeskus. QUELLEN: StadtA Colditz: Abth. II, Sect. IV, Nr. 28; PfA Neustadt in Sachsen: KB Krumhermsdorf; StadtAL: Polizeimeldebücher Bleibende Einwohner.

1838

|278 Hartung, Johann Christoph
Violine
* 15. März 1810 in Langensalza,
† 19. Juli 1875
Mitglied von 1838 bis zu seinem Tod ◆
ab 1865 Hilfsmusiker des Stadtorchesters
2. Geiger

Er ist der Sohn von Johann Christoph Hartung, »Huf‑ und Waffenschmidt an der neuen Straße« (Taufeintrag), und dessen Ehefrau Anna Elisabeth, geb. Witzel. ◆ »den 18. *November* gab der Stadtmusikus [→W. L.] Barth ein Conzert im Hotel de Prusse, um zu beweisen, daß sein neueingerichtetes Chor, auch Gutes leiste … Hr. Hartung spielte Violinvariazionen von Jansa.« (Grenser, 1833) ◆ »Christian Hartung, Musicus und Mitglied bei dem vereinigten Stadtmusikchor in Leipzig«, und → Fr. L. Weissenborn, »Musicus und musicalisches Mitglied bei dem Stadttheater in Leipzig«, waren Taufpaten bei dem 1837 geborenen → Chr. J. Weissenborn. Beide ließen sich bei der Taufe vertreten.

LITERATUR: Dörffel Nr. 250; AB 1866 ff.; Grenser. QUELLEN: PfA Eisenberg: KB; PfA Bad Langensalza: TfR; StadtAL: Polizeimeldebücher Bleibende Einwohner.

|279 Hilf, Christoph Wolfgang
Violine
* 6. September 1818 in Elster,
† 1. Januar 1912 in Bad Elster ◆
Bruder von → Chr. A. A. Hilf, Onkel von
→ A. Hilf, → R. Hilf, → O. Korndörfer und
→ E. Korndörfer
Mitglied von 1838 bis 1841
Geiger im Konzert

Er ist das vierte von zwölf Kindern des gelernten Webers Johann Christoph Hilf, der nach der Entdeckung der Heilquellen in Elster 1817 mit der »Besorgung der Musik« (Merkel) beauftragt wurde. Er erhielt fünfjährig den ersten Geigenunterricht und spielte bereits zwei Jahre später mit seinem Vater und seinen Vettern zum Tanz. Von August bis Oktober 1833 war er beim Greizer Stadtmusikus Karl Gottlob Friedrich, wurde jedoch nach einem mißglückten Fluchtversuch von seinem Vater wieder nach Hause geholt und erlernte dann das Handwerk eines Leinenwebers. Mit Empfehlungsbriefen des Adorfer Bürgermeisters Todt und zwölf Talern des Plauener Kaufmanns Kanz unternahm er eine Kunstreise, die ihn über Auerbach, Eibenstock, Schneeberg, Zwickau, Glauchau, Chemnitz, Altenburg und Borna nach Leipzig führte, wo er 1838 Schüler von → F. David wurde, der ihn wöchentlich zweimal unterrichtete. Nach beendeten Studien bereiste er konzertierend auch die böhmischen Bäder. Dort hörte ihn Louis Spohr und bot ihm die durch die Berufung Moritz Hauptmanns zum Thomaskantor frei gewordene Stelle in der Kasseler Hofkapelle an. Nach einer überstandenen Choleraerkrankung gab er diese Stellung auf und war dann von 1850 (Merkel), von 1851 (Wasielewski) bis 1892 Leiter der Kurkapelle in Bad Elster.

WERKE: Sinfonie; Ouvertüre *Der Frühling*; Konzertouvertüre; Ouvertüre im italienischen Stil; Violinkonzert; Fantasie E-Dur mit Variationen; Fantasien A-Dur u. g-moll; Andante pastorale f. Vl.; Festgesang f. Chor u. Orch. LITERATUR: Dörffel Nr. 249; W. Merkel: Vogtländische Musiker nach 1900; W. J. v. Wasielewski: Die Violine und ihre Meister; Wolf: Die Familie Hilf. QUELLEN: PfA Bad Elster: KB.

|280 Jäger, Johann Gottlieb
Kontrabass
* 15. Januar 1808 in Mannewitz bei Oschatz,
† 29. April 1848 in Colditz
Mitglied von 1838 bis 1847
Kontrabassist im Konzert

Der Sohn von Johann Christian Jäger, »Hausgenosse und Tagelöhner in Mannewitz« (Taufeintrag), und dessen Ehefrau Johanna Sophia, geb. Berndt, war Geselle des Stadtmusikus → W. L. Barth. »Den 5. *August* … Die 9 abgegangenen Gehülfen des Stadtmusikus heißen: [→ J. F.] Schiefer, [→ Fr. S. A.] Gebler, May, Kunze, [→ E. J.] Leichsenring, Jäger, [→ J. R.] Wunderlich jun. [→ C. G.] Burg. Faulmann.« (Grenser, 1833) ◆ In den Polizeimeldebüchern heißt es, daß er »am 16. November 1847 in die Irrenanstalt zu Colditz« kam.

LITERATUR: Dörffel Nr. 252; Grenser; Hempel. QUELLEN: PfA Wermsdorf: TfR Liptitz; StadtAL: Tit. LXII S 92 ◊ Polizeimeldebücher Bleibende Einwohner.

Aus Carl Augustin Grensers Chronik »Geschichte der Musik …« die Eintragungen zum Jahr 1835, Autograph

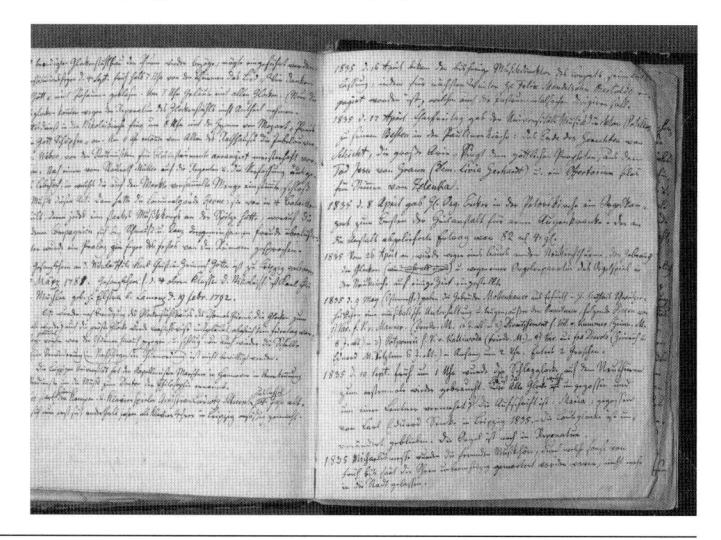

Das Stadt- und Kirchenorchester:
Ein bitterer Beigeschmack

»Daß sich neben dem Palestrina-Stil, der im protestantischen Norden wie im katholischen Süden als Inbegriff ›reiner Kirchenmusik‹ galt, die Monumentalität der Händelschen Oratorien eher zu behaupten vermochte als die verästelte Polyphonie der Bachschen Kantaten, hängt … zu einem nicht geringen Teil mit der Raumakustik der Kirchen zusammen, die als Aufführungsorte dienten und statt eines differenzierten Stils einen lapidaren begünstigten.«[1]

|1   Als dem Leipziger Orchesterinstitut im September 1840 mitgeteilt wird, dass es sich ab sofort »Stadtorchester« nennen darf, heißt das für die 27 pensionsberechtigten Musiker des Gewandhaus- und Theaterorchesters: Sie sind offiziell vom Rat der Stadt Leipzig als Kirchenorchester für die beiden städtischen Hauptkirchen anerkannt. Und ist der Vorgang schon an sich bemerkenswert, denn durch ihn tritt das Orchester in einen der Kernbereiche der althergebrachten Ratsmusik ein, so ist er es genauso im Vergleich zu anderen Städten – in Frankfurt und Hamburg etwa ziehen sich die Stadtregierungen schon über ein Jahrzehnt zuvor von der Unterstützung der Kirchenmusik zurück. Doch darüber hinaus macht die Ernennung zum Stadtorchester das Jahr 1840 zu einem Epochenjahr in der Gewandhausorchestergeschichte, wie es – abgesehen von den Gründungsdaten – kein zweites gibt. Es scheint, als habe die ganze bisherige Entwicklung auf diese Dreierfunktion als Konzert-, Theater- und Kirchenorchester hingezielt. Und zumindest auf die damit verbundene Monopolstellung in der Stadt hat sie es tatsächlich. Aber es wird sich auch kein späteres Datum der spezifischen Leipziger Orchestergeschichte ohne den Blick auf das Jahr 1840 verstehen lassen.

Ob dieses Epochenjahr allerdings ein gutes Jahr für das Gewandhausorchester ist, das ist eine ganz andere Frage. Zunächst bleibt festzustellen, daß mit dem Schritt des Leipziger Rates nur der Status quo bestätigt wird: Der größte Teil der Musiker ist längst bei der Kirchenmusik beschäftigt.

Rückblende: 1789 trat der ehemalige Gewandhaus-Musikdirektor → J. A. Hiller sein neues Amt als Thomaskantor an. Für das Kirchenorchester, das von den Ratsmusikern und ihren Gehilfen gebildet wurde, beantragte er sogleich 100 Taler für sieben zusätzliche Kräfte und schlug dafür mehrere Musiker des Konzertorchesters vor.[2] Der Rat genehmigte den Betrag. Eine reguläre Vergrößerung des Kirchenorchesters ergab sich daraus jedoch nicht, denn die zusätzlich Engagierten hatten gleichsam nur als Hilfsmusiker »die Musiken in besagten Kirchen mit ihren eigenen Instrumenten aufführen zu helfen«.[3]

Als 1805 die Musiker → H. A. Matthäi, → J. J. Fr. Dotzauer und → C. G. W. Wach vom Gewandhaus- und Theaterorchester auch für das Kirchenorchester angestellt wurden, bedeutete das zwar immer noch keine Erweiterung des letzteren. Aber spätestens mit diesem Datum wurde der Weg hin zum Stadtorchester betreten, denn die drei wurden nicht als irreguläre Aushilfen engagiert, sondern sie bekamen planmäßige Stellen im Kirchenorchester, die bisher von städtischen Kunstgeigern besetzt waren. Damit wurden die drei für die Kirchenmusik zu dienstverpflichteten Mitgliedern des Stadtmusikchors und als solche zu Angestellten der Stadt. Und könnte in bezug auf die sieben von 1789 noch von einer gewissen beliebigen Auswahl gesprochen werden, so ist bei den dreien von 1805 um so nachdrücklicher zu bemerken: Es waren alle drei führende Musiker des Gewandhaus- und Theaterorchesters. Mit ihrer Anstellung begann die Ablösung des Stadtmusikats durch ein »modernes« Orchester.

Schon drei Jahre zuvor war die Leipziger Ratsmusik, deren Wurzeln ins Jahr 1479 zurückreichen, neu organisiert worden. Die Struktur mit vier gleichberechtigten Stadtpfeifern und drei unter ihnen rangierenden Kunstgeigern wurde aufgegeben und die Ratsmusik, die den Dienst in den Kirchen mit einschloß, in die Hände eines Stadtmusikus gelegt, der nun mit Gesellen und Schülern die Aufgaben in vollem Umfang wie bisher wahrnehmen sollte. Bezeichnenderweise war die-

---

1   Neues Handbuch der Musikwissenschaft, hrsg. v. Carl Dahlhaus (im folgenden: Dahlhaus, Neues Handbuch), Bd. 6, 2. Aufl., Laaber 1989, S. 148.

2   Laut Schering, S. 654, und Nösselt, S. 75, waren dies folgende Musiker: → J. W. Ruhe, erste Violine, → J. Fr. Chr. Kühn, zweite Violine, → C. W. Möller, Violoncello, → C. G. W. Wach, Kontrabaß, → J. G. H. Voigt, Oboe, → Chr. G. L. Rietschel, Fagott, und → J. Chr. Leibnitz, Horn. Unter ihnen sind einige, die erst nach Hillers Abschied vom Gewandhaus 1785 ins Orchester kamen, also hat Hiller möglicherweise keine namentlichen Vorschläge gemacht, sondern ist die Verteilung dieser Stellen im Orchester intern erfolgt.

3   Nösselt, S. 76.

ser neue Stadtmusikus, → G. A. I. Maurer, zugleich Mitglied des Gewandhaus- und Theaterorchesters. Auch sein Nachfolger (Maurer starb 1813 kur vor der Völkerschlacht bei Leipzig) → W. L. Barth war ein Orchestermitglied.

Die enge personelle Verflechtung von Stadtmusikat einerseits und Konzert- und Theatermusik andererseits brachte es mit sich, daß immer mehr Musiker des Orchesterinstituts im Kirchenorchester aktiv wurden, während zugleich die führende Rolle des Stadtmusikus in Letztgenanntem allmählich verlorenging. Doch die Stadt schob die überfällige, grundlegende Neuordnung der Rats- und Kirchenmusik vor sich her. Durch die zunftmäßigen Privilegien, die der Stadtmusikus nach wie vor für sich in Anspruch nehmen konnte, verblieb das Kirchenorchester formal in seiner Domäne auch dann noch, als es zur Hälfte bereits von Musikern des Orchesterinstituts besetzt und ohne diese gar nicht mehr spielfähig war. Denn die ersten Stellen hatten durchweg Gewandhaus- und Theatermusiker inne, während Barth und seine Gesellen »nur zu den Seconda Blas- und Saiteninstrumenten anstellig«[4] waren.

Wie aus einem Rechtfertigungsschreiben von Thomaskantor Christian Theodor Weinlig zu erfahren ist – er mußte sich 1833 für eine »mißglückte« Gottesdienstmusik verantworten –, probte er mit dem Orchester für die sonn- und feiertägliche Kirchenmusik nur selten. Und zwar nur dann, wenn neue Noten vorlagen, insbesondere neue Orchesterstimmen, beziehungsweise wenn es galt, besonders schwierige Stellen zu üben. Die Belastung der Musiker durch Proben war also ziemlich gering. Auch die Aufgabe, bei den Gottesdiensten das orchesterbegleitete Chorwerk zu spielen – »das bestimmt nicht länger als eine Viertelstunde dauerte«[5] –, dürfte die Musiker kaum überfordert haben. Warum sollten sie es dann aber 1840 darauf anlegen, sich des willkommenen Nebenverdienstes selbst zu berauben, indem sie sich für die Kirchenmusik dienstverpflichten ließen?

|2 Die Ernennung zum Stadtorchester ist nicht das originäre Ziel der Gewandhaus- und Theatermusiker. Es ist vielmehr ein Treppenwitz der Gewandhausorchestergeschichte, daß sie um eine Gehaltserhöhung nachsuchen und sich im Ergebnis dessen als Stadtorchester wiederfinden. Nicht anders läßt sich beim Namen nennen, was zwischen 1838 und 1840 geschieht. Es beginnt mit einer Eingabe des Orchesters an die Gewandhaus-Konzertdirektion – was die These, daß diese ein gehöriger Machtfaktor im städtischen Musikleben ist, erneut unterstreicht –, sie möge »dem Hochedelen, Hochweisen Rathe Leipzigs die bedrängte Lage der Orchestermitglieder so an's Herz … legen, daß Hochderselbe bewogen werde, ihnen hülfreich mit Rhat und That eine bessere Existenz zu ermöglichen«.[6] Man muß dabei wissen, daß die Stadt quasi in persona mit in der Gewandhaus-Konzertdirektion sitzt: Neben dem Oberhaupt der Stadt, dem Bürgermeister Christian Adolf Deutrich, gehören ein Stadtrat, ein Regierungsrat, ein Abgeordneter und noch mehrere ehemalige, nach wie vor beziehungsreiche Ratsmitglieder dem Kollegium an. Die Konzertdirektion liefert sich denn auch sozusagen selbst eine Diskussionsvorlage, wenn sie an die Stadt schreibt: »Das ganze Institut des Orchesters, das jetzt mehr als Privatverein anzusehn ist … und auf mancherlei zufälligen und willkürlichen Einrichtungen beruht, könnte … in ein förmliches ›Stadtorchester‹ verwandelt werden«.[7] Zwar ist die Stadt nicht Dienstherrin des Orchesters, aber als Eigentümerin des Stadttheaters kann sie dessen Pächter zu bestimmten Honorarzahlungen verpflichten, und als Trägerin der Kirchenmusik stehen mehrere Institutsmitglieder bei ihr unter Vertrag. So nimmt sie sich der Schreiben des Orchesters und der Konzertdirektion an und überweist sie »zur näheren Begutachtung«[8] an den Stadtrat Carl Wilhelm August Porsche, der Vorsteher der Stadtkirchen und zugleich Mitglied der Gewandhaus-Konzertdirektion ist. Er erstattet der Ratsversammlung im November 1838 Bericht, und es verwundert nicht, daß dieser den Stadtorchester-Gedanken der Konzertdirektion vertieft. Die Versammlung jedoch kann sich vorerst nur zur Aussage entschließen, »eine Zulage für das Orchester-Personal erscheint höchst billig und angemessen – es ist jedoch die Sache bis zu einem günstigeren Augenblick zu ajourniren«.[9] Daß genau ein Jahr später und ausgerechnet bei Beratungen zum Haushaltsplan auf die Angelegenheit zurückgekommen wird, muß wohl ratsangehörigen Konzertdirektionsmitgliedern zu danken sein. (Welche Stadtverwaltung kommt von sich aus auf Zuschußgesuche zurück?) Bereits einen Tag später erhält die Konzertdirektion die Mitteilung: »1. ist dem Orchester, das die Mitglieder des Pensionsinstituts in sich faßt, … eine jährliche Besoldungsverbesserung von 500 Thlr. vom nächsten Jahre an, unter zu hoffender Zustimmung der Herren Stadtverordneten bewilligt worden; 2. soll gedachtes Orchester für den Dienst der höhern Kunstmusik – dem Chore des Stadtmusikus und andern ähnlichen Musikvereinen gegenüber – als Stadtorchester bestehen und anerkannt werden; 3. ist ihm die Ausführung der Kirchenmusik bei dem Früh- und respective Nachmittagsgottesdienste an Sonn- und Festtagen in den beiden Hauptkirchen, der Thomas- und Nicolaikirche ausschließend überwiesen«.[10] Die Stadtverordneten stimmen der Vorlage im Dezember zu; die Einzelheiten soll Porsche aushandeln. Doch der stirbt im Mai 1840.[11] Die Verhandlungen übernimmt ein Stadtrat, der auch im Gewandhaus die Nachfolge Porsches antritt: Moritz Seeburg, der im Juni Mitglied der Konzertdirektion wird. Doch er verhandelt mit den Orchestervertretern nicht primär über die Verteilung der 500 Taler, sondern über Bedingungen, die die Stadt an die Zulage knüpft. Die sind erstens: Die Musiker stellen ihren Pensionsfonds unter die Kontrolle der Stadt. Und zweitens: Über Neueinstellungen entscheiden zukünftig die Musikdirektoren von Kirche, Konzert und Theater gemeinsam mit dem Konzertmeister.

Zuckerbrot und Peitsche. Einer der wenigen, die dagegen opponieren, ist der Sekretär des Orchesterinstituts, → C. A. Grenser. Er pocht auf Paragraph 1 der Institutsatzung, der noch in Erinnerung an die einst,

---

4 Aus der Eingabe des Stadtrates und Vorstehers der Stadtkirchen Carl Wilhelm August Porsche vom 13. April 1832, zit. nach Hempel, S. 44.

5 Hempel, S. 49.

6 Otto Georgi: Vortrag, die Verhältnisse des Stadtorchesters in Leipzig betreffend (StadtAL), S. 18.

7 Ebd., S. 20.

8 Ebd., S. 21.

9 Ebd., S. 22.

10 Ebd.

11 Knapp fünf Monate vor ihm starb bereits Bürgermeister Deutrich. Sein Nachfolger wird, auch in der Gewandhaus-Konzertdirektion, Johann Carl Groß. Ihm gelingt es nicht, »die Beliebtheit seines Amtsvorgängers Deutrich zu erreichen« (Karin Kühling u. Doris Mundus: Leipzigs regierende Bürgermeister, Beucha 2000, S. 59), nicht zuletzt, weil er »autoritär zu regieren versuchte« (ebd.).

1786, so stolz deklarierte Personalhoheit den Satz enthält, daß das Institut nicht gezwungen sei, neu eingestellte Orchestermitglieder auch in den Pensionsfonds aufzunehmen. Grenser möchte daher, daß die drei Institutsbeamten mit abstimmen dürfen (womit sie, zusammen mit dem Konzertmeister, eine Stimme mehr als die drei Musikdirektoren hätten). Doch Seeburg gibt nicht nach und kann sich auf bereits langjährige Praxis berufen. Am Ende bewirkt Grensers Widerstand lediglich, daß die Institutsbeamten ein Anhörungsrecht bekommen.

|3 Warum engagiert sich die Gewandhaus-Konzertdirektion derart? Welches Interesse hat sie, das Orchester stärker an die Stadt zu binden? Es sind vor allem zwei Wünsche. Der erste ist, durch eine höhere (weil nun aus drei Kassen fließende) Bezahlung die soziale Attraktivität des Orchesters so zu erhöhen, dass sich gute Musiker angezogen fühlen und dann auch auf Dauer binden lassen. Zwar macht die Direktion nach wie vor von ihrem Recht Gebrauch, einzelne Musiker nur für das Konzertorchester vertraglich zu verpflichten. Dennoch bleibt sie in besonderer Weise auf die im Pensionsfonds vereinigten Musiker als dem eigentlichen Orchesterkern angewiesen. Und bei dieser Kernbesetzung ist die Fluktuation nach wie vor stark. Von den mehr als 280 Musikern, die zwischen 1743 und 1840 im Leipziger Orchester spielten, sind es nur reichlich 40, die 30 (und mehr) Jahre und damit den Hauptteil ihres Berufslebens im Orchester verblieben. Weder die Bildung des neuen Leipziger Theaterorchesters noch die Schaffung des Pensionsfonds hat die Verweildauer wesentlich verlängern können.

Der zweite Wunsch ist, dem Orchester eine Monopolstellung in der Stadt zu verschaffen, die auch auf das Institut der Gewandhauskonzerte zurückstrahlen möge. Denn mittlerweile gibt es ernstzunehmende Konkurrenz. Ein kleinbürgerliches Konzertunternehmen, »Euterpe« genannt, hat sich gegründet und veranstaltet nun wie das Gewandhaus regelmäßige Abonnementkonzerte. Mit Erfolg. Das Gewandhaus hatte noch im Jahrzehnt zuvor mit der wirtschaftlichen Depression in Deutschland zu kämpfen, mußte unter anderem die Zahl der jährlichen Abonnementkonzerte von 24 auf 20 reduzieren; der erste Pächter des Stadttheaters, → K. Th. Küstner, gab zur gleichen Zeit, 1828, aus finanziellen Gründen seine Unternehmung auf. Nach den von der Julirevolution 1830 in Paris ausgegangenen Unruhen, die ganz Europa erfaßt und auch in Leipzig teils drastische Auswirkungen gezeigt hatten, nach allen folgenden politischen Änderungen – Sachsen wurde konstitutionelle Monarchie; in Leipzig trat eine neue Städteordnung in Kraft – und nicht zuletzt mit dem wirtschaftlichen Aufschwung, den die Leipziger Messe (und damit die Stadt) seit dem Beitritt Sachsens 1833 zum Deutschen Zollverein erlebt, hofft die Konzertdirektion nun auf eine Konsolidierung auch des eigenen Instituts. Immerhin hat sie einen vielumworbenen Musikdirektor für ihre Konzerte gewinnen können: Felix Mendelssohn Bartholdy.

Er wird zu den Verhandlungen um das Orchester im Jahre 1840 von Seeburg um seine Meinung gebeten und äußert sie auch unumwunden: »Es schiene mir liberaler, des Stadtrathes würdiger, und auch der Bewilligung der Zulage angemeßner, wenn dieselbe *ohne weitere Bedingungen*, (als die von der neuen Einrichtung des Kirchen Orchesters

Innenansicht der Thomaskirche mit Blick zum Altarraum, Aquarell von Hubert Kratz, um 1880

abhängigen,) dem Orchester vertheilt würde.«[12] Er sehe zwar die Einrichtung eines Stadtorchesters als wünschenswert an, aber dann müsse die Stadt die Musiker ganz in ihren Dienst nehmen und sie in allen Belangen unterstützen und absichern. Doch auf Mendelssohn – der sich noch am selben Tag mit Konzertmeister → F. David in dieser Angelegenheit abstimmt[13] – wird in diesem Fall nicht gehört; keine zwei Monate später ist die Sache beschlossen.

Wie sieht es aus, dieses Leipziger Stadt- respektive Kirchenorchester anno 1840? Es spielt mit 14 Streichern, und zwar je vier ersten und zweiten Violinen sowie je zwei Violen, Violoncelli und Kontrabässen.

....

12 Felix Mendelssohn Bartholdy: Briefe aus Leipziger Archiven, hrsg. v. Hans-Joachim Rothe u. Reinhard Szeskus, Leipzig 1972, S. 101: Brief an Moritz Seeburg vom 30. Juli 1840.

13 Vgl. ebd., S. 153: Brief an Ferdinand David vom 30. Juli 1840, »Lieber *David* Kannst Du wohl einen Augenblick zu mir kommen, *ehe Du* heut mit *Seeburg* sprichst? Ich möchte Dich vorher gern sprechen …«.

Konzert im Großen Saal
des Gewandhauses, Stahlstich,
nach 1842

Desgleichen sind alle Register der Blasinstrumente (Flöten, Oboen, Klarinetten, Fagotte, Hörner und Trompeten) doppelt besetzt. Mit dem Paukisten zusammen sind es genau die 27 Musiker, die dem Orchester-Pensionsfonds angehören.[14] Das Durchschnittsalter beträgt 39 Jahre; der Älteste ist mit 66 Jahren der Geiger → J. M. Poley, der mit 19 Jüngste der Klarinettist → G. A. Heinze. Gleicht damit diese Besetzung der vor knapp 100 Jahren, hat sich das sonstige Bild in einigen Punkten gründlich gewandelt: Es sind nur noch zwei, die von der Universität Leipzig aus zum Orchester und zum Musikerberuf fanden (wiederum Poley und → M. G. Klengel). Etwa die Hälfte der Musiker ist bei einem Stadtmusikus oder in einer Stadtpfeife ausgebildet worden.

Elf sind in einem musikalischen (Groß-)Elternhaus aufgewachsen. Drei Viertel der Musiker stammen aus Sachsen zuzüglich unmittelbar angrenzender Städte und Regionen, sieben von ihnen aus Leipzig. Einer ist in Karlsbad geboren, einer in Wien, einer in Hamburg ...[15] Gewiß dürfen die statistischen Aussagen nicht überbewertet werden – zumal es sich hier um ein Ensemble handelt, dessen Typus man ob seiner Größe 100 Jahre später als Kammerorchester bezeichnen wird –, aber sie lassen dennoch mindestens zwei Schlüsse zu: Erstens gibt es in Leipzig bereits eine kleine Musikszene, die einen Teil des Orchesternachwuchses hervorbringt. Die szenetypische Herausbildung einer Schule ist zwar höchstens ansatzweise zu beobachten, und sie ging bisher nicht vom Orchester, sondern vom Stadtmusikat aus: Sechs Orchestermusiker waren zuvor Gesellen des Stadtmusikus, einer dessen Schüler. Andererseits gehören dem Orchester, werden die sogenannten Extrageiger und die nur für das Konzert Engagierten in die Betrachtung eingeschlossen, sechs Musiker an, deren Väter bereits Orchestermitglieder waren oder gar noch sind. Zweitens bestätigt sich das oben Gesagte: Die soziale Attraktivität des Gewandhaus- und Theaterorchesters ist wohl ziemlich gering. Derweil die Gewandhauskonzerte Künstler von Rang und Namen aus aller Welt anziehen, geschieht Gleiches nicht beim Orchester der Konzerte, was zweifelsfrei nicht an dessen musikalischer Qualität, sondern nur an dessen sozialer Ausstattung liegen kann.

Vor diesem Hintergrund kann die Gründung des Leipziger Konservatoriums 1843 gar nicht hoch genug geschätzt werden. (In der Gründungsgeschichte spielen die Gewandhaus-Konzertdirektion und insbesondere Mendelssohn eine herausragende Rolle.)[16] Zum einen geht aus ihm die berühmte Leipziger Streicherschule hervor, zum anderen zieht es Studenten aus aller Welt nach Leipzig. Zwar kommt dann nur ein kleiner Teil der Absolventen im Gewandhausorchester unter, aber durch dessen enge Verbindung zum Konservatorium gelingt es ihm,

---

14 Es sind folgende Musiker: → F. David, → Fr. A. Horn, → G. H. Fr. von Inten, → M. G. Klengel, → C. A. Lange, → J. M. Poley, → R. Sipp und → W. C. Uhlrich (Violinen), → C. Tr. Queisser und → J. G. Hauschild (Violen), → Fr. W. Grenser und → C. Fr. Wittmann (Violoncelli), → J. G. Temmler und → J. J. Fr. Peglow (Kontrabässe), → C. A. Grenser und → G. W. Haake (Flöten), → J. Fr. Diethe und → E. W. Pfundt (Oboen), → Fr. A. F. Heinze und → G. A. Heinze (Klarinetten), → C. W. von Inten und → Fr. L. Weissenborn (Fagotte), → C. G. Pfau und → C. G. Steglich (Hörner), → J. G. Zehrfeld und → J. Fr. Striegel (Trompeten) sowie → Fr. A. Grenser (Pauken).

15 Das Bild verändert sich nicht, werden die vier Extrageiger und die elf nur für das Konzert engagierten Musiker einbezogen: Drei von ihnen sind in einem musikalischen Elternhaus aufgewachsen; bis auf zwei stammen alle aus Sachsen und Umgebung, vier davon aus Leipzig.

16 Vgl. Maren Goltz: Ein spektakulärer Fund, in: *GewandhausMagazin* Nr. 42, 2004, S. 43–49.

an Ausstrahlungskraft weit über die Grenzen der Region hinaus zu gewinnen.

Werden also die Gründung des Stadtorchesters und die des Konservatoriums als zwei Seiten derselben Medaille gesehen, werden so auch die Motive der Konzertdirektion deutlicher und könnte sich damit zugleich auch der bittere Beigeschmack abschwächen, den die erzwungene Stadtorchester-Gründung für sich allein gesehen hat. Doch die Reaktionen der Stadt, als das Orchester sie 1843 um Unterstützung bei den Gehaltsverhandlungen mit dem neuen Theaterpächter bittet,[17] sind dermaßen rüde, daß nur die Vermutung eines zwischenzeitlich eingetretenen Konfliktes zwischen Stadtrat und Konzertdirektion helfen kann, die ganze Stadtorchester-Sache nicht vollends als fast schon despotischen Akt einer wenig kunstfreundlichen Obrigkeit diskreditiert zu sehen.[18]

|4 Abgesehen von allen sozialen und politischen Dingen, die in die Leipziger Stadtorchester-Entstehung hineinwirken, ist es recht erstaunlich, daß die Stadt überhaupt noch und sogar auf diese Weise die Kirchenmusik unterstützt. Denn zu dieser Zeit ist der allgemeine Trend zumindest in den größeren Städten ein anderer (oben sind bereits Frankfurt am Main und Hamburg als Beispiele genannt). Nachdem die Oper schon im 18. Jahrhundert die bisher zentrale Stellung der Kirchenmusik zersetzt und insbesondere das vielerorts aufgekommene Concert spirituel zur Säkularisierung der Musik beigetragen hat, gibt es seit dem frühen 19. Jahrhundert allerorten kirchenmusikalische Restaurationsbestrebungen. Katholischerseits gilt nun der Gregorianische Choral als »die einzige wahre Kirchenmusik«,[19] und dementsprechend wird der A-cappella-Gesang bevorzugt. Auch evangelischerseits wird die Rückkehr zum »reinen« Satz mit »strengem Kontrapunkt und durch Instrumente ungetrübtem a-cappella-Stil«[20] sowie die Rückbesinnung auf den lutherischen Choral gefordert. Zugleich findet, typisch für die Historismusbewegung der Zeit, eine Wiederentdeckung alter Meister statt, die jetzt als Vorbild für die Kirchenmusik in beiden Kirchen herhalten müssen: Zu nennen sind vor allem Palestrina und der als der »preußische Palestrina« apostrophierte Johann Eccard.

Nebenbei: Zwar gehören auch die sogenannten Historischen Konzerte, die Mendelssohn mit dem Gewandhausorchester an mehreren aufeinanderfolgenden Abenden 1838 und erneut 1847 im Gewandhaus gibt, zweifellos mit in die Historismusbewegung. Aber sie widmen sich Komponisten »von vor 100 Jahren bis auf die jetzige Zeit«[21] und nicht Meistern des 16. Jahrhunderts wie Palestrina und Eccard. Es wäre deshalb ein grobes Mißverständnis, diese Konzerte als weltliche Analogie zu den kirchenmusikalischen Restaurationstendenzen zu sehen; vielmehr spiegeln sie die Bildung eines Kanons wider, die zu dieser Zeit bereits in vollem Gange ist, und zwar eines Kanons »von

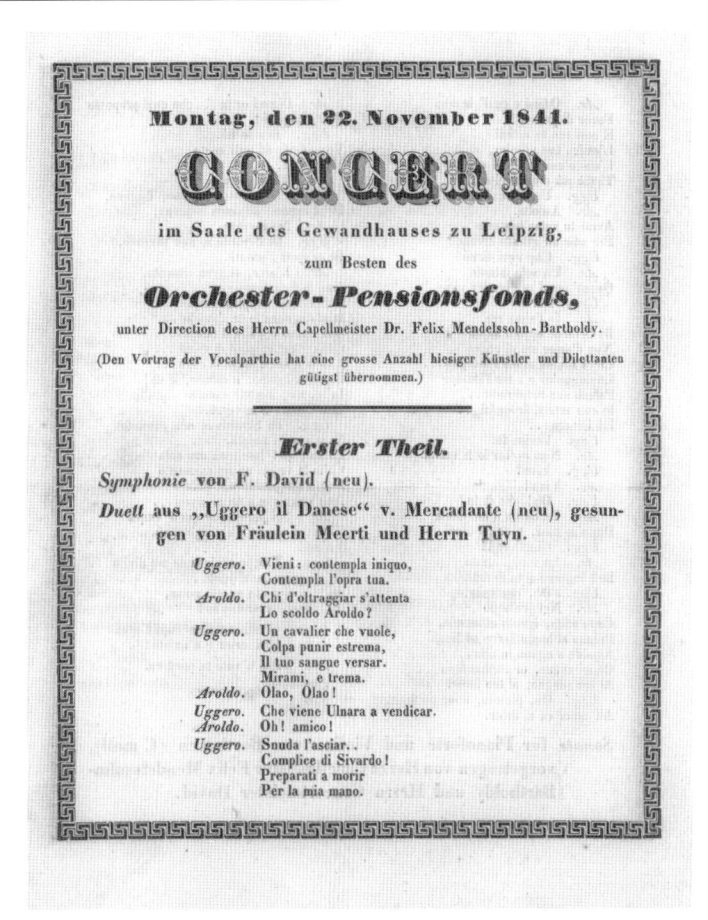

Programmzettel für das Konzert »zum Besten des Orchester-Pensionsfonds«, Druck 22. November 1841

classici auctores, die als Musterautoren bestimmter Gattungen«[22] Geltung gewinnen.

Auch in Leipzig sind derlei Restaurationsbestrebungen zu erkennen. Als beispielsweise in St. Nikolai nach zehnjähriger Pause durch den Bau der Ladegast-Orgel 1869 die Kirchenmusik wieder aufgenommen werden soll, schreibt der Erste Geistliche dieser Kirche an den Thomaskantor Ernst Friedrich Richter, »ob nicht besser a cappella-Musik, etwa solche von Eccard und anderen, verwendet werden könnte«.[23] Oder in St. Thomas flicht ein Pfarrer nach der Aufführung der Bach-Kantate »Ein feste Burg« in seine Predigt die Bemerkung ein, »wieviel mehr doch das schlichte, einfache lutherische Kirchenlied auf die Gemeinde wirken müsse, als jene lange lärmende Musik, die sie soeben gehört«[24] habe.

Und doch, während die Thomasschule wie fast alle anderen Lateinschulen ab 1831 allmählich in ein neuhumanistisches Gymnasium umgewandelt wird, was andernorts dazu führt, daß »der musikalische Kirchendienst der Lateinschüler … als lästiges und zeitrau-

---

17 Die Bitte der Musiker und ihre Forderungen werden von Mendelssohn unterstützt, allerdings erfolglos.

18 Vgl. auch die in Anm. 11 zitierten Aussagen über Bürgermeister Groß.

19 MGG II, Sachteil Bd. 2, Sp. 318.

20 Dahlhaus, Neues Handbuch, Bd. 6, S. 150.

21 Claudius Böhm u. Sven-W. Staps: Statistik der Gewandhauskonzerte 1835 bis 1847, Leipzig 1997, S. 22.

---

22 Dahlhaus, Neues Handbuch, Bd. 6, S. 19.

23 Bernhard Friedrich Richter: Johann Sebastian Bach im Gottesdienst der Thomaner, in: Bach-Jahrbuch 1915, Leipzig 1916, S. 20.

24 Ebd., S. 20 f.

»Königliches Conservatorium der Musik« im Hof hinter dem Gewandhaus, Aquarell von Anton Lewy, um 1860

bendes Anhängsel empfunden und schließlich abgeschafft«[25] wird, bleibt es in Leipzig dabei, daß der Thomanerchor die Kirchenmusik bestreitet.[26] Gemeinsam mit dem Kirchenorchester. Eine Aufstellung über die orchesterbegleitete Musik, die in den Leipziger Kirchen erklingt, existiert erst für die Jahre ab 1868. In Richters erstem Amtsjahr als Thomaskantor (1868/69) sind darin zu finden einzelne Meßsätze, Psalmvertonungen, Chöre aus Kantaten und Oratorien; Bach, Händel und Haydn tauchen je einmal auf, Mozart sechsmal, Beethoven zweimal mit Sätzen aus seiner C-Dur-Messe …[27]

Daß die Restauration der Kirchenmusik in Leipzig weitgehend nicht stattfindet, daß die Auflösung des Thomanerchores nicht erfolgt – obwohl es in den 1860er und 70er Jahren im Leipziger Rat mehrfach Streit gibt um das Schicksal von Thomasschule und -alumnat – und daß die orchesterbegleitete Musik im Gottesdienst nicht eingestellt wird (während beispielsweise 1863 die Kölner Domkapelle aus eben diesem Grund aufgelöst wird), möglicherweise ist alles das der wesentlich von Leipzig ausgehenden Bach-Renaissance zu danken. Angestoßen von der Wiederaufführung der Matthäus-Passion unter Mendelssohns Leitung 1841 in der Thomaskirche, fortgeführt von Thomaskantor Moritz Hauptmann, der schon in seinem ersten Amtsjahr 1842/43 Bach-Kantaten in den Gottesdiensten aufführt, und schließlich unterstützt von der Bachgesellschaft. Deren Gründungsversammlung 1850 wo stattfindet? Im Gewandhaus.

---

25   Dahlhaus, Neues Handbuch, Bd. 6, S. 148.

26   Carl Dahlhaus schreibt (Neues Handbuch, Bd. 6, S. 148): »Als Relikte von Lateinschulen des durch Melanchthon geprägten Typus blieben die Thomasschule in Leipzig und die Kreuzschule in Dresden erhalten.«

27   Vgl. Stefan Altner: Das Thomaskantorat im 19. Jahrhundert, Leipzig 2006, S. 50 f.

1840

|281 Böhme, Gustav Louis
Violine
* 30. März 1809 in Stolpen,
† 3. November 1855 in Leipzig ◆
Bruder von → W. A. Böhme
Mitglied vom Winter 1840 bis zu seinem Tod,
ab 1840 im Konzert, ab 1844[1] auch im Theater
Geiger, ab 1850 1. Geiger

Er ist das dritte Kind von Carl Gottfried Böhme, »Bürger, Amts und Stadtmusicus« (Taufeintrag), und dessen erster Ehefrau Christiana Carolina, geb. Winkler. ◆ Er meldete sich am 10. Oktober 1845 in Leipzig polizeilich an als: »Musikus und Orchestermitglied«. ◆ Im Adreßbuch 1855 wird an seiner Stelle sein Bruder → W. A. Böhme genannt, den weder Dörffel noch Nösselt erwähnen.

LITERATUR: Dörffel Nr. 253; AB 1844 ff. QUELLEN: PfA Stolpen: TfR; StadtAL: Polizeimeldebücher Theaterpersonen.

|282 Burckhardt, Johann Gottlob
Trompete
* 15. Juli 1812 in Kaimberg bei Gera,
† 23. Januar 1861
Mitglied vom Winter 1840 bis zu seinem Tod, ab 1840 im Konzert ◆ Am 1. Oktober 1844 Aufnahme in den Orchester-Pensionsfonds
1. Tompeter für → J. G. Zehrfeld, der an die
2. Trompete wechselte, ab 1853 2. Trompeter

Im Zusammenhang mit seinem Gesuch um Aufnahme in die Freimaurerloge Minerva schrieb er 1848 folgenden Lebenslauf: »Geboren den 15ten Juli 1812 in dem reußischen Dorfe Kaimberg bei Gera, wo meine Eltern eine kleine Oeconomie besaßen, genoß ich vom 7ten bis mit dem 14ten Jahre den dasigen lutherischen Schulunterricht, wurde aber auch während dieser Zeit schon von meinem Lehrer in der Musik (Violine und Waldhorn) un-

terrichtet. Nach einigen zurück gelegten Schuljahren übergaben mich meine Eltern zur weiteren Ausbildung in der Musik dem Stadtmusikdirektor Ihle in Ronneburg. Von dort ging ich nach einigen Jahren, um mich in meiner Kunst noch mehr zu vervollkommnen nach Dresden, wo ich 2 Jahre lang bei dem damaligen allgemein geschätzten Stadtmusikdirektor [Johann Gottlieb] Zillmann[2] als Violinist und Trompetist fungierte, und bei dem Kammermusikus Schröter Unterricht in der Musik erhielt, wodurch ich auch gelegentlich schon damals zu den gebildeten Kreisen, so wohl in musikalischer als gesellschaftlicher Beziehung hin zu gezogen wurde. Nach Ablauf dieser Zeit, während welcher ich für meine weitere Ausbildung bemüht war, kam ich zu Michaeli 1834 in das Stadtmusikchor Leipzig. Nach dem ich einige Jahre unter Hr: [→ W. L.] Barth's Direction gestanden, kam ich 1836 unter die Leitung des Hr: [→ C. Tr.] Queißer. Unter dieses allgeliebten großen Künstlers und edlen Mannes Direction hatte ich 8 Jahre hindurch für die Kunst schönstes Vorbild. Den 6ten April 1839 verheiratete ich mich mit Elvire Wetterhahn aus Gera, Stieftochter meines oben erwähnten Lehrers. Am 1ten Oktober 1844 wurde ich nun als 1er Trompetist in das hiesige Theater und große Concertorchester aufgenommen, in welcher Stellung ich bis dato noch bin. Leipzig am 1ten September 1848.« ◆ Er war bis zu seinem Tod Trompeter bei der 1830 errichteten »reitenden Communalgarde«, bei welcher Wilhelm Seyfferth, Bankier und Mitglied der Gewandhaus-Konzertdirektion, zeitweise Rittmeister war.

LITERATUR: Dörffel Nr. 121; Bestand-Liste der Communalgarde zu Leipzig; E. Kneschke: Die hundertfünfzigjährige Geschichte der Leipziger Gewandhaus-Concerte. QUELLEN: Archiv Minerva, Lebenslauf beim Aufnahmegesuch in die Freimaurerloge Minerva zu den drei Palmen, Sign. 161; StadtAL: Tit. VII B 147, Vol. II.

1841

|283 Pohle [Pohle sen.], Gottlob Julius Eduard
Horn
* 8. Oktober 1817 in Raguhn, † 31. Oktober 1875 in Sondershausen ◆ Bruder von → Chr. L. Pohle
Mitglied vom 15. September 1841 bis 15. Februar 1853 ◆
Rückwirkend zum 15. September 1841 Mitglied des Orchester-Pensionsfonds
1. Hornist für → C. G. Pfau

Er ist der Sohn von Friedrich Pohle, »Buerger Brauherr und Gastwirt« (Taufeintrag) und dessen Ehefrau Rosalie, geb. Zwarg. Im Sterberegister Sondershausen wird sein Vater genannt als: »Gastwirth und Ökonom Pohle in Raguhn«, dieser hatte in Raguhn den Gasthof »Zum schwarzen Adler« 1815 vom dortigen Stadtmusikus Johann Gottfried Ludwig Fuchs (Bruder von → Chr. H. L. Fuchs) erworben. Stadtmusikus Fuchs war mit großer Wahrscheinlichkeit der Lehrer von Pohle. ◆ Im Convent vom April 1842 wurde beschlossen »… wegen des Waldhornisten Pohle dessen Fleiß noch einen ferneren Sporn braucht … mit der Aufnahme desselben ins Institut noch zu warten« (zit. nach Nösselt). Wann seine Aufnahme in den Orchester-Pensionsfonds erfolgte, ist nicht überliefert. Er war einer der Solisten bei der Uraufführung des Konzertstückes für 4 Hörner von Robert Schumann am 25. Februar 1850 im Gewandhaus. ◆ Am 23. November 1852 bewarb er sich um die erste Hornstelle der Sondershäuser Hofkapelle. In

---
1 Im Adreßbuch 1844 erscheint beim Stadtorchester erstmals die Rubrik »Außerdem zum Theater-Orchester«.

2 Er war selbst Freimaurer.

einem diesbezüglichen Schreiben des Leipziger Theaterkapellmeisters Josef Netzer nach Sondershausen heißt es: »… Herr Pohle, 34 Jahre alt, mit Frau und 4 Kindern verlangt ein lebenslängliches Gehalt von 450 Thalern nebst dem Titel Kammermusicus, gedenkt wohl noch etwa 20 Jahre das erste Horn zu blasen; und wenn er dann nicht mehr genügendes leisten sollte, könne er bei der Violine verwendet werden, die er immerfort nebstbei üben wolle.« ◆ 1853 ging er nach Sondershausen, wo er 1872 zum Kammervirtuosen ernannt wurde.

LITERATUR: Dörffel Nr. 117; Nösselt; J. Hohlfeld: Die Reformierte Bevölkerung Leipzigs 1700–1875. QUELLEN: PfA Raguhn: TfR; PfA Sondershausen: StR; ThStA Rudolstadt: Hofmarschallamt 1799; Stadtarchiv Dessau: Familienforschung Fuchs; StadtAL: Tit. VII B 147, Vol. II, Bl. 114.

|284 Weissenborn, August Friedrich
Violine
* 13. Dezember 1821 in Sollstedt
Mitglied vom Winter 1841 bis 1847, ab Juli 1843 auch im Theater, am 14. Mai 1844 dort fest angestellt
Geiger

Er ist der Sohn von Friedrich Weissenborn, »Einwohner und Leinenhändler« (Taufeintrag), und dessen Ehefrau Caroline Ernestine, geb. Freitag. ◆ Er verließ Leipzig am 3. Mai 1847 und meldete sich nach Magdeburg ab. Als Mitglied des Orchesters in Kolmar wird er am 16. Januar 1848 zusammen mit → C. H. Meyer als Pate bei Paul Felix Weissenborn, einem Sohn von → Fr. L. Weissenborn, genannt.

LITERATUR: Dörffel Nr. 254; AB 1844–1849; J. Hohlfeld: Die Reformierte Bevölkerung Leipzigs 1700–1875. QUELLEN: PfA Sollstedt: TfR; StadtAL: Polizeimeldebücher Theaterpersonen.

1842

|285 Thielemann, Friedrich Adolph Wilhelm
Violine
* 6. Februar 1809 in Pirna,
† 10. November 1846 in Leipzig
Mitglied vom Winter 1842 bis zu seinem Tod
Geiger im Konzert

Er ist der Sohn von Johann Friedrich Ferdinand Thielemann, »Bürger, Schwarz- und Schönfärber« (Taufeintrag), und dessen Ehefrau Johanna Rosina, geb. Ritzschel. ◆ Er war verheiratet mit der ebenfalls 1809 in Pirna geborenen Eleonora Sophia, geb. Hauschild, die möglicherweise mit → J. G. Hauschild und → Fr. E. A. Hauschild verwandt ist. Sie zog als Witwe 1849 mit den Kindern wieder nach Pirna.

LITERATUR: Dörffel Nr. 255; Nösselt. QUELLEN: StadtAL: PfA Pirna: TfR; Polizeimeldebücher Bleibende Einwohner.

|286 Grosse, August Ferdinand
Violine
* 2. September 1810 in Leipzig
Mitglied vom Winter 1842 bis 1866
Geiger im Konzert

Er ist der Sohn von Johann Christoph Grosse, »verabschiedeter Soldat, Schutzverwandter, Handarbeiter« (Meldebücher), und dessen Ehefrau Johanna Erdmuthe, geb. Pannach. ◆ Im Leipziger Adreßbuch 1854 findet sich der Eintrag: »Große, Ferd., Musikus Hainstr. 21.«

LITERATUR: Dörffel Nr. 256; AB 1854. QUELLEN: StadtAL: Polizeimeldebücher Bleibende Einwohner.

|287 Leichsenring, Eduard Julius
Horn
* 26. März 1810 in Leipzig,
† 6. September 1878 in Reudnitz bei Leipzig
Mitglied vom Winter 1842 bis 1864 ◆ Am 1. Oktober 1846 Aufnahme in den Orchester-Pensionsfonds
Hornist an der neu eingerichteten 3. Stelle, ab 1. Oktober 1846 2. Hornist für → C. G. Steglich

Der Sohn des aus Schneeberg stammenden Schuhmachers Johann Christoph Leichsenring und dessen Ehefrau Johanna Wilhelmine, geb. Ulrich, war Geselle des Stadtmusikus → W. L. Barth. »den 5. August … Die 9 abgegangenen Gehülfen des Stadtmusikus heißen: [→ J. F.] Schiefer, [→ Fr. S. A.] Gebler, May, [→ H. G.] Kunze, Leichsenring, [→ J. G.] Jäger, [→ J. R.] Wunderlich jun. [→ C. G.] Burg. Faulmann.« (Grenser, 1833) ◆ Bis 1848 war er Trompeter bei der Kavallerie-Eskadron der Leipziger Kommunalgarde. ◆ Er war einer der Solisten bei der Uraufführung des Konzertstückes für 4 Hörner von Robert Schumann am 25. Februar 1850 im Gewandhaus. ◆ Im Adreßbuch 1860 findet sich der Eintrag: »Leichsenring, Ed., *Bürger* und *H*ausbesitzer, Mitglied des Concert- und Theaterorchesters und Inhaber eines Musiker-Anstellungs-Bureau.« ◆ Sein jüngerer Bruder Carl Theodor Leichsenring (*1816) wird im Polizeimeldebuch auch als »Musicus« genannt. Sein 1838 geborener Sohn Ernst Max Leichsenring wird im Adreßbuch 1860 als »Inhaber einer Musikaliencopiranstalt« bezeichnet und hatte nach 1865 einen Musikalienverlag in Hamburg.

LITERATUR: Dörffel Nr. 122; AB 1860 u. 1870; Grenser; Hempel: Bestand-Liste der Communalgarde zu Leipzig. QUELLEN: KAL: TfB St. Nicolai ◊ TfB St. Thomas; StadtAL: Tit. LXII S 92 – Polizeimeldebücher Bleibende Einwohner.

|288 Wilcke [Wilke], Carl Heinrich Conrad
Horn
* 8. Oktober 1811 in Leipzig,
† 29. Januar 1856
Mitglied vom Winter 1842 bis zu seinem Tod ◆ Ab 1. Mai 1850 Hilfsmusiker des Stadtorchesters
Hornist an der neu eingerichteten 4. Stelle

Er ist der Sohn von Karl Heinrich August Wilcke, »Instrumentenmacher Schutzmann Lagerwächter« (Polizeimeldebuch), und Johanna Christiana, geb. Henschig. Sein Großvater Johann Carl Gottfried Wilcke war »Musicus« und »Mechanicus« (KAL). ◆ Ob er Geselle des Stadtmusikus → W. L. Barth war, ließ sich nicht zweifelsfrei feststellen: »Die 2 dem Stadtmusikus treugebliebenen Gehülfen heißen Frach und Wilke.« (Grenser, 1833) ◆ Er war einer der Solisten bei der Uraufführung des Konzertstückes für 4 Hörner von Robert Schumann am 25. Februar 1850 im Gewandhaus.

LITERATUR: Dörffel Nr. 257. QUELLEN: KAL: TfB; StadtAL: Tit. VII B 147, Vol. II, Bl. 37 ◊ Polizeimeldebücher Bleibende Einwohner.

|289 **Burgk** [Burck], **Carl Gottlieb**
Posaune
* 30. März 1809 in Leipzig,
† 13. Februar 1884
Mitglied vom Winter 1842 bis 1869 ♦ Ab 1. Mai 1850 Hilfsmusiker des Stadtorchesters, 1864 rückwirkend zum 1. September 1859 Aufnahme in den Orchester-Pensionsfonds
Alt-Posaunist an der neu eingerichteten Stelle

Der Sohn des »Strumpfwürkers« (Taufeintrag) Johann Friedrich Gottlob Burgk war Geselle des Stadtmusikus → W. L. Barth. »den 5. August ... Die 9 abgegangenen Gehülfen des Stadtmusikus heißen: [→ J. F.] Schiefer, [→ Fr. S. A.] Gebler, May, [→ H. G.] Kunze, [→ E. J.] Leichsenring, [→ J. G.] Jäger, [→ J. R.] Wunderlich jun. Burg. Faulmann.« (Grenser, 1833)
LITERATUR: Dörffel Nr. 139; Grenser; Hempel. QUELLEN: KAL: TfB St. Thomas; StadtAL: O. Georgi: Vortrag, die Verhältnisse des Stadtorchesters betreffend ◊ Tit. VII B 147, Vol. II, Bl. 37 - Tit. LXII S 92 ◊ Polizeimeldebücher Bleibende Einwohner.

|290 **Mai** [May], **Friedrich August**
Posaune
* 8. August 1805 in Krumhermsdorf bei Stolpen,
† 26. Juni 1864 in Leipzig ♦ Bruder von → Fr. Tr. Mai
Mitglied vom Winter 1842 bis 1848 (Adreßbuch), bis 1851 (Dörffel)
Tenor-Posaunist an der neu eingerichteten Stelle³

Der Sohn von Johann Gottfried May, »Häusler in Krumhermsdorf« (Taufeintrag) und dessen erster Ehefrau Johanna Sophie, geb. Friese, war Geselle des Stadtmusikus → W. L. Barth. »den 5. August ... Die 9 abgegangenen Gehülfen des Stadtmusikus heißen: [→ J. F.] Schiefer, [→ Fr. S. A.] Gebler, May, [→ H.G.] Kunze, [→ E. J.] Leichsenring, [→ J. G.] Jäger, [→ J. R.] Wunderlich jun. [→ C. G.] Burg. Faulmann.« (Grenser, 1833) ♦ Welchen der Brüder Mai Felix Mendelssohn Bartholdy in seinem Brief an → F. David vom 11. März 1838 als Kopist für sein Streichquartett e-moll op. 44 vorgeschlug, ließ sich nicht zweifelsfrei feststellen: »... oder könntest Du sie [die Stimmen] mir (durch May etwa) bis Mittwoch Nachmittag verschaffen?«
LITERATUR: Dörffel Nr. 258; Grenser; Hempel. QUELLEN: PfA Neustadt in Sachsen: KB Krumhermsdorf; StadtAL: Polizeimeldebücher Bleibende Einwohner ◊ Tit. LXII S 92.

|291 **Kogel** [Gockel], **Gottlob Friedrich**
Posaune
* 23. April 1812 in Gröbzig bei Köthen,
† 1. Dezember 1896
Mitglied vom Winter 1842 bis 1876, bereits ab 1833 im Konzert ♦ Ab 1. Mai 1850 Hilfsmusiker des Stadtorchesters, 1864 rückwirkend zum 1. September 1859 Aufnahme in den Orchester-Pensionsfonds
Bass-Posaunist an der neu eingerichteten Stelle⁴

Ist der Sohn von Johann Daniel Kogel, »Bürger und Schneider« (Taufeintrag), und dessen Ehefrau Eva Sophie Elisabeth, geb. Lüttig. ♦ Sein Sohn Gustav Friedrich Kogel war von 1883 bis 1886 Theaterkapellmeister in Leipzig und wurde 1887 Leiter des Berliner Philharmonischen Orchesters. ♦ Ein Friedrich Kogel wird 1845 im Staats- und Adreßhandbuch für das Herzogthum Anhalt-Dessau als Kapellmusikus am Kontrabass genannt.
LITERATUR: Dörffel Nr. 141; AB 1850; Riemann I; Staats- und Adresshandbuch für das Herzogthum Anhalt-Deßau. 1845. QUELLEN: Archiv der Evangelischen Landeskirche Anhalts Dessau; StadtAL: O. Georgi: Vortrag, die Verhältnisse des Stadtorchesters betreffend ◊ Tit. VII B 147, Vol. II, Bl. 37.

1844

|292 **Landgraf**, **Johann Friedrich B e r n h a r d Wilhelm**
Klarinette
* 25. Juni 1816 in Dielsdorf bei Weimar,
† 25. Januar 1885
Mitglied vom 3. August 1844 bis 1884, bereits ab 1840 Aushilfe im Konzert ♦ Am 3. August 1844 Aufnahme in den Orchester-Pensionsfonds
1. Klarinettist für → G. A. Heinze

Er ist der Sohn von Karl Heinrich Landgraf, »hiesigen Einwohners und Anspänners« (Taufeintrag), und dessen Ehefrau Johanna Magdalene Sophia, geb. Otto. Er wurde 14jährig Schüler des Stadtmusikus in Jena und war dann von 1837 bis 1840 »Solo-Klarinettist« (Bernsdorf) beim 32. Infanterie-Regiment in Erfurt. ♦ 1883 wurde er vom Rat der Stadt Leipzig beauftragt, die Dienstinstrumente des Orchesters zu beaufsichtigen. Fiskal des Orchester-Pensionsfonds von 1846 bis 17. September 1855 für → J. G. Temmler; Kassierer des Orchester-Pensionsfonds vom 17. September 1855 bis 1874 für → Chr. G. Herr ♦ Lehrer am Leipziger Konservatorium von 1881 bis zu seinem Tod.
LITERATUR: Dörffel Nr. 120; Bernsdorf. QUELLEN: PfA Schloßvippach: KB Dielsdorf; StadtAL: O. Georgi: Vortrag, die Verhältnisse des Stadtorchesters betreffend ◊ Tit. VII B 147, Vol. II, Bl. 153.

|293 **Voigt**, **Th.**
Violoncello
Mitglied vom Winter 1844 bis 1870
Cellist im Konzert

Möglicherweise handelt es sich um den am 25. Juni 1889 verstorbenen Musiklehrer Johann Friedrich Maria Theodor Voigt, der dem Orchester-Pensionsfonds 300 Mark testamentarisch hinterließ.
LITERATUR: Dörffel Nr. 259. QUELLEN: StadtAL: Kap. 32, Nr. 10, Vol. III, Bl. 315.

1845

|294 **Zahn**, **Hugo**
Violine
* 10. Februar 1829 in Halle/S.,
† 3. Dezember 1910 in Schwerin
Mitglied vom Winter 1845 bis 1. Oktober 1850 ♦ Ab 1847 Extrageiger/Hilfsmusiker des Stadtorchesters
1. Geiger

---
³ 1842 wurden drei Posaunisten fest angestellt, zunächst für das Konzert, ab 1849 auch beim Stadtorchester.

⁴ 1842 wurden drei Posaunisten fest angestellt, zunächst für das Konzert, ab 1849 auch beim Stadtorchester.

Eintragung zur Inskription von Hugo Zahn am Leipziger Konservatorium (das Verzeichnis wurde geführt von Carl Augustin Grenser), Autograph

Er ist der Sohn eines Schneiders und war Schüler am Leipziger Konservatorium vom Eröffnungstag am 2. April 1843 bis zum 31. März 1845. Im Zeugnis bescheinigte ihm → F. David: »Hat stets mit großem Fleiß seinem Studium [unleserlich] und hat mir viel Freud gemacht.« In einem undatierten Nachtrag zur Inskription heißt es: »Wurde als Extrageiger beim Leipziger Orchester 1847 angestellt. Winter 1849-50 Concertmeister i. Euterpe. Wurde als Extrageiger und Ballettvorspieler beim Leipziger Orchester angestellt den 1. May 1850. Ging den 1. October zum Orchester nach Bremen.« (Kon) ♦ In Bremen wurde er 1850 Konzertmeister und war dann vom 1. November 1857 bis zu seiner Pensionierung am 1. November 1893 Hofkonzertmeister in Schwerin.

LITERATUR: Dörffel Nr. 260; AB 1848 u. 1850; C. Meyer: Geschichte der Mecklenburg-Schweriner Hofkapelle; A. Moser: Geschichte des Violinspiels. QUELLEN: Archiv HMT: Kon Nr. 15.

|295 Cranz, F.
Viola
1845 als Bratscher im Konzert erwähnt

Felix Mendelssohn Bartholdy schrieb am 20. Oktober 1845 an das Mitglied der Konzertdirektion Dr. Herrmann Härtel (Breitkopf & Härtel): »... Hr. Cranz aus Hamburg ist angekommen, und wird, wie ich denke, seinen (ihm bewilligten) Platz an der Bratsche vom nächsten Concert[5] an einnehmen. Stets Ihr hochachtungsvoll ergebener Felix Mendelssohn Bartholdy.« Möglicherweise handelt es sich um: August Ferdinand Cranz, * 21. September 1825 in Hamburg. Er ist der Sohn des Hamburger Verlegers und Musikalienhändlers August Heinrich Cranz und war ab 1844 selbst Inhaber einer Musikalienhandlung, Musikalienleihbibliothek und Saitenhandlung in Bremen.

LITERATUR: K. Blum: Musikfreunde und Musici; Catalogue of the Mendelssohn Papers in the Bodleian Library, Oxford Vol. I.: Correspondence of Felix Mendelssohn Bartholdy and others. Compiled by Margaret Crum. Tutzing 1980; Felix Mendelssohn Bartholdy: Briefe aus Leipziger Archiven, hrsg. v. H.-J. Rothe u. R. Szeskus. QUELLEN: Auskunft des Staatsarchivs Bremen.

---
5 Das nächste Gewandhauskonzert fand am 23. Oktober 1845 statt.

|296 Elssig, Ernst Christian August
Violoncello
* 22. Dezember 1824 in Altenburg,
† 6. November 1895
Mitglied ab 23. Oktober 1845, 1881 noch aktiv
Cellist im Konzert

Er ist der Sohn von Carl Anton Elssig, »Herzoglich Sächsischer immatriculierter Advokat und Viceaktuarius beim Kreis« (Taufeintrag), und dessen Ehefrau Johanne Auguste Friedericke, geb. Friedrich aus Leipzig. Seinen künstlerischen Werdegang beschrieb er Alfred Dörffel 1882 im Zusammenhang mit dessen Umfrage wie folgt: »[E. Elssig] erhielt frühzeitig Unterricht in Pianoforte, Gesang und Violinspiel. Im elterlichen Hause wo die Musik mit Vorliebe gepflegt wurde und einheimische Künstler regelmäßig, fremde häufig verkehrten wurde ihm soviel Anregung geboten, dass in ihm der Entschluß reifte, sich der Musik ganz zu widmen, worauf er 1839 das Gymnasium verließ und bei dem Stadtmusikus C. Mahler in Plauen eintrat, bei welchem er Gelegenheit fand, sich sowohl von der Behandlungsweise aller Saiteninstrumente als auch der meisten Blasinstrumente Kenntniß zu erwerben. Der dasige Cantor Joh. Friedr. Fincke, ein Mann von ungewöhnlicher musikalischer Begabung und Wissen erteilte ihm den ersten Unterricht in der Harmonielehre und gab ihm häufig Gelegenheit sich in den unter seiner Leitung stehenden Abonnementsconcerten als Pianist, sowohl im Solospiel, als auch im Accompagnement zu bewähren, wodurch er bald ein begehrter Klavierlehrer wurde, und ihm das große Feld des musikalischen Unterrichts erschloß. Die Absicht nach dem Aufenthalte in Plauen noch ein Conservatorium zu besuchen, blieb durch das leider inzwischen erfolgte, zu frühe Ableben seines Vaters unausgeführt. Auf sich selbst angewiesen bemühte er sich deshalb in dem zu seiner Weiterbildung günstigen Leipzig einen Platz zu erlangen und fand denselben bei dem - in gutem Ansehen stehenden – Fölck'schen Musikchore [→ C. Fr. Fölck], in welches er Ostern 1844 unter gleicher Eigenschaft wie bisher als Violoncellist eintrat und hier gleichzeitig die vordem schon begonnene Lehrtätigkeit fortsetzte und begründete. Auf dem Violoncello genoß ich noch den Unterricht [→] C. Wittmanns, trat 1845 als Cellist in das Ge-

wandhaus-Orchester und wirkte am 23ten October zum erstenmale an dieser geweihten Stätte unter Mendelssohns Leitung mit. Ihm im Laufe der Zeit mehrmals entgegengebrachte Anträge als Musikdirector lehnte er ab, wie er auf eine ihm angebotene Stellung als Violoncellist im Orchester des neuen Theater unter den damaligen Verhältnissen nicht glaubte eingehen zu können. Von seinen Compositionen haben seine Orchester-Märsche besondere Verbreitung gefunden.«
LITERATUR: Dörffel Nr. 261. QUELLEN: PfA Altenburg: TrB 1822 ◊ TfB 1825; Stadtgeschichtliches Museum Leipzig: Handschriftensammlung, Umfrage Dörffel.

1846

|297 **Hermann**, F r i e d r i c h Valentin
Viola
* 1. Februar 1828 in Frankfurt/M.,
† 27. September 1907 in Leipzig
Mitglied vom 1. November 1846 bis 1. Februar 1878 ◆
Mitglied des Orchester-Pensionsfonds
Erster Bratscher für → C. Tr. Queisser

Er war Schüler am Leipziger Konservatorium vom 4. November 1843 bis 31. Oktober 1846 und hatte Unterricht bei Moritz Hauptmann, Niels Wilhelm Gade, Felix Mendelssohn Bartholdy und → F. David. In der Stellungnahme für das Abgangszeugnis schrieb F. David: »Herr Hermann hat während der 3 Jahre seines Besuchs meiner Classe mir stets Freud durch seinen Fleiß sowie gutes Betragen und seine Fortschritte gemacht und verdient das größte Lob.« (Kon)
Mitglied des Gewandhaus-Quartetts von 1846 bis 1874 ◆ Lehrer am Leipziger Konservatorium ab 1848 für den verstorbenen → R. Sachse; 1883 Königlich Sächsischer Professor ◆ Lehrer von → A. Beyer, → F. H. v. Dameck, → E. W. Fritzsch, → H. Hamann, → B. Heß, → A. Kaspar, → R. Matthies, → M. Rother, → G. Fr. Sauer, → A. Wille, → P. Wille und → Fr. Zahn.
WERKE: Violinschule; Tonleitern- u. Bogenschule; Transkriptionen; Herausgeber zahlreicher älterer Werke. LITERATUR: Dörffel Nr. 123; Riemann I u. II. QUELLEN: Archiv HMT: Kon Nr. 55.

|298 **Wasielewski**, Wilhelm Joseph von
Violine
* 17. Juni 1822 in Großleesen bei Danzig[6],
† 13. Dezember 1896 in Sondershausen
Mitglied vom Winter 1846 bis 1. Oktober 1850 ◆
Ab Johannis 1850 Extrageiger/Hilfsmusiker des Stadtorchesters
1. Geiger

Der Sohn eines Lehrers verbrachte seine Jugend in Danzig. Er war Schüler von Felix Mendelssohn Bartholdy, Moritz Hauptmann und → F. David am Leipziger Konservatorium vom Eröffnungstag, dem 2. April 1843, bis April 1845. Danach »hat [er] Privatstunden [bei F. David] in Leipzig genommen« (Kon) und war während dieser Zeit bereits aushilfsweise im Orchester beschäftigt. Im Zeugnis vom 30. September 1844 bescheinigte ihm F. David: »Ist sehr fleißig und pünktlich und hat sehr gute Fortschritte gemacht die mich hoffen lassen daß er bei fortgesetztem Fleisse ein sehr tüchtiger Geiger werden wird.« Er war von 1846 bis 1850 Konzertmeister der Philharmonischen Konzerte unter Robert Franz in Halle/S. und wurde Michaelis 1848 Konzertmeister bei den »Euterpe«-Konzerten in Leipzig. Der mit ihm befreundete Robert Schumann holte ihn 1850 als Konzertmeister nach Düsseldorf, 1852 wurde er Musikdirektor in Bonn und lebte ab 1855 schriftstellerisch tätig in Dresden. Von 1869 bis 1884 war er städtischer Musikdirektor in Bonn, ab 1873 mit dem Titel Königlicher Musikdirektor. Seine letzten Lebensjahre verbrachte er in Sondershausen, wo er am dortigen Konservatorium Musikgeschichte lehrte.
WERKE: Robert Schumann. 1858; Die Violine und ihre Meister. 1869; Die Violine im 17. Jahrhundert und die Anfänge der Instrumentalkomposition. 1874; Geschichte der Instrumentalmusik im 16. Jahrhunderts. 1878; Musikalische Fürsten vom Mittelalter bis zu Beginn des 19. Jahrhundert. 1879; Goethes Verhältnis zur Musik. 1880; Schumanniana. 1887; Beethoven. 1888; Das Violoncell und seine Geschichte. 1889; Karl Reinecke. Ein Künstlerbild. 1892; Aus siebzig Jahren. Lebenserinnerungen. 1897. LITERATUR: Dörffel Nr. 262; MGG I; Riemann I; A. Moser: Geschichte des Violinspiels; W. J. v. Wasielewski: Die Violine und ihre Meister; M. Würzberger: Die Konzerttätigkeit des Musikvereins »Euterpe« und des Winderstein-Orchesters im 19. Jahrhundert. QUELLEN: Archiv HMT: Kon Nr. 19.

|299 **Thümmler**, Friedrich August
Kontrabass
* 6. April 1806 in Zwickau
Mitglied vom Winter 1846 bis 1875
Kontrabassist im Konzert

Er ist der Sohn von Johann Christian Thümmler, »Seiler« (Taufeintrag), und dessen Ehefrau Christiane Friederike, geb. Ott. ◆ Im Polizeimeldebuch 1834 wird er als »Verabschiedeter Hautboist, Musicus« bezeichnet. Im Leipziger Adreßbuch 1850 findet sich der Eintrag: »Musikalien-Copir-Anstalt Königsstr. 20 Dririgent: Hr. [→ E. J.] Leichsenring *und* Hr. Thümmler« und 1860: »Thümler, Friedrich August Musikus, Königstr. 20«.
LITERATUR: Dörffel Nr. 263; AB 1850 u. 1860. QUELLEN: PfA Zwickau: KB; StadtAL: Polizeimeldebücher Bleibende Einwohner.

1847

|300 **Cossmann**, Bernhard
Violoncello
* 17. Mai 1822 in Dessau,
† 7. Mai 1910 in Frankfurt/M.
Mitglied im Winter 1847/48 und 1849/50 (Dörffel), von 1847 bis 1848 (MGG I), von 1847 bis 1850 (Nösselt)
Cellist (Dörffel), Solo-Cellist (Nösselt) im Konzert

Er hatte seinen ersten Unterricht in Dessau bei Karl Drechsler, von 1837 bis 1840 war er in Braunschweig Schüler von Theodor Müller und studierte 1840 noch ein halbes Jahr in Dresden bei Friedrich August Kummer.[7] 1840 war er beim Orchester der Italienischen Oper in Paris, ab 1841 (Wasielewski), ab 1849 (Riemann) in London. ◆ Im August 1850[8] ging er als Solo-Cellist an die Hofkapelle nach Weimar, wo er außerdem als Solist und Mitwirkender mehrerer Kammermusikvereinigungen tätig war. Ab 1866 war er Professor am Konservatorium in Moskau und machte dort die Be-

6 Heute Leźno bei Gdańsk (Polen).

7 Drechsler und Kummer waren Schüler von → J. J. Fr. Dotzauer.
8 Im Oktober kam der ihm freundschaftlich verbundene → J. Joachim als Konzertmeister nach Weimar.

kanntschaft der Familie Pfitzner (→ O. Pfitzner). Von 1870 bis 1878 lebte er ohne Anstellung in Baden-Baden; zuletzt war er Professor am Hoch'schen Konservatorium in Frankfurt/M.
Lehrer am Leipziger Konservatorium.
WERKE: Studienwerke Sololiteratur u. Kammermusik. LITERATUR: Dörffel Nr. 264; MGG I; Nösselt; Riemann I u. II; W. Huschke: Musik im klassischen und nachklassischen Weimar; W. J. v. Wasielewski: Das Violoncell und seine Geschichte.

|301 **Jehnigen** [Jehnichen, Jänichen], **Joseph**
Horn
† 1852
Mitglied vom Winter 1847 bis 1852 ◆ Ab 1. Mai 1850 Hilfsmusiker des Stadtorchesters
Hornist für → C. G. Steglich

Möglicherweise handelt es sich um den von Grenser genannten Stadtfeifergesellen Jänichen. Dieser war wahrscheinlich bereits Geselle des Stadtmusikus → G. A. I. Maurer, als nach dessen Tod → W. L. Barth dessen Amt übernahm: »Anfang des Jahrs waren folgende Gehülfen beym Stadtmusikus [→ W. L.] Barth: [→ H. G.] Portig, [→ Chr. G.] Schlotter, Jänichen, [→ J. F.] Schiefer, [→ W. L.] Börner.« (Grenser, 1814) ◆ Er war einer der Solisten bei der Uraufführung des Konzertstückes für 4 Hörner von Robert Schumann am 25. Februar 1850 im Gewandhaus.
LITERATUR: Dörffel Nr. 265; Grenser. QUELLEN: StadtAL: Tit. VII B 147, Vol. II, Bl. 37 u. 110.

1848

|302 **Joachim, Joseph**
Violine
* 28. Juni 1831 in Kitsee bei Preßburg[9],
† 15. August 1907 in Berlin
Mitglied vom 1. August 1848 bis Oktober 1850 ◆ Zunächst Extrageiger/Hilfsmusiker des Stadtorchesters, am 1. Mai 1850 Aufnahme in den Orchester-Pensionsfonds
1. Geiger, ab 1. Mai 1850 Vorspieler für → M. G. Klengel[10], der Stimmführer der 2. Violinen wurde

Er ist das siebente von acht Kindern von Julius und Fanny Joachim und übersiedelte 1833 mit seinen Eltern nach Pest. Fünfjährig erhielt er ersten Unterricht bei dem Konzertmeister der Pester Oper, Stanislaus Serwaczynski, und trat 1839 erstmals öffentlich auf. Neunjährig kam er nach Wien, wo er zunächst bei Georg Hellmesberger d. Ä., später bei dessen Lehrer Joseph Böhm Unterricht hatte. Sein erstes Konzert in Leipzig am 19. August 1843 fand große Beachtung. Seitdem gehörte Mendelssohn zu seinen Förderern. Dieser dirigierte am 27. Mai 1844 das Konzert in London, in dem Joachim 13jährig das Violinkonzert von Beethoven zum ersten Mal spielte. ◆ »Der Grund, weshalb Joachim Wien verließ, um nach Leipzig überzusiedeln, war die im Frühjahr 1843 daselbst erfolgte Gründung des Konservatoriums,

---

[9] Heute Köpcsény bei Bratislava.
[10] Klengel vertrat gelegentlich → F. David, doch eigentlich war er Vorspieler, d. h., er spielte am 1. Pult, hatte aber keine Konzertmeisterfunktion. Auch Joachim wird nur als Vertretung von F. David genannt. Erst → R. Dreyschock wurde der Rang eines Konzertmeisters zuerkannt und damit die Stelle des 2. Konzertmeisters geschaffen.

in das er als Schüler eintreten sollte. Nach einer gründlichen Prüfung erklärte jedoch Mendelssohn, dass er für sein Instrument keinen Lehrer mehr nötig habe, es genüge, wenn er von Zeit zu Zeit [→ F.] David etwas vorspiele, um dessen Meinung zu hören; für die anderweitige Ausbildung würden Moritz Hauptmann und er Sorge tragen.« (Moser) ◆ Die sich in die Länge ziehenden Bemühungen der Stadt Leipzig und der Gewandhaus-Konzertdirektion, den außergewöhnlichen Geiger länger an Leipzig zu binden, scheiterten an der Zaghaftigkeit, die finanziellen Mittel für eine zweite Konzertmeisterstelle neben → F. David bereitzustellen. Die Schaffung einer zweiten Konzertmeisterstelle wäre zwar Davids Wunsch um Dienstentlastung entgegengekommen, sie rief aber auch seinen passiven Widerstand hervor, da er dafür eine Gehaltskürzung in Kauf nehmen sollte und es sich darüber hinaus als schwierig erweisen würde, die damit entstehenden Probleme der Diensteinteilung zu regeln. So nahm Joachim das bereits 1849 gemachte Angebot von Franz Liszt an, als Konzertmeister nach Weimar zu kommen. 1853 wechselte er von dort nach Hannover und übernahm 1866 die Leitung der neu gegründeten Berliner Hochschule. Er gilt als einer der bedeutendsten Geiger und Pädagogen seiner Zeit.
Lehrer am Leipziger Konservatorium von 1849 bis 1850 ◆ Lehrer von → H. Petri, → K. Prill und → H. Jacobsen.
WERKE: Violinkonzert op. 3; Violinkonzert in ungarischer Weise op. 11; Ouvertüre zu *Hamlet* op. 4; Ouvertüre zu *Demetrius* op. 6; Ouvertüre zu *Heinrich IV.* op. 7; Ouvertüre zu einem Lustspiel v. Gozzi op. 8; Elegische Ouvertüre op. 13; Konzert-Ouvertüre zum Geburtstage des Deutschen Kaisers; Märsche; Andantino u. Allegro scherzoso op. 1 f. Vl. u. Orch.; Nocturno op. 12; Variationen; Phantasie über ungarische Motive; Phantasie über irische Volkslieder; einige Vokalwerke; Bearbeitungen v. Werken Fr. Schuberts, , R. Schumanns, J. Brahms' u. N. Paganinis; Violin-Schule, 3 Bde. (Bd. 3: enthält u. a. die Kadenzen zu den Violin-Konzerten von Beethoven, Brahms und Mozart, KV 211 u. 219). LITERATUR: Dörffel Nr. 126; MGG I; A. Moser: Geschichte des Violinspiels. QUELLEN: StadtAL: Kap. 32, Nr. 2, Vol. 2 (alte Sig.: Tit. VII B Nr. 147, Bd. 2).

|303 **Kiefer** [Kieffer], **Carl Moritz**
Oboe
* 10. Februar 1823 in Weißenfels,
† 21. Januar 1876
Mitglied vom 1. Oktober 1848 bis 1872, zunächst Aushilfe, im Februar 1849 fest angestellt ◆ Rückwirkend zum Dienstantritt Mitglied des Orchester-Pensionsfonds
2. Oboist für → E. W. Pfundt

Er ist der Sohn von Ignatz Kiefer, »Bürger und Schuhmacher allhier« (Taufeintrag), und dessen Ehefrau Johanne Christiane, geb. Lanzendörfer. ◆ Am 8. Februar 1849 bat → F. David den Stadtrat Dr. Moritz Seeburg, die nötigen Schritte für seine Festanstellung einzuleiten, weil »er allen Anforderungen für diese Stelle vollkommen genügt«.
LITERATUR: Dörffel Nr. 124. QUELLEN: PfA Weißenfels: TfR; StadtAL: Tit. VII B 147, Vol. II, Bl. 20 f. ◊ Polizeimeldebücher Theaterpersonen.

|304 **Herfurth, August Fürchtegott W i l h e l m**
Kontrabass
* 28. Mai 1825 in Altenburg
Mitglied von 1848 bis 1850 ◆ Hilfsmusiker des Stadtorchesters
Kontrabassist an der neu eingerichteten 3. Stelle

Er ist der Sohn des Altenburger Stadtmusikus Johann Christian Herfurth und dessen Ehefrau Johanna Christiane, geb. Damm. ◆ Er war vom 30. September 1850 bis 1869 »Musikdirektor des 4. Bataillon der *Communal Garde*«

(Meldebücher) und unterhielt eines der sieben Leipziger Musikchöre, die bei der Neuordung der Stadtmusik am 28. August 1852, nach dem Tod von → W. L. Barth, die Konzession erhielten. In diesem waren u. a. → W. Chr. L. Friederichs, → Fr. W. George und → E. Uschmann seine Gehilfen.
LITERATUR: Dörffel Nr. 266; Hempel; Bestand-Liste der Communalgarde zu Leipzig.
QUELLEN: PfA Altenburg: TfB; StadtAL: Polizeimeldebücher Bleibende Einwohner.

1849

|305 Welcker [Welker], Carl Heinrich
Violine
* 19. Januar 1827 in Meuselwitz,
† 10. Februar 1903 in Altenburg
Mitglied vom Winter 1849 bis 1864
1. Geiger im Konzert

Er ist der Sohn von Johann Gottlieb Welker, »Zeugmacher und Einwohner« (Taufeintrag), und Christiane Eleonore, geb. Seidel. ♦ Er hatte ab 1858 in Leipzig ein Musikchor, in dem u. a. → E. Bauer, → C. Fr. E. Bolland, → C. Drube, → H. O. Herlitz, → C. M. Kupfer und → Chr. Matthies seine Gehilfen waren. ♦ 1864 wurde er Stadtmusikdirektor in Altenburg als Nachfolger von → Chr. G. Müller. Dort war er tätig bis zu seiner aus gesundheitlichen Gründen erfolgten Pensionierung 1892. In seiner Bewerbung um das Altenburger Amt schrieb er: »… Unterzeichneter bereits Musikdirektor eines allgemein beliebten und anerkannten Musikchors in Leipzig, daß derselbe seit 12 Jahren Concertmeister der Euterpe, sowie seit 15 Jahren erster Violinspieler in den Gewandhauskonzerten daselbst ist … Nur der Wunsch, für sein Streben einen geeigneten Ort für fernere künstlerische Wirksamkeit zu finden und beseelt von der Hoffnung die Musik in der Residenzstadt den Anforderungen der Zeit entsprechend zu geben, können ihn veranlassen, eine Stellung aufzugeben, welche vieles Angenehme bietet.«
LITERATUR: Dörffel Nr. 267; J. Hohlfeld: Die Reformierte Bevölkerung Leipzigs 1700 bis 1875. QUELLEN: PfA Altenburg: KB; PfA Meuselwitz: KB; StadtA Altenburg: XIII.1.– Nr. 33 Stadtmusici; StadtAL: Polizeimeldebücher Bleibende Einwohner.

|306 Grützmacher, Friedrich Wilhelm Ludwig
Violoncello
* 1. März 1832 in Dessau,
† 23. Februar 1903 in Dresden ♦ Bruder von
→ L. Grützmacher
Mitglied vom Winter 1849 bis 1860 ♦ Zunächst Hilfsmusiker des Stadtorchesters, am 1. Juni 1857 Aufnahme in den Orchester-Pensionsfonds Cellist an der neu eingerichteten 3. Stelle im Stadtorchester, im Konzert Erster Cellist für
→ B. Cossmann, später auch im Theater Erster Cellist für → Fr. W. Grenser

Der Sohn von Friedrich Heinrich Grützmacher, »Hautboist« der herzoglichen Hofkapelle in Dessau, hatte Cellounterricht bei Karl Drechsler[11] und Theorieunterricht bei → Fr. Schneider. Er kam 1848 nach Leipzig und trat zunächst in eines der Musikchöre ein. ♦ Am 5. November 1855 bat Dr. Emil Wendler im Namen der Gewandhaus-Konzertdirektion den Rat der Stadt, auf eine Pensionierung → Fr. W. Grensers hinzuwirken, und berichtete in diesem Zusammenhang, daß der jetzige dritte Violoncellist Herr Fr. Grützmacher ein Angebot erhalten habe, unter »sehr lockenden Bedindungen« nach Karlsruhe zu gehen (800 Taler jährlich und lebenslange Anstellung): »Herr Grützmacher ist … nicht nur der beste Cellospieler in Leipzig, sondern in der That einer der vorzüglichsten Virtuosen auf seinem Instrument in Deutschland, und im Interesse der hiesigen Kunstanstalten halten wir es für unsere Pflicht, alles Aufzubieten, um dessen Weggang zu verhüten.« Die dem Schreiben beigelegte Beurteilung des Cellisten Fr. W. Grenser durch die Musikdirektoren Moritz Hauptmann, → J. Rietz und August Ferdinand Riccius führte dann wohl 1858 zu Grensers Pensionierung. ♦ Er ging nach Dresden an die Hofkapelle, wo er vom 1. Juli 1860 bis 30. September 1902 tätig war.
Lehrer am Leipziger Konservatorium von 1853 bis 1860 ♦ Lehrer von → L. Grützmacher, → E. Hegar, → C. Th. Krumbholz und → P. Stein.
WERKE: zahlreiche Werke f. Vc.; umfangreiche Studienliteratur; Herausgabe u. Bearbeitung älterer Werke. LITERATUR: Dörffel Nr. 135; MGG I; Riemann I; Das Dresdner Hoftheater in der Gegenwart, hrsg. v. B. Wildberg; P. Röntsch: Das Königliche Konservatorium der Musik zu Leipzig 1843–1918; A. Schreiber: Von der Churfürstlichen Cantorey zur Sächsischen Staatskapelle Dresden. QUELLEN: StadtAL: Tit. VII B 147, Vol. II, Bl. 155 f. u. 233.

|307 Pohle, [Pohle II, Pohle jun.] Christoph Louis
Posaune
* 29. August 1821 in Raguhn, † 1883 ♦
Bruder von → G. J. E. Pohle
Mitglied vom Winter 1849 bis 1853 ♦ Ab 1. Mai 1850 Hilfsmusiker des Stadtorchesters
Tenor-Posaunist für → Fr. A. Mai

Er ist der Sohn von Johann Friedrich Pohle, Bürger und Schenkwirt in Raguhn. Sein Vater hatte den Gasthof »Zum schwarzen Adler« 1815 vom Raguhner Stadtmusikus Johann Gottfried Ludwig Fuchs (Bruder von → Chr. H. L. Fuchs) erworben. Stadtmusikus Fuchs war mit großer Wahrscheinlichkeit der Lehrer von Pohle. Er unterhielt eines der sieben Leipziger Musikchöre, welche bei der Neuordung der Stadtmusik am 28. August 1852, nach dem Tod von → W. L. Barth, die Konzession erhielten. ♦ Er kündigte seinen Vertrag am 10. Februar 1853: »Ich zeige hierdurch ergebenst an, daß ich die bis jetzt innegehabte Anstellung bei der KirchenMusik als Posaunist mit dem heutigen Tage aufkündige und selbige nach gesetzlicher Kündigung verlaßen werde. So kündige ich auch gleichzeitig, die mir vom Rathe gegebene Stellung als Conzessionierter Musick-Director hiermit auf.« ♦ Später war er in Dresden Musikdirektor der Königlich Sächsischen 1. Infanterie Brigade »Kronprinz«.
Kompositionen: Tyrolienne *Die schöne Dresdnerin*, op. 32; Märsche u. Tänze; Militärmusik. LITERATUR: Dörffel Nr. 268; AB 1850–1853; Nösselt; J. Hohlfeld: Die Reformierte Bevölkerung Leipzigs 1700–1875. QUELLEN: PfA Raguhn: KB; StadtA Dessau: Familienforschung Fuchs; StadtAL: Tit. VII B 147, Vol. II, Bl. 37, 112 u. 122.

---
11 Schüler von → J. J. Fr. Dotzauer.

Julius Rietz probt mit dem Gewandhausorchester die dritte »Leonoren«-Ouvertüre von Ludwig van Beethoven, Karikatur von Christian Reimers, Lithographie, um 1850

1850

|308 Ahrens, Johann Joseph Friedrich
Kontrabass
* 26. Januar 1813 in Ohrum bei Wolfenbüttel,
† 21. März 1881 in Weimar
Mitglied vom 1. Mai 1850 bis 1. Januar 1851 ♦ Mitglied des Orchester-Pensionsfonds
Erster Kontrabassist für → J. G. Temmler

Er ist der Sohn von Georg Christian Friedrich Ahrens, »Schullehrer in Dorstadt« (Taufeintrag), und dessen Ehefrau Christine, geb. Gödecke. ♦ Die Musikdirektoren Moritz Hauptmann und → J. Rietz und der Konzertmeister → F. David schrieben am 4. April 1850 an den Rat der Stadt: »Wir Unterzeichnenden bescheinigen hiermit: daß wir Herrn Ahrens nach abgehaltener Prüfung für vollkommen befähigt halten die erste Contrabassisten-Stelle im hiesigen Stadt-Orchester zu bekleiden und sprechen hiermit den Wunsch aus: daß derselbe bei der jetzt eintretenden Pensionierung des ersten Contrabassisten Herrn Temmler in dieser Stelle von dem Stadtrathe bestätigt werde. Die Pensionierung des Herrn Temmler tritt am ersten Mai des Jahres ein und die Vorsteher des Orchester-Pensions-Instituts haben in die Aufnahme des Herrn Ahrens als Mitglied desselben bewilligt.« ♦ Im Polizeimeldebuch heißt es »... ist nach Weimar abgegangen.« Dort war er Mitglied der Hofkapelle, ab Gründung der Großherzoglichen Musikschule 1872 auch Lehrer, und starb hochverschuldet.

LITERATUR: Dörffel Nr. 125. QUELLEN: Landeskirchliches Archiv Wolfenbüttel: KB Dorstadt; PfA Weimar: Totenbuch Stadtkirche; ThStA Weimar: Sign. GI DNT 817, Bl.1 ff. u. 862; StadtAL: Tit. VII B 147, Vol. II, Bl. 35, 40 u. 83 ◊ Polizeimeldebücher Bleibende Einwohner.

|309 Albrecht, Julius Bruno
Klarinette
* 24. Juli 1825 in Grimma, † 18. Oktober 1895
Mitglied vom 1. September 1850 bis 31. Oktober 1863 ♦ Mitglied des Orchester-Pensionsfonds
2. Klarinettist für den verstorbenen → Fr. A. F. Heinze

Er ist der Sohn von Johann Traugott Albrecht, »Schulamtslandrichter allhier« (Taufeintrag), und dessen Ehefrau Christiana Dorothea Justina, geb. Jungmichel. ♦ Er wurde wegen »Erkrankung und hierdurch entstandener Untüchtigkeit« pensioniert und war dann ab 1864 Inspektor des Leipziger Konservatoriums für den verstorbenen → C. A. Grenser und ab 1873 Archivar, Bibliothekar und Kassenrechnungsführer der Gewandhaus-Konzertdirektion.

LITERATUR: Dörffel Nr. 127. QUELLEN: PfA Grimma: TfR; StadtAL: Tit. VII B 147, Vol. II, Bl. 70 u. 200.

|310 Röntgen, Engelbert Johan Mathias Carel
Violine
* 30. September 1829 in Deventer (Niederlande),
† 12. Dezember 1897 in Leipzig ♦ Schwiegersohn von → M. G. Klengel, Onkel von → J. Klengel und → P. Klengel
Mitglied vom 1. Oktober 1850 bis zu seinem Tod ♦ Zunächst Extrageiger/Hilfsmusiker des Stadtorchesters, am 1. Oktober 1853 Aufnahme in den Orchester-Pensionsfonds
1. Geiger, ab 1. Januar 1869 Zweiter 1. Konzertmeister für → R. Dreyschock, ab 1873 Erster 1. Konzertmeister für → F. David

Der älteste Sohn des Kaufmanns Johann Engelbert Röntgen aus Deventer war Schüler von F. David am Leipziger Konservatorium vom 28. April 1848 bis 30. März 1850 und wirkte als solcher ab Oktober 1849 im Orchester mit.

In der Stellungnahme für das Abgangszeugnis schrieb David: »Hat stets mit musterhaftem Fleiß und grossem Ernste seine Studien betrieben und einen sehr bedeutenden Grad von Fertigkeit erreicht. Im Quartettspiel leistet er vorzügliches und als Ripienist ebenfalls, wie auch sein Betragen stets das musterhafteste war.« In einem undatierten Nachtrag zur Inskription ist vermerkt: »an [→ H.] Zahn's Stelle, der nach Bremen ging, beim Leipziger Orchester als Extrageiger und zugleich Vorspieler bei Balletts den 1. Oktober 1850 angestellt und dazu aus Holland zur Probe eingeladen«. (Kon) ♦ Er heiratete am 25. Juni 1854 Friederike Pauline, geb. Klengel (*1831, †1888); ihr Sohn ist der Pianist und Komponist Julius Röntgen.

Lehrer am Leipziger Konservatorium von 1857 bis ca. 1875 für → G. M. Klengel ♦ Lehrer[12] von → D. v. Arx, → H. Blechschmidt, → Chr. Ersfeld, → G. Essigke, → A. Hilf, → H. Hillmann, → P. Klengel, → H. Klesse, → H. Jacobsen, → A. Kummer, → C. H. O. Kunze, → W. Langhagen, → E. Mühlmann, → L. Müller, → E. Nissen, → O. Pfitzner und → A. Schultz.

LITERATUR: Dörffel Nr. 130; MGG I; Riemann I; J. Hohlfeld: Die Reformierte Bevölkerung Leipzigs 1700–1875; A. Moser: Geschichte des Violinspiels; P. Röntsch: Das Königliche Konservatorium der Musik zu Leipzig 1843–1918. QUELLEN: Archiv HMT: Kon Nr. 212; StadtAL: Kap. 32, Nr. 7, Vol. I, Bl. 279.

|311 **Ricciüs, Heinrich Julius**
Violine
* 17. März 1832[13] in Bernstadt/Oberlausitz,
† 8. Dezember 1863 in Paris
Mitglied vom 7. Oktober 1850 bis Anfang Februar 1851,
nicht im Konzert ♦ Extrageiger/Hilfsmusiker
des Stadtorchesters
1. Geiger

Der Sohn von August Gottlieb Riccius, Bürger und Tuchmacher in Bernstadt, war Schüler von → F. David am Leipziger Konservatorium vom 14. April 1845 bis 19. April 1848. In der Stellungnahme für das Abgangszeugnis schrieb David: »Herr Riccius hat sich während der ganzen Dauer seines Aufenthalts mit großem Eifer seinem Studium ergeben. Bei seinen vorzüglichen natürlichen Anlagen ist es ihm gelungen schon jetzt eine sehr bedeutende Fertigkeit verbunden mit hübschem Vortrag zu erlangen. Möge er immer weiter streben, so ist zu erwarten dass er der Anstalt zur größten Ehre gereichen wird.« (Kon) In das Stadtorchester kam er an »[→ W. J. v.] Wasielewskis Stelle, der nach Düsseldorf ging«. (Kon) ♦ Von Leipzig ging er zunächst nach Dresden an die Hofkapelle, wo er 1852 Kammermusiker wurde, dann nach Köln, wo er von 1856 bis Michaelis 1857 Konzertmeister und Lehrer am Konservatorium war, und später nach England, wo er in Uppingham in der Grafschaft Rutland als Lehrer tätig war. Dort war der 1840 geborene Sohn von F. David, Paul David, ebenfalls Lehrer. ♦ Sein Bruder Karl August Gustav Riccius (*1830, †1893) besuchte auch das Leipziger Konservatorium, war dann Geiger in der Dresdner Hofkapelle, 1859 Korrepetitor, 1863 Chordirektor, 1875 Musikdirektor und ab 1889 Bibliothekar der Königlichen Musikaliensammlung als Nachfolger von Moritz Füstenau. Sein Cousin[14] August Ferdinand Riccius (*1819, †1886) war in Leipzig Dirigent der »Euterpe«-Konzerte und später Kapellmeister am Stadttheater.

LITERATUR: AB 1851; Bernsdorf; Riemann I; Staatshandbuch für das Königreich Sachsen. 1854. QUELLEN: PfA Bernstadt: KB; Archiv HMT: Kon Nr. 99.

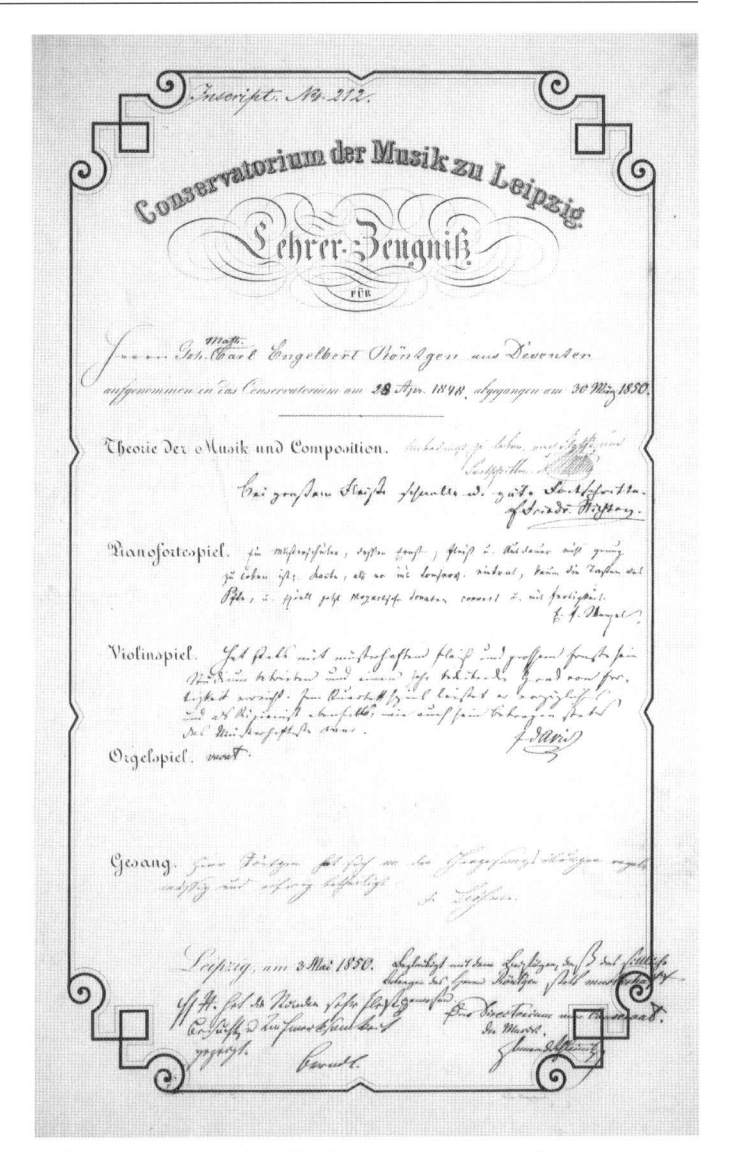

Stellungnahmen der Lehrer für das Abgangszeugnis am Leipziger Konservatorium für Engelbert Röntgen, 1850

---

12 Bis zu → F. Davids Tod gab es am Konservatorium das von Heinrich Conrad Schleinitz befürwortete »Zweilehrersystem« (Alfred Richter). Es gab also parallel stattfindenden Unterricht bei zwei Lehrern. Erst um 1874 führten Unstimmigkeiten zwischen dem neu engagierten Lehrer → H. Schradieck und → E. Röntgen zum modernen Klassensystem. Die als Quellen benutzten Prüfungszeugnisse des Konservatoriums geben also keinen konkreten Hinweis auf den prägenden Lehrer. David schrieb gewöhnlich als Erster die Beurteilung, → R. Dreyschock und später → E. Röntgen an zweiter Stelle.

13 Angabe nach dem Taufeintrag; in Riemann I wird als Geburtsjahr 1831 angegeben.

14 In Riemann I wird er fälschlicherweise als Neffe bezeichnet, obwohl Heinrich Julius, Carl August Gustav und August Ferdinand die gleichen Großeltern hatten und ihre Väter Brüder waren.

|312 **Dreyschock, Raimund Alexander Napoleon**
Violine
* 30. August 1824 in Zak/Böhmen,
† 6. Februar 1869 in Stötteritz bei Leipzig
Mitglied vom 15. November 1850 bis zu seinem Tod ♦
Mitglied des Orchester-Pensionsfonds
Zweiter 1. Konzertmeister für → J. Joachim

Er war Schüler von Friedrich Wilhelm Pixis in Prag. ♦ Seine Ehefrau Elisabeth, geb. Nose, war eine erfolgreiche Konzertsängerin und lebte ab 1870 mit dem Sohn Felix Dreyschock in Berlin, wo dieser als Pianist und Lehrer am Stern'schen Konservatorium tätig war. Sein älterer Bruder ist der Pianist Alexander Dreyschock.

Lehrer am Konservatorium ab 1851 ♦ Lehrer[15] von → H. Fr. G. Ewald, → E. W. Fritzsch, → G. A. Härtel, → Fr. G. Haubold, → Fr. E. A. Hauschild, → G. F. Hoppe, → S. Jacobi, → G. J. Japha, → J. J. Jimenez, → X. v. Makomasky, → E. Mertké, → C. Oeser, → J. N. Rauch, → E. Fr. Renner, → H. Schradieck, → G. J. Sesselmann und → A. C. Tottmann.

LITERATUR: Dörffel Nr. 128; MGG I; J. Hohlfeld: Die Reformierte Bevölkerung Leipzigs 1700–1875; W. J. v. Wasielewski.: Die Violine und ihre Meister.

|313 **Müller, Friedrich August Wilhelm**
Violoncello
* 1825 in Hayn
Mitglied vom Winter 1850 bis 1856
Cellist im Konzert

Im Adreßbuch 1855 findet sich der Eintrag: »Müller, Fried. Aug., Musikus Reudnitzer Str. 1b.«

LITERATUR: Dörffel Nr. 269; AB 1855. QUELLEN: StadtAL: Polizeimeldebücher Bleibende Einwohner.

|314 **Wünsch, Johann David**
Kontrabass
* 6. Mai 1814 in Hartmannsdorf bei Chemnitz
Mitglied von 1850 bis 1860 (Dörffel)[16] ♦ Hilfsmusiker des Stadtorchesters
Kontrabassist für → W. Herfurth

Er ist das sechste Kind des »Häußlers und Strumpfwirkers« (Taufeintrag) Johann August Wünsch und dessen Ehefrau Johanne Sophie, geb. Fleischer. ♦ 1849 bei der Taufe seines Sohnes als »Musicus *und* Harmonikaverfertiger« bezeichnet; im Adreßbuch 1853 findet sich der Eintrag: »J. D. Wünsch, Querstr. 31. Fertigt und repariert Hand- und Mundharmonikas.«

LITERATUR: Dörffel Nr. 270; AB 1853; Nösselt. QUELLEN: KAL: TfB St. Nicolai; PfA Hartmannsdorf: KB; StadtAL: Polizeimeldebücher Bleibende Einwohner.

Eintragung zur Kirchen- und Stadtmusik im Leipziger Adreßbuch für das Jahr 1851

---

15 Bis zu → F. Davids Tod gab es am Konservatorium das von Heinrich Conrad Schleinitz befürwortete »Zweilehrersystem« (Alfred Richter). Es gab also parallel stattfindenden Unterricht bei zwei Lehrern. Erst um 1874 führten Unstimmigkeiten zwischen dem neu engagierten Lehrer → H. Schradiek und → E. Röntgen zum modernen Klassensystem. Die als Quellen benutzten Prüfungszeugnisse des Konservatoriums geben also keinen konkreten Hinweis auf den prägenden Lehrer. David schreibt gewöhnlich als Erster die Beurteilung, → R. Dreyschock und später E. Röntgen an zweiter Stelle.

16 Die Adreßbücher nennen ihn 1858 letztmalig als Mitglied des Stadtorchesters.

1851

|315 Backhaus, Heinrich August Ottomar
Kontrabass
* 7. März 1827 in Halle/S.
Mitglied vom 1. Januar 1851 bis 12. Mai 1866 ♦ Mitglied
des Orchester-Pensionsfonds
Erster Kontrabassist für → Fr. Ahrens

Sein Großvater Johann Heinrich Backhaus war Stadtmusikus in Lauchstädt, seine Eltern sind der »Hautboist bey der 4. Jäger Abtheilung« (Taufeintrag) Johann Gottfried Backhaus und dessen erste Ehefrau Christiane Henriette, geb. Schwalbe. Sein Vater war in zweiter Ehe verheiratet mit Johanne Christiane, geb. Boehmer, und ab Ende 1840 Pächter des Ratskellers in Merseburg. ♦ In einem Schreiben von Thomaskantor Moritz Hauptmann, Musikdirektor → J. Rietz und Konzertmeister → F. David vom 9. November 1850 an den Rat der Stadt heißt es: »… daß wir Herrn Backhaus aus Merseburg nach sorgfältiger Prüfung für vollkommen befähigt halten … die Stelle eines ersten Contrabassisten (die durch den Abgang des Herrn Ahrens erledigt wird) im hiesigen Stadtorchester zu bekleiden, daß auch die Vorsteher des Orchester-Pensionsinstituts … seine Aufnahme … bewilligt haben, bescheinigen wir hiermit.« ♦ Er ging 1866 nach Homburg.

Fiskal des Orchester-Pensionsfonds vom 17. September 1855 bis 29. September 1864 für → B. Landgraf, der Kassierer wurde.

LITERATUR: Dörffel Nr. 129. QUELLEN: Historisches Stadtarchiv Merseburg: Rep. K 991 ◊ Rep. II/E/62 ◊ Rep. XVII Nr. 12; Marienbibliothek Halle/S.: TfR Marktkirche; Stadt-AL: Tit. VII B 147, Vol. II, Bl. 46, 153 u. 190.

|316 Becker, Ernst Carl Ruppert
Violine
* 1. Dezember 1830 in Freiberg/Sa.,
† 1887 in Dresden
Mitglied vom 1. Februar 1851 bis 15. Oktober 1852,
nicht im Konzert ♦ Extrageiger/Hilfsmusiker des
Stadtorchesters
1. Geiger

Sein Vater Ernst Adolph Becker hatte in Leipzig studiert, war Bergschreiber beim Bergamt in Schneeberg und früher Vertrauter von Clara Wieck und Robert Schumann. Er selbst war Schüler von → F. David am Leipziger Konservatorium vom 30. August 1845 bis Johannis 1848. In einem undatierten Zeugnisentwurf schrieb David: »Hat sich stets mit größtem Eifer und Fleiß mit seinem Instrument beschäftigt. Seine Fortschritte sind sehr bedeutend zu nennen. Auch als Orchesterspieler ist er sehr begabt.« In Nachträgen zur Inskription heißt es, daß er von Februar bis März 1849 Substitut für den erkrankten → C. A. Lange war, im Dezember 1850 Substitut »für die ersten Stellen der 1. Violinen im Theater«. (Kon) ♦ 1852 wurde er für → W. J. v. Wasielewski Konzertmeister in Düsseldorf, wo er bis 1854 blieb, später war er Lehrer am Hoch'schen Konservatorium in Frankfurt/M.

LITERATUR: AB 1852; Robert Schumann Tagebücher, hrsg. v. g. Nauhaus, Band II. QUELLEN: Archiv HMT: Kon Nr. 110.

|317 John, Johann Ludwig Ernst
Violine
* 29. Juli 1828 in Leipzig, † Januar 1890
Mitglied von Anfang Februar 1851 bis 1852,
nicht im Konzert ♦ Extrageiger/Hilfsmusiker
des Stadtorchesters
1. Geiger

Der »Sohn des Tanzlehrers [Universitäts-Tanzmeister Johann Friedrich Wilhelm John] hat beim Stadtmusikus in Merseburg gelernt« (Kon) und war dann Schüler von → F. David am Leipziger Konservatorium vom 20. August 1849 bis 24. Juni 1851. In der Stellungnahme für das Abgangszeugnis schrieb David: »Herr J. hat sich Mühe gegeben und ist ein sehr vorzüglicher Orchesterspieler geworden. Für das Solospiel (in welchem er achtungswertes leistet) fehlt es ihm noch an Routine.« Er kam »an [→ H. J.] Riccius Stelle im Theaterorchester«. (Kon) ♦ 1853 wurde er Musikdirektor in Halle/S.

LITERATUR: AB 1852. QUELLEN: Archiv HMT: Kon Nr. 262.

|318 Radecke, Albert Martin R o b e r t
Violine
* 31. Oktober 1831 in Dittmannsdorf[17]
bei Waldenburg/Schlesien,
† 21. Juni 1911 in Wernigerode/Harz
Mitglied von 1851 bis 1853
Geiger im Konzert

Der Sohn des Dittmannsdorfer Lehrers und Kantors besuchte zunächst das Konservatorium in Breslau und war dann vom 3. Oktober 1848 bis Michaelis 1850 Schüler von Moritz Hauptmann, → J. Rietz, Ignaz Moscheles, → F. David und → C. F. Becker am Leipziger Konservatorium. Er lehnte im Oktober 1851 ein Angebot des Meininger Herzogs ab, der ihn »als Hofmusicus bei hiesiger herzoglicher Hofcapelle mit einem jährlichen Gehalte von 350 Th.« anstellen wollte »mit der Verpflichtung … ohne besonderes Honorar den Musikunterricht der Prinzessin Auguste« (ThStA Meiningen) zu übernehmen. Als Begründung für seine Ablehnung gab er an, daß er sich aufgrund seiner Leistungen zu Direktionsaufgaben berufen fühle. Im Juni 1852 bewarb er sich erfolglos um die vakante Stelle des Hofkapellmeisters in Sondershausen und schrieb, daß er 1851 »in Halle eine Zeitlang die Stelle eines Theatermusikdirektors bekleidet« (ThStA Rudolstadt) habe. 1852 wurde er zweiter Dirigent der Singakademie in Leipzig. ♦ Im Oktober 1853 kam er auf das Meininger Angebot zurück und bot an, für jährlich 600 Th. »Ihrer Hoheit der Prinzessin Auguste Unterricht im Clavierspiel zu erteilen«. (ThStA Meiningen) Kurze Zeit war er Chordirektor am Leipziger Stadttheater und ging dann nach Berlin, wo er bis 1854 seiner Militärpflicht nachkam. Er trat dort »als Violinist und Orgelvirtuose auf, veranstaltete Quartettsoireen und große Chor- und Orchesterkonzerte« (Riemann I) und wurde 1863 Musikdirektor der Berliner Hofoper; 1871 zum Hofkapellmeister ernannt. Von 1883 bis 1888 war er künstlerischer Direktor des Stern'schen Konservatoriums und von 1892 bis 1907 Direktor des Instituts für Kirchenmusik. ♦ Sein älterer Bruder Rudolf Radecke (* 1829, † 1893) besuchte ebenfalls das Leipziger Konservatorium, war von 1864 bis 1871 Lehrer am Stern'schen Konservatorium in Berlin und leitete bis 1868 den Cäcilienverein. Sein Sohn Ernst Radecke war 1892 Korrepetitor am Leip-

---

17 Heute Dziecmorowice (Polen).

ziger Stadttheater und wurde 1893 Direktor des Musikvereins und der Musikschule Winterthur.
Lehrer von → Br. Walter.

WERKE: Liedspiel *Die Mönkguter*; 1 Sinfonie; 2 Ouvertüren; Festmarsch; Capriccio; 2 Scherzi; Nachtstück f. Orch.; 2 Klaviertrios; Chorwerke; Lieder. LITERATUR: Dörffel Nr. 271; MGG I; Nösselt; Riemann I. QUELLEN: Archiv HMT: Kon Nr. 228; ThStA Meiningen: Hofmarschallamt Nr. 1778; ThStA Rudolstadt: Hofmarschallamt Sondershausen Nr. 1643.

1852

|319 **Kühn, Carl Friedrich August**
Horn
Mitglied vom 15. Mai 1852 bis 30. September 1852, nicht im Konzert ◆ Hilfsmusiker des Stadtorchesters
3. Hornist für → J. Jehnigen

Der Grund für sein Ausscheiden aus dem Orchester nach vier Monaten ließ sich nicht ermitteln. Er bewarb sich 1856 noch einmal, diesmal um die Stelle des verstorbenen → C. H. C. Wilke. In diesem Zusammenhang bat am 11. Februar 1856 Dr. Emil Wendler im Namen der Gewandhaus-Konzertdirektion den Rat der Stadt, seine Entlassung vom Militär zu beantragen, wo Kühn seit 13 Jahren, zuletzt als Obersignalist beim 2. Jägerbataillon, diente. Doch am selben Tag zog Kühn seine Bewerbung zurück.

QUELLEN: StadtAL: Tit. VII B 147, Vol. II, Bl. 110 u. 157 f.

|320 **Bormann** [Bornmann], **Johann Gotthelf**
Horn
* 22. Juni 1825 in Trebsen
Mitglied vom 1. Oktober 1852 bis 1853, nicht im Konzert ◆ Hilfsmusiker des Stadtorchesters
3. Hornist für den ausgeschiedenen → C. Fr. A. Kühn

Er ist das neunte Kind von Johann Gottfried Bornmann, »Haußbesitzer und Zimmergeselle« (Taufeintrag), und dessen Ehefrau Anna Christine, geb. Kayser. ◆ Von 1856 bis 1860 war er Signalist bei der 10. Kompanie des 4. Bataillons der Leipziger Kommunalgarde. ◆ In Meiningen war 1859 ein Hornist Bormann aushilfsweise tätig.

LITERATUR: Nösselt; Bestand-Liste der Communalgarde zu Leipzig; C. Mühlfeld: Die Herzogliche Hofkapelle in Meiningen. QUELLEN: PfA Trebsen: TfR; StadtAL: Tit. VII B 147, Vol. II, Bl. 112 – Polizeimeldebücher Bleibende Einwohner.

|321 **Haubold, Friedrich Georg**
Violine
* 25. November 1832 in Leipzig,
† 12. Juni 1879 in Eutritzsch bei Leipzig
Mitglied vom 15. Oktober 1852 bis zu seinem Tod ◆ Zunächst Extrageiger/Hilfsmusiker des Stadtorchesters, am 1. Januar 1862 Aufnahme in den Orchester-Pensionsfonds
1. Geiger, ab 1862 2. Geiger für den verstorbenen → Fr. A. Grenser, ab Ostern 1868 Stimmführer der 2. Violinen für → M. G. Klengel

Der Sohn von Ferdinand Friedrich Haubold, Kunst- und Modelltischler der Akademie der bildenden Künste in Leipzig, war Schüler von → F. David und → R. Dreyschock am Leipziger Konservatorium vom 5. April 1850 bis Ostern 1853. Im Inskriptionseintrag heißt es: »Der Vater ist Tischlermeister hier … wohnt bei *seinem* Vater im Schlosse[18] hier.« In der Stellungnahme für das Abgangszeugnis schrieb David: »Hat mit vielem Fleiß meine Stunden besucht und einen [unleserlich] Grad von Ausbildung erreicht; Als Quartett- Orchester sowie Solospieler sehr zu empfehlen.« ◆ Am 20. Januar 1862 schrieben die Musikdirektoren Moritz Hauptmann, August Ferdinand Riccius und → C. Reinecke und der Konzertmeister F. David an den Rat der Stadt: »Den hochedlen und hochverehrten Stadtrath der Stadt Leipzig ersuchen die Unterzeichneten, nachdem der Musikus Herr Georg Haubold sowohl während seiner mehrjährigen Anstellung als Extrageiger in dem hiesigen Kirchen- Konzert- und Theater-Orchester als auch zu verschiedenen Malen als Solo-Geiger sich ausgezeichnet und somit seiner vollständigen Befähigung zu der durch den Tod des Herrn Friedrich Grenser erledigten Geigerstelle bewiesen hat und folglich dessen Aufnahme in das Orchester von uns beschlossen worden ist, um gelegentliche Bestätigung dieser Wahl.«
Sekretär des Orchester-Pensionsfonds vom 30. September 1864 bis 7. Januar 1873 für → C. A. Grenser.

LITERATUR: Dörffel Nr. 146; AB 1853–1879; Nösselt. QUELLEN: Archiv HMT: Kon Nr. 293; StadtAL: Tit. VII B 147, Vol. II, Bl. 179 u. 208 ◊ Kap. 32, Nr. 7, Vol. I, Bl. 102.

|322 **Metzler, Wilhelm Anton**
Violine
Mitglied vom Winter 1852 bis 1. Mai 1853, nicht im Konzert ◆ Extrageiger/Hilfsmusiker des Stadtorchesters
2. Geiger für → Fr. Tr. Mai

Der Sohn des Zwickauer Justizamts-Archivars kam zwölfjährig aus Zwickau nach Leipzig, wo er vom 5. Oktober 1844 bis Ostern 1849 Schüler von → F. David am Konservatorium war. Im Inskriptionseintrag heißt es: »Wohnt bei seinem Bruder, dem *Leipziger* Amtskopisten … Blieb danach in Leipzig und war noch 1851 Schüler von M. Hauptmann … Ist Musiklehrer in Leipzig. Er übernahm im Winter 1852–53 eine Extrageigerstelle im *Leipziger* Orchester, ging aber wieder ab, da er geräuschvolle Opernmusik nicht vertragen kann.«

WERKE: »Eine von ihm componierte Sinfonie wurde denselben Winter [1852/53] in der Euterpe beifällig aufgenommen.« (Kon) LITERATUR: Nösselt; AB 1853. QUELLEN: Archiv HMT: Kon Nr. 87.

---

[18] Gemeint ist die Pleißenburg, in der sich auch die Akademie der Künste befand.

1853

|323 Schmidt, Carl August
Horn, Trompete
* 25. Mai 1828 in Lausigk[19], † 26. Juni 1876
Mitglied vom 15. Februar 1853 bis 1870 ♦
Am 1. Dezember 1853 Aufnahme in den Orchester-Pensionsfonds
1. Hornist für → G. J. E. Pohle, später 1. Trompeter für → J. G. Burckhardt, ab 1. Oktober 1869 2. Trompeter

Er ist der Sohn von Johann Theodor Schmidt, »Bürger und Tischler« (Taufeintrag), und dessen Ehefrau Johanna Juliane. ♦ Im Schreiben der Gewandhaus-Konzertdirektion an den Rat der Stadt vom 12. Februar 1853 heißt es: »Der bisherige erste Hornist des hiesigen Stadtorchesters, Herr Pohle, verläßt in Folge eines auswärtigen Engagements, mit dem 15. *des Monats* seine hiesige Anstellung und es ist somit von da an, die Stelle eines ersten Hornisten in dem vereinigten Kirchen, Concert und Theater Orchester zu besetzen. In Folge dessen wurde am 4ten gegenwärtigen Monats im Saal des Gewandhauses, unter Zuziehung der Herren Concertmeister [→] F. David, Kapellmeister N. W. Gade, Musikdirektor M. Hauptmann und Kapellmeister [→] J. Rietz, eine Probe mit drei Aspiranten veranstaltet … Es wird vorgeschlagen … dem Musikus Schmidt die erledigte Stelle eines ersten Hornisten im Stadtorchester anzuvertrauen«, jedoch unter der Bedingung einer Probezeit, »die aber nicht unter einem halben Jahr betragen dürfte.« ♦ Der Zahnarzt Bernhard Schwarze bescheinigte ihm am 27. Dezember 1869: »Bei Herrn Carl August Schmidt, Theaterorchestermitglied hier ist der linksseitige kleine Schneidezahn am Oberkiefer in dem Grade locker geworden, dass ein Festmachen desselben weder durch Arzneimittel, Mundwasser etc., noch durch technische Mittel zu erwarten ist. Da nun Herr Schmidt als Bläser das Mundstück gerade an diesen Zahn ansetzt und derselbe besonders bei Versuchen hohe Töne hervorzubringen Schmerz bekommt, so ist er zu fernerem Blasen unfähig geworden.« Daraufhin wurde dem Rat der Stadt vom Orchester mitgeteilt: »… dass der erste Trompeter des Stadtorchesters Herr A. Schmidt nicht mehr fähig ist, die erste Stimme zu blasen, sondern die zweite Stimme hat übernehmen müssen. Die erste Stimme ist deshalb mit Einwilligung des Herrn Schmidt vom 1. Oktober 1869 an vorläufig Herrn Weinschenk übertragen worden.« ♦ 1864 und 1865 als erster von acht Trompetern bei der Kavallerie-Eskadron der Leipziger Kommunalgarde genannt.
LITERATUR: Dörffel Nr. 131; Bestand-Liste der Communalgarde zu Leipzig. QUELLEN: PfA Bad Lausick: TfR; StadtAL: Tit. VII B 147, Vol. II, Bl. 114 ff. ◊ Kap. 32, Nr. 2, Vol. III, Bl. 78 ◊ Kap. 32, Nr. 10, Bd. 1, Bl. 52.

|324 Jacobi [Jacoby], Siegfried
Violine
* 9. Oktober 1836 in Altona,
† 1913 in Manchester
Mitglied von Michaelis 1853 bis 30. Juni 1854, nicht im Konzert ♦ Extrageiger/Hilfsmusiker des Stadtorchesters
1. Geiger

Der Sohn des Hamburger Kaufmanns Martin Jacoby hatte bei Hr. Breyter in Hamburg Violinunterricht und war dann Schüler von → F. David und → R. Dreyschock am Leipziger Konservatorium vom 5. April 1851 bis Ostern 1854. In der Stellungnahme für das Abgangszeugnis schrieb David: »Sehr fleißig mit gutem Erfolg«. In das Stadtorchester kam er »als David's Substitut«. (Kon) ♦ Er ging nach Paris und heiratete 1865 Berta Iklé, eine Tochter des Hamburger Spitzenhändlers Moses Iklé, und war später als Musikprofessor in Manchester tätig. Die kinderreichen Familien Iklé und Jacoby sind mehrmals verschwägert und haben die Produktion und den Handel mit Spitze in Hamburg, Berlin, New York, Paris und St. Gallen mit großem Erfolg betrieben.
LITERATUR: Nösselt; AB 1854; G. Graff-Höfgen: Spitzen von Iklé u. Jacoby. QUELLEN: Archiv HMT: Kon Nr. 329.

|325 Langhans, Friedrich Wilhelm
Violine
* 21. September 1832 in Hamburg,
† 9. Juni 1892 in Berlin ♦ Schwager von → G. J. Japha
Mitglied zwischen 1853 und 30. Juni 1856, nicht im Konzert ♦ Extrageiger/Hilfsmusiker des Stadtorchesters
1. Geiger

Der Sohn von Carl Friedrich Langhans, Zigarrenkaufmann in der Fa. Glüer & Langhans, und dessen Ehefrau Anna Augusta, geb. von Horn, war Schüler von → F. David am Leipziger Konservatorium vom 3. Oktober 1849 bis Michaelis 1852. In der Stellungnahme für das Abgangszeugnis schrieb David: »Einer der fleißigsten meiner Schüler. Sein Solospiel ist schon recht vorzüglich, noch besser ist er aber als Quartett- und Orchesterspieler.« In einem Nachtrag zur Inskription heißt es: »Bekam die Concertmeistersubstitutenstelle zu Ostern 1853, ging aber nach einem halben Jahr wieder ab«, studierte dann in Paris bei Alard und »war um Johannis 1854 wieder in Leipzig.« Er meldete sich am 6. September 1855 in Leipzig polizeilich als »Theatermusiker« an und am 30. Juni 1856 nach Berlin ab. ♦ 1857 wurde er Konzertmeister in Düsseldorf und war später als Lehrer und Solist in Hamburg (1860) und Paris (1863) tätig. Ab 1869 studierte er an der Heidelberger Universität, wo er 1871 promovierte. Ab 1871 in Berlin lebend, wurde er 1874 Lehrer für Musikgeschichte an der Neuen Akademie der Tonkunst, später an dem neu gegründeten Konservatorium von Xaver Scharwenka. ♦ Er war Korrespondent der *Neuen Zeitschrift für Musik*, Referent der *Neuen Berliner Musikzeitung*, arbeitete am Konversationslexikon von Hermann Mendel mit und war Ehrenmitglied der Musikalischen Akademien von Florenz, Rom und Bologna. Dem Leipziger Konservatorium stiftete er 100.000,- Mark zu Stipendienzwecken. ♦ Er war von 1858 bis 1874 verheiratet mit Louise Japha, einer Schülerin von Clara Schumann und bedeutenden Pianistin ihrer Zeit.
WERKE: 1 Sinfonie; Ouvertüre zu Spartakus; Konzertallegro f. Vl. u. Orch.; 1 Streichquartett; 1 Sonate; Etüden, Lieder; Das musikalische Urteil. 1872; Die königliche Hochschule f. Musik in Berlin. 1873; Musikgeschichte in 12 Vorlesungen. 1878; Die Geschichte der Musik im 17., 18. und 19. Jahrhundert. 1882–87; Der Endreim in der Musik. 1891. LITERATUR: Nösselt; AB 1853 u. 1856; MGG I; Riemann I u. II. QUELLEN: Archiv HMT: Kon Nr. 266; Staatsarchiv Hamburg: R. Dettling: Kurzbiographien hamburgischer Musiker; StadtAL: Polizeimeldebücher Temporäre Einwohner.

---
[19] Heute Bad Lausick.

|326 **Hilf, Christian Adam Arno**
Violine
* 22. Dezember 1834 in Elster, † 29. September 1910 in Bad Elster ♦ Bruder von → Chr. W. Hilf, Onkel von → A. Hilf, → R. Hilf, → O. Korndörfer und → E. Korndörfer
Mitglied von 1852 (Wolf), von 1853 (Dörffel) bis 1860
Geiger im Konzert

Er ist eines von zwölf Kindern des gelernten Webers Johann Christoph Hilf, der nach der Entdeckung der Heilquellen in Elster 1817 mit der »Besorgung der Musik« (Merkel) beauftragt wurde. Sein 16 Jahre älterer Bruder Christoph Wolfgang holte ihn 1848 14jährig nach Kassel, wo er Unterricht bei Louis Spohr erhielt. »Auf Veranlassung des Musikalienhändlers Böhme, des Besitzers des Peters Verlag« konzertierten die Brüder am 27. April 1852 in einem Extrakonzert in Leipzig. »Unter den Zuhörern … waren [→F.] David, Hauptmann und Moscheles gewesen. David stellte Arno sogleich in die Gewandhauskapelle ein, in der er von 1852 bis 1860 verblieb, Hauptmann aber erteilte ihm unentgeltlich theoretischen Unterricht. Ging Arno auf Konzertreisen, so ließ ihn David zu diesem Zwecke eine seiner beiden italienischen Violinen wählen.« (Wolf) ♦ Spätere Angebote aus Kassel und Frankfurt/M. lehnte er ab, weil sein Bruder → Chr. W. Hilf, der ab 1851 die Badekapelle in Bad Elster leitete, ihn während der Badesaison benötigte. Dort wirkte er noch 72jährig als Konzertmeister mit.

LITERATUR: Dörffel Nr. 273; W. Merkel: Vogtländische Musiker nach 1900; Wolf: Die Familie Hilf. QUELLEN: PfA Bad Elster: KB.

|327 **Puffhold, Moritz Erdmann**
Violine
* 3. November 1827 in Lausigk[20]
Mitglied von 1853 bis 1856
Geiger im Konzert

Das sechste Kind von Johann Gottlob Puffhold, »Stadtmusici« (Taufeintrag), und dessen Ehefrau Christiana Sophia, geb. Küntzel, hatte ab 1853 ein Musikchor in Leipzig, in dem u. a. → Fr. C. Chr. A. Steinfeldt sein Gehilfe war. Daß seine Tochter 1853 in Bautzen geboren wurde, läßt vermuten, daß er zuvor in Bautzen gelebt hat. Im Adreßbuch 1854 findet sich der Eintrag: »Puffholdt, E., Bürger und Musikdirektor Thomaskirchhof 13.«

LITERATUR: Dörffel Nr. 272, AB 1854. QUELLEN: PfA Bad Lausick: TfR; StadtAL: Polizeimeldebücher Temporäre Einwohner.

|328 **Gebhardt, Johann Christian Benjamin**
Viola
* 28. Oktober 1826 in Mönchpfiffel
Mitglied von 1853 bis 1860
Bratscher im Konzert

Der Sohn von Andreas Christian Gebhardt und dessen Ehefrau Maria Dorothea, geb. Richter, war »Musikergehilfe« (Polizeimeldebuch) im Musikchor von Friedrich Riede.

LITERATUR: Dörffel Nr. 274. QUELLEN: PfA Allstedt: KB Mönchpfiffel; StadtAL: Polizeimeldebücher Temporäre Einwohner.

|329 **Gräfe,**
Viola
Mitglied von 1853 bis 1859
Bratscher im Konzert

LITERATUR: Dörffel Nr. 275.

|330 **Höhne, Gottfried Friedrich**
Horn
* 29. November 1830 in Groß Kühnau bei Dessau, † 23. Juli 1871 in Leipzig
Mitglied von 1853 bis zu seinem Tod ♦ Zunächst Hilfsmusiker des Stadtorchesters, 1864 rückwirkend zum 1. September 1859 Aufnahme in den Orchester-Pensionsfonds
3. Hornist

Er ist der Sohn von Christoph Höhne, »Häusler und Holzrüster« (Taufeintrag), und dessen Ehefrau Wilhelmine, geb. Gerngroß.

LITERATUR: Dörffel Nr. 138. QUELLEN: PfA Großkühnau: KB; StadtAL: O. Georgi: Vortrag, die Verhältnisse des Stadtorchesters betreffend; Auskunft von Hans-Helfried Richter, Dresden.

|331 **Rothe,**
Horn
Mitglied von 1853 bis 1854
Hornist im Konzert für → J. Jehnigen

Im Adreßbuch 1854 wird er als 1. Hornist für → G. J. E. Pohle genannt.

LITERATUR: Dörffel Nr. 276; AB 1854.

|332 **Essigke, Carl Heinrich Hermann**
Posaune
* 16. Oktober 1820 in Quesitz bei Markranstädt, † 29. Oktober 1877 ♦ Vater von → G. Essigke
Mitglied von 1853 bis zu seinem Tod ♦ Zunächst Hilfsmusiker des Stadtorchesters, 1864 rückwirkend zum 1. September 1859 Aufnahme in den Orchester-Pensionsfonds
Tenor-Posaunist für → Chr. L. Pohle

Er ist der Sohn von Carl Ferdinand Essigke, »Nachbar Einwohner und Amtsrichter« (Taufeintrag), und dessen Ehefrau Rosina, geb. Rämler. ♦ Im Trauregister 1845 von Quesitz wird er als »Mitglied des Orchesters für Theater und großes Concert, sowie für Kirchenmusik an den beiden Hauptkirchen zu Leipzig und Nachbar in Quesitz« bezeichnet; seine Ehefrau jedoch »bleibt in Quesitz wohnen«. (Polizeimeldebuch)

LITERATUR: Dörffel Nr. 140. QUELLEN: KAL: KB Quesitz und Kulkwitz; StadtAL: O. Georgi: Vortrag, die Verhältnisse des Stadtorchesters betreffend ◊ Polizeimeldebücher Bleibende Einwohner.

---

20 Heute Bad Lausick.

1854

|333 Lindner, Adolph Julius Ferdinand
Horn
* 27. Dezember 1808 in Lobenstein,
† 20. April 1867
Mitglied vom 15. Mai 1854 bis zu seinem Tod ♦ Am 1. Juni 1854 Aufnahme in den Orchester-Pensionsfonds
1. Hornist für → G. J. E. Pohle, ab 1864 2. Hornist

Lindner stammte aus einem alten Stadtpfeifergeschlecht, das von Coburg nach Lobenstein gekommen war. Er »erhielt den ersten Unterricht in der Musik im Allgemeinen und auf dem Waldhorn im Besonderen von seinem Vater« (Bernsdorf) Johann Siegmund Lindner, der in Lobenstein Hof- und Stadtmusiker war. 1826 wurde er Hofmusiker in der Kapelle des Fürsten Reuß in Gera und war nach deren Auflösung 1828 Adjunkt seines Bruders Carl Wilhelm Lindner (*1789), dem Stadtmusikdirektor von Gera. Von 1844 bis 1846 war er Mitglied von Joseph Gungels Reisekapelle und dann bis 1848 beim Theaterorchester in Potsdam. Er »unternahm dann wieder eine größere Kunstreise durch Deutschland, Holland, Italien ... Dabei ist noch anerkennend zu bemerken, daß er nicht, wie so viele Hornisten, dem Ventil-Horn das echte Waldhorn nachsetzt, und daß er des letzteren – in geachteter Würdigung seiner Tonvorzüge – sich stets bei seinen Solo-Vorträgen bedient.« (Bernsdorf) Moritz Hauptmann, → J. Rietz und → F. David schrieben am 25. März 1854 an den Rat der Stadt: »daß der Hornist Herr A. Lindner, welcher Beispiele seiner Kunstfertigkeit als Solist im letzten Abonnement-Concert gegeben und nach eingezogenen Erkundigungen auch als Orchesterspieler Vorzügliches leistet sich vollkommen zur Anstellung als erster Waldhornist in hiesigem Stadtorchester eignet«.
LITERATUR: Dörffel Nr. 132; AB 1855–1867; Bernsdorf; Riemann I; H. Engel: Musik in Thüringen. QUELLEN: PfA Lobenstein: KB; StadtAL: Tit. VII B 147, Vol. II, Bl. 144.

|334 Härtel, Gustav Adolph
Violine
* 7. Dezember 1836 in Leipzig,
† 28. August 1876 in Homburg v. d. Höhe
Mitglied von 1854 bis 1855, nicht im Konzert ♦ Extrageiger/Hilfsmusiker des Stadtorchesters
1. Geiger

Er war Schüler von → F. David und → R. Dreyschock am Leipziger Konservatorium vom 3. Mai 1851 bis Ostern 1854. Im Inskriptionseintrag heißt es: »Sein Vater war hier Postsecretair, starb aber vor einigen Jahren.« In der Stellungnahme für das Abgangszeugnis schrieb David: »Hat stets mit Fleiß sein Studium betrieben und ist als Solo- Quartett und Orchesterspieler sehr beachtbar geworden. Bei fernerem eifrigen Weiterarbeiten kann er Ausgezeichnetes leisten.« In einem Nachtrag zur Inskription heißt es: »Am Theaterorchester angestellt als Extrageiger bei den Second Violinen« für den ausgeschiedenen → W. A. Metzler, ab 1. Juli 1854 »als Extrageiger bei den Prim-Violinen und zur Substitutenstelle für David an [→ S.] Jacoby's Stelle«. ♦ Er ging in die Schweiz und von da nach Bremen, wo er 1857 Konzertmeister an → H. Zahns Stelle wurde. Von 1858 bis 1863 war er Hofmusiker in Schwerin, 1863 in Rostock und von 1865 bis 1872 Musikdirektor und Dirigent des Balletts in Schwerin; am 18. März 1867 zum Hofmusikdirektor ernannt. Ab 1. Januar 1873 war er städtischer Musikdirektor in Homburg.
WERKE: 1 Oper; 3 Operetten; Trio f. 3 Vl. u. Klavier; Variationen u. Phantasien f. Vl.
LITERATUR: Nösselt; AB 1854 u. 1855; Riemann I. QUELLEN: Archiv HMT: Kon Nr. 340.

|335 Friese, Edmund Robert
Violine
* 24. Mai 1835 in Leipzig
Mitglied von 1854 bis 1855, nicht im Konzert ♦ Extrageiger/Hilfsmusiker des Stadtorchesters
2. Geiger für → Fr. A. Horn

Er ist der Sohn von August Robert Friese, der ab 1837 die *Neue Zeitschrift für Musik* herausgab. Er war Schüler von → F. David am Leipziger Konservatorium vom 10. Mai 1848 bis Ostern 1852. Im Inskriptionseintrag heißt es: »Sein Vater ist Buchhändler in Leipzig ... wohnt bei seinem Vater Königsstraße im eigenen Haus No. 2 parterre.« Später wurde nachgetragen: »Nach des Vaters Tod wurde Herr Baudirector Carl Hermann Friese (wohnhaft im Marstall) Vormund.« In der Stellungnahme für das Abgangszeugnis schrieb David: »... hätte er als Geiger bedeutender werden können wenn er nicht immer ruckweise einmal fleißig dann wieder faul gewesen wäre; hatte er einmal Fortschritte gemacht so daß ich hoffen konnte nun würde es vorwärts gehen, so kam plötzlich ein Stillstand, so daß ich mit dem Erfolg seines Violinstudiums nicht zufrieden sein kann.« ♦ Im Adreßbuch 1854 wird er als Organist bei der deutsch-katholischen Gemeinde genannt. ♦ Michaelis 1856 ging er nach Riga, im August 1859 nach Zürich.
LITERATUR: Nösselt; AB 1854 f. QUELLEN: Archiv HMT: Kon Nr. 220.

|336 Tottmann, Albert Carl
Violine, Viola
* 31. Juli 1834 in Zittau,
† 26. Februar 1917 in Leipzig
Mitglied ab 1854, 1884 noch aktiv ♦ Extrageiger/Hilfsmusiker des Stadtorchesters vom 1. Juli 1854 bis 1869
2. Geiger, ab 1870 Bratscher im Konzert

Er ist das erste Kind von Johann Carl Moritz Tottmann, »Musikus« (Taufeintrag), und dessen Ehefrau Auguste Amalie, geb. Mäser. Bei der Heirat seiner Eltern am 30. Juni 1834 wird sein Vater als »verabschiedeter Hautboist« bezeichnet, ab 1843 war dieser Stadtmusikus in Löbau. Tottmann wurde 1847 Schüler am Zittauer Gymnasium, »... jedoch da er die Gelehrtenlaufbahn aufgegeben in der Vtr mit gutem Zeugniss abgegangen. Sein Instrument ist die Violine und sein Lehrer der königliche Kammermusiker Friedr. Seelmann in Dresden. In der Harmonielehre hat er sich aus Büchern unterrichtet und einen Psalm für 4 Stimmen und Orchester komponiert.« (Kon) Er war dann Schüler von → F. David und → R. Dreyschock am Leipziger Konservatorium vom 7. April 1853 bis Ostern 1855. In der Stellungnahme für das Abgangszeugnis schrieb David: »Herr Tottmann war fleißig und hat auch Fortschritte gemacht; eine gewisse Schludrigkeit oder Mangel an Energie hat ihn verhindert der grossen Schwierigkeiten des Instrumentes Herr zu werden, hoffentlich holt er es noch nach. Im Orchester ist er recht brauchbar.«
Musikdirektor am Alten Theater von 1868 bis 1870; Gesangslehrer an der höheren Schule für Mädchen in Leipzig ab 1876; Königlich bayerischer Professor.

WERKE: Abriß der Musikgeschichte. 1883; Der Schulgesang und seine Bedeutung für Verstandes- und Herzensbildung der Jugend. 1904; Die Hausmusik. 1904; Büchlein von der Geige. 1904; Mozarts Zauberflöte. 1908; Kritisches Repetorium der Violin- und Bratschenliteratur; Herausgeber v. Gesangswerken. LITERATUR: Dörffel Nr. 277; AB 1855–1869; Riemann I; Album des Gymnasiums zu Zittau, bearb. v. O. Friedrich; F. Noack: Album des Gymnasiums zu Zittau. QUELLEN: PfA Zittau: KB; StadtA Löbau: Rep. 24, Nr. 410; Archiv HMT: Kon Nr. 434.

1855

|337 **Rietz, Julius Wilhelm August** Dr. h. c.
Musikdirektor
* 28. Dezember 1812 in Berlin,
† 12. September 1877 in Dresden
Am 1. April 1855 Aufnahme in den Orchester-Pensionsfonds
Musikdirektor des Stadttheaters von 1847 bis 1854, Musikdirektor der Gewandhauskonzerte von 1848 bis 1852 und von 1854 bis 1860

Er ist der Sohn eines Bratschers der Königlichen Kapelle in Berlin; sein Bruder Eduard war ein Jugendfreund von Felix Mendelssohn Bartholdy. Er hatte Cellounterricht bei Bernhard Romberg und Eduard Moritz Ganz und wurde 16jährig Mitglied des Orchesters des Königstädtischen Theaters. Mendelssohn holte ihn 1834 nach Düsseldorf, wo er zunächst zweiter, später erster Dirigent am Immermannschen Theater war und wo er städtischer Musikdirektor wurde, als Mendelssohn nach Leipzig ging. Er selbst kam 1847 nach Leipzig, wo er bis 1854 als Theaterkapellmeister tätig war und auch die Leitung der Singakademie übernahm, 1848 außerdem die Leitung der Gewandhauskonzerte für Niels Wilhelm Gade. ◆ Von 1855 bis 1860 war er Schriftführer der Bachgesellschaft und hat als Herausgeber bei der Bach-Ausgabe mitgewirkt (h-Moll Messe und Matthäuspassion), außerdem oblag ihm die Edition des Gesamtwerkes von Mendelssohn bei Breitkopf & Härtel. Anläßlich des 450jährigen Jubiläums der Leipziger Universität 1859 wurde ihm die Ehrendoktorwürde verliehen. Am 29. März 1860 dirigierte er sein letztes Konzert in Leipzig und ging als Hofkapellmeister für den verstorbenen → C. G. Reißiger nach Dresden. Dort wurde er 1874 Generalmusikdirektor und 1877 pensioniert.
Mitglied des Gewandhaus-Quartetts von 1849 bis 1954 (alternierend mit → C. Wittmann) ◆ Lehrer für Komposition am Leipziger Konservatorium von 1848 bis 1854.

WERKE: mehrere ungedruckte Opern; 1 Singspiel; Sinfonien; Ouvertüren; Konzertstück f. Bläserquintett u. Orch.; Solo-Konzerte mit Orch. f. Vc., Kl., Ob., Vl.; Streichquartett; Sonate f. Fl. u. Klavier; Sonate f. Vc. u. Klavier, 2 Klaviersonaten; Lieder mit Klavier.
LITERATUR: Dörffel Nr. 133; MGG I; Riemann I; Julius Schuberth's Musikalisches Conversationslexikon, hrsg. v. E. Breslaur.

|338 **Japha, Georg Joseph**
Violine
* 28. August 1835 in Königsberg,
† 25. Februar 1892 in Köln ◆ Schwager von → Fr. W. Langhans
Mitglied zwischen Michaelis 1855 und 1857, nicht im Konzert ◆ Extrageiger/Hilfsmusiker des Stadtorchesters
1. Geiger für → W. A. Böhme

Er war Schüler von → F. David und → R. Dreyschock am Leipziger Konservatorium vom 10. April 1850 bis Michaelis 1852. In der Stellungnahme für das Abgangszeugnis schrieb David: »Hat meine Stunden mit größtem Fleiß und Eifer besucht und hat einen hohen Grad technischer Ausbildung im Violinspiel erreicht. Auch im Quartett- und Orchesterspiel hat er sich viel Gewandtheit erworben, sowie der denn zu den vorzüglichsten Geigenschülern des Conservatoriums zu rechnen ist.« In einem Nachtrag zur Inskription heißt es: »zu Michaeli 1855 als Extrageiger ins Leipziger Theaterorchester eingetreten. Noch im selben Jahr ging er zum Theaterorchester Frankfurt a/M. War 1856 beim Leipziger Theaterorchester von neuem. War im Frühjahr 1857 zu Königsberg um Konzerte zu geben … Nachdem Japha zu Michaeli 1857 in Tilsit mit großem Beifall Concert gegeben, beabsichtigt er eine Reise in das Innere von Russland … Ostern 1857. Japha will in Königsberg eine Geigerschule errichten … ist Michaeli 1863 in Cöln an Stelle des verstorbenen Concertmeisters Grunewald engagiert worden.« ◆ Später setzte er seine Studien bei Edmund Singer in Königsberg und bei Delphin Jean Alard in Paris fort und war von 1854 bis 1855 Mitglied des Theaterorchesters in Frankfurt/M. ◆ Seine Schwester Louise, geb. Japha, Schülerin von Clara Schumann und bedeutende Pianistin ihrer Zeit, war von 1858 bis 1874 mit → Fr. W. Langhans verheiratet.

LITERATUR: Nösselt; AB 1856; Riemann I. QUELLEN: Archiv HMT: Kon Nr. 302; Staatsarchiv Hamburg: Hamburger Tonkünstler-Lexikon ◊ Genealogische Sammlungen 1, Stammtafel Japha.

|339 **Klausnitz** [Clausnitz], **Otto Hermann**
Flöte
* 4. Dezember 1826 in Chemnitz,
† 30. Dezember 1871 in Leipzig
Mitglied vom 14. Oktober 1855 bis 1870 ◆ Mitglied des Orchester-Pensionsfonds
2. Flötist für → G. W. Haake, der 1. Flötist wurde

Er ist der Sohn von Karl Friedrich Klausnitz, »Bürger und Weber« (Taufeintrag), und dessen zweiter Ehefrau Christiana Friederike, geb. Gey aus Zschopau. Bis Anfang 1851 war er bei einem der Leipziger Musikchöre und ging nach Düsseldorf, nachdem ihn → F. David an Robert Schumann empfohlen hatte. ◆ Am 29. August 1855 schrieb Dr. Emil Wendler im Namen der Gewandhaus-Konzertdirektion an den Rat der Stadt: »Nach dem hier beiliegenden Gutachten der Herren Musikdirektoren dürfte der früher schon hier als Flötist in Funktion gewesene, seit einigen Jahren in Düsseldorf engagierte Herr Clausnitz in jeder Hinsicht geeignet sein, die durch Herrn [→ C. A.] Grenser's Rücktritt entstandene Lücke im Orchester auszufüllen« und bat darum, »genannten Herrn Clausnitz auch für das Theater Orchester als Flötist engagieren zu wollen … wobei wir noch bemerken, daß wir der unmaßgeblichen Meinung sein würden, daß Herr Haake in die bisher von Herrn Grenser bekleidete erste Flötistenstelle einrücke, Herr Clausnitz aber als zweiter Flötist eingestellt werde.« ◆ Er war Kopist von Robert Schumann.

LITERATUR: Dörffel Nr. 134; Nösselt; Robert Schumann, hrsg. v. G. Nauhaus, Bd. III. QUELLEN: PfA Chemnitz: TfR St. Johannis; StadtAL: Tit. VII B 147, Vol. II, Bl. 150 ff.

|340 **Büchner, Carl F r a n z**
Violine
* 18. August 1831 in Auma
Mitglied ab 1855, 1884 noch aktiv
Geiger im Konzert

Der Sohn von Carl Friedrich Ferdinand Büchner, »Stadtmusikus hier, Bürger und Böttger« (Taufeintrag), hatte in Leipzig ein Musikchor, in dem u. a. → W. A. Bolland, → H. Blechschmidt, → C. Drube, → A. Eichhorn, → Fr. Freitag, → O. Göpel, → H. Großkunz, → G. Günther, → K. Pechmann, → Fr. Rauchfuß, → A. Stegmann, → F. Weidt und → A. B. Wille seine Gehilfen waren. ♦ Die sogenannte Büchnersche Kapelle spielte später im Alten Theater, und noch lange wurde das Orchester des Alten Theaters als »ehemals Büchnersche Capelle« bezeichnet.
LITERATUR: Dörffel Nr. 278. QUELLEN: PfA Auma: KB; StadtAL: Polizeimeldebücher.

|341 **Böhme, Wilhelm Adolph**
Violine
* 27. Januar 1815 in Stolpen ♦ Bruder von → G. L. Böhme
Mitglied von 1855 bis 1856
1. Geiger

Er ist das vierte Kind von Carl Gottfried Böhme, »Bürger, Amts und Stadtmusicus« (Taufeintrag), und dessen erster Ehefrau Christiana Carolina, geb. Winkler. ♦ Am 2. November 1853 meldete er sich polizeilich an als »Musicus, Schutzverwandter«. ♦ Er wird nur einmal als Orchestermitglied im Adreßbuch 1855 an Stelle seines verstorbenen Bruders genannt; Dörffel und Nösselt nennen ihn nicht.
LITERATUR: Dörffel Nr. 253; AB 1855. QUELLEN: PfA Stolpen: TfR; StadtAL: Polizeimeldebücher Bleibende Einwohner.

|342 **Gehre, G o t t l i e b Wilhelm Friedrich**
Viola
* 30. Oktober 1826 in Kleckewitz bei Raguhn
Mitglied von 1855 bis 1868
Bratscher im Konzert

Er ist der Sohn von Wilhelm Gehre, »Bürger und Tuchmacher aus Mannewitz« Taufeintrag. ♦ Im Adreßbuch 1860 findet sich der Eintrag: »Gehre, Glieb, Musikus. Neukirchh. 38«, im Polizeimeldebuch: »Pianoforte-Verkauf und Leihgeschäft«.
LITERATUR: Dörffel Nr. 279; AB 1860. QUELLEN: PfA Raguhn: TfR Kleckewitz; StadtAL: Polizeimeldebücher Bleibende Einwohner.

1856

|343 **Mertké, Ernst Eduard**
Violine
* 7. Juni 1833 in Riga[21], † 25. September 1895 in Riga
Mitglied von 1856 bis 1859, nicht im Konzert ♦
Extrageiger/Hilfsmusiker des Stadtorchesters
1. Geiger

»Sein Vater Herr Ernst Mertké ist Musikus dort [Riga]… sein Lehrer auf der Violine war Hr. Louis Maurer in Petersburg, u*nd sein* Lehrer im P*iano*fortespiel Hr. Adolph Henselt ebendaselbst.« (Kon) Er kam am 20. Dezember 1853 nach Leipzig, war dann Schüler von Ignaz Moscheles, → F. David und → R. Dreyschock am Leipziger Konservatorium vom 1. Januar 1854 bis 24. Juni 1855 und als solcher bereits ab Michaelis 1855 als Substitut im Theater tätig. In der Stellungnahme für das Abgangszeugnis schrieb David: »war sehr fleißig und leistet im Orchester Solo und Quartettspiel recht schätzenswerthes«. Er meldete sich am 14. Juni 1856 als »Musikus b*eim* Theaterorchester« polizeilich an. ♦ Ab Michaelis 1859 unternahm er eine Konzertreise durch Norwegen. Später war er Musiklehrer in Wesserling/Elsaß, Luzern und Mannheim und ab 1869 Klavierlehrer am Kölner Konservatorium.
W E R K E : Opern *Lisa oder die Sprache des Herzens* u. *Kyrill von Thessalonich*; Kantate *Des Liedes Verklärung*; Technische Übungen f. Klavier; »redigierte eine Ausgabe von Chopins Werken« (Riemann I). LITERATUR: Nösselt; AB 1858 ff.; Riemann I. QUELLEN: Archiv HMT: Kon Nr. 472; StadtAL: Polizeimeldebücher Temporäre Einwohner.

|344 **Sesselmann, Georg Joseph**
Violine
* 3. Oktober 1832 in Mainz
Mitglied von 1856 bis 1858, nicht im Konzert ♦
Extrageiger/Hilfsmusiker des Stadtorchesters
2. Geiger für → E. R. Friese

Der Sohn von Friedrich Otto Sesselmann, Bratscher im Mainzer Theaterorchester, hatte zunächst bei seinem Vater Unterricht und wirkte, bevor er nach Leipzig kam, einige Zeit im Mainzer Orchester mit. Er war dann Schüler von → F. David und → R. Dreyschock am Leipziger Konservatorium vom 11. Mai 1854 bis Michaelis 1856. In der Stellungnahme zum Abgangszeugnis schrieben seine Lehrer: »war stets ein sehr fleissiger und gewissenhafter Schüler und hat bedeutende Fortschritte gemacht, so dass er besonders im Orchesterspiel sehr zu loben ist. Sein Solospiel bedarf noch der Verfeinerung.« ♦ 1860 wurde er beim Orchester in Mainz angestellt.
LITERATUR: Nösselt; AB 1856. QUELLEN: Archiv HMT: Kon Nr. 506.

|345 **Matthies, Christian**
Violine
* 1826 in »Maasdorf im Cöthenischen«[22] ♦
Vater von → R. Matthies
Mitglied von 1856 bis 1874
Geiger im Konzert

Er meldete sich am 1. September 1849 polizeilich an als »Musikusgehülfe« bei → H. M. Wenck, anschließend bei → C. H. Welcker. Er war dann Mitglied des »Vereinigten Stadtmusikchor«, später hatte er selbst ein Musikchor, in dem u. a. → A. B. Gottlöber und → E. Kupfer seine Gehilfen waren.
LITERATUR: Dörffel Nr. 280. QUELLEN: StadtAL: Polizeimeldebücher Temporäre Einwohner.

---

21 Angabe nach Riemann I; die Inskriptionsunterlagen des Leipziger Konservatoriums vermerken: »geb. 26. Juni alter Zeit, 8. Juli neuer Zeit 1833«.

22 Angabe nach dem Polizeimeldebuch; in den Kirchenbüchern von Maasdorf findet sich nach Auskunft des Archivs der Evangelischen Landeskirche Sachsen-Anhalts kein Taufeintrag.

|346 **Rost, Nikolaus E m i l**
Violoncello
* 2. April 1832 in Kleinmölsen bei Vieselbach
Mitglied von 1856 bis 1907 ♦ Ab 1. Oktober 1859
Hilfsmusiker des Stadtorchesters, am 1. Oktober 1881
Aufnahme in den Orchester-Pensionsfonds
Cellist

Er ist das siebente Kind von Johann Christoph Rost, »Einwohner, Mitnachbar und Choradjuvant« (Taufeintrag), und dessen Ehefrau Maria Elisabeth, geb. Köhler. Sein aus Vieselbach stammender Großvater war ebenfalls Choradjuvant.
LITERATUR: Dörffel Nr. 192. QUELLEN: PfA Kerspleben: TfR Kleinmölsen; StadtAL: Kap. 32, Nr. 7, Vol. I, Bl. 279.

1857

|347 **Weissenborn, Christian J u l i u s**
Fagott
* 13. April 1837 in Friedrichs-Tanneck bei Eisenberg,
† 21. April 1888 in Leipzig ♦ Bruder von
→ Fr. L. Weissenborn
Mitglied vom 1. September 1857 bis 1887 ♦ Mitglied
des Orchester-Pensionsfonds
1. Fagottist für → C. W. v. Inten

Er ist der Sohn von Johann Wilhelm Weissenborn, »Musicus und Einwohner in Friedrichs Tanneck« (Taufeintrag), und Johanne Christiane, geb. Busch. Im Taufeintrag werden u.a. sein Bruder → Fr. L. Weissenborn, »Musicus und musicalisches Mitglied bei dem Stadttheater in Leipzig«, und »Christian Hartung, Musicus und Mitglied bei dem vereinigten Stadtmusikchor in Leipzig«, als Paten genannt; beide ließen sich bei der Taufe vertreten. ♦ Er bewarb sich am 3. August 1860 erfolglos um die Stelle des verstorbenen Eisenberger Stadtmusikus Benjamin Herfurth. In dem Bewerbungsschreiben gab er als Gründe an: »… aus Anhänglichkeit an Eisenberg, Rücksichten für meinen alten Vater, hauptsächlich aber: Drang nach einer musikalisch selbständigen Stellung.« ♦ Sein 1849 geborener Bruder Max Weissenborn war zwischen 1865 und 1874 »Musikusgehilfe« bei verschiedenen Musikchören in Leipzig.
Lehrer am Leipziger Konservatorium von 1882 bis zu seinem Tod ♦ Lehrer von → A. Gütter.
WERKE: Fagottschule. LITERATUR: Dörffel Nr. 136; J. Hohlfeld: Die Reformierte Bevölkerung Leipzigs 1700–1875. QUELLEN: PfA Eisenberg: KB; StadtA Eisenberg: Sign. VII/Dd/6–7; StadtAL: Kap. 32, Nr. 7, Vol. I, Bl. 279 ◊ Polizeimeldebücher Temporäre Einwohner.

|348 **Kunze, Heinrich G u s t a v Albert**
Fagott
* 20. April 1837 in Reudnitz bei Leipzig,
† 1889 ♦ Sohn von → H. G. Kunze
Mitglied vom 1. November 1857 bis 1. Juni 1887 ♦
Mitglied des Orchester-Pensionsfonds
2. Fagottist für → Fr. L. Weissenborn

Er war ab 31. März 1847 Schüler der Kreuzschule in Dresden.
Türmer der Thomaskirche von 1870 bis 1876 für → J. G. Zehrfeld.
LITERATUR: Dörffel Nr. 137; Die Matrikel der Kreuzschule. QUELLEN: KAL: TfB Schönefeld; StadtAL: Kap. 32, Nr. 7, Vol. I, Bl. 279.

|349 **Weissenborn, L.**
Viola
Mitglied von 1857 bis 1860
Bratscher im Konzert

Wahrscheinlich ist er identisch mit → Fr. L. Weissenborn.
LITERATUR: Dörffel Nr. 281.

|349 **Grützmacher, Leopold**
Violoncello
* 4. September 1835 in Dessau,
† 26. Februar 1900 in Weimar ♦ Bruder von
→ Fr. W. L. Grützmacher
Mitglied von 1857 bis 1859 ♦ Hilfsmusiker des
Stadtorchesters
Cellist

Der Sohn von Friedrich Heinrich Grützmacher, »Hautboist« der herzoglichen Hofkapelle in Dessau, hatte Unterricht bei seinem Bruder Fr. W. L. Grützmacher und war dann, wie dieser, Schüler von Karl Drechsler[23] und → Fr. Schneider. Er nahm im Orchester die Stelle seines Bruders ein, der nach der Pensionierung von → Fr. W. Grenser auch im Theater Solo-Cellist wurde. ♦ Nach seiner Leipziger Zeit war er von 1861 bis 1863 Solo-Cellist an der Hofkapelle Schwerin, ging dann an das Landestheater Prag und war ab 1864 bei der Hofkapelle Meiningen. Von dort aus war er als Aushilfe jeweils von Juni bis September bei der Hofkapelle Sondershausen tätig und erhielt dafür ein Gehalt von 50 Thalern pro Monat und 10 Thalern Reisekostenzuschuß. 1876 wurde er Solo-Cellist der Hofkapelle Weimar. ♦ Sein Sohn Friedrich Grützmacher d. J. war Cellist in Sondershausen, Budapest und Köln, wo er die pädagogische Arbeit seines Onkels bis ins 20. Jahrhundert fortsetzte.
WERKE: Kompositionen f. Vc., u. a. 2 Konzerte. LITERATUR: Dörffel Nr. 282; MGG I; C. Mühlfeld: Die Herzogliche Hofkapelle in Meiningen. QUELLEN: ThStA Rudolstadt: Hofmarschallamt 1780.

|351 **George, Friedrich Wilhelm**
Horn
* 14. Oktober 1828 in Golzern bei Grimma
Mitglied von 1857 bis Oktober 1858 ♦ Hilfsmusiker
des Stadtorchesters
4. Hornist für → C. H. C. Wilke

Er ist der Sohn von Gottlob George, »Gärtner und Nachbar in Golzern« (Taufeintrag), und dessen Ehefrau Johanna Sophie. ♦ Nachdem → C. Fr. A. Kühn seine Bewerbung zurückgenommen hatte, bat Dr. Emil Wendler im Namen der Gewandhaus-Konzertdirektion am 18. März 1856 den Rat der Stadt darum, »Herrn George auch die Stelle eines vierten Hornisten bei dem Kirchen- und Theaterorchester zu übertragen«, und teilte mit, daß derselbe bereits in einigen der letzten Abonnementskonzerte zur Probe mitgewirkt habe und vorher beim Riedeschen Musikchor gewesen sei. Laut Polizeimeldebuch wird jedoch nicht Friedrich Riede, sondern → W. Her-

---

23 Schüler von → J. J. Fr. Dotzauer.

furth als »Prinzipal« genannt. ♦ 1852 war er Signalist beim vierten Bataillon der Leipziger Kommunalgarde. ♦ Der »Musikusgehülfe am Theaterorchester« verließ Leipzig am 1. Oktober 1858 und meldete sich nach Frankfurt/M. ab.

LITERATUR: Nösselt, AB 1858; Bestand-Liste der Communalgarde zu Leipzig. QUELLEN: PfA Nerchau: TfR Döben; StadtAL: Tit. VII B 147, Vol. II, Bl. 161 ◊ Polizeimeldebücher Temporäre Einwohner.

1858

|352 Oeser, Carl Emil
Violine
* 14. Juni 1841 in Jöhstadt/Erzgebirge,
† August 1896 in Leipzig
Mitglied von 1858 bis zu seinem Tod ♦ Ab 1. September 1859 Hilfsmusiker/Aspirant des Stadtorchesters, am 1. Oktober 1881 Aufnahme in den Orchester-Pensionsfonds
2. Geiger, ab 1861 1. Geiger

Er war Schüler von → F. David und → R. Dreyschock am Leipziger Konservatorium vom 13. April 1855 bis Michaelis 1858, spielte aber noch die Prüfungen 1859. Im Inskriptionseintrag heißt es: »Ist Violinspieler und hat vor Herrn Concertmeister David hier und Herrn Concertmeister Schubert in Dresden gespielt. Sein Vater ist Bergschmiedt in Jöhstadt.« (Kon) In der Stellungnahme für das Abgangszeugnis schrieb → F. David: »War stets ein sehr fleissiger und gewissenhafter Schüler; bei ziemlicher musikalischer Begabung und keinem sonderlichen Auffassungsvermögen hat er es doch dahin gebracht ein anständiger Orchester- und brauchbarer Sologeiger zu werden. Er hat mir … nie Anlaß zur Klage gegeben.«

LITERATUR: Dörffel Nr. 183; AB 1859; Nösselt. QUELLEN: Archiv HMT: Kon Nr. 541; StadtAL: Kap. 32, Nr. 7, Vol. VII, Bl. 248.

|353 Herlitz, Heinrich Otto
Violine
* 15. November 1835 in Meuselwitz
Mitglied von 1858 bis 1861
Geiger im Konzert

Er ist der Sohn von Johann Wilhelm Heinrich Herlitz, »Horndrechslermeister« (Taufeintrag), und dessen Ehefrau Christiane Karoline, geb. Müller. Er meldete sich am 6. Oktober 1857 polizeilich an als »Musikusgehülfe« bei → C. H. Welcker, später bei Friedrich Riede. ♦ Er verließ Leipzig am 7. Oktober 1861 und meldete sich nach Köln ab. Spätestens ab 1867 war er Mitglied der Hofkapelle in Dessau. ♦ Einer seiner jüngeren Brüder, der 1848 geborene Franz Woldemar Herlitz, war »Musikusgehülfe« bei Friedrich Riede und → Chr. Matthies von 1868 bis 1872.

LITERATUR: Dörffel Nr. 283; Hof- und Staatshandbuch für das Herzogthum Anhalt. 1867. QUELLEN: PfA Meuselwitz: TfR; StadtAL: Polizeimeldebücher Temporäre Einwohner.

|354 Steinfeldt, Friedrich Carl Christian August
Horn
* 20. Oktober 1833 in Schwerin
Mitglied von 1858 bis 1860 ♦ Hilfsmusiker des Stadtorchesters
4. Hornist für → Fr. W. George

Er ist der Sohn des Schneiders Johann Christian Steinfeldt und dessen Ehefrau Christine Sophia Louise Martina, geb. Nauenbeck. Bei seiner polizeilichen Meldung am 28. Dezember 1856 war er »Musikusgehülfe« im »Puffholdt'schen Chor«, später in dem Musikchor von → J. G. Hauschild. Am 20. Dezember 1858 meldete er sich als »Musiker bei dem Theaterorchester« an. In der Rubrik Bemerkungen heißt es: »In das Arbeitshaus. September 1860.« In das Arbeitshaus ging man freiwillig, um einen neuen Beruf zu erlernen bzw. in verschiedenen Werkstätten zu arbeiten. Das könnte darauf hindeuten, daß er verarmt und nicht mehr in der Lage war, als Musiker seinen Lebensunterhalt zu verdienen.

LITERATUR: Nösselt; AB 1860. QUELLEN: Mecklenburgisches Kirchenbuchamt; StadtAL: Polizei Temporäre Einwohner.

1859

|355 Storch, Josef Emanuel
Kontrabass
* 12. Februar 1840 »auf dem Dominium Semil«[24] (Dörffel), † 3. November 1876 in Leipzig
Mitglied vom 1. Oktober 1859 bis zu seinem Tod ♦ Mitglied des Orchester-Pensionsfonds
Kontrabassist für → J. J. H. Peglow, ab 12. Mai 1866 Erster Kontrabassist für → H. A. O. Backhaus

Er war Schüler von Josef Hrabě am Prager Konservatorium und »kam, neunzehn[25] Jahre alt, nach Leipzig, wo er nach seinem Probespiel sofort in's Orchester aufgenommen wurde« (Dörffel). Als er an die Erste Stelle rückte, wurde → J. Fr. Sládec sein Nachfolger. Beide kannten sich offenbar vom Prager Konservatorium, laut den Adreßbüchern wohnten beide in der Turnerstr. 16.
Lehrer von → O. Schwabe und → A. Wolschke.

WERKE: 1 Konzert; Etüden f. Kb., Transkriptionen. LITERATUR: Dörffel Nr. 142; F. Warnecke: Der Kontrabass. QUELLEN: StadtAL: Kap. 32, Nr. 2, Bd. 3, Bl. 147.

|356 Schröter [Schröder], Eduard Wilhelm
Kontrabass
* 6. März 1830 in Esperstedt bei Bad Frankenhausen
Mitglied vom 1. November 1859[26] bis 1889, ab 1860 im Konzert ♦ Zunächst Hilfsmusiker/Aspirant des Stadtorchesters, am 1. Oktober 1881 Aufnahme in den Orchester-Pensionsfonds
Kontrabassist für → J. D. Wünsch

---

[24] Heute Semily (Tschechien).

[25] Nach Warnecke hat er erst 1861, also mit 21 Jahren, seinen Abschluß in Prag gemacht.

[26] Im Adreßbuch 1860 wird nicht er, sondern → Chr. F. Wetzel genannt.

Er ist der Sohn von Johann Andreas Christoph Schröter und dessen Ehefrau Johanne Wilhelmine, geb. Grahmann. ◆ Nach seiner Pensionierung wurde er zunächst von seinem Sohn Oscar vertreten, der am Konservatorium ein Schüler von → O. Schwabe war. Beim Probespiel am 24. Juni 1889 bekam → R. Förster die Stelle.
LITERATUR: Dörffel Nr. 193; AB 1859 ff. QUELLEN: PfA Esperstedt: KB; StadtAL: Kap. 32, Nr. 7, Vol. I, Bl. 279 ◊ Kap. 32, Nr. 7, Vol. V, Bl. 8 u. 137 ◊ Polizeimeldebücher Bleibende Einwohner.

|357 Rauch, Johann Nepomuk
Violine
* 31. Oktober 1834[27] in Moskau
Mitglied von 1859 bis 31. Januar 1860, nicht im Konzert
◆ Extrageiger/Hilfsmusiker des Stadtorchesters
1. Geiger

Der Sohn des Malers und Bildhauers Christian Daniel Rauch hatte in Rom Unterricht bei Del Nero und war dann Schüler von → F. David und → R. Dreyschock am Leipziger Konservatorium vom 27. März 1856 bis 10. April 1859. Im Inskriptionseintrag heißt es: »Herr Johann Nepomuk Rauch aus Frauenfeld im Canton Thurgau, wo *seine* Heimath als Schweitzer gerichtlich anerkannt sein soll, geb. zu Moscau … aufgenommen *den* 27. März 1856 … Sein verstorbener Vater war Maler in Rom. Nach der Eltern Tod sind er *und* sein Bruder, der als Maler in Rom studirt, auf sich selbst u*nd* gute Freunde angewiesen. Sein Vater war von Wien aus einige Jahre in Moscau. Aus gesundheitlichen Rücksichten zog er aber im *Jahre* 1840 von dort weg nach Rom. Der sich anmeldende Sohn kommt von Rom, wo er 15 Jahre gelebt. Seine Finanzen werden von Frau Salomon hier besorgt, welche sein Vermögen (180 Th) in Verwahrung genommen. Wohnung: Querstraße No 1 bei Madame Salomon«. In einem undatierten Nachtrag zur Inskription ist vermerkt: »Nachdem er durch England gereist war, befindet er sich in Nizza wo er am 20. *December* 1860 unter dem Vornamen N. Rauch eine Reihe von Quartett-Mattineen auffführte.« In der Stellungnahme für das Abgangszeugnis schrieb → F. David: »Ein äußerst strebsamer, fleißiger und gewissenhafter Schüler. Sein Solospiel, sowie sein Quartettspiel obgleich im Technischen noch manches zu wünschen lassend haben eine gewisse Cultur. Man merkt den gebildeten Menschen, der etwas über die voigtländischen Berge hinaus gekommen ist. Im Orchester ist er auch sehr brauchbar.« ◆ Im Polizeimeldebuch heißt es: »Der Musiker b*ei dem* Theaterorchester« ist »abgegangen *vom* Theater den 31./1. 60«.
LITERATUR: Nösselt; AB 1860. QUELLEN: Archiv HMT: Kon Nr. 589; StadtAL: Polizeimeldebücher Temporäre Einwohner.

|358 Friederichs, Wilhelm Christian Ludwig
Violoncello
* 25. Februar 1835 in Güstrow
Mitglied von 1859 bis 1860 ◆ Hilfsmusiker des Stadtorchesters
Cellist für → L. Grützmacher

Er ist der Sohn von Johann Christian Friederichs, »Arbeiter auf der Wachsbleiche« (Taufeintrag), und dessen Ehefrau Maria Christiane Dorothea, geb. Liss. Am 7. Juni 1859 meldete er sich polizeilich an als »Musikusgehülfe b*ei dem* Theaterorchester«, gab jedoch gleichzeitig → W. Herfurth als »Prinzipal« an, was bedeuten würde, daß er in dessen Musikchor tätig war. ◆ Er verließ Leipzig am 3. Dezember 1860 und ging nach Meiningen. Dort war er bis 30. November 1861 für ein Jahr als Nachfolger von → C. Th. Krumbholz engagiert.
LITERATUR: AB 1861; C. Mühlfeld: Die Herzogliche Hofkapelle in Meiningen. QUELLEN: StadtAL: Polizeimeldebücher Temporäre Einwohner; ThStA Meiningen, Hofmarschallamt Nr. 1785; Mecklenburgisches Kirchenbuchamt.

|359 Wetzel, Christian Ferdinand
Kontrabass
* 1835 in Helsingfors[28]
Mitglied von Ende 1859 bis September 1860 ◆ Hilfsmusiker des Stadtorchesters
Kontrabassist für → E. Schröter

Er kam von Halle/S., meldete sich am 23. Dezember 1859 als »Musiker am Stadttheater« polizeilich an und verließ Leipzig am 8. September 1860 »in die Heimath«.
LITERATUR: Nösselt; AB 1860. QUELLEN: StadtAL: Polizeimeldebücher Temporäre Einwohner.

1860

|360 Davidoff [Dawidow, Dawydow], Karl
Violoncello
* 15. März 1838 in Goldingen[29] (Kurland),
† 26. Februar 1889[30] in Moskau
Mitglied vom 1. August 1860[31] bis 1862 ◆ Mitglied des Orchester-Pensionsfonds
Erster Cellist für → Fr. W. L. Grützmacher

Er wurde zwölfjährig Schüler von H. Schmidt in Moskau, studierte dann von 1854 bis 1858 an der Moskauer Universtät Mathematische Wissenschaften und kam nach einigen Monaten Aufenthalt in St. Petersburg, wo er Schüler von Karl Schuberth[32] war, nach Leipzig und wurde Schüler von → Fr. W. L. Grützmacher. ◆ Er ging nach St. Petersburg, wo er bis 1882 Solo-Cellist am kaiserlichen Orchester war und bis 1887 Professor am dortigen Konservatorium, ab 1876 auch dessen Direktor.
Lehrer am Leipziger Konservatorium ◆ Lehrer von → E. Hegar.
WERKE: *Poltawa* Oper nach Puschkin, 1876 (unvollendet); *Die Gaben der Terek*, Sinfonisches Bild nach Lermontow; 4 Konzerte f. Vc. u. Orch.; Suite op. 37; Fantasie über russische Volkslieder f. Vc. u. Orch. op. 7; Allegro de concert f. Vc. u. Orch. op. 11; Ballade f. Vc. u. Orch.; Kammermusik f. Vc. u. Klavier; Streichquartett, -quintett u. -sextett; Cello-Schule.
LITERATUR: Dörffel Nr. 143; MGG I; P. Röntsch: Das Königliche Konservatorium der Musik zu Leipzig 1843–1918; Julius Schuberth's Musikalisches Conversationslexikon, hrsg. v. E. Breslaur; W. J. v. Wasielewski: Das Violoncell und seine Geschichte. QUELLEN: StadtAL: Tit. VII B 147, Vol. II, Bl. 233 ff.

---

27 Angabe des Geburtstages nach dem zu dieser Zeit in Rußland geltenden julianischen Kalender.

28 Schwedischer Name für Helsinki.

29 Heute Kuldiga (Lettland).

30 Angabe der Lebensdaten nach dem zu dieser Zeit in Rußland geltenden julianischen Kalender.

31 Angabe nach Dörffel; nach Riemann und Schuberth wurde er nach seinem erfolgreichen Auftreten als Solist Ende 1859 engagiert.

32 Schüler von → J. J. Fr. Dotzauer.

|361 Krumbholz, Carl Theodor
Violoncello
† 18. April 1878 in Stuttgart
Mitglied vom 1. Dezember 1860 bis 1. Mai 1863 ♦ Im Juli 1861 Aufnahme in den Orchester-Pensionsfonds
Cellist für → C. Wittmann, im Winter 1862/63 interimistisch Solo-Cellist für → K. Davidoff

Er war Schüler von → Fr. W. L. Grützmacher und von 1857 bis 1860 als Cellist bei der Herzoglichen Hofkapelle in Meiningen engagiert. Seine dortige Stelle kündigte er am 17. Oktober 1860: »… nach reiflicher Überlegung habe ich mich, wenn ich auch nur mit innigem Bedauern meine hiesige mir liebgewordene Stellung verlaße, in Anbetracht meiner weiteren künstlerischen Ausbildung und des größeren Feldes der Ausübung derselben, entschlossen, die mir angetragene Stelle anzunehmen.« Sein Nachfolger in Meiningen wurde → W. Chr. L. Friederichs. ♦ Am 25. Februar 1863 schrieb Wilhelm Seyfferth im Namen der Gewandhaus-Konzertdirektion an den Rat der Stadt: »Nachdem der Herr Cantor Hauptmann, Capellmeister [→ C.] Reinecke und Concertmeister [→ F.] David sich nach dem beiliegenden Zeugnisse A dahin erklärt haben, daß der interimistisch von uns engagierte erste Cellist Herr Krumbholz nicht allenthalben den Anforderungen entspreche die man von einem ersten Cellisten des hiesigen Stadtorchesters zu machen gewohnt sei und Herr [→] Louis Lübeck aus Gravenhagen welcher sich kürzlich mehrfach bei uns hören ließ ihn bei Weitem übertreffe auch von Seiten des Conservatoriums der Musik der Wunsch ausgesprochen worden ist, bei Besetzung der ersten Stellen auch auf die Befähigung zum Unterrichtgeben, wozu sich nur bedeutende Künstler eignen, womöglich Rücksicht zu nehmen, haben wir mit Herrn Director Wirsing Rücksprache genommen und denselben sehr bereitwillig gefunden im gemeinsamen Interesse der musikalischen Institute Leipzigs Herrn Krumbholz zu kündigen und Herrn Louis Lübeck zu engagieren …« In der erwähnten Beurteilung schrieben Hauptmann, Reinecke und David: »Nachdem die löbliche Concertdirection dem Violoncellisten Herrn Krumbholz den Antrag gestellt hatte: versuchsweise bis auf weiteres die Stelle eines 1sten Cellisten im Abonnement Concert zu vertreten, und derselbe darauf eingegangen war, haben wir, mit Rücksicht hierauf dem hochlöblichen Stadtrathe die Bitte vorgetragen: demselben auch den Dienst für gedachte Stelle in der Kirche und im Theater zu übertragen. Es hat sich jetzt herausgestellt, daß Herr Krumbholz, wenn er auch als Orchesterspieler genügendes leistet, doch nicht allen den Ansprüchen die an einen ersten Cellisten des Leipziger Orchesters in seiner Eigenschaft als Solo und Quartettspieler und als Lehrer zu machen sind, zu genügen vermag. Wir bitten deshalb statt seiner Hr. Lübeck aus Gravenhagen, welcher alle obigen Bedingungen vollkommen erfüllt als ersten Violoncellisten des Stadtorchesters zu bestätigen.« Am 8. Juni 1863 berichtete Wilhelm Seyfferth im Namen der Gewandhaus-Konzertdirektion dem Rat der Stadt: »In Folge freundschaftlicher Übereinkunft ist Herr Krumbholz Cellist im Stadtorchester bereits am 1. Mai abgegangen und Herr Lübeck hat seine Stelle angetreten.« ♦ Er ging als Solo-Cellist an die Hofkapelle nach Stuttgart, wo er vom 1. März 1864 bis zu seinem Tod tätig war; er lehrte auch als Professor am Stuttgarter Konservatorium.
Lehrer am Leipziger Konservatorium von 1862 bis 1863.

LITERATUR: Dörffel Nr. 144; C. Mühlfeld: Die Herzogliche Hofkapelle in Meiningen; W. J. v. Wasielewski: Das Violoncell und seine Geschichte. QUELLEN: Landesarchiv Baden-Württemberg, Staatsarchiv Ludwigsburg: E 18 II Bü. 579; ThStA Meiningen: Hofmarschallamt 2227; StadtAL: Tit. VII B 147, Vol. II, Bl. 177, 183 f. u. 196.

|362 Gaudich, Julius Cäsar
Horn
* 1. November 1831 in Glösa bei Chemnitz,
† 15. März 1900 in Dresden-Bühlau
Mitglied vom Winter 1860 bis zum 1. Juni 1880 ♦ Ab 1861 Hilfsmusiker des Stadtorchesters, am 1. September 1864 Aufnahme in den Orchester-Pensionsfonds
4. Hornist für → Fr. C. Chr. A. Steinfeldt

Er ist der Sohn von Ernst Friedrich August Gaudich, »Besitzer einer Garten- und Gastwirthschaft in der Schlossgasse« (Taufeintrag), und dessen Ehefrau Charlotte Friederike, geb. Schmidt. Seinen künstlerischen Werdegang beschrieb er Alfred Dörffel 1882 im Zusammenhang mit dessen Umfrage wie folgt: »Meine musikalische Ausbildung erhielt ich, wie es damals üblich war, man hatte noch nicht solche Anstalten wie jetzt, beim Stadtmusikus in Dippoldiswalde, wo ich dann, als dessen Unterricht nicht mehr ausreichte jede Woche einmal nach Dresden gehen mußte um Stunden zu nehmen. 4 Stunden weiten Weges, das Waldhorn auf dem Rücken das Cello auf der Achsel, damals wurde es einem nicht so leicht gemacht, wenn man etwas lernen wollte wie jetzt, nach 5 Jahren Lehrzeit trat ich im Jahre 1850 im Musikchor des 1ten Schützenbattailons in Leipzig ein, blieb da bis ich 1860 als 4ter Waldhornist im Kirchen Gewandhaus und Theater Orchester angestellt wurde, 1864 im Institutsfonds aufgenommen traf mich im Jahre 1879 ein Nervenschlag der meiner künstlerischen Thätigkeit in dem berühmten Institut leider ein Ende machte, in Folge dessen ich 1880 pensioniert werden musste.«

LITERATUR: Dörffel Nr. 151; AB 1861. QUELLEN: PfA Chemnitz: TfR St. Jodokus/Glösa; StadtAL: Kap. 32, Nr. 7, Vol. I, Bl. 278; Stadtgeschichtliches Museum Leipzig: Handschriftensammlung, Umfrage Dörffel 1882; Auskunft von Wolfgang Gaudich, Marienheide.

|363 Renner, Emil Friedrich
Violine
* 24. Mai 1842 in Schönau bei Heidelberg
Als Mitglied 1860 genannt, nicht im Konzert ♦ Hilfsmusiker des Stadtorchesters
1. Geiger

Er war Schüler von → F. David und → R. Dreyschock am Leipziger Konservatorium vom 17. April 1857 bis Ostern 1860. Im Inskriptionseintrag heißt es: »Sein verstorbener Vater war Amtsphysicus in Schönau … sein Lehrer [war] Herr Justus Koch beim dortigen Orchester. 3 Jahre lang.« In der Stellungnahme für das Abgangszeugnis schrieb F. David: »war nur sehr abwechselnd fleißig in der letzten Zeit jedoch ziemlich anhaltend, fertig ist er nicht, jedoch würde bei fortgesetztem Fleisse ein ganz guter Geiger aus ihm werden können«.

LITERATUR: AB 1861. QUELLEN: Archiv HMT: Kon Nr. 652.

|364 Wilfer, Anton
Violine
* 1835 in Schönbach bei Wildstein[33]/Böhmen
Mitglied von 1860 bis 1862, nicht im Konzert ♦ Hilfsmusiker des Stadtorchesters
1. Geiger

Bei seiner polizeilichen Anmeldung mit einem in Prag ausgestellten Paß am 11. August 1857 war er »Musikusgehülfe« in dem Musikchor von August

---

33 Heute Luby bei Skalna (Tschechien).

Eduard Starke, später in dem von → H. M. Wenck. Am 6. Februar 1860 als »Musiker am Theaterorchester« angemeldet, verließ er Leipzig am 28. Juni 1862 und meldete sich nach Elberfeld[34] ab. Vom 27. Juli bis 24. September 1866 hielt er sich noch einmal in Leipzig auf. ♦ Sein 1840 geborener Bruder Ignaz Wilfer meldete sich am 10. Januar 1861 in Leipzig polizeilich als »Musikusgehülfe« an, am 30. November 1861 meldete er sich nach Elberfeld ab. ♦ Ein A. Wilfer war vom 20. Februar bis 20. Juli 1866 für fünf Monate in Meiningen engagiert. ♦ Möglicherweise besteht eine Verwandtschaft mit der nordböhmischen Geigenmacherfamilie Wilfer.

LITERATUR: AB 1861. QUELLEN: ThStA Meiningen: Hofmarschallamt Nr. 1785; StadtAL: Polizeimeldebücher Temporäre Einwohner.

|365 Buchheim, Johann Carl Traugott
Kontrabass
* 11. Oktober 1824 in Golzern bei Grimma
Mitglied von 1860 bis 1868
Kontrabassist im Konzert

Er ist der Sohn von Johann Christian Buchheim, »Pferdner und Nachbar in Golzern« (Taufeintrag), und dessen Ehefrau Johanna Sophia, geb. Goldammer. ♦ Im Aufgebotseintrag Döben 1850 wird er als »Musikus und Einwohner in Leipzig« bezeichnet, im Adreßbuch 1861 findet sich der Eintrag: »Buchheim, Johann Carl Traugott, Musikus Holzgasse 18«.

LITERATUR: Dörffel Nr. 284. QUELLEN: PfA Nerchau: TfR Döben ◊ TrR Döben; StadtAL: Polizeimeldebücher Bleibende Einwohner.

|366 Wunderlich, Oskar Friedrich
Tuba
* 13. Juni 1818 in Leipzig, † 28. Mai 1865 in Leipzig ♦
Sohn von → J. Chr. Wunderlich,
Bruder von → J. R. Wunderlich
Mitglied von 1860 bis 1865 ♦ Hilfsmusiker des Stadtorchesters
Tubist an der neu eingerichteten Stelle

In den Polizeimeldebüchern finden sich die Einträge: »Musikus; Waldhornist« und »Michaelis 1833 von der Thomasschule abgegangen; Johannis 1834 nach Luckau in die Lehre als Musikus«; später meldete er sich als »Mitglied des Theaterorchesters« an. ♦ 1864 wird er als Trompeter bei der Kavallerie-Eskadron der Leipziger Kommunalgarde genannt.

LITERATUR: Nösselt; AB 1860 ff.; Bestand-Liste der Communalgarde zu Leipzig. QUELLEN: StadtAL: Polizeimeldebücher Bleibende Einwohner.

|367 Hauschild, Friedrich Emil August
Schlagzeug
* 29. Oktober 1833 in Leipzig ♦ Neffe von
→ J. G. Hauschild
Mitglied von 1860 bis 1892 ♦ Ab 1. Juni 1861
Hilfsmusiker, ab 1. Oktober 1881 Aspirant des Stadtorchesters
Schlagzeuger an der neu eingerichteten 2. Stelle

Er hatte zunächst Geigenunterricht bei → G. H. Fr. v. Inten und war dann Schüler von → F. David und → R. Dreyschock am Leipziger Konservatorium vom 24. April 1854 bis Ostern 1857. Im Inskriptionseintrag heißt es: »Sein Vater Hr. August Hauschild, der Bruder des Musikdirektors [→ J. G.] Hauschild ist auch Musikus und Hausmann Hainstr. No. 25«. In der Stellungnahme für das Abgangszeugnis schrieb F. David: »Hr. H. war kein fleißiger Schüler … wegen mangelhaften Übens und unregelmäßigem Stundenbesuch, dabei keine besondere Befähigung, es konnte nichts Vernünftiges herauskommen. Er hat es bis zum brauchbaren Orchestergeiger gebracht.«

LITERATUR: Nösselt; AB 1860 u. 1862 ff. QUELLEN: Archiv HMT: Kon Nr. 502; StadtAL: O. Georgi: Vortrag, die Verhältnisse des Stadtorchesters betreffend ◊ Kap. 32, Nr. 7, Vol. V, Bl. 165.

|368 Bachmann, Carl Ernst Wilhelm Gottlob
Schlagzeug
* 4. Dezember 1810 in Leipzig, † 3. Juni 1861 in Reudnitz
Mitglied von 1860 bis zu seinem Tod ♦ Hilfsmusiker des Stadtorchesters
Schlagzeuger an der neu eingerichteten 3. Stelle

Er ist der Sohn des »Seidenwürkergesellen« (Taufeintrag) Christian Gottlob Bachmann und dessen Ehefrau Johanna Christiana Charlotte, geb. Angelrath. ♦ Im Polizeimeldebuch wird er als »Theatermusikus und Schutzverwandter« bezeichnet.

LITERATUR: Nösselt; AB 1860. QUELLEN: KAL: TfB St. Nicolai; StadtAL: Polizeimeldebücher Bleibende Einwohner.

1861

|369 Weinschenk, Christian Ferdinand
Trompete
* 4. November 1831 in Ritteburg bei Artern,
† 29. Januar 1910 in Leipzig
Mitglied vom 1. Juli 1861 bis 1899 ♦ Mitglied des Orchester-Pensionsfonds
2. Trompeter für → J. G. Burckhardt, ab 1. Oktober 1869 1. Trompeter für → C. A. Schmidt[35]

Er ist das siebente Kind von »Johann Christoph Gotthold Weinschenk, Anspenner und derzeit Gemeindevosteher« (Taufeintrag), und dessen Ehefrau Dorothea, geb. Abicht; der Ehemann seiner Taufpatin Christiane Helm war Taufpate bei → J. Fr. Diethe. ♦ Er machte »eine mehrjährige Lehrzeit bei dem tüchtigen Stadtmusikdirektor L. Schlenstedt in Stadt-Sulza durch, während welcher er längere Zeit hindurch Privatunterricht bei dem berühmten Weimarischen Kammermusicus Ernst Sachse nahm. Seine fast zehnjährige Militärzeit in Magdeburg benutzte er dazu, sich unter dem praktischen königlichen Musikdirector Rosenkranz und dem Lobe'schen Schüler Sommer weiter auf seinem Instrument und in der Theorie auszubilden. Durch die Concerte, welche die Rosenkranz'sche Capelle verschiedentlich in Leipzig veranstaltete, und in denen er mitwirkte, war er in letzterer Stadt bekannt geworden, und so war es natürlich, dass man bei der ersten Vacanz im Stadtorchester sich dieser versprechenden Kraft versicherte.« (*Musikalisches Wochenblatt*)

---

34 Heute Stadtteil von Wuppertal.

35 Die Adreßbücher 1872 und 1873 nennen als 1. Trompeter den späteren 1. Posaunisten → C. Garkisch.

Fiskal des Orchester-Pensionsfonds vom 30. September 1864 bis 1886 für →
H. A. O. Backhaus ◆ Lehrer am Leipziger Konservatorium von 1882 bis zu
seinem Tod ◆ Lehrer von → G. Naumann und → O. Schmeisser.
LITERATUR: Dörffel Nr. 145; Nösselt; P. Röntsch: *Das Königliche Konservatorium der
Musik zu Leipzig 1843–1918*; *Musikalisches Wochenblatt* vom 4. Mai 1893. QUELLEN:
PfA Artern-Heldrungen: KB Ritteburg; StadtAL: Tit. VII B 147, Vol. II, Bl. 177 u. 208 ◊ Kap.
32, Nr. 7, Vol. I, Bl. 279 ◊ Kap. 32, Nr. 2, Vol. III, Bl. 78.

|370 **Trube,**
Violine
Als Mitglied von 1861 bis 1865 genannt
Geiger im Konzert

Möglicherweise ist er identisch mit → C. Drube.

Quelle: Dörffel Nr. 285, Nösselt.

|371 **Günther, Adolph Theodor F r a n z**
Schlagzeug
* 24. März 1826 in Querfurt
Mitglied von 1861 bis 1876 ◆ Hilfsmusiker des
Stadtorchesters
Schlagzeuger für → C. E. W. G. Bachmann

Er ist das siebente Kind von Friedrich Andreas Günther, »*Einwohner und
Raths Marktmeister*« (Taufeintrag), und dessen Ehefrau Caroline Amalia
Albertina, geb. Wind. Bei seiner polizeilichen Anmeldung am 24. März
1858 war er »Musikusgehülfe« in dem Musikchor von → J. G. Hauschild.

LITERATUR: Nösselt; AB 1861. QUELLEN: PfA Querfurt: KB; StadtAL: Polizeimeldebücher Temporäre Einwohner.

1862

|372 **Makomasky, Xavery von**
Violine
* 7. Mai 1840 in Thorn[36]/Westpreussen
Mitglied von Anfang Januar bis Ende 1862,
nicht im Konzert ◆ Extrageiger/Hilfsmusiker
des Stadtorchesters
2. Geiger

Der Sohn des »Rittergutsbesitzers Johann von Makomaski auf Siemon«,
einem Rittergut zwischen Thorn, Culm[37] und Culmsee, »war 5 Jahre lang
(von Quinta bis Secunda) auf dem Gymnasium zu Culm, woselbst er auch
die letzten 2 Jahre Unterricht im Violinspiel bei Hrn Rofs gehabt hat«.
(Kon) Er war dann Schüler von → F. David und → R. Dreyschock am Leipziger Konservatorium vom 27. Oktober 1858 bis Weihnachten 1861. In der
Stellungnahme für das Abgangszeugnis schrieb F. David: »war musterhaft
fleissig und hat ein sehr erfreuliches Maß der Ausbildung erreicht«.

LITERATUR: AB 1862. QUELLEN: Archiv HMT: Kon Nr. 736.

|373 **Hoppe, Gustav Ferdinand**
Violine
* 12. Dezember 1838 in Altona
Mitglied von Ostern 1862 bis 1870 ◆ Extrageiger/
Hilfsmusiker des Stadtorchesters
2. Geiger

Sein Vater C. G. E. Hoppe war Seifenfabrikant (Hoppe & Co) und »sein
Lehrer im Violin-Spiel war 3 Jahr lang Hr. Böie und 1 Jahr lang Hr. Breiter«.
(Kon) Er war dann Schüler von → F. David und → R. Dreyschock am Leipziger Konservatorium vom 3. Oktober 1855 bis Michaelis 1856 und vom
1. Mai 1859 bis Ostern 1862; zwischenzeitlich setzte er den Unterricht bei
seinem früheren Lehrer Böie fort. In der Stellungnahme für das Abgangszeugnis schrieb F. David: »Er hat einen respektablen Grad von Ausbildung
erreicht, es fehlt aber noch an allen Enden. Seine Fortschritte sind für die
lange Zeit seines Hierseins nicht ganz genügend …«

LITERATUR: Dörffel Nr. 286; AB 1863–1871. QUELLEN: Archiv HMT: Kon Nr. 569 u.
758.

|374 **Pester, Johann F r i e d r i c h**
Violoncello
* 16. September 1836 in Kamenz ◆ Vater von
→ W. Pester
Mitglied vom 1. Oktober 1862 bis 1892 ◆ Mitglied
des Orchester-Pensionsfonds
Cellist für → C. T. Krumbholz

Er ist das zweite Kind von Johann Gottfried Pester, »Stiftskrankenwärter«
(Taufeintrag), und dessen Ehefrau Caroline Sophie, geb. Dreßler. ◆ In
einem Schreiben an den Rat der Stadt vom 6. Dezember 1862 baten Moritz
Hauptmann, → C. Reinecke, → F. David und August Ferdinand Riccius
darum, Pester fest anzustellen, nachdem dieser »durch vor uns abgelegter
Probe und Mitwirkung seit Michaeli in dem hiesigen Kirchen- Konzert-
und Theater-Orchester« seine Befähigung bewiesen habe, »zu der durch
Aufrückung des Herrn Theodor Krumbholz in die durch Herrn [→ K.]
Davidoff verlassene erste Violoncellisten-Stelle.«
Er war »Langjähriger Unterstützer und Mitwirker bei den Ensemble-
Übungen des Conservatoriums«. (Kon)
Lehrer von → O. Ettelt[38].

LITERATUR: Dörffel Nr. 147; Nösselt. QUELLEN: Archiv HMT: Kon Nr. 2157; PfA
Kamenz: KB; StadtAL: Tit. VII B 147, Vol. II, Bl. 182.

|375 **Bolland, Carl Friedrich Emil**[39]
Violine
* 11. März 1843 in Olbersleben bei Buttstädt ◆ Bruder
von → R. Bolland und → W. A. Bolland
Mitglied vom 1. November 1862 bis 1. November 1871 ◆
Mitglied des Orchester-Pensionsfonds
2. Geiger, ab 1869[40] 1. Geiger

Er ist der Sohn von Carl Christoph Ernst Bolland, »Nachbar und Zimmergesell« (Taufeintrag), und dessen Ehefrau Eva Dorothea Caroline, geb.
Stumpf. Bei seiner polizeilichen Anmeldung im November 1860 war er

---

36 Heute Thorun (Polen).
37 Heute Chelmno (Polen).

38 Sein Inskriptionseintrag läßt offen, ob Fr. Pester oder dessen Sohn W. Pester sein Lehrer war.
39 Angabe der Vornamen nach dem Taufeintrag; bei Dörffel: Emil Carl Ernst.
40 Im Adreßbuch 1870 erstmals als 1. Geiger genannt.

»Musikusgehülfe« bei → C. H. Welcker. Er verließ Leipzig am 30. September 1861 und meldete sich nach Liegnitz[41] ab. Am 15. November 1862 meldete er sich in Leipzig als »Mitglied des Stadttheaterorchesters« wieder an. In einem Schreiben an den Rat der Stadt vom 6. Dezember 1862 baten Moritz Hauptmann, → C. Reinecke, → F. David und August Ferdinand Riccius darum, Bolland für den pensionierten → J. G. Hauschild in das Orchester aufzunehmen, da er »durch längere Mitwirkung« seine »vollständige Befähigung bewiesen« hat. ◆ Er kündigte am 16. Mai 1871 zum 1. Dezember, zog die Kündigung aber einen Tag später wieder zurück, erkrankte im Herbst schwer und wurde pensioniert. ◆ Wilhelm Eduard Bolland (*1856), der jüngste seiner drei Brüder, war von 1870 bis 1874 in Leipzig »Musikusgehülfe« und ist ab 1880 bei der Schweriner Hofkapelle als Geiger nachweisbar.

LITERATUR: Dörffel Nr. 148; AB 1863 ff.; C. Meyer: Geschichte der Mecklenburg-Schweriner Hofkapelle. QUELLEN: PfA Guthmannshausen: KB Olbersleben; StadtAL: Tit. VII B 147, Vol. II, Bl. 182 ◊ Kap. 32, Nr. 2, Bd. 3, Bl. 88 ◊ Polizeimeldebücher Temporäre Einwohner.

|376 Drube, C a r l Wilhem Georg
Violine
* 13. Juni 1840 in Arolsen
Als Mitglied 1862 genannt ◆ Hilfsmusiker
des Stadtorchesters
2. Geiger

Der Sohn von Ludwig Drube und dessen Ehefrau Eleonore, geb. Müller, war bei seiner polizeilichen Anmeldung am 12. April 1859 »Musikusgehülfe« bei → C. H. Welcker, später bei → Fr. Büchner. ◆ Möglicherweise ist er identisch mit → Trube.

LITERATUR: Nösselt; AB 1863. QUELLEN: PfA Bad Arolsen: KB; StadtAL: Polizeimeldebücher Temporäre Einwohner.

|377 Schreiner, Carl A u g u s t Jonathan
Viola
* 22. Juni 1824 in Göthewitz bei Weißenfels,
† 20. März 1886 in Leipzig
Mitglied von 1862 bis zu seinem Tod ◆ Ab 1868
Hilfsmusiker des Stadtorchesters, am 1. Oktober 1881
Aufnahme in den Orchester-Pensionsfonds
Bratscher

Er ist das erste Kind von Johann Gottfried Schreiner, »Nachbar und Einwohner« (Taufeintrag), und dessen Ehefrau Johanne Christiane, geb. Hanf.

LITERATUR: Dörffel Nr. 191; AB 1869–1885; Nösselt. QUELLEN: PfA Hohenmölsen: TfR Göthewitz; StadtAL: O. Georgi: Vortrag, die Verhältnisse des Stadtorchesters betreffend ◊ Kap. 32, Nr. 7, Vol. I, Bl. 279.

1863

|378 Lübeck, Louis Theodor
Violoncello
* 14. Februar 1838 in 's Gravenhage[42],
† 8. März 1904 in Berlin
Mitglied von Juni 1863 bis Ostern 1866 ◆ Rückwirkend
zum 1. Oktober 1863 Aufnahme in den Orchester-
Pensionsfonds
Erster Cellist für → C. Th. Krumbholz

Der Sohn von J. H. Lübeck, dem niederländischen Hofkapellmeister und Direktor des Konservatoriums in Haag, erhielt seine Ausbildung zunächst in Haag und war dann von 1857 bis 1859 Schüler von Leon Jean Jacquard in Paris. Am 25. Februar 1863 schrieb Wilhelm Seyfferth im Namen der Gewandhaus-Konzertdirektion an den Rat der Stadt: »Nachdem der Herr Cantor Hauptmann, Capellmeister [→ C.] Reinecke und Concertmeister [→ F.] David sich nach dem beiliegenden Zeugnisse A dahin erklärt haben, daß der interimistisch von uns engagierte erste Cellist Herr Krumbholz nicht allenthalben den Anforderungen entspreche die man von einem ersten Cellisten des hiesigen Stadtorchesters zu machen gewohnt sei und Herr Louis Lübeck aus Gravenhagen welcher sich kürzlich bei uns hören ließ ihn bei Weitem übertreffe auch von Seiten des Conservatoriums der Musik der Wunsch ausgesprochen worden ist, bei Besetzung der ersten Stellen auch auf die Befähigung zum Unterrichtgeben, wozu sich nur bedeutende Künstler eignen, womöglich Rücksicht zu nehmen, haben wir mit Herrn Director Wirsing Rücksprache genommen und denselben sehr bereitwillig gefunden im gemeinsamen Interesse der musikalischen Institute Leipzigs Herrn Krumbholz zu kündigen und Herrn Louis Lübeck zu engagieren.« Im Zusammenhang mit einem Dienstversäumnis schrieb Lübeck am 28. Dezember 1865 an »Herrn G. Haubold, Mitglied des Orchester-Vorstandes. Sie haben vollkommen recht mir einen Verweis zukommen zu lassen, wegen des Kirchenmusikversäumnisses am 25ten diesen Monats. Überzeugt daß dieses daß einzige ist wass mir diesen Monat, und also auch in den letzten Tagen passiert ist, fühle ich mich veranlasst, Ihnen als Orchester-Vorstand davon in Kenntniss zu setzen, dass ich nicht verlange, länger als nöthig, Mitglied des hiesigen Stadtorchesters, und Inhaber der 1ten Cellisten-Stelle zu sein. Mein Contract am Gewandhaus und für Quartettspiel sowie für Conservatorium und Kirchenmusik ist mit Ostern 1866 beendigt, und werden Sie hoffentlich Zeit finden biss dahin einen Cellisten zu engagieren. Freudschaftlich … P.S. Ich bitte Sie freundlich den Vorsteher des Orchesters sowie den Herrn Concertmeister davon in Kenntniss zu setzen.« ◆ Nach seinem Weggang von Leipzig machte er Reisen durch Frankreich und Holland, ließ sich schließlich in Colmar nieder und unternahm von dort aus mehrfach Konzertreisen mit Clara Schumann und Julius Stockhausen. 1871 wurde er Mitglied der Karlsruher Hofkapelle, ging 1873 nach Berlin und St. Petersburg und war ab 1. Mai 1876 für ein Jahr Solo-Cellist der Hofkapelle in Sondershausen. Er bereiste Nordamerika, kam 1881 wieder nach Europa und wurde Solo-Cellist des Berliner Hofopernorchesters. ◆ Sein Bruder Ernst Lübeck war ein bedeutender Pianist, der ab 1855 in Paris lebte.

---

41 Heute Legnica (Polen).

42 Den Haag.

Lehrer am Leipziger Konservatorium von 1863 bis 1866 ◆ Als Mitglied des Gewandhaus-Quartetts von 1864 bis 1866 genannt.

WERKE: Konzert-Allegro op. 4 f. Vc. u. Orch.; Konzert-Polonaise op. 8; Romanze op. 10; Elegie op. 11. LITERATUR: Dörffel Nr. 149; Riemann I; P. Röntsch: Das Königliche Konservatorium der Musik zu Leipzig 1843–1918; Julius Schuberth's Musikalisches Conversationslexikon, hrsg. v. E. Breslaur; W. J. v. Wasielewski: Das Violoncell und seine Geschichte. QUELLEN: ThStA Rudolstadt: Hofmarschallamt 1773; StadtAL: Tit. VII B 147, Vol. II, Bl. 183 f. u. 228.

|379 Gentzsch, Traugott
Klarinette
* 14. August 1838 in Rehmsdorf bei Zeitz,
† 19. Mai 1902
Mitglied vom 1. Oktober 1863 bis 1892 ◆ Mitglied des Orchester-Pensionsfonds
2. Klarinettist für → J. Br. Albrecht, ab 1. Oktober 1881
1. Klarinettist an der neu eingerichteten 4. Stelle

Er ist das achte Kind des Bauern Carl Gentzsch und dessen Ehefrau Rebecca, geb. Benkwitz. ◆ Am 23. September 1863 schrieben Moritz Hauptmann, → C. Reinecke, August Ferdinand Riccius und → F. David an den Rat der Stadt: »Nachdem Herr Traugott Gentzsch aus Remsdorf bei Zeitz die erforderliche Prüfung in durchaus genügender Weise bestanden hat, ersuchen die Unterzeichnenden den Rat der Stadt Leipzig ergebenst, denselben die erledigte Stelle des zweiten Klarinettisten am hiesigen Orchester einstweilen auf ein Jahr zu übertragen, und – falls sich derselbe in diesem Probejahr auch ferner tüchtig erwiesen hat – ihn nach Ablauf derselben definitiv als zweiten Klarinettisten zu engagieren.«
Kassierer des Orchester-Pensionsfonds von 1874 bis 1883 für → B. Landgraf ◆ Lehrer am Leipziger Konservatorium von 1885 bis zu seinem Tod für B. Landgraf ◆ Lehrer von → E. Heyneck.

LITERATUR: Dörffel Nr. 150. QUELLEN: Kirchliches Verwaltungsamt Naumburg: TfR Rehmsdorf; StadtAL: Tit. VII B 147, Vol. II, Bl. 201 ◊ Kap. 32, Nr. 7, Vol. I, Bl. 279.

|380 Bolland [Bollandt], Carl August Robert
Violine
* 7. November 1847 in Olbersleben bei Buttstädt, † 1923
◆ Bruder von → C. Fr. E. Bolland und
→ W. A. Bolland
Mitglied von 1863 bis 1. April 1907 ◆ Zunächst Hilfsmusiker des Stadtorchesters, rückwirkend zum 1. Januar 1873 Aufnahme in den Orchester-Pensionsfonds
2. Geiger, ab 1. Januar 1873 1. Geiger

Er ist der Sohn von Carl Christoph Ernst Bollandt, »*Nachbar und Zimmergesell*« (Taufeintrag), und dessen Ehefrau Eva Dorothea, geb. Stumpf. Bei seiner polizeilichen Anmeldung am 26. April 1861 war er »Bürgerschüler«, am 5. November 1862 »Musikusgehülfe« bei Friedrich Riede. ◆ Wilhelm Eduard Bolland (* 1856), der jüngste seiner 3 Brüder, war von 1870 bis 1874 in Leipzig »Musikusgehülfe« und ist ab 1880 bei der Schweriner Hofkapelle als Geiger nachweisbar.
Lehrer am Leipziger Konservatorium von 1881 bis 1. April 1916 ◆ Lehrer von → P. Günther, → G. Häuser, → E. Risse, → R. Schaller und → E. Schumann.

LITERATUR: Dörffel Nr. 170; AB 1864 ff. u. 1873 ff.; C. Meyer: Geschichte der Mecklenburg-Schweriner Hofkapelle; P. Röntsch: Das Königliche Konservatorium der Musik zu Leipzig 1843–1918. QUELLEN: PfA Guthmannshausen: KB Olbersleben; StadtAL: Kap. 32, Nr. 7, Vol. V, Bl. 8 ◊ Kap. 32, Nr. 7, Vol 11, Bl. 8 ◊ Polizeimeldebücher Temporäre Einwohner.

|381 Steinbrecher, August Ernst
Violine
* 24. März 1842 in Wernigerode,
† 20. Dezember 1895 in Karlsruhe
Mitglied von 1863 bis 1865, nicht im Konzert ◆ Hilfsmusiker des Stadtorchesters
2. Geiger

Er ist der Sohn von Ernst Steinbrecher, »Musikus« (Taufeintrag), und dessen Ehefrau Friederike Christiane, geb. Quedenfeldt; als sein erster Taufpate wird »Herr Kantor Krieg zu Hasserode« genannt. Bei seiner polizeilichen Anmeldung am 4. April 1862 war er »Musikusgehülfe« bei Friedrich Riede. Am 11. August 1863 meldete er sich als »Musiker am Stadttheater« an und am 25. Februar 1865 nach Karlsruhe ab. ◆ Eine Verwandtschaft mit → K. Steinbrecher ist wahrscheinlich, aber nicht nachweisbar.

LITERATUR: Nössel; AB 1863 ff. QUELLEN: Landesarchiv Baden-Württemberg, Generallandesarchiv Karlsruhe: GLA 57a/1852; PfA Wernigerode: TfR St. Johannis; StadtAL: Polizeimeldebücher Temporäre Einwohner.

1864

|382 Gumpert [Gumbert], Friedrich Adolph
Horn
* 27. April 1841 in Lichtenau bei Neustadt/Orla,
† 31. Dezember 1906 in Leipzig
Mitglied vom 1. Oktober 1864 bis 1899 ◆ Rückwirkend zum 1. Oktober 1864 Aufnahme in den Orchester-Pensionsfonds
1. Hornist für → A. Lindner, der ans 2. Horn wechselte

Er ist das sechste Kind von Johann Georg Gumpert, »Häusler und Maurergeselle in Lichtenau« (Taufeintrag), und dessen erster Ehefrau Marie Wilhelmine, geb. Billig. Er kam 1855 zum Stadtmusikus Hammann in Jena in die Lehre. »[Ich] ging von da 1860 nach Bad Nauheim, im Winter nach St. Gallen an die Oper, von hier wieder zurück nach Nauheim, musste 1862 2 Jahre meiner Militärpflicht in Eisenach genügen und ging von hier einige Monate nach Halle, wo mich *Herr Capellmeister Reinecke* kennenlernte und mich veranlasste zur hiesigen ersten Hornistenstelle zu melden.« (Umfrage Dörffel). Am 19. September 1864 schrieben → F. David, Gustav Schmidt, → Carl Reinecke und Moritz Hauptmann an den Rat der Stadt: »Die Unterzeichnenden attestieren hierdurch, daß Herr Friedrich Gumpert aus Weimar, zur Zeit in Halle, sich vollkommen dazu qualifizierte die erste Hornistenstelle am hiesigen Stadtorchester einzunehmen, welche durch die Pensionierung des Herrn [→ E. J.] Leichsenring / bisherigen zweiten Hornisten / und der Versetzung des bisherigen ersten Hornisten, Herrn Lindner, an des letzteren Stelle erledigt wird.« Am 13. Februar 1866 schrieben »die Vorsteher des Orchesterpensionsinstituts [→ Fr.] Georg Haubold. *der Zeit* Secretair, [→] Bernh. Landgraf Cassierer, [→] Ferdinand Weinschenk. Fiscal« an den Rat der Stadt: »Herr Friedrich Adolph Gumpert aus Lichtenau hat seit dem ersten Oktober 1864 die Stelle des ersten Hornisten im Stadtorchester bekleidet, sich in künstlerischer und menschlicher Hinsicht als vollkommen befähigt für dieselbe erwiesen.« Am 16. Februar 1866 bestätigten dies Moritz Hauptmann, Gustav Schmidt, C. Reinecke und F. David, und am 21. Februar bat die Gewandhaus-Konzertdirektion, bezugnehmend auf die beiden vorherigen Schreiben, den Rat der Stadt um die Aufnahme Gumperts in den Orchester-Pensionsfonds.

1896 Gründungsmitglied des Gewandhaus-Bläserquintetts ◆ Kassierer des Orchester-Pensionsfonds von 1884 bis 1899 für → J. Thümer ◆ Lehrer am Leipziger Konservatorium von 1882 bis zu seinem Tod ◆ Lehrer von → M. Bruder, → O. Fritzsche, → H. Lorbeer, → A. Rudolph, → E. Seidel und → B. Zeumer.

WERKE: Hornquartette; Orchesterstudien f. Ob., Kl., Fg., Hr. u. Trp.; Praktische Hornschule. LITERATUR: Dörffel Nr. 152; Riemann I; P. Röntsch: Das Königliche Konservatorium der Musik zu Leipzig 1843–1918. QUELLEN: PfA Trockenborn: KB; Stadtgeschichtliches Museum Leipzig: Handschriftensammlung, Umfrage Dörffel; StadtAL: O. Georgi: Vortrag, die Verhältnisse des Stadtorchesters betreffend ◊ Tit. VII B 147, Vol. II, Bl. 207 u. 224 ff.

1865

|383 Kupfer, Carl Moritz
Tuba
* 29. April 1835 in Oschatz
Als Mitglied 1865 genannt ◆ Hilfsmusiker
des Stadtorchesters
Tubist für → O. Fr. Wunderlich

Er ist der außereheliche Sohn von Johann Gottlob Kupfer, »verabschiedeter Soldat und Maurergesell« (Taufeintrag), und Johanna Christiana Crämer, »Herrn Johann Gottfried Crämers, Bürgers und Perrüquiers allhier, älteste Tochter erster Ehe«. Bei seiner polizeilichen Anmeldung am 19. September 1860 war er »Musikusgehilfe« von → C. H. Welcker.

LITERATUR: Nösselt; AB 1866. QUELLEN: PfA Oschatz: TfR; StadtAL: Polizeimeldebücher Temporäre Einwohner.

1866

|384 Sládec, Joseph Franz
Kontrabass
* 10. Oktober 1847 in Zlatnik bei Prag,
† 9. Januar 1876 in Zlatnik bei Prag
Mitglied vom 12. Mai 1866 bis 14. November 1870 ◆
Mitglied des Orchester-Pensionsfonds
Kontrabassist für → J. E. Storch, der Erster
Kontrabassist wurde

Er war von 1858 bis 1864 Schüler von Josef Hrabě am Prager Konservatorium. Aus dieser Zeit kannten sich offenbar die Landsleute J. E. Storch und Sládec; laut den Leipziger Adreßbüchern wohnten beide in der Turnerstr. 16. ◆ Er verließ Leipzig und ging wieder nach Prag, wo er Nachfolger seines verstorbenen Lehrers am Konservatorium wurde.

LITERATUR: Dörffel Nr. 153; F. Warnecke: Der Kontrabass. QUELLEN: StadtAL: Kap. 32, Nr. 2, Vol. III, Bl. 81.

|385 Hegar, Emil
Violoncello
* 3. Januar 1843 in Basel, † 13. Juni 1921 in Basel
Mitglied vom 1. Juni 1866 bis 1875 ◆ Am 13. Juni 1866
Aufnahme in den Orchester-Pensionsfonds
Erster Cellist für → L. T. Lübeck

»Der Vater ist Hr. Ernst Friedrich Hegar, Musiklehrer und Musikalienhändler und Bürger in Basel … Er spielt Violoncello seit 4 Jahren. Sein Lehrer war Hr. Kahnt[43] in Basel (ein Leipziger).« (Kon) Er war dann Schüler von → Fr. W. L. Grützmacher und → K. Davidoff am Leipziger Konservatorium vom 5. Oktober 1859 bis Michaelis 1862. In einem Schreiben der Gewandhaus-Konzertdirektion an den Rat der Stadt heißt es, daß er während seiner Studienzeit »als Substituendo im hiesigen Theater bei Opernaufführungen« mitgewirkt hat, anschließend war er bis Ostern 1863 in Meiningen »erster Cellist im Quartett der Herren Gebrüder Müller, sowie in den dortigen Concerten und im Theater; nachher war er 2 Jahre hindurch erster Cellist in Hamburg, bei den von Herrn Julius Stockhausen daselbst geleiteten philharmonischen Concerten und in anderen Concert und Quartett Unternehmungen. Jetzt ist Herr Hegar – seit dem Herbst vergangenen Jahres – als erster Cellist engagiert in Rotterdam für die dortige Oper und die Concerte, sowie als Lehrer des Violoncellospiels an der daselbst neugegründeten Musikschule … Das in neuster Zeit eingeführte Probejahr würde auch bei der Anstellung des Herrn Hegar in Anwendung zu kommen haben.« ◆ Nach seinem Ausscheiden aus dem Orchester wegen eines Handleidens studierte er Gesang bei Julius Stockhausen und lebte bis zu seinem Tod in Basel, wo er als Konzertsänger und Gesangslehrer tätig war. ◆ Die Notenstecherei und den Musikalienhandel des Vaters übernahm später sein Bruder August Hegar, dann dessen Sohn Robert Hegar und ging letztlich in die Firma Hug & Co. über. Sein älterer Bruder, der Geiger Ernst Eduard Friedrich Hegar (* 1841, † 1927), war Schüler am Leipziger Konservatorium von 1857 bis 1860 und war später Konzertmeister und Dirigent in Zürich. Der jüngere Bruder Julius Hegar (* 1847, † 1917), war ebenfalls Schüler am Leipziger Konservatorium, später Solo-Cellist in Zürich. Emil Hegars Sohn Peter (* 1882, † 1946) wirkte als Bassbuffo u. a. an der Deutschen Staatsoper Berlin und am Baseler Stadttheater. Emil Hegars Neffe Johannes studierte Cello bei Hugo Becker und war später Lehrer am Hoch'schen Konservatorium in Frankfurt/M. und in München.
Lehrer am Leipziger Konservatorium ab 1. Juni 1866 ◆ Lehrer von → J. Klengel und → N. Jimenez.

LITERATUR: Dörffel Nr. 154; MGG I; J. Hohlfeld: Die Reformierte Bevölkerung Leipzigs 1700-1875; P. Röntsch: Das Königliche Konservatorium der Musik zu Leipzig 1843 bis 1918. QUELLEN: Archiv HMT: Kon Nr. 778; StadtAL: Tit. VII B 147, Vol. II, Bl. 233 ff.

|386 Schachtzabel, Christian Anton Friedrich Robert
Flöte
* 26. Juni 1838 in Rohrbach bei Döschnitz,
† 4. Mai 1904 in Wiesbaden
Mitglied vom 15. Juni 1866 bis 1867
1. Flötist für → G. W. Haake

Er ist der Sohn von Johann Nicolaus Heinrich Ferdinand Schachtzabel, »Bunt und Schönmaler in Rohrbach« (Taufeintrag), und dessen Ehefrau Margarethe Pauline, geb. Bauersachs. Bei seiner polizeilichen Anmeldung am 10. Oktober 1866 gab der »Musiker am Stadtorchester« an, »zuletzt Mit-

---

[43] Schüler von → Fr. W. L. Grützmacher.

glied des Witting'schen Musikchor« in Dresden gewesen zu sein, wo er auch Unterricht bei Friedrich August Meinel nahm. Obwohl für die pensionsberechtigte 1. Stelle engagiert, wurde er nicht in den Orchester-Pensionsfonds aufgenommen[44]. ♦ Er verließ Leipzig am 3. Juni 1867 und ging nach Wiesbaden, wo er bis zu seinem Tod als 1. Flötist wirkte. Im Aufgebotseintrag von Döschnitz 1868 heißt es: »Ortsbürger in Rohrbach und Mitglied der königlich preußischen Theaterkapelle in Wiesbaden, Sohn des Ferdinand Schachtzabels Porzellanmaler in Rohrbach.«

LITERATUR: Dörffel Nr. 289; A. Goldberg: Porträts und Biographien hervorragender Flöten-Virtuosen, -Dilettanten und -Komponisten. QUELLEN: PfA Döschnitz: TfR u. TrR; StadtAL: Kap. 32, Nr. 2, Vol. III, Bl. 11 ◊ Polizeimeldebücher Temporäre Einwohner.

|387 Uschmann, Carl Christian E r n s t
Oboe
* 22. Juni 1838 in Kleinrudestedt bei Weimar,
† 15. April 1885 in Hannover
Mitglied vom 1. Juli 1866 bis 1867
1. Oboist für → J. Fr. Diethe

Der Sohn des Udestedter Steuer-Kommissars Johann Michael Christian Uschmann war bei seiner polizeilichen Anmeldung in Leipzig am 4. April 1860 »Musikusgehülfe« bei Friedrich Riede. Er ging am 2. Juni 1860 nach Breslau und meldete sich am 6. Juli 1866 als Mitglied des »Stadt-Orchesters« in Leipzig wieder an. Obwohl für die pensionsberechtigte 1. Stelle engagiert, wurde er nicht in den Orchester-Pensionsfonds aufgenommen[45]. ♦ Am 28. Juni 1867 bewarb er sich um die Stelle des ersten Oboisten an der Weimarer Hofkapelle, die zum 1. Oktober 1867 frei werden sollte, knüpfte seine endgültige Zusage aber an die Bedingung, daß er »gleich als Kammermusicus und zwar mit voller Besoldung« eingestellt würde. Er trat die Stelle am 1. Oktober an und wurde im Januar 1868 mit der Begründung, daß »der Musicus Uschmann … auf seinem schwierigen Instrument einer der besten Künstler [ist]«, definitiv zum Mitglied der Großherzoglichen Hofkapelle ernannt. Er bat in Weimar um seine Entlassung, um »ein sehr vorteilhaft gebotenes Engagement nach Hannover« mit einem Jahresgehalt von 3600 Mark wahrzunehmen, und war dann vom 4. April 1877 bis zu seinem Tod Kammermusiker bei der Hofkapelle Hannover. ♦ Sein 1831 geborener Bruder Carl August Traugott Uschmann war von Mai bis Juli 1856 Gehilfe bei → W. Herfurth.

LITERATUR: Dörffel Nr. 290; F. Schmidt: Das Historische Mitgliederverzeichnis des Niedersächsischen Staatsorchesters 1636–1986. QUELLEN: PfA Großrudestedt KB Kleinrudestedt; ThStA Weimar: Hofmarschallamt 831 u. 837; StadtAL: Kap. 32, Nr. 2, Vol. III, Bl. 11 ◊ Polizeimeldebücher Temporäre Einwohner.

|388 Thümer, Carl J u l i u s
Viola
* 28. Januar 1841 in Ebersdorf bei Chemnitz[46]
Mitglied vom 24. Oktober 1866 bis 1. Mai 1903 ♦
Mitglied des Orchester-Pensionsfonds
Bratscher, ab Januar 1879 Erster Bratscher für
→ Fr. Hermann

Kassierer des Orchester-Pensionsfonds von 1883 bis 1884 für → Tr. Gentzsch; Fiskal des Orchester-Pensionsfonds von 1886 bis 1889 für → F. Weinschenk.

LITERATUR: Dörffel Nr. 155. QUELLEN: StadtAL: Kap. 32, Nr. 7, Vol. I, Bl. 279 ◊ Kap. 32, Nr. 2, Vol. III, Bl. 10; Stadtbibliothek Leipzig: Handbuch der Gewandhaus-Konzertdirektion. Sign. Sax. lips. 7765.

|389 Fritzsch, Ernst Wilhelm
Viola
* 24. August 1840 in Lützen,
† 14. August 1902 in Leipzig
Mitglied von 1866 bis 1870
Bratscher im Konzert

»Sein jetzt in Leipzig wohnender Vater Hr. Christian Gottlob Fritzsch war früher Müller in Lützen … Sein Hauptinstrument ist Violine, worauf ihm sein Vater den ersten Unterricht gegeben hat. Später hat er Unterricht bei Hr. [→ Fr.] Hermann, Orchestermitglied und Lehrer am Conservatorium gehabt.« (Kon) Er war dann von 1857 bis Michaelis 1860 Schüler von → F. David und → R. Dreyschock am Leipziger Konservatorium. In der Stellungnahme für das Abgangszeugnis schrieb F. David: »Mit vielem Fleiß, pünktlichem Stundenbesuch, dem besten Willen sei, als *Herr F.* zu wenig Talent hat nicht viel auszurichten, jedoch hat er immer Fortschritte gemacht.« Er ging als »Vorgeiger der Museumskonzerte und der Theaterkapelle« (Riemann) nach Bern. 1866 kam er wieder nach Leipzig, wo er die Bromnitzsche Musikalienhandlung übernahm. Er gründete einen Buch- und Musikalienverlag, der 1903 an C. F. W. Siegel überging (ab 1919 Siegel & Kistner) und Werke von Johann Svendsen, Edvard Grieg, Peter Cornelius, aber auch Schriften Richard Wagners und Friedrich Nietzsches Gesammelte Schriften herausgab. Ab 1870 war er Verleger, Herausgeber und Redakteur des *Musikalischen Wochenblattes*. Außerdem errichtete und leitete er ab 1883 einige Jahre lang zusammen mit dem Erfinder des Adiaphons (Stimmgabel-Klavier) Heinrich Wilhelm Adam Anton Fischer eine Adiaphon- und Pianofortefabrik. Im Adreßbuch 1887 findet sich der Eintrag: »Fischer u*nd* Fritzsch. Pianoforte, Flügel-, Paninos u. Adiaphonfabrik. Lange Str. 7«.

LITERATUR: Dörffel Nr. 287; Nösselt; Riemann I. QUELLEN: Archiv HMT: Kon Nr. 689.

|390 Rochlich, Otto Heinrich
Viola
* 1. Januar 1840 in Plauen
Mitglied von 1866 bis 1870
Bratscher im Konzert

Er ist das zehnte Kind von Karl Friedrich Rochlich, »Musikus« (Taufeintrag), und dessen Ehefrau Christiane Caroline, geb. Wagner. Bei seiner polizeilichen Anmeldung am 10. September 1862 war er »Musikusgehülfe«. ♦ Er verließ Leipzig am 20. April 1870 und meldete sich nach Elbing ab.

LITERATUR: Dörffel Nr. 288; Nösselt. QUELLEN: PfA St. Johannis Plauen: TfR; StadtAL: Polizeimeldebücher Temporäre Einwohner.

---

[44] Ob er die Probezeit nicht bestanden hat oder aus anderen Gründen Leipzig wieder verließ, ließ sich nicht feststellen.

[45] Dsgl.

[46] Sein Taufeintrag ließ sich nicht ermitteln, da die Kirchenbücher 1799–1876 der Stiftskirche Ebersdorf wegen eines Brandes nicht mehr vorhanden sind.

|391 **Stör, Marie**
Harfe
* 16. Juni 1846 in Weimar
Mitglied von 1866 bis 1869 und von 1871 bis 1872 ♦
Hilfsmusikerin des Stadtorchesters
Harfenistin

Der vollständige Name der Tochter des »Großherzoglichen Cammermusikus« Carl Stör und dessen Ehefrau, der »Großherzoglichen Hofschauspielerin« Friederika Stör, geb. Gebhardt, lautet: Franziska Caroline Pauline Marie Nicolajewna Charlotte Stör. Im Taufeintrag wird als erster der sechs Taufpaten »Herr D*oktor* Franz Liszt, Hofcapellmeister« genannt. Ihr Vater wurde 1858 Nachfolger von Fr. Liszt als Hofkapellmeister in Weimar. ♦ Sie meldete sich am 10. Februar 1866 polizeilich an als »Harfenspielerin b*ei dem* Stadttheaterorchester«, dann noch einmal am 6. Januar 1871 als »Mitglied des Theaterorchesters Harfenistin«. ♦ Sie heiratete 1874 Johannes Christian Friedrich Carl Herrig, »Dr. jur. zu Berlin«, einen Sohn des »herzog*lich* Braunschweigischen Kammermusikus« Carl Wilhelm Herrig.
LITERATUR: Nösselt. QUELLEN: Kirchgemeinde Weimar: TfR Hofkirche ◊ TrB Hofkirche; StadtAL: Polizeimeldebücher Temporäre Einwohner.

1867

|392 **Barge, Johann Heinrich Wilhelm**
Flöte
* 23. November 1836 in Wulfsahl bei Dannenberg,
† 16. Juli 1925 in Hannover
Mitglied vom 14. Juni 1867 bis 1. Mai 1895 ♦ Mitglied des Orchester-Pensionsfonds
1. Flötist für → A. Schachtzabel

Er ist der Sohn von Johann H. Barge und dessen Ehefrau Maria, geb. Haack. Vom 5. Juli 1854 bis zum 15. April 1861 war er Musiker im hannoverschen Leibregiment und ab 1. September 1861 1. Flötist bei der Fürstlich Lippischen Hofkapelle in Detmold, nachdem sein vorheriges Engagement in Bremen endete, »da das Orchester … durch Zahlungsunfähigkeit des Unternehmers plötzlich auseinander geflogen ist«. (Müller-Dombois)
Sekretär des Orchester-Pensionsfonds vom 24. Oktober 1880 bis 1883 für → H. Schradieck und von 1886 bis 1892 für → H. Petri ♦ Lehrer am Leipziger Konservatorium von 1882 bis 1. April 1908 ♦ Lehrer von → O. Fischer.
WERKE: Flötenschule; Orchesterstudien; Herausgeber, u. a. der Flötenkonzerte Friedrichs II. LITERATUR: Dörffel Nr. 156; K. Blum: Musikfreunde und Musici; R. Müller-Dombois: Die Fürstlich Lippische Hofkapelle. QUELLEN: Niedersächsisches Landesarchiv, Hauptstaatsarchiv Hannover: Hann. 48a I Nr. 154; StadtAL: Kap. 32, Nr. 7, Vol. I, Bl. 279 ◊ Kap. 32, Nr. 7, Vol. VII, Bl. 141.

|393 **Spohr, Ernst Gustav Adolph**
Horn
* 2. Februar 1842 in Hötensleben,
† Juni 1902 in Christiania[47]
Mitglied vom 1. Juli 1867 bis 1. August 1876 ♦ Mitglied des Orchester-Pensionsfonds
2. Hornist für → A. Lindner

Er ist der Sohn des »Musikus« (Taufeintrag) Franz Christian Friedrich Spohr und dessen Ehefrau Marie Elisabeth, geb. Abel. ♦ Er ging von Leipzig als 1. Hornist nach Stuttgart an die Hofkapelle, wo er ab 1. August 1876 engagiert war. Seiner dortigen Bitte um sofortige Entlassung wurde am 4. September 1890 stattgegeben.
LITERATUR: Dörffel Nr. 157. QUELLEN: Landesarchiv Baden-Württemberg, Staatsarchiv Ludwigsburg: E 18 VI Bü 425; PfA Hötensleben: TfR; StadtAL: Kap. 32, Nr. 2, Bd. 3, Bl. 143.

|394 **Hinke, Gustav Adolph**
Oboe
* 24. August 1844 in Dresden, † 5. August 1893
Mitglied vom 18. September 1867 bis zu seinem Tod ♦
Mitglied des Orchester-Pensionsfonds
1. Oboist für → E. Uschmann

Der Sohn des Kontrabassisten Johann Gottfried Hinke, »Mitglied der König*lichen* Capelle« (Taufeintrag), und dessen Ehefrau Juliane Henriette, geb. Jehmlich. Einer seiner Taufpaten war u. a. der Orgelbauer Julius Emanuel Jehmlich. »[Er] kam 1857 auf die Kreuzschule in Dresden und besuchte von Michaelis 1859 bis Ostern 1864 das Conservatorium daselbst, wo er sich unter Hiebendahl auf seinem Instrumente, unter Rühlmann, Döring, Leonhard und Adolph Reichel im Pianofortespiel und in der Harmonielehre ausbildete; im Februar 1865 trat er als Aspirant in die königliche Capelle ein und nahm im September 1867 seinen festen Wohnsitz in Leipzig.« (Dörffel)
Sekretär des Orchester-Pensionsfonds vom 7. Januar 1873 bis 2. Dezember 1878 für → Fr. G. Haubold ♦ Lehrer am Leipziger Konservatorium ab 1882 ♦ Lehrer von → A. Gleißberg und → K. Pechmann.
WERKE: Praktische Elementarschule für Oboe. LITERATUR: Dörffel Nr. 158; Tage-Buch des Königlich Sächsischen Hoftheaters. 1865 u. 1866. QUELLEN: Kirchenbuchamt Dresden: TfR Kreuzkirche; StadtAL: Kap. 32, Nr. 7, Vol. I, Bl. 142.

|395 **Fiehrig, Adolph Wilhelm Julius**
Violine
* 3. August 1840 in Potsdam
Mitglied von 1867 bis 1898 ♦ Ab 28. Januar 1868 Hilfsmusiker des Stadtorchesters, rückwirkend zum 1. Juli 1869 Aufnahme in den Orchester-Pensionsfonds
1. Geiger, seit 1868 2. Geiger, seit 1879 Stimmführer der 2. Violine für → Fr. G. Haubold

Er ist der Sohn von Carl Julius Fiehrig, »ein Goldarbeiter« (Taufeintrag), und dessen Ehefrau Christiane Wilhelmine, geb. Wursttich.
Sekretär des Orchester-Pensionsfonds von 1892 bis 1895 für → W. Barge.
LITERATUR: Dörffel Nr. 161. QUELLEN: Domstiftsarchiv Brandenburg: KB Heilig-Geist-Gemeinde Potsdam; StadtAL: Kap. 32, Nr. 7, Vol. V, Bl. 8.

|396 **Stegmann, Karl Alfred**
Violine
* 12. Juli 1849 in Nienburg/S.
Mitglied von 1867 bis September 1871 ♦ Ab 1868 Hilfsmusiker des Stadtorchesters
2. Geiger

Ist der Sohn von Karl Stegmann, »Controleur hierselbst« (Taufeintrag), und dessen Ehefrau Emilie, geb. Maaß. Bei seiner polizeilichen Anmeldung am 3. August 1865 war er »Musikusgehülfe« bei Friedrich Riede, später bei

---
[47] Heute Oslo.

»Neues Theater Leipzig aus der Vogelschau«, im Hintergrund Augustusplatz, Bildermuseum, Augusteum und Paulinerkirche, Holzschnitt nach einer Zeichnung von Adolf Eltzner, um 1868

→ Fr. Büchner, am 5. Februar 1868 meldete er sich als »Musiker am Stadttheater« an. ♦ Er verließ Leipzig am 9. September 1871 und meldete sich nach Nienburg/S. ab. Spätestens ab 1876 war er Mitglied der Hofkapelle in Dessau.

LITERATUR: Dörffel Nr. 291; Hof- und Staatshandbuch für das Herzogthum Anhalt. 1876. QUELLEN: PfA Nienburg/S.: TfR; StadtAL: Polizeimeldebücher Temporäre Einwohner.

|397 Wiegand, Carl Christian Simplicius
Fagott
* 11. September 1842 in Weilar bei Bad Salzungen
Mitglied von 1867 bis 1. August 1905, zunächst nur im Konzert ♦ Ab 1. März 1870 Hilfsmusiker des Stadtorchesters, ab 1. Oktober 1881 Aspirant, am 1. Juni 1887 Aufnahme in den Orchester-Pensionsfonds
Kontrafagottist und 2. Fagottist

Er war Schüler des Weimarer Stadtmusikus Christ. Carl Fischer und wirkte während dieser Zeit auch im dortigen Hoftheater mit.

WERKE: Erinnerungen aus meiner Lehrzeit. Von e. alten Leipziger Musiker. Verf.: C. Wgd., in: Leipziger Kalender Nr. 5, 1908. LITERATUR: Dörffel S. 244; Nösselt. QUELLEN: StadtAL: O. Georgi: Vortrag, die Verhältnisse des Stadtorchesters betreffend ◊ Kap. 32, Nr. 7, Vol. III, Bl. 118 ◊ Kap. 32, Nr. 7, Vol. X, Bl. 148 ◊ Kap. 32, Nr. 7, Beiheft 1.

1868

|398 Meisel, Carl Christian Cornelius
Violine
* 3. Juli 1841 in Saalfeld
Mitglied vom 28. Januar 1868 bis 1913 ♦ Zunächst Hilfsmusiker des Stadtorchesters, rückwirkend zum 1. Februar 1868 Aufnahme in den Orchester-Pensionsfonds
1. Geiger

Der Sohn von Christoph Ferdinand Meisel, »Bürger und Destillateur« (Taufeintrag), und dessen Ehefrau Joh. Karoline Sophia, geb. Jahn, meldete sich in Leipzig am 1. Februar 1868 polizeilich an als »Musiker im Stadttheater«.

Lehrer von → Fr. Zahn und → L. Wiemann.

LITERATUR: Dörffel Nr. 159. QUELLEN: Kirchgemeinde Saalfeld: KB Johanniskirche; StadtAL: Kap. 32, Nr. 7, Vol. V, Bl. 8 ◊ Polizeimeldebücher Temporäre Einwohner.

|399 Türppe, Ernst Julius
Violine
* 27. August 1840 in Frohburg ♦ Onkel von
→ R. Haußmann
Mitglied vom 28. Januar 1868 bis 1901 ♦ Zunächst Hilfsmusiker des Stadtorchesters, ab Oktober 1868 auch im Konzert, rückwirkend zum 1. April 1870 Aufnahme in den Orchester-Pensionsfonds
1. Geiger

Er ist das erste Kind von Karl August Türppe, »Bürger und Hausbesitzer auch Weber« (Taufeintrag), und Johanne Dorothee, geb. Hänel. Als sein

Bühne und Orchestergraben des Neuen Theaters, Photographie, um 1900

Taufpate wird u. a. genannt: »Heinrich Julius Hänel, Juventus und Webergeselle, Herrn Gottlob Hänels ... Bürgers, Webers und Stadtmusici ... einziger Sohn.« ♦ Seine Schwester ist die Mutter von → R. Haussmann.

LITERATUR: Dörffel Nr. 165; AB 1869 ff.; Nösselt. QUELLEN: PfA Frohburg: KB; StadtAL: O. Georgi: Vortrag, die Verhältnisse des Stadtorchesters betreffend.

|400 **Lankau, C a r l August Friedrich**
Violine
* 26. August 1845 in Dresden
Mitglied vom 28. Januar 1868 bis 1889 ♦ Zunächst Hilfsmusiker des Stadtorchesters, rückwirkend zum 1. August 1878 Aufnahme in den Orchester-Pensionsfonds
1. Geiger, ab 1. August 1879 2. Geiger

Er ist das dritte Kind von Johann Albert Lankau, »Maler in hiesiger Antonstadt, aus Bremen« (Taufeintrag), und dessen Ehefrau Amalie Auguste, geb. Ruccius.

LITERATUR: Dörffel Nr. 179. QUELLEN: Kirchenbuchamt Dresden: TfR Dreikönigskirche; StadtAL: Kap. 32, Nr. 7, Vol. V, Bl. 8; Stadtgeschichtliches Museum Leipzig: Handschriftensammlung, Umfrage Dörffel.

|401 **Heber, Emanuel**
Violoncello
Mitglied von Januar 1868 bis 1881 ♦ Hilfsmusiker/ Aspirant des Stadtorchesters
Cellist an der neu eingerichteten 4. Stelle

Er war zugleich Betreiber einer Tabakfabrik. In den Leipziger Adreßbüchern findet sich der Eintrag: »Heber, Emuel Bürger und Hausbesitzer, Kramer. Firma: C. F. Heber Tabakfabrik Roßplatz 6. – parterre. Wohnung: dasselbe I Etage«, außerdem wird er an anderer Stelle als Mitglied des Theater- und Gewandhaus-Orchesters genannt: »Em. Heber. Rossplatz 6.«

LITERATUR: Nösselt; AB 1869 f, 1880 u. 1882. QUELLEN: StadtAL: Kap. 32, Nr. 7, Vol. I, Bl. 279.

|402 **Schwabe, Jacob O s w a l d**
Kontrabass
* 30. Mai 1846 in Zwickau, † 18. Mai 1909
Mitglied vom 6. Februar 1868 bis 1. Oktober 1906 ♦
Ab 28. März 1868 Hilfsmusiker des Stadtorchesters, rückwirkend zum 1. Februar 1872 Aufnahme in den Orchester-Pensionsfonds
Kontrabassist an der neu eingerichteten 5. Stelle, ab 1877 Erster Kontrabassist für → J. E. Storch

Er ist der außereheliche Sohn von Johann Jacob Schwabe, »Corporal beim Infanterie Regiment Prinz Georg« (Taufeintrag), und Christiane Agnes Haubold, Tochter eines Feldwebels. ♦ Schwabe, »ein feinsinniger und hervorragender Pädagoge ... war Schüler von [→ J.] E. Storch ...« (Warnecke) Lehrer am Leipziger Koservatorium ab 1881 ♦ Lehrer von → A. Findeisen, → R. Förster, → M. Schulz, → A. Starke und → G. Thiemann.

WERKE: Orchesterstudien; Studienliteratur; Transkriptionen f. Kb. LITERATUR: Dörffel Nr. 171; P. Röntsch: Das Königliche Konservatorium der Musik zu Leipzig 1843 bis 1918; Fr. Warnecke: Der Kontrabass. QUELLEN: PfA Zwickau: KB; StadtAL: Kap. 32, Nr. 7, Vol. V, Bl. 8 ◊ Kap. 32, Nr. 2, Vol. III, Bl. 89.

|403 **Riedel, Heinrich Robert Julius**
Violoncello
* 1844 in Greulich bei Bunzlau[48]
Mitglied von März 1868 bis November 1871 ♦
Hilfsmusiker des Stadtorchesters
Cellist an der neu eingerichteten 5. Stelle

Bei seiner polizeilichen Anmeldung am 5. März 1868 in Leipzig erhielt er die Aufenthaltserlaubnis zunächst für einen Monat und am 21. März für die Zeit seiner Anstellung als »Musikus bei dem Theaterorchester«. ♦ Am 9. November 1871 verließ er Leipzig und meldete sich nach Frankfurt/M. ab.

LITERATUR: Dörffel Nr. 296. QUELLEN: StadtAL: Polizeimeldebücher Temporäre Einwohner.

---

[48] Heute Grodzanowice bei Boleslawiec (Polen).

|404 **Greve, Johann Christian**
Kontrabass
* 1840 in Flintbek bei Kiel[49]
Mitglied von März 1868 bis 1879 ♦ Hilfsmusiker
des Stadtorchesters
Kontrabassist an der neu eingerichteten 4. Stelle

Bei seiner polizeilichen Anmeldung am 1. Februar 1868 war er »Musikus am Stadttheater«.
LITERATUR: Dörffel Nr. 297. QUELLEN: StadtAL: Polizeimeldebücher Temporäre Einwohner.

|405 **Meyer, Martin Hinrich** [Mayer, G.][50]
Violine
* 26. September 1844 in Bremen
Mitglied von 1868 bis 1869, nicht im Konzert ♦
Hilfsmusiker des Stadtorchesters
1. Geiger

Er ist der Sohn des Uhrmachers Johann Georg Meyer und dessen Ehefrau Anna Maria Margaretha, geb. Schlottmann. »Sein Vater Herr Johann Georg Meyer, Uhrmacher in Bremen hat das Aufnahme-Revers an das Directorium eingesandt. Herr Heinrich [sic!] spielt seit 6 Jahren Violine *un*d hatte während dieser Zeit 1½ Jahr Unterricht bei Hr. Musikdirektor Rödel in Bremen und ¾ Jahr bei Hr. Concertm*e*ister Dreyschock hier. Clavier noch nicht geübt, Harmonielehre desg*le*ichen.« (Kon) Er war dann Schüler von → R. Dreyschock und → F. David am Leipziger Konservatorium vom 21. April 1865 bis Ostern 1867. In der Stellungnahme für das Abgangszeugnis schrieb F. David: »Ist sehr fleißig u*nd* macht schöne Fortschritte, besonders im Vortrag von Kammermusik sind seine Leistungen in hohem Grade zu loben.« Er meldete sich am 8. Mai 1868 polizeilich an als »Musiker am Stadttheaterorchester«. ♦ Am 2. August 1869 verließ er Leipzig und meldete sich nach Basel ab.
LITERATUR: Nösselt; AB 1869. QUELLEN: Archiv HMT: Kon Nr. 1180; Staatsarchiv Bremen: Zivilstandsregister; StadtAL: Polizeimeldebücher Temporäre Einwohner.

|406 **Günther, Carl Rudolph G e o r g**
Violine
* 11. September 1849 in Radegast bei Zörbig
Mitglied von 1868 bis 1876 ♦ Hilfsmusiker des
Stadtorchesters
2. Geiger

Der Sohn von Georg Günther, »Einwohner und Schneider hier« (Taufeintrag), und dessen Ehefrau Caroline, geb. Hinze, war bei seiner polizeilichen Anmeldung am 24. Oktober 1867 »Musikusgehülfe« bei Friedrich Riede, später bei → Fr. Büchner. Am 11. Juni 1868 meldete er sich an als Musiker »bei dem Stadttheaterorchester«.
LITERATUR: Dörffel Nr. 293. QUELLEN: PfA Weißandt-Gölzau: TfR Radegast; StadtAL: Polizeimeldebücher Temporäre Einwohner.

|407 **Kröber** [Gröber], **Gustav**
Violine
* 21. Januar 1848 in Groitzsch ♦ Bruder von
→ Fr. L. Kröber
Mitglied von 1868 bis 1874 (Nösselt), bis 1876
(Adreßbuch) ♦ Hilfsmusiker des Stadtorchesters
2. Geiger

Er ist der Sohn von Gottfried Kröber, »*Bürger* u*nd* Maurer in Groitzsch« (Taufeintrag), und dessen Ehefrau Wilhelmine, geb. Krug. Bei seiner polizeilichen Anmeldung am 14. November 1867 war er »Musikusgehülfe« bei → H. M. Wenck. Am 5. März 1868 meldete er sich an als »Musiker bei dem Theaterorchester«.
LITERATUR: AB 1869–1876. QUELLEN: PfA Groitzsch: TfR; StadtAL: Polizeimeldebücher Temporäre Einwohner.

|408 **Bolland, Wilhelm Albert**
Violine
* 1849 in Olbersleben ♦ Bruder von → C. Fr. E. Bolland
und → R. Bolland
Mitglied von 1868 bis 1872 ♦ Hilfsmusiker des
Stadtorchesters
2. Geiger

Er ist der Sohn von Carl Christoph Ernst Bolland, »Nachbar u*nd* Zimmergesell« (Taufeintrag), und dessen Ehefrau Eva Dorothea Caroline, geb. Stumpf. Bei seiner polizeilichen Anmeldung am 2. März 1864 war er »Musikusgehülfe« bei Friedrich Riede, später bei → Fr. Büchner. 1868 meldete er sich an als »Musiker b*ei* dem Theaterorchester«. ♦ Wilhelm Eduard Bolland (* 1856), der jüngste seiner drei Brüder, war von 1870 bis 1874 in Leipzig »Musikusgehülfe« und ist ab 1880 bei der Schweriner Hofkapelle als Geiger nachweisbar.
LITERATUR: AB 1869–1871. QUELLEN: StadtAL: Polizeimeldebücher Temporäre Einwohner.

|409 **Kröber** [Gröber], **Friedrich Louis**
Viola, Violine
* 19. Mai 1843 in Groitzsch ♦ Bruder von → G. Kröber
Mitglied von 1868 bis 1872, nicht im Konzert ♦
Hilfsmusiker des Stadtorchesters
Bratscher an der neu eingerichteten 5. Stelle, im
Konzert Geiger (Dörffel)

Er ist der Sohn von Gottfried Kröber, »*Bürger* u*nd* Maurer in Groitzsch« (Taufeintrag), und dessen Ehefrau Wilhelmine, geb. Krug. Bei seiner polizeilichen Anmeldung am 14. November 1867 war er »Musikusgehülfe« bei Friedrich Riede. Am 19. Februar 1868 meldete er sich an als »Musiker bei dem Theaterorchester«.
LITERATUR: Dörffel Nr. 292; Nösselt. QUELLEN: PfA Groitzsch: TfR; StadtAL: Polizeimeldebücher Temporäre Einwohner.

---

49 In den Kirchenbüchern von Flintbek ist seine Taufe nicht nachweisbar.
50 Im Adreßbuch 1869 und bei Nösselt: G. Mayer.

|410 **Ewald, Heinrich Friedrich Gustav**
Viola
* 3. Juli 1839 in Hannover
Mitglied von 1868 bis 1876 ♦ Hilfsmusiker des Stadtorchesters
Bratscher an der neu eingerichteten 3. Stelle

»Sein Vater, Hr. Franz Ewald, Pianoforte-Farbrikant … Er [der Sohn] spielt P*ianoforte*, Violine und Orgel; hat auch Kenntnisse in der Harmonielehre. Dessen Lehrer im P*ianoforte*spiel Hr. Thiele; im Violinspiel Hr. Kammermusiker Eyertt …« (Kon) Er war dann Schüler von → F. David und → R. Dreyschock am Leipziger Konservatorium vom 5. Oktober 1859 bis Ostern 1861. In der Stellungnahme für das Abgangszeugnis schrieben seine Lehrer: »Musterhaft fleissig, bedeutende Fortschritte, das Beste müsste freilich noch kommen; im Orchester sehr brauchbar. [gez.] F. David; dasselbe unterschreibt: [gez.] R. Dreyschock«.
LITERATUR: Dörffel Nr. 294. QUELLEN: Archiv HMT: Kon Nr. 782; StadtAL: Polizeimeldebücher Theaterpersonen.

|411 **Klesse, Heinrich**
Viola
* 29. September 1840 in Niederhannsdorf bei Glatz[51],
† 11. Juli 1907
Mitglied von 1868 bis 1871 ♦ Hilfsmusiker des Stadtorchesters
Bratscher an der neu eingerichteten 6. Stelle

»Sein Vater Herr August Klesse ist Lehrer in Niederhansdorf; der junge Mann sorgt für sich selbst. Herr Klesse ist Lehrer und wurde auf dem katholischen Seminar zu Breslau gebildet. Im Pianoforte-Spiel und der Theorie unterwieß ihn Herr Musik-Dir*ektor* Aug. Schnabel; im Violin-Spiel 2 Jahr Herr Lehrer Gellrich in Oberhansdorf und 1 Jahr Herr Dr. Damrosch in Breslau; Gesang studierte er 1½ Jahr bei Herrn Musikd*irektor* Musewius und Herrn Universitäts-Musikdirektor [→] C. Reinecke (jetzt in Leipzig); Orgel 1 Jahr bei Herrn Domorganist Opitz (†) in Breslau.« (Kon) Er war dann Schüler von → F. David und → E. Röntgen am Leipziger Konservatorium vom 5. Oktober 1867 bis Johannis 1869. In der Stellungnahme für das Abgangszeugnis schrieben seine Lehrer: »Sehr gewissenhafter Schüler der recht gute Fortschritte gemacht hat; als Orchesterspieler vorzüglich.« ♦ Sein Bruder Ferdinand Klesse (* 1847, † 1876) war in Dresden Schüler von → Fr. W. L. Grützmacher und hatte Engagements in Weimar, Nürnberg, Frankfurt/M. und Sondershausen.
Lehrer am Leipziger Konservatorium für Viola, Orgel, Solo- und Chorgesang von 1876 bis 1. April 1904 ♦ Lehrer von → E. Reimers.
LITERATUR: Dörffel Nr. 295; P. Röntsch: Das Königliche Konservatorium der Musik zu Leipzig 1843–1918; Julius Schuberth's Musikalisches Conversationslexikon, hrsg. v. E. Breslaur. QUELLEN: Archiv HMT: Kon Nr. 1389.

1869

412. **Raab, Johann August**
Violine
* 3. Oktober 1845 in Nürnberg,
† 15. Oktober 1918 in Leipzig
Mitglied vom 1. Februar 1869 bis 15. Oktober 1906 ♦ Zunächst Hilfsmusiker des Stadtorchesters, rückwirkend zum 1. April 1870 Aufnahme in den Orchester-Pensionsfonds
1. Geiger, ab 1871 Vorspieler (Konzertmeister) im Theater, ab 1878 Vizekonzertmeister

Er ist der Sohn des Schullehrers Johann Balthasar Raab und dessen Ehefrau Barbara Wilhelmine, geb. Heydt. ♦ Laut Eintrag im Polizeimeldebuch heiratete er Louise Therese Rudolph, doch weder die Trauung noch ein Aufgebot sind in Leipzig nachweisbar. Vermutlich handelt es sich um die Harfenistin → Th. Rudolph.
LITERATUR: Dörffel Nr. 160; Nösselt; Deutsches Bühnenjahrbuch. 1920. QUELLEN: Landeskirchliches Archiv der Evangelisch-Lutherschen Kirche in Bayern; StadtAL: Kap. 32, Nr. 7, Vol. V, Bl. 8 ◊ Kap. 32, Nr. 7, Vol. X, Bl. 249.

|413 **Bauer, Franz E d u a r d**
Klarinette
* 8. September 1842 in Kursdorf bei Eisenberg
Mitglied vom 15. Februar 1869 bis 15. November 1902 ♦ Zunächst Hilfsmusiker des Stadtorchesters, am 1. Oktober 1881 Aufnahme in den Orchester-Pensionsfonds
2. Klarinettist und Bass-Klarinettist an der neu eingerichteten 3. Stelle

Er ist der Sohn von Friedrich Wilhelm Bauer, »Nachbar und Einwohner in Cursdorf« (Taufeintrag), und dessen Ehefrau Johanne Rosine, geb. Biereigel. Bei seiner polizeilichen Anmeldung am 22. Dezember 1860 war er »Musikusgehülfe« von → C. H. Welcker, am 8. April 1862 meldete er sich nach Chemnitz ab. Am 2. März 1869 meldete er sich in Leipzig wieder an als »Musiker b*ei d*em Stadttheater«.
LITERATUR: Dörffel Nr. 198. QUELLEN: PfA Eisenberg: TfR; StadtAL: Kap. 32, Nr. 7, Vol. I, Bl. 279 ◊ Kap. 32, Nr. 7, Vol. III, Bl. 118 ◊ Kap. 32, Nr. 7, Vol. X, Bl. 8 ◊ Kap. 32, Nr. 7, Beiheft 1 ◊ Polizeimeldebücher Temporäre Einwohner.

|414 **Ernst, H e r m a n n Eduard Robert**
Oboe
* 20. April 1842[52] in Eisenberg
Mitglied vom 10. März 1869 bis 1. Januar 1891 ♦ Aspirant des Stadtorchesters, rückwirkend zum 1. März 1872 Aufnahme in den Orchester-Pensionsfonds
Oboist an der neu eingerichteten 3. Stelle, ab November 1871 im Konzert und ab März 1872 im Theater 2. Oboist für → C. M. Kiefer

---

51 Heute Jaczkowa Dolna bei Klodzko (Polen).

52 Angabe nach dem Taufeintrag; Dörffel gibt als Geburtsjahr 1843 an.

Er ist der Sohn von Johann August Ernst, »Bürger und Seifensieder hier« (Taufeintrag), und dessen Ehefrau Wilhemine, geschied. Geyer, geb. Eisenschmidt. ◆ Der Theaterkapellmeister Emil Paur teilte am 20. August 1890 dem Rat der Stadt mit, daß »das Orchestermitglied Herr Oboer Hermann Ernst … infolge eines Gebrechens (Lungenschwindsucht) zur Erfüllung seiner Berufspflichten dauernd unfähig geworden« sei. Der Rat der Stadt holte daraufhin die Meinung von Thomaskantor Wilhelm Rust, Gewandhauskapellmeister → C. Reinecke und Konzertmeister → E. Röntgen ein. Lezterer schrieb: »In Folge des ärztlichen Gutachtens ist die Pensionierung des Herrn Ernst dringend geboten, zumal derselbe seit geraumer Zeit nur in seltenen Fällen im Orchester thätig war«.

LITERATUR: Dörffel Nr. 169. QUELLEN: PfA Eisenberg: TfR; StadtAL: Kap. 32, Nr. 7, Vol. I, Bl. 279 ◊ Kap. 32, Nr. 7, Vol. V, Bl. 8 u. 289 f.

|415 Müller, Leopold Heinrich
Violine
* 14. Juli 1850 in Zitzschewig bei Dresden
Mitglied vom 19. Mai 1869 bis 1. April 1906 ◆ Zunächst Hilfsmusiker des Stadtorchesters, am 1. Oktober 1881 Aufnahme in den Orchester-Pensionsfonds
2. Geiger, ab 1876 1. Geiger

Der Sohn des »Hrn. Dr: med: Albert Müller in Dresden … hatte 2 ½ Jahre Unterricht bei Kammermusikus [Emil] Bähr in Dresden (früherem Schüler hiesigen Conservatoriums)« und war dann Schüler von → F. David und → E. Röntgen am Leipziger Konservatorium vom 6. April 1866 bis 19. Januar 1869. In der Stellungnahme für das Abgangszeugnis schrieb F. David: »Hr. M. hat stets mit Fleiß und Aufmerksamkeit die Stunden besucht und recht gute Fertigkeit im Solo und Orchesterspiel erworben.« In einem Nachtrag zur Inskription heißt es, daß er zum königlichen Musikdirektor Bilse nach Berlin ging und »von Johannis 1869 an, 2ter Violin-Spieler im Theater-Orchester in Leipzig« ist.

Fiskal des Orchester-Pensionsfonds 1889 bis 1895 für → J. Thümer.

LITERATUR: Dörffel Nr. 184. QUELLEN: Archiv HMT: Kon Nr. 1247; StadtAL: Kap. 32, Nr. 7, Vol. V, Bl. 8 ◊ Kap. 32, Nr. 7, Vol X, Bl. 178.

|416 Gottlöber, Adolf Bernhard
Violine
* 24. August 1844 in Bautzen
Mitglied von September 1869 bis Mai 1873 ◆ Hilfsmusiker des Stadtorchesters
1. Geiger

Er ist der Sohn von Carl Gottlieb Gottlöber, »Musicus und Kirchthürmer« (Taufeintrag), und dessen Ehefrau Flora Meditrine, geb. Kegel. Bei seiner polizeilichen Anmeldung am 28. Oktober 1865 war er »Musikusgehülfe« bei → Chr. Matthies, ab April 1868 bei Friedrich Riede. Er meldete sich am 1. April 1867 nach Hamburg ab und am 10. September 1869 in Leipzig wieder an als »Musiker am hiesigen Theaterorchester«. ◆ Er meldete sich am 28. Mai 1873 nach Landau ab.

LITERATUR: Dörffel Nr. 198. QUELLEN: StadtAL: Polizeimeldebücher Temporäre Einwohner.

|417 Zscherneck, Carl Moritz Hermann
Posaune, Trompete
* 8. November 1842 in Oschatz
Mitglied vom 1. September 1869 bis 1. Oktober 1905 ◆ Rückwirkend zum 1. September 1869 Aufnahme in den Orchester-Pensionsfonds
Alt-Posaunist für → C. G. Burgk, ab 1. Februar 1870
2. Trompeter für → C. A. Schmidt

Er ist der Sohn von Carl Friedrich Siegismund Zscherneck, »Bürger, Beutler und Handschuhmacher« (Taufeintrag), und dessen erster Ehefrau Johanna Friederika, geb. Schubert. ◆ Sein 1847 geborener Bruder Otto Adolph Zscherneck war ab 16. September 1869 ebenfalls als »Musikus« in Leipzig gemeldet.

LITERATUR: Dörffel Nr. 162. QUELLEN: PfA Oschatz: TfR; StadtAL: Kap. 32, Nr. 7, Vol. V, Bl. 8 ◊ Kap. 32, Nr. 7, Vol. X, Bl. 158 ◊ Polizeimeldebücher Temporäre Einwohner.

|418 Tischendorf, Gustav Hermann
Flöte
* 9. Februar 1847 in Zeulenroda
Mitglied vom 1. November 1869 bis 1904 ◆ Rückwirkend zum 27. Januar 1870 Aufnahme in den Orchester-Pensionsfonds
2. Flötist für → O. H. Klausnitz

Er beschrieb seinen künstlerischen Werdegang Alfred Dörffel 1882 im Zusammenhang mit dessen Umfrage wie folgt: »Am 9. Februar 1847 zu Zeulenroda geboren, trat ich nach erfolgter Confirmation in die Lehre des Stadtmusikus Regner in Greiz. Ging nach 3jähriger Lehrzeit (1861–1864) 4 Monate nach Artern (Thüringen) von dort aus: am 1. September 64 nach Dresden (Musikdirektor Laade) gleichzeitig Unterricht bei Kammermusikus Zizold auf meinem Instrument nehmend, zu Ostern 1865 nach Genf als 1. Flötist ans Stadtorchester, vom 1. November 1865 bis 1. September 1867 als 1. Flötist ans Stadtorchester (Theater) zu Augsburg, vom 15. December 1867 bis 30. October 1869 als Hautboist im Infanterie Regiment No 96 eingestellt (Altenburg) gleichzeitig die Funktion eines 1ten Flötisten bei der herzoglichen Hofkapelle (Capellmeister Dr. Stade) 1½ Jahr versehen. Und trat nach im October stattgefundenen Concurrenzspiel hier in meine jetzige Stellung am 1. November 1869 an die Seite meines liebenswürdigen Collegen [→ W.] Barge von dem ich ja vieles gelernt und provitiert, ein, und war in derselben, blos mit einer Unterbrechung (22. Juli 1870 bis 10. Mai 1871 wo ich den Feldzug gegen Frankreich in meinem alten Regiment von Anfang bis Ende mitgemacht) bis dato thätig …«

Lehrer von → R. Werther.

LITERATUR: Dörffel Nr. 163; Neuer Theater-Almanach Jg. 7, 1896. QUELLEN: StadtAL: Kap. 32, Nr. 7, Vol. I, Bl. 279 ◊ Kap. 32, Nr. 7, Vol. V, Bl. 8; Stadtgeschichtliches Museum Leipzig: Handschriftensammlung, Umfrage Dörffel.

|419 Jacobsen, Johann Heinrich
Violine
* 10. Januar 1851 in Hadersleben,
† um 1901 in Berlin
Mitglied von 1869 bis 1872 ◆ Hilfsmusiker des Stadtorchesters
1. Geiger

Er hatte sechs Jahre Unterricht bei seinem Vater Peter Jacobsen, Musiklehrer in Hadersleben, und war dann Schüler von → F. David und → E. Röntgen am Leipziger Konservatorium vom 4. Januar 1867 bis Weihnachten 1869. In der Stellungnahme für das Abgangszeugnis vom 21. Dezember 1969 schrieb David: »Herr Jacobsen hat die Stunden mit grosser Unregelmäßigkeit besucht, wochenlang mitunter, unter den verschiedenartigsten Vorwänden, sich nicht sehen lassen. Wenn er trotzdem ein tüchtiger Solo und Orchestergeiger geworden ist, so beweist das nur wie viel mehr er bei eifrigerem Studium hätte lernen können.« ♦ Er war dann zwei Jahre als Solospieler und Leiter der Kammermusik am Hof von Anhalt-Bernburg, ab 1873 mit einem Regierungsstipendium zwei Jahre Schüler von → J. Joachim in Berlin und ab 1876 Lehrer an der Berliner Hochschule.

LITERATUR: Nösselt; W. J. v. Wasielewski.: Die Violine und ihre Meister. QUELLEN: Archiv HMT: Kon Nr. 1317.

|420 **Kupfer, Johann Louis E r n s t**
Flöte
* 25. Juni 1848 in Seehausen bei Bad Frankenhausen
Mitglied von 1869 bis 1877 ♦ Hilfsmusiker des
Stadtorchesters
Flötist an der neu eingerichteten 3. Stelle

Er ist der Sohn von Theodor Franz Friedrich Kupfer, »Anspänner und Heimbürger« (Taufeintrag), und dessen Ehefrau Caroline Charlotte, geb. Sachse. Bei seiner polizeilichen Anmeldung am 3. Mai 1867 war er »Musikusgehülfe« bei Friedrich Riede, ab 8. Juni 1867 »Musikusgehülfe« bei → Chr. Matthies. Am 5. April 1870 meldete er sich an als »Musiker am Stadttheater«.

LITERATUR: Nösselt. QUELLEN: PfA Seehausen: TfR; StadtAL: Polizeimeldebücher Temporäre Einwohner.

|421 **Rudolph, Th.**
Harfe
Mitglied von 1869 bis 1871 ♦ Hilfsmusikerin
des Stadtorchesters
Harfenistin

Wahrscheinlich handelt es sich um: Louise Therese Rudolph, * 20. April 1844 in Leipzig als jüngste Tochter des aus Ungarn stammenden Schneidermeisters Anton Rudolph und dessen Ehefrau Louise Augusta, geb. Rochlitz. Sie heiratete laut Eintrag im Polizeimeldebuch das »Stadtorch*ester* Mitglied [→] August Raab«.

LITERATUR: Nösselt. QUELLEN: KAL: TfB St. Thomas; StadtAL: Polizeimeldebücher Bleibende Einwohner.

1870

|422 **Garkisch, C a r l Joseph**
Posaune
* 4. November 1846 in Uittwa[53] bei Karlsbad
Mitglied vom 15. März 1870 bis 1. Juli 1884 ♦ Mitglied
des Orchester-Pensionsfonds
Alt-Posaunist[54] für → H. Zscherneck, der an die
2. Trompete wechselte

Er beschrieb seinen künstlerischen Werdegang Alfred Dörffel 1882 im Zusammenhang mit dessen Umfrage wie folgt: »Meinen ersten Unterricht erteilte mir Musikdirector Labitzky in Carlsbad Geige und Piano, dann bekam ich im Jahre 1859 Horn und Posaunenunterricht bei Professor Behr in Prag. Von 64 ab begannen die Engagements. 2 Sainson in Baden (Schweitz), dann Bad Schwalbach Wiesbaden, Komzak Kapelle Prag etc. Ischl bis ich 1870 nach Leipzig engagiert wurde ... Von Juli 1870 Ausbruch des Krieges wurde ich Hornist auf ¾ Jahr, nach Beendigung dessen rückte ich wieder zur Altposaune.« ♦ Er wurde am 25. Oktober 1883 vom Königlich Bayerischen Landgericht Kempten wegen »Vergehens wider die Sittlichkeit« zu einer Gefängnisstrafe von sechs Monaten verurteilt. In seinen Bemühungen, durch Abkürzung der Strafdauer seine Stellung in Leipzig zu behalten, wurde er von der Staatsanwaltschaft Kempten unterstützt, jedoch ohne Erfolg. Die im Januar 1884 erfolgte Entlassung aus dem Orchester wurde am 20. Februar in eine Kündigung zum 1. Juli 1884 verwandelt. Aus dem Nürnberger Gefängnis schrieb er an den Leipziger Oberbürgermeister Otto Georgi: »Zunächst sei mir erlaubt, in kurzen Worten darzuthun, was die Veranlassung zu meiner Verurtheilung bzw Inhaftierung gewesen ist: - Während meines 3 wöchentlichen Urlaubes Ende Juli vergangenen Jahres unternahm ich eine Erholungsreise nach Oberbayern und der Schweiz, wo ich in Lindau eines Sittlichkeitsvergehens gegen ein junges Mädchen angeklagt worden bin ... Durch Bayern dem Bier zuviel zugesprochen, leider in trunkenem Zustand in Lindau angekommen, ist ein junges Mädchen am Bahnhof gewesen und hat mir Logement in Ihrer Eltern Wohnung angeboten; nachdem ich dasselbe angenommen kehrte ich nochmals ein, das Mädchen folgte mir und trank mit Bier, in einer Stunde folgte ich mit nach der Wohnung. Auf diesem Wege nun, soll ich diesem Mädchen an ihr Geschlecht gegriffen haben ... Wenn ich nun (in Folge meines damaligen Zustandes) eine Behauptung meiner Unschuld auch nicht aufzustellen vermag, so glaube ich doch sicher ... daß ich das Opfer einer versuchten gemeinen Erpressung geworden bin, zumal mir noch ganz erinnerlich ist, daß mir diese Frau immer zugerufen hat, ich soll bezahlen, oder sie zeigt es der Polizei an; darauf wurde ich grob und so kam das Unglück ...« ♦ Nach seiner Entlassung aus dem Gefängnis war er wieder in Leipzig und bat um Zeugnisse von → C. Reinecke, Arthur Nikisch und Thomaskantor Wilhelm Rust; diese fielen gut aus. Er bedankte sich am 15. Dezember 1884 und teilte mit, er wolle nun sein »Heil in England versuchen, bleibe aber noch bis 1ten Jänner« bei seinen Verwandten in Hamburg.

LITERATUR: Dörffel Nr. 164. QUELLEN: StadtAL: Kap. 32, Nr. 7, Vol. III, Bl. 159 ff. u. 199 ff.; Stadtgeschichtliches Museum Leipzig: Handschriftensammlung, Umfrage Dörffel.

|423 **Schoch, Anton**
Kontrabass
* 1843 in Böhmen
Mitglied vom 15. November 1870 bis 1872 ♦ Mitglied
des Orchester-Pensionsfonds
Kontrabassist für → J. Fr. Sládec

Er meldete sich am 17. November 1870 polizeilich an als »Musiker b*ei dem* Stadtorchester«; am 27. Januar 1872 meldete er sich nach Stuttgart ab.

LITERATUR: Nösselt. QUELLEN: StadtAL: Kap. 32, Nr. 2, Vol. III, Bl. 81 ◊ Polizeimeldebücher Temporäre Einwohner.

---

53 Heute Útvina (Tschechien).
54 Die Adreßbücher 1872 und 1873 nennen ihn als 1. Trompeter.

|424 **Rauchfuß, Friedrich**
Violine
* 1848 in Dessau[55]
Mitglied von 1870 bis 1874 ♦ Zunächst nur im Konzert,
ab 1871 Hilfsmusiker des Stadtorchesters
1. Geiger

Bei seiner polizeilichen Anmeldung am 4. Januar 1868 war er »Musikusgehülfe« bei → Fr. Büchner, am 28. März 1870 meldete er sich an als »Musiker am Stadttheater«. ♦ Spätestens ab 1876 Mitglied der Hofkapelle in Dessau.
LITERATUR: Dörffel Nr. 300; Hof- und Staatshandbuch für das Herzogthum Anhalt. 1876. QUELLEN: StadtAL: Polizeimeldebücher Temporäre Einwohner.

|425 **Jimenez, José Julian**
Violine
* 9. Januar 1828 in Trinidad (Kuba) ♦ Vater von
→ N. Jimenez
Von 1870 bis 1875 genannt
Geiger im Konzert

Er war Schüler von → F. David und → R. Dreyschock am Leipziger Konservatorium vom 4. Oktober 1853 bis 4. Juli 1854. Im Inskriptionseintrag heißt es: »Sein Hauptinstrument ist Violine, und [er] hat bisher etwa ein Jahr lang Unterricht darauf bei Hrn. *Conzertmeister* David gehabt.« Im Abgangszeugnis bescheinigte ihm F. David: »Hat mit größter Gewissenhaftigkeit und dem rastlosestem Fleiß gearbeitet ... und recht gute Übung im Quartett u*nd* Orchesterspiel erworben.« Nach Beendigung seines Studiums »reiste [er] von Bremerhaven mit dem Dampfschiff ›Hansa‹ Freitag d*en* 21. Juli 1854 früh 8 Uhr ab nach Neuyork.« (Kon) ♦ Er wurde später Musikdirektor in Trinidad auf Kuba. 1867 kam er mit seinen beiden Söhnen wieder nach Europa, zunächst nach Hamburg, später nach Leipzig. ♦ Einer seiner Söhne, der Pianist José Manuel Jimenez (* 1851, † 1917), war ebenfalls Schüler am Leipziger Konservatorium. Nachdem er seine Studien bei Antoine François Marmotel in Paris beendet hatte, kehrte er 1879 nach Kuba zurück. Von 1890 bis zu seinem Tod lebte er dann in Hamburg, wo er am dortigen Konservatorium unterrichtete.
LITERATUR: Dörffel Nr. 299; Nösselt. QUELLEN: Archiv HMT: Kon Nr. 452.

|426 **Weidt, Emanuel F e r d i n a n d Ludwig**
Viola
* 18. Oktober 1848 in Schwerin,
† 9. Januar 1890 in Leipzig
Mitglied von 1870 bis zu seinem Tod, ab Januar 1872
im Konzert ♦ Zunächst Hilfsmusiker des
Stadtorchesters, am 1. Oktober 1881 Aufnahme in den
Orchester-Pensionsfonds
Bratscher

Der Sohn des Tischlermeisters Johann Christian Ludwig Weidt und dessen Ehefrau Dorothea, geb. Remes, meldete sich am 12. März 1870 mit einem »Militärschein« polizeilich in Leipzig an als »Musiker am Stadttheater«. Gleichzeitig gab er als »Prinzipal« → Fr. Büchner an, was bedeuten würde, daß er in dessen Musikchor tätig war.
LITERATUR: Dörffel Nr. 190. QUELLEN: Mecklenburgisches Kirchenbuchamt: TfB Schwerin St. Nicolai; StadtAL: Kap. 32, Nr. 7, Vol. I, Bl. 279 ◊ Kap. 32, Nr. 7, Vol.V, Bl. 244 ◊ Polizeimeldebücher Temporäre Einwohner.

1871

|427 **Kirmse, Johann Gustav R e i n h a r d**
Horn
* 20. April 1840 in Ronneburg, † 22. Januar 1906 in
Leipzig
Mitglied vom 17. September 1871 bis 15. August 1889 ♦
Rückwirkend zum 1. Oktober 1871 Aufnahme
in den Orchester-Pensionsfonds
3. Hornist für → G. Fr. Höhne

Er ist der Sohn von Johann August Kirmse, »Bürger und Zeugmacher« (Taufeintrag), und Johanne Christiane Henriette, geb. Back. ♦ Am 28. Juni 1889 schrieben Thomaskantor Wilhelm Rust, Theaterkapellmeister Arthur Nikisch, → Carl Reinecke und → E. Röntgen an den Rat der Stadt: »Herr Kirmse 4. Hornist und Bläser des Dritten Hornes ... schon seit 1½ bis 2 Jahren leidend und krank, konnte er nur an sehr wenigen Tagen seinen Dienst versehen. Seine Hoffnung wie die unsere, daß er völlige Wiedergenesung finden werde hat sich in jenem längeren Zeitraum als trügerisch erwiesen. Es scheint deshalb als gebotene Pflicht, hiermit auf seine Pensionierung anzutragen, und das Unvermeidliche sobald als möglich zu vollziehen.«
LITERATUR: Dörffel Nr. 166. QUELLEN: PfA Ronneburg: TfR; StadtAL: Kap. 32, Nr. 7, Vol. I, Bl. 279 ◊ Kap. 32, Nr. 7, Vol. V, Bl. 163 ◊ Kap. 32, Nr. 7, Vol. X, Bl. 314.

|428 **Kummer, Alexander**
Violine
* 10. Juni 1850 in Dresden
Mitglied vom 1. November 1871 bis 1873[56]
1. Geiger (Vorspieler)

»Sein Vater, Herr Otto Kummer ist Musikdirektor in Dresden ... Herr K. ist Violin-Spieler und wurde 4 Jahr von seinem Vater unterrichtet ... Bis zu Ostern 1868 hat Herr Kummer das Vitzthumsche Gymnasium besucht« (Kon) und war dann Schüler von → F. David und → E. Röntgen am Leipziger Konservatorium vom 20. April 1869 bis Ostern 1872. In der Stellungnahme für das Abgangszeugnis schrieb → F. David: »Es ist kaum nöthig dass ich sage: dies ist ein selten vortrefflicher Schüler der in allen Zweigen des Violinspiels vorzügliches leistet – er hat es ja genugsam bewiesen.« 1871 Lehrer am Leipziger Konservatorium.
LITERATUR: Nösselt; AB 1872 f.; P. Röntsch: Das Königliche Konservatorium der Musik zu Leipzig 1843–1918. QUELLEN: Archiv HMT: Kon Nr. 1529; StadtAL: Kap. 32, Nr. 2, Vol. III, Bl. 89.

|429 **Uebe, Gustav Adolf**
Pauke
* 1843 in Gera, † 25. März 1881
Mitglied vom 7. Dezember 1871 bis zu seinem Tod ♦
Mitglied des Orchester-Pensionsfonds
Pauker für → E. G. B. Pfundt

LITERATUR: Dörffel Nr. 167. QUELLEN: StadtAL: Polizeimeldebücher Temporäre Einwohner.

---

55 Angabe nach dem Polizeimeldebuch, die Taufregister 1844–1945 der beiden Dessauer Hauptkirchen sind während des Zweiten Weltkriegs verbrannt.

56 In den Adreßbüchern bei den pensionsberechtigten Mitgliedern genannt, bei Dörffel unerwähnt.

|430 **Ersfeld, Christian**
Violine
* 4. Juli 1852 in Coburg
1871 erwähnt
Geiger

»Sein Vater Herr Joseph Ersfeld ist Chorsänger am Herzoglichen Hoftheater zu Coburg … Herr Ersfeld spielt seit 8 Jahren Violine unter Leitung der Herren August Jacobi und Eduard Eichhorn (Kammermusikus) in Coburg …« (Kon) und war dann Schüler von → F. David und → E. Röntgen am Leipziger Konservatorium vom 6. August 1867 bis Johannis 1870. In den zwölf vorhandenen Zeugnisentwürfen und Ausfertigungen wird er von allen Lehrern gelobt. In der Stellungnahme für das Abgangszeugnis schrieb → F. David: »Hat mit dem rastlosestem Eifer und grossem Ernste studiert und ist ein vortrefflicher Solo-Quartett Ensemble- und Orchesterspieler geworden. Auch als Bratschist leistet es vorzügliches wie ich ihm denn in jeder Beziehung nur das beste Lob geben kann.«
LITERATUR: Nösselt. QUELLEN: Archiv HMT: Kon Nr. 1353.

|431 **Pfitzner, Karl O s k a r**
Violine, Viola
* 6. Januar 1854 in Frohburg, † 1924
Mitglied von 1871 bis 30. März 1884, ab 3. Dezember 1877 im Konzert ♦ Zunächst Hilfsmusiker des Stadtorchesters, am 22. April 1878 Aufnahme in den Orchester-Pensionsfonds
Geiger und Bratscher

Er ist das 14. Kind[57] des Frohburger Stadtmusikdirektors Gottfried Pfitzner. »Herr P. hatte seit 3 Jahren Unterricht im Violin-Spiel bei seinem Vater; im Pianoforte-Spiel 4 Jahr bei Herrn Carl Weisswange, Lehrer an der Bürgerschule in Frohburg« (Kon) und war dann Schüler von → F. David und → E. Röntgen am Leipziger Konservatorium vom 11. April 1868 bis Ostern 1871. In der Stellungnahme für das Abgangszeugnis schrieb F. David: »Hat eifrig studiert und ist ein recht anständiger Geiger geworden. Noch besseres leistet er als Bratschist für welches Instrument er sehr gute Befähigung hat. Im Quartett- und Orchesterspiel ist er sehr brauchbar.« ♦ Ab 1894 war er in Bremen Konzertmeister der Abonnements-Konzerte und Dirigent der sogenannten »populairen« Konzerte. ♦ Ein Halbbruder ist Carl Robert Pfitzner, der Vater von Hans Pfitzner[58], ein anderer Halbbruder war später selbst Stadtmusikdirektor in Frohburg.
LITERATUR: Dörffel Nr. 178; AB 1872 u. 1878 ff.; K. Blum: Musikfreunde und Musici. QUELLEN: Archiv HMT: Kon Nr. 1426; PfA Frohburg: KB; StadtA Frohburg: Akte die Ehrenbürgerschaft Hans Pfitzners betreffend; StadtAL: Kap. 32, Nr. 7, Vol. I, Bl. 279.

|432 **Benkert [Benckert], C. Friedrich**
Violoncello
* um 1853, † nach 1900 in Bad Reinerz[59]/Schlesien
Mitglied von 1871 bis 1876 ♦ Hilfsmusiker des Stadtorchesters
Cellist

Das im Hamburger Tonkünstler-Lexikon angegebene Geburtsjahr muß bezweifelt werden, denn er wird bereits im Leipziger Adreßbuch 1870 als »Bürger und Musicus« genannt und 1875 als »Bürger und Theater-Orchester-Mitglied«. ♦ Von 1876 bis 1900 war er Solo-Cellist in Magdeburg. Lehrer von → W. Pester.
LITERATUR: Dörffel Nr. 303. QUELLEN: Staatsarchiv Hamburg: R. Dettling: Kurzbiographien hamburgischer Musiker ◊ Hamburger Tonkünstler-Lexikon.

|433 **Jimenez, Nicaseo**
Violoncello
* 12. März 1847 in Trinidad (Kuba) ♦ Sohn von → J. J. Jimenez
Mitglied von 1871 bis 1875
Cellist im Konzert

»Sein Vater Herr José Julian Jimenez (früherer Schüler des hiesigen Conservatoriums) ist Musikdirektor auf Trinidad de Cuba und bleibt während der Studienzeit seiner Söhne in Leipzig. Herr Nicaseo Jimenez hatte 1½ Jahre Unterricht bei Hr. Werner in Hamburg. Weitere musikalische Studien nicht gemacht.« (Kon) Er war dann Schüler am Leipziger Konservatorium vom 24. Februar 1869 bis 31. August 1870. Im Zeugnis vom 31. August 1870 schrieb → E. Hegar: »Hr. J. war stets sehr fleißig und hat ausgezeichnete Fortschritte gemacht.« ♦ Sein Bruder, der Pianist José Manuel Jimenez (* 1851, † 1917), war ebenfalls Schüler am Leipziger Konservatorium. Nachdem er seine Studien bei Antoine François Marmotel in Paris beendet hatte, kehrte er 1879 nach Kuba zurück. Von 1890 bis zu seinem Tod lebte er dann in Hamburg, wo er am dortigen Konservatorium unterrichtete.
LITERATUR: Dörffel Nr. 302; Nösselt. QUELLEN: Archiv HMT: Kon Nr. 1506.

1872

|434 **Bergter, Ernst A l b e r t**
Violine
* 3. November 1854 in Zangenberg bei Zeitz ♦ Bruder von → G. H. Bergter
Mitglied von Februar 1872 bis Juli 1873 ♦ Hilfsmusiker des Stadtorchesters
Geiger

Der Sohn von Ernst Friedrich Bergter, »Wagnermeister« (Taufeintrag), und dessen zweiter Ehefrau Johanne Sophie, geb. Köhler, war bei seiner polizeilichen Anmeldung am 6. Februar 1872 »Musikus bei dem Theaterorchester«. Er verließ Leipzig am 17. Juli 1873 und meldete sich ab »nach Hause«.
LITERATUR: Dörffel Nr. 301 AB 1872 f.; Nösselt. QUELLEN: PfA Theißen: TfR Zangenberg; StadtAL: Polizeimeldebücher Temporäre Einwohner.

---

57 Er ist das zweite Kind in der dritten Ehe seines Vaters, dessen zweite Ehe kinderlos war.

58 O. Pfitzner ist sein Onkel. Carl Robert Pfitzner und → B. Cossmann kannten sich möglicherweise aus der Zeit, in der beide Familien in Moskau waren, ihre Kinder Hans Pfitzner und Paul Nikolaus Cossmann besuchten eine Zeitlang gemeinsam die Schule. Letzterer war der spätere Herausgeber der *Süd-Deutschen Monatshefte* und Verfasser der ersten Pfitzner-Biographie. Pfitzner vertonte einige Gedichte von ihm und widmete ihm seinen *Armen Heinrich*.

59 Heute Duszniki Zdroj (Polen).

|435 Langhagen, Georg Wilhelm
Violine
* 8. Februar 1851 in Einbeck
Mitglied vom 1. März 1872 bis 1. Juli 1909 ◆ Zunächst
Hilfsmusiker des Stadtorchesters, am 1. Oktober 1881
Aufnahme in den Orchester-Pensionsfonds
2. Geiger

»Sein Vater Herr Georg Wilhelm Langhagen ist Fleischer*meister* in Einbeck … Herr L. hatte 2 Jahr Violin-Unterricht bei Herrn Musikdirektor Ludwig in Halle. Er hat die Etüden von Kreutzer und Fiorillo und Rodesche Concerte gespielt …« (Kon) Er war dann Schüler von → F. David und → E. Röntgen am Leipziger Konservatorium vom 3. Januar 1870 bis Ostern 1872. In der Stellungnahme für das Abgangszeugnis schrieb F. David: »Hat sich viel Mühe gegeben u*nd* sehr gute Fortschritte gemacht. Im Solospiel hat er noch viel zu lernen, dagegen ist er gut im Orchesterspiel.«
LITERATUR: Dörffel Nr. 186. QUELLEN: Archiv HMT: Kon Nr. 1601; StadtAL: Kap. 32, Nr. 7, Vol. 11, Bl. 217.

|436 Wolschke, Ernst Albert
Kontrabass
* 28. Februar 1853 in Ortrand,
† 1931 in Leipzig ◆ Onkel von → K. Wolschke
Mitglied vom 1. März 1872 bis 1873 und vom 25. August
1877 bis 1. Oktober 1920 ◆ Zunächst Hilfsmusiker des
Stadtorchesters, rückwirkend zum 25. August 1877
Aufnahme in den Orchester-Pensionsfonds
Kontrabassist, ab 1877 Zweiter Kontrabassist, ab
1. Oktober 1906 Erster Kontrabassist für → O. Schwabe

Er ist das achte von 14 Kindern des Stadtmusikus von Ortrand Johann Friedrich Wolschke und dessen Ehefrau Henriette Wilhelmine, geb. Wissel, Tochter eines Rittergutsbesitzers. Sein Vater, der vorher Musikdirektor in Uebigau war und zuletzt als solcher in Radeburg wirkte, war auch sein erster Lehrer für Geige, Bratsche und Violoncello. Bei seinem ältesten Bruder Johann Friedrich Wolschke in Grimma, der dort von 1866 bis 1900 Stadtmusikdirektor war, hörte der 14jährige den konzertierenden → J. E. Storch. Nachweisbar ein Konzert in Grimma am 16. April 1869, in dem Storch seine Komposition *Tyrolienne Variée* und ein Konzert von E. Stein spielte. Wolschke wurde sein Schüler. ◆ Sein Engagement »wurde von seiner Militärzeit abgebrochen«[60], nach deren Beendigung [er] nach Stockholm ging«. (Warnecke) Von dort aus bewarb er sich um die Stelle des verstorbenen J. E. Storch, die jedoch → O. Schwabe bekam.
Fiskal des Orchester-Pensionsfonds von 1895 bis 1909 für → L. Müller ◆ Lehrer am Leipziger Konservatorium von 1909 bis ca. 1922 für O. Schwabe ◆ Lehrer von → W. Krause, → O. Martersteig und → W. Waldenberger.
LITERATUR: Dörffel Nr. 176; F. Warnecke: Der Kontrabass; M. Wolschke: Von der Stadtpfeiferei zur Lehrlingskapelle und Sinfonieorchester. QUELLEN: StadtAL: Kap. 32, Nr. 7, Vol. I, Bl. 279 ◊ Kap. 32, Nr. 7, Vol. V, Bl. 8 ◊ Kap. 32, Nr. 7, Vol. X, Bl. 257 ◊ Kap. 32, Nr. 7, Vol. XV, Bl. 71.

---

60 Ob er die Stelle überhaupt angetreten hat, ließ sich nicht nachweisen. Von den fünf Kontrabass-Stellen waren vier besetzt, für die fünfte werden er und → C. Otho mit gleichem Anstellungsdatum genannt.

Carl Reinecke, Stahlstich nach einem Gemälde von Richard Seel, um 1858

|437 Otho, Carl August
Kontrabass
* 24. April 1840 in Frohburg, † 1892 in Leipzig
Mitglied vom 1. März 1872 bis zu seinem Tod ◆
Zunächst Hilfsmusiker, ab 15. Dezember 1882 Aspirant
des Stadtorchesters
Kontrabassist

Sein Vater war »*Königlich* sächs*ischer* Fuß-Gensdarm« (Taufeintrag) in Frohburg. ◆ Sein Gesuch um eine Gehaltsaufbesserung befürwortete Thomaskantor Wilhelm Rust wie folgt: »Im Kirchendienst, der morgens um 9 Uhr beginnt, kann bei plötzlichen Erkrankungen kein Stellvertreter besorgt werden, und es sind wiederholt Fälle eingetreten, welche die Ausführung der Musik unmöglich gemacht hätten, wenn nicht Herr Otho bald Contrabass, bald Viola oder Violine II, ja auch Posaune oder Trompete in annehmbarer, und stets williger Weise übernommen hätte. Da solches ›Einspringen‹ ohne jede Vorbereitung zu geschehen pflegt, so muß bei einem Musiker, der dies vermag, eine vielseitige tüchtige Ausbildung vorausgesetzt werden …« ◆ Neben seiner Anstellung beim Orchester war er auch als Streichinstrumentenmacher in Leipzig tätig, gab aber 1888 dieses

Geschäft auf und verkaufte sein Warenlager an die Gebrüder Hug. Er »spielte auf einem nach eigener Construktion gebauten fünfsaitigen Contrabass[61]« (Dörffel). Dieser Kontrabaß in der Stimmung C-E-A-D-G wurde von Richard Wagner, Hans von Bülow, Arthur Nikisch u. a. sehr gelobt, konnte sich jedoch wegen der »unbequemen Handhabung« (Lütgendorf) nicht durchsetzen.

LITERATUR: Dörffel Nr. 305; AB 1873 ff.; Nösselt; W. L. v. Lütgendorf: Die Geigen- und Lautenmacher vom Mittelalter bis zur Gegenwart. QUELLEN: PfA Frohburg: KB; StadtAL: O. Georgi: Vortrag, die Verhältnisse des Stadtorchesters betreffend ◊ Kap. 32, Nr. 7, Vol. I, Bl. 279 ◊ Kap. 32, Nr. 7, Vol. V, Bl. 8 ◊ Kap. 32, Nr. 7, Vol. IV, Bl. 234.

|438 Schröder, Hugo B e r n h a r d
Oboe
* 20. September 1852 in Glauchau/Sa.
Mitglied von Juni 1872 bis 31. März 1886 ♦ Aspirant des Stadtorchesters, am 1. Oktober 1881 Aufnahme in den Orchester-Pensionsfonds
2. Oboist und Englischhornist

Sein Urgroßvater war der Glauchauer Hof- und Stadtmusikus Johann Friedrich Schröder. Dessen einziger Sohn, der Stadtmusikus Johann Gottfried Schröder, hinterließ bei seinem Tod 1837 zwei Söhne und drei Töchter, darunter Heinrich Alban Schröder, der im Taufeintrag seines Sohnes Hugo Bernhard als »Director des Communalgardemusikcorps«, später als »Mitglied des Stadtmusikchores« bezeichnet wird. (Hüttel) ♦ Er bewarb sich 1874 erfolglos um die 2. Oboenstelle bei der Meininger Hofkapelle: »Ich stehe jetzt im 22. Jahre, bin gänzlich militärfrei und wie Eure Exzellenz gut wissen werden, ist es für jeden Musiker besonders Bläser eine Hauptlebensaufgabe sich in seinen jüngeren Jahren eine feste Lebensstellung zu sichern; schließe ich nun Contract auf 5 Jahre so bin ich nach Ablauf derselben 27 Jahre, ein Alter in welchem oft jüngere Kräfte bei weniger guter Leistung vorgezogen werden, in dem sehr viele Bühnenvorstände die Ansicht haben, daß ein Bläser früher untüchtig werden könnte als ein Streicher …« ♦ Zwölf Jahre später, nachdem er schon ein halbes Jahr wegen Krankheit dienstunfähig war, setzte sich Arthur Nikisch im Februar 1886 beim Rat der Stadt für seine Pensionierung ein: »… theile ich Ihnen mit, dass mir Herr Bernhard Schröder, z. Z. in Zürich, vor Kurzem ein ärztliches Attest zusandte, in welchem von dem betreffenden Arzt auf Grund des Lungenleidens, an welchem Herr Schröder laboriert, constatiert wird, dass dem Letzteren überhaupt jede weitere Beschäftigung mit Blasinstrumenten absolut schädlich ist!«

LITERATUR: Dörffel Nr. 196; W. Hüttel: Zur Musikgeschichte der Stadt Glauchau und ihrer näheren Umgebung. QUELLEN: PfA Glauchau: TfR St. Georgen; ThStA Meiningen: Hofmarschallamt; StadtAL: Kap. 32, Nr. 7, Vol. I, Bl. 279 ◊ Kap. 32, Nr. 7, Vol IV, Bl. 34.

|439 Reinecke, C a r l Heinrich Carsten Prof. Dr. h.c.
Musikdirektor
* 23. Juni 1824 in Altona,
† 10. März 1910 in Leipzig
1872 Aufnahme in den Orchester-Pensionsfonds
Musikdirektor von 1860 bis 1895 für → J. Rietz, der in Dresden Hofkapellmeister wurde

Sein einziger Lehrer in Klavier, Violine, Theorie und Komposition war ab seinem sechsten Lebensjahr sein Vater Johann Peter Rudolf Reinecke. Bereits 1836 trat er erfolgreich als Pianist und ab 1837 auch als Geiger auf. Im November 1843 kam er mit einem Stipendium des dänischen Königs nach Leipzig, wo er bis Februar 1846 blieb und durch Niels Wilhelm Gade, den er in Kopenhagen kennengelernt hatte, die Bekanntschaft von Felix Mendelssohn Bartholdy und Ferdinand Hiller machte. Ein zweites Mal war er von 1848 bis 1849 in Leipzig. Während beider Aufenthalte trat er auch als Klaviersolist in den Gewandhauskonzerten auf. Von 1846 bis 1848 war er Hofpianist des dänischen Königs, lebte dann in Paris und wurde 1851 Lehrer am Kölner Konservatorium. Von 1854 bis 1859 Musikdirektor in Barmen[62] und von 1859 bis 1860 Musikdirektor und Dirigent der Singakademie in Breslau. ♦ Ab 1860 war er auch Lehrer am Leipziger Konservatorium für Komposition, Klavier, Chorgesang, Solo- und Zusammenspiel. 1897 wurde er Studiendirektor und trat 1902 in den Ruhestand.

WERKE: Opern u. Bühnenmusiken; 3 Sinfonien; 9 Ouvertüren; Solokonzerte f. Vl., Vc., Klavier, Fl. u. Hf; 5 Streichquartette; Klavierquintett, -quartette, -trios; 1 Streichtrio; Sonaten f. Vl., Vc., Fl.; Bläseroktett, -sextett; zahlreiche Klavierwerke; 2 Oratorien; Chorlieder; Was sollen wir spielen? 1886; Rathschläge und Winke für Clavier-Schüler. 1890; Aphorismen über »Die Kunst, zum Gesang zu begleiten«. 1890; Zur Wiederbelebung der Mozartschen Clavier-Concerte. 1891; Und manche liebe Schatten steigen auf. 1900; Meister der Tonkunst. 1903; Die Beethovenschen Clavier-Sonaten. 1905; Aus dem Reich der Töne. 1907; Erinnerungen an den alten Gewandhaussaal zu Leipzig; Klavier-Konzerte alter und neuer Zeit, 4 Bde.; Schule der Technik, 3 Bde.; Erlebnisse und Bekenntnisse (Autobiographie, hrsg. v. Doris Munus. Leipzig 2005) LITERATUR: Dörffel Nr. 168; MGG I; K. Seidel: Carl Reinecke und das Leipziger Gewandhaus.

|440 Hillmann, H e i n r i c h Hermann
Violine
* 12. Dezember 1852 in Holdenstadt
Mitglied von 1872 bis 1874 ♦ Hilfsmusiker des Stadtorchesters
1. Geiger

»Sein … Vater Herr Johann Hermann Hillmann ist Landwirt in Holdenstadt … Herr Hillmann spielt seit 5 Jahren Violine unter Leitung des Herrn Gustav Schultze in Uelzen. Theorie und Pianoforte noch nicht geübt.« (Kon) Er war dann Schüler von → F. David und → E. Röntgen am Leipziger Konservatorium vom 17. April 1868 bis Ostern 1871. In der Stellungnahme für das Abgangszeugnis schrieb F. David: »Mit seltener Beharrlichkeit hat *Herr H.* studiert und mir nie Anlaß zu Tadel gegeben. Seine technische Fertigkeit ist sehr bedeutend, weniger sein Vortrag, der, seinem Charakter entsprechend etwas zu bescheiden ist. Als Quartett *und* Orchesterspieler bedarf er noch der Übung.«

LITERATUR: Nösselt; AB 1872. QUELLEN: Archiv HMT: Kon Nr. 1428.

|441 Wille, Alfred Bodo
Viola
* 30. Oktober 1852 in Halberstadt
Mitglied von 1872 bis 1877 ♦ Hilfsmusiker des Stadtorchesters
Bratscher

Er ist der Sohn von Gottfried Wille, »Musicus und Putzwarenhändler« (Taufeintrag), und dessen Ehefrau Luise, geb. Ludewig. Bei seiner polizeilichen Anmeldung am 6. Februar 1871 war er »Musikusgehülfe« bei

---

61 Als Patent angemeldet am 1. Juli 1880 unter der Nr. 20391; das Gewandhaus besitzt einen von ihm gebauten Kontrabass aus dem Jahre 1889, dieser ist allerdings ein zum 5saiter umgebauter 4saiter; ein weiteres Instrument aus seiner Werkstatt besitzt die Thomaskirche.

62 Heute Stadtteil von Wuppertal.

→ Fr. Büchner, später bei Friedrich Riede. Am 2. Mai 1872 meldete er sich an als »Musiker bei dem Stadttheater«.
LITERATUR: Dörffel Nr. 304. QUELLEN: Domschatzverwaltung Halberstadt: Taufregister Dom; StadtAL: Polizeimeldebücher Temporäre Einwohner.

|442 **Wenzel, Carl Robert**
Harfe
* 2. April 1838 in Geithain
Mitglied vom 1872 bis 1882 ♦ Hilfsmusiker
des Stadtorchesters
Harfenist für → M. Stör

Er ist der Sohn von »Gottlieb Daniel Wenzel, Bürger und Zimmermeister in Frohburg, dermalen Einwohner allhier und Caroline Charlotte geb. Kretschmar von hier« (Taufeintrag). ♦ Er bewarb sich 1882 erfolglos um die Stelle von → A. Insprucker bei der Weimarer Hofkapelle.
LITERATUR: Nösselt. QUELLEN: PfA Geithain-Wickershain: KB Geithain; ThStA Weimar: Sign. GI DNT 891; StadtAL: O. Georgi: Vortrag, die Verhältnisse des Stadtorchesters betreffend ◊ Kap. 32, Nr. 7, Vol. I, Bl. 279.

1873

|443 **Schultz, Christian Albrecht**
Violine
* 7. Januar 1847 in Celle,
† 12. Juni 1880 in Hannover
Mitglied von 1873 bis 1875, nicht im Konzert ♦
Hilfsmusiker des Stadtorchesters
1. Geiger

Er war Schüler von → F. David und → E. Röntgen am Leipziger Konservatorium vom 9. Oktober 1868 bis Ostern 1872. Im Inskriptionseintrag heißt es: »Seine Mutter Frau Elisabeth Schultz sorgt für die Kosten des Aufenthaltes und Studium des Sohnes ... auch beteiligt sich an der Aufbringung dieses Geldes sein Bruder Herr August Schultz, Secretär bei der königlich Preussischen Intendentur des 10. preußischen Armeeorgs. Herr Schultz ist Violin-Spieler und hatte in den letzten 5 Jahren Unterricht bei Herrn Kammermusikus Kayser und Herrn Hofkapellmeister Jean Bott in Hannover. Theoretische Studien machte er 3 Jahr bei Hrn. Hoforganist Enkhausen und im Pianoforte-Spiel 2 Jahr bei Hrn. Kammermusikus Herner in Hannover. Herr Schultz war auch 3 Jahre thätig als Violin-Spieler in den Hof-Concerten und Opern in Hannover.« Am 8. Februar 1871 erhielt er das Mendelssohn-Bartholdy-Stipendium. In der Stellungnahme für das Abgangszeugnis schrieb F. David: »Ein ungemein gewissenhafter Schüler, der einen seiner geistigen Begabung enthsprechenden, im Technischen sehr vorzüglichen Grad von Fertigkeit erreicht hat.« ♦ Vom 1. November 1875 bis zu seinem Tod war er Mitglied der Hofkapelle Hannover.
LITERATUR: Nösselt; AB 1875; F. Schmidt: Das Historische Mitgliederverzeichnis des Niedersächsischen Staatsorchesters 1636–1986. QUELLEN: Archiv HMT: Kon Nr. 1482.

|444 **Essigke, Carl Georg Willibald**
Violine
* 31. Oktober 1854 in Quesitz bei Markranstädt ♦
Sohn von → C. H. H. Essigke
Mitglied von 1873 bis 1875, nicht im Konzert ♦
Hilfsmusiker des Stadtorchesters
2. Geiger

»Sein Vater Herr Carl Essigke ist der langjährige Tenorposaunist unseres Orchesters. Herr E. hatte Unterricht im Violin-Spiel bei seinem Vater, im letzten halben Jahr bei Herrn [→ Fr. R.] Sipp; im Pianoforte-Spiel 2 Jahr bei Herrn Lehrer Thiele in Quesitz und ¼ Jahr bei Herrn Organisten Höppner hier.« (Kon) Er war dann Schüler von → F. David und → E. Röntgen am Leipziger Konservatorium vom 30. April 1870 bis Ostern 1873. In der Stellungnahme für das Abgangszeugnis schrieb F. David: »Hat sich immer Mühe gegeben eine gewisse natürliche Nicht-Geiger-Begabung zu überwinden. Es ist ihm dies nur zum Theil gelungen und da er es an Fleiß nicht hat fehlen lassen so steht zu befürchten dass er die Ansprüche die man an einen Sologeiger zu machen berechtigt ist nicht wird befriedigen können. Immerhin ist er als Orchesterspieler verwendbar.« Ein Jahr zuvor, im März 1872, bemerkte E. Röntgen: »Herr E. studiert nicht ordentlich und macht daher nicht genügende Fortschritte.«
LITERATUR: Nösselt; AB 1874 f. QUELLEN: Archiv HMT: Kon Nr. 1642.

|445 **Kunze, Carl Heinrich Otto**
Violine
* 1. Januar 1854 in Steinbrücken bei Gera
Mitglied von 1873 bis 1876, nicht im Konzert ♦
Hilfsmusiker des Stadtorchesters
2. Geiger

»Sein Vater Herr August Kunze ist Schneidermeister in Steinbrücken ... Herr Kunze hat 4 Jahr Unterricht im Violin-Spiel bei Hern Zürner, 1 Jahr im Pianoforte-Spiel und ½ Jahr in der Theorie bei Herrn Helfer in Gera.« (Kon) Er war dann Schüler von → F. David und → E. Röntgen am Leipziger Konservatorium vom 2. April 1869 bis Ostern 1872. In der Stellungnahme für das Abgangszeugnis schrieb F. David: »Ist musterhaft fleißig, macht bedeutende Fortschritte und wird, wenn er so fortfährt ein tüchtiger Geiger« und E. Röntgen schrieb: »Herr Kunze ist in jeder Beziehung zu loben, Fleiß und Fortschritte gleich groß.«
LITERATUR: AB 1873–1876. QUELLEN: Archiv HMT: Kon Nr. 1515.

|446 **Klengel, Paul Friedrich Moritz**
Dr. phil.
Violine
* 13. Mai 1854 in Leipzig, † 24. April 1934 in Leipzig ♦
Enkel von → M. G. Klengel, Bruder von
→ J. Klengel
Mitglied von 1873 bis 1879
Geiger im Konzert

Sein Vater Dr. phil. Julius Klengel war Philologe, Naturkundler und Gesangslehrer. Er dichtete, komponierte und gehörte ab 1855 dem Direktorium der Bach-Gesellschaft an. 18 Jahre lang war er deren Schriftführer und 1878/79 deren Vorsitzender. Paul Klengel war Schüler von → F. David und → E. Röntgen am Leipziger Konservatorium vom 17. April 1868 bis Ostern 1872. Im Inskriptionseintrag heißt es: »Herr Klengel hatte seit 6 Jahren Unterricht bei Röntgen, und ½ Jahr Unterricht bei Herrn Concermeister David. Mit dem Pianoforte und der Theorie hat er sich während erstgenannter Zeit ohne Lehrer beschäftigt.« In der Stellungnahme für das Zwischenzeugnis vom März 1871 schrieb F. David: »Mit unermüdlichem Fleisse und seltener Ausdauer hat Herr K. sich bemüht die vielen Fehler im Violinspiel die er mit in die Anstalt brachte los zu werden, was ihm auch gelungen ist. Seine Leistungen als Solo- Ensemble und Orchester- Violin- und Violaspieler sind auf einer bedeutenden Stufe der Entwicklung angelangt so dass er jetzt ohne weitere Anleitung alles zu erzielen vermag wozu sein Talent ihn befähigt.« Er studierte anschließend Philosophie sowie Kunstgeschichte und promovierte 1876 mit der Dissertation *Zur Ästhetik der Tonkunst*. Er war Dirigent der »Euterpe«-Konzerte von 1881 bis 1886, später 2. Kapellmeister in Stuttgart, ab 1892 wieder in Leipzig als Dirigent des »Arion« und der Singakademie. Von 1898 bis 1902 war er in New York Dirigent des »Deutschen Liederkranzes«.

Lehrer am Leipziger Konservatorium für Klavier und Theorie von 1883 bis 1887 und von 1907 bis zu seinem Tod; 1908 Professur.

WERKE: Kammermusik f. Vl. u. Klavier, f. Va. u. Klavier, f. Vl. u. Va., f. 2 Vl., f. Vl. allein; verschiedene Klavierstücke; Lieder u. Duette mit Klavier; Männerchöre; 4 Gesänge f. Frauenstimmen mit Klavier; *Die deutsche Mutter* für Alt-Solo, Frauenchor u. Klavier; Herausgabe u. Bearbeitung zahlreicher klassischer Werke. LITERATUR: Nösselt; MGG I; Riemann I u. II; W. Orf: Julius Klengel; P. Röntsch: Das Königliche Konservatorium der Musik zu Leipzig 1843–1918; M. Würzberger: Die Konzerttätigkeit des Musikvereins »Euterpe« und des Winderstein-Orchesters im 19. Jahrhundert. QUELLEN: Archiv HMT: Kon Nr. 1436.

1874

|447 **Bergter, Hermann Gustav**
Violine
* 25. Mai 1856 in Zangenberg bei Zeitz ◆ Bruder von
→ A. Bergter[63]
Als Mitglied im Februar 1874 genannt ◆ Hilfsmusiker des Stadtorchesters
Geiger

Er ist der Sohn von Ernst Friedrich Bergter, »Wagnermeister« (Taufintrag), und dessen zweiter Ehefrau Johanne Sophie, geb. Köhler. Ab 1870 war er in Halle/S. und meldete sich in Leipzig am 14. Februar 1874 polizeilich an als »Musiker bei dem Stadttheaterorchester«.

LITERATUR: Dörffel Nr. 301; AB 1874; Nösselt. QUELLEN: PfA Theißen: TfR Zangenberg; StadtAL: Polizeimeldebücher Temporäre Einwohner.

|448 **Schradieck, Carl Franz H e n r y**
Violine
* 29. April 1846 in Hamburg,
† 25. März 1918 in New York
Mitglied vom 1. September 1874 bis 1. April 1882 ◆
Mitglied des Orchester-Pensionsfonds
Zweiter 1. Konzertmeister für → E. Röntgen, der Erster 1. Konzertmeister wurde

»Sein Vater Hr. Fritz Schradieck ist Violinlehrer in Hamburg ... Den ersten Violinunterricht gab ihm sein Vater. Zuletzt hat er in Brüssel 4½ Jahre lang bei Hr. Prof. Léonard Unterricht gehabt. Im Pianofortespiel ist er Anfänger.« (Kon) Er war dann Schüler von → F. David und → R. Dreyschock am Leipziger Konservatorium vom 5. Oktober 1859 bis Weihnachten 1861. In der Stellungnahme für das Abgangszeugnis schrieb F. David: »Bei vorzüglichem Violintalent ist der Fleiß doch zu mäßig gewesen. Die Fortschritte sind demohngeachtet besonders was Auffassung und Vortrag deutscher Musik betrifft sehr bedeutend. Als Sologeiger wird er bei einiger Verfassung auch Glück machen. Im Orchester und Quartett ist er recht anstellig.« Andere Lehrer schrieben: »Hr. Schradieck hat den Unterricht zu wenig besucht; über die Fortschritte weiß ich nichts zu sagen. [gez.] E. Fr. Richter«; »Herr Schradieck besuchte meine Stunden nicht. [gez.] R. Papperitz« (Theorie); »Ist Anfangs eine Zeit lang in meinen Stunden sichtbar gewesen, später aber abhanden gekommen ... [gez.] E. F. Wenzel« (Klavier). 1863 wurde er Konzertmeister der »Privatkonzerte« in Bremen. In einem Nachtrag zur Inskription wurde der Eintrag »Concertmeister« jedoch gestrichen und ersetzt durch: »zur Verstärkung der ersten Geigen angestellt worden, aber nicht als Concertmeister«. Von 1864 bis 1868 war er Lehrer am Moskauer Konservatorium und danach Konzertmeister der Philharmonischen Konzerte in Hamburg. ◆ In seinem Kündigungsschreiben vom 30. Oktober 1881 teilte er, »dass die im höchsten Grade aufreibende Thätigkeit, welche durch die verschiedenen Stellungen 'Theater - Gewandhaus - Conservatorium' etc, erzeugt wird, mich veranlasst, mein Amt als Concertmeister des Stadtorchesters, nach Ablauf des nächsten halben Jahres, also am 1. April 1882 niederzulegen.« Nach seinem Ausscheiden blieb er noch Lehrer am Leipziger Konservatorium. Ab 1883 war er Lehrer am Konservatorium in Cincinnati, ab 1889 Konzertmeister der Philharmonischen Gesellschaft in Hamburg. 1898 übersiedelte er endgültig nach Amerika, wo er als Lehrer am National Conservatory New York, ab 1899 am Philadelphia Conservatory und ab 1912 am American Institute of Applied Music New York tätig war.

Sekretär des Orchester-Pensionsfonds vom 2. Dezember 1878 bis 1880 für → G. Hinke ◆ Lehrer am Leipziger Konservatorium von 1874 bis 1883 ◆ Lehrer von → A. Beyer, H. Blechschmidt, → F. H. v. Dameck, → B. Heß, → A. Hilf, → A. W. Pestel und G. Fr. Sauer.

WERKE: Verschiedene bis heute gebräuchliche Schulwerke, u.a. Tonleiterstudien, Technische Studien, 25 Große Studien, Anleitung zum Üben der Akkorde. LITERATUR: Dörffel Nr. 173; AB 1875–1882; MGG I; Nösselt; Riemann I. QUELLEN: Archiv HMT: Kon Nr. 779; StadtAL: Kap. 32, Nr. 7, Vol. I, Bl. 142 ◊ Kap. 32, Nr. 7, Vol. II, Bl. 168.

|449 **Schröder, Adolph Friedrich Heinrich C a r l**
Violoncello
* 18. Dezember 1848 in Quedlinburg, † 22. September 1935 in Bremen ◆ Bruder von → A. Schröder
Mitglied vom 1. Oktober 1874 bis 1. Oktober 1880 ◆
Mitglied des Orchester-Pensionsfonds
Solo-Cellist für → E. Hegar

Der Sohn des Quedlinburger Stadtmusikus Karl Schröder war Schüler seines Vaters, später hatte er Unterricht bei Karl Drechsler[64] und Friedrich Kiel. 17jährig wurde er Mitglied der Hofkapelle Sondershausen und bildete 1869 mit seinen Brüdern Hermann (1. Violine), Franz (2. Violine) und Alwin (Viola) ein reisendes Streichquartett. 1872 wurde er Kapellmeister an der Krolloper in Berlin, 1873 Solo-Cellist der Hofkapelle Braunschweig. ◆ Er ging von Leipzig nach Sondershausen, wo er Hofkapellmeister wurde und 1883 das dortige Konservatorium gründete. Er war Kapellmeister an

---

63 Bei Dörffel werden beide Brüder fälschlicherweise ohne Vornamen als eine Person genannt.

64 Schüler von → J. J. Fr. Dotzauer.

der deutschen Oper in Rotterdam 1886/87, an der Berliner Hofoper 1887/88 und am Stadttheater Hamburg von 1888 bis 1890. Ab 1. Oktober 1890 war er wieder in Sondershausen als Direktor des nun fürstlichen Konservatoriums tätig und als Hofkapellmeister. 1907 trat er in den Ruhestand, lebte in Leipzig, später in Frankenhausen und Dresden. Von 1911 bis 1921 war er Lehrer am Stern'schen Konservatorium in Berlin.
Cellist des Gewandhaus-Quartetts von 1874 bis 1881 ♦ Lehrer am Leipziger Konservatorium von 1874 bis 1881 ♦ Lehrer von → G. W. Pester.
WERKE: 2 Opern; 3 Sinfonien; 6 Konzerte f. Vc; 2 Streichquartette; Streichtrio u. a.; Führer durch den Violoncello-Unterricht. 1880; Katechismus des Dirigierens. 1889; Katechismus des Violoncello-Spiels. 1890; Katechismus des Violin-Spiels. 1899. LITERATUR: Dörffel Nr. 172; MGG I. QUELLEN: StadtAL: Kap. 32, Nr. 2, Vol. III; Bl. 218.

|450 Helmer, Georg Friedrich August
Violine
* 18. Mai 1851 in Harburg
Mitglied von 1874 bis 1878 ♦ Hilfsmusiker
des Stadtorchesters
1. Geiger

Bei seiner polizeilichen Anmeldung am 19. November 1868 war er »Musikusgehülfe« bei Friedrich Riede.
LITERATUR: Dörffel Nr. 307. QUELLEN: StadtAL: Polizeimeldebücher Temporäre Einwohner.

1875

|451 Korndörfer, E r n s t Adam Ferdinand
Violine
* 15. Januar 1857 in Elster ♦ Bruder von → O. Korndörfer, Neffe von → Chr. W. Hilf und → Chr. A. A. Hilf, Cousin von → A. Hilf und → R. Hilf
Mitglied von August 1875 bis 1. April 1918, ab
14. Oktober 1875 im Konzert ♦ Zunächst Hilfsmusiker
des Stadtorchesters, am 1. Oktober 1881 Aufnahme
in den Orchester-Pensionsfonds
2. Geiger, ab 1. Juli 1909 Stimmführer der 2. Violinen

Er ist der Sohn von Johann Wolfgang Korndörfer und dessen zweiter Ehefrau Christiane Margarethe, geb. Hilf. Seine Taufpaten waren u. a. sein Onkel Johann Adam Hilf (Vater von A. Hilf und R. Hilf) und seine Tante Christiane Ernestine Hilf (Schwester von Chr. W. Hilf und Chr. A. A. Hilf).
LITERATUR: Dörffel Nr. 187. QUELLEN: PfA Bad Elster: KB; StadtAL: Kap. 32, Nr. 7, Vol. I, Bl. 279 ◊ Kap. 32, Nr. 7, Vol. III; Bl. 288 ◊ Kap. 32, Nr. 7, Vol. V, Bl. 8.

|452 Metius, Emil G u i d o
Violine
* 12. März 1852 in Eisenberg,
† 3. Dezember 1892 in Karlsruhe
Mitglied von 1875 bis 1876, nicht im Konzert ♦
Hilfsmusiker des Stadtorchesters
2. Geiger

Der Sohn von Johann Friedrich Louis Metius und dessen Ehefrau Christiane, geb. Schirmer, meldete sich in Leipzig am 21. September 1870 erstmals als »Musikus« an. ♦ Er ging später nach Karlsruhe, wo er bis zu seinem Tod beim Hoforchester engagiert war.
LITERATUR: Nössell. QUELLEN: Landesarchiv Baden-Württemberg, Generallandesarchiv Karlsruhe, GLA 57a/1404; PfA Eisenberg: KB; StadtAL: Polizeimeldebücher Temporäre Einwohner.

1876

|453 Förstel, Carl Friedrich E d u a r d
Violine
* 24. Oktober 1854 in Oberrenthendorf bei Triptis ♦
Vater von → G. Förstel
Mitglied vom 1. April 1876 bis 1921, ab 5. Oktober 1876
im Konzert ♦ Zunächst Hilfsmusiker des
Stadtorchesters, am 1. Oktober 1881 Aufnahme
in den Orchester-Pensionsfonds
2. Geiger, ab 1910 stellvertretender Stimmführer,
ab 1. April 1918 Stimmführer der 2. Violinen für
→ E. Korndörfer

Er war bereits ab 1875 als »Musikus« in Leipzig. ♦ Seine Tochter Gertrud Förstel (* 1880, † 1950) wurde eine berühmte Sopranistin.
LITERATUR: Dörffel Nr. 188; AB 1878 ff. QUELLEN: StadtAL: O. Georgi: Vortrag, die Verhältnisse des Stadtorchesters betreffend ◊ Kap. 32, Nr. 7, Vol. V, Bl. 8.

|454 Arx, Dietland [Thieland] von
Flöte
* 10. Mai 1849 in Dornach (Schweiz)
Mitglied vom 1. April 1876 bis 15. April 1887 ♦ Zunächst
Hilfsmusiker, ab 1. April 1882 Aspirant des
Stadtorchesters
2. Flötist für → E. Kupfer

»Sein Vater Herr Urs von Arx ist Advokat und Notar in Dornach ... Herr von Arx hatte 2 Jahr Unterricht im Pianoforte und Violin-Spiel, sowie in der Theorie bei Herrn Musikdirektor Gaugler in Rorschach (früherer prämiirter Schüler hiesigen Conservatoriums).« (Kon) Er war dann Schüler am Leipziger Konservatorium vom 16. Oktober 1867 bis Ostern 1869. In den Stellungnahmen für das Abgangszeugnis heißt es: »Hat einige Zeit die Stunden fleißig besucht und Fortschritte gemacht [gez.] E. F. Richter« (Theorie/Komposition); »H. v. Arx hat die Stunden nicht besucht [gez.] Coccius« (Klavier); »Ist unsichtbar geworden seit geraumer Zeit [gez. →] F. David ... Herr v. Arx hat eine Zeitlang meine Stunden besucht jedoch leider ohne allen Erfolg [gez. →] Engelbert Röntgen« (Violine). In einem undatierten Nachtrag zur Inskription heißt es: »Ist in der letzten Woche des August wieder nach Leipzig gekommen um als erster Flötist bei dem in der ›Guten Quelle‹ musizierenden Musichor einzutreten.« ♦ In seinem Kündigungsschreiben heißt es: »Erlaube ich mir die ergebenste Bitte zu unterbreiten, mich ... aus dem Verbande des Stadtorchesters vom 15. April *des Jahres* ausscheiden zu lassen, da ich eine Anstellung am Züricher Stadttheaterorchester als erster Flötist *und* Lehrer an der dortigen Musikschule unter günstigeren Bedingungen nicht ausschlagen möchte, zumal die erhoffte Gehaltsverbesserung u. Pensionsberechtigung ausgeblieben ist, und ich, da ich mich verschuldet habe, mit meinem jetzigen Gehalt nicht habe durchkommen können.« ♦ Später war er Direktor der Musikschule in Winterthur.

LITERATUR: Nösselt; A. Goldberg: Porträts und Biographien hervorragender Flöten-Virtuosen, -Dilettanten und -Komponisten. QUELLEN: Archiv HMT: Kon Nr. 1404; StadtAL: Kap. 32, Nr. 7, Vol. I, Bl. 279 ◊ Kap. 32, Nr. 7, Vol. IV, Bl. 210.

|455 **Müller, Albert R o b e r t**
Posaune
* 25. Mai 1849 in Naumburg/S.,
† 22. Februar 1909
Mitglied vom 23. April 1876 bis zu seinem Tod ♦
Rückwirkend zum 24. April 1876 Aufnahme
in den Orchester-Pensionsfonds
Bass-Posaunist für → G. Fr. Kogel

Er beschrieb seinen künstlerischen Werdegang Alfred Dörffel 1882 im Zusammenhang mit dessen Umfrage wie folgt: »[Ich erhielt] mit dem 11. Jahre den ersten Unterricht und zwar im Geigenspiel von einem dort lebenden Musiker Hr. Freiberg (Vater des in Marburg lebenden Universitäts Musik-Directors). Mit 12½ Jahren spielte mir der Zufall eine Posaune in die Hand welche im Zimmer meines Lehrers stund, ich versuchte einige Töne in dieses staubbedeckte Instrument hinein zu blasen, es mochte mir auch gelungen sein, einige vielleicht nicht so übel klingende staubige Töne aus demselben zu bringen, denn mein Lehrer unterrichtete mich von nun an neben der Violine auch im Posaunenblasen und erzielte auf diesem Instrument schon nach 2½ Jahren so viel Technik, daß ich nach meiner Confirmation in Laucha an [der] Unstrut wohin ich dann gethan, öfteres schon Lieder und Variationen blies. Musik-Director Kirchner bei welchem ich behufs Aneignung einiger Orchesterroutine war, sorgte auch dafür, dass ich nach einem Unterrichte von 1½ Jahren, mein Heil in anderen Orchestern versuchen konnte. Nun begann eine lange Wanderung. Es war 1866 im Herbst als ich von Laucha fort ging um in Naumburg zu überwintern, dort war ich beim Musik-Director Seidenglanzschen Stadtorchester als Posaunist und Bassist engagiert. (Neben diesen Instrumenten hatte ich in Laucha noch auf andern Instrumenten Unterricht genossen, als: Viola, Trompete, Tenorhorn, Tuba). Frühjahr 67 reiste ich nach Seebad Travemünde bei Lübeck, dort war ich bis Herbst am Churorchester thätig. Herbst 67 – Herbst 68 beim Mansfeldschen Orchester Chemnitz. Oktober 68 bis Frühjahr 69 an den Theatern in Luzern und St. Gallen Direction Dettloff. Zürich 69 Frühjahr bis 71 Frühjahr beim Tonhalle Orchester als Soloposaunist. Kapellmeister Fritz Hegar [Bruder von → E. Hegar]. Wiesbaden Sommer 72 Curcapelle als Solist. Direction Keler-Bela. Straßburg Herbst 72 bis Frühjahr 74 dort ans Theater engagiert, mussten wir wegen dem noch im Aufbau begriffenen Theater erst bis Dezember in Mühhausen, dann noch bis Frühjahr in Metz Oper spielen, gingen dann nach Straßburg, jedoch nicht ins große Theater sondern ins Sommertheater, spielte dort den Sommer, um dann im Herbst 73 erst ins neue einzuziehen. 1873 im Sommer hörte ich dann von einer bald bevorstehenden Pensionierung des am Leipziger Stadtorch*est*er ang*est*ellten Hrn Kogel, ich reise im Juni mit meiner Posaune nach Leipzig bließ dem Herrn Capellmeister [→ C.] Reinecke und jetzt seligen Gust. Schmidt verschiedene Solostücke vor und empfing von beiden Hrn die Versicherung dass bei eintreten des Winters, ich die Stelle bekomme. Ich verblieb bis Frühjahr 1874 im Straßburger Orchester und reise dann in ein Engagement als Solist nach Lugano in die ital*ien*ische Schweiz in das Privatorch*est*er eines russischen Staatsraths Paul *von* Dervies[65] (Capellmeister Carl Müller Berghaus) hier spielten wir nur für das Haus dieses Mannes (der nebenbei bemerkt ein sehr tüchtiger Clavierspieler und sogar Gelegenheitscomponist war, jetzt leider selig). Daß Orchester war 52 Mann stark, es war von jedem Instrument ein Solist engagiert. Es wurden die Concerte in seinem im Schlosse befindlichen Concertsaale ausgeführt, und wurden außer der 9ten alle 8 Sinfonien Beethovens etc., also nur bessere Musik gespielt. Im Winter waren wir in Nizza und spielte dort (auch nur für sein Haus) in seinem Schlosse ›Valrose‹. An dieses Engagement gnüpfen [sic!] sich die schönsten Erinnerungen meines Lebens, ich war dort 2 Jahre bis 1876 und musste schließlich eine mir gebotene Lebensstellung dem Jahresengagement (wir bekamen dort nur Contract von Jahr zu Jahr) vorziehen.« ♦ In seinem Gesuch um Gehaltserhöhung vom 27. Juni 1877 heißt es: »Zuvor war ich in einem sehr großen privat Orchester des Baron Paul von Derwies in Nizza und Lugano als Solist engagiert, und entschloß mich für hiesige Annahme eigentlich nur der Pensionsverhältnisse halber, denn pecuniär habe ich mich hier derart verändert, dass ich mit meiner Mutter nur schwierig existieren kann.« ♦ Lehrer am Leipziger Konservatorium von 1882 bis zu seinem Tod ♦ Lehrer von → K. Bamberg, → B. Dathe und → F. Grube.

WERKE: Orchesterstudien; Posaunenschule.
LITERATUR: Dörffel Nr. 174. QUELLEN: StadtAL: Kap. 32, Nr. 7, Vol. V, Bl. 8 u. 165 ◊ Kap. 32, Nr. 2, Vol. III, Bl. 157; Stadtgeschichtliches Museum Leipzig: Handschriftensammlung, Umfrage Dörffel.

|456 **Hietzschold, Johann H e i n r i c h**
Violoncello
* 26. März 1826 in Gera
Mitglied vom 1. Mai 1876 bis 1889 ♦ Zunächst
Hilfsmusiker, ab 1. April 1882 Aspirant des
Stadtorchesters
Cellist

Der Sohn des Schuhmachermeisters Johann Heinrich Hietzschold und dessen Ehefrau Johanna Christiane, geb. Zetzsch, meldete sich 1855 in Leipzig polizeilich an als »Musikus und Productenhändler«; 1862 wurde er Bürger der Stadt.

LITERATUR: Dörffel Nr. 313. QUELLEN: PfA Gera: KB; StadtAL: Kap. 32, Nr. 7, Vol. I, Bl. 279 ◊ Kap. 32, Nr. 7, Vol. V, Bl. 8 ◊ Polizeimeldebücher Bleibende Einwohner; Stadtgeschichtliches Museum Leipzig: Handschriftensammlung, Umfrage Dörffel.

|457 **Reimers, E m i l Johannes Christian Jacob**
Violine
* 10. Oktober 1852 in Glückstadt
Mitglied vom 1. Juli 1876 bis 1920 ♦ Zunächst
Hilfsmusiker des Stadtorchesters, ab 1. April 1882
Aspirant, am 1. Juli 1893 Aufnahme in den Orchester-
Pensionsfonds
2. Geiger

Er war Schüler von → H. Klesse am Leipziger Konservatorium vom 3. April 1875 bis Johannis 1876. Im Inskriptionseintrag heißt es: »Sein Vater Herr Max Reimers ist Essigbrauer in Glückstadt; nicht dieser aber, sondern sein Bruder Herr Carl Reimers, Geschäftsreisender in Kiel trägt die Kosten des Aufenthaltes in Leipzig … Herr R. hatte 6 Jahr Unterricht im Violin-Spiel bei Herrn Musik*direktor* Vitzen in Glückstadt.« In einem Nachtrag wurde

[65] Diesem widmete Antonín Dvořák seine Slawische Rhapsodie op. 45.

ergänzt, daß er »wegen Geldmangel eine 2te Violinisten-Stelle im hiesigen Orchester angenommen« hat.
LITERATUR: Dörffel Nr. 308. QUELLEN: Archiv HMT: Kon Nr. 2293; StadtAL: Kap. 32, Nr. 7, Vol. V, Bl. 8.

|458 Schlegel, Ernst Louis
Horn
* 21. November 1839 in Werdau,
† 4. September 1882 in Leipzig
Mitglied vom 1. Juli 1876 bis 1882 ♦ Hilfsmusiker des Stadtorchesters
Hornist an der neu eingerichteten 5. Stelle

Er ist das sechste Kind von Christian Friedrich Schlegel, »Bürger und Bierschröder« (Taufeintrag), und Joh. Christiane, geb. Kaufmann.
LITERATUR: Nösselt. QUELLEN: PfA Werdau TfB; StadtAL: Kap. 32, Nr. 7, Vol. I, Bl. 279.

|459 Haußmann, Robert
Violine
* 7. August 1851 in Frohburg ♦ Neffe von → E. Türppe
Mitglied vom 1. September 1876 bis 1920 ♦ Zunächst Hilfsmusiker des Stadtorchesters, ab 1. Oktober 1881 Aspirant, am 1. Juli 1893 Aufnahme in den Orchester-Pensionsfonds
2. Geiger

Er ist der Sohn von Karl Friedrich Haußmann, »Bürger, Weber und Musikus« (Taufeintrag), und dessen Ehefrau Johanna Dorothea, geb. Türppe, eine Schwester von E. Türppe. Einer seiner Taufpaten war Karl Türppe, Musikergehilfe in Glauchau.
LITERATUR: Dörffel Nr. 309; Nösselt. QUELLEN: PfA Frohburg: KB; StadtAL: O. Georgi: Vortrag, die Verhältnisse des Stadtorchesters betreffend.

|460 Korndörfer, Oskar Franz Robert
Viola
* 6. Juli 1851 in Elster,
† 21. Januar 1925 in Bad Elster ♦ Bruder von → E. Korndörfer, Neffe von → Chr. W. Hilf und → Chr. A. A. Hilf, Cousin von → A. Hilf und → R. Hilf
Mitglied von 1. Oktober 1876 bis 1. Mai 1895 ♦ Ab 1. Oktober 1877 Hilfsmusiker des Stadtorchesters, ab 1. April 1882 Aspirant, am 1. März 1890 Aufnahme in den Orchester-Pensionsfonds
Bratscher

Er ist der Sohn von Johann Wolfgang Korndörfer, »Webermeister und Einwohner in Elster« (Taufeintrag), und dessen zweiter Ehefrau Christiane Margarethe, geb. Hilf.
LITERATUR: Dörffel Nr. 311; Wolf: Die Familie Hilf. QUELLEN: PfA Bad Elster: KB; StadtAL: Kap. 32, Nr. 7, Vol. I, Bl. 279 ◊ Kap. 32, Nr. 7, Vol. V, Bl 8 u. 154 ◊ Kap. 32, Nr. 7, Vol. VII, Bl. 166.

|461 Müller, Bernhard Eduard
Horn
* 2. Juni 1842 in Altenburg
Mitglied vom 1. Oktober 1876 bis 1920 ♦ Rückwirkend zum 1. Oktober 1876 Aufnahme in den Orchester-Pensionsfonds
2. Hornist für → E. G. A. Spohr

Er ist der Sohn von Wilhelm Hermann Müller, »Bürger und Böttcher hier« (Taufeintrag).
Lehrer von → B. Zeumer.
WERKE: Etüden, die bis heute als Studienliteratur benutzt werden. LITERATUR: Dörffel Nr. 175. QUELLEN: PfA Altenburg: TfB 1842; StadtAL: Kap. 32, Nr. 7, Vol. I, Bl. 279.

|462 Hatzsch, Friedrich August
Posaune, Kontrabass
* 26. Januar 1837 in Lengenfeld/Vogtland,
† 18. Dezember 1898 in Leipzig
Mitglied vom 2. Oktober 1876 bis zu seinem Tod ♦ Zunächst Hilfsmusiker des Stadtorchesters, ab 1. April 1882 Aspirant, am 1. Juli 1893 Aufnahme in den Orchester-Pensionsfonds
Posaunist an der neu eingerichteten 4. Stelle, im Konzert Kontrabassist, ab 1893 nur noch Kontrabassist

Er ist der Sohn von Carl August Hatzsch, »Musiklehrer« (Taufeintrag), und dessen Ehefrau Pauline, geb. Wolf.
LITERATUR: Dörffel Nr. 314. QUELLEN: PfA Lengenfeld: TfR; StadtAL: Kap. 32, Nr. 7, Vol. V, Bl 8 ◊ Kap. 32, Nr. 7, Vol. IX, Bl. 1.

|463 Mühlmann, Ernst Reinhold
Violine
* 5. Juni 1855 in Brunndöbra bei Klingenthal
Mitglied von 1876 bis 1877 ♦ Hilfsmusiker des Stadtorchesters
1. Geiger

»Sein Vater Herr Ernst Mühlmann ist Harmonikafabrikant in Brunndöbra bei Klingenthal … Herr M. wurde im Violin-Spiel unterrichtet 2½ Jahre von Cantor Weber in Brunndöbra und 1 Jahr von Herrn Stadtmusikus Heinrich Burkhardt in Mittweida.« (Kon) Er war dann Schüler von → E. Röntgen am Leipziger Konservatorium vom 7. Oktober 1870 bis Ostern 1874. In der Stellungnahme für das Abgangszeugnis schrieb → E. Röntgen: »Herr Mühlmann ist stets sehr fleißig und strebsam gewesen und hat einen ziemlich hohen Grad an Ausbildung erlangt« und Alfred Richter (Klavier) schrieb: »Ist mir unbekannt geblieben.«
LITERATUR: Nösselt. QUELLEN: Archiv HMT: Kon Nr. 1673.

|464 Jahn, August
Violine
Mitglied von 1876 bis 1880 ♦ Hilfsmusiker des Stadtorchesters
2. Geiger

LITERATUR: Dörffel Nr. 310.

|465 **Schuchardt, Gustav Julius**
Violine
* 8. September 1849 in Alach[66] bei Erfurt,
† 22. Juli 1877 in Leipzig
Mitglied von 1876 bis zu seinem Tod ♦ Hilfsmusiker des Stadtorchesters
2. Geiger

In seinem Leipziger Aufgebotseintrag von 1875 wird er als Sohn des »Landwirtes Louis Schuchardt in Alach« bezeichnet, im Polizeimeldebuch wird »Allach/Preußen« als Geburtsort angegeben.
LITERATUR: Nösselt. QUELLEN: KAL: TrR St. Thomas; StadtAL: Polzeimeldebücher Bleibende Einwohner.

|466 **Klengel, Friedrich Julius** Prof.
Violoncello, Ehrenmitglied
* 24. September 1859 in Leipzig,
† 27. Oktober 1933 in Leipzig[67] ♦ Enkel von → M. G. Klengel, Bruder von → P. Klengel
Mitglied von 1876 bis 1924 ♦ 1924 zum Ehrenmitglied des Vereins »Stadtorchester Leipzig e.V.« ernannt
Cellist im Konzert, ab 1. Oktober 1881 Solo-Cellist im Konzert für → C. Schröder

Sein Vater Dr. phil. Julius Klengel war Philologe, Naturkundler und Gesangslehrer. Er dichtete, komponierte und gehörte ab 1855 dem Direktorium der Bach-Gesellschaft an. 18 Jahre lang war er deren Schriftführer und 1878/79 deren Vorsitzender. Friedrich Julius war Schüler von → E. Hegar und trat schon 16jährig als Solist in mehreren Orten Deutschlands auf. Im Februar 1876 lehnte er eine Berufung an die Hofkapelle Meiningen ab, »vor allem aber in Rücksicht auf die große Jugend«, wie sein Vater dies in einem Schreiben an den Herzog begründete. Im gleichen Jahr erlangte er an der Nicolaischule das Abitur und wurde Mitglied des Gewandhausorchesters. ♦ Neben seinem Wirken als Solist, Kammermusik- und Orchesterspieler und seinem kompositorischen Schaffen widmete er sich im Laufe seines Lebens immer mehr der Lehrtätigkeit. Zu seinen annähernd 1000 Schülern gehörten u. a. Emanuel Feuermann, Paul Grümmer, Ludwig Hoelscher, Rudolf Metzmacher und Gregor Piatigorsky. Nach → Fr. W. L. Grützmacher war er der bedeutendste mitteldeutsche Virtuose seines Instruments und der gefragteste Pädagoge seiner Zeit.
Mitglied des Gewandhaus-Quartetts von 1881 bis 1930 (ab 1926 mit → H. Münch-Holland alternierend) für → C. Schröder ♦ Lehrer am Leipziger Konservatorium von 1881 bis zu seinem Tod ♦ Lehrer von → M. Kiesling, → A. Kludt, → Th. Kopp, → H. Kral, → A. Starke, → K. Riedel, → W. Weigelt, → G. Wille, → R. Wintgen und → M. Wünsche.
WERKE: Konzert-Ouvertüre; Serenade f. Streichorch.; 4 Konzerte f. Vc. u. Orch.; 2 Konzerte f. 2 Vc. u. Orch.; 2 Konzerte f. Vl., Vc. u. Orch.; Kammermusik f. 1–12 Celli; Streichsextett; 2 Streichquartette; 1 Klaviertrio; 6 Kindertrios f. Kl., Vl. u. Vc.; Sonate f. Vc. u. Klavier; Suite f. Orgel u. Vc.; 2 geistliche Motetten; Technische Studien durch alle Tonarten; Tägliche Übungen; Herausgabe u. Bearbeitung v. Vc.-Literatur. LITERATUR: Nösselt; MGG I; Riemann I u. II; W. Orf: Julius Klengel; P. Röntsch: Das Königliche Konservatorium der Musik zu Leipzig 1843–1918. QUELLEN: ThStA Meiningen: Hofmarschallamt Nr. 1778.

---

66 Angabe nach dem Polizeimeldebuch; nach Auskunft des zuständigen Pfarramtes Bindersleben ist in den Kirchenbüchern von Alach seine Taufe nicht nachweisbar.

67 Seine Grabstelle auf dem Leipziger Südfriedhof wird von der Gemeinschaft der Mitglieder des Gewandhausorchesters bezahlt und von den Cellisten gepflegt.

Julius Klengel, Photographie, um 1900

|467 **Ficker** [Fricke], **Adolf**
Trompete
* 5. April 1860 in Crottendorf/Erzgebirge,
† 12. Februar 1931
Mitglied von 1876 bis 1878, nicht im Konzert ♦ Aspirant des Stadtorchesters
Trompeter an der neu eingerichteten 3. Stelle

»[Der] Kammervirtuos Seiner Majestät, wurde am 5. April 1860 in Crottendorf bei Annaberg geboren und von 1874 ab in der Musikschule des Direktors Hillmann auf der Trompete ausgebildet. 1876 erhielt er bereits ein Engagement am Leipziger Stadttheater, wo er zwei Jahre verblieb, um dann seine Militärzeit zurückzulegen. Er wurde dort in die Kapelle des Musikdirektors Ehrlich eingestellt und wirkte volle drei Jahre als Solotrompeter. Nach Absolvierung seiner Militärzeit erhielt er ein Engagement am Konzerthaus ›Wintergarten‹ in Berlin. Nach Verlauf eines Jahres berief ihn Angelo Neumann in seine Kapelle zur ›Nibelungen‹-Tournee in Europa. 1883 wurde er dann in die Kapelle des königlichen Hoftheaters zu München angestellt, nahm Teil an den Bayreuther ›Parsifal‹-Aufführungen unter Richard Wagners Direktion, bis er 1884 einer Berufung an das hiesige kö-

nigliche Hoftheater Folge leistete.« (Das Dresdner Hoftheater). In Dresden war er bis zum 31. Dezember 1914 unter dem Namen Adolf Fricke tätig.
LITERATUR: Nösselt; H.-J. Nösselt: Ein ältest Orchester; A. Schreiber: Von der Churfürstlichen Cantorey zur Sächsischen Staatskapelle Dresden; Das Dresdner Hoftheater in der Gegenwart, hrsg. v. B. Wildberg.

|468 Wolf, Bernhard
Tuba
* 30. Januar 1829 in Pomßen bei Naunhof,
† 5. Juni 1888 in Neustadt bei Coburg, ☐ in Leipzig
Mitglied von 1876 bis 1882 ♦ Hilfsmusiker des Stadtorchesters
Tubist

Er ist der Sohn von Carl Friedrich Wolf, »herrschaftlicher Revierförster« (Taufeintrag), und dessen Ehefrau Eleonora Henrietta, geb. Kießling. Alfred Dörffel berichtet 1884, daß Wolf »30 Jahre lang bei Bedarf zu den Konzerten herangezogen« wurde. Nach Angaben in den Polizeimeldebüchern wurde der »verabschiedete Obersignalist der 2. Companie [des] II. Jäger Bataillons« und »Landesproductenhändler« 1867 mit dem Beruf »Victualienhändler« Bürger der Stadt und meldete sich am 11. Dezember 1876 polizeilich an als »Musiker«.
LITERATUR: Nösselt; Dörffel. QUELLEN: PfA Pomßen: KB; StadtAL: Polizeimeldebücher Bleibende Einwohner.

1877

|469 Buchheim, Friedrich Ehregott
Viola
* 1. Januar 1847 in Trebelshain bei Wurzen,
† Oktober 1915
Mitglied vom 1. Juli 1877 bis 1915 ♦ Zunächst Hilfsmusiker des Stadtorchesters, ab 1. April 1882 Aspirant, am 1. Juli 1893 Aufnahme in den Orchester-Pensionsfonds
Bratscher

Er ist das vierte Kind von Carl Wilhelm Buchheim, »Schenkwirth zu Trebelshain« (Taufeintrag), und dessen Ehefrau Rosina Elisabeth, geb. Gaitzsch.
LITERATUR: Dörffel Nr. 316; Nösselt. QUELLEN: PfA Kühren-Sachsendorf: TfR Kühren; StadtAL: O. Georgi: Vortrag, die Verhältnisse des Stadtorchesters betreffend ◊ Kap. 32, Nr. 7, Vol. I, Bl. 279 ◊ Kap. 32, Nr. 7, Vol. V, Bl. 8 ◊ Kap. 32, Nr. 7, Vol. XIII, Bl. 171.

|470 Böttger [Böttcher], Johann Heinrich
Violine
* 12. Dezember 1854 in Annaberg/Erzgebirge
Mitglied vom 1. Oktober 1877 bis 1920 ♦ Zunächst Hilfsmusiker des Stadtorchesters, am 1. Oktober 1881 Aufnahme in den Orchester-Pensionsfonds
2. Geiger

Er ist das siebente Kind von Christian Gottlieb Böttger, »Bürger u. Seidenwirker« (Taufeintrag), und das vierte Kind aus dessen zweiter Ehe mit Christiane Eleonore Guiskard, geb. Roth. Bei seiner polizeilichen Anmeldung war er »Musikus bei dem Theaterorchester«.

LITERATUR: Dörffel Nr. 189. QUELLEN: PfA Annaberg-Buchholz: KB St. Annen; StadtAL: Kap. 32, Nr. 7, Vol. I, Bl. 279 ◊ Polizeimeldebücher Temporäre Einwohner.

|471 Großkunz, Heinrich Herbart
Posaune
* 5. Juli 1845 in Barchfeld bei Bad Salzungen
Mitglied vom 1. Dezember 1877 bis 1918 ♦ Rückwirkend zum 1. Dezember 1877 Aufnahme in den Orchester-Pensionsfonds
Tenor-Posaunist für → C. H. H. Essigke

Er beschrieb seinen künstlerischen Werdegang Alfred Dörffel 1882 im Zusammenhang mit dessen Umfrage wie folgt: »Schon in Schuljahren auf der Geige Unterricht genossen, kam ich den 1ten September 1859 nach Weimar zum Stadtmusikus Fischer, um die Instrumentalmusik zu erlernen; nachdem ich auf mehreren Instrumenten Unterricht erhalten, und zu Tanzmusiken, Konzert etc. mitwirkte wählte ich zu meinem Hauptinstrumente Posaune. Dorten die Hofcapelle am Ort bot sich mir bald Gelegenheit vom dortigen Kammermusiker E. Große Unterricht auf diesem Instrument zu erhalten. 1863 zum 1ten September war meine contractlich festgesetzte Lehrzeit zu Ende gegangen, und durch E. Große's Empfehlung kam ich 1863 am 1ten November in die fürstlich Hohenzollern-Hechingensche Hofkapelle zu Löwenberg in Schlesien[68] als Tenorposaunist, woselbst ich bis zu Ende April 1869 thätig war, (d. h. nur zur Wintersaison, für die Sommersaison bekleidete ich eine Stellung nach Baden-Baden etc.) wo die Capelle durch den Tod des Fürsten aufgelöst wurde. Durch den damaligen Hofkapellmeister M. Seifriz erhielt ich nach Auflösung der Capelle eine Stellung in derselben Eigenschaft nach Aachen zum städtischen Orchester, siedelte aber 1872 nach Leipzig über und zwar als Mitglied der Kapelle [→ Fr.] Büchner. Hier wurde mir oft Gelegenheit geboten im Theater und Gewandhausconcerten als Substitut mitzuwirken, und schließlich am 1ten Dezember 1877 als Nachfolger des Herrn Essigke in das hiesige Theater und Gewandhaus-Orchester einzutreten.« ♦ Er sollte eigentlich zum 30. September 1914 pensioniert werden, wegen des Kriegsausbruchs erklärte er sich jedoch bereit, »den Dienst im städtischen Orchester bis auf weiteres zu versehen und auf die bereits gewährte Pensionierung ab 1. Oktober in Anbetracht der Umstände zu verzichten.« Obwohl noch im Orchester tätig, nahm er nicht an dem Schweiz-Gastspiel des Gewandhausorchesters 1916 teil.
LITERATUR: Dörffel Nr. 177. QUELLEN: StadtAL: Kap. 32, Nr. 7, Vol. V, Bl. 8 ◊ Kap. 32, Nr. 7, Vol. XIII, Bl. 180; Stadtgeschichtliches Museum Leipzig: Handschriftensammlung, Umfrage Dörffel.

|472 Heß, Friedrich Bernhard
Violine
* 8. Mai 1851 in Frohburg, † 25. September 1902
Mitglied von 1877 bis zu seinem Tod ♦ Ab 1. Januar 1878 Hilfsmusiker des Stadtorchesters, ab 1. April 1882 Aspirant, am 1. Juli 1893 Aufnahme in den Orchester-Pensionsfonds
1. Geiger, ab 1882 2. Geiger

Er ist das außereheliche Kind von »Bernhard Heß, herzoglich Sächsisch Altenburgischer Lieutnant aus Kloster Laussnitz« (Taufeintrag) und der Frohburger Schuhmachertochter Johanna Dorothea Müller. »Sein Pflegevater Herr Johann Friedrich Gabler ist Schuhmacher in Frohburg. Herr H.,

....
68 Heute Lwowek Slaskie (Polen).

welcher in den letzten 3 Jahren beim hiesigen Regimente als Hoboist angestellt war, genoß seine musikalische Vorbildung, welche vorzüglich Violine und Messing-Instrumente betraf bei Herrn Stadtmusikdirektor Pfitzner in Frohburg. Seit einem Jahr wurde er im Violin-Spiel von Herrn [→ Fr.] Hermann unterwiesen.« (Kon) Er war dann Schüler von → H. Schradieck und Fr. Hermann am Leipziger Konservatorium vom 17. Oktober 1874 bis 15. November 1876. In der Stellungnahme für das Abgangszeugnis schrieb H. Schradieck: »Herr Heß ist immer sehr fleißig und gewissenhaft gewesen und hat obgleich er von der Natur nicht besonders beanlagt ist, recht tüchtige Fortschritte gemacht.«

LITERATUR: Dörffel Nr. 315; AB 1879 ff. u. 1883 ff.; Nösselt. QUELLEN: Archiv HMT: Kon Nr. 2272; PfA Frohburg: KB; StadtAL: O. Georgi: Vortrag, die Verhältnisse des Stadtorchesters betreffend ◊ Kap. 32, Nr. 7, Vol. V, Bl. 8.

|473 Hassert, Adolph
Violine
Mitglied von 1877 bis 1879, nicht im Konzert ♦ Hilfsmusiker des Stadtorchesters
2. Geiger

LITERATUR: Nösselt.

|474 Wolf, Friedrich Heinrich
Schlagzeug
* 13. April 1850 in Artern
Mitglied von 1877 bis 1878 ♦ Hilfsmusiker des Stadtorchesters
Schlagzeuger für → Fr. Günther

Er ist der Sohn des Bergmanns Salomo Friedrich Wolf und dessen Ehefrau Johanne Ernestine Johanna, geb. Kynast. Am 13. Oktober 1877 meldete er sich in Leipzig polizeilich an als »Musiker am Stadttheater, gewesener Bürstenmacher«. Im Adreßbuch 1877 heißt es beim Stadtorchester: »Trommel, große: Frdr. Wolf. Querstr. 24.« ♦ Er meldete sich am 7. Juni 1878 nach Luzern ab.

LITERATUR: Nösselt; AB 1877. QUELLEN: PfA Artern: KB; StadtAL: Polizeimeldebücher Temporäre Einwohner.

1878

|475 Schneider, Ernst Friedrich
Trompete
* 20. August 1860 in Weida
Mitglied vom 1. April 1878 bis 1913[69] ♦ Zunächst Hilfsmusiker des Stadtorchesters, ab 1. Oktober 1881 Aspirant, am 1. Juli 1893 Aufnahme in den Orchester-Pensionsfonds
4./2. Trompeter für → A. Ficker, ab 1. Oktober 1905 erster 2. Trompeter für → H. Zscherneck

Er ist der Sohn von Friedrich August Schneider, »Bürger und Zeugmacher« (Taufeintrag), und dessen Ehefrau Ernestine Wilhelmine, geb. Schmidt. ♦ Er sollte auf Antrag des Theaterdirektors Max Staegemann entlassen wer-

den, weil er in der Vorstellung *Tannhäuser* am 14. November 1890 fehlte und an diesem Tage als Sänger in einem Konzert der Gesellschaft »Erholung« in Saalfeld auftrat. Ursprünglich war für diesen Tag Verdis *Troubadour* angesetzt, wo im Unterschied zu Wagners *Tannhäuser* im Orchester nicht drei, sondern nur zwei Trompeten zu besetzen sind.

LITERATUR: Nösselt. QUELLEN: PfA Weida: TfR; StadtAL: Kap. 32, Nr. 7, Vol. III, Bl. 286 ◊ Kap. 32, Nr. 7, Vol. V, Bl. 8 u. 305 ◊ Kap. 32, Nr. 7, Beiheft 1 ◊ Polizeimeldebücher Temporäre Einwohner.

|476 Eichhorn, Carl Alwin
Violine
* 16. Juli 1854 in Oelsnitz bei Chemnitz,
† 17. November 1914
Mitglied vom 1. August 1878 bis 30. September 1885 ♦ Aspirant des Stadtorchesters
1. Geiger

Er ist der Sohn von Christian Friedrich Eichhorn, »Einwohner und Kohlenmesser« (Taufeintrag), und dessen Ehefrau Johanne Henriette, geb. Teichert. »Den ersten Violinunterricht erhielt der noch nicht acht Jahre alte Knabe von seinem Vater und mußte nach kurzer Zeit schon öffentlich musizieren. Er ist Autodidakt, denn während seiner Schuljahre erlernte er ohne Lehrer alle Streich-, sowie viele Messing- und Blasinstrumente. Nach seiner Schulzeit hatte er bis zu seinen Soldatenjahren als Cellist verschiedene Engagements. Er diente in der Kapelle des Leib-Grenadier-Regiments Nr. 100 unter Musikdirektor Ehrlich und ging nach absolvierter Dienstzeit nach Leipzig zum Musikdirektor [→ Fr.] Büchner, wo er als Konzertmeister im alten Leipziger Stadttheater fungierte. Im Jahre 1878 wurde er im Leipziger Gewandhausorchester als erster Violinist angestellt.« (Das Dresdner Hoftheater) ♦ Er ging nach Dresden an die Hofkapelle, wo er bis 30. September 1913 tätig war.

LITERATUR: Dörffel Nr. 317; Das Dresdner Hoftheater in der Gegenwart, hrsg. v. B. Wildberg; A. Schreiber: Von der Churfürstlichen Cantorey zur Sächsischen Staatskapelle Dresden. QUELLEN: PfA Oelsnitz: TfR; StadtAL: Kap. 32, Nr. 7, Vol. I, Bl. 279 ◊ Kap. 32, Nr. 7, Vol. III, Bl. 305.

|477 Blume, Louis Hugo
Schlagzeug
* 6. März 1854 in Reichenbach/Vogtland
Mitglied von September 1878 bis September 1879 ♦ Aspirant des Stadtorchesters
Schlagzeuger für → Fr. H. Wolf

Der Sohn von Rudolph Blume, »Bürger und Stadtmusikus« (Taufeintrag), und dessen dritter Ehefrau Agnes Henrietta, geb. Wirth meldet sich am 27. September 1878 polizeilich an als »Musikus bei dem Theaterorchester.« Im Adreßbuch 1879 heißt es beim Theater- und Gewandhausorchester: »Trommel, große: Ls. Blume. Waldstr. 47.« ♦ Er meldete sich am 12. September 1879 nach Frankfurt/M. ab.

LITERATUR: Nösselt; AB 1879. QUELLEN: PfA Reichenbach: TfR; StadtAL: Polizeimeldebücher Temporäre Einwohner.

---

[69] Angabe nach Nösselt; er wird jedoch noch 1914, 1916 und 1917 als Orchestermitglied erwähnt für den 2. zweiten Trompeter → G. Naumann.

1879

|478 Beyer, Arthur Max
Violine
* 16. Juli 1858 auf dem Grundhof bei Salzungen
Mitglied vom 1. September 1879 bis 31. März 1925 ◆
Aspirant des Stadtorchesters, am 1. Oktober 1881
Aufnahme in den Orchester-Pensionsfonds
1. Geiger, später Vorspieler

»Sein Vater Herr Wilhelm Beyer ist Rentier in Leipzig. Herr B. hatte 5 Jahr Unterricht im Pianoforte-Spiel bei Herrn Musikdirector Jacobi in Coburg, welcher auch während dieser Zeit seine Hauptstudien - das Violin-Spiel leitete; Theoretische Kenntnisse mangeln.« (Kon) Er war dann Schüler von → Fr. Hermann und → H. Schradieck am Leipziger Konservatorium vom 10. November 1876 bis Michaelis 1879. In der Stellungnahme für das Zeugnis vom März 1879 schrieb Fr. Hermann: »Herr Beyer ist eine der besten Stützen unseres Ensembles; für das Solospiel habe ich in neuester Zeit weniger Gelegenheit gehabt, Fortschritte zu bemerken.« Und H. Schradieck schrieb: »Herr Beyer hat immer fleißig studiert ... in der letzten Zeit hat er meine Stunden allerdings nicht mehr regelmäßig besucht.« Im Abgangszeugnis heißt es dann: »War einer der fleißigsten Schüler der Anstalt und hat eine sehr achtbare künstlerische Stufe erreicht. [gez.] Schradieck.«

Sekretär des Orchester-Pensionsfonds von 1904 bis 1906 für → C. Tamme.

LITERATUR: Dörffel Nr. 185. QUELLEN: Archiv HMT: Kon Nr. 2629; StadtAL: Kap. 32, Nr. 7, Vol. I, Bl. 279 ◊ Kap. 32, Nr. 7, Vol. V, Bl. 8 ◊ Kap. 32, Nr. 7, Beiheft 2/Bd. 2.

|479 Sauer, Georg Friedrich
Violine
* 15. September 1853 in Buffalo/NY (USA), † 1936
Mitglied vom 1. September 1879 bis 1881 ◆ Aspirant des Stadtorchesters
2. Geiger

Er war Schüler von → H. Schradieck und → Fr. Hermann am Leipziger Konservatorium vom 7. Juni 1873 bis Michaelis 1875. Im Inskriptionseintrag heißt es: »Sauer, Georg Friedrich (George Fredrick): Sein Vater Herr Johann Sauer ist Barbierstubenbesitzer in Buffalo. Herr S. hatte Unterricht im Violin-Spiel 3½ Jahr bei Herrn Gräfe, im Pianoforte-Spiel 3 Jahr bei Herrn Poppenberg in Buffalo. Theoretische Kenntnisse fehlen.« Im Zeugnis vom 28. April 1875 schrieb H. Schradieck: »Giebt sich recht viel Mühe, wird aber von seinen Anlagen nicht sonderlich unterstützt«; im Abgangszeugnis vom 29. September 1875 heißt es: »Ist recht fleißig gewesen und wird seinen Platz als Orchestergeiger vollkommen ausfüllen.« ◆ Bei seiner polizeilichen Anmeldung als »Musikus am Stadttheater« am 10. November 1879 wurde vermerkt: »seit November 1878 ohne Anmeldung hier«. Später wurde im Polizeimeldebuch nachgetragen: »vor 4 Jahren fort nach Hause laut Abmeldung vom 17.7.86.« ◆ Er kam am 16. Juni 1881 mit dem Schiff »Lessing«, auf dem 50 Musiker waren, nach New York und ist dort von 1884 bis 1890 beim New York Symphony Orchestra nachweisbar. Von 1890 bis 1909 war er Bratscher im Boston Symphony Orchestra, dessen musikalischer Leiter von 1889 bis 1893 Arthur Nikisch war, der zuvor Theaterkapellmeister in Leipzig gewesen ist.

LITERATUR: Nösselt. QUELLEN: Archiv HMT: Kon Nr. 2052; StadtAL: Kap. 32, Nr. 7, Vol. I, Bl. 279 ◊ Polizeimeldedebücher Temporäre Einwohner; Auskunft von Norman Schweikert, Washington Island/WI (USA); Auskunft von Bridget Carr, Archiv des Boston Symphony Orchestra.

|480 Seelemann, Hugo Richard
Schlagzeug, Viola, Pauke
* 21. November 1851 in Gera, † 1893
Mitglied vom 14. September 1879 bis zu seinem Tod ◆
Zunächst Hilfsmusiker des Stadtorchesters, rückwirkend zum 1. Mai 1881 Aufnahme in den Orchester-Pensionsfonds
Schlagzeuger im Theater und Bratscher im Konzert, ab Mai 1881 Pauker für den verstorbenen → C. A. Uebe

Er beschrieb seinen künstlerischen Werdegang Alfred Dörffel 1882 im Zusammenhang mit dessen Umfrage wie folgt: »Ich wurde 1866 confirmirt und kam darauf in die Lehre nach Jena; In Folge Ausbruch des Krieges gegen Österreich wurde ich von meinem Prinzipal entlassen und ging in meine Heimat zurück; nach einem sechswöchentlichen Aufenthalt kam ich in die Lehre nach Mittweida woselbst ich bis den 1. Mai 1870 lernte; nach dieser Zeit entschloß ich mich meiner Militärpflicht nachzukommen, ich trat beim 106. Regiment ein, nahm an dem Feldzug gegen Frankreich theil und capitulierte nachdem meine dreijährige Dienstzeit vorüber war bis 1. October 1874. Nach dieser Dienstzeit bekam ich Engagement bei dem Stadtmusikchor in Chemnitz und verblieb daselbst bis 13. September 1879. Am 14. September verließ ich Chemnitz und wurde hierselbst als Kleiner-Trommelschläger respective Stellvertreter Pauker bei dem Theaterorchester engagiert.« ◆ Nachdem er ab Dezember 1890 krank war, äußerte er am 12. September 1892 die Bitte, an die Schlagzeug-Stelle mit Paukenverpflichtung versetzt zu werden.

LITERATUR: Dörffel Nr. 182. QUELLEN: StadtAL: Kap. 32, Nr. 7, Vol. V, Bl. 8 u. 273; Stadtgeschichtliches Museum Leipzig: Handschriftensammlung, Umfrage Dörffel.

|481 Diener, Conrad Adolph
Kontrabass
* 22. September 1854 in Goslar
Mitglied vom 1. Dezember 1879 bis Ende September 1881 ◆ Aspirant des Stadtorchesters
Kontrabassist

Er ist der Sohn von Theodor Diener, »Bürger und Schuhmachermeister« (Taufeintrag), und dessen Ehefrau Christiane Louise, geb. Rennenberg. Er meldete sich am 8. Januar 1880 polizeilich an als »Musikus bei dem Stadttheater«, am 27. September 1881 meldete er sich nach Frankfurt/M. ab.

LITERATUR: Dörffel Nr. 319. QUELLEN: PfA Goslar: TfR; StadtAL: Kap. 32, Nr. 7, Vol. I, Bl 279 ◊ Polizeimeldebücher Temporäre Einwohner.

1880

|482 Grünberg, Eugen
Violine
* 30. Oktober 1854 in Lemberg[70]/Galizien,
† 1928 in Boston
Mitglied vom 1. Januar 1880 bis 15. September 1889 ♦
Zunächst Hilfsmusiker des Stadtorchesters, ab
15. Dezember 1882 Aspirant
2. Geiger

Er war Absolvent des Konservatoriums in Wien. ♦ Nach seinem Engagement in Leipzig ging er nach Amerika. Dort war er von 1889 bis 1992 und von 1893 bis 1896 Bratscher beim Boston Symphony Orchestra, dessen musikalischer Leiter von 1889 bis 1893 Arthur Nikisch war, der zuvor Theaterkapellmeister in Leipzig gewesen ist. Später übernahm Grünberg die Violin-Abteilung am New England Conservatory. ♦ Zusammen mit seinem älteren Bruder Adam Grünberg, der ab 1887 Kanzleisekretär im österreichischen Generalkonsulat in Leipzig war, gehörte er zum Freundeskreis um Gustav Mahler, der zu dieser Zeit in Leipzig als Theaterkapellmeister tätig war.

WERKE: Hymne *O heiliger Gambrinus*, 1880; *Morgengruß*, 1885; *Grossartiges Konzert für zweite Geige*, 1885; The violinst's manual. A progressive classification of technical material, études, solo pieces, and the most important chamber-music works, as well as a short synopsis of the literature of the viola, 1896; Scales & chords, 1899 u. 1903; One hundred and ten violin pieces in the first position by different composers with accompaniment of the piano; Foundation exercises for the violin, 1909; Perpetual motion, 1914; Progressive violin studies by famous masters, 1915–16; Twenty-five violin exercises in the first position, 1915; Violin teaching and violin study for young teachers and advanced students, 1919; Daily bowing excercises for the violin, 1922; The violin student's Vocabulary, 1931. Eine Sammlung von zahlreichen Briefen, teilweise unveröffentlichten Manuskripten und Kompositionen, Fotografien und Konzertprogrammen verwahrt die Harvard University Cambridge. LITERATUR: Dörffel Nr. 320; Jahrbuch des k.u.k. Auswärtigen Dienstes. Wien 1917; M. Steinitzer: Gustav Mahler in Leipzig. QUELLEN: StadtAL: Kap. 32, Nr. 7, Vol. I, Bl. 279 ◊ Kap. 32, Nr. 7, Vol. V, Bl 53; Harvard University: Harvard College Library, Houghton Library, MS Mus 234.2; Auskunft von Bridget Carr, Archiv des Boston Symphony Orchestra.

|483 Schröder, Alwin
Violoncello
* 15. Juni 1855 in Haldensleben,
† 17. Oktober 1928 in Boston ♦ Bruder von
→ C. Schröder
Mitglied vom 1. April 1880 bis 30. September 1891 ♦
Rückwirkend zum 1. Oktober 1880 Aufnahme in den Orchester-Pensionsfonds
Solo-Cellist für → C. Schröder

Er hatte zunächst Unterricht bei seinem Vater Karl Schröder, Musikdirektor in Quedlinburg, und seinem Bruder Hermann. Später bildete er mit seinen Brüdern Hermann (1. Violine), Franz (2. Violine) und Carl (Violoncello) ein reisendes Streichquartett, welches u. a. nach Ballenstedt verpflichtet wurde. Dort nahm er Unterricht bei Jean Baptiste André. Später war er Schüler von Hermann de Ahna an der Berliner Hochschule und während dieser Zeit bei mehreren Berliner Orchestern als Bratscher tätig. »Bei einem Besuch im elterlichen Hause wandelte ihn die Lust an, sich auch einmal mit dem Violoncell zu befassen, und so übte er sich auf eigene Hand das Cellosolo in der Introduktion zu Rossinis Tellouvertüre ein, welches ihm so gut gelang, daß sein Bruder Karl in ihn drang, sich weiter mit dem Violoncell zu beschäftigen.« (Wasielewski) »[Er] bildete sich ganz autodidaktisch zum Cellisten um, mit solchem Erfolg, dass er 1875 als erster Cellist in Liebigs Konzertorchester eintreten konnte, aus welcher Stellung er in die gleiche bei Fliege, Laube (Hamburg) … überging.« (Riemann I) ♦ In seinem Kündigungsschreiben heißt es: »Hiermit erlaube ich mir dem hochwohllöblichen Rat der Stadt Leipzig die ergebenste Mitteilung zu machen, dass ich gesonnen bin meine Stellung am hiesigen Stadtorchester aufzugeben um einem Rufe nach Amerika Folge zu leisten. Nach den Satzungen des Orchesters bin ich jedoch zu einer halbjährigen Kündigung verpflichtet; da ich nun meine Stellung in Amerika bereits im Oktober antreten soll, so richte ich an den hohen Rat die unterthänigste Bitte, mich von meinen Verpflichtungen am hiesigen Orchester schon am 30. September gütigst entbinden zu wollen.« ♦ Von 1891 bis 1903, von 1910 bis 1912 und von 1918 bis 1925 war er Solo-Cellist beim Boston Symphony Orchestra, dessen musikalischer Leiter von 1889 bis 1893 Arthur Nikisch war, der zuvor Theaterkapellmeister in Leipzig gewesen ist. ♦ »Er galt als der bedeutendste Cellist Amerikas.« (MGG I)

Lehrer am Leipziger Konservatorium von 1881 bis 1891 ♦ Lehrer von → M. Kiesling.

LITERATUR: Dörffel Nr. 180; AB 1881–1891; MGG I; Nösselt; Riemann I u. II; W. J. v. Wasielewski: Das Violoncell und seine Geschichte. QUELLEN: StadtAL: Kap. 32, Nr. 7, Vol. VI, Bl. 141 f.; Auskunft von Bridget Carr, Archiv des Boston Symphony Orchestra.

|484 Nissen, Ernst Ludwig Wilhelm
Violine
* 15. Juni 1855 in Lunden/Holstein ♦ Vater von
→ H. Nissen
Mitglied vom 1. September 1880 bis 1920 ♦ Zunächst Hilfsmusiker des Stadtorchesters, ab 1. April 1882 Aspirant, am 17. September 1889 Aufnahme in den Orchester-Pensionsfonds
2. Geiger, von 1882 bis 1889 und ab 1896 1. Geiger

Er war Schüler von → E. Röntgen am Leipziger Konservatorium vom 18. April 1873 bis Ostern 1874. Im Inskriptionseintrag heißt es: »Sein Vater Herr Peter Nissen ist Holzhändler in Lunden. Herr N. spielt 2½ Jahr Violine unter Leitung des Herrn Lautenbach in Lübeck; Pianoforte und theoretische Studien hat er vor kurzer Zeit begonnen.« In der Stellungnahme für das Abgangszeugnis schrieb Röntgen lediglich: »Ist am Anfang des Weges stehengeblieben.«

Fiskal des Orchester-Pensionsfonds von 1909 bis 1919 für → A. Wolschke.

LITERATUR: Dörffel Nr. 321. QUELLEN: Archiv HMT: Kon Nr. 2021; PfA Lunden: TfR; StadtAL: Kap. 32, Nr. 7, Vol. V, Bl 8 ◊ Kap. 32, Nr. 7, Vol. VII, Bl. 251.

|485 Preusse, Andreas Wilhelm Carl
Horn
* 21. März 1855 in Frankenhausen
Mitglied vom 1. Oktober 1880 bis 1. November 1885 ♦
Rückwirkend zum 1. Oktober 1880 Mitglied des Orchester-Pensionsfonds
4. Hornist für → J. C. Gaudich

Er ist der Sohn des Schneidermeisters Heinrich Gottlob Carl Preuße und dessen Frau Amalie Louise Antonie, geb. Eichentopf. ♦ Er ging als 1. Hornist an das Museumsorchester in Frankfurt/M.

---

[70] Heute Lwow, Stadt im Westen der Ukraine.

LITERATUR: Dörffel Nr. 181. QUELLEN: PfA Bad Frankenhausen: KB; StadtAL: Kap. 32, Nr. 7, Vol. II, Bl 148 ◊ Kap. 32, Nr. 7, Vol. III, Bl. 307.

|486 **Hilf, Robert**
* 31. Dezember 1859 in Elster,
† 15. März 1911 in Bad Elster ♦ Bruder von → A. Hilf,
Neffe von → Chr. W. Hilf und → Chr. A. A. Hilf,
Cousin von → O. Korndörfer und → E. Korndörfer
2 Jahre im Konzert tätig[71]

»Robert Hilf war zunächst 3 Sommer hindurch Mitglied der Badekapelle in Elster, 2 Jahre Mitglied des Gewandhauses in Leipzig – also bereits der 4. aus der Familie! –, 1 Jahr in Düsseldorf und dann wieder in Leipzig. Da begab es sich, dass ein Herr Stöckel aus Schleiz in Indien gewesen und vom dortigen Vizekönig beauftragt worden war, deutsche Musiker nach Calcutta anzuwerben. Der Elsterer Hilf wies Stöckel nach Leipzig, wo sich Robert bereit fand, mit nach Indien zu gehen. Dort war er zunächst 3, dann 12 Jahre beim Fürsten von Thoulpour, und wurde endlich Kapellmeister beim Fürsten vom Paliala. Er steht bei seinem Herrn in so hoher Gunst, dass er sich nicht allein Kutsche und Reitpferd und so viele Bediente halten kann, sondern nachdem er das Verlangen hatte, nach Verlauf von 20 Jahren seine Eltern in Elster wiederzusehen, ihm sein Herr sogar 20 000 Mk. Reisegeld gab. Mit einem Eingeborenen als Bedienten traf er eines Tages in Elster ein. Er beschenkte seinen Vater mit 6000 Mk. und verteilte auch an seine Verwandten beträchtliche Summen. Nur konnte er sich nicht mehr recht an unsere Lebensweise, des Nachts zu schlafen und am Tage munter zu sein gewöhnen. Er setzte auch hier die indische Lebensweise fort. Nach 12 wöchigem Aufenthalt reiste er wieder ab …« (Wolf)

LITERATUR: W. Merkel: Vogtländische Musiker nach 1900; Wolf: Die Familie Hilf.
QUELLEN: PfA Bad Elster: KB.

---

[71] Für seinen Leipziger Aufenthalt gibt es keine Zeitangabe; er wird an dieser Stelle genannt, weil es sich vermutlich um die Zeit vor 1881 handelt.

Gewandhausorchester und Arthur Nikisch
im Großen Saal des Neuen Gewandhauses,
Photographie, um 1904

(K)ein Sinfonieorchester: Pensionsberechtigte, Hilfsmusiker und Aspiranten

»Das Wachstum des Orchesterapparats – eine Entwicklung, in der sozialgeschichtliche, ästhetische und kompositionsgeschichtliche Momente miteinander verbunden waren – bildete im 19. Jahrhundert keineswegs ein einfaches Korrelat zur Entstehung eines Monumentalstils ..., sondern präsentierte sich als Herausforderung an die Komponisten«.[1]

|1 Als am 20. Oktober 1898 Arthur Nikisch im Gewandhaus den Einsatz gibt zu den emporstürmenden Sechzehnteln, mit denen Richard Strauss' *Don Juan* beginnt, ist damit nichts Geringeres als der Einzug der »musikalischen Moderne« ins konservative Leipziger Konzertinstitut markiert. Es ist freilich ein sehr zögerlicher Einzug, denn erklingt die Sinfonische Dichtung *Don Juan* »schon« neun Jahre nach ihrer Uraufführung hier, so müssen andere Werke, die wie sie für den Aufbruch zur Moderne stehen, viel länger warten. Zum Beispiel liegen die Noten zu Claude Debussys *Prélude à l'après-midi d'un faune* erst 1908 und damit 14 Jahre nach der Uraufführung zum ersten Mal auf den Pulten des Gewandhausorchesters. Und Gustav Mahlers erste Sinfonie, im selben Jahr wie der *Don Juan* uraufgeführt, wird gar erst 1918 in die »heiligen Hallen« gelangen.[2]

Wird der Anfang des *Don Juan* als »ein tönendes Emblem der ›Moderne‹ des Jahrhundertendes«[3] anerkannt, so dürfte interessant sein, nach diesem »Wahrzeichen« in den Konzerten anderer Orchester zu suchen. In Dresden erklingt es bereits Anfang 1890 in einem Konzert der »Königlichen musikalischen Kapelle« und drei Wochen später in Berlin, gespielt vom jungen Philharmonischen Orchester. Im Jahr darauf wird es in Köln vom Gürzenich-Orchester und wenig später in Amsterdam vom drei Jahre alten Concertgebouworkest intoniert. In den Abonnementkonzerten der Wiener Philharmoniker steht es erstmals 1892 auf dem Programm. Vom Kaim-Orchester – so der ursprüngliche Name der Münchner Philharmoniker – wird es dagegen erst 1899 gespielt.

Einige der Namen deuten bereits darauf hin: Es ist die Zeit der philharmonischen Konzerte, die Gründerzeit der philharmonischen Orchester. Oft sind diese personell identisch mit den Theaterorchestern vor Ort, doch es gibt auch eigens auf die Konzerte ausgerichtete Neugründungen wie etwa 1893 in München das Kaim-Orchester oder 1895 in London das »Hausorchester« der neuen Queen's Hall, aus dem knapp ein Jahrzehnt später das London Symphony Orchestra hervorgeht. Nicht zu schweigen von den Orchestern Nordamerikas wie beispielsweise dem 1881 gegründeten Boston Symphony Orchestra. Übrigens dürfte das Bostoner Orchester eines der ersten sein, das »Sinfonieorchester« genannt wird. Im deutschsprachigen Raum hält dieser Name erst viel später Einzug. Noch Ende der 1920er Jahre lassen sich die mit dem Wort »Sinfonie« respektive »Symphonie« verbundenen Orchestereigennamen an zwei Händen abzählen. Das ist um so erstaunlicher, wenn man bedenkt, daß das »zweite Zeitalter«, in das die Sinfonie mit den Werken von Anton Bruckner und Johannes Brahms, Peter Tschaikowski und Alexander Borodin, Antonín Dvořák und César Franck tritt,[4] schon in den 70er Jahren des 19. Jahrhunderts beginnt und daß es nicht vom englischsprachigen Raum ausgeht.

|2 Man muß bis zur Mitte des 19. Jahrhunderts zurückgehen, um den Terminus vom »zweiten Zeitalter der Sinfonie« zu verstehen: Franz Liszt bricht 1847 seine triumphale Laufbahn als Virtuose ab und widmet sich »in der provinziellen Abgeschiedenheit Weimars«[5] der Schaffung einer neuen musikalischen Gattung: der Sinfonischen Dichtung. Robert Schumann komponiert Ende des Jahres 1850 in Düsseldorf die dritte Sinfonie, die chronologisch seine letzte ist. Zur gleichen Zeit arbeitet Richard Wagner im Schweizer Exil an seinem musiktheoretischen Hauptwerk »Oper und Drama«. Unter anderem proklamiert er darin das Ende der Sinfonie, in deren Entwicklung es seit Beethoven sowieso nichts substantiell Neues gegeben habe. Und tatsächlich wird, wie es scheint, nach Schumanns Dritter »fast zwei Jahrzehnte lang kein Werk von Rang geschrieben ..., das die absolute,

---

1 Neues Handbuch der Musikwissenschaft, hrsg. v. Carl Dahlhaus (im folgenden: Dahlhaus, Neues Handbuch), Bd. 6, 2. Aufl., Laaber 1989, S. 227.

2 Allerdings kommen zuvor schon andere Kompositionen Mahlers, darunter die zweite (1906) und die vierte Sinfonie (1912), im Gewandhaus zur Aufführung. Da es hier jedoch um »Epoche machende« Werke geht, muß die erste Sinfonie herausgehoben werden.

3 Dahlhaus, Neues Handbuch, Bd. 6, S. 278.

4 Vgl. ebd., S. 220.

5 Ebd., S. 93.

»Konzertsaal im Gewandhaus«
Aquarell von Gottlob Theuerkauf, 1894

nicht durch ein Programm bestimmte Musik repräsentiert«.[6] Freilich müssen Zweifel an dieser Aussage gestattet bleiben, denkt man etwa an Niels W. Gades siebente Sinfonie, 1865 im Gewandhaus uraufgeführt.[7] Aber zumindest läßt sich wohl bejahen, daß die wesentlichen Impulse für die musikalische Entwicklung in der zweiten Hälfte des 19. Jahrhunderts zunächst nicht von den Sinfonikern unter den Komponisten ausgehen.

Der Lisztsche Entwurf eines Zyklus von Sinfonischen Dichtungen genauso wie Wagners Idee einer *Ring*-Tetralogie passen wohl besser in das Industriezeitalter, dem ein Zug ins Große, dann gar ein Hang zur Monumentalität innewohnt. Bemerkenswerterweise spiegelt sich dieser Zug ins Große noch nicht im bürgerlichen Konzert mit seinen nach wie vor kleinteiligen Programmen wider. Und er findet noch kaum seinen Niederschlag in der personellen Größe der Konzertorchester. Dem Boston Symphony Orchestra etwa genauso wie dem Kaim-Orchester gehören anfangs 60, dem Berliner Philharmonischen Orchester 54, dem Kölner Gürzenich-, als es 1888 Stadtorchester wird, sogar nur 43 Musiker an. Und dem Gewandhausorchester?

Seit seiner Ernennung zum Stadtorchester ist die Stammbesetzung, bestehend aus den 27 pensionsberechtigten Mitgliedern, nur sehr

---

6   Ebd., S. 220.

7   Vgl. den Artikel von Siegfried Oechsle über Gades siebente Sinfonie in: Lexikon Orchestermusik Romantik, hrsg. v. Wulf Konold, Bd. A–H, S. 282–284.

langsam erweitert worden. Erst 1864 wurden weitere fünf Musiker, zwei Hornisten und drei Posaunisten, aufgenommen. Doch mit einer 32-Mann-Kapelle lassen sich schlecht Werke für großes Orchester aufführen wie beispielsweise Liszts Sinfonische Dichtung *Mazeppa* oder Wagners Oper *Lohengrin*. Und doch, diese Stücke sind in Leipzig gespielt worden. *Mazeppa* erklang 1857 im Gewandhaus, von Liszt höchstpersönlich dirigiert, im Benefizkonzert für den Orchester-Pensionsfonds; *Lohengrin*, von → J. Rietz dirigiert und zuvor erheblich eingekürzt, kam schon 1854 im Theater zur Aufführung (nachdem das Vorspiel bereits ein Jahr davor im Orchester-Pensionsfondskonzert im Gewandhaus auf dem Programm stand). Aber gerade diese beiden Werke fallen in der Frage der Orchesterbesetzung aus dem bis dato üblichen Rahmen: Die vier Holzblasregister sind ein jedes dreifach besetzt, dazu vier Hörner sowie je drei Trompeten und Posaunen. Also können die Aufführungen gar nicht anders als mit etlichen Aushilfen gespielt worden sein.

Mit Aushilfen – großenteils ständigen Aushilfen – spielte das Orchester schon seit langem. Waren es früher zum Teil Musiker, die auf eine pensionsberechtigte Stelle hofften und jahrelang als feste »Gehülfen« Dienst taten, so waren es 1840 bei der Ernennung zum Stadtorchester vier sogenannte Extrageiger für das Theaterorchester (drei Geiger und ein Kontrabassist), die auch im Konzertorchester mitspielten, für das außerdem noch elf weitere Musiker engagiert waren: fünf Geiger, je zwei Bratscher und Cellisten, ein Kontrabassist und ein Pauker. In

Neues Theater am Augustusplatz, Photographie, 1887

Großer Saal des Neuen Gewandhauses mit Blick zum Orchesterpodium und zur Walcker-Orgel, Photographie, um 1890

Gänze gehörten dem Orchester 1840 also 42 Musiker an. Während die Zahl der pensionsberechtigten Stellen lange Zeit konstant blieb, wuchs die der »Hilfsmusiker«, wie sie ab etwa 1850 genannt wurden, stetig an. Neben diversen Streicherstellen kamen 1842 je zwei Horn- und Posaunenstellen hinzu, 1860 eine Tuba- und zwei Schlagzeugstellen (dritte Holzbläser sind nicht genannt; sie müssen wohl immer noch von auswärts geholt worden sein). Als 1868 das Neue Theater in Leipzig eröffnet wurde, gehörten dem Theaterorchester 59 Musiker an: 32 Pensionsberechtigte und 27 Hilfsmusiker (15 Geiger, je drei Bratscher, Cellisten und Kontrabassisten, zwei Schlagzeuger und eine Harfenistin[8]). Zwei der Hilfsmusiker wirkten nur im Theater- und nicht wie die anderen auch im Konzertorchester mit, für das außerdem noch neun weitere Streicher und ein je nach Bedarf eingesetzter Kontrafagottist engagiert waren.

8   Bei der Harfenistin handelt es sich um → M. Stör. Sie ist die erste Frau im Orchester seit 1743.

Zehn Jahre später, als im Leipziger Theater Wagners *Ring*-Tetralogie Premiere hat, steht für die spielplanerische, inszenatorische und aufführungsgeschichtliche Großtat lediglich ein 66-Mann-Orchester zur Verfügung. Ein Orchester, das zugleich den fortlaufenden Repertoirespielplan sowie die Reihe der Gewandhaus-Abonnementkonzerte wie auch die Kirchenmusik zu »bedienen« hat. Die zwangsläufig eintretende Überlastung des Orchesters führt zu teils öffentlich ausgetragenen Streitigkeiten mit der Theaterdirektion, in die sich bald auch die Gewandhaus-Konzertdirektion und die Stadtregierung einschalten. Man holt Erkundigungen bei auswärtigen Theatern ein und bekommt aus vier Städten Antwort: In Dresden und in München sind die Theaterorchester mit je 94 Musikern besetzt, in Berlin mit 100 und in Wien mit 109.[9]

|3 Man zieht Konsequenzen in Leipzig: 1881 wird den Musikern eine kleine Gehaltserhöhung zugestanden. Zugleich wird das Stadtorchester von 32 auf 52 pensionsberechtigte Mitglieder vergrößert und um 20 Aspiranten erweitert. Es gibt damit vorerst keine Hilfsmusiker mehr. Für die Orchesterbesetzung bedeutet das jedoch kaum eine Veränderung. Es kommen lediglich sechs zusätzliche erste Holzbläser hinzu, so daß sich für den »Stellenplan« folgendes Bild ergibt: elf erste und zehn zweite Violinen, sechs Bratschen, fünf Celli, fünf Kontrabässe, vier Flöten, drei Oboen, ein Englischhorn, drei Klarinetten, eine Baßklarinette, vier Fagotte, sechs Hörner, vier Trompeten, vier Posaunen, eine Tuba, eine Pauke, eine Harfe, eine kleine und eine große Trommel. Ein Jahr später werden fünf weitere Aspirantenstellen für das Streichorchester geschaffen, so daß Arthur Nikisch, als er am vorletzten Tag des Jahres 1884 mit dem Theaterorchester Bruckners siebente Sinfonie im Leipziger Neuen Theater zur Uraufführung bringt, mit einer Streicherbesetzung von zwölf ersten und elf zweiten Violinen, sieben Bratschen, sechs Celli und sechs Kontrabässen spielen lassen kann.

All die Zahlen, die Besetzungsgrößen und nicht zuletzt die verschiedenen Formen der Engagements, die mal für das Stadtorchester mit all seinen Aufgabenbereichen, mal »nur für das Konzert« oder mal »nur für das Theater« erfolgen, könnten einem den Kopf schwirren lassen. Genau das ist es aber, was dem Stadt-, Theater- und Konzertorchester in Leipzig fehlt: ein Kopf, und zwar ein kunstverständiger. Auf alle Probleme, die sich aus der nicht organisch gewachsenen Struktur des Orchesters ergeben, wird lediglich verwaltungstechnisch und da auch nur mit dem Allernötigsten reagiert. Eine Problemlösung, die einginge auf die unterschiedlichen qualitativen Anforderungen und Produktionsbedingungen in Oper, Konzert und Kirche, wird nicht in Angriff genommen. Das setzt sich wie zur Bestätigung fort: Gehaltsklassen werden eingeführt und im Laufe der Jahre immer feiner abgestuft. 1899 richtet die Stadt eine »Orchesterbesoldungskasse« ein, in die alle Honorare aus Theater, Gewandhaus und städtischer Kirchenmusik fließen, so daß die Musiker jetzt von einer Stelle und nicht mehr von drei verschiedenen ihr Gehalt bekommen. All das sind jedoch nur verwaltungsorganisatorische Schritte und keine künstlerischen! Ein solcher ist letztlich auch das, was als die fragwürdige Krönung dieser Entwicklung bezeichnet werden kann:

....
9 Vgl. Otto Georgi: Vortrag, die Verhältnisse des Stadtorchesters in Leipzig betreffend (StadtAL), S. 50 f.

»... Wir können nur dann tüchtige junge Musiker für das Orchester gewinnen, wenn dieselben für die Zukunft einigermaßen gesichert sind und dieselben bei Freiwerden einer Pensions-Stelle in *erster* Linie berücksichtigt werden. Eine Ausnahme ist nur bei Besetzung des *ersten* Pultes bei jedem Instrument zu machen; hierfür muss sich die Anstellungs-Behörde durchaus freie Hand vorbehalten und ein Aufrücken nach *Ancienntät* ist auszuschließen.« Schreiben von Gewandhauskapellmeister Arthur Nikisch an den Rat der Stadt bezüglich der Hilfsmusiker, Autograph, 26. Oktober 1910

1920 macht die Stadtregierung alle Musiker des Orchesters zu kommunalen Angestellten.

Dieser Akt wird begleitet von einer längeren Diskussion, angeregt vom Ruf nach einem weiteren städtischen Orchester: Es solle, so heißt es, den Dienst im Neuen Theater übernehmen, damit das Gewandhausorchester mehr Zeit für »volkstümliche Konzerte« gewinne. Dabei hat Leipzig schon zumindest ein zweites Theaterorchester: 1864 war das Stadtorchester von der Pflicht, bei Schauspielaufführungen die Zwischenaktmusiken zu spielen, befreit worden. Diesen Dienst hatte fortan die Büchnersche Kapelle (→ Fr. Büchner) übernommen, die sich nach der Eröffnung des Neuen Theaters als »zweites städtisches Theaterorchester« im alten Haus etablierte und vornehmlich Schauspielmusik und Operetten spielte. Mit einem weiteren Orchester, nun ausschließlich für das Neue Theater, hätte Leipzig fortan drei Orchester. Zwar können im Zuge der Diskussion Theaterintendant Guido Barthol, Gewandhauskapellmeister Arthur Nikisch und auch Thomaskantor → K. Straube dem Gedanken einer Trennung des Stadtorchesters in ein reines Theater- und ein reines Sinfonieorchester theoretisch etwas Positives abgewinnen, aber letztlich schrecken sie wie auch die Verantwortlichen der Stadt vor dem Bruch mit der Tradition des Orchesters zurück. Die Gefahr, etwas Einmaliges zu zerstören, wird wohl gesehen. So wird die Idee geboren, das Stadtorchester auf 160 Musiker zu vergrößern, damit es die Aufgaben in Oper, Konzert und Kirchen parallel oder, genauer gesagt, zeitgleich erfüllen könne.

|4 Die politischen und insbesondere wirtschaftlichen Krisen der 1920er Jahre verweisen die Idee ins Reich der Träume. Das Orchester bleibt mit reichlich 100 Musikern besetzt. 1920 sind es genau 106: 18 erste Geiger (darunter zwei Erste und ein Zweiter Konzertmeister), 15 zweite Geiger, zehn Bratscher, zehn Cellisten (wobei → J. Klengel nach wie vor nur in den Konzerten spielt), sieben Kontrabassisten, je fünf Flötisten, Oboisten, Klarinettisten und Fagottisten, neun Hornisten, je fünf Trompeter und Posaunisten, ein Tubist, vier Schlagwerker sowie eine Harfenistin und ein Harfenist. Der Älteste ist der 77jährige Hornist → E. Müller. Ob er wirklich noch bläst, ist fraglich, jedoch ist er immer noch als Orchestermitglied verzeichnet. Die Jüngsten sind zwei Geiger (und beide sind, wie es der Zufall will, Schriftstellersöhne): der 22jährige → R. Laube und der 19jährige → Fr. Heinig.

14 Musiker sind 60 Jahre und älter, genauso viele sind 30 und jünger. Auf eine entsprechend ausgewogene Mischung von alt und jung deutet auch das Durchschnittsalter hin: Es beträgt 43 Jahre. 24 Musiker – über ein Fünftel des Orchesters – gehören schon 30 Jahre und länger dem Orchester an. 53 und damit genau die Hälfte aller Orchestermitglieder sind Absolventen des Leipziger Konservatoriums. Etwa genauso viele stammen aus Sachsen zuzüglich unmittelbar angrenzender Städte und Regionen, 18 davon direkt aus Leipzig. Insgesamt jedoch hat sich das »Einzugsgebiet« des Orchesters wesentlich vergrößert: Die Liste der Geburtsorte reicht von Altona über Berlin und Bremen, Breslau und Bad Ischl, Mainz und Magdeburg, Speyer und St. Pölten bis hin zu Wien, Wiesbaden und Wismar.

Doch der Blick auf die gegenwärtigen Mitglieder des Orchesters sollte nicht den auf etliche ehemalige verstellen, offenbart sich mit letzterem doch eine erstaunliche Ausstrahlung. Gewiß, daß aus dem Leipziger Orchester Organisten und Kantoren, Musikdirektoren und Musiklehrer hervorgehen oder daß Leipziger Musiker an ein Hoforchester wie etwa das in Dresden wechseln, das ist von Anfang an zu beobachten gewesen. Neu für die jüngere Zeit ist jedoch, daß Musiker in andere Länder oder gar auf andere Kontinente auswandern und einige von ihnen dort zu prägenden Persönlichkeiten junger Orchester respektive Musikschulen werden. Um 1890 herum sind es allein sieben Musiker, die in die Vereinigten Staaten von Amerika ziehen und Mitglieder des Boston Symphony Orchestra werden – just zu der Zeit, als der ehemalige Leipziger Theaterkapellmeister Arthur Nikisch dort als Chefdirigent wirkt (1889 bis 1893).

Als er dann in Leipzig 1895 Gewandhauskapellmeister wird, geht keiner mehr nach Boston. Ihn der gezielten Abwerbung in den Jahren zuvor zu bezichtigen, wäre jedoch verfehlt. Zum einen kommen Jahr für Jahr junge Leute aus Boston nach Leipzig, um am Konservatorium zu studieren. Zwischen 1843 und 1893 sind es 45, und von denen wirken mehrere als Substituten beziehungsweise Praktikanten im Gewandhausorchester mit (der Kreis der Verdächtigen, sofern man einen solchen überhaupt ziehen wollte, wäre also groß). Zum anderen dürfte für die betreffenden Musiker genauso wie für alle anderen, die das Orchester auf eigenen Wunsch verlassen, vor allem die fehlende Aussicht eine Rolle spielen, in absehbarer Zeit eine künstlerisch befriedigende Position innerhalb des Orchesters zu erlangen beziehungsweise auf eine pensionsberechtigte Stelle rücken zu dürfen.[10] Nikisch weiß um die Gefahr, wenn gerade die jungen, guten Musiker das Orchester verlassen, um anderswo besser dotierte Stellen anzutreten. Nachdem zu Beginn des 20. Jahrhunderts wieder begonnen worden war, Engpässe im Orchesterapparat mit dem Engagement von Hilfsmusikern auszugleichen, setzt er sich mit Nachdruck dafür ein, daß diesen Musikern »das Vorrecht auf vakante pensionsberechtigte Stellen«[11] eingeräumt wird. Eine zweite Auswanderungswelle Richtung Nordamerika bleibt denn auch aus.

---

10 Vgl. das Entlassungsgesuch von → L. Schultz.

11 Nösselt, S. 210; vgl. den auf S. 155 abgebildeten Brief Arthur Nikischs vom 26. Oktober 1910.

1881

|487 Ludwig, Karl Richard
Schlagzeug
Mitglied vom 1. Mai 1881 bis 31. August 1890 ◆
Zunächst Hilfsmusiker des Stadtorchesters,
 ab 1. Mai 1882 Aspirant
Schlagzeuger

In seinem Kündigungsschreiben heißt es: »Zeige hiermit der hochlöblichen Anstellungsbehörde ergebenst an, daß ich meine Stellung als kleiner Trommler im Stadtorchester den 31ten August dieses Jahres verlasse …«
LITERATUR: Nösselt. QUELLEN: StadtAL: Kap. 32, Nr. 7, Vol. V, Bl. 8 u. 235.

|488 Pester, Georg Woldemar
Violoncello
* 6. Oktober 1858 in Dresden,
† Februar 1916 ◆ Sohn von → Fr. Pester
Mitglied vom 20. Mai 1881 bis zu seinem Tod ◆
Zunächst Hilfsmusiker des Stadtorchesters,
 ab 1. April 1882 Aspirant,
 am 1. Juni 1893 Aufnahme in den Orchester-
 Pensionsfonds
Cellist an der neu eingerichteten 6. Stelle

»Sein Vater Herr Friedrich Pester ist Orchestermitglied und langjähriger Unterstützer und Mitwirkender in den Ensemble-Übungen des Conservatoriums. Herr P. spielt seit 3 Jahren Violoncell und wurde unterrichtet von seinem Vater, Herrn Penkert [→ C. Fr. Benkert] und Herrn [→ E.] Hegar …« (Kon) Er war dann Schüler von → C. Schröder am Leipziger Conservatorium vom 10. April 1874 bis Michaelis 1877. ◆ In seinem Bewerbungsschreiben heißt es: »Geboren im Jahre 1858 zu Dresden als der Sohn des noch gegenwärtig dem Stadtorchester zu Leipzig angehörenden Cellisten Friedrich Pester habe ich nach dem väterlichen Unterricht das hiesige Conservatorium der Musik 3 Jahre besucht, darauf meinem Militärdienst im 77. Regiment zu Celle genügt und mich dann wieder nach Leipzig gewandt, wo ich seit Mai vorigen Jahres meiner Vervollkommnung obliege, aber auch eine interimistische Anstellung im Stadtorchester erhalten habe …«
Lehrer von → O. Ettelt.[1]
LITERATUR: Dörffel Nr. 322. QUELLEN: Archiv HMT: Kon Nr. 2157; StadtAL: Kap. 32, Nr. 7, Vol. II, Bl. 160 – Kap. 32, Nr. 7, Vol. V, Bl. 8 – Kap. 32, Nr. 7, Vol. XIII, Bl. 173.

|489 John, Bernhard Wilhelm Emil
Kontrabass
* 11. Oktober 1851 in Vippachedelhausen bei Weimar
Mitglied vom 1. Oktober 1881 bis 1920 ◆ Zunächst
Hilfsmusiker des Stadtorchesters, ab 1. April 1882
Aspirant, am 1. Juli 1893 Aufnahme in den Orchester-
Pensionsfonds
Kontrabassist

Er ist der Sohn von Johann Ernst John, »Ortsbürger, Webergesell und Choradjuvant« (Taufeintrag), und dessen Ehefrau Christiane, geb. Jakobi.
LITERATUR: Dörffel Nr. 232; Nösselt; AB 1882–1919. QUELLEN: PfA Neumark: KB Vippachedelhausen; StadtAL: Kap. 32, Nr. 7, Vol. V, Bl. 8.

|490 Schwedler, Maximilian
Flöte, Ehrenmitglied
* 31. März 1853 in Hirschberg[2]/Schlesien,
† 16. Januar 1940 in Leipzig
Mitglied vom 1. Oktober 1881 bis 1. November 1917 ◆
Am 15. Oktober 1882 Aufnahme in den Orchester-
Pensionsfonds ◆ 1923 zum Ehrenmitglied des Vereins
»Stadtorchester Leipzig e. V.« ernannt
Zweiter 1. Flötist an der neu eingerichteten 4. Stelle

Er war Schüler am Dresdner Konservatorium und später drei Jahre als Flötist bei dem 2. Gren*adier* Reg*iment* Nr. 101 Kaiser Wilhelm in Dresden, wo er gleichzeitig einige Jahre Unterricht bei dem Königlichen Kammermusikus Friedrich Meinel nahm. Später hatte er Engagements in Bad Warmbrunn, Meißen, Königsberg und bei der Düsseldorfer Städtischen Kapelle. ◆ In einer Gehaltsbestätigung von 1913 sind jährlich 100 Mark für die »Beaufsichtigung und Verwaltung der städtischen Musikinstrumente« erwähnt. Er selbst konstruierte ein neues Flötenmodell, welches von der Leipziger Firma M. M. Mönnig gebaut und unter dem Namen »Reformflöte« oder »Schwedler-Kruspe-Flöte« bekannt wurde. ◆ Die Ehrenmitgliedschaft im Verein »Stadtorchester Leipzig e.V.« erhielt er für seine Verdienste als Sekretär des Orchester-Pensionsfonds. Anläßlich seines 75. Geburtstages wurde er vom Landeskonservatorium mit dem Titel eines Professors geehrt.
Sekretär des Orchester-Pensionsfonds von 1906 bis 1910 für → A. Beyer ◆
Lehrer am Leipziger Konservatorium von 1908 bis 1933 für → W. Barge ◆
Lehrer von → C. Bartuzat und → E. List.
WERKE: Katechismus der Flöte und des Flöten-Spiels. 1897; Des Flöten-Spielers erster Lehrmeister. 1899; Die Griffart u. Spielweise der Reformflöte mit F-Mechanik. 1917; Herausgeber u. Bearbeiter zahlreicher älterer Werke. LITERATUR: Dörffel Nr. 194; MGG I; A. Goldberg, Porträts und Biographien hervorragender Flöten-Virtuosen, -Dilettanten und -Komponisten; *Leipziger Neueste Nachrichten* vom 30. 3. 1928 u. 1. 4. 1928. QUELLEN: StadtAL: Kap. 32, Nr. 7, Vol. II, Bl. 70 ◊ Kap. 32, Nr. 7, Vol. XII, Bl. 234.

---

1 Sein Inskriptionseintrag läßt offen, ob → Fr. Pester oder dessen Sohn → W. Pester sein Lehrer war.

2 Heute Jelenia Gora (Polen).

|491 **Tamme, C a r l Robert**
Oboe, Ehrenmitglied
* 2. März 1857 in Dresden, † 1942
Mitglied vom 1. Oktober 1881 bis 31. Dezember 1910 ♦
Am 1. Oktober 1882 Aufnahme in den Orchester-
Pensionsfonds ♦ 1923 zum Ehrenmitglied des Vereins
»Stadtorchester Leipzig e.V.« ernannt
Zweiter 1. Oboist an der neu eingerichteten 4. Stelle

Er ist das siebente Kind von Johann Christian Tamme, »Bürger, Maurer und Hausbesitzer hier« (Taufeintrag), und dessen Ehefrau Christiane Wilhelmine, geb. Oehmig. ♦ In seinem Bewerbungsschreiben heißt es: »Unterzeichneter erlaubt sich bezüglich vorgenannter Stelle anzuführen, daß er zur Zeit der Meininger Hofcapelle als erster Oboist angehört, vor dem das Dresdner Conservatorium absolviert, dann zwei Jahre bei der Mansfeldischen Capelle daselbst war, von da bin ich gelegentlich eines Exraconcertes unter Leitung des Herren Dr. Hans *von* Bülow von Letzterem für die jetzt innehabende Stelle engagiert worden. Da nun in Meiningen … nur saisonweise Engagements erfolgen, mithin keine Aussicht auf definitive Anstellung vorhanden ist, bewerbe ich mich …« ♦ Die Ehrenmitgliedschaft im »Verein Stadtorchester Leipzig e.V.« erhielt er für seine Verdienste als Sekretär des Orchester-Pensionsfonds.
Sekretär des Orchester-Pensionsfonds von 1895 bis 1904 für → A. Fiehrig ♦
Lehrer am Leipziger Konservatorium von 1893 bis 1929 für → G. Hinke ♦
Lehrer von → W. Heinze.
LITERATUR: Dörffel Nr. 195. QUELLEN: Archiv HMT: M 317–329; Kirchenbuchamt Dresden: TfR Dreikönigskirche; StadtAL: Kap. 32, Nr. 7, Vol. II, Bl. 59 u. 85 ◊ Kap. 32, Nr. 7, Vol. V, Bl. 8 ◊ Kap. 32, Nr. 7, Vol. XII, Bl. 122 ff. ◊ Kap. 32, Nr. 7, Beiheft 1.

|492 **Stradtmann, L u d w i g Friedrich Carl**
Klarinette
* 29. September 1855 in Oldenburg,³
† 1891 in Leipzig
Mitglied vom 1. Oktober 1881 bis zu seinem Tod ♦
Am 1. Oktober 1882 Aufnahme in den Orchester-
Pensionsfonds
2. Klarinettist, ab 1. April 1885 1. Klarinettist

In seinem Bewerbungsschreiben heißt es: »Als Solo-Clarinettist bereits in größeren Capellen tätig … die letzten 3 Jahre bei der nunmehr aufgelösten Privatcapelle des Herrn Baron *von* Dervies in Nizza und Lugano, stehen dem Unterzeichneten die besten Zeugnisse zur Seite. Unterzeichneter erlaubt sich zu bemerken, dass er bereits 26 Jahre alt ist, u*nd* vor einigen Jahren die beste Ausbildung auf seinem Instrument in München bei dem *Königl*ichen Kammermusiker H. Venzl erhielt. Die Herren [→ Fr.] Hermann, Lehrer am Conservatorium und [→ A.] Wolschke, Kontrabassist beim Stadtorchester werden nähere Auskünfte über meine Person geben können.« In den Probespielunterlagen findet sich der Eintrag: »L. Stradtmann, Musiker in Oldenburg.«
LITERATUR: Dörffel Nr. 197. QUELLEN: StadtAL: Kap. 32, Nr. 7, Vol. II, Bl. 60 u. 72 ◊ Kap. 32, Nr. 7, Vol. V, Bl. 8 ◊ Kap. 32, Nr. 7, Vol. VI, Bl. 224.

---

3   Wahrscheinlich ist das Großherzogtum Oldenburg gemeint, in der Stadt Oldenburg ist er lediglich durch eine Verlobungsanzeige 1884 nachweisbar.

|493 **Petzold, Robert F r a n z**
Trompete
* 26. Juli 1858 in Waldheim,
† 4. April 1908
Mitglied vom 1. Oktober 1881 bis zu seinem Tod ♦
Am 1. Oktober 1882 Aufnahme in den Orchester-
Pensionsfonds
3./1. Trompeter an der neu eingerichteten 4. Stelle

In seinem Bewerbungsschreiben heißt es: »Ich, Robert Franz Petzold, wurde geboren am 26. Juli 1858 in Waldheim, mein Vater war daselbst Handarbeiter und ist am 7. Dezember 1879 gestorben, meine Mutter lebt und ernährt sich vom Cigarrenmachen, was ihr bei großem Fleiß einen Wochenlohn von ca. 6 Mark einbringt. Von meinem 6.–14. Lebensjahr besuchte ich in meinem Geburtsort die dasige II. Bürgerschule und kam nach erfolgter Confirmation und Entlassung aus derselben behufs Erlernung der Musik zum Stadtmusikdirektor Fischer in Waldheim in die Lehre. Nach Ablauf meiner Lehrzeit Ostern 1875, verblieb ich noch bis zum 30. April 1876 bei genannten Stadtmusikdirektor als Gehülfe und trat dann am 1. Mai 1876 beim Musikchor des 8. Infanterie Regiments Nr. 107 ein, avancierte zum Hoboist und fungiere bis dato als 1. (Solo) Trompeter. Mein innigster Wunsch ist nun der, mir eine feste Lebensexistenz zu gründen und meiner Mutter die bestmöglichste Unterstützung angedeihen zu lassen. Deshalb wage ich es, mich mit der Bitte vertrauensvoll an den Wohllöblichen Stadtrat zu wenden, bei Besetzung dieser Stelle als Trompeter gütigst auf mich Rücksicht nehmen zu wollen. Ich versichere, dass ich gewiß bemüht sein werde das in mich gesetzte Vertrauen nach jeder Richtung hin zu rechtfertigen.«
Lehrer am Leipziger Konservatorium von 1907 bis 1908 für → F. Weinschenk.
LITERATUR: Dörffel Nr. 201. QUELLEN: StadtAL: Kap. 32, Nr. 7, Vol. II, Bl. 59 u. 79 ◊ Kap. 32, Nr. 7, Vol. III, Bl. 286 ◊ Kap. 32, Nr. 7, Vol. V, Bl. 8.

|494 **Freitag, F r a n z Eduard**
Fagott
* 14. November 1859 in Obercrinitz bei Kirchberg
Mitglied vom 10. Oktober 1881 bis 31. Dezember 1911 ♦
Am 10. Oktober 1882 Aufnahme in den Orchester-
Pensionsfonds
Zweiter 1. Fagottist an der neu eingerichteten 4. Stelle

Er ist das außereheliche Kind von Christian Friedrich Eduard Freitag, »Webergeselle« (Taufeintrag), und Christiane Wilhelmine Kirsch. ♦ In seinem Bewerbungsschreiben heißt es: »Hiermit möchte ich mir erlauben, zu der ausgeschriebenen ersten Fagottistenstelle des städt*ischen* Theaters zu Leipzig mit zu melden, der dazu stattfindenden Probe stehe ich jeder Zeit zur Disposition. Vorigen Winter war ich bei Herrn Musikdirektor [→ Fr.] Büchner in Leipzig engagiert und glaube bei Herrn Kapellmeister Nikisch noch in guten Andenken zu sein. Mein Alter ist 21 Jahre.« In den Probespielunterlagen findet sich der Eintrag: »Franz Freitag, erster Fagottist der Kurkapelle zu Bad Elster.«
Lehrer am Leipziger Konservatorium von 1888 bis 1924 für → J. Weissenborn ♦ Lehrer von → G. Weigelt.
LITERATUR: Dörffel Nr. 199; P. Röntsch: Das Königliche Konservatorium der Musik zu Leipzig 1843–1918. QUELLEN: Archiv HMT: M 317–329; PfA Obercrinitz: TfR; StadtAL: Kap. 32, Nr. 7, Vol. II, Bl. 59 u. 93 ◊ Kap. 32, Nr. 7, Beiheft 1 ◊ Polizeimeldebücher Bleibende Einwohner.

|495 **Böhme, Julius R o b e r t**
Horn
* 21. Mai 1857 in Dresden
Mitglied vom 16. Oktober 1881 bis 1. Oktober 1894 ◆
Am 16. November 1882 Aufnahme in den Orchester-Pensionsfonds
3./1. Hornist an der neu eingerichteten 6. Stelle

Er ist das achte Kind von Robert Böhme, »Bürger und Kordlermeister« (Taufeintrag), und dessen Ehefrau Ottilie Therese, geb. von Bonin. ◆ Er wurde pensioniert, nachdem Paul Flechsig, der Direktor der »psychiatrischen und Nervenklinik der Universität Leipzig«, dem Rat der Stadt mitgeteilt hatte: »… Erlaubt sich die ergebenst unterzeichnete Direktion auf die Zuschrift vom 12. des *M*ona*t*s zu erwidern, dass der Zustand des Stadtorchester-Mitglieds Robert Böhme irgend welche Hoffnung auf Wiederherstellung voller Diensttauglichkeit nicht zulässt. Derselbe leidet an Dementia paralytika und wird mutmaßlich bald sterben. Leipzig, am 21. Juni 1894.«

LITERATUR: Dörffel Nr. 200. QUELLEN: Kirchenbuchamt Dresden: TfR Kreuzkirche; StadtAL: Kap. 32, Nr. 7, Vol. III, Bl. 118 ◊ Kap. 32, Nr. 7, Vol. VII, Bl. 89 u. 91.

|496 **Pestel, Albert Wilhelm**
Violine
* 19. Oktober 1855[4] in Moskau
1881 erwähnt
1. Geiger im Konzert

Er war Schüler von → H. Schradieck am Leipziger Konservatorium vom 21. Oktober 1871 bis Ostern 1876. Im Inskriptionseintrag heißt es: »Herr Heinrich Pestel, Kaufmann in Moscau, welcher den Sohn hierhergebracht und eine Zeit lang hier zu bleiben gedenkt … Unterricht im Violin-Spiel hatte Herr Pestel 5 Jahr bei Herrn Klamroth in Moscau.«

QUELLEN: Archiv HMT: Kon Nr. 1828; StadtAL: O. Georgi: Vortrag, die Verhältnisse des Stadtorchesters betreffend.

1882

|497 **Blechschmidt, Carl H e r m a n n**
Violine
* 1. Juni 1855 in Bermsgrün bei Schwarzenberg
Mitglied vom 1. August 1882 bis 1920 ◆ Zunächst
Aspirant des Stadtorchesters, am 1. Juli 1893 Aufnahme in den Orchester-Pensionsfonds
2. Geiger, ab 1889 1. Geiger

Er war Schüler von → E. Röntgen, → H. Schradieck und Dworzak *v*on Walden am Leipziger Konservatorium vom 7. Juni 1873 bis Ostern 1875. Im Inskriptionseintrag heißt es: »Sein Vater Herr Carl Friedrich Blechschmidt ist Maurer in Bermsgrün. Herr B., welcher seine ersten musikalischen Studien bei Herrn Stadtmusikus Keßler in Schwarzenberg machte, hat, da er wegen ungenügender Vorbildung zweimal von der Aufnahme zurückgewiesen worden war; seit Michaelis *des Jahres* bei Herrn Klengel Unterricht genossen und hofft nun den Anforderungen entsprechen zu können.« Am

---

4 Angabe des Geburtstages nach dem zu dieser Zeit in Rußland geltenden julianischen Kalender.

10. September 1878 meldete er sich polizeilich an als »Musikus«, nannte → Fr. Büchner als »Prinzipal«, im Mai 1880 meldete er sich »nach Rußland« ab und war »wieder hier den 31. August 1881«. ◆ In seinem Bewerbungsschreiben heißt es: »… erlaubt sich der ergebenst Unterzeichnete, Hermann Blechschmidt, 26 Jahre alt, z. Z. Concertmeister der hiesigen Krystall-Palast-Capelle, mit zu melden. Da ich als früherer Schüler des hiesigen König*lichen* Conservatoriums, Schüler des Herrn Concertmeister Röntgen, sowie in letzter Zeit durch öfteres Substituieren in der Oper, sowohl als auch in unseren Kirchen-Concerten bei dem genannten Stadtorchester mitgewirkt habe, werden Manche von den geehrten Herren Orchestermitgliedern meine Leistungen kennengelernt haben … es würde mir die Stelle der ersten Violine am liebsten sein, doch würde ich mich auch mit der zweiten Violine oder der Bratschen-Stelle bescheiden.« ◆ Obwohl noch im Orchester tätig, ist sein Name in der Besetzungsliste für das Schweiz-Gastspiel des Gewandhausorchesters 1916 nicht verzeichnet.
Lehrer von → C. Weber.

LITERATUR: Nösselt. QUELLEN: Archiv HMT: Kon Nr. 2051; StadtAL: Kap. 32, Nr. 7, Vol. II, Bl. 59 ◊ Kap. 32, Nr. 7, Vol. V, Bl. 164 ◊ Polizeimeldebücher Temporäre Einwohner.

|498 **Heintzsch, August F r i e d r i c h**
Viola
* 16. Mai 1853 in Dresden,
† 23. Februar 1922
Mitglied vom 1. August 1882 bis 1. Oktober 1920 ◆
Zunächst Aspirant des Stadtorchesters, am 1. Mai 1887
Aufnahme in den Orchester-Pensionsfonds
Bratscher an der neu eingerichteten 7. Stelle

Er ist das vierte Kind von Karl August Heintzsch, »herrschaftlicher Kutscher in Antonstadt« (Taufeintrag), und dessen Ehefrau Aloysia Franziska, geb. Stikert. ◆ In den Berwerbungsunterlagen findet sich der Eintrag: »War in Dresden Mitglied der Concertcapelle *d*er *k*öniglich [unleserlich], und hatte einigen Unterricht bei dem *K*öniglichen Kammermusikus a. D. Ludwig Göring, zuvor einige Jahre in der Capelle des *H*errn Mannsfeldt.«

LITERATUR: Nösselt. QUELLEN: Kirchenbuchamt Dresden: TfR Dreikönigskirche; StadtAL: Kap. 32, Nr. 7, Vol. II, Bl. 257 ff. ◊ Kap. 32, Nr. 7, Vol. V, Bl. 8 ◊ Kap. 32, Nr. 7, Vol. XIV, Bl. 1 c ◊ Kap. 32, Nr. 7, Vol. XV, Bl. 73 ◊ Polizeimeldebücher Bleibende Einwohner.

|499 **Schüttau, Otto**
Kontrabass
* 1. Februar 1857
Mitglied vom 1. August 1882 bis 1907 ◆ Zunächst
Aspirant des Stadtorchesters, am 17. Mai 1889
Aufnahme in den Orchester-Pensionsfonds
Kontrabassist an der neu eingerichteten 6. Stelle

In seinem Bewerbungsschreiben heißt es: »Mein Alter ist 25 Jahre, gegenwärtig erster Bassist am hiesigen [Züricher] Tonhallen- und Opern-Orchester und vormals Mitglied der fürstlichen Hofkapelle in Sondershausen. Herr [→] Albert Wolschke könnte nähere Angaben über meine Leistungsfähigkeiten machen.« ◆ In Sondershausen war er nur für die Sommersaison 1881 (Mai bis September) engagiert und bat für seine Rückreise nach Meran, wo er während der Wintersaison ein Engagement hatte, um »eine kleine retour Reiseentschädigung«, da er wegen des »retour Reisegeldes in Verlegeneit sei«.

LITERATUR: Nösselt. QUELLEN: StadtAL: Kap. 32, Nr. 7, Vol. II, Bl. 262 ◊ Kap. 32, Nr. 7, Vol. V, Bl. 8 ◊ Kap. 32, Nr. 7, Beiheft 1; ThStA Rudolstadt: Hofmarschallamt 1780.

|500 **Fischer, Ernst Wilhelm**
Tuba
* 27. Juni 1847 in Brand,
† 3. November 1926 in Leipzig
Mitglied vom 1. August 1882 bis 1920 ◆ Zunächst
Hilfsmusiker des Stadtorchesters, ab 1. August 1883
Aspirant, am 1. Juli 1893 Aufnahme in den Orchester-
Pensionsfonds
Tubist für → B. Wolf

Er ist das neunte Kind von Carl Agust Fischer, »Bergmaurer und ansässiger Bürger in Brand« (Taufeintrag), und dessen Ehefrau Christiana Concordia, geb. Seidel. ◆ Im Zusammenhang mit seinem Gesuch um Gehaltsaufbesserung 1887 beurteilte ihn Gustav Mahler, Theaterkapellmeister in Leipzig: »Herr Fischer ist eines der besten Mitglieder unseres Orchesters, und mir schon seit Langem nicht nur wegen seines außerordentlichen Diensteifers, sondern insbesonders wegen seiner ganz ausgezeichneten künstlerischen Leistungen bemerkenswerth. Ich, für meine Person, kenne in keinem Orchester der Welt einen Tubisten, den ich dem Herrn Fischer gleichstellen möchte.«

LITERATUR: Nösselt. QUELLEN: PfA Brand-Erbisdorf: TfR; StadtAL: Kap. 32, Nr. 7, Vol. III, Bl. 323 ◊ Kap. 32, Nr. 7, Vol. XI, Bl. 168 ◊ Kap. 32, Nr. 7, Vol. XIV, Bl. 1 c ◊ Kap. 32, Nr. 7, Vol IV, Bl. 258 ◊ Polizeimeldebücher Bleibende Einwohner.

|501 **Dameck, Franz Hjalmar von**
Violine
* 22. März 1864 in Kopenhagen,
† 30. Dezember 1927 in Berlin
Mitglied vom 4. September 1882 bis 1. Oktober 1892 ◆
Aspirant des Stadtorchesters
1. Geiger

Er war Schüler von → H. Schradieck und → Fr. Hermann am Leipziger Konservatorium vom 29. April 1879 bis Ostern 1882. Im Inskriptionseintrag heißt es: »Sein Vater Herr Franz von Dameck ist Hauptmann bei der Linien-Infanterie in Kopenhagen. Herr D. hatte 5 Jahr Unterricht im Violin-Spiel bei seinem Vater; theoretische Kenntnisse mangeln. Klavier hat er noch nicht gespielt. Wohnung: Nürnberger Str. 21, 4 Tr*eppen* bei Herrn [→ A.] Hatzsch.« In der Stellungnahme für das Abgangszeugnis schrieb H. Schradieck: »Ist stets ein musterhafter Schüler gewesen und hat in jeder Hinsicht einen achtungswerthen Grad künstlerischer Reife erlangt.« ◆ Er kündigte am 24. Juni 1883 zum 1. Januar 1884, zog aber diese Kündigung wieder zurück. ◆ Später war er Konzertmeister in Barmen[5], 1902 ging er nach New York, wo er bis 1910 als Lehrer am Deutschen Konservatorium tätig war, ab 1904 auch am College of Music. Von 1911 bis 1917 war er Lehrer am Stern'schen Konservatorium in Berlin.
Mitglied des Gewandhaus-Quartetts von 1888 bis 1892 für → R. Bolland.

WERKE: Herausgeber vor allem vorklassischer Violinliteratur. LITERATUR: Nösselt; AB 1883-1892; W. J. v Wasielewski: Die Violine und ihre Meister. QUELLEN: Archiv HMT: Kon Nr. 2993; StadtAL: Kap. 32, Nr. 7, Vol. II, Bl. 299 ◊ Kap. 32, Nr. 7, Vol. III, Bl. 53.

---

5   Heute Stadtteil von Wuppertal.

Beurteilung von Ernst Wilhelm Fischer
durch den Theaterkapellmeister Gustav Mahler,
Autograph, 1887

|502 **Petri, Henri Wilhelm**
Violine
* 5. April 1856 in Zeyst bei Utrecht,
† 7. April 1914 in Dresden
Mitglied vom 1. Oktober 1882 bis 30. April 1889 ◆
Am 1. Oktober 1883 Aufnahme in den Orchester-Pensionsfonds
Zweiter 1. Konzertmeister für → H. Schradieck

Der Sohn des ersten Oboisten im städtischen Orchester von Utrecht wurde geboren im Haus seines Großvaters, der Organist an der Hauptkirche in Zeyst war. Nach erstem Unterricht bei seinem Vater wurde er neunjährig Schüler des Konzertmeisters Dahmen in Utrecht. Mit einem vierjährigen Stipendium des niederländischen Königs studierte er ab 1871 bei → J. Joachim in Berlin. 1872 reiste er auf Wunsch seines Gönners nach Brüssel, wo er Schüler von Henri Vieuxtemps werden sollte. Da dieser aber schon schwer leidend nach Algier abgereist war und sein Nachfolger Henryk Wieniawski noch nicht vor Ort, ging er zurück nach Berlin. Ab 1. Mai 1877 war er Konzertmeister in Sondershausen, bis ihm am 22. Juli 1880 zusammen mit sieben weiteren Musikern zum 31. Oktober gekündigt wurde, da »… in Folge Regierungswechsel Einschränkungen im Hofhaushalt geboten seien, welche eine augenblickliche Reduktion der Hofkapelle nothwendig machen …« (ThStA Rudolstadt) Vom 1. Januar 1881 bis zu seinem Leipziger Engagement war er Konzertmeister in Hannover. ◆ »Nachdem in kunstliebenden Kreisen mehrfach der Wunsch ausgesprochen war, dass dem Herrn Concertmeister Petri, welcher nur eine geringe Geige besitzt, und nicht die Mittel hat, eine bessere sich zu beschaffen, eine solche von anderer Seite beschafft werden möchte‹, bestimmt [Oberbürgermeister Otto] Georgi die Erwerbung einer Guanerius-Geige für 4000 Mark aus dem Erneuerungsfonds des Stadttheaters.« (zit. nach Nösselt) ◆ Am 8. Februar 1889 bat er um Annahme seiner Kündigung zum 1. Mai 1889. Dieser Bitte wurde stattgegeben, und er ging als Konzertmeister nach Dresden an die königliche Hofkapelle. ◆ Der Pianist Egon Petri ist sein Sohn.
Mitglied des Gewandhaus-Quartetts von 1882 bis 1889.

WERKE: 6 kleine Stücke, Albumblatt, Barcarole u. Fantasiestücke f. Vl. u. Klavier op. 1–3; 16 Lieder f. 1 Singst. u. Klavier op. 4–6; Künstleretüden f. Vl. op. 9; 2 Lieder f. 1. Singst. u. Klavier op. 10. LITERATUR: Nösselt; MGG I; E. Roeder: Das Dresdner Hoftheater in der Gegenwart. QUELLEN: ThStA Rudolstadt: Hofmarschallamt 1797; StadtAL: Kap. 32, Nr. 7, Vol. V, Bl. 8 u. 36.

|503 **Hartmann, Wilhelm**
Horn
* 18. Juni 1860 in Gebesee,
† 11. Juli 1935 in Kassel
Mitglied vom 1. November 1882 bis 1883 ◆ Aspirant des Stadtorchesters
Hornist

Er ging von Leipzig ans Staatstheater Kassel.

LITERATUR: Nösselt. QUELLEN: StadtAL: Kap. 32, Nr. 7, Vol. III, Bl. 15; Auskunft von Hans-Helfried Richter, Dresden.

|504 **Stein, Paul**
Violoncello
* 16. Mai 1862 in Dresden, † 30. März 1922 in Karlsruhe
Mitglied von 1882 bis 1886 ◆ Aspirant des Stadtorchesters
Cellist

Er ist der Sohn des Kammermusikus Friedrich Ludwig Stein, dem aus Meuselwitz stammenden Fagottisten der Dresdner Hofkapelle. ◆ In seinem Bewerbungsschreiben heißt es: »Bereits seit 1½ Jahren spiele ich als Volontär im Orchester der *Königlich* sächs*ischen* Hofkapelle [in Dresden] mit und habe gleichzeitig meine Cellostudien bei Herrn Kammermusiker [→ Fr. W. L.] Grützmacher fortgesetzt.« Er meldete sich am 28. Juli 1882 polizeilich in Leipzig an, verließ die Stadt am 15. September 1886 und ging nach Stuttgart an die Hofkapelle.

LITERATUR: Nösselt; A. Schreiber: Von der Churfürstlichen Cantorey zur Sächsischen Staatskapelle Dresden. QUELLEN: Landesarchiv Baden-Württemberg, Staatsarchiv Ludwigsburg: E 18 VI Bü 425; StadtAL: Kap. 32, Nr. 7, Vol. II, Bl. 261 ◊ Polizeimeldebücher.

|505 **Insprucker, August**
Harfe
* 6. November 1858 in München
Mitglied von 1882 bis 1884 ◆ Aspirant des Stadtorchesters
Harfenist für → C. R. Wenzel

Er war vom 1. Oktober 1875 bis 1. Oktober 1878 als Harfenist und 2. Geiger bei der Schweriner Hofkapelle. In einem Bewerbungsschreiben nach Weimar gab er an, drei Jahre lang Schüler von Auguste Tombo[6] gewesen zu sein. Außerdem wäre er Solo-Harfenist der Konzertkapellen Gungl in Berlin, Liebig in Ems und Engel in St. Petersburg gewesen, zuletzt als Mitglied der »Capelle Schreiner in Long Beach near New-York«. Vom 1. September 1881 bis 1. August 1882 war er bei der Hofkapelle Weimar engagiert. ◆ 1883 sollter er wegen ungenügender Leistungen aus dem Orchester entlassen werden.
Lehrer am Leipziger Konservatorium von 1882 bis 1884.

LITERATUR: Nösselt; P. Röntsch: Das Königliche Konservatorium der Musik zu Leipzig 1843–1918; C. Meyer: Geschichte der Mecklenburg-Schweriner Hofkapelle; H.-J. Nösselt: Ein ältest Orchester. QUELLEN: StadtAL: Kap. 32, Nr. 7, Vol. II, Bl. 296; ThStA Weimar: GI DNT 891.

1883

|506 **Dutschke, Julius Hermann**
Horn
* 17. Juli 1855 in Obercunnersdorf/Oberlausitz,
† 7. September 1918 in New York
Mitglied von 1883 bis 1884 ◆ Aspirant des Stadtorchesters
Hornist

Er ist der Sohn von August Gotthold Dutschke, »Inwohner und Weber« (Taufeintrag) in Obercunnersdorf. Bereits 1881 bewarb er sich um die neu eingerichtete zweite 1. Horn-Stelle. In den Probespielunterlagen findet sich der Eintrag: »Herr H. Dutschke, Mitglied der Cur-Kapelle Bad Ems«. ◆ Nach seinem Ausscheiden ging er zunächst nach Basel. Von 1885 bis 1886 war er in Glasgow, vom 16. November 1886 bis 6. September 1887 beim Badischen Hoftheater in Karlsruhe, vom 1. Oktober 1888 bis 1. Juni 1889 als erster Hornist beim Concertgebouw-Orchester in Amsterdam und dann bis 1891

─────────────

[6] Von 1861 bis 1878 Harfenist beim Bayerischen Hoforchester; Klavierlehrer von Richard Strauss.

beim Bayerischen Hoforchester in München. Er ging nach Amerika, wo er zunächst beim Chicago Symphony Orchestra und von 1895 bis 1913 beim New York Philharmonic Orchestra engagiert war, wo sein Sohn Hermann Dutschke jun. von 1920 bis 1923 auch als Hornist nachweisbar ist.

LITERATUR: Nösselt; AB 1884; Historie en kroniek van het Concertgebouw en het Concertgebouworkest; H.-J Nösselt: Ein ältest Orchester. QUELLEN: Generallandesarchiv Karlsruhe: GLA 57 a/672; PfA Oberkunnersdorf: KB; StadtAL: Kap. 32, Nr. 7, Vol. II, Bl. 62; Auskunft von Norman Schweikert, Washington Island/WI (USA).

1884

|507 Unkenstein, Bernhard
Viola
* 21. März 1860 in Dessau,
† 7. Juni 1928 in Leipzig
Mitglied vom 1. April 1884 bis 31. März 1925, danach noch bis September Aushilfe ◆ Am 1. April 1885 Aufnahme in den Orchester-Pensionsfonds
Bratscher, ab 1903 Solo-Bratscher für → J. Thümer

Er hatte von 1875 bis 1880 Engagements in Libau[7], Reval[8] und Helsingfors[9] und war ab 1. November 1880 bei der Hofkapelle in Darmstadt. Mitglied des Gewandhaus-Quartetts von 1884 bis 1899, Kassierer des Orchester-Pensionsfonds vom 25. September 1899 bis 1915 für → Fr. Gumpert.

WERKE: Orchesterstudien. LITERATUR: Nösselt. QUELLEN: StadtAL: Kap. 10, Personalakte ◊ Kap. 32, Nr. 7, Vol. V, Bl. 8 ◊ Kap. 32, Nr. 7, Vol. IX, Bl. 100.

|508 Rudolph, Arno
Horn
* 10. Juli 1866 in Söhesten bei Hohenmölsen,
† 7. April 1941 in Leipzig
Mitglied vom 1. April 1884 bis 31. März 1924 ◆ Zunächst Aspirant des Stadtorchesters, am 1. Januar 1887 Aufnahme in den Orchester-Pensionsfonds
4. Hornist, ab 1885 3. Hornist, ab 1. Oktober 1893
1. Hornist[10] für → R. Böhme

Er ist das dritte Kind seines Vaters Julius Rudolph, »Nachbar und Einwohner zu Söhesten«, und das siebente Kind seiner Mutter Juliane Laura, »verwittwet gewesene Patschke, geb. Deihandt«. (Taufeintrag) ◆ Er war während seines Engagements Schüler von [→] Fr. Gumpert am Leipziger Konservatorium vom 17. April 1884 bis Michaelis 1888. Im Inskriptionseintrag heißt es: »Ist Inhaber einer Freistelle und zugleich im Orchester angestellt. Herr R. hatte 4 Jahr Unterricht im Waldhornblasen bei Herrn Stadtmusikdirector Buchheister in Weißenfels; im Violin-Spiel besitzt er einige Übung. Theorie der Musik und Pianoforte-Spiel sind ihm bis jetzt noch fern geblieben.« (Kon)

---

7 Heute Liepaja (Lettland).
8 Heute Tallinn (Estland).
9 Schwedischer Name für Helsinki.
10 In den Adreßbüchern dieser Zeit wird er immer an dritter Stelle genannt. Man kann aber davon ausgehen, daß er, seitdem → R. Böhmes Stelle unbesetzt war, 1. Horn geblasen hat. Erst ab 1900 wird er in den Adreßbüchern an erster Stelle genannt.

Lehrer am Leipziger Konservatorium von 1907 bis 1932 für Fr. Gumpert ◆ Lehrer von → R. Schaller.

LITERATUR: Nösselt. QUELLEN: Archiv HMT: Kon Nr. 3978; PfA Hohenmölsen: TfR Muschwitz; StadtAL: Kap. 32, Nr. 7, Vol. VII, Bl. 91.

|509 Schuëcker, Edmund
Harfe
* 16. November 1860 in Wien,
† 9. November 1911 in Bad Kreuznach
Mitglied vom 1. Mai 1884 bis 1. September 1891 ◆ Zunächst Aspirant des Stadtorchesters, am 1. Mai 1885 Aufnahme in den Orchester-Pensionsfonds
Harfenist für → A. Insprucker

Er war von 1871 bis 1877 Schüler von Antonio Zamara am Wiener Konservatorium. Von 1877 bis 1882 war er beim Park Orchester Amsterdam engagiert, dann ein Jahr beim Parlow Orchester in Hamburg. In seinem Bewerbungsschreiben vom 17. Februar 1884 gab er an, »Harfenvirtuose in der Mannsfeldt'schen Capelle« in Dresden zu sein. ◆ 1891 ging er nach Chicago zum 1890 gegründeten Young Chicago Orchestra, von 1900 bis 1903 war er beim Wiener Hof-Opernorchester, von 1903 bis 1904 beim Pittsburgh Symphony Orchestra, dann bis 1909 in Philadelphia und bis 1910 an der Metropolitan Opera in New York. Außerdem war er von 1903 bis 1906 als Gast an der Covent Garden Opera in London. Er leitete mehrere Sommer das »Wiener Harfen College« und gab Kurse in Bad Kreuznach. ◆ 1890 wurde ihm von Herzog Ernst von Sachsen-Altenburg der Titel Herzoglich sächsischer Kammervirtuos verliehen. ◆ Sein Bruder Heinrich Schuëcker war ab 1885 Harfenist beim Boston Symphony Orchestra und Lehrer am New England Conservatory. Sein in Leipzig geborener Sohn Joseph E. Schuëcker war zwischen 1904 und 1930 bei den Orchestern in Pittsburgh und Philadelphia als Harfenist tätig.

Lehrer am Leipziger Konservatorium von 1884 bis 1. April 1891 für → A. Insprucker ◆ Lehrer von → J. Snoer.

WERKE: umfangreiche Sololiteratur; Etüden; Schulwerke u. Orchesterstudien. LITERATUR: Nösselt; Riemann I u. II; AB 1885–1891; Neuer Theater-Almanach. 1903; P. A. Otis: The Chicago Symphony Orchestra; P. Röntsch: Das Königliche Konservatorium der Musik zu Leipzig 1843-1918; Wiener Philharmoniker, 1842–1942, Statistik; F. A. Wister: Twenty-five Years of the Philadelphia Orchestra. QUELLEN: StadtAL: Kap. 32, Nr. 7, Vol. III, Bl. 178 ◊ Kap. 32, Nr. 7, Vol. VI., Bl. 240; Auskunft von Norman Schweikert, Washington Island/WI (USA).

|510 Winzer, Hermann Theodor Christian
Posaune
* 25. Juli 1859 in Tribsees/Vorpommern
Mitglied vom 1. Juli 1884 bis ca. 1924 ◆ Am 1. Juli 1885 Aufnahme in den Orchester-Pensionsfonds
Alt-Posaunist für → C. Garkisch

Er ist der Sohn von Ferdinand Winzer, »Ackerbürger« (Taufeintrag), und dessen Ehefrau Lisette, geb. Räthke. Bereits am 1. April 1879 meldete er sich als »Commis« in Leipzig polizeilich an, verließ aber die Stadt noch einmal am 15. März 1882 und meldete sich »nach Hause« ab.

LITERATUR: Nösselt. QUELLEN: PfA Tribsees: TfR; StadtAL: Kap. 32, Nr. 7, Vol. V, Bl. 8 ◊ Kap. 32, Nr. 7, Vol. XIV, Bl. 1 c ◊ Polizeimeldebücher Temporäre Einwohner.

|511 **Höflmayer, Christoph**
Klarinette
Mitglied vom 1. Oktober 1884 bis 31. März 1886 ♦
Mitglied des Orchester-Pensionsfonds
Klarinettist

»1884 wird ein junger II. Klarinettist engagiert, der aber schon nach einem halben [sic!] Jahre wegen völlig ungenügender Leistungen wieder entlassen werden muß. [Thomaskantor Wilhelm] Rust meint, man müsse es bedauern, 'wenn ein junger Mensch von circa 16 Jahren eine Stellung erhielt, die nur von gereiften Künstlern im gereiftem Alter vertreten werden sollte. Unser hochberühmtes Orchester sollte nicht die Anstalt sein, in welcher Wunderkinder, oder unmündige Knaben ihre Lehrzeit beenden.'« (zit. nach Nösselt)

LITERATUR: Nösselt. QUELLEN: StadtAL: Kap. 32, Nr. 7, Vol. III, Bl. 292.

1885

|512 **Lorbeer, Heinrich**
Horn
* 15. März 1865 in Weida,
† 26. Januar 1943 in Boston
Mitglied von 1885 bis 15. September 1891 ♦ Ab 1. Januar 1886 Aspirant des Stadtorchesters, am 1. Oktober 1889 Aufnahme in den Orchester-Pensionsfonds
Hornist

Er ist der Sohn von Friedrich Louis Lorbeer, »Bürger und Weber« (Taufeintrag), und dessen Ehefrau Christiane Juliane, geb. Fritzsche. ♦ Er war Schüler von → Fr. Gumpert am Leipziger Konservatorium vom 16. Dezember 1884 bis Ostern 1889. Im Inskriptionseintrag heißt es: »Herr L. ist Hornist und lernte 4 Jahr bei Herrn Stadtmusikdirector Wolschke[11] in Colditz, bei welchem er auch einigen Violin-Unterricht genoß. In der Theorie der Musik besitzt er einige Kenntniß; im Pianoforte-Spiel hat er noch keine Übung.« Ein Jahr später wurde er bereits Orchestermitglied. ♦ In seinem Kündigungsschreiben vom 3. August 1891 bat er den Rat der Stadt um Entlassung zum 15. September, »da er durch Familienverhältnisse gezwungen« sei, »auf eine materielle Verbesserung seiner Lage hinzuarbeiten, und sich ihm zu diesem Behufe gerade in diesem Augenblick eine Gelegenheit bietet wie vielleicht nicht wieder«. ♦ Er ging in die USA und war dort bis 1937 Mitglied des Boston Symphony Orchestra, dessen musikalischer Leiter von 1889 bis 1893 Arthur Nikisch war, der zuvor Theaterkapellmeister in Leipzig gewesen ist.

LITERATUR: Nösselt. QUELLEN: Archiv HMT: Kon Nr. 4144; PfA Weida: TfR; StadtAL: Kap. 32, Nr. 7, Vol. V, Bl. 8 ◊ Kap. 32, Nr. 7, Vol. VI, Bl. 115 f; Auskunft von Norman Schweikert, Washington Island/WI (USA); Auskunft von Bridget Carr, Archiv des Boston Symphony Orchestra.

---

11 Eduard Gustav Wolschke, Stadtmusikus in Colditz, später in Göttingen; Bruder von → A. Wolschke und Onkel von → K. Wolschke.

1886

|513 **Zahn, F r i e d r i c h Carl**
Violine
* 1. Oktober 1861 in Merseburg,
† 29. Januar 1940 in Boston
Mitglied vom 1. Februar 1886 bis 1. September 1891 ♦
Aspirant des Stadtorchesters
1. Geiger

»Sein Vater Herr Friedrich Zahn ist Stadtmusiker in Merseburg. Herr Z. ist Trompetenbläser und wurde darin sowie im Violin- und Viola-Spiel von Herrn Stadtmusikdirector Krumbholz in Merseburg unterrichtet; im Violin-Spiel, und zwar im letzten halben Jahre auch von den Herren Herold & [→ C.] Meisel hier; im Pianoforte-Spiel besitzt er wenige Übung und in der Theorie keine Kenntnisse.« (Kon) Er war Schüler von → Fr. Hermann und Hans Sitt am Leipziger Konservatorium vom 17. April 1884 bis 1. Juni 1885. In der Stellungnahme für das Abgangszeugnis schrieb Fr. Hermann: »Herr Zahn, welcher schon vor seinem Eintritt in das Conservatorium in Orchestern thätig war, bemühte sich während seiner hiesigen Studienzeit sein Spiel zu verfeinern und ist ihm insoweit gelungen, dass er als Geiger in einem guten Orchester sein Fortkommen finden wird.« In seinem Bewerbungsschreiben gab er an, vor dem Besuch des Konservatoriums vom 1. April 1880 bis 1. April 1884 Hoboist im 107. Infanterie Regiment gewesen zu sein und vom 15. Juni bis 1. Oktober 1885 »Mitglied der König*lichen* Kurkapelle zu Bad Elster. Gegenwärtig Mitglied (Soloviolinе) der Stadtkapelle Plauen ...« ♦ In seinem Kündigungsschreiben vom 24. Juni 1891 heißt es: »Ein sehr günstiges, zum 1ten Oktober in Boston in Amerika mir in Aussicht gestelltes Engagement veranlaßt mich dem hochwohl*löblichen* Rath der Stadt Leipzig meine Stellung per 1ten September zu kündigen. Wohlwissend, daß meine Kündigungszeit eine halbjährliche ist, gebe ich der Hoffnung Raum, dass mein Entlassungsgesuch nicht abschlägig beschieden werden möge.« ♦ Er ging in die USA und war dort bis 1925 Mitglied des Boston Symphony Orchestra, von 1891 bis 1896 als 2. Geiger, von 1896 bis 1910 als Bratscher, von 1910 bis 1920 als Schlagzeuger und danach bis 1925 wieder als Bratscher; musikalischer Leiter war von 1889 bis 1893 Arthur Nikisch, der zuvor Theaterkapellmeister in Leipzig gewesen ist.

LITERATUR: Nösselt; AB 1887–1891. QUELLEN: Archiv HMT: Kon Nr. 3980; StadtAL: Kap. 32, Nr. 7, Vol. V, Bl. 8 ◊ Kap. 32, Nr. 7, Vol. VI, Bl. 63 ◊ Kap. 32, Nr. 7, Vol. IV, Bl. 25; Auskunft von Norman Schweikert, Washington Island/WI (USA); Auskunft von Bridget Carr, Archiv des Boston Symphony Orchestra.

|514 **Keßner, Carl Christian F r i e d r i c h**
Klarinette
* 1. Mai 1859 in Weimar,
† 12. Februar 1896 in Leipzig
Mitglied vom 1. April 1886 bis zu seinem Tod ♦ Am 1. Juli 1887 Aufnahme in den Orchester-Pensionsfonds
2. Klarinettist, ab 1891 1. Klarinettist

Er ist der Sohn von Friedrich August Keßner, »weiland Bürger und Großherzoglich Sächsischer Hofmusikus hier« (Taufeintrag), und dessen Ehefrau Caroline Henriette Therese, geb. Stötzer. Von 1873 bis 1877 war er Schüler der Großherzoglichen Musikschule in Weimar, später hatte er ein Engagement beim Stadttheater Regensburg. ♦ Am 13. Februar 1896 schrieb → C. Tamme, der Sekretär des Orchester-Pensionsfonds, an den Rat der

Stadt: »Hochgeehrter Herr Bürgermeister! Hiermit erfülle ich die schwere Pflicht die Anstellungsbehörde von dem ganz plötzlichen und uns allen unerwarteten Ableben unseres trefflichen Mitglieds des 1ten Klarinettisten Herrn Friedrich Keßner in Kenntnis zu setzen. Vor zwei Tagen sandte mir der Verstorbene ein Krankheitsattest wegen Fiebers und Mandelentzündung, gestern ist er wegen Thyphus ins Krankenhaus gebracht worden und dort sofort verstorben.«

LITERATUR: Nösselt; Die Grossherzogliche Musikschule in Weimar von 1872–1897. QUELLEN: PfA Weimar: TfR Hofkirche; StadtAL: Kap. 32, Nr. 7, Vol. V, Bl. 8 ◊ Kap. 32, Nr. 7, Vol. VII, Bl. 214; Polizeimeldebücher Bleibende Einwohner.

|515 Rödelberger, F r a n z Valentin
Viola
* 27. August 1863 in Würzburg
Mitglied vom 1. Mai 1886 bis 17. Mai 1888 ◆ Aspirant des Stadtorchesters
Bratscher

»Sein Vater Herr Georg Rödelberger ist Eisenhändler in Würzburg … Herr R. hatte 5 Jahr Unterricht im Pianoforte-Spiel und 4 Jahr im Orgel-Spiel bei Herrn Glötzner, im Violin-Spiel 5 Jahr bei Herrn Concertmeister Schwendemann, in der Theorie d*er* Musik 2 Jahr bei Herrn Meyer-Olbersleben, im Partitur-Spiel und Dirigieren bei Herrn Dr. Kliebert; im Viola-Spiel 2 Jahr bei Herrn Ritter[12].« ◆ 1882 wirkte er bei den Festspielen in Bayreuth mit. Er war Schüler am Leipziger Konservatorium vom 4. Oktober 1884 bis Ostern 1886. ◆ In seinem Kündigungsschreiben vom 31. März 1888 heißt es: »Der ergebenst Unterzeichnete stellt hiermit an die hohe Anstellungsbehörde des städtischen Orchesters das dringende Ansuchen, denselben sobald als möglich aus seiner bisherigen Stellung als städtischer Orchester-Aspirant (7te Viola) entlassen zu wollen. Als Grund gibt er die für ihn bestehende Notwendigkeit an, seine Universitätsstudien noch im Laufe des kommenden Sommersemesters (18. April – 18. August) durch ein an hiesiger Hochschule zu absolvierendes Doctorexamen abschließen zu müssen. Behufs Beibringung anderweitiger Belege (außer beiliegender Legitimationskarte) und ebenfalls nöthigen Stellung einer Publikation bittet um geneigte Benachrichtigung …« ◆ Sein Bruder Philipp Rödelberger (*1865) war Flötist und Komponist.

LITERATUR: Nösselt. QUELLEN: Archiv HMT: Kon Nr. 4032; StadtAL: Kap. 32, Nr. 7, Vol. V, Bl. 8 ◊ Kap. 32, Nr. 7, Vol. IV, Bl. 324 u. 302 f; Staatsarchiv Hamburg: R. Dettling: Kurzbiographien hamburgischer Musiker.

|516 Rehse [Rese], Ludwig
Oboe
* 1853, † 3. April 1899 in Leipzig
Mitglied vom 1. Mai 1886 bis zu seinem Tod ◆ Am 1. Mai 1887 Aufnahme in den Orchester-Pensionsfonds
Englischhornist und 2. Oboist

In seinem Bewerbungsschreiben heißt es: »Wie nachfolgendes Zeugniss bekundet war ich längere Zeit in der Krollschen Oper beschäftigt als 2. Oboer u*nd* Englischhornbläser um mir die erforderliche Routine in der Oper zu erwerben. Während dieses Engagements hatte ich auch die Ehre zur vollsten Zufriedenheit Richard Wagners die Nibelungenaufführungen am hiesigen Victoriatheater unter Direction Anton Seidel als Englischhornbläser mit zu spielen … Betreff das Concertorchester war ich bis jetzt in den renommiertesten Orchestern Deutschlands thätig und zwar: bei Bilse, Laube, Strauss, Parlow, von Brenner, u*nd* z. Z. bei Mannsfeldt …«

LITERATUR: Nösselt. QUELLEN: StadtAL: Kap. 32, Nr. 7, Vol. III, Bl. 118 ◊ Kap. 32, Nr. 7, Vol. V, Bl. 8 ◊ Kap. 32, Nr. 7, Vol. IX, Bl. 61 ◊ Kap. 32, Nr. 7, Beiheft 1.

|517 Schultz, Léon [Schulz, Leo]
Violoncello
* 28. März 1865 in Posen,
† 12. August 1944 in La Crescenta/CA (USA)
Mitglied vom 1. Dezember 1886 bis 1. Oktober 1889 ◆ Aspirant des Stadtorchesters
Stellvertretender Solo-Cellist für → P. Stein[13]

Er studierte bei Robert Hausmann an der Berliner Hochschule, machte 1876 das Examen und unternahm dann Konzertreisen durch Deutschland, Österreich und Rußland. Von 1885 bis 1886 war er Solo-Cellist beim Berliner Philharmonischen Orchester. ◆ In seinem Kündigungsschreiben vom 3. September 1889 heißt es: »Endesgezeichneter gestattet sich, dem hohen Rat gehorsamst die Bitte zu unterbreiten, ihn zum 1ten October *a*nni *c*urrentis die Entlassung aus dem Verbande des Leipziger Stadtorchesters gütigst gewähren zu wollen, und erlaubt sich dieses Gesuch damit zu motivieren dass er, obwohl beinahe 3 Jahre als 1ter Cellist hierselbst thätig, immer noch Aspirant ist und auf lange Zeit keine Aussicht hat in eine pensionsberechtigte Stellung einrücken zu können und da sich ihm augenblicklich eine glänzende Stellung, welche ihm eine genügende Versorgung seiner Familie verbürgt, anbietet, bittet Gefertigter den hohen Rat ergebenst, ihn zur Erreichung seines Glückes nicht hinderlich zu sein und die erbetene Entlassung zum 1ten October gütigst zu gewähren.« ◆ Er ging in die USA und war dort bis 1898 Stellvertretender Solo-Cellist (ab 1891 neben → A. Schröder) beim Boston Symphony Orchestra, dessen musikalischer Leiter von 1889 bis 1893 Arthur Nikisch war, der zuvor Theaterkapellmeister in Leipzig gewesen ist. Von 1898 bis 1905 und von 1908 bis 1922 war er Solo-Cellist beim New York Philharmonic Orchestra, von 1903 bis 1907 außerdem beim New York Symphony Orchestra.

WERKE: 1 Cellokonzert; 1 Streichquintett; 3 Streichquartette; 1 Kantate; Lieder.
LITERATUR: Nösselt; AB 1889–1889; G. Avgerinos: Künstler-Biographien; W. J. v. Wasielewski: Das Violoncell und seine Geschichte. QUELLEN: StadtAL: Kap. 32, Nr. 7, Vol. V, Bl. 8 u. 201; Auskunft von Norman Schweikert, Washington Island/WI (USA); Auskunft von Bridget Carr, Archiv des Boston Symphony Orchestra.

1887

|518 Werther, Robert
Flöte
* 15. Juli 1865 in Jechaburg bei Sondershausen,
† November 1934 in Leipzig
Mitglied vom 15. April 1887 bis 31. Oktober 1930 ◆ Zunächst Aspirant des Stadtorchesters, am 1. Dezember 1892 Aufnahme in den Orchester-Pensionsfonds
2. Flötist

---

12 Alexander Ritter war Schüler von → F. David.

13 Seine Tuttistelle wurde in eine nicht pensionsberechtigte Solostelle umgewandelt.

In seinem Bewerbungsschreiben heißt es: »Wie ergebenst Unterzeichneter gehört, ist dem nächst die 3te Flötistenstelle durch Abgang des jetzigen Inhabers neu zu besetzen; Unterzeichneter erlaubt sich daher einem hohen Rathe seine Dienste gehorsamst anzubieten. Zu Jechaburg bei Sondershausen am 15. Juli 1865 geboren, besuchte ich in Sondershausen die dortige Bürgerschule, vom 10. Jahre an gleichzeitig beim Fürstlichen Kammervirtuosen Herrn Heindl Musikunterricht erhalten nach erfolgter Confirmation beim Musikdirektor Buchheister in Weißenfels eine dreijährige Lehrzeit durchlaufend, gleichzeitig beim Gewandhausorchester Mitglied [→] G. Tischendorf in Leipzig Unterricht nehmend ging ich nach bestandener Lehrzeit nach Nürnberg zum Stadt-Chor als 1. Flötist, nach ½ jähriger dortiger Wirksamkeit nach Leipzig um meinen Unterricht bei Herrn Tischendorf fortzuführen, trat gleichzeitig als 1. Flötist bei der Regimentsmusik des Infanterie Regiment No 107 ein, nach 3 jähriger tadelloser Dienstzeit am 1. Oktober 1886 wieder ausgetreten, blieb ich bis dato in Leipzig, um meinen Unterricht weiter fortzusetzen; um erst dieses Frühjahr meine Lebensbahn weiter zu verfolgen ...«

LITERATUR: Nössel. QUELLEN: StadtAL: Kap 32, Nr. 7, Vol. VI, Bl. 228 ◊ Kap. 32, Nr. 7, Vol. X, Bl. 101 ◊ Kap. 32, Nr. 7, Beiheft 7 ◊ Kap. 32, Nr. 7, Vol. XIV, Bl. 1 c ◊ Kap. 32, Nr. 7, Vol. IV, Bl. 222.

|519 **Göpel, Carl Oswald**
Fagott
* 11. März 1859
Mitglied vom 15. Juni 1887 bis 1. Oktober 1924 ◆
Zunächst Aspirant des Stadtorchesters, am 1. Juli 1893 Aufnahme in den Orchester-Pensionsfonds
2. Fagottist

In den Probespielunterlagen findet sich der Eintrag: »Bisheriges Mitglied der Büchnerschen Kapelle [→ Fr. Büchner]«.

LITERATUR: Nössel. QUELLEN: StadtAL: Kap. 32, Nr. 7, Vol. V, Bl. 230 ◊ Kap. 32, Nr. 7, Vol. X, Bl. 148 ◊ Kap. 32, Nr. 7, Beiheft 10 ◊ Kap. 32, Nr. 7, Vol. XIV, Bl. 1 b ◊ Kap. 32, Nr. 7, Vol. IV, Bl. 244.

|520 **Gütter, Gustav Adolf**
Fagott
* 8. März 1869 in Markneukirchen/Sa.
Mitglied vom 1. Dezember 1887 bis 31. Juli 1891 ◆
Mitglied des Orchester-Pensionsfonds
1. Fagottist

»Sein Vater Herr Gustav Adolph Gütter ist Stegfabrikant in Markneukirchen. Herr G. hatte 1 Jahr Unterricht im Pianoforte-Spiel bei Herrn Lehrer Irmisch, im Violoncellspiel ebensolange bei Herrn Musikdirektor Sachs. Theoretische Kenntnisse fehlen. Will Fagottist werden.« (Kon) Er war dann Schüler von → J. Weissenborn am Leipziger Konservatorium vom 5. Oktober 1883 bis Ostern 1888. In den Probespielunterlagen wird er widersprüchlich einmal als »bisheriges Mitglied der Lindnerschen Kapelle« und einmal als »bisheriges Mitglied der Büchnerschen Kapelle [→ Fr. Büchner]« bezeichnet. ◆ Er kündigte seinen Vertrag, ging in die USA und war dort bis 1894 Mitglied des Boston Symphony Orchestra, dessen musikalischer Leiter von 1889 bis 1893 Arthur Nikisch war, der zuvor Theaterkapellmeister in Leipzig gewesen ist. Später war er in Berlin beim Orchester der Hofoper und unterrichtete an der Berliner Hochschule für Musik. ◆ In der Zeitschrift *The Metronom* erschien am 1. Januar 1898 die Nachricht: »Herr Gütter, the first basson of the Royal Orchestra, at Berlin, and formerly in the same capacity, was member of the Boston Symphony Orchestra under Nikisch and Paur, and later on of the Damrosch orchestra, one day last month put a bullet into his brain. But little hopes are entertained of his recovery. The motive for the deed is not known."14 ◆ Sein Bruder, der Geigenbauer Julius Gütter (* 1872), ging um 1892 nach Philadelphia, dessen Sohn J. Walter Guetter (* 1895; † 1937) studierte bei ihm an der Berliner Hochschule und war von 1915 bis zu seinem Tod Solo-Fagottist in Chicago und Philadelphia.

LITERATUR: Nössel; AB 1889–1891; J. Phelan: Die Legende von J. Walter Guetter; W. L. v. Lütgendorf: Die Geigen- und Lautenmacher vom Mittelalter bis zur Gegenwart. QUELLEN: Archiv HMT: Kon Nr. 3848; StadtAL: Kap. 32, Nr. 7, Vol. VI, Bl. 81.

1888

|521 **Kopp, Theodor Louis**
Violoncello
* 26. Juni 1863 in Weida
Mitglied vom 17. Mai 1889 bis 1928 ◆ Zunächst Aspirant des Stadtorchesters, am 1. Juli 1893 Aufnahme in den Orchester-Pensionsfonds
Cellist

»Sein Vater Herr Wilhelm Kopp ist Landbriefträger in Weida. Den ersten Unterricht im Violin- und Violoncell-Spiel, sowie im Blasen des Tenorhorns erhielt er von Herrn Stadtmusikdirector Zörner in Weida, später im Violoncell-Spiel 1 Jahr von Herrn Koch in Dresden. Pianoforte-Spiel ist ihm fremd, in der Theorie der Musik besitzt er einige Kenntniß.« (Kon) Er war dann Schüler von → J. Klengel am Leipziger Konservatorium vom 1. April 1886 bis Ostern 1889. ◆ In seinem Lebenslauf zur Bewerbung heißt es: »... war ich ein Jahr lang in der Gewerbehauskapelle [in Dresden] unter Leitung des Herrn Mansfeld als Cellist thätig. Um mich weiter ausbilden zu können, siedelte ich nach Leipzig über, hier war mir das Glück günstig, ich erhielt eine Freistelle am königlichen Conservatorium, gleichzeitig versah ich den Dienst eines Cellisten im alten Stadttheater, auch wirkte ich in gleicher Eigenschaft eine Saison in den Concerten der Euterpe mit.«

LITERATUR: Nössel. QUELLEN: Archiv HMT: Kon Nr. 4390; StadtAL: Kap. 32, Nr. 7, Vol. V, Bl. 110 u. 121 ◊ Kap. 32, Nr. 7, Vol. XI, Bl. 168.

|522 **Jentzsch, Richard Emil**
Viola
* 23. Januar 1865 in Eilenburg
Mitglied vom 18. Mai 1888 bis 1926 ◆ Zunächst Aspirant des Stadtorchesters, am 1. Juli 1893 Aufnahme in den Orchester-Pensionsfonds
Bratscher

Er ist der Sohn von Wilhelm August Jentzsch, »Stellmachermeister und Hausbesitzer« (Taufeintrag), und dessen Ehefrau Caroline Emilie, geb. Jässing.

....

14 Herr Gütter, der erste Fagottist des Königlichen Orchesters in Berlin, der vorher in der gleichen Funktion Mitglied des Boston Smphony Orchestras unter Nikisch und Paur und später des Damrosch Orchestras war, schoß sich letzten Monat eine Kugel in den Kopf, es gibt wenig Hoffnung auf eine Wiederherstellung. Das Motiv der Tat ist nicht bekannt.

LITERATUR: Nösselt. QUELLEN: StadtAL: PfA Eilenburg: TfR St. Nikolai; Kap. 32, Nr. 7, Vol. XI, Bl. 168 ◊ Kap. 32, Nr. 7, Vol. XIV, Bl. 1 c ◊ Polizeimeldebücher Bleibende Einwohner.

1889

|523 Förster, Richard
Kontrabass
* 8. Dezember 1862 in Lengenfeld/Vogtland
Mitglied vom 1. Juli 1889 bis 1928 ♦ Zunächst Aspirant des Stadtorchesters, am 1. Juli 1893 Aufnahme in den Orchester-Pensionsfonds
Kontrabassist

»Sein Vater Herr Ludwig Förster ist Tuchmacher in Lengenfeld. Herr F. ist Bassist und hat seine Ausbildung bei Herrn Stadtmusikdirektor Friedrich Hundhammer in Reichenbach genossen; zuletzt unterwies ihn eine Zeit lang Herr [→ O.] Schwabe. Theorie der Musik und Pianofortespiel hat er noch nicht betrieben.« (Kon) Er war dann Schüler von → O. Schwabe am Leipziger Konservatorium vom 4. Oktober 1884 bis 19. Juli 1889. ♦ In seinem Bewerbungsschreiben heißt es: »Seit 5 Jahren genieße ich täglichen Unterricht am hiesigen Conservatorium, spiele außerdem in der Büchnerschen Capelle [→ Fr. Büchner] im Alten Stadt-Theater & hatte Gelegenheit seit 5 Jahren bei den Gewandhaus-Concerten mitzuwirken.«
Lehrer von → W. Waldenberger.
LITERATUR: Nösselt. QUELLEN: Archiv HMT: Kon Nr. 4092; StadtAL: Kap. 32, Nr. 7, Vol. V, Bl. 142 ◊ Kap. 32, Nr. 7, Vol. VI, Bl. 282.

|524 Matthies, Friedrich Richard
Violine
* 19. November 1870 in Leipzig ♦ Sohn von
→ Chr. Matthies
Mitglied vom 1. Oktober 1889 bis 1933 ♦ Zunächst Aspirant des Stadtorchesters, am 1. Juli 1893 Aufnahme in den Orchester-Pensionsfonds
2. Geiger, ab 1. September 1891 1. Geiger

»Sein Vater Herr Christian Matthies ist Musikdirector hier. Herr M. hat Freistelle. Herr M. wurde im Violinspiel von seinem Vater unterrichtet. Im Pianofortespiel besitzt er einige Übung, in der Theorie der Musik keine Kenntniß.« (Kon) Er war dann Schüler von Hans Sitt und → Fr. Hermann am Leipziger Konservatorium vom 2. Oktober 1885 bis Ostern 1890. In einem Zeugnis vom September 1889 schrieb Hans Sitt: »Hat mit viel Fleiß und Regelmäßigkeit meinem Unterricht beigewohnt, so daß er sich eine gute technische und musikalische Routine erworben, welche [es] ihm ermöglichen werden, die an einen tüchtigen Geiger gestellten Anforderungen stets nachkommen zu können.« In der Stellungnahme für das Abgangszeugnis vom 10. April 1890 heißt es: »Seit seiner Einstellung beim hiesigen Theaterorchester war Herr Matthies durch Dienste vom Besuch meiner Stunden abgehalten, muß mich daher auf mein letztes Zeugnis beziehen.« ♦ Sein Name ist in der Besetzungsliste für das Schweiz-Gastspiel des Gewandhausorchesters 1916 nicht verzeichnet.
LITERATUR: Nösselt. QUELLEN: Archiv HMT: Kon Nr. 4265; StadtAL: Kap. 32, Nr. 7, Vol. VI, Bl. 64 ◊ Kap. 32, Nr. 7, Vol. V, Bl. 164.

|525 Weber, Carl Rudolph
Violine
* 24. Dezember 1869 in Leipzig
Mitglied vom 1. Oktober 1889 bis 1937 ♦ Zunächst Aspirant des Stadtorchesters, am 1. Juli 1893 Aufnahme in den Orchester-Pensionsfonds
2. Geiger, ab 1898 1. Geiger

»Sein Vater Herr Max Weber ist Friseurgehülfe bei Herrn Schütze hier. Herr W. hatte 2 Jahr Unterricht im Violinspiel bei Herrn Waal und früher 2 Jahr mit Unterbrechungen bei den Herren Naumann & [→ H.] Blechschmidt hier. Im Pianoforte-Spiel ist er noch Anfänger. Theoretische Kenntniße besitzt er noch nicht.« (Kon) Er war dann Schüler von Hans Sitt am Leipziger Konservatorium vom 9. April 1885 bis Michaelis 1889. In der Stellungnahme für das Abgangszeugnis schrieb Hans Sitt: »Herr Weber welcher sich stets durch Fleiß und rechtes Streben ausgezeichnet hat, ist ein talentvoller Geiger, welcher bereits tüchtige Proben seines technischen wie auch künstlerischen Könnens abgelegt hat.«
LITERATUR: Nösselt. QUELLEN: Archiv HMT: Kon Nr. 4170; StadtAL: Kap. 32, Nr. 7, Vol. V, Bl. 164.

|526 Wille, Georg
Violoncello
* 20. September 1869 in Greiz,
† 19. November 1958 in Dresden ♦ Bruder von →
A. Wille und → P. Wille
Mitglied vom 1. Oktober 1889 bis 1. Dezember 1899 ♦ Zunächst Aspirant des Stadtorchesters, am 1. Oktober 1891 Aufnahme in den Orchester-Pensionsfonds
Stellvertretender Solo-Cellist für → L. Schultz, ab 1. Oktober 1891 Solo-Cellist für → A. Schröder

»Sein Vater Herr Gustav Wille ist Musikdirector in Greiz ... Herr W. hat seinen Musikunterricht (Violoncell, Trompete, Pianofortespiel und Theorie der Musik) ausschließlich von seinem Vater erhalten.« (Kon) Er war dann Schüler von → J. Klengel am Leipziger Konservatorium vom 2. Oktober 1885 bis Ostern 1890. In der Stellungnahme für das Abgangszeugnis schrieb J. Klengel: »Herr Wille ist einer der begabtesten Violoncellisten, die ihre Studien am *Königlichen* Conservatorium gemacht haben ... Von Grund aus musikalisch und ganz besonders beanlagt zum Violoncellospiel hat Herr W. eine Stufe erreicht, die ihn schon heute befähigt, als ein ausgezeichneter Vertreter seines Instrumentes zu gelten und für die Zukunft Hervorragendes erwarten lässt.« ♦ Er kündigte Anfang Juni 1899 zum 1. Oktober, wurde aber wegen der halbjährlichen Kündigungsfrist erst zum 1. Dezember entlassen. Er ging nach Dresden an die Hofkapelle, wo er bis 1. Oktober 1925 als Solo-Cellist wirkte, 1902 wurde er zum Hof-Konzertmeister ernannt, 1908 zum Professor. Er war Mitglied des Petri-Quartetts. 1925 übernahm er die Leitung der Orchesterschule der Sächsischen Staatskapelle; bis 1944 war er einziges Ehrenmitglied der Sächsischen Staatskapelle. Am 8. Januar 1948 fand in Dresden ein »Fest-Konzert anläßlich [seines] 60jährigen Solisten-Jubiläums« unter Joseph Keilberth statt, indem der 78jährige u. a. die Rokoko-Variationen Tschaikowskis spielte. 1949 wurde er Ehrenbürger der Stadt Greiz.
Mitglied des Gewandhaus-Quartetts von 1891 bis 1899.
WERKE: Tonleiterstudien. LITERATUR: Nösselt; Riemann I; H. R. Jung: 150 Jahre Musikleben in der Residenz- und Industriestadt Greiz; A. Schreiber: Von der Churfürstlichen Cantorey zur Sächsischen Staatskapelle Dresden. QUELLEN: Archiv HMT: Kon Nr. 4305; StadtAL: Kap. 32, Nr. 7, Vol. IX, Bl. 52.

|527 **Fritzsche, Oswald**
Horn
* 23. April 1866 in Olbernhau/Erzgebirge
Mitglied vom 1. Oktober 1889 bis 1929 ♦ Zunächst
Aspirant des Stadtorchesters, am 15. September 1892
Aufnahme in den Orchester-Pensionsfonds
Hornist

In seinem Lebenslauf zur Bewerbung heißt es: »Am 23. April 1866 in Olbernhau *im* Erzgebirge geboren, besuchte ich die dortige Bürgerschule. Nach meiner Confirmation lernte ich in der Stadtkapelle zu Frankenberg *in Sachsen* 3½ Jahr und blieb nachdem noch ein Jahr als Gehilfe dort. Mit 18½ Jahren trat ich in dem Grenadier Regiment »König Karl« No 123 in Ulm als Hoboist ein und ging nach 3 jähriger Dienstzeit als Unteroffizier ab. Nachdem reiste ich nach Leipzig um mich in der Musik weiter auszubilden. Ich erhielt sogleich Stellung als 1. Hornist bei der vormals Büchnerschen Capelle. Außerdem erteilt mir Herr [→ Fr.] Gumpert gleichzeitig noch Unterricht.«
Kassierer des Orchester-Pensionsfonds von 1915 bis 1921 für → B. Unkenstein.
LITERATUR: Nösselt. QUELLEN: StadtAL: Kap. 32, Nr. 7, Vol. V, Bl. 199.

|528 **Hilf, Franz A r n o**
Violine
* 14. März 1858 in Elster,
† 2. August 1909 Bad Elster ♦ Bruder von → R. Hilf,
Neffe von → Chr. W. Hilf und → Chr. A. A. Hilf,
Cousin von → O. Korndörfer und → E. Korndörfer
Mitglied vom 1889 bis 1. Oktober 1891 ♦ Mitglied des
Orchester-Pensionsfonds
Zweiter 1. Konzertmeister für → H. Petri

»Sein Vater Herr [Johann Christoph] Adam Hilf ist Musiker in Elster … Herr H. spielt 4 Jahre Violine und hatte Unterricht bei seinem Onkel Herrn [→ Chr. A.] Arno Hilf; Pianoforte spielt er seit 7 Jahren unter Führung seines Vaters. Theoretische Kenntnisse mangeln.« (Kon) Er war dann Schüler von → F. David, → E. Röntgen und → H. Schradieck am Leipziger Konservatorium vom 4. Oktober 1872 bis Ostern 1876. In der Stellungnahme für das Abgangszeugnis schrieb H. Schradieck: »Herr Hilf hat in den letzten Jahren wieder bedeutende Fortschritte gemacht. Seine Leistung als Solist sowohl wie im Quartett und Orchester ist vorzüglich.« Von 1878 bis 1888 war er als zweiter Konzertmeister und Lehrer in Moskau, dann bis 1889 in Sondershausen, wo er als Konzertmeister an der Hofkapelle und als Lehrer am Konservatorium tätig war. ♦ Nachdem → H. Petri im Februar 1889 gekündigt hatte, wurde Hilf zum Probespiel eingeladen. Das Probespiel am 9. April 1889 im alten Gewandhaus beinhaltete auch Quartettspiel. Am Abend des gleichen Tages war er aufgefordert, in der Oper *Die Meistersinger von Nürnberg* mitzuspielen, vermutlich am 1. Pult, aber nicht als Konzertmeister. Obwohl er in Sondershausen bis zum 1. Oktober unter Vertrag stand, heißt es in einem Schreiben vom dortigen Hof an den Rat der Stadt Leipzig, daß »seine Durchlaucht, der Fürst seine Entlassung aus dem Dienst der fürstlichen Hofkapelle auf den 1. August festgesetzt«. ♦ Er kündigte seinen Vertrag zum 1. April 1892 mit der Bitte, bei der Möglichkeit einer früheren Besetzung seiner Stelle, eher gehen zu dürfen. Mitglied des Gewandhaus-Quartetts von 1889 bis 1898 ♦ Lehrer am Leipziger Konservatorium von 1891 bis zu seinem Tod ♦ Lehrer von → W. Bach und → H. Schachtebeck.

LITERATUR: Nösselt; W. Merkel: Vogtländische Musiker nach 1900; P. Röntsch: Das Königliche Konservatorium der Musik zu Leipzig 1843–1918; Wolf: Die Familie Hilf.
QUELLEN: Archiv HMT: Kon Nr. 1960; PfA Bad Elster: KB; StadtAL: Kap. 32, Nr. 7, Vol. VI, Bl. 96.

1890

|529 **Berlepsch, Otto von**
Harfe, Viola
* 2. September 1864 in Cölln bei Meißen,
† 30. Oktober 1939 in Leipzig
Mitglied vom 1. Juni 1890 bis 31. Dezember 1929 ♦
Zunächst Aspirant des Stadtorchesters, am 1. Juli 1893
Aufnahme in den Orchester-Pensionsfonds
Bratscher und zugleich Harfenist an der zusätzlichen
halben Stelle, ab 1901 ausschließlich Bratscher

Er bewarb sich auf die Bratschenstelle, die mit der Option ausgeschrieben war, daß demjenigen, welcher »ausser der Bratsche auch die Harfe zu spielen versteht«, der Vorzug gegeben würde. In seiner Bewerbung schrieb er: »Während der Sommermonate erhielt ich die Erlaubnis der Herren Hofkapellmeister, die Opern mitzuspielen, wodurch mir Gelegenheit geboten wurde in sämtlichen zur Aufführung kommenden Opern mitzuwirken. Zu meiner weiteren Ausbildung nahm ich noch Unterricht bei dem Herrn Kammermusikus Göring. Betreffs des Harfenspiels erkläre ich mich gern bereit, die Stelle späterhin zu vertreten, da ich vor einigen Jahren Unterricht für Harfe genommen und deshalb nicht vorbereitet [bin] zu einem Probespiel.« Im Lebenslauf zur Bewerbung heißt es: »… Sohn des Bahnmeisters Otto von Berlepsch, zur Zeit in Großröhrsdorf, besuchte [ich] zuerst die Schule in Cölln, als mein Vater versetzt wurde, die Schule in Großbothen b. Grimma, nach beendeter Schulzeit erlernte ich die Musik beim Stadtmusikdirector Wolschke[15] in Grimma 3 Jahre, sodann besuchte ich das König*liche* Conservatorium zu Dresden 4 Jahre, nachdem erhielt ich eine Bratschisten-Stelle am König*lichen* Hoftheater Dresden-Neustadt, woselbst ich seit 3 Jahren thätig bin.« ♦ Der Rat der Stadt gewährte ihm seine Bitte um Urlaub vom 1. Mai bis Ende Oktober 1893, um in Chicago im Orchester der Weltausstellung als Bratscher und Harfenist mitwirken zu können, wodurch er »in die glückliche Lage« käme, bei dieser Gelegenheit die Harfenfabrik in Chicago, »welche die besten Instrumente fertigt« zu besuchen und eine Harfe kaufen zu können.
Stellvertretender Vorsitzender des »Stadtorchester Leipzig e.V.« von 1923 bis 1924 und dessen Protokollführer von 1925 bis zur Selbstauflösung des Vereins 1933.
LITERATUR: Nösselt. QUELLEN: StadtAL: Kap. 10, Personalakte ◊ Kap. 32, Nr. 7, Vol. V, Bl. 254 u. 267 f. ◊ Kap. 32, Nr. 7, Vol. VI, Bl. 324 ◊ Kap. 32, Nr. 7, Vol XI, Bl. 168.

---

[15] Johann Friedrich Wolschke d. J., Bruder von → A. Wolschke und Onkel von → K. Wolschke.

|530 **Weck, P a u l Eduard**
Schlagzeug, Pauke
* 10. Juni 1864 in Sellerhausen bei Leipzig
Mitglied vom 1. November 1890 bis 4. April 1891 ♦
Aspirant des Stadtorchesters
Schlagzeuger und Pauker

In seinem Bewerbungsschreiben heißt es: »In Bezug auf die bevorstehende Erledigung der Stelle für kleine Trommel und Pauken im Stadtorchester fühle ich mich veranlasst, [mich] um die genannte Stelle ganz ergebenst zu bewerben … Ich bin am 10. Juni 1864 zu Sellerhausen bei Leipzig als Sohn des verstorbenen Musikers Ed. Weck und der verwittweten Henriette geb. Veit geboren. Seit dem Jahr 1874, zu welcher Zeit meine Eltern von Reudnitz nach Leipzig umzogen, wo die Mutter jetzt noch (seit December 1888) als verwittwete Herrmann lebt, besuchte ich vier Jahr hindurch die 1te Bezirksschule daselbst. Nach meiner Confirmation, welche Ostern 1878 in der Nicolaikirche erfolgte musste ich nach meines Vaters Tode den Lebensunterhalt für mich und meine Mutter durch Tanzmusik spielen verdienen; ich nahm von da ab noch fleißig den Privat-Unterricht weiter, welchen ich schon während meiner Schulzeit genossen hatte und verließ Leipzig im Jahre 1884 um im Stadtmusikchor zu Lichtenstein bei Chemnitz die erforderliche Ausbildung zu genießen. Im Mai 1885 trat ich in das Stadtorchester Göttingen ein, ging jedoch im October desselben Jahres zur Curkapelle nach Bad Hohenstein[16] über, welcher ich vom October 1885 bis Juni 1886, sowie vom September 1886 bis Juni 1887 angehörte. Die Zwischenzeit von 2 Monaten war ich in der Schweiz engagiert. In der Sommersaison 1887, 88, und 1889 gehörte ich der *Königlichen* Curkapelle zu Norderney an, in der Wintersaison 1887, 88, und 1889 war ich im Stadtorchester zu Görlitz, woselbst Oper, Operette, Posse etc. gepflegt wird, engagiert. Gegenwärtig befinde ich mich im hiesigen Orchester (40 Mitglieder) … Cottbus, den 10. April 1890.«

LITERATUR: Nösselt. QUELLEN: StadtAL: Kap. 32, Nr. 7, Vol. V, Bl. 158 ff. ◊ Kap. 32, Nr. 7, Vol. VI, Bl. 240.

1891

|531 **Mayer, Carl**
Oboe
* 3. August 1859
Mitglied vom 1. Februar 1891 bis 15. Mai 1911 ♦
Am 1. Februar 1892 Aufnahme in den Orchester-Pensionsfonds
2. Oboist

Er kam vom Kurorchester Karlsbad nach Leipzig. In seinem Bewerbungsschreiben heißt es: »Bereits seit Dezember *vorigen Jahres* bekleide ich provisorisch diese Stelle zur Zufriedenheit der Herren Kapellmeister und war früher für dieselben Instrumente u. a. an den Stadt-Theatern zu Barmen-Elberfeld[17] und Breslau engagiert, worüber mir die günstigsten Zeugnisse ausgestellt wurden.«

LITERATUR: Nösselt. QUELLEN: StadtAL: Kap. 32, Nr. 7, Vol. V, Bl. 299 ◊ Kap. 32, Nr. 7, Beiheft 1.

---

16 Vermutlich Hohenstein/Ernstthal.
17 Heute Stadtteil von Wuppertal.

|532 **Hausold, Gustav**
Schlagzeug, Pauke
Mitglied im Juni 1891 ♦ Aspirant des Stadtorchesters
Schlagzeuger und Pauker

Im Schriftwechsel bezüglich seiner Bewerbung in Leipzig schrieb er am 22. April 1891: »Meine Thätigkeit war in den letzten Jahren am Stadttheater zu Breslau 4. Jahre und seitdem am hiesigen [Hamburger] Stadttheater als 1. Pauker 5. Jahre … bin 31. Jahre und werde die Stelle mit voller Zufriedenheit begleiden [sic!]«; am 29. April 1891: »Betreffs eines Probespiels würde ich zu Anfang Juni kommen können, und könnte dann eventuell auch gleich das Engagement antreten. Auch würde ich sehr gerne früher zum Probespiel erscheinen, habe aber zum Mai im Hamburger Stadttheater den Wagner-Ciclus und im Altonaer Stadttheater den Lortzing-Ciclus zu schlagen, da ich hier als 1. Pauker fungiere, so ist es mir unmöglich einen Urlaub früher als zum Juni zu erlangen«; am 2. Mai 1891: »… bitte gütigst mir sehr bald Bescheid zukommen zu lassen, da mir in den nächsten Tagen der Contract zur weiteren Verpflichtung am hiesigen Stadt-Theater vorgelegt wird« und am 3. Mai 1891: »Anbei sende ich 2 Original Zeugnisse … die anderen habe ich nach Cöln/*am Rhein* eingesand, wo mir auch die Paukerstelle angetragen wurde … folgedessen habe ich mir von Herrn Professor [→ C.] Schröder nachträglich aus Sondershausen ein Zeugnis ausstellen lassen.« ♦ Er trat die Stelle zum 1. Juni 1891 an, einige Tage später wurde aber publik, daß er in Hamburg gar nicht gekündigt hatte. In einem diesbezüglichen Gesprächsprotokoll vom 15. Juni 1891 heißt es: »… es ist richtig, dass ich eigentlich noch in Hamburg contractlich verpflichtet bin u. zwar bis Ende Juni 1892 … so habe ich mich um die hiesige Stelle beworben, obwohl ich wusste, dass die hiesige Stelle nur 1000 Mark einbringt, während ich in Hamburg 1620 M. bezog; denn ich nahm an, dass das Leben hier viel billiger als dort sei, und ich es vor Jahren schon hierselbst kennengelernt habe.« ♦ Zum 15. August 1891 wurde → O. Seele verpflichtet und das Gehalt für diese Stelle von 1000 auf 1200 Mark jährlich erhöht.

QUELLEN: StadtAL: Kap. 32, Nr. 7, Vol. VI, Bl. 7 ff.

|533 **Seele, O t t o Bernhard**
Schlagzeug, Pauke
* 15. Juni 1856, † 4. Januar 1935 in Leipzig
Mitglied vom 15. August 1891 bis 1918 ♦ Zunächst Aspirant des Stadtorchesters, am 1. Juli 1893 Aufnahme in den Orchester-Pensionsfonds
Schlagzeuger und Pauker

Er bewarb sich schon 1890 um die Stelle von → P. Weck. In seinem Bewerbungsschreiben teilte er mit, »zuvor bei der Concert-Kapelle A. Parlow in Hamburg, dem Stadttheater in Halle, dem II. Opernhaus (Woltersdorfer Theater) in Berlin, dem Stadttheater und der Concertkapelle in Elberfeld[18], der Kur-Kapelle in Bad Reichenhall, der Privat-Kapelle *Seiner* Excellenz Baron *von* Dervies in Nizza & Lugano, der Concert-Haus-Kapelle B. Bilse in Berlin, dem Stadttheater in Würzburg, der Kur-Kapelle in Bad Kissingen« gewesen zu sein, ab 15. September 1888 sei er beim Stadttheater Breslau. ♦ Am 9. Juni 1891 bewarb er sich um die gleiche Stelle, ohne daß diese ausgeschrieben war: »Soeben erhalte ich die Nachricht dass Herr Hausold welcher seit *dem* 1. Juni *des* Jahres am Leipziger Stadt-Theater als kleiner Trommler & Pauker (*respektive* als II. Pauker) engagiert ist, derselbe aber wieder zurück nach Hamburg gehen will … Indem ich die Ehre

---

18 Heute Stadtteil von Wuppertal.

Dienstübersicht des Stadt- und Gewandhausorchesters für 1891 mit statistischen Angaben

hatte im vorigen Jahr mich um diese Stelle zu bewerben, und mir auch dieselbe übertragen werden sollte, nur war es zu spät, indem ich erst im August auf meinen Brief vom 26. April eine entscheidende Antwort erhielt. Da die Zeit zu kurz war, [mir] noch über mein Gehalt näher Bescheid zu geben, leistete ich lieber Verzicht auf diese Stelle.« Er verlangte ein Jahresgehalt von 1500 Mark statt der normalerweise 1000 Mark für diese Stelle, letzlich bekam er 1200 Mark.

WERKE: Herausgeber von Xylophon-Solo-Literatur; Album für Xylophon (3 Hefte); Schule für Xylophon. LITERATUR: Nösselt. QUELLEN: StadtAL: Kap. 32, Nr. 7, Vol. VI, Bl. 23 ff. u. 300 ◊ Kap. 32, Nr. 7, Vol. V, Bl. 333.

534 Hofmann, Marie
Harfe
Mitglied vom 1. September 1891 bis 1. März 1894 ♦
Mitglied des Orchester-Pensionsfonds
Harfenistin für → E. Schuëcker

Sie kam vom Kurorchester Homburg. In einem Schreiben an den Rat der Stadt Leipzig bat sie um finanzielle Unterstützung, denn sie hatte sich bereits »bis 1. Mai 1892 dem Magdeburger Stadttheater verpflichtet und der sofortigen Lösung ihres Contractes stellten sich unvorhergesehene Schwierigkeiten in den Weg, ja machten dieselbe fast unmöglich. Um nun auf die hiesige [Leipziger] ehrenvolle Stellung nicht verzichten zu müssen«, müsse sie in Magdeburg eine Aushilfe bezahlen. Daraufhin bekam sie 200 Mark aus dem »Vacanz-Fonds«. ♦ Sie kündigte am 28. August 1893 zum 1. März 1894, später äußerte sie die Bitte, zum 1. Januar 1894 entlassen zu werden, »wegen verschiedener triftiger Gründe, in erster Linie der Wunsch meines Verlobten bestimmen mich dazu«. Sie bat → J. Snoer um ihre Vertretung, der ihr am 17. Oktober 1893 aus Amsterdam schrieb: »… kann ich Ihnen mitteilen, dass ich hier ein sehr gutes Engagement habe, dass ich nicht ohne gegründete Ursache aufgeben kann … hätte ich die Gewissheit, durch mein Auftreten als Ihr Stellvertreter, in Leipzig ernannt zu werden, so würde ich versuchen gegen Januar oder Februar meine Entlassung zu nehmen; aber Sie werden anerkennen dass ich, ohne diese Gewissheit beschwerlich Ihren Wünschen Folge leisten kann …« Er wurde dann doch ihr Nachfolger und trat seine Stelle bereits am 15. Februar 1894 an.

LITERATUR: Nösselt. QUELLEN: StadtAL: Kap. 32, Nr. 7, Vol. VI, Bl. 129 ◊ Kap. 32, Nr. 7, Vol. VII, Bl. 1 u. 43 f.

|535 Seidel, Ernst
Horn
* 5. August 1873 in Markneukirchen/Sa.
Mitglied vom 15. September 1891 bis 1911, bereits von September 1890 bis April 1891 als Vertreter von → A. Rudolph tätig ◆ Zunächst Aspirant des Stadtorchesters, am 1. Juli 1893 Aufnahme in den Orchester-Pensionsfonds
Hornist

»Sein Vater Herr Wilhelm Ernst Seidel ist Tischler in Markneukirchen. Herr S. ist Waldhornist und hatte 2½ Jahr Unterricht bei Herrn Musiklehrer König in Markneukirchen, im Violinspiel 3 Jahr bei Herrn Sachs. Im Pianoforte-Spiel besitzt er einige Übung, in der Theorie der Musik keine Kenntniß.« (Kon) Er war dann Schüler von → Fr. Gumpert am Leipziger Konservatorium vom 5. April 1888 bis Ostern 1894. In der Stellungnahme für das Abgangszeugnis schrieb Fr. Gumpert: »War sehr fleißig, besuchte die Stunden regelmäßig und hat es zu einem tüchtigen Hornisten gebracht.«

LITERATUR: Nösselt. QUELLEN: Archiv HMT: Kon Nr. 4916; StadtAL: Kap. 32, Nr. 7, Vol. VI, Bl. 119 f.

|536 Rother, Max Wilhelm Johann
Violine
* 16. Mai 1867 in Striegau[19]/Schlesien
Mitglied vom 21. September 1891 bis 1. September 1932
◆ Zunächst Aspirant des Stadtorchesters, am 1. Juli 1893 Aufnahme in den Orchester-Pensionsfonds
2. Geiger, ab Oktober 1892 1. Geiger, ab 1. April 1918 Stimmführer der 2. Violinen

In seinem Lebenslauf zur Bewerbung heißt es: »Ich, Max Wilhelm Johann Rother, zweiter Sohn des Polizeiwachtmeisters Moritz Rother und dessen Ehefrau, wurde am 16. Mai 1867 zu Striegau in Schlesien geboren und in der katholischen Religion getauft, erzogen und konfirmiert. Von meinem sechsten bis vierzehnten Jahre besuchte ich die Bürgerschule daselbst. Auch erhielt ich während meiner Schulzeit vom dortigen Capellmeister Pusch Violinunterricht. Hierauf setzte ich meine Studien beim Concertmeister Schulz in Schweidnitz fort und war nebenbei beim Stadtorchester in Striegau bis zum achtzehnten Jahr thätig. Nachdem besuchte ich zwei einhalb Jahre [vom 9. April 1885 bis Ostern 1888] das Conservatorium zu Leipzig, wo ich Schüler der Herren Professoren [→ Fr.] Hermann und Brodsky war. Um meiner Militärpflicht zu genügen trat ich dann als Concertmeister in die Capelle des 134. Infanterie Regiments ein. Leipzig-Gohlis den 30. Juli 1891 [gez.] Max Rother, Hoboist im 10. Sächsischen Infanterie Regiment No 134.« Obwohl die Stelle ab 1. September vakant war, konnte er diese nicht gleich antreten, »wegen stattfindender Manöver« und seiner noch bis 1. Oktober andauernden Militärpflicht. ◆ Sein Sohn, »der seit seiner Kindheit verkrüppelte und deshalb nie arbeitsfähig gewesene Waise Walther Rother«, erhielt bis in die 1960er Jahre regelmäßige finanzielle Unterstützung aus der Orchesterkasse und wurde auch bei der Verteilung des von → Br. Walter gespendeten Arthur-Nikisch-Preises bedacht.
Mitglied des Gewandhaus-Quartetts von 1892 bis 1900.

LITERATUR: Nösselt. QUELLEN: Archiv HMT: Kon Nr. 4198; GewandhausA; StadtAL: Kap. 32, Nr. 7, Vol. VI, Bl. 69 ff. u. 281 ◊ Kap. 32, Nr. 7, Beiheft 2 / Bd. 2.

|537 Prill, Karl
Violine
* 22. Oktober 1864 in Berlin,
† 21. Dezember 1931 in Wien
Mitglied vom 1. Oktober 1891 bis 1. September 1897 ◆
Mitglied des Orchester-Pensionsfonds
Zweiter 1. Konzertmeister für → A. Hilf

Er war zunächst Schüler seines Vaters Carl Prill, dann von W. Helmich und Emauel Wirth. Während er bereits Sologeiger des Brennerschen und später des Laubeschen Orchesters war, hatte er noch Unterricht bei → J. Joachim an der Hochschule in Berlin. Nach einem Engagement als Konzertmeister in Benjamin Bilses Orchester wurde er 1885 Dirigent und Konzertmeister in Magdeburg. ◆ Nach seinem Ausscheiden ging er nach Wien als Konzertmeister der Hofoper und des Philharmonischen Orchesters. ◆ Sein Bruder Paul Prill (* 1860, † 1930) war Cellist, Kapellmeister und Musikdirektor, sein Bruder Emil Prill (* 1867) war Flötist und ab 1903 Lehrer an der Berliner Hochschule.
Mitglied des Gewandhaus-Quartetts 1891 bis 1897 ◆ Lehrer von → K. Hering.

LITERATUR: Nösselt; Riemann I; Deutsches Bühnenjahrbuch. 1932; C. Hellsberg: Demokratie der Könige. QUELLEN: StadtAL: Kap. 32, Nr. 7, Vol. VI, Bl. 111 ◊ Kap. 32, Nr. 7, Vol. VII, Bl. 280; Staatsarchiv Hamburg: Hamburger Tonkünstler-Lexikon ◊ R. Dettling: Kurzbiographien hamburgischer Musiker.

|538 Heyneck, Edmund
Klarinette
* 3. September 1868 in Leißling bei Weißenfels/S.
Mitglied vom 1. Oktober 1891 bis 1925 ◆ Zunächst Aspirant des Stadtorchesters, am 1. Juli 1893 Aufnahme in den Orchester-Pensionsfonds
2. Klarinettist, ab 1892 1. Klarinettist

Er wurde im elterlichen Gasthof »Zur Schönen Aussicht« bei Weißenfels geboren, besuchte bis zu seinem 14. Lebensjahr die Königliche Seminarschule in Weißenfels und war anschließend vier Jahre Schüler von Musikdirektor Buchheister. Er war dann Schüler von → Tr. Gentzsch am Leipziger Konservatorium vom 13. Dezember 1886 bis Ostern 1889. Im Inskriptionseintrag heißt es: »Sein Vater Herr Julius Heineck ist Gastwirth in Weißenfels. Herr H. ist Clarinettist und lernte 4 Jahr bei Herrn Stadtmusikdirector Buchheister in Weißenfels. Pianoforte-Spiel und Theorie *der Musik* hat er noch nicht betrieben.« Während der Studienzeit am Konservatorium war er aushilfsweise beim Orchester des Alten Theaters tätig. Seinen Militärdienst absolvierte er beim 134. Regiment in Leipzig und wirkte während dieser Zeit in den »Liszt- und academischen Konzerten« unter der Leitung von → C. Reinecke, Theaterkapellmeister Emil Paur und Hermann Kretzschmar mit. In seinem Bewerbungsschreiben heißt es, daß er in Hamburg »am Symphonie Orchester des Herrn Dr. Hans von Bülow als erster Clarinettist thätig« sei.

---
[19] Heute Strzegom (Polen).

Lehrer am Leipziger Konservatorium von 1902 bis 1936 für Tr. Gentzsch ♦ Lehrer von → W. Schreinicke und → J. Berninger.

WERKE: Orchesterstudien (10 Hefte). LITERATUR: Nösselt. QUELLEN: Archiv HMT: Kon Nr. 4613 – M 317–329; StadtAL: Kap. 32, Nr. 7, Vol. VI, Bl. 224.

|539 **Wünsch, Bruno**
Fagott
* 1. Oktober 1863 in Marklissa[20],
† 12. Februar 1899 in Leipzig
Mitglied vom 1. Oktober 1891 bis zu seinem Tod ♦
Mitglied des Orchester-Pensionsfonds
1. Fagottist

In seinem Bewerbungsschreiben heißt es: »… ich stehe im 28. Lebensjahre, erhielt mein erstes Theaterengagement als I. Fagottist am Stadttheater in Danzig, folgte, nach beendigter Saison, einem Rufe für das Krollsche Orchester in Berlin und bin seit September 1884 am Stadttheater-Orchester zu Breslau als I. Fagottist thätig. Als im Jahre 1887 ebenfalls ein Probespiel für die I. Fagottistenstelle am Stadttheater zu Leipzig stattfand, hatte ich mich daran beteiligt und wurde dabei in die engere Wahl gezogen. Die darauf bezüglichen Zeugnisse der Herren Prof. Dr. [→] C. Reinecke sowie des damaligen ersten Kapellmeisters Herrn Nikisch erlaube [ich] mir in Abschrift beizufügen und glaube daraufhin mich eines zweiten Probespiels nicht unterziehen zu dürfen, indem der hochlöblichen Prüfungs-Commission meine Leistung noch bekannt sein dürfte.« Ihm wurde die Stelle ohne weiteres Probespiel angetragen, er sagte zu, bekam aber keinen Vertrag zugeschickt und erfuhr nur durch Zufall, daß er ab 1. August zum Dienst erwartet wurde. So schnell jedoch konnte er seine Angelegenheiten in Breslau nicht regeln.

1896 Gründungsmitglied des Gewandhaus-Bläserquintetts.

LITERATUR: Nösselt; Neuer Theater-Almanach. 1900. QUELLEN: StadtAL: Kap. 32, Nr. 7, Vol. VI, Bl. 81 ff. ◊ Kap. 32, Nr. 7, Vol. IX, Bl. 10 u. 61 ◊ Kap. 32, Nr. 7, Beiheft 1.

|540 **Robert-Hansen, Emil** [Hansen, Emil Robert]
Violoncello
* 25. Februar 1860 in Kopenhagen,
† 18. Juni 1926 in Åarhus (Dänemark)
Mitglied vom 23. Oktober 1891 bis 1919 ♦ Zunächst
Aspirant des Stadtorchesters, am 1. März 1893
Aufnahme in den Orchester-Pensionsfonds
Stellvertretender Solo-Cellist für → G. Wille,
der Solo-Cellist wurde

Er war Schüler des böhmischen Cellisten Franz Xaver Neruda in Kopenhagen, später nahm er Unterricht bei → Fr. W. L. Grützmacher in Dresden. Von 1877 bis 1889 war er beim Hoforchester Kopenhagen und ging dann zu Studienzwecken nach England. Er bewarb sich um die durch den Weggang von → A. Schröder vakante Solostelle und legte seiner Bewerbung hervorragende Beurteilungen bei, u.a. von Edvard Grieg und Niels Wilhelm Gade. Da er während seines England-Aufenthaltes angeblich Schulden gemacht hatte, zog der Leipziger Theaterkapellmeister Emil Paur diesbezüglich Erkundigungen ein. Alfred Giessing, der Direktor des Konservatoriums in Leeds, telegrafierte ihm in diesem Zusammenhang: »engagiere ruhig hansen character tadellos«, und Johann Svendsen antwortete: »robert hansen in jeder beziehung ehrenmann grusz johann svendsen«. Er nahm die ihm

─────────────
20 Heute Leśna (Polen).

am 5. Oktober ohne Probespiel angebotene 1. Aspirantenstelle an, kam am 22. Oktober nach Leipzig und trat einen Tag später seinen Dienst an. ♦ Am 17. Januar 1896 schrieb → C. Tamme, der Sekretär des Orchester-Pensionsfonds, an den Rat der Stadt: »… erlaube ich mir, von einem für das Orchester sehr unliebsamen Vorkommnis, Ihnen Kenntnis zu geben. Herr Robert-Hansen, unser 1ter Cellist hat sich vor acht Tagen durch ärztliches Attest krank gemeldet. Heute nun theilt mir Herr Kapellmeister Panzner mit, daß er durch Zufall gehört habe, Herr Hansen sei zur Zeit in Kopenhagen. Aus Zeitungsberichten geht hervor, daß er daselbst Solospiel und Kammermusik pflegt und an einem Abend auch als Dirigent aufgetreten sei. Gestern Abend ist der Theaterdiener in die Wohnung Hansen's geschickt worden, worauf heute früh das beiliegende zweite Attest einging …« In diesem bescheinigte Dr. med. M. Kormann, »daß Herr Robert-Hansen auf meinen Rath eine Luftveränderung unternommen hat, da er so schwermütig und nervös überreizt war, daß er für einige Zeit völlig aus dem Kreis seiner Familie und seiner Arbeit sich entfernen musste«. Die allgemeine Entrüstung über diesen Vorfall hätte fast zu seiner Entlassung geführt. ♦ In einem Schreiben des Orchestervorstandes an den Rat der Stadt vom 30. September 1919 wird erwähnt, daß Hansen bereits seit 17 Monaten angeblich krank und transportunfähig in Kopenhagen weilt, dort aber Konzerte gibt und ein Grundstück erworben haben soll. Man forderte seine Pensionierung. ♦ Ab 1918 war Leiter des Städtischen Sinfonieorchesters in Åarhus.

WERKE: Oper *Frauenlist*, 1911; Operette *Die wilde Comtessse*, 1913; 1 Sinfonie; Ouvertüre *Phädra*; 1 Klavierkonzert; 1 Cellokonzert; 1 Klavierquintett; 1 Streichquartett; 1 Violinsonate. LITERATUR: Nösselt; Riemann II. QUELLEN: StadtAL: Kap. 32, Nr. 7, Vol. VI, Bl. 165 ff. ◊ Kap. 32, Nr. 7, Vol. VII, Bl. 197 ff.

1892

|541 **Deutsch, Adolf**
Schlagzeug, Pauke
* 17. Januar 1865, † 5. April 1941 in Leipzig
Mitglied vom 1. Mai 1892 bis 1920 ♦ Zunächst Aspirant
des Stadtorchesters, am 1. Juli 1893 Aufnahme in den
Orchester-Pensionsfonds
Schlagzeuger und Pauker

Er kam vom Stadttheater Regensburg, wo er in der Saison 1891/92 engagiert war. In seinem Bewerbungsschreiben heißt es: »Für große Trommel, ebenso für Pauke, kleine Trommel bin ich eine ganz vorzügliche Kraft. Am Brünner Stadt-Theater, welches bekanntlich eines der größten Theater Österreichs ist, war ich 2 Jahre mit bestem Erfolg beim Schlagzeuge thätig … Auch war ich ein indirecter Nachfolger des Leipziger Stadt Orchester Mitglieds Herrn Otto Seele für die königlichen Curkapelle in Bad Kissingen, wo ich ebenfalls mit großer Trommel und Pauke etc. besten Erfolg hatte. Übrigens bin durch 9 Jahre an nur größeren Theater und Concert Orchestern thätig u. habe mir eine ganz vorzügliche Opern und Concert Routine angeeignet … Ich bin 27 Jahre alt, ledig, militärfrei, in Schlesien geboren, habe sehr gute Mittelschulbildung und spiele auch Cello und II. Violine …«

WERKE: Orchesterstudien; Pauken-Schule. 1895; Schule für große Trommel u. Becken. LITERATUR: Nösselt. QUELLEN: StadtAL: Kap. 32, Nr. 7, Vol. VI, Bl. 256 u. 261 ◊ Kap. 32, Nr. 7, Vol. XIV, Bl. 1 c.

|542 **Kiesling, Max**
Violoncello
* 4. Januar 1866 in Pohlitz bei Greiz,
† 24. Oktober 1930 in Leipzig
Mitglied vom 16. Mai 1892 bis 1924 ◆ Am 1. März 1893
Aufnahme in den Orchester-Pensionsfonds
Cellist, ab 1899 Solo-Cellist für → G. Wille

»Sein Vater Herr F. L. Kiesling ist Materialwarenhändler in Pohlitz … Herr K. hatte 3 Jahre Unterricht im Violoncell-Spiel bei Herrn Musikdir*ektor* Friedrich Hundhammer in Reichenbach i*m* Vogtland und war zuletzt Mitglied der Kapelle des Herrn Reichmann in Salzbrunn. Im Pianoforte-Spiel besitz er nur wenig Übung in der Theorie der Musik keine Kenntniß.« (Kon) Er war dann Schüler von → A. Schröder und → J. Klengel am Leipziger Konservatorium vom 7. Oktober 1882 bis Ostern 1885. In der Stellungnahme für das Abgangszeugnis schrieb A. Schröder: »Kam als Anfänger in meine Klasse u*nd* hat dieselbe als meist vorgeschrittener Schüler verlassen.« Und J. Klengel schrieb: »War nur ein Jahr lang Schüler des Unterzeichneten, hat aber während dieser Zeit enorme Fortschritte gemacht, so dass er als einer der besten Cellisten das Conservatorium verlassen hat, welche jemals dasselbe besucht haben.« 1886 bewarb er sich bereits um eine Solostelle, die dann aber → L. Schultz erhielt. In seinem Bewerbungsschreiben von 1892 heißt es: »Ich bin 26 Jahre alt, machte meine Studien am König*lichen* Conservatorium der Musik zu Leipzig, begleitete die Solovioloncellistenstellen in den Kurorchestern zu Reichenhall und Karlsbad, genügte meiner Militärpflicht in der Regimentskapelle zu Altenburg und bin seit 1890 Mitglied des hiesigen [Altenburger] fürstlichen Orchesters.«
LITERATUR: Nösselt. QUELLEN: Archiv HMT: Kon Nr. 3572; StadtAL: Kap. 32, Nr. 7, Vol. VI, Bl. 258.

|543 **Metzler, Karl**
Violine
* 11. August 1865 in Frankenberg bei Chemnitz
Mitglied von Dezember 1892 bis 1. März 1893 ◆
Aspirant des Stadtorchesters
2. Geiger

»Sein Vater Herr Carl Metzler ist Musiker und Instrumentenstimmer in Frankenberg … Herr M. hatte 2 Jahr Unterricht bei dem königlichen Kammermusikus Th. Eyert in Hannover und vorher 3 Jahr bei Herrn Prager in Frankenberg; im Pianoforte-Spiel 1 Jahr bei Herrn Major in Hannover und 2 Jahr bei Herrn Albert Werner in Frankenberg; in der Theorie *der* Musik 1 Jahr bei Herrn Cantor Richter i*n* Frankenberg.« (Kon) Er war dann Schüler von Adolf Brodsky und → A. Hilf am Leipziger Konservatorium vom 5. April 1888 bis Ostern 1893. ◆ In seinem Kündigungsschreiben heißt es, daß ihm »durch gütige Vermittlung des Herrn Capellmeisters Prof: [→ C.] Reinecke eine Stelle unter sehr günstigen Bedingungen und zwar in England« angeboten wurde.
LITERATUR: Nösselt. QUELLEN: Archiv HMT: Kon Nr. 4938; StadtAL: Kap. 32, Nr. 7, Vol. VI, Bl. 314 ff. u. 334.

|544 **Dathe, Bernhard**
Posaune
* 13. Februar 1869 in Tautendorf bei Leisnig
Mitglied von Dezember 1892 bis 1. Oktober 1895 ◆
Zunächst Aspirant des Stadtorchesters, am 1. Juli 1893
Aufnahme in den Orchester-Pensionsfonds
Posaunist für → A. Hatzsch, der dann ausschließlich
Kontrabassist war

»Herr Ernst Dathe sein Vater ist Obsthändler in Tautendorf. Herr D. ist Posaunist und lernte 4 Jahr bei Herrn Stadtmusikdirector Wolschke[21] in Colditz, später war derselbe in der Stadtkapelle in Kaiserslautern thätig. In der Theorie der Musik sowie im Pianoforte-Spiel hat er noch keinen Unterricht genossen.« (Kon) Er war dann Schüler von → R. Müller am Leipziger Konservatorium vom 19. Oktober 1889 bis Ostern 1893. ◆ In seinem Bewerbungsschreiben heißt es, er sei nach der Lehrzeit »1½ Jahre im Stadtorchester Kaiserslautern und später in der Curcapelle Pyrmont thätig« gewesen. »Zur besseren Ausbildung in Posaune, Clavier und Theorie besuche ich seit 3 Jahren das Leipziger königliche Conservatorium. Während dieser Zeit wirkte ich bis vor einem Jahr im Alten Leipziger Stadttheater (Orchester vormals [→ Fr.] Büchner) …« ◆ Ab 1. Oktober 1895 war er Mitglied der Hofkapelle in Schwerin.
LITERATUR: Nösselt; C. Meyer: Geschichte der Mecklenburg-Schweriner Hofkapelle.
QUELLEN: Archiv HMT: Kon Nr. 5341; StadtAL: Kap. 32, Nr. 7, Vol. VI, Bl. 312 u. 316 ◊ Kap. 32, Nr. 7, Vol VII, Bl. 183.

1893

|545 **Bach, Walter**
Violine
* 30. August 1869 in Biala bei Bielitz[22]/Schlesien
Mitglied vom 1. April 1893 bis 1929 ◆ Am 1. Juli 1894
Aufnahme in den Orchester-Pensionsfonds
2. Geiger, ab ca. 1920 Stimmführer der 2. Violinen

»Sein Vater Herr Heinrich G. Bach ist Lehrer und Cantor in Biala. Herr B. besuchte 4 Jahr das Conservatorium d*er* Musik in Wien und wurde daselbst im Violin-Spiel von Herrn Hellmesberger, im Pianoforte-Spiel von Herrn Löwe und in der Theorie d*er* Musik von Herrn Fuchs unterrichtet.« (Kon) Er war dann Schüler von → A. Hilf am Leipziger Konservatorium vom 10. Oktober 1892 bis Ostern 1893. In der Stellungnahme für das Abgangszeugnis schrieb → A. Hilf: »Hat meine Stunden drei oder vier mal besucht und ist auf dem Standtpunkte mitgebrachter Kenntnisse stehengeblieben, spielte Sonaten v*on* Bach.« ◆ Er war Soldat im Ersten Weltkrieg beim Landwehr-Infanterie-Regiment Nr. 31, kommandiert zur Musikabteilung des Hoch- und Deutschmeister-Infanterie-Regiments Nr. 4 in Wien.
LITERATUR: Nösselt. QUELLEN: Archiv HMT: Kon Nr. 6129; StadtAL: Kap. 32, Nr. 7, Vol VI, Bl. 341 f. ◊ Kap. 32, Nr. 7, Vol. XIII, Bl. 144.

---

21 Eduard Gustav Wolschke, Stadtmusikus in Colditz, später in Göttingen; Bruder von → A. Wolschke und Onkel von → K. Wolschke.

22 Heute Bielsko-Biała (Polen).

Gewandhausorchester, älteste Photographie des Orchesters, 1893

|546 **Kersten, Emil R e i n h o l d**
Klarinette
* 9. August 1864 in Hemmendorf bei Lucka
Mitglied vom 25. Mai 1893 bis 1926 ♦ Am 1. Juli 1894
Aufnahme in den Orchester-Pensionsfonds
2. Klarinettist

In seinem Lebenslauf zur Bewerbung heißt es: »Mein Geburtsort mit Namen Hemmendorf liegt ungefähr 3 Stunden von Borna (Königreich Sachsen) entfernt. In diesem Orte wurde ich Emil Reinhold Kersten, Sohn des Gastwirths Friedrich Kersten am 9. August 1864 geboren. Meinen ersten Unterricht genoß ich in Altenburg. Später kam ich beim Musikdirektor Gährig (Osterfeld) in die Lehre. Da ich schon Vorkenntnisse hatte wurde mir die Begünstigung zutheil nur ein Jahr zu lernen. Als die Lehrzeit beendet war, blieb ich noch ein Jahr als Gehilfe in dortiger Kapelle. Von hier aus unternahm ich meinen ersten Ausflug und bekam Stellung als 1ter Clarinettist an der städtischen Kapelle Lauban[23] (Schlesien). Dann nahm ich Engagement nach Arnstadt an. Später war ich bei der früheren [unleserlich] Kapelle Dortmund engagiert. Unterdessen militärpflichtig geworden trat ich am 1. Oct*ober* 1883 als 3 Jährig Freiwilliger im 94. In*fanterie* Regiment (Grossherzog *von* Sachsen) ein. Hier [in Weimar] fand ich Gelegenheit öfters im Theater mit zuspielen. Im Jahr 1890 verheiratete ich mich und diene jetzt noch als Hoboist im 94. Regimente.«

LITERATUR: Nösselt. QUELLEN: StadtAL: Kap. 32, Nr. 7, Vol. VI, Bl. 348 f.

|547 **Schmidt, H e r m a n n Gustav**
Pauke
* 22. September 1857 in Liegnitz,
† 26. Januar 1926 in Leipzig
Mitglied vom 1. September 1893 bis 1923 ♦
Am 1. September 1894 Aufnahme in den Orchester-Pensionsfonds
Pauker für → H. Seelemann

In seinem Bewerbungsschreiben heißt es: »Geboren bin ich in Liegnitz, wo mein Vater Gastwirth ist, habe dort die Realschule besucht, dann Musiker geworden, bin ich beim Musikchor des König*lichen* Grenadier Regiment No. 7 gewesen, woselbst ich meinen Militärjahren genügte … bin seit 12 Jahren am Frankfurter Opernhaus engagiert und habe die erforderliche Routine in Oper & Concerten … bin 35 Jahre alt, verheiratet und habe 3 Kinder.« Außerdem versicherte er, daß sein »Abgang vom hiesigen Theater ein freiwilliger ist, wegen Familienverhältnissen, von Seiten meiner Direction erfreue ich mich des besten Wohlwollens«.

WERKE: Er erweiterte 1894 die Paukenschule von → E. G. B. Pfundt um eine Schule für kleine Trommel. LITERATUR: Nösselt. QUELLEN: StadtAL: Kap. 32, Nr. 7, Vol. VI, Bl. 366 ff.

|548 **Gleißberg, Friedrich Julius A l f r e d**
Oboe
* 26. November 1864 in Rockstedt bei Sondershausen,
† 21. August 1963 in Leipzig
Mitglied von 1893 bis 31. August 1930 ♦ Am 20. Oktober 1894 Aufnahme in den Orchester-Pensionsfonds
1. Oboist

---

23 Heute Luban (Polen).

»Sein Vater Herr Fried. Gleißberg ist Landwirt in Rockstedt. Herr G. hat Freistelle. Derselbe ist Oboist und Mitglied der Kapelle des 107. Regiments; seine musikalischen Studien machte er unter Leitung des Herrn Musikdirektor Hagel in Holzminden und besuchte später 1 Jahr das Conservatorium zu Sondershausen, woselbst er im Oboeblasen von Herrn Rudolph … unterrichtet wurde.« (Kon) Er war dann Schüler von → G. Hinke am Leipziger Konservatorium vom 10. Juli 1885 bis Ostern 1888. ◆ In seinem Bewerbungsschreiben heißt es: »Angesichts der durch das Hinscheiden meines braven Lehrers Herrn Hinke freigewordenen Oboisten-Stelle im Gewandhaus-Orchester, erlaube mir gehorsamst Unterzeichneter mich um betreffende Stelle zu bewerben res*pektive* den hohen Rath ergebenst zu bitten mich bei einem event*uellen* Probespiel berücksichtigen zu wollen. Als Lebenslauf diene in kurzem folgendes: Nach Beendigung meiner Lehrzeit beim Stadtmusikdirektor in Holzminden besuchte ich ein Jahr das Conservatorium in Sondershausen. Hierauf diente ich drei Jahre beim 107. Regi*ment* in Leipzig, absolvierte 1½ Jahr während der Dienstzeit das Conservatorium daselbst und hatte unter anderen Herrn Hinke zum Lehrer. Im Frühjahr 1887 vom Militär entlassen, gehörte ich während der Sommermonate dem Operettentheater Braunschweig an. Kehrte aber im September desselben Jahres nach Leipzig zurück, um hier in der Kapelle des Herrn [→ Fr.] Büchner, welche das Alte Stadttheater besetzt, mitzuwirken, wobei mir abermals Gelegenheit gegeben ward dem Unterricht im Conservatorium beizuwohnen. Im Sommer 1888 war ich im Kur Orchester in Interlaken (Schweiz) und vom Herbst desselben Jahres ab in der Concert-Haus Kapelle in Berlin (früher Bilse) thätig bis 1. Mai 1891. Den folgenden Sommer verbrachte ich abermals in Interlaken und gehöre seitdem als erster Oboist, wie ich es überall war, der Hofkapelle in Bückeburg an …« ◆ In seinem Schreiben an den Rat der Stadt vom Dezember 1899 heißt es: »… dass ich Aufforderung habe, als 1. Oboist in die K. K. Hofkapelle in Wien zu kommen. Ziehe es aber vor hier zu bleiben, falls der hohe Rath geneigt ist, mir eine entsprechende Zulage zu gewähren.« Ihm wurde daraufhin eine jährliche Zulage von lediglich 270 Mark gewährt. ◆ Anläßlich seines 95. Geburtstages wurde er auf Vorschlag des Orchesters mit der Professur geehrt.

1896 Gründungsmitglied des Gewandhaus-Bläserquintetts ◆ Lehrer am Leipziger Konservatorium vom 25. April 1927 bis 1942 für → C. Tamme ◆ Lehrer von → Fr. Hunger und → H. Schlövogt.

LITERATUR: Nösselt; *Leipziger Volkszeitung* von 1963. QUELLEN: Archiv HMT: Kon Nr. 4235 ◊ Personalakte; StadtAL: Kap. 32, Nr. 7, Vol. VII, Bl. 26 ◊ Kap. 32, Nr. 7, Vol. XV, Bl. 262.

1894

|549 **Snoer, Johannes**
Harfe
* 28. Juni 1868 in Amsterdam,
† 1. März 1936 in Wien
Mitglied vom 15. Februar 1894 bis 1. Mai 1910 ◆
Am 15. Februar 1895 Aufnahme in den Orchester-Pensionsfonds
Harfenist für → M. Hofmann

Er hatte Cellounterricht bei A. Pohle, dann bei Fr. Giese und H. Bosmann und Harfenunterricht bei → E. Schuëcker.[24] Später war er Volontär im Amsterdamer Parkorchester, nach dessen Auflösung Cellist und Harfenist im Parktheater. 1885 wurde er Solo-Cellist und Harfenist bei der »Amsterdamsche Orkestvereeniging« (Wasielewski), später war er beim 1888 gegründeten »Concertgebouw-Orchester« (Nösselt). Seine Vorgängerin → M. Hofmann bemühte sich im Herbst 1893 um einen Stellvertreter und bat J. Snoer darum. Dieser antwortete: »… kann ich Ihnen mitteilen, dass ich hier ein sehr gutes Engagement habe das ich nicht ohne gegründete Ursache aufgeben kann. Hätte ich die Gewissheit, durch mein Auftreten als Ihr Stellvertreter in Leipzig ernannt zu werden, so würde ich versuchen gegen Januar oder Februar meine Entlassung zu nehmen …« Am 19. Dezember gab es dann doch ein Probespiel, wo er sich gegen fünf weitere Bewerber durchsetzte. ◆ Nachdem er bereits im Januar 1901 damit drohte, die Stelle des 1. Harfenisten an der Wiener Hofoper anzunehmen, wenn nicht ein 2. Harfenist eingestellt würde, er sechs Wochen jährlichen Urlaub und 150 Mark Saitengeld bekäme, kündigte er am 27. Oktober 1909 zum 1. Mai 1910. In seinem Schreiben heißt es: »Es ist mir ausserordentlich schwer aus der mir so lieb gewordenen Stellung … zu scheiden; aber die gegenwärtigen Dienstverhältnisse zwingen mich thatsächlich dazu … Ich erhalte fortwährend Anfragen zur Mitwirkung als Solist bei vornehmen Konzertinstituten Deutschlands und im Auslande. Aber die stets zunehmende Verwendung der Harfe im Orchester macht dass ich alles ohne weiteres abschlagen muss.« Nachdem sein Nachfolger → Fr. Scharff bereits im Januar 1910 unter Vertrag genommen wurde, schrieb Snoer am 19. Februar an den Rat der Stadt: »… erlaube ich mir nach reiflicher Überlegung noch folgende Mittheilung. Es giebt noch eine Möglichkeit wodurch mein bleiben im städ*tischen* Orchester gesichert werden kann, und zwar, dass mein Nachfolger angestellt wird (pensionsberechtigt) neben mir als zweiter erster Harfenist. Eine ähnliche Kombination giebt es im städ*tischen* Orchester schon lange bei den ersten Holzbläsern … Das Leipziger Stadtorchester ist doch ein Orchester allerersten Ranges, wozu zwei erste und ein zweiter Harfenist gar nicht mehr überflüssig sind. Die Berliner Hofkapelle besitzt jetzt vier erstklassige pensionsberechtigte Harfenisten, die Dresdner Hofkapelle zwei erste und eine Gehilfsharfenistin …« Dieser Bitte um die Einrichtung einer neuen Harfenstelle wurde nicht stattgegeben. ◆ Nach seinem Ausscheiden unternahm er Konzertreisen bis nach Amerika. Ab 1912 war er wieder in Leipzig im Winderstein-Orchester, später ging er nach Wien an die Staatsoper und das Philharmonische Orchester.

WERKE: Orchesterstudien; Herausgeber von Harfenliteratur (106 Werke); Die Harfe als Orchesterinstrument. 1898. LITERATUR: Nösselt; Riemann I; *Deutsches Musiker-Lexikon*, hrsg. v. E. H. Müller; W. J. v.Wasielewski: *Das Violoncell und seine Geschichte*. QUELLEN: StadtAL: Kap. 32, Nr. 7, Vol. XII, Bl. 1 u. 59 f. ◊ Kap. 32, Nr. 7, Vol. XI, Bl. 168.

|550 **Bruder, Max Otto**
Horn
* 16. November 1868 in Schönefeld bei Leipzig,
† August 1962 ◆ Schwiegervater von → P. Günther
Mitglied vom 1. Oktober 1894 bis 30. September 1932 ◆
Am 1. Oktober 1895 Aufnahme in den Orchester-Pensionsfonds.
2. Hornist

---

24 A. Pohle und Fr. Giese waren Schüler von → Fr. W. L. Grützmacher.

Er besuchte von 1875 bis 1883 die mittlere Volksschule in Schönefeld und Volkmarsdorf, war von Ostern 1883 bis 1. Oktober 1887 Schüler der Musikschule in Blankenburg/Harz, danach beim Stadtorchester Oschatz und vom 1. April bis Juli 1888 beim Konkordia Opernhaus Hamburg. ◆ Er war dann Schüler von → Fr. Gumpert am Leipziger Konservatorium vom 27. Juni 1888 bis 2. Dezember 1890. Im Inskriptionseintrag heißt es: »Sein Vater Herr Louis Bruder ist Eisenbahnarbeiter auf dem Ankunftsgüterboden der Leipzig-Magdeburger-Eisenbahn. Herr B. ist Waldhornist und lernte 4½ Jahre bei Herrn Stadtmusikdirektor G. Damm in Blankenburg/a. H. Pianoforte-Spiel & Theorie der Musik sind ihm bis jetzt fremd geblieben.« 1889 bewarb er sich um die sechste Hornstelle, die → O. Fritzsche erhielt, ab Oktober 1889 war er beim Alten Theater in Leipzig. Von 1890 bis 1. Juni 1892 war er bei der Herzoglichen Hofkapelle in Dessau, dann bei der Kroll-Oper in Berlin und von 1893 bis 1. Dezember 1894 beim Gürzenich-Orchester in Köln als 3. Hornist.

Mitglied des Verwaltungsausschusses des Orchester-Pensionsfonds ◆ Stellvertretender Vorsitzender des »Stadtorchester Leipzig e.V.« von dessen Gründung am 23. September 1921 bis zu dessen Selbstauflösung 1933.

LITERATUR: Nösselt. QUELLEN: Archiv HMT: Kon Nr. 4971; GewandhausA; StadtAL: Kap. 10, Personalakte – Kap. 32, Nr. 7, Vol. V, Bl. 191 - Kap. 32, Nr. 7, Vol. VII, Bl. 104 ◊ Kap. 32, Nr. 7, Vol XI, Bl. 168.

1895

|551 **Fischer, Emil Oskar**
Flöte
* 23. Dezember 1870 in Großaga bei Gera,
† Februar 1962 in Schmannewitz
Mitglied vom 1. Juni 1895 bis zum 31. Oktober 1931 ◆
Am 1. Juni 1896 Aufnahme in den Orchester-Pensionsfonds
1. Flötist

»Sein Vater Herr Bruno Fischer ist Maurer und Musiker in Grossaga … Herr F. lernte als Flötist 3 Jahr bei Herrn Stadtmusikdirector Zörner in Weida; Pianoforte- und Violinspiel hat er angefangen. Theoretische Kenntniße fehlen.« (Kon) Er war vom 1. Mai bis 30. September 1888 beim Kurorchester in Vevey (Schweiz) und vom 4. Oktober 1888 bis Ostern 1890 Schüler von → W. Barge am Leipziger Konservatorium. Vom 1. April 1890 bis 1. April 1894 war er 1. Flötist des 65. Infanterie-Regimentes in Köln, »während dieser Zeit hatte ich reichlich Gelegenheit, mir Routine in Concert und Theater anzueigen…« (Bewerbungsschreiben) Vom 1. Mai bis 1. Oktober 1894 war er beim Kurorchester in Bad Nauheim und von Michaelis 1894 bis 25. Mai 1895 erneut Schüler am Leipziger Konservatorium. Gleichzeitig hatte er ab 15. Oktober 1894 eine Anstellung als 1. Flötist im Orchester des Alten Theaters.

1896 Gründungsmitglied des Gewandhaus-Bläserquintetts.

WERKE: Studienliteratur für Flöte; Pan-Sammlung; Bearbeitungen f. Ob. u. Klavier. LITERATUR: Nösselt. QUELLEN: Archiv HMT: Kon Nr. 5072; StadtAL: Kap. 10, Personalakte ◊ Kap. 32, Nr. 7, Vol. VII, Bl. 158 ◊ Kap. 32, Nr. 7, Beiheft 7 ◊ Kap. 32, Nr. 7, Vol. XIII, Bl. 179.

|552 **Wiemann, Louis Carl Franz**
Viola
* 1. April 1866 in Frankenhausen,
† 23. Januar 1910 in Leipzig
Mitglied vom 1. Juli 1895 bis zu seinem Tod ◆ Am 1. Juli 1896 Aufnahme in den Orchester-Pensionsfonds
Bratscher

Er ist das dritte Kind des Frankenhäuser Bäckermeisters Carl Ludwig Wilhelm Wiemann und dessen Frau Thekla Amalie Wilhelmine, geb. Rieke. ◆ »Sein Vater ist gestorben; seine Mutter Frau Thekla Wiemann lebt in Frankenhausen. Herr W. hatte 3 Jahr Unterricht im Violin-Spiel bei Herrn [→ C.] Meisel hier. Pianoforte-Spiel und Theorie der Musik sind ihm bis dato fremd geblieben.« (Kon) Er war dann Schüler von Hans Sitt am Leipziger Konservatorium vom 29. April 1889 bis Ostern 1893. In der Stellungnahme für das Abgangszeugnis schrieb Hans Sitt: »Herr Wiemann hat sich in der Hauptsache zu einem ausgezeichnet verlässlichen Orchesterspieler herangebildet in welcher Eigenschaft derselbe sich im Orchester des Instituts und in den Gewandhausconcerten bestens bewährt hat.« Nachdem am 18. Mai 1895 bei dem Probespiel um die 1. Flötenstelle bemerkt wurde, daß man vergessen hatte, auch eine Bratschenstelle zu besetzen, schrieb Kapellmeister Karl Panzner am 22. Mai 1895: »Durch die am 1. Mai dieses Jahres erfolgte Pensionierung des Herrn Oscar Korndörfer ist aber auch eine Stelle an der Viola zu besetzen und ich brauche dafür einen möglichst tüchtigen Orchesterspieler. Als solcher hat sich Herr Louis Wiemann aus Frankenhausen, auf dem Leipziger Conservatorium gebildet und gegenwärtig noch Stellvertreter für Korndörfer, auf das Beste bewährt. Ich schlage vor, von einer Ausschreibung der Stelle und Probespiel unter solchen Verhältnissen abzusehen.« Der Vorschlag wurde von allen zuständigen Stellen gebilligt. ◆ Er trat 1907 in Grimma als Solist auf der Viola d'amore auf. In Leipzig ist er mit diesem Instrument nicht nachweisbar.

LITERATUR: Nösselt; M. Wolschke: Von der Stadtpfeiferei zur Lehrlingskapelle und Sinfonieorchester. QUELLEN: Archiv HMT: Kon Nr. 5180; PfA Bad Frankenhausen: KB; StadtAL: Kap. 32, Nr. 7, Vol. VII, Bl. 166 ff.

|553 **Grube, Friedrich**
Posaune
* 25. Januar 1875 in Wolfenbüttel
Mitglied vom 1. Dezember 1895 bis 1. April 1897 ◆
Am 1. Dezember 1896 Aufnahme in den Orchester-Pensionsfonds
Wechselposaunist

»Sein Vater Herr Karl Grube ist Tischlermeister in Wolfenbüttel. Herr G. lernte 3½ Jahr als Posaunist bei Herrn Stadtmusik*direktor* Hagel in Sangerhausen; im Pianoforte-Spiel ist er Anfänger, theoretische Kenntniße fehlen ihm gänzlich.« (Kon) Er war dann Schüler von → R. Müller am Leipziger Konservatorium vom 6. Oktober 1892 bis Michaelis 1896. In seinem Bewerbungsschreiben heißt es: »Geboren am 25.ten Januar 1875 zu Wolfenbüttel besuchte ich daselbst die dortige Bürgerschule, kam dann auf die dortige Realschule, die ich bis zu meiner Confirmation (Ostern 1889) bis zu Secunda absolvierte. Sodann trat ich in die Stadtkapelle zu Holzminden als Musikschüler ein. Als dann der dortige Stadtmusikdirektor nach Sangerhausen verzog, ging ich mit und war in Sangerhausen bis zum 1.ten Oktober 1892. Von dort kam ich nach Leipzig und besuchte das Königliche Conservatorium der Musik drei Jahre, wo ich in Posaune Herrn Müller … zum Lehrer hatte … Seit 1. Oktober *des Jahres* bin ich nun als Stellvertreter der

4.ten Posaunistenstelle am hiesigen Stadtorchester im Neuen Stadttheater thätig.« ♦ Während seiner Militärzeit vom 1. April 1897 bis 1899 war er beim Musikchor des 107. Infanterie-Regiments in Leipzig, im Sommer 1899 beim Kurorchester in Bad Elster, später in Rostock. Vom 1. Januar 1900 bis zu seiner Pensionierung am 1. Februar 1945 war er Mitglied beim Orchester in Bremen.
LITERATUR: Nösselt. QUELLEN: Archiv HMT: Kon Nr. 6051; StadtAL: Kap. 32, Nr. 7, Vol. VII, Bl. 191.

|554 **Hansmann, Walter**
Violine
* 4. Dezember 1875 in Köslin[25]/Pommern,
† 8. Juli 1963 in Erfurt
Mitglied von Oktober 1895 bis 1910
Geiger im Konzert

»Sein Vater Herr Leonard Hansmann ist Sparkassen-Controleur in Cöslin. Herr H. hatte 2 Jahr Unterricht im Violinspiel bei Herrn R. Oberländer in Cöslin. Theorie der Musik und Pianoforte-Spiel hat er noch nicht studirt.« (Kon) Er war dann Schüler von Hans Becker am Leipziger Konservatorium vom 8. Oktober 1891 bis Michaelis 1895 und vom 1. Februar 1898 bis Ostern 1900; 1896 wurde er sein Assistent. Von Oktober 1909 bis Ostern 1910 war er Nachfolger des verstorbenen → A. Hilf am Leipziger Konservatorium. Im Januar 1911 gründete er das spätere Thüringer Landeskonservatorium Erfurt und war bis 1945 dessen Direktor. Ab Januar 1953 lehrte er an der Hochschule für Musik in Weimar.
Lehrer von → H. Becker, Fritz Ehlers, Gustav Fritzsche, → R. Heise, → K.-H. Leidiger, Alfred Lipka, Egon Morbitzer, → M. Neumann, → H. Ring, → H. Schachtebeck, → H. Schulz, → Fr. Spindler, → J. Terf, → Fr. Weise und Jost Witter.
LITERATUR: Das Neue Musiklexikon, hrsg. v. A. Eaglefield-Hull; Deutsches Musiker-Lexikon, hrsg. v. E. H. Müller. QUELLEN: Archiv der Hochschule für Musik Weimar; Archiv HMT: Kon Nr. 5823.

|555 **Wille, Paul**
Violine
* 25. Februar 1873 in Greiz,
† 10. Februar 1929 ♦ Bruder von → G. Wille und → A. Wille
Um 1895 Geiger im Konzert

Der Sohn des Greizer Musikdirektors Gustav Wille war Schüler von Hans Sitt und → Fr. Hermann am Leipziger Konservatorium vom 3. Oktober 1889 bis Februar 1894. In der Stellungnahme für das Abgangszeugnis schrieb Hans Sitt: »Ein sehr begabter Schüler dessen Leistungen namentlich in musikalischer Beziehung ganz trefflich gewesen sind. Herr Wille besitzt ein ganz hübsches Solorepertoire und wird sich sowohl im Orchester wie auch als Solist mit Ehren behaupten.« Und Fr. Hermann schrieb: »Im Quartettspiel bewährte sich W. in vortrefflicher Weise sowohl als Geiger wie auch als Violaspieler.« ♦ Vom 1. Dezember 1908 bis zu seinem Tod war er 2. Konzertmeister der Dresdner Hofkapelle.
LITERATUR: H. R. Jung: 150 Jahre Musikleben in der Residenz- und Industriestadt Greiz; A. Schreiber: Von der Churfürstlichen Cantorey zur Sächsischen Staatskapelle Dresden. QUELLEN: Archiv HMT: Kon Nr. 5236.

1896

|556 **Bading, H e i n r i c h Albert Wilhelm**
Klarinette
* 13. März 1864 in Neukölln
Mitglied vom 26. April 1896 bis 31. Dezember 1925 ♦
Am 26. April 1897 Aufnahme in den Orchester-Pensionsfonds
1. Klarinettist

Aus Berlin kommend, wo er ein Engagement bei der Krolloper hatte, nahm er bereits 1893 erfolglos an dem Probespiel um die vakante Stelle eines 2. Klarinettisten teil; die Stelle erhielt → R. Kersten. ♦ In seinem Bewerbungsschreiben von 1896 heißt es: »Der beifolgenden Zeugnisabschrift und meiner im April 1893 gemachten Bewerbung nebst Lebenslauf möchte ich noch hinzufügen, daß ich seit dem 1. Oktober 1893 bis dato dem Laube und philharmonischen Orchester zu Hamburg … als erster Clarinettist angehöre.« ♦ In seinen Erinnerungen schrieb er: »Im Sommer 1895 konzertierte das Hamburger Philharmonische Orchester, dessen Mitglied ich war, wieder in Bad Ems. Dort machte sich als Zuhörer ein Herr Kessner, der sich als erster Klarinettist in Leipzig vorstellte mit mir bekannt und vertraute mir an, daß dort eine Stelle für mich frei werden könnte, denn ein älterer Kollege sei schwer krank und man rechne sogar mit seinem Ableben. In diesem Falle sollte ich mich auf ihn berufen und mich bewerben. Im Winter darauf war unser Orch*ester* wieder in Hamburg und erhielt dort Nachricht durch einen Kollegen, daß tatsächlich in Leipzig eine Vacanz ist. Auf meine Gegenfrage erfuhr ich, daß es sich um die Stelle des Herrn Kessner handele, der plötzlich gestorben sei … Mit dem eigentlichen Todeskandidaten [→] Eduard Bauer hatte ich dann noch 14 Jahre zusammen gewirkt … Das Probespiel für die Neubesetzung der 1. Klarinett-Stelle fand am 7. April 1896 im Großen Gewandhaussaale dieses statt, zu welchem der Rat d*er* Stadt 16 Klarinettisten eingeladen hatte, wovon sechs der Bewerber nicht gekommen sind. Zur Begleitung der vorzutragenden Solostücke war das ganze Orchester aufgeboten. Die Prüfungskommission war vertreten durch Prof. A. Nikisch, Oberbürgermeister Dr. Georgi, Theaterdir*ektor* Staegemann, K*a*pell*m*eister Panzner, Thomaskantor Schreck, drei Herren der Gewandh*a*us-Dir*ektion*, u*nd* die drei Vorstände des Orchesters. Nachdem jeder der Bewerber sein frei gewähltes Solostück vorgetragen, wurde zur ›engeren Wahl‹ geschritten und niemand davon ausgeschlossen. Es wurden verschiedene, ausgesuchte und gefürchtete ›harte Nüsse‹ vorgelegt. Nach dreistündigem Ringen fiel die Wahl auf mich und die Bedingungen wurden mir im Kreise der Kommission bekanntgegeben. Also: ›150 Mk auf ein Probejahr!‹ Nach Ablauf dieses – Aufnahme in den Orchester-Pensionsfonds. Das heißt, wenn man sich bewährt hat. Reisekosten der Bewerber sind nicht vergütet worden.«
1896 Gründungsmitglied des Gewandhaus-Bläserquintetts.
WERKE: Klarinettenschule. LITERATUR: Nösselt. QUELLEN: GewandhausA: undatierte Erinnerungen; StadtAL: Kap. 32, Nr. 7, Vol. VII, Bl. 226.

---

25 Heute Koszalin (Polen).

|557 **Kolb, Emil**
Violine
* 14. August 1870 in Speyer,
† Januar 1954 in Leipzig
Mitglied vom 28. Dezember 1896 bis 1932 ◆
Am 28. Dezember 1897 Aufnahme in den Orchester-
Pensionsfonds
2. Geiger

In seinem Bewerbungsschreiben heißt es: »… Im Jahre 1870 in Speyer geboren, bekam ich den ersten Unterricht im Violinspiel vom 10. Jahre an von meinem Vater. Nachdem genoß ich Privatunterricht bei Herrn Jean Becker (Gründer des Florentiner Quartetts) und nach dessen Tode bei Herrn Herrmann Csillag z. Z. Conzertmeister Hoftheater zu Mannheim. Vom Jahre 1889 bis 1892 genügte ich meiner Militärpflicht in Mannheim. Vom Herbst 1893 bis heute bin ich Mitglied der Fürstlichen Hofkapelle zu Gera und habe meinen Urlaub während der Sommermonate Mai/Oktober durch Mitwirkung in dem städtischen Orchester in Aachen ausgefüllt.«
Lehrer von → Fr. Kirmse.
LITERATUR: Nösselt. QUELLEN: StadtAL: Kap. 32, Nr. 7, Vol. VII, Bl. 273 ff. ◊ Kap. 32, Nr. 7, Vol. XIV, Bl. 1 c.

|558 **Ettelt, Otto**
Violoncello
* 1. November 1871 in Kleinkorbetha, † 1949
Mitglied von 1896 bis 1898
Cellist im Konzert

»Sein Vater Herr Adolph Ettelt ist Gutsbesitzer in Klein-Corbetha. Herr E. hatte ½ Jahr Unterricht im Violoncell-Spiel bei Herrn Pester[26] und ebensolange bei Herrn Schulz hier. Im Pianoforte-Spiel hat er einen Anfang gemacht; theoretische Kenntniße mangeln.« (Kon) Er war dann Schüler von → A. Schröder und → J. Klengel am Leipziger Konservatorium von Mai 1890 bis Michaelis 1896, dispensiert vom 15. Juni bis 15. September 1894. ◆
»Von seinem Vater und dem Kantor des Ortes musikalisch vorgebildet, Schüler des Leipziger Konservatorium von 1890 bis 1896, erst bei A. Schröder, dann bei J. Klengel. Mit 2 Preisen ausgezeichnet war er die nächsten beiden Jahre im Gewandhausorchester tätig und erhielt dann einen Ruf nach Bremen, wo er als Lehrer seines Instruments und Solocellist der Philharmonischen Gesellschaft schnell eine angesehene Stellung einnahm.« (Wasielewski)
LITERATUR: W. J. v. Wasielewski: Das Violoncell und seine Geschichte; K. Blum: Musikfreunde und Musici. QUELLEN: Archiv HMT: Kon Nr. 5441.

Dienstübersicht des Stadt- und Gewandhausorchesters für Oktober 1897

1897

|559 **Bamberg, Karl**
Posaune
* 17. Juli 1871 in Riethnordhausen
Mitglied vom 1. Juli 1897 bis 1929 ◆ Am 1. Juli 1898
Aufnahme in den Orchester-Pensionsfonds
Posaunist, ab 1910 Bass-Posaunist für → R. Müller

---

26 Es bleibt offen, ob → Fr. Pester oder dessen Sohn → W. Pester gemeint ist.

»Sein Vater Herr Andreas Bamberg ist Landwirt in Riethnordhausen. Herr Bamberg lernte als Posaunist 3½ Jahr bei Herrn Stadtmusikdirector Weiland in Stadt Sulza und war sodann als solcher in verschiedenen Orchestern, zuletzt am Theaterorchester in Zwickau beschäftigt. Im Pianoforte-Spiel ist er Anfänger, theoretische Kenntniße fehlen.« (Kon) Er war dann Schüler von → R. Müller am Leipziger Konservatorium vom 18. April 1895 bis Ostern 1897. Im Namen des Orchestervorstandes bat → C. Tamme den Rat der Stadt »höflichst um baldige Wiederbesetzung der seit ersten April des Jahres, durch den Weggang des Herrn Friedrich Grube vacanten Posaunenstelle. Zur Zeit versieht den Dienst an dieser Stimme ein sehr begabter Schüler des hiesigen Conservatoriums, Karl Bamberg geb. 1871 und gänzlich militärfrei, derselbe hat bei Übernahme der Stellvertretung Herrn

Kapellmeister Panzner etwas vorgespielt, ebenso vor einigen Tagen dem Herrn Capellmeister Nikisch eine Probe seines Könnens gegeben.« Auf die Ausschreibung der Stelle und ein Probespiel wurde verzichtet.

Lehrer am Leipziger Konservatorium von 1907 bis 1937 ♦ Lehrer von → P. Heber.

WERKE: Orchesterstudien. LITERATUR: Nösselt. QUELLEN: Archiv HMT: Kon Nr. 6694 ◊ M 317–329; StadtAL: Kap. 32, Nr. 7, Vol. VII, Bl. 291 f.

|560 Lewinger, Max
Violine
* 17. März 1870 in Sulkow bei Krakau,
† 31. August 1908 in Dresden
Mitglied von Herbst 1897 bis 1. Januar 1899 ♦ Mitglied des Orchester-Pensionsfonds
Zweiter 1. Konzertmeister für → K. Prill

Er ist der Sohn eines Bratschers des Krakauer Theaterorchesters. Zunächst war er Schüler am Konservatorium in Krakau, nach der Übersiedelung der Familie nach Lemberg hatte er Unterricht bei Josef Wolfsthal am dortigen Konservatorium. Durch den Tod seines Vaters auf Gelderwerb angewiesen, nahm er eine Stelle als 1. Geiger beim Theaterorchester in Lemberg an. Er erhielt eine Freistelle am Wiener Konservatorium auf Empfehlung von Jacob Grün, dem er 15jährig Karol Lipinskis *Concert Militaire*, Wilhelm Ernsts Othello-Phantasie und Nicolo Paganinis D-Dur-Konzert vorspielte. Nach zwei Jahren verließ er das Konservatorium mit einem 1. Preis. Im März 1893 lehnte er das Angebot ab, erster Konzertmeister beim Berliner Philharmonischen Orchester zu werden, und war dann drei Jahre Lehrer am Konservatorium in Bukarest. In seinem Bewerbungsschreiben vom 4. Juli 1897 heißt es: »Endesunterzeichneter hat sich auch Orchesterroutine an der Hofoper in Wien erworben, wo er zwei Jahre als Primgeiger gewirkt hat« und wurde für seine Leistungen in Bukarest »von Seiner Majestät dem König zum *König*lichen Professor ernannt und gelegentlich eines Hofkonzertes durch Verleihung des Ritterordens ausgezeichnet.« Er war dann für drei Monate als Solist und Konzertmeister der Philharmonischen Konzerte in Helsingfors[27]. ♦ Er kündigte am 22. September 1898 zum 1. April 1899, um einer Berufung nach Dresden zu folgen. Die General-Direktion der Königlich Sächsischen musikalischen Kapelle und der Hoftheater bat in einem Schreiben an den Rat der Stadt um seine Entlassung bereits zum 1. Januar. Nachdem sein Nachfolger → H. Hamann gefunden war, wurde dieser Bitte stattgegeben.

Primarius des Gewandhaus-Quartetts von 1897 bis 1899 für → K. Prill ♦ Lehrer von → A. Patzak.

LITERATUR: Nösselt; Das Dresdner Hoftheater in der Gegenwart, hrsg. v. B. Wildberg. QUELLEN: StadtAL: Kap. 32, Nr. 7, Vol. VII, Bl. 298.

|561 Wünsche, Max
Violoncello
* 12. Januar 1871 in Warnsdorf[28]/Böhmen,
† 3. März 1937 in Leipzig
Mitglied von 1897 bis 1937
Cellist im Konzert

»Sein Vater Herr Ewald Heinrich Wünsche ist Musiklehrer in Plauen. Herr W. ist Violoncellist und wurde von Herrn Klengel ca. 3 Jahre unterrichtet,

---
27 Schwedischer Name für Helsinki.
28 Heute Varnsdorf (Tschechien).

früher lernte er 5 Jahre bei Herrn Stadtmusikdirektor Wohlert in Zschopau. Im Pianofortespiel wurde er 2 Jahre von Fräulein Hempel hier unterwiesen; theoretische Kenntnisse sind gering.« (Kon) Er war dann Schüler von → J. Klengel am Leipziger Konservatorium vom 15. Januar 1894 bis Ostern 1897.

Lehrer für Klavier und Violoncello am Leipziger Konservatorium von 1907 bis zu seinem Tod.

LITERATUR: Nösselt. QUELLEN: Archiv HMT: Kon Nr. 6417 ◊ M 317–329.

1898

|562 Berber, Felix
Violine
* 11. März 1871 in Jena, † 3. November 1930 in München
Mitglied vom 16. Februar 1898 bis 1. Juli 1903 ♦ Mitglied des Orchester-Pensionsfonds
Erster 1. Konzertmeister für → E. Röntgen

Er war Schüler von Adolf Brodsky am Leipziger Konservatorium vom 4. Oktober 1884 bis 12. Oktober 1885 und vom 21. Januar 1887 bis 19. Juli 1889. Im Inskriptionseintrag heißt es: »Sein Vater ist gestorben; der junge Mann hat Freistelle. Herr B. hatte 1½ Jahr Unterricht im Violin-Spiel bei Herrn Musikdirector König in Dresden und 2 Jahr bei Herrn Kammermusikus Bär im Conservatorium für Musik in Dresden. Pianoforte-Spiel und Theorie der Musik hat er noch nicht betrieben.« Nach dem Besuch des Konservatoriums ging er nach London, von 1891 bis 1896 war er Konzertmeister in Magdeburg, anschließend in Chemnitz. Beim Probespiel setzte er sich in der zweiten Runde gegen Bram Eldering durch. Im Probespielprotokoll heißt es: »Nach Absolvierung des Quartettspiels und nach ausführlicher Beratung einigte sich die Kommission mit Majorität dahin: dem Rath Herrn Felix Berber zum I. Konzertmeister des Stadtorchesters in Vorschlag zu bringen ... zunächst auf ein Probejahr.« Im Januar 1901 bat er mit dem Hinweis, er habe von der Wiener Hofoper einen sehr günstigen Antrag bekommen, erfolglos um dienstliche Erleichterung. Ende Dezember 1902 schrieb er erneut an den Rat der Stadt, daß es der »künstlerischen Bedeutung dieser Stellung weitaus entsprechender [wäre] wenn es durchgeführt würde, die doppelte Thätigkeit der Conzertmeister – Theater und Gewandhaus – zu trennen. Der Unterzeichnete ist von seiner damaligen Eingabe aus künstlerischen Interessen zurückgetreten, sieht sich aber jetzt aus rein persönlichen Gründen genöthigt, seiner hohen Anstellungsbehörde das Gesuch um Trennung der Ämter erneut zu unterbreiten. Der Unterzeichnete gestattet sich darauf hinzuweisen, daß seine Vorgänger, so die Herren [→ H.] Schradieck, [→ H.] Petri und [→ A.] Hilf, eine gleiche Auffassung vertreten haben, nur dass die Direction der Gewandhaus-Concerte selbst schon immer von der von Jahr zu Jahr dringender werdenden Nothwendigkeit dieser Trennung überzeugt war. Der Theaterdienst verträgt sich auf die Dauer nicht mit den Ansprüchen, die an einen ersten Conzertmeister des Gewandhaus-Orchesters gestellt werden. Dieser soll nicht nur ein völlig sicherer Führer im Orchester sein, sondern er soll auch als Solist und vor allen Dingen als Leiter des Gewandhaus-Quartettes in hervorragender Weise sich künstlerisch bethätigen. Allen diesen Anforderungen zu entsprechen, setzt ein regelmäßiges und tiefes Studium voraus, welches Unterzeichneter bisher nur unter äußerster, und auf die Dauer

nicht weiter möglichen Anspannung seiner Kräfte durchführen konnte … Wenn es aus irgendwelchen Gründen nicht thunlich sein sollte, daß Unterzeichneter unter Aufgabe der Thätigkeit im Theater die Stellung als erster Conzertmeister beibehält, so bittet Unterzeichneter seine hohe Anstellungbehörde, ihn in kürzester Frist aus städtischen Diensten zu entlassen, da die Ordnung seiner persönlichen Angelegenheiten einen längeren Aufschub nicht zweckdienlich erscheinen lässt.« Am 12. Januar 1903 bedankte er sich für die »Beantwortung seines Gesuches vom 29. December 1902, sowie auch für die in dieser Antwort ausgesprochenen Annahme seines Entlassungsgesuchs. Indem Unterzeichneter aufrichtig bedauert, daß ein hoher Rath nicht zu der Überzeugung kommen konnte, daß die Stellung des ersten Conzertmeisters des Städtischen Orchesters aus rein künstlerischen Interessen dringenst weniger Anstrengungen in dienstlicher Hinsicht bedarf, bittet er eine hohe Anstellungsbehörde ganz ergebenst, ihn von den Pflichten eines Conzertmeisters des Städtischen Orchesters bereits am 1. April 1903 zu entlassen, und hiermit ihm dieselben Rechte oder richtiger gesagt, dasselbe Entgegenkommen zu genießen, welche eine hohe Anstellungsbehörde den Herren [→ M.] Lewinger und [→ G.] Wille bei deren Entlassung gewährt hat. Es dürfte auch im Interesse der Theaterdirection liegen, daß der Amtsnachfolger sich schon in der weniger anstrengenden Sommersaison in seine neue Stellung einarbeitet. Bei dem großen Ruf, den die Stellung eines ersten Conertmeisters des hiesigen Orchesters genießt, dürfte es nicht schwer fallen, die Stelle … zu besetzen.« Seiner Kündigung wurde zum 1. Juli 1903 stattgegeben. ◆ Er ging als Lehrer nach München, später nach Frankfurt, 1908 nach Genf als Nachfolger von Henri Marteau, ab 1912 war er Lehrer an der Akademie der Tonkunst in München.
Primarius des Gewandhaus-Quartetts von 1898 bis 1903 ◆ Lehrer von → Fr. Spindler.
LITERATUR: Nösselt; MGG I. QUELLEN: Archiv HMT: Kon Nr. 4028; StadtAL: Kap. 32, Nr. 7, Vol. VII, Bl. 315 ◊ Kap. 32, Nr. 7, Vol. IX, Bl. 184 ◊ Kap. 32, Nr. 7, Vol. X, Bl. 8 ff.

Felix Berber, Photographie, 1898

|563 Denk, Heinrich
Violine
* 8. Juli 1875 in Wien,
† 10. November 1951 in Leipzig
Mitglied vom 15. Dezember 1898 bis 31. Juli 1944 ◆
Am 15. Dezember 1899 Aufnahme in den Orchester-Pensionsfonds
2. Geiger, ab 1909 1. Geiger

Er besuchte in Stuttgart von 1881 bis 1882 die katholische Volksschule, in Prag von 1882 bis 1885 die deutsche Volksschule, anschließend bis 1890 die deutsche Realschule. »Sein Vater Herr Johann Denk ist Maschinenmeister am hiesigen [Leipziger] Stadttheater. Herr D. hatte 1½ Jahr Unterricht im Pianoforte-Spiel bei Herrn Stepper, im Violin-Spiel 3 Jahr bei Herrn Lachner und 10 Monate bei Herrn Ondriček in Prag. In der Theorie der Musik hat er einen Anfang gemacht.« (Kon) Er war dann Schüler von Hans Sitt und → Fr. Hermann am Leipziger Konservatorium vom 2. Oktober 1890 bis 6. Juli 1895. In der Stellungnahme für das Abgangszeugnis schrieb Hans Sitt: »Herr Denk war immer ein fleißiger Schüler, dessen Leistungen schon jetzt recht anerkennenswert waren. Es ist zu bedauern, daß derselbe das Institut verlassen hat, ohne seine Studien vollständig beendet zu haben. Spielte Concerte von Vieuxtemps No. 2, Spohr No. 2 & 7. Auch im Orchester, als Bratschist hat sich Herr D. Routine erworben.« Und Fr. Hermann schrieb: »Bei mir besuchte Hr. Denk die Bratschenstunden regelmäßig und hat sich einen schönen Ton und gute Technik angeeignet.« Er war dann 1. Geiger am Deutschen Landes-Theater in Prag und leistete vom Herbst 1895 bis 1898 seinen Militärdienst beim K. K. Infanterie Regiment No. 14 in Bozen/Süd Tirol als Konzertmeister.
LITERATUR: Nösselt. QUELLEN: Archiv HMT: Kon Nr. 5502; StadtAL: Kap. 10, Personalakte; Kap. 32, Nr. 7, Vol. XI, Bl. 167.

|564 Sebald, Alexander
Viola
* 29. April 1869 in Pest
Mitglied von 1898 bis 1904
Solo-Bratscher im Konzert

Er studierte an der Musikakademie in Pest und bei César Thomson in Brüssel. Im April 1903 nahm er erfolglos am Probespiel um die durch den Weggang von → F. Berber vakante Konzertmeisterstelle teil, die → E. Wollgandt bekam. In den Probespielunterlagen wird er als Mitglied des Gewandhaus-Quartetts bezeichnet. Ab 1903 unternahm er ausgedehnte Konzertreisen. ◆ »Nach Sebalds Abgang wird mit dem Bratschisten [→] Carl Herrmann aus Dortmund ein Vertrag … abgeschlossen.« (Handbuch)

1907 gründete er eine Geigerschule in Berlin, wurde 1913 zum Königlichen Professor ernannt und lebte später in Paris.

Bratscher des Gewandhaus-Quartetts von 1898 bis 1904.

WERKE: 2 Militärmärsche; Violinromanze; 5 Lieder; Geigentechnik (3 Teile). LITERATUR: Riemann I. QUELLEN: StadtAL: Kap. 32, Nr. 7, Vol. X, Bl. 24 f.; Stadtbibliothek Leipzig: Handbuch der Gewandhaus-Konzertdirektion. Sign. Sax. lips. 7765.

|565 Wille, Alfred
Violine
* 23. Januar 1868 in Greiz,
† 1950 in Oschatz ♦ Bruder von → G. Wille und
→ P. Wille
1898/99 2. Geiger des Gewandhaus-Quartetts[29]

Der Sohn des Greizer Musikdirektors Gustav Wille war ab Oktober 1884 Schüler von Karl Halir an der Großherzoglichen Orchester- und Musikschule Weimar. Er war dann Schüler am Leipziger Konservatorium vom 2. Oktober 1885 bis 16. Juli 1887 und von Michaelis 1890 bis Ostern 1893. Seine Lehrer waren Adolf Brodsky, später → A. Hilf und → Fr. Hermann. In der Stellungnahme für das Abgangszeugnis schrieb A. Hilf: »Musikalisch gut beanlagt und ebenso strebsam wie fleißig hat Herr W. einen bedeutenden Grad an künstlerischer Ausbildung erreicht und wird im Orchester als Sologeiger ehrenvoll bestehen könen.« Vom 1. Mai 1893 bis Anfang 1898 war er 2. Konzertmeister der Hofkapelle Sondershausen. ♦ Von 1905 bis 1928 war er 2. Konzertmeister am Landestheater Altenburg.

LITERATUR: Die Grossherzogliche Musikschule in Weimar; H. R. Jung: 150 Jahre Musikleben in der Residenz- und Industriestadt Greiz. QUELLEN: Archiv HMT: Kon Nr. 4304; ThStA Rudolstadt: Hofmarschallamt 1839.

1899

|566 Hamann, Wilhelm Hugo
Violine
* 4. Mai 1870 in Hof, † 4. Januar 1925 in Leipzig
Mitglied vom 1. Januar 1899 bis zu seinem Tod ♦
Am 1. April 1900 Aufnahme in den Orchester-Pensionsfonds
Zweiter 1. Konzertmeister für → M. Lewinger

»Sein Vater Herr Carl Aug. Hamann ist Oberschaffner an der Bair*ischen* Staatseisenbahn hier. Herr H. war 4 Jahre Lernender bei Herrn Stadtmusikdirektor Wolschke[30] in Crimmitzschau, von den Instrumenten, denen er sich daselbst gewidmet hat – nämlich Violine & Clarinette – will er nur das erstgenannte hier fortführen. In der Theorie der Musik und dem Pianofortespiel ist er Anfänger.« (Kon) Er war dann Schüler von Hans Sitt und → Fr. Hermann am Leipziger Konservatorium vom 5. Juli 1887 bis Michaelis 1890, wo er »auch zu den Gewandhauskonzerten als Geiger herangezogen wurde« (Lebenslauf zur Bewerbung vom 24. Oktober 1898). In der Stellungnahme für das Abgangszeugnis schrieb Hans Sitt: »Herr Hamann hat sich zu einem tüchtigen Geiger herangebildet welcher im Orchester als auch im Solospiel seinen Platz ausfüllen wird.« Und Fr. Hermann schrieb: »Herr

---

29 Seine Mitwirkung in den Gewandhauskonzerten ist sehr wahrscheinlich, jedoch nicht nachweisbar.

30 Emil Waldemar Wolschke, Bruder von → A. Wolschke und Vater von → K. Wolschke.

Hamann hat sich in letzter Zeit mir nicht mehr als Geiger, sondern als Bratschist vorgestellt und als solcher sich sehr tüchtig erwiesen.« Im seinem Lebenslauf heißt es weiter, daß er nach dem Studium, während seiner Militärdienstzeit, Konzertmeister beim Militärmusikchor des Infanterie-Regiments 134 gewesen sei, dann »in sämmtlichen academischen Concerten unter Leitung des Herrn Professor Dr. Kretzschmar und im Liszt-Verein unter den hervorragendsten Dirigenten Concertmeister und lange Zeit Primgeiger des Kammermusikvereins zu Leipzig unter Herrn Musikdirector [→ H.] Klesse. Nach Aufgabe der academischen Concerte wurde er in Chemnitz von Herrn Kapellmeister Pohle als Concertmeister für die Chemnitzer Oper und Primgeiger für die Kammermusiken verpflichtet und war während dreier Sommermonate als Concertmeister an der Kurkapelle zu Bad Reichenhall. Nach dreijähriger Thätigkeit in Chemnitz wurde er für die philharmonischen Concerte von Herrn Kapellmeister Winderstein als erster Concertmeister berufen in welcher Stellung er sich gegenwärtig befindet.«

LITERATUR: Nösselt. QUELLEN: Archiv HMT: Kon Nr. 4713; StadtAL: Kap. 32, Nr. 7, Vol. VII, Bl. 355.

|567 Thiemann, Friedrich Gustav
Kontrabass
* 27. April 1874 in Stumsdorf bei Zörbig
Mitglied vom 1. Februar 1899 bis 1920 ♦ Am 1. Februar 1900 Aufnahme in den Orchester-Pensionsfonds
Kontrabassist

»Sein Vater Herr Friedrich Thiemann ist Landbesitzer in Stumsdorf. Herr Th. ist Contrabassist und lernte 3 Jahre bei Stadtmusikdir*ektor* A. Riel in Zörbig. Pianoforte-Spiel hat er begonnen; theoretische Kenntniße fehlen.« (Kon) Er war dann Schüler von → O. Schwabe am Leipziger Konservatorium vom 16. September 1891 bis Ostern 1894. In seinem Bewerbungsschreiben heißt es: »Unterzeichneter erlaubt sich E*uer* Hochwohlgeboren seine Bewerbung um die vakante Contrabassistenstelle am hiesigen Stadt-Orchester ganz ergebenst zu unterbreiten, und untertänigst um gütige Unterstützung zu bitten. Beiliegende Zeugnisse der hochverehrten Herrn Kapellmeister A. Nikisch, K. Panzner und Herrn Schwabe, dürften meine musikalische Befähigung zu dieser Stelle bezeugen und erlaube mir nur noch hinzuzufügen, daß ich bereits 5 Saisons im Gewandhaus mitwirkte und im Theater den erkrankten und jetzt gestorbenen Herrn Hatzsch mehrere Monate vertreten habe.«

LITERATUR: Nösselt. QUELLEN: Archiv HMT: Kon Nr. 5756; StadtAL: Kap. 32, Nr. 7, Vol. XI, Bl. 168 ◊ Kap. 32, Nr. 7, Vol. 9, Bl. 3.

|568 Schaefer, Carl Theodor Emil
Fagott
* 30. März 1876 in Berlin, † 5. Oktober 1954 in Leipzig
Mitglied vom 20. April 1899 bis 1. Oktober 1936 ♦
Am 20. April 1900 Aufnahme in den Orchester-Pensionsfonds
1. Fagottist

Er war Schüler am Rachfall-Konservatorium in Berlin. In seinem Bewerbungsschreiben heißt es: »… war seit 5 Jahren in Orchestern wie Stadttheater Erfurt, Berliner Concerthaus Bilse, Stadttheater Lübeck u. a. als erster Fagottist thätig. Vom 1. Oktober *vorigen Jahres* ab bin ich Mitglied der Meininger Hofkapelle. Obgleich mir meine momentane Position in fast allen Beziehungen zusagt würde ich doch aus pekuniären Rücksichten die Stellung in Leipzig vorziehen, möchte aber Herrn Oberbürgermeister bescheidenst bitten das Probespiel zu umgehen weil mein Dienst mich nicht abkommen lässt ...« Gewandhauskapellmeister Arthur Nikisch schrieb dazu: »Bezüglich der Neubesetzung der erledigten Fagottisten-Stelle gestatte ich mir folgenden Vorschlag zu machen. Vor einigen Tagen stellte sich mir der erste Fagottist der Herzoglich Meiningischen Hofcapelle, Herr Carl Schaefer auf einer Durchreise hier vor; er hat sich um die Stelle beworben, dürfte aber in Folge Unabkömmlichkeit im Dienste kaum in der Lage sein, dem Probespiel beizuwohnen. Herr Schaefer spielte mir verschiedenes vor, und ich muß gestehen, dass mich seine Leistungen geradezu entzückten und ich mir im Interesse unseres Orchesters wünschen muss, ihn für uns zu gewinnen. Deshalb beantrage ich, für diesmal von dem üblichen Probespiel abzusehen und Herrn Carl Schaefer vom 15. April ab zunächst für ein Probejahr zu engagieren. Ich wiederhole, dass ich mir einen besseren Fagottisten nicht wünschen könnte. Herr Schaefer ist für die Bühnenfestspiele in Bayreuth als erster Fagottist engagiert: kein geringer Beweis für seine Vortrefflichkeit! Leipzig, 23. Maerz 1899 Arthur Nikisch«. Nach einiger Verwirrung wegen dieses ungewöhnlichen Vorgehens stimmten von den zehn Mitgliedern der Kommission für Orchesterangelegenheiten[31] die neun Anwesenden dieser Verfahrensweise zu. Mitglied des Gewandhaus-Bläserquintetts ◆ Lehrer am Leipziger Konservatorium vom 21. September 1922 bis 1952 für → Fr. Freitag; 1948 Professur ◆ Lehrer von → G. Junge und → W. Seltmann.

WERKE: einige Kompositionen; Bearbeitung der Fagottschule von → J. Weissenborn.
LITERATUR: Nössel. QUELLEN: StadtAL: Archiv HMT: Personalakte; Kap. 32, Nr. 7, Vol. 12, Bl. 199 ff. ◊ Kap. 32, Nr. 7, Vol. XI, Bl. 168 ◊ Kap.32, Nr. 7, Beiheft 10.

|569 **Pechmann, Kurt**
Oboe
* 22. Mai 1866 in Reinsdorf bei Zwickau
Mitglied vom 20. Juni 1899 bis 1929 ◆ Am 20. Juni 1900 Aufnahme in den Orchester-Pensionsfonds
2. Oboist, ab 1918 1./2. Oboist an der neu eingerichteten 5. Stelle

»Sein Vater Herr August Hermann Pechmann ist Schaffner der Sächsischen Staats-Eisenbahn.« (Kon) ◆ In seinem Bewerbungsschreiben heißt es: »Bin am 22. Mai 1866 bei Zwickau in Sachsen geboren, kam Ostern 1880 zu Herrn Stadtmusikdirektor E. Schuller in Frohburg (Sachsen) in die Lehre, erwarb mir dann nach vorherigem Probespiel eine Freistelle am Königlichen Conservatorium zu Leipzig welche Stelle ich von Ostern 1882 bis Juli 1885 inne hatte. Während dieser Zeit war ich in den größten Orchestern in Leipzig als Oboist thätig namentlich bei Herrn Musikdirektor [→] Fr. Büchner, im Alten Stadttheater und Euterpe Concerte, so auch die großen Privat Concerte, wie unter Herrn Musikdirektor [→ H.] Klesse und vielen anderen. So erhielt ich auch von meinem Oboelehrer am Conservatorium, dem verstorbenen Herrn [→] Gustav Hinke, einige seiner Privatschüler für Oboe zum Unterrichten, welche er dann später am Conservatorium zur weiteren Ausbildung übernommen hat. Im Juli 1885 erhielt ich dann die Stelle eines zusätzlichen I. Oboisten und Englisch Hornbläsers an das Königliche Deutsche Landestheater in Prag, wo ich noch, aber seit 1889 als erster I. Oboist thätig bin ... Ich hätte oft Gelegenheit gehabt meine Stellung zu ändern, aber stets war unser Herr Director bereit, mir in jeder Art und Weise entgegen zu kommen. Aber jetzt da sich in Prag die Politischen Verhältnisse gegen die Deutschen so geändert haben, so sieht ein jeder gern von hier fortzukommen ... Ich möchte mich gern am Probespiel betheiligen, doch wird es schwer sein, da wir gerade während dieser Zeit den ganzen Wagner Cyclus geben ...« Bei dem Probespiel, zu dem elf Kandidaten eingeladen wurden, aber nur sechs erschienen, entschied sich die Kommission einstimmig für Pechmann.

LITERATUR: Nössel. QUELLEN: Archiv HMT: Kon Nr. 3511; StadtAL: Kap. 32, Nr. 7, Vol. XI, Bl. 168 ◊ Kap. 32, Nr. 7, Vol. IX, Bl. 47.

|570 **Zeumer, Bernhard Hermann**
Horn, Violine
* 15. Juni 1872 in Schildau
Mitglied vom 1. Oktober 1899 bis 1927 ◆ Am 1. Oktober 1900 Aufnahme in den Orchester-Pensionsfonds
1. Hornist, ab 1903 2. Geiger

»Sein Vater Herr Gottfried Zeumer ist Postillon hier [in Leipzig]. Herr Z. wurde im Violinspiel 4 Jahre & im Waldhornblasen ¾ Jahr von Herrn [→ E.] Müller (Orchestermitglied) hier unterrichtet. Theorie der Musik und Pianofortespiel hat er noch nicht betrieben.« (Kon) Er war dann Schüler von → Fr. Gumpert am Leipziger Konservatorium vom 14. April 1887 bis zu seiner Dispensierung am 1. Juni 1892. Vom 1. Oktober 1892 bis 1. September 1893 war er beim Gürzenich-Orchester Köln, ab Oktober beim Militär und später beim Stadttheater Düsseldorf. ◆ In seinem Schreiben an Oberbürgermeister Dr. Bruno Tröndlin vom 22. Oktober 1902 heißt es: »Der Unterzeichnete muß auf ärztlichen Rat das Blasen auf längere Zeit unterlassen um Schwächung der Backenmuskeln zu beheben. Er bittet, um den Fond zu entlasten, als Substitut für die vakante 2te Geigerstelle mitspielen zu dürfen, welcher Pflicht er sich mit größtem Eifer widmen würde.« Am 8. April 1903 bat er den Rat der Stadt, »ihm die vakante II. Geigerstelle zu übertragen. Da seine Gesundheit bei ihm das Blasen als nicht geeignet erscheinen läßt, so vertritt er zur Zufriedenheit seiner Herren Vorgesetzten seit fünf Monaten die erledigte Geigerstelle provisorisch und bittet nun um endgültige Anstellung als II. Geiger im städtischen Orchester.«

LITERATUR: Nössel. QUELLEN: Archiv HMT: Kon Nr. 4703; StadtAL: Kap. 32, Nr. 7, Vol. X, Bl. 3 u. 33 ◊ Kap. 32, Nr. 7, Vol. XI, Bl. 168.

|571 **Herbst, Franz**
Trompete
* 5. November 1873 in Ober-Grafendorf bei St. Pölten,
† Januar 1962
Mitglied vom 1. Oktober 1899 bis 30. September 1936 ◆ Mitglied des Orchester-Pensionsfonds
1. Trompeter

Lehrer am Leipziger Konservatorium von 1908 bis 1939 für → Fr. Petzold ◆ Lehrer von → K. Ramm.

WERKE: Orchesterstudien. LITERATUR: Nössel. QUELLEN: StadtAL: Kap. 32, Nr. 7, Vol. IX, Bl. 92 ◊ Kap. 32, Nr. 7, Beiheft 12.

---

[31] Diese war zuständig für organisatorische und arbeitsrechtliche Fragen, nicht für künstlerische Belange. Ihr gehörten an: Oberbürgermeister Otto Georgi, Stadtrat Alphons Dürr, Stadtrat Friedrich Gustav Esche, Dr. Carl Lampe-Vischer, Heinz Flisch, Theaterdirektor Max Staegemann, Konzertmeister → F. Berber, Sekretär → C. Tamme, Kassierer → Fr. Gumpert und Fiskal → A. Wolschke.

|572 **Kludt, A l b e r t** Gottlieb Wilhelm Heinrich
Violoncello
* 13. August 1873 in Rotenburg/Wümme
Mitglied vom 15. Dezember 1899 bis 1933 ◆
Am 15. Dezember 1900 Aufnahme in den Orchester-Pensionsfonds
Cellist, ab 1919 Stellvertretender Solo-Cellist für → E. Robert-Hansen

»Sein Vater Herr Fr. Kludt ist Bäckermeister in Rotenburg. Herr Kludt will sich zum Violoncellisten ausbilden; er hat sich ohne Lehrer auf diesem Instrumente bis jetzt vorgebildet. Im Pianofortespiel, sowie in der Theorie der Musik besitzt er noch gar keine Kenntnisse.« (Kon) Er war dann Schüler von → J. Klengel am Leipziger Konservatorium vom 8. Oktober 1898 bis Weihnachten 1899. In seinem Lebenslauf zur Bewerbung heißt es: »Vom 6. Jahre an besuchte ich die Bürgerschule zu Rotenburg. Nach meiner Confirmation welche im Jahre 1887 erfolgte, widmete ich mich der Musik. Während meiner Schulzeit ließ mir mein Vater schon Musikstunden erteilen. Nachdem ich im Herbst 1887 soweit vorgebildet war, um eine Musikschule besuchen zu können, kam ich nach Wittenberge in die Paasch'e Musikschule. Hier bekam ich Violoncello von Herrn Dr. Cramer. Nach Absolvierung meiner Unterrichts- bzw. Lehrzeit im Jahre 1890 kam ich nach Hamburg in die [unleserlich] Kapelle und blieb dort bis Ostern 1891. Kurz nach Ostern des genannten Jahres trat ich in die Konzert-Kapelle (Direktor C. H. Bauer) in Heide (Holstein) als erster Cellist ein. Bei dieser Kapelle wirkte ich bis Ende März 1892 mit. Anfang April 1892 trat ich eine Reise nach Amerika an. In New York bekam ich zunächst Stellung in der Kapelle des Herrn Kirch. Doch gab ich dieses Engagement nach einigen Monaten auf und reiste mit der G. G. Vaneeschen Kapelle, wo wir in verschiedenen Städten konzertierten. Nachdem trat ich zum Columbian-Orchester in Lawrence/Mass. über, wo ich bis April 1893 mitwirkte. Von hier aus bekam ich Stellung als erster Cellist in Brooks-Orchester, wo wir zunächst in Chicago, 6 Monate (Welt-Ausstellung), in San Fransisco 2 Monate und nachdem in St. Augustin (Florida) 4 Monate konzertierten. Nach Beendigung dieser Engagements kehrte ich nach Deutschland zurück Mai 1894. Mittlerweile war auch die Zeit herangerückt wo ich meiner Militärpflicht genügen mußte. Ich trat dann auch bald bei dem Musikchor des *Infanterie Regiments No 29* in Trier ein. Dies war am 25. Mai 1894. Nach Beendigung meiner Pflichtjahre trat ich nochmals über zu der Marine-Kapelle des Kais*erlichen* II. See-Bat*aillon* zu Wilhelmshaven. Hier diente ich noch bis zum 1. Okt. 1898. Nach meiner Entlassung fuhr ich sofort nach Leipzig, zwecks weiterer Ausbildung und wurde Schüler des König*lichen* Konservatoriums, wo ich Herrn Prof. [→ J.] Klengel als Lehrer habe. Seit 1. Okt*ober des Jahre*s spiele ich nun als Stellvertreter im neuen Theater und Gewandhause mit.« ◆ Er war Soldat im Ersten Weltkrieg, seine Freistellung für das Schweiz-Gastspiel des Gewandhausorchesters 1916 wurde aus »militärischen Gründen« abgelehnt.

LITERATUR: Nösselt. QUELLEN: Archiv HMT: Kon Nr. 7523; StadtAL: Kap. 32, Nr. 7, Vol. XI, Bl. 168 ◊ Kap. 32, Nr. 7, Vol. IX, Bl. 118 ◊ Kap. 32, Nr. 26.

1901

|573 **Rust, Gustav**
Harfe
* ca. 1868
Mitglied vom 1. Juli 1901 bis 31. Juli 1902 ◆ Mitglied des Orchester-Pensionsfonds
2. Harfenist für → O. v. Berlepsch, der dann ausschließlich Bratscher war

In seinem Bewerbungsschreiben heißt es: »Ergebenst Gefertigter bittet um Verleihung der Stelle eines Hilfsmusikers für Harfe. Gestützt auf 10 jährige Routine, gute Führung, conservatorische Bildung (6 jährige), fühlt er sich voll und ganz berufen den Anforderungen zu entsprechen. Im schönsten Alter von 33 Jahren stehend, als strebsamen Künstler & Familienvater ist er von doppelten Pflichtgefühl erfüllt Existenz, sowie allgemeine Beliebtheit zu erwerben, ein bisher anderwärts, durch Leistung und intelligentes Benehmen es Ihm im hohen Grade gelungen ist beliebt zu werden. Gefertigter ist im Besitze eines vorzüglichen Instrumentes aus der Fabrik Erard und ist nöthigenfalls im Stande ein neues amerikanisches Modell anzuschaffen, wenn es verlangt werden sollte. Leider ist er wegen Unterhandlung betreffend einer anderen Stelle nicht im Besitze seiner besten Originalzeugnisse. Daher erlaubt er sich außerdem noch Abschriften beizulegen. Auch glaubt er bekannt geben zu dürfen, im vorigen Jahr die Bekanntschaft des Harfenvirtuosen Herrn [→ J.] Snoer gemacht zu haben. In der frohen Hoffnung, daß Sie sein ernstes künstlerisches Streben gnädigst und wohlwollend fördern wollen und den Gefertigten so zu lebenslangen Dank verpflichten zeichnet er als erfurchtsvoll Ergebenster. Gustav Rust, Harfenspieler des philharmonischen Orchesters Wintergarten. Riga am 25. Februar 1901. Zeugnisse bitte nicht retour schicken, sondern an [seinen Onkel] Herrn Hugo Rust, Kofferfabrik Leipzig.« ◆ Rust kaufte sich am 2. Juli 1901 eine Harfe (Lyon & Healy Styl 21 No. 323) für 3.420 Mark. 700 Mark zahlte er sofort, für den Rest wurde eine Ratenzahlung vereinbart. Nachdem seine Bürgschaften geplatzt waren, sprang die Stadt Leipzig mit 1.800 M aus der Radius-Brandstetter-Stiftung ein und räumte ihm ein Rückkaufsrecht ein. Nachdem ihm im Januar 1902 wegen völlig unzureichender Leistungen zum 31. Juli gekündigt wurde, verschwand er kurze Zeit später aus Leipzig, und es entstand ein lang anhaltender Streit darüber, wem die Harfe nun gehöre. Nach Zahlung des noch offenen Betrages von 1.710 Mark durch das »Kurkomitee der Großherzoglichen Stadt Baden-Baden«, wo Rust inzwischen ein Engagement hatte, stimmte die Stadt Leipzig der Auslösung der Harfe zu.

LITERATUR: Nösselt. QUELLEN: StadtAL: Kap. 32, Nr. 7, Beiheft 2 / Bd. 2, Bl. 213 ◊ Kap. 32, Nr. 7, Vol. IX, Bl. 209 ff.

|574 **Hering, Victor Iwan K u r t**
Violine
* 21. Dezember 1870 in Leipzig, † 1941
Mitglied vom 1. Oktober 1901 bis 1. Oktober 1929 ◆
Am 1. Oktober 1902 Aufnahme in den Orchester-Pensionsfonds
1. Geiger, vom 15. Oktober 1906 bis 1925
Stellvertretender Konzertmeister für → A. Raab

Der Sohn des Zahnarztes Hofrat Dr. med. Hering war Schüler von → K. Prill in Wien und 1893 und 1894 mehrmals als Aushilfe in Leipzig tätig. Von Oktober 1895 bis 1901 war er 1. Konzertmeister am Stadttheater Danzig.
Sekretär des Orchester-Pensionsfonds von 1910 bis 1919 für → M. Schwedler.
LITERATUR: Nösselt; Riemann I; J. Forner: Die Gewandhaus-Konzerte zu Leipzig 1781 bis 1981. QUELLEN: StadtAL: Kap. 32, Nr. 7, Vol X, Bl. 250 ◊ Kap. 32, Nr. 7, Vol. XI, Bl. 167 ◊ Kap. 32, Nr. 7, Beiheft 2 / Bd. 2 ◊ Kap. 32, Nr. 7, Vol IX, Bl. 225.

1902

|575 Politz, Stefanie
Harfe
* April 1885
Mitglied vom 1. August 1902 bis 1930 ♦ Mitglied des Orchester-Pensionsfonds
2. Harfenistin für → G. Rust

Sie bewarb sich am 22. Januar 1902, kurz nachdem → G. Rust gekündigt wurde: »Die ergebenst Unterzeichnete gestattet sich gestützt auf ihre, diesem Schreiben beigefügten Zeugnisse, den hohen Rath die höfliche Bitte vorzutragen, ihr gütigst gestatten zu wollen sich um die Stelle der II. Harfe im Gewandhaus resp*ektive* Stadttheaterorchester bewerben zu dürfen. Bin bei Herrn [→] J. Snoer *in* Leipzig ausgebildet *und* hatte im vorigen Jahre bereits die Ehre oftmals am Leipziger Stadttheater in großen Opern mitwirken zu dürfen. Auch für nächsten Juni bin ich von meinem Meister aufgefordert ihn im städt*ischen* Orchester zu vertreten. Seit September befinde ich mich hier in Colmar, woselbst ich bis Palmarum am Stadttheater verpflichtet bin. Ich erlaube mir einige Kritiken über meine hiesige Thätigkeit beizufügen. Auch gestatte mir noch zu erwähnen, dass ich 2 prachtvolle Harfen besitze.«
LITERATUR: Nösselt. QUELLEN: StadtAL: Kap. 32, Nr. 7, Vol. XI, Bl. 168 ◊ Kap. 32, Nr. 7, Vol. IX, Bl. 255.

|576 Kunath, Hermann
Klarinette
* 30. April 1870, † 1928
Mitglied vom 16. November 1902 bis zu seinem Tod ♦ Am 16. November 1903 Aufnahme in den Orchester-Pensionsfonds
2. Klarinettist

In seinem Bewerbungsschreiben heißt es: »Ich bin 32 Jahre alt, verheiratet, und war, nachdem ich meine 3 jährige Lehrzeit in Leißnig vollendet hatte nur in besten Stellen als Iter resp*ektive* Solo-Clarinettist … thätig. Seit 1. Oct*ober* 1900 fungiere ich als Iter, Solo- und Baß-Clarinettist bei der städtischen Capelle zu Chemnitz.« ♦ »1914 lernt Kunath Saxophon und erhält dafür 100 Mark.« (Nösselt)
LITERATUR: Nösselt. QUELLEN: StadtAL: Kap. 32, Nr. 7, Vol. XI, Bl. 168 ◊ Kap. 32, Nr. 7, Vol. IX, Bl. 300 ◊ Kap. 32, Nr. 7, Vol. XIV, Bl. 1 c.

|577 Heyde, Erhard
Violine
* 21. Februar 1883 in Leipzig
Von 1902 bis 1904 2. Geiger des Gewandhaus-Quartetts[32]

»Sein Vater Herr Franz Heyde ist Procurist der hiesigen Firma: Haasenstein & Vogler. Der junge Mann ist 3 Jahre lang Privatschüler unseres Violinlehrers Herrn Hans Becker gewesen« (Kon), war dann dessen Schüler am Leipziger Konservatorium vom 19. April 1899 bis 31. Juli 1902 und wirkte während dieser Zeit bereits in den Gewandhauskonzerten mit. In der Stellungnahme für das Abgangszeugnis schrieb Hans Becker: »Musterhaft fleißiger, hochbegabter Schüler, der in kurzer Zeit eine sehr hohe Stufe künstlerischen Könnens erreichte.« ♦ Von 1904 bis 1914 war er Konzertmeister des Kaim-Orchesters in München, vom 1. August 1916 bis 31. Januar 1919 in gleicher Position bei der Hofkapelle in Dresden.
LITERATUR: Riemann I; A. Schreiber: Von der Churfürstlichen Cantorey zur Sächsischen Staatskapelle Dresden. QUELLEN: Archiv HMT: Kon Nr. 7728 ◊ Briefwechsel Gewandhaus-Konzertdirektion/Konservatorium.

1903

|578 Frehse, Albin
Horn
* 10. Februar 1878 in Leipzig ♦ Onkel von → K. Frehse
Mitglied vom 1. Juni 1903 bis 1939, noch bis 1946 Kriegsaushilfe ♦ Am 1. Juni 1904 Aufnahme in den Orchester-Pensionsfonds
1. Hornist, ab 1933 2. Hornist

In seinem Bewerbungsschreiben vom 19. April 1903 heißt es: »Hierdurch erlaube ich mir, mich einem hochwohllöblichen Rat der Stadt Leipzig als Bewerber um die ausgeschriebene 1. Hornistenstelle des Stadt- und Gewandhausorchesters zu melden. Bisher nur in größten Orchestern (Hans Winderstein, Kaiserliche Große Oper in Warschau, Städtisches Orchester Magdeburg) als 1. Hornist tätig, glaube ich das erforderliche künstlerische Können und die nötige Opern- und Konzertroutine erlangt zu haben, die von einem Mitgliede des Leipziger Gewandhaus-Orchesters verlangt werden muß. Die Einsendung von Zeugnissen habe ich deshalb unterlassen, da Herr Professor Arthur Nikisch sowie Herr [→] Arno Rudolph, 1. Hornist des dortigen Gewandhaus-Orchesters, dessen Schüler ich längere Zeit war, meine Leistungen wohl bekannt sein dürften.« ♦ Er war Soldat im Ersten Weltkrieg; für das Schweiz-Gastspiel des Gewandhausorchesters 1916 wurde er freigestellt.
Mitglied des Gewandhaus-Bläserquintetts; Kassierer des »Stadtorchester Leipzig e.V.« von dessen Gründung am 23. September 1921 bis 1924 ♦ Lehrer am Leipziger Konservatorium (ab 1941 Hochschule) von 1926 bis 1944 und von 1946 bis 1958; 1948 Professor ♦ Lehrer von → K. Frehse, → W. Fuchs, → H. Märker, → E. Penzel, → W. Schieber, → A. Schwantge und → W. Seltmann.
WERKE: Hornkonzerte; Hornquartette; Horntrios; Etüden; Orchesterstudien (aktualisierte Ausgabe der Studien von → Fr. Gumpert). LITERATUR: Nösselt. QUELLEN: Archiv HMT: M 317–329; StadtAL: Kap. 32, Nr. 7, Vol. X, Bl. 52 ◊ Kap. 32, Nr. 26.

---

32 Seine Mitwirkung in den Gewandhauskonzerten ist sehr wahrscheinlich, jedoch nicht nachweisbar.

Rundschreiben von Oberbürgermeister Bruno Tröndlin
an die Mitlieder der Probespielkommission
mit der Einladung zum Besuch der Probespiele
am 3. und 10. Dezember 1903

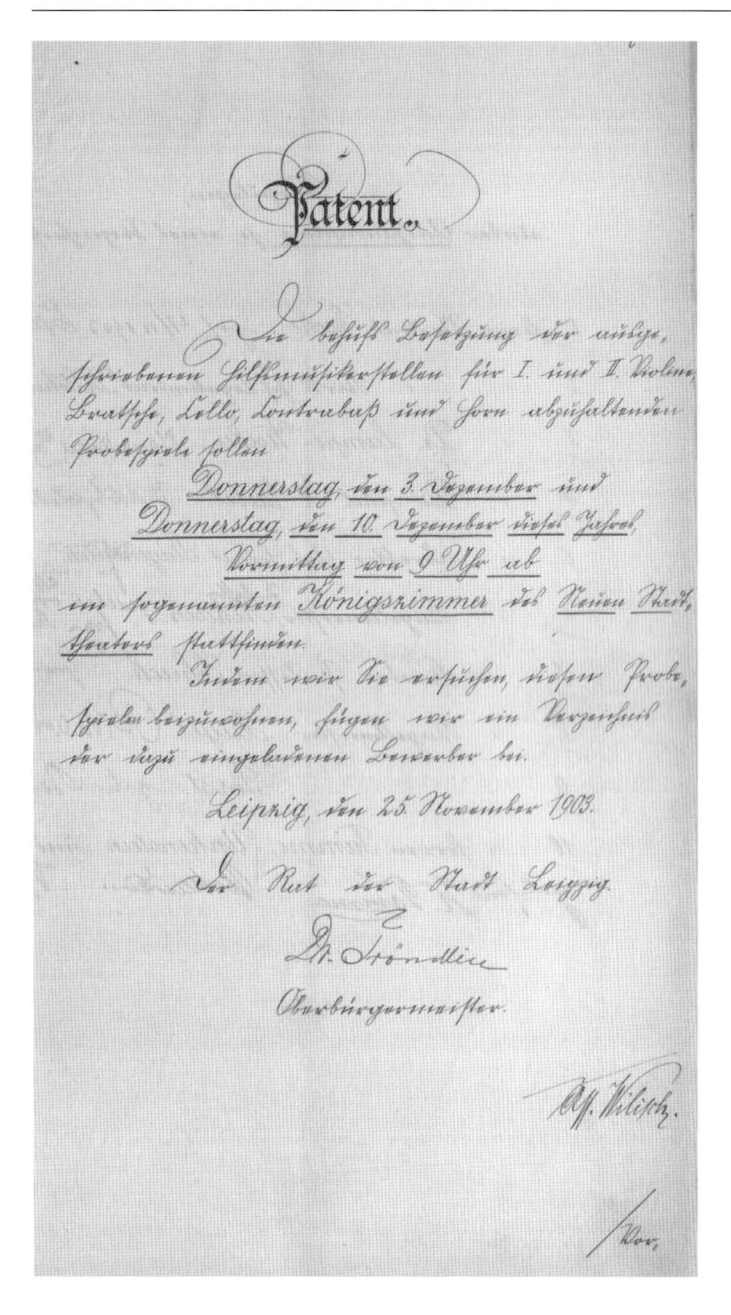

|579 Lindner, Max Paul R i c h a r d
Viola
* 28. November 1881 in Biere bei Schönebeck/Elbe,
† 14. Dezember 1966 in Leipzig
Mitglied vom 15. Juni 1903 bis 30. September 1951, noch bis 31. Dezember 1953 Aushilfe ♦ Am 1. Juni 1904 Aufnahme in den Orchester-Pensionsfonds
Bratscher, ab 1920 2. Solo-Bratscher an der neu eingerichteten Solostelle; spielte auch Viola d'amore

Der Sohn des Tischlermeisters Wilhelm Lindner und dessen Frau Maria Dorothea, geb. Wurmstich, hatte seit dem achten Lebensjahr Unterricht bei seinem Onkel in Magdeburg, wohin die Familie bereits 1885 übergesiedelt war. Von 1901 bis 1903 war er am Stadttheater Magdeburg tätig. In seinem Bewerbungsschreiben heißt es: »Ich, Unterzeichneter bin ge*boren den* 28. November 1881 zu Magdeburg. Besuchte die Bürgerschule hierselbst und erhielt *vom* 9-14ten Jahr Violinunterricht. Nach beendigter Schulzeit trat ich in die Stadtkapelle zu Burg ein, um mir Orchesterroutine anzueignen. Nach Beendigung meiner Lehrzeit versuchte ich Militärmusiker zu werden. Behufs dieses wirkte ich vertretungsweise ein Jahr als I. Geiger im Musikcorps d*es* Infanterie *Regiments* 26 mit, da ich aber für Felddienstuntauglich befunden, und seiner Zeit eine Violinistenstelle am hiesigen städ*ti*schen Orchester frei wurde so bewarb ich mich um dieselbe. Ich erhielt diese Stelle, vertauschte sie aber noch im selben Jahr mit einer Bratscherstelle.« ♦ Er war Soldat im Ersten Weltkrieg, zunächst als Klarinettist in einer Militärkapelle unter Rudolf Mauersberger, später bis Kriegsende in Belgien stationiert. Seine Freistellung für das Schweiz-Gastspiel des Gewandhausorchesters 1916 wurde aus »militärischen Gründen« abgelehnt. Lehrer von → W. Knoblauch und → E. Schumann.
LITERATUR: Nösselt. QUELLEN: StadtAL: Kap. 10, Personalakte ◊ Kap. 32, Nr. 26 ◊ Kap. 32, Nr. 7, Vol. X, Bl. 73; Auskunft von Elke Mühlpfordt, geb. Lindner, Nürnberg.

|580 Wollgandt, Edgar Prof.
Violine
* 18. Juli 1880 in Wiesbaden,
† 25. Dezember 1949 in Halle/S.
Mitglied vom 1. Juli 1903 bis 30. September 1947 ♦ Am 1. Juli 1904 Aufnahme in den Orchester-Pensionsfonds
Erster 1. Konzertmeister für → F. Berber

In seinem Bewerbungsschreiben vom 8. Februar 1903 heißt es: »Unterzeichneter gestattet sich hiermit ergebenst, seine Bewerbung um die erste Concertmeister-Stelle im Leipziger Stadt-Orchester einzureichen. Geboren 18. Juli 1880 zu Wiesbaden als Sohn des König*lichen* Kammermusikers Wollgandt, besuchte ich das Realgymnasium bis zur Erlangung des Berechtigungs-Scheins zum einjährig freiwilligen Militärdienst. Sodann setzte ich mein Violin-Studium am Dr. Hoch'schen Konservatorium zu Frankfurt a. M. unter Leitung von Prof. Hugo Heermann fort. Nach Absolvierung des Konservatoriums wurde ich als erster Violinist an das Königliche Orchester in Hannover [engagiert] und im Januar 1901 erhielt ich nach nochmaligem Probspiel die durch den Abgang des Concertmeisters Hänflein freigewordene Stelle eines Solo-Violinisten und zweiten Konzertmeisters. An gleicher Stelle war ich im Bayreuther Festspielorchester 1901 und 1902 thätig. Schließlich möchte ich noch erwähnen, daß im Januar 1902 mir die vakante Concertmeister-Stelle im Philharmonischen Orchester zu Berlin angetragen wurde.« ♦ 1914 lehnte er die ihm angebotene Nachfolge des verstorbenen → H. Petri in Dresden ab. Trotz größter Bemühungen seitens der Stadt, ihn von der Wehrpflicht zu befreien, war er von Mai bis Oktober 1916 zum Heeresdienst in der Kapelle des 2. Ersatz-Bataillon des Infanterie Regiments 107 in Borna. ♦ Arthur Nikisch ist sein Schwiegervater.
Primarius des Gewandhaus-Quartetts von 1903 bis 1941 ♦ Lehrer am Leipziger Konservatorium von 1921 bis 1944, 1928 Professur, danach an der neu

gegründeten Staatlichen Hochschule für Musik in Halle/S. ◆ Lehrer von → G. Bosse, → A. Graefe, → P. Gründel, → A. Matz, → G. Michel und → H. Schröter.

LITERATUR: Nösselt. QUELLEN: StadtAL: Kap. 10, Personalakte Max Kalki ◊ Kap. 32, Nr. 7, Vol. X, Bl. 42.

1904

|581 Trebs, Fritz
Violine
* 18. Februar 1882 in Altenburg
Mitglied vom 1. Januar 1904 bis 31. Dezember 1948 ◆
Zunächst Hilfsmusiker des Stadtorchesters,
am 1. April 1907 Aufnahme in den Orchester-Pensionsfonds
1. Geiger

Der Sohn des »Handarbeiters« (Kon) Ernst Trebs hatte in Altenburg 4 Jahre Violin- und 5 Jahre Klavierunterricht. Er war dann Schüler von Hans Sitt am Leipziger Konservatorium vom 28. September 1900 bis Weihnachten 1903. In seinem Lebenslauf zur Bewerbung heißt es: »Ich, Endesunterzeichneter, wurde im Jahre 1882 zu Altenburg geboren. 1888–96 besuchte ich die 1. Bürgerschule. Während und nach meiner Schulzeit erhielt ich Unterricht in Violine bei Herrn Hofmusiker Book und Hofkonzertm*eister* Grevesmühl. Nebenbei erwähnen möchte ich, daß ich schon während meiner Schulzeit eine gediegene Ausbildung im Klavier von Herrn Hofkapellmeister Dr. W. Stade erhielt. Ab 1. Oktober 1889 gehörte ich dem Altenburger Stadtorchester an. Im Frühjahr 1900 ging ich als 1. Violinist nach Bad Elmen b./Magdeburg. Im Herbst desselben Jahres trat ich im hiesigen königlichen Konservatorium der Musik als Schüler des Herrn Prof. Sitt ein und setzte ich mein Studium fort bis zum heutigen Tage. In Erwähnung möchte ich noch bringen, daß ich bereits das 4. Jahr die Gewandhauskonzerte unter Leitung des Herrn Prof. Nikisch mitspielen durfte und zwar die Jahrgänge 1900-01, 01-02 II. Violine und 02-03 und dieses Jahr I. Violine.« ◆ Er war Soldat im ErstenWeltkrieg; für das Schweiz-Gastspiel des Gewandhausorchesters 1916 wurde er freigestellt. ◆ Im Zusammenhang mit Stellenabbau und Sparmaßnahmen wurde ihm und sechs weiteren Kollegen 1948 gekündigt.
Stellvertretender Vorsitzender des »Stadtorchester Leipzig e. V.« von 1921 bis 1923.

LITERATUR: Nösselt. QUELLEN: Archiv HMT: Kon Nr. 8034; StadtAL: Kap. 10, Personalakte Louis Enger ◊ Kap. 32, Nr. 26, Vol. X, Bl. 86 f. u. 92.

|582 Walter, John
Violine
* 9. Januar 1877 in Hamburg
Mitglied vom 1. Januar 1904 bis Sommer 1905 ◆
Hilfsmusiker des Stadtorchesters
1. Geiger

Er war Schüler von Hans Sitt am Leipziger Konservatorium vom 9. Oktober 1899 bis 31. Juli 1900. Im Inskriptionseintrag heißt es: »Besuchte das Conservatorium in Hamburg 2 Jahre Mittel- 5 Jahre Oberklasse.« ◆ Der Fiskal des Orchester-Pensionsfonds → A. Wolschke schrieb an den Verwaltungsausschuß des Orchesters: »Am 19. Mai 1905 wurde dem Fiskal des Orchesters ein ärztliches Zeugnis von Frau Walter mit dem Bemerken übergeben, ihr Mann habe sich durch Überanstrengung im Dienst kaputt gemacht. Der Fiskal wies diese Behauptung mit Entschiedenheit zurück und untersuchte diese Angelegenheit, die ein 'Schandfleck' für das Orchester zu nennen ist … Die Gerüchte in der Stadt fanden volle Bestätigung … Herr Walter ist nach einer fürchterlichen Schlägerei mit seiner Frau am 9. Juni 1905 nach Hamburg durchgebrannt von wo aus er sich noch beurlaubte, am 16ten Juni ein ärztliches Zeugnis einzusenden. Frau Walter übersiedelte mit Kind nach München, der hiesige Hauswirt hat sämtliche Möbel wegen fälliger Miete mit Beschlag belegt. Nach alledem dürfte aber die Familie Walter aufgehört haben, für das Stadtorchester zu existieren.« Walter meldete sich zum 1. Juli polizeilich ab, wurde wegen der Einleitung eines Disziplinarverfahrens in Hamburg gesucht und letztlich in München unter dem Namen Josef Walter gefunden. Nachdem er zu mehreren Vorladungen nicht erschienen war, wurde ihm unter Berufung auf § 13 der Dienst- und Disziplinarordnung per Post-Zustellungsurkunde gekündigt: »weil Sie den Ihnen erteilten Urlaub überschritten und sich seit 7. Juli 1905 Ihren Dienstobliegenheiten ferngehalten haben«.

LITERATUR: Nösselt. QUELLEN: Archiv HMT: Kon Nr. 7805; StadtAL: Kap. 32, Nr. 7, Vol. X, Bl. 85, 92 u. 133 f.

Edgar Wollgandt, Karikatur von Hans Alexander Müller, 1928

|583 **Enger, Louis** [Ludwig Friedrich]
Violine
* 20. November 1880 in Sebaldsbrück bei Bremen,
† in Leipzig ♦ Vater von → G. Enger
Mitglied vom 1. Januar 1904 bis 31. Dezember 1948 ♦
Zunächst Hilfsmusiker des Stadtorchesters, am 1. Juli
1909 Aufnahme in den Orchester-Pensionsfonds
2. Geiger, vom 15. Oktober 1906 bis 1. Juli 1909 1. Geiger

Er war Schüler von Hans Sitt am Leipziger Konservatorium vom 18. April 1898 bis Ostern 1901. Im Inskriptionseintrag heißt es: »Die Eltern sind gestorben; sein Vormund Herr Oberlehrer F. Asendorf bestreitet alle Kosten. Herr Enger wurde 7 Jahre von den Herren Concertmeistern E. Röhrs und B. Dessau und 4 Jahre von Herrn C. Börner in Bremen im Pianofortespiel in Bremen unterrichtet. Theoretische Kenntnisse fehlen.« ♦ In seinem Lebenslauf zur Bewerbung schrieb er: »Ich bin am 20. November 1880 in Sebaldsbrück bei Bremen geboren. Mein Vater war daselbst Inhaber einer Kunst- und Handelsgärtnerei. Vom 6. Jahre ab besuchte ich die Bürgerschule meiner Heimat, welche ich Ostern 1895 als Schüler der I. Klasse verließ. Da ich stets große Lust zur Musik zeigte, so ließ mir mein Vater mit dem 11. Jahre in Bremen Unterricht im Violin- und später auch im Klavierspiel erteilen. Nachdem ich genügend Fortschritte im Violinspiel gemacht hatte, hielt es sowohl mein Vater wie mein damaliger Lehrer Herr Dessau - jetzt Hofconcertmeister in Berlin – für angebracht, mich zum Oktober 1897 auf dem hiesigen Königlichen Konservatorium zur Aufnahmeprüfung anzumelden. Leider musste diese Anmeldung infolge eines schweren Schicksalsschlages rückgängig gemacht werden. Nachdem ich meine Mutter schon im 2. Lebensjahre verloren hatte, starb auch mein Vater infolge eines Herzschlages am 19. September. Nach erfolgter Prüfung wurde ich dann Ostern 1898 auf dem Königlichen Konservatorium als Schüler aufgenommen ... Als II. Violinist habe ich in den Jahren 1900 und 1901 im Gewandhaus und auch einige Mal im ›Neuen Theater‹ in größeren Opern mitgewirkt. Infolge Überanstrengung mußte ich Ostern 1901 meine Studien unterbrechen. Bis Oktober 1902 war ich als Privatlehrer tätig und seitdem bekleide ich eine Lehrerstelle in ›Martini's höherem Musik-Institut‹. Da ich vollständig wieder hergestellt bin, hoffe ich den Anforderungen als Mitglied eines Theaterorchesters gewachsen zu sein.« ♦ Er war Soldat im Ersten Weltkrieg vom August 1915 bis 17. Dezember 1918; seine Freistellung für das Schweiz-Gastspiel des Gewandhausorchesters 1916 wurde aus »militärischen Gründen« abgelehnt. ♦ Im Zusammenhang mit Stellenabbau und Sparmaßnahmen wurde ihm und sechs weiteren Kollegen 1948 gekündigt.
Ordner des »Stadtorchester Leipzig e. V.« vom 23. September 1921 bis 1933, dessen Stellvertretender Vorsitzender von 1924 bis 1927.
LITERATUR: Nösselt. QUELLEN: Archiv HMT: Kon Nr. 7416; StadtAL: Kap. 10, Personalakte ◊ Kap. 32, Nr. 7, Vol. X, Bl. 88 u. 92 ◊ Kap. 32, Nr. 26.

|584 **Fillsack, Albert Ludwig**
Viola
* 12. Oktober 1882 in Leipzig
Mitglied vom 1. Januar 1904 bis 1. November 1907 ♦
Hilfsmusiker des Stadtorchesters
Bratscher an der neu eingerichteten 8. Stelle

In seinem Lebenslauf zur Bewerbung heißt es: »Ich, Ludwig Albert Fillsack bin am 12. Oktober 1882 zu Leipzig geboren. Mein Vater ist der am 8. September 1856 zu Flurstädt bei Apolda geborene Richard Fillsack. Vom Jahre 1889 bis 1897 besuchte ich die Volksschule zu Leipzig. Hierauf kam ich bis Ostern 1900 zu dem Musikdirektor Herrn R. Schumann in Leipzig in die Lehre. Seit September 1900 bis gegenwärtig nehme ich bei Herrn [→] Ludwig Wiemann, welcher Mitglied des Theater- und Gewandhausorchesters ist, Viola-Unterricht. Bin jetzt im Central-Theater-Orchester als 1. Bratschist tätig.« ♦ Er bewarb sich 1907 um eine Stelle an der Weimarer Hofkapelle: »Durch mein 4 jähriges Studium bei Herrn Ludwig Wiemann, Mitglied des hiesiegen Theater- und Gewandhausorchesters, sowie durch meine 3½ jährige Mitgliedschaft im letztgenannten Orchester, in der Eigenschaft eines Aspiranten, glaube ich von einer weiteren Zeugnisbeilage absehen zu können.« Er war ab Herbst 1907 dort engagiert. Am 14. April 1910 nahm er neben → A. Witter und → E. Risse noch einmal an einem Probespiel in Leipzig teil. Er lehnte die Annahme einer Hilfsmusikerstelle in Leipzig ab, nachdem seiner Forderung um Festanstellung in Weimar entsprochen wurde, wo er ab 1. Juli 1910 widerruflich als Hofmusiker und am 25. Dezember 1913 fest angestellt war. Am 1. Juli 1931 wurde er nach längerer Krankheit in den Ruhestand versetzt.
LITERATUR: Nösselt. QUELLEN: ThStA Weimar: GI DNT 885; StadtAL: Kap. 32, Nr. 7, Vol. X, Bl. 80 u. 92 ◊ Kap. 32, Nr. 7, Vol XI, Bl. 4 ◊ Kap. 32, Nr. 7, Vol. XII, Bl. 71.

|585 **Wintgen, Rudolf Friedrich**
Violoncello
* 29. Setember 1880 in Altona,
† 14. Mai 1954 in Leipzig ♦ Vater von → J. Wintgen
Mitglied vom 1. Januar 1904 bis 31. Dezember 1948 ♦
Zunächst Hilfsmusiker des Stadtorchesters,
am 16. Oktober 1908 Aufnahme in den Orchester-
Pensionsfonds
Cellist, ab 1925 Stellvertretender Solo-Cellist

Er war Schüler von → J. Klengel am Leipziger Konservatorium vom 1. November 1898 bis Ostern 1901. Im Inskriptionseintrag heißt es: »Sein Vater ist gestorben, die Kosten des Studiums bestreitet Herr Hans Speck, Fuhrgeschäft in Rendsburg (als Vormund). Herr Wintgen wurde 2½ Jahr im Violoncellospiel von dem Herrn Organisten Stallmann in Neumünster und 3 Jahre im Pianofortespiel von Herrn Koop in Rendsburg unterrichtet.« ♦ In seinem Lebenslauf zur Bewerbung schrieb er: »Ich, Rudolf Friedrich Wintgen, wurde am 29. September 1880 in Altona als Sohn des Viehkommissionärs Ferdinand Wintgen geboren. Zu Ostern 1886 kam ich in die Mittelschule in Altona, da aber meine Eltern 1889 verstarben, kam ich nach Rendsburg zu meinem Onkel und damaligen Vormund Hinrichsen. Nach meiner Konfirmation erhielt ich von einem Militärmusiker den ersten Cellounterricht ungefähr ½ Jahr und nachher noch 1½ bei dem Herrn Organisten Stallmann in Neumünster. Da ich jedoch nun gerne weiter wollte, so ging ich direkt nach Leipzig, wo ich als Schüler des Herrn Professor Klengel ... aufgenommen wurde. Während dieser Zeit hatte ich das Glück 2 Jahre in den Gewandhauskonzerten mitzuwirken und auch öfters im hiesigen Stadttheater-Orchester mit auszuhelfen. Nun nahm ich noch ½ Jahr Privatunterricht bei Herrn Prof. Klengel, um darauf am 25. Oktober 1901 beim Musikkorps des »König*lich* Sächs*ischen* In*fanterie* Regiment 134« einzutreten, wo ich als I. Solocellist engagiert war. Nach meinen Pflichtjahren, die am 14. September 1903 beendet waren, ging ich wieder zu Herrn Prof. Klengel, bei welchem ich zur Zeit noch studiere.« ♦ Im Zusammenhang mit Stellenabbau und Sparmaßnahmen wurde ihm und sechs weiteren Kollegen 1948 gekündigt.
Lehrer von → G. Enger, → S. Pank und → K. Riedel.

LITERATUR: Nösselt. QUELLEN: Archiv HMT: Kon Nr. 7637; StadtAL: Kap. 10, Personalakte Louis Enger ◊ Kap. 32, Nr. 7, Vol. X, Bl. 76 u. 92.

|586 **Heuer, Albert**
Kontrabass
* 28. März 1859 in Berglase/Rügen
Mitglied vom 1. Januar 1904 bis 1924, bereits ab 1896 im Konzert ◆ Zunächst Hilfsmusiker des Stadtorchesters, am 1. Oktober 1908 Aufnahme in den Orchester-Pensionsfonds
Kontrabassist an der neu eingerichteten 7. Stelle

In seinem Bewerbungsschreiben heißt es: »Am 28. März 1859 in Berglase auf Rügen geboren, war ich nach beendeter Schulzeit 4½ Jahr beim fürstlichen Bademusikdirektor Meincke in Putbus. Daselbst war ich noch ½ Jahr als Gehilfe und diente dann beim 61. Infanterie-Regiment in Thorn 4 Jahre als Hoboist. Nach sechsjährigem Engagement im Stadttheater-Orchester zu Stettin bin ich seit 1890 in Leipzig ansässig. Mehrere Jahre am Alten Stadttheater tätig, habe ich dann im Laufe der Zeit in allen Akademischen und Liszt-Konzerten und war zuletzt so glücklich, acht Winterhalbjahre in den Gewandhauskonzerten mitwirken zu dürfen. Gern möchte ich nun mit meiner Frau, welche seit 1890 am hiesigen Stadttheater als Chorsängerin engagiert ist, vereint an einem Institute tätig sein. Da wir ohne Kinder sind und für unser Alter bereits durch Versicherung selbst gesorgt haben, so würden wir mit dem Gehalte ein sorgenfreies Leben führen können.«
LITERATUR: Nösselt. QUELLEN: StadtAL: Kap. 32, Nr. 7, Vol. X, Bl. 90 ff.

|587 **Frei, Oskar**
Horn
* 23. Mai 1878 in Neudorf/Erzgebirge,
† 6. Juli 1941 in Gera
Mitglied vom 1. Januar 1904 bis zu seinem Tod ◆ Zunächst Hilfsmusiker des Stadtorchesters, am 1. April 1911 Aufnahme in den Orchester-Pensionsfonds
Hornist an der neu eingerichteten 7. Stelle

In seinem Bewerbungsschreiben vom 23. Oktober 1903 heißt es: »Am 23. Mai in Neudorf bei Annaberg geboren, war ich in den Jahren 1892–96 in der Lehre des Stadtmusikdirektors Richard Steger in Wurzen, welche ich mit der Zensur I verließ. In den Jahren 1896–98 diente ich im Infanterie-Regiment Nr. 68 in Coblenz und hatte während dieser Zeit Gelegenheit, in den Abonnements-Konzerten … mitwirken zu können. Nach meiner Dienstzeit war ich in Leipzig 4 Jahre in der Kapelle des Herrn Musikdirektors [unleserlich]. Seit Eröffnung des Leipziger Carolatheaters bin ich daselbst in Stellung und ist es mein Wunsch, wieder in Oper und Operette mitwirken zu können.«
LITERATUR: Nösselt. Quellen. StadtAL: Kap. 32, Nr. 7, Vol. X, Bl. 93 ◊ Kap. 32, Nr. 7, Vol. XII, Bl. 131; Auskunft von Hans-Helfried Richter, Dresden.

|588 **Herrmann, Carl**
Viola, Ehrenmitglied
* 18. Januar 1876 in Mainz
Mitglied ab 1. Oktober 1904, noch 1944 als Kriegsaushilfe genannt ◆ Am 12. März 1943 zum Ehrenmitglied des Stadt- und Gewandhausorchesters ernannt
Solo-Bratscher im Konzert

Der Sohn des Tischlermeisters Adolf Herrmann hatte »4-5 Jahre Unterricht im Violin-Spiel bei den Herren Baré und Seibert in Mainz, zuletzt ½ Jahr bei Herrn Hans Becker hier …« (Kon) und war dann dessen Schüler am Leipziger Konservatorium vom 28. August 1893 bis Ostern 1899. Später war er Lehrer am Dortmunder Konservatorium. ◆ »Nach Sebalds Abgang wird mit dem Bratschisten Carl Herrmann aus Dortmund ein Vertrag unter folgenden Bedingungen auf drei Jahre (vom 1. Oktober 1904 bis 30. September 1907) abgeschlossen: Herrmann erhält 900 Mk. für seine Mitwirkung in der Kammermusik, 2100 Mk. für die in den Konzerten und Proben. Sollte er, wofür eintretendenfalls die KonzertDirektion sich verwenden wolle, eine Stelle im Stadtorchester erhalten, so hat dann die KonzertDirektion nur die Differenz zwischen seiner städtischen Besoldung und dem Betrage von 3000 Mk. zu decken.« (Handbuch) ◆ Er war Soldat im Ersten Weltkrieg; für das Schweiz-Gastspiel des Gewandhausorchesters 1916 wurde er freigestellt. ◆ Im Rahmen der Feierlichkeiten zum 200jährigen Bestehen des Großen Konzerts wurde er von der Stadt Leipzig zusammen mit → M. Brockhaus, → F. Crass, → A. Kippenberg und → K. Straube zum Ehrenmitglied des Stadt- und Gewandhausorchesters ernannt. Im Protokoll der »Beratung der Beiräte für Angelegenheiten der Theater, Orchester und sonstigen Kultureinrichtungen am 22. Februar 1943« heißt es: »Mitglied des früheren Gewandhausquartetts. Er wirkt ferner seit 1904 als freistehender Künstler aktiv in den Gewandhauskonzerten mit.«
Mitglied des Gewandhaus-Quartetts von 1904 bis 1941 ◆ Lehrer am Leipziger Konservatorium von 1918 bis 1945 ◆ Lehrer von → W. Hirsch, → H. Mlynarczyk, → E. Nolze und → A. Walter.
WERKE: Bratschenschule. LITERATUR: Nösselt. QUELLEN: Archiv HMT: Kon Nr. 6255; StadtAL: Kap. 32, Nr. 7, Vol. XVII, Bl. 115 (Abschrift aus den vernichteten Akten Kap. 34, Nr. 56 u. Nr. 55) ◊ Kap. 32, Nr. 26; Stadtbibliothek Leipzig: Handbuch der Gewandhaus-Konzertdirektion. Sign. Sax. lips. 7765.

|589 **Bartuzat, Carl** Prof.
Flöte
* 20. März 1882 in Berlin, † 16. Januar 1959 in Leipzig
Mitglied vom 1. November 1904 bis 30. September 1951
◆ Mitglied des Orchester-Pensionsfonds
2. Flötist, ab 1. Dezember 1918 1. Flötist

In seinem Lebenslauf zur Bewerbung heißt es: »Am 20. März 1882 wurde ich zu Berlin geboren, Nach meiner Confirmation erhielt ich den ersten gründlichen Musikunterricht bei Herrn Musikdirektor Julius Wenger. Studierte dann 2½ Jahr bei Herrn [→] Max. Schwedler hier und trat dann zur Ausübung meiner militärpflichtigen Dienstzeit als Hoboist im 96. Infanterie Regiment ein. Seit dem 1. April 1904 diene ich als Solo Flötist im Musikcorps des Königin Augusta Garde Grenadier Regiment Nr. 4 Berlin.« ◆ Er war Soldat im Ersten Weltkrieg, vom 14. August 1914 bis November 1918 im Landsturmbataillon des Infanterie Regiments 107; für das Schweiz-Gastspiel des Gewandhausorchesters 1916 wurde er freigestellt.
Mitglied des Gewandhaus-Bläserquintetts; Kassierer des »Stadtorchester Leipzig e.V.« von 1924 bis 1932 ◆ Lehrer am Leipziger Konservatorium (ab 1941 Hochschule) von 1933 bis 1944 und von 1946 bis zu seinem Tod für → M. Schwedler; 1948 Professor ◆ Lehrer von → F. Brittall, → H. Hörtzsch, → J. Naumann und → K. Nitschke.
WERKE: Orchesterstudien; Herausgeber zahlreicher Solowerke. LITERATUR: Nösselt. QUELLEN: Archiv HMT: Personalakte ◊ M 317–329; StadtAL: Kap. 10 Personalakte ◊ Kap. 32, Nr. 7, Vol. X, Bl. 113 ff. ◊ Kap. 32, Nr. 26.

1905

|590 Wolschke, Karl Waldemar
Violine
* 7. Februar 1884 in Crimmitschau,
† 14. Januar 1941 in Leipzig ◆ Neffe von → A. Wolschke
Mitglied vom 1. August 1905 bis zu seinem Tod ◆
Zunächst Hilfsmusiker des Stadtorchesters,
am 15. Oktober 1907 Aufnahme in den Orchester-
Pensionsfonds
1. Geiger

Er ist der Sohn des Crimmitschauer Stadtmusikdirektors Emil Waldemar Wolschke. ◆ »Ferner ist vorgeschlagen, für den Hilfsmusiker [→] John Walter, der von Leipzig fortgegangen ist, den bisherigen Substituten Karl Wolschke als Hilfsmusiker einzustellen.« (StadtAL) ◆ »Seinerzeit setzte sich das Gewandhausquartett grundsätzlich zusammen aus dem 1. Konzertmeister, dem Solobratscher, dem Solocellisten und dem 1. Geiger, der auf die Konzertmeister folgte. Karl W. hatte vor der Wahl gestanden, 2. Konzertmeister oder aber Mitglied des Quartetts zu werden.« (Wolschke)
Mitglied des Gewandhaus-Quartetts von 1908 bis 1937.
LITERATUR: Nösselt; M. Wolschke: Von der Stadtpfeiferei zur Lehrlingskapelle und Sinfonieorchester. QUELLEN: StadtAL: Kap. 32, Nr. 7, Vol. X, Bl. 183.

|591 Weigelt, Günther
Fagott
* 16. März 1881 in Scheibe,
† 30. März 1960 in Leipzig ◆ Vater von → W. Weigelt,
Großvater von → G. Stephan
Mitglied vom 1. August 1905 bis 30. Mai 1951, bereits
ab 1. Mai 1904 und noch bis 10. September 1951 Aushilfe
◆ Am 1. August 1906 Aufnahme in den Orchester-
Pensionsfonds
2. Fagottist, ab 1. Januar 1912 1. Fagottist

Er hatte zwei Jahre Unterricht bei Kammermusikus Herbst in Coburg und war vier Jahre bei Musikdirektor A. Luther in Sonneberg. Er war dann Schüler von → Fr. Freitag am Leipziger Konservatorium vom 17. April 1903 bis Ostern 1905. ◆ In seinem Bewerbungsschreiben heißt es: »... war nach Absolvierung meiner Musiklehre in Sonneberg am Erfurter Stadttheater als I. Fagottist tätig. Nachdem diente ich 2 Jahre beim 36. In*fanterie* Regi*ment* in Halle a. S. und studierte dann 2 Jahre am hiesigen Conservatorium. Seit 1. Mai 1904 bin ich aushilfsweise für den erkrankten Herrn Wiegand im Gewandhaus- und Theaterorchester tätig und habe auf Nachfrage bei Herrn Professor Nikisch dessen Zusage, dass ich nach Herrn [→ C.] Wiegands Pensionierung dessen Stellung erhalten soll. Herr Wiegand hat, wie mir Herr Orchesterfiskal [→ A.] Wolschke sagte, seine Pensionierung bereits eingereicht und ich bitte den Hochwohllöblichen Rat bescheidenst mein Gesuch in Erwägung ziehen zu wollen.« ◆ Er war Soldat im Ersten Weltkrieg; für das Schweiz-Gastspiel des Gewandhausorchesters 1916 wurde er freigestellt.
WERKE: Herausgeber von Bläserkammermusik. LITERATUR: Nösselt. Qellen: Archiv HMT: Kon Nr. 8716; StadtAL: Kap. 32, Nr. 7, Vol. XII, Bl. 199 ff. ◊ Kap. 32, Nr. 26.

|592 Naumann, Georg Hermann
Trompete
* 8. April 1878 in Leipzig,
† Januar 1967 in Grimma
Mitglied vom 1. Oktober 1905 bis 28. Februar 1943 ◆
Am 1. Oktober 1906 Aufnahme in den Orchester-
Pensionsfonds
2. Trompeter

Er war Schüler von → F. Weinschenk am Leipziger Konservatorium vom 29. März 1894 bis Ostern 1898. Im Inskriptionseintrag heißt es: »Sein Vater Herr Carl Naumann ist Ober-Feuerwehrmann. Herr N. bläst Trompete und wurde darin 2 Jahre von unserem Lehrer Herrn Weinschenk unterwiesen, im Pianofortespiel hatte er ½ Jahr bei Herrn Pester, im Violinspiel 2 Jahre bei Herrn [→ M.] Rother Unterricht.« ◆ In seiner Bewerbung vom 2. September 1905 schrieb er: »Meinen ersten Unterricht in Trompete erhielt ich durch Privatlektionen bei Herrn F. Weinschenk, bei welchem Herrn ich auch mein Studium während drei Jahre am Leipziger Conservatorium fortsetzte und beendete. Als Nebeninstrument hatte ich Violine & Piano gewählt, und habe ich mir auch einige Kenntnisse in Harmonielehre etc. erworben, meine letzten Arbeiten waren kleine zwei*stimm*ige Fugen. Die nötige Orchesterroutine eignete ich mir während dieser Studienzeit durch Mitspielen in verschiedenen Orchestern in Leipzig an; unter anderem spielte ich auch zu den Operetten & kleineren Opern im Alten Theater, sowie zu den Bühnenmusiken im Neuen Theater. Im Jahre 1898 erhielt ich Engagement als 1. Solotrompeter in der Kurkapelle zu Libau[33]/Russland und trat dann in derselben Eigenschaft in das Musikcorps des In*fanterie* Regi*ments* Nr. 153 [Altenburg], wo ich meiner Militairpflicht genügte. Die Engagements, in denen ich weiter als 1. Trompeter tätig war, sind: Orchesterverein Wasa (Finnland) & König*liche* Kurkapelle auf Norderney. Seit drei Jahren befinde ich mich in einem der besseren Konzertorchester Schwedens.« Das Probespiel, zu dem nur er eingeladen wurde, fand am 21. September 1905 statt. ◆ Er war Soldat im Ersten Weltkrieg vom 5. August 1914 bis 24. August 1918.
LITERATUR: Nösselt. QUELLEN: Archiv HMT: Kon Nr. 6444; StadtAL: Kap. 10, Personalakte ◊ Kap. 32, Nr. 7, Vol X, Bl. 164 ff.

1906

|593 Zschiedrich, Johann Otto
Violine
* 21. Juli 1879 in Chemnitz
Mitglied vom 1. April 1906 bis 1. Mai 1911 ◆
Hilfsmusiker des Stadtorchesters
2. Geiger

Der Sohn des Gastwirtes Eduard Zschiedrich wuchs in Lichtenstein-Callenberg auf und war vier Jahre in der Lehre bei Musikdirektor Albin Irmscher in Limbach-Oberfrohna. Klavierunterricht erhielt er bei Kantor Salzmann in Wittgensdorf bei Chemnitz. Auf Kosten seines Vaters und der Stadtgemeinde Lichtenstein war er Schüler von Hans Sitt am Leipziger Konservatorium vom 12. April 1901 bis 1905; während dieser Zeit war er drei Jahre als Substitut im Orchester tätig. ◆ 1909 bat er um sechs Monate

---

33 Heute Liepaja (Lettland).

Urlaub, denn »Erbschafts- und Familienangelegenheiten« erforderten seine »unbedingte persönliche Anwesenheit in Canada resp*ektive* Britisch Columbien. Zwei Brüder habe ich seit Jahren dort ansässig als Farmer, und bin mit väterlichem Vermögen dortselbst beteiligt. Regierungsvorschriften machen es nun unmöglich, dass meine Brüder allein meine Ansprüche wahren können, sondern erfordern meine persönliche Anwesenheit.« Am 28. August 1910 schrieb er an den Rat der Stadt, »ihm den bereits bewilligten Urlaub vom Mai gütigst jetzt bewilligen zu wollen. Die Angelegenheit in Britisch Columbien wird nun Anfang November erledigt, weshalb ich schon am 3. September reisen möchte, den Tag meiner Rückkehr kann ich wegen der bisweilen schwierigen Winterverhältnisse nicht genau bestimmen, doch denke ich bis Ende März 1911 zurück zu sein.« Für die Zeit seiner Abwesenheit verpflichtete sich → G. Förstel den anfallenden Dienst zu übernehmen. Am 25. März 1911 schrieb er aus Kersly B. C. an den Orchestervorstand, daß er sein Abreisedatum noch nicht bestimmen könne, »da ich laut Gouvernement's Vorschriften 2 Jahre lang 6 Monate auf meinem Land sein muß, wenn es mir nicht verlustig gehen soll. Dies können die Nachbarn bewerkstelligen, sobald sie nachweisen, dass ich nicht 1½ Jahre auf meinem Land war … Da mir soweit ich es voraussehen kann, das freie Leben im Westen Canadas gut bekommen wird, so werde ich meinen Dienst am Leipziger Stadtorchester mit dem eines Farmers vertauschen und bitte den geehrten Orchestervorstand mich [von] meinen Pflichten zu entheben und anderweitig über meine Stelle zu verfügen. Für alles Wohlwollen, welches mir im Orchester zu teil geworden ist, sage ich meinen herzlichsten Dank und zeichne mit vorzüglichster Hochachtung John Zschiedrich, Kersly P. O. Cariboo Road B. C. Canada.«

LITERATUR: Nösselt; AB 1908–1911. QUELLEN: Archiv HMT: Kon Nr. 8202; StadtAL: Kap. 32, Nr. 7, Vol. X, Bl. 185 ◊ Kap. 32, Nr. 7, Vol. XI, Bl. 318 ◊ Kap. 32, Nr. 7, Vol. XII, Bl. 89 ff. u. 150.

|594 Kaspar, Albert
Violine
* 24. März 1884 in Nürnberg
Mitglied vom 1. November 1906 bis 15. Oktober 1910 ◆
Hilfsmusiker des Stadtorchesters
1. Geiger

Er hatte in Nürnberg acht Jahre Unterricht bei Konzertmeister Julius Blankensee und war dann Schüler von Hans Becker, Hans Sitt und → Fr. Hermann am Leipziger Konservatorium vom 26. September 1902 bis Ostern 1906; ab 1904 wirkte er in den Gewandhauskonzerten mit. In der Stellungnahme für das Abgangszeugnis schrieb Hans Becker: »Herr K. war ein begabter, äußerst fleißiger und strebsamer Schüler, der nun meine Klassen als technisch, tonlich u*nd* musikalisch hochentwickelter Geiger verlässt. Mit dem Concerte von Wieniawski (d-moll) konnte er in der Prüfung am 6. März 1906 öffentlich unter allgemeinen großen Beifall Proben seiner solistischen Eigenschaften erbringen.« Er ging nach Frankfurt/M., wo er 2. Konzertmeister im Palmengartenorchester wurde. ◆ In seinem Kündigungsschreiben vom 30. September 1910 heißt es: »Gestern erhielt ich vom Magistrat der könig*lich* Bay*erischen* Stadt Nürnberg die Nachricht, dass mir nach erfolgtem Probespiel die Violinlehrerstelle an der dortigen Musikschule zuerteilt worden ist. Durch Übernehmen dieser Stelle würde mein Einkommen bedeutend steigen (Anfangsgehalt 3000 – Endgehalt 5500). Ich ersuche daher den hohen Rat, mich von meinen hiesigen Verpflichtungen gütigst baldmöglichst entbinden zu wollen.« ◆ Laut den Nürnberger Adreßbüchern war er 1911 Violinlehrer, 1913 städtischer Musiklehrer, 1924 städtischer Studienprofessor und 1931 städtischer Oberstudienrat am Konservatorium. Im April 1947 war er kommissarischer Leiter des Nürnberger Konservatoriums.

LITERATUR: Nösselt. QUELLEN: Archiv HMT: Kon Nr. 8612; Landeskirchliches Archiv der Evangelisch-Lutherischen Kirche in Bayern: TfB St. Egidien ◊ Nürnberger Biographisches Künstlerlexikon; StadtAL: Kap. 32, Nr. 7, Vol X, Bl. 250 f. ◊ Kap. 32, Nr. 7, Vol XII, Bl. 93 f.

|595 Starke, Emil Paul A l w i n
Kontrabass
* 7. März 1877 in Könnern,
† 18. Februar 1957 in Radebeul
Mitglied vom 22. November 1906 bis 16. April 1907
Zweiter 1. Kontrabassist

»Sein Vater Herr Christian Gottfried Carl Starke ist Tischler in L*eipzig* Sellerhausen. Herr St., welcher 1½ Jahr bei Herrn Stadtmusikdirector Lange in Eilenburg lernte, ist auf dem Wege Contrabassist zu werden. Im Pianoforte-Spiel ist er Anfänger, theoretische Kenntniße fehlen.« (Kon) Er war dann Schüler von → O. Schwabe (Kontrabass) und → J. Klengel (Violoncello) am Leipziger Konservatorium vom 6. Oktober 1892 bis Ostern 1897; dispensiert vom 1. Juni 1896 bis 1. Februar 1897. Er war dann an den Kurkapellen in Ragaz, Zermatt und Interlaken, später in Glasgow, München und Dessau. In seinen Bewerbungsschreiben heißt es: »Unterzeichneter hat das König*liche* Conservatorium in Leipzig absolviert, einige Jahre die Gewandhauskonzerte mitgespielt und auch im städt*ischen* Theater als Substitut mitgewirkt. Seit 8¾ Jahren ist Unterzeichneter Mitgl*ied* der Dessauer Hofkapelle und wirkt momentan bei den Wagner Festspielen in München. Meine Zeugnisse von den Herren Prof. Nikisch und Prof. [→] Reinecke stehen zur Verfügung.« ◆ Am 14. März 1907 bat er den Rat der Stadt »um baldmöglichste Entlassung, mit der Begründung, daß ihm bei der König*lichen* Kapelle in Dresden die erste Kammermusikerstelle für Contrabaß mit einem Anfangsgehalt von 3450 M*ark* und bedeutenden Nebeneinnahmen übertragen worden ist.« Am 16. März 1907 erklärte der Fiskal des Orchester-Pensionsfonds → A. Wolschke, er »hielte es nicht für angängig, Starke zu entlassen, ehe nicht ein Ersatz geschafft sei«, und schlug gleichzeitig vor, auf eine erneute Ausschreibung zu verzichten, weil »er nicht glaube, daß dadurch eine Kraft ersten Ranges zu gewinnen sein würde, weil es sich nicht um die erste Stelle handele«, und meinte, man könne auf das Probespiel vom 8. Oktober 1906 zurückgreifen. Wenn man dies tun würde, »so würde er sich für Herrn [→ A.] Findeisen aussprechen, der seiner Meinung nach am besten gespielt habe; übrigens sei seines Wissens Herr Findeisen jetzt frei und könne bald antreten.« Am 19. März 1907 schrieb Gewandhauskapellmeister A. Nikisch: »Ich muss mich mit aller Entschiedenheit gegen die sofortige Entlassung des Herrn Starke aussprechen! Wir würden damit unser Orchester zu einer Durchgangs-Station der Herren Musiker degradieren und auf alle Fälle ein gefährliches Präcedens schaffen! Herr Starke hat ja eben erst die von ihm so heiss ersehnte Stellung bei uns angetreten; will er jetzt schon wieder entlassen sein, weil ihm irgendwo anders mehr Gehalt angeboten wird, so bleibt ja sein vertragliches Recht (leider!!) der halbjährigen Kündigung. Legt man in Dresden wirklich so viel Werth auf seinen Gewinn, so wird man ihm die Stelle dort so lange reservieren. Wir mussten uns ja auch eine Zeit lang behelfen, bevor er seine Entlassung aus Dessau erhielt! Für später wäre dann eventuell Herr Findeisen ins Auge zu fassen.« Nachdem mit Findeisen eine Einigung zustande kam, wurde Starke mitgeteilt, dass die von ihm erbetene Entlassung schon zum 16. April erfolgen könne. Dieser bedankte sich bei Bruno

Tröndlin: »Herrn Oberbürgermeister gestattet sich der ergebenst Unterzeichnete auf diesem Wege Lebewohl zu sagen und seinen herzlichsten Dank für die gütige vorzeitige Entlassung aus dem hiesigen Stadtorchester zu unterbreiten.« ◆ Er ging als Solo-Kontrabassist an die Hofkapelle in Dresden, wo er später auch Lehrer an der Orchesterschule war.
Lehrer von → M. Berger, Heinz Hermann, → W. Meyer, → K. Siebach und Paul Wenkel.

LITERATUR: Nösselt. QUELLEN: Archiv HMT: Kon Nr. 6042; StadtAL: Kap. 32, Nr. 7, Vol. X, Bl. 264 ff.

1907

|596 **Findeisen, Albin Theodor**
Kontrabass
* 1. Oktober 1881 in Zeitz,
† 3. März 1936 auf seinem Landsitz Rasberg bei Zeitz
Mitglied vom 16. April 1907 bis zu seinem Tod ◆
Am 16. April 1908 Aufnahme in den Orchester-Pensionsfonds
Zweiter 1. Kontrabassist, ab 1920 erster 1. Kontrabassist

Der Sohn des Kaufmanns Theodor Findeisen besuchte von 1888 bis 1896 die Bürgerschule in Zeitz, war dann bis 1900 Schüler der Musikschule in Ronneburg und danach beim Stadtorchester Köthen. 1901 und 1902 hielt er sich studienhalber in Dresden und Wien auf, wo er Unterricht bei Hugo Keyl und Franz Simantel nahm. Von 1902 bis 1904 leistete er seinen Wehrdienst beim Musikchor des 96. Infanterie Regiments in Gera. Er war dann Schüler von → O. Schwabe am Leipziger Konservatorium vom 30. September 1904 bis 15. Juni 1906 und wirkte während dieser Zeit in den Gewandhauskonzerten mit. In der Stellungnahme für das Abgangszeugnis schrieb O. Schwabe: »Herr F. besuchte regelmäßig meinen Unterricht, ist sehr begabt und war einer meiner fleißigsten Schüler. Seine Technik auf dem Contrabass ist vorzüglich und zu einer sauberen Intonation gesellt sich ein schöner voller Ton.« Von 1906 bis 1907 war er Solo-Kontrabassist in Breslau und gehörte neben → M. Schulz, → A. Starke u. a. zu den Bewerbern um die »Zweite Stelle eines 1. Kontrabassisten« in Leipzig. Beim Probespiel am 8. Oktober 1906 wurde A. Starke engagiert. Nachdem dieser bereits im März 1907 um seine Entlassung gebeten hatte, sah man von einem erneuten Probespiel ab und verhandelte mit Findeisen über einen möglichst schnellen Dienstantritt. ◆ Er war Soldat im Ersten Weltkrieg; für das Schweiz-Gastspiel des Gewandhausorchesters 1916 wurde er freigestellt.
Lehrer am Leipziger Konservatorium von 1922 bis zu seinem Tod → A. Wolschke ◆ Lehrer von → A. Müller.

WERKE: Nixenreigen op. 9; Romantische Suite op. 10; Karnevalszene op. 12; Konzert Nr. 1 op. 15; Elegie op. 19; Konzert Nr. 2 op. 25; Quartettsuite op. 26; 25 große technische Studien op. 34; Orchesterstudien; Der Lehrer des Kontrabassspiels. LITERATUR: Nösselt. QUELLEN: Archiv HMT: Kon Nr. 9053; StadtAL: Kap. 10, Personalakte ◊ Kap. 32, Nr. 7, Vol X, Bl. 280 ff. ◊ Kap. 32, Nr. 26.

|597 **Schulz, Max Alfred**
Kontrabass
* 14. Dezember 1882 in Pferdingsleben bei Gotha,
† 7. Mai 1956 in Leipzig
Mitglied vom 1. Oktober 1907 bis 30. September 1951 ◆
Zunächst Hilfsmusiker des Stadtorchesters
Kontrabassist, ab 1920 2. Solo-Kontrabassist, von 1936 bis 1947 1. Solo-Kontrabassist für den verstorbenen → A. Findeisen

Er war Schüler von → O. Schwabe am Leipziger Konservatorium vom 2. Mai 1905 bis 18. Oktober 1907. ◆ Schon 1906 bewarb er sich neben → A. Findeisen, → A. Starke u. a. um die »Zweite Stelle eines 1. Kontrabassisten«. Beim Probespiel am 8. Oktober 1906 wurde A. Starke engagiert. In seinem Lebenslauf zur Bewerbung heißt es: »Am 14. De*z*e*m*ber 1882 wurde ich dem Schneidermeister Edmund Schulz und dessen Ehefrau Rosalie in Pferdingsleben als zweites Kind geboren. In der Taufe erhielt ich den Namen Max Alfred. Nach Besuch der Volksschule kam ich Ostern 1897 zum Stadtmusikdirektor Karl Klaus in Bürgel (Thüringen) in die Musiklehre. Nach Vollendung meiner Lehrzeit Ostern 1901 blieb ich noch einige Monate als Gehilfe dort. Zur weiteren Vervollkommnung folgten nun mehrere Wanderjahre, die mich in folgende Engagements führten: 15.8.1901 – 31.5.02 Stadtorchester Guben; 1.6.1902 – 29.9.1902 Kurorchester Bad Reinerz; 1.10.1902 – 30.9.1903 Tonkünstlerorchester Berlin; 1.10.1903 – 31.3.1904 Windersteinorchester Leipzig; 1.4.1904 – 30.4.1905 Philharm*on*isches Orchester Coblenz.«
Lehrer von → A. Busch, → W. Krause, → F. Ludwig und → A. Müller.

LITERATUR: Nösselt. QUELLEN: Archiv HMT: Kon Nr. 9317; StadtAL: Kap. 10, Personalakte ◊ Kap. 32, Nr. 7, Vol. X, Bl. 264 ff. u. 280 ff. ◊ Kap. 32, Nr. 7, Vol. XI, Bl. 42.

|598 **Weisse, Friedrich Wilhelm Albert**
Violoncello
* 24. März 1885 in Hohenmölsen,
† Januar 1964 ◆ Bruder von → W. Weiße[34]
Mitglied vom 16. Oktober 1907 bis 31. Juli 1952, noch bis 31. Dezember 1953 Aushilfe ◆ Zunächst Hilfsmusiker des Stadtorchesters, am 1. April 1916 Aufnahme in den Orchester-Pensionsfonds
Cellist, einige Zeit auch Vorspieler

In seinem Lebenslauf vom 29. Oktober 1945 heißt es: »Mit dem 10ten Lebensjahr fing ich mit Klavierspielen an um nach beendeter Schulzeit in die Stadtkapelle [Hohenmölsen] einzutreten. Nach 4 jähriger Lehrzeit [1899 bis 1903] ging ich nach Leipzig zum weiteren Musikstudium bei Professor [→] Julius Klengel.« In Leipzig war er von 1904 bis 1905 beim Krystallpalast-Varieté, vom 1. Oktober 1905 bis 1. April 1906 beim Windersteinorchester. Vom 1. Juni bis 1. Oktober 1906 hatte er ein Engagement beim Kurorchester Westerland/Sylt, danach war er bis 1. April 1907 beim Philharmonischen Orchester Berlin. ◆ Er war Soldat im Ersten Weltkrieg vom 21. November 1915 bis zum Ende des Krieges; für das Schweiz-Gastspiel des Gewandhausorchesters 1916 wurde er freigestellt.
Vorsitzender des »Stadtorchester Leipzig e.V.« von 1924 bis 1933 für → W. Heinze.

LITERATUR: Nösselt. QUELLEN: StadtAL: Kap. 10, Personalakte Gustav Lange ◊ Kap. 32, Nr. 7, Vol. XI, Bl. 41 ◊ Kap. 32, Nr. 26.

---

[34] Die zerstrittenen Brüder wählten eine unterschiedliche Schreibweise ihres Familiennamens.

Gewandhaus-Quartett mit Edgar Wollgandt, Julius Klengel, Carl Herrmann und Karl Wolschke (von links), Photographie, um 1910

|599 **Patzak, Albert**
Violine
* 22. Juli 1883 in Dresden,
† 19. Juni 1955 in Leipzig
Mitglied vom 1. November 1907 bis 31. Juli 1952, noch bis 31. Dezember 1954 Aushilfe ◆ Am 1. November 1908 Aufnahme in den Orchester-Pensionsfonds
2. Geiger, einige Zeit auch Vorspieler

Er ist der Sohn eines aus der Nähe von Königgrätz[35] stammenden Kunstschlossers. Von 1898 bis 31. März 1907 war er Schüler der Dresdner Musikschule, wo er bis 1904 bei Emil König, später bei → M. Lewinger Unterricht hatte. In den Sommern 1902 und 1903 war er Konzertmeister bei den Kurkapellen Zoppot und Heringsdorf. In den Wintern 1903 bis 1905 war er in Dresden beim »Central-Orchester«, dem Operetten-Orchester und dem Gewerbehaus-Orchester tätig. Von 1905 bis 1907 hatte er ein Engagement bei der Hofkapelle Dresden. ◆ Als österreichischer Staatsbürger wurde er bei Ausbruch des Ersten Weltkrieges zum österreichischen Militär eingezogen und war von 1915 bis 1918 beim K. K. 11. Infanterie-Regiment in Sopron stationiert. ◆ Mit seinem Bruder, dem Cellisten Alfred Patzak, spielte er im [→ H.] Schachtebeck-Quartett.
LITERATUR: Nösselt. QUELLEN: StadtAL: Kap. 10, Personalakte Gustav Lange; Auskunft von Karin Patzak, Leipzig.

|600 **Witter, Karl Alfred**
Viola
* 10. Januar 1888 in Wurzen,
† 19. Oktober 1939 in Lucka
Mitglied vom 1. November 1907 bis zu seinem Tod ◆ Zunächst Hilfsmusiker des Stadtorchesters, am 1. Mai 1910 Aufnahme in den Orchester-Pensionsfonds
Bratscher

....

35 Heute Hradec Králové (Tschechien).

In seinem Bewerbungsschreiben heißt es: »Ich Alfred Witter, bin am 10.1.1888 zu Wurzen geboren. Besuchte in Eilenburg die Bürgerschule und nach Beendigung derselben, trat ich in die Eilenburger Stadtkapelle ein, verließ dieselbe nach dreijähriger Lehrzeit. Von da aus verzog ich nach Leipzig um mich in der Musik zu vervollkommnen, meine Lehrer waren die Herren [→] R. Jentzsch und [→ L.] L. Wiemann, Mitglieder des Theater- und Gewandhausorchesters. Neben dem Studium habe ich Gelegenheit gehabt, bei besseren Orchestern als I. Bratscher mitzuwirken und besitze vollständige Routine.«
LITERATUR: Nösselt. QUELLEN: StadtAL: Kap. 32, Nr. 7, Vol. X, Bl. 297 ◊ Kap. 32, Nr. 7, Vol. XI, Bl. 41 ◊ Kap. 32, Nr. 7, Vol. XII, Bl. 69.

1908

|601 **Schmeisser, Otto Kurt**
Trompete
* 4. Juni 1883 in Pößneck, † September 1970
Mitglied vom 1. August 1908 bis 1. August 1909
1. Trompeter

Er hatte ein Jahr Unterricht bei seinem Vater, dem Stadtmusikdirektor von Pößneck, und war dann Schüler von → F. Weinschenk am Leipziger Konservatorium vom 26. September 1903 bis Ostern 1904. ◆ In seinem Bewerbungsschreiben heißt es: »Gestatte mir, mich um die zweite erste Trompeter-Stelle zu bewerben. Habe bei meinem Vater, welcher städtischer Musikdirector war eine sehr sorgfältige Ausbildung genossen … ging dann … an das … Königliche Conservatorium zu Leipzig, wo ich als einer der besten Schüler von Professor Weinschenk galt. Durch meinen Fleiß empfahl mich mein Lehrer an das Königliche Orchester nach Reichenhall, wo ich als Solist fungierte! Wurde dann nach erfolgtem Probespiel an das Winderstein-Orchester Leipzig-Warschau verpflichtet. War dort sehr beliebt. Ging später als erster Solist an das Stadttheater-Orchester zu Krefeld. Wurde dann nach erfolgtem Probespiel unter 16 Bewerbern an das Königliche Orchester nach Karlsbad verpflichtet. Blieb daselbst ein Jahr und bewarb mich um die erste Solisten-Stelle in Baden-Baden. Da ich äußerst routiniert, sowie ganz sicher in Höhe und Tiefe bin, gleichzeitig über einen großen Ton verfüge, so glaube ich den Anforderungen Folge leisten zu können. Bin überall bekannt als äußerst sicherer Bläser …« ◆ Am 23. März 1909 schrieb der Vorstand des Stadtorchesters, → M. Schwedler, → B. Unkenstein und → E. Nissen, an den Rat der Stadt: »Die Unterzeichneten zeigen ergebenst an, daß der am 1. August 1908 in das Stadtorchester eingetretene und zunächst auf ein Probejahr verpflichtete erste Trompeter Herr Kurt Schmeisser, in dienstlicher und ausserdienstlicher Beziehung Eigenschaften zeigt, welche nach Meinung der Herren Kapellmeister, des Orchestervorstandes sowie seiner nächsten Kollegen, nicht geeignet sind, sein ferneres Verbleiben in unserem Institut zu erwünschen bzw. nach Ablauf des Probejahres seine Aufnahme in den Orchester-Pensionsfonds zu befürworten. Da es für das weitere Fortkommen des Herrn Schmeisser vorteilhaft sein würde, wenn er selbst die Erklärung abgeben könnte, mit Ablauf des Probejahres (oder früher) aus der hiesigen Stellung scheiden zu wollen, bitten wir ganz ergebenst, Herrn Schmeisser noch vor dem 1. April an Ratsstelle einzuladen und ihm anheim zu geben, seine Entlassung zu beantragen.« Am 6. Mai 1909 kündigte er. ◆ Später war er in Hamburg beim Philharmonischen Orchester, ging nach Amerika, wo er zunächst beim Boston Symphony Orchestra war. 1926 kam er nach Michigan, wo er bis 1928 Solo-Trompeter im Detroit Symphony Orchestra war, von 1936 bis 1937 3. Trompeter. Außerdem unterrichtete er an der Wayne State University in Michigan.

LITERATUR: Nösselt; AB 1909; Deutsches Musiker-Lexikon, hrsg. v. E. H. Müller. QUELLEN: Archiv HMT: Kon Nr. 8848; StadtAL: Kap. 32, Nr. 7, Vol. XI, Bl. 71, 75, 124 u. 131; Auskunft von Paul Ganson, Detroit.

|602 **Schachtebeck, Heinrich**
Violine
* 8. August 1887 in Diemarden bei Göttingen,
† 12. März 1965 in Leipzig
Mitglied ab 1908
1. Geiger im Konzert

Der Sohn des Landwirtes Heinrich Schachtebeck und dessen Ehefrau Dorothea, geb. Füllgrabe, besuchte in Göttingen die Volksschule, die Höhere Bürgerschule und war dann drei Jahre Schüler bei Musikdirektor Eduard Gustav Wolschke[36]. Er war Schüler von → A. Hilf am Leipziger Konservatorium vom 30. September 1904 bis Weihnachten 1905. Anschließend nahm er Privatunterricht bei → W. Hansmann und wirkte während dieser Zeit bereits in den Gewandhauskonzerten mit. ◆ Er war 1909 1. Konzertmeister im 2. städtischen Theaterorchester (kleines Haus), von 1911 bis 1914 beim Philharmonischen (Winderstein)-Orchester, 1915 gründete er mit → A. Patzak, → A. Witter und Alfred Patzak ein Streichquartett. ◆ Er war Soldat im Ersten Weltkrieg; für das Schweiz-Gastspiel des Gewandhausorchesters 1916 wurde er freigestellt. ◆ Seine Frau, die Pianistin Augusta Schachtebeck, geb. Soroker, war jüdischer Abstammung, 1936 wurde er »aus rassischen Gründen als Dozent am Pädagogischen Institut zu Leipzig entlassen« (Personalakte) und ihm jede Konzerttätigkeit untersagt. Er war dann bis 1945 mit einer Sonderarbeitsgenehmigung mit täglicher Kündigungsmöglichkeit als 1. Konzertmeister am Landestheater in Altenburg. Von September 1945 bis Sommer 1946 leitete er das Leipziger Sinfonieorchester. Vom 1. Oktober 1946 bis 31. Oktober 1948 war er kommissarischer Direktor, Leiter des Hochschulorchesters und Violinlehrer an der wieder eröffneten Leipziger Hochschule für Musik; nach 1948 Professur am Institut für Musikerziehung der Leipziger Universität.
Lehrer von → P. Muck und → W. Schrepper.

LITERATUR: Das Neue Musiklexikon, hrsg. v. A. Eaglefield-Hull; Deutsches Musiker-Lexikon, hrsg. v. E. H. Müller; E. Weissweiler: Ausgemerzt! QUELLEN: Archiv HMT: Kon Nr. 91111 ◊ Personalakte ◊ Briefwechsel Gewandhaus-Konzertdirektion/Konservatorium; StadtAL: Kap. 32 Nr. 26.

1909

|603 **Seyffarth, Franz**
Posaune
* 31. Dezember 1881 in Hornburg bei Eisleben,
† April 1964
Mitglied vom 5. August 1909 bis 30. September 1951 ◆
Mitglied des Orchester-Pensionsfonds
Bass-Posaunist für → R. Müller

In seinem Bewerbungsschreiben heißt es: »Mein Lebenslauf ist kurz folgender: Am 31. Dezember des Jahres 1881 wurde ich zu Hornburg bei Eisleben geboren woselbst ich auch die evangelische Volksschule besuchte. Nach meiner Confirmation absolvierte ich bei dem Stadtmusikdirektor Herrn H. Wötzel - Querfurt eine 4½ jährige Lehrzeit. Nach dieser studierte ich um mich künstlerisch auszubilden in Wiesbaden bei Herrn Königlichen Kammermusiker Fr. Werner. Meine nachfolgenden Engagements waren nur solche in bestrenommierten Orchestern wie z. B. Bielefeld, Städtisches Orchester 45 Mitglieder [16. September 1901 – 30. September 1902]; Bad Elmen, Königliches Kurorchester 40 Mitglieder [15. Mai 1903 – 15. September 1903]; Reichenhall Königliches Kurorchester 50 Mitglieder [15. Mai 1907 – 28. September 1907]; Lübeck Orchester des Vereins der Musikfreunde und des Stadtorchesters 55 Mitglieder [1. Oktober 1907 – 5. August 1909]. Zur Zeit bin ich vom fürstlichen Orchester Gera engagiert, das als Königliches Kurorchester in Bad Oeynhausen fungiert. In erwähnten Engagements war ich stets als 1ter oder 3ter Posaunist tätig, z.Z. fungiere ich hier als Solobassposaunist …«
Lehrer von → E. Uhlig.

WERKE: Studienliteratur; Orchesterstudien; Herausgeber u. Bearbeiter von Solowerken.
LITERATUR: Nösselt. QUELLEN: StadtAL: Kap. 10, Personalakte ◊ Kap. 32, Nr. 7, Vol. XI, Bl. 260 f.

|604 **Teubig, Johannes Heinrich** Prof.
Trompete
* 5. Januar 1882 in Wernigerode,
† 30. November 1968 in Leipzig
Mitglied vom 1. September 1909 bis 31. Dezember 1948, noch bis 29. Februar 1952 Aushilfe ◆ Mitglied des Orchester-Pensionsfonds
1. Trompeter

In seinem Lebenslauf vom 30. Oktober 1945 heißt es: »Am 5. Januar 1882 wurde ich als Sohn des Webermeisters Wilhelm Teubig in Wernigerode am Harz geboren. Mit dem 6. Jahre trat ich in die Bürgerschule ein. Schon frühzeitig kam ich mit der Musik in Berührung und entschloß mich daher

---
36 Bruder von → A. Wolschke, Onkel von → K. Wolschke.

Musiker zu werden. Nach meiner Schulbeendigung kam ich in die Musikschule in Wernigerode und trat nach meiner Studienzeit im Jahre 1900 zum Infanterie Regiment 165 Goslar ein. Nach 6jähriger Militärzeit wurde ich als 1. Solotrompeter an das Stadttheater Rostock verpflichtet …« Ab 1. Juni 1906 war er beim Stadt- und Theater-Orchester Rostock, ab 1907 beim Hamburger Stadttheater und in der Sommersaison 1908 beim Herzoglichen Kurorchester Bad Harzburg. Er nahm die Leipziger Stelle an, obwohl er in Hamburg noch bis 1910 unter Vertrag stand. Der Direktor des Hamburger Stadttheaters schrieb ihm am 9. Oktober 1909, daß »ich mich aber in besonderer Berücksichtigung und Würdigung der von Professor Nikisch freundlichst eingelegten Fürsprache und nachdem Sie mich um Entschuldigung gebeten haben, dahin entschieden habe, den Fall nicht weiter zu verfolgen.« ◆ Im Zusammenhang mit Stellenabbau und Sparmaßnahmen wurde ihm und sechs weiteren Kollegen 1948 gekündigt. Stellvertretender Vorsitzender des »Stadtorchester Leipzig e.V.« von 1927 bis 1931 ◆ Lehrer am Leipziger Konservatorium (ab 1941 Hochschule) von 1934 bis 1961 ◆ Lehrer von → K. Kreutz, → A. Männel, → R. Quinque, → G. Rößler, → H. Schneidewind und → H. Weiskopf.

LITERATUR: Nösselt. QUELLEN: Archiv HMT: Personalakte; StadtAL: Kap. 10 Personalakte ◊ Kap. 32, Nr. 7, Vol. XI, Bl. 277 u. 246 ◊ Kap. 32, Nr. 7, Vol. XIV, Bl. 1 c.

|605 Schork, Hans
Violine
* 9. April 1888 in Neidstein
Mitglied vom 1. Oktober 1909 bis zum 5. Juni 1945 ◆
Zunächst Hilfsmusiker des Stadtorchesters,
am 1. April 1918 Aufnahme in den Orchester-Pensionsfonds
1. Geiger

Er hatte fünf Jahre Unterricht bei »Conzertmeister Hans Schuster … Theorie bei Fräulein Vögely« (Kon) und war dann Schüler von Hans Becker am Leipziger Konservatorium vom 4. Oktober 1905 bis Ostern 1909. In der Stellungnahme für das Abgangszeugnis schrieb Hans Becker: »Herr Sch., ein gewissenhafter, musterhaft fleißiger Schüler verlässt nun das Konservatorium als tüchtiger mit solistischen Vorzügen ausgestatteter Geiger.« Und → J. Klengel schrieb: »Herr Sch. nahm als erster Geiger und Bratschist theil an den Quartettübungen und bewährte sich als vorzüglicher Musiker.« In seinem Bewerbungsschreiben heißt es: »Meine Schulzeit verbrachte ich an der Oberrealschule zu Mannheim. Nach Absolvieren derselben gelangte ich in den Besitz des Einjährig-freiwilligen Militärdienstzeugnisses. Hierauf ging ich im Alter von 15 Jahren (1903) an die Hochschule für Musik in Mannheim, um daselbst nach 2 jährigem Studium mit dem Violinkonzert g moll von Bruch zu absolvieren. Nun bezog ich das Leipziger Konservatorium, um besonders den Unterricht des bewährten Pädagogen Herrn Prof. Hans Becker zu geniessen. Über den Erfolg dieses Studiums, welches ich zu Ostern des Jahres beschloss, giebt das beigelegte Zeugnis des Königlichen Konservatoriums Aufschluss. In den Wintersemestern meiner Studienjahre, sowie in den Sommermonaten war ich teilweise in Leipzig, teilweise auswärts als Vertreter der 1ten Violine in einigen Orchestern tätig. Zur Zeit befinde ich mich als Konzertmeister der Königlichen Kurkapelle in Bad Elster.« ◆ Am 10. Juli 1910 bat er um ein Jahr Urlaub, um »am 1. Oktober des Jahres seine einjährige Dienstzeit anzutreten«, zu der er sich »Auf Grund des militärischen Beschlusses vom 9. Juli des Jahres verplichtet« habe. Statt der von ihm vorgeschlagenen Aushilfe, wurde Kurt Kröber verpflichtet, dessen Kosten Schork selbst zu tragen hatte. ◆ Er war Soldat im Ersten Weltkrieg; für das Schweiz-Gastspiel des Gewandhausorchesters 1916 wurde er freigestellt. ◆ Im Zuge der Entnazifizierung wurde er fristlos entlassen. Stellvertretender Vorsitzender des »Stadtorchester Leipzig e.V« von März bis Dezember 1933 ◆ Lehrer von → K. Jachimowicz.

LITERATUR: Nösselt. Qellen: Archiv HTM: Kon Nr. 9478; StadtAL: Kap. 10, Personalakte ◊ Kap. 32, Nr. 7, Vol. XI, Bl. 282 u. 296 ◊ Kap. 32, Nr. 7, Vol. XII, Bl. 84 ff. ◊ Kap. 32, Nr. 26.

|606 Reinhardt, Alfred Hugo
Violine
* 25. Juni 1883 in Grabsleben
Mitglied vom 1. Oktober 1909 bis 31. Dezember 1948 ◆
Zunächst Hilfsmusiker des Stadtorchesters,
am 1. März 1913 Aufnahme in den Orchester-Pensionsfonds
2. Geiger, ab 1. März 1913 1. Geiger

Der Sohn des Landwirtes Ernst Reinhardt hatte ein Jahr Unterricht bei Hans Becker und war dann dessen Schüler am Leipziger Konservatorium vom 21. April bis 29. Juli 1909. In der Stellungnahme für das Abgangszeugnis schrieb Becker: »Herr R. war ein fleißiger, strebsamer Schüler, der sein tüchtiges gediegenes Können noch erweitert und befestigt hat …« In seinem Lebenslauf zur Bewerbung heißt es: »Ich, Alfred Hugo Reinhardt, geboren am 25. Juni 1883 zu Grabsleben, (Landratsamt Gotha), besuchte von 1889 – 93 die Volksschule daselbst und erhielt in meinem 15. Lebensjahr den ersten Musikunterricht am Conservatorium des 1901 verstorbenen Prof. Hermann Tietz, Herzoglich sächsischen Hofpianisten zu Gotha, dem ich bis zum Eintritt in meine freiwillige Militärdienstzeit, der ich in der Regiments Musik des Infanterie Regiments No. 36 zu Halle a. S. von 1902-03 genügte, ohne Unterbrechung obliegen konnte. Am 1. Oktober 1903 erhielt ich eine Stelle als 1. Violinist im Winderstein-Orchester, verblieb daselbst drei Winter- und eine Sommersaison (Warschau); die weiter folgenden Winter Engagements als I. Violinist waren: 1906/07 Neues Operettentheater, hier [in Leipzig]; Stadttheater Halle a. S. 1907/08. Während meines Aufenthalts in Leipzig genoß ich Privat-Violin-Unterricht des Herrn Prof. Hans Becker daselbst. An Sommer Engagements habe ich außer den schon oben angegebenen noch als 1. Violinist respektive Konzertmeister zu verzeichnen: Bad Königsborn, Westfalen; Zermatt, Schweiz; Eisenach, Fürstenhof-Orchester und Bad Elster. Zur Zeit bin ich Schüler am Königlichen Conservatorium der Musik zu Leipzig.« ◆ Er war Soldat im Ersten Weltkrieg; für das Schweiz-Gastspiel des Gewandhausorchesters 1916 wurde er freigestellt. ◆ Im Zusammenhang mit Stellenabbau und Sparmaßnahmen wurde ihm und sechs weiteren Kollegen 1948 gekündigt.

LITERATUR: Nösselt. QUELLEN: Archiv HMT: Kon Nr. 10479; StadtAL: Kap. 10, Personalakte Louis Enger ◊ Kap. 32, Nr. 7, Vol. XI, Bl. 286 u. 295 ◊ Kap. 32, Nr. 7, Vol. XII, Bl. 235 ff. ◊ Kap. 32, Nr. 26.

|607 **Macht, A r n o Albert**
Schlagzeug, Pauke
* 3. März 1880 in Meerane, † 28. Juni 1950 in Leipzig
Mitglied vom 1. Oktober 1909 bis 31. Januar 1932 und vom 1. Juli 1942 bis 31. Juli 1949, ab September 1939 Kriegsaushilfe ◆ Zunächst Hilfsmusiker des Stadtorchesters
Schlagzeuger, nach 1945 auch Pauker für → J. Plawetzki

Er ist der Sohn eines Webermeisters und einer Fabrikarbeiterin. In seinem Bewerbungsschreiben heißt es: »Ich bin in Meerane i/Sachsen am 3. März 1880 geboren, habe die dortige Schule besucht und bei dem *Königlichen* Musikdirektor J. Theubert Musik studiert. Meine späteren Stellungen waren außer beim Musikchor des 92. Regiment, wo ich meiner Militärpflicht genügte, beim Windersteinorchester, Bad Sylt, und mein jetziges Engagement im hiesigen Central-Theater, wo ich seit 3 Jahren tätig bin. Meine bisherigen Engagements waren stets als I. Pauker sowie für sämtliche Schlaginstrumente.« ◆ In einem späteren Lebenslauf schrieb er ergänzend: »1899 am 1. Okt*ober* trat ich beim In*fanterie* Regim*ent* 92 ein und blieb bis 1902 ... 1902-03 diente ich beim In*fanterie* Regim*ent* 165. 1903 kam ich nach Leipzig zum Philharmonischen Orchester (Prof. Winderstein) woselbst ich 3 Jahre blieb. 1906-09 war ich am Operettentheater tätig ... Den Weltkrieg 1914-18 machte ich beim In*fanterie* Regim*ent* 243 u*nd* beim Pionier Komp. 286 mit.« ◆ Vom 1. November 1933 bis ca. 1943 war er Rottenführer eines Musikzuges der SA und ab September 1939 »Kriegsaushilfsmusiker« für die zur Wehrmacht eingezogenen → J. Hüchelheim und → H. Meinhardt.

LITERATUR: Nösselt. QUELLEN: StadtAL: Kap. 10, Personalakte ◊ Kap. 32, Nr. 7, Vol. XI, Bl. 306.

1910

|608 **Scharff, Fritz**
Harfe
* 11. Juni 1879 in Zschopau
Mitglied vom 1. Mai 1910 bis 31. Dezember 1948 ◆ Mitglied des Orchester-Pensionsfonds
Harfenist für → J. Snoer

In seinem Lebenslauf zur Bewerbung heißt es: »Ich, Fritz Scharff, bin am 11. Juni 1879 zu Zschopau im säch*sischen* Erzgebirge und nach evangelischer Kirchensitte getauft und erzogen. Seit 19. Juni 1909 bin ich verheiratet mit Erna Ritter, Tochter des Cantors und Organisten Ferdinand Ritter zu Barleben bei Magdeburg. Den Schulunterricht genoss ich in meiner Geburtsstadt und in Weimar. In letzterer Stadt studierte ich auch Musik [bei Karl Frankenberger], teils an der grossherzoglichen Musikschule [1896, Klavier, Violine und Harfe], teils im Privatunterricht. Mein erstes Engagement war am Stadttheater in Erfurt. Weitere Stellungen hatte ich in folgenden Orchestern inne: im Kurorchester Cannstatt, im Gewerbehausorchester zu Dresden, im philharmonischen Orchester zu Dortmund, im städt*ischen* Orchester zu Cöln am Rhein (als 2. Harfenist), im Orchester des Vereins der Musikfreunde zu Lübeck. Seit 2 Jahren bin ich am städt*ischen* Orchester zu Magdeburg engagiert.« ◆ Er bewarb sich 1901 schon einmal, nahm aber am Probespiel nicht teil. ◆ Im Zusammenhang mit Stellenabbau und Sparmaßnahmen wurde ihm und sechs weiteren Kollegen 1948 gekündigt.

Lehrer am Leipziger Konservatorium von 1925 bis 1944 ◆ Lehrer von → J. Gerlach und → E. Graefe.

LITERATUR: Nösselt; Die Grossherzogliche Musikschule in Weimar. QUELLEN: StadtAL: Kap. 10, Personalakte ◊ Kap. 32, Nr. 7, Vol. XII, Bl. 12.

|609 **Risse, Emil**
Viola
* 12. März 1886 in Reudnitz bei Leipzig, † Februar 1957 in Leipzig
Mitglied vom 1. Juni 1910 bis 30. April 1952
Bratscher

Er hatte zweieinhalb Jahre Unterricht bei → W. Bach und war dann auf Kosten des Tischlermeisters Friedrich Franz Schladitz Schüler von Hans Sitt und → R. Bolland am Leipziger Konservatorium vom 17. April 1903 bis Weihnachten 1907. In der Stellungnahme für das Abgangszeugnis schrieb Bolland: »Herr R. besuchte meinen Unterricht von Ostern 1904 bis Ostern 1905. Das Violinspiel fiel ihm nicht leicht, er zeigte aber viel Fleiß und war auf das Eifrigste bemüht vorwärts zu kommen.« Und Hans Sitt schrieb: »Herr Risse gab sich viel Mühe im Violinspiel vorwärts zu kommen, bis er schließlich zur Bratsche übertrat und auf diesem Instrument doch ein recht brauchbarer Musiker geworden ist.«

LITERATUR: Nösselt. QUELLEN: Archiv HMT: Kon Nr. 8724; StadtAL: Kap. 10, Personalakte Gustav Lange ◊ Kap. 32, Nr. 7, Vol. XII, Bl. 72.

|610 **Nissen, H a n s Richard**
Violine
* 17. Februar 1890 in Leipzig ◆ Sohn von → E. Nissen
Mitglied vom 15. Oktober 1910 bis 31. Juli 1955
1. Geiger

Er besuchte ab 1896 die III. höhere Bürgerschule, ab 1900 das Thomasgymnasium und ab 1903 die Barth'sche Realschule bis zum Reifezeugnis. Vier Jahre hatte er Unterricht bei seinem Vater und war dann Schüler von Hans Sitt am Leipziger Konservatorium vom 5. April 1907 bis Michaelis 1910; ab 1909 wirkte er in den Gewandhauskonzerten mit. Nachdem → A. Kaspar gekündigt hatte, schlug Arthur Nikisch vor, »die Stelle sogleich Herrn Hans Nissen, welcher sich beim letzten Probespiel als vortrefflich erwiesen, zu übertragen.« ◆ Er war Soldat im Ersten Weltkrieg vom 7. Juni 1915 bis 30. November 1918; für das Schweiz-Gastspiel des Gewandhausorchesters 1916 wurde er freigestellt.

LITERATUR: Nösselt. QUELLEN: Archiv HMT: Kon Nr. 9841 ◊ Briefwechsel Gewandhaus-Konzertdirektion/Konservatorium; StadtAL: Kap. 10, Personalakte ◊ Kap. 32, Nr. 7, Vol. XIII, Bl. 85 ◊ Kap. 32, Nr. 26.

1911

|611 **Heinze, Walter**
Oboe
* 20. August 1885 in Leipzig, † 7. Januar 1973 in Leipzig
Mitglied vom 1. Januar 1911 bis 30. April 1935
1. Oboist, ab 1929 1./2. Oboist

Der Sohn des »kaufmännischen Agenten« August Heinze hatte ab Dezember 1897 Klavier- und Geigenunterricht bei dem »Conservatoristen« Arthur

Richter (Kon) und war dann Schüler von → C. Tamme am Leipziger Konservatorium vom 20. September 1900 bis Ostern 1906. ◆ In seinem Lebenslauf zur Bewerbung heißt es: »Ich bin 1885 zu Leipzig geboren und [habe] drei Jahre (1903 bis 1906) am *Königlichen* Konservatorium der Musik zu Leipzig als Schüler des Herrn Karl Tamme, erster Oboist am Stadtorchester hier, studiert. Engagiert war ich als erster Oboist zwei Sommersaison im Kurorchester Friedrichroda i./*Thür*ingen, ferner vom Oktober 1906 bis April 1907 im Stadtorchester (Stadttheater) Winterthur in der Schweiz; von da bis Oktober 1907 im Leipziger Operettentheater (Centraltheater). Vom Oktober 1907 bis 1909 habe ich zwei Jahre als Hoboist im 7ten *Königl*ich *Sächs*ischen Infanterie Regiment No 106 zu Leipzig gedient. Nach meiner Entlassung war ich wieder vom 1. Oktober 1909 im Leipziger Operettentheater, und von da seit 1. April 1910 bin ich als erster Oboist im Alten Stadt-Theater-Orchester zu Leipzig engagiert.« ◆ Er war Soldat im Ersten Weltkrieg; für das Schweiz-Gastspiel des Gewandhausorchesters 1916 wurde er freigestellt. ◆ Er betrieb auch einen Handel mit Oboe-Rohren. Mitglied des Gewandhaus-Bläserquintetts; Sekretär des Orchester-Pensionsfonds von 1919 bis 1921 für → K. Hering; Vorsitzender des »Stadtorchester Leipzig e.V.« von der Gründung am 23. September 1921 bis 1924; nach dem Zweiten Weltkrieg »Obmann« der Ruheständler und Witwen.

WERKE: Orchesterstudien; 30 Vortragstücke f. Ob. u. Englischhorn; 42 melodische Studien; Übung macht den Meister: 34 tägliche Studien; Die Kunst des Oboerohrbaus; Die Kunst des Oboerohrschabens; Die Hygiene des Oboerohres. LITERATUR: Nösselt; Die Oboe, Mitteilungsblatt des Oboistenbundes. QUELLEN: Archiv HMT: Kon Nr. 8008; StadtAL: Kap. 32, Nr. 7, Vol XII, Bl. 119 ◊ Kap. 32, Nr. 7, Beiheft 8 ◊ Kap. 32, Nr. 26.

|612 Schaller, Richard
Horn, Violine
* 9. September 1886 in Markneukirchen,
† 4. Mai 1951 in Leipzig
Mitglied vom 1. Mai 1911 bis zu seinem Tod, 1944 pensioniert, bis 1947 Aushilfe, dann wieder fest angestellt ◆ Hilfsmusiker des Stadtorchesters
3. Hornist, ab 1944 2. Geiger

Er war Schüler von → A. Rudolph (Horn) und → R. Bolland (Violine) am Leipziger Konservatorium vom 29. September 1910 bis Ostern 1911. In seinem Lebenslauf zur Bewerbung heißt es: »Geboren bin ich am 9ten September 1886 in Markneukirchen, als Sohn des dortselbst lebenden Saitenmachers Adolf Schaller, evangelisch. Von meinem 6. bis 14. Lebensjahre besuchte ich die dortige Bürgerschule. Außer in den Elementarfächern wurde ich unterrichtet von Herrn Musikdirektor C. Sachs und Musiklehrer E. König in Musik (Waldhorn und Violine). Nach meiner Einsegnung trat ich bei dem Stadtmusikdirektor A. Lux zu Bitterfeld in die Lehre. Nach Beendigung meiner Lehrzeit im Jahre 1904 war ich nach einer kleinen Erholungspause in der Kurkapelle des Herrn Nellinger in Bad Goczalkowitz[37] in Schlesien bis 30. September 1904 tätig. Vom 1. Oktober 1904 bis 1. Oktober 1910 war ich Hoboist im Infanterie Regiment No 20 in Wittenberg.« ◆ Er war Soldat im Ersten Weltkrieg beim Fuß-Artillerie-Regiment 12, Regiments-Musik Ersatz-Kapelle Metz.

LITERATUR: Nösselt. QUELLEN: Archv HMT: Kon Nr. 10931; StadtAL: Kap. 10, Personalakte ◊ Kap. 32, Nr. 7, Vol. XII, Bl. 136 ff.

---

[37] Heute Goczałkowice Zdrój (Polen).

|613 Rein, Friedrich
Oboe
* 21. November 1880 in Benningen,
† 9. Januar 1972 in Leipzig
Mitglied vom 15. Mai 1911 bis 1943
Englischhornist und 2. Oboist

In seinem Bewerbungsschreiben heißt es: »... habe in Dresden bei Herrn Kammermusiker Ritter-Schmidt studiert. Ich war 5 Jahre am Gewerbehaus-Orchester (Dresden) und 5 Jahre beim Konzertvereins-Orchester (Wien) tätig; demselben gehöre ich noch an ...«
LITERATUR: Nösselt. QUELLEN: StadtAL: Kap. 32, Nr. 7, Vol. XII, Bl. 143 ff.

|614 Förstel, G e r h a r d Johannes Martin
Violine
* 12. August 1891 in Leipzig,
† 29. September 1949 in San Fernando/CA (USA) ◆
Sohn von → E. Förstel
Mitglied vom 1. August 1911 bis 1921 ◆ Hilfsmusiker des Stadtorchesters
2. Geiger

Er hatte drei Jahre Unterricht bei seinem Vater und war dann Schüler von Hans Becker am Leipziger Konservatorium vom 5. Mai 1908 bis Ostern 1910. In der Stellungnahme für das Abgangszeugnis schrieb Hans Becker: »Herr F. kam ziemlich regelmäßig, in letzter Zeit nicht gut vorbereitet zum Unterricht. Studierte Etüden von Gaviniès und Concerte von Rode und Viotti.« Und Paul Quasdorf (Theorie und Klavier) schrieb: »Herr F. besuchte den Unterricht unregelmäßig, zeigte wenig Fleiß und Interesse ... kam selten zur Stunde und übte so wenig, daß von Fortschritten nicht die Rede sein konnte.« ◆ Ab 1. Oktober 1910 übernahm er den Dienst des beurlaubten → J. Zschiedrich. Nachdem feststand, daß dieser aus Kanada nicht mehr zurückkommen würde, fand am 7. Juli 1911 ein Probespiel für Förstel statt. ◆ Er war Soldat im Ersten Weltkrieg. ◆ Von 1922 bis zu seinem Tod war er 2. Geiger im Los Angeles Philharmonic Orchestra. ◆ Seine Schwester Gertrude Förstel (* 1880, † 1950) war eine berühmte Sopranistin.

LITERATUR: Nösselt; AB 1912 ff. QUELLEN: Archiv HMT: Kon Nr. 10207; StadtAL: Kap. 32, Nr. 7, Vol. XII, Bl. 90 f. u. 149 ◊ Kap. 32, Nr. 7, Vol. XIII, Bl. 84; Auskunft von Norman Schweikert, Washington Island/WI (USA).

1912

|615 Dankert, Wilhelm
Fagott
* 30. September 1883 in Wismar
Mitglied vom 1. Februar 1912 bis 15. Juni 1946, noch bis 31. August 1949 Aushilfe
2. Fagottist

Der Sohn des Kirchendieners Friedrich Dankert besuchte von Ostern 1889 bis Michaelis 1897 die Bürgerschule in Schwerin und war dann bis 1904 Schüler der Musikschule in Wismar. Von Michaelis 1904 bis Michaelis 1907 diente er als Hoboist beim I. Garde-Regiment in Potsdam und im Infanterie-Regiment 148 in Stettin. Ab 1. Oktober 1907 war er beim Stadttheater Stettin, vom 16. Oktober 1908 bis 1. November 1910 beim Hoftheater Schwerin und vom 1. Dezember 1910 bis 23. Januar 1912 bei der Hofkapelle in Dessau. ◆ Er war Soldat im Ersten Weltkrieg vom 25. August 1914 bis 5. Dezember 1918. ◆ Im Zuge der Entnazifizierung wurde er fristlos entlassen, aber bis zur endgültigen Neubesetzung seiner Stelle noch aushilfsweise weiterbeschäftigt.

LITERATUR: Nösselt. QUELLEN: StadtA Dessau: ATD-PERS 124; StadtAL: Kap. 10 Personalakte ◊ Kap. 32, Nr. 7, Vol. XII, Bl. 199 ff. ◊ Kap. 32, Nr. 7, Vol. XIII, Bl. 158.

1913

|616 Neblung, Arthur
Violine
* 18. Dezember 1877 in Arnstadt, † Mai 1961
Mitglied vom 1. April 1913 bis 31. Dezember 1948 ◆
Zunächst Hilfsmusiker des Stadtorchesters
2. Geiger

Er ist der Sohn des Schuhmachers Ferdinand Neblung und dessen Ehefrau Bianka. ◆ In seinem Lebenslauf zur Bewerbung heißt es: »[Ich] wurde in der evangelischen Religion getauft und erzogen. Von meinem 6. bis 14. Lebensjahr besuchte ich die Bürgerschule meines Heimatortes. Da ich schon früh Neigung zur Musik zeigte, besonders mich aber zur Violine hingezogen fühlte, ließen mich meine Eltern auf diesem Instrument unterrichten. Nach Beendigung der Schulzeit kam ich zu dem Fürstl*ichen* Musikdirektor Herrn R. Hutschenreuther in meiner Vaterstadt in die Lehre, die 3 Jahre währte. Darauf nahm ich ein Engagement nach Dortmund bei dem Orchester ›Merkert‹ an, wo ich 2 Jahre blieb. Im Sommer 1897 war ich Mitglied des Kurorchesters in Bad Reinerz³⁸ in Schlesien. Darauf trat ich am 1. Oktober desselben Jahres in die Kapelle des Kaiserl*ichen* II. Seebataillons in Wilhelmshaven ein um dem Wunsche meines Vaters gemäß 12 Jahre zu dienen und einmal die sichere Stellung eines Beamten einzunehmen. Als gegen Ende der Dienstzeit ich mich der Musik nicht mehr so widmen konnte, kam mir immer mehr zum Bewußtsein, daß das Leben ohne die geliebte Musik mich niemals befriedigen werde. Ich beschloß deshalb, dem mir liebgewordenen Berufe treu zu bleiben, und nach beendeter Dienstzeit noch einmal gründlich zu studieren.« Er war dann Schüler von Hans Becker am Leipziger Konservatorium vom 7. Oktober 1909 bis Ostern 1913; während dieser Zeit wirkte er in den Gewandhauskonzerten und in der Oper mit. In der Stellungnahme für das Abgangszeugnis schrieb Hans Becker: »Herr N. war ein musikalisch begabter, musterhaft fleißiger u*nd* gewissenhafter Schüler, der sein gediegenes Können durch ausdauernde Studien noch erheblich vergrößert u*nd* vertieft hat … und versteht Konzerte wie z. B. solche von Spohr, Mendelssohn, Bruch, Godard, Lalo u.s.w. mit musikalischem Verständnis vorzutragen.« ◆ Er war Soldat (Obermaat, Postunteroffizier) im Ersten Weltkrieg vom 2. August 1914 bis 16. Dezember 1918; seine Freistellung für das Schweiz-Gastspiel des Gewandhausorchesters 1916 wurde aus »militärischen Gründen« abgelehnt. ◆ Im Zusammenhang mit Stellenabbau und Sparmaßnahmen wurde ihm und sechs weiteren Kollegen 1948 gekündigt.

Protokollführer des »Stadtorchester Leipzig e. V.« von 1921 bis 1925.

LITERATUR: Nösselt. QUELLEN: Archiv HMT: Kon Nr. 10654 ◊ Briefwechsel Gewandhaus-Konzertdirektion/Konservatorium; StadtAL: Kap. 10, Personalakte Louis Enger ◊ Kap. 32, Nr. 7, Vol. XII, Bl. 267 ◊ Kap. 32, Nr. 26.

....
38 Heute Duszniki Zdroj (Polen).

1914

|617 Richter, Ernst F r i t z
Trompete
* 24. August 1886 in Oberplanitz bei Zwickau,
† nach 1970 in Borna
Mitglied vom 1. Januar 1914 bis 1952, danach noch Aushilfe
2. Trompeter; spielte auch Basstrompete

In seinem Bewerbungsschreiben heißt es: »Ich Ernst Fritz Richter wurde am 24. August 1886 zu Oberplanitz b*ei Zwickau* geboren, und in der evangelischen Konfession getauft erzogen und konfirmiert. Von meinem 6. bis 14. Lebensjahr besuchte ich die Schule meines Heimatortes und kam Ostern 1901 in die Musikschule des Herrn Musikdirektor Ernst Gefe, hier wurde ich nun als Trompeter, sowie als brauchbarer Musiker ausgebildet und verließ dieselbe Ostern 1905 nach gut bestandener Prüfung. Nach dieser Zeit erhielt ich die erste und Solotrompeterstelle im städtischen Orchester zu Zwickau, Herr Kapellmeister Wilhelm Schmidt, hier hatte ich nun Gelegenheit mich in Symphoniekonzerten, in Oper und als Solist noch vollständig auszubilden, in dieser Stellung war ich vom 1. Mai 1905 bis 1. Oktober 1907 tätig. Am 1. Oktober 1907 trat ich dann als 1. Trompeter in das Musikkorps des k*öniglich* Säch*sischen* In*fanterie* Regi*ment.* Nr. 107 ein, wo ich zur Zeit noch bin, um meine Kenntnisse noch weiter zu bilden, nahm ich längere Zeit bei Herrn Solo-Trompeter [→ Fr.] Herbst, Mitglied des städtischen Orchesters und Lehrer am Konservatorium zu Leipzig Unterricht. Vor zwei Jahren hatte ich auch die Gelegenheit, bei Erkrankung des 1. Trompeters am Alten Theater, den Trompeter von Säckingen unter Leitung des Herrn Kapellmeister Conrad mit gutem Erfolg zu blasen. Herr Herbst ist gern bereit, nähere Auskünfte über mich zu erteilen. Einen gütigen Bescheid entgegensehend, zeichnet mit größter Hochachtung Fritz Richter, Sergeant-Hoboist In*fanterie* Regi*men*t 107.« ◆ Er war Soldat (Vizefeldwebel) im Ersten Weltkrieg; für das Schweiz-Gastspiel des Gewandhausorchesters 1916 wurde er freigestellt.

LITERATUR: Nösselt. QUELLEN: StadtAL: Kap. 32, Nr. 7, Vol. XIII, Bl. 32 ff. ◊ Kap. 32, Nr. 26.

|618 Häuser, Oskar G e r h a r d
Violine
* 14. Januar 1888 in Leipzig-Reudnitz,
† gefallen im Ersten Weltkrieg
Mitglied von 1914 bis zu seinem Tod
1. Geiger

Er hatte vier Jahre Unterricht bei → H. Denk (Violine) und → F. Weinschenk (Trompete) und war dann Schüler von → R. Bolland und Hans Sitt am Leipziger Konservatorium vom 4. April 1904 bis Ostern 1910. ◆ In seinem Lebenslauf zur Bewerbung vom 24. Februar 1913 heißt es: »… bin der Sohn des beim Rate der Stadt Leipzig bereits 30 Jahre tätigen Sekretär's Gustav Adolf Häuser und meiner Mutter Livia Helene Liesbeth Häuser geb. Stein. Mit dem 6. Jahre kam ich auf die 8. Bürgerschule und mit 10 Jahren auf die II. Realschule, welche ich nach Erlangung der Einj*ährig*-Freiw*illigen* Berechtigung und des Reifezeugnisses verließ. Dann studierte ich 6 Jahre am hiesigen Konservatorium Violine … Von den folgenden 2 Jahren habe ich beide Sommer im Kurorchester St. Blasien verbracht, wo ich als Solist engagiert war und im Winter beim Wintersteinorchester [sic!] als Aushilfe tätig. Das letzte Jahr diente ich als einjährig-freiwilliger Hilfshoboist im Infanterie-Regiment Nr. 106 und nach meiner Entlassung ging ich nach Dortmund, wo ich einen Monat als I. Geiger tätig war.« ◆ Er war dazu verpflichtet, den Dienst von → K. Wolschke zu übernehmen, wenn dieser mit dem Gewandhaus-Quartett konzertierte.

LITERATUR: Adreßbuch 1915. QUELLEN: Achiv HMT: Kon Nr. 8966; StadtAL: Kap. 32, Nr. 7, Vol. XII, Bl. 275 ff. – Kap. 32, Nr. 7, Vol. XIII, Bl. 171.

1916

Das Schweiz-Gastpiel des Gewandhausorchesters im November 1916 fand mit 17 Aushilfen, darunter 2 Pensionäre, statt. Es handelt sich dabei um die »Kriegsaushelfer«: → C. Deichsel (ab 1914), → H. Wolf (ab 1914), → R. Laube (ab 1915), → J. Schmalnauer (ab 1915), den Cellisten Carl Buschmann (ab 1915), den Geigern Karl Matzat, → Fr. Stemmler und Richard Haun (ab 1916), → W. Schirow, → W. Waldenberger, den Bratscher H. Militzer, die Geiger H. Schmidt, Paul Pirrmann, Max Mangold, R. Menzel und die beiden Pensionäre → E. Schneider und → R. Haußmann. ◆ Außerdem werden in den Kriegsjahren noch → E. Schumann, der Oboist Curt Grüneberger und die Cellisten R. Falb und Kurt Kayser als Kriegsaushelfer genannt. Von den 19 Kriegsaushelfern wurden später acht fest angestellt.

QUELLEN: StadtAL: Kap. 32, Nr. 26 ◊ Kap. 32, Nr. 7, Vol. XIV, Bl. 1 ff. ◊ Kap. 32, Nr. 7, Vol. 14, Bl. 127 ff.

1918

|619 **Alschausky, Josef Franz S e r a f i n**
Posaune
Bis 1897 Serafiné, Franz Joseph
* 12. März 1879 in Falkenberg/Lothringen,
† 15. Januar 1948 in Los Angeles
Mitglied vom 12. August 1918 bis 31. März 1924
Alt-Posaunist

Am Tag seines bestandenen Probespiels schrieb er seine Bewerbung: »… hat heute am 18. Juli unter Herrn Geheimrath Prof. Nikisch ein Probespiel erfolgreich erledigt und ist gewillt in das städtische Orchester Leipzig als erster 1. (und Wechsel) Posaunist einzutreten … Geboren am 12. III. 1879 zu Falkenberg bei Saarbrücken (Rheinprovinz) als Sohn des pensionierten Postbeamten Franz Ernst Alschausky und dessen Ehefrau Josephine Bertha geb. Kraemer aus Parchim in Mecklenburg. Bete evangelisch lutherisch. Soldat war ich vom 21.8.15 bis 24.11.1916 als Kriegsfreiwilliger … Militärisch bin ich arbeitsverwendungsfähig in der Heimat, respektive nach der letzten ärztlichen Untersuchung für ein halbes Jahr als Kriegsuntauglich zurückgestellt und müsste auf alle Fälle reklamiert werden, damit ich zum Dienstantritt militärfrei bin. Meine gute Stellung in Düsseldorf habe ich selbst gekündigt am 16. Mai, in der Hoffnung mich positionell verbessern zu können.« In einem Personalbogen nach 1920 gab er an: »von 1900 bis 1905 in Darmstadt am Hoforchester; 1905–06 in Dortmund am städtischen Orchester und Conservatorium; 1906–08 in Memel als Kapellmeister des städtischen Orchesters; 1908–11 in Berlin am Blüthner-Orchester; 1911–1914 Reisen als Solist durch Deutschland, Ungarn, Holland und Schweiz; 1914 bis 1916 als Mitglied des städtischen Orchesters in Dortmund und am Conservatorium als Lehrer; 1916–17 Kriegsfreiwilliger beim 135. Infanterie Regiment Düsseldorf; 1917–18 am städtischen Orchester in Düsseldorf.« ◆ Am 30. August 1920 bat er den Rat der Stadt um die Genehmigung für das Nebengewerbe als Musikinstrumentenhändler. ◆ Ab 22. August 1923 erhielt er unbezahlten Urlaub für eine Gastspielreise in die USA, später ließ er seine Angehörigen nachkommen. Erst auf Nachfrage aus Leipzig kündigte er seine Leipziger Stelle. Zunächst war er beim Cincinnati Symphony Orchestra, ein Jahr später ging er nach Los Angeles, wo er eine eigene Musikschule gründete. ◆ Die von ihm konstruierte »Doppelzugposaune«, patentiert unter der Nr. 334411, gleicht in wesentlichen Zügen der von → A. Körnert unter der Nr. 364776 patentierten »Doppelposaune« und hat sich ebenso wie diese nicht durchsetzen können.

WERKE: Sololiteratur f. Pos.; Der künstlerisch perfekte Bläser. Dresden 1937. LITERATUR: Nösselt; AB 1919; Deutsches Bühnenjahrbuch. 1920–24; K.Weber: Joseph Serafin Alschausky. Quellen StadtAL: Kap. 10, Personalakte ◊ Kap. 32, Nr. 7, Vol. XIII ◊ Kap. 32, Nr. 7, Vol. VX, Bl. 138.

|620 **Rauch, Karl**
Tuba
* Mai 1881, † Dezember 1962
Mitglied vom 18. September 1918[39] bis Oktober 1951
Tubist für → E. W. Fischer

Er war um 1910 in Wien, 1914 an der Deutschen Oper Berlin-Charlottenburg, von 1914 bis 1915 aushilfsweise beim Berliner Philharmonischen Orchester. ◆ In einer Aktennotiz vom 18. Juli 1918 heißt es: »Rauch ist, da die ständige Stelle bei der Tuba noch besetzt ist, zunächst als Kriegsaushelfer anzunehmen; es ist ihm jedoch in Aussicht zu stellen, dass ihm dieselbe nach freiwerden übertragen werde. 6 auswärtige Dienstjahre sollen ihm bei Gehaltsfestsetzung angerechnet werden, Probespiel bleibt vorbehalten.«

LITERATUR: Nösselt; G. Avgerinos: Künstlerbiographien. QUELLEN: GewandhausA; StadtAL: Kap. 32, Nr. 7, Vol. XIII, Bl. 188.

|621 **Sonntag, Oswin**
Posaune
* 23. März 1877 in Meerane
Mitglied vom 1. Oktober 1918 bis 1924
Wechselposaunist

Er ist das sechste Kind von Carl Hermann Sonntag, »Weber aus Meerane« (Taufeintrag), und dessen Ehefrau Louise Auguste, geb. Steinmüller. ◆ Er kam von Meiningen nach Leipzig.

LITERATUR: Nösselt. QUELLEN: PfA Meerane: KB; StadtAL: Kap. 32, Nr. 7, Vol. XIII.

|622 **Heinig, Albert F r i t z**
Violine
* 4. Oktober 1900 in Chemnitz
Mitglied vom 1. November 1918 bis 31. Mai 1920 ◆
Hilfsmusiker des Stadtorchesters
1. Geiger

Der Sohn des Schriftstellers Oskar Heinig hatte sechs Jahre Violinunterricht bei Lotte Sitt, Klavier und Theorie bei Frl. Cl. Weigel und war dann Schüler von Hans Sitt am Leipziger Konservatorium vom 4. Oktober 1915

---

39 Erstmals im Adreßbuch 1919 genannt; die Angabe Avgerinos, nach der Rauch noch bis 1922 am Deutschen Opernhaus in Berlin-Charlottenburg war, ist demnach anzuzweifeln.

bis 12. Mai 1917 und vom 7. November 1918 bis 27. März 1920. Er wurde dazu verpflichtet, alternierend mit → R. Laube und → C. Deichsel, den Dienst von → K. Wolschke zu übernehmen, wenn dieser mit dem Gewandhaus-Quartett konzertierte. ◆ Am 2. März 1920 schrieb er an das Personalamt: »… um meine Studien vollenden zu können, bin ich gezwungen meine Stellung im I. städtischen Orchester aufzugeben. Ich bitte deshalb um meine Entlassung.« Ende 1932 bewarb er sich um die Stelle des ausgeschiedenen Konzertmeisters → C. Münch. In den Probespielunterlagen heißt es: »Konservatorium Leipzig, 1. Geiger am Gewandhausorchester, 1. Konzertmeister und Solist des Leipziger Sinfonieorchesters, 1. Konzertmeister in Winterthur, Studium in Wien.«

LITERATUR: Nösselt. QUELLEN: Archiv HMT: Kon Nr. 12237; StadtAL: Kap. 10, Personalakte ◊ Kap. 32, Nr. 7, Vol. XIII, Bl. 215 ◊ Kap. 32, Beiheft 2 / Bd. 2.

|623 Deichsel, Carl
Violine
* 19. Dezember 1875 in Kleintschansch bei Breslau,
† 25. Januar 1945 in Grimma
Mitglied vom 1. November 1918 bis 30. Juni 1944,
bereits ab 1. Dezember 1914 Kriegsaushilfe ◆ Zunächst
Hilfsmusiker des Stadtorchesters
1. Geiger

Nach dem Besuch der Volksschule in Kleintschansch und Breslau, war er von 1890 bis 1892 Schüler am Breslauer Konservatorium. Danach nahm er drei Jahre Privatunterricht bei Konzertmeister G. Fabian. Nach mehreren Engagements in kleineren Orchestern hatte er Unterricht bei → Hugo Hamann von 1899 bis 1904, jeweils von Oktober bis Mai, und war in dieser Zeit beim Konzertorchester von Gustav Schütze und beim Winderstein-Orchester. In den Sommermonaten hatte er Engagements bei den Kurkapellen Bad Oldesloe und Helgoland. Vom 1. Januar 1905 bis November 1914 war er beim Orchester des Centraltheaters, ab 1. Dezember 1914 Kriegsaushilfe und nahm an dem Schweiz-Gastspiel des Gewandhausorchesters 1916 teil. Nach seinem Probespiel 1918 wurde er dazu verpflichtet, alternierend mit → R. Laube und → Fr. Heinig, den Dienst von → K. Wolschke zu übernehmen, wenn dieser mit dem Gewandhaus-Quartett konzertierte. ◆ Er wurde 68jährig in den Ruhestand versetzt, nachdem ihm vom zuständigen Amtsarzt »völlige körperliche und psychische Erschöpfung nach dem Angriff am 4.12.1943[40]« attestiert wurde.

LITERATUR: Nösselt. QUELLEN: StadtAL: Kap. 10, Personalakte; Kap. 32, Nr. 7, Vol. XIII, Bl. 193 u. 211 ◊ Kap. 32, Nr. 26.

|624 Laube, Fritz R i c h a r d
Violine
* 28. September 1897 in Leipzig-Neureudnitz,
† in Leipzig
Mitglied vom 1. November 1918 bis 31. Juli 1963,
bereits von 1915 bis 1917 Kriegsaushilfe
2. Geiger, ab ca. 1926 1. Geiger, einige Zeit auch
Vorspieler

In seinem Lebenslauf vom 31. Oktober 1945 heißt es: »Als sechstes von acht Kindern (6 Knaben, 2 Mädchen) meiner Eltern: des Privatgelehrten und Reiseschriftstellers Albin Richard Laube, *8.2.1862 und der Ida Ernestine, geb. Heinrich, *1.9.1858, †10.7.1931, wurde ich, Fritz Richard Laube am 28.9.1897 in Leipzig-Neureudnitz geboren. Ab Ostern 1904 bis Michaelis 1908 besuchte ich die 30. Bezirks-, von Michaelis 1909 bis Ostern 1912 die X. Bürgerschule in Leipzig. Sehr gute Schulzeugnisse bewogen meinen Vater, mich nach Besuch der Städtischen Gewerbeschule (Ostern 1912 – Ostern 1913) später an einer technischen Hochschule studieren lassen zu wollen, um seinem Wunsche entsprechend den Beruf eines Ingenieurs zu erlernen. Meine Neigung zur Musik, gefördert durch privaten Unterricht im Violin- und Klavierspiel, verstärkten jedoch meinen Wunsch, mich ganz der Musik zu widmen so dass ich, nicht ohne anfänglichen Widerspruch meines Vaters, es doch erreichte, ab Ostern 1913 das Königliche Konservatorium der Musik Leipzig besuchen zu können, wo ich im Violin- und Orchesterspiel von Prof. Hans Sitt im Klavierspiel von Prof. Dr. [→] Paul Klengel und in Theorie und Komposition von Otto Wittenbecher und Prof. Gustav Schreck unterrichtet wurde. Nach Erhalt einer Studienfreistelle im Jahre 1914 erhielt ich nunmehr auch das volle Einverständnis meines Vaters. Eine Empfehlung Prof. Sitt's an Prof. Arthur Nikisch ergab, dass ich von letzterm eines Tages persönlich nach einer Unterrichtsstunde zu meinem ersten Mitwirken im Gewandhaus-Orchester in eine Probe gebracht wurde. Ab Herbst 1915 spielte ich die Gewandhauskonzerte mit und nahm im Jahre 1916 an der Schweiz-Reise des Orchesters unter Arthur Nikisch teil. Am 22.4.1917 wurde ich zum Wehrdienst zum Landwehr Infanterie Regiment 104 einberufen, von wo ich am 2.7.1917 an das Stadttheater Halle/Saale reklamiert, entlassen wurde …« ◆ Er wurde dazu verpflichtet, alternierend mit → Fr. Heinig und → C. Deichsel, den Dienst von → K. Wolschke zu übernehmen, wenn dieser mit dem Gewandhaus-Quartett konzertierte. ◆ Im Mitgliederverzeichnis von 1958 steht hinter seinem Namen: »vorläufig nicht mehr tätig«, im Mitgliederverzeichnis von 1962 wird er nicht mehr genannt.

LITERATUR: Nösselt. QUELLEN: Archiv HMT: Kon Nr. 11674; StadtAL: Kap. 10, Personalakte ◊ Kap. 32, Nr. 7, Vol. XIII, Bl. 212.

|625 Schirow, Walter
Violine
* 28. September 1886 in Magdeburg-Neustadt
Mitglied vom 1. November 1918 bis 31. Juli 1952,
bereits 1916 und ab Ostern 1918 Kriegsaushilfe,
noch bis 31. Juli 1956 Aushilfe
1. Geiger

In seinem Bewerbungsschreiben heißt es: »Ich Walter Schirow bin geboren am 28. September 1886 zu Magdeburg als Sohn des Gerichtssekretärs Carl Schirow. Besuchte die dortige Bürgerschule und das Realgymnasium. Wandte mich dann der Vorbildung des Musikerberufes zu und erhielt Unterricht bei Mitgliedern des städtischen Orchesters in Magdeburg. War dann Schüler des Leipziger Konservatoriums unter Prof. Sitt [29. September 1905 – 31. Januar 1908] und im Jahre 1909 Schüler der Hochschule in Berlin. Nachdem ich das Studium beendet hatte war ich in verschiedenen Engagements mit Erfolg tätig, worüber anliegende Zeugnisse Aufschluß geben. Durch Einberufung habe ich meine Stellung als II. Konzertmeister im Windersteinorchester aufgeben müssen und wirke zur Zeit in den Aufführungen des Gewandhauses und Neuen Theaters mit.« Diesem Schreiben legte er (teilweise gedruckte) Zeugnisse der Orchester in Rostock, Bad Neuenahr, Zwickau, Libau[41] (Rußland), Bochum, Zinnowitz und Bad Lan-

---

40 Der schwerste der insgesamt 13 Bombenangriffe führte zu großen Zerstörungen der Innenstadt, u. a. auch des Neuen Theaters.

41 Heute Liepaja (Lettland).

genschwalbach bei. ◆ Er war Soldat im Ersten Weltkrieg; für das Schweiz-Gastspiel des Gewandhausorchesters 1916 wurde er freigestellt. ◆ Nach seinem Probespiel 1918 erhielt er zunächst eine sogenannte Verstärkungsstelle bei den 1. Violinen.
LITERATUR: Nösselt. QUELLEN: Archiv HMT: Kon Nr. 9361; StadtAL: Kap. 10, Personalakte ◊ Kap. 32, Nr. 7, Vol. XIII, Bl. 215 ◊ Kap. 32, Nr. 26.

| 626 **Schmalnauer, Josef**
Violine, Viola
* 23. Mai 1888 in Bad Ischl,
† 30. Oktober 1973 in Bad Reichenhall
1. November 1918 bis 26. Mai 1945, bereits ab November 1915 Kriegsaushilfe
2. Geiger und Bratscher

Er hatte ersten Unterricht bei Alois Dostal in Bad Ischl, studierte ab 1907 in Salzburg und erhielt 1909 ein Stipendium der Fritz-Kreisler-Stiftung. Ab 1911 war er beim Philharmonischen Orchester Nürnberg, ab 1913 beim Gewerbehausorchester Dresden. ◆ Seine Bitte um Gehaltserhöhung wurde im Juni 1916 abgelehnt: »Das Gesuch um Erhöhung des Gehalts Schmalnauers vermag der Ausschuß nicht zu genehmigen. Es ist dem Antragsteller anheimzugeben, wegen einer einmaligen Unterstützung vorstellig zu werden.« Er erhielt eine einmalige Unterstützung von 30 Mark. ◆ Bei seinem Probespiel 1918 erhielt er zunächst eine sogenannte Verstärkungsstelle bei den 2. Violinen. ◆ An dem Schweiz-Gastspiel des Gewandhausorchesters 1916 nahm er als Bratscher teil; er war auch 1942 als Bratscher tätig. ◆ Im Zuge der Entnazifizierung wurde er fristlos entlassen.
WERKE: Orchesterstudien f. Vl.; Studienliteratur f. Va.; Transkription der Cello-Suiten von Bach f. Va. LITERATUR: Nösselt. QUELLEN: StadtAL: Kap. 10, Personalakte ◊ Kap. 32, Nr. 7, Vol. XIII, Bl. 100 u. 212 ◊ Kap. 32, Nr. 26; Auskunft von Eduard Schmalnauer, Bad Reichenhall.

| 627 **Lange, Gustav Hermann**
Violine
* 7. Februar 1885 in Gerlachsheim[42]/Schlesien,
† Februar 1974 in Leipzig ◆ Schwiegervater von → E. Zettl
Mitglied vom 1. November 1918 bis 31. Juli 1952, noch bis März 1957 Aushilfe
2. Geiger, ab ca. 1926 1. Geiger, von 1929 bis 1. Februar 1951 Stellvertretender Konzertmeister für → K. Hering

In der *Neuen Leipziger Tageszeitung* vom 7. November 1942 heißt es: »[Er] studierte am Leipziger Konservatorium bei Prof. Hans Sitt und Prof. Hans Becker. Ueber Kaiserslautern, Lübeck, Hamburg und während des Weltkrieges Leiter einer Militärkapelle, kam er am 8. November 1918 in das Stadt- und Gewandhausorchester. Als Solist, Kammermusikspieler (eigenes Quartett) und als Pädagoge hat er viele Erfolge gehabt.« ◆ Er war Soldat im Ersten Weltkrieg. ◆ Nach seinem Probespiel 1918 erhielt er zunächst eine sogenannte Verstärkungsstelle bei den 2. Violinen.
Lehrer von → G. Donath, → W. Reininger und → E. Zettl.
LITERATUR: Nösselt; *Neue Leipziger Tageszeitung* vom 7. November 1942. QUELLEN: StadtAL: Kap. 10, Personalakte ◊ Kap. 32, Nr. 7, Vol. XIII, Bl. 212 ◊ Kap. 32, Nr. 7, Beiheft 2 / Bd. 2.

| 628 **Schumann, Heinrich Paul Ernst**
Viola
* 26. April 1888 in Leipzig
Mitglied vom 1. November 1918 bis 31. Juli 1953, vorher Kriegsaushilfe, noch bis 31. Juli 1956 Aushilfe Bratscher

Der Sohn des Musikdirektors Karl Schumann besuchte acht Jahre die Bürgerschule und zwei Jahre die Kaufmännische Berufsschule. Er hatte je ein Jahr Unterricht bei → A. Witter und → R. Lindner und war vom 25. September 1913 bis 31. Juli 1914 Schüler von → R. Bolland am Leipziger Konservatorium. Anschließend hatte er bis 1918 ein Engagement beim städtischen Orchester in Elberfeld[43]. ◆ Nach seinem Probespiel 1918 erhielt er zunächst eine sogenannte Verstärkungsstelle bei den Bratschen. Er wurde dazu verpflichtet, den Dienst von → C. Herrmann zu übernehmen, wenn dieser mit dem Gewandhaus-Quartett konzertierte.
LITERATUR: Nösselt. QUELLEN: Archiv HMT: Kon Nr. 11857; StadtAL: Kap. 10, Personalakte ◊ Kap. 32, Nr. 7, Vol. XIII, Bl. 211.

| 629 **Liebau, Alfred Paul**
Violoncello
* 20. August 1893 in Breitenbach/Harz
Mitglied vom 1. November 1918 bis 30. September 1920
◆ Hilfsmusiker des Stadtorchesters
Cellist

Er ist der Sohn von Gottfried Carl Liebau und dessen Ehefrau Emma Johanne Friederike, geb. Kirchberg. ◆ Bei seiner Bewerbung 1918 gab er an, bereits Aushilfsmusiker beim Stadt- und Gewandhausorchester zu sein.
LITERATUR: Nösselt. QUELLEN: PfA Strassberg: KB Breitenbach; StadtAL: Kap. 32, Nr. 7, Vol. XIII, Bl. 193.

| 630 **Wolf, Heinrich**
Fagott
* 8. Oktober 1879 in Leipzig
Mitglied vom 1. November 1918[44] bis 31. März 1925, bereits ab 1914 Kriegsaushilfe
2. Fagottist an der neu eingerichteten 5. Stelle

Er war zuvor 2. Fagottist im Orchester des Alten Theaters. ◆ Nach seinem Probespiel 1918 erhielt er zunächst die sogenannte Verstärkungsstelle bei den Fagotten. ◆ An dem Schweiz-Gastspiel des Gewandhausorchesters 1916 nahm er als Kriegsaushilfe teil.
LITERATUR: Nösselt. QUELLEN: StadtAL: Kap. 32, Nr. 7, Vol. XIII, Bl. 215 ◊ Personalkartei.

| 631 **Rothe, Willy**
Horn
* 1. Oktober 1890 in Körner, † 1946
Mitglied vom 1. November 1918 bis 30. November 1945
Hornist an der neu eingerichteten 8. Stelle

Er ist der Sohn des Landwirtes Karl Emil Rothe und dessen Ehefrau Emma Bertha, geb. Mehmel. In den *Leipziger Neuesten Nachrichten* vom 1. November 1943 heißt es: »Er vollendete seine musikalische Ausbildung an der

---

[42] Heute Grabiszyce (Polen).

[43] Heute Stadtteil von Wuppertal.

[44] Nach Nösselt bereits 1912; da die 5. Holzbläserstellen erst 1918 eingerichtet wurden, kann es sich dabei höchstens um eine Aushilfstätigkeit gehandelt haben.

damaligen Großherzoglichen Musikschule in Weimar. Über Baden-Baden, Koblenz, Breslau und Altenburg kam er nach Leipzig.« In den Probespielunterlagen findet sich der Eintrag: »28 Jahre alt, Hoftheater Altenburg; Zoppot; jetzt Stadttheater Erfurt«. Nach seinem Probespiel 1918 erhielt er zunächst die sogenannte Verstärkungsstelle für das 2. und 4. Horn. ◆ Im Zuge der Entnazifizierung wurde er am 5. November 1945 entlassen, zum 30. November 1945 in Ruhestand versetzt.

LITERATUR: Nösselt; *Leipziger Neueste Nachrichten* vom 1. November 1943. QUELLEN: PfA Körner: TfR; StadtAL: Kap. 32, Nr. 7, Vol. XIII, Bl. 196 ◊ Personalkartei.

|632 Wagner, Johannes
Oboe
* 28. Juni 1893 in Kitzscher bei Leipzig,
† 25. November 1978 in Schienen/Bodensee
Mitglied vom 15. November 1918 bis 31. Juli 1958
2. Oboist, ab ca. 1943 Englischhornist und 2. Oboist

Er ist der Sohn von Ernst Gottlob Wagner und dessen Ehefrau Elisabeth Laura, geb. Schindler. Aufgewachsen ist er in Frauenstein/Erzgebirge, wo sein Vater Rektor und Organist war. Von 1907 bis 1911 war er Schüler des Musikinstituts von J. Lorbeer in Borna, vom 19. April 1911 bis Ostern 1914 Schüler von → C. Tamme (Oboe), → C. Herrmann (Viola), Gustav Havemann (Violine) und Oswin Keller (Klavier) am Leipziger Konservatorium. In seinem Bewerbungsschreiben vom 7. September 1918 heißt es: »... und fand während dieser 3 Studienjahre öfters Gelegenheit in Bachkonzerten, sowie in den großen Opern unter den Herren vom Orchester mit Zufriedenheit des Herrn Operndirektor Professor Lohse zu musizieren. So verließ ich das Institut Ostern 1914 mit abgelegter Reifeprüfung ... um nach Probespiel bei Dr. Göhler an die Oper nach Hamburg ... verpflichtet zu werden. Diese Anstellung jedoch vereitelte der hereinbrechende Krieg ... So war ich im folgenden Sommer als I. Oboist im Leipziger Ausstellungsorchester unter Kapellmeister Ohlsen tätig und siedelte dann nach Dresden ins Gewerbehausorchester über ... Weihnachten 1914 zum Militärdienst gezogen, bin ich seit Juni 1915 Vertreter der ersten Stimmen in genannter Infanterie Kapelle als Unteroffizier zur Reserve. Durch keinerlei Kapitulation gebunden, und jederzeit durch junge Rekruten ersetzbar, würde meine höchste Freude darin gipfeln, das nun mehr 3 jährig ausreichende Frontleben mit der reinen Pflege meines Berufes, mit der wahren edlen Kunst eintauschen zu können ... Neben den Oboestudien pflegte ich noch fleißig die Geige, vor allem aber die Bratsche im Orchester und Kammermusik unter Herrn [→] Carl Hermann ... Sich nach der Pflege absoluter Musik sehnend, sieht einer geneigten Zuschrift hoffnungsfreudig entgegen mit größter Hochachtung ganz ergebenst Johannes Wagner derzeit Unteroffizier Hoboist im 183. Infanterie Regiment. Beim Stabe.« ◆ Ab 1926 war er Dirigent des Markranstädter Volkschores und anderer Laienchöre und kammermusikalisch auch als Bratscher tätig. Er gab Gesangsunterricht und spielte auch Laute und Blockflöte.

LITERATUR: Nösselt; Deutsches Musiker-Lexikon, hrsg. v. E. H. Müller. QUELLEN: Archiv HMT: Kon Nr. 11079; GewandhausA; StadtAL: Kap. 32, Nr. 7, Vol XIII, Bl. 195 u. 210.

|633 Meinhardt, Ernst
Trompete
* 26. November 1886 in Zetzsch bei Hohenmölsen,
† 29. März 1949 in Leipzig ◆ Vater von → H. Meinhardt
Mitglied vom 15. November 1918 bis zu seinem Tod
Trompeter an der neu eingerichteten 5. Stelle

In seinem Lebenslauf zur Bewerbung heißt es: »Ich, Ernst Otto Meinhardt, wurde am 26.11.86 als 7. Kind des Maurers Friedrich Karl Meinhardt und dessen Ehefrau Pauline Friederike, geb. Klingler in Zetzsch, Kreis Weißenfels, geboren und kurze Zeit darauf in der evangelisch-lutherischen Kirche zu Hohenmölsen getauft. Von Ostern 1893 - Ostern 1901 besuchte ich dort die Volksschule. Nach meiner Schulentlassung ließ mich mein Vater in der Stadtkapelle Hohenmölsen als Musiker ausbilden, so dass ich am 1.4.1905 in die Regiments-Musik des Infanterie-Regiments N. 106 eintreten konnte. Hier kapitulierte ich ein Jahr und diente fortan als Solo-Trompeter bis 15.11.1918. Während dieser Zeit bereicherte ich mein Wissen und Können vor allem durch Privatunterricht bei Kammervirtuos [→] Franz Herbst, Lehrer am Landeskonservatorium zu Leipzig.«

LITERATUR: Nösselt. QUELLEN: StadtAL: Kap. 10, Personalakte ◊ Kap. 32, Nr. 7, Vol. XIII, Bl. 197.

|634 Schreinicke, Otto Willy Prof.
Klarinette
* 12. Dezember 1893 in Guteborn bei Ruhland,
† 1. November 1979 in Leipzig
Mitglied vom 1. Dezember 1918 bis 31. Juli 1958 ◆
Mitglied des Orchester-Pensionsfonds
1./2. Klarinettist an der neu eingerichteten 5. Stelle, ab 1925 1. Klarinettist

Er ist der dritte Sohn des Mühlenbesitzers August Schreinicke und dessen Ehefrau Christiane, geb. Schneider. Acht Jahre besuchte er die Volksschule in Ruhland, war anschließend von 1907 bis 1911 bei Stadtmusikus Fritz Alfred Wolschke in Grimma und nahm zwei Jahre Privatunterricht bei → E. Heyneck. Er war dann dessen Schüler am Leipziger Konservatorium vom 26. September 1912 bis zu seiner Einberufung zum Militär Ostern 1915. ◆ In den Probespielunterlagen von 1918 findet sich der Eintrag: »z. Z. Hoboist beim Infanterie-Regiment 96 (Stab)«. In seiner Personalakte heißt es: »Herrn Schreinicke ist die Stelle des 1. Soloklarinettisten (bisher Herr Heyneck) übertragen worden, an seine Stelle tritt Herr Berninger in das Orchester ein.«

Mitglied des Gewandhaus-Bläserquintetts ◆ Lehrer am Leipziger Konservatorium (ab 1941 Hochschule) vom 1. Oktober 1936 bis 1967; 1948 Professur ◆ Lehrer von → W. Bilfinger, → K. Hiltawsky, → H. Höfer, → S. Kiebeler, → E. Stöbe, → Kl. Stöckel und → J. Thierbach.

WERKE: Orchesterstudien. LITERATUR: Nösselt; Deutsches Musiker-Lexikon, hrsg. v. E. H. Müller. QUELLEN: Archiv HMT: Kon Nr. 11521; StadtAL: Kap. 10, Personalakte ◊ Kap. 32, Nr. 7, Vol. XIII, Bl. 195.

1919

Nach Kriegsende wurde den »Kriegsaushelfern« → Fr. Stemmler, Curt Grüneberger, → W. Waldenberger, Karl Matzat, R. Falb und Kurt Kayser gekündigt. In einem gemeinsamen Schreiben an den Rat der Stadt vom 8. Januar äußerten sie die Bitte, »die Kündigung zurückzunehmen, da es uns unmöglich ist in den künftigen Monaten Stellung zu finden und wir infolgedessen brot- respektive stellungslos würden. Falls unser Gesuch nicht befürwortet wird, müssten wir der Stadt zur Last fallen.« Auf dem Briefbogen findet sich der Vermerk der Stadt Leipzig: »Theater kein Gewerbebetrieb, kann also gekündigt werden.«
Quelle: StadtAL: Kap. 32, Nr. 7, Vol. XIII, Bl. 265

|635 Hein, Albert
Flöte
* 12. Februar 1886 in Hahnenklee/Harz
Mitglied vom 1. Januar 1919 bis 31. Juli 1952, noch bis 1. Januar 1953 Aushilfe
2. Flötist an der neu eingerichteten 5. Stelle

Er ist das zweite von acht Kindern des Bergmanns Julius Hein und dessen Ehefrau Pauline, geb. Störig. In seinem Lebenslauf vom Herbst 1945 heißt es: »Von 1892 bis 1900 besuchte ich die Volksschule in Hahnenklee. Nach der Schulentlassung kam ich nach Goslar in die Musikschule Wegener, woselbst ich 4 Jahre lernte. Ab 1906 bis 1910 studierte ich in Leipzig bei Kammervirtuos [→ O.] Fischer … am 15. Juli 1915 wurde ich als Landsturmmann zum Militär eingezogen und nach mehreren Verwundungen am 12. Dezember 1918 aus dem Lazarett und Militärdienst entlassen.« Vom 1. Oktober 1912 bis 30. April 1914 war er Mitglied der Hofkapelle in Dessau und danach bis zu seiner Einberufung bei der Hofkapelle in Meiningen. In den Probespielunterlagen von 1918 findet sich der Eintrag: »z. Z. Infanterie-Regiment 368 Regiments-Musik.«
LITERATUR: Nösselt. QUELLEN: StadtA Dessau: ATD-PERS 313; StadtAL: Kap. 10, Personalakte ◊ Kap. 32, Nr. 7, Vol. XIII, Bl. 195 ◊ Kap. 32, Vol. XV, Bl. 102.

|636 Weiße, Willy
Posaune
* 15. August 1893 in Hohenmölsen,
† März 1960 in Leipzig ♦ Bruder von → A. Weisse[45]
Mitglied vom 4. Februar 1919 bis 31. Juli 1958
1. Posaunist an der neu eingerichteten 5. Stelle

Er war Schüler der Stadtkapelle Hohenmölsen und zunächst bei verschiedenen Stadt- und Kurkapellen engagiert, später in Leipzig beim Willy-Wolf-Orchester, beim Günther-Coblenz-Orchester und beim Winderstein-Orchester.
Mitglied des Betriebsrates von 1946 bis zu dessen Auflösung am 13. Dezember 1948.
LITERATUR: Nösselt. QUELLEN: StadtAL: Kap. 32, Nr. 7, Vol. XIII, Bl. 222 ◊ Personalkartei.

---

[45] Die zerstrittenen Brüder wählten eine unterschiedliche Schreibweise ihres Familiennamens.

|637 Taute, Richard
Schlagzeug
30. Oktober 1883 in Meilitz bei Neustadt/Orla,
† in Taucha
Mitglied vom 6. Februar 1919 bis 28. September 1951
Schlagzeuger

Bevor er nach Leipzig kam, hatte er Engagements in St. Petersburg und beim Hoftheater in Dessau.
LITERATUR: Nösselt. QUELLEN: GewandhausA; StadtAL: Personalkartei.

|638 Scheffel, Paul Richard
Flöte
* 2. September 1889 in Rüdersdorf bei Gera
Mitglied vom 1. April 1919 bis 31. Dezember 1925
2. Flötist für → C. Bartuzat, der 1. Flötist wurde

Der Sohn des Schumachers Hermann Scheffel hatte dreieinviertel Jahre Unterricht bei Musikdirektor Emil Menzel und war dann Schüler von → M. Schwedler am Leipziger Konservatorium vom 10. Oktober 1908 bis Ostern 1911. In seinem Bewerbungsschreiben heißt es: »Durch die Deutsche Musiker Zeitung erfuhr ich von der neuzubesetzenden zweitersten Flötistenstelle am Städtischen- und Gewandhaus-Orchester zu Leipzig. Bewerbe mich höflichst um die vakante Stelle und bitte den hohen Rat ganz ergebenst um Einladung zum Probespiel. Vom Oktober 1908 bis April 1911 war ich Schüler des Königlichen Konservatoriums zu Leipzig. Vordem genoß ich Privatunterricht bei dem Königlichen Kammervirtuosen Herrn Maximilian Schwedler. Am 1. September 1913 wurde ich nach erfolgreichem Probespiel an das herzogliche Hoftheater zu Braunschweig als 1. und Soloflötist verpflichtet und gehöre demselben bis heute an. Befinde mich seit Ende April des Jahres im Felde bei der Regimentsmusik des Infanterie-Regiments. No 394. Sollte nun der hohe Rat geneigt sein, auf meine Person zu reflektieren, so bitte ich den hohen Rat ganz ergebenst, bei genanntem Regimente eine Beurlaubung erwirken zu wollen. Gütiger Berücksichtigung freundlich entgegensehend zeichnet mit größter Hochachtung Paul Scheffel.« ♦ Nach seinem Leipziger Engagement ging er an die Staatskapelle in Dresden, wo er bis zum 31. Juli 1955 tätig war.
Lehrer von → H. Böhme.
LITERATUR: Nösselt; A. Schreiber: Von der Churfürstlichen Cantorey zur Sächsischen Staatskapelle Dresden. QUELLEN: StadtAL: Kap. 10, Personalakte ◊ Kap. 32, Nr. 7, Beiheft 7 ◊ Kap. 32, Vol. XIII, Bl. 220.

|639 Waldenberger, Willy
Kontrabass
* 2. April 1892 in Leipzig-Plagwitz
Mitglied vom 1. Juli 1919 bis 31. Juli 1957,
bereits ab 1. September 1914 Kriegsaushilfe
Kontrabassist, ab 1. September 1948 Vorspieler

Er ist der Sohn des Schuhmachers Wilhelm Friedrich Waldenberger und dessen Ehefrau Emma Henriette, geb. Keil. Von Ostern 1898 bis 1906 besuchte er die Volksschule in Seehausen bei Leipzig, von 1906 bis 1909 die Militärmusikschule Max Beckmann in Leipzig-Gohlis und nahm dann zwei Jahre Unterricht bei → R. Förster. Er war Schüler von → A. Wolschke am Leipziger Konservatorium vom 20. April 1911 bis Ostern 1916. In seinem Bewerbungsschreiben heißt es: »… habe ich das Leipziger Konservatorium besucht, und während dieser Zeit schon ab 1912 die Gewandhaus-Konzerte mitgespielt, inbegriffen die 2 Schweizer Konzertreisen. Gleichzeitig habe ich auch in der Oper ab 1. September 1914 mitgespielt, wo ich jetzt noch tätig bin.« ◆ Nach seinem Probespiel erhielt er eine sogenannte Verstärkungsstelle bei den Kontrabässen. Während des Zweiten Weltkrieges vertrat er einige Jahre den zur Wehrmacht eingezogenen und gefallenen Solo-Kontrabassisten → P. Heimann. Nachdem dessen Stelle durch → W. Kilian neu besetzt wurde, war er Vorspieler.

LITERATUR: Nösselt. QUELLEN: Archiv HMT: Kon Nr. 11098; GewandhausA; StadtAL: Kap. 32, Nr. 26.

|640 Frehse, Karl Otto August
Horn
* 8. Dezember 1891 in Kleinzschocher bei Leipzig,
† März 1965 ◆ Neffe von → A. Frehse
Mitglied vom 9. Juli 1919 bis 31. Juli 1957
3./1. Hornist, ab 1939 2. Hornist, von 1947 bis zum 31. Dezember 1956 4. Hornist

In seinem Lebenslauf von 1947 heißt es: »Ich, Karl Otto August Frehse wurde am 8. Dezember 1891 zu Leipzig-Kleinzschocher geboren als Sohn des Maurers August Frehse und seiner Ehefrau Marie Frehse geb. Pfeifer. Ich kam 1897 in die Volksschule zu Leipzig Lindenau welche ich nach 8 jährigen Besuch verließ um den Beruf eines Musikers zu erlernen. Erhielt während der Lehrzeit Privatunterricht bei Kammervirtuos A. Frehse (Onkel) und erhielt nach erfolgtem Probespiel ein Staatsstipendium für die Hochschule für Musik (Conservatorium) zu Leipzig. Meinen Lebensunterhalt verdiente ich mir als Waldhornist im Variete während dieser Zeit. Nach einem Studium von 6 Semestern [vom 5. April 1907 bis 1. Juni 1910] trat ich nach abgelegter Reifeprüfung meinen aktiven Militärdienst an und zwar in Bonn am Rhein beim Infanterie-Regiment 160 als I. Waldhornbläser bei der Regiments Musik. 1912 im Herbst erspielte ich mir nach einem Probeblasen eine Anstellung beim ehemaligen Hoftheater in Dessau. Nach verschiedenen Stellungen [u. a. 1913/14 Stadttheater Pforzheim] kam ich dann 1919 zum Gewandhausorchester nach Leipzig. Inzwischen mußte ich als Soldat am Weltkriege teilnehmen bei dem Württembergischen Infanterie Regiment 126, wo ich als Sergeant entlassen wurde … Im Dezember 1943 wurde ich, in der Bayrischen Str. wohnhaft, völlig ausgebomt. Die Familie wurde nach dem Erzgebirge evakuiert und ich versah meinen Dienst beim Stadt- und Gewandhausorchester bis zum heutigen Tage weiter.« ◆ Er war noch bis 31. Juli 1960 Orchesterinspektor, eine Tätigkeit, die er bereits 1939 als sogenannter Dienstordner ausübte.

LITERATUR: Nösselt. QUELLEN: Archiv HMT: Kon Nr. 9845; GewandhausA; StadtAL: Kap. 32, Nr. 7, Vol. XIII, Bl. 233.

|641 Buggert, Will [Wilhelm]
Violoncello
* 7. April 1894 in Salzwedel,
† 27. Dezember 1953 in Engelsdorf
Mitglied vom 1. Oktober 1919 bis zu seinem Tod
Cellist

Der Sohn des Oberpostsekretärs Wilhelm Buggert ist in Hamburg aufgewachsen, wohin sein Vater versetzt wurde. Er war Schüler von → J. Klengel am Leipziger Konservatorium vom 26. September 1918 bis 19. März 1921. In seinem Bewerbungsschreiben heißt es: »Der ergebenst Unterzeichnete bittet um Zulassung zu dem demnächst stattfindenden Probespiel auf Anstellung im Gewandhaus- und Theaterorchester. Ich bin Cellist und vollende zurzeit mein Studium am hiesigen Konservatorium bei Herrn Prof. Jul. Klengel. Geboren am 7. April 1894 in Salzwedel besuchte ich von 1900 bis 1909 die Realschule zu Eilbeck in Hamburg, von 1909 bis zum Frühjahr 1913 das Lehrerseminar daselbst und hierauf bis November 1914 das Hamburger Konservatorium als Schüler des Herrn W. Engel und war vom September bis November zugleich Mitglied des dortigen Volksoper-Orchesters. Am 29. November 1914 wurde ich zum Heer eingezogen und bereits am 18. Februar 1915 im Felde verwundet. Meine Verwundung hatte den Verlust des rechten Beines zur Folge. Nachdem ich am 30. November 1915 wieder aus dem Heeresdienst entlassen worden war, setzte ich mein Studium am Konservatorium in Hamburg fort, war gleichzeitig wieder im Hamburger Volkstheater-Orchester tätig und wurde in der Spielzeit 1917/18 erster Solocellist daselbst …« ◆ Das Probespiel fand am 29. September 1919 statt, zwei Tage später trat er seinen Dienst an der sogenannten Verstärkungsstelle bei den Celli an.

LITERATUR: Nösselt. QUELLEN: Archiv HMT: Kon Nr. 12721; StadtAL: Kap. 10, Personalakte; Kap. 32, Nr. 7, Beiheft 4 ◊ Kap. 32, Vol. XIII, Bl. 254.

|642 Riedel, Karl
Violoncello
* 8. Januar 1894 in Markranstädt,
† 28. August 1967 in Leipzig
Mitglied vom 1. Oktober 1919 bis 31. Juli 1960
Cellist; spielte auch Viola da Gamba

Er hatte drei Jahre Unterricht bei → R. Wintgen und war dann Schüler von → J. Klengel am Leipziger Konservatorium vom 27. März 1913 bis zu seiner Einberufung am 31. Juli 1914, dann von Michaelis 1916 bis 4. Juni 1917 und vom 3. Juni 1920 bis 19. März 1921. ◆ Nach dem Probespiel am 29. September 1919 erhielt er zunächst eine sogenannte Verstärkungsstelle bei den Celli, zugleich wurde festgelegt, daß er die nächste freiwerdende reguläre Stelle erhalten solle. ◆ Er ist der Cellolehrer von → K. Masur.

LITERATUR: Nösselt. QUELLEN: Archiv HMT: Kon Nr. 11683; StadtAL: Kap. 32, Nr. 7, Vol. XIII, Bl. 254 ◊ Personalkartei.

|643 Günther, Paul Martin
Viola
* 24. Februar 1889 in Lunzenau/Mulde ◆
Schwiegersohn von → M. Bruder
Mitglied vom 15. Oktober 1919 bis nach 1951
Bratscher

Der Sohn des Webermeisters Karl Wilhelm Günther und dessen Ehefrau Lina, geb. Hübner, besuchte die Mittelschule in Lunzenau, von 1903 bis 1906 war er bei der Stadtkapelle in Waldheim und hatte Unterricht bei Musikdirektor Th. Fischer. Von 1908 bis 1909 hielt er sich in den USA auf. Er war dann Schüler von Hans Sitt und → R. Bolland am Leipziger Konservatorium vom 29. September 1910 bis Ostern 1912. In der Stellungnahme für das Abgangszeugnis schrieb R. Bolland: »Herr G. ist zum Violaspiel recht gut beanlagt und hat durch eifriges Streben sehr gute Resultate erzielt. In der öffentlichen Prüfung am 8. März 1912 bezeugte er mit dem Vortrag des ersten Satzes aus dem Konzert von Forsyth gute, solide Technik und wurde dem musikalischen Ziel desselben ebenso voll und ganz gerecht.« Von 1912 bis 1914 hatte er Engagements beim Sinfonieorchester in Helsingfors[46] und beim Stadtorchester Riga. Er war Soldat im Ersten Weltkrieg von 1914 bis 1918. Danach war er beim Stadtorchester in Bremen. ◆ Nach dem Probespiel

---

46 Schwedischer Name für Helsinki.

am 29. September 1919 erhielt er zunächst eine sogenannte Verstärkungsstelle bei den Bratschen.
Lehrer von → W. Espig.
LITERATUR: Nösselt; Deutsches Musiker-Lexikon, hrsg. v. E. H. Müller. QUELLEN: Archiv HMT: Kon Nr. 10926; StadtAL: Kap. 32, Nr. 7, Vol. XIII, Bl. 254.

|644 Schaefflein, Willy
Violine
Mitglied von 1919 bis 30. September 1920
Geiger

Ihm wurde am 24. Juli 1920 zum 31. August 1920 gekündigt. Er schrieb daraufhin am 5. August an den Rat der Stadt: »... von einer bevorstehenden Entlassung mehrerer Mitglieder des Orchesters war ich z. Zt. unterrichtet, jedoch wurde auch wiederholt versichert, dass für jüngere Mitglieder vorläufig keine Befürchtung vorliegt ... Ich gehöre seit 1½ Jahren dem Orchester an, bin fünf Jahre verheiratet habe ein Kind und konnte mir erst vor 3 Monaten einen eigenen Hausstand gründen. Ihre Entlassung bedeutet für mich eine Katastrophe ... Während und nach meinem dreijährigen Frontdienst hatte ich mich schon verschiedene Male um eine Stelle im Orchester beworben, nun da es mir endlich geglückt war, stehe ich heute vor dieser bitteren Wende ...« Seinem Gesuch, die Kündigung erst zum 1. Januar 1921 auszusprechen, wurde nur teilweise entsprochen. Außerdem vermittelte ihm der Rat der Stadt ein Engagement beim Orchester von Hans L'hermet.
QUELLEN: StadtAL Kap. 10, Personalakte.

Gewandhaus-Bläserquintett mit
Heinrich Bading, Alfred
Gleißberg, Albin Frehse,
Carl Schaefer und Oskar Fischer
(von links), Photographie,
um 1920

Gewandhauskonzert unter Leitung von Bruno Walter, um 1930

Zwischen Europatournee und düsteren Vorboten: Das Jahr 1931

»Die erste Generation der Neuen Musik um 1910 trat in den zwanziger Jahren … in eine Phase der Klassizität ein und schuf mit Stravinskijs neotonalem ebenso wie mit Schönbergs dodekaphonem Klassizismus die beiden Modelle, die in den kommenden drei Jahrzehnten die maßgeblichen Perspektiven wiesen.«[1]

|1 Als das Gewandhausorchester am späten Abend des 27. Mai 1931 zu seiner ersten »Europatournee« aufbricht, ist das erst die vierte Konzertreise des Orchesters. (Unmittelbar vor der Abreise 22.36 Uhr mit dem Nachtzug Richtung Köln gibt das Orchester noch ein Sonderkonzert im Gewandhaus.) Bis ins zweite Jahrzehnt des 20. Jahrhunderts hinein war die Gewandhaus-Konzertdirektion gegen alle auswärtigen Gastspiele, »weil zu fürchten ist, daß unser berühmtes Orchester, das bisher nur edeln Zwecken gedient hat, durch Concertreisen auf den Standpunkt eines philharmonischen Orchesters in Berlin und derartiger Gewerbsunternehmungen herabsinken könnte. Haben die Orchestermitglieder das Herumreisen einmal angefangen, so werden sie Gefallen an der Abwechslung finden und Wiederholung verlangen. Die Folgen aber der Verflachung und die Lockerung der Disciplin werden nicht ausbleiben. Gerade die große und vornehme Exclusivität, welche unserem Orchester bisher gewahrt wurde, hat ihm den Ernst für seine Aufgabe erhalten, und sie hat zur Erhaltung seines Ruhmes viel mit beigetragen.«[2] Erst 1916, mitten im Ersten Weltkrieg, kann der Bann gebrochen werden: Das Gewandhausorchester wird in die Schweiz eingeladen, und »in der Erwägung, dass es sich hier um eine hoch bedeutsame künstlerisch-culturelle Mission handelt«,[3] stellen Stadt und Gewandhausdirektion ihre prinzipiellen Bedenken zurück und genehmigen die Reise. Während das Orchester durch die Schweiz reist, stirbt am 21. November 1916 in Schönbrunn bei Wien Franz Joseph, Kaiser von Österreich. Ihm zu Ehren läßt Arthur Nikisch am Konzertbeginn in Bern das Gewandhausorchester den Trauermarsch aus Beethovens *Eroica* spielen. Nachdem bei den Konzerten zuvor hier und da noch über die »deutsche Propaganda« gemurrt wurde, kennt jetzt der Beifall keine Grenzen.[4] Kein halbes Jahr später reisen das Leipziger Orchester und Nikisch zum zweiten Mal in die Schweiz. Sechs Jahre darauf, während die Inflation ihren Höhepunkt erreicht, besuchen Gewandhausorchester und Nikischs Nachfolger Wilhelm Furtwängler zum dritten Mal die Eidgenossenschaft.

1931, als infolge der Weltwirtschaftskrise die Zahl der Arbeitslosen die Fünf-Millionen-Grenze überschritten, aber noch nicht ihren Höchststand erreicht hat, gastiert das Orchester in Köln, Brüssel, Paris, Straßburg, Genf, Stuttgart und München. Dirigent der Tourneekonzerte ist Furtwänglers Nachfolger, Gewandhauskapellmeister → Br. Walter. In Köln wird nicht im Gürzenich konzertiert, sondern in der 4200 Besucher fassenden Großen Halle im Rheinpark. Im Publikum sitzt der Chefdirigent des Gürzenich-Orchesters (und spätere Gewandhauskapellmeister) Hermann Abendroth »mit einigen Prominenten des Kölner Musiklebens in der ersten Reihe«.[5] Unter ihnen ist möglicherweise auch der einstige Gewandhausgeiger und jetzige Konzertmeister des Gürzenich-Orchesters → H. Anrath. In Brüssel findet das Konzert im Palais des Beaux-Arts statt, dessen Großer Saal mit seinen 2000 Plätzen zwei Jahre zuvor eingeweiht wurde. Die zwei Konzerte in Paris spielt das Gewandhausorchester in der vor vier Jahren eröffneten Salle Pleyel, in der über 3600 Zuhörer Platz finden. Auch hier ist gut denkbar, daß sich im Publikum ortsansässige Musiker befinden. Musiker beispielsweise des Orchestre de la Société des Concerts du Conservatoire, aus dem dreieinhalb Jahrzehnte später das Orchestre de Paris hervorgehen und dessen erster Chefdirigent Charles Munch (→ C. Münch) sein wird. In dessen Heimatstadt Straßburg gastiert das Gewandhausorchester am 1. Juni 1931. Solist des Violinkonzerts D-Dur von Mozart ist – Carl Münch, hier noch Konzertmeister des Gewandhausorchesters und beim Konzert im Palais des Fêtes »stürmisch begrüsst von seinen Landsleuten«.[6] Die

---

1 Neues Handbuch der Musikwissenschaft, hrsg. v. Carl Dahlhaus, Bd. 7, 2. Aufl., Laaber 1992, S. 114.
2 Schreiben der Gewandhaus-Konzertdirektion an Oberbürgermeister Otto Georgi, zit. nach Nösselt, S. 192.
3 Schreiben Arthur Nikischs an den Rat der Stadt Leipzig vom 29. September 1916, StadtAL Kap. 32 Nr. 26.

4 Vgl. Harry Graf Kessler: Das Tagebuch 1880–1937, Bd. 6. 1916–1918, Stuttgart 2006, Eintragung unter »22 Nov. 1916. Mittwoch. Bern«.
5 Gustav Link: [Reiseberichte, Bd. 1], Ms. (GewandhausA, Teilnachlaß G. Link), S. 19.
6 Ebd., S. 25.

Gastspielstätte in Genf ist die Victoria Hall, die mit ihren 1600 Plätzen Domizil des Orchestre de la Suisse Romande ist, das gerade zu dieser Zeit um sein Überleben kämpfen muß. Am nächsten Tag geht die Reise via Zürich – wo »einige Kollegen des dortigen Orchesters am Bahnhof [warten], um Bekannte von uns zu begrüssen«[7] – nach Stuttgart, wo tags darauf Konzert im 1744 Plätze bietenden Saal der Liederhalle ist. Der mitreisende Gewandhaus-Solo-Cellist → H. Münch-Holland war hier in gleicher Position im Orchester des Württembergischen Landestheaters tätig, bevor er nach Leipzig kam. Den Tourneeabschluß bildet ein reines Mozart-Konzert im Münchner Odeon-Saal, der 1455 Plätze hat und damit etwa 100 weniger als der Große Saal des 1884 eröffneten Neuen Gewandhauses in Leipzig.

|2   Diese Vier-Länder-Tournee, in der Gewandhaus-Geschichtsschreibung nur wenig beachtet, ist der erste große Auftritt des Orchesters auf der Bühne Europas. Und er ist erfolgreich. Es wird von ausverkauften Konzerten berichtet, von überfüllten Sälen wie in Stuttgart, vom Jubel des Publikums. In Paris besucht der französische Präsident Gaston Doumergue das Konzert, in Brüssel Königin Elisabeth.

Die Reise ist als Jubiläumstournee deklariert: In Leipzig soll das 150-jährige Bestehen der Gewandhauskonzerte gefeiert und damit an die Eröffnung des Konzertsaales im Alten Gewandhaus 1781 erinnert werden. Zwei Monate vor der Reise jedoch muß die Gewandhaus-Konzertdirektion ihrem Publikum mitteilen, »daß die Fortführung der Gewandhauskonzerte in der seit 149 Jahren bewährten Weise noch nicht endgültig gesichert ist«.[8] Als Hauptproblem wird der schlechte Konzertbesuch angegeben, dessen Grund die Direktion in den hohen Kartenpreisen sieht. Die wiederum seien aber nötig »zur Deckung der sehr beträchtlichen Orchesterkosten«.[9]

Nachdem das Orchester 1920 zur Gänze in städtische Verwaltung übergegangen war, wurde ein Vertrag zwischen der Stadt und der Konzertdirektion geschlossen, laut dem sich das Gewandhaus mit etwa 20 Prozent an den Gesamtkosten des Orchesters zu beteiligen hatte.[10] Bald darauf geriet die Konzertdirektion in fortdauernde Zahlungsschwierigkeiten, die dazu führen, daß im Jubiläumsjahr 1931 der Vertrag von seiten des Gewandhauses gekündigt wird.[11]

Der Gewandhaus-Konzertdirektion dürfte es in all dem nicht viel anders gehen als den drei anderen Konzertvorständen, mit denen sie sich 1925 zu einem Kartell zusammengeschlossen hat. Das Museum in Frankfurt am Main und die Concert-Gesellschaft in Köln unterscheiden sich allerdings in einem wesentlichen Punkt vom Gewandhaus: Sie veranstalten erheblich weniger Abonnementkonzerte. In Frankfurt und Köln sind es je zwölf pro Spielzeit, in Leipzig zu dieser Zeit 20 und damit weniger als in Hamburg, wo allerdings das Orchester der Philharmonischen Gesellschaft nicht zugleich im Theater spielt. In Frankfurt, Köln und Leipzig dagegen sind die betreffenden Konzertorchester (fast) personalidentisch mit den städtischen Theaterorchestern.

Sieht man das Gewandhaus in diesem Kartell als führend an,[12] so darf wohl auch der wirtschaftliche Niedergang der Institution Gewandhaus als exemplarisch angesehen werden. Mit ihm vollzieht sich erst schleichend, dann im Zuge der politisch ideologischen Indoktrination durch die nationalsozialistische Diktatur rasant der Übergang der Konzerte aus der Trägerschaft des Großbürgertums in den Herrschaftsbereich des Kleinbürgertums.

Die Gewandhaus-Konzertdirektion stemmt sich gegen diese Entwicklung – eine Entwicklung, die sie selbst mit angeschoben hat, als sie fast 100 Jahre früher, 1838, dem Rat der Stadt vorschlug, das Orchester zum Stadtorchester zu machen. Die Stadt ging darauf ein und übernahm im Lauf der Jahrzehnte in langsam wachsendem Umfang die Finanzierung des Orchesters. Zugleich verlor sich der mäzenatische Stiftergedanke, der von der Gründung des Großen Konzerts bis hinein ins 19. Jahrhundert in der Konzertgesellschaft vorgeherrscht hatte und eng mit der Fürsorge für das Orchester verschwistert war. Denn es war nun die Stadt, die das Patronat über das Orchester innehatte; jetzt mußte sich die Konzertdirektion »nur noch« um die Durchführung der Gewandhauskonzerte kümmern. So konnte sie ihre nach wie vor bestehende mäzenatische Neigung in einer gewissen Hybris einem anderen Gegenstand zuwenden: dem Bau eines eigenen Konzerthauses.

Man wird dem ehrenamtlich arbeitenden Gremium kaum Mängel in der Leitungstätigkeit, ineffiziente Strukturen oder fehlende Lobbyarbeit attestieren können. Im Gegenteil: Das Gewandhaus wird von einer überaus schlanken Verwaltung betrieben, die Aufgabenverteilung innerhalb der Direktion ist klar und sie funktioniert, und die personelle Verquickung mit der Stadtregierung ist allemal die beste Lobbyarbeit, die sich denken läßt. Woran aber die Direktion letztlich scheitert, ist das eigene Haus. Sie möchte, »dass nie entwürdigt dieser Tempel werde«,[13] und vermarktet ihn deshalb nicht. Die eigenen Konzerte werden nicht durch Mieteinnahmen mitfinanziert, sondern müssen allein aus dem Kartenerlös bestritten werden. Gibt es einen Fehlbetrag, springen nicht wie vor Zeiten Mitglieder der Konzertgesellschaft ein, sondern wird darauf vertraut, daß die Stadt das Gewandhaus nicht im Stich läßt.[14]

Bezeichnend denn auch das Ende: Als das Neue Gewandhaus, die Immobilie der Gewandhaus-Konzertdirektion, 1944 beim zweiten schweren Bombenangriff auf Leipzig getroffen wird und ausbrennt, sieht die Konzertdirektion ihre eigentliche Existenzgrundlage verloren. Zwar lassen sich noch bis 1947 Versuche verfolgen, das am Ende des Zweiten Weltkrieges in alle Winde zerstreute Gremium wieder neu zu beleben, doch das gelingt nicht mehr. Die Fortführung der Gewandhaus-Abonnementkonzerte in provisorischen Spielstätten wird übernommen von einer kleinbürgerlichen Kulturbürokratie.

---

7   Ebd.

8   Programmzettel des 19. Gewandhauskonzerts des Konzertwinters 1930/31, [S. 2] (GewandhausA, Sammlung Programmzettel).

9   Ebd.

10   Der in StadtAL, StVuR (1) 8418, Blatt 1-5, vorhandene Vertrag ist nicht unterzeichnet. Doch laut Max Brockhaus (in: Die Reden zur Feier des hundertfünfzigjährigen Bestehens der Gewandhaus-Konzerte, Leipzig 1931, S. 18) bestand ein rechtsgültiges Vertragsverhältnis zwischen Stadt und Gewandhaus.

11   Vgl. die Rede von Max Brockhaus in: Die Reden zur Feier des hundertfünfzigjährigen Bestehens der Gewandhaus-Konzerte, Leipzig 1931, S. 5–19, hier insbesondere S. 18.

12   Vgl. Max Brockhaus: Aus meinen Tagebüchern, Ms. (GewandhausA), Leipzig 1941, S. 53: »Ohne Anmaßung darf ich sagen, daß in dem Kartell das Gewandhaus führend gewesen ist«.

13   Rudolf von Gottschall: Prolog zur Eröffnung des Neuen Gewandhauses in Leipzig, veröffentlicht im Programmheft zum ersten Festkonzert am 11. Dezember 1884 (GewandhausA, Sammlung Programmzettel).

14   Vgl. die Rede von Max Brockhaus (siehe Anm. 11).

Programmheft des ersten Schweiz-Gastspiels
des Gewandhausorchesters mit Arthur Nikisch,
Druck, 1916

|3   Das Stadt- und Gewandhausorchester nimmt am Schicksal der Konzertdirektion keinen erkennbaren Anteil. Die 1920 erfolgte Übernahme der Musiker in ein kommunales Angestelltenverhältnis hatte faktisch das Ende des Orchester-Pensionsfonds bedeutet. Die relative Autonomie, die er dem Orchester gesichert hatte, ging verloren, das Orchester mußte neue Wege finden, eigene Interessen vertreten zu können. Im Juni 1921 gründeten die Musiker den Verein »Stadtorchester Leipzig«. Eine der ersten Taten des fünfköpfigen Vorstandes war, bei der Stadtregierung ein Mitbestimmungsrecht bei der Wahl des Theaterkapellmeisters zu beantragen. Die Stadt lehnte mit dem Hinweis ab, eine derartige Praxis sei landesweit an keinem Theater üblich. Im Frühjahr 1922, als die Gewandhaus-Konzertdirektion mit Wilhelm Furtwängler um die Nachfolge Arthur Nikischs verhandelte, ging der Vorstand um so aggressiver vor. Er führte mit Hermann Abendroth eigene Verhandlungen und teilte schließlich der Konzertdirektion ultimativ mit, das Orchester habe sich auf diesen »festgelegt, die Presse hiervon verständigt und sich ihrer Hilfe versichert«.[15] Nach aufgeregtem Hin und Her und nachdem Furtwängler beinah vom bereits angenommenen Amt wieder zurückgetreten wäre, lenkte das Orchester ein: Es sei ihm nur um das Recht gegangen, an der Wahl des neuen Gewandhauskapellmeisters beteiligt zu sein.

Seitdem ist das gute Einvernehmen, das über Jahrzehnte hinweg zwischen der Direktion und dem Orchester geherrscht hatte, getrübt. So erfährt dieses auch keinen Beistand von jener Seite, als es die rigorose Sparpolitik zu spüren bekommt, die Leipzigs neuer Oberbürgermeister Carl Friedrich Goerdeler anstrengt[16] (er tritt sein Amt im Mai 1930 an und folgt auch in der Gewandhausdirektion seinem Vorgänger Karl Rothe nach): In Anwendung der Notverordnungen Reichskanzlers Heinrich Brüning wird mit Wirkung vom 31. März 1931 sechs meist jungen, erst vor ein, zwei Jahren eingestellten Musikern gekündigt – drei Geigern, einem Bratscher, einem Cellisten und einem Kontrabassisten.[17]

Zwar ist die Reduzierung der Streicherbesetzung von 60 auf 54 Stellen nicht dramatisch (für die unmittelbar Betroffenen ist sie es dagegen sehr wohl), zumal der übrige Orchesterapparat unangetastet bleibt. Die städtischen Theaterorchester in vergleichbaren Großstädten müssen zum Teil mit noch weniger Streichern auskommen. In Köln leistet man sich genau 54, in Frankfurt am Main nur 49, und sogar in der Millionenstadt Hamburg sind es nur 50. (Freilich sind die nach dem

---

15 Max Brockhaus: Aus meinen Tagebüchern, Ms. (GewandhausA), Leipzig 1941, S. 13.
16 Vgl. Karin Kühling u. Doris Mundus: Leipzigs regierende Bürgermeister, Beucha 2000, S. 68.
17 Es handelt sich um → G. Hanstedt, → W. Schauß, → K. Unger, → H. Wilke, → W. Weigelt und → P. Heimann.

Ersten Weltkrieg »verstaatlichten« Hofkapellen teilweise viel üppiger besetzt. In München bespielen 75 Streicher die ehemalige Hofoper, in Leipzigs Nachbarstadt Dresden sind es 70, und in Berlin, wo die Staatskapelle zwei Spielstätten zu versorgen hat, sind es 122, was rein rechnerisch 61 pro Haus ergibt.) Aber es ist das erste Mal in der Geschichte des Leipziger Theater- und Gewandhausorchesters, daß es eine derartige politisch verfügte Verkleinerung seiner Besetzung über sich ergehen lassen muß.

|4   Um so wichtiger ist für alle Beteiligten die Europatournee 1931. Die Programme, die mit auf die Reise genommen werden, setzen durchweg auf Vertrautes, Bewährtes und Populäres. Sie reichen von Mozart und Beethoven (Eroica) über Weber (Euryanthe-Ouvertüre) und Schubert (Unvollendete) bis hin zu Wagner (Meistersinger-Vorspiel) und Strauss. Dessen Don Juan ist das jüngste Werk, das auf dieser Reise und auch nur ein einziges Mal, in Paris, erklingt.

Dabei waren die zurückliegenden Jahre in Leipzig weder im Theater noch im Gewandhaus von gleichermaßen konservativen Spielplänen geprägt. Wilhelm Furtwängler sorgte in den lediglich sechs Jahren, die er Gewandhauskapellmeister war, für eine umfassende Repertoireerneuerung, indem er 58 Werke zur Ur- oder Erstaufführung im Gewandhaus brachte, darunter Kompositionen von Hindemith, Honegger, Nielsen, Prokofjew, Ravel, Respighi, Schönberg, Skrjabin und

Gewandhausorchester vor der Wartburg in Eisenach, 1926

Strawinsky (von letzterem unter anderem *Le sacre du printemps*, der genau zehn Jahre nach der skandalbegleiteten Pariser Uraufführung in Leipzig erklang). Opern- und Generalmusikdirektor Gustav Brecher machte das Leipziger Theater zeitweise zur führenden Ur- und Erstaufführungsbühne Deutschlands. Neben einer intensiven Strauss-Pflege und mehreren Neuinszenierungen unter anderem von Wagner-Opern standen zwischen 1926 und 1930 allein elf Uraufführungspremieren auf dem Spielplan, darunter von Ernst Křenek *Jonny spielt auf* und *Leben des Orest*, von Kurt Weill *Der Zar läßt sich photographieren* und *Aufstieg und Fall der Stadt Mahagonny*.

Es sind jedoch nicht allein die ab 1930 verschärft betriebenen Sparmaßnahmen, die das Ende des programmatischen Aufbruchs in den Leipziger Musikinstituten vorbereiten. Es sind auch die antisemitischen und antikommunistischen Hetzkampagnen, die das Land durchziehen – erst recht, nachdem die NSDAP bei der Reichstagswahl im September 1930 zweitstärkste Kraft geworden ist. Hier kündigen sich bereits die ideologisch motivierten Verwerfungen an, die mit der Machtübernahme durch die Nationalsozialisten 1933 bittere Realität werden.

»Mit Rücksicht auf die Unsicherheit der Lage«[18] löst die Gewandhaus-Konzertdirektion zu Ostern 1931 ihren Vertrag mit Bruno Walter und bittet ihn, vertraglos im Amt zu bleiben und zugleich »seine auswärtigen Beziehungen, insbesondere die amerikanischen in entsprechend erweitertem Ausmasse«[19] zu pflegen. Als er zwei Jahre später, am 16. März 1933, aus Leipzig für immer abreist – nachdem ihm für das Gewandhauskonzert an diesem Tag Auftrittsverbot erteilt wurde –, sind es lediglich der Vorsitzende der Gewandhaus-Konzertdirektion → M. Brockhaus und dessen Ehefrau, die ihn zum Bahnhof begleiten.[20] Genau drei Monate später, am 16. Juni 1933, schreibt → H. Wilke an das Theater- und Musikamt der Stadt Leipzig: »Es widerspricht dem Grundsatz der nationalsozialistischen Weltanschauung, daß der jüdische Konzertmeister Leo Schwarz [→ L. Schwarz] an Sonn- und Feiertagen in der Thomas- und Nicolaikirche musikalischen Kirchendienst und anschließend Kantatendienst versieht. 82 Nationalsozialisten des Stadt- und Gewandhaus-Orchesters bitten daher, diesen Pflicht-Passus aus dem Anstellungsvertrag des Herrn Konzertmeister Schwarz zu streichen.«[21]

---

18 Max Brockhaus: Aus meinen Tagebüchern, Ms. (GewandhausA), Leipzig 1941, S. 28.
19 Ebd.
20 Vgl. ebd., S. 32; in Bruno Walters Erinnerungen heißt es: »Am Zug erschienen zwei Damen vom Vorstand mit Blumen und Tränen …« (Bruno Walter: Thema und Variationen, Frankfurt am Main 1988, S. 388) In beiden Fällen ist jedoch keine Rede davon, daß Vertreter des Orchesters zur Verabschiedung erschienen wären.
21 StadtAL: Kap. 10, Personalakte Leo Schwarz, zit. nach Maria Hübner: Die Akte Schwarz, in: *GewandhausMagazin* Nr. 29, 2000, S. 20–26, hier S. 22.

1921

|645 Colditz, Clemens
Violoncello
Aushilfe ab 1921
Cellist

1937 bewarb er sich 59jährig erfolglos um ein festes Engagement. In den Probespielunterlagen heißt es: »Gehörte aushilfsweise 1921–1930 dem Stadtorchester an. Seit dieser Zeit wirkt er als Verstärkung und in Krankheitsfällen bei den Gewandhauskonzerten und bei der Oper als Cellist mit.«
LITERATUR: Nösselt. QUELLEN: StadtAL: Kap. 32, Nr. 7, Beiheft 4.

1922

|646 Unrath [Anrath], Herbert Edmund
Violine
* 17. Dezember 1900 in Markneukirchen/Sa.,
† 16. Dezember 1982
Mitglied vom 1. Januar 1922 bis 31. August 1925
2. Geiger

In seinem Bewerbungsschreiben heißt es: »Geboren am 17. Dezember 1900 in Markneukirchen, besuchte ich die bürgerliche Volksschule und absolvierte von 1914–17 das Fürstliche Konservatorium in Sondershausen bei Herrn Prof. Corbach. Nach einhalbjähriger Militärzeit besuchte ich [vom 17. Januar 1919 bis 15. Oktober 1923] das hiesige Konservatorium bei Herrn W. Davisson woselbst ich auf dem Gebiet des Solo-Spielens sowie Kammermusizierens beste Ausbildung erhielt … Meine zweijährige Tätigkeit im hiesigen Phil*harmonischen* Orchester als I. Geiger, welches den Dienst des städtischen Orchesters im Neuen Theater vertritt, bot mir Gelegenheit mich in Opern- und Konzertmusik zu vervollkommen …« ◆ Er kündigte am 8. Juli 1925: »Hierdurch bitte ich Sie höflichst, mich von meinem Vertragsverhältnis zu frühestem Termin zu entbinden, da ich Konzertmeister des Kölner Opernhauses geworden bin …« Dort trat er die Nachfolge von → C. Münch an, der nach Leipzig ging. In Köln änderte er seinen Familiennamen in Anrath.
LITERATUR: Nösselt. QUELLEN: Archiv HMT: Kon Nr. 12812; StadtAL: Kap. 10, Personalakte.

|647 Crass, Ferdinand Ludwig
Ehrenmitglied
* 23. Dezember 1888 in Leipzig,
† 8. März 1960 in Leipzig
Am 23. Juli 1922 zum Ehrenmitglied des Vereins »Stadtorchester Leipzig e.V.«, am 12. März 1943 zum Ehrenmitglied des Stadt- und Gewandhausorchesters ernannt

Er war Juwelier und Mitinhaber des Geschäftes C. E. Keyser in der Petersstraße 4-6. ◆ Im Rahmen der Feierlichkeiten zum 200jährigen Bestehen des Großen Konzerts wurde er von der Stadt Leipzig zusammen mit → M. Brockhaus, → C. Herrmann, → A. Kippenberg und → K. Straube zum Ehrenmitglied des Stadt- und Gewandhausorchesters ernannt. Im Protokoll der »Beratung der Beiräte für Angelegenheiten der Theater, Orchester und sonstigen Kultureinrichtungen am 22. Februar 1943« heißt es: »Dieser ist wegen seiner hochherzigen Stiftungen für Theater und Orchester schon früher vom Verein Stadtorchester zum Ehremitglied ernannt worden. Nach Auflösung dieses Vereins empfiehlt es sich, seine Förderung des hiesigen Musiklebens durch die Ernennung zum Ehrenmitglied erneut zu würdigen. Er hat z. B. früher einen Vorhang für das Theater und hohe Mittel für Inszenierungen gestiftet.«
LITERATUR: Nösselt. QUELLEN: StadtAL: Kap. 32, Nr. 7, Vol. XVII, Bl. 115 (Abschrift aus den vernichteten Akten Kap. 34, Nr. 56 und Nr. 55).

|648 Kresse, Karl
Kontrabass
* 4. November 1888 in Deutsch Luppa bei Dahlen
Mitglied vom 1. September 1922 bis 1953
Kontrabassist

Er war drei Jahre in der Lehre bei Stadtmusikdirektor Richard Steger in Wurzen, dann Schüler von → O. Schwabe und → A. Wolschke am Leipziger Konservatorium vom 20. April 1906 bis Ostern 1911; ab 1909 wirkte er in den Gewandhauskonzerten mit. Er bewarb sich 1918, als er Soldat im Ersten Weltkrieg war. In den Probespielunterlagen heißt es: »Mitglied des Gewandhausorchesters, z. Z. Flak-Batterie 535«. Ein Gesuch des Rates der Stadt um seine »Versetzung in die Heimat« wurde abgelehnt. ◆ Richard Kurzaj, der bis 1945 als Oberverwaltungsinspektor des städtischen Personalamtes tätig war, erinnerte sich 1962 in einem Schreiben an Gewandhausdirektor Karl Zumpe: »Herr Kresse war ein verdienter Kontrabassist. Während der Nazizeit machte er im Kollegenkreise sich des öfteren seiner nazigegnerischen Einstellung Luft und dies einmal in recht scharfer Weise. Dies erfuhr Herr [→ J.] Plawetzki, worauf er beantragte, daß gegen Herrn Kresse ein Dienststrafverfahren eingeleitet wird. Die Sache stand für ihn sehr ungünstig. Das Personalamt entschied aber, daß Herr Kresse ›für seine Äußerungen nicht voll verantwortlich gemacht werden kann‹. Mir war nämlich bekannt geworden, daß Herrn Kresse einige Monate vorher während einer Opernaufführung von der Bühne her ein Schwert auf den Kopf gefallen ist. Diesen Betriebsunfall verwendeten wir, um Herrn Kresse in der Angelegenheit des Dienststrafverfahrens als ›geistig zeitweise etwas defekt« hinzustellen, und so schlug denn der damalige Personaldezernent, Herr Stadtrat Dr. Lisso, in verständnisvoller Weise das Verfahren nieder, um Herrn Kresse in seiner Stellung belassen zu können.«

LITERATUR: Nösselt. QUELLEN: Archiv HMT: Kon Nr. 9575 ◊ Briefwechsel Gewandhaus-Konzertdirektion/Konservatorium; GewandhausA; StadtAL: Kap. 32, Nr. 7, Vol XIII, Bl. 195 ◊ Kap. 32, Nr. 7, Vol XIV, Bl. 194 ◊ Kap. 32, Nr. 7, Vol. VX, Bl. 126.

1923

|649 Plawetzki, Josef
Schlagzeug, Pauke
* 16. März 1883 in Groß-Thurze[1]/Schlesien
Mitglied vom 1. Oktober 1923 bis 15. Juni 1945
Pauker/Schlagzeuger für → A. Deutsch

Er kam vom Philharmonischen Orchester Leipzig, war Führer des Musikzugs der SA-Reiterstandarte Leipzig und wurde im Zuge der Entnazifizierung fristlos entlassen.

LITERATUR: Nösselt. QUELLEN: GewandhausA; StadtAL: Personalkartei.

1924

|650 Heber, Paul
Posaune
* 25. Juli 1902 in Leipzig,
† 7. Dezember 1983 in Leipzig
Mitglied vom 1. April 1924 bis 31. Juli 1967
Bass-Posaunist; spielte auch Kontrabassposaune

Er hatte ab Ostern 1918 Unterricht bei Herrn [→ K.] Bamberg, war dann dessen Schüler am Leipziger Konservatorium vom 26. September 1918 bis 24. März 1923 und hatte »sich am 21. März 1923 der Solistenprüfung im Posaunenblasen unterzogen und mit ausgezeichnetem Erfolg bestanden.« (Kon) ♦ In seinem Lebenslauf von 1953 schrieb er: »Im Jahre 1902 als Sohn des Bierbrauers Paul Heber geboren, besuchte ich vom 6. bis 14. Lebensjahr die Volksschule, nahm anschließend ein Jahr Privatunterricht im Posaunenspiel bei dem verstorbenen Kammervirtuosen Karl Bamberg und absolvierte bis Ostern 1923 das Landeskonservatorium der Musik zu Leipzig. Während meiner Studienzeit wurde ich in das Leipziger Philharmonische Orchester Hans L'hermet (späteres Sinfonieorchester) verpflichtet. Im Oktober 1923 schied ich aus diesem Orchester aus, um im Leipziger Gewandhausorchester als Hilfsmusiker tätig zu sein. Im April 1924 wurde ich nach erfolgreichem Probespiel in diese genannte Körperschaft fest aufgenommen, deren Mitglied zu sein ich heute noch die Ehre habe.«
Lehrer am Leipziger Konservatorium (ab 1941 Hochschule) von 1937 bis 1944 und von 1952 bis 1969 ♦ Lehrer von → E. Uhlig.

WERKE: Orchesterstudien. LITERATUR: Nösselt. QUELLEN: GewandhausA; Archiv HMT: Kon Nr. 12736.

---

1 Heute Olschynica bei Rybnik (Polen).

|651 Körnert, Hans Alfred
Posaune
* 15. Januar 1891 in Großgraupa/Sa.,
† 2. Februar 1962 in Leipzig
Mitglied vom 1. Mai 1924 bis 31. Juli 1956
1. Posaunist für → S. Alschausky, ab 1. Mai 1951
2. Posaunist

Er studierte bei Hermann Meisel, Albert Fuchs, Stransky, Felix Draeseke, Albert Kluge und Ernst Paul am Dresdner Konservatorium von 1905 bis 1909. Danach war er Solo-Posaunist im Grenadier-Regiment 100 in Dresden, von 1914 bis 1918 war er Soldat. Von 1921 bis 30. April 1924 hatte er ein Engagement beim Berliner Philharmonischen Orchester. ♦ In seinem Lebenslauf vom 30. Oktober 1945 schrieb er: »Ich, Hans Alfred Körnert, bin am 15.1.91 in Großgraupa bei Pirna geboren. Mein Vater war Karl August Körnert, Gartenarbeiter und Musiker, und meine Mutter Auguste Marie geb. Schütze, beide verstorben. Nach dem Besuch der dortigen Volksschule besuchte ich das Conservatorium zu Dresden 4 Jahre. Mit dem Reifezeugnis für das Solo- und Orchesterspiel als Posaunist ging ich von dort ab und anschließend zum Leibgrenadierregiment No. 100 / Dresden, wo ich bis zur Neuaufstellung des Infanterie Regiments 182 der Regimentsmusik angehörte. Der Regimentsmusik 182 gehörte ich während des ganzen Krieges 1914-18 im Felde an und nahm so an allen Kämpfen des Regiments teil. Soldat war ich also vom 1.4.09 - 31.7.21. Für straffreie Führung während meiner ganzen Dienstzeit wurde ich, als Vizefeldwebel, bei meinem Abgang zum Leutnant a. D. befördert. Am 1.9.21 ging ich als I. Posaunist zum Berliner Philharmonischen Orchester, unter Nikisch und am 1.5.24 in gleicher Eigenschaft nach Leipzig …« ♦ Die von ihm konstruierte »Doppelposaune«, patentiert unter der Nr. 364776, gleicht in wesentlichen Zügen der von S. Alschausky unter der Nr. 334411 patentierten »Doppelzugposaune« und hat sich ebenso wie diese nicht durchsetzen können.

LITERATUR: Nösselt; Einhundert Jahre Berliner Philharmonisches Orchester. QUELLEN: StadtAL: Kap. 10, Personalakte.

|652 Münch-Holland, Hans Rudolph
Violoncello
* 15. Januar 1899 in Bern,
† 7. Dezember 1971 in Lemgo
Mitglied vom 21. August 1924 bis 30. September 1933
Solo-Cellist für → J. Klengel (im Konzert) und
→ M. Kiesling (im Theater)

Er besuchte von 1905 bis 1914 die Oberrealschule in Stuttgart und studierte dann bis Dezember 1916 an der dortigen Hochschule für Musik. Von 1917 bis 1919 war er beim Kriegsdienst, setzte dann bis 1920 sein Studium fort. Ab 1921 war er Solo-Cellist und Konzertmeister am Landestheater in Stuttgart, ab 1922 unterrichtete er auch an der dortigen Hochschule in Vertretung seines Lehrers Alfred Saal. ♦ 1925 und 1926 erhielt er mehrere Angebote, als Solo-Cellist an die Sächsische Staatskapelle zu gehen. Diese lehnte er ab, nachdem seine Wünsche bezüglich einer größeren Wohnung, Dienstminderung und finanziellem Ausgleich erfüllt wurden. ♦ Er folgte einer Berufung als Professor an die preußische staatliche Hochschule für Musik in Köln, später war er Lehrer an der Hochschule in Stuttgart. Er gehörte 1946 zu den Gründern der Nordwestdeutschen Musikakademie Detmold, hatte dort bis 1964 eine Professur und war zeitweise deren stellvertretender Direktor.

Mitglied des Gewandhaus-Quartetts von 1926 bis 1933 (bis 1930 alternierend mit → J. Klengel) ♦ Lehrer am Leipziger Konservatorium von 1927 bis 1933 ♦ Lehrer von → G. Enger.
LITERATUR: Nösselt; Riemann II. QUELLEN: StadtAL: Kap. 10, Personalakte.

|653 **Kilian, Wilhelm**
Kontrabass
* 16. Juni 1892 in Dessau-Alten
Mitglied vom 1. Oktober 1924 bis 31. Juli 1957
Kontrabassist, ab 1. September 1948 auch stellvertretender Stimmführer für → P. Heimann

In seinem Lebenslauf vom 30. Oktober 1945 schrieb er: »Als Sohn des Arbeiters Wilhelm Kilian und dessen Ehefrau Martha, geb. Könitzer, wurde ich am 16. Juni 1892 zu Dessau-Alten (Anhalt) geboren und besuchte daselbst von 1899 bis 1907 die Volksschule. In den beiden letzten Jahren erhielt ich den ersten Musikunterricht beim Kammermusiker Löwe vom Hoftheater in Dessau. Vom 1. April 1907 bis 1. Oktober 1910 war ich in der Musikschule in Jessen b*ei* Wittenberg. Am 17. Februar trat ich freiwillig beim I*n*fanterie Regiment 175 in Graudenz² ein als Militärmusiker u*nd* blieb bis 30. September 1913. Von dort ging ich am 1. Oktober 1913 an das Stadttheater nach Würzburg, wo ich am dortigen Konservatorium mein Studium fortsetzte. Bei Ausbruch des Krieges wurde ich am 12. August 1914 in Königsberg eingezogen und war ununterbrochen bis 12. Februar 1919 Soldat. Während der Zeit setzte ich vom Oktober 1916 bis Oktober 1918 mein Studium am Konservatorium in Brüssel fort. Nach meiner Entlassung vom Militär 1919 spielte ich vorübergehend im Kino in Herford/Westfalen u*nd* im Kurorchester Bad Rothenfelde um am 1. September 1919 als I. Bassist in das Städt*ische* Orchester nach Münster/Westfalen zu gehen, wo ich auch Lehrer an der Hochschule für Musik war. Ein Jahr später, am 1. September 1920 ging ich an das Landestheater Schwerin/Meckl*enburg*, wo ich bis 30. September 1924 blieb.«
Lehrer von → H. Morawietz und → P. Strauch.
LITERATUR: Nösselt. QUELLEN: StadtAL: Kap. 10, Personalakte.

|654 **Junge, Georg**
Fagott
* 13. Mai 1899 in Thallwitz bei Wurzen,
† März 1967
Mitglied vom 1. Oktober 1924 bis 31. Juli 1960
2. Fagottist für → O. Göpel, ab Dezember 1940 vertretungsweise, ab 1945 definitiv 1. Fagottist für → O. Steinkopf

Der Sohn von Wilhelm Junge, »Handelsmann« (Kon), war dreieinhalb Jahre auf der Militär-Musik-Vorschule in Bad Sachsa und dann Schüler von → Fr. Freitag und → C. Schaefer am Leipziger Konservatorium vom 24. September 1919 bis 20. Dezember 1921 und vom 18. September 1922 bis 14. Juli 1923. Er kam von der 1923 eröffneten Volksoper Berlin, die 1924 der Inflation zum Opfer fiel.
Mitglied des Gewandhaus-Bläserquintetts ♦ Lehrer an der Leipziger Hochschule für Musik von 1952 bis 1960 für → C. Schaefer ♦ Lehrer von → G. Baasch und → G. Schulze.
WERKE: Orchesterstudien; Studienwerke. LITERATUR: Nösselt. QUELLEN: Archiv HMT: Kon Nr. 13011; StadtAL: Kap. 32, Nr. 7, Beiheft 10.

---

2 Heute Grudziądz (Polen).

|655 **Heuck, Thilo**
Horn
* 15. September 1886 in Kirchheiligen bei Langensalza,
† 11. März 1939 in Leipzig
Mitglied von 1924 bis zu seinem Tod
1. Hornist für → A. Rudolph

Nach Engagements an der Städtischen Oper in Berlin und in Karlsruhe, war er in Helsinki und wurde von Theater-Kapellmeister Franz Mikorey als möglicher Kandidat für die 1. Hornstelle vorgeschlagen. Da es ihm nicht möglich war, an einem Probespiel teilzunehmen, schrieb er, er würde sich zur Ableistung eines Probejahres verpflichten und könne die Stelle am 15. April 1924 antreten.
LITERATUR: Nösselt. QUELLEN: StadtAL: Kap. 32, Nr. 7, Beiheft 11.

1925

|656 **Wille, A l f r e d Kurt August**
Fagott
* 30. Oktober 1894 in Leipzig
Mitglied vom 1. April 1925 bis 31. Juli 1960
2. Fagottist für → H. Wolf, ab 1. April 1948 auch stellvertretender 1. Fagottist

In seinem Lebenslauf vom 31. Oktober 1945 heißt es: »Ich, Alfred Kurt August Wille wurde am 30.X. 94 als I. Kind meiner Eltern, des Friseurmeisters August Wille und seiner Ehefrau Margarethe geb. Jäckel in Leipzig geboren. Dortselbst besuchte ich acht Jahre die XI. Bürgerschule. Nach meiner Schulentlassung trat ich in die Musikschule bei Di*rektor* Beckmann in Leipzig ein. Nach 3 ½ jähr*iger* Lehrzeit legte ich meine Musikerprüfung ab. Danach ging ich ab 1.XI. 1912–1.4.1913 als I. Fagottist ins Städt*ische* Orchester Liegnitz. Ab 15.4.1913–18.9.1913 in gleicher Eigenschaft im Kurorchester Bad Soden/T. Vom 1.X. 13–30.4.1914 im Stadttheater Orchester Münster/W. Ab 1.6.14 bis Kriegsbeginn im Kurorchester Ostseebad Ahlbeck. Vom 22.9.1914–13.9.1918 im R*eserve* I*nfanterie* Regiment 245. Von da an bis 19.5.1919 in amerikanischer Kriegsgefangenschaft. Ab August 1919 bis Juli 1923 im Stadttheater Königsberg/Pr. Von Juli 1923 bis März 1925 im städt*ischen* Orchester Tilsit³ …« ♦ Im Dienstbuch der Fagottgruppe findet sich der Vermerk, daß er am 10. Januar 1960 verstorben sei, eine Aktennotiz in der Personalakte bescheinigt, daß er am 18. Februar 1960 am Leben sei.
LITERATUR: Nösselt. QUELLEN: GewandhausA; StadtAL: Kap. 32, Nr. 7, Beiheft 10 ◊ Kap. 10, Personalakte.

|657 **Berninger, Johannes**
Klarinette
* 11. März 1895 in Leipzig, † 23. Januar 1949
Mitglied vom 21. April 1925 bis zu seinem Tod
2. Klarinettist

In seinem Lebenslauf vom 30. Oktober 1945 heißt es: »Ich, Johannes Berninger wurde am 11. März 1895 als Sohn des Musikers Ernst Berninger in Leipzig geboren. Von meinem 6. Lebensjahr an besuchte ich die Volksschule. Da ich später den Musikerberuf ergreifen sollte, erhielt ich vom 8. Le-

---

3 Heute Sowjetsk (Rußland).

Gewandhausorchester und Wilhelm Furtwängler
vor dem Neuen Gewandhaus am
Mendelssohn-Denkmal, 1925

bensjahr an Violinunterricht und vom zwölften Jahre an Klarinetten-Unterricht. Nach achtjähriger Schulzeit wurde ich 1909 aus der Schule entlassen und konfirmiert. Von da an erhielt ich Privatunterricht in Klarinette bei Prof. [→] Ed. Heyneck. Ab 27. März 1913 bis 21. Mai 1915 und vom 7. Januar 1919 bis 27. März 1920 hatte ich eine Freistelle am hiesigen Konservatorium. Am 26. Mai 1915 wurde ich zum Militär eingezogen und war nach 14 tägiger Ausbildung beim Infanterie Regiment 183 im Felde als Soloklarinettist bis zu meiner Entlassung am 26. November 1918. Im Mai 1917 war ich zum Unteroffizier befördert worden. Anschliessend an die Entlassung aus dem Heeresdienst war ich vom 1. Dezember bis Oktober 1923 im Grotian-Steinweg-Orchester und anschliessend im Leipziger Sinfonie-Orchester als 1. Klarinettist beschäftigt. Seit 21. April 1925 bin ich als planmässiger Beamter als 2. Klarinettist beim Stadt- und Gewandhausorchester angestellt. Am 5. August 1939 wurde ich zur Krankentransport-Abteilung No. 542 einberufen und im Polenfeldzug eingesetzt. Am 1. Januar 1940 zum Feldwebel befördert. Meiner Zuckerkrankheit und des Alters zufolge wurde ich am 5. März [1940] aus dem Heeresdienst entlassen.«

WERKE: Saxophon-Schule. LITERATUR: Nösselt. QUELLEN: Archiv HMT: Kon Nr. 11710; StadtAL: Kap. 10, Personalakte.

|658 **Seifert, Rudolf Alfred**
Pauke
* 15. Juni 1898 in Elstra/Oberlausitz,
† Juni 1965 in Altscherbitz bei Leipzig
Mitglied vom 20. Mai 1925 bis 31. Juli 1954,
ab Sommer 1953 nicht mehr tätig
Pauker für → H. Schmidt

In seinem Lebenslauf von 1945 heißt es: »Ich, Rudolf Alfred Seifert, bin am 15. Juni 1898 in Elstra in Sachsen als Sohn des Zigarrenarbeiters Gustav Adolf Seifert geboren. Meine Mutter war eine geborene Gierisch. Nach Beendigung meiner Schulzeit (Volksschule) kam ich 1912 in die Musikschule in Wilsdruff in Sachsen. Zur Vervollständigung meiner fachlichen Kenntnisse als Pauker und Schlagzeuger, besonders aber um weitgehende allgemeine musikalische Ausbildung zu erhalten, besuchte ich vom 1. Januar 1915 an das Konservatorium in Dresden. Mein Hauptfachlehrer war der 1. Pauker der Staatskapelle Kammervirtuos Heinrich Knauer. Schon am 1. Oktober 1915 erhielt ich die 1. Pauker-Stelle an dem Dresdner Philharmonischen Orchester. Am 15. November 1916 kam ich zur Wehrmacht (Musikkorps) und nach meiner Entlassung aus der Wehrmacht im Januar 1919 erhielt ich meine Stellung bei der Dresdner Philharmonie wieder. Im Jahre 1922 wurde ich an das Städtische Orchester nach Karlsbad verpflichtet.« ◆ Sein Bruder Georg Seifert (*1894, †1982) war von 1920 bis 1959 Solo-Bratscher bei der Sächsischen Staatskapelle.
Obmann des Orchesters von 1939 bis 1945, legte zwar im April 1942 das Amt nieder, erklärte sich aber im Februar 1943 bereit, den Posten weiterhin auszuüben; Vorsitzender des Betriebsrates von 1946 bis zu dessen Auflösung am 13. Dezember 1948 ◆ Lehrer am Leipziger Konservatorium (ab 1941 Hochschule) von 1927 bis 1952 ◆ Lehrer von → S. Haßbecker, → J. Hüchelheim, → G. Krake, → V. Kühne und → H. Meinhardt.

LITERATUR: Nösselt. QUELLEN: StadtAL: Kap. 10, Personalakte ◊ Kap. 32, Nr. 7, Vol. 17.

|659 **Münch, Carl** [Munch, Charles]
Violine
* 26. September 1891 in Straßburg/Elsass,
† 6. November 1968 in Richmond/VA (USA)
Mitglied vom 2. Juli 1925 bis 31. August 1932
Zweiter 1. Konzertmeister für → H. Hamann

In seinem Lebenslauf zur Bewerbung heißt es: »Unterzeichneter ist geboren in Strassburg i/Elsass am 26. September 1891, als Sohn des Musikdirektors Prof. Ernst Münch. Mit meinem 6. Lebensjahre besuchte ich das protestantische Gymnasium, das ich nach bestandenen Abiturientenexamen wieder verliess, um mich zunächst dem Studium der Philologie zu widmen. Nach 2 Semestern gab ich dieses Studium jedoch auf, um mich ganz dem Studium der Musik zuzuwenden. Auf dem Strassburger Conservatorium genoss ich den Violinunterricht von Conzertmeister Grevesmühl und besuchte die Kompositions- und Dirigentenklasse von Herrn Dr. Hans Pfitzner. Meine violinistische Ausbildung vervollkommnete ich bei Herrn Havemann in Leipzig und bei Herrn Flesch in Berlin. Waehrend des Krieges war ich Leutnant der Reserve im F. A. R. 51 und ununterbrochen an der Front

Kündigungsschreiben von Carl Münch, Autograph, 15. August 1932

taetig (Eisernes Kreuz I und Verwundeten Abzeichen). Nach dem Ende des Krieges wurde ich Konzertmeister in Strassburg, Mitglied der staedtischen Kammermusikvereinigung und Lehrer am Conservatorium. Seit dem 1. September 1924 bin ich 1. Conzertmeister des staedtischen Orchesters in Cöln.« ◆ Nachdem er ein Angebot aus Straßburg und später eines von Otto Klemperer aus Berlin erhielt, wurde sein Leipziger Vertrag jeweils nachgebessert. Er kündigte am 17. Juni 1929 und teilte mit, daß er beabsichtige, Kapellmeister zu werden. Im September 1929 zog er die Kündigung zurück. Am 15. August 1932 schrieb er aus dem Urlaub an den Rat der Stadt: »Ich erlaube mir Ihnen mitzuteilen, dass ich meine Conzertmeister-Stellung aufgeben möchte und um meine Entlassung bitte …« Er hätte zwar schon am 14. August wieder zum Dienst erscheinen müssen, kam aber erst am 25. August zurück, ohne zuvor seine Vertretung geregelt zu haben. An diesem Tag bat er noch einmal mündlich beim Personalamt um Entlassung zum 31. August. ◆ 1932 debütierte er in Paris als Dirigent und übernahm nach der Gründung des Pariser Philharmonischen Orchesters 1935 dessen Leitung. 1936 wurde er Violinprofessor an der École Normale de Musique, von 1938 bis 1946 war er Leiter des Orchestre de la Société des Concerts du

Conservatoire, daneben hatte er eine Professur für Orchesterleitung. Von 1949 bis 1962 war er musikalischer Leiter des Boston Symphony Orchestra, ab 1951 auch Direktor des Berkshire Music Center in Tanglewood. Ab 1967 war er Leiter des neu gegründeten Orchestre de Paris. Er war Ehrendoktor der Universitäten von Boston und Harvard.

Lehrer am Leipziger Konservatorium ab 1926 ♦ Lehrer von → Fr. Kirmse.

WERKE: Je suis chef d'orchestre. Paris 1954 (in mehrere Sprachen übersetzt). LITERATUR: Nösselt; Deutsches Bühnenjahrbuch. 1926-32; MGG I; Riemann II. QUELLEN: GewandhausA: Adreßverzeichnis des Orchesters 1930; StadtAL: Kap. 10, Personalakte ◊ Kap. 32, Beiheft 2 / Bd. 2.

|660 Schwarz, Leo
Violine
* 1. Januar 1890 in Nikolaieff[4],
† 4. Juni 1962 in New York
Mitglied vom 16. August 1925 bis 1934
Dritter 1. Konzertmeister an der neu eingerichteten Stelle

Der Sohn des Importeurs Jacques Schwarz und dessen Ehefrau Anette, geb. Ehrlich, wuchs in Hamburg auf, wo er in Elmsbüttel die Oberrealschule besuchte und Unterricht bei A. Hartwig am Vogt'schen Konservatorium hatte. Er war dann Schüler von Hans Sitt am Leipziger Konservatorium vom 23. April 1908 bis Ostern 1912. Von Mai bis Oktober 1912 war er Konzertmeister am Meininger Hoforchester, danach bis Kriegsausbruch »Mitwirkender am Gewandhausorchester« (Personalakte). Von 1914 bis 1918 war er Soldat in der Österreichischen Armee, von September 1915 bis 17. August 1917 an der Front und erlitt Kriegsverletzungen am Oberschenkel und am linken Oberarm bei der Isonzoschlacht am Monte Grappa. Ab 10. April 1918 wurde er vom Kriegsdienst freigestellt und als Konzertmeister nach Elberfeld[5] beurlaubt. Von Mai bis Oktober 1919 war er Konzertmeister beim Philharmonischen Orchester Dresden und ab August 1920 bei der Staatskapelle Gotha. Gleichzeitig nahm er von Herbst 1919 bis August 1920 Unterricht bei Carl Flesch in Berlin. ♦ Am 12. August 1925 teilte der Rat der Stadt Leipzig der Gewandhaus-Konzertdirektion mit: »Anstelle der durch das Ausscheiden des Herrn [→ A.] Beyer freigewordenen Stelle ist eine 3. Konzertmeisterstelle geschaffen worden, die Herrn Schwarz übertragen worden ist.« ♦ Wegen seiner jüdischen Abstammung wurde er am 8. April 1933 zunächst »beurlaubt«[6], am 11. April wurde diese Entscheidung wieder aufgehoben, und am 28. Mai 1934 verfügte der Reichsstatthalter in Sachsen seine Versetzung in den Ruhestand. Im Zuge der Pogrome im November 1938 wurde er verhaftet und am 12. November 1938 in das Konzentrationslager Buchenwald deportiert. Am 11. Dezember 1938 konnte er nach Philadelphia (USA) emigrieren.[7]

LITERATUR: Nösselt; M. Hübner: Die Akte Schwarz; Deutsches Musiker-Lexikon, hrsg. v. E. Müller. QUELLEN: Archiv HMT: Kon Nr.10180; GewandhausA: Adreßverzeichnisse des Orchesters 1930 u. 1934; StadtAL: Kap. 10, Personalakte.

---

4 Heute Nikolajew (Ukraine).

5 Heute Stadtteil von Wuppertal.

6 Am 7. April 1933 wurde das Gesetz zur »Wiederherstellung des Berufsbeamtentums« erlassen, wonach Beamte, die nicht »arischer« Abstammung waren, in den Ruhestand versetzt wurden.

7 Bis zum Februar 1939 erfolgten Entlassungen aus Konzentrationslagern. Bis dahin hatten die Verhaftungsaktionen auch als Ziel, den Auswanderungsdruck auf jüdische Bürger zu erhöhen.

|661 Genzel, Franz
Violine
* 13. Juni 1901 in Schwerstedt bei Weimar,
† 12. November 1968 in Leipzig
Mitglied vom 1. September 1925 bis 31. Juli 1966
2. Geiger, nach 1945 Stimmführer der 2. Violinen

Der Sohn des Pfarrers Friedrich Genzel und dessen Ehefrau Elise, geb. Knauth, besuchte die Schule in Ilmenau, Schleusingen und Eisenach, wo er auch das Abitur erlangte. Er hatte Unterricht bei Musikdirektor Karl Hänsgen in Weimar, später ein Semester bei → E. Wollgandt und war dann Schüler von Walther Davisson am Leipziger Konservatorium vom 1. November 1921 bis 1925.

LITERATUR: Nösselt. QUELLEN: Archiv HMT: Kon Nr. 13939; GewandhausA.

|662 Gutschlicht, Otto
Viola
* 1. November 1894 in Borsdorf bei Leipzig,
† August 1954
Mitglied vom 16. September 1925 bis zu seinem Tod
Bratscher, einige Zeit auch Vorspieler

Er ist der Sohn von Karl Max Gutschlicht, Schmied in Borsdorf, und dessen Frau Anna Selma, geb. Wende aus Sagan/Schlesien. Von 1901 bis 1909 besuchte er die Volks- bzw. Mittelschule in Holzhausen und Sagan, anschließend war er bis 1912 Lehrling bei Kapellmeister Diekmann in der Stadtkapelle Sagan. Er war dann Schüler von Hans Becker am Leipziger Konservatorium vom 26. September 1912 bis zu seiner Einberufung zum Kriegsdienst am 30. April 1915. Nach Ende des Krieges war er von 1919 bis 1921 beim Stadttheater Görlitz, von 1922 bis 1923 beim Kurorchester Bad Nauheim und von 1923 bis 1925 beim Sinfonieorchester Frankfurt/M. Stellvertretender Vorsitzender des »Stadtorchester Leipzig e.V.« von 1927 bis 1933, dessen Ordner von März bis Dezember 1933; Stellvertretender Obmann des Orchesters von 1940 bis 1945 ♦ Lehrer an der Leipziger Hochschule für Musik von 1946 bis 1949 ♦ Lehrer von → H. Salamanek und → A. Walter.

LITERATUR: Nösselt. QUELLEN: Archiv HMT: Kon Nr. 11506; StadtAL: Kap. 10, Personalakte.

|663 Pensel, Oskar
Violine
* 15. November 1902 in Helmbrechts,
† 6. September 1991 in Leipzig
Mitglied vom 1. Oktober 1925 bis 31. Juli 1969
1. Geiger, ab 1. Januar 1948 zweiter 2. Konzertmeister

In seinem Lebenslauf von 1945 heißt es: »Ich wurde am 15.11.1902 als der Sohn des Webers Martin Pensel zu Helmbrechts in Bayern geboren, und besuchte dort die Volksschule. Mein Vater, der nebenberuflich Musiker ist, erweckte in mir zeitig die Liebe zur Musik. Neigung und Anlagen ließen mich den Musikerberuf ergreifen und Musikfreunde ebneten mir die Wege zum Studium. Ich wurde nach München geschickt, wo ich an der dortigen Akademie der Tonkunst studierte (von 1916 bis 1921). Außerdem besuchte ich von 1921 bis 1923 die deutsche Akademie für Musik und darstellende Kunst in Prag. Die Studienjahre waren hart und entbehrungsreich. Nach Abschluß des Studiums hieß es: Geld verdienen und ich nahm eine Geigerstelle an im Symphonieorchester zu Frankfurt/Main, wo ich bis zum Jahre 1925 verblieb.« ♦ In Prag hatte er Unterricht bei Henri Marteau und war

auch noch während seines Leipziger Engagements dessen Schüler am Leipziger Konservatorium vom 22. September 1926 bis 15. März 1927. ♦ Am 1. Juni 1942 zur Wehrmacht eingezogen, war er bis 25. Juni 1945 in Kriegsgefangenschaft in Bad Kreuznach.
Lehrer an der Leipziger Hochschule für Musik von 1949 bis 1975 ♦ Lehrer von → W. Gräntzel, → E. Oettel und → H. Winkler.
LITERATUR: Nösselt. QUELLEN: Archiv HMT: Kon Nr. 15439; GewandhausA.

|664 **Gründel, Paul**
Violine
* 2. Oktober 1902 in Plauen/Vogtland,
† 26. März 1969 in Leipzig
Mitglied vom 1. Oktober 1925 bis 31. Juli 1968
2. Geiger, später 1. Geiger

Er war von 1917 bis 1921 Schüler von Musikdirektor Lauterbach an der städtischen Orchesterschule in Zschopau und dann Schüler von Hans Sitt, Walther Davisson und → E. Wollgandt (Violine), → P. Klengel und → M. Wünsche (Klavier) am Leipziger Konservatorium von März 1921 bis 18. Juli 1925. Ab 1922 wirkte er in den Gewandhauskonzerten mit.
LITERATUR: Nösselt; Deutsches Musiker-Lexikon, hrsg. v. E. Müller. QUELLEN: Archiv HMT: Kon Nr. 3712; StadtAL: Kap. 32, Nr. 7, Beiheft 2/1.

|665 **Link, Gustav**
Violine
* 28. Dezember 1894 in Magdeburg,
† 15. Dezember 1970
Mitglied vom 1. Oktober 1925 bis 31. Juli 1960
2. Geiger, ab 1929 Stimmführer der 2. Violinen für
→ W. Bach

Er kam vom Stadttheater Magdeburg nach Leipzig.
LITERATUR: Nösselt. QUELLEN: GewandhausA; StadtAL: Kap. 32, Beiheft 2 / Bd. 2.

|666 **Muth, Bernhard Max**
Violine
* 18. Mai 1887 in Bernburg,
† 25. Januar 1947 in Leipzig
Mitglied vom 1. Oktober 1925 bis zu seinem Tod
2. Geiger

Der Sohn des Tischlers Bernhard Muth besuchte von 1896 bis 1902 die Mittelschule in Dessau und hatte dort bis 1904 vier Jahre Privatunterricht bei den Hofkonzertmeistern Fritz Seitz und Georg Otto. Es folgten bis 1907 Engagements in Bad Ems, Bad Berneck, Bad Kudowa, Leipzig, Hirschberg/Schlesien und beim Operettentheater in Frankfurt/M. Von 1907 bis 1908 war er beim Orchester des Stadttheaters Düsseldorf-Duisburg und von 1908 bis 1912 Lehrer am Konservatorium in Erfurt, wo er noch Unterricht bei → W. Hansmann nahm. Ab 1. September 1912 war er 1. Konzertmeister beim Operettentheater, dem zweiten städtischen Orchester. Im Zusammenhang mit der Privatisierung dieses Hauses wurde ihm zum 31. August 1924 gekündigt. Danach war er Konzertmeister und stellvertretender Dirigent des Winderstein-Orchesters.
LITERATUR: Nösselt. QUELLEN: StadtAL: Kap. 10, Personalakte ◊ Kap. 32, Nr. 7, Beiheft 2 / Bd. 2.

|667 **Roscher, Ernst**
Violine
* 24. Februar 1888 in Neudorf/Erzgebirge,
† 1. Februar 1965 in Leipzig
Mitglied vom 1. Oktober 1925 bis 1953
2. Geiger

Er war von 1906 bis 1907 beim Stadtorchester Annaberg/Erzgebirge und von 1907 bis 1908 beim Stadtorchester Zwickau. Danach nahm er bis 1914 Privatunterricht in Leipzig und hatte dann Engagements beim Konzertorchester WASA in Finnland (1914), beim Kurorchester Meran (1914/15), beim Opernorchester Graz (1915–20), beim städtischen Orchester Bremen (1920–22), bei der Philharmonie Oslo (1922/23) und beim Kurorchester Meran (1923–25). ♦ Die Sängerin Erna Roscher ist seine Tochter.
Lehrer von → Kl. Schwenke.
LITERATUR: Nösselt. QUELLEN: StadtAL: Personalkartei; Auskunft von Erna Roscher, Berlin.

|668 **Matz, Arnold** Prof.
Violine, Viola
* 10. April 1904 in Halle/S., † 25. April 1991 in Leipzig
Mitglied vom 1. Oktober 1925 bis 30. September 1947
und vom 1. September 1952 bis 31. Juli 1969, vom
1. September 1952 bis 31. Juli 1963 nur im Konzert
1. Geiger, ab 1952 Solo-Bratscher

Er ist der Sohn des Architekten Johannes Matz und dessen Ehefrau Louise, geb. Gropius. In Halle/S. besuchte er das Gymnasium bis zur Unterprima und hatte viereinhalb Jahre Unterricht bei Konzertmeister Prinz, später ein halbes Jahr bei → E. Wollgandt und war dann vom 24. April 1922 bis 11. Dezember 1923 Schüler von E. Wollgandt und Walther Davisson am Leipziger Konservatorium. Davisson schrieb im Zeugnisentwurf, daß Fleiß und Leistung »sehr unterschiedlich und nicht immer der guten Veranlagung entsprechend« gewesen seien und »M. ... wegen Disziplinlosigkeit im Orchester entlassen werden« mußte. In den Probespielunterlagen von 1925 findet sich der Eintrag: »21 Jahre alt, Substitut am hies*igen* Stadt- u*nd* Gewandhausorchester.« ♦ Von 1936 bis 1940 studierte er Tonsatz bei Johann Nepomuk David am Leipziger Konservatorium. Am 25. April 1940 zur Wehrmacht eingezogen, wurde er Ende Juni 1945 in Nesselbach bei Linz aus amerikanischer Kriegsgefangenschaft entlassen. ♦ Von seinen zahlreichen Kompositionen wurden mehrere in den Gewandhauskonzerten uraufgeführt. Sein kompositorischer Nachlaß befindet sich in der Musikabteilung der Leipziger Stadtbibliothek. ♦ »Außerdem entwickelte ich Rechenschieber für Doppelten Kontrapunkt (mein Spezialgebiet) ...« (Lebenslauf)
Lehrer für Viola und Theorie an der Leipziger Hochschule für Musik ab 1946, zunächst mit Lehrauftrag, ab 1. Oktober 1947 hauptamtlich, 1953 Professur, zum 31. August 1969 emeritiert, noch bis 1986 mit Lehrauftrag ♦ Lehrer von → P. Baake, → W. Espig, → B. Jäcklin, → R. Kleekamp, → V. Metz, → H. Salamanek, → H. Schicketanz, → G. Schilde, → Kl. Schwärsky, → Kl. Schwenke, → Fr. Starke, → H. Stolle und Kompositionslehrer von → K. Masur.
WERKE: Konzert f. Fg u. Orch.; Konzert f. Va. u. Orch.; Präludium u. Fuge f. Ob, Kl., u. Fg; Quartett f. Fl., Vl., Kb. u. Klav; Trio f. Fl., Ob. u. Fg.; Introitus u. Passacaglia f. Orch.; Litotes f. Va. u. Orch.; Intonationsstudien in Doppelgriffen (6 Hefte); Capricen f. Violen; 11 Duette f. Violen; 8 Lagenstudien; 7 Lagenstudien; Tonleiter u. Akkordstudien; Duette f. Violen; Transkription der Violin-Duette von Pleyel, Beriot u. Kalliwoda f. Violen. LITERATUR: Nösselt. QUELLEN: Archiv HMT: Kon Nr. 14033 ◊ Personalakte; GewandhausA.

|669 **Heine, Berthold**
Violoncello
* 30. Dezember 1895 in Hannover,
† 10. Februar 1972
Mitglied vom 1. Oktober 1925 bis 30. Juli 1961,
noch bis 1962 Aushilfe
Cellist, vom 1. Mai 1953 bis 30. Juni 1955
Stellvertretender Solo-Cellist (Vorspieler)
LITERATUR: Nösselt. QUELLEN: GewandhausA.

|670 **Rebhan, Willy**
Violoncello
* 9. Januar 1903 in Rottenbach[8] bei Sonneberg,
† 16. April 1993 in Kollmar bei Glückstadt
Mitglied vom 1. Oktober 1925 bis 28. Februar 1951
Cellist, ab 1933 2. Solo-Cellist für → A. Kludt, ab 1943
1. Solo-Cellist für → A. Eichhorn

Er ist der dritte Sohn des Porzellanmalers Hermann Rebhan und dessen Ehefrau Margarete, geb. Neubauer. Nach seiner Schulzeit in Schauberg/Oberfranken war er von 1916 bis 1918 Schüler der Musikschule Geisler in Coburg, nach deren Schließung hatte er ein Engagement beim Stadtorchester Hof/S. Von 1919 bis 1923 war er im Sommer Solo-Cellist beim Kurorchester Bad Rothenfelde im Teutoburger Wald, im Winter beim städtischen Orchester in Göttingen. Während dieser Engagements nahm er Unterricht bei Karl Piening in Meiningen, später bei Fritz Deinhard in Osnabrück. 1923/24 war er Solo-Cellist beim Stadttheater Bamberg, 1924/25 beim Stadttheater Heilbronn und während dieser Zeit auch Schüler von Alfred Saal in Stuttgart. Später nahm er Unterricht bei → H. Münch-Holland und → J. Klengel in Leipzig. ◆ Vom 1. März 1951 bis 1968 war er Solo-Cellist beim Orchester der Deutschen Oper Berlin. Mitglied des Gewandhaus-Quartetts von 1937 bis 1941 und von 1943 bis 1951 ◆ Lehrer von → E. Hillmann.
LITERATUR: Nösselt. QUELLEN: StadtAL: Kap. 10, Personalakte; Auskunft von Hildegard Rebhan, Kollmar.

|671 **Martersteig, Oswald**
Kontrabass
* 5. November 1894 in Battaune/Dübener Heide,
† 8. September 1979 in Wöllnau/Dübener Heide
Mitglied vom 1. Oktober 1925 bis 31. Juli 1960
Kontrabassist

Er war vier Jahre bei »der Stadtkapelle zu Eilenburg« (Kon) und dann Schüler von → A. Wolschke am Leipziger Konservatorium vom 8. April 1915 bis zu seiner Einberufung zum Kriegsdienst am 21. Mai 1915.
LITERATUR: Nösselt. QUELLEN: Archiv HMT: Kon Nr. 12158.

|672 **Krause, Willy Arthur**
Kontrabass
* 22. April 1897 in Leipzig,
† 17. Mai 1983 in Leipzig
Mitglied vom 1. Oktober 1925 bis 31. Juli 1962
Kontrabassist

Der Sohn des Monteurs Willy Krause hatte Unterricht »während 4 Jahren Lehrzeit bei Fischer in Gohlis – dann bei Herrn Max Schulz 3 Jahre«. (Kon) Er war dann Schüler von → A. Wolschke und → M. Schulz am Leipziger Konservatorium vom 30. Januar 1915 bis 20. Juli 1916 und vom 27. Januar 1919 bis 15. Juni 1920; während dieser Zeit wirkte er bereits in den Gewandhauskonzerten mit. Von 1920 bis 1923 war er beim Philharmonischen Orchester Leipzig, von 1923 bis 1924 beim Orchester des Deutschen Opernhauses in Berlin-Charlottenburg, vom 16. September 1924 bis 15. März 1925 beim Berliner Philharmonischen Orchester und von März bis September 1925 beim Leipziger Sinfonieorchester.
LITERATUR: Nösselt; G. Avgerinos: Künstler-Biographien; Deutsches Musiker-Lexikon, hrsg. v. E. Müller. QUELLEN: Archiv HMT: Kon Nr. 12110; GewandhausA.

|673 **Möritz, Walter**
Violine
* 10. Januar 1897 in Leipzig
Mitglied vom 3. Oktober 1925 bis 31. Dezember 1927
2. Geiger

In seinem Bewerbungsschreiben heißt es: »Ich, Walter Möritz, Sohn achtbarer Eltern, geb. zu Leipzig am 10./1.1897 erhielt neben Bürgerschulbildung vom 11ten Lebensjahre an Violinunterricht bei Conrad Hurfer in Leipzig. Nach längerer Unterweisung von Kammermusikus Rich. Zimmermann ebenda studierte ich noch bei Jean Becker[9] in Leipzig. Im Opernorchester war ich abzüglich zwei Jahre Heeresdienst, tätig als 1. Geiger am Stadttheater in Danzig ein Jahr, Landestheater Staatskapelle Gotha *in* Thüringen fünf Jahre von wo aus ich nach erfolgreichem Probespiel ab 1. Sept*ember* 1924 für das hessische Landestheater in Darmstadt verpflichtet wurde in welcher Stellung ich mich noch befinde.« ◆ Er ging nach Berlin an die Staatskapelle.
LITERATUR: Nösselt. QUELLEN: Richard-Wagner-Museum Bayreuth; StadtAL: Kap. 10, Personalakte ◊ Kap. 32, Nr. 7, Beiheft 2/1.

|674 **Stemmler, Franz**
Violine
* 22. Oktober 1891 in Förderstedt bei Staßfurt,
† 28. Januar 1931
Mitglied vom 1. Oktober 1925 bis zu seinem Tod
2. Geiger

1916 nahm er als »Kriegsaushelfer« am Schweiz-Gastspiel des Gewandhausorchesters teil. ◆ Bei seiner Bewerbung von 1925 gab er an, 1920 2. Konzertmeister im Orchester von Hans L'hermet gewesen zu sein.
LITERATUR: Nösselt. QUELLEN: StadtAL: Kap. 32, Nr. 7, Beiheft 2/1, Bl. 193 ◊ Kap. 32, Nr. 26 ◊ Personalkartei.

---

8 Wegen der unmittelbaren Nähe zur Grenze nach Bayern fiel Rottenbach im Oktober 1964 dem Ausbau der Grenzsicherungsanlagen in der DDR zum Opfer.

9 Gemeint ist Hans Becker, der Sohn von Jean Becker und Bruder von Hugo Becker.

1926

|675 Ullrich, Erich Maximilian
Flöte
* 4. Juni 1888 in Neusalz[10]/Oder, † März 1966
Mitglied vom 1. Januar 1926 bis 1952
2. Flötist für → P. Scheffel

In seinem Lebenslauf von 1945 schrieb er: »Ich, Erich Maximilian Ullrich, jüngster Sohn des Webermeisters Josef Ullrich und seiner Ehefrau Anna geb. Deikert, wurde am 4. Juni 1888 zu Neusalz a. O. geboren und nach katholischer Kirchensitte getauft und erzogen. Den ersten Unterricht erhielt ich in der Schule meiner Heimatstadt, meine weitere Schulbildung bekam ich in Berlin, woselbst ich 5 Jahre die Bürgerschule besuchte. Dann besuchte ich 6 Jahre das Stern'sche Konservatorium für Musik in Berlin, und nahm noch Privatunterricht bei Professor E. Prill in Berlin. Meine Engagements waren Städtisches Orchester Bremen (1913-1915), Frankfurter Opernhaus-Orchesters (1916–1920), dann übernahm ich als Kapellmeister die Leitung der Kurmusik in Bad Königstein im Taunus – Bad Homburg v. d. Höhe und des Zoologischen Gartens in Frankfurt a. M. 1924 trat ich in den Verband des Deutschen Opernhaus-Orchester Berlin als I. Flötist ein.« ◆ In seinem Bewerbungsschreiben heißt es: »Einem hochgeehrten Stadtrat gestatte mir hierdurch ganz ergebenst auf die Annonce in der Musiker-Zeitung als Flötist für das städtische Orchester Offerte zu machen. Bin ein in jeder Weise routinierter Orchestermusiker, und Flötist allerersten Ranges, der über einen schönen klaren Ton, und virtuose Technik verfügt … Erwähnen möchte ich noch, dass ich ein wirklich ausgezeichneter Piccolobläser bin; 36 Jahre alt, äußerst solid und gewissenhaft im Dienst. Ab nächsten Monat komme ich als Solo-Flötist nach Leipzig in's Sinfonie-Orchester, wo ich vorige Woche zum Probespiel war.«
LITERATUR: Nösselt. QUELLEN: StadtAL: Kap. 10, Personalakte ◊ Kap. 32, Nr. 7, Vol. XVI, Bl. 74.

|676 Schmidt, Heinz
Klarinette
* 31. Mai 1897 in Kilianstädten bei Frankfurt/M., † 1956
Mitglied vom 1. Februar 1926 bis zu seinem Tod
2. Klarinettist

Im Oktober 1925 bewarb er sich um die ausgeschriebene 1. Klarinettisten-Stelle. In seinem Lebenslauf zur Bewerbung heißt es: »Am 31. Mai 1897 wurde ich in Kilianstädten bei Frankfurt am Main geboren; besuchte die dortige Volksschule und kam im April 1911 in die Hessische Musikschule Friedberg in Hessen in die Lehre. Unterricht im Clarinettspiel erhielt ich während dieser Zeit von Herrn K. König (Mitglied des Winderstein Orchesters Leipzig-Bad Nauheim) bis zum Ausbruch des Krieges - infolge dessen mein Lehrinstitut geschlossen wurde. Zur Weiterbildung studierte ich von September 1914 bis Juli 1916 in Frankfurt am Main bei Herrn Mohler. (Solo Clarinettist am Opernhaus und Lehrer am Dr. Hoch'schen Conservatorium.) Während dieser Zeit war ich des öfteren im Opernhaus und auch im Palmengartenorchester aushilfsweise tätig. Im September 1916 wurde ich zum Militär eingezogen und war dann im Felde bei einer Infanteriekapelle. Nach meiner Entlassung war ich in folgenden Orchestern: Sommer 1919 Bad Pyrmont, Kurorchester; Winter 19/20 Rudolstadt, Landestheater-Orchester; Sommer 1920 Bad Nauheim, staatliches Kurorchester; Winter 20/21 Meran (Südtirol), Theater- + Kurorchester; Sommer 1921 Bad Nauheim staatliches Kurorchester; Winter 21/22 Frankfurt am Main Aushilfe im Opernhausorchester; Zwecks Vervollkommnung studierte ich nebenbei bei Herrn Karl Schütte (Solo Clarinettist dortselbst) von Mai 1921 bis März 1922. Im Sommer 1922 Bad Nauheim, staatliches Kurorchester; Winter 1922/23 Saarbrücken, Stadttheaterorchester; Ab April 1923 gehöre ich dem Stamm des hiesigen [Bad Nauheimer] staatlichen Kurorchesters als erster und Solo Clarinettist an …« ◆ Er wurde im Dezember 1925 zunächst als Aushilfe engagiert. Am 11. Januar 1926 wurde ihm mit Hinweis darauf, daß die Stelle eines 2. Klarinettisten frei würde, diese angeboten und darauf hingewiesen, daß »die zweite Klarinette bei uns gleichzeitig für Baß-Klarinette, A-, B-, C-, Es-, As-, D-Klarinette, Bassethorn und Saxophon zu verpflichten ist.«
LITERATUR: Nösselt. QUELLEN: StadtAL: Kap. 10, Personalakte.

|677 Hofmann, Hermann
Klarinette
* 28. Oktober 1889 in Frankfurt/M.
Mitglied vom 1. Mai 1926 bis 8. Juni 1945
1. Klarinettist für → H. Bading

Er kam vom Landestheater Karlsruhe, wo er ab 1. September 1916 engagiert war. ◆ Im Zuge der Entnazifizierung wurde er entlassen, später war er am Landestheater Halle/S.
Kassierer des »Stadtorchester Leipzig e.V.« von März bis Dezember 1933; Stellvertretender Obmann des Orchesters von 1939 bis 1. November 1940.
WERKE: Leichtfaßliche Klarinettenschule auch zum Selbstunterricht geeignet. LITERATUR: Nösselt. QUELLEN: StadtAL: Kap. 32, Nr. 7, Vol. 17, Bl. 13.

|678 Nolze, Erich
Viola
* 7. Dezember 1901 in Liebertwolkwitz,
† 28. Januar 1987 in Leipzig
Mitglied vom 15. August 1926 bis 31. Juli 1967
Bratscher, ab 1. September 1948 auch stellvertretender Stimmführer (Solo-Bratscher)

Er ist der Sohn des Postschaffners Otto Nolze und dessen Ehefrau Elisabeth, geb. Schiebold. Von 1916 bis 1920 besuchte er das Musikinstitut in Halle/S. und war dann Schüler von Hans Sitt und → C. Herrmann am Leipziger Konservatorium von 1920 bis 1924; während dieser Zeit war er bereits als Substitut tätig (2. Violine und Viola). Vom 8. September 1924 bis 31. Juli 1926 war er Solo-Bratscher am Landestheater Altenburg. In seinem Lebenslauf zur Bewerbung heißt es: »Im Dezember 1901 wurde ich zu Liebertwolkwitz b. Leipzig geboren. Kurze Zeit darauf siedelten meine Eltern nach Leipzig über, da mein Vater als Beamter nach dort versetzt wurde. Nach meiner Konfirmation ging ich von 1916 bis 1920 in eine Musikerlehre. Noch im selben Jahr kehrte ich nach Leipzig zurück und besuchte das hiesige Konservatorium. Zunächst als Schüler von Professor Sitt im Violinspiel, betrieb ich nach dessen Tode ausschließlich das Violaspiel und zwar als Schüler von Concertmeister Carl Herrmann. Während meiner Studienzeit wirkte ich auch als Bratschist und 2. Violinist im Gewandhaus zwei Konzertwinter mit, war auch als Solo-Bratscher im Symphonie-Orchester unter Leitung von Kapellmeister E. Bohnke tätig. Im April 1924 beschloß ich meine Studien am Konservatorium, indem ich mich der Solistenprüfung im Vio-

---
10 Heute Nowa Sol (Polen).

laspiel unterzog und diese mit sehr gutem Erfolg bestand. Zur Zeit befinde ich mich in ungekündigtem Verhältnis als Solobratscher am Landestheater zu Altenburg.« ◆ Am 27. März 1943 zum Kriegsdienst eingezogen, war er vom 18. September 1944 bis 5. Januar 1947 in amerikanischer Kriegsgefangenschaft.

LITERATUR: Nösselt. QUELLEN: GewandhausA; Archiv HMT: Kon Nr. 13280; StadtAL: Kap. 10, Personalakte Otto Gutschlicht.

|679 **Schaller, Willy**
Viola
* 14. April 1888 in Ruppertsgrün bei Werdau
Mitglied vom 1. September 1926 bis 28. Februar 1927
Solo-Bratscher

In der »Tätigkeitsübersicht« in seiner Personalakte heißt es: »Geboren am 14. April 1888 zu Ruppertsgrün bei Werdau in Sa. besuchte ich die Musikschule zu Reichenbach im Vogtland von Ostern 1902 – 1. September 1904; vom 3. September 1904 – 15. April 1906 war ich Konzertmeister der städtischen Kapelle zu Zwickau in Sachsen; 20. April 1906 – 1. Juni 1909 Schüler des Conservatoriums für Musik zu Leipzig; 3. Juni 1909 – 2. Juni 1911 Konzertmeister der Regiments Kapelle Infanterie Regiment 153 zu Altenburg, sowie am Hoftheater; 1. September 1911 – 1. September 1913 Konzertmeister des Steinke-Orchesters, Berlin, um bei Eberhard studieren zu können; 1. September 1913 – 1. September 1919 Konzertmeister und Solobratschist der städtischen Kapelle Chemnitz; 1. Oktober 1919 – 1. Mai 1920 Konzertmeister des Orchesters der Philharmonischen Gesellschaft Chemnitz; 1. Mai 1920 bis 1. Oktober 1920 Konzertmeister der Kurkapelle Wildbad; 1. Oktober 1920 bis 15. November 1923 Konzertmeister des Landeskapelle Meiningen; seit 16. November 1923 wieder Konzertmeister an der städtischen Kapelle zu Chemnitz; NB GMD Muck hatte mich 1914 für das Sinfonie-Orchester Boston verpflichtet, der Krieg vereitelte jedoch die Amerikafahrt.« ◆ Er wurde zum 1. Januar 1927 vom Bayerischen Staatsministerium zum Studienrat am Staatskonservatorium der Musik in Würzburg ernannt, wo er bis 1937 als Professor für Violine, Viola, und Kammermusik tätig war. Alle Bemühungen, ihn auch durch Vertragsverbesserungen an Leipzig zu binden, scheiterten.

Lehrer von → R. Harzer.

LITERATUR: Nösselt; Festschrift zum 150. Jubiläum des Bayerischen Staatskonservatoriums. QUELLEN: StadtAL: Kap. 10, Personalakte ◊ Kap. 32, Nr. 7, Beiheft 3.

1928

|680 **Strelewitz, Kurt**
Violine
* 3. Oktober 1898 in Berlin
Mitglied vom 1. Juli 1928 bis 31. Oktober 1929
2. Geiger

In seinem Lebenslauf zur Bewerbung heißt es: »Bin am 3. Oktober 1898 in Berlin als Sohn des Schriftstellers B. Strelewitz [Bernhard Strzelewicz (*1857, †1938)] geboren. Sächsischer Staatsangehöriger. Nach Absolvierung der Ober-Realschule Lichterfelde-W/Berlin und der Realschule Radebeul bei Dresden besuchte ich das ehemals königliche Konservatorium zu Dresden. Violinen-Unterricht erteilte mir Herr Konzertmeister [→] Paul Wille, Staatskapelle. Im November 1916 wurde ich zum Heeresdienst eingezogen,

Oktober 1917 von Herrn Kapellmeister Edwin Lindner reklamiert (Dresdner Philharmonie), wo ich bis 1919 als II. Geiger tätig war. Habe dann einige Zeit am Staatstheater volontiert, und bin seit Mai 1925 erneut als I. Geiger in der ›Dresdner Philharmonie‹ unter Leitung von Herrn Generalmusikdirektor Eduard Mörike. In den letzten Jahren studierte ich bei Herrn Konzertmeister Jan Dahmen (Staatstheater) …« ◆ Vom 1. November 1929 bis 31. Oktober 1950 war er Mitglied der Dresdner Staatskapelle, später Orchesterdirektor der Staatskapelle Berlin.

Lehrer von → H. Jacob.

LITERATUR: Nösselt; A. Schreiber: Von der Churfürstlichen Cantorey zur Sächsischen Staatskapelle Dresden. QUELLEN: StadtAL: Kap. 10, Personalakte.

|681 **Schauß, Willy**
Violine
* 12. Juni 1892 in Wiesbaden
Mitglied vom 1. Oktober 1928 bis 31. Juli 1957
1. Geiger, ab 1933 Stimmführer der 2. Violinen für → M. Rother

In seinem Lebenslauf von 1945 heißt es: »Ich, Willy Schauß, bin in Wiesbaden am 12.6.92 geboren, besuchte dort die Schule und bestand das Einjährig freiwilligen Examen. Am Spangenberg'schen Konservatorium dort erhielt ich Violinen-Unterricht von den Herren Konzertmeister Lindner, Konzertmeister Kauffmann & Nowak. Von Ostern 1911 [vom 20. April 1911 bis Ostern 1914] bis zum Kriegsausbruch setzte ich meine Studien am Leipziger Konservatorium bei Prof. Sitt fort. Nebenfach Klavier-Theorie. Ostern 1915 erhielt ich eine I. Geigerstelle am Leipziger Gewandhaus und Theaterorchester[11]. Während dieser Zeit nahm ich Privatstunden bei Prof. Sitt. Im Sommer 1916 nahm ich eine Konzertmeisterstelle in Bad Harzburg, Kurorchester an, dann ging ich in gleicher Eigenschaft bis September 1917 an das Stadttheater Halle. Von hier aus wurde ich anschließend an das Stadttheater zu Danzig als I. Konzertmeister verpflichtet. Das Orchester spielte im Sommer in Zoppot, wo ich neben meiner Konzertmeistertätigkeit als stellvertretender Dirigent die Früh und Abendkonzerte leitete, diese Stellung mußte ich im Jahr 1919 krankheitshalber aufgeben und verbrachte dann bis Frühjahr 1920 zur Wiederherstellung meiner Gesundheit in Bad Zoppot und Reinerz. Dann nahm ich meine Tätigkeit als I. Konzertmeister in Bad Ems wieder auf und ging dann in gleicher Eigenschaft an das städtische Orchester zu Trier. In dieser Stellung leitete ich außerdem als Dirigent die Sommerkonzerte und bestritt den größten Teil der Kammermusik. Wegen Auflösung des städtischen Orchesters 1927 nahm ich dann vorübergehend eine Stellung als II. Konzertmeister im Westdeutschen Rundfunkorchester zu Köln an. Um mir eine pensionsfähige Stellung zu sichern verpflichtete ich mich wieder an das Leipziger Stadt & Gewandhausorchester. Hier bin ich als Führer der II. Violinen tätig. 1930 trat ich in das [→] Schachtebeck Quartett als II. Geiger ein und seit 1937 gehöre ich noch dem [→] Wollgandt Gewandhaus-Quartett an.«

Mitglied des Gewandhaus-Quartetts von 1937 bis 1941 ◆ Protokollführer des »Stadtorchester Leipzig e.V.« von März bis Dezember 1933.

LITERATUR: Nösselt; Deutsches Musiker-Lexikon, hrsg. v. E. Müller. QUELLEN: Archiv HMT: Kon Nr. 11090; StadtAL: Kap. 10, Personalakte.

....

[11] Um welche Art der Anstellung es sich hier handelte, ließ sich nicht feststellen, vermutlich war es lediglich eine Aushilfstätigkeit.

|682 **Weigelt, Werner**
Violoncello
* 6. November 1908 in Leipzig,
† 21. April 1988 in Leipzig ◆ Sohn von → G. Weigelt, Onkel von → G. Stephan
Mitglied vom 1. Oktober 1928 bis 30. November 1931 und vom 6. Oktober 1933 bis 31. Juli 1974
Cellist, ab 1. Mai 1948 Stellvertretender Solo-Cellist für → R. Wintgen

In seinem Lebenslauf von 1946 heißt es: »Geboren am 6.11.1908 in Leipzig als Sohn des Kammervirtuosen Günther Weigelt und seiner Ehefrau Gertrud geb. Sergel. 4 Jahre Besuch der Volksschule, dann 6 Jahre Schüler des Petrirealgymnasiums, Reifezeugnis für Obersekunda. Cellounterricht bei Herrn Kammervirtuos [→] Albert Weiße, Herrn Prof. [→ J.] Klengel, Herrn Benar Heifetz und Herrn [→ H.] Münch-Holland. Allgemeine musikalische Ausbildung am Leipziger Konservatorium [vom 16. April 1925 bis 1926]. Seit 1928 nach erfolgreichem Probespiel unter [→] Br. Walter und Gustav Brecher Kammermusiker im Leipziger Stadt- und Gewandhausorchester. Im Dezember 1931 wegen wirtschaftlicher Schwierigkeiten der Stadt Leipzig als damals jüngstes Orchestermitglied auf Grund der Brüningschen Notverordnungen entlassen. Arbeitslos bis 1933. Nach abermals durchaus positivem Probespiel Wiedereinstellung ins Orchester. Den 2. Weltkrieg als Gefreiter (Musiker) von Mai 1942 - Mai 1945 mitgemacht, dann bis Januar 1946 in amerikanischer bzw. französischer Kriegsgefangenschaft.« ◆ Im Zuge der Brüningschen Notverordnungen wurde ihm am 31. Dezember 1930 zum 31. März 1931 gekündigt, danach war er noch bis 30. November 1931 mit Privatdienstvertrag tätig.
Lehrer von → H.-P. Linde und → G. Stephan.
LITERATUR: Nösselt. QUELLEN: Archiv HMT: Kon Nr. 14 955; GewandhausA.

|683 **Heimann, Paul**
Kontrabass
* 2. Dezember 1906 in Marklissa¹²/Schlesien,
† vermißt 24. Juni 1944 bei Witebsk
Mitglied vom 1. Oktober 1928 bis 30. September 1931 und vom 1. Oktober 1936 bis zu seinem Tod
Kontrabassist, seit 1936 1. Solo-Kontrabassist für → A. Findeisen

In seinem Lebenslauf zur Bewerbung heißt es: »Ich bin am 2. Dezember 1906 zu Marklissa/Schlesien als Sohn des Webers Ernst Heimann geboren. Nach meiner Entlassung aus der Volksschule zu Marklissa Ostern 1921 kam ich in die Musikschule Ohlau, wo ich auf dem von mir gewählten Hauptinstrument den Kontrabass Unterricht des Kontrabassisten vom Breslauer Stadttheaterorchester Herrn Fahle genoß. Im Jahre 1924 nahm ich Stellung in einem Zwickauer Kino an und habe im selben Jahre noch mein Studium bei Herrn [→] Th. A. Findeisen I. Kontrabassisten des Leipziger Gewandhausorchesters und Lehrer am Landeskonservatorium begonnen, bis ich am 1. September 1926 durch Probespiel die Stelle beim Leipziger Sinfonie-Orchester erhielt.« ◆ Im Zuge der Brüningschen Notverordnungen wurde ihm am 31. Dezember 1930 zum 31. März 1931 gekündigt. Er war noch bis 30. September 1931 mit Privatdienstvertrag tätig, schied dann freiwillig aus und war wieder beim Sinfonie-Orchester. 1936 bewarb er sich wieder, diesmal um die Stelle seines verstorbenen Lehrers → A. Findeisen. ◆ Er erhielt am 30. Juli 1939 eine Einberufung zum Wehrdienst, zunächst zur Ableistung einer Übung vom 28. September bis 2. Dezember 1939 beim Infanterie-Regiment 101 in Döbeln; am 5. Februar 1940 wurde er dann zum Bau-Bataillon Oschatz eingezogen. Am 2. Dezember 1944 wurde seiner Ehefrau vom Oberkommando des Heeres mitgeteilt: »Sehr geehrte Frau Heimann! Der Abschluß der Ermittlungen über das Schicksal Ihres Gatten, des Obergefreiten Paul Heimann, * 2.12.06 Stab/Pi Btl. 206 Fp Nr. 24035 hat keine restlose Klarheit gebracht. Er ist somit seit den Kämpfen bei Witebsk (24.6.44) vermisst. Heil Hitler gez. i. A. Perkawski.«
LITERATUR: Nösselt. QUELLEN: StadtAL: Kap. 10, Personalakte ◊ Kap. 32, Nr. 7, Beiheft 5.

|684 **Wilke, Hermann**
Viola
* 28. April 1893 in Berlin
Mitglied vom 1. November 1928 bis 30. September 1949
Solo-Bratscher¹³ für → W. Schaller

In seinem Lebenslauf von 1945 heißt es: »Ich bin am 28.IV. 93 zu Berlin geboren als 1. Sohn des Buchdruckerei-Korrektors Richard Wilke und seiner Ehefrau Elisabeth geb. Gragert. Nach Beendigung meiner Schulzeit an der Oberrealschule zu Berlin-Lichterfelde studierte ich daselbst von 1909–1912 an der Akademie für Musik von J. Sandow. 1912–13 war ich aushilfsweise an der Berliner Staatsoper tätig. Am 1. Weltkrieg habe ich von 1916–18 teilgenommen. Danach war ich pädagogisch sowie aushilfsweise an der Berliner Staatsoper und in der Philharmonie tätig ... 1924 wurde ich als Bratschist an die Berliner Staatsoper verpflichtet. 1926–28 studierte ich neben dieser Tätigkeit an der Staatlichen Hochschule für Musik in Charlottenburg ...« ◆ 1913 war er Privatschüler von Robert Zeidler und gleichzeitig im Kurorchester Swinemünde, 1914 Schüler von Gustav Havemann in Leipzig und gleichzeitig als Konzertmeister beim Battenberg-Theater. Von 1921 bis 1923 war er 1. Geiger im Berliner Philharmonischen Orchester, in den Sommern im Kurorchester Bad Lippspringe. Vom 5. Oktober 1924 bis 31. Oktober 1928 hatte er als Bratscher ein Engagement bei der Staatskapelle Berlin und studierte während dieser Zeit bei Emil Bohnke an der dortigen Hochschule für Musik. ◆ Nach seiner Leipziger Zeit ging er wieder nach Berlin, wo er zunächst Mitglied des RIAS-Sinfonieorchesters war und ab 1950 Solo-Bratscher des Berliner Rundfunk-Sinfonieorchesters. Mitglied des Gewandhaus-Quartetts ab 1941; ab 1939 als Mitglied des Stiehler-Quartetts in der Gewandhauskammermusik ◆ Vorsitzender des »Stadtorchester Leipzig e. V.« von April 1933 bis zur Auflösung des Vereins am 8. Dezember 1933 für → A. Weisse.
LITERATUR: Nösselt; G. Avgerinos: Künstlerbiographien. QUELLEN: StadtAL: Kap. 10, Personalakte ◊ Kap. 32, Nr. 7, Beiheft 3.

---

12 Heute Leśna (Polen).

13 Sein Vertrag beinhaltete auch die Verpflichtung, »Viola d'amore, Violetta, Violine und verwandte Instrumente, Mandoline und Guitarre« zu spielen.

Stadtorchester Leipzig.
(Theater-, Konzert- (insbesondere Gewandhaus-) und Kirchendienst).

Zu besetzen sind die Stellen je eines

II. Geigers am 1. 11. 1929
I. Solo-Oboisten (Nebeninstrument Oboe d'amore) am 1. 10. 1929
Posaunisten (Nebeninstrument Baßtrompete im Laufe des 1. Jahres zu erlernen) sofort
Bratschisten am 1. 1. 1930

Besoldung einschl. Wohnungsgeld 4208—6408 RM. (Ledige 286 RM. weniger). Der I. Solo-Oboist erhält hierzu vom Eintrittstage an eine Zulage von 1400 RM. jährlich, wovon 800 RM. ruhegehaltsberechtigt sind; die Inhaber der übrigen Stellen erhalten nach 15 jähriger Dienstzeit im hiesigen Orchester eine ruhegehaltsberechtigte Zulage von 800 RM. jährlich. — Außerdem Kinderzulage, Saiten-, Rohr- und Blättergeld, Instrumentengeld und Kleidungszuschuß. Auswärtige Dienstzeit, soweit sie nach dem vollendeten 25. Lebensjahre liegt, kann angerechnet werden. In der Regel ein Probejahr; dann Anspruch auf Ruhegehalt und Hinterbliebenenversorgung nach den Bestimmungen für städt. Beamte (ohne Beitragsleistung). — Amtsbezeichnung: Für den I. Solo-Oboisten: Stadtkammervirtuos, für die übrigen: Stadtkammermusiker. — Probespiel erforderlich. Die hierzu Geladenen erhalten Reisekosten III. Klasse und Tagegeld. Teilnahme am Probespiel verpflichtet bei Wahl zur Annahme der Stelle. Bewerbungen mit Lebenslauf, Bildungsgang, Lichtbild und Zeugnisabschriften bis 10. September an

Rat der Stadt Leipzig, Theater- und Musikamt

Stellenanzeige vom 1. September 1929 in der Zeitschrift *Das Orchester*

1929

|685 **Böhner, Georg**
Horn
* 10. Dezember 1903 in Wolnzach bei Pfaffenhofen,
† 14. Juni 1993 in Wolnzach bei Pfaffenhofen
Mitglied vom 1. Februar 1929 bis 31. Juli 1971
4. Hornist für → O. Fritzsche

In seinem Lebenslauf von 1945 heißt es: »Am 10.12.1903 wurde ich als Sohn des Schuhmachers Nikolaus Böhner und dessen Ehefrau Walburga geb. Schechinger in Wolnzach (Oberbayern) geboren. Von 1909 bis 1918 besuchte ich die Volks- und Fortbildungsschule. Musikunterricht erhielt ich ebenfalls in meiner Heimat von 1913 bis 1918. Zur Vervollständigung meines erwählten Berufes absolvierte ich von 1918 bis 1924 die Akademie der Tonkunst in München [bei Josef Suttner]. 1924/25 war ich Waldhornist am Stadttheater in Augsburg, vom August 1925 bis 31. Januar 1929 am Badischen Staatstheater in Karlsruhe …«
Lehrer an der Leipziger Hochschule für Musik von 1958 bis 1977 ♦ Lehrer von → R. Albrecht, → Chr. Kretschmar und → H. Sander.
LITERATUR: Nösselt. QUELLEN: Archiv HMT: Personaldatei; GewandhausA; Stadt-AL: Kap. 32, Nr. 7, Beiheft 11.

|686 **Kempe, Rudi** [Rudolf][14]
Oboe
* 14. Juni 1910 in Nieder-Poyritz bei Dresden,
† 11. Mai 1976 in Zürich
Mitglied vom 1. März 1929 bis 30. September 1936
1. Oboist für → A. Gleißberg

Der Sohn des Blasewitzer Gastwirts Alfred Kempe besuchte von 1916 bis 1924 die 63. Volksschule in Dresden und war dann von Ostern 1924 Schüler der Orchesterschule der Sächsischen Staatskapelle. Im Oktober 1928 wurde er beim Städtischen Orchester Dortmund engagiert, und wurde im gleichen Jahr auf Empfehlung seines Lehrers, des Dresdner Kammervirtuosen Johannes König, zum Probespiel nach Leipzig eingeladen. In einer Beurteilung von König heißt es: »Er kam damals mit vollkommen absoluten Gehör zu mir und war während seiner ganzen Studienzeit enorm fleissig … Er ist bestimmt ein erster Oboist und dank seiner Musikalität, seinem glänzenden Blattspiel und seiner virtuosen Begabung fürs Klavier auch befähigt, den Mangel an Routine schnell zu beseitigen. Als Mensch kann ich ihm in allem nur das beste Zeugnis geben.« In den Probespielunterlagen vom Dezember 1928 findet sich der Eintrag: »18 Jahre alt, allerengste Wahl, bester Schüler des Kammervirtuosen König - Dresden, als Bläser wohl kaum zu übertreffen.« ♦ Am 23. März 1936 wurde in einer Aktennotiz festgehalten: »Herr Rudi Kempe gibt seinen Beruf als Orchestermusiker auf und will Kapellmeister werden. Die Opernleitung hat Herrn Kempe, da er sich für den Kapellmeisterberuf als sehr begabt erweist einen Vertrag als 'Kapellmeister und Korrepetitor' angeboten. Mit den Bedingungen für eine solche Anfangsstellung als Kapellmeister – er erhält über 100,- RM monatlich weniger als jetzt in seiner Stellung im Orchester – hat sich Herr Kempe einverstanden erklärt.« ♦ Er wurde Kapellmeister an der Leipziger

---
[14] Als Dirigent nannte er sich immer Rudolf Kempe.

Oper, war später in Chemnitz und Weimar und ging 1949 als Generalmusikdirektor nach Dresden, wo er ab 1951 auch die Leitung der Staatsoper übernahm. Von 1952 bis 1954 war er Bayerischer Generalmusikdirektor, ab 1961 Leiter des Royal Philharmonic Orchestra London und ab 1965 auch des Tonhalle-Orchesters Zürich. 1967 übernahm er die Leitung der Münchner Philharmoniker.
Mitglied des Gewandhaus-Bläserquintetts.
LITERATUR: Nösselt; MGG I. QUELLEN: StadtAL: Kap. 10, Personalakte ◊ Kap. 32, Nr. 7, Beiheft 8.

|687 **Ramin, Fritz**
Posaune
* 9. Mai 1905 in Berlin,
† 28. April 1994 in Baden-Baden
Mitglied vom 1. März 1929 bis 1933[15]
Posaunist

Er studierte bei Prof. Paul Weschke an der Berliner Hochschule von ca. 1924 bis 1928 und war danach ein Jahr beim Orchester des Landestheaters in Schwerin. In den Probespielunterlagen von Januar 1929 findet sich der Eintrag: »23 Jahre alt, Posaunist am Wallner-Theater in Berlin, Posaunist im Kurorchester Brunshaupten, Posaunist im Kurorchester Ahlbeck, I. Posaunist am Staatstheater zu Schwerin i. M.« ◆ Er ging als 1. Posaunist an die Staatskapelle Berlin, wo er bis 1961 tätig war. Er unterrichtete in Berlin am Konservatorium, später an der Hochschule der Künste; 1962 Professur.
LITERATUR: Nösselt. QUELLEN: StadtAL: Kap. 32, Nr. 7, Beiheft 13 ◊ Personalkartei; Auskunft von Jürgen Ramin, Baden-Baden.

|688 **Weirauch, Herbert**
Klarinette
* 20. Januar 1898,
† 9. Februar 1974 in Leipzig
Mitglied vom 14. August 1929 bis 31. Juli 1963
Bass- /2. Klarinettist für → H. Kunath

In den Probespielunterlagen von 1929 findet sich der Eintrag: »30 Jahre alt, I. Klarinettist der Kurkapelle Bad Reinerz, I. Klarinettist d. Landestheaters zu Rudolstadt, I. Klarinettist im Stettiner Orchester, Bassklarinettist/Deutsches Opernhaus Berlin, Kammermusiker/Wiesbadener Staatstheater.«
LITERATUR: Nösselt. QUELLEN: StadtAL: Kap. 32, Nr. 7, Beiheft 9.

|689 **Unger, Karl**
Violine
* 2. Januar 1900 in Dresden,
† 5. Oktober 1986 in Dresden
Mitglied vom 15. August 1929 bis 31. März 1931 und von 1933 bis 31. Juli 1965[16]
2. Geiger, später 1. Geiger

In seinem Lebenslauf von 1945 heißt es: »Als jüngster Sohn des Versicherungs-Inspektors Max Unger und seiner Ehefrau Ida geb. Dallmann wurde ich am 2.1.1900 in Dresden geboren und nach evangelisch lutherischen Kirchensitte getauft. Vom 6. bis 14. Lebensjahre besuchte ich die Bürgerschule und von diesem Jahre bis zu meiner Einberufung am 4.6.1918 das Konservatorium zu Dresden. Am 28.2.1919 wurde ich als Funker aus dem Heeresdienst entlassen. Bei Herrn Konzertmeister E. Warwas von der Staatsoper Dresden setzte ich mein Violinstudium bis zu meiner Anstellung im Gewandhausorchester im August 1929 fort. Während dieser Zeit war ich über 7 Jahre im Union-Hotel und zuletzt im Capitoltheater als Konzertmeister beruflich tätig.« ◆ Er erhielt siebenjährig den ersten Violinunterricht, wurde 1914 Lehrling in einer Konditorei und 1916 zum Reservedienst in Dresden eingezogen. Nach dem Krieg war er neben seiner Arbeit als Konditor in einem Kaffeehaus auf der Prager Straße als Geiger tätig. Von 1922 bis 1928 war er Kapellenleiter und Primgeiger im »Filmtheater Capitol«, daneben nahm er Privatunterricht bei Erdmann Warwas. ◆ Im Zuge der Brüningschen Notverordnungen wurde er 1931 entlassen[17]. ◆ Sein Sohn Karl Unger (*1920) hatte nach dem Krieg für zwei Jahre einen Aushilfsvertrag und war von 1949 bis 1990 Mitglied der Staatskapelle Dresden.
LITERATUR: Nösselt. QUELLEN: GewandhausA; Auskunft von Karl Unger jun., Dresden.

|690 **Nösselt, Hans-Joachim**
Violine
* 31. Juli 1904 in Hannover,
† 12. April 1981 in München
Mitglied vom 1. November 1929 bis 25. Januar 1946
2. Geiger

Der Sohn eines Versicherungsdirektors besuchte das humanistische Gymnasium bis zum Abitur, studierte sechs Semester an der Münchner Universität und nahm Privatunterricht bei Prof. Kilian in München und Josef Szigeti in Paris. ◆ 1942 zur Wehrmacht eingezogen, an der Südostfront (Kreta) eingesetzt, geriet er Anfang Mai 1945 bei Burghausen an der Salzach in Kriegsgefangenschaft und wurde am 6. Juli 1945 nach München entlassen. Am 1. Dezember 1945 schrieb er an das Personalamt der Stadt Leipzig: »Da ich auf meine beiden Schreiben im Mai und Oktober *des Jahres*, in denen ich meine gesunde Rückkehr vom Militär anzeigte, keine Antwort erhalten habe, halte ich es für wichtig Sie von Folgendem in Kenntnis zu setzen: 1) Da ich in der Endphase des Krieges im Raum Linz mich befand, gelang es mir nur, mich von dort bis nach Kehlheim/Donau, wo meine Familie lebte zu begeben. 2) Meine Entlassung aus der Wehrmacht nahm die Militärregierung am 6. VIII. 45 nur vor, unter der Bedingung, daß ich mich nicht in die russische Zone begeben würde. 3) Ich habe seit April *des Jahres* kein Gehalt mehr von Leipzig erhalten. 4) Ich habe im Oktober unter großen Schwierigkeiten erreicht, daß ich von der Militärregierung München einen offiziellen Passierschein nach Leipzig erhielt. Am 19. Oktober *des Jahres* habe ich versucht, die Zonengrenze Richtung Leipzig zu überschreiten. Mein Übergang wurde abgewiesen. 5) Da ich mich nunmehr in einer existentiellen Notlage befand habe ich ein sich mir bietendes Engagement in die Staatskapelle München zum 1. XII. 45 angenommen. Da ich einmonatige Kündigung vereinbart habe, ist es mir möglich, sowie ein normaler Reiseverkehr nach Leipzig eingerichtet wird, ohne Verzug in mein altes Dienstverhältnis zurückzukehren. Ich erachte dasselbe trotz der ausserordentlichen Verhältnisse als durchaus weiter bestehend und bitte ergebenst meinen Fall entsprechend behandeln zu wollen ...« Diesem Schreiben beigefügt ist eine notariell erfolgte eidesstattliche Erklärung, daß er bei dem Versuch bei Maroldsweisach die amerikanisch-russische

---

15 Angabe nach Nösselt; in der Personalkartei des Stadtarchivs Leipzig findet sich die Notiz: »30.11.29 freiwillig ausgetreten«.

16 Laut Personalakte wurde er am 13. August 1945 entlassen und am 1. Oktober 1946 wieder eingestellt.

17 In der Folgezeit war er weiterhin im Orchester tätig.

Zonengrenze zu überschreiten »von einer 3 Mann starken russischen Patrouille vollständig ausgeplündert (Proviant, Koffer, Geldbörse, sämtliche Papiere, Pullover und Jakett) und sodann unter Gewehrfeuer zurückgejagt worden ist«. Das Personalamt schickte ihm am 20. Dezember einen Fragebogen, den er am 8. Januar 1946 ausgefüllt zurücksandte mit dem Hinweis, daß es dem Kollegen »Mayer vom Berliner Philharmonischen Orchester ermöglicht worden ist, durch einen amerikanischen Soldaten direkt bis nach Berlin gebracht zu werden« und bat darum, die Frage »ernstlich zu erörtern«, ob dies nicht bei ihm »durch einen russischen Kommissar bewerkstelligt werden« könne; außerdem äußerte er die Bitte, seine »Familie in eine auf diese Weise erfolgend endliche Heimkehr einzubeziehen.« ♦ Wie er selbst angab, habe ab Mai 1933 eine Anwartschaft auf seine Aufnahme in die NSDAP bestanden, die jedoch vom ihm selbst Mitte Juni 1934 widerrufen worden sei. Dennoch wurde sein Dienstverhältnis zum 25. Januar 1946 fristlos beendet. Er bestätigte den Eingang des Kündigungsschreibens am 7. Februar und schrieb an den zuständigen Stadtrat Weise: »... Ich erlaube mir Ihnen mitzuteilen, daß ich gewillt bin, unter allen Umständen meine persönliche Rehabilitation zu erwirken ...« Am 14. Februar 1946 wurde ihm erneut mitgeteilt, »daß Sie laut Beschluß des Personalamtes vom 22.1.1946 wegen Ihrer Mitgliedschaft zur NSDAP mit sofortiger Wirkung fristlos aus städtischen Diensten entlassen worden sind«. Bis Ende März 1946 gelang es ihm trotz bester Leumundszeugnisse nicht, die zuständigen Stellen umzustimmen. ♦ Sein zum Jubiläum 1943 erschienenes Buch *Das Gewandhausorchester. Entstehung und Entwicklung eines Orchesters* ist trotz der Zugeständnisse an die Ideologie seiner Zeit als Quelle unverzichtbar, da er vermutlich der letzte Nutzer des Orchesterarchivs war, das 1943 durch die Bombardierung Leipzigs im Theater verbrannte.

Von 1945 bis 1969 war er Geiger beim Bayerischen Staatsorchester.

WERKE: Das Gewandhausorchester. Entstehung und Entwicklung eines Orchesters. Leipzig 1943; Ein ältest Orchester. 450 Jahre bayerisches Hof- u. Staatsorchester. München 1980. LITERATUR: Nösselt. QUELLEN: StadtAL: Kap. 10, Personalakte.

|691 Hanstedt, Georg
Violine
* 9. Oktober 1904 in Gelsenkirchen,
† 25. März 1975 in Leipzig
Mitglied vom 19. November 1929 bis 30. November 1931 und vom 1. April 1937 bis 31. Juli 1971
2. Geiger, später 1. Geiger; spielte auch Mandoline

Er ist der Sohn des Polizeiwachtmeisters Georg Hanstedt und dessen Ehefrau Elisabeth, geb. Wahnes. In seinem Bewerbungsschreiben heißt es: »Am 9. Oktober 1904 bin ich in Gelsenkirchen/Westfalen geboren. Daselbst besuchte ich 4 Jahre die Volksschule und anschließend 9 Jahre die Oberrealschule, wonach ich mit Erfolg die Abiturientenprüfung ablegte. Darauf ging ich nach Leipzig und studierte [vom 20. Oktober 1923 bis 12. Juli 1928] am Landeskonservatorium Violine, Theorie und Kompositionslehre. Violine zuletzt bei Herrn Prof. Davisson ... Während meiner Studienzeit habe ich 2 volle Winter [ab 1927] bei den Gewandhauskonzerten mitgewirkt. Ein Zeugnis von Herrn Dr. Furtwängler lege ich ebenfalls bei. Vom Januar 1928 bis jetzt bin ich außerdem durchgehend in den 2. Geigen des Leipziger Theater- und Gewandhausorchesters tätig. Eines der geforderten Nebeninstrumente beherrsche ich zwar noch nicht, doch würde ich mir im Falle der Anstellung sofort die nötige Fertigkeit auf einem der Instrumente aneignen ...« ♦ Während seiner Zeit am Konservatorium studierte er vom Sommersemester 1923 bis Wintersemester 1925 an der Leipziger Universität »rer pol et jur«, ab 13. November 1924 »phil« (UniA). ♦ Im Zuge der Brüningschen Notverordnungen wurde ihm am 31. Dezember 1930 zum 31. März 1931 gekündigt. Er war dann ab Oktober 1934 beim Leipziger Sinfonie-Orchester und bewarb sich 1937 erneut. In den Probespielunterlagen findet sich der Eintrag: »... schied auf Grund der Notverordnungen aus. Alle übrigen seinerzeit ausgeschiedenen Herren sind inzwischen wieder eingestellt worden.« ♦ Am 8. Februar 1943 zu Wehrmacht eingezogen, wurde er am 27. August 1945 in Fürstenwalde aus sowjetischer Kriegsgefangenschaft entlassen.

Lehrer von → K. Lepetit.

LITERATUR: Nösselt. QUELLEN: Archiv HMT: Kon Nr. 14587; GewandhausA; StadtAL: Kap. 32, Beiheft 2 / Bd. 2, Vol. XVI, Bl. 180; UniA: Quästurkartei.

|692 Röhl, Wilhelm
Posaune
* 12. April 1892 in Bohnenland bei Brandenburg/Havel
Mitglied vom 26. November 1929 bis 26. Mai 1945
Posaunist

In den Probespielunterlagen von Oktober 1929 findet sich der Eintrag: »37 Jahre alt, Musikschule Pritzerbe an [der] Havel 4 Jahre, Mahlmann-Orchester Berlin; 12 Jahre Garde-Reiter-Regiment Dresden; Dresdner Philharmonie 1½ Jahre; danach im Ausstellungs-Orchester; jetzt im Unterricht bei Herrn Kammervirtuos Bruns von der Staatsoper Dresden.« Er kam von der Dresdner Philharmonie nach Leipzig. ♦ Im Zusammenhang mit den Brüningschen Notverordnungen wurde ihm am 28. Dezember 1931 zum 31. März 1932 gekündigt, am 1. Dezember 1933 wurde er wieder eingestellt. ♦ Im Zuge der Entnazifizierung wurde er entlassen.

LITERATUR: Nösselt. QUELLEN: StadtAL: Kap. 32, Nr. 7, Vol. XVI, Bl. 76 ◊ Kap. 32, Nr. 7, Beiheft 13 ◊ Kap. 32, Nr. 7, Beiheft 19.

|693 Augustin, Hermann
Oboe
Mitglied von 1929 bis 1930
1. Oboist für → W. Heinze, der an die Wechselposition ging

In den Probespielunterlagen von 1929 findet sich der Eintrag: »19 Jahre alt, Hochschule für Musik in Charlottenburg (1926 – 29 Schüler von Prof. Flemming). Aushilfsweise in der Berliner Philharmonie tätig. Seit Juni im Städtisches Kurorchester zu Bad Landeck[18] (Schlesien).«

LITERATUR: Nösselt. QUELLEN: StadtAL: Kap. 32 Nr. 7 Beiheft 8.

1930

|694 Gross, Karl Herbert
Viola
* 2. April 1901 in Erfurt, † 18. März 1954 in Leipzig
Mitglied vom 1. Januar 1930 bis 26. Juni 1953
Bratscher

---

18 Heute Ladek Zdrój (Polen).

Der Sohn des Versicherungsbeamten Leopold Gross und dessen Ehefrau Mathilde Wilhelmine Lina, geb. Baum, besuchte in Erfurt bis 1916 die Oberrealschule und studierte dann von 1922 bis 1925 bei Prof. Robert Reitz an der Staatlichen Hochschule für Musik in Weimar. Er war dann bis zum 1. Januar 1930 1. Geiger bei der Staatskapelle Weimar. ♦ Am 1. Juni 1942 zum Kriegdienst eingezogen, kehrte er nach seiner Gefangennahme in Rumänien erst am 8. April 1948 aus sowjetischer Kriegsgefangenschaft wieder nach Leipzig zurück.

LITERATUR: Nösselt. QUELLEN: ThStA Weimar: GI DNT 897; StadtAL: Kap. 10, Personalakte.

|695 Lohse, Siegfried
Harfe
* 29. September 1909 in Magdeburg
Mitglied vom 1. Januar 1930 bis 31. März 1933
Harfenist für → S. Politz

Er ist der Sohn von August Lohse, Pauker im Philharmonischen Orchester Berlin. In seinem Lebenslauf zur Bewerbung heißt es: »Von meinem 6ten Lebensjahre besuchte ich bis zum Einjährigen das Kaiser Wilhelm Gymnasium. Mit dem 8ten begann mein Musikunterricht, zunächst Klavier und Theorie bei dem bekannten Pianisten und Begleiter W. Scholz, dann folgte mit dem 15ten Jahre die Harfe, und zwar ein Jahr bei Frau Hopf-Geidel, sodann kam ich in die Harfenklasse der Berliner Musikhochschule, zu Herrn Prof. Max Saal. Welches Vertrauen Herr Prof. Saal in meine Zukunft stellte, dürft allein schon daraus hervorgehen, daß ich als jüngster Schüler seiner Klasse zu Vertretungen zum Landestheater Meiningen, Stadttheater Danzig und städtischer Oper Charlottenburg geschickt wurde. Sommer Saison 1928 war ich als Solo-Harfenist im staatlichen Kurorchester Bad Nauheim (als Mitglied des Frankfurter Sinfonie Orchesters) tätig. Winter 1928-29 studierte ich wieder in Berlin, Sommer Saison 29 wieder als Solo Harfenist in Bad Nauheim. Zum Schluß teile ich noch mit, daß ich seit 2 ½ Jahren in der Berliner Philharmonie zur Zufriedenheit sämtlicher großer Gastdirigenten vertretungsweise die IIte des öfteren auch die Ite Harfenstimme versah.« Die Vertragsverhandlungen für den bei Dienstantritt noch Minderjährigen führte sein Vater. ♦ Nach seinem Leipziger Engagement ging er nach Berlin an das Städtische Opernhaus.

LITERATUR: Nösselt. QUELLEN: StadtAL: Kap. 10, Personalakte ◊ Kap. 32, Nr. 7, Beiheft 6.

|696 Biebl, Karl
Oboe
* 17. Oktober 1905 in Chrast bei Lichtenstein[19]
Mitglied vom 1. September 1930 bis 31. August 1931
1. Oboist für → H. Augustin

In seinem Lebenslauf zur Bewerbung heißt es: »Ich Karl Biebl bin geboren am 17. Oktober 1905 zu Chrast Bezirk Mies in Böhmen als Sohn des Malers Anton Biebl und dessen Ehefrau meine Mutter Barbara Biebl geborene Luft. Vom 16. September 1911 bis 17. Oktober 1919 besuchte ich die 4 klassige allgemeine Volksschule. Nach Beendigung meiner Schulzeit erlernte ich den Musikerberuf [bis 30.9.1921: Studium der Musik bei Musiklehrer Wenzel Reiter in Glashütten]. Nachdem ich ausgelernt hatte, habe ich volle 3 Jahre bei der Militärmusik des Infanterie Regiments No. 35 in Pilsen gedient. Am 25. Juni 1925 kam ich nach Bad Lausick [Kurorchester]. Vom 16. September 1925 bis 16. April 1926 war ich in Oschatz [Stadtkapelle], vom 17. April bis 2. September war ich wieder in Bad Lausick. Vom 3. September 1926 bis 28. Februar 1927 war ich in Leipzig [Kino-Orchester]. Vom 1. März 1927 bis 27. April 1927 war ich in meiner Heimat Lichtenstein. Am 30. April 1927 kam ich wieder nach Bad Lausick bis 30. September 1927. Vom 1. Oktober 1927 bis 30. September 1929 war ich wieder in Leipzig [Krystallpalast], vom 1. Oktober 1929 bis 30. April 1930 war ich in Dresden [Philharmonie]. Vom 1. Mai 1930 bis jetzt bin ich in Bad Pyrmont bei der Kur-Kapelle.« ♦ Er war Schüler von → A. Gleißberg am Leipziger Konservatorium von Ostern 1928 bis 1929. Die Entscheidung, ihn nicht über die Probezeit hinaus zu beschäftigen, trafen → K. Straube, → Br. Walter und Gustav Brecher am 31. Dezember 1930. Diese wurde ihm am 11. April 1931 mitgeteilt. ♦ Ab 1933 war er in Prag beim Orchester des Deutschen Opernhauses, von dort aus bewarb er sich noch einmal 1935 und 1936 in Leipzig. Nach dem Ende des Krieges war er bei den Bamberger Symphonikern.

LITERATUR: Nösselt. QUELLEN: Archiv HMT: Kon Nr. 15931; StadtAL: Kap. 10, Personalakte ◊ Kap. 32, Nr. 7, Beiheft 8.

|697 Figlerowicz, K u r t Valentin
Flöte
* 21. Juni 1899 in Breslau, † 1987 in Leipzig
Mitglied vom 1. November 1930 bis 31. Juli 1964,
noch bis 31. Juli 1965 Aushilfe
2. Flötist, von 1948 bis 1956 auch stellvertretender 1. Flötist

In seinem Lebenslauf von 1945 heißt es: »Ich, Kurt Valentin Figlerowicz, wurde als Sohn des Kaufmanns Wilhelm Figlerowicz und seiner Ehefrau Ernestine geb. Vietze am 21.7.99 in Breslau geboren. Vom 6. bis zum 14. Lebensjahr besuchte ich die Bürgerschule in meinem Heimatort, wo ich anschließend 4 Jahre am Breslauer Konservatorium Musik studierte. Mein Lehrer war der Solo-Flötist Herr Ernst Tschirner vom Breslauer Stadt-Theater. Nach Beendigung meines Studiums wurde ich 1917 bis Kriegsende Soldat. Nach Kriegsende wurde ich 1. Soloflötist in der Dresdner Philharmonie wo ich bis 1930 tätig war. Am 1. September 1930 bekam ich durch absolviertes Probespiel die ausgeschriebene beamtete Flötistenstelle am Leipziger Theater- und Gewandhaus-Orchester, worin ich ununterbrochen bis zum heutigen Tage tätig bin.« ♦ In den Probespielunterlagen von 1930 findet sich der Eintrag: »... engagiert beim Stadttheater Breslau, als I. Flötist im Schlesischen Landesorchester, dann als I. und Soloflötist Dresdner Philharmonie, Hochschullehrer am Dresdner Konservatorium.«

LITERATUR: Nösselt. QUELLEN: GewandhausA; StadtAL: Kap. 32, Nr. 7, Beiheft 7.

1931

698. Karger, H e r b e r t Karl
Oboe
* 15. August 1906 in Dresden
Mitglied vom 1. September 1931 bis 30. Juni 1933
1. Oboist für → K. Biebl

In seinem Lebenslauf zur Bewerbung heißt es: »Ich, Herbert Karl Karger, wurde am 15. August 1906 als drittes Kind des Friseurmeisters Ernst Adolf Karger und dessen Ehefrau Theresa Emilie geb. Mittrach zu Dresden, Eli-

---

19 Heute Chrastov bei Listany (Tschechien).

senstr. 75 geboren und im selben Jahre in der evangelisch-lutherischen Religion getauft. Ostern 1913 kam ich in die damalige 6. Bürgerschule, die ich vier Jahre besuchte. Ostern 1917 trat ich als Kapellknabe in den Chor der evangelischen Hof (Sophien) Kirche und besuchte die Vorschule des Strehlener Lehrerseminars, Teplitzer Straße. Daselbst wurde ich Ostern 1921 nach Erfüllung der gesetzlichen Schulpflicht entlassen. Auf den Wunsch meiner Eltern trat ich bei der damaligen ›Dresdner Präzisions-Werkzeug-Fabrik‹ in die Lehre um mich dem Berufe eines Maschinentechnikers zu widmen. Jedoch mehrjähriger Unterricht in Violine (1917–1921) und Klavier (1918-1921), ferner die musikalische Ausbildung in den Chorstunden ließen in mir den Gedanken reifen, überhaupt Musik zu studieren und meinen bisherigen Beruf aufzugeben. Nachdem ich noch ein Vierteljahr Privatunterricht genommen hatte, ersuchte ich Ende 1925 um Aufnahme bei der Orchesterschule der Sächsischen Staatskapelle und begann nach bestandener Aufnahmeprüfung im Januar 1926 mein Studium. Außer meinem Hauptfach Oboe, welches ich bei Herrn Kammermusiker König studierte, belegte ich noch als Nebenfächer Klavier und Theorie … Seit Februar 1927 wirkte ich als Oboist im Schulorchester mit und vom August 1927 an hatte ich bei Herrn Kammervirtuos Schütte Bläserzusammenspiel. Als im Januar 1929 bei der Sächsischen Staatskapelle ein 2. Oboer (mit Verpflichtung zum Englisch Horn-Blasen) gesucht wurde, bewarb ich mich um diese Stelle und wurde am 1. April 1929 als Aushilfe angestellt. Diese Tätigkeit läuft nun am 12. Juli 1931 ab. Während dieser Zeit habe ich fast das gesamte Repertoire an der 2. Oboe und mehrer Opern am Englisch Horn geblasen … Infolge einer Verordnung, nach welcher alle im Etatjahr 1930 freigewordenen Stellen nicht besetzt werden dürfen, konnte ich hier keine feste Anstellung erhalten.« Er wurde auf Empfehlung von → R. Kempe zum Probespiel eingeladen. Im Probespielprotokoll findet sich der Eintrag: »Er ist 22 Jahre alt und wird wie folgt beurteilt: Glänzender Stoß; Don Juan-Variation gespielt; tonlich (legato) nicht sehr edel; trotzdem ein beachtlicher Bläser; nach Kempe bisher der beste; Herr Karger bläst erst seit 2¾ Jahren und war vorher Zeichner.« ◆ Er ging nach München und war vom 1. Juli 1933 bis 1971 beim Bayerischen Staatsorchester.
LITERATUR: Nösselt. QUELLEN: StadtAL: Kap. 10, Personalakte ◊ Kap. 32, Nr. 7, Beiheft 8.

1932

|699 **Hüchelheim, Joachim**
Schlagzeug
* 9. Februar 1912 in Leipzig, † vermißt 1944 in Jugoslawien
Mitglied vom 1. April 1932 bis zu seinem Tod
Schlagzeuger für → A. Macht

Er ist der Sohn von Justus Hüchelheim, städtischer Musikdirektor in Zwenkau, und dessen Ehefrau Anna Martha, geb. Nicolai. Zunächst war er Schüler seines Vaters, »wegen Besuchs des Königin-Carola-Gymnasiums Leipzig bis zur Obersekundarreife jedoch nur unregelmäßig«. (Kon) Er war dann Schüler von → A. Seifert am Leipziger Konservatorium vom 12. September 1928 bis Ostern 1932 mit erstem Hauptfach Klavier und zweitem Hauptfach Schlagzeug. In seinem Bewerbungsschreiben heißt es: »Seit Herbst 1928 studiere ich am Landeskonservatorium der Musik bei den Herren Anton Rhoden – Klavier, Ernst Smigelski – Theorie, Paul Schenk – Gehörbildung. Vom Herbst 1929 bei Herrn Stadtkammervirtuos Alfred Seifert Pauke und sämtliches Schlagzeug. Ab September 1931 wirke ich als Pauker im 1. Orchester des Landeskonservatoriums mit.« ◆ Am 2. September 1940 zur Wehrmacht eingezogen, war er während eines Heimaturlaubes vom 2. Dezember 1940 bis 31. März 1941 im Orchester tätig.
LITERATUR: Nösselt. QUELLEN: Archiv HMT: Kon Nr. 16043; StadtAL: Kap. 10, Personalakte ◊ Kap. 32, Nr. 7, Vol. XVI, Bl. 66.

1933

|700 **Stiehler, Kurt** Prof.
Violine
* 28. November 1910 in Chemnitz,
† 15. August 1981 in München
Mitglied vom 1. Januar 1933[20] bis 1945, noch bis 31. Juli 1955 Aushilfe
Zweiter 1. Konzertmeister für → C. Münch

In seinem Lebenslauf von 1945 heißt es: »Als zweiter Sohn meiner Eltern wurde ich am 28. XI. 1910 in Chemnitz geboren. Mein Vater, der die Telegraphenbeamtenlaufbahn einschlug, wurde sehr bald nach Leipzig versetzt, und so kam ich mit 3 Jahren nach Leipzig, wo ich 4 Jahre lang die Volksschule und dann die 2. Realschule besuchte, an der ich das Reifezeugnis erlangte. Vom 5.–10. Lebensjahr bekam ich Violinunterricht vom Vater, der selbst musizierte, dann 5 Jahre lang von Herrn Paul Hunger. Mit 16 Jahren bekam ich Violinunterricht von Herrn Prof. Davisson in Leipzig, der auch mein Lehrer am Landeskonservatorium blieb, das ich 4 Jahre lang [von Michaelis 1927 bis Juli 1931] besuchte, und an dem ich 1931 die Solistenprüfung ablegte. 1932 ging ich, nachdem ich nochmals bei Herrn Prof. Flesch in Berlin studierte, als Konzertmeister an die Prinz-Reuß-Oper nach Berlin, und seit 1. Januar 1933 bin ich nach erfolgreichem Probespiel als Konzertmeister am Stadt- und Gewandhausorchester in Leipzig tätig.« ◆ Nach 1945 war er hauptamtlich Lehrer an der Hochschule für Musik in Leipzig, blieb aber Primarius des Gewandhaus-Quartetts. Ab 1952 unterrichtete er neben seinen Leipziger Verpflichtungen 10 Tage im Monat an der Hochschule in Stuttgart. Die Bestrebungen, ihn vertraglich wieder stärker und langfristig an das Orchester zu binden, ohne seine Tätigkeit als Solist und Pädagoge einzuschränken, führten letztlich zu seinem Weggang von Leipzig. Im Februar 1956 zog die Familie Stiehler endgültig nach Stuttgart. Im Mai 1956 wurde er an die Münchner Hochschule berufen, wo er bis zu seiner Versetzung in den Ruhestand 1975 lehrte. ◆ Sein Sohn Urs Stiehler war bis 1982 Konzertmeister des Gärtnerplatz-Orchesters. Er unterrichtet am Richard-Strauss-Konservatorium. Sein Sohn Helmar Stiehler war bis 1972 Solo-Cellist des Bayerischen Staatsorchesters. Er lehrt an der Münchner Musikhochschule, seit 1988 mit Professur. Lehrer an der Leipziger Hochschule für Musik von 1936 bis 1951; 1949 Professur ◆ Primarius des Gewandhaus-Quartetts zwischen 1941 und 1955; sein eigenes Quartett löste 1941 die Besetzung um → E. Wollgandt ab. ◆ Lehrer von → K. Jachimowicz und G. Kröhner.
LITERATUR: Nösselt. QUELLEN: Archiv HMT: Kon Nr. 15735; StadtAL: Kap. 10, Personalakte; Auskunft von Ursula Stiehler, München.

....

20 Bei seinem Probespiel am 7. Dezember 1932 spielte er das Violinkonzert von Mendelssohn, → Br. Walter begleitete ihn am Flügel.

Kurt Stiehler, um 1945

Konzertmeister), I. Hornist beim städtischen Orchester in Essen.« ◆ Am 18. November 1952 wurde er mit dem Titel eines Professors geehrt.
Mitglied des Gewandhaus-Bläserquintetts ◆ Lehrer am Leipziger Konservatorium (ab 1941 Hochschule) von 1933 bis 1945 ◆ Lehrer von → G. Haucke, → E. Penzel, → W. Seltmann und → Fr. Winkler.
LITERATUR: Nösselt. QUELLEN: Archiv HMT: M 317–329; StadtAL: Kap. 10, Personalakte ◊ Kap. 32, Nr. 7, Beiheft 11.

|702 Schlövogt, Helmut
Oboe
* 19. September 1911 in Leipzig,
† 31. Mai 2002 in Karlsbad/Langensteinbach
Mitglied vom 1. September 1933 bis 31. Juli 1941
1. Oboist für → H. Karger

Er erhielt mit sechs Jahren ersten Geigenunterricht, wechselte 16jährig zur Oboe und war dann Schüler von → A. Gleißberg am Leipziger Konservatorium von Ostern 1928 bis 1932. ◆ Er wurde 1940 zum Kriegsdienst eingezogen. ◆ Ab 1943 war er 1. Oboist, später 2. Oboist beim Berliner Philharmonischen Orchester, wo er bis zu seiner Pensionierung 1974 engagiert war.
Mitglied des Gewandhaus-Bläserquintetts ◆ Lehrer am Leipziger Konservatorium ab 1935.
WERKE: Herausgeber von Werken f. Ob. LITERATUR: Nösselt; G. Meerwein: Der Oboist Helmut Schlövogt wurde neunundachtzig. QUELLEN: StadtAL: Kap. 32, Nr. 7, Beiheft 8; Auskunft von Georg Meerwein, Bamberg..

|701 Krüger, Wilhelm Prof.
Horn
* 20. August 1888 in Wallitz bei Rheinsberg,
† 11. Februar 1958 in Leipzig ◆ Vater von → S. Krüger
Mitglied vom 1. Februar 1933 bis 31. August 1953, noch bis 31. Dezember 1953 Aushilfe
1. Hornist für → A. Frehse, der ans 2. Horn wechselte

In seinem Lebenslauf von 1945 heißt es: »Bin geboren am 20. August 1888 in Wallitz, Krs. Ruppin. Mein Vater ist Wilhelm Krüger, Büdner, meine Mutter Auguste Krüger geb. Pappel in Wallitz. Vom 6. bis zu meinem 14. Lebensjahr besuchte ich die Volksschule in Wallitz. 1903 wurde ich konfirmiert. Von 1903 bis 1907 war ich Musikschüler der Stadtkapelle in Rheinsberg. Ab September 1907 bis 1. Juni 1912 war ich als Hornist in Berlin in verschiedenen Orchestern [Komische Oper, Krolloper] tätig. Während dieser Zeit studierte ich noch privat bei Herrn Kammervirtous Prof. Rembt Berlin. Vom 1. Juni 1912 bis 1. Februar 1926 war ich I. Solohornist am städtischen Orchester Rostock. Während des Weltkrieges war ich von Februar 1915 bis 1. Dezember 1918 Soldat. Mein letzter Dienstgrad war Gefreiter ... Von Februar 1926 bis Februar 1933 war ich im städtischen Orchester Essen als I. Solohornist. Während dieser Zeit wurde ich oft von Herrn Generalmusikdirektor Brecher Leipzig aufgefordert nach Leipzig zu kommen.« In den Probespielunterlagen von 1932 findet sich der Eintrag: »Hornist und Tubenbläser an der Berliner Krolloper, I. Hornist am Stadttheater Rostock, während des Krieges in der Kapelle von Sommer (Großherzoglicher Hof-

|703 Eichhorn, August
Violoncello
* 31. Juli 1899 in Mainz,
† 1980 in Bensheim-Auerbach
Mitglied vom 1. November 1933 bis 31. August 1943
Solo-Cellist für → H. Münch-Holland

Er bewarb sich am 4. September 1933. Am 22. September schrieb Carl Schuricht aus Berlin an → H. Wilke: »Soeben höre ich, dass bei Ihnen die Stelle des ersten Solocellisten neubesetzt werden soll, erlauben Sie mir Ihnen auf das allerwärmste Herrn Eichhorn (Wiesbaden, Staatsoper) zu empfehlen, einen Künstler außergewöhnlichen Formats, der tonliche und technische Qualitäten besitzt, wie ich sie selten, dazu mit so tiefer Musikalität und weitgreifender Allgemeinbildung vereint, gefunden habe. Herr Eichhorn, ein wahrhaft besessener Musiker, ein geistig hochstehender und sympathischer Mensch, von höchster Strenge gegen sich selbst, wird Ihnen sicher erfüllen, was Sie suchen.« In seinem Lebenslauf vom 29. November 1933 heißt es: »Am 31. Juli 1899 als Sohn des Musikers Theodor Eichhorn zu Mainz am Rhein geboren, wo ich von 1905–07 die Volksschule besuchte. Nach der Übersiedlung der Eltern nach Wiesbaden weitere 2 Jahre die dortige Mittelschule bis zum Übergang zum Realgymnasium, welches ich 1914 in U II verließ. 1912 Übersiedlung der Eltern nach Kaiserslautern. 1910–12 erster Instrumentalunterricht im Klavier und Violinspiel. Erster Cellounterricht für Berufsausbildung von 1913–14 bei Prof. O. Brückner in Wiesbaden. Durch Kriegsausbruch und Einberufung des Vaters Schulabgang und Rückkehr der Eltern nach Kaiserslautern. Hier Besuch des Conservatoriums und Cellounterricht bei Johan Ydo bis 1915, teilweise auch in Holland. Bis zur Teilnahme am Feldzug 1917 autodidaktisches Arbeiten als Instrumentalist. Nach Wiederherstellung von Verwundung 1919 Entlassung aus dem Heeresdienst. Infolge Kriegsteilnahme erheblicher Rückgang und Aenderung der Berufsabsichten. Besuch einer humanistischen Schule in Bonn a*m Rhein* bis zur Oberprimareife von 1919–20 und musikwissenschaftliche Arbeiten. Gleichzeitig Wiederaufnahme des Cellounterrichts am Conservatorium in Cöln a*m Rhein* bei Emanuel Feuermann[21] und spätere Rückkehr zum Berufscellisten. Von 1920–22 Repertoirestudium bei Prof. Brückner in Wiesbaden. Seit April 1922 dessen Nachfolger I. Solocellist der Staatsoper in Wiesbaden bis zum Antritt dergleichen Stellung am Stadt und Gewandhausorchester in Leipzig am 1. November 1933.« ◆ Er war der Initiator des 1940 gegründeten Gewandhaus-Kammerorchesters, dessen Leitung Paul Schmitz übernahm. ◆ Er kündigte seinen Vertrag nach erfolgloser Bitte um Entlastung beim Orchesterdienst und »wegen Unlösbarkeit der Personalunion von Lehramt und Konzertmeisterfunktion und aufgrund der Denunziation wegen nazifeindlicher Äußerungen im März und April 1943«. (zit. nach Kestner-Boche) ◆ Er folgte einer Berufung an die Mannheimer Musikhochschule, wurde wenig später zum Kriegsdienst eingezogen und war nach Kriegsende in Bad Kreuznach interniert.

Lehrer an der Leipziger Hochschule für Musik bis 1943 und von 1952 bis 1966; ab 1964 nur noch Lehrauftrag ◆ Mitglied des Gewandhaus-Quartetts von 1933 bis 1937 und von 1941 bis 1943 ◆ Lehrer von → K.-H. Feit, → A. Heinrich, → H. Kral, → H.-P. Linde, → S. Pank, → H. Sauer, → G. Stephan, → H. Weimann und → J. Wintgen.
LITERATUR: Nösselt; R. Kestner-Boche: Das Leben von August Eichhorn. QUELLEN: StadtAL: Kap. 10, Personalakte ◊ Kap. 32, Nr. 7, Beiheft 4.

|704 **Schertel, Fritz** [Friedrich]
Violoncello
* 13. Februar 1889 in Schweinfurt,
† 5. April 1945 in Bayreuth
Mitglied von 1933 bis zu seinem Tod
Cellist im Konzert

Er ist der Sohn des Bankbuchhalters und späteren Staatsbankdirektors Sigmund Schertel und dessen Ehefrau Marie Schertel, geb. Pfeiffer. Nach dem Besuch des Gymnasiums in Hof/S. studierte er von 1909 bis 1912 an der Akademie der Tonkunst in München, kam im Oktober 1913 nach Leipzig und wurde Schüler von → J. Klengel. Von 1921 bis 1922 war er Solo-Cellist beim Dresdner Philharmonischen Orchester. Ab 15. September 1921 lehrte er am Leipziger Konservatorium (ab 1941 Hochschule). ◆ Gemeinsam mit seiner Frau und seinem achtjährigen Sohn Peter kam er wenige Wochen vor dem Ende des Zweiten Weltkrieges in Bayreuth, wo die Familie sicherer zu sein hoffte als in Leipzig, ums Leben. »Beim Bombenangriff vom 5. April 1945 suchte er (Fritz Schertel) mit seiner Familie im Keller des Anwesens Nibelungenstr. 2 Schutz, das vollständig zerstört wurde. Die Leichen waren zum Teil vollständig verbrannt. Herr Schertel hatte sein Cello mit in den Keller genommen.« (StadtA Bayreuth) ◆ Seine zwei älteren Brüder sind Wilhelm Schertel (* 1883, † 1930), der neben seinem Hauptberuf als Chemiker auch Kunstmaler, Zeichner und Illustrator war, und Ernst Karl Schertel (* 1884, † 1958), Schriftsteller, Lehrer und Tanzpädagoge.

Lehrer am Leipziger Konservatorium von 1921 bis zu seinem Tod ◆ Lehrer von → E. Hillmann und → H. Kral.
WERKE: Orchesterstudien; Transkription von Rachmaninoffs Andante aus dem Klavierkonzert fis-moll f. Vc. u. Klavier, Moskau 1913 und Puccinis *La Boheme* f. Vc. u. Klavier, Mailand 1927; Das Violoncello, in: Hohe Schule der Musik, Handbuch der gesamten Musikpraxis. Potsdam 1935.
LITERATUR: Nösselt; Deutsches Musiker-Lexikon, hrsg. v. E. Müller. QUELLEN: Auskunft von Gerd Meyer, Marburg; StadtA Bayreuth: briefliche Auskunft an Gerd Meyer, Marburg.

1934

|705 **Kindscher, Erich**
Violine
* 21. Februar 1906 in Bornum bei Zerbst
Mitglied vom 1. Oktober 1934 bis 30. September 1935
Dritter 1. Konzertmeister für → L. Schwarz

Der Sohn des Bornumer Pfarrers besuchte das Gymnasium in Dessau und studierte von 1924 bis 1928 bei Georg Kulenkampff und Rudolf Damann an der Staatlichen Hochschule für Musik in Berlin-Charlottenburg. Von 1921 bis 1923 war er Konzertmeister des Dessauer Collegium musicum, 1927 Konzertmeister des Kurorchesters Friedrichroda und von 1928 bis 1931 Geiger bei der Staatskapelle Berlin. Dort wurde ihm im Zusammenhang mit den Brüningschen Notverordnungen und der Schließung der Krolloper im Oktober 1931 gekündigt. Danach war er Mitglied des Leipziger Sinfonie-Orchesters. Er bewarb sich schon 1932 um die durch den Weggang von → C. Münch freigewordene Konzertmeister-Stelle. ◆ Zu seinem Probespiel 1934 um die Stelle von → L. Schwarz wurden, entgegen den Gepflogenheiten, der Gewandhauskapellmeister Hermann Abendroth und die Gewandhaus-Konzertdirektion nicht eingeladen. Zum Zeitpunkt des Probespiels war noch unklar, ob Schwarz wieder eingestellt werden müsse. ◆ Er verlängerte seinen Privatdienstvertrag nicht, ging nach Dessau – wo der Name Kindscher schon in der ersten Hälfte des 19. Jahrhunderts bei der Hofkapelle auftaucht – und 1936 nach Danzig.

Lehrer von → R. Scherbach.
LITERATUR: Nösselt. QUELLEN: LHASA, DE, Abteilung Dessau: A 12 b 4 Nr. 3; StadtAL: Kap. 10, Personalakte ◊ Kap. 32, Nr. 7, Beiheft 2 / Bd. 2.

1935

|706 **Schmidt, Oskar**
Violine
* 29. Januar 1905 in Bayreuth
Mitglied vom 1. Oktober 1935 bis 27. Juli 1937
Dritter 1. Konzertmeister für → E. Kindscher

Er ist der Sohn des Musikers Georg Schmidt und dessen Ehefrau Sophie, geb. Strebel. In seinem Lebenslauf zur Bewerbung heißt es: »Ich bin am 29. Januar 1905 in Bayreuth geboren. Dort besuchte ich die Volksschule und

---
[21] Schüler von → J. Klengel.

vom 13. bis 17. Jahr die Lehrerbildungsanstalt. Meinen Plan Lehrer zu werden, gab ich jedoch auf Anraten verschiedener bedeutender Künstler (Siegfried Wagner, Hermann Kienzl, Karl Kittel) bald auf und widmete mich ganz dem Studium der Musik … Leider waren meine Eltern nicht in der Lage, mir ein geregeltes Studium zu ermöglichen. Ich sah mich also gezwungen, meinen Lebensunterhalt dort, wo ich studieren wollte, selbst zu verdienen. Mit 17 Jahren erhielt ich am städtischen Orchester Altenburg eine Stellung als 1. Geiger und nahm bei dem damaligen Solobratschisten der Landeskapelle, Herrn Kurt Platz, meinen ersten systematischen Unterricht. Mit dem Anwachsen der Inflation wurden jedoch die Verdienstmöglichkeiten in Altenburg immer schlechter und ich sah mich nach einem Jahr veranlaßt, wieder nach Bayreuth zurückzukehren. Dort genoß ich etwa ein Jahr den Unterricht des inzwischen nach Bayreuth versetzten Studienrats Herrn Fritz Beer, der mich mit allen Mitteln förderte. Auf seinen Rat hin ging ich auch nach Würzburg, um am Staatskonservatorium mich weiter auszubilden. Nachdem ich in Schweinfurt eine Stellung als Geiger gefunden hatte, konnte ich regelmäßig nach Würzburg zum Unterricht fahren. Ich studierte dort neben meinem Hauptfach Violine (Professor Schiering) in der Klasse des Herrn Geheimrats Professor Dr. Zilcher Partiturlesen und Komposition und auch eine Zeit Klavier bei Herrn Professor Wyrott. Nachdem ich in den Konzerten der Anstalt mehrmals mit großem Erfolg als Geiger und Dirigent aufgetreten war erhielt ich 1927 eine Stellung als 1. Geiger beim Philharmonischen Orchester Berlin. Diese Zeit nutzte ich zu weiteren Studien bei dem bekannten Professor Barmas, bis mir 1928 eine Stellung als Lehrer für Violine an der Badischen Hochschule für Musik in Karlsruhe und 1932 die des Leiters der Meisterklasse dortselbst übertragen wurde. Von Karlsruhe aus fuhr ich noch zu Studienzwecken nach Köln zu Professor Bram Eldering. Im Laufe von 7 Jahren habe ich mir als Solist, Kammermusikspieler, Dirigent und nicht zuletzt als Lehrer einen guten Namen erworben. Da mir aber meine Tätigkeit als Lehrer im Hauptberuf doch nicht genügend künstlerische Befriedigung geben konnte, habe ich mich um die freigewordene Konzertmeisterstelle am Stadt- und Gewandhausorchester beworben.« ◆ Er bewarb sich auch schon um die zum 1. Oktober 1934 ausgeschriebene Konzertmeisterstelle. In den Probespielunterlagen findet sich der Eintrag: »29 Jahre alt; Bayreuth Prof. Beer, Prof. Schmidt. Staatskonservatorium Würzburg Berlin Prof. Barmas. Landestheater Altenburg Philharmonie Berlin. Badische Hochschule für Musik Karlsruhe Lehrer für Violine seit 1928. Badisches Kammerorchester Konzertmeister Leiter der Meisterklasse an der Hochschule Karlsruhe. Seit 1932 NSDAP.« ◆ Nach seinem Leipziger Engagement ging er nach Berlin zum Deutschlandsender.
LITERATUR: Nösselt. QUELLEN: StadtAL: Kap. 10, Personalakte ◊ Kap. 32, Nr. 7 Beiheft 2 / Bd. 2.

|707 Brückner, Hans
Oboe
* 17. Juni 1913 in Wiesbaden,
† 10. Juli 1972 in München
Mitglied vom 1. Oktober 1935 bis 1. September 1938
2. Oboist mit Verpflichtung zur Oboe d'amore und Englischhorn

In seinem Bewerbungsschreiben heißt es: »Am 17. Juni 1913 wurde ich in Wiesbaden als Sohn des Kammermusikers Ludwig Brückner und dessen Ehefrau Maria geb. Schleuse, geboren. Ich besuchte 10 Jahre die Oberrealschule und ging nach dem Einjährigen-Zeugnis ab. Schon während meiner Schulzeit beschäftigte ich mich mit dem Musik-Studium. Nach meiner Schulentlassung wurde ich Schüler des Wiesbadener (Spangenberg'schen) Konservatoriums. Oboe-Unterricht erhielt ich von meinem Vater, der bereits 28 Jahre I. Oboist des Städtischen Kurorchesters zu Wiesbaden ist. Schon frühzeitig hatte ich Gelegenheit, im Kurorchester mitzuwirken … In den Sommermonaten 1932 und 33 war ich I. Oboist und Englisch Hornbläser im Staatlichen Kurorchester zu Bad Schwalbach. Vom 15. Mai – 31. August 1934 war ich im Städtisches Kurorchester Baden-Baden als II. stellvertretender I. Oboist und Engl. Hornbläser tätig. Seit dem 1. September 34 bin ich nun im Städtischen Orchester zu Düsseldorf II. Oboist (Engl. Horn). Da nun die Anstellungsbedingungen hier zur Zeit sehr ungünstig sind, möchte ich mich selbstverständlich verbessern. Deshalb bitte ich höflichst, mir bei einer eventuellen Einladung die Anstellungsbedingungen, sowie auch das Gehalt, anzugeben.« ◆ Nach seinem Leipziger Engagement ging er nach Dresden an die Sächsische Staatskapelle, 1950 in die BRD, wo er zunächst bei den Bamberger Sinfonikern und ab 1956 beim Bayerischen Staatsorchester in München war.
LITERATUR: Nösselt; A. Schreiber: Von der Churfürstlichen Cantorey zur Sächsischen Staatskapelle Dresden. QUELLEN:; StadtAL: Kap. 10, Personalakte ◊ Kap 32, Nr. 7, Beiheft 8; Auskunft von Georg Meerwein, Bamberg.

1936

|708 Gerlach, Johanna geb. Kutschke
Harfe
* 27. August 1910 in Leipzig ◆ Ehefrau von
→ W. Gerlach
Mitglied vom 1. März 1936 bis 31. August 1970,
bereits ab 1933 Aushilfe
Harfenistin für → S. Lohse

Sie ist die Tochter des Musikers Alwin Kutschke und dessen Ehefrau Emma, geb. Otto. Nach dem Besuch der Volksschule war sie Schülerin von → Fr. Scharff am Leipziger Konservatorium von 1925 bis 1926. Von 1927 bis 1930 hatte sie Engagements beim Leipziger Operettentheater und dem Kurorchester Bad Orb, ab 1931 war sie als ständige Aushilfe beim Leipziger Rundfunk-Sinfonieorchester. Da die 2. Harfenstelle des Stadtorchesters zugunsten der 5. Flötenstelle zunächst nicht wieder besetzt wurde, war sie ab 1933 regelmäßig als Aushilfe im Theater und den Gewandhauskonzerten beschäftigt. In einer Aktennotiz vom 6. November 1935 heißt es, »daß die 2. Harfenstelle nur aushilfsweise mit Fräulein Kutschke besetzt ist«, abweichend von dem offiziellen Dienstantritt wurde später hinzugefügt: »Mit Wirkung vom 1.8.37 an ist die 2. Harfenstelle wieder begründet und mit Frl. Kutschke besetzt worden.«
WERKE: Orchesterstudien. LITERATUR: Nösselt. QUELLEN: Archiv HMT: Kon Nr. 14951; GewandhausA; StadtAL: Kap. 32, Nr. 7, Beiheft 6, Blatt 53.

|709 **Milzkott, Erwin**
Flöte
* 1. Juni 1913 in Hagen/Westfalen,
† 2. Juli 1986 in Berlin (West)
Mitglied vom 1. August 1936 bis 31. März 1938
1. Flötist für → O. Fischer

Er besuchte in Hagen die Oberrealschule bis zur Oberprima und war Schüler am Hagener Konservatorium, zunächst mit dem Hauptfach Klavier bei Willi Jinkertz, später hatte er Flötenunterricht bei K. Lämmerhirt. Als Pianist trat er bereits zwölfjährig mit Beethovens 2. Klavierkonzert u. a. Werken mit Orchester auf. Er studierte von 1931 bis 1933 bei Paul Stolz an der Staatlichen Hochschule für Musik in Köln und war danach Solo-Flötist in Lübeck und Hannover. Bereits 1934 bewarb er sich um die vakante Stelle von → O. Fischer. ♦ Nachdem er in sieben Diensten gefehlt hatte, wurde sein Vertrag wegen »fortgesetzter Unpünktlichkeit und Nachlässigkeit im Dienst« nach der schon verlängerten Probezeit nicht in eine Festanstellung umgewandelt. Er ging nach Berlin, war dort bis 1941 beim Berliner Philharmonischen Orchester tätig und war dann bis 1945 Soldat. Von 1945 bis 1961 war er Solo-Flötist des Berliner Rundfunk-Sinfonieorchesters, gleichzeitig ab 1951 freier Mitarbeiter beim RIAS-Symphonie-Orchester. In einem Schreiben vom 23. Mai 1951 kündigte ihm der RIAS wegen Mitwirkung bei einer »von der östlichen Seite veranstalteten ›Friedenskundgebung‹« fristlos. Ab 1. September 1951 hatte er eine Professur an der Deutschen Hochschule für Musik in Berlin (Ost). Obwohl er in Berlin (West) lebte, war er auch nach Errichtung der Berliner Mauer im August 1961 noch bis zum 15. Juli 1962 an der Komischen Oper in Berlin (Ost) tätig. Später war er ohne feste Anstellung hauptsächlich als Studiomusiker beim Sender Freies Berlin, daneben konzertierte er auch als Cembalist.

LITERATUR: Nösselt. QUELLEN: StadtAL: Kap. 10, Personalakte ◊ Kap. 32, Nr. 7, Beiheft 7; Auskunft von Nina Milzkott, Berlin.

|710 **Gerlach, Willi Artur Martin**
Oboe
* 10. November 1909 in Elberfeld[22] ♦ Ehemann von → J. Gerlach
Mitglied vom 1. Oktober 1936 bis 1. November 1972, ab März 1972 nicht mehr aktiv tätig
1. Oboist für → R. Kempe, ab 1. August 1968 2. Oboist für → K. Kraus

In seinem Lebenslauf zur Bewerbung heißt es: »Ich wurde am 10. November 09 in Elberfeld als Sohn des städtischen Kammermusikers Artur Gerlach geboren. Ich besuchte die höhere Schule bis zum Einjährigen, und dann wandte ich mich dem Musikstudium zu. 2 Jahre hatte ich Privatunterricht bei dem I. Oboisten des hiesigen Städtischen Orchesters. Abschließend besuchte ich 2 Jahre die staatliche Hochschule für Musik in Köln. Dann war ich in verschiedenen Stellen als I. Oboist tätig. Zur Vervollkommnung absolvierte ich noch ein Semester an der staatlichen akademischen Hochschule für Musik in Berlin als Schüler von Prof. Flemming. Von 1931 bis 1933 war ich bei der Reichswehr im Musikkorps der Kommandantur Berlin als I. Oboist, und nahm während dieser Zeit bei dem Solo-Oboisten, Herrn Kern, der Berliner Philharmonie Unterricht. Ab 1. September 1933 befinde ich mich in meiner heutigen Stellung.« In den Probespielunterlagen findet sich der Eintrag: »26 Jahre alt, 2 Jahre Privatunterricht bei dem I. Oboisten

---
[22] Heute Stadtteil von Wuppertal.

des Orchesters Elberfeld, 2 Jahre staatliche Hochschule für Musik in Köln, 1 Semester Staatliche Akademie Hochschule für Musik in Berlin (Pof. Flemming) 1933/35 als stellvertretender I. Oboist Stadttheater Wuppertal-Barmen, jetzt stellvertretender I. Oboer im Städtischen Orchester Wuppertal.« Lehrer an der Leipziger Hochschule für Musik von 1942 bis 1945 und von 1946 bis 1962 ♦ Lehrer von → P. Fischer, → G. Flade und → H.-L. Mörchen.

LITERATUR: Nösselt. QUELLEN: GewandhausA; StadtAL: Kap. 32, Nr. 7, Beiheft 8.

1937

|711 **Just, Wilhelm**
Trompete
* 25. November 1881 in Pritzwalk
Mitglied vom 1. Januar 1937 bis 31. August 1944
Trompeter an der neu eingerichteten 6. Stelle

In seinem Bewerbungsschreiben von 1936 heißt es: »Es wurde mir vor einiger Zeit mitgeteilt, dass Herr [→ Fr.] Herbst aus Gesundheitsrücksichten in Pension gehen wird. Da Neubesetzungen aus Sparsamkeitsgründen nicht stattfinden sollen, sondern unter den Trompetern wahrscheinlich nachgerückt werden wird, bitte ich höflichst zu erwägen, ob ich nicht bei dieser Gelegenheit als 5. Trompeter in das städtische Orchester umgeschrieben werden könnte. Meine Stellung ist vorhanden. Ich werde bezahlt, ohne voll beschäftigt zu werden. Es ist für mich immer unendlich niederdrückend, wenn ich beinahe aus Gnade hier und da mich einmal betätigen darf. Bitte berücksichtigen Sie, dass ich nur durch meine schwere Kriegsdienstbeschädigung an der freien Ausübung meiner künstlerischen Tätigkeit gehindert bin … Sie würden mir die Lebensfreude zurück geben wenn Sie es mir ermöglichten noch für Jahre hinaus meinen Beruf als Trompeter auszuüben, nachdem ich meinem Vaterland bald 12 Jahre gedient habe, und auch ziemlich 19 Jahre in städtischen Diensten stehe.« In den Probespielunterlagen findet sich der Eintrag: »55 Jahre alt, seit 19 Jahren Bühnenmusiker (Trompeter) am Alten Theater.«

LITERATUR: Nösselt. QUELLEN: StadtAL: Kap. 32, Nr. 7, Beiheft 12.

|712 **Steinkopf, Otto**
Fagott
* 28. Juni 1904 in Stolberg bei Aachen, † 1980
Mitglied vom 3. Februar 1937 bis 30. November 1945
1. Fagottist für → C. Schaefer

Er ist der Sohn des Chemikers Dr. Otto Steinkopf und dessen Ehefrau Dorette, geb. Peters. ♦ In seinem Bewerbungsschreiben heißt es: »… während der Schulzeit (Absolvent der Oberrealschule in Halle und Magdeburg) erhielt ich bereits Musikunterricht und widmete mich nach meinem Abitur hauptsächlich dem Fagott. Ich ging nach Berlin an das Stern'sche Konservatorium und studierte 2 Semester Musikwissenschaft an der Berliner Universität. Als Fagottist bin ich Schüler von Herrn Kammermusiker Herbert Wonneberger von der Staatsoper Berlin. Vom Stadttheater Guben, wo ich als I. Fagottist war wurde ich zunächst als III. mit Kontrafagott für das Städtische Orchester Kiel verpflichtet, wurde nach kurzer Zeit stellvertretender I. Fagottist und bin hier in Kiel seit November 1935 ausschließlich als I. Fagottist tätig.« ♦ Am 16. Dezember 1940 zur Wehrmacht eingezogen, wurde er am 2. August 1943 uk-gestellt[23] für die Mitwirkung im Berliner Kammerorchester Hans von Benda. Für die Dauer dieser Beschäftigung wurde ihm von Oberbürgermeister Alfred Freyberg Urlaub ohne Gehalt gewährt. Nach dem Ende des Krieges war er eine Zeitlang 2. Fagottist im Berliner Philharmonischen Orchester, dann 1. Fagottist beim RIAS. Er widmete sich später hauptsächlich dem Nachbau historischer Instrumente, erst in Berlin, dann in den Werkstätten der Fa. Moeck in Celle. Ein von ihm gebautes Dulzian befindet sich im Instrumentarium der Leipziger Nikolaikirche.

WERKE: Anleitung für das Musizieren auf Pommern, Dulcianen und Ranketten. Celle 1978. LITERATUR: Nösselt. QUELLEN: StadtAL: Kap. 10, Personalakte ◊ Kap. 32, Nr. 7, Beiheft 8.

|713 Lippold, Hans
Violine
* 23. August 1913 in Altona-Blankenese,
† gefallen im Zweiten Weltkrieg
Mitglied vom 22. Februar 1937 bis zu seinem Tod
1. Geiger

Der Sohn des Maurers Albert Lippold war Schüler von Walther Davisson am Leipziger Konservatorium vom 10. Mai 1933 bis Ostern 1937. Während dieser Zeit war er bereits Aushilfe bei den Gewandhauskonzerten (1934/35 2. Geiger, 1935/36 1. Geiger), ab September 1936 auch im Neuen Theater.

LITERATUR: Nösselt. QUELLEN: Archiv HMT: Kon Nr. 17052; StadtAL: Kap. 32, Nr. 7, Beiheft 2 / Bd. 2 ◊ Kap. 32, Nr. 7, Vol. XVI, Bl. 180.

|714 Reuter, Willi Albrecht
Violine
* 13. Oktober 1906 in Helbra bei Eisleben,
† Februar 1995 in Leipzig
Mitglied vom 22. Februar 1937 bis 1972
2. Geiger

Der Sohn des Justizwachtmeisters Artur Reuter hatte ein viertel Jahr Unterricht bei Walther Davisson und war dann auch dessen Schüler am Leipziger Konservatorium vom 29. September 1926 bis 1928. ♦ In den Probespielunterlagen findet sich der Eintrag: »Studierte bei Prof. Davisson und StadtKammerVirtuos [→ H.] Wilke. Spielt seit 4 Jahren bei den Gewandhauskonzerten mit. Seit 2 Jahren ständiger Vertreter in Krankheitsfällen und bei Verstärkung des Orchesters im Neuen Theater.« ♦ Er war Soldat im Zweiten Weltkrieg. ♦ Von seinen Kompositionen wurden mehrere im Gewandhaus uraufgeführt.

WERKE: Trithenerium, Capriccio f. Orch.; Relationen f. Orch.; Prologos f. Orch.; Bläser-Symphonietta; 3 Fugen f. Streicher; Konzert f. Cembalo u. Orch.; Suite f. Streichquartett; Canto appassionato f. Hr. u. Klavier; Trois miniature f. Fl.; Klaviersonate. LITERATUR: Nösselt. QUELLEN: Archiv HMT: Kon Nr. 15420; StadtAL: Kap. 32, Beiheft 2 / Bd. 2.

|715 Schröter, Hugo
Violine
* 25. März 1912 in Leipzig,
† gefallen 15. Dezember 1941 bei Sitkowo (Rußland)
Mitglied vom 1. April 1937 bis zu seinem Tod
1. Geiger

Er ist der Sohn des Reichsbahnoberlademeisters Christian Schröter und dessen Ehefrau Therese, geb. Bayerer. Zunächst hatte er fünfeinhalb Jahre Unterricht bei → L. Enger und war dann Schüler von → E. Wollgandt am Leipziger Konservatorium von Michaelis 1930 bis 1936. In seinem Bewerbungsschreiben heißt es: »Hiermit erlaube ich mir höflichst mich um die im Stadt- und Gewandhausorchester neu zu besetzende Geigerstelle zu bewerben und berufe mich gleichzeitig auf die Empfehlung von Herrn Prof. Wollgandt. Ich bin am 25. März 1912 in Leipzig geboren, besuchte von September 1930 bis 1936 das Landeskonservatorium für Musik in Leipzig, woselbst ich durch Herrn Prof. Wollgandt meine Ausbildung genossen habe. Die Gewandhaus-Konzerte habe ich seit dem Konzert-Winterhalbjahr 1933/34 bis 1936 als ständige Aushilfe in den 1. Violinen mitgespielt. Zur Zeit bin ich als erster Geiger an der Deutschen Musik-Bühne tätig.« ♦ In einem Schreiben von Oberstleutnant Egolf an Frau Schröter heißt es: »Hochverehrte Frau meines Kameraden Schröter! Am Morgen des 15.12.41 fiel Ihr Mann vor Sitkowo, etwa 10 km südwestlich Klin, durch Granatwerferbeschuß in soldatischer Pflichterfüllung mit vielen anderen Kameraden der Kompanie, getreu seinem Fahneneid für Führer und Vaterland. Es war Not am Mann und er mußte zusammen mit anderen Angehörigen als Schütze zu Sicherungsaufgaben eingesetzt werden. Ich spreche Ihnen, zugleich im Namen seiner Kameraden, meine wärmste Anteilnahme aus. Die Kompanie wird ihm stets ein ehrendes Andenken bewahren. Möge die Gewissheit, daß Ihr Mann sein Leben für die Größe und den Bestand des deutschen Volkes und Reiches hingegeben hat, Ihnen Trost sein in dem schweren Leid, dass Sie betroffen hat. Ich grüße Sie in aufrichtigem Mitgefühl [gez.] Egolf, Oberleutnant und Kompanie Chef. In allen Fürsorge- und Versorgungsfragen wird Ihnen das zuständige Wehrmachts- und Versorgungsamt, dessen Standort bei jeder militärischen Dienststelle zu erfahren ist, bereitwilligst Auskunft erteilen.«

LITERATUR: Nösselt. QUELLEN: Archiv HMT: Kon Nr. 16615; StadtAL: Kap. 10, Personalakte.

|716 Seegers, Karl Ludwig Heinrich
Trompete
* 23. Dezember 1897 in Suttorf bei Hannover,
† Sommer 1977 in Hannover
Mitglied vom 1. April 1937 bis 31. Juli 1963
1. Trompeter für → Fr. Herbst, ab 1957 2./3. Trompeter

In seinem Lebenslauf von 1945 heißt es: »Am 23.12.1897 wurde ich, Karl Ludwig Heinrich Seegers als Sohn des Viehhändlers Friedrich Seegers in Suttorf (Hannover) geboren. Ich besuchte die Volksschule. Nach meiner Schulentlassung schickte mich mein Vater auf die Musikschule in Barsinghausen (Hannover), die ich zu Beginn des I. Weltkrieges verließ. 1915 trat ich als Hoboist bei der 5. Matrosen Artillerie Abteilung Helgoland ein. Hier verblieb ich bis Kriegsende. Ich wurde entlassen und war als Zivilmusiker am Operettentheater in Hannover tätig. Der Not der Inflationszeit gehorchend trat ich 1920 wieder beim Militär ein. Ich diente 12 Jahre. Während dieser Zeit vollendete ich mein Musikstudium bei dem Herrn Kammervirtuosen Ludwig Teubig I. Trompeter am Opernhaus Hannover. Im April 1929 vom Militär entlassen erhielt ich im August des Jahres, nach erfolgreichem Probespiel, Anstellung als I. Trompeter am Stadttheater in Magdeburg. Von 1934–37 war ich in gleicher Stellung am damaligen Friedrichstheater in Dessau verpflichtet.« ♦ Sein Enkel Rainer Seegers ist seit 1983 Solo-Pauker des Philharmonischen Orchesters Berlin.
Lehrer von → K. Ramm und → G. Rößler.

LITERATUR: Nösselt. QUELLEN: GewandhausA; StadtAL: Kap. 32, Nr. 7, Beiheft 12.

---
23 Vom Wehrdienst freigestellt (unabkömmlich).

|717 **Weimann, Helmut**
Violoncello
* 3. Juni 1912 in Kassel,
† 15. Mai 1969 in Leipzig
Mitglied vom 1. Mai 1937 bis zu seinem Tod
Cellist, später Stellvertretender Solo-Cellist; spielte auch Violoncello piccolo

Der Sohn eines »Oberpostsekretärs a. D.« (Kon) hatte von Ostern 1929 bis Ende Februar 1930 Unterricht bei dem Cellisten Görlitz und ab 1. März bei Kammermusiker Bender vom Kasseler Staatstheater. Er war dann Schüler von → J. Klengel am Leipziger Konservatorium von Michaelis 1930 bis 1933, ab Oktober 1935 nahm er Unterricht bei → A. Eichhorn.
Lehrer für Orchesterstudien an der Leipziger Hochschule von 1959 bis 1969.
LITERATUR: Nösselt. QUELLEN: Archiv HMT: Kon Nr. 16627; StadtAL: Kap 32, Nr. 7, Beiheft 4.

|718 **Kalki, Max**
Violine
* 20. April 1907 in Breslau,
† 11. September 1990 in Himmelkron
Mitglied vom 1. September 1937 bis 30. April 1943 und vom 1. Oktober 1947 bis 31. August 1949
Dritter 1. Konzertmeister für → O. Schmidt,
ab 1947 erster 1. Konzertmeister für → E. Wollgandt

Er besuchte in Breslau die Volks- und Mittelschule und hatte ab dem fünften Lebensjahr Geigenunterricht bei seinem Schwager C. Müller, der in der Schlesischen Philharmonie Kontrabassist war. Nach Absolvierung des schlesischen Landeskonservatoriums war er ab 1. September 1923 bei der Schlesischen Philharmonie in Breslau, zunächst als 2. und 1. Geiger, ab 1925 als stellvertretender Konzertmeister und ab 1932 als 1. Konzertmeister. Von Breslau aus nahm er Unterricht in Berlin. ♦ 1943 ging er als 1. Konzertmeister an die Deutsche Staatsoper Berlin und war nach dem Krieg vom 1. Oktober 1945 bis 1947 in gleicher Funktion in Gera. ♦ Von 1949 bis zu seiner Pensionierung im Juni 1971 war er beim Orchester der Städtischen Oper (später Deutsche Oper Berlin) in Berlin (West).
Primarius des Gewandhaus-Quartetts von 1948 bis 1949.
LITERATUR: Nösselt. QUELLEN: StadtAL: Kap. 32, Beiheft 2 / Bd. 2 ◊ Kap. 10, Personalakte; Auskunft von Volkmar Kalki, Magstadt.

|719 **Siebach, Konrad**
Kontrabass
Bis 1955 unter dem Namen Konrad Spitzbarth
* 9. Oktober 1912 in Pausa/Vogtland,
† 22. September 1995 in Leipzig
Mitglied vom 1. September 1937 bis 31. Juli 1978
Kontrabassist, ab 1. November 1947 1. Solo-Kontrabassist für → M. Schulz

In seinem Lebenslauf zur Bewerbung vom 29. Januar 1937 heißt es: »Am 9. Oktober 1912 wurde ich als achtes Kind des ehemaligen Militärmusikers Bruno Spitzbarth in Pausa im Vogtland geboren. Meinem und dem Wunsche meiner Eltern entsprechend kam ich nach meiner Schulzeit als Lehrling in die Stadtkapelle zu Schleiz in Thüringen. Während der vierjährigen Lehrzeit ermöglichten meine Angehörigen einen regelmäßigen Unterricht beim I. Bassisten des Stadttheaters in Plauen, Herrn Alfred Hebold. Nach Beendigung meiner Lehrzeit war ich in verschiedenen Kurorchestern z. B. Binz auf Rügen, tätig; dazu kamen Engagements in fast allen Großstädten Deutschlands. Da mich dies nicht befriedigte studierte ich ein Jahr beim Solobassisten des Staatstheaters in Stuttgart, Herrn Alfred Gräser. Dieses Studium setze ich seit 1. Januar 1935 bei [→ A. Starke] an der Orchesterschule der Sächsischen Staatskapelle [Dresden] fort.«
Lehrer an der Leipziger Hochschule für Musik von 1954 bis 1992; am 20. November 1991 Professur ♦ Lehrer von → A. Beyer, → D. Köpping, → F. Ludwig, → W. Müller, → E. Rückert und → Th. Strauch.
LITERATUR: Nösselt. QUELLEN: StadtAL: Kap. 32, Nr. 7, Beiheft 5 ◊ Kap. 32, Nr. 7, Vol. XVI, Bl. 180.

|720 **Manko, Gerhard** Prof.
Violine
* 24. März 1910 in Bochum-Werne,
† 7. August 1986 in Berlin
Mitglied vom 1. Oktober 1937 bis 31. Dezember 1947 und vom 1. Juli 1951 bis 31. August 1954
1. Geiger, ab 1. April 1941 2. Konzertmeister, ab 1. Juli 1951 erster 1. Konzertmeister

In seinem Lebenslauf von 1945 heißt es: »Am 24. März 1910 wurde ich als Sohn des Bergmanns Michael Manko und seiner Ehefrau Berta geb. Hackbarth in Bochum-Werne geboren. Ich besuchte vom 6. bis zum 14. Lebensjahr die Volksschule in Lütgen-Dortmund und gehörte danach vom 1. Februar 1925 bis 1. August 1927 dem Musikinternat Edmund Grüneberg in Derenburg am Harz an. Bis zu meinem Eintritt in die Badische Hochschule für Musik in Karlsruhe am 15. September 1929 war ich in verschiedenen Städten Deutschlands mit eigenem kleinen Ensemble auf dem Gebiet der Unterhaltungsmusik tätig. Das Studium an der Karlsruher Musikhochschule schloß ich 1935 … ab. Meine erste Stellung nach dem Hochschulstudium war die eines 1. Geigers im Sinfonie- und Kurorchester Baden-Baden. Dann wechselte ich am 1. Januar 1936, ebenfalls als 1. Geiger, ins Leipziger Sinfonieorchester, dem ich bis 30. September 1937 angehörte.« ♦ Seine Lehrer in Karlsruhe waren J. Perscher, O. Voigt und → O. Schmidt. Von 1941 bis 1943 nahm er Privatunterricht bei Gustav Havemann in Berlin. ♦ Zwischen 1948 und 1951 war er 1. Konzertmeister des Leipziger Rundfunk Sinfonieorchesters und ging 1954 als 1. Konzertmeister an die Staatskapelle Berlin.
Lehrer an der Leipziger Hochschule für Musik von 1946 bis 1954; 1951 Professur ♦ Lehrer von → H. Jacob.
LITERATUR: Nösselt; H. Seeger: Musiklexikon: Personen A–Z. QUELLEN: StadtAL: Kap. 10, Personalakte ◊ Kap. 32, Nr. 7, Vol. XVI, Bl. 180.

1938

|721 **List, Erich** Prof.
Flöte
* 24. Januar 1907 in Leipzig,
† 30. August 2003 in Hamburg
Mitglied vom 1. April 1938 bis 31. Juli 1960, bereits von 1931 bis 1933 Aushilfe
1. Flötist für → E. Milzkott

Der Sohn des Schuhmachers Hugo List besuchte die Volksschule bis 1921, hatte Unterricht bei → M. Schwedler und war dann dessen Schüler am

Leipziger Konservatorium vom 11. April 1921 bis 1926. Er bewarb sich schon 1931 um die Stelle des erkrankten → O. Fischer. In den Probespielunterlagen von 1938 heißt es: »War 1927/29 II. *und* I. Flötist Leipziger Operettentheater, 1930 II. *und* I. Flötist Leipziger Rundfunk-Orchester, 1931 bis Juni 1933 als I. *und* II. Flötist aushilfsweise beim Stadt- und Gewandhausorchester.« Von 1934 bis 1938 hatte er ein Engagement beim Rundfunk-Sinfonieorchester Leipzig. ◆ Er kündigte seinen Vertrag, um sich ganz der Lehrtätigkeit zu widmen.
Mitglied des Gewandhaus-Bläserquintetts von 1952 bis 1961 ◆ Lehrer an der Leipziger Hochschule für Musik von 1956 bis 1986 für → C. Bartuzat; 1959 Professor, ab 1960 hauptberuflich ◆ Lehrer von → H. Böhme und → K.-H. Passin.

WERKE: Herausgabe und Bearbeitung zahlreicher Werke der Flötenliteratur. LITERATUR: Nösselt. QUELLEN: Archiv HMT: Kon Nr. 13750; StadtAL: Kap. 32, Nr. 7, Beiheft 7.

|722 **Kral, Hans**
Violoncello
* 11. Mai 1912 in Zwickau,
† gefallen 6. März 1942 bei Bobkovo (Rußland)
Mitglied vom 16. September 1938 bis zu seinem Tod
Cellist

Der Sohn der »Provisionsreisenden Theresia verw. Kral« (Kon) hatte viereinhalb Jahre Unterricht bei Alfred Jentsch in Zwickau. Er war vom 4. April 1932 bis 1937 Schüler von → J. Klengel, → Fr. Schertel und → A. Eichhorn am Leipziger Konservatorium. Am 11. März 1940 wurde er zur Wehrmacht eingezogen.

LITERATUR: Nösselt. QUELLEN: Archiv HMT: Kon Nr. 16871; StadtAL: Kap. 32, Nr. 7, Beiheft 4.

|723 **Graefe, Artur**
Violine
* 11. Mai 1914 in Leipzig,
† 29. Mai 1999 in Leipzig ◆ Bruder von → E. Graefe
Mitglied vom 1. Oktober 1938 bis 31. Juli 1979
2. Geiger, ab ca. 1950 1. Geiger, ab 1. September 1973
Vorspieler

In seinem Lebenslauf zur Bewerbung heißt es: »Bin am 11. Mai 1914 als Sohn des Zeichners Paul Graefe in Leipzig geboren. 1920 – 928 besuchte ich die Grundschule und das Königin-Carola-Gymnasium in Leipzig. Darauf war ich 4 Jahre in der Musikschule Dommitzsch. 1932 kam ich an das Landeskonservatorium Leipzig und studierte bei Herrn Prof. [→ E.] Wollgandt. 1935 mußte ich mein Studium unterbrechen, um meiner 2-jährigen militärischen Dienstzeit beim Musikkorps des 11. In*fanterie* Re*gimen*ts zu genügen. Im Herbst 1937 kehrte ich zum Landeskonservatorium zurück. Seit dem Frühjahr 1938 bin ich am Stadt- u*nd* Gewandhausorchester als Hilfsmusiker tätig. Augenblicklich befinde ich mich bis zum 22. Aug*ust* im Kurorchester Zoppot.« ◆ In seinem Lebenslauf von 1946 schrieb er: »Am 26. August 1939 wurde ich erneut zur Wehrmacht als Sanitätsdienstgrad eingezogen, wo ich bis zum 6. Juli 1946 verbleiben musste. Während des Krieges war ich bis 1942 in Leipzig, vom Juni 1942 bis zu meiner Verwundung im Dezember 1943 im Osten, ab 20. Januar 1944 und nach der Kapitulation in Norwegen. Am 6. Juli 1946 wurde ich aus dem Quarantänelager Hoyerswerda entlassen. Ab 12. Juli versehe ich den Dienst wieder.« ◆ Ab 1. September 1948 war er zwei Jahre Stimmführer der 2. Violinen für den erkrankten → W. Schauß mit der Option, daß ihm die Stelle übertragen würde, falls Schauß seinen Dienst nicht wieder aufnehmen könne.
Lehrer an der Leipziger Hochschule für Musik für Violine und Orchesterstudien von 1959 bis 1986 ◆ Lehrer von → J. Hetzer und → E. Oettel.

LITERATUR: Nösselt. QUELLEN: Archiv HMT: Kon Nr. 17604; GewandhausA; StadtAL: Kap. 10, Personalakte.

|724 **Meinhardt, Horst**
Schlagzeug
* 8. November 1912 in Leipzig,
† gefallen im Zweiten Weltkrieg ◆ Sohn von
→ E. Meinhardt
Mitglied vom 1. Oktober 1938 bis zu seinem Tod
Schlagzeuger an der neu eingerichteten 5. Stelle

Er war Schüler von → A. Seifert am Leipziger Konservatorium vom 23. Mai 1927 bis 1931. Bereits 1932 bewarb er sich und gab an, 1. Pauker im Konservatoriumsorchester und Aushilfe in den Gewandhauskonzerten zu sein. In den Probespielunterlagen von 1938 findet sich der Eintrag: »26 Jahre alt. 1927 – 31 Studium am Landeskonservatorium Leipzig. 1933 bis 1934 SA-Musikzug Standarte 107. 1936 – 37 Pauker in Panorama-Künstlerspielen. Seit 16. 9. 1937 Pauker am Stadttheat*er* Greifswald, im Sommer Kurorch*ester* Zinnowitz.«

LITERATUR: Nösselt. QUELLEN: Archiv HMT: Kon Nr. 15631; StadtAL: Kap. 32, Nr. 7, Beiheft 15.

|725 **Huhn, Ernst**
Viola
* 7. Juli 1894 in Kirchhain
Mitglied vom 1. Dezember 1938 bis Anfang Juni 1945
Bratscher

Er hatte zunächst Unterricht bei seinem Vater, Musikdirektor Fritz Huhn in Klötze, und war dann vom 3. Februar 1919 bis 14. Juli 1923 Schüler am Leipziger Konservatorium. Von 1924 bis 1926 war er beim Leipziger Sinfonie-Orchester, 1927 Konzertmeister in Bad Schwalbach und 1928/29 Aushilfe beim Stadt- und Gewandhausorchester, sowie beim Leipziger Sinfonie-Orchester. Er bewarb sich bereits 1929. In dem Probespielprotokoll findet sich der Eintrag: »Herr Huhn genügt den zu stellenden Ansprüchen nicht.« 1936, 1937 und 1938 bewarb er sich unter Berufung auf seine ab 1. Mai 1932 bestehende Mitgliedschaft in der NSDAP und seine dortigen Verdienste erneut und bemühte die Partei für eine Fürsprache und Einflußnahme beim Kulturamt. Sein Engagement kam zustande durch politischen Druck sowohl auf die Stadt als anstellende Behörde als auch auf die künstlerisch Verantwortlichen. Dieser Vorgang ist in der Orchestergeschichte einmalig. ◆ Im Zuge der Entnazifizierung wurde er fristlos entlassen.

LITERATUR: Nösselt. QUELLEN: Archiv HMT: Kon Nr. 12820; StadtAL: Kap. 10, Personalakte ◊ Kap. 32, Nr. 7, Beiheft 3.

1939

|726 Tolksdorf, Alfred
Oboe
* 22. August 1908 in Kaltennordheim/Rhön,
† 26. Dezember 1991 in Dresden
Mitglied vom 1. Januar 1939 bis 1. September 1950
1./2. Oboist für → H. Brückner, ab 1941 1. Oboist für
→ H. Schlövogt.

Er ist der Sohn des Bezirksschornsteinfegermeisters Carl Tolksdorf und bewarb sich bereits 1935 um die Stelle des ausgeschiedenen → W. Heinze. In seinem Lebenslauf zur Bewerbung von 1938 heißt es: »... besuchte vom 6. bis 17. Lebensjahre eine Privatschule. Während des letzten Jahres dieser Schulzeit bekam ich den ersten Musik- und Oboeunterricht von dem damaligen Solooboisten der Landeskapelle Meiningen Herrn Kammervirtuos Gust. Gland, und absolvierte von 1926 bis 29 die Hochschule für Musik in Sondershausen. Hier hatte ich Gelegenheit neben meinem Studium im staatlichen Lohorchester zu volontieren ... Nach abgeschlossenem Studium ... bekam ich die Stelle des II. Oboisten in der Landeskapelle Meiningen, musste aber im Jahre 1931, bei Auflösung der Landeskapelle Gotha, welche teilweise mit dem Orchester von Meiningen verschmolzen wurde, die Stelle einem durch die Thüringische Regierung von Gotha überwiesenem Herrn überlassen. Ich bekam darauf die Stelle eines I. Oboisten im Stadttheater-Orchester Guben von wo aus ich in der Sommerspielpause des Theaters in den Kurkapellen der Bäder Salzungen, Hersfeld und Westerland als I. Oboist tätig war. Nach dreijähriger Tätigkeit in Guben lehnte ich im Jahre 1934 eine weitere Verpflichtung ab, und übernahm für die Spielzeit 1934/35 die Aushilfsstelle des damals erkrankten I. Oboisten am Reussischen Theater zu Gera. Hiernach wurde mir im Sommer 1935 die Stelle des stellvertretenden I. Oboisten im Grenzlandorchester Flensburg übertragen, übernahm dann im Winter 1936/37 I. und Solooboistenstelle, und ging im August 1937 aus klimatischen Gründen als stellvertretender I. Oboist ans Friedrich Theater Dessau.« ◆ Nach seinem Leipziger Engagement ging er nach Dresden, wo er bis zum 31. Dezember 1967 an der Sächsischen Staatskapelle tätig war und an der dortigen Hochschule für Musik lehrte.
LITERATUR: Nössel. QUELLEN: StadtAL: Kap. 10, Personalakte ◊ Kap. 32, Nr. 7, Beiheft 8.

|727 Zülch, Karl
Tuba, Kontrabass
* 25. September 1903 in Niederhone bei Eschwege
Mitglied vom 1. Mai 1939 bis 15. August 1950
2. Tubist neben → K. Rauch, später auch Kontrabassist

In seinem Lebenslauf zur Bewerbung heißt es: »Ich der Unterzeichnete bin am 25.9.1903 als Sohn des Reichsbahnsekretärs Theodor Zülch und seiner Ehefrau in Niederhone geboren. Vom 6.-14. Lebensjahr besuchte ich die mehrklassige Volksschule daselbst. Meine musikalische Ausbildung erhielt ich in den Jahren 1917 – 1920 bzw. 1922 bei Herrn Stadtmusikdirektor August Muskat und Musiklehrerin Frl. Elisabeth Schafer in Eschwege ... Vom 1.8.23 bis 1.5.1926 Soldat in Hofgeismar, 1.10.1929 bis 31.1.1932 Dr. Hoch'sches Konservatorium in Frankfurt/M., vom 11.9.1934 bis 10.5.1937 Stadtkapelle Altenburg, 1.5.1937 bis 1.9.1937 Kurorchester Bad Nauheim 1.9.1937 bis 30.4.1939 Sinfonie- und Kurorchester Baden-Baden.« In den Probespielunterlagen von Januar 1939 findet sich der Eintrag: »35 Jahre alt, Studium am Dr. Hochschen Konservatorium Frankfurt, 1934/37 Tubabläser in der Staatskapelle des Landestheaters Altenburg, seit 1937 beim Sinfonie- und Kurorchester Baden-Baden.« ◆ Nach seinem Leipziger Engagement ging er nach Hamburg zum Sinfonieorchester.
LITERATUR: Nössel. QUELLEN: StadtAL: Kap. 10, Personalakte ◊ Kap. 32, Nr. 7, Beiheft 14.

|728 Schkommodau, Heinz
Violine
* 4. Mai 1913 in Köln, † 1989
Mitglied vom 16. Mai 1939 bis 9. Januar 1940
2. Geiger

In seinem Lebenslauf zur Bewerbung schrieb er: »... Violinunterricht bei Prof. Bram Eldering und Herrn Hermann Zitzmann an der Rheinischen Musikschule (Städtisches Konservatorium). Mitwirkung im Kölner Kammerorchester unter Herrn Prof. Abendroth, Kurorchester Bad Landeck (Solist) usw. Kammermusik: Mitglied des Schulze-[unleserlich]-Quartett und später im Österreichischen Schubert-Quartett in Salzburg. Konzertreisen in wesentlichen Städten in Deutschland, ferner in Paris und Luxemburg etc.« ◆ In seinem Kündigungsschreiben vom 16. Dezember 1939 heißt es: »Durch den Tod meiner Großmutter am 25. November des Jahres geht nun die Fabrik, deren Teilhaberin sie war, ganz in die Hände unserer Familie über. Mein Vater, der das Unternehmen bisher geleitet hat, ist nun 67 Jahre. Alter und Gesundheitsrücksichten zwingen ihn nun, sich in absehbarer Zeit zur Ruhe zu setzen ... da ich von 3 Brüdern der einzige noch lebende bin, habe ich mich entschlossen, die Fabrik zu übernehmen.« ◆ Später war er Lehrer an der Rheinischen Musikschule in Köln.
LITERATUR: Nössel. QUELLEN: StadtAL: Kap. 10, Personalakte ◊ Kap. 32, Beiheft 2/Bd. 2.

|729 Bielohlawek, Heinrich
Horn
* 26. Februar 1912 in Petschau bei Karlsbad[24],
† 8. März 1994 in Meitingen bei Augsburg
Mitglied vom 1. September 1939 bis 31. Juli 1977,
noch bis 31. Januar 1978 Aushilfe
3. Hornist, 1957 4. Hornist, ab 1958 2. Hornist,
ab 1970 4. Hornist

Er ist der Sohn des Tischlers Josef Bielohlawek und dessen Ehefrau Lina. ◆ In seinem Lebenslauf von 1946 heißt es: »Nach Beendigung der Volks- und Bürgerschule 1924 besuchte ich die Musikschule in Petschau bei Karlsbad, welche ich 1930 absolvierte. 1929 übernahm ich die Stelle als Leiter des sozialdemokratischen Gesangsvereins, wo ich gleichzeitig auch Mitglied war und trat bei Festveranstaltungen und Theateraufführungen an die Öffentlichkeit, bis 1933. Inzwischen von 1930 – 1933 war ich als Musiker beim Kurorchester in Karlsbad unter Bruno Pleier und Generalmusikdirektor Robert Manger. Von 1933 – 1935 war ich als Musiker im Orchester Suisse Romande in Genf (Schweiz). Von 1935 – 1937 als Musiker an der National Oper in Agram[25] (Jugoslawien). Von 1937 – Mai 1937 im schlesischen Grenzlandorchester Glogau, vom Mai – August im Kurorchester Bad Liebenstein/Thüringen. Vom 1. Mai 1937 – 1. September 1939 in der Philharmonie in Dresden.

....
[24] Heute Bečov nad Teplou (Tschechien).
[25] Zagreb.

Vom 1. September 1939 im Stadt- und Gewandhausorchester in Leipzig. Am 2. September 1940 wurde ich zur Wehrmacht nach Brandenburg (Havel) eingezogen zur Infanterie. Nach 8wöchentlicher Ausbildung kam ich in das Musikkorps. 1941 wurden wir nach Kalisch[26] (früherer Warthegau) versetzt. 1942 wurde das Musikkorps nach Landsberg[27] (an der Warthe) versetzt bis 30. Jänner 1945. Am 1. Februar kam ich erstmalig bei Küstrin zum Fronteinsatz, wo ich am 7. März 1945 verwundet wurde. Von da kam ich in das Lazarett nach Augsburg und Ursberg. Am 20. Juni 1945 wurde ich aus dem Kriegsgefangenenlazarett in Augsburg entlassen als Schwerkriegsbeschädigter. Da durch meine Verwundung ich noch des öfteren in ärztliche Behandlung musste verzögerte sich meine Rückreise bis März 1946, wo ich am 16. III. 1946 in Leipzig meinen Dienst als Musiker beim Stadt- und Gewandhausorchester wieder aufnahm.«
Geschäftsführer des Orchester-Unterstützungs-Stocks und Kassierer vom 5. April 1949 bis zur Überführung in die Sammelstiftung der Stadt Leipzig.
LITERATUR: Nösselt. QUELLEN: GewandhausA; StadtAL: Kap. 32, Nr. 7, Beiheft 11.

|730 **Lehmann, Rudolf**
Horn
* 23. September 1912 in Dresden, † gefallen 1944
Mitglied vom 23. September 1939 bis zu seinem Tod
1. Hornist für → Th. Heuck

In den Probespielunterlagen von 1939 findet sich der Eintrag: »27 Jahre alt, Stadtorchester Perleberg, Musikkorps Wachregiment Berlin, Unterricht bei Kammermusiker Bräutigam (Deutsches Opernhaus) 1936–38 Orchester d. RLB Groß-Berlin. Seit Mai 38 I. Hornist Stadttheater Elbing.« ◆ Am 15. Mai 1940 wurde er zur Wehrmacht eingezogen.
LITERATUR: Nösselt. QUELLEN: StadtAL: Kap. 32, Nr. 7, Beiheft 11.

|731 **Mlynarczyk, Hans** Dr. phil.
Violine
* 14. Mai 1900 in Leipzig,
† 14. Juni 1962 in Leipzig
Mitglied ab 1939
1. Geiger im Konzert

Nachdem er auch anderthalb Jahre bei → C. Herrmann Unterricht gehabt hatte, war er von März 1921 bis 1924 dessen Schüler am Leipziger Konservatorium. Er promovierte 1928 mit der Dissertation *Christoph Friedrich Wilhelm Nopitsch, ein Nördlinger Kantatenmeister (1758–1824).* ◆ Er war der letzte von der Gewandhaus-Konzertdirektion engagierte Musiker, der lediglich in den Gewandhauskonzerten mitwirkte.
Lehrer am Leipziger Musikpädagogium ◆ Lehrer von → R. Gamalski.
WERKE: Bearbeitung u. Herausgabe älterer Kammermusik; Aufsätze u. Rezensionen in verschiedenen Zeitungen u. Zeitschriften. LITERATUR: Nösselt. QUELLEN: Archiv HTM: Kon Nr. 13705.

26 Heute Kalisz (Polen).
27 Heute Gorzów Wielkopolski (Polen).

1941

In einer Auflistung der in der Spielzeit 1941/42 geleisteten Dienste werden folgende »Kriegsaushilfsmusiker« erstmals genannt: Die Geiger → W. Schrepper, Max Freudenberger, Robert-Willy Paul, → W. Knoblauch und Horst Blätter und der Kontrabassist Richard Schüller.
QUELLEN: StadtAL: Kap. 32, Nr. 7, Vol. XVII, Bl. 91 ff.

|732 **Kirmse, Fritz**
Violine
* 11. Februar 1912 in Leipzig
Mitglied von 1941 bis 31. August 1947
Konzertmeister

Er hatte drei Jahre Unterricht bei → E. Kolb und war dann Schüler von Walther Davisson und → C. Münch am Leipziger Konservatorium von Michaelis 1927 bis 10. Juli 1933. Ab 1929 wirkte er bereits als 1. Geiger bei den Gewandhauskonzerten mit. Ab 15. August 1933 hatte er ein Engagement in Hannover und ab 1. Juli 1937 war er 1. Konzertmeister am Stadttheater in Halle/S. Er bewarb sich schon 1935 von Hannover aus um die 3. Konzertmeisterstelle. Ab 1939 war er beim Leipziger Sinfonie-Orchester, deren Mitglieder im April 1941 zu den Sendern in München, Frankfurt/M., Breslau und Berlin versetzt wurden. ◆ Im Probespielprotokoll vom 31. März 1941 heißt es: »Infolge der Versetzung des Großen Rundfunkorchesters Leipzig zu anderen Reichssendern haben verschiedene Mitglieder den Wunsch geäußert, in Leipzig zu bleiben und vom Stadt- und Gewandhausorchester übernommen zu werden. Zu diesem Zwecke ist ein Probespiel angesetzt worden, bei dem Fritz Kirmse die III. Konzertmeisterstelle übertragen wurde.« ◆ Vom 1. September 1947 bis Juni 1958 war er wieder beim Rundfunk-Sinfonieorchester, später beim Staatlichen Unterhaltungsorchester Halle/S. unter Erich Donnerhack.
Lehrer an der Leipziger Hochschule für Musik von 1946 bis 1948. ◆ Lehrer von → R. Harzer.
LITERATUR: Nösselt; F. Schmidt: Das Historische Mitgliederverzeichnis des Niedersächsischen Staatsorchesters 1636–1986. QUELLEN: Archiv HMT: Kon Nr. 15680; StadtAL: Kap. 32, Nr. 7, Beiheft 2 / Bd. 2.

Ruine des Neuen Theaters, nach 1943

1942

In einer Auflistung der in der Spielzeit 1942/43 geleisteten Dienste werden folgende »Kriegsaushilfsmusiker« erstmals genannt: Der Bratscher Hellmut Richter, der Cellist → J. Wintgen und die Ruheständler → A. Frehse und → A. Macht.

QUELLEN: StadtAL: Kap. 32, Nr. 7, Vol. XVII, Bl. 126 ff.

1943

Der bulgarische Geiger Wesselin Mladenoff war ab 1943 als »Kriegsaushilfsmusiker« beschäftigt. Er wurde am 24. Februar 1944 »wegen verbotenen Glücksspiels, Schwarzhandels und Umhertreibens« von der Gestapo festgenommen und nach sechswöchiger Untersuchungshaft dem Konzentrationslager Mauthausen »zugeführt«.

QUELLEN: StadtAL: Kap. 32, Nr. 7, Vol. XVII, Bl. 224 ff. ◊ Kap. 32, Nr. 7, Beiheft 2, Bd. 2, Bl. 287.

|733 **Brockhaus, Max**
Ehrenmitglied
* 13. April 1867 in Leipzig,
† 9. Mai 1957 in Lörrach
Am 12. März 1943 zum Ehrenmitglied des Stadt- und Gewandhausorchesters ernannt

Er stammt aus der bekannten Leipziger Verlegerfamilie und erhielt seine Verlagsausbildung in Leipzig, Zürich, Berlin, Brüssel und London. 1893 gründete er einen Musikverlag unter eigenem Namen mit Sitz auf dem Firmengelände von F. A. Brockhaus. Nach der Zerstörung seines Verlages durch den Bombenangriff am 4. Dezember 1943 ging er zunächst nach Pillnitz, im Oktober 1946 verließ er die sowjetische Besatzungszone. Ab 1955 lebte er in Lörrach, wo seine Tochter und ihr Mann den Verlag wieder aufbauten. ◆ Ab 1906 war er Mitglied und von 1920 bis 1936 Vorsitzender der Gewandhaus-Konzertdirektion. In diese Zeit fallen die Verpflichtungen von Wilhelm Furtwängler und → Br. Walter als Gewandhauskapellmeister. Brockhaus war Mitglied im Vorstand des Leipziger Konservatoriums, im Vorstand des Musikalienhändlervereins (1895–1900) und im Vorstand des Musikalienverlegervereins (1919–1925). ◆ Im Rahmen der Feierlichkeiten zum 200jährigen Bestehen des Großen Konzerts wurde er von der Stadt Leipzig zusammen mit → F. Crass, → C. Herrmann, → A. Kippenberg und → K. Straube zum Ehrenmitglied des Stadt- und Gewandhausorchesters ernannt. Im Protokoll der »Beratung der Beiräte für Angelegenheiten der Theater, Orchester und sonstigen Kultureinrichtungen am 22. Februar 1943« heißt es: »… der als langjähriger Vorsitzender des Gewandhaus-Direktoriums dem Orchester sehr nahe stand und ihm stets ein Förderer war.«

LITERATUR: Deutsche Biographische Enzyklopädie. QUELLEN: StadtAL: Kap. 32, Nr. 7, Vol. XVII, Bl. 115 (Abschrift aus den vernichteten Akten Kap. 34 Nr. 56 u. Nr. 55).

|734 **Kippenberg, Anton** Prof. Dr.
Ehrenmitglied
* 22. Mai 1874 in Bremen,
† 21. September 1950 in Luzern, ☐ in Marburg/Lahn
Am 12. März 1943 zum Ehrenmitglied des Stadt- und Gewandhausorchesters ernannt

Der Sohn des Pädagogen August Kippenberg wurde nach der mittleren Reife Buchhändler in Bremen, später in Lausanne. Ab 1896 war er in Leipzig beim Verlag Wilhelm Engelmann; ab 1901 als Prokurist. 1898 an der Leipziger Universität immatrikuliert, promovierte er 1901 mit der Dissertation *Die Sage vom Herzog von Luxemburg*. 1905 übernahm er zusammen mit dem Drucker Carl Ernst Poeschel die Leitung des 1899 gegründeten Insel-Verlags, ab 1906 leitete er ihn allein. Der Verlag und dessen Lagerbestände wurden während der Bombenangriffe auf Leipzig zerstört. Seine Goethe-Sammlung, die aus ca. 12.000 Einzelstücken besteht, befindet sich seit 1956 als »Anton und Katharina Kippenberg-Stiftung« im Düsseldorfer Goethe-Museum. ◆ Ab 1926 war er Mitglied der Gewandhaus-Konzertdirektion, nach 1936 deren Vorsitzender. Im Rahmen der Feierlichkeiten zum 200jährigen Bestehen des Großen Konzerts wurde er von der Stadt Leipzig zusammen mit → M. Brockhaus, → F. Crass, → C. Herrmann und → K. Straube zum Ehrenmitglied des Stadt- und Gewandhausorchesters ernannt. Im Protokoll der »Beratung der Beiräte für Angelegenheiten der Theater, Orchester und sonstigen Kultureinrichtungen am 22. Februar 1943« heißt es: »… derzeitiger Vorsitzender des Gewandhaus-Direktoriums. Wenn er auch noch nicht lange dieses Amt bekleidet, so empfiehlt sich diese Ehrung doch im Hinblick auf die Erhaltung seiner wertvollen Goethesammlung für Leipzig.«

LITERATUR: Neue Deutsche Biographie. QUELLEN: StadtAL: Kap. 32, Nr. 7, Vol. XVII, Bl. 115 (Abschrift aus den vernichteten Akten Kap. 34 Nr. 56 und Nr. 55).

|735 **Straube, Karl** Prof. Dr. h. c.
Ehrenmitglied
* 6. Januar 1873 in Berlin,
† 27. April 1950 in Leipzig
Am 12. März 1943 zum Ehrenmitglied des Stadt- und Gewandhausorchesters ernannt

Sein Vater Johannes Straube war Organist an der Heiligen Kreuzkirche und Harmoniumbauer in Berlin, seine aus England stammende Mutter hatte in London Klavier studiert. Er hatte zunächst Unterricht bei seinem Vater, später bei Otto Dienel, Albert Becker und Heinrich Reimann. Als letzterer 1895 als Organist an die neue Kaiser-Wilhelm-Gedächtniskirche kam, wurde Straube sein Vertreter. 1897 wurde er Domorganist in Wesel, 1902 Thomasorganist in Leipzig und 1907 Orgellehrer am Leipziger Konservatorium. Ab 1918 war er Thomaskantor als Nachfolger von Gustav Schreck. 1919 gründete er am Leipziger Konservatorium das Kirchenmusikalische Institut. 1922 wurde er zum Ehrendoktor der Philosophischen Fakultät, 1929 der Theologischen Fakultät der Leipziger Universität ernannt. ◆ Im Rahmen der Feierlichkeiten zum 200jährigen Bestehen des Großen Konzerts wurde er von der Stadt Leipzig zusammen mit → M. Brockhaus, → F. Crass, → C. Herrmann und → A. Kippenberg zum Ehrenmitglied des Stadt- und Gewandhausorchesters ernannt.

LITERATUR: MGG I; Riemann II. QUELLEN: StadtAL: Kap. 32, Nr. 7, Vol. XVII, B. 115 (Abschrift aus den vernichteten Akten Kap. 34 Nr. 56 und Nr. 55).

1944

In einem Schreiben des Präsidenten der Reichsmusikkammer vom 25. August 1944 im Zusammenhang mit den »Massnahmen für den totalen Kriegseinsatz« wurde mitgeteilt, »dass Ihr Orchester eines von den wenigen Orchestern ist, das nicht stillgelegt werden soll. Zur Durchführung dieser Ausnahmeregelung ist es unbedingt erforderlich, dass eine genaue namentliche Liste aller am 25.8.1944 angestellten Musiker … mir eingereicht wird … andernfalls werden Ihre Mitglieder unweigerlich Schwierigkeiten hinsichtlich ihrer Freistellung bei Arbeitsamt und Wehrmacht haben.« Hier werden folgende »Kriegsaushilfsmusiker« erstmals genannt: → K. Jachimowicz, die vom Rundfunkorchester Riga kommenden lettischen Geiger Erik Mituzass und Voldemars Lasmanis, Karl Krämer von der Dresdner Philharmonie, Hans Herbrandt, der Pensionär → C. Herrmann, der Oboist Paul Christann aus Köln und die Hornisten → Werner Pilz und Walter Klein.

QUELLEN: StadtAL: Kap. 32, Nr. 7, Vol. XVII, Bl. 223 u. 230.

»… Unsere Dienststelle (Opernhaus) ist total vernichtet. Im Gewandhaus soll noch ein Blindgänger liegen, baulich ist dort alles in Ordnung. Von den 81 Mitgliedern haben sich bis jetzt 12 noch nicht gemeldet, davon sind 5 Herren aber gesehen worden, 3 wohnen auswärts und existieren bestimmt noch. Nach den anderen sind Nachforschungen angestellt worden. Als Totalbombengeschädigt sind bis jetzt 14 festgestellt worden. Etliche sind noch teilbeschädigt. Instrumentenverluste werden noch festgestellt. Einsatzfähig *mit* Instrumenten sind z. Zt. 30 Herren.«
Mitteilung von Otto Gutschlicht an den Stadtrat Friedrich August Hauptmann zur Einsatzfähigkeit des Stadt- und Gewandhausorchesters nach dem Bombenangriff auf Leipzig vom 3./4. Dezember 1943, Autograph, 9. Dezember 1943

Liste der Feldpostanschriften der zur Wehrmacht eingezogenen Mitglieder des Stadt- und Gewandhausorchesters, Typoskript, 23. Juni 1944

Sprengung der Ruine des Neuen Gewandhauses am 29. März 1968

Das Gewandhausorchester: Eine Entscheidung und ihre Folgen

»Je mehr sich die Zeit, der eine Geschichtsbetrachtung gilt, der Gegenwart annähert, desto dringlicher hat die Kritik an die Stelle von Historie zu treten, will ein Autor vermeiden, seine präsumptiv historischen Wertungen bereits morgen als bloße Gesinnungskuriosität von gestern belächelt zu sehen.«[1]

|1   Es scheint nicht schwer zu sein, die wichtigsten Daten der Leipziger Musikgeschichte in der zweiten Hälfte des 20. Jahrhunderts zu benennen: die Eröffnung des Neuen Opernhauses 1960 und die des Neuen Gewandhauses 1981. Bemerkenswerterweise stehen sich seitdem beide Häuser gegenüber, das Theater an der angestammten Nordseite des Platzes am Rande der Leipziger Innenstadt, das Konzerthaus als Zuzügler an dessen Südseite.

Daß sich hiermit Leipziger Geschichte schon zum zweiten Mal wiederholt, ist ebenfalls bemerkenswert: 1766 wurde das Komödienhaus eröffnet (das spätere Alte Theater), 15 Jahre darauf der Konzertsaal im Gewandhaus; 1868 weihte man das Neue Theater am Augustusplatz ein, 16 Jahre später das Neue Gewandhaus im Musikviertel. Und beim dritten Mal wurde der Konzerthausneubau 21 Jahre nach dem des Theaters vollendet. Daraus zu folgern, daß das populärere (Musik-)Theater immer schon eine größere Lobby als das elitäre Konzert gehabt habe, würde zu kurz gesprungen sein, zumal man sich erinnern müßte, welchen großen Einfluß die Gewandhaus-Konzertdirektion und damit die hinter ihr stehende Konzertgesellschaft in der Stadt ausübten. Man wird vielmehr mit in Erwägung zu ziehen haben, daß die darstellende Kunst nicht nur einer Bühne, sondern auch diverser Maschinerien und sonstiger Hilfsmittel bedarf, so daß sich bauliche und technische Unzulänglichkeiten hier weit drastischer offenbaren als in einem Konzertsaal, der in provisorischer Einrichtung auch für längere Zeit ertragbar ist.

Zudem ist dieser Asynchronismus von Theater- und Konzertsaalbau nicht leipzigspezifisch. Zumindest nach dem Zweiten Weltkrieg wurden in Deutschland meist erst die Theater wieder auf- oder neu gebaut, bevor an Konzerthallen gedacht wurde. In Frankfurt am Main beispielsweise zog die Oper 1951 ins wiedererrichtete ehemalige Schauspielhaus ein; erst 40 Jahre später öffnete – sechs Wochen vor dem Gewandhausneubau in Leipzig – die als Konzert- und Kongreßzentrum wieder aufgebaute Alte Oper ihre Pforten. Sie ist seitdem Spielstätte unter anderem des Frankfurter Museumsorchesters. Oder in Berlin (wo sich auch die Teilung Deutschlands in der Theater- und Konzertsaalbaugeschichte widerspiegelt) wurde 1955 im Ostteil der Stadt die Staatsoper wiedereröffnet – die musikalische Leitung hatte Gewandhauskapellmeister → Fr. Konwitschny – und 1961 (sechs Wochen nach dem Bau der Grenzmauer, mit der die Teilung Berlins zementiert werden sollte) die Westberliner Deutsche Oper. Zwei Jahre später konnten die Musiker des Philharmonischen Orchesters in die Neue Philharmonie im Westteil der Stadt einziehen und 1984 die Musiker des Sinfonie-Orchesters in das als Konzerthaus wiedererrichtete Schauspielhaus im Ostteil.

Gegenbeispiele lassen sich zwar auch finden, allerdings nur wenige. So wurde in Köln 1957 das Neue Opernhaus eingeweiht, aber schon zwei Jahre zuvor der wiedererrichtete Gürzenich, in dem das Gürzenich-Orchester spielte, bis es 1986 in die neuerbaute Kölner Philharmonie umzog. Wieder anders die Situation in Hamburg: Hier war die 1908 eingeweihte Laeisz- respektive Musikhalle, unter anderem die Spielstätte der Hamburger Philharmoniker, glücklich vom Krieg verschont geblieben. So mußte »nur« die Oper wieder aufgebaut werden: 1955 konnte sie aus ihrem Behelfsquartier in die erneuerte Spielstätte ziehen.

|2   Für beide Institutionen, die mit den Häusern verbunden sind, die Oper Leipzig und das Gewandhaus zu Leipzig, bedeuten die Neubauten ihrer Spielstätten zugleich einen Aufschwung für ihre Veranstaltungsaktivitäten und ihre personelle wie technische Ausstattung. Mit dem Einzug ins Neue Opernhaus werden »sowohl das Solistenensemble als auch Chor und Ballett ... in etwa verdoppelt«.[2] Auch das Opernorchester, das Stadt- und Gewandhausorchester, erfährt, wenn auch noch keine Verdoppelung, so doch eine Vergrößerung. Schon bis Mitte der 50er Jahre sind die Holzblasregister von je fünf auf sechs Stellen erweitert worden, desgleichen die Gruppen der Trompeten und Posaunen. Streicher- und andere Stellen kamen hinzu, so daß das Orchester, das noch bis Ende der 40er Jahre mit reichlich 100 Musikern besetzt war, 1956 eine Sollstärke von 120 Musikern aufweist. Ende der 50er Jahre kommen in den genannten Blasregistern jeweils siebente Stellen hinzu, und mit allen weiteren neu eingerichteten Stellen sind es dann insgesamt 166 Musiker, die dem Orchester bei Eröffnung des Opernhauses angehören.

Die um 1920 geborene Idee, das Stadtorchester auf 160 Musiker zu vergrößern, damit es die Aufgaben in Oper, Konzert und Kirche zeitgleich erfüllen könne, hat nun ihre Verwirklichung gefunden. Doch die Aufstockung der Stellen ist damit noch nicht abgeschlossen: 1966 sind es 174, 1979 schon 183 Musiker; zwei Jahre später fehlen zur angestrebten Sollzahl von 200 Musikern nur noch zwölf, und 1987 sind es nur noch sieben, die fehlen. Schließlich ist im Neuen Gewandhaus ein gegenüber den 40er Jahren fast verdoppeltes Orchester beheimatet.

Ist das Orchester von 1781 bis 1881 um gerade einmal 40 Musiker vergrößert worden (von 32 auf 72, wobei hier von der Gesamtheit des Orchesters, also inklusive der nichtpensionsberechtigten Mitglieder ausgegangen wird), so erfährt es in den 100 Jahren darauf eine Erweiterung um fast 140 Stellen. Gewiß können diese Zahlen nicht interpretiert werden, ohne soziale Entwicklungen zu berücksichtigen.

---

[1] Neues Handbuch der Musikwissenschaft, hrsg. v. Carl Dahlhaus, Bd. 7, 2. Aufl., Laaber 1992, S. 284.

[2] Fritz Hennenberg: 300 Jahre Leipziger Oper, München 1993, S. 148.

Aber genauso müssen auch gesellschaftliche und politische Verhältnisse Berücksichtigung finden. Und da kann zweifelsfrei festgestellt werden, daß eine solche Aufblähung des Orchesterapparates unter anderen gesellschaftlichen Bedingungen nicht nur undenkbar gewesen wäre, sondern tatsächlich undenkbar war. Es läßt sich in der zweiten Hälfte des 20. Jahrhunderts in keinem marktwirtschaftlich orientierten und zugleich demokratisch verfaßten Staat Europas und Nordamerikas ein vergleichbarer Vorgang finden.

|3 Ist es überhaupt richtig, die beiden Hausweihen als die wichtigsten Daten in der Nachkriegsgeschichte der Musikstadt Leipzig zu deklarieren? Es gibt ein Datum, das in der jüngeren Geschichtsbetrachtung wenig Aufmerksamkeit findet, weil es lediglich einen verwaltungstechnischen Akt zu bezeichnen scheint, eine bürokratische Angelegenheit ohne unmittelbare Auswirkungen auf den Kunstbetrieb. Und zwar ist das »die Entscheidung des Rates der Stadt, das Gewandhaus 1954 zu einer eigenen nachgeordneten städtischen Einrichtung zu erklären«.[3] Doch gerade diese Entscheidung wird völlig zu Recht als »eine der bedeutsamsten … in der Geschichte des Gewandhausorchesters«[4] charakterisiert. Denn damit wurde ein Ungleichgewicht zementiert, das seitdem immer wieder für Spannungen zwischen Oper und Konzert, den beiden großen Arbeitsfeldern des Gewandhausorchesters, sorgt.

Dieses Datum markiert nicht nur die völlige Neugründung der Institution »Gewandhaus zu Leipzig«, sondern auch ein neues Unterstellungsverhältnis für die Mitglieder des Gewandhausorchesters. Zwar bleibt der Oberbürgermeister der Stadt Leipzig oberster Dienstherr, aber die Personalhoheit über das Orchester liegt ab jetzt vollständig beim Gewandhaus, dessen Betriebsleiter der Chefdirigent des Orchesters ist, Gewandhauskapellmeister → Fr. Konwitschny. Der Generalmusikdirektor der Oper und der Thomaskantor sind weiterhin nur »künstlerisch verantwortliche Leiter des Gewandhausorchesters in ihrem Arbeitsbereich«.[5]

Konwitschny hat schon vier Jahre zuvor erreicht, daß »die frühere Bezeichnung ›Stadt- und Gewandhausorchester‹ ab 5. August 1950 in die Benennung ›Gewandhausorchester‹ abgeändert«[6] wird. Dabei wären reichlich zehn Jahre davor die Weichen beinah für eine Weiterfahrt genau in die entgegengesetzte Richtung gestellt worden: Das Stadtorchester sollte der Opernintendanz und in musikalischen Dingen dem Generalmusikdirektor der Oper unterstellt werden. Anders als in Köln, wo dies zur gleichen Zeit beim Gürzenich-Orchester tatsächlich geschah, wurde der Plan in Leipzig aufgrund des Einspruchs eines städtischen Personalsachbearbeiters wieder fallengelassen.[7]

Das Gezerre um die Vorrangstellung von Oper oder Konzert lebt nach dem Zweiten Weltkrieg wieder auf. Als 1951 der neue Opern-Generalmusikdirektor Helmut Seydelmann sein Amt antritt, wird er in den Sitzungen der Operndirektion über die aktuellen Probleme unterrichtet: »Die besonderen Schwierigkeiten lägen im Fehlen eines eigenen Orchesters; Richtschnur für den Opernplan seien die Konzerte und Proben im Gewandhaus«, und er »solle der Stadt gegenüber erklären, daß dieser Zustand unerträglich sei«.[8]

Die Stadt aber hört nicht auf Seydelmann und fällt statt dessen 1954 die bereits genannte Entscheidung. Es liegt jedoch der Verdacht nahe, daß diese keine struktur-, sondern im Grunde eine personalpolitische ist. Gewandhauskapellmeister Konwitschny wird 1953 zusätzlich zu seinem Leipziger Amt musikalischer Chef der Sächsischen Staatsoper in Dresden. Er folgt dort → R. Kempe nach, der wie viele andere Musiker die DDR verläßt. Konwitschny, der in Leipzig alles andere als einen leichten Start hatte, würde gern ganz nach Dresden wechseln, doch die DDR-Regierung, die durch die Auswanderungswelle und erst recht nach der Niederschlagung des Volksaufstandes vom 17. Juni 1953 um das Ansehen ihres jungen Staates im Ausland bangen muß, wünscht ausdrücklich, daß er die international renommierte Position in Leipzig beibehält. Die 54er Entscheidung soll ihm wohl den Rücken stärken und Steine aus dem Weg räumen.

|4 Im Zuge der Eröffnung des Neuen Opernhauses unternimmt Helmut Seydelmann einen erneuten Vorstoß. Am 1. November 1960 schreibt er an Franz Konwitschny und unterbreitet ihm folgendes: Das Gewandhausorchester solle auf 196 Musiker vergrößert und in einen Opern- und einen Konzertstamm von je 98 Musikern geteilt werden. Konwitschny antwortet wenig später: »Lieber Herr Kollege! Ihren Vorschlag … habe ich genau studiert und sehr sympathisch zur Kenntnis genommen.«[9] Aber es lohne nicht, weiter darüber zu sprechen, weil es Jahre dauern würde, ehe beide Orchester in sich homogen wären, ganz abgesehen von den Schwierigkeiten, so viele neue und noch dazu gute Musiker zu finden.

20 Jahre später haben sich Seydelmanns Vorstellungen zumindest zahlenmäßig erfüllt. Allerdings unter ganz anderen Voraussetzungen, als einst von ihm gedacht. Könnte man (mögliche personalpolitische Gründe einmal zurückgestellt) die Bevorzugung des vorerst heimatlosen Gewandhauses gegenüber der mit dem neuen Haus gut etablierten Oper noch als Überlebenshilfe für das kleine Konzertinstitut deuten – dessen anfänglich etwa zehnköpfige Verwaltung arbeitet in einer mehrmals umziehenden Kanzlei, während die Gewandhauskonzerte im Mehrzwecksaal der Kongreßhalle am Zoo stattfinden –, so verschieben sich die Relationen mit Eröffnung des neuen Konzerthauses massiv zuungunsten der Oper. Nicht nur, daß die DDR-Regierung für ihre Protokollveranstaltungen im Umfeld der Leipziger Messen nun das Neue Gewandhaus benutzt statt wie bisher das Opernhaus, jetzt wird das Konzerthaus auch noch »zum ersten Mal in der Geschichte des Orchesters … Heimstatt für die Musiker«.[10] Zuvor war das Orchester räumlich angesiedelt im Opernhaus wie schon seinerzeit im Neuen Theater.

---

3 Karl Zumpe: Die Geschichte des Gewandhausorchesters, Leipzig 1980 (Diss.), S. 12.
4 Ebd., S. 186.
5 Das Gewandhausorchester, Leipzig 1962, S. 44.
6 Karl Zumpe: Die Geschichte des Gewandhausorchesters, Leipzig 1980, S. 94.
7 Gemeint ist Richard Kurzaj, der im Personalamt für alle Belange des Stadtorchesters zuständig war. Der Vorgang ist näher geschildert bei Claudius Böhm: »Ein wirklich deutscher, national empfindender Kapellmeister«, in: *GewandhausMagazin* Nr. 50, 2006, S. 37–41, hier insbesondere S. 39.

---

8 Fritz Hennenberg: 300 Jahre Leipziger Oper, München 1993, S. 140.
9 Schreiben vom 29. November 1960, nichtunterzeichneter Durchschlag in: Stadtbibliothek Leipzig, Musikbibliothek, Nachlaß Fr. Konwitschny, Signatur MS-Konw. 554 (Ordner 6, S. 554).
10 So → K. Masur in seinem Vorwort zum Jahresprogramm 1981/82, in: Gewandhaus zu Leipzig, Konzertjahr 1981/82, Leipzig 1981, S. [6].

Hinzu kommt, daß das Orchester mittlerweile eine rege Konzertreisetätigkeit entfaltet hat. Begonnen wurde damit zu Konwitschnys Zeiten. Dauerten die ersten Reisen jedoch maximal zwei Wochen, so tun sich mit der zweiten Europareise des Gewandhausorchesters 1959 neue Dimensionen auf: Das Orchester ist 34 Tage unterwegs. Ist das für diese Zeit noch die Ausnahme, werden derart monströse Tourneen ab den 70er Jahren fast schon die Regel. Eine Arbeitsvereinbarung zwischen Oper und Gewandhaus, 1968 »nach mehrjährigen Verhandlungen«[11] unterzeichnet, sichert der Oper während Konzertreisen des Gewandhausorchesters eine Orchesterbesetzung von insgesamt 74 Musikern zu: 13 erste und zehn zweite Geiger, je acht Bratscher und Cellisten, sechs Kontrabassisten, zwei Harfenisten, je drei Flötisten, Oboisten, Klarinettisten und Fagottisten, fünf Hornisten, je drei Trompeter und Posaunisten, ein Tubist, ein Pauker und zwei Schlagzeuger. (Eine etwas kleinere Besetzung wird der Oper »für den Fall eines gleichzeitig stattfindenden Konzertes«[12] garantiert.) Zwar finden auch Gastspiele mit einzelnen Produktionen der Leipziger Oper statt und Konzertreisen mit dem Thomanerchor, doch in

---

11 Karl Zumpe: Die Geschichte des Gewandhausorchesters, Leipzig 1980, S. 111.
12 Ebd., S. 112.

Konzert des Gewandhausorchesters unter Leitung von
Franz Konwitschny in der Leipziger Kongreßhalle, 1951

das Gedächtnis der internationalen Musikzentren prägt sich das Gewandhausorchester stets aufs neue als ein Konzertorchester ein. Dies tut es unzweifelhaft auch als Botschafter der Stadt Leipzig, auch als Botschafter der Musikstadt Leipzig. Aber wer denkt heute daran in München oder in Hamburg, in Wien oder in Paris, in London oder in New York, wenn ihm dort ein Konzertplakat des Gewandhausorchesters ins Auge fällt, daß dieses Orchester seine tiefen Wurzeln auch im Theater hat, daß dieses traditionsreiche Orchester auch das Orchester der Oper Leipzig ist?

1946

|736 Kraus, Karl
Oboe
* 21. Februar 1903, † 1980 in Leipzig
Mitglied vom 1. Januar 1946 bis 31. Juli 1968
1./2. Oboist, ab 1. August 1955 2. Oboist

Er bewarb sich bereits 1935. In den Probespielunterlagen findet sich der Eintrag: »32 Jahre alt, 2 Jahre Studium an der Hochschule Weimar, 1931–33 als I. u. Solo-Oboist im Kurorchester zu Karlsbad, seit 1934 im Meininger Landestheater bei großen Aufführungen als Aushilfe.«
QUELLEN: StadtAL: Kap. 32, Nr. 7, Beiheft 8.

|737 Pilz, Werner
Horn
* 12. Februar 1926 in Ortmannsdorf bei Zwickau,
† 2. Dezember 2003 in Leipzig
Mitglied vom 15. Februar 1946 bis 1. Mai 1987,
bereits ab 24. November 1944 Kriegsaushilfsmusiker
3. Hornist für → R. Schaller, der seitdem 2. Geige spielte, ab Januar 1958 2. Hornist, ab 1973 4. Hornist

Er war vier Jahre Schüler der Städtischen Orchesterschule Zschopau. Nachdem die Schule 1941 nach Bad Schandau verlegt wurde, hatte er dort Unterricht bei Friedrich Lippel aus Dresden, später besuchte er das Landeskonservatorium in Dresden. Er kam 1944 als Kriegsaushilfsmusiker von der Dresdner Philharmonie, die zu dieser Zeit keine Konzerte mehr gab.
QUELLEN: Selbstauskunft.

|738 Kreutz, Karl Simeon
Trompete
* 1. August 1916 in Leipzig,
† 23. Mai 2003 in Leipzig
Mitglied vom 1. April 1946 bis 31. Dezember 1981
2. Trompeter

Er besuchte von 1923 bis 1931 die Volksschule in Leipzig und machte anschließend bis 1935 eine Lehre zum Tapezierer und Dekorateur. Während dieser Zeit nahm er Unterricht bei Alfred Gräfe und → H. Teubig. Da er als tschechischer Staatsangehöriger keinen Wehrdienst zu leisten hatte, war er bis 1941 freischaffender Tanz- und Unterhaltungsmusiker. Von 1941 bis 1944 studierte er bei H. Teubig an der Leipziger Hochschule für Musik und war während dieser Zeit bereits als Aushilfe im Orchester beschäftigt. Nach dem Studium hatte er bis 1945 ein Engagement beim Staatsorchester Dessau.
QUELLEN: GewandhausA.

|739 Steinbrecher, Karl
Fagott
* 18. Oktober 1921 in Wernigerode,
† 22. Januar 2005 in Stuttgart
Mitglied vom 15. Juni 1946 bis 30. September 1947
2. Fagottist

Der Sohn des Kapellmeisters Eberhard Steinbrecher besuchte die Schule bis zur mittleren Reife, nahm zunächst Klavier- und Violinunterricht und wirkte schon als Geiger in der Stadtkapelle seines Vaters mit. Er studierte von 1938 bis 1940 bei Herbert Wonneberger in Berlin und war dann bis zu seiner Einberufung zur Wehrmacht im April 1942 beim Reichsgautheater Posen 1. Fagottist. Von Oktober 1943 bis Oktober 1944 wurde er für das Posener Orchester uk-gestellt[1], dann wieder eingezogen und im Juli 1945 aus britischer Kriegsgefangenschaft entlassen. ◆ Er hat neben → G. Weigelt und → G. Junge auch 1. Fagott geblasen. ◆ Nach seinem Leipziger Engagement war er bis 1961 Solo-Fagottist bei der Staatskapelle Berlin und von 1961 bis 1986 2. Fagottist beim Staatsorchester Stuttgart. ◆ Eine Verwandtschaft mit → A. E. Steinbrecher ist wahrscheinlich, aber nicht nachweisbar.
QUELLEN: StadtAL: Kap. 10, Personalakte; Auskunft von Eberhard Steinbrecher, Schifferstadt.

|740 Nietner, Einhart
Violine
* 14. Oktober 1921 in Leipzig,
† 20. April 1992 in Leipzig
Mitglied vom 1. September 1946 bis 31. Oktober 1986
1. Geiger, ab 1960 Stimmführer der 2. Violinen für → G. Link

Der Sohn eines Musiklehrers besuchte von 1928 bis 1932 die Volksschule, dann bis 1937 die Petrischule bis zur Obersekundareife und nahm ab 1937 Privatunterricht bei Hans Hilf. Er studierte vom Wintersemester 1939 bis zu seiner Einberufung zur Wehrmacht im Juli 1941 bei Walther Davisson an der Leipziger Hochschule für Musik und war während dieser Zeit bereits als Aushilfe im Orchester beschäftigt. Er diente als Landesschütze in Leipzig und wurde 1944 wegen »allzu humaner Behandlung von holländischen Kriegsgefangenen«, die er zu bewachen hatte, an die Front kommandiert. Am 21. November 1945 wurde er aus sowjetischer Kriegsgefangenschaft entlassen. ◆ Da er zwischen 1946 und 1952 fast vier Jahre seinen Dienst wegen einer Tbc-Erkrankung nicht versehen konnte, wurde in einer Besprechung zwischen der BGL und Gewandhauskapellmeister → Fr. Konwitschny in Erwägung gezogen, ihm eine Rente zu zahlen. Von 1961 bis 1964 absolvierte er ein Abendstudium an der Hochschule für Musik in Leipzig, um das 1941 abgebrochene Studium abzuschließen.

---

1 Vom Wehrdienst freigestellt (unabkömmlich).

Lehrer an der Leipziger Hochschule für Musik von 1961 bis 1992 ♦ Lehrer von → R. Gierden, → R. Kleekamp und → Br. Zühlke.
QUELLEN: GewandhausA; StadtAL: Kap. 32, Nr. 7, Bl. 47.

|741 **Reininger, Wolfgang**
Violine
* 16. Juni 1917 in Papitz bei Schkeuditz
Mitglied von 1946 bis August 1947,
bereits ab 1945 Aushilfe
1. Geiger

Er hatte von 1930 bis 1934 Unterricht bei → G. Lange und war ab 1. April 1934 Schüler von Walther Davisson am Leipziger Konservatorium. Am 15. September 1935 erhielt er wegen seiner jüdischer Abstammung Studien- und Berufsverbot. Er war dann bis 1945 als ungelernter Kaufmann tätig. Zuerst in Leipzig bei der Spatenseifenfabrik F. E. Steinbach, dann bei Breitkopf & Härtel, später in Dresden und Görlitz, zuletzt in einem Arbeitslager bei Glogau[2]/Schlesien. ♦ Er ging als Konzertmeister zur Dresdner Philharmonie, bekam in Dresden aber keine Wohnung und war ab November 1947 wieder in Leipzig beim Philharmonischen Orchester unter der Leitung von Otto Didam und Walther Davisson. Gleichzeitig hatte er einen Lehrauftrag an der neu gegründeten Hochschule für Musik in Halle/S. Vom 1. April 1949 bis zu seiner Pensionierung war er Mitglied des Berliner Philharmonischen Orchesters.
Lehrer von → H. Enger.
QUELLEN: Selbstauskunft.

|742 **Deparade, Paul**
Violine
* 22. November 1918 in Leipzig,
† 2. Februar 1993 in Dresden
Mitglied vom 1. September 1946 bis 31. August 1951,
bereits ab 10. April 1946 Aushilfe, am 22. Juni 1951
vom Dienst suspendiert
2. Geiger

Er besuchte von 1925 bis 1929 die Volksschule, anschließend bis 1936 die Oberrealschule. Ab Ostern 1936 studierte er bei → H. Mlynaczyk am Leipziger Musikpädagogium. Am 25. November 1939 zur Wehrmacht eingezogen, geriet er am 8. Mai 1943 in Afrika in amerikanische Kriegsgefangenschaft. Nach dem Aufenthalt in den Gefangenenlagern Aliceville/AL (USA), Camp McCain/MS (USA) und Fort Devens/MA (USA) wurde er am 25. Februar 1946 in Rosenheim entlassen. ♦ Am 16. Juni 1951 schrieb der Minister für Volksbildung Helmut Holtzhauer an den Leipziger Stadtrat Eisengräber: »… nach einer eingehenden Unterhaltung mit Herrn Gewandhauskapellmeister [→] Franz Konwitschny, der mir von den Ergebnissen seiner Reise in die Volksrepublik Ungarn berichtete, bitte ich Sie dringend, sich folgender Sache anzunehmen. Es bestehen offensichtlich große Spannungen zwischen dem Dirigenten und der Kapelle, insbesondere aber der derzeitigen Betriebsgewerkschaftsleitung. Es taucht dabei immer wieder der Name Deparade auf, der – wie ich auch von anderer Seite erfahren habe – völlig die Aufgaben der BGL mißversteht, die Gleichmacherei vertritt und scheinbar die Bedeutung und das Ansehen des Dirigenten der Gewandhauskapelle unterschätzt. Umgekehrt ist mir unzweifelhaft, daß Herr Konwitschny es nicht immer versteht, mit den Mitgliedern der Kapelle umzu-

2 Heute Glogow (Polen).

gehen … Unvermeidlich erscheint aber, Herrn Deparade entweder unbedingt die politische Bedeutung der BGL und das Verhältnis von Mitbestimmungsrecht und der Verantwortlichkeit des führenden und maßgebenden Leiters der Gewandhauskapelle klarzulegen oder ihn ganz aus dem Orchester zu entfernen.« Am 22. Juni teilte das Personalamt Deparade mit, daß er mit sofortiger Wirkung vom Orchesterdienst suspendiert sei und auch keinerlei gewerkschaftliche Funktionen ausüben dürfe. Die Gewerkschaft Kunst hatte ihn am 23. Juni offiziell von seiner Gewerkschaftsfunktion enthoben mit der Begründung: »Der Kollege Paul Deparade leitete eine geheime Abstimmung, die sich gegen den Generalmusikdirektor Professor Konwitschny richtete und die Vertragsverlängerung verhindern sollte. Kollege D. bewies dadurch, dass er die gewerkschaftspolitische Bedeutung der Stellung des Prof. Konwitschny und des Gewandhausorchesters nicht erkannt und rückschrittlichen Auffassungen nachgab. Hierdurch hat er bewiesen, daß er seinen Aufgaben als BGL-Vositzender eines solchen Kulturorchesters nicht gewachsen ist.« Die Gewerkschaft unterstützte ihn dann doch, ein für den 30. August anberaumter Termin beim Arbeitsgericht wurde am 28. August von der Stadt Leipzig abgewendet, »da wir noch um eine aussergerichtliche Einigung bemüht sind«. ♦ Vom 1. Februar 1952 bis 31. Juli 1984 hatte er ein Engagement bei der Staatskapelle Dresden, zuletzt als Vorspieler der 2. Violinen.
Vorsitzender der BGL vom 10. November 1950 bis 22. Juni 1952 für → G. Grüllmayer.
LITERATUR: A. Schreiber: Von der Churfürstlichen Cantorey zur Sächsischen Staatskapelle Dresden. QUELLEN: StadtAL: Kap. 10, Personalakte.

|743 **Schrepper, Willy**
Violine
* 20. März 1899 in Leipzig, † 6. Januar 1963
Mitglied vom 1. September 1946 bis zu seinem Tod,
bereits ab 1. September 1935 Aushilfe, ab 1. August 1941
Kriegsaushilfe
1. Geiger

Der Sohn des Oschatzer Fleischers Oskar Schrepper war Schüler von → R. Bolland, → P. Klengel und → H. Schachtebeck am Leipziger Konservatorium vom 24. September 1913 bis 20. Juni 1917 und gab bei seiner Inskription an, drei Jahre bei Herrn Brandt und zwei Jahre bei Herrn Haussmann Unterricht gehabt zu haben. Er bewarb sich bereits 1937. In den Probespielunterlagen findet sich der Eintrag: »1913-1917 beim Konservatorium. 1919/24 Studium bei Prof. H. Schachtebeck. Seit Gründung des Konzertorchesters bei diesem als Konzertmeister tätig. Seit 2 Jahren Aushilfen im Gewandhaus. Tätig beim Sinfonieorchester und beim Rundfunk.«
QUELLEN: Archiv HMT: Kon Nr. 11803; StadtAL: Kap. 32, Nr. 7, Beiheft 2 / Bd. 2, Blatt 38.

|744 **Knoblauch, Willi**
Violine
* 12. November 1909 in Leipzig
Mitglied vom 1. September 1946 bis 31. Juli 1975, bereits
ab Juni 1936 Aushilfe, ab 1. August 1941 Kriegsaushilfe
2. Geiger, 2 Jahre vertretungsweise 1. Geiger für den
erkrankten → E. Nietner

Er besuchte von 1916 bis 1924 die Volksschule, danach bis 1928 die höhere Gewerbeschule und hatte während dieser Zeit Privatunterricht bei → R. Lindner. Er war dann von Ostern 1929 bis 1932 Schüler von Ferdinand

Küchler am Leipziger Konservatorium. Nachdem er zwei Jahre in verschiedenen Leipziger Orchestern freiberuflich tätig war, setzte er das Studium von Oktober 1934 bis 2. Juni 1936 fort. Im Juni 1940 zur Wehrmacht eingezogen, wurde er aus gesundheitlichen Gründen im November 1940 wieder entlassen.
QUELLEN: Selbstauskunft.

|745 **Wintgen, Joachim**
Violoncello
* 31. Mai 1920 in Leipzig,
† 8. Februar 1953 in Leipzig ♦ Sohn von → R. Wintgen
Mitglied vom 1. Oktober 1946 bis zu seinem Tod,
bereits ab 15. Juni 1942 Kriegsaushilfe
Cellist, ab 1. Mai 1951 Stellvertretender Solo-Cellist

Er besuchte ab 1926 die Grundschule, anschließend bis 1937 das Königin-Carola-Gymnasium. 1932 mußte er den Unterricht wegen einer Tbc-Erkrankung und einem einjährigen Kuraufenthalt in Agra bei Lugano (Schweiz) unterbrechen. Er hatte drei Jahre Unterricht bei seinem Vater, war vom 7. April 1937 bis 12. Juli 1941 Schüler von → A. Eichhorn am Leipziger Konservatorium und während dieser Zeit bereits als Aushilfe im Orchester beschäftigt.
QUELLEN: Archiv HMT: Kon Nr. 17586; StadtAL: Kap. 32, Nr. 7, Bl. 47 ◊ Kap. 10, Personalakte.

|746 **Drechsel, Hans**
Viola
* 28. Februar 1915 in Dresden,
† 25. April 2005 in Leipzig
Mitglied vom 1. November 1946 bis 31. Juli 1980
Bratscher; spielte auch Viola d'amore

Er besuchte in Dresden acht Jahre die Volksschule und drei Jahre die höhere Handelslehranstalt. Von April 1932 bis Ostern 1940 war er Schüler von Arthur Tröber und Rudolf Bärtich (Violine) und Georg Seifert[3] (Viola) an der Orchesterschule der Sächsischen Staatskapelle und war während dieser Zeit als Aushilfe bei der Staatskapelle beschäftigt. Von September 1940 bis 1942 hatte er ein Engagement beim Sinfonieorchester Kattowitz/Schlesien und dann in Dresden beim Theater des Volkes. Am 13. Dezember 1944 zur Wehrmacht eingezogen, war er bis zum Ende des Krieges in Großenhain stationiert. Ab Mai 1945 war er bei der Dresdner Philharmonie.
QUELLEN: GewandhausA.

|747 **Enger, Gerhard**
Violoncello
* 18. April 1907 in Leipzig ♦ Sohn von → L. Enger
Mitglied vom 15. November 1946 bis 1970
Cellist

In den Probespielunterlagen findet sich der Eintrag: »1925-28 Unterricht bei StadtKammerVirtuos Wintgen, 28-31 bei [→ H.] Münch-Holland, Aushilfe bei den städtischen Theatern und Operettenthater, seit 1934 Aushilfe bei den Gewandhauskonzerten.«
QUELLEN: StadtAL: Kap. 32, Nr. 7, Beiheft 4.

|748 **Stößer, Otto**
Horn
* 15. Februar 1914 in Nichtewitz bei Torgau,
† 16. Januar 1981 in Stuttgart
Mitglied vom 1. Juli 1946 bis 31. August 1949
1. Hornist für → R. Lehmann

Er besuchte zunächst die Volksschule und war vom 1. Mai 1928 bis 30. April 1932 Schüler der Musikschule in Prettin bei Torgau. Ab 3. November 1933 war er beim Reichsarbeitsdienst als Musiker beim Gruppenmusikzug in Aue/Erzgebirge und nahm Unterricht bei Josef Sturm in Chemnitz. Seinen Wehrdienst leistete er vom 1. Oktober 1935 bis 30. September 1936 beim Musikkorps des 11. Infanterie Regiments in Leipzig und nahm in dieser Zeit Unterricht bei → W. Krüger. Ab 1. Oktober 1936 hatte er ein Engagement beim Leipziger Sinfonieorchester. Ab 15. August 1939 am Breslauer Theater tätig, wurde er 1944 zur Wehrmacht eingezogen und am 30. November 1945 aus der Kriegsgefangenschaft entlassen. Ab 1. Dezember 1945 war er beim Städtischen Orchester Lübeck. ♦ Nachdem er in Leipzig gekündigt hatte, ging er nach Berlin (West). Dort war er bis 1950 zunächst 1., später 3. Hornist beim RIAS-Sinfonieorchester, anschließend bis 1975 in Stuttgart am Staatstheater.
QUELLEN: StadtAL: Kap. 32, Nr. 7, Beiheft 11 ◊ Kap. 10, Personalakte.

|749 **Krüger, Siegfried**
Horn
* 13. April 1922 in Rostock ♦ Sohn von → W. Krüger
Mitglied von 1946 bis 1949
Hornist

Er studierte vom 29. April 1938 bis 1941 an der Leipziger Hochschule für Musik und war bereits während dieser Zeit als Aushilfe im Orchester beschäftigt. ♦ Später war er beim RIAS-Sinfonieorchester in Berlin.
QUELLEN: Archiv HMT: Kon Nr. 1798; StadtAL: Kap. 32, Nr. 7, Bl. 47.

|750 **Müller, Heinz**
Posaune
* 9. Juni 1921 in Leipzig,
† 27. April 2003 in Leipzig
Mitglied vom 5. Oktober 1946 bis 31. Juli 1985
2. Posaunist; spielte auch Basstrompete

Er besuchte von 1927 bis 1935 die Volksschule in Leipzig, anschließend bis 1939 die Musikschule in Frohburg. Ab April 1939 war er Schüler von → Paul Heber am Leipziger Konservatorium. Am 1. Oktober 1940 wurde er zum Reichsarbeitsdienst verpflichtet, anschließend zur Wehrmacht eingezogen. Während dieser Zeit war er 1940 und 1943 als Aushilfe in Leipzig und 1942 als Aushilfe in Dresden tätig. Vom 25. Dezember 1944 bis 30. Juli 1946 war er in amerikanischer Kriegsgefangenschaft.
WERKE: Orchesterstudien; Schulwerke. QUELLEN: GewandhausA.

---

[3] Bruder von → A. Seifert.

1947

|751 Fischer, Peter
Oboe
* 4. Dezember 1925 in Leipzig,
† 3. Dezember 2004 in Leipzig
Mitglied vom 14. März 1947 bis 31. Juli 1991
2. Oboist, ab 1. September 1950 Solo-Oboist für
→ A. Tolksdorf

Er besuchte zunächst die Volksschule von 1932 bis 1940 und war dann Schüler von → W. Gerlach an der Musikschule für Jugend und Volk in Leipzig. Anschließend studierte er bei ihm an der dortigen Hochschule für Musik von 1942 bis zu seiner Einberufung zur Wehrmacht am 26. September 1943 und war während dieser Zeit bereits als Aushilfe im Orchester beschäftigt. Er war Soldat bis 2. Mai 1945 und wurde am 13. Dezember 1945 in Kiel aus der Kriegsgefangenschaft entlassen. Von 1946 bis 1947 setzte er sein abgebrochenes Studium fort und war danach als Volontär beim Sinfonieorchester des Leipziger Rundfunks.
Mitglied des Gewandhaus-Bläserquintetts von 1961 bis 1982 ◆ Lehrer an der Leipziger Hochschule für Musik von 1961 bis 1966 ◆ Lehrer von → H. Landmann.

QUELLEN: Archiv HMT: Kon Nr. 18258; GewandhausA.

|752 Muck, Peter
Violine
* 22. August 1919 in Leipzig
Mitglied von Juni 1947 bis 1949
Geiger

Er hatte fünf Jahre Unterricht bei → H. Schachtebeck und war dann Schüler von Walther Davisson am Leipziger Konservatorium vom 22. April 1936 bis 21. April 1937 und vom 1. November 1940 bis Ostern 1941. Im Abgangszeugnis wurde ihm bescheinigt, daß er »in den wenigen Monaten seines Wehrmachtsurlaubs mit grösstem Fleiss an seinem Prüfungsprogramm gearbeitet und sich geigerisch weiter vervollkommnet habe«. Er wurde zum Reichsarbeitsdienst verpflichtet, war dann Soldat und konnte 1946 aus der Kriegsgefangenschaft fliehen. ◆ Vom 15. August 1949 bis zu seiner Pensionierung war er Mitglied des Berliner Philharmonischen Orchesters. Mitglied des Gewandhaus-Quartetts von 1947 bis 1949.

LITERATUR: G. Avgerinos: Künstlerbiographien. QUELLEN: Archiv HMT: Kon Nr. 17419.

|753 Walter, Adolf
Viola
* 7. Oktober 1917 in Gebirgsneudorf[4]/Sudetenland
Mitglied von Juni 1947 bis September 1954
Bratscher, ab September 1953 Stellvertretender Solo-Bratscher

Er besuchte nach der Grundschule das Gymnasium in Karlsbad, erlangte dort 1936 das Abitur und studierte dann bis 1937 in Prag Germanistik. Vom 15. September 1937 bis 5. Juni 1940 war er Schüler von Hans Hilf (Violine) und → C. Herrmann (Viola) an der Leipziger Hochschule für Musik. Im Juni 1940 wurde er zur Wehrmacht eingezogen und im Oktober 1946 aus amerikanischer Kriegsgefangenschaft entlassen. Am 1. November 1946 nahm er das Studium in Leipzig wieder auf, wo er bis Juli 1947 Unterricht bei → O. Gutschlicht hatte, daneben nahm er Privatstunden bei Rudolf Nel. ◆ Nach seinem Leipziger Engagement war er bis zu seiner Pensionierung Solo-Bratscher am Staatstheater Braunschweig.

QUELLEN: Archiv HMT: Kon Nr. 17624; Selbstauskunft.

|754 Gamalski, Rudolf
Violine
* 11. März 1925 in Gautzsch bei Markkleeberg
Mitglied vom 1. Juli 1947 bis 31. Juli 1990, noch bis 1992 Aushilfe
1. Geiger, ab 1. Februar 1951 Vizekonzertmeister für →
G. Lange, ab 1. Januar 1961 Konzertmeister

Er besuchte von 1931 bis 1939 die Volksschule in Gautzsch. Sechsjährig erhielt er den ersten Geigenunterricht bei seinem Onkel Victor Lenski und war dann bis 1943 Schüler von → H. Mlynarczyk am Leipziger Musikpädagogium. Von 1942 bis 1943 wurde er bereits als Aushilfe im Orchester beschäftigt. Er war bis November 1943 zum Reichsarbeitsdienst in Zichenau[5] verpflichtet, von Januar 1944 bis Februar 1945 Soldat und dann bis zum Frühjahr 1947 amerikanischer Kriegsgefangener in Paris. Wieder in Leipzig, hatte er noch kurze Zeit Unterricht bei Walther Davisson.

QUELLEN: Selbstauskunft.

|755 König, Herbert
Violine
* 24. September 1911
Mitglied vom 1. August 1947 bis 31. Juli 1968
1. Geiger, von 1957 bis 31. Dezember 1967
Stellvertretender Konzertmeister

QUELLEN: GewandhausA.

|756 Hajek, Rudolf
Violine
* 3. September 1903 in Dux[6], † 7. August 1952
Mitglied vom 30. Dezember 1947 bis zu seinem Tod
2. Geiger

Er besuchte in Dux die Volks- und Bürgerschule und hatte Geigenunterricht bei seinem Vater. Von 1917 bis 1921 arbeitete er als kaufmännischer Angestellter. Von 1922 bis 1923 war er in Leipzig, wo er Privatunterricht bei einem Schüler des Konservatoriums und bei Konzertmeister Freud nahm, da er sich wegen der Inflation das Musikstudium nicht leisten konnte. Ein Studium in Prag wurde 1924 abgelehnt wegen mangelnder finanzieller Sicherstellung durch seine Eltern. In Prag nahm er Privatunterricht bei W. Schweyda, von 1925 bis 1927 bei Konzertmeister Černy in Teplitz-Schönau[7] und von 1932 bis 1937 bei Konzertmeister Eduard Spieler. Von 1934 bis 1944 war er beim Teplitzer Theater- und Kurorchester, bis 1938 zur Verstärkung, ab Oktober 1938 als ständige Aushilfe und vom 15. Mai 1939 bis zu seiner Einberufung zur Wehrmacht im September 1944 als fest angestelltes Mitglied. Nach seiner Entlassung aus britischer Kriegsgefangenschaft kam er

---
4 Heute Nová Ves v Horách (Tschechien).
5 Heute Ciechanow (Polen).
6 Heute Duchcov (Tschechien).
7 Heute Teplice (Tschechien).

am 18. September 1945 nach Oschatz, wo seine Familie inzwischen lebte und er später in der Kapelle von Musikdirektor Franz Beyer mitwirkte.
QUELLEN: StadtAL: Kap. 10, Personalakte.

|757 **Scherbach, Richard**
Violine
Bis Mitte der 1950er Jahre unter dem Namen
Richard Schmerbauch
* 13. August 1913 in Polleben bei Eisleben,
† 22. März 2001 in Leipzig
Mitglied vom 1. August 1947 bis 31. März 1973
2. Geiger

Er hatte ab 1925 Unterricht bei dem Musiklehrer Albert Hamann in Eisleben. Von 1931 bis 1935 war er bei der dortigen Bergkapelle, hatte anschließend ein Engagement in Nordhausen und nahm von dort aus Unterricht bei → E. Kindscher in Dessau. 1940 zur Wehrmacht eingezogen, geriet er später in britische Kriegsgefangenschaft. Ab 1945 war er Musiker bei der Volksbühne Eisleben.
LITERATUR: Gewandhaus-Magazin Nr. 32, 2001. QUELLEN: GewandhausA.

|758 **Müller, Arno**
Kontrabass
* 23. November 1914 in Reichstädt bei Dippoldiswalde
Mitglied vom 1. August 1947 bis 31. Juli 1980
Kontrabassist, ab 1957 Vorspieler, ab 1960 Solo-
Kontrabassist an der neu eingerichteten 4. Solo-Stelle

Er besuchte von 1930 bis 1934 die Musikschule in Wilsdruff und hatte dort ab 1933 Unterricht bei Bruno Ählich, einem Kontrabassisten der Dresdner Philharmonie. Von 1934 bis 1935 war er Gehilfe in der Stadtkapelle Frohburg und nahm ein Jahr Unterricht bei → A. Findeisen in Leipzig. Von Februar bis Oktober 1935 zum Reichsarbeitsdienst verpflichtet, leistete er dann zwei Jahre seinen Wehrdienst im Musikkorps des 11. Infanterie Regiments in Leipzig. Von Oktober 1937 bis 1939 war er Schüler von → M. Schulz am Leipziger Konservatorium und hatte von 1939 bis zu seiner Einberufung zur Wehrmacht 1941 ein Engagement am Opernhaus in Graz. Ab Herbst 1945 war er stellvertretender Solo-Kontrabassist beim Stadttheater Lübeck.
QUELLEN: Archiv HMT: Kon Nr. 17613; Selbstauskunft.

|759 **Bartl, Rudolf**
Klarinette
* 1. Januar 1927 in Dreißig bei Döbeln
Mitglied vom 1. August 1947 bis zum 30. September 1950
Solo-Klarinettist für → H. Hofmann

Er hatte Unterricht bei dem Kammermusiker Arthur Richter in Chemnitz vom 1. April 1941 bis 15. August 1944 und dann wieder ab 14. Juni 1945. Er studierte von 1946 bis 1947 bei → W. Schreinicke an der Leipziger Hochschule für Musik. ◆ Nach seinem Engagement beim Gewandhausorchester ging er zum Rundfunk-Sinfonieorchester Leipzig.
Lehrer von → M. Kreher.
QUELLEN: Archiv HMT: Kon Nr. 18819; Selbstauskunft.

|760 **Winkler, Fritz**
Horn
* 25. November 1914 in Holzhausen bei Leipzig,
† 13. Juli 2006
Mitglied vom 1. August 1947 bis 31. Juli 1971
2. Hornist, ab 1958 4. Hornist

Er besuchte von 1921 bis 1929 die Volksschule in Holzhausen und absolvierte vom 8. April 1929 bis 3. April 1933 eine Lehre bei Stadtmusikdirektor Franz Berger in Oschatz. Er war vom 23. Oktober 1933 bis 1935 Schüler von → W. Krüger am Leipziger Konservatorium. Vom 1. April bis 30. September 1935 zum Reichsarbeitsdienst verpflichtet, leistete er anschließend in Leipzig seinen Wehrdienst und nahm weiterhin Unterricht bei Krüger. Ab 1. Oktober 1937 hatte er ein Engagement beim Leipziger Sinfonieorchester. 1939 wurde er zur Wehrmacht eingezogen und mußte deshalb auf eine erspielte Stelle bei der Sächsischen Staatskapelle Dresden verzichten. Nach dem Ende des Krieges war er bis 1947 als Aushilfe in München bei den Philharmonikern und dem Bayerischen Staatsorchester.
LITERATUR: A. Schreiber: Von der Churfürstlichen Cantorey zur Sächsischen Staatskapelle Dresden. QUELLEN: Archiv HMT: Kon Nr. 17112; GewandhausA; Selbstauskunft.

|761 **Wilhelm, Walter**
Violine
* 1. Juni 1905 in Crossen/Mulde,
† 24. Dezember 1989 in Leipzig
Mitglied vom 1. September 1947 bis 31. Juli 1970,
noch bis 31. Juli 1978 Aushilfe
1. Geiger

Vom 1. Oktober 1919 bis 31. März 1923 war er Schüler an der Stadtkapelle in Zwickau. Im Sommer 1923 als 2. Konzertmeister beim Kurorchester Bad Elster engagiert, war er vom 1. September bis 31. Dezember 1923 als 1. Geiger am Landestheater in Altenburg und dann bis April 1924 als Vizekonzertmeister bei der Städtischen Kapelle in Bremerhaven. Anschließend war er als Stehgeiger bei verschiedenen Kapellen in Goslar, Göttingen und Bad Harzburg. Vom 1. Januar 1926 bis 1. Mai 1929 war er 2. Konzertmeister beim Leipziger Sinfonieorchester, danach 1. Geiger bei der Staatskapelle Berlin, wo er im Zuge der sogenannten Brüningschen Notverordnungen entlassen wurde. Ab 1. Oktober 1931 war er erneut als Konzertmeister beim Leipziger Sinfonieorchester, wurde am 30. April 1941 zum Rundfunk nach München versetzt und war vom 1. Mai 1943 bis Kriegsende beim Bruckner-Orchester Linz. »Die letzten 4 Wochen vor Kriegsschluß war ich noch beim Militär in Braunau, habe im Sommer 1945 in der Landwirtschaft gearbeitet in Bayern, kam am 1. Sept*em*ber 1945 in die Münchner Philharmonie als 1. Geiger, war kurze Zeit noch in Hamburg, seit 1. Febr*uar* 1946 wieder in Leipzig, zuerst freistehend, seit 1. August 1946 im Sinfonieorchester des Leipziger Rundfunks.«
QUELLEN: GewandhausA.

|762 **Thrandorf, Johannes**
Violine
* 27. April 1916 in Leipzig, † 1971
Mitglied vom 1. September 1947 bis zu seinem Tod
2. Geiger
QUELLEN: GewandhausA.

|763 **Grüllmayer, Gustav**
Violine
* 31. März 1906 in Eger[8]/Böhmen
Mitglied vom 1. Oktober 1947 bis 1971
1. Geiger

Er war Schüler von Hans Bassermann am Leipziger Konservatorium vom Sommersemester 1922 bis zum Wintersemester 1926 und anschließend sein Privatschüler. Vom 1. Januar 1928 bis 15. Januar 1930 hatte er ein Engagement als 1. Geiger und Leiter der Kapelle im Lichtspielhaus »Welt-Theater« in Leipzig und war vom 15. März 1930 bis 1932 Konzertmeister der »Orchestergemeinschaft« Leipzig unter der Leitung von Günther Ramin. Von 1932 bis 1947 war er beim Sinfonieorchester des Leipziger Rundfunks, bis 1936 als Konzertmeister und Leiter des Unterhaltungsorchesters, ab 1. November 1937 beim Sinfonieorchester. 1941 wurde er zum Rundfunk nach Frankfurt/M. versetzt. 1944 zur Wehrmacht eingezogen, wurde er am 28. August 1946 aus französischer Kriegsgefangenschaft entlassen. Ab 1. September war er erneut beim Leipziger Rundfunk tätig.
Vorsitzender der BGL vom 5. April 1949 bis 10. November 1950.
QUELLEN: Archiv HMT: Kon Nr. 14178; GewandhausA.

|764 **Weiskopf, Heinz**
Trompete
* 17. September 1920 in Oederan,
† 18. August 1981 in Leipzig
Mitglied vom 27. Juni 1947 bis zu seinem Tod
Solo-Trompeter für → H. Teubig, ab 1979
3./1. Trompeter an der neu eingerichteten 8. Stelle

Er besuchte acht Jahre die Volksschule, war dann von 1935 bis 1939 Lehrling bei Musikdirektor Bruno Köhler an der Musikschule in Frohburg und nahm während dieser Zeit auch Unterricht bei Kammermusiker Paul Möbus in Altenburg. Von April 1939 bis September 1939 zum Reichsarbeitsdienst verpflichtet, war er dann bis 1945 als Soldat beim Musikkorps des Wachregimentes Berlin. Am 13. Juli 1945 wurde er in Neinstedt aus sowjetischer Kriegsgefangenschaft entlassen. Von August 1945 bis August 1946 war er als Musiker in Leipzig und studierte von September 1946 bis Juli 1947 bei → H. Teubig an der wieder eröffneten Leipziger Hochschule für Musik.
QUELLEN: Archiv HMT: Kon Nr. 18935; GewandhausA.

1948

|765 **Steiner, Richard**
Viola
* 18. Oktober 1897 in Großgarnstadt bei Coburg,
† August 1982
Mitglied vom 1. Januar 1948 bis 31. Juli 1949
Bratscher

Er war in Gera Solo-Bratscher bei der Reußischen Kapelle und bewarb sich bereits 1929 von dort aus um eine Tuttistelle. ◆ Nach seinem Leipziger Engagement ging er zur Deutschen Oper nach Berlin (West).
Mitglied des Gewandhaus-Quartetts.
QUELLEN: StadtAL: Kap. 32, Nr. 7, Beiheft 3.

[8] Heute Cheb (Tschechien).

|766 **Sannemüller, Horst**
Violine
* 25. März 1918 in Heiligenstadt/Eichsfeld,
† 12. September 2001 in Hannover ◆ Vater von
→ M. Sannemüller
Mitglied vom 1. Januar 1948 bis 31. August 1984
Konzertmeister[9]

Aufgewachsen in Stralsund, besuchte er dort die Volksschule und bis 1936 das Gymnasium. Er studierte dann bis 1937 an der Berliner Hochschule u. a. bei Max Strub. Ab Oktober 1937 zum Reichsarbeitsdienst verpflichtet, leistete er anschließend seinen Wehrdienst und nahm während dieser Zeit Unterricht bei Wilhelm Stross in München. Als Soldat von 1940 bis 1944 in Paris stationiert, nutzte er die Gelegenheit zum Unterricht bei Jacques Thibaud und Gabriel Bouillon. Bis August 1946 war er in britischer Kriegsgefangenschaft in Belgien. Anschließend lebte er bis Dezember 1947 in Flensburg.
Mitglied des Gewandhaus-Quartetts vom 1. Oktober 1950 bis August 1955 ◆ Vorsitzender der BGL von 1982 bis 1984 ◆ Lehrer an den Hochschulen für Musik in Weimar (1958–1980) und Leipzig (1966–1988) ◆ Lehrer von → U. Hannewald, → M. Neumann und → W. Schefczyk.
QUELLEN: GewandhausA.

|767 **Krake, Günter**
Schlagzeug
* 8. Juni 1927 in Düben/Mulde,
† 26. Dezember 1971 in Leipzig
Mitglied vom 1. Januar 1948 bis zu seinem Tod
Schlagzeuger

Der Sohn des Engelsdorfer Gastwirtes Alfred Krake war Schüler der Städtischen Musikschule für Jugend und Volk in Leipzig, hatte anderthalb Jahre Hornunterricht bei → W. Krüger und studierte vom 20. Februar 1946 bis 28. Februar 1948 bei → A. Seifert an der Leipziger Hochschule für Musik.
QUELLEN: Archiv HMT: Kon Nr. 18755; GewandhausA.

|768 **Kühne, Volkmar**
Schlagzeug
* 13. Juli 1908 in Gautzsch bei Markkleeberg,
† 30. Dezember 1987 in Leipzig
Mitglied vom 26. April 1948 bis 31. Juli 1973
Schlagzeuger

Aufgewachsen in Leipzig, besuchte er die Seminarschule und die Gewerbeschule. Auf dem Schlagzeug hatte er sich »manches selbst angelernt« (Kon) und war dann Schüler von → A. Seifert am Leipziger Konservatorium vom 10. November 1928 bis 1932. ◆ Er bewarb sich bereits 1938. In den Probespielunterlagen findet sich der Eintrag: »30 Jahre alt. Leipziger Philharmonisches Orchester bis 1935 – Leipziger Kammerorchester 1. Pauker und Schlagzeuger – Aushilfen im Gewandhaus, Theater und Rundfunk – z. Zt. Kurorchester Zoppot.« Von 1938 bis 1939 war er Pauker am Stadttheater Greifswald und dann beim Landestheater Neustrelitz. Am 1. Mai 1941 zur Wehrmacht eingezogen, wurde er am 1. August 1945 aus amerikanischer Kriegsgefan-

[9] Als dritter 1. Konzertmeister engagiert; diese Position wurde im Mai 1948 umgewandelt in die Stelle eines ersten 2. Konzertmeisters, seit Oktober 1972 ist dies die Stelle eines Stellvertretenden 1. Konzertmeisters.

genschaft entlassen. Ab 1. November 1945 war er Pauker beim Bayreuther Symphonie-Orchester.
QUELLEN: Archiv HMT: Kon Nr. 16098; GewandhausA; StadtAL: Kap. 32, Nr. 7, Beiheft 15.

1949

|769 **Penzel, Erich** Prof.
Horn
* 5. August 1930 in Leipzig
Mitglied vom 1. Januar 1949 bis März 1961, bereits ab 1948 Aushilfe
Solo-Hornist für → O. Stößer

Von 1942 bis 1945 war er Schüler von → W. Krüger am Musischen Gymnasium Leipzig, das 1944 nach Nossen verlegt wurde. Die Schulzeit beendete er an der Leibniz-Schule in Leipzig, anschließend studierte er bei → A. Frehse an der wieder eröffneten Hochschule für Musik von 1946 bis 1949, ab 1948 war er als Aushilfe am 2. Horn beschäftigt. ◆ Nach seinem Leipziger Engagement war er bis 1973 Solo-Hornist beim Sinfonieorchester des WDR in Köln, gleichzeitig von 1965 bis 1972 Lehrer an der Hochschule in Detmold. Ab 1973 hatte er eine Professur an der Hochschule für Musik in Köln.
Mitglied des Gewandhaus-Bläserquintetts bis 1961 für → W. Krüger ◆ Lehrer an der Leipziger Hochschule für Musik von 1955 bis 1961 ◆ Lehrer von → H. Märker, → J. Merkert und → J. Wessely.
QUELLEN: Selbstauskunft.

|770 **Becker, Herbert**
Violine
* 18. September 1918 in Erfurt, † ca. 1989
Mitglied vom 1. August 1949 bis 31. Januar 1951
Koordinierter 1. Konzertmeister neben → K. Stiehler, der nicht mehr fest angestellt war

Er besuchte die Volksschule und später die Oberrealschule in Erfurt. Siebenjährig erhielt er ersten Geigenunterricht, später war er Schüler von → W. Hansmann am Thüringischen Landeskonservatorium in Erfurt vom 1. September 1930 bis 7. April 1941. Am 1. September 1941 wurde er Konzertmeister der Staatskapelle Weimar. Er löste diesen Vertrag zum 1. April 1944, »um sich der Solistenlaufbahn vollauf widmen zu können«. Er war Soldat vom 13. November 1939 bis 15. April 1941 und vom 26. August 1944 bis 28. April 1945. ◆ Nach seinem Leipziger Engagement war er von 1951 bis 1972 1. Konzertmeister beim Bayerischen Staatsorchester in München.
QUELLEN: GewandhausA:. BGL-Akten 1951; StadtAL: Kap. 10, Personalakte.

771. **Michel, Gerhard**
Violine
* 25. August 1920 in Halle/S.,
† 4. Oktober 2004 in Leipzig
Mitglied vom 1. August 1949 bis 31. August 1985
1. Geiger

Von 1927 bis 1931 besuchte er die Volksschule, dann bis zum Abitur 1939 das Reformrealgymnasium. Vom 1. April bis 4. Dezember 1939 zum Reichsarbeitsdienst verpflichtet, studierte er anschließend ein Semester an der Hallenser Universität Musikwissenschaft. Im März 1940 wurde er zur Wehrmacht eingezogen und war bis April 1945 in Halle stationiert. Während dieser Zeit war er als Aushilfe am Landestheater Halle tätig. Er ging dann nach Berlin, geriet dort in Gefangenschaft und wurde am 30. April 48 in Frankfurt/O. aus sowjetischer Kriegsgefangenschaft entlassen. Von Oktober 1948 bis August 1949 studierte er bei → E. Wollgandt in Halle/S. an der neu gegründeten staatlichen Hochschule für Musik.
QUELLEN: GewandhausA.

|772 **Tietze, Walter**
Violine
* 5. März 1903 in Bromberg[10],
† 6. Juni 1953 in Berlin
Mitglied vom 1. September 1949 bis 31. Januar 1951
Koordinierter 1. Konzertmeister für → M. Kalki

Nach der Grundschule in Dirschau[11] bei Danzig, besuchte er ab 1912 das Realgymnasium in Zoppot und von 1916 bis zur Mittleren Reife das Realgymnasium in Berlin-Lichtenberg. Von 1920 bis 1922 war er Schüler von Hans Bassermann am Klindworth-Scharwenka-Konservatorium. Aus Geldmangel war er dann bis 1929 Geiger in verschiedenen Filmtheatern und nahm Privatunterricht bei Issay Barmas[12]. Von 1929 bis zu seiner Einberufung zur Wehrmacht 1944 war er erst 2., später 1. Konzertmeister in Rostock. Im März 1946 wurde er 1. Konzertmeister beim Staatstheater Schwerin. ◆ Nach seinem Leipziger Engagement war er 1. Konzertmeister beim Orchester der Komischen Oper Berlin. ◆ Sein Sohn Peter Tietze war später auch Konzertmeister an der Komischen Oper.
QUELLEN: StadtAL: Kap. 10, Personalakte; Auskunft von Peter Tietze, Berlin.

|773 **Bauer, Alwin**
Violoncello
* 4. August 1922 in Kirchsteitz,
† 2001 in Köln
Mitglied vom 1. August 1949 bis 27. Dezember 1957
Koordinierter 1. Solo-Cellist für → Eichhorn

Er besuchte die Volksschule in Kirchsteitz und kam im April 1937 zur Musikschule Rudolf Görlach in Halle/S., wo er zunächst Violin- und Trompetenunterricht erhielt, ein Jahr später Cellounterricht. Gleichzeitig nahm er noch Privatstunden bei Christian Klug[13] und spielte bereits im letzten Lehrjahr die städtischen Sinfoniekonzerte mit. Nach dem Ende seiner Lehrzeit im April 1941 war er für sieben Wochen zum Reichsarbeitsdienst verpflichtet und wurde anschließend zur Wehrmacht eingezogen. Nach dem Ende des Krieges setzte er seine Studien bei Christian Klug fort und hatte ab 1. August 1946 ein Engagement beim Rundfunk-Sinfonieorchester Leipzig, zunächst als Tuttist, ab 1947 als Solo-Cellist. ◆ Nach seinem Leipziger Engagement war er Solo-Cellist beim Orchester des WDR in Köln und übernahm eine Professur an der dortigen Hochschule für Musik.
Mitglied des Gewandhaus-Quartetts von 1949 bis 1957.
QUELLEN: StadtAL: Kap. 10, Personalakte.

---

10 Heute Bydgoszcz (Polen).
11 Heute Tczew (Polen).
12 Schüler von → J. Joachim.
13 Schüler von → J. Klengel.

|774 **Ockert, Erich**
Schlagzeug, Pauke
* 23. Juni 1910 in Dresden,
† 2. August 1993 in Wendlingen bei Stuttgart
Mitglied vom 1. August 1949 bis 31. Juli 1975,
noch bis 1980 Aushilfe
Pauker/Schlagzeuger, ab 1960 Pauker an der neu eingerichteten 7. Stelle

Er besuchte die 10. Bürgerschule und danach bis Ostern 1927 die Oberrealschule in Dresden. Anschließend war er bis April 1931 Schüler von Heinrich Knauer an der Orchesterschule der Sächsischen Staatskapelle in Dresden. Während dieser Zeit war er von November 1927 bis 1929 beim Dresdner Zoo-Orchester und von 1930 bis 1931 Volontär bei der Staatskapelle. Vom 1. Mai bis Ende September 1931 hatte er ein Engagement bei der Dresdner Philharmonie für die Kurkonzerte in Bad Pyrmont. Vom 1. Oktober 1931 bis 31. August 1935 war er 1. Pauker im Philharmonischen Orchester Stuttgart, anschließend bei der Sächsischen Staatskapelle, bis er am 27. November 1944 zur Wehrmacht eingezogen wurde. Am 10. November 1945 aus sowjetischer Kriegsgefangenschaft entlassen, wurde er im Zuge der Entnazifizierung nicht wieder eingestellt. Er war dann freischaffend als Xylophonsolist und Schlagzeuger bei dem Dresdner Tanzstudio Dore Hoyer. Ab 1. Dezember 1947 war er bei der Dresdner Volksoper, ab 1. April 1949 Pauker beim Leipziger Rundfunkorchester. ♦ Er bewarb sich bereits 1932 um die freie Schlagzeugstelle, die dann → J. Hüchelheim erhielt. Lehrer an der Leipziger Hochschule für Musik für → A. Seifert ♦ Lehrer von → P. Bollmann und → G. Hundt.
LITERATUR: A. Schreiber: Von der Churfürstlichen Cantorey zur Sächsischen Staatskapelle Dresden. QUELLEN: GewandhausA.

|775 **Johns, Gerhard**
Fagott
* 10. Mai 1913 in Stendal, † 7. Mai 1987 in Leipzig
Mitglied vom 1. September 1949 bis 31. Juli 1978
Kontra- /2. Fagottist

Er war Schüler der städtischen Knaben-Mittelschule in Stendal bis zur mittleren Reife und studierte dann von April 1929 bis April 1933 am Stern'schen Konservatorium in Berlin bei Reinhard Köhler, nach dessen Tod bei Herbert Wonneberger. Während dieser Zeit war er Aushilfe beim Altmärkischen Landestheater Stendal und beim Stadttheater Frankfurt/O. Es folgte ein Engagement beim Städtischen Orchester Aue/Kurorchester Radiumbad Oberschlehna. Ab 1935 leistete er seinen Wehrdienst in Meiningen, später kam er zum Stabsmusikkorps der Luftwaffe nach Dresden. Während dieser Zeit nahm er Unterricht bei Hans Wappler von der Staatskapelle und war Aushilfe bei der Dresdner Philharmonie, dem Mozartverein, dem Theater des Volkes und der Staatsoper. Er bestand Probespiele in Gera und Hannover, seine Entlassung aus der Wehrmacht wurde jedoch abgelehnt. Nachdem er am 19. Januar 1946 aus britischer Kriegsgefangenschaft entlassen wurde, hatte er ein Engagement beim Städtischen Orchester Zwickau und war dann ab 16. Juni 1946 beim Städtischen Orchester Chemnitz.
QUELLEN: GewandhausA.

|776 **Pupke, Heinz**
Fagott
* 29. März 1916 in Dresden,
† 27. August 1985
Mitglied vom 1. September 1949 bis 30. März 1981
2. Fagottist für → K. Steinbrecher,
bis 1955 vertretungsweise auch 1. Fagottist,
ab 1. August 1978 Kontra- /2. Fagottist für → G. Johns

Er besuchte acht Jahre die Volksschule in Hellerau bei Dresden und war anschließend von April 1930 bis 15. Januar 1935 Schüler von Hermann Götze an der Orchesterschule der Sächsischen Staatskapelle Dresden. Es folgte ein Engagement als Solo-Fagottist am Stadttheater Stettin. Vom 4. April bis 26. Oktober 1938 war er zum Reichsarbeitsdienst verpflichtet, anschließend wurde er zur Wehrmacht eingezogen. Bis 1942 war er beim Stabsmusikkorps der Luftwaffe in Dresden, wurde am 6. Juli 1944 in Weißrußland gefangengenommen und am 21. März 1949 in Frankfurt/O. aus sowjetischer Kriegsgefangenschaft entlassen.
QUELLEN: GewandhausA.

|777 **Haucke, Gerhard**
Horn
* 7. Juni 1919 in Leipzig,
† 8. Dezember 2001 in Hamburg
Mitglied vom 1. Oktober 1949 bis 25. Dezember 1957
2. Hornist

Von 1925 bis 1933 besuchte er die Volksschule, anschließend bis 1937 die Orchesterschule von Musikdirektor Max Reichardt in Kölleda, wo er Hornunterricht nahm bei Kammermusiker Haake aus Weimar. Von April 1938 bis September 1938 war er aushilfsweise beim Sender Leipzig. Dann war er für ein Jahr beim Reichsarbeitsdienst und wurde anschließend zur Wehrmacht eingezogen. Am 16. April 1945 gefangengenommen, wurde er am 27. Juni 1945 in Andernach aus amerikanischer Kriegsgefangenschaft entlassen. Für kurze Zeit war er dann in Dessau beim Anhaltischen Landestheater, später beim Leipziger Operettentheater. Ab August 1946 hatte er ein Engagement beim Rundfunk-Sinfonieorchester Leipzig, gleichzeitig nahm er Unterricht bei → W. Krüger. ♦ Um eine Stelle in Hamburg antreten zu können, kündigte er seinen Vertrag und bat um die Genehmigung zur Ausreise aus der DDR. Seine Kündigung wurde zwar von Gewandhauskapellmeister → Fr. Konwitschny angenommen, nicht aber von der Stadt Leipzig, die sein Dienstversäumnis am 25. Dezember als »Republikflucht« wertete. Bis 1984 war er Mitglied des Philharmonischen Staatsorchesters Hamburg.
QUELLEN: StadtAL: Kap. 10, Personalakte.

|778 **Graefe, Elfriede**
Harfe
* 24. Mai 1923 in Leipzig ♦ Schwester von → A. Graefe
Mitglied vom 1. Oktober 1949 bis 1. August 1979
Harfenistin für → Fr. Scharff

Fünfjährig erhielt sie ersten Klavierunterricht bei ihrem Vater Paul Graefe, neunjährig dann bei ihrem Bruder Arthur. Nach der mittleren Reife 1940 erhielt sie ersten Harfenunterricht bei Fr. Scharff, studierte bei diesem an der Leipziger Hochschule für Musik bis 1944 und nahm während dieser Zeit noch Unterricht bei Margot Klesch in Altenburg. Sie setzte das Studium von 1946 bis 1947 fort und war während dieser Zeit bereits als Aus-

hilfe am Operettentheater und an der Oper beschäftigt. Ab 1. Februar 1947 hatte sie ein Engagement beim Sender Leipzig.
QUELLEN: GewandhausA; Selbstauskunft.

|779 **Terf, Joachim**
Violine
* 23. November 1922 in Hoyerswerda,
† 2002 in Leipzig
Mitglied vom 10. Oktober 1949 bis 31. Juli 1975,
noch bis 31. Juli 1977 Aushilfe
2. Geiger

Ersten musikalischen Unterricht hatte er bei seinem Vater Willy Terf, der in Hoyerswerda Musiklehrer und Tanzmusiker war. Ab 1939 besuchte er das Konservatorium in Dresden, wurde 1941 zur Wehrmacht eingezogen und 1943 bei der Schlacht am Kursker Bogen verwundet. Nach dem Aufenthalt in verschiedenen Lazaretten hielt er sich dann zur Genesung in Jena auf, wo seine Familie inzwischen lebte. Vom Frühjahr bis Sommer 1945 war er in amerikanischer Kriegsgefangenschaft in Bad Kreuznach, setzte das Studium in Dresden fort bis 1948, lebte dann in Jena und nahm von dort aus Unterricht bei → W. Hansmann in Erfurt.
QUELLEN: Auskunft von Thomas Terf, Markranstädt.

|780 **Müller, Friedrich**
Violine
* 29. Dezember 1892
Mitglied vom 16. Oktober 1949 bis ca. 1956
2. Geiger

QUELLEN: GewandhausA.

|781 **Muck, Erich**
Violine
* 11. Mai 1906 in Dresden,
† 16. November 1984 in Leipzig
Mitglied vom 1. November 1949 bis 1. April 1971
1. Geiger

Von April 1922 bis März 1924 hatte er Unterricht bei Kurt Liersch, einem Mitglied der Sächsischen Staatskapelle. Anschließend war er bis 31. März 1930 Schüler von Konzertmeister Jan Dahmen an der Orchesterschule der Sächsischen Staatskapelle, danach bis September 1934 volontierender 1. Geiger an der Staatskapelle. Vom 17. September 1934 bis 31. Dezember 1936 war er beim Oberschlesischen Landestheater Beuthen, vom 1. Januar 1937 bis 1945 Mitglied der Sächsischen Staatskapelle. Am 10. Juli 1942 zur Wehrmacht eingezogen, wurde er 1945 an der Ostfront verwundet und kam ins Lazarett in Kopenhagen. Im September 1945 wurde er in Hamburg aus britischer Kriegsgefangenschaft entlassen. Er war vom 16. Oktober 1945 bis 1946 beim Philharmonischen Staatsorchester Hamburg, vom 1. August 1946 bis 31. Juli 1947 als Konzertmeister beim Städtischen Orchester Kiel und dann beim Sender Leipzig.
LITERATUR: A. Schreiber: Von der Churfürstlichen Cantorey zur Sächsischen Staatskapelle Dresden. QUELLEN: GewandhausA.

|782 **Ring, Heinz**
Violine
* 15. Oktober 1910 in Jena,
† 7. Dezember 1987 in Leipzig
Mitglied vom 1. Dezember 1949 bis 1976
2. Geiger, später 1. Geiger

Er besuchte in Jena die Volksschule und hatte während dieser Zeit Geigenunterricht u. a. bei Nora Klengel[14]. Von 1925 bis 1928 war er Schüler von Kammermusiker Ludwig und Prof. Müller-Crailsheim an der Staatlichen Musikschule in Weimar. Anschließend war er Ensemblemusiker in Kinos, Cafés und Bädern, von 1931 bis 1933 arbeitslos. Ab 1934 hatte er ein Engagement als 1. Geiger beim Städtischen Sinfonieorchester Jena und nahm von 1937 bis 1939 Privatunterricht bei Müller-Crailsheim. 1940 zur Wehrmacht einberufen, wurde er im Juli 1946 aus der Kriegsgefangenschaft entlassen. Anschließend war er wieder in Jena, ab 1948 als 2. Konzertmeister, und nahm gleichzeitig Unterricht bei → W. Hansmann in Erfurt. ◆ Nach seinem Ausscheiden war er noch bis 30. April 1981 als Orchesterinspektor tätig. Verwalter der Orchesterkasse vom 1. Februar 1959 bis April 1965.
WERKE: Orchesterstudien. QUELLEN: GewandhausA.

|783 **Spindler, Fritz**
Viola
* 13. September 1902 in Rudolstadt,
† Dezember 1984 in Jena
Mitglied vom 21. Dezember 1949 bis 31. Juli 1967
Bratscher

Nach dem Gymnasium besuchte er zunächst das Lehrerseminar. Von 1925 bis 1928 war er Schüler von → F. Berber an der Akademie der Tonkunst in München und studierte an der Münchner Universität Geographie. Als Referendar machte er dann die Assessorprüfung für das Musiklehramt an höheren Schulen und war ab 1928 Musiklehrer und Studienrat an der Oberschule für Mädchen in Jena. Von 1942 bis 1944 war er Soldat bei der Marine. Nach dem Krieg hatte er bis 1949 ein Engagement als Bratscher beim Stadttheater Jena, zuletzt als Solo-Bratscher. In dieser Zeit nahm er Unterricht bei → W. Hansmann in Erfurt.
WERKE: Orchesterstudien. QUELLEN: GewandhausA.

1950

|784 **Jacob, Helmut**
Violine
* 10. Juni 1928 in Brunndöbra bei Klingenthal
Mitglied vom 1. Januar 1950 bis 20. Februar 1961,
bereits ab 1. August 1949 Aushilfe
2. Geiger, ab 1958 Stimmführer (Vorspieler) der 2. Violinen

Von 1934 bis 1942 besuchte er die Volksschule in Brunndöbra und erhielt achtjährig ersten Akkordeonunterricht, zehnjährig ersten Geigenunterricht bei Herrn Oelhorn an der Musikschule in Klingenthal. Er war dann Schüler von → K. Strelewitz an der Orchesterschule der Sächsischen Staats-

---
14 Tochter von → J. Klengel.

kapelle von 1942 bis zur Zerstörung Dresdens am 13. Februar 1945. Er studierte von Februar 1946 bis 1949 bei → G. Manko an der Leipziger Hochschule für Musik. ♦ Er verließ die DDR während seiner Mitgliedschaft im Orchester, hauptsächlich wegen der mangelhaften medizinischen Versorgung seiner Diabetes-Erkrankung. Von September 1961 bis zu seiner Pensionierung war er beim Orchester der Beethovenhalle in Bonn.

QUELLEN: Selbstauskunft.

|785 Krüger-Lindhorst, Ernst
Viola
* 30. Mai 1902
Mitglied vom 1. Februar 1950 bis 31. Juli 1967
Bratscher

QUELLEN: GewandhausA.

|786 Moßner, Wolfgang
Violine
* 28. Dezember 1925 in Leipzig
Mitglied vom 1. September 1950 bis 31. Dezember 1963, bereits ab 15. April 1950 Aushilfe
1. Geiger

Nach seinem Leipziger Engagement ging er nach Berlin.

QUELLEN: GewandhausA.

|787 Kiebeler, Siegfried
Klarinette
* 30. April 1921 in Torgau,
† 13. Juni 1994 in Stadt Oldendorf
Mitglied vom 1. September 1950 bis 31. Juli 1980, bereits ab 1. Februar 1950 Aushilfe
2. Klarinettist, ab 16. Februar 1951 1. Klarinettist für → R. Bartl, ab 1970 auch 2. Klarinettist, ab 1977 1./2. Klarinettist an der neu eingerichteten 8. Stelle

Nach dem Besuch der Volksschule in Leipzig war er vom Sommersemester 1935 bis Sommersemester 1938 Schüler von → W. Schreinicke am Leipziger Konservatorium. Von April bis November 1939 zum Reichsarbeitsdienst verpflichtet, war er anschließend beim Landesorchester Gau Württemberg Hohenzollern. Dort wurde er am 4. Februar 1941 zur Flakersatzabteilung nach Ludwigsburg bei Stuttgart eingezogen. Vom 8. Mai 1945 bis 20. November 1949 war er in sowjetischer Kriegsgefangenschaft.
Mitglied des Gewandhaus-Bläserquintetts von 1961 bis 1963.

QUELLEN: GewandhausA.

|788 Hillmann, Erich
Violoncello
* 6. Mai 1925 in Pressel/Dübener Heide
Mitglied vom 15. September 1950 bis 26. April 1961
Cellist

Er besuchte von 1931 bis 1939 die Volksschule in Pressel, war danach Schüler der Musikschule in Dommitzsch bis zu deren Schließung im Februar 1941 und hatte von dort aus Unterricht bei → Fr. Schertel in Leipzig. Anschließend studierte er an der Leipziger Hochschule für Musik, bis er am 2. August 1942 zum Reichsarbeitsdienst verpflichtet wurde. 1943 zur Wehrmacht eingezogen, geriet er zunächst in amerikanische, dann in französische Gefangenschaft und arbeitete in dieser Zeit im Steinkohlenbergbau von St. Etienne. Am 28. März 1948 wurde er in Ulm aus der Kriegsgefangenschaft entlassen und studierte dann ein Semester an der Hochschule für Musik in Heidelberg. Vom 1. August 1948 bis 1. September 1950 war er beim Kurorchester Bad Düben und nahm Privatunterricht bei → W. Rebhan. ♦ Nach seinem Leipziger Engagement war er bis 1987 beim Gürzenichorchester in Köln.

QUELLEN: Archiv HMT: Kon Nr. 18177; Selbstauskunft.

|789 Meyer, Walter
Kontrabass, Tuba
* 1. November 1909 in Volkstedt bei Eisleben,
† 5. Dezember 1977 in Leipzig
Mitglied vom 1. Oktober 1950 bis 31. Juli 1975
Kontrabassist, vom 1. Oktober 1956 bis 1. August 1959 auch Tubist

Nach dem Besuch der Volksschule in Volkstedt, war er von 1924 bis 1927 an der Fortbildungsschule in Halle/S. und hatte von 1925 bis 1928 Kontrabass- und Tubaunterricht bei Kammermusiker Otto Heinzmann. Im Sommer 1928 war er als Kurmusiker in Bad Flinsberg[15], von 1928 bis 1929 beim Stadtorchester Hof/S. und von 1929 bis 1932 beim Stadttheater Görlitz. Von dort aus nahm er Unterricht bei → A. Starke in Dresden. Ab 7. Mai 1932 war er beim Friedrich-Theater in Dessau und vom 10. August 1933 bis 31. Mai 1942 Solo-Kontrabassist beim Reichsrundfunkorchester Königsberg. Am 25. November 1943 zur Wehrmacht eingezogen, war er zunächst in Weißenfels, dann bis zu seiner Gefangennahme am 10. April 1945 bei einem Musikkorps in Mainz. Am 7. April 1946 wurde er in Tuttlingen aus französischer Kriegsgefangenschaft entlassen. Ab 1. August 1948 war er beim Rundfunk-Sinfonieorchester Leipzig.

QUELLEN: GewandhausA.

|790 Zhorel, Friedrich
Violine
* 25. April 1915 in Schönlinde[16]/Kreis Rumburg,
† 30. März 2001 in Leipzig
Mitglied vom 16. Oktober 1950 bis 31. März 1977
2. Geiger, ab 1966 1. Geiger

Er besuchte von 1921 bis 1930 die Volksschule und Bürgerschule in Woken[17] bei Hirschberg. Ab 1931 war er Schüler am Prager Konservatorium, das er 1937 mit dem Absolutorium abschloß. Anschließend war er bis 1941 Schüler der Meisterklasse von W. Schweyda am Deutschen Hochschulinstitut für Musik und darstellende Kunst. 1939 zur Wehrmacht eingezogen, erhielt er 1940 Studienurlaub, um seinen Abschluß zu machen. Während dieser Zeit war er als Aushilfe beim Prager Rundfunkorchester als Bratscher tätig. Von Ende Juli 1945 bis Januar 1946 hielt er sich in Sebnitz auf und war ab 15. Februar 1946 Geiger beim Städtischen Orchester Erfurt.

QUELLEN: GewandhausA.

---

15 Heute Swieradow Zdroj (Polen).
16 Heute Krásná Lípa bei Rumburk (Tschechien).
17 Heute Okna (Tschechien).

|791 **Zettl, Eduard**
Violine
* 22. Dezember 1923 in Hochofen[18] bei Karlsbad
Mitglied vom 16. November 1950 bis 31. Juli 1989
2. Geiger, ab 1958 1. Geiger, ab 1. Mai 1962 Vorspieler (Konzertmeister) der 2. Violinen an der neu eingerichteten 5. Stelle

Aufgewachsen in Schobrowitz bei Karlsbad[19], besuchte er von 1930 bis 1938 die Schule in Dallwitz[20]. Während dieser Zeit nahm er Geigenunterricht bei seinem Onkel, dem Konzertmeister Josef Zettl. Anschließend war er bis 1941 Schüler der Orchesterschule Fritz Blohm in Naunhof, wo er Unterricht bei → G. Lange hatte. Nach dem Reichsarbeitsdienst wurde er zur Wehrmacht eingezogen, 1944 in Finnland gefangengenommen und am 24. August 1947 in Frankfurt/O. aus sowjetischer Kriegsgefangenschaft nach Schwarzenbach a. Wald entlassen. Nach einigen Wochen beim Operettentheater in Bayreuth hatte er von 1948 bis 1950 ein Engagement beim Sinfonieorchester der Stadt Hof/S.
QUELLEN: GewandhausA.

|792 **Höh, Arthur von der**
Viola
* 20. Februar 1906 in Bochum, † Dezember 1985
Mitglied von 1950 bis 1951
Bratscher

Er studierte von 1920 bis 1924 an der Staatlichen Musikhochschule in Weimar. Von 1934 bis 30. September 1950 war er Bratscher und Geiger bei der Staatskapelle Weimar, hatte von 1941 bis 1944 einen Lehrauftrag an der Staatlichen Hochschule für Musik in Weimar und war dort ab 1. April 1949 hauptamtliche Lehrkraft für Viola. Von Weimar aus bewarb er sich schon 1929 um eine Tuttibratschenstelle und 1935 um die 3. Konzertmeisterstelle. In den Probespielunterlagen von 1935 heißt es: »I. Geiger, Bratscher in Weimar Staatskapelle, Schüler von Prof. Müller-Crailsheim Weimar.« ◆ Von 1951 bis 1971 war er beim Orchester der Deutschen Oper Berlin (West). Lehrer von → H. Hannewald.
QUELLEN: Archiv der Hochschule f. Musik Weimar; StadtAL: Kap. 32, Nr. 7, Beiheft 2 / Bd. 2 ◊ Kap. 32, Nr. 7, Beiheft 3.

|793 **Eschler, Paul**
Viola
Mitglied von 1950 bis 1952
Solo-Bratscher

Im Stadtarchiv Leipzig enthält das Findbuch zu den Personalakten lediglich den Hinweis: »Akte am 10.12.54 an Rat der Stadt Rostock laut Mitteilung der Abteilung Kader (Zentrale) abgegeben.«
QUELLEN: StadtAL: Kap. 10.

---

[18] Heute Vysoká Pec (Tschechien).
[19] Heute Všeborovice (Tschechien).
[20] Heute Dalovice (Tschechien).

1951

|794 **Hunger, Fritz**
Oboe
* 12. Mai 1914 in Chemnitz,
† 1. Januar 2005 in Leipzig
Mitglied vom 1. Mai 1951 bis 31. Juli 1980
2. Oboist, ab 1. Januar 1959 auch Englischhornist an der neu eingerichteten 7. Stelle

Nach dem Besuch der Volksschule in Chemnitz, ging er 1928 zur Städtischen Musikschule in Oschatz, die er 1932 mit der Gehilfenprüfung abschloß und wo er im letzten Jahr Unterricht bei → W. Heinze hatte. Von Michaelis 1931 bis Ostern 1934 war er Schüler von → A. Gleißberg am Leipziger Konservatorium. Anschließend leistete er bis 1936 seinen Wehrdienst und war danach freischaffender Musiker in Dresden, Bad Schandau, Chemnitz, Bad Kreuznach und Trier. Am 1. Mai 1939 zur Wehrmacht eingezogen, wurde er am 8. Mai 1945 in Kurland gefangengenommen und am 22. Dezember 1949 in Frankfurt/O. aus sowjetischer Kriegsgefangenschaft entlassen. Nach kurzer Zeit in Chemnitz hatte er ab 1. Juni 1950 ein Engagement beim Blasorchester des Senders Leipzig.
Vorsitzender der BGL vom 14. November 1958 bis 18. Mai 1961.
QUELLEN: Archiv HMT: Kon Nr. 16788; Selbstauskunft.

|795 **Jacob, Karl**
Posaune
* 7. Mai 1929 in Kalkreuth bei Großenhain
Mitglied vom 1. Mai 1951 bis 31. Juli 1994
Solo-Posaunist für → A. Körnert, ab 1992 2. Posaunist

Von 1935 bis 1943 besuchte er die Grundschule in Großenhain, danach bis 1945 die Gau-Musik-Schule in Posen. Nach dem Ende des Krieges studierte er bis 1949 bei Konrad Bruns, später bei Alois Bambula an der Hochschule für Musik in Dresden. Vom 1. Oktober 1949 bis 31. Oktober 1950 war er beim Stadtorchester und Tanzorchester Riesa, dann beim Loh-Orchester Sondershausen. Um den fehlenden Hochschulabschluß zu erlangen, absolvierte er von 1961 und 1963 ein Abendstudium an der Leipziger Hochschule für Musik.
Lehrer an der Leipziger Hochschule für Musik von 1969 bis 1998 ◆ Lehrer von → R. Weiner.
QUELLEN: GewandhausA.

|796 **Haßbecker, Siegfried**
Schlagzeug, Pauke
* 27. Oktober 1930 in Leipzig
Mitglied vom 1. Mai 1951 bis 31. Oktober 1995,
noch bis 31. Juli 1996 Aushilfe
Schlagzeuger, ab 1. August 1960 Stellvertretender Solo-Pauker

Er besuchte ab 1937 die Volksschule, dann bis 1947 die Mittelschule in Leipzig. Zehnjährig erhielt er ersten Klavierunterricht und war später ein Jahr Schlagzeugschüler an der Musikschule. Er studierte von 1948 bis 1951 bei → A. Seifert an der Leipziger Hochschule für Musik und wirkte während dieser Zeit bereits als Aushilfe mit.
QUELLEN: GewandhausA; Selbstauskunft.

|797 **Ochs, Renate**
Oboe
* 11. September 1928 in Eisleben
Mitglied vom 1. August 1951 bis ca. 1953
2. Oboistin an der neu eingerichteten 6. Stelle

Sie war die erste Frau im Orchester, die nicht Harfe spielte. ◆ Nach ihrem Engagement im Gewandhausorchester war sie zunächst in Gotha beim Staatlichen Sinfonieorchester Thüringen, später beim Rundfunk-Unterhaltungsorchester Leipzig und dann beim Großen Rundfunkorchester Leipzig.
LITERATUR: Gewandhaus-Magazin Nr. 4, 1994.

|798 **Höfer, Heinz**
Klarinette
* 30. Januar 1921 in Gera, † 13. Juli 2006
Mitglied vom 1. August 1951 bis 31. Juli 1986,
bereits ab 1. Oktober 1950 Aushilfe
Es- /2. Klarinettist; spielte auch hohe Saxophone

Nach dem Besuch der Volksschule war er von 1935 bis 1939 Schüler der Städtischen Orchesterschule Zschopau. Ab 1939 studierte er bei → W. Schreinicke an der Leipziger Hochschule für Musik und war während dieser Zeit bereits aushilfsweise tätig. 1941 zur Wehrmacht eingezogen, war er vom 8. Mai 1945 bis Juni 1949 in sowjetischer Kriegsgefangenschaft.
QUELLEN: GewandhausA.

|799 **Bachmann, Rolf**
Posaune
* 16. August 1925 in Großlehna
Mitglied vom 1. August 1951 bis 31. Juli 1990
Bass-Posaunist an der neu eingerichteten 6. Stelle

Aufgewachsen in Großlehna, besuchte er von 1932 bis 1940 die dortige Volksschule. Von 1940 bis zu seiner Einberufung zur Wehrmacht 1943 war er Schüler der Luftwaffenmusikschule in Sondershausen. Als Soldat verwundet, war er bei Kriegsende in einem Lazarett in Markranstädt und anschließend für kurze Zeit in amerikanischer Kriegsgefangenschaft in Naumburg. Später nahm er Privatunterricht bei → P. Heber und war freischaffender Tanz- und Unterhaltungsmusiker. Von 1947 bis 1949 hatte er ein Engagement beim Stadttheater Zeitz, dann bis 1951 bei den Städtischen Bühnen Erfurt.
QUELLEN: Selbstauskunft.

|800 **Hewers, Jürgen Hinrich**
Violine
* 17. März 1924 in Königsberg
Mitglied vom 15. August 1951 bis 31. Oktober 1952
Zweiter 1. Konzertmeister für → W. Tietze

Er hatte bis zum Studium Unterricht bei seinem Vater August Hewers, der in Königsberg Konzertmeister war. Ab 1940 studierte er in Berlin, zunächst bei Max Strub, später bei Gustav Havemann. Von April bis Herbst 1942 zur Wehrmacht eingezogen, aus gesundheitlichen Gründen wieder entlassen, wurde er später im Ostseebad Rauschen[21] zum Dienst eines Standesbeamten verpflichtet. Im September 1945 wurde er als Nachfolger von → H. Schachtebeck 1. Konzertmeister in Altenburg und war von 1946 bis 1948 Konzertmeister, Dirigent und Lehrer in Sondershausen. Anschließend war er 1. Konzertmeister beim Anhaltischen Landestheater in Dessau. ◆ Nach seinem Leipziger Engagement war er 1. Konzertmeister beim Berliner Sinfonie-Orchester, von 1957 bis 1960 beim Niedersächsischen Sinfonie-Orchester in Hannover, danach in Ulm und in Braunschweig. Von 1962 bis zu seiner Pensionierung war er 1. Konzertmeister des Orchesters in Flensburg.
Lehrer an der Leipziger Hochschule für Musik ◆ Lehrer von → Fr. Starke.
QUELLEN: Selbstauskunft.

|801 **Böhme, Helmut Alfred**
Flöte
* 13. November 1915 in Dresden, † 24. März 2003
Mitglied vom 1. September 1951 bis 1. August 1977,
bereits ab 1950 Aushilfe
Piccolo- /2. Flötist

Seine Mutter starb 1916, sein Vater fiel im Ersten Weltkrieg. Von 1922 bis 1930 besuchte er die Volksschule in Dresden-Briesnitz und erhielt während dieser Zeit Geigenunterricht. Er war vom 1. April 1930 bis August 1935 Schüler von → P. Scheffel an der Orchesterschule der Sächsischen Staatskapelle. Anschließend leistete er seinen Wehrdienst bis 1939, zeitweilig bei einem Musikkorps in Grimma. Ab 1939 absolvierte er ein Kapellmeisterstudium in Berlin-Charlottenburg und nahm dort Flötenunterricht bei Prof. Scheck. 1941 zur Wehrmacht einberufen, wurde er am 6. März 1946 in Münster/Westfalen aus britischer Kriegsgefangenschaft entlassen. Danach war er in Iserlohn Flötist und Geiger im Tanz- und Unterhaltungsorchester Joe Wick, von November 1946 bis Mai 1947 beim Sender Leipzig im Unterhaltungsorchester Erich Donnerhack. 1950 war er als Flötist und 2. Kapellmeister beim Orchester der Filmbühne »Capitol« engagiert und beim Orchester Gerd Natschinski. Ab 1950 nahm er Unterricht bei → E. List.
QUELLEN: Selbstauskunft.

|802 **Müller, Robert**
Violoncello
* 18. September 1909 in Hamburg, † 13. Oktober 1994
Mitglied vom 15. September 1951 bis 31. Dezember 1974,
bereits ab 3. Oktober 1949 Aushilfe
Cellist

Der Sohn eines Geigers besuchte die Oberrealschule bis zur Untersekundareife und studierte dann bei seinem Onkel Carl Müller an der Mannheimer Musikhochschule. Ab 1930 war er für sieben Jahre beim Hamburger Kammerorchester und nahm daneben Unterricht bei Jacob Sakom, nach 1933 bei Rudolf Metzmacher. Es folgten Engagements in Hamburg am Operettenhaus (1934-1936) und an der Staatsoper (1936–1938), beim Rhein-Main-Landesorchester in Frankfurt/M. (1938–1941), in Bad Soden und beim Landestheater Gotha (1941–1944). Am 6. September 1944 wurde er zur Wehrmacht eingezogen. Nach Ende des Krieges war er bis 1947 in Lübeck bei den Städtischen Bühnen und der Landesmusikschule Schleswig-Holstein. Ab 1. Januar 1948 hatte er ein Engagement als Solo-Cellist beim Kreis- und Stadttheater Arnstadt.
QUELLEN: GewandhausA.

---

21 Heute Swetlogorsk (Rußland).

|803 **Dinter, Eberhard**
Violine
* 5. April 1929 in Meißen, † 15. Juli 2009 in Sandhausen
Mitglied vom 1. November 1951 bis 31. Juli 1994
2. Geiger, ab 1960 Stimmführer der 2. Violinen;
spielte auch Mandoline

Von 1935 bis 1943 besuchte er in Meißen die Volksschule, erhielt zwölfjährig ersten Geigenunterricht und war von 1943 bis 1948 Schüler von Gerhard Wagner und Friedrich Both an der Städtischen Orchesterschule in Wilsdruff. Anschließend hatte er bis 1951 ein Engagement beim Orchester der Städtischen Bühnen Gera. In Leipzig nahm er noch Unterricht bei → G. Lange und → G. Manko.
QUELLEN: Selbstauskunft.

|804 **Quinque, Rolf**
Trompete
* 20. Juni 1927 in Brehna
Mitglied vom 13. November 1951 bis Sommer 1956
2. Trompeter

Er hatte zunächst Geigenunterricht, zwölfjährig dann ersten Trompetenunterricht. Er war Schüler der Musikschule in Dommitzsch und studierte von 1946 bis 1949 bei → H. Teubig an der Leipziger Hochschule für Musik. Nach einem Engagement in Erfurt kam er nach Leipzig. ◆ Von 1956 bis 1971 war er Solo-Trompeter bei den Münchner Philharmonikern und unterrichtete bis 1989 am Richard-Strauss-Konservatorium.
LITERATUR: F. Keim: Das Trompeter-Taschenbuch. QUELLEN: Archiv HMT: Kon Nr. 18894; GewandhausA.

1952

|805 **Fuchs, Kurt**
Viola
* 20. November 1910 in Brunndöbra bei Klingenthal,
† 20. Dezember 2000 in Leipzig
Mitglied vom 1. Januar 1952 bis 31. Juli 1976,
noch bis 1978 Aushilfe
Bratscher, ab 1. September 1954 Solo-Bratscher für
→ O. Gutschlicht

Er hatte ab 1919 Geigenunterricht bei Stadtmusikdirektor Uebel in Klingenthal und trat 1924 in dessen Orchester ein. Ab 1928 war er 1. Geiger in einem Ingolstädter Kino, dessen Kapelle sich nach der Einführung des Tonfilms auflöste. Von 1930 bis 1936 hatte er Saisonverträge beim Stadtorchester Klingenthal und beim Kurorchester Bad Elster. Gleichzeitig nahm er Unterricht bei Emil Langhof in Plauen. Ab 1936 hatte er ein Engagement beim Stadtorchester Plauen, zunächst als 1. Geiger, dann als 2. Konzertmeister. 1942 zur Wehrmacht eingezogen, geriet er 1944 in britische Kriegsgefangenschaft, aus der er 1948 entlassen wurde. Anschließend war er wieder beim Orchester in Plauen, zunächst zwei Jahre als Solo-Bratscher, später als 2. Konzertmeister.
Mitglied des Gewandhaus-Quartetts von 1952 bis 1954 ◆ Lehrer für Orchesterstudien und Viola an der Leipziger Hochschule für Musik von 1965 bis 1975.
QUELLEN: K. Fuchs: Meine Lebenserinnerungen, vervielfältigtes Typoskript bei Hella Munder, Leipzig.

|806 **Hannewald, Hermann**
Viola
* 6. April 1925 in Prag, † 11. November 1991 in Leipzig ◆
Vater von → U. Hannewald
Mitglied vom 1. Januar 1952 bis 13. August 1990
Bratscher, ab 1. September 1957 Solo-Bratscher;
spielte auch Viola d'amore

Nach der Schulzeit in Braunau[22], besuchte er von 1941 bis 1943 die Musikschule in Waldenburg[23]/Schlesien. Im Januar 1944 zur Wehrmacht eingezogen, war er von August 1944 bis Mai 1946 in amerikanischer Kriegsgefangenschaft in Fort Jackson/SC (USA). Von Oktober 1946 bis 1951 studierte er bei → A. v. d. Höh und → G. Bosse an der Hochschule für Musik in Weimar. Anschließend war er Solo-Bratscher in Jena.
QUELLEN: Auskunft von Udo Hannewald, Leipzig.

|807 **Teuner, Alexander**
Violoncello
* 30. August 1927 in Gießhübel[24]/Sudetenland
Mitglied vom 1. Mai 1952 bis Oktober 1958
Cellist, ab 1956 Solo-Cellist an der neu eingerichteten
5. Solostelle

Er verlebte seine Kindheit in Bad Reinerz[25] bei Glatz/Schlesien. Von 1941 bis 1944 war er Schüler bei der Stadtkapelle in Ohlau[26] bei Breslau und erhielt dort ersten Cellounterricht. 1944 zur Wehrmacht eingezogen, war er nach seiner Entlassung aus der Kriegsgefangenschaft von 1946 bis 1947 Solo-Cellist beim Kreiskulturorchester Wanzleben in Egeln. 1947 war er beim Sender Leipzig im Unterhaltungsorchester Erich Donnerhack und von 1951 bis 1952 in Meiningen. ◆ Er verließ die DDR während seiner Mitgliedschaft im Orchester, war zunächst ein halbes Jahr Solo-Cellist beim Westfälischen Sinfonieorchester in Lünen[27], ab 1959 in Bremen und von 1960 bis zu seiner Pensionierung 1989 beim Bayerischen Staatsorchester in München.
QUELLEN: Selbstauskunft.

|808 **Morawietz, Heinz**
Kontrabass
* 15. Mai 1927 in Cosel[28]/Schlesien
Mitglied vom 1. Mai 1952 bis 31. Juli 1993, bereits ab
1. Mai 1951 Aushilfe
Kontrabassist, ab 1. August 1957 Solo-Kontrabassist für
→ W. Kilian, vom 1. August 1966 bis 31. Dezember 1991
1. Solo-Kontrabassist

Er besuchte in Cosel die Volksschule von 1933 bis 1938 und dann die Oberschule bis 1944. Im September 1944 wurde er zum Reichsarbeitsdienst verpflichtet, im November 1944 zur Wehrmacht eingezogen und am 28. Mai 1945 aus amerikanischer Gefangenschaft nach Leipzig entlassen. Dort nahm er Unterricht bei → M. Schulz und → W. Kilian. Nachdem er ein Jahr in der Chemischen Fabrik Röbel & Fiedler gearbeitet hatte, wirkte er von

---

22 Heute Wronow (Polen).
23 Heute Walbrzych (Polen).
24 Heute Olešnice v Orlických Horách (Tschechien).
25 Heute Duszniki Zdroj (Polen).
26 Heute Oława (Polen).
27 Heute in Recklinghausen.
28 Heute Koźle (Polen).

1946 bis 1951 in den Tanz- und Unterhaltungskapellen Kurt Henkel, Kurt Riemer, Erich Quarte, Fred Schlossarek mit sowie bei »Die Brevers« und »Die Acori«.
Lehrer an der Hochschule für Musik ab 1963 ♦ Lehrer von → A. Rauch und → E. Spree.
QUELLEN: GewandhausA.

|809 Bartmann, Walter
Violine
* 17. November 1925 in Parschnitz bei Trautenau[29]/Sudetenland, † 23. April 1990 in Leipzig
Mitglied vom 1. August 1952 bis 28. Februar 1990, bereits ab 1. Oktober 1951 Aushilfe
2. Geiger, ab 1. August 1952 1. Geiger, ab 1973 Vorspieler

Er besuchte die Volksschule und ab 1936 die Oberrealschule in Trautenau[30]. Nach dem Notabitur 1943 wurde er zur Wehrmacht eingezogen. Nach dem Ende des Krieges war er zunächst Landarbeiter in Melkow bei Tangermünde, von 1946 bis 1947 Geiger in einer Tanzkapelle in Benneckenstein. Vom 24. März 1947 bis 7. Juli 1951 studierte er bei Dorothea Bochskanl an der Leipziger Hochschule für Musik.
QUELLEN: Kon Nr. 19061; GewandhausA.

|810 Bellmann, Günther
Viola
* 11. Juni 1917 in Löbau
Mitglied vom 1. August 1952 bis 8. August 1960
Bratscher

Er war ab Oktober 1935 Schüler von Georg Seifert[31] an der Orchesterschule der Sächsischen Staatskapelle in Dresden und während dieser Zeit Volontär bei der Staatskapelle. Im November 1939 zur Wehrmacht eingezogen, wurde er im Dezember 1949 aus sowjetischer Kriegsgefangenschaft entlassen. Von April 1950 bis 1952 hatte er ein Engagement bei der Staatskapelle Weimar. ♦ Er verließ die DDR während seiner Mitgliedschaft im Orchester und war später beim Philharmonischen Orchester in Arnheim (Niederlande).
QUELLEN: GewandhausA.

|811 Seltmann, Werner Prof.
Fagott
* 27. August 1930 in Leipzig
Mitglied vom 1. August 1952 bis 31. Juli 1990, bereits ab 1. Oktober 1951 Aushilfe
Solo-Fagottist für → G. Weigelt

Er besuchte ab 1937 die Volksschule und von 1941 bis 1945 das Musische Gymnasium in Leipzig, das 1943 nach Nossen verlegt wurde. Sechsjährig erhielt er ersten Klavierunterricht, auf dem Gymnasium dann auch Hornunterricht. Seine dortigen Lehrer waren Hugo Steurer (Klavier) und → W. Krüger (Horn). Er studierte von 1946 bis 1951 an der Leipziger Hochschule für Musik, zunächst bei → A. Frehse (Horn). Ersten Fagottunterricht hatte er 1948 bei → C Schaefer, im 4. Semester wechselte er das Hauptfach. Im Nebenfach nahm er Schlagzeugunterricht bei → A. Seifert. Von 1951 bis 1952 war er Aspirant an der Hochschule und während dieser Zeit als Aushilfe im Orchester tätig.
Mitglied des Gewandhaus-Bläserquintetts von 1957 bis 1982 ♦ Lehrer an der Hochschule für Musik von 1958 bis 2001 für → G. Junge; 1980 Professur, ab 1990 nur noch an der Hochschule tätig, 1995 emeritiert ♦ Lehrer von → L. Klepel, → G. Kronfeld, → Th. Reinhardt und → H. Schlag.
WERKE: Fagottschule (6 Bde.); Orchesterstudien (14 Bde.); Know-how für Bläser. Leipzig 2005. QUELLEN: Selbstauskunft.

|812 Sachse, Hellmut
Kontrabass, Tuba
* 22. Januar 1922 in Leipzig,
† 27. Juni 2001 in Leipzig
Mitglied vom 1. August 1952 bis 31. Juli 1987
Tubist für → K. Zülch, von 1952 bis 1954 auch Kontrabassist

Er erhielt ersten Musikunterricht bei seinem Vater. Von 1936 bis 1940 war er Schüler der Musikschule Dommitzsch, anschließend hatte er ein Engagement als Kontrabassist beim Stadttheater Greifswald. 1941 zur Wehrmacht eingezogen, wurde er Ende 1945 aus britischer Kriegsgefangenschaft entlassen. Von 1946 bis 1948 war er Kontrabassist und Tubist am Landestheater Sachsen-Anhalt in Halle, dann beim Großen Rundfunkorchester Leipzig.
QUELLEN: Gewandhaus-Magazin Nr. 32.

|813 Weiß, Walter
Violine
* 17. Juli 1903
Mitglied vom 11. August 1952 bis 1968
1. Geiger
QUELLEN: GewandhausA.

|814 Naumann, Joachim
Flöte
* 15. Juni 1926 in Magdeburg
Mitglied vom 15. Oktober 1952 bis 30. Juni 1991, noch bis 31. Juli 1993 Aushilfe
1./2. Flötist, ab 1956 2. Flötist

Er ist der Sohn eines Militärmusikers, seine Mutter war in der Hausmusik aktiv als Pianistin und Sängerin. Er besuchte bis 1942 die Mittelschule, zunächst in Magdeburg, nach der Versetzung des Vaters in den Beamtenstand 1932 in Merseburg. Siebenjährig erhielt er ersten Klavier- und zwölfjährig ersten Flötenunterricht. Von 1942 bis 1943 war er Luftwaffenhelfer. Er studierte von Juni 1943 bis März 1944 bei → C. Bartuzat an der Leipziger Hochschule für Musik, wurde zum Reichsarbeitsdienst verpflichtet und anschließend zur Wehrmacht eingezogen. Im Februar 1945 wurde er bei Frankfurt/O. verwundet und geriet im Lazarett in Hof/S. in amerikanische Kriegsgefangenschaft, aus der er 1946 in Bad Kreuznach entlassen wurde. Er war dann als Versicherungsangestellter in Merseburg tätig und studierte ab 1. Oktober 1947 noch ein Semester an der Leipziger Hochschule. Bis 1949 war er freischaffender Tanzmusiker, anschließend ein Jahr beim städtischen Orchester Weißenfels engagiert und ab 1950 beim Landessinfonieorchester Sachsen-Anhalt in Halle.

---

29 Heute Poříří u Trutnova (Tschechien).
30 Heute Trutnov (Tschechien).
31 Bruder von → A. Seifert.

Initiator und Vorsitzender des »Seniorenclubs des Gewandhausorchesters e.V.« von dessen Gründung im Dezember 1992 [32] bis 6. April 1998.
QUELLEN: Archiv HMT: Kon Nr. 18463; Selbstauskunft.

|815 Nitschke, Kurt
Flöte
* 25. August 1924 in Wallkawe bei Militsch[33]
Mitglied vom 1. November 1952 bis Mai 1956
Piccolo-/2. Flötist an der neu eingerichteten 6. Stelle

Er war von 1938 bis 1942 Schüler bei der Stadtkapelle in Bernstadt[34]/Schlesien und wurde anschließend zur Wehrmacht eingezogen. Während eines Genesungsaufenthaltes im Lazarett nahm er Unterricht bei → C. Bartuzat und studierte nach dem Krieg bei diesem an der Leipziger Hochschule für Musik. Von 1946 bis 1952 war er beim neu gegründeten Großen Rundfunkorchester Leipzig. ♦ Er verließ die DDR während seiner Mitgliedschaft im Orchester und hatte zunächst Engagements in Gelsenkirchen und Düsseldorf. Von 1974 bis 1988 war er beim Rundfunkorchester Köln. Lehrer von → G. Hinze-Hönig.
QUELLEN: Selbstauskunft.

1953

|816 Schneidewind, Helmut
Trompete
* 1. Februar 1928 in Großleinungen bei Sangerhausen
Mitglied vom 1. Januar 1953 bis Sommer 1956
1. Trompeter für → K. Seegers

Er besuchte von 1936 bis 1942 die Volksschule und war dann bis 1946 Schüler der Musikschule Beinroth in Sangerhausen. Trompetenunterricht hatte er zunächst in Nordhausen, später in Halle/S. bei Eduard Bettner. Von 1946 bis 1948 war er Tanzmusiker, anschließend bis 1950 Schüler am Konservatorium in Sondershausen. Von 1950 bis 1951 war er beim Elbe-Elster-Theater in Wittenberg engagiert und dann bis 1953 beim Landestheater in Altenburg. Von dort aus nahm er Unterricht bei → H. Teubig. ♦ Er verließ die DDR während seiner Mitgliedschaft im Orchester und war dann bis 1989 beim Sinfonieorchester des WDR in Köln.
QUELLEN: Selbstauskunft.

|817 Hantzschk, Joachim
Violine
* 8. Juni 1929 in Bautzen
Mitglied vom 1. August 1953 bis 31. Juli 1956
1. Konzertmeister für → J. H. Hewers

Er besuchte die Oberschule in Bautzen bis zur 10. Klasse und hatte durch Vermittlung eines ehemaligen Mitglieds der Dresdner Staatskapelle von 1943 bis 1948 in Dresden Privatunterricht bei Georg Seifert[35] und Gottfried Lucke. Von 1947 bis 1949 hatte er ein Engagement als 1. Konzertmeister am Stadttheater Bautzen und nahm dann bis 1950 Unterricht bei Gustav Havemann in Berlin. Von September 1950 bis Juli 1953 war er 1. Konzertmeister der Staatskapelle Weimar. ♦ Er ging für → G. Bosse zum Rundfunk-Sinfonieorchester Leipzig und 1961 als 1. Konzertmeister zum Rundfunk-Sinfonieorchester Berlin. Dort war er bis 1978 fest engagiert, anschließend noch bis 1982 auf Honorarbasis tätig. Ab 1978 war er hauptberuflich Lehrer an der Hochschule für Musik »Hanns Eisler«, nach seinem Ausscheiden hatte er dort noch bis 2005 einen Lehrauftrag.
QUELLEN: Selbstauskunft.

|818 Enger, Horst
Violine, Viola
* 3. Juni 1929 in Halle/S.
Mitglied vom 1. August 1953 bis November 1959
1. Geiger, ab 1956 Solo-Bratscher

Von 1935 bis 1939 besuchte er die Volksschule, anschließend bis 1944 die Mittelschule in Halle/S. Nach vierjährigem Privatunterricht war er ab Sommer 1944 Schüler der Heeresmusikschule in Bückeburg. Nach dem Ende des Krieges war er zunächst Klarinettist und Saxophonist in einer Hallenser Tanzkapelle und von 1946 bis 1947 1. Geiger im Hallenschen Sinfonie-Orchester. Er studierte dann bis 1949 an der neu gegründeten Hochschule für Musik und Theater in Halle bei Walther Davisson, nach dessen Weggang bei → W. Reininger. Von 1949 bis 1951 war er in Dessau beim Anhaltischen Landestheater und von 1951 bis 1953 beim Rundfunk-Sinfonieorchester Leipzig. ♦ Nach einer Reise des Orchesters durch die BRD, die Schweiz, Luxemburg und Frankreich kehrte er nicht wieder in die DDR zurück. Er war dann bis zu seiner Pensionierung Solo-Bratscher des Orchesters der Beethovenhalle Bonn.
QUELLEN: Selbstauskunft.

|819 Koch, Heinz
Violine
* 16. März 1915 in Magdeburg,
† 26. April 1994 in Garmisch-Partenkirchen
Mitglied vom 1. August 1953 bis 31. Juli 1980
2. Geiger

Nach dem Besuch der Volksschule war er von 1929 bis 1933 Schüler einer privaten Musikschule in Meuselwitz/Thüringen und nahm anschließend Privatunterricht in Leipzig, zuletzt bei Walther Davisson. Von 1935 bis 1937 leistete er seinen Wehrdienst in Altenburg, war während dieser Zeit als Aushilfe am dortigen Landestheater tätig und wurde später fest angestellt. 1940 zur Wehrmacht eingezogen, war er beim 11. Infanterie Regiment in Leipzig und wirkte bei den Gewandhauskonzerten der Saison 1941/42 mit. Er wurde 1942 an die Ostfront versetzt und war dann von März 1945 bis März 1949 in sowjetischer Kriegsgefangenschaft. Ab 1. August 1949 hatte er ein Engagement bei der Staatskapelle Weimar.
QUELLEN: GewandhausA.

|820 Berger, Max
Kontrabass
* 12. August 1913 in Eibau/Oberlausitz,
† 2. Februar 1996 in Wuppertal
Mitglied vom 1. August 1953 bis 31. Juli 1978
Kontrabassist

---
32 Eintrag ins Vereinsregister am 18. Mai 1993.
33 Heute Walkowa bei Milicz (Polen).
34 Heute Bierutów (Polen).
35 Bruder von → A. Seifert.

Er besuchte von 1920 bis 1928 die Grundschule in Leutersdorf und anschließend die Musikschule in Lauban[36]/Schlesien. Nach einem Engagement beim Kurorchester Ober-Schreiberhau[37] war er von Herbst 1933 bis 1938 Schüler von → A. Starke an der Orchesterschule der Sächsischen Staatskapelle in Dresden. Anschließend hatte er ein Engagement beim Reichsrundfunkorchester Königsberg. Am 24. März 1942 zur Wehrmacht eingezogen, wurde er am 26. Oktober 1946 aus amerikanischer Kriegsgefangenschaft entlassen. Vom 1. Januar bis 31. Juli 1946 war er bei der Dresdner Philharmonie, dann beim Rundfunk-Sinfonieorchester Leipzig.
QUELLEN: GewandhausA.

|821 Winkler, Helmut
Viola
* 15. Juli 1925 in Leipzig
Mitglied vom 1. September 1953 bis Juli 1961,
bereits von 1949 bis 1951 Aushilfe
Bratscher

Er hatte seinen ersten Unterricht bei → O. Pensel, später war er Schüler von Hans Hilf und Brinkmann an der Jugendmusikschule in Leipzig. Von 1942 bis 1943 war er sogenannter Hospitant am Leipziger Konservatorium als Schüler von Hans Hilf (Violine) und → C. Herrmann (Viola). 1943 wurde er zur Wehrmacht eingezogen, nach dem Krieg nahm er Privatunterricht bei Ruth Boche. Von 1948 bis 1949 studierte er bei → A. Matz an der Leipziger Hochschule für Musik, anschließend bekam er einen Aushilfsvertrag beim Gewandhausorchester. Von 1952 bis 1953 hatte er ein Engagement beim Großen Rundfunkorchester Leipzig. ♦ Er verließ die DDR während seiner Mitgliedschaft im Orchester und war dann bis zu seiner Pensionierung beim Städtischen Orchester in Essen.
QUELLEN: Selbstauskunft.

|822 Schulz, Hansjoachim
Violine
* 12. August 1928 in Sömmerda,
† 23. März 1980 in Leipzig
Mitglied vom 1. Oktober 1953 bis zu seinem Tod
2. Geiger, ab 1956 1. Geiger

Nach dem Besuch der Volksschule in Sömmerda war er zunächst Schüler der Aufbauschule, später der Hochschule für Musik in Weimar bis zu seiner Einberufung zur Wehrmacht am 1. März 1945. Nach seiner Entlassung aus britischer Kriegsgefangenschaft am 25. Juni 1945 setzte er sein Studium in Weimar fort. 1947 wechselte er an das Landeskonservatorium in Erfurt zu → W. Hansmann, bei dem er nach seinem Abschluß 1948 noch bis 1953 Privatunterricht nahm. Vom 1. Januar 1950 bis 31. Mai 1951 war er beim Sinfonieorchester in Jena und danach bis September 1953 Lehrer an der dortigen Musikschule. Von 1952 bis 1954 hatte er auch einen Lehrauftrag an der Jenaer Universität.
QUELLEN: GewandhausA.

---

36 Heute Luban (Polen).
37 Heute Szkarska Poręba (Polen).

1954

|823 Händschke, Fritz
Viola
* 7. Februar 1911 in Berlin,
† 7. Januar 2001 in Wien
Mitglied vom 9. Januar 1954 bis 11. Dezember 1957
Solo-Bratscher

Von 1935 bis 1938 war er Solo-Bratscher des Philharmonischen Staatsorchesters in Ankara (Türkei), von 1939 bis 1945 Solo-Bratscher der Volksoper Berlin und des Benda-Kammerorchesters und ab 1948 Solo-Bratscher des Rundfunk-Sinfonie-Orchesters in Hamburg. ♦ Ab Januar 1957 war er auch Direktor der Gewandhauskanzlei. Am 9. Januar 1958 fand eine vom Rat der Stadt einberufene Orchesterversammlung statt. Im Protokoll schrieb der Sekretär des Orchesters Richard Kurzaj, daß Stadtrat Wende berichtete: »Am 18. 6. 1957 sei gegen Händschke ein Dienststrafverfahren eröffnet worden mit folgenden Anklagepunkten: 1.) Unwahre Angaben bezüglich der Konzertreise nach Schaffhausen, 2.) Konzertreise des Gewandhausquartetts nach Italien mit Touristenausweisen, 3.) Durchführung von Schallplattenaufnahmen in Westberlin ohne Genehmigung. – – Händschke habe zu diesen Punkten nicht die volle Wahrheit gesagt. Die Anklagepunkte des Dienststrafverfahrens hätten durch den Rat der Stadt noch erweitert werden müssen, weil nachträglich weitere Vergehen Händschkes bekannt geworden wären, nämlich 4.) der Abschluß eines Generalvertrages mit der Westberliner Konzertdirektion Paul Zeller, der Abschluß eines Vertrages mit der Centropa Gesellschaft als alleinige Vertreterin des *Gewandhaus-Orchester*. ... 5.) Wiederholte Verstösse gegen ministerielle Vorschriften, wonach bei Schallplattenaufnahmen die Genehmigung des Ministers für Kultur und nach einer Absprache zwischen diesem Ministerium und dem Rat der Stadt auch die Genehmigung des Rates erforderlich seien. 6.) Passvergehen – Der *Gewandhaus*-Direktor sei als Staatsfunktionär für die strikte Einhaltung der Vorschriften besonders verantwortlich, worauf Händschke durch ihn (Stadtrat Wende) mehrfach hingewiesen worden sei ... Auf Grund der geschilderten Tatsachen sei Händschke als Gew.-Direktor und Musiker fristlos entlassen worden ... Er habe sich ... eindeutig als Feind der Republik und des Arbeiter- und Bauernstaates erwiesen.« ♦ Er war dann von 1958 bis 1966 Solo-Bratscher bei den Wiener Symphonikern. Mitglied des Gewandhaus-Quartetts von 1954 bis 1957.
QUELLEN: GewandhausA; Staatsarchiv Hamburg: Hamburger Tonkünstler-Lexikon ◊ R. Dettling: Kurzbiographien hamburgischer Musiker.

|824 Schaub, Gérard
Flöte
* 13. Februar 1931 in Stammheim bei Winterthur
Mitglied von 1954 bis 1956
1. Flötist

Er hatte von 1948 bis 1950 Unterricht bei Aurèle Nicolet in Winterthur und war dann bis 1951 Schüler von André Jaunet am Züricher Konservatorium. Anschließend studierte er bei Gaston Crunelle in Paris, bekam 1953 den 1. Preis des Pariser Konservatoriums und erhielt den Kranichsteiner Musikpreis in Darmstadt. 1953/54 war er bei der Dresdner Philharmonie. ♦ Nach seinem Leipziger Engagement ging er zunächst zum Mozarteum-Orchester nach Salzburg, von 1957 bis 1996 war er bei den Göteborger Sinfoni-

kern. Ab 1959 unterrichtete er an der Göteborger Musikhochschule, ab 1983 mit Professur.
QUELLEN: Selbstauskunft.

|825 **Hammer, Siegfried**
Horn
* 27. März 1931 in Burgstädt
Mitglied vom 1. Juni 1954 bis August 1958
1. Hornist für → W. Krüger

Er besuchte bis 1945 die Mittelschule in Burgstädt und arbeitete dann zwei Jahre in der Landwirtschaft. Seinen ersten Musikunterricht erhielt er zehnjährig auf der Harmonika, außerdem spielte er als Kind im Posaunenchor. Von Januar 1948 bis Ende 1951 war er Schüler von Josef Sturm an der Fachgrundschule für Musik in Burgstädt und hatte während des letzten halben Jahres seiner Lehrzeit bereits ein Engagement beim Wismut Orchester in Aue. Ab 1952 war er beim Orchester des Städtischen Theaters Chemnitz, erst als 3. Hornist, dann als stellvertretender 1. Hornist. ◆ Er verließ die DDR während seiner Mitgliedschaft im Orchester und war dann zunächst in Bonn beim Orchester der Beethovenhalle, von 1960 bis 1971 Solo-Hornist beim Bayerischen Staatsorchester in München und ab 1970 beim Orchester des BR.
QUELLEN: Selbstauskunft.

|826 **Neumann, Wilhelm**
Kontrabass
* 31. Oktober 1919 in Neustadt a. d. Tafelfichte[38]
Mitglied vom 1. August 1954 bis 14. August 1986
Kontrabassist, ab 1957 Solo-Kontrabassist für
→ W. Waldenberger[39]

Von 1925 bis 1933 besuchte er die Volks- und Bürgerschule in Neustadt und war dann bis 1938 auf der Musikschule Reichenberg[40]/Sudetenland, wo er Klavier als Hauptfach und Kontrabass als Nebenfach belegte. Ab Sommer 1938 war er Pianist bei der Kurkapelle seines Vaters Hermann Neumann in Bad Liebwerda[41]. Ende 1939 wurde er zur Wehrmacht eingezogen, im Mai 1945 in der ČSR von amerikanischen Truppen gefangengenommen, später bei Moskau interniert und im November 1948 aus sowjetischer Kriegsgefangenschaft entlassen. Von 1949 bis 1951 war er beim Stadttheater Bernburg, ab Februar 1951 hatte er ein Engagement beim Rundfunk-Sinfonieorchester Leipzig. ◆ Sein Bruder Erich Neumann war Solo-Cellist beim Leipziger Sinfonieorchester und später Lehrer an der Hochschule in Weimar.
QUELLEN: GewandhausA.

---

38 Heute Nové Město pod Smrkem (Tschechien).
39 Er war nur Vorspieler. Ohne die Anzahl der Kontrabassisten insgesamt zu erhöhen wurde seine Stelle 1957 in eine Solo-Stelle umgewandelt und innerhalb der Gruppe eine neue Vorspieler-Stelle eingerichtet.
40 Heute Liberec (Tschechien).
41 Heute Lazne Libverda (Tschechien).

|827 **Suske, Karl** Prof.
Viola, Violine
* 15. März 1934 in Reichenberg[42]/Sudetenland ◆ Vater von → C. Smaczny, geb. Suske, und → C. Suske
Mitglied vom 1. September 1954 bis 31. Juli 1962 und vom 1. August 1975 bis 31. März 1999, noch bis 23. Juni 2001 Aushilfe
Solo-Bratscher, ab 1. September 1956 2. Konzertmeister, vom 1. Januar 1959 bis 31. Juli 1962 1. Konzertmeister für → J. Hantzschk; ab 1. August 1975 1. Konzertmeister für → M. Scherzer

Der Sohn des Musikers Franz Suske besuchte die Grundschule von 1940 bis 1948, zunächst in Reichenberg, ab 1946 in Greiz/Thüringen. Den ersten Geigenunterricht hatte er fünfjährig bei seinem Vater, später hatte er Unterricht bei einem Schüler von Otakar Sevcik. Nach der Aussiedlung der Familie nach Greiz, war Willy Bleiß sein Lehrer. 1948 wurde er Schüler von → G. Bosse an der Hochschule für Musik in Weimar und wechselte mit diesem 1951 an die Leipziger Hochschule. ◆ Ab 1962 war er 1. Konzertmeister der Staatskapelle Berlin. Seine in Leipzig vakant gewordene Stelle wurde mit dem ungarischen Geiger Antal Veress besetzt, der die Stelle jedoch nicht antrat und ab 1967 Konzertmeister beim Bayerischen Staatsorchester war. 1975 kam Suske wieder nach Leipzig, gleichzeitig war er noch bis 1976 in Berlin tätig.
2. Geiger des Gewandhaus-Quartetts von 1955 bis 1962 für → H. Sannemüller; Primarius des Gewandhaus-Quartetts von 1977 bis 1993 für → G. Bosse ◆ Lehrer an Leipziger Hochschule für Musik von 1958 bis 1962 und von 1987 bis 1990 ◆ Lehrer von → L. Gumprecht.
QUELLEN: GewandhausA.

1955

|828 **Erben, Friedemann** Prof.
Violoncello
* 28. Juli 1931 in Raguhn/Anhalt,
† 12. Januar 1983 in Leipzig ◆ Vater von → Fr.-M. Erben und → Chr. Erben
Mitglied vom 1. Februar 1955 bis 31. Juli 1973
2. Solo-Cellist, ab 1957 1. Solo-Cellist für → A. Bauer

Er besuchte vier Jahre die Grundschule in Raguhn und dann bis zum Abitur 1949 das Gymnasium in Dessau. Von 1949 bis 1951 studierte er bei Bernhard Günther[43], bis 1950 an der Hochschule für Musik in Leipzig, dann an der Hochschule in Berlin. Nach dem Studium hatte er ein Engagement bei der Staatskapelle Berlin, ab 1. September 1952 war er Solo-Cellist des Berliner Sinfonieorchesters. Gleichzeitig hatte er einen Lehrauftrag an der Berliner Hochschule. ◆ Nach seinem Leipziger Engagement war er zunächst bei der Staatskapelle Berlin, ab 1976 beim Rundfunk-Sinfonieorchester in Leipzig, wo er zugleich eine Professur an der dortigen Hochschule hatte. ◆ Sein Vater war Mitinhaber der Essig- und Essenzenfabrik Pohle & Erben. Von seinen sechs Geschwistern sind fünf auch Musiker geworden. Sein

---

42 Heute Liberec (Tschechien).
43 Schüler von → G. Wille.

Bruder Friedrich Carl Erben war Konzertmeister der Staatskapelle Berlin, sein Bruder Volker Erben war Dirigent.
Mitglied des Gewandhaus-Quartetts von 1957 bis 1973 ♦ Lehrer an der Leipziger Hochschule für Musik von 1958 bis zu seinem Tod; 1975 Professor ♦ Lehrer von → H. Brauer, → Chr. Erben, → H.-P. Linde, → A. Pammler, → H.-J. Scheitzbach, → B. Schmidt, → G. Stephan und → U. Strauch.
QUELLEN: Auskunft von Mathilde Erben, Leipzig.

829 Ritschel, Emil
Violine
* 19. Dezember 1922 in Schönwald bei Aussig[44],
† 19. Juli 1999 in Leipzig
Mitglied vom 1. August 1955 bis 31. Juli 1988
2. Geiger

Nach der Volksschule besuchte er von 1934 bis 1936 die Bürgerschule und war ab 1938 Schüler der Musikschule Dommitzsch bei Torgau. Im Februar 1941 wurde er zum Reichsarbeitsdienst verpflichtet, danach zur Wehrmacht eingezogen. Nach seiner Entlassung aus sowjetischer Kriegsgefangenschaft am 22. Juli 1949 nahm er Privatunterricht bei Georg Brinkmann in Dresden. Ab 1951 hatte er ein Engagement beim Landestheater Dessau.
QUELLEN: GewandhausA.

830 Geßner, Heinz
Violine
Mitglied von 1955 bis 1956
2. Geiger

Er wird 1956 in der Festschrift zum 175jährigen Bestehen der Gewandhauskonzerte als Orchestermitglied bei den 2. Violinen nach → E. Ritschel genannt, der 1955 engagiert wurde. In dem Adreßverzeichnis des Orchesters vom 1. August 1956 ist er nicht mehr verzeichnet.
LITERATUR: Festschrift zum 175jährigen Bestehen der Gewandhauskonzerte 1781 bis 1956. QUELLEN: GewandhausA.

831 Schilde, Geo
Viola
* 19. November 1929 in Leipzig,
† 25. März 1997 in Leipzig
Mitglied vom 1. August 1955 bis 1. März 1984
Bratscher

Er besuchte von 1936 bis 1944 die Grundschule in Leipzig und war dann bis 1946 an der dortigen Fachberufsschule für Orchestermusiker. Von 1946 bis 1948 studierte er Violine bei Paul Podehl an der wieder eröffneten Leipziger Hochschule für Musik. Er war dann Hilfsbibliothekar im Benzinwerk Böhlen. Von September 1951 bis Juli 1954 setzte er sein Studium mit Hauptfach Viola bei → A. Matz fort und hatte ab 1954 ein Engagement beim Großen Rundfunkorchester Leipzig.
QUELLEN: Archiv HMT: Kon Nr. Kon Nr. 18712; 19627; GewandhausA.

---

44 Heute Krasny Les bei Ústí nad Labem.

832 Clement, Manfred
Oboe
* 27. September 1934 in Schellerhau/Erzgebirge,
† 27. April 2001 in Taufkirchen/Vils
Mitglied vom 1. August 1955 bis 3. Mai 1958
1./2. Oboist

Er war bis 1950 Schüler der Städtischen Orchesterschule in Wilsdruff, nach deren Auflösung war er bis 1951 an der Fachgrundschule für Musik in Görlitz. Von 1951 bis 1945 hatte er ein Engagement beim Stadttheater Meißen, von 1954 bis 1955 beim Staatlichen Sinfonieorchester Thüringen in Gotha. ♦ Nach einer Gastspielreise des Orchesters durch England und einem sich daran anschließenden Konzert in Hannover kehrte er nicht wieder in DDR zurück. Später war er Solo-Oboist beim Bayerischen Staatsorchester und ab 1971 in gleicher Funktion beim Sinfonieorchester des BR in München.
QUELLEN: Selbstauskunft.

833 Fuchs, Horst
Fagott
* 14. April 1931 in Aue
Mitglied vom 1. August 1955 bis 15. Dezember 1991
1./2. Fagottist, ab 1. August 1960 Solo-Fagottist an der neu eingerichteten dritten ersten Stelle

Sein Vater Erhard Fuchs war Geiger im Städtischen Orchester in Aue und starb 1947 an den Folgen einer Kriegsverletzung. Von 1937 bis 1941 besuchte er die Volksschule und erhielt achtjährig ersten Klavierunterricht. Nach dem Abschluß der Mittelschule 1946 war er bis 1949 auf der Orchesterschule in Lößnitz, wo er Unterricht bei Georg Beringer hatte. Von 1949 bis 1953 studierte er bei → C. Schaefer und → G. Junge an der Leipziger Hochschule für Musik. Anschließend hatte er bis 1955 ein Engagement beim Friedrich-Wolf-Theater Neustrelitz.
QUELLEN: GewandhausA; Selbstauskunft.

834 Zickler, Heinz
Trompete
* 25. März 1920 in Schmiedeberg/Erzgebirge
Mitglied vom 1. August 1955 bis August 1956
3./1. Trompeter an der neu eingerichteten 6. Stelle

Er erhielt fünfjährig ersten Klavierunterricht. Nach dem Besuch der Volksschule in Sadisdorf war er ein halbes Jahr in Dippoldiswalde auf der Fortbildungsschule und nahm gleichzeitig Unterricht bei Alfons Patolla in Dresden. Von 1934 bis 1938 war er Schüler der Berufsfachschule Dresden, wurde dann zum Reichsarbeitsdienst verpflichtet und später zur Wehrmacht eingezogen. Er war zunächst beim Infanterie-Musikkorps in Dresden und nahm in dieser Zeit Orgelunterricht bei Hans Ander-Donath. Er geriet in amerikanische Kriegsgefangenschaft, aus der er 1945 in Plauen fliehen konnte. Nach dem Krieg versah er Kantorendienste in Kipsdorf und Dresden-Kaditz, gleichzeitig war er freischaffender Tanzmusiker. Von 1947 bis 1950 studierte er am Institut für Kirchenmusik in Leipzig, u. a. bei → Karl Straube. Ab 1950 hatte er ein Engagement beim Staatlichen Sinfonieorchester Halle/S. ♦ Er verließ die DDR während seiner Mitgliedschaft im Orchester, war dann bis 1982 Solo-Trompeter beim Staatsorchester in Wiesbaden, gleichzeitig hatte er einen Lehrauftrag an der Hochschule für Musik in Mainz.
QUELLEN: Selbstauskunft.

Festkonzert zum 175jährigen
Bestehen des Gewandhauses
am 25. November 1956

1956

|835 **Bosse, Gerhard** Prof.
Violine
* 23. Januar 1922 in Wurzen
Mitglied vom 1. September 1955 bis 31. Juli 1987
1. Konzertmeister für → K. Stiehler

Er ist der Sohn des Militärmusikers Oskar Bosse, der bei seiner Versetzung in den Beamtenstand nach Greiz kam. Sechsjährig erhielt er ersten Geigenunterricht bei seinem Vater, ab 1930 hatte er Unterricht bei Carl Görner, dem ehemaligen Konzertmeister der Reußischen Hofkapelle in Gera. Ab 1936 fuhr er zum Unterricht nach Leipzig zu → E. Wollgandt. Nach dem Abitur 1940 studierte er von 1941 bis 1943 bei Walther Davisson an der Leipziger Hochschule für Musik und war während dieser Zeit bereits als Substitut im Orchester tätig. Von 1943 bis zum Ende des Krieges war er beim Reichs-Bruckner-Orchester Linz, dann bis 1951 Konzertmeister des Kleinen Rundfunkorchesters des Senders Weimar. Gleichzeitig war er Dozent an der Hochschule für Musik in Weimar, ab 1949 mit Professur. 1951 wurde er 1. Konzertmeister des Rundfunk-Sinfonieorchesters Leipzig. 1963 gründete er das Bach-Orchester und war bis 1987 dessen Leiter. ◆ Seit seinem Ausscheiden aus dem Orchester und dem Lehrkörper der Hochschule ist er weiterhin als Pädagoge und Dirigent erfolgreich tätig, seit 1993 hauptsächlich in Japan.
Primarius des Gewandhaus-Quartetts von 1955 bis 1977 ◆ Lehrer an der Leipziger Hochschule für Musik von 1951 bis 1987 ◆ Lehrer von → H.-Chr. Bartel, → D. Brauer, → T. Büning, → J. Dase, → Chr. Geidel, → D. Hallmann, → H. Hannewald, → Kl. Hebecker, → S. Hildner, → G. Kaltofen, → L. Kähler, → J. Knauff, → G. Kröhner, → K.-H. Leidiger, → Chr. Nagel, → M. Pinquart, → D. Reinhold, → Fr. Roth, → J. Rölke, → A. Seidel, → Kl. Stein, → C. Suske und → K. Suske.
LITERATUR: S. Lieberwirth: Gerhard Bosse; H. R. Jung: 150 Jahre Musikleben in der Residenz- und Industriestadt Greiz.

|836 **Hiltawsky, Kurt**
Klarinette
* 13. Februar 1930 in Beuthen[45]/Schlesien
Mitglied vom 22. Februar 1956 bis 31. August 1989,
ab Januar 1989 nicht mehr tätig
1./2. Klarinettist an der neu eingerichteten 6. Stelle,
ab 1. Januar 1959 Solo-Klarinettist

Er besuchte ab 1937 die Volksschule, später die Oberschule in Beuthen und von 1945 bis 1947 die Oberschule in Leisnig. Von 1948 bis 1952 studierte er bei → W. Schreinicke an der Leipziger Hochschule für Musik. Anschließend hatte er ein Engagement beim Stadttheater Cottbus.
Mitglied des Gewandhaus-Bläserquintetts von 1963 bis 1982
QUELLEN: GewandhausA.

|837 **Baumbach, Edgar**
Violine
* 25. Februar 1919 in Nordhausen
Mitglied vom 1. August 1956 bis 16. Februar 1961
2. Geiger

Er hatte ab 1928 regelmäßig Geigenunterricht in Nordhausen. Nach der mittleren Reife machte er zunächst eine kaufmännische Lehre von 1935 bis 1937, anschließend war er kaufmännischer Angestellter. Am 1. April 1939 wurde er zum Reichsarbeitsdienst verpflichtet, im Oktober 1939 zur Wehrmacht eingezogen, wo er bis zum Ende des Krieges beim Regiment Großdeutschland, dem früheren Musikkorps Berlin war. Von Mai bis Ende Juni 1945 war er Konzertmeister bei verschiedenen Berliner Varietés, dann bis Anfang 1951 beim Städtischen Orchester Nordhausen. In dieser Zeit nahm

....
45 Heute Bytom (Polen).

er Unterricht bei Hans Raderschatt in Weimar. Vom 1. Februar 1951 bis 31. Juli 1956 hatte er ein Engagement beim Staatlichen Sinfonieorchester Halle/S. ◆ Er verließ die DDR während der Mitgliedschaft im Orchester und war nach einjähriger Tätigkeit beim Städtischen Orchester Trier bis zu seiner Pensionierung am 28. Februar 1982 1. Geiger im Philharmonischen Orchester Bielefeld.

QUELLEN: Selbstauskunft.

|838 Keim, Werner
Violine
* 29. August 1925 in Lobenstein
Mitglied vom 1. August 1956 bis 31. Juli 1991, noch von September 1992 bis 30. November 1993 Aushilfe
2. Geiger

Er besuchte von 1932 bis 1936 die Volksschule in Lobenstein, dann die dortige Oberschule, später die in Schleiz. Den ersten Geigenunterricht bekam er von seinem Vater, später war er Schüler der Musikschule Köpping in Lobenstein. 1943 wurde er zur Wehrmacht eingezogen, nach seiner Entlassung aus französischer Kriegsgefangenschaft ging er nach Jena, um an der Studienvorschule der dortigen Universität den fehlenden Schulabschluß zu erlangen. Von 1946 bis 1947 war er bei der Firma Carl Zeiss als Polierer in der Linsenfertigung tätig, anschließend bis 1948 als Geiger bei der Kurkapelle Lobenstein. Von 1948 bis 1953 studierte er an der Leipziger Hochschule für Musik, zunächst Schulmusik, ab 1950 Violine bei Dorothea Bochskanl. Ab 1953 hatte er ein Engagement beim Landessinfonieorchester Thüringen in Gotha.

QUELLEN: Selbstauskunft; GewandhausA.

|839 Leidiger, Karl-Heinz
Violine
* 24. Juni 1927 in Hütten bei Pößneck,
† 18. Januar 2005 in Leipzig
Mitglied vom 1. August 1956 bis 31. Juli 1992, noch bis 1993 Aushilfe
2. Geiger

Von 1934 bis 1942 besuchte er die Volksschule in Herschdorf bei Pößneck und war dann Schüler der Orchesterschule in Weimar, bis er im Dezember 1944 zum Reichsarbeitsdienst verpflichtet wurde. Er studierte dann von 1946 bis 1951 an der Hochschule für Musik in Weimar bei → G. Bosse und hatte anschließend bis 1956 ein Engagement bei der Staatskapelle Weimar.

QUELLEN: Selbstauskunft.

|840 Weise, Franz
Violine
* 31. Dezember 1917 in Apolda,
† 23. August 1999 in München
Mitglied vom 1. August 1956 bis 31. Juli 1983
2. Geiger

Nach der mittleren Reife 1932 war er Schüler der Orchesterschule Saalfeld, nach deren Auflösung 1934, Schüler der Reichsmusikschule der Hitler-Jugend in Kölleda bis 1936. Ab 1. April 1936 leistete er seinen Wehrdienst, war dann Soldat bis zu seiner Gefangennahme im Mai 1945 und wurde im April 1949 aus sowjetischer Kriegsgefangenschaft entlassen. Er war dann als freischaffender Musiker beim Landessender Weimar tätig, gleichzeitig nahm er Unterricht bei → G. Bosse. Vom 1. März 1950 bis 1. September 1955 hatte er ein Engagement beim Sinfonieorchester Jena. Anschließend war er Lehrer an der dortigen Volksmusikschule, gleichzeitig nahm er Unterricht bei Müller-Crailsheim in Weimar und → W. Hansmann in Erfurt.

QUELLEN: GewandhausA; Selbstauskunft.

|841 Fleischhauer, Heinz-Harald
Violine
* 3. Mai 1925 in Schnett,
† 12. August 2004 in Thüringen/Vorarlberg (Österreich)
Mitglied vom 1. August 1956 bis 1. März 1989
2. Geiger, später 1. Geiger

Von 1931 bis 1939 besuchte er die Volksschule in Schnett. Danach war er kurze Zeit Schüler der Musikschule in Meuselwitz, dann bis 1940 der Musikschule in Mittweida und von 1940 bis 1942 der Musikschule in Lößnitz. Von Lößnitz aus nahm er noch Unterricht bei Konzertmeister Jan Dahmen in Dresden. Sein erstes Engagement hatte er beim Städtischen Orchester Aue. während dieser Zeit nahm er drei Monate Unterricht bei Walter Davisson in Leipzig. 1943 zur Wehrmacht eingezogen, wurde er im September 1945 aus britischer Kriegsgefangenschaft entlassen. Anschließend war er Konzertmeister an der Nordseebühne Heide/Holstein, dann 1. Geiger am Opernhaus in Duisburg und später Konzertmeister an der Zweigbühne Sonneberg des Landestheaters Meiningen. 1947 war er beim Stadttheater Plauen, von 1947 bis 1950 beim Stadttheater Greiz, anschließend bis 1952 Konzertmeister beim Städtischen Orchester Aue. 1952 machte er seinen Abschluß am Robert-Schumann-Konservatorium in Zwickau und war dann bis 1954 wieder beim Stadttheater Plauen. Ab 1954 hatte er ein Engagement beim Städtischen Orchester Halle/S.

QUELLEN: GewandhausA.

|842 Hirsch, Walter
Viola
* 3. März 1918 in Bitterfeld, † 22. März 2000 in Braunschweig
Mitglied vom 1. August 1956 bis 1957
Bratscher

Er besuchte die Mittelschule in Bitterfeld, wo er auch Klavier- und Geigenunterricht hatte. Von 1934 bis 1939 war er Schüler von → C. Herrmann am Leipziger Konservatorium. 1943 wurde er zur Wehrmacht eingezogen, geriet in Frankreich in amerikanische Kriegsgefangenschaft und war bis 1948 in Gefangenenlagern in Amerika und Schottland. Von 1949 bis 1956 hatte er ein Engagement beim Landestheater in Dessau. ◆ Er kündigte im Januar 1957, um die DDR zu verlassen und am Staatstheater Braunschweig die Stelle eines 2. Solo-Bratschers anzunehmen. Dort war er bis zu seiner Pensionierung tätig.

QUELLEN: Auskunft von Inge Hirsch, Braunschweig.

|843 Hofmann, Walter
Viola
* 29. Januar 1920 in Wöllnau/Dübener Heide,
† 7. Januar 1975 in Leipzig
Mitglied vom 1. August 1956 bis zu seinem Tod
Bratscher

Von 1926 bis 1934 besuchte er die Volksschule in Wöllnau, war dann bis 1938 Schüler bei der Stadtkapelle in Bad Düben und gehörte dieser noch ein

Jahr als Gehilfe an. 1939 wurde er zur Wehrmacht eingezogen und 1946 aus britischer Kriegsgefangenschaft entlassen. Anschließend war er beim Unterhaltungsorchester Otto Andree, von 1947 bis 1951 beim Städtischen Kurorchester Bad Düben, dann bis 1953 beim Städtischen Orchester Weißenfels. Ab 1953 hatte er ein Engagement beim Staatlichen Sinfonieorchester Halle/S.
QUELLEN: GewandhausA.

|844 Donath, Günter
Viola
* 12. August 1928 in Meerane
Mitglied vom 1. August 1956 bis 31. Juli 1993
Bratscher

Er besuchte ab 1935 die Volksschule, dann bis 1944 die Oberschule in Meerane. Zehnjährig erhielt er ersten Geigenunterricht, und von 1944 bis 1945 war er Schüler der Militär-Musikschule in Braunschweig. Nach dem Krieg war er Tanzmusiker und nahm Unterricht bei Konzertmeister Demmrich in Zwickau und bei Theo Wagner in Altenburg. 1948 nahm er ein Engagement als Geiger in Altenburg an und hatte in dieser Zeit Unterricht bei → G. Lange in Leipzig. 1949 wurde ihm in Altenburg wegen Stellenabbau beim Orchester gekündigt. Er war dann beim Stadttheater Bernburg, ab 1951 beim Stadttheater in Magdeburg. Dort hatte er ersten Bratschenunterricht bei Albin Wiegand.
QUELLEN: Selbstauskunft.

|845 Scheiter, Werner
Viola
* 7. Juni 1927 in Streckewalde/Erzgebirge
Mitglied vom 1. August 1956 bis 31. Juli 1992
Bratscher

Ab 1933 besuchte er die Volksschule in Großrückerswalde, ab 1941 war er Schüler der Orchesterschule Zschopau. Die Schule wurde noch im gleichen Jahr nach Bad Schandau verlegt, dort hatte er Unterricht bei Paul Lange-Frohberg aus Dresden. Nach der Schließung der Schule am 1. September 1944 wurde er zum Reichsarbeitsdienst verpflichtet und im November 1944 zur Wehrmacht eingezogen. Er geriet am 8. Mai 1945 in amerikanische Gefangenschaft, wurde später in französische Gefangenschaft überführt und im Sommer 1945 in Siershahn entlassen. Von Oktober 1945 bis 1950 hatte er ein Engagement als Geiger in Annaberg, anschließend war er Bratscher in Chemnitz, ab 1955 beim Großen Rundfunkorchester Leipzig.
QUELLEN: Selbstauskunft.

|846 Max, Lothar
Violoncello
* 26. März 1931 in Bodenbach[46]
Mitglied vom 1. August 1956 bis 31. März 1996,
noch bis 31. Juli 1996 Aushilfe
Cellist, ab 1. August 1961 Solo-Cellist; spielte auch
Viola da Gamba und Balginstrumente

Er besuchte von 1937 bis 1945 die Volks- und Mittelschule in Bodenbach. 1945 kam die Familie nach Falkenberg/Elster, und er war dann bis 1949 Schüler der Musikschule in Annaburg. Anschließend war er ein Jahr Tanzmusiker und beim Kreiskulturorchester Herzberg/Elster. Von Oktober 1950 bis Juni 1955 studierte er bei Christian Klug[47] an der Hochschule für Musik in Halle/S. Ab Februar 1955 hatte er ein Engagement beim Großen Rundfunkorchester Leipzig.
Lehrer für Orchesterstudien an der Leipziger Hochschule für Musik von 1969 bis 1992 ◆ Vorsitzender der BGL von 24. Januar 1972 bis 28. Juni 1974.
QUELLEN: GewandhausA.

|847 Sauer, Heinz
Violoncello
* 4. Juni 1930 in Steinach/Thüringen
Mitglied vom 1. August 1956 bis 31. Juli 1957
Cellist

Er besuchte die Oberschule in Steinach, 14jährig erhielt er ersten Cellounterricht bei Rudolf Kerner. 1949 erlangte er in Weimar das Abitur und studierte bei Walter Schulz an der dortigen Hochschule für Musik. Von 1950 bis 1955 studierte er an der Leipziger Hochschule für Musik, zunächst weiter bei Walter Schulz, später bei → A. Eichhorn. Ab 1955 hatte er ein Engagement beim Landestheater Halle/S. ◆ Nach seinem Ausscheiden war er bis 1995 beim Rundfunk-Sinfonieorchester Leipzig.
QUELLEN: Selbstauskunft.

|848 Werchau, Karl-Heinz
Violoncello
* 9. Dezember 1926 in Geringswalde bei Rochlitz
Mitglied vom 1. August 1956 bis 31. Dezember 1991,
noch bis 31. Juli 1992 Aushilfe
Cellist

Von 1933 bis 1941 besuchte er die Volksschule in Geringswalde und war dann Schüler der Orchesterschule Burgstädt. Im Februar 1944 zur Wehrmacht eingezogen, war er bis März 1945 in Frankreich beim Musikzug der Division Hitler-Jugend, im April 1945 kam er zur Kampfgruppe Berlin und wurde im Dezember 1949 aus sowjetischer Kriegsgefangenschaft entlassen. Von Februar 1950 bis 1953 hatte er ein Engagement als Sänger, Gitarrist und Cellist beim Solistenensemble des MDR Studio Chemnitz und nahm gleichzeitig von Januar 1950 bis August 1952 Privatunterricht bei → A. Bauer. Ab Januar 1953 war er beim Städtischen Orchester in Chemnitz. ◆ Um seine Ausbildung mit einem Hochschulabschluß zu beenden, absolvierte er von 1961 bis 1965 ein Abendstudium an der Leipziger Hochschule für Musik.
Vorsitzender der BGL vom 18. Mai 1961 bis 13. April 1965.
QUELLEN: GewandhausA; Selbstauskunft.

|849 Ludwig, Felix
Kontrabass
* 25. Januar 1930 in Klein-Schönebeck bei Berlin
Mitglied vom 1. August 1956 bis 31. Juli 1995
Kontrabassist

In Berlin aufgewachsen, erhielt er dort siebenjährig ersten Geigenunterricht und besuchte später das Leibniz-Gymnasium, dessen Schulbetrieb ab 1943 in verschiedene Orte in Polen und Böhmen verlegt war. Seine durch Kriegswirren auseinandergerissene Familie fand erst 1947 in Elbisbach bei Bad Lausick wieder zusammen. Von dort aus war er Werkstatthelfer im Braunkohlentagebau Espenhain. Von Mai 1948 bis 1950 besuchte er die

---

46 Heute Podmokly, Ortsteil von Děčín (Tschechien).

47 Schüler von → J. Klengel.

Oberschule in Borna, war dann hauptsächlich als Trompeter, Geiger und Bassist in der Tanzmusik tätig und gleichzeitig als Bratscher im Kurorchester Bad Lausick engagiert. Ab 1950 nahm er Kontrabassunterricht bei Georg Scheffler in Karl-Marx-Stadt[48], von 1952 bis 1956 studierte er bei → M. Schulz und → K. Siebach an der Leipziger Hochschule für Musik. ◆ Seit Mitte der siebziger Jahre ist er auch als Bildhauer tätig. Seine Bronzeplastiken befinden sich u. a. im Kurpark von Bad Schmiedeberg (*Familie*), in Leipzig im Gewandhaus (Vase zum 250jährigen Jubiläum des Orchesters) und im Garten des Wohnhauses von Felix Mendelssohn Bartholdy in der Goldschmidtstraße (Porträtbüste) und in Naumburg (Brunnen nach einem Entwurf von Max Klingers *Abundancia*).

QUELLEN: Selbstauskunft.

|850 Strauch, Peter
Kontrabass
* 4. Oktober 1934 in Berlin
Mitglied vom 1. August 1956 bis 31. Oktober 1999,
noch bis 31. Dezember 1999 Aushilfe
Kontrabassist

Aufgewachsen in Wünsdorf bei Berlin, besuchte er von 1940 bis 1949 die Volks- bzw. Grundschule in Torgau. Vierjährig erhielt er ersten Klavierunterricht, von 1950 bis 1954 war er Schüler der Fachgrundschule für Musik in Torgau mit Hauptfach Kontrabass und Nebenfach Trompete. In dieser Zeit nahm er auch Unterricht bei → W. Kilian in Leipzig. Von 1954 bis 1955 hatte er ein Engagement beim Operettentheater Leipzig, anschließend bis 1956 beim Staatlichen Sinfonieorchester Halle/S. ◆ 1966 war er für ein halbes Jahr Orchesterinspektor.

QUELLEN: Selbstauskunft.

|851 Rucker, Helmut
Flöte
* 22. April 1929 in Dresden, † 9. August 1999 in Dresden
Mitglied vom 1. August 1956 bis 31. Juli 1963
Solo-Flötist für → C. Bartuzat

Er besuchte ab 1936 die Volksschule und von 1940 bis zum Abitur 1948 die Oberschule in Dresden-Plauen. Anschließend studierte er bis 1951 bei seinem Vater Fritz Rucker an der Akademie für Theater und Orchester in Dresden. 1952 war er beim Orchester der Städtischen Bühnen Gera, 1953 beim Orchester des Fernsehzentrums beim Staatlichen Rundfunkkomitee in Berlin und anschließend bis 1956 beim Großen Rundfunkorchester Berlin. ◆ Nach seinem Ausscheiden war er bis 1994 Solo-Flötist bei der Dresdner Philharmonie.

QUELLEN: Auskunft von Gisela Rucker, Dresden.

|852 Schieber, Waldemar
Horn
* 13. Mai 1927 in Doberschau[49]/Schlesien
Mitglied vom 1. August 1956 bis 31. Juli 1992
3./1. Hornist, ab März 1961 Solo-Hornist für → E. Penzel

Aufgewachsen in Doberschau, besuchte er ab 1933 die Volksschule, zunächst in Haynau[50], später in Sagan[51] und erhielt 13jährig ersten Violin- und Klavierunterricht. Ab 1942 war er Schüler der Luftwaffen-Musikschule in Sondershausen, wurde im September 1944 zum Reichsarbeitsdienst verpflichtet und im Dezember 1944 zur Wehrmacht eingezogen. Am 9. Mai 1945 gefangengenommen, wurde er am 28. Dezember 1949 in Frankfurt/O. aus sowjetischer Kriegsgefangenschaft entlassen. Er arbeitete dann bis August 1950 im Braunkohlentagebau. Vom 2. Oktober 1950 bis 30. April 1953 studierte er bei → A. Frehse an der Leipziger Hochschule für Musik und hatte anschließend ein Engagement beim Stadttheater in Karl-Marx-Stadt[52].

Mitglied des Gewandhaus-Bläserquintetts von 1961 bis 1982; Vorsitzender des Gesamtpersonalrates des Gewandhauses von 1990 bis 31. Juli 1992 ◆ Lehrer an der Leipziger Hochschule für Musik von 1972 bis 1994 ◆ Lehrer von → Chr. Kretschmar.

QUELLEN: Gewandhaus; Selbstauskunft.

|853 Semsch, Karl
Posaune
* 7. September 1927 in Tetschendorf bei Leibmeritz[53]
Mitglied vom 1. August 1956 bis 30. September 1992
2. Posaunist für → A. Körnert

Er besuchte von 1933 bis 1938 die Volksschule, dann bis 1941 die Bürgerschule. Im November 1944 zum Reichsarbeitsdienst verpflichtet, wurde er im Januar 1945 zur Wehrmacht eingezogen. Nach dem Ende des Krieges arbeitete er bis 1946 in der elterlichen Landwirtschaft, dann bis 1948 bei der Baufirma Häcke in Halle/S. Er studierte von 1949 bis 1952 an der neu gegründeten Hochschule für Musik in Halle. Anschließend war er bis 1956 am dortigen Landestheater.

QUELLEN: GewandhausA.

|854 Mehlig, Karl Prof.
Pauke
* 4. Juni 1935 in Dresden
Mitglied vom 1. August 1956 bis 31. Mai 2000,
noch bis 2003 Aushilfe
Solo-Pauker für → A. Seifert

Von 1941 bis 1949 besuchte er die Volks- bzw. Grundschule und machte dann eine landwirtschaftliche Lehre im elterlichen Betrieb. Gleichzeitig nahm er von 1949 bis 1951 Privatunterricht bei Peter Sondermann in den Fächern Klavier und Schlagzeug, anschließend studierte er bei ihm an der Akademie für Musik und Theater in Dresden. Ab 1954 hatte er ein Engagement beim Staatlichen Sinfonieorchester Saalfeld.

---

48 Heute Chemnitz.
49 Heute Dobroszow (Polen).
50 Heute Chojnow (Polen).
51 Heute Zagan (Polen).
52 Heute Chemnitz.
53 Heute Těčiněves bei Litoměřice (Tschechien).

Lehrer an der Leipziger Hochschule für Musik von 1958 bis 2005; 1986 Professur ◆ Lehrer von → J.-G. Baumgärtel, → U. Grunert, → N. Himstedt, → M. Müller, → H. Reichardt, → Fr. Schlager und → Ph. Schroeder.
QUELLEN: GewandhausA.

1957

|855 Ramm, Kurt
Trompete
* 25. August 1921 in Lochau bei Halle/S.
Mitglied vom 1. Mai 1957 bis 31. Juli 1979
2. Trompeter

Aufgewachsen in Zschöchergen, war er von 1936 bis 1940 Schüler der Musikschule Görlach in Halle. 1940 zur Wehrmacht eingezogen, besuchte er während dieser Zeit von 1941 bis 1943 das Konservatorium in Dortmund und wurde im Juli 1947 aus amerikanischer Kriegsgefangenschaft entlassen. Anschließend war er bis 1954 beim Unterhaltungsorchester des Senders Leipzig und von 1954 bis 1957 beim Großen Rundfunkorchester. Von 1947 bis 1949 nahm er Unterricht bei → Fr. Herbst, von 1954 bis 1956 bei → K. Seegers.
Lehrer an der Leipziger Hochschule für Musik von 1959 bis 1986; 1981 Professur ◆ Lehrer von → G. Fischer, → K.-H. Georgi und → U. Lehmann.
QUELLEN: GewandhausA; Selbstauskunft.

|856 Menzel, Günter
Violine
* 10. Mai 1933 in Burgwitz bei Freital
Mitglied vom 1. August 1957 bis 31. Juli 1959
1. Geiger

Sein Vater Kurt Menzel war nebenberuflich als Tanzmusiker tätig. Er besuchte von 1939 bis 1947 die Volksschule in Freital und erhielt neunjährig ersten Geigenunterricht. Von 1947 bis 1950 war er Schüler von Josef Zirckler an der Orchesterschule Radebeul, anschließend studierte er bis 1955 bei Ludwig Schuster an der Leipziger Hochschule für Musik. Nach dem Studium war er bis 1957 Konzertmeister beim Kreistheater Werdau/Sitz Crimmitschau. ◆ Er ging nach Dresden zur Staatskapelle, wo er bis 1999 erst 2. Geiger, später 1. Geiger war.
QUELLEN: Selbstauskunft.

|857 Krutzsch, Wolfgang
Violine
* 6. April 1928 in Dresden,
† 7. März 2005 in Leipzig
Mitglied vom 1. August 1957 bis 31. Juli 1993
2. Geiger

Er besuchte in Dresden ab 1935 die Volksschule und von 1941 bis 1943 das Realgymnasium. Danach war er am Dresdner Konservatorium bis zu seiner Einberufung zur Kriegsmarine am 3. Januar 1945. Am 16. Juli 1945 wurde er in Tellingstedt aus britischer Kriegsgefangenschaft entlassen und arbeitete dann vier Monate in der Landwirtschaft in Oldenburg. Von 1946 bis 1954 studierte er in Dresden an der Akademie für Musik, später Hochschule für Musik, und hatte dort Unterricht bei Gustav Fritzsche[54]. Ab 1956 hatte er ein Engagement beim Orchester der Landesbühnen Sachsen in Radebeul. ◆ Im Gewandhaus wurden sein Violinkonzert und sein *Prolog für Orchester* uraufgeführt.
WERKE: zahlreiche Kompositionen.
QUELLEN: GewandhausA.

|858 Bernhardt, Heinz
Violine
* 11. Dezember 1924 in Schwerin,
† 26. Juli 1965 in Leipzig
Mitglied vom 1. August 1957 bis zu seinem Tod
2. Geiger

Sein Vater Heino Bernhardt war Geiger an der Mecklenburgischen Staatskapelle. Er besuchte bis 1940 die Oberrealschule in Schwerin und hatte von 1933 bis 1937 Klavierunterricht beim Solo-Cellisten Karl Knochenhauer. Vom 1. April 1940 bis 12. April 1943 war er Schüler der Heeresmusikschule Bückeburg. Anschließend zur Wehrmacht eingezogen, war er bis Juli 1944 bei einem Musikkorps in Holland. Am 29. September 1944 erlitt er eine schwere Kriegsverletzung und war bis zum Ende des Krieges in verschiedenen Lazaretten. Von Juli bis November 1945 war er Klarinettist am Mecklenburgischen Staatstheater und studierte dann bis August 1946 Geige bei Konzertmeister Walter Röder am Schweriner Konservatorium. 1946 und 1947 war er Pianist bei verschiedenen Unterhaltungskapellen und hatte ab 1. September 1947 ein Engagement als 2. Geiger bei der Mecklenburgischen Staatskapelle Schwerin. In dieser Zeit nahm er Unterricht bei → W. Tietze. Vom 16. August 1950 bis 15. August 1951 war er beim Landestheater Dessau, anschließend wieder in Schwerin, ab 1954 als Vorspieler der 2. Violinen.
QUELLEN: Auskunft von Renate Bernhardt, Leipzig.

|859 Schmalz, Herbert
Violine
* 5. Dezember 1929 in Rudolstadt,
† 26. Dezember 1997 in Leipzig
Mitglied vom 1. August 1957 bis 31. Dezember 1994
2. Geiger

Aufgewachsen in Rudolstadt, besuchte er dort ab 1936 die Grundschule und erhielt zehnjährig ersten Geigenunterricht bei seinem Vater, dem Konzertmeister Eduard Schmalz. In Bromberg[55], wo er 1944 die Grundschule abschloß, hatte er Geigenunterricht an der dortigen Musikschule. Von August 1945 bis 1951 war er Schüler von Walter Nowak und Gustav Adolf Drechsler am Konservatorium in Sondershausen. Anschließend hatte er bis 1957 ein Engagement beim Loh-Orchester Sondershausen, zunächst als 1. Geiger, ab 1955 als stellvertretender Konzertmeister. Von dort aus nahm er noch zwei Jahre Unterricht bei → W. Hansmann.
QUELLEN: GewandhausA.

---

54 Schüler von → W. Hansmann.
55 Heute Bydgoszcz (Polen).

|860 **Darm, Werner**
Viola
Mitglied vom 1. August 1957 bis 1. Februar 1958
Bratscher

Er war eigentlich auf Probe eingestellt, erhielt aber irrtümlich einen Festanstellungsvertrag, der dann wieder gelöst wurde.
QUELLEN: GewandhausA.

|861 **Arnold, Siegfried**
Violoncello
* 30. Juni 1928 in Großolbersdorf bei Zschopau
Mitglied vom 1. August 1957 bis 31. Januar 1989
Cellist, ab 1. Januar 1959 Vorspieler (Solo-Cellist)
für → A. Teuner, ab 31. Juli 1960 1. Solo-Cellist

Von 1934 bis 1942 besuchte er die Volksschule in Großolbersdorf und erhielt elfjährig ersten Zither- und 13jährig ersten Geigenunterricht. Von 1942 bis 1944 war er Schüler der Handelsvollsschule in Zschopau, danach kaufmännischer Lehrling bei der Auto Union AG (DKW). Am 22. November 1944 zum Reichsarbeitsdienst verpflichtet, wurde er am 14. Februar 1945 zur Wehrmacht eingezogen. Nach dem Ende des Krieges war er noch bis zur Auflösung des Betriebes wegen Reparation bei der Auto Union in Zschopau beschäftigt. Vom 1. Oktober 1945 bis 30. September 1946 war er Schüler der Orchesterschule Zschopau und erhielt dort ersten Cellounterricht bei → G. Enger aus Chemnitz. Anschließend war er bis 1954 bei verschiedenen Tanz- und Unterhaltungsensembles in Marienberg, Zschopau, Aue, Chemnitz und Warmbad Wolkenstein und nahm ab 1953 Unterricht bei Erwin Walda. Ab 1954 hatte er ein Engagement beim Städtischen Theater in Karl-Marx-Stadt[56].
QUELLEN: Selbstauskunft.

|862 **Braun, Peter-Karsten**
Violoncello
* 17. Mai 1926 in Alt-Schlawe[57]/Pommern
Mitglied vom 1. August 1957 bis 31. Dezember 1984
Cellist

Aufgewachsen in Stettin, besuchte er dort die Oberschule bis zum Notabitur 1943. Er war dann Luftwaffenhelfer, wurde 1944 zum Reichsarbeitsdienst verpflichtet und anschließend zur Wehrmacht eingezogen. Im April 1945 verwundet, erlebte er das Kriegsende im Lazarett. 1946 erlangte er das Abitur und studierte dann bis 1947 in Greifswald am Seminar für Kirchenmusik, später bis 1950 an der Hochschule für Musik in Berlin-Charlottenburg, zunächst Schulmusik, dann Cello. 1951 beendete er sein Studium an der Weimarer Hochschule bei Walter Schulz. Anschließend hatte er bis 1953 ein Engagement beim Kreiskulturorchester Arnstadt, dann bis 1957 beim Sinfonieorchester Jena. ♦ Er schied wegen einer Berufskrankheit aus dem Orchester aus und war dann als Betreuer einer blinden Englischlehrerin an der Leipziger Universität tätig.
QUELLEN: Selbstauskunft.

|863 **Vit, Johannes**
Violoncello
* 4. Juni 1927 in Görlitz,
† 6. Januar 1997 in Leipzig
Mitglied vom 1. August 1957 bis 1989
Cellist

Nach dem Besuch der Grundschule von 1933 bis 1941 machte er zunächst eine Drogistenlehre, bis er zum Reichsarbeitsdienst verpflichtet und 1944 zur Wehrmacht eingezogen wurde. Vom 1. Dezember 1944 bis 1947 war er in Frankreich in amerikanischer Kriegsgefangenschaft. Danach nahm er fünf Jahre Privatunterricht bei Pepo Eiselt in Görlitz und war hauptsächlich als Tanzmusiker und als Aushilfe beim Görlitzer Theater tätig. Von 1953 bis 1957 hatte er ein Engagement beim Staatlichen Sinfonie-Orchester Halle/S., ab 1956 als stellvertretender Solo-Cellist.
QUELLEN: GewandhausA.

|864 **Busch, Achim**
Kontrabass
* 8. Januar 1928 in Naunhof
Mitglied vom 1. August 1957 bis 28. Februar 1989
Kontrabassist

Aufgewachsen in Leipzig, besuchte er ab 1934 die Volks-, später bis 1944 die Mittelschule und hatte siebenjährig ersten Klavierunterricht. Ab 1944 erlernte er den Beruf des Zahntechnikers und war zeitweilig zum bewaffneten Reichsarbeitsdienst verpflichtet. Nach dem Ende des Krieges nahm er ersten Kontrabassunterricht. Im Anschluss an seine Lehre war er von 1947 bis 1950 Zahntechniker in Dahlen und gleichzeitig Tanzmusiker. Er nahm Privatunterricht bei → M. Schulz und studierte dann bei diesem von 1950 bis 1954 an der Leipziger Hochschule für Musik. Anschließend hatte er ein Engagement als Solo-Kontrabassist beim Großen Rundfunkorchester Leipzig.
QUELLEN: Selbstauskunft.

|865 **Rückert, Eberhard**
Kontrabass
* 11. November 1924 in Arnsdorf bei Görlitz,
† 27. Mai 1988 in Lindenthal bei Leipzig
Mitglied vom 1. August 1957 bis zu seinem Tod
Kontrabassist

Er besuchte von 1931 bis 1939 die Volksschule in Arnsdorf und erhielt zwölfjährig ersten Klavier- und Flötenunterricht bei Musikdirektor Willi Schmidt in Görlitz. 1942 wurde er zur Wehrmacht eingezogen, geriet im April 1945 in Kriegsgefangenschaft und arbeitete bis zu seiner Entlassung 1946 im französischen Kohlebergbau. Ab 1947 studierte er kurze Zeit an der Leipziger Hochschule für Musik Flöte, mußte das Studium jedoch wegen einer Tbc-Erkrankung abbrechen. Er wechselte zum Kontrabass und studierte von 1951 bis 1956 bei → M. Schulz und → K. Siebach. Anschließend hatte er ein Engagement beim Staatlichen Sinfonieorchester Halle/S.
QUELLEN: GewandhausA.

---

56 Heute Chemnitz.
57 Heute Slawsko (Polen).

|866 **Männel, Armin**
Trompete
* 17. Februar 1933 in Falkenstein/Vogtland
Mitglied vom 1. August 1957 bis 31. März 1998
Solo-Trompeter für → H. Schneidewind

Aufgewachsen in Rothenkirchen/Erzgebirge, erhielt er sechsjährig ersten Akkordeon- und Blockflötenunterricht, 14jährig dann Trompetenunterricht in Schönheide. Von 1947 bis 1950 war er Schüler von Oskar Kirchner beim »Stadtorchester Radebeul mit Lehrlingsabteilung für Solisten und Orchestermusiker« und studierte anschließend bis 1954 bei → H. Teubig an der Leipziger Hochschule für Musik. Ab 1954 hatte er ein Engagement bei der Dresdner Philharmonie.
Lehrer an der Leipziger Hochschule für Musik von 1958 bis 1988 ◆ Lehrer von Ludwig Güttler.
QUELLEN: Selbstauskunft.

|867 **Hallmann, Dietmar** Prof.
Violine, Viola
* 5. April 1935 in Breslau ◆ Vater von → O. Hallmann
Mitglied vom 1. September 1957 bis 31. Juli 1994, danach noch Aushilfe
1. Geiger, ab 1960 1. Solo-Bratscher

Er kam mit seiner Familie Ende 1947 nach Burkardtsdorf/Erzgebirge und erhielt dort 13jährig ersten Geigenunterricht bei Harry-Heinz Rudolph. Nach dem Abschluß der Grundschule 1950 war er Schüler der Fachgrundschule für Musik in Burgstädt, wo er bis 1954 Unterricht bei Paul Harzer[58] hatte. Anschließend studierte er von 1954 bis 1957 bei → G. Bosse an der Leipziger Hochschule für Musik. ◆ Er spielte zahlreiche Uraufführungen, darunter die der zwei Bratschenkonzerte und der Sonate von → A. Matz und des Doppelkonzerts f. Va. u. Cembalo von → W. A. Reuter.
Mitglied des Gewandhaus-Quartetts von 1959 bis 1993 für → Fr. Händschke ◆ Seit 1960 Lehrer an der Leipziger Hochschule für Musik; 1979 Professur ◆ Lehrer von → I. Bauer, → R. Bernewitz, → P.-M. Borck, → Cl. Bussian, → K. Dargel, O. Hallmann, → R. Heinemann, → K. Lepetit, → M. Sannemüller, → H. Stolle und → J. Wipper.
WERKE: Kammermusik, u. a. 1 Streichquartett, 1 Streichtrio; Sololiteratur f. Va.; Transkriptionen; Kadenzen. QUELLEN: Selbstauskunft.

|868 **Starke, Friedemann**
Viola
* 6. Mai 1932 in Dresden ◆ Vater von → V. Starke
Mitglied vom 1. September 1957 bis 31. Juli 1997, noch bis September 1998 Aushilfe
Bratscher

Er besuchte von 1938 bis 1942 die Grundschule, anschließend bis 1950 die Oberschule in Dresden. Siebenjährig erhielt er ersten Geigen- und zehnjährig Klavierunterricht. Nach dem Abitur war er bis 1951 Schüler am Konservatorium in Rostock. Anschließend studierte er bis 1956 an der Leipziger Hochschule für Musik, zunächst zwei Jahre Violine bei → J. H. Hewers, dann drei Jahre Viola bei → A. Matz. Nach dem Studium war er ein Jahr Solo-Bratscher beim Stadttheater Cottbus. Von dort aus nahm er Unterricht bei Alfred Schindler in Dresden.
QUELLEN: Selbstauskunft.

|869 **Huhndorf, Werner**
Viola
* 28. Juni 1933 in Schkölen
Mitglied vom 1. September 1957 bis 15. November 1965
Bratscher

Von 1939 bis 1945 besuchte er die Volksschule und erhielt sechsjährig ersten Geigen- und Klavierunterricht. Ab April 1945 war er an der Musikschule Rudolf Görlach in Halle/S., die ab 1. September 1945 in die staatliche Fachschule für Musik überging. Dort hatte er Unterricht bei Prof. Föhr und Paul Prescher (Violine) und ab Herbst 1946 bei Walter Ziegler (Viola), als Nebeninstrument belegte er Klarinette. Von 1952 bis 1957 studierte er bei → A. Matz an der Leipziger Hochschule für Musik, Klavierunterricht hatte er bei Mathilde Erben. ◆ Nach einer England-Reise des Orchesters kehrte er nicht gleich, sondern erst einige Zeit später in die DDR zurück und wurde nicht wieder eingestellt. Von 1965 bis 1966 hatte er ein Engagement beim Staatlichen Sinfonieorchester Gotha und war dann beim Orchester des Landestheaters Halle.
QUELLEN: Selbstauskunft.

|870 **Märker, Hermann**
Horn
* 20. April 1935 in Zwickau
Mitglied vom 1. September 1957 bis 31. Juli 1991
3. Hornist

In Schneeberg aufgewachsen, erhielt er sechsjährig ersten Geigenunterricht, 13jährig Trompeten- und 14jährig dann Hornunterricht. Nach dem Abitur studierte er von 1953 bis 1957 bei → A. Frehse und → E. Penzel an der Leipziger Hochschule für Musik.
Lehrer an der Leipziger Hochschule für Musik von 1976 bis 2001, ab 1986 hauptberuflich; 1991 Professur ◆ Lehrer von → J. Brückner, → L. Freytag, → R. Götz, J. Pleß und → J. Wessely.
QUELLEN: Selbstauskunft.

|871 **Rößler, Günter**
Trompete
* 19. Dezember 1935 in Losswig
Mitglied vom 1. September 1957 bis 31. Dezember 2000
3./1. Trompeter, ab 1959 Solo-Trompeter[59], ab 1984 2./3. Trompeter

Aufgewachsen in Bennewitz bei Torgau, besuchte er die Grundschule zunächst in Weßnig, später in Torgau. Zehnjährig erhielt er ersten Klavierunterricht, später kamen Geige und Klarinette hinzu. Von 1950 bis 1954 war er Schüler der Fachgrundschule für Musik in Torgau, wo er ab 1951 zwei Jahre Trompetenunterricht bei Paul Hille hatte. Von dort aus nahm er noch Privatunterricht bei → K Seegers. Von 1954 bis 1957 studierte er bei → H. Teubig an der Leipziger Hochschule für Musik und war während dieser Zeit bereits aushilfsweise im Orchester tätig. ◆ Von 1967 bis 1986 war er Lehrer an der Spezialschule für Musik in Halle/S. und von 1986 bis 1995 Dozent an der Dresdner Hochschule.
Lehrer von → G. Fischer und → K.-H. Georgi.
QUELLEN: Selbstauskunft.

---

58 Vater von → R. Harzer.

59 Mit der Einrichtung der 7. Stelle entfiel die Wechselposition.

|872 **Josifko, Jaroslav**
Flöte
* 27. Mai 1930 in Kutna Hora (Tschechoslowakei)
Mitglied vom 15. Oktober 1957 bis 31. Juli 1958
1./2. Flötist für → G. Schaub

Er studierte am Prager Konservatorium. ♦ Nach seinem Leipziger Engagement ging er zu den Prager Sinfonikern.
QUELLEN: GewandhausA.

1958

|873 **Bartel, Hans-Christian**
Viola
* 27. November 1932 in Altenburg
Mitglied vom 1. März 1958 bis 30. November 1996
Bratscher, ab 1959 Solo-Bratscher

Aufgewachsen in Altenburg, erhielt er dort sechsjährig ersten Geigenunterricht bei Rudolf Holdt. Schon während der Grundschulzeit hatte er privaten Tonsatzunterricht bei Bernhard Klein, 1941 entstanden seine ersten Kompositionen. Nach dem Abitur 1951 studierte er bis 1956 an der Leipziger Hochschule für Musik, zunächst Violine, ab 1954 auch Viola bei → G. Bosse und ab 1952 Komposition bei Ottmar Gerster. Andere prägende Lehrer waren Manfred Reinelt (Klavier) und Hermann Heyer (Musikgeschichte und Seminare für Neue Musik). Von 1956 bis 1958 war er Lehrer für Komposition, Theorie und Formenlehre am Robert-Schumann-Konservatorium in Zwickau. ♦ Er ist vielfach als Solist seines von ihm auch uraufgeführten Bratschenkonzertes aufgetreten. Die meisten Manuskripte seiner zahlreichen zwischen 1941 und 1961 entstandenen Kompositionen sind bei dem Hochwasser der Mulde 2002 in Höfgen bei Grimma vernichtet worden. Zur Zeit arbeitet er an einem Violinkonzert im Auftrag von Thomas Zehetmayer.
WERKE: Streichquartett, 1953; Streichtrio, 1954; Oboenquartett, 1955; Konzert für kleines Orchester und Solobratsche (Bratschenkonzert), 1961; Konzert für Orchester, 1966; Konzertstück für Violoncello und Kammerorchester, 1990 (nach einer Fassung mit Klavier von 1988); B A C H f. Vl. solo, 1996; Sonatine für Violoncello solo, 1998; verschiedene Liederzyklen, 2003 u. 2004; Motette nach Worten aus dem Sonnengesang von Assisi, 2002; David und Goliath (Szenen für Orchester nach einem Klavierstück von 2001), 2003; Klavierstück, 2005. QUELLEN: Selbstauskunft.

|874 **Lorenz, Rolf**
Oboe
* 28. Juni 1928 in Chemnitz,
† 29. Januar 1996 in Berlin
Mitglied vom 1. August 1958 bis 31. Juli 1962
Englischhornist/2. Oboist für → J. Wagner

Er besuchte von 1935 bis 1943 die Volksschule in Chemnitz und erhielt vierjährig ersten Harmonika- und Klavierunterricht. Von 1943 bis 1946 war er Schüler der Orchesterschulen Zschopau und Burgstädt und hatte Unterricht bei Arthur Morgenstern. Ab 1. Oktober 1946 hatte er ein Engagement beim Theater in Karl-Marx-Stadt[60] unter → R. Kempe. Von dort aus nahm er noch Unterricht bei → H. Brückner und Kurt Mahn in Dresden. ♦ Nach seinem Leipziger Engagement ging er nach Berlin an die Staatskapelle.
QUELLEN: Auskunft von Anneliese Lorenz, Berlin.

|875 **Stöckel, Klaus**
Klarinette
* 22. Mai 1934 in Leipzig,
† 8. Juli 2005 in Trento (Italien), □ in Leipzig
Mitglied vom 1. August 1958 bis 31. Juli 1997
1./2. Klarinettist, ab 1960 Solo-Klarinettist an der neu eingerichteten dritten Stelle, ab 1. August 1989 wieder 1./2. Klarinettist

Aufgewachsen ist er in Leipzig und Schildau. Die Schule besuchte er ab 1940 in Leipzig, ab 1942 in Schildau, dann wieder in Leipzig und, nachdem die Familie 1943 ausgebombt war, wieder in Schildau. Von 1944 bis 1945 war er an der Oberschule in Torgau, nach 1945 wieder in Schildau. Von 1947 bis 1950 besuchte er in Halle/S. die Schule der Franckeschen Stiftungen. Dort wirkte er als Autodidakt in einer Schülerkapelle mit, deren Mitglieder die Schule verlassen mußten, weil sie nachts Tanzmusik machten. Er kam dann an die Landesheim-Oberschule in Droyßig, wirkte dort im Schulorchester mit und erlangte 1952 das Abitur. Anschließend studierte er an der Pädagogischen Fakultät der Leipziger Universität mit dem Berufsziel Musikerzieher, wechselte 1953 zur Hochschule für Musik und studierte dort bis 1956 bei → W. Schreinicke. Anschließend hatte er ein Engagement beim Kreistheater Werdau/Sitz Crimmitschau.
Mitglied des Gewandhaus-Bläserquintetts von 1983 bis 1989; Vorsitzender der BGL vom 13. April 1965 bis 21. Juni 1967 für → K.-H. Werchau; Vorsitzender des Senioren-Clubs des Gewandhausorchesters vom 6. April 1998 bis zu seinem Tod für → J. Naumann ♦ Lehrer an der Leipziger Hochschule für Musik von 1983 bis 1996 ♦ Lehrer von → M. Kreher.
QUELLEN: GewandhausA; Selbstauskunft.

|876 **Stöbe, Ewald**
Klarinette
* 8. Juni 1922 in Zitzschen
Mitglied vom 1. August 1958 bis 31. Juli 1987
Bass- /2. Klarinettist für → H. Schmidt; spielte auch tiefe Saxophone

Er besuchte ab 1928 die Volksschule in Zitzschen und war von 1936 bis 1940 auf der Musikschule in Waldheim, wo er Unterricht bei Arthur Richter aus Chemnitz hatte. Zur Wehrmacht eingezogen, war er zunächst beim Stabsmusikkorps in Münster/Westfalen, ab 1942 in Wolfenbüttel. Nach dem Ende des Krieges war er bis 1947 in amerikanischer Kriegsgefangenschaft in Italien. Von 1947 bis 1949 studierte er bei → W. Schreinicke an der Leipziger Hochschule für Musik. Anschließend hatte er ein Engagement beim Leipziger Rundfunk, zunächst beim Großen Rundfunkorchester, ab 1954 beim Sinfonieorchester.
QUELLEN: Selbstauskunft.

---

60 Heute Chemnitz.

| 877 **Fleischer, Georg**
Posaune
* 5. Dezember 1926 in Freital
Mitglied vom 1. August 1958 bis 31. Dezember 1991
Solo-Posaunist für → W. Weiße

Aufgewachsen in Freital, besuchte er dort die Volksschule von 1933 bis 1941. Seinen ersten Posaunenunterricht erhielt er 14jährig bei dem in Freital wohnenden Johannes Gunkel von der Sächsischen Staatskapelle. Von 1941 bis 1943 machte er eine Lehre zum Chemiefachwerker an der Freitaler Seifenfabrik. 1944 wurde er zur Wehrmacht eingezogen und Ende 1945 aus britischer Kriegsgefangenschaft entlassen. Bis 1949 war er Tanzmusiker, gleichzeitig nahm er Unterricht bei Alfred Grünler aus Dresden. 1949 hatte er ein Engagement beim Wismutorchester in Aue, später bis 1954 beim Sinfonieorchester Jena. Von 1954 bis 1956 war er beim Stadttheater in Görlitz, anschließend beim Landestheater Halle/S.
Lehrer an der Leipziger Hochschule für Musik von 1959 bis 1998 ◆ Lehrer von → G. Eßbach und → R. Handrow.
QUELLEN: Archiv HMT: Personalkartei; Selbstauskunft.

| 878 **Müller, Horst**
Schlagzeug
* 26. Februar 1934 in Berlin
Mitglied vom 1. August 1958 bis 31. Juli 1962
Schlagzeuger an der neu eingerichteten 6. Stelle

Aufgewachsen in Neustrelitz, besuchte er dort die Volks- und später die Mittelschule. Zehnjährig erhielt er ersten Klavier-, 14jährig dann Schlagzeugunterricht an der Musikschule Neustrelitz. Von 1950 bis 1955 war er Schüler von Ernst Hennigs am Schweriner Konservatorium. Anschließend war er bis 1958 bei der Staatskapelle Schwerin. ◆ Nach seinem Leipziger Engagement war er bis 1999 bei der Staatskapelle Berlin.
QUELLEN: Selbstauskunft.

1959

| 879 **Bachmann, Manfred**
Violine
Mitglied von 1959 bis 1962
1. Geiger, ab Januar 1961 Stellvertretender Konzertmeister

Er studierte von 1948 bis 1949 bei Dorothea Bochskanl an der Leipziger Hochschule für Musik. ◆ Nach seinem Leipziger Engagement war er im Orchester der Komischen Oper Berlin.
QUELLEN: Archiv HMT: Kon. Nr. 19287.

| 880 **Heise, Ralf**
Violine
* 21. September 1935 in Jecha bei Sondershausen
Mitglied vom 1. August 1959 bis 30. September 2000
1. Geiger

In Sondershausen aufgewachsen, besuchte er dort von 1942 bis 1950 die Volks- bzw. Grundschule und erhielt elfjährig ersten Geigenunterricht bei Gustav Adolf Drechsler. Von 1950 bis 1954 war er Schüler der Fachgrundschule für Musik in Sondershausen. Dort hatte er zunächst weiter Unterricht bei Drechsler, ab 1952 war er dann Schüler von → W. Hansmann, zunächst in Erfurt und dann während seines Studiums an der Hochschule für Musik in Weimar von 1954 bis 1959.
QUELLEN: Selbstauskunft.

| 881 **Feit, Karl-Heinz**
Violoncello
* 30. Juni 1935 in Chemnitz
Mitglied vom 1. August 1959 bis Dezember 1960
Cellist

Der Sohn des Chemnitzer Solo-Trompeters Max Feit besuchte in seiner Heimatstadt die Karl-Marx-Oberschule bis zum Abitur 1953. 13jährig erhielt er ersten Klavierunterricht, 16-jährig ersten Cellounterricht, später wurde Erwin Walda sein Lehrer. Von 1953 bis 1958 studierte er bei → A. Eichhorn an der Leipziger Hochschule für Musik und war während dieser Zeit bereits als Substitut beschäftigt. Ab 1958 hatte er ein Engagement als Solo-Cellist beim Staatlichen Sinfonieorchester Thüringen/Sitz Gotha. ◆ Er verließ die DDR während seiner Mitgliedschaft im Orchester, war zunächst zwei Jahre in Stuttgart und dann beim Bayerischen Staatsorchester in München.
QUELLEN: Selbstauskunft.

| 882 **Weih, Walter**
Oboe
* 7. April 1934 in Struth-Helmershof
Mitglied vom 1. August 1959 bis 31. Juli 1961
Solo-Oboist für → M. Clement

Er besuchte von 1940 bis 1948 die Volksschule in Struth und erhielt dort achtjährig ersten Geigenunterricht. Von 1948 bis 1950 war er Schüler der Fachschule für Musik in Weimar und studierte dann bis 1952 bei Horst Waldmann[61] an der dortigen Hochschule für Musik. Vom 1. Januar 1953 bis 1954 hatte er ein Engagement beim Staatlichen Sinfonieorchester in Saalfeld, war danach bis 1955 beim Sinfonieorchester Schwerin, von 1955 bis 1957 in Dessau und anschließend bis 1959 bei der Staatskapelle Weimar. ◆ Nach seinem Leipziger Engagement ging er nach Berlin, wo er bis 31. Dezember 1961 beim Orchester der Komischen Oper und anschließend bis zum 31. Dezember 1999 bei der Staatskapelle war, bis 1993 als Solo-Oboist.
QUELLEN: Selbstauskunft.

| 883 **Mörchen, Hans-Ludwig**
Oboe
* 28. März 1936 in Bernburg
Mitglied vom 1. August 1959 bis 31. März 2001,
noch bis Sommer 2001 Aushilfe
2. Oboist

Aufgewachsen in Rathmannsdorf bei Bernburg, besuchte er zunächst die dortige Grundschule, später die in Güsten und Bernburg. Neunjährig erhielt er ersten Flöten-, zwölfjährig dann Geigenunterricht. Von 1950 bis 1954 war er mit Hauptfach Oboe Schüler von Kurt Pilz an der Fachgrundschule für Musik in Bernburg. Anschließend studierte er bei Richard Freudenberg an der Hochschule für Musik in Halle/S. Nach deren Auflösung

....

61 Schüler von → A. Gleißberg.

1955 studierte er bis 1957 bei → W. Gerlach an der Hochschule in Leipzig. Danach war er in Sondershausen beim Loh-Orchester und ab 1958 beim Staatlichen Sinfonieorchester Gotha.
QUELLEN: Selbstauskunft.

|884 **Baasch, Gerwin**
Fagott
* 3. März 1934 in Halle/S.
Mitglied vom 1. August 1959 bis 31. März 1999,
noch bis 31. Juli 1999 Aushilfe
Solo-Kontra-/2. Fagottist an der neu eingerichteten
7. Stelle

Sein Vater Friedrich Baasch war Chorsänger in Halle, Chemnitz und Leipzig. Er besuchte ab 1940 die Volksschule in Leipzig und erhielt sechsjährig ersten Klavierunterricht. Ab 1944 war er Schüler des nach Nossen verlegten Musischen Gymnasiums Leipzigs und von 1945 bis 1952 der Leibniz-Schule in Leipzig, wo er auch Fagottunterricht bei Karl-Heinz Angerhöfer hatte. Von 1952 bis 1957 studierte er bei → G. Junge an der Leipziger Hochschule für Musik. Danach hatte er ein Engagement beim Kreistheater Borna und war ab 1958 beim Estradenorchester Berlin.
QUELLEN: Selbstauskunft.

|885 **Damm, Peter**
Horn
* 27. Juli 1937 in Meiningen
Mitglied vom 1. August 1959 bis 31. Juli 1969
Solo-Hornist für → S. Hammer

Elfjährig erhielt er ersten Violinunterricht und 14jährig ersten Hornunterricht bei Franz Nauber in Meiningen. Nach der Schulzeit begann er zunächst eine Forstarbeiterlehre, ab Dezember 1951 war er dann in Weimar, zunächst an der Vorbereitungsklasse der Hochschule für Musik, von 1952 bis 1953 an der Fachgrundschule für Musik. Nachdem er ein Jahr freischaffend war und weiter Unterricht bei Karl Biehlig genommen hatte, studierte er bei diesem an der Weimarer Hochschule von 1954 bis 1957 und war während dieser Zeit bereits als Aushilfe bei der Staatskapelle Weimar. Ab 1957 war er Solo-Hornist beim Orchester der Bühnen der Stadt Gera. ◆ Nach seinem Leipziger Engagement war er bis 31. Juli 2002 bei der Staatskapelle in Dresden, wo er bei seinem Ausscheiden aus dem Orchester zum Ehrenmitglied ernannt wurde. Seit 1969 unterrichtet er an der Dresdner Hochschule; 1986 Professor.
LITERATUR: A. Schreiber: Von der Churfürstlichen Cantorey zur Sächsischen Staatskapelle Dresden. QUELLEN: Selbstauskunft.

|886 **Mende, Wolfgang**
Horn
* 25. Juli 1936 in Oberleutensdorf[62]
Mitglied vom 1. August 1959 bis 31. Juli 1961
2. Hornist an der neu eingerichteten 10. Stelle

Er ist der Sohn des 1943 gefallenen Musikers und Kapellenleiters Eduard Mende. Von 1942 bis 1945 besuchte er die Volksschule in Oberleutensdorf und erhielt fünfjährig ersten Klavierunterricht. Nach der Aussiedlung der Familie besuchte er die Grundschule in Löbnitz bei Köthen und hatte in Köthen ein Jahr Akkordeon-Unterricht. Von 1950 bis 1954 war er Schüler der Musikschule Bernburg, erhielt dort ersten Hornunterricht und hatte anschließend bis 1956 ein Engagement beim dortigen Stadttheater. Ab 1956 war er beim Rundfunk-Blasorchester Leipzig und nahm gleichzeitig Unterricht bei → G. Haucke und → E. Penzel. ◆ Nach seinem Leipziger Engagement war er bis 1997 bei der Staatskapelle Berlin.
QUELLEN: Selbstauskunft.

|887 **Schulze, Klaus**
Horn
* 15. Mai 1939 in Chemnitz
Mitglied vom 1. August 1959 bis Juni 1962
3. Hornist, ab 1961 3./1. Hornist

Er besuchte nach dem Ende des Krieges in Chemnitz die Grundschule und erhielt achtjährig ersten Klavierunterricht. Später war er Schüler von Josef Sturm aus Chemnitz, ab 1953 an der Fachgrundschule für Musik in Burgstädt und von 1955 bis 1957 am Konservatorium in Zwickau. Ab 1957 hatte er ein Engagement beim Großen Rundfunkorchester Leipzig. ◆ Nach seinem Leipziger Engagement war er bis 1967 bei der Staatskapelle Berlin, verließ die DDR und war dann beim Staatstheater Kassel.
QUELLEN: Selbstauskunft.

|888 **Haertel, Harry**
Trompete
* 1. Juni 1937 in Breslau
Mitglied vom 1. August 1959 bis 30. Juni 2002
2./3. Trompeter an der neu eingerichteten 7. Stelle

Von 1943 bis 1945 besuchte er die Volksschule in Breslau, dann bis 1952 die Grundschule in Großmonra bei Kölleda und erhielt dort elfjährig in der örtlichen Blaskapelle seinen ersten Trompetenunterricht. Später fuhr er ein Jahr lang zum Unterricht nach Erfurt. Von 1952 bis 1955 war er Schüler der Fachgrundschule für Musik in Potsdam, wo er u. a. Unterricht bei Max Thierfelder hatte. Nach der Auflösung der Potsdamer Schule war er bis 1957 am Konservatorium in Rostock und studierte danach bis 1959 bei Wilhem Simon an der Hochschule für Musik in Dresden. ◆ Von 1983 bis 1985 war er auch Lehrer an der Spezialschule für Musik in Halle/S.
Lehrer an der Leipziger Hochschule für Musik von 1985 bis 1992 ◆ Lehrer von → U. Lehmann.
QUELLEN: Selbstauskunft.

|889 **Uhlig, Eberhard**
Posaune
* 5. August 1935 in Leipzig
Mitglied vom 1. August 1959 bis 31. August 2000
Wechsel-Posaunist[63] an der neu eingerichteten 7. Stelle,
ab 1. August 1967 Bass-Posaunist für → P. Heber;
spielte auch Tenortuba und Cimbasso

Er besuchte in Leipzig die Einheitliche Grund- und Oberschule bis zum Abitur 1953. Zehnjährig erhielt er ersten Klavierunterricht, 14jährig Unterricht auf dem Bariton und dem Tenorhorn, später auch auf der Posaune. Ab 1951 war → Fr. Seyffarth sein Lehrer und von 1954 bis 1957 studierte er bei → P. Heber an der Leipziger Hochschule für Musik. Anschließend hatte er bis 1959 ein Engagement beim Orchester der Städtischen Bühnen Magdeburg.
QUELLEN: Selbstauskunft.

---

62 Heute Litvinov (Tschechien).

63 Er war vertraglich zum Spielen der 1., 2., 3. und Kontrabassposaune verpflichtet.

Gewandhausorchester und Franz Konwitschny im Opernhaus, 1960

1960

|890 Meschke, Dieter
Tuba
* 16. Januar 1936 in Ehrenberg
Mitglied vom 1. August 1959 bis 31. Januar 2001
Tubist an der wieder eingerichteten 2. Stelle

Von 1942 bis 1950 besuchte er die Volks- bzw. Grundschule in Ehrenberg und hatte dort ab seinem zwölften Lebensjahr Knopfharmonika-, Akkordeon- und Klavierunterricht. Ab 1950 war er beim »Stadtorchester Radebeul mit Lehrlingsabteilung für Solisten und Orchestermusiker«, wo er zunächst Posaunenunterricht bei Richard Arnold hatte, später bei Alfred Grünler. Nach der Schließung der Radebeuler Schule hatte er ab Januar 1951 Unterricht bei Karl Heun an der Fachgrundschule für Musik in Görlitz. Von 1951 bis 1954 war er Schüler der Fachgrundschule für Musik in Dresden und hatte dort ersten Tubaunterricht bei Heinz Forker. Danach studierte er bis 1957 an der Dresdner Hochschule für Musik, bis 1956 Tuba bei Forker, dann noch ein Jahr Kontrabass bei Heinz Hermann. Anschließend hatte er ein Engagement beim Rundfunk-Blasorchester Leipzig.

WERKE: Orchesterstudien; Studienliteratur. QUELLEN: Selbstauskunft.

|891 Moosdorf, Otto-Georg
Violine
* 19. März 1934 in Bahren bei Grimma
Mitglied vom 1. August 1960 bis 31. März 1999,
hatte bereits ab 1959 einen sogenannten Entwicklungsvertrag[64], noch bis Sommer 2000 Aushilfe
1. Geiger

Er besuchte in Golzern bei Grimma die Volksschule, nach 1943 die Oberschule in Grimma und erhielt dort neunjährig ersten Geigenunterricht. Ab 1949 war er Schüler bei der Stadtkapelle in Naunhof, wo er Flöte und Saxophon blies. Nach deren Auflösung 1950 war er an der Fachgrundschule für Musik in Querfurt mit dem Hauptfach Flöte, wechselte 1951 das Hauptfach und hatte Geigenunterricht bei Werner Teutscher. Nachdem im gleichen Jahr auch die Schule in Querfurt aufgelöst wurde, kam er an die Fachgrundschule für Musik in Potsdam und hatte dort Unterricht bei Werner

---

64 Mit dieser Vertragsform wurde versucht, Absolventen der Leipziger Hochschule frühzeitig an das Orchester zu binden. Die betreffenden Kollegen versahen den vollen Dienst, erhielten aber nur ⅔ des üblichen Gehaltes, außerdem waren sie nicht an den Reisen des Orchesters und Schallplattenaufnahmen beteiligt. Zur Festanstellung mußte ein weiteres Probespiel abgelegt werden.

DEFA-Filmaufnahmen in der Thomaskirche mit Thomanerchor und Gewandhausorchester, um 1960

Scholz und Walter Boell. Von 1954 bis 1959 studierte er bei Ludwig Schuster an der Leipziger Hochschule für Musik. ♦ Er gründete 1971 das Leipziger Kammerorchester (bis 1981 Collegium Instrumentalis Lipsiensis) und war bis 1996 dessen künstlerischer Leiter.
Vorsitzender der BGL vom 11. Februar 1970 bis 24. Januar 1972 für → W. Espig.
QUELLEN: GewandhausA; Selbstauskunft.

|892 Fiehring, Günter
Violine
* 14. März 1931 in Löwen[65]/Schlesien
Mitglied vom 1. August 1960 bis 31. Juli 1996,
noch bis 31. Juli 1997 Aushilfe
1. Geiger

Er besuchte die Volksschule in Löwen, dann von 1941 bis 1945 die Oberschule in Brieg. Im Februar 1945 kam er mit der Familie nach Rudolstadt, wo er bis 1946 als Landarbeiter in Haufeld bei Rudolstadt beschäftigt war. Von 1946 bis 1947 besuchte er die Oberschule in Rudolstadt und war anschließend bis 1950 an der Fachschule für Musik in Weimar. Danach war er bei der HO-Landesleitung als Musiker und Kapellenleiter engagiert, ab 1952 beim Gesangs- und Tanzensemble des FDGB. Von 1953 bis 1955 studierte er in Halle/S. an der staatlichen Hochschule für Musik und anschließend bis 1960 am Konservatorium in Leningrad.

Verwalter der Orchesterkasse von 1965 bis 1988 für → H. Ring ♦ Lehrer an der Leipziger Hochschule für Musik von 1960 bis 1983 ♦ Lehrer von → H. Baumann, → W. Janek und → B. Roth.
QUELLEN: Archiv HMT: Lehrerkartei; GewandhausA.

|893 Jachimowicz, Kasimir
Violine
* 26. Oktober 1925 in Zeithain bei Riesa
Mitglied vom 1. August 1960 bis 1991
2. Geiger

Bis 30. September 1941 war er Schüler des Berliner Konservatoriums, ab Oktober 1941 war er in Leipzig, zunächst als Privatschüler von → K. Stiehler. Vom 20. September 1943 bis 14. März 1944 studierte er an der Leipziger Hochschule für Musik, war während dieser Zeit bereits als Aushilfe beschäftigt und vom 1. August 1944 bis 31. Januar 1945 als Kriegsaushilfe angestellt. Vom 20. Oktober 1948 bis 31. März 1949 war er beim Berliner Philharmonischen Orchester.
LITERATUR: G. Avgerinos: Künstlerbiographien. QUELLEN: Archiv HMT: Kon Nr. 18499.

---

65 Heute Lewin Brzeski (Polen).

|894 **Gräntzel, Wolfgang**
Violine
* 16. Dezember 1935 in Leipzig
Mitglied vom 1. August 1960 bis 31. Dezember 2000,
hatte bereits ab 1959 einen sogenannten
Entwicklungsvertrag[66]
2. Geiger, ab 1964 1. Geiger

Er erhielt achtjährig ersten Klavier- und neunjährig ersten Geigenunterricht. Ab 1946 hatte er Unterricht bei Dorothea Bochskanl, und nach dem Abitur studierte er von 1954 bis 1959 an der Leipziger Hochschule für Musik, zunächst bei Albert Quadflieg, ab 1956 bei → O. Pensel.
QUELLEN: Selbstauskunft.

|895 **Geidel, Christian**
Violine
* 17. Juni 1937 in Wüstenbrand
Mitglied vom 1. August 1960 bis 30. Juni 2002
2. Geiger, ab 1. August 1961 1. Geiger

Aufgewachsen in Dresden, nach 1945 in Neukirchen bei Chemnitz, erhielt er dort neunjährig ersten Geigenunterricht bei Gerhard Baumann. Nach dem Abschluß der Grundschule war er bis 1955 Schüler der Fachgrundschule für Musik in Burgstädt, hatte dort Unterricht bei Paul Harzer[67] und studierte anschließend bis 1960 bei → G. Bosse an der Leipziger Hochschule für Musik.
QUELLEN: Selbstauskunft.

|896 **Schroeder, Jürgen**
Violoncello
* 2. Juni 1935 in Rostock ◆ Vater von → Ph. Schroeder
Mitglied vom 1. August 1960 bis 31. Juli 2000
Cellist

Sechsjährig erhielt er ersten Geigenunterricht. Von 1941 bis 1949 besuchte er die Volks- bzw. Grundschule, zunächst in Rostock und später in Ronneburg, von 1943 bis 1945 als Mitglied des in dieser Zeit nach Grimma verlegten Thomanerchores. Von 1949 bis 1953 war er Schüler der Fachgrundschule für Musik in Neustrelitz. Dort hatte er noch ein Jahr Geigenunterricht, dann ersten Cellounterricht bei Johannes Mütze und wirkte gleichzeitig aushilfsweise als Chorist am dortigen Theater mit. Von 1953 bis 1957 studierte er bei Bernhard Günther und Otto Gunkel an der Hochschule für Musik »Hanns Eisler« in Berlin. Anschließend hatte er ein Engagement bei der Mecklenburgischen Staatskapelle Schwerin.
QUELLEN: Selbstauskunft.

|897 **Heinrich, Adolf**
Violoncello
* 27. Dezember 1931 in Bodenbach[68]
Mitglied vom 1. August 1960 bis 31. Juli 1997
Cellist

Er besuchte von 1938 bis 1945 die Volks- und dann die Mittelschule in Bodenbach, wo sein Großvater Julius Heinrich und sein Vater Adolf Heinrich Chorleiter waren und er zehnjährig ersten Klavierunterricht an der dortigen Musikschule erhielt. Nach der Aussiedlung der Familie hatte er 1946 ersten Cellounterricht bei Arno Sperber an dessen Musikschule in Wiehe/Thüringen. Nachdem diese Schule 1949 aufgelöst wurde, war er bis 1952 als freischaffender Musiker tätig, nahm aber weiterhin Unterricht bei Sperber. Von 1952 bis 1957 studierte er bei → A. Eichhorn an der Leipziger Hochschule für Musik und hatte anschließend ein Engagement beim Stadttheater Magdeburg.
QUELLEN: Selbstauskunft.

|898 **Jäger, Siegfried**
Violoncello
* 29. August 1936 in Neudörfel bei Stolpen
Mitglied vom 1. August 1960 bis 31. Juli 2000
Cellist, ab 1973 Vorspieler

Ab 1942 besuchte er die Volksschule in Rennersdorf und erhielt neunjährig ersten Geigenunterricht. Von 1950 bis 1955 war er Schüler der Fachgrundschule für Musik in Dresden und hatte dort ersten Cellounterricht bei Otto Boruvka. Anschließend studierte er bis 1960 bei Karl Grosch[69] an der Dresdner Hochschule und war während dieser Zeit Substitut bei der Dresdner Staatskapelle.
QUELLEN: Selbstauskunft.

|899 **Beyer, Achim**
Kontrabass
* 8. November 1935 in Leipzig
Mitglied vom 1. August 1960 bis 6. Juli 1981
Kontrabassist, ab 1972 Vorspieler, ab 1980 Solo-Kontrabassist für → A. Müller

Aufgewachsen in Leipzig, erhielt er sechsjährig ersten Klavierunterricht. Von 1941 bis 1949 besuchte er die Volks- bzw. Grundschule und war nach 1945 beim Leipziger Rundfunk unter Leitung von Gerd Schlotter bei der »Jungen Funkgruppe« als Pianist. In dieser Zeit nahm er seinen ersten Kontrabassunterricht bei → H. Sachse. Von 1949 bis 1952 machte er eine Lehre zum Klavierbauer bei der Firma Blüthner, war anschließend dort noch ein Jahr Geselle und nahm gleichzeitig Unterricht bei → K. Siebach. Bis Ende 1954 war er freischaffender Tanzmusiker und studierte dann von Januar 1955 bis 1959 bei → K. Siebach an der Leipziger Hochschule für Musik. Anschließend war er ein Jahr Stellvertretender Solo-Kontrabassist in Magdeburg. ◆ Nach einem Gastspiel der Leipziger Oper in Italien, kehrte er nicht mit dem Orchester, sondern erst später in die DDR zurück und wurde nicht wieder eingestellt. Er war dann – zunächst als Aushilfe, später fest angestellt – beim Rundfunk-Sinfonieorchester Leipzig. Von 1979 bis 1981 und von 1982 bis 1992 hatte er Lehraufträge an der Leipziger Hochschule für Musik, ab 1992 hauptberuflich mit Professur, 2000 emeritiert.
QUELLEN: Selbstauskunft.

---

66 Mit dieser Vertragsform wurde versucht, Absolventen der Leipziger Hochschule frühzeitig an das Orchester zu binden. Die betreffenden Kollegen versahen den vollen Dienst, erhielten aber nur ⅔ des üblichen Gehaltes, außerdem waren sie nicht an den Reisen des Orchesters und Schallplattenaufnahmen beteiligt. Zur Festanstellung mußte ein weiteres Probespiel abgelegt werden.

67 Vater von → R. Harzer.

68 Heute Podmokly, Ortsteil von Děčín (Tschechien).

69 Schüler von → J. Klengel.

|900 **Köpping, Dieter**
Kontrabass
* 26. Oktober 1935 in Leipzig
Mitglied vom 1. August 1960 bis 31. Oktober 2000
Kontrabassist

Er besuchte von 1942 bis 1950 die Grundschule in Leipzig und war anschließend vier Jahre an der Georg-Friedrich-Händel-Musikschule in Halle/S., wo er Unterricht bei Karl Oehl hatte. Von 1954 bis 1958 studierte er bei → K. Siebach an der Leipziger Hochschule für Musik. Anschließend hatte er ein Engagement beim Städtischen Berliner Sinfonieorchester.
QUELLEN: GewandhausA.

|901 **Nerling, Erwin**
Kontrabass
* 23. August 1935 in Janówka[70]
Mitglied vom 1. August 1960 bis 31. August 2000
Kontrabassist, ab 1977 Vorspieler

1942 kam er mit seiner Familie nach Helldorf bei Welun, wo er bis 1945 die Volksschule besuchte. Nach dem Ende des Krieges lebte die Familie in Quesnitz bei Zeitz. Er besuchte bis 1950 die Schule in Meineweh und hatte zwölfjährig ersten Akkordeonunterricht bei Max Lemmnitz in Osterfeld. Von 1950 bis 1952 war er Schüler der Fachgrundschule für Musik in Querfurt und hatte bei Kurt Müller ersten Kontrabassunterricht. Nach der Schließung der Schule 1952 kam er an die Fachgrundschule in Potsdam, dort war Heinz Zimmer sein Lehrer. Von 1954 bis 1957 war er Schüler von Hermann Schubert am Konservatorium in Berlin (Ost) und hatte ab 1. Februar 1957 ein Engagement beim Städtischen Berliner Sinfonieorchester[71].
QUELLEN: Selbstauskunft.

|902 **Hörtzsch, Heinz**
Flöte
* 26. Juni 1927 in Leipzig
Mitglied vom 1. August 1960 bis 31. Juli 1992
Solo-Flötist für → E. List

Sein Großvater Gustav Hörtzsch war nebenberuflich Chor- und Kapellenleiter in Profen. Er besuchte von 1933 bis 1941 die Volksschule in Leipzig, erhielt neunjährig ersten Geigenunterricht, elfjährig dann Flötenunterricht bei → C. Bartuzat an der Musikschule für Jugend und Volk. Von 1941 bis 1944 war er Schüler an der Musikschule von Fritz Blohm in Naunhof, hatte dort Geigenunterricht bei → E. Zettl und fuhr zum Flötenunterricht nach Leipzig. Von Januar bis Mai 1946 war er beim Großen Rundfunkorchester in Dresden und nahm in dieser Zeit Unterricht bei Fritz Rucker. Er studierte dann bei Bartuzat an der Leipziger Hochschule für Musik von 1946 bis 1947 und war anschließend bis 1949 beim Philharmonischen Orchester Leipzig unter der Leitung von Otto Didam und Walther Davisson. Nach einem kurzen Engagement beim Landestheater Dessau war er ab April 1950 bei der Dresdner Philharmonie. ♦ Um für das 1947 abgebrochene Studium einen Hochschulabschluß zu erlangen, absolvierte er zwischen 1961 und 1964 ein Abendstudium an der Leipziger Hochschule für Musik.
Mitglied des Gewandhaus-Bläserquintetts von 1961 bis 1982.
QUELLEN: Selbstauskunft.

|903 **Brittall, Fritz**
Flöte
* 14. März 1935 in Leipzig
Mitglied vom 1. August 1960 bis 31. März 1998, bereits ab 1956 Aushilfe
Piccolo- /2. Flötist, ab 1. August 1993 2. Flötist

Er besuchte ab 1941 die Volksschule und dann von 1946 bis zum Abitur 1952 die Leibniz-Schule in Leipzig. Sechsjährig erhielt er ersten Klavierunterricht, zunächst privat, später an der Musikschule für Jugend und Volk. Ab 1948 hatte er Flötenunterricht bei Klaus Schönert, später bei → C. Bartuzat, bei dem er auch von 1952 bis 1956 an der Leipziger Hochschule studierte. Nach dem Studium nahm er noch bis 1959 Unterricht bei Heinz Fügner.
QUELLEN: Selbstauskunft.

|904 **Bilfinger, Wolfgang**
Klarinette
* 22. November 1935 in Leipzig
Mitglied vom 1. August 1960 bis 31. Oktober 1998
Solo-Es- /2. Klarinettist an der neu eingerichteten 7. Stelle

Aufgewachsen in Torgau, besuchte er dort von 1942 bis 1950 die Grundschule, erhielt sechsjährig ersten Blockflöten- und achtjährig dann Geigenunterricht. Von 1950 bis 1954 war er Schüler der Fachgrundschule für Musik in Torgau, zunächst mit Hauptfach Geige, die letzen zwei Jahre mit Hauptfach Klarinette bei Herbert Haseloff. Anschließend studierte er bis 1958 bei → W. Schreinicke an der Leipziger Hochschule für Musik und hatte danach ein Engagement beim Staatlichen Sinfonieorchester Halle/S.
QUELLEN: Selbstauskunft.

|905 **Schulze, Gerd**
Fagott
* 17. März 1928 in Halle/S.
Mitglied vom 1. August 1960 bis 31. Juli 1992, bereits ab 1. Februar 1960 Aushilfe
2. Fagottist, ab 1. August 1961 Solo-Fagottist für → G. Junge

Er besuchte von 1934 bis 1944 die Schule bis zur mittleren Reife und erhielt siebenjährig ersten Klavierunterricht bei seinem Vater Karl Schulze, der freischaffend als Flötist und Geiger in Halle tätig war. Später war er Schüler der Musikschule der Deutschen Arbeitsfront in Halle. Am 1. Januar 1945 zum Reichsarbeitsdienst verpflichtet, wurde er anschließend zur Wehrmacht eingezogen, geriet im Flensburger Lazarett in britische Kriegsgefangenschaft und war bis Ende 1945 in dem Lager in Heide/Flensburg. Wieder in Halle, war er Tanzmusiker, nahm weiter Klavierunterricht, später Fagottunterricht bei Adolf Karl, bei dem er auch von 1949 bis 1952 an der Hochschule für Musik in Halle studierte, gleichzeitig nahm er Privatunterricht bei → G. Junge in Leipzig. Ab 1952 hatte er ein Engagement beim Staatlichen Sinfonieorchester Halle/S.
Mitglied des Gewandhaus-Bläserquintetts von 1983 bis 1992.
QUELLEN: Selbstauskunft.

---

70 Dieser Ort im damaligen Ostpolen, heute Staatsgebiet der Ukraine, fiel Kampfhandlungen während des Zweiten Weltkrieges zum Opfer.

71 Heute Berliner Sinfonieorchester.

|906 **Bollmann, Peter**
Schlagzeug
* 3. Juli 1937 in Wittenberg
Mitglied vom 1. August 1960 bis 2. September 1991
Schlagzeuger

Aufgewachsen in Reinsdorf bei Wittenberg, besuchte er dort von 1943 bis 1951 die Volks- bzw. Grundschule und erhielt sechsjährig ersten Klavierunterricht bei seinem Vater, mit dem er später in der Hauskapelle Reinsdorf spielte. Von 1951 bis 1952 war er auf der Oberschule in Piesteritz, anschließend bis 1956 Schüler von Alfons Luprich an der Fachgrundschule für Musik in Halle/S. Von 1956 bis 1960 studierte er bei → E. Ockert an der Leipziger Hochschule für Musik und war während dieser Zeit schon als Substitut im Orchester tätig. Er beendete sein Leipziger Engagement auf eigenen Wunsch per Aufhebungsvertrag.
Vorsitzender der BGL von 1980 bis 1982.
QUELLEN: Selbstauskunft.

|907 **Passin, Karl-Heinz** Prof.
Flöte
* 9. Januar 1939 in Leipzig
Mitglied vom 1. Januar 1961 bis 31. Januar 2004,
hatte bereits ab 1. August 1960 einen sogenannten Entwicklungsvertrag[72], noch bis Sommer 2004 Aushilfe
Solo-Flötist an der neu eingerichteten dritten 1. Stelle

Er besuchte die Grundschule ab 1945 in Leipzig, von 1947 bis 1952 in Schöna bei Eilenburg und dann bis 1953 wieder in Leipzig. Achtjährig erhielt er ersten Klavierunterricht, ab 1953 war er Schüler der Fachgrundschule für Musik in Torgau und hatte dort Flötenunterricht bei Herbert Pfaender, außerdem bei Heinz Fügner in Leipzig. Nach der Schließung der Torgauer Schule 1955 kam er an die Fachgrundschule nach Görlitz, Unterricht hatte er weiter bei Herbert Pfaender. Von 1957 bis 1960 studierte er bei → E. List an der Leipziger Hochschule für Musik.
Lehrer an der Leipziger Hochschule ab 1969; 2000 Professur ♦ Mitglied des Orchestervorstandes von 1990 bis 1993.
QUELLEN: Selbstauskunft.

1961

|908 **Palm, Eberhard**
Violine
* 30. Oktober 1939 in Dresden
Mitglied vom 1. August 1961 bis 31. Oktober 2004,
noch bis April 2005 Aushilfe
1. Geiger, ab 1962 Konzertmeister, ab 1969
Stellvertretender 1. Konzertmeister

Aufgewachsen in Dresden und Freiberg/Sa., erhielt er neunjährig ersten Geigenunterricht und wurde ein Jahr später in Freiberg Schüler von Erich Barth, der auch von 1953 bis 1956 an der Fachgrundschule für Musik in Zwickau sein Lehrer war. Von 1956 bis 1961 studierte er bei Ludwig Schuster an der Leipziger Hochschule für Musik und war während dieser Zeit bereits als Substitut im Orchester tätig.
QUELLEN: Selbstauskunft.

|909 **Glaß, Günter**
Violine
* 18. Januar 1938 in Breslau ♦ Bruder von → H.-J. Glaß
Mitglied vom 1. August 1961 bis 31. Januar 2003
1. Geiger, ab 1962 Konzertmeister

Sein aus Klingenthal stammender Vater Erich Glaß war Geiger im Breslauer Rundfunkorchester. Nachdem der Vater 1944 als Soldat gefallen war, kam die Familie wieder nach Klingenthal. Er war von 1952 bis 1956 Schüler von Margot Hasse an der Fachgrundschule für Musik in Zwickau und studierte dann bis 1960 bei Ruth Boche-Kestner an der Leipziger Hochschule für Musik, anschließend bis 1961 bei Benjamin Scher am Leningrader Konservatorium.
Mitglied des Gewandhaus-Quartetts von 1963 bis 1977.
QUELLEN: Selbstauskunft.

|910 **Stein, Klaus**
Violine
* 12. Januar 1938 in Chemnitz
Mitglied vom 1. August 1961 bis 31. Januar 2003,
hatte bereits ab 1960 einen sogenannten Entwicklungsvertrag[73], noch bis Sommer 2003 Aushilfe
2. Geiger, ab 1. August 1962 1. Geiger

Er besuchte in Chemnitz die Grundschule und hatte zehnjährig ersten Geigenunterricht bei seinem Vater Alfred Stein, der im Chemnitzer Orchester Vorspieler war. Von 1952 bis 1955 war er Schüler der Fachgrundschule für Musik in Burgstädt, Geigenunterricht hatte er dort weiter bei seinem Vater. Anschließend studierte er bis 1960 bei → G. Bosse an der Leipziger Hochschule für Musik.
QUELLEN: Selbstauskunft.

|911 **Hildner, Siegfried**
Violine
* 8. Januar 1939 in Chemnitz
Mitglied vom 1. August 1961 bis 31. Januar 2004,
noch bis 31. Juli 2004 Aushilfe
2. Geiger, ab Mai 1962 Konzertmeister (Vorspieler) der 2. Violinen

Aufgewachsen in Chemnitz, besuchte er dort die Grundschule und erhielt siebenjährig ersten Klavierunterricht bei seiner Mutter, neunjährig dann Geigenunterricht bei seinem Vater Kurt Hildner, der Geiger im Chemnitzer Orchester war. Von 1953 bis 1955 war er Schüler der Fachgrundschule in Burgstädt und hatte dort zunächst Unterricht bei → R. Harzer, ab 1954 bei dessen Vater Paul Harzer. Nach der Auflösung der Burgstädter Schule kam er nach Zwickau an das Robert-Schumann-Konservatorium wo er bis 1957 weiterhin bei Paul Harzer Unterricht hatte. Von 1957 bis 1961 studierte er bei → G. Bosse an der Leipziger Hochschule für Musik.
QUELLEN: Selbstauskunft.

---

72 Mit dieser Vertragsform wurde versucht, Absolventen der Leipziger Hochschule frühzeitig an das Orchester zu binden. Die betreffenden Kollegen versahen den vollen Dienst, erhielten aber nur ⅔ des üblichen Gehaltes, außerdem waren sie nicht an den Reisen des Orchesters und Schallplattenaufnahmen beteiligt. Zur Festanstellung mußte ein weiteres Probespiel abgelegt werden.

73 Dsgl.

|912 **Schwenke, Klaus** Prof.
Viola
* 18. Januar 1938 in Leipzig
Mitglied vom 1. August 1961 bis 31. Januar 2003,
noch bis 31. Juli 2003 Aushilfe
Bratscher, ab 1973 Vorspieler; spielte auch Viola d'amore

Zwölfjährig erhielt er ersten Geigenunterricht, ab 1952 war → E. Roscher sein Lehrer. Nach dem Abitur 1956 studierte er bis 1961 Bratsche bei → A. Matz an der Leipziger Hochschule für Musik und war während dieser Zeit bereits als Substitut im Orchester beschäftigt.
Lehrer an der Leipziger Hochschule für Musik ab 1977; 1993 Professur ◆ Lehrer von → Cl. Bussian, → D. Hemken und → M. Weise.
QUELLEN: Selbstauskunft.

|913 **Espig, Wolfgang**
Viola
* 21. April 1938 in Leipzig
Mitglied vom 1. August 1961 bis 31. Januar 2002
Bratscher, ab 1969 1. Solo-Bratscher für → A. Matz,
ab 1. Oktober 1998 Solo-Bratscher

Er besuchte in Leipzig die Volks- bzw. Grundschule von 1944 bis 1952 und hatte neunjährig ersten Geigenunterricht, ab 1948 war → P. Günther sein Lehrer. Von 1952 bis 1956 war er Schüler der Fachgrundschule für Musik in Halle/S., wo er zunächst bei Erich May, nach dem Wechsel zur Bratsche bei Albert Heikamp Unterricht hatte. Anschließend studierte er bis 1961 bei → A. Matz an der Leipziger Hochschule für Musik und war während dieser Zeit bereits als Substitut im Orchester tätig.
Vorsitzender der BGL vom 21. Juni 1967 bis 11. Februar 1970 für → Kl. Stöckel.
QUELLEN: Selbstauskunft.

|914 **Baake, Peter**
Viola
* 3. Juni 1937 in Potsdam, † 29. Januar 2005 in Leipzig
Mitglied vom 1. August 1961 bis 31. Oktober 1997
Bratscher

Er war von 1952 bis 1956 Schüler der Fachgrundschulen in Querfurt, Potsdam, Bernburg und Halle/S. und studierte dann von 1956 bis 1991 bei → A. Matz an der Leipziger Hochschule für Musik.
LITERATUR: Gewandhaus-Magazin Nr. 48, 2005. QUELLEN: Archiv HMT: Kon Nr. 20013.

|915 **Wolf, Dieter**
Viola
Mitglied vom 1. August 1961 bis 1963
Bratscher
QUELLEN: GewandhausA.

|916 **Hunger, Siegfried**
Violoncello
* 10. Februar 1938 in Leipzig, † 23. Oktober 2004
Mitglied vom 1. August 1961 bis 31. Juli 2002,
bereits ab 1960 Aushilfe
Cellist

Ab 1944 besuchte er die Grundschule in Leipzig und erhielt neunjährig ersten Cellounterricht bei Paul Friebe. Von 1952 bis 1955 war er Schüler der Fachgrundschule für Musik in Potsdam und hatte Unterricht bei Anton Spieler und Adolf Grajeck. Danach war er bis 1956 an der Fachgrundschule in Weimar, anschließend studierte er bis 1960 an der dortigen Hochschule für Musik bei Erich Neumann[74].
QUELLEN: GewandhausA.

|917 **Scheitzbach, Hans-Joachim**
Violoncello
* 29. Oktober 1939 in Naunhof
Mitglied vom 1. August 1961 bis 31. Juli 1967
Cellist

Er besuchte ab 1945 die Grundschule in Naunhof und erhielt elfjährig seinen ersten Cellounterricht bei Fritz Neuhaus an dessen Musikinstitut. Von 1953 bis 1956 war er als Schüler eines Studenten von Walter Schulz an der Fachschule für Musik in Leipzig. Anschließend studierte er bis 1961 bei Walter Schulz und → Fr. Erben an der Leipziger Hochschule für Musik und war während dieser Zeit bereits als Substitut im Orchester tätig. ◆ Nach seinem Leipziger Engagement ging er als Stellvertretender Solo-Cellist an die Staatskapelle Dresden und 1968 als Solo-Cellist an die Komische Oper Berlin.
LITERATUR: A. Schreiber: Von der Churfürstlichen Cantorey zur Sächsischen Staatskapelle Dresden. QUELLEN: Selbstauskunft.

|918 **Heidrich, Günter**
Oboe
* 3. Februar 1937 in Muskau
Mitglied vom 1. August 1961 bis 31. Juli 2000
Solo-Oboist für → W. Weih, ab 1986 1./2. Oboist,
ab Februar 1996 2. Oboist

Aufgewachsen in Görlitz, besuchte er dort die Volks- bzw. Grundschule und erhielt zehnjährig ersten Klavierunterricht. Von 1951 bis 1955 war er Schüler von Herbert Schulze an der Fachgrundschule für Musik in Görlitz, anschließend studierte er bis 1958 bei Hans-Werner Wätzig[75] an der Berliner Hochschule für Musik »Hanns Eisler«. Ab 1958 hatte er ein Engagement beim Großen Rundfunkorchester Berlin.
Mitglied des Gewandhaus-Bläserquintetts von 1983 bis 1987.
QUELLEN: Selbstauskunft.

|919 **Schwantge, Amand**
Horn
* 4. Juni 1933 in Sagan/Schlesien,
† 8. Februar 2006 in Colditz
Mitglied vom 1. August 1961 bis 30. Juni 1998,
noch bis Sommer 1999 Aushilfe
2. Hornist, ab 1977 4. Hornist

---

74 Bruder von → W. Neumann.

75 Schüler von → A. Tolksdorf.

Er war von 1950 bis 1953 Schüler der Fachgrundschule für Musik in Halle/S. und studierte dann bis 1957 bei → A. Frehse an der Leipziger Hochschule für Musik. Von 1957 bis April 1958 hatte er ein Engagement in Gotha, anschließend bis 1961 in Erfurt.
Lehrer von → J. Wessely.
QUELLEN: Selbstauskunft.

|920 **Fuchs, Wilhelm**
Horn
* 22. April 1934 in Zagrudki/Lemberg[76]
Mitglied vom 1. August 1961 bis 30. April 1997
3./1. Hornist mit Verpflichtung zum 2. Horn, ab 1982
2. Hornist, ab 1986 4. Hornist

Er kam 1940 mit seiner Familie von Lemberg nach Lodz, besuchte die dortige Volksschule und nach 1945 die Grundschule in Stedten bei Querfurt. Von 1949 bis 1951 war er Schüler der Fachgrundschule für Musik in Querfurt und hatte Hornunterricht bei Fritz Koch aus Halle/S. Anschließend studierte er bis 1953 bei → A. Frehse an der Leipziger Hochschule für Musik und nahm gleichzeitig Privatunterricht bei → W. Krüger. Von 1953 bis 1954 hatte er ein Engagement beim Kreistheater Werdau/Sitz Crimmitschau, danach war er beim Sinfonieorchester Halle/S., ab 1956 beim Landestheater Halle.
QUELLEN: Selbstauskunft.

|921 **Konwitschny, Franz** Prof.
Ehrenmitglied
* 14. August 1901 in Fulnek/Mähren,
† 28. Juli 1962 in Belgrad, § in Leipzig
Ehrenmitglied ab 14. August 1961
Gewandhauskapellmeister von 1949 bis zu seinem Tod

Er hatte zwei Jahre Geigenunterricht an der Akademie der Musikvereinsschule in Brünn, war dann Schüler von Hans Bassermann am Leipziger Konservatorium von April 1923 bis 1925 und während dieser Zeit aushilfsweise als Geiger und Bratscher im Orchester beschäftigt. Seine Dirigentenlaufbahn begann er 1927 in Stuttgart, wo er Korrepetitor und später 1. Kapellmeister am Staatstheater war. Von 1933 bis 1938 war er Generalmusikdirektor in Freiburg/Breisgau, dann bis 1946 musikalischer Oberleiter von Oper und Konzert in Frankfurt/M. Neben diesen Verpflichtungen wirkte er auch an der Staatsoper in Hamburg. Ab 1949 Gewandhauskapellmeister, wurde er 1953 außerdem Chefdirigent an der Staatsoper in Dresden und 1955 musikalischer Oberleiter der Berliner Staatsoper. ◆ In der Orchesterversammlung vom 29. Juni 1961 wurde über den Vorschlag der BGL abgestimmt, ihn »anlässlich seines 60. Geburtstages in Würdigung seiner großen Verdienste um die Fortführung der hohen Tradition des Gewandhausorchesters und um die Stärkung des künstlerischen Ansehens des Gewandhausorchesters in der ganzen Welt zum Ehrenmitglied des Gewandhausorchesters zu ernennen«.
LITERATUR: MGG I. QUELLEN: GewandhausA.

|922 **Walter, Bruno** [Schlesinger, Bruno Walter][77]
Ehrenmitglied
* 15. September 1876 in Berlin,
† 17. Februar 1962 in Beverly Hills/CA (USA)
Ehrenmitglied ab 15. September 1961
Gewandhauskapellmeister von 1929 bis 1933

Bereits achtjährig wurde er Schüler am Stern'schen Konservatorium in Berlin, wo später u. a. → Robert Radecke sein Lehrer für Dirigieren und Komposition war. Als Dirigent debütierte er 1893 mit Lortzings *Waffenschmied* in Köln. 1894 an das Stadttheater nach Hamburg berufen, hatte er dort erste persönliche Beziehungen zu Gustav Mahler. Seine nächsten Stationen waren Breslau (1896), Preßburg (1896), Riga (1898) und Berlin (1900). Ab 1901 war er dem Ruf Gustav Mahlers folgend an der Wiener Hofoper, wo er 1911 auch die Leitung der Singakademie übernahm und in dieser Zeit die Bekanntschaft von Hugo von Hofmannsthal, Karl Kraus, Alfred Polgar, Peter Altenberg, Arthur Schnitzler, Jacob Wassermann, Bruno Frank, Franz Werfel und Arnold Schönberg machte. Mit letzterem gründete er einen Komponisten-Verband. 1911 dirigierte er in München die Uraufführung von Mahlers *Lied von der Erde* und am 26. Juni 1912 in Wien dessen Neunte Sinfonie. Von 1913 bis 1922 war er Generalmusikdirektor an der Münchner Oper als Nachfolger von Felix Mottl. Neben einer vielfältigen Tätigkeit als Gastdirigent in Europa und Amerika dirigierte er ab 1922 regelmäßig bei den Salzburger Festspielen. Von 1925 bis 1929 war er Generalmusikdirektor der Städtischen Oper Berlin-Charlottenburg und von 1924 bis 1931 ständiger Gast an der Covent Garden Opera London. 1929 gründete er die Bruno-Walter-Stiftung für begabte mittellose Musiker, deren Vorsitz Gustav Stresemann übernahm. ◆ Das Gewandhauskonzert am 16. März 1933 mußte ausfallen, weil er auf Anweisung der Leipziger Polizeidirektion als Jude das Gewandhaus nicht mehr betreten durfte. »Manfred von Killinger, Polizeipräsident von Leipzig … hatte gedroht, wenn die Gewandhausdirektion das Konzert nicht freiwillig absage, werde er es amtlich verbieten. Die Herren des Vorstandes fühlten sich hierdurch in ihrem Bürgerstolz verletzt und beschlossen, sich zu wehren … Ich hatte zuerst angeboten, die Schwierigkeiten durch meinen freiwilligen Rücktritt zu lösen, aber die Direktion lehnte meinen Vorschlag ab. Sie wollte die musikalische Tradition des Gewandhauses schützen und ihre eigene Unabhängigkeit erhalten …« (Lebenserinnerungen) ◆ Er war dann zunächst als Gastdirigent in Österreich und wurde 1936 Direktor der Wiener Staatsoper. 1938 erwarb er die französische Staatsbürgerschaft und 1939 ging er nach Amerika, wo er von 1941 bis 1957 regelmäßig an der Metropolitan Opera in New York tätig war. Nach dem Zweiten Weltkrieg dirigierte er auch wieder bei den Salzburger Festspielen und 1956 letztmalig in München. ◆ Der Betrag des ihm 1957 vom Rat der Stadt verliehenen und mit 5.000 DM dotierten Arthur-Nikisch-Preises wurde 1958 an 14 Ruheständler des Orchesters, 19 Witwen und den »seit seiner Kindheit verkrüppelten … Sohn des Stadtkammervirtuosen → Max Rother« verteilt. ◆ In der Orchesterversammlung am 26. August 1961 wurde der Vorschlag der BGL, ihn anläßlich seines bevorstehenden 85. Geburtstages zum Ehrenmitglied zu ernennen, einstimmig angenommen. Er bedankte sich zwei Wochen vor seinem Tod mit folgendem Schreiben: »An das Gewandhausorchester Leipzig. Sehr geehrte Herren! Liebe Freunde! Die Ehrenurkunde, die Sie die Güte hatten, mir auszustellen, ist in meine Hände gelangt und Sie werden verstehen wie tief

---

76 Heute Lwiw, Großstadt im Westen der Ukraine.

77 1911 wurde Bruno Walter österreichischer Staatsbürger und ließ zu diesem Anlaß das »Schlesinger« offiziell aus seinem Namen streichen, nachdem er den Künstlernamen Bruno Walter schon seit seinem Engagement in Breslau verwendet hatte.

es mich beglückt, dieses Zeugnis Ihrer gütigen Meinung von meiner einstigen Tätigkeit als Ihr Kapellmeister und von Ihrer treuen Erinnerung an jene Jahre zu besitzen. Lassen Sie mich auf diese hohe Ehrung erwidern, dass auch mir unsere damalige musikalische Verbundenheit eine teure Erinnerung und eine unvergesslich wertvolle Epoche meines Musikerlebens bedeutet und dass ich unsere Zusammenarbeit durch Ihre künstlerisch so erlesenen Leistungen wie durch die herzlichen persönlichen Beziehungen zwischen uns als teuren seelischen Besitz für immer im Herzen bewahren werde. Es macht mich stolz Ehrenmitglied des Leipziger Gewandhausorchesters zu sein, dessen Leistungen als ein bedeutendes Kapitel der deutschen Musikgeschichte zu gelten haben und ich verbinde mit dem innigsten Dank für die mir erwiesene Ehrung die Versicherung meiner dauernden Freundschaft und den Wunsch: möge die Zukunft des Orchesters ruhmreich sein wie seine Vergangenheit. Nehmen Sie, sehr geehrte Herren, die herzlichsten Grüsse und Wünsche von Ihrem treuen Freund Bruno Walter. Beverly Hills, Califonia U.S.A. 4ten Februar 1962«.

WERKE: Meeresstille und Glückliche Fahrt (nach Goethe), 1892; Symphonische Phantasie, 1902; Klavierquintett, 1906; 1. Sinfonie, 1908; 2. Sinfonie, 1909; Das Siegesfest (nach Schiller), 1909; Violin-Sonaten; Klavier-Trio; Lieder; Theme and variations. An autobiography. New York 1946 (in mehrere Sprachen übersetzt); Gustav Mahler. Wien 1936; Von der Musik und vom. Musizieren. Frankfurt/M. 1957. LITERATUR: MGG I; Riemann II. QUELLEN: GewandhausA.

1962

|923 Bärwald, Hans
Violine
* 28. November 1937 in Halle/S.
Mitglied vom 1. August 1962 bis 30. November 2002, hatte bereits ab 1961 einen sogenannten Entwicklungsvertrag[78], noch bis Sommer 2004 Aushilfe
2. Geiger, ab 1973 Vorspieler

Neunjährig hatte er ersten Geigenunterricht bei Alfred Mührau, später war Johannes Bülow sein Lehrer. Nach dem Abitur 1955 studierte er bis 1960 bei Ludwig Schuster an der Leipziger Hochschule für Musik. Anschließend hatte er ein Engagement beim Orchester der Musikalischen Komödie.
QUELLEN: Selbstauskunft.

|924 Oettel, Eberhard
Violine
* 8. April 1938 in Plauen, † 26. Juni 2006
Mitglied vom 1. August 1962 bis 30. April 2003, hatte bereits ab 1961 einen sogenannten Entwicklungsvertrag[79], noch bis zum Sommer 2003 Aushilfe
2. Geiger, ab 1. August 1968 1. Geiger

Er besuchte von 1944 bis 1952 die Grundschule in Plauen und hatte neunjährig ersten Geigenunterricht bei einem Musiker des Plauener Stadttheaters. Von 1952 bis 1955 war er Schüler der Fachgrundschule für Musik in Burgstädt, wo Kurt Maul einer seiner Lehrer war. Nach der Schließung der Burgstädter Schule war er noch ein Jahr an der Fachgrundschule in Zwickau und studierte dann von 1956 bis 1961 bei → O. Pensel und → A. Graefe an der Leipziger Hochschule für Musik.
QUELLEN: Selbstauskunft.

|925 Schmidt, Gerhard
Violine
* 27. Februar 1939 in Grimma
Mitglied vom 1. August 1962 bis 30. Juni 1968, hatte bereits ab 1961 einen sogenannten Entwicklungsvertrag[80]
2. Geiger, ab 1962 1. Geiger

Fünfjährig erhielt er ersten Geigenunterricht bei seinem Vater, der ein dilettierender Geiger war. Später hatte er Unterricht bei einem Mitglied des Kreiskulturorchesters Grimma und war von 1956 bis 1959 Schüler von Melitta Kaneffke am Hallenser Konservatorium. Danach hatte er bis 1960 ein Engagement beim Stadttheater Magdeburg und war dann beim Landestheater in Halle/S., von wo aus er Unterricht bei → H. Sannemüller nahm. ♦ Nach seinem Leipziger Engagement war er beim Orchester der Komischen Oper Berlin, zunächst Stellvertretender 1. Konzertmeister, später 1. Konzertmeister.
QUELLEN: Selbstauskunft.

|926 Gumprecht, Lothar
Violine
* 6. September 1939 in Reinholdshain
Mitglied vom 1. August 1962 bis 30. September 2003
2. Geiger

Ab 1945 besuchte er die Grundschule zunächst in Reinholdshain, später in Glauchau und erhielt neunjährig ersten Geigenunterricht, ab 1951 bei Walther Erfurt in Glauchau. Von 1953 bis 1957 war er Schüler der Fachgrundschule für Musik in Zwickau und hatte Unterricht bei Gerhard Mangelsdorf. Anschließend studierte er bis 1962 bei → K. Suske an der Leipziger Hochschule für Musik und war während des Studiums von 1961 bis 1962 mit Aushilfsvertrag beim Landestheater Halle/S.
QUELLEN: Selbstauskunft.

|927 Salamanek, Heinz
Viola
* 5. November 1921 in Wurzen
Mitglied vom 1. August 1962 bis 31. Juli 1988
Bratscher

Er besuchte bis 1936 die Volksschule in Wurzen und erhielt achtjährig ersten Geigenunterricht. Anschließend machte er eine Ausbildung zum Musterzeichner in der Wurzener Teppichfabrik, war bis zu seiner Einberufung zur Wehrmacht 1941 dort noch als Geselle beschäftigt und spielte im Werksorchester Geige. Von 1941 bis 1945 war er Soldat bei der Marine. Nach dem Ende des Krieges arbeitete er in der Teppichweberei in Wurzen, war gleichzeitig am dortigen Theater tätig, erst als Geiger, später als Bratscher, und nahm außerdem noch Unterricht bei → O. Gutschlicht und Karl Jahn

---

[78] Mit dieser Vertragsform wurde versucht, Absolventen der Leipziger Hochschule frühzeitig an das Orchester zu binden. Die betreffenden Kollegen versahen den vollen Dienst, erhielten aber nur ⅔ des üblichen Gehaltes, außerdem waren sie nicht an den Reisen des Orchesters und Schallplattenaufnahmen beteiligt. Zur Festanstellung mußte ein weiteres Probespiel abgelegt werden.
[79] Dsgl.
[80] Dsgl.

in Leipzig. Von 1947 bis 1949 studierte er bei → A. Matz an der Leipziger Hochschule für Musik. Anschließend hatte er bis 1953 ein Engagement beim Landestheater Dessau, danach bei der Dresdner Philharmonie.
QUELLEN: Selbstauskunft.

|928 Schwärsky, Klaus
Viola
* 10. Februar 1938 in Osterfeld,
† 31. Juli 1999 in Berlin
Mitglied vom 1. August 1962 bis 31. Juli 1966
Bratscher

Er besuchte die Grundschule in Osterfeld, erhielt dort zehnjährig ersten Geigenunterricht und wurde 14jährig Schüler am Hallenser Konservatorium. Von 1956 bis 1961 studierte er Bratsche bei → A. Matz und im Nebenfach Gesang an der Leipziger Hochschule für Musik. Anschließend war er bis 1962 beim Rundfunk-Sinfonieorchester Leipzig. ◆ Nach seinem Engagement beim Gewandhausorchester war er Solo-Bratscher beim Orchester der Komischen Oper Berlin, wo er vor allem als singender Fiedler in Walter Felsensteins Inszenierung von *Der Fiedler auf dem Dach* außergewöhnliche Erfolge feierte. Von 1989 bis zu seinem Tod war er Solo-Bratscher der Staatskapelle Berlin.
QUELLEN: Auskunft von Hilde Schwärsky, Berlin; Archiv HMT: Kon Nr. 20041.

|929 Linde, Hans-Peter
Violoncello
* 31. Mai 1937 in Leipzig
Mitglied vom 1. August 1962 bis 31. Mai 2002
Cellist; spielte auch Gambe und Violoncello piccolo

In Leipzig aufgewachsen und eingeschult, besuchte er die Schule von 1943 bis 1945 in Schmannewitz, danach wieder in Leipzig, wo er 1955 das Abitur an der Leibniz-Oberschule ablegte. 16jährig hatte er ersten Cellounterricht bei → W. Weigelt und studierte dann bis 1961 an der Leipziger Hochschule für Musik, zunächst bei Walter Schulz, später bei → Fr. Erben. Während dieser Zeit war er bereits als Substitut im Orchester tätig. Ab 1961 hatte er ein Engagement beim Landestheater Eisenach und nahm noch Unterricht bei → A. Eichhorn.
WERKE: Studienliteratur für Kinder. QUELLEN: Selbstauskunft.

|930 Stephan, Günter
Violoncello
* 21. Januar 1941 in Leipzig ◆ Enkel von → G. Weigelt, Neffe von → W. Weigelt
Mitglied vom 1. August 1962 bis 31. Januar 2006, bereits ab 1961 Aushilfe
Cellist, ab 1972 Vorspieler, ab 1974 Solo-Cellist für seinen Onkel → W. Weigelt

Aufgewachsen in Halle/S., besuchte er dort die Grundschule und erhielt siebenjährig ersten Klavierunterricht. In Leipzig, wo er 1959 das Abitur an der Leibniz-Oberschule ablegte, hatte er 13jährig ersten Cellounterricht bei seinem Onkel → W. Weigelt, von 1959 bis 1961 war er Schüler von → A. Eichhorn. Er hatte die Aufnahmeprüfung an der Leipziger Hochschule zwar bestanden, sollte aber, um studieren zu können, erst ein Jahr in der Produktion arbeiten, wegen »mangelnder Nähe zur Arbeiterklasse«. Von 1960 bis 1962 war er beim Orchester der Musikalischen Komödie, ab 1961 als Solo-Cellist. Um den fehlenden Hochschulabschluß zu erlangen, absolvierte er von 1961 bis 1964 ein Abendstudium bei → Fr. Erben an der Leipziger Hochschule für Musik.
QUELLEN: Selbstauskunft.

|931 Kummerlöwe, Werner
Violoncello
* 28. Januar 1935 in Pabstleithen/Vogtland
Mitglied vom 1. August 1962 bis 30. April 1985
Cellist

Nach dem Besuch der Grundschule in Pabstleithen von 1941 bis 1949 war er bis 1950 Schüler der Orchesterschule Radebeul, dann bis 1954 der Fachgrundschule für Musik in Burgstädt. Nach einem Engagement beim Kreistheater Karl-Marx-Stadt[81]/Sitz Burgstädt war er von 1955 bis 1962 Solo-Cellist beim Volkstheater Halberstadt ◆ Nach seiner Invalidisierung war er noch bis 31. August 1991 als Korrektor für das Notenarchiv des Gewandhauses angestellt, danach noch bis 1997 auf Honorarbasis tätig.
QUELLEN: GewandhausA.

|932 Pank, Siegfried
Violoncello
* 24. März 1936 in Salzwedel
Mitglied vom 1. August 1962 bis 31. Juli 1980
Cellist; spielte auch Viola da Gamba

Aufgewachsen in Danzig als Sohn des Brückenbauingenieurs Christian Pank, der ein aktiver Dilettant auf dem Cello war, kam er im Oktober 1944 nach Borna, wo er die Grundschule besuchte und fünfjährig ersten Klavier- und zehnjährig Cellounterricht erhielt. Von 1948 bis 1952 besuchte er die Schule in Schulpforte, war dann Schüler der Thomasschule in Leipzig und Mitglied des Chores von 1952 bis 1954. In dieser Zeit hatte er Cellounterricht bei → R. Wintgen. Nach dem Abitur studierte er bis 1959 bei → A. Eichhorn an der Leipziger Hochschule für Musik und war während dieser Zeit bereits als Substitut im Orchester tätig. ◆ Von einem Gastspiel der Leipziger Oper in Paris im November 1976 kehrte er nicht wieder in die DDR zurück, sondern unterzog sich in Köln einer Handoperation, die in der DDR nicht möglich war. Nach seiner Rückkehr wurde er wieder eingestellt. ◆ Nach seinem Engagement im Orchester war er zunächst freischaffender Musiker und hatte einen Lehrauftrag an der Leipziger Hochschule für Musik. Ab 1984 war er hauptberuflich Lehrer für Violoncello, Methodik und Viola da Gamba an der Leipziger Hochschule; 1988 Professur; 1991 Neugründung der Studienrichtung Alte Musik; 2001 emeritiert.
QUELLEN: Selbstauskunft.

|933 Flade, Gerhard
Oboe
* 5. Juni 1929 in Chemnitz
Mitglied vom 1. August 1962 bis 31. Dezember 1994
Englischhornist/2. Oboist für → R. Lorenz

Aufgewachsen in Flößberg, Elbisbach und Magdeborn[82], besuchte er von 1936 bis 1944 die Volksschule und erhielt achtjährig ersten Akkordeonunterricht. Von 1944 bis 1948 war er Schüler der Fachgrundschule für Musik in Burgstädt und hatte dort ersten Oboenunterricht bei Arthur Morgenstern aus Chemnitz. Anschließend studierte er bis 1951 bei → W. Gerlach an

---

81 Heute Chemnitz.
82 Dieser Ort fiel einem Braunkohlentagebau zum Opfer.

der Leipziger Hochschule für Musik. Nach dem Studium hatte er bis 1955 ein Engagement beim Stadttheater Plauen, danach beim Großen Rundfunkorchester Leipzig.

QUELLEN: Selbstauskunft.

|934 **Martinec, Klaus**
Fagott
* 12. Juli 1930 in Breslau
Mitglied vom 1. August 1962 bis 31. Juli 1995,
bereits ab 1. September 1961 Aushilfe
2. Fagottist

Ab 1936 besuchte er in Breslau die Volksschule, dann bis 1945 die Mittelschule und erhielt elfjährig ersten Geigenunterricht. Von 1945 bis 1949 war er Schüler der Städtischen Orchesterschule Wilsdruff, zunächst mit Hauptfach Geige bei Friedrich Both, ab 1946 mit Hauptfach Fagott bei Arthur Gottschalk. Vom Herbst 1950 bis Februar 1951 hatte er ein Engagement beim Stadttheater Freiberg/Sa., anschließend war er bis 1955 bei der Landeskapelle Eisenach, dann bei der Dresdner Philharmonie.

QUELLEN: Selbstauskunft.

|935 **Unger-Mätje, Elisabeth**
Harfe
* 26. Oktober 1935 in Dresden
Mitglied vom 1. August 1962 bis 31. Oktober 1995
Harfenistin an der neu eingerichteten 3. Stelle

Sie besuchte von 1942 bis 1950 die Volks- bzw. Grundschule und erhielt zehnjährig ersten Klavierunterricht bei Maria Storm-Dunik. Von 1951 bis 1955 war sie Schülerin der Fachgrundschule für Musik in Dresden, hatte dort ab 1952 Harfenunterricht und studierte dann bis 1960 bei Annemarie Helmert-Poralla an der Dresdner Hochschule für Musik. Während des Studiums hatte sie Aushilfsverträge in Magdeburg, Dessau und Jena und danach ab 1. März 1960 ein Engagement am Meininger Theater.

QUELLEN: Selbstauskunft.

1963

|936 **Rölke, Johannes**
Violine
* 9. Mai 1932 in Bautzen
Mitglied vom 1. Januar 1963 bis 14. November 1982
2. Geiger

Er besuchte von 1938 bis 1945 die Volksschule in Bautzen und erhielt zehnjährig ersten Geigenunterricht bei einem ehemaligen Militärmusiker. Von 1946 bis 1950 war er Schüler der Musikschule Radebeul, hatte dort Unterricht bei Josef Zirckler und studierte anschließend bei Ludwig Schuster und → G. Bosse an der Leipziger Hochschule für Musik. 1952 wurde er exmatrikuliert und war ein Jahr beim Großen Rundfunk-Orchester, 1953 setzte er das Studium fort. Von 1957 bis 1961 war er 1. Konzertmeister des Loh-Orchesters Sondershausen, ab 1962 dann freischaffend in Leipzig. ◆ Er verließ die DDR mit Ausreiseantrag und war vom 1. Januar bis 1. Juli 1983 als Aushilfe Vorspieler der 2. Violinen beim Orchester des Staatstheaters Hannover, anschließend bis 1984 in Hamburg beim Sinfonieorchester des NDR, von 1985 bis 1986 bei den Düsseldorfer Sinfonikern. Von Mannheim, wo er von 1984 bis 1985 beim Staatstheater war, ging er zum Unterhaltungsorchester des HR nach Frankfurt/M. Von 1987 bis 1988 war er Lehrer an der Städtischen Musikschule in Fulda, ab 1987 hatte er ein Engagement beim Stadttheater Gießen.

Vorsitzender der BGL vom 15. Dezember 1976 bis 1980.

QUELLEN: Selbstauskunft.

|937 **Weigel, Erich**
Flöte
* 18. Juli 1919 in Markersbach/Erzgebirge,
† 1. Februar 1996 in Schkeuditz
Mitglied vom 1. August 1963 bis 1. Juli 1979
Solo-Flötist für → H. Rucker

Er besuchte von 1926 bis 1934 die Volksschule in Markersbach und war dann Schüler von Musikdirektor Camillo Arnold und Rudolf Behrs an der Städtischen Orchesterschule Zschopau, Flötenunterricht hatte er bei Fritz Rucker aus Dresden und Heinz Rösemeier aus Chemnitz. Von April bis September 1938 zum Arbeitsdienst verpflichtet, wurde er anschließend zur Wehrmacht eingezogen, zunächst zum Musikkorps Chemnitz, wo er auch als Aushilfe im städtischen Orchester tätig war. Ab 1940 in Prag stationiert, war er dort bis 1942 auch Hospitant an der Carls Universität für Musik, bestand ein Probespiel um die stellvertretende 1. Flötenstelle beim Deutschen Philharmonischen Orchester unter Joseph Keilberth, konnte diese Stelle aber wegen Versetzung an die Font nicht antreten. 1945 bei Bozen gefangengenommen, wurde er im April 1946 in Bad Aiblingen aus britischer Kriegsgefangenschaft entlassen. Von 1947 bis Ende 1948 hatte er ein Engagement beim Städtischen Orchester Aue, ab Januar 1949 beim Großen Rundfunkorchester Leipzig.

QUELLEN: GewandhausA.

|938 **Thierbach, Johannes**
Klarinette
* 10. Oktober 1934 in Leipzig
Mitglied vom 1. August 1963 bis 21. Juni 1964
Bass- /2. Klarinettist

Er verlebte die Kindheit bis 1943 in Leipzig. Bei den Luftangriffen auf Leipzig ausgebombt, kam die Familie nach Bermsgrün bei Schwarzenberg. Ab 1944 war er Schüler des nach Nossen verlegten Musischen Gymnasiums Leipzigs, nach dem Krieg bis 1952 Schüler der Leibniz-Schule in Leipzig und hatte dort ersten Klarinettenunterricht. Von 1952 bis 1957 studierte er bei → W. Schreinicke an der Leipziger Hochschule für Musik und war danach bis 1960 beim Staatlichen Sinfonieorchester Thüringen in Gotha, bis 1963 am Kleinen Haus der Städtischen Theater Leipzig, gleichzeitig ab 1962 beim Großen Rundfunkorchester Leipzig. ◆ Nach einer Gastspielreise mit dem Rundfunk-Blasorchester durch Schweden kehrte er nicht wieder in die DDR zurück und war dann ein Jahr in Basel beim »Schweizer Theater-Gastspiel«, ab 1965 beim Städtischen Sinfonieorchester in Solingen[83].

QUELLEN: Selbstauskunft.

---

83 Heute Bergische Sinfoniker.

|939 **Sehring, Rolf**
Horn
* 10. Juli 1935 in Domsdorf bei Bad Liebenwerda
Mitglied vom 1. August 1963 bis 31. Oktober 1991
Solo-Hornist, ab 1. August 1985 3. Hornist

Er besuchte von 1941 bis 1949 die Volks- bzw. Grundschule in Domsdorf und erhielt zehnjährig ersten Klavier- und Akkordeonunterricht bei Musikdirektor Voigt in Bad Liebenwerda. Anschließend war er mit dem Hauptfach Horn ein halbes Jahr Schüler der Musikschule in Naunhof und kam nach deren Auflösung an die Fachgrundschule für Musik nach Querfurt, wo er bis 1952 Unterricht bei Fritz Held aus Halle/S. hatte. Nachdem auch diese Schule aufgelöst wurde, war er bis 1954 an der Fachgrundschule in Potsdam Schüler von Kurt Lindner. Danach hatte er ein Engagement beim Stadttheater Frankfurt/O., nahm von dort aus Unterricht bei Hermann Neuling in Berlin und war ab 1956 beim Stadttheater Magdeburg. Mitglied des Gewandhaus-Bläserquintetts von 1983 bis 1985.
QUELLEN: Selbstauskunft.

|940 **John, Manfred**
Horn
* 11. Dezember 1927 in Gotha
Mitglied vom 1. August 1963 bis 31. Dezember 1992
3. Hornist, ab 1. August 1987 4. Hornist

Er besuchte von 1934 bis 1942 die Volksschule in Gotha und Siebleben und erhielt sechsjährig ersten Akkordeonunterricht bei seinem Großvater Gustav Wengert, der in Gotha Konzertmeister war. Elfjährig hatte er ersten Hornunterricht, anschließend war er bis 1944 Schüler der Luftwaffenmusikschule in Sondershausen. Nach dem Reichsarbeitsdienst wurde er im Dezember 1944 zur Wehrmacht eingezogen, geriet am 8. Mai 1945 in der Tschechoslowakei in Gefangenschaft und wurde im März 1948 in Frankfurt/O. aus sowjetischer Kriegsgefangenschaft entlassen. Von 1948 bis 1950 war er Schüler von Alfred Müller am Konservatorium in Erfurt und hatte anschließend bis 1953 ein Engagement beim Polizeiorchester in Erfurt, dann beim Kreiskulturorchester Sonneberg. Von 1955 bis 1960 war er beim Stadttheater Zeitz und danach im Orchester der Musikalischen Komödie in Leipzig.
QUELLEN: Selbstauskunft.

|941 **Wegerich, Dieter**
Schlagzeug
* 25. Juni 1934 in Nordhausen
Mitglied vom 1. August 1963 bis 30. Juni 1999
Schlagzeuger

In Greußen aufgewachsen, besuchte der Sohn des Unterhaltungsmusikers Walter Wegerich dort die Grundschule und erhielt sechsjährig ersten Geigenunterricht bei seinem Vater. Von 1948 bis 1953 war er Schüler des Konservatoriums in Sondershausen und hatte dort Unterricht bei Walter Nowak (Violine) und Fritz Guthe (Schlagzeug). Danach studierte er bis 1956 bei Alfred Wagner an der Weimarer Hochschule für Musik und hatte anschließend ein Engagement bei der Staatskapelle Weimar.
QUELLEN: Selbstauskunft.

1964

|942 **Roth, Fred** Prof.
Violine
* 27. Februar 1941 in Chemnitz,
† 18. April 2002 in Klinga
Mitglied vom 1. Mai 1964 bis zu seinem Tod, hatte bereits ab 1963 einen sogenannten Entwicklungsvertrag[84]
1. Geiger, ab 1. Januar 1968 Vizekonzertmeister, ab 1. Oktober 1972 Konzertmeister

Den ersten Geigenunterricht hatte er sechsjährig bei seinem Vater Alfred Roth. Von 1956 bis 1959 war er Schüler des Robert-Schumann-Konservatoriums in Zwickau und hatte Unterricht bei S. Eberhardt und Lothar Blüher. Anschließend studierte er bis 1963 bei → G. Bosse an der Leipziger Hochschule für Musik und war während dieser Zeit bereits als Substitut tätig. Vorsitzender der BGL vom 28. Juni 1974 bis 15. Dezember 1976 ◆ Lehrer an der Hochschule für Musik für Violine und Orchesterstudien von 1974 bis zu seinem Tod; 1996 Professur.
QUELLEN: Selbstauskunft.

|943 **Kröhner, Giorgio**
Violine
* 22. Mai 1942 in Reggio Calabria
Mitglied vom 1. Juni 1964 bis 16. März 1988
1. Geiger, ab 1966 stellvertretender Stimmführer der 2. Violinen, ab 1968 Konzertmeister der 1. Violinen

Nachdem sein Vater arbeitslos geworden war, wanderte er in den zwanziger Jahren nach Italien aus und heiratete dort später eine ausgebildete Pianistin. Gegen Ende des Krieges kam die Familie wieder nach Deutschland. Aufgewachsen in Leipzig, erhielt er ersten Geigenunterricht bei → K. Stiehler. Von 1956 bis 1960 war er Schüler der Fachgrundschule für Musik in Halle/S., studierte dann bis 1964 bei → G. Bosse an der Leipziger Hochschule für Musik und war während dieser Zeit schon als Substitut tätig. ◆ Nach einer Gastspielreise des Gewandhaus-Quartetts durch die BRD kehrte er nicht wieder in die DDR zurück und ist seitdem 1. Stimmführer der 2. Violinen beim Orchester des Nationaltheaters Mannheim. Mitglied des Gewandhaus-Quartetts von 1977 bis 1988.
QUELLEN: Selbstauskunft.

|944 **Reinecke, Roald**
Violine
* 6. November 1940 in Leipzig
Mitglied vom 1. August 1964 bis 30. November 2005, noch bis 31. Juli 2006 Aushilfe
2. Geiger, ab 1966 1. Geiger, ab 1968 1. Konzertmeister der 2. Violinen

Nach der Grundschule besuchte er bis zum Abitur 1959 die Helmholtz-Oberschule und erhielt zehnjährig ersten Geigenunterricht bei Clemens

....

84 Mit dieser Vertragsform wurde versucht, Absolventen der Leipziger Hochschule frühzeitig an das Orchester zu binden. Die betreffenden Kollegen versahen den vollen Dienst, erhielten aber nur ⅔ des üblichen Gehaltes, außerdem waren sie nicht an den Reisen des Orchesters und Schallplattenaufnahmen beteiligt. Zur Festanstellung mußte ein weiteres Probespiel abgelegt werden.

Mieth. Von 1959 bis 1964 studierte er bei Klaus Hertel an der Leipziger Hochschule für Musik und hatte gleichzeitig ab 1963 ein Engagement beim Staatlichen Sinfonieorchester Halle/S.
QUELLEN: Selbstauskunft.

|945 **Metz, Volker**
Viola
* 20. September 1942 in Leipzig
Mitglied seit 1. August 1964
Bratscher, ab 1976 Solo-Bratscher für → K. Fuchs

Aufgewachsen in Lehesten, besuchte er dort die Grundschule und erhielt neunjährig ersten Geigenunterricht. Von 1956 bis 1958 war er Schüler der Fachgrundschule für Musik in Görlitz und hatte Geigenunterricht bei Kurt Winkler. Nach der Auflösung der Schule war er bis 1961 in Zwickau am Robert-Schumann-Konservatorium, wechselte zur Bratsche und hatte weiter Unterricht bei Kurt Winkler. Anschließend studierte er bis 1964 bei → A. Matz an der Leipziger Hochschule für Musik und war während dieser Zeit bereits als Substitut tätig.
Mitglied des Gewandhaus-Quartetts von 1993 bis 2005 für → D. Hallmann.
QUELLEN: Selbstauskunft.

|946 **Schmidt, Hans-Jürgen**
Kontrabass
* 26. Oktober 1938 in Grünberg[85]/Schlesien
Mitglied vom 1. August 1964 bis 31. Oktober 2003, hatte bereits ab 1963 einen sogenannten Entwicklungsvertrag[86]
Kontrabassist, ab 1973 Vorspieler, ab 1978 Solo-Kontrabassist

Aufgewachsen in Altkessel[87], besuchte er dort ab 1944 die Volksschule, nach der Aussiedlung der Familie 1945 die Grundschule in Nerchau, später in Vetschau, wo er achtjährig ersten Geigenunterricht erhielt. Ab 1953 war er Schüler der Fachschule für Musik in Potsdam und hatte ersten Kontrabassunterricht bei Heinz Zimmer. Nach der Auflösung der Potsdamer Schule 1955 kam er an das Konservatorium in Rostock und wurde Schüler von Heinrich Fischer. Im Herbst 1957 wurde er dort aus politischen Gründen exmatrikuliert und hatte von Januar 1958 bis Juli 1960 ein Engagement beim Stadttheater Meißen, danach beim Stadttheater Freiberg/Sa. ♦ Um die abgebrochene Ausbildung mit einem Hochschulabschluß zu beenden, absolvierte er von 1963 und 1965 ein Abendstudium an der Leipziger Hochschule für Musik.
QUELLEN: Selbstauskunft.

|947 **Thieme, Hartmut**
Trompete
* 4. Februar 1941 in Eichicht/Thüringen
Mitglied vom 1. August 1964 bis 30. April 2003
2. Trompeter

Von 1947 bis 1955 besuchte er die Grundschule in Eichicht und erhielt achtjährig ersten Piston- und Trompetenunterricht bei seinem Vater Paul Thieme, mit dem er später in der Fischersdorfer Blaskapelle mitwirkte. Von 1955 bis 1959 war er Schüler der Fachschule für Musik in Weimar, anschließend studierte er bis 1962 bei Alfred Kette an der dortigen Hochschule. Ab 1961 hatte er ein Engagement als Solo-Trompeter beim Orchester der Musikalischen Komödie.
QUELLEN: Selbstauskunft.

1965

|948 **Glaß, Hans-Joachim**
Violine
* 25. Mai 1942 in Breslau ♦ Bruder von → G. Glaß
Mitglied vom 1. August 1965 bis 31. Mai 1967
1. Geiger

Sein aus Klingenthal stammender Vater Erich Glaß war Geiger im Breslauer Rundfunkorchester. Nachdem dieser 1944 als Soldat gefallen war, kam die Familie wieder nach Klingenthal. Zehnjährig erhielt er an der dortigen Musikschule den ersten Geigenunterricht und war dann von 1956 bis 1960 Schüler der Fachgrundschule für Musik in Zwickau, wo er Unterricht bei Margot Hasse hatte. Anschließend studierte er bis 1965 bei Ruth Boche-Kestner an der Leipziger Hochschule für Musik und war während dieser Zeit bereits als Substitut tätig. ♦ Nach einer Skandinavienreise des Orchesters kehrte er nicht wieder in die DDR zurück und war dann zunächst beim Orchester der Beethovenhalle in Bonn Vorspieler der 1. Violinen, später 3. Konzertmeister. Seit 1969 ist er 1. Geiger im Orchester der Deutschen Oper Berlin, seit 1978 Vorspieler.
QUELLEN: Selbstauskunft.

|949 **Weise, Jürgen**
Violine
* 17. Februar 1942 in Wolfen ♦ Vater von → M. Weise
Mitglied seit 1. August 1965
2. Geiger, seit 1973 Vorspieler

Aufgewachsen in Bitterfeld, erhielt er elfjährig ersten Geigenunterricht bei Gustav Brandt[88]. Von 1957 bis 1960 war er Schüler der Fachgrundschule für Musik in Halle/S. und hatte dort Unterricht bei Fritz Brauer[89]. Anschließend studierte er bis 1965 bei Ruth Boche-Kestner an der Leipziger Hochschule für Musik und war während dieser Zeit bereits als Substitut tätig.
QUELLEN: Selbstauskunft.

---

85 Heute Zielona Gora (Polen).

86 Mit dieser Vertragsform wurde versucht, Absolventen der Leipziger Hochschule frühzeitig an das Orchester zu binden. Die betreffenden Kollegen versahen den vollen Dienst, erhielten aber nur ⅔ des üblichen Gehaltes, außerdem waren sie nicht an den Reisen des Orchesters und Schallplattenaufnahmen beteiligt. Zur Festanstellung mußte ein weiteres Probespiel abgelegt werden.

87 Heute Stary Kisielin (Polen).

88 Schüler von → C. Münch.

89 Vater von → D. Brauer und → H. Brauer.

|950 **Maier, Heinz**
Flöte
* 6. August 1937 in Lodz
Mitglied vom 1. August 1965 bis 31. August 2002
2. Flötist

Er besuchte ab 1943 die Schule in Lodz, kam im Sommer 1944 nach Fürstlich Neudorf und Ende 1945 nach Tolzin bei Güstrow. Ab Mai 1947 lebte die Familie in Hohenthurm bei Halle/S., wo er zehnjährig ersten Unterricht auf der Blockflöte erhielt und 1952 die Grundschule beendete. Anschließend machte er in Hohenthurm eine Lehre zum Kesselschmied und spielte im dortigen Betriebsorchester mit. Von 1955 bis 1959 war er Schüler der Volksmusikschule in Halle und erhielt 18jährig den ersten Querflötenunterricht bei Alfred Maaß. Gleichzeitig absolvierte er ab 1956 eine Ausbildung zum Technischen Zeichner und arbeitete auch bis 1958 in diesem Beruf. Von 1959 bis 1963 war er dann Schüler des Konservatoriums in Halle und hatte Unterricht bei Heinz Fügner. Während dieser Zeit hatte er von 1962 bis 1963 ein Engagement in Reichenbach/Vogtland und war dann bis 1965 beim Staatlichen Sinfonieorchester Halle/S.
QUELLEN: Selbstauskunft.

|951 **Wunder, Werner**
Klarinette
* 1. Februar 1927 in Allenstein[90]/Ostpreußen,
† 1. Mai 2001 in Leipzig
Mitglied vom 1. August 1965 bis 31. Juli 1992
Bass- /2. Klarinettist; spielte auch tiefe Saxophone

Ab 1941 war er Schüler der Musikschule in Königsberg, wurde 1944 zur Wehrmacht eingezogen und war dann bis 1949 in französischer Kriegsgefangenschaft. Von 1949 bis 1953 war er beim Landesorchester der Volkspolizei in Erfurt, danach hatte er ein Engagement beim Städtischen Orchester Wernigerode, ab 1957 beim Staatlichen Sinfonieorchester Halle/S.
LITERATUR: Gewandhaus-Magazin Nr. 32, 2001.

1966

|952 **Neumann, Monika** geb. Tschipang
Violine
* 7. Juli 1940 in Chemnitz
Mitglied vom 1. August 1966 bis 31. Juli 2005
2. Geigerin, ab 1973 Vorspielerin

Sie kam bei Kriegsende von Danzig nach Döbeln, wo sie von 1946 bis zum Abitur 1958 die Schule besuchte und zwölfjährig ersten Geigenunterricht an der dortigen Musikschule erhielt. Ab 1956 war dann Max Haas[91] ihr Lehrer, von 1958 bis 1963 studierte sie an der Hochschule für Musik in Weimar, zunächst bei → W. Hansmann, später bei → H. Sannemüller. Anschließend hatte sie ein Engagement beim Staatlichen Sinfonieorchester Halle/S.
QUELLEN: Selbstauskunft.

|953 **Zellner, Reinhard**
Violine
* 30. Juni 1943 in Chemnitz
Mitglied vom 1. August 1966 bis 31. Dezember 2005
2. Geiger, ab 1973 Vorspieler

Aufgewachsen in Zwönitz, besuchte er dort die Grundschule, später die Oberschule in Aue bis zum Abitur 1961. Ab seinem 10. Lebensjahr hatte er Privatunterricht bei Hans Büttner im benachbarten Affalter. Von 1961 bis 1966 studierte er bei Ludwig Schuster an der Leipziger Hochschule für Musik und war während dieser Zeit bereits als Substitut tätig.
QUELLEN: Selbstauskunft.

|954 **Reichelt, Wolfgang**
Viola
* 7. Januar 1943
Mitglied vom 1. August 1966 bis 31. Juli 1968
Bratscher

Nach seinem Leipziger Engagement ging er nach Berlin.
QUELLEN: GewandhausA.

|955 **Wipper, Jürgen**
Viola
* 7. November 1941 in Erfurt
Mitglied seit 1. August 1966
Bratscher

Aufgewachsen in Erfurt, erhielt er zehnjährig den ersten Geigenunterricht bei Franz Scranowitz an der dortigen Musikschule. Nach dem Abitur 1960 wechselte er zur Bratsche und studierte bis 1966 bei → D. Hallmann an der Leipziger Hochschule für Musik und war während dieser Zeit bereits als Substitut tätig.
QUELLEN: Selbstauskunft.

1967

|956 **Hebecker, Klaus**
Violine
* 26. März 1944 in Halberstadt
Mitglied seit 1. August 1967
1. Geiger, von 1973 bis 31. Juli 2006 Vorspieler

Von 1950 bis 1960 besuchte er in Halberstadt die Grund-, später die Oberschule und erhielt zehnjährig ersten Geigenunterricht. Von 1960 bis 1962 war er Schüler des Konservatoriums in Halle/S., hatte dort Unterricht bei Ingeborg Hoffmann und studierte anschließend bis 1967 bei Ludwig Schuster an der Leipziger Hochschule für Musik. Während seines Engagements hatte er noch ein Jahr lang eine außerplanmäßige Aspirantur bei → G. Bosse an der Leipziger Hochschule.
QUELLEN: Selbstauskunft.

---

90 Heute Olsztyn (Polen).
91 Schüler von Walther Davisson und → W. Hansmann.

|957 **Gränitz, Wolfgang**
Viola
* 16. Juni 1933 in Chemnitz
Mitglied vom 1. August 1967 bis 31. Juli 1998,
noch bis Sommer 1999 Aushilfe
Bratscher, von 1973 bis 1996 Vorspieler

Er besuchte von 1939 bis 1947 die Volks- bzw. Grundschule und erhielt zehnjährig ersten Geigenunterricht bei Dora Nagel[92], später hatte er Unterricht bei Fritz Gärtner. Von 1947 bis 1950 war er Schüler der Gewerblichen Berufsschule Chemnitz, dann bis 1954 Schüler der Fachgrundschule für Musik in Burgstädt, wo er bei Max Falkenberg ersten Bratschenunterricht hatte. Von 1954 bis 1955 beim Schweriner Landessinfonieorchester, von 1955 bis 1956 beim Landestheater in Dessau, war er bis zu seiner Entlassung 1959 bei der Dresdner Philharmonie. Die politisch begründete fristlose Entlassung wurde später in eine fristgerechte Entlassung umgewandelt; 1997 wurde er rehabilitiert. Er war dann bis 1961 in Karl-Marx-Stadt[93], anschließend beim Rundfunk-Sinfonieorchester Leipzig, wo er 1965 Stimmführer wurde.
QUELLEN: Selbstauskunft.

|958 **Jäcklin, Bernd**
Viola
* 15. März 1944 in Johanngeorgenstadt
Mitglied seit 1. August 1967
Bratscher, ab 1973 Vorspieler, seit 1981 Solo-Bratscher

Aufgewachsen in Leipzig, erhielt er zehnjährig ersten Akkordeon-, zwölfjährig dann Geigenunterricht an der Leipziger Musikschule. Von 1958 bis 1962 war er Schüler der Fachgrundschule für Musik in Halle/S. und hatte dort Unterricht bei Erich May, ab 1960 bei Johannes Bülow auf der Bratsche. Er studierte dann bis 1967 bei → A. Matz an der Leipziger Hochschule für Musik und war während dieser Zeit bereits als Substitut tätig.
QUELLEN: Selbstauskunft.

|959 **Schmidt, Burkhard**
Violoncello
* 28. Januar 1941 in Magdeburg
Mitglied vom 1. August 1967 bis 28. Februar 2003
Cellist, ab 1969 Solo-Cellist

Aufgewachsen in Greiz, besuchte er dort ab 1947 die Grundschule und von 1955 bis 1959 die Oberschule. Sechsjährig erhielt er ersten Klavierunterricht, 15jährig bekam er dann Cellounterricht bei Hans Neuberg, zunächst privat, später an der Musikschule. Nach dem Abitur studierte er von 1959 bis 1964 bei → Fr. Erben an der Leipziger Hochschule für Musik und hatte ab 1963 ein Engagement als Solo-Cellist in Meiningen.
QUELLEN: Selbstauskunft.

|960 **Eßbach, Gerhard**
Posaune
* 9. Juni 1942 in Klingenthal/Vogtland
Mitglied vom 1. August 1967 bis 31. Juli 1982
Wechsel-Posaunist, ab 1976 Solo-Posaunist

Er erhielt achtjährig ersten Akkordeonunterricht. Nach der Schulzeit absolvierte er eine Lehre zum Akkordeonbauer bei den Klingenthaler Harmonikawerken, war dann von 1959 bis 1962 Schüler des Robert-Schumann-Konservatoriums in Zwickau und hatte dort Unterricht bei Kurt Pilz. Anschließend studierte er bis 1964 bei → G. Fleischer an der Leipziger Hochschule für Musik. Von 1964 bis 1967 hatte er ein Engagement beim Staatlichen Sinfonieorchester Halle/S. ◆ Nach seinem Leipziger Engagement ging er zur Staatskapelle nach Dresden, wo er auch an der dortigen Hochschule unterrichtete, seit 1993 mit Professur.
Lehrer an der Leipziger Hochschule für Musik von 1970 bis 1982 ◆ Lehrer von → J. Richter.
LITERATUR: A. Schreiber: Von der Churfürstlichen Cantorey zur Sächsischen Staatskapelle Dresden. QUELLEN: Selbstauskunft.

1968

|961 **Harzer, Rolf**
Violine
* 28. März 1925 in Altenburg
Mitglied vom 1. August 1968 bis 31. Juli 1991
1. Geiger

Er besuchte von 1931 bis 1935 in Chemnitz die Volksschule und danach das Reformgymnasium bis 1941. Sechsjährig erhielt er ersten Geigenunterricht bei seinem Vater Paul Harzer, der Geiger im Chemnitzer Orchester war. Von 1941 bis 1943 hatte er Privatunterricht bei Adrian Rappoldi in Dresden und war gleichzeitig im Städtischen Orchester Chemnitz. Im Januar 1943 zum Reichsarbeitsdienst verpflichtet, wurde er im April zur Wehrmacht eingezogen. Von Juli bis Oktober 1945 wieder in Chemnitz, kam er dann nach Leipzig und nahm Unterricht bei → K. Stiehler. Er studierte von 1946 bis 1947 bei → Fr. Kirmse an der Leipziger Hochschule für Musik, anschließend bis 1949 bei → W. Schaller am Bayerischen Staatskonservatorium in Würzburg. Von 1950 bis 1953 war er 1. Konzertmeister beim Gerhard-Hauptmann-Theater in Görlitz, danach in gleicher Funktion beim Städtischen Orchester Karl-Marx-Stadt[94].
QUELLEN: Archiv HMT: Kon Nr. 18657; GewandhausA.

|962 **Fritzsch, Johannes**
Violine
* 4. Mai 1930 in Oelsnitz/Vogtland,
† 8. Juni 1990 in Leipzig
Mitglied vom 1. August 1968 bis zu seinem Tod
1. Geiger

Aufgewachsen in Grünbach/Vogtland, besuchte er dort ab 1936 die Grundschule, ab 1940 die Oberschule in Falkenstein/Vogtland bis zur mittleren Reife 1947 und hatte während dieser Zeit ersten Geigenunterricht. Von 1947 bis 1954 arbeitete er in der Mechanischen Weberei Arthur Ebersbach in Grünbach und nahm gleichzeitig sechs Jahre Privatunterricht bei Emil Langhof in Plauen. Von 1954 bis 1957 war er 2. Konzertmeister beim Kreiskulturorchester Auerbach, danach bis 1959 1. Geiger beim Stadttheater Plauen und nahm während dieser Zeit Unterricht bei Willibald Roth in Dresden. 1959 wurde er 1. Konzertmeister mit Dirigierverpflichtung beim

---

92 Mutter von → Chr. Nagel.
93 Heute Chemnitz.

94 Heute Chemnitz.

Vogtlandorchester Reichenbach und ab 1964 war er 2. Konzertmeister beim Theater Karl-Marx-Stadt[95]. ♦ Um seine Ausbildung mit einem Hochschulabschluß zu beenden, absolvierte er von 1972 bis 1975 ein Abendstudium an der Leipziger Hochschule für Musik.
QUELLEN: GewandhausA.

|963 **Anders, Albrecht**
Violine
* 3. Februar 1943 in Groß-Merzdorf[96] bei Schweidnitz/Schlesien
Mitglied vom 1. August 1968 bis 14. Juli 1984
1. Geiger, ab 1. September 1973 Vorspieler

In Zwickau aufgewachsen, war er von 1957 bis 1962 Schüler der dortigen Fachgrundschule für Musik und hatte Unterricht bei Erich Barth. Anschließend studierte er bis 1968 bei Fritz Ehlers[97] an der Hochschule für Musik in Weimar. Nach einem Gastspiel der Leipziger Oper in Florenz kehrte er nicht in die DDR zurück und ist seit August 1985 beim Sinfonieorchester des WDR Köln.
QUELLEN: Selbstauskunft.

|964 **Ilg, Hiltrud** geb. Freund
Violine
* 30. April 1941 in Erfurt
Mitglied vom 1. August 1968 bis 30. April 2006, noch bis Sommer 2006 Aushilfe
2. Geigerin, ab 1. August 1969 1. Geigerin, ab 1. September 1973 Vorspielerin

Aufgewachsen in Jena, erhielt sie achtjährig ersten Geigenunterricht bei → Fr. Spindler, ab 1950 an der Volkskunstschule bei Konzertmeister Liebermann. Von 1955 bis 1959 war sie Schülerin der Fachgrundschule für Musik in Weimar und hatte dort Unterricht bei Marie-Louise Häussler. Anschließend studierte sie bis 1965 bei Fritz Ehlers[98] an der dortigen Hochschule für Musik und hatte noch bis 1968 eine Aspirantur. ♦ Seit Mitte der achtziger Jahre beschäftigt sie sich auch mit Federzeichnung und Pastellmalerei. Seit 1994 hatte sie verschiedene Personalausstellungen, u.a. in Leipzig, Weimar, Bad Klosterlausnitz und Freiberg/Sa.
QUELLEN: Selbstauskunft.

|965 **Freiberger, Eberhard**
Viola
* 6. Juli 1943 in Görlitz
Mitglied vom 1. August 1968 bis 30. April 2004
Bratscher, ab 1973 Vorspieler, ab 1981 1. Solo-Bratscher an der neu eingerichteten 3. Solo-Stelle

Er war acht Jahre Schüler der Volksmusikschule in Görlitz und hatte dort Geigen-, später auch Tenorhorn- und Trompetenunterricht. Nach der mittleren Reife machte er von 1959 bis 1962 eine Ausbildung zum Feinoptiker beim VEB Meyer-Optik, anschließend studierte er bis 1967 bei Georg Seifert[99] an der Hochschule für Musik in Dresden. Bis 1968 hatte er ein Engagement in Karl-Marx-Stadt[100].
QUELLEN: Selbstauskunft.

|966 **Gütz, Klaus-Peter**
Oboe
* 8. Februar 1938 in Glashütte/Vorpommern
Mitglied vom 1. August 1968 bis 31. August 2001
Solo-Oboist für → W. Gerlach, ab August 2000 1./2. Oboist

Aufgewachsen in Hintersee, besuchte er dort die Grundschule und erhielt elfjährig ersten Geigenunterricht. Von 1953 bis 1957 war er Schüler der Fachgrundschule für Musik in Neustrelitz und hatte ersten Oboenunterricht bei Rudolf Walter. Anschließend studierte er bis 1961 bei Hans-Werner Wätzig[101] an der Hochschule für Musik »Hanns Eisler« in Berlin. Bis 1962 war er 2. Oboist beim Berliner Sinfonieorchester, dann Solo-Oboist beim Großen Rundfunkorchester Leipzig.
QUELLEN: Selbstauskunft.

|967 **Wandelt, Rudolf**
Viola
* 18. Januar 1943 in Neisse[102]/Oberschlesien
Mitglied vom 1. Oktober 1968 bis 22. November 1976
Bratscher

Aufgewachsen in Eisenach, besuchte er dort ab 1949 die Schule und hatte siebenjährig ersten Geigenunterricht. Nach der 11. Klasse war er für ein Jahr beim Kulturorchester Schleiz, studierte 1961 einige Monate bei Dieter Hasch an der Hochschule für Musik in Weimar und war dann von Januar 1962 bis Juli 1964 beim Staatlichen Sinfonieorchester Suhl/Sitz Hildburghausen. Von dort aus nahm er ersten Bratschenunterricht bei Hans-Werner Gerhardt in Weimar. Von 1964 bis 1965 war er Solo-Bratscher am Stadttheater Plauen, danach stellvertretender Solo-Bratscher beim Großen Rundfunkorchester Leipzig. Um seine Ausbildung mit einem Hochschulabschluß zu beenden, absolvierte er von 1965 bis 1967 ein Abendstudium an der Leipziger Hochschule für Musik. ♦ Die Zugfahrt zum Gastspiel der Leipziger Oper in Paris nutzte er zum Verlassen der DDR und war dann von 1977 bis 2001 beim Sinfonieorchester des NDR in Hamburg.
QUELLEN: Selbstauskunft.

---

95 Heute Chemnitz.
96 Heute Marcinowice (Polen).
97 Schüler von → W. Hansmann.
98 Schüler von → W. Hansmann.
99 Bruder von → A. Seifert.
100 Heute Chemnitz.
101 Schüler von → A. Tolksdorf.
102 Heute Nysa (Polen).

1969

|968 Kaltofen, Gunar
Violine
* 8. Juli 1947 in Crottendorf/Erzgebirge,
† 8. Juni 2004 in Leipzig
Mitglied vom 1. August 1969 bis zu seinem Tod
2. Geiger, ab 1. April 1970 1. Geiger, ab 1. September 1973 Vorspieler, ab 1. August 1978 Stellvertretender 1. Konzertmeister

Ersten musikalischen Unterricht erhielt er von seinem Vater und von Musikdirektor Otto in Annaberg, außerdem hatte er Geigenunterricht bei Konzertmeister Rank in Annaberg und Herrn Lorey in Crottendorf. Ab 1960 war → R. Harzer in Chemnitz sein Lehrer und ab 1962 hatte er im Rahmen der Kinderklasse der Leipziger Hochschule auch Förderunterricht bei → G. Bosse. Nach dem Abschluß der 10. Klasse studierte er von 1964 bis 1969 bei G. Bosse an der Leipziger Hochschule für Musik.
QUELLEN: GewandhausA.

|969 Schicketanz, Hermann
Viola
* 13. Juli 1944 in Reichenbach/Vogtland
Mitglied seit 1. August 1969
Bratscher

In seiner Familie mütterlicher- und väterlicherseits gab es über mehrere Generationen Lehrer und Kantoren im Vogtland. Aufgewachsen ist er in Zobes bei Plauen und Rebesgrün bei Auerbach, wo sein Vater Karl Schikketanz, ein aktiver Dilettant auf dem Cello, zuletzt als Lehrer tätig war. Ersten Geigenunterricht erhielt er achtjährig bei Oswald Kapeller an der Musikschule in Auerbach/Vogtland. Ab 1959 war er Schüler der Fachgrundschule für Musik in Zwickau und hatte dort Unterricht bei Kurt Maul und Erich Barth. Nach der Auflösung der Schule 1963 war er bis 1964 am Konservatorium in Halle/S., wo Fritz Brauer[103] sein Lehrer war. Er wechselte zur Bratsche und studierte dann bis 1969 bei → A. Matz an der Leipziger Hochschule für Musik und war während dieser Zeit bereits als Substitut tätig.
QUELLEN: Selbstauskunft.

1970

|970 Brauer, Dietrich
Violine
* 26. April 1949 in Eisleben ◆ Bruder von → H. Brauer
Mitglied vom 1. August 1970 bis 3. Mai 1988
2. Geiger, ab 1971 1. Geiger

Er ist der Sohn des Konzertmeisters am Eislebener Theater Fritz Brauer, der auch Lehrer am Hallenser Konservatorium war. Ersten Geigenunterricht erhielt er vierjährig bei seinem Vater, der bis zum 2. Studienjahr auch sein Lehrer blieb. Ab 1958 war er Schüler der neu eingerichteten Kinderklasse an der Fachgrundschule für Musik, von 1963 bis zum Abschluß der 10. Klasse 1965 der Spezialschule für Musik in Halle/S. Anschließend studierte er von 1965 bis 1970 bei → G. Bosse an der Leipziger Hochschule für Musik und war während dieser Zeit bereits als Substitut tätig. ◆ Nach einer Südamerika-Tournee des Orchesters kehrte er nicht wieder in die DDR zurück. Heute ist er beim Orchester des Nationaltheaters Mannheim.
QUELLEN: Selbstauskunft.

|971 Sander, Harald
Horn
* 26. Februar 1946 in Jena
Mitglied vom 1. August 1970 bis 24. November 1976
2. Hornist

In Jena aufgewachsen, erhielt er 14jährig ersten Hornunterricht. Nach dem Abschluß der 10. Klasse 1962 war er bis 1963 Schüler des Schweriner Konservatoriums und studierte nach dessen Auflösung bis 1968 bei → G. Böhner an der Leipziger Hochschule für Musik. Ab 1. Dezember 1967 hatte er ein Engagement beim Orchester der Musikalischen Komödie. ◆ Nach einem Gastspiel der Leipziger Oper in Paris kehrte er nicht wieder in die DDR zurück. Seitdem ist er beim Orchester des Staatstheaters Nürnberg.
QUELLEN: Selbstauskunft.

|972 Koch, Max Prof.
Harfe
* 3. Februar 1945 in Rottleben bei Bad Frankenhausen
Mitglied seit 1. September 1970
Harfenist für → J. Gerlach

Sein Vater Walter Koch war Trompeter und Cellist im Loh-Orchester in Sondershausen. Aufgewachsen in Rottleben und Kleinmachnow, erhielt er dort zehnjährig ersten Klavierunterricht, später war Elisabeth Weinberger seine Lehrerin. 14jährig hatte er ersten Harfenunterricht bei Siegfried Weinberger, der bis zum Examen 1968 sein Lehrer blieb. Von 1959 bis zum Fachabitur 1963 war er Schüler der Berufsvollschule für Musik und studierte anschließend bis 1968 an der Deutschen Hochschule für Musik Berlin. Gleichzeitig war er ab 1967 Praktikant beim Orchester des Theaters der Altmark in Stendal, wo er von 1968 bis 1970 ein Engagement hatte.
Lehrer an der Leipziger Hochschule für Musik und Theater seit 1988; 1996 Professur.
QUELLEN: Selbstauskunft.

---

103 Vater von → D. Brauer und → H. Brauer.

1971

|973 **Spörl, Christoph**
Violine
* 17. Dezember 1938 in Ebersbrunn
Mitglied vom 1. August 1971 bis 31. Dezember 2003
1. Geiger, ab 1979 Vorspieler

Ersten Geigenunterricht erhielt er zwölfjährig in Ebersbrunn, wo er von 1944 bis 1952 die Grundschule besuchte. Anschließend war er bis 1960 Schüler des Robert-Schumann-Konservatoriums in Zwickau und hatte dort Unterricht bei Alfred Stein[104] und Erna Kater. Von 1960 bis 1967 hatte er ein Engagement bei den Städtischen Bühnen Magdeburg und war dann beim Rundfunk-Sinfonieorchester Leipzig.
QUELLEN: Selbstauskunft.

|974 **Schefczyk, Witold**
Violine
* 28. Dezember 1944 in Altenburg
Mitglied vom 1. August 1971 bis 21. August 1989
1. Geiger

Aufgewachsen in Rositz, erhielt er dort neunjährig ersten Geigenunterricht, später hatte er Unterricht an der Musikschule in Altenburg. Von 1959 bis 1963 war er Schüler der Fachgrundschule für Musik in Zwickau und hatte dort Unterricht bei Margarete Vörckel-Carstensen, später bei Erich Barth. Anschließend studierte er bis 1969 bei → H. Sannemüller an der Hochschule für Musik in Weimar. Nach dem Studium hatte er von 1969 bis 1971 ein Engagement beim Großen Rundfunkorchester Leipzig; während dieser Zeit leistete er seinen 18monatigen Wehrdienst. ◆ Er verließ die DDR mit Ausreiseantrag in die Bundesrepublik Deutschland. Heute ist er beim Philharmonischen Orchester Hagen/Westfalen.
QUELLEN: Selbstauskunft.

|975 **Pammler, Andreas**
Violoncello
* 5. Januar 1942 in Leipzig
Mitglied vom 1. August 1971 bis 31. Juli 2004
Cellist, ab 1974 Vorspieler

Der Sohn des Schulmusikers Rudolf Pammler war von 1953 bis zum Abitur 1960 Schüler der Thomasschule und Mitglied im Thomanerchor. Ab 1955 hatte er Cellounterricht bei Eva Klengel[105], und nach dem Abitur war er ein Jahr lang Privatschüler von Anton Spieler. Von 1961 bis 1967 studierte er bei → Fr. Erben an der Leipziger Hochschule für Musik und hatte dort anschließend eine Aspirantur. Diese brach er im Dezember 1968 ab und wurde Solo-Cellist beim Landestheater Halle/S. Ab 1970 war er beim Rundfunk-Sinfonieorchester Leipzig.
QUELLEN: Selbstauskunft.

----

[104] Vater von → Kl. Stein.
[105] Tochter von → J. Klengel.

|976 **Albrecht, Reiner**
Horn
* 9. Oktober 1950 in Leipzig,
† 13. September 1985 in Leipzig
Mitglied vom 1. August 1971 bis 1. Juli 1983
Solo-Hornist für → P. Damm

Ersten Hornunterricht hatte er 1961 an der Kinderklasse der Leipziger Hochschule bei → G. Böhner. Nach dem Abschluß der 10. Klasse 1967 studierte er bis 1971 weiter bei G. Böhner an der Leipziger Hochschule für Musik.
QUELLEN: GewandhausA.

1972

|977 **Gierden, Robert**
Violine
* 9. August 1949 in Wittlich,
† 27. Dezember 2001 in Leipzig
Mitglied vom 1. August 1972 bis 3. Juni 1977
1. Geiger

Aufgewachsen in Rottwerndorf bei Pirna, besuchte er später die Spezialschule für Musik in Halle/S., war dort Schüler von Fritz Knorre und studierte dann von 1966 bis 1971 bei → E. Nietner an der Leipziger Hochschule für Musik. ◆ Von einem Gastspiel der Leipziger Oper in Jugoslawien kehrte er nicht mit dem Orchester, sondern erst einige Zeit später in die DDR zurück und wurde nicht wieder eingestellt. Er war dann beim Orchester der Städtischen Bühnen Magdeburg, später bei der Staatskapelle Schwerin und ab 1981 Stellvertretender Konzertmeister beim Orchester der Musikalischen Komödie in Leipzig.
QUELLEN: GewandhausA; *Leipziger Volkszeitung* vom 28. Januar 2002.

|978 **Roth, Werner**
Violine
Mitglied vom 1. August 1972 bis 13. September 1976
2. Geiger

Nach einem Konzert des Orchesters in Linz kehrte er nicht wieder in die DDR zurück. Heute ist er beim Sinfonieorchester des NDR in Hamburg.
QUELLEN: GewandhausA.

|979 **Hetzer, Jürgen**
Violine
* 9. Oktober 1941 in Leipzig
Mitglied seit 1. August 1972
2. Geiger

Siebenjährig erhielt er ersten Geigenunterricht bei Albin Müller, später war Gerti Flor seine Lehrerin. Nach dem Abschluß der 10. Klasse in Leipzig besuchte er von 1958 bis 1961 das Konservatorium in Halle/S., hatte dort Unterricht bei Ingeborg Hoffmann und studierte dann bis 1967 bei → A. Graefe an der Leipziger Hochschule für Musik. Von 1966 bis 1969 leistete er seinen Wehrdienst beim Musikkorps (im Kammerorchester) des Wachregiments Berlin, beendete in dieser Zeit sein Studium und hatte dann bis

1971 ein Engagement beim Staatlichen Sinfonieorchester Halle/S., danach beim DEFA-Sinfonieorchester Babelsberg.

QUELLEN: Selbstauskunft.

|980 **Runge, Eckhard**
Horn
* 27. Mai 1950 in Lychen
Mitglied seit dem 1. August 1972, bereits ab 1971 Aushilfe
2. Hornist, seit 1. September 2003 4. Hornist

Er hatte zwölfjährig den ersten Hornunterricht bei Günter Bischof an der Musikschule Neustrelitz, war ab 1964 Schüler der Spezialschule für Musik in Berlin und hatte dort Unterricht bei Fritz Hoffmann, ab 1966 bei Friedhelm Döhler. Von 1966 bis 1971 studierte er an der Hochschule für Musik »Hanns Eisler«, wo ab 1967 Kurt Palm sein Lehrer war und er 1968 das Abitur ablegte. Ab 1971 hatte er ein Engagement beim Orchester der Musikalischen Komödie Leipzig.
Mitglied des Orchestervorstandes seit 2004 ◆ Lehrer von → J. Wessely.

QUELLEN: Selbstauskunft.

1973

|981 **Scherzer, Manfred**
Violine
* 2. Juni 1933 in Dresden
Mitglied vom 1. August 1973 bis 31. Juli 1975
1. Konzertmeister

Sein Vater Max Scherzer war Geiger in der Sächsischen Staatskapelle und auch sein erster Lehrer, später hatte er Unterricht bei Oskar Geier. Bereits 17jährig wurde er Mitglied der Dresdner Staatskapelle unter → R. Kempe. Von 1954 bis 1973 war er 1. Konzertmeister des Orchesters der Komischen Oper Berlin. ◆ Ab 1976 hatte er eine Professur an der Hochschule für Musik in Dresden und gründete 1978 das Dresdner Kammerorchester.

LITERATUR: A. Schreiber: Von der Churfürstlichen Cantorey zur Sächsischen Staatskapelle Dresden; H. Seeger: Musiklexikon: Personen A-Z.

|982 **Knauff, Jutta** geb. Schulze
Violine
* 10. Oktober 1942 in Magdeburg
Mitglied seit 1. August 1973
2. Geigerin, seit 1977 Vorspielerin

Aufgewachsen in Ebendorf bei Magdeburg, erhielt sie sechsjährig ersten Geigenunterricht bei ihrer Mutter Lisbeth Schulze, ab 1957 hatte sie Privatunterricht bei Otto Kobin in Magdeburg. Nach dem Abitur 1961 studierte sie bis 1967 bei → G. Bosse an der Leipziger Hochschule für Musik und war während dieser Zeit bereits als Substitutin tätig. Von 1967 bis 1971 hatte sie ein Engagement als 2. Konzertmeisterin beim Orchester der Städtischen Bühnen Magdeburg und war danach beim Orchester der Komischen Oper in Berlin.

QUELLEN: Selbstauskunft.

|983 **Timm, Jürnjacob** Prof.
Violoncello
* 14. Mai 1949 in Neubrandenburg
Mitglied seit 1. August 1973
1. Solo-Cellist für → Fr. Erben

Aufgewachsen in Schwerin, erhielt er sechsjährig ersten Klavierunterricht, 13jährig ersten Cellounterricht an der Schweriner Musikschule. Von 1965 bis 1970 studierte er bei → Fr. Erben an der Leipziger Hochschule für Musik und hatte anschließend bis 1973 eine Aspirantur.
Mitglied des Gewandhaus-Quartetts seit 1973 für → Fr. Erben.

QUELLEN: Selbstauskunft.

|984 **Reichardt, Hagen**
Schlagzeug
* 26. Oktober 1944 in Uhlstädt bei Rudolstadt,
† 16. Mai 1980 in Leipzig
Mitglied vom 1. August 1973 bis 1. Oktober 1975, noch bis zu seinem Tod Aushilfe
Schlagzeuger

Er besuchte in Uhlstädt die Grundschule und war dann drei Jahre auf der Fachschule für Musik in Sondershausen. Von 1962 bis 1967 studierte er bei → K. Mehlig an der Leipziger Hochschule für Musik und war während dieser Zeit bereits als Substitut tätig. Anschließend hatte er ein Engagement als Solo-Pauker beim Landestheater Dessau und leiste in dieser Zeit von Mai 1968 bis Oktober 1969 seinen Wehrdienst beim Stabsmusikkorps in Cottbus.

QUELLEN: GewandhausA.

|985 **Hundt, Gerhard**
Schlagzeug
* 9. Oktober 1952 in Halberstadt
Mitglied seit 1. August 1973
Schlagzeuger

Zehnjährig erhielt er ersten Unterricht auf dem Althorn beim Jugendblasorchester in Halberstadt. 1965 wurde er Schüler der Spezialschule für Musik in Halle/S. und hatte dort ersten Schlagzeugunterricht bei Ekkehard Keune. Nach dem Abschluß der 10. Klasse 1969 studierte er bis 1973 bei → E. Ockert an der Leipziger Hochschule für Musik und war während dieser Zeit bereits als Substitut tätig.

QUELLEN: Selbstauskunft.

1974

|986 **Roterberg, Ulrich**
Violoncello
* 9. Dezember 1951 in Meiningen
Mitglied vom 1. August 1974 bis 12. September 1976
Cellist (Vorspieler)

Sein Vater, der Chirurg Max Roterberg, war in Meiningen ein aktiver Dilettant auf der Geige und Bratsche. Siebenjährig erhielt er ersten Klavierunterricht, zehnjährig dann Cellounterricht bei Rudolf Kerner. Ab 1963

hatte er außerdem in Weimar regelmäßig Unterricht bei Erich Neumann[106], der bis 1974 sein Lehrer blieb. Von 1968 bis zum Abitur 1970 war er Schüler der Spezialschule für Musik in Weimar und studierte dann an der dortigen Hochschule bis 1974. ◆ Nach einem Gastspiel des Orchesters in Linz kehrte er nicht wieder in die DDR zurück und war dann als Aushilfe beim Philharmonischen Orchester Berlin, von 1977 bis 1978 beim Sinfonieorchester des NDR in Hamburg. Während dieser Zeit studierte er bei André Navarra an der Hochschule für Musik in Detmold. Von 1978 bis 1988 hatte er verschiedene Anstellungen als Musiker und Lehrer in den USA und Österreich. Seit 1988 lebt er wieder in Deutschland und ist in Troisdorf bei Bonn Lehrer an der dortigen Musikschule.
QUELLEN: Selbstauskunft.

|987 Kröhner, Karla geb. Pfeifer
Violoncello
* 14. Januar 1949 in Görlitz
Mitglied seit 1. August 1974
Cellistin

Sie erhielt elfjährig den ersten Cellounterricht an der Musikschule Görlitz bei Gerhard Otto. Von 1963 bis zum Abschluß der 10. Klasse 1965 war sie Schülerin der Spezialschule für Musik in Dresden, hatte dort Unterricht bei Manfred Reichelt, studierte dann bei diesem bis 1967 zunächst an der Fachschule, anschließend bis 1970 an der Hochschule für Musik in Dresden. Danach war sie bis 1971 beim Sinfonieorchester in Halle/S., hatte dann für ein Jahr einen Aushilfsvertrag beim Rundfunk-Sinfonieorchester Leipzig und ab 1972 ein Engagement beim DEFA-Sinfonieorchester Babelsberg.
QUELLEN: Selbstauskunft.

|988 Landmann, Holger
Oboe
* 17. September 1943 in Leipzig
Mitglied seit 1. August 1974
Englischhornist /2. Oboist

Aufgewachsen in Leipzig, erhielt er sechsjährig ersten Klavierunterricht bei seiner Mutter, der Klavierlehrerin Ilse Landmann. Von 1958 bis 1962 besuchte er das Konservatorium in Halle/S., hatte dort Unterricht bei Richard Freudenberg, Kruth und Gerbeth und studierte anschließend bis 1966 bei → P. Fischer an der Leipziger Hochschule für Musik. Nach dem Studium hatte er bis 1970 ein Engagement beim Staatlichen Sinfonieorchester Schwerin, war dann ein Jahr beim Theater der Altmark in Stendal und ab 1971 beim Philharmonischen Orchester Magdeburg. Mitglied des Orchestervorstandes von 1992 bis 1993.
QUELLEN: Selbstauskunft.

1975

|989 Nagel, Christine
Violine
* 19. Januar 1948 in Chemnitz
Mitglied seit dem 1. August 1975,
bereits ab 1969 Aushilfe
2. Geigerin

Ihre Eltern Dora Nagel und Kurt Nagel haben in Leipzig bei Walther Davisson Geige studiert und waren in Chemnitz als Privatmusiklehrer tätig. Ersten Unterricht hatte sie vierjährig bei ihrem Vater, ab 1962 war sie Schülerin von Eberhard Schneider. Nach dem Abschluß der 10. Klasse studierte sie in Leipzig, von 1964 bis 1966 an der Fachschule für Musik bei Lisa-Liane Max, dann bis 1970 an der Hochschule bei → G. Bosse. Anschließend hatte sie bis 1972 eine Aspirantur und war dann bis 1974 Assistentin von → G. Bosse an der Leipziger Hochschule.
QUELLEN: Selbstauskunft.

|990 Baumann, Horst
Violine
* 30. Mai 1948 in Borsdorf bei Leipzig
Mitglied seit 1. August 1975
2. Geiger, ab 1. August 1976 1. Geiger, ab 1. September 1978 Konzertmeister der 2. Violinen

Er erhielt siebenjährig ersten Blockflöten-, neunjährig dann Geigenunterricht an der Musikschule Engelsdorf und war ab 1960 Schüler von → G. Fiehring an der Kinderklasse der Leipziger Hochschule. Nach dem Abschluß der 10. Klasse studierte er bis 1970 an der Leipziger Hochschule für Musik, zunächst weiter bei → G. Fiehring, ab 1966 bei Ruth Boche-Kestner. Anschließend war er bis 1973 Lehrer an der Spezialschule für Musik in Halle/S. Dort wurde ihm gekündigt, weil er seinen Wehrdienst wegen der Verweigerung des Dienstes an der Waffe als Bausoldat leistete.
QUELLEN: Selbstauskunft.

|991 Strauch, Markus
Kontrabass
* 1. März 1949 in Dresden
Mitglied vom 1. August 1975 bis 31. Juli 1977
Kontrabassist

Aufgewachsen in Dresden, erhielt er sechsjährig ersten Akkordeonunterricht. Ersten Kontrabassunterricht hatte er 17jährig bei Heinz Hermann, bei dem er auch nach dem Abitur von 1967 bis 1972 an der Hochschule für Musik in Dresden studierte. Anschließend war er stellvertretender Solo-Kontrabassist beim Philharmonischen Orchester in Frankfurt/O. und leistete während dieser Zeit von November 1972 bis Mai 1974 seinen Wehrdienst beim Zentralen Orchester der NVA als Kontrabassist. ◆ Nach seinem Leipziger Engagement ging er nach Dresden zur Staatskapelle. Seit 1979 ist er Solo-Kontrabassist des Rundfunk-Sinfonieorchesters Berlin.
LITERATUR: A. Schreiber: Von der Churfürstlichen Cantorey zur Sächsischen Staatskapelle Dresden. QUELLEN: Selbstauskunft.

---

106 Bruder von → W. Neumann.

1976

|992 Sadlik, Reiner
Violine
* 29. August 1952 in Kulkwitz bei Leipzig
Mitglied vom 1. August 1976 bis Sommer 1983
2. Geiger, ab 1. August 1978 1. Geiger

Er besuchte von 1958 bis 1968 die Thomasoberschule in Leipzig und war ab 1960 Schüler von Klaus Hertel an der Kinderklasse der Leipziger Hochschule. Nach dem Abschluß der 10. Klasse studierte er bei ihm bis 1974 an der Leipziger Hochschule für Musik. Anschließend hatte er ein Engagement beim Landestheater Halle/S. ♦ Er kehrte von einem Urlaub in Jugoslawien nicht wieder in die DDR zurück. Seit 1. Mai 1984 ist er beim Bayerischen Staatsorchester in München.
QUELLEN: Selbstauskunft.

|993 Sannemüller, Matthias
Viola
* 24. September 1951 in Leipzig ♦ Sohn von →
H. Sannemüller
Mitglied vom 1. August 1976 bis 31. Juli 1978
Bratscher

Der Sohn von H. Sannemüller und der Sängerin Philine Fischer erhielt sechsjährig ersten Klavier- und siebenjährig dann Geigenunterricht, später wurde Klaus Hertel sein Lehrer. Von 1986 bis zum Abschluß der 10. Klasse war er Schüler von Dieter Hasch an der Spezialschule für Musik in Weimar, bei dem er auch bis 1971 an der Weimarer Hochschule studierte. Er wechselte zur Bratsche, setzte das Studium bis 1974 bei → D. Hallmann an der Leipziger Hochschule für Musik fort und war während dieser Zeit bereits als Substitut beschäftigt. Anschließend hatte er noch bis 1975 eine Aspirantur an der Hochschule. Ab 1975 war er beim Rundfunk-Sinfonieorchester Leipzig. ♦ Seit 1978 ist er 1. Solo-Bratscher beim Leipziger Rundfunk-Sinfonieorchester.
QUELLEN: Selbstauskunft.

|994 Dietze, Jürgen
Oboe
* 21. März 1954 in Leipzig
Mitglied vom 1. August 1976 bis 31. Juli 1978
1./2. Oboist an der neu eingerichteten 8. Stelle

Er erhielt neunjährig ersten Klavierunterricht, 14jährig Oboenunterricht als Seminarschüler an der Leipziger Hochschule für Musik. Nach dem Abschluß der 10. Klasse studierte er von 1970 bis 1975 bei Burkhard Glaetzner Oboe, im zweiten Hauptfach Komposition bei Peter Herrmann. Bis 1976 hatte er noch eine Aspirantur und war während des Studiums bereits als Substitut, später als Praktikant tätig. ♦ Er ging vom Gewandhausorchester zum Rundfunk-Sinfonieorchester Leipzig, wo er seit 1982 als Solo-Oboist engagiert ist.
WERKE: Kammermusik f. Klavier, Vl., Vc., Fl., Ob., Englischhorn u. Fg; 3 Frauenchöre; 1 Singspiel. QUELLEN: Selbstauskunft.

1977

|995 Dase, Jürgen
Violine
* 15. August 1954 in Leipzig
Mitglied seit 1. August 1977
1. Geiger

Aufgewachsen in Radefeld, Zschernitz, Kyhna, Düsseldorf und Delitzsch, erhielt er siebenjährig ersten Geigenunterricht an der Musikschule Delitzsch. Von 1966 bis zum Abschluß der 10. Klasse 1972 war er Schüler der Spezialschule für Musik in Halle/S. und hatte dort Unterricht bei Ingeborg Hoffmann. Danach studierte er bis 1977 bei → G. Bosse an der Leipziger Hochschule für Musik und war während dieser Zeit bereits als Substitut tätig. ♦ Von Mai 1979 bis Oktober 1980 leistete er seinen Wehrdienst.
QUELLEN: Selbstauskunft.

|996 Jung, Hans-Rainer
Violine
* 9. Mai 1955 in Weimar
Mitglied seit 1. August 1977
2. Geiger, seit 1. August 1978 1. Geiger

Er erhielt siebenjährig ersten Geigenunterricht bei Siegfried Wengert, war von 1965 bis zum Abschluß der 10. Klasse 1972 Schüler der Spezialschule für Musik in Weimar und hatte dort bis 1971 Unterricht bei Rolf Baumgarten, dann bei Fritz Ehlers[107]. Anschließend studierte er bei ihm bis 1977 an der dortigen Hochschule für Musik, deren Rektor zu dieser Zeit sein Vater, der Musikwissenschaftler Hans Rudolf Jung, war. ♦ Daniel Nettelbladt, der Bearbeiter eines Verzeichnisses von Juristen seines Jahrhunderts, schrieb 1758 in den *Hallischen Beyträgen zu der juristischen Gelehrten-Historie*: »Hiermit ist also dieses Verzeichniß geendiget, und man ist froh, daß man von dieser ... Arbeit endlich befreyet wird, worüber vielleicht mancher Leser gleichfals ermüdet ist. Indessen hoffet man doch, daß sie nicht ohne Nutzen sein wird.« Diesen Worten schließt sich der Autor vorbehaltlos an ... Mitglied des Orchestervorstandes von 1990 bis 1992; Geschäftsführer der »Gemeinschaft der Mitglieder des Gewandhausorchesters« von deren Gründung am 20. Oktober 1991 bis zum 31. Dezember 1994.

|997 Weise, Daniel
Violine
* 14. Dezember 1944
Mitglied vom 1. August 1977 bis 2. Juni 1988
2. Geiger
QUELLEN: GewandhausA.

|998 Stolle, Heiner
Viola
* 24. Juni 1952 in Querfurt
Mitglied seit 1. August 1977, bereits ab 1975 Aushilfe
Bratscher

Neunjährig erhielt er ersten Geigenunterricht an der Musikschule Querfurt bei Fritz Mehls, von 1967 bis zum Abschluß der 10. Klasse 1969 war er

---

[107] Schüler von → W. Hansmann.

Schüler der Spezialschule für Musik in Halle/S. Dort hatte er ab 1968 Bratschenunterricht bei Fritz Knorre und studierte danach bis 1974 an der Leipziger Hochschule für Musik, erst bei → A. Matz, dann bei → D. Hallmann, und war während dieser Zeit bereits als Substitut beschäftigt. Nach dem Studium hatte er ein Engagement beim Orchester des Metropol-Theaters in Berlin, ab 1975 beim Großen Rundfunkorchester Leipzig.
Verwalter der Orchesterkasse ab 1988 für → G. Fiehring; Mitglied des Orchestervorstandes vom 12. März 1990 bis 7. März 1992; Geschäftsführer der »Gemeinschaft der Mitglieder des Gewandhausorchesters« von deren Gründung am 20. Oktober 1991 bis 2004; Vorsitzender des Orchestervorstandes seit 2. Juli 2004 für → R. Götz.
QUELLEN: Selbstauskunft.

|999 **Brauer, Hartmut**
Violoncello
* 9. Juli 1952 in Eisleben ◆ Bruder von → D. Brauer
Mitglied seit 1. August 1977
Cellist (Vorspieler), seit 1. August 1978 Solo-Cellist

Er ist der Sohn des Konzertmeisters am Eislebener Theater Fritz Brauer, der auch Lehrer am Hallenser Konservatorium war. Elfjährig erhielt er ersten Cellounterricht, war dann von 1965 bis 1969 Schüler von Heinz Lösche an der Spezialschule für Musik in Halle/S. und studierte danach bis 1973 bei ihm an der Leipziger Hochschule für Musik. Anschließend hatte er bis 1974 eine Aspirantur bei → Fr. Erben, war von 1974 bis 1977 beim Orchester der Komischen Oper Berlin und nahm in dieser Zeit weiter Unterricht bei → Fr. Erben.
Vorsitzender der AGL vom 27. Oktober 1986 bis 11. März 1990; Vorsitzender des Orchestervorstandes vom 12. März 1990 bis 31. Mai 1993 und vom 1. August 1995 bis 17. Juni 2001 für → Chr. Kretschmar ◆ Lehrer für Orchesterstudien an der Leipziger Hochschule für Musik von 1989 bis 1995.
QUELLEN: Selbstauskunft.

|1000 **Hucke, Rainer**
Kontrabass
* 7. Dezember 1954 in Wittenberg
Mitglied seit 1. August 1977
Solo-Kontrabassist, seit 1978 1. Solo-Kontrabassist für → K. Siebach

Aufgewachsen in Leipzig, erhielt er sechsjährig ersten Klavierunterricht. Er war Mitglied des Leipziger Rundfunk-Kinderchores von 1962 bis 1964, besuchte von 1965 bis 1966 die Thomasschule und war Mitglied des Chores. Von 1969 bis zum Abschluß der 10. Klasse 1972 war er Schüler der Spezialschule für Musik in Weimar und hatte dort ersten Kontrabassunterricht bei Paul Wenkel[108]. Anschließend studierte er bis 1977 an der Weimarer Hochschule für Musik, bis 1974 bei Paul Wenkel, danach bis 1977 bei dessen Sohn Horst-Dieter Wenkel.
QUELLEN: Selbstauskunft.

|1001 **Balko, Gunter**
Klarinette
* 1. Juni 1955 in Döbern/Niederlausitz
Mitglied vom 1. November 1977 bis 31. Juli 1980
Solo-Klarinettist

---
[108] Schüler von → A. Starke.

Aufgewachsen in Hoyerswerda, erhielt er zwölfjährig ersten Klarinettenunterricht bei Peter Junghänel an der dortigen Musikschule. Von 1969 bis 1972 war er Schüler der Spezialschule für Musik in Berlin und hatte Unterricht bei Ewald Koch. Nach dem Abschluß der 10. Klasse studierte er bei ihm bis 1976 an der Hochschule für Musik »Hanns Eisler« in Berlin. Anschließend leistete er bis 1977 seinen 18monatigen Wehrdienst beim Erich-Weinert-Ensemble der NVA als Soloklarinettist. ◆ Ab 1981 war er beim Großen Rundfunkorchester Leipzig. Seit 1992 ist er beim Sinfonieorchester des MDR.
QUELLEN: Selbstauskunft.

|1002 **Kronfeld, Gottfried**
Fagott
* 15. Dezember 1951 in Chemnitz
Mitglied seit 1. August 1977
1./2. Fagottist an der neu eingerichteten 8. Stelle,
seit 10. Januar 1986 Solo-Kontra- /2. Fagottist

Aufgewachsen in Reichenbrand bei Chemnitz, erhielt er dort achtjährig ersten Klavierunterricht. Ersten Fagottunterricht hatte er 15jährig an der Leipziger Musikschule bei Karl-Heinz Angerhöfer. Nach dem Abschluß der 10. Klasse besuchte er eine Betriebsberufsschule, erlernte den Beruf des Maschinenbauers und machte 1970 das Abitur. Bereits zum Musikstudium zugelassen, mußte er von November 1970 bis April 1972 erst seinen Wehrdienst leisten. Er studierte bei → W. Seltmann an der Leipziger Hochschule für Musik von 1972 bis 1977.
QUELLEN: Selbstauskunft.

|1003 **Schlager, Friedrich**
Schlagzeug
* 10. Januar 1956 in Grimma
Mitglied vom 1. August 1977 bis zum Sommer 1989
Schlagzeuger an der neu eingerichteten 8. Stelle

Sein Vater Friedrich Schlager war Trompeter im Kreisorchester Grimma. Von 1967 bis zum Abschluß der 10. Klasse 1973 war er Schüler der Spezialschule für Musik in Halle/S. und hatte dort Unterricht bei Ekkehard Keune. Anschließend studierte er bis 1977 bei → K. Mehlig an der Leipziger Hochschule für Musik und war während dieser Zeit bereits als Substitut tätig. ◆ Er verließ die DDR im August 1989 über Ungarn, gründete später in Augsburg eine Musikschule. Seit 1993 betreibt er eine Musikschule in Grimma.
QUELLEN: Selbstauskunft.

1978

|1004 **Fischer, Wolfram**
Violine
* 20. Januar 1954 in Cottbus
Mitglied seit 1. August 1978
1. Geiger, bis 31. Juli 2006 Vorspieler

Er ist der Sohn von Erwin und Erika Fischer, der Chorsänger am Stadttheater Cottbus. Siebenjährig erhielt er ersten Klavier- und achtjährig dann Geigenunterricht an der dortigen Musikschule. Von 1965 bis 1967 war er

Schüler der Spezialschule für Musik in Halle/S., wo Ingeborg Hoffmann seine Lehrerin war. Bis zum Abschluß der 10. Klasse 1970 war er wieder in Cottbus und hatte Unterricht bei Hans-Joachim Küster. Anschließend studierte er bis 1978 an der Leipziger Hochschule für Musik, zunächst bei → H. Baumann, der Aspirant von Ruth Boche-Kestner war, später bei Lisa-Liane Max und von 1976 bis 1978 bei Gustav Schmahl.

QUELLEN: Selbstauskunft.

|1005 Kähler, Ludolf
Violine
* 5. März 1952 in Naumburg/S.
Mitglied seit 1. August 1978
2. Geiger

Aufgewachsen in Naumburg, Greifswald und Leipzig, erhielt er ersten Geigenunterricht fünfjährig bei Heinrich Möller an der Musikschule in Greifswald. Ab 1964 lebte er in Leipzig bei der Familie des Superintendenten Herbert Stiehl, um Schüler von Klaus Hertel an der Kinderklasse der Leipziger Hochschule zu werden, und besuchte ab 1966 die Thomasschule bis zum Abitur 1970. Anschließend studierte er bis 1976 bei → G. Bosse an der Leipziger Hochschule für Musik und war während dieser Zeit bereits als Substitut tätig. Danach hatte er ein Engagement beim Großen Rundfunkorchester Leipzig.

QUELLEN: Selbstauskunft.

|1006 Stahlbaum, Uwe
Violoncello
* 8. Juni 1954 in Berlin (Ost)
Mitglied seit 1. August 1978
Cellist, Vorspieler für → H. Brauer, der Solo-Cellist wurde

Er ist der Sohn des Schulmusikers Gerhard Stahlbaum und der Klavierlehrerin Verena Stahlbaum. Sechsjährig erhielt er ersten Cellounterricht an der Musikschule Berlin-Prenzlauer Berg, ab 1964 bei Christian Klug[109]. Von 1966 bis zum Abschluß der 10. Klasse 1972 war er Schüler der Spezialschule für Musik in Berlin und hatte dort weiter Unterricht bei Christian Klug, ab 1969 bei Josef Schwab[110]. Er studierte dann zunächst ein Jahr bei Josef Schwab an der Hochschule für Musik »Hanns Eisler« in Berlin und dann von 1973 bis 1978 bei Sergej Schirinski, Tatjana Primenko und Natalja Schachowskaja am Tschaikowski-Konservatorium in Moskau.

Lehrer für Orchesterstudien an der Leipziger Hochschule für Musik seit 1997.

QUELLEN: Selbstauskunft.

|1007 Gyurkovits, Alexandru
Kontrabass
Seit 1980 trägt er den Namen Adelmann, den Geburtsnamen seiner Mutter
* 19. September 1953 in Arad/Banat (Rumänien)
Mitglied vom 1. August 1978 bis 18. August 1980
Kontrabassist

Siebenjährig erhielt er ersten Akkordeon- und später Klavierunterricht am Musikgymnasium in Cluj[111] und studierte dann von 1972 bis 1976 am dortigen Konservatorium. Nach dem Studium hatte er ein Engagement beim Orchester in Satu-Mare, dort wurde ihm 1977 wegen Stellenabbau gekündigt. Vom 1. Februar bis 31. Juli 1978 war er beim Staatlichen Sinfonieorchester Schwerin. ◆ Er verließ die DDR während seiner Mitgliedschaft im Orchester. Seit 1981 ist er beim Orchester der Deutschen Oper Berlin.

QUELLEN: Selbstauskunft.

|1008 Other, Ulrich
Flöte
* 27. September 1946 in Dresden
Mitglied seit 1. August 1978
Solo-Piccolo- /2. Flötist für → H. Böhme

Er ist der Sohn des Klavierprofessors an der Dresdner Musikhochschule Theodor Other und der Privatmusiklehrerin Edith Other. Ersten Blockflötenunterricht erhielt er sechsjährig von seiner Mutter, siebenjährig wurde er Schüler der Musikschule in Dresden, wo er ab 1960 Unterricht auf der Querflöte bei Siegfried Teubel hatte. Nach dem Abitur 1965 studierte er bis 1969 bei Johannes Walter an der Dresdner Hochschule für Musik. Anschließend hatte er ein Engagement bei der Jenaer Philharmonie.

QUELLEN: Selbstauskunft.

|1009 Kleinsorge, Uwe
Oboe
* 9. Juli 1954 in Oschatz
Mitglied seit 1. August 1978
1./2. Oboist, ab 1986 interimistisch, seit 1. August 1987 definitiv Solo-Oboist für → G. Heidrich

Achtjährig erhielt er ersten Trompetenunterricht bei Georg Schünemann an der Musikschule in Oschatz. Von 1965 bis zum Abschluß der 10. Klasse war er Schüler der Spezialschule für Musik in Weimar und hatte dort ersten Oboenunterricht bei Horst Waldmann[112]. Anschließend studierte er bis 1978 bei ihm an der Hochschule in Weimar, wo er während des Studiums 1974 das Abitur an der Abendschule ablegte.

Mitglied des Gewandhaus-Bläserquintetts seit 1987; Vorsitzender der BGL von 1984 bis 1990 für → H. Sannemüller, danach noch Mitglied des Personalrates.

QUELLEN: Selbstauskunft.

|1010 Klepel, Lutz
Fagott
* 2. August 1955 in Freiberg/Sa.
Mitglied seit 1. August 1978
2. Fagottist

Aufgewachsen in Freiberg und Markkleeberg, erhielt er zehnjährig ersten Blockflöten- und elfjährig dann Fagottunterricht bei Karl-Heinz Angerhöfer. Von 1968 bis zum Abschluß der 10. Klasse 1973 war er Schüler der Spezialschule für Musik in Halle/S. und hatte dort Unterricht bei Günter Angerhöfer. Anschließend studierte er bis 1978 bei → W. Seltmann an der Leipziger Hochschule für Musik.

QUELLEN: Selbstauskunft.

---

109 Schüler von → J. Klengel.
110 Schüler von → A. Eichhorn.
111 Früher Klausenburg.
112 Schüler von → A. Gleißberg.

|1011 **Handrow, Rolf** Prof.
Posaune
* 25. Februar 1950 in Wintersdorf bei Altenburg
Mitglied seit 1. August 1978
Wechsel-Posaunist an der neu eingerichteten 8. Stelle, seit 1. August 1985 Bass-Posaunist

Er erhielt fünfjährig ersten Geigenunterricht bei seinem Großvater, zehnjährig kam er zum Luckaer Jugendblasorchester, wo er als Autodidakt Tenorhorn, Bariton und Ventilposaune blies. Von 1965 bis zum Abschluß der 10. Klasse 1966 war er Schüler der Spezialschule für Musik in Halle/S. und hatte Unterricht bei Rudolf Helmbach. Anschließend studierte er bis 1970 bei → G. Fleischer an der Leipziger Hochschule für Musik. Von 1970 bis 1973 hatte er ein Engagement beim Staatlichen Sinfonieorchester Greiz, anschließend beim Landestheater Dessau.
Lehrer an der Hochschule für Musik von 1988 bis 2005; 1997 Professur.
QUELLEN: Selbstauskunft.

1979

|1012 **Janek, Werner**
Violine
* 24. September 1951 in Leipzig
Mitglied seit 1. Februar 1979
2. Geiger

Ersten Geigenunterricht erhielt er achtjährig an der Kinderklasse der Leipziger Hochschule bei → G. Fiehring. Nach dem Abschluß der 10. Klasse 1968 an der Thomasschule studierte er bei ihm bis 1973 an der Leipziger Hochschule für Musik. Anschließend war er bis 1979 1. Konzertmeister beim Gerhard-Hauptmann-Theater Görlitz/Zittau.
Geschäftsführer der »Gemeinschaft der Mitglieder des Gewandhausorchesters« seit 2004 für → H. Stolle.
QUELLEN: Selbstauskunft.

|1013 **Funke, Christian** Prof.
Violine
* 18. April 1949 in Dresden
Mitglied seit 1. August 1979
1. Konzertmeister an der neu eingerichteten 3. Stelle

Ersten Geigenunterricht erhielt er sechsjährig an der Volksmusikschule in Dresden bei Annemarie Dietze, später an der Kinderklasse der Dresdner Hochschule bei Gustav Fritzsche[113]. Von 1963 bis zum Abschluß der 10. Klasse 1965 war er Schüler der Spezialschule für Musik und hatte weiter Unterricht bei Fritzsche. Anschließend studierte er zunächst ein Jahr bei Heinz Rudolph an der Dresdner Hochschule, von 1966 bis 1972 bei Igor Besrodny am Tschaikowski-Konservatorium in Moskau. Vom 1. November 1972 bis 31. Juli 1979 war er 1. Konzertmeister der Staatskapelle Dresden.
LITERATUR: A. Schreiber: Von der Churfürstlichen Cantorey zur Sächsischen Staatskapelle Dresden. QUELLEN: Selbstauskunft.

|1014 **Rudolph, Frank**
Violine
* 1. Juni 1955 in Berlin (Ost)
Mitglied vom 1. August 1979 bis 16. November 1988
1. Geiger, ab 1984 Vorspieler

Von 1968 bis 1973 war er Schüler der Spezialschulen für Musik in Berlin und Halle/S. und hatte dort jeweils Unterricht bei Katja Rebling. Nach dem Abschluß der 10. Klasse studierte er bis 1979 bei ihr an der Leipziger Hochschule für Musik und war während dieser Zeit bereits als Substitut beschäftigt.
♦ Nach einer Westeuropa-Tournee des Orchesters kehrte er nicht wieder in die DDR zurück. Heute ist er beim Philharmonischen Orchester Dortmund.
QUELLEN: Selbstauskunft.

|1015 **Boge, Uwe**
Violine
* 3. November 1956 in Schmölln
Mitglied seit 1. August 1979
1. Geiger

Er erhielt achtjährig ersten Geigenunterricht bei Christian Löwe, ab 1965 war er sein Schüler an der Musikschule in Altenburg. Von 1968 bis zum Abschluß der 10. Klasse 1974 war er Schüler der Spezialschule für Musik in Halle/S. und hatte dort ab 1969 Unterricht bei Jost Witter[114]. Anschließend studierte er bei ihm, bis 1976 an der Leipziger Hochschule für Musik, danach bis 1979 an der Hochschule in Weimar.
QUELLEN: Selbstauskunft.

|1016 **Roth, Beate** geb. Hundt
Violine
* 6. November 1952 in Leipzig
Mitglied seit 1. August 1979
2. Geigerin

Ihre Mutter Irmgard Hundt war Sängerin im Leipziger Opernchor. Siebenjährig hatte sie ersten Blockflöten- und Klavierunterricht und von 1961 bis 1971 war sie Schülerin von → G. Fiehring an der Kinderklasse der Leipziger Hochschule. Nach dem Abitur 1971 studierte sie bis 1976 bei Ruth Boche-Kestner an der Leipziger Hochschule für Musik und war während dieser Zeit bereits als Substitutin tätig. Nach dem Studium hatte sie bis 1979 ein Engagement beim Rundfunk-Sinfonieorchester Leipzig.
QUELLEN: Selbstauskunft.

|1017 **Kleekamp, Reinhard**
Viola
* 25. Juli 1953 in Frankfurt/M.
Mitglied seit 1. August 1979
Bratscher

Aufgewachsen in Frankfurt/M. und Torgau, hatte er zehnjährig ersten Geigenunterricht bei Kurt Winkler an der Musikschule Torgau, an der sein Vater Werner Kleekamp Posaunenlehrer war. Nach dem Abitur 1972 studierte er bis 1977 in Leipzig an der Hochschule für Musik, zunächst Violine bei → E. Nietner, ab 1975 Viola bei → A. Matz, und war in dieser Zeit bereits als Substitut tätig. Von 1977 bis 1979 hatte er ein Engagement beim Großen Rundfunkorchester Leipzig.
QUELLEN: Selbstauskunft.

---

113 Schüler von → W. Hansmann.

114 Schüler von → W. Hansmann.

|1018 **Schneider, Henry**
Viola
* 30. Juli 1955 in Gefell bei Schleiz
Mitglied seit 1. August 1979
Bratscher

Aufgewachsen in Gefell, erhielt er sechsjährig ersten Geigenunterricht bei Herbert Kießling. Von 1967 bis zum Abschluß der 10. Klasse 1973 war er Schüler der Spezialschule für Musik in Weimar und hatte dort ab 1970 Bratschenunterricht bei Victor Matzka. Anschließend studierte er bis 1979 bei Uta Vincze an der Weimarer Hochschule für Musik. ◆ Er organisiert seit 1993 in Stelzen, die »Stelzenfestspiele BEI REUTH. Festspiele rund um die Musik in Dorf, Wald und Flur« unter hauptsächlicher Mitwirkung von Musikern des Gewandhausorchesters.
QUELLEN: Selbstauskunft.

|1019 **Messinger, Roland**
Oboe
* 18. Juli 1954 in Osternienburg
Mitglied seit 1. August 1979
Englischhornist /2. Oboist für → Fr. Hunger

Aufgewachsen in Osternienburg, wo sein Vater nebenberuflich Tanzmusiker war, erhielt er siebenjährig ersten Akkordeon-, zehnjährig dann Trompetenunterricht. Später hatte er Klavierunterricht bei Lothar Bochmann. Von 1968 bis zum Abschluß der 10. Klasse 1972 war er Schüler der Spezialschule für Musik in Halle/S., hatte dort ersten Oboenunterricht bei Eberhard Meier und studierte anschließend bis 1976 bei Burkhard Glaetzner an der Leipziger Hochschule für Musik. Von 1976 bis 1979 hatte er ein Engagement beim Staatlichen Sinfonieorchester Thüringen/Sitz Gotha und einen Lehrauftrag an der Eisenacher Musikschule.
QUELLEN: Selbstauskunft.

|1020 **Georgi, Karl-Heinz**
Trompete
* 1. April 1957 in Wilkau-Haßlau bei Zwickau
Mitglied seit 1. August 1979
Solo-Trompeter für → H. Weiskopf, seit 2005
2./3. Trompeter

Er ist der Sohn von Heinz Georgi, der an der Musikschule in Frohburg bei Musikdirektor Bruno Köhler gelernt hat, dort auch den jüngeren Mitschüler → H. Weiskopf unterrichtete, den Musikerberuf aber wegen einer Kriegsverletzung nicht ausüben konnte. ◆ Aufgewachsen in Schönau bei Zwickau, besuchte er dort und in Wiesenburg die Schule. Achtjährig erhielt er den ersten Trompetenunterricht bei seinem Vater. Von 1967 bis 1968 hatte er Unterricht am Robert-Schumann-Konservatorium in Zwickau und war dann von 1968 bis zum Abschluß der 10. Klasse 1974 Schüler der Spezialschule für Musik in Halle/S., wo er Unterricht bei → G. Rößler hatte. Anschließend studierte er bis 1979 bei → K. Ramm an der Leipziger Hochschule für Musik und war während dieser Zeit bereits als Substitut tätig.
QUELLEN: Selbstauskunft.

|1021 **Smaczny, Cornelia** geb. Suske
Harfe
* 29. Mai 1957 in Leipzig ◆ Tochter von → K. Suske, Schwester von → C. Suske
Mitglied seit 1. August 1979
Harfenistin für → E. Graefe

Aufgewachsen in Leipzig, Berlin und Kleinmachnow, erhielt die Tochter von → K. Suske und der Konzert- und Oratoriensängerin Sibylle Suske sechsjährig ersten Klavierunterricht an der Musikschule Berlin-Mitte, neunjährig dann bei Elisabeth Weinberger in Kleinmachnow. Dort hatte sie auch 1971 ersten Harfenunterricht bei Siegfried Weinberger, der bis zum Examen ihr Lehrer blieb. Von 1972 bis 1973 war sie externe Schülerin der Spezialschule für Musik in Berlin, und nach dem Abschluß der 10. Klasse 1973 studierte sie bis 1979 an der Hochschule für Musik »Hanns Eisler«. Während des Studiums legte sie 1975 das Abitur an der Abendschule ab und war später Substitutin bei der Staatskapelle Berlin.
QUELLEN: Selbstauskunft.

|1022 **Müller, Werner**
Kontrabass
* 11. Mai 1952 in Gera-Langenberg
Mitglied seit dem 1. November 1979
Kontrabassist

Aufgewachsen in Gera, erhielt er siebenjährig ersten Klavier- und achtjährig Geigenunterricht. Nach dem Abschluß der 10. Klasse machte er von 1969 bis 1972 zunächst eine Lehre zum Maschinenbauer. Während dieser Zeit hatte er ersten Kontrabassunterricht bei seinem Vater Gerhard Müller, der in Gera Solo-Kontrabassist war, und spielte in verschiedenen Laienorchestern. Von 1972 bis 1977 studierte er bei → K. Siebach an der Leipziger Hochschule für Musik und war während dieser Zeit bereits als Substitut beschäftigt. Anschließend hatte er bis 30. Oktober 1979 ein Engagement beim Orchester der Bühnen der Stadt Gera und leistete in dieser Zeit seinen Wehrdienst vom Mai 1978 bis Oktober 1979.
QUELLEN: Selbstauskunft.

1980

|1023 **Püschel, Heinz-Peter**
Violine
* 1. Oktober 1955 in Hainsberg bei Freital
Mitglied seit 1. August 1980
1. Geiger

Er erhielt neunjährig ersten Geigenunterricht an der Musikschule in Freital. Von 1968 bis 1973 war er Schüler der Spezialschule für Musik in Dresden und hatte Unterricht bei Kurt Rauer. Nach dem Abschluß der 10. Klasse studierte er bis 1977 bei ihm an der Dresdner Hochschule für Musik. Anschließend hatte er bis 1980 ein Engagement bei der Staatskapelle Schwerin.
QUELLEN: Selbstauskunft.

|1024 **Spörl, Gudrun** geb. Mehlig
Violine
* 13. Januar 1958 in Halle/S.
Mitglied seit dem 1. August 1980
2. Geigerin

Sie erhielt achtjährig ersten Geigenunterricht am Konservatorium in Halle, ab 1966 war Herbert Ehrt dort ihr Lehrer. Von 1969 bis zum Abschluß der 10. Klasse 1975 war sie Schülerin der Spezialschule für Musik in Halle und hatte dort Unterricht bei Ingeborg Hoffmann, ab 1972 bei Regina Weyrauch. Anschließend studierte sie bis 1980 bei Klaus Hertel an der Leipziger Hochschule für Musik und war während dieser Zeit bereits als Substitut tätig.

QUELLEN: Selbstauskunft.

|1025 **Hannewald, Udo**
Violine
* 20. Mai 1957 in Leipzig • Sohn von → H. Hannewald
Mitglied seit 1. August 1980
2. Geiger

Ersten Geigenunterricht erhielt er zehnjährig an der Leipziger Musikschule bei Dorothea Zieschang. Von 1970 bis zum Abschluß der 10. Klasse war er Schüler der Spezialschule für Musik in Weimar und hatte Unterricht bei Jochen Tutschku. Anschließend studierte er bei → H. Sannemüller bis 1980 an der Weimarer Hochschule für Musik. Während seines Engagements leistete er von November 1981 bis Mai 1982 seinen Wehrdienst.

QUELLEN: Selbstauskunft.

|1026 **Strauch, Ulrike** geb. Pfeuffer
Violoncello
* 24. November 1956 in Jena
Mitglied seit 1. August 1980
Cellistin, bis 2003 Vorspielerin

Die Tochter des Pianisten Helmut Pfeuffer und der Geigenlehrerin Renate Pfeuffer. Siebenjährig erhielt sie ersten Cellounterricht bei Lieselotte Pieper, die bis 1976 ihre Lehrerin blieb. Von 1969 bis zum Abschluß der 10. Klasse 1974 war sie Schülerin der Spezialschule für Musik in Weimar. Anschließend studierte sie bis 1976 in Weimar, dann bis 1979 bei → Fr. Erben an der Leipziger Hochschule für Musik. Nach dem Studium hatte sie ein Engagement beim Orchester der Musikalischen Komödie.

QUELLEN: Selbstauskunft.

|1027 **Füssel, Rolf**
Kontrabass
* 6. November 1954 in Dresden
Mitglied vom 1. August 1980 bis 13. November 1985
Kontrabassist

Siebenjährig erhielt er ersten Akkordeonunterricht an der Musikschule, ein halbes Jahr vor der Aufnahme an die Spezialschule für Musik ersten Kontrabassunterricht. Von 1968 bis zum Abschluß der 10. Klasse 1972 war er Schüler der Spezialschule für Musik und hatte dort Unterricht bei Heinz Hermann[115]. Anschließend studierte er bis 1977 bei ihm an der Dresdner Hochschule für Musik. Von 1977 bis 1980 hatte er ein Engagement beim Rundfunk-Sinfonieorchester Leipzig. • Nach einer Tournee des Orchesters durch die BRD kehrte er nicht wieder in die DDR zurück. Heute ist er bei den Bergischen Symphonikern Remscheid/Solingen.

QUELLEN: Selbstauskunft.

|1028 **Ringleb, Frank**
Kontrabass
* 12. Januar 1959 in Berlin (Ost)
Mitglied vom 1. August 1980 bis 23. August 1986, wegen Ableistung seines Wehrdienstes erst ab 1. Mai 1981 tätig
Kontrabassist

Der Sohn von Helmut Ringleb, Posaunist bei der Berliner Staatskapelle, erhielt vierjährig ersten Klavierunterricht, ab 1965 als Schüler der Musikschule Prenzlauer Berg. Zwölfjährig hatte er ersten Kontrabassunterricht an der Musikschule Berlin-Köpenik, zunächst bei Baldur Moser, später bei Rainer Barchmann[116]. Nach dem Abschluß der 10. Klasse studierte er von 1975 bis 1979 bei Heinz Zimmer an der Hochschule für Musik »Hanns Eisler« in Berlin. • Nach einem Gastspiel des Orchesters in Salzburg kehrte er nicht wieder in die DDR zurück. Heute ist er beim Orchester des Nationaltheaters Mannheim.

QUELLEN: Selbstauskunft.

|1029 **Creutzburg, Ekkehard**
Flöte
* 6. Februar 1954 in Gotha
Mitglied vom 1. August 1980 bis 18. November 1983
1./2. Flötist an der neu eingerichteten 8. Stelle

Er erhielt sechsjährig ersten Blockflöten-, später Akkordeon- und Klavierunterricht. Von 1965 bis zum Abschluß der 10. Klasse 1971 war er Schüler der Spezialschule für Musik in Weimar und hatte Unterricht bei Alois Garscha. Anschließend studierte er bis 1976 bei Werner Schendel an der Weimarer Hochschule für Musik. Danach hatte er ein Engagement beim Orchester der Städtischen Bühnen Erfurt. • Nach einer Japan-Tournee des Orchesters kehrte er nicht wieder in die DDR zurück. Seit 1985 ist er Solo-Flötist bei der Südwestdeutschen Philharmonie Konstanz.

QUELLEN: Selbstauskunft.

|1030 **Navratil, Gunter**
Trompete
* 4. April 1954 in Dippoldiswalde
Mitglied seit 1. August 1980, wegen Ableistung seines Wehrdienstes erst ab 1. Mai 1981 tätig
2. Trompeter

Aufgewachsen in Schmiedeberg/Erzgebirge, erhielt er achtjährig ersten Akkordeon- und 13jährig dann Trompetenunterricht. Von 1969 bis 1970 war er externer Schüler der Spezialschule für Musik in Dresden und hatte dort Unterricht bei Günter Luck. Nach dem Abschluß der 10. Klasse 1970 studierte er bis 1974 bei Rudolf Haase an der Dresdner Hochschule und hatte anschließend ein Engagement beim Staatlichen Sinfonieorchester Schwerin.

Geschäftsführer der »Gemeinschaft der Mitglieder des Gewandhausorchesters« vom 1. Januar 1995 bis 2004 für → H.-R. Jung.

QUELLEN: Selbstauskunft.

---

115 Schüler von → A. Starke.

116 Onkel von → I. Barchmann.

Eröffnungskonzert des Gewandhausorchester am 9. Oktober 1981
unter Leitung von Kurt Masur im Großen Saal des Neuen Gewandhauses

1981

|1031 Suske, Conrad
Violine
* 26. September 1958 in Leipzig ♦ Sohn von → K. Suske, Bruder von → C. Smaczny, geb. Suske
Mitglied seit 1. August 1981
1. Geiger, seit 1984 Stellvertretender 1. Konzertmeister für → H. Sannemüller

Aufgewachsen in Leipzig, Berlin und Kleinmachnow, erhielt der Sohn von → K. Suske und der Konzert- und Oratoriensängerin Sibylle Suske sechsjährig ersten Geigenunterricht beim Vater, später war Otto Wendt an der Musikschule in Potsdam sein Lehrer. Von 1971 bis zum Abschluß der 10. Klasse 1976 war er Schüler der Spezialschule für Musik in Berlin und hatte dort Unterricht bei Werner Döll. Anschließend studierte er bis 1981 bei → G. Bosse an der Leipziger Hochschule für Musik und war während dieser Zeit bereits als Substitut beschäftigt.
Mitglied des Gewandhaus-Quartetts seit 1988 für → G. Kröhner; Mitglied des Orchestervorstandes von 1990 bis 1992.
QUELLEN: Selbstauskunft.

|1032 Lepetit, Konrad
Viola
* 9. Juni 1952 in Köthen
Mitglied seit 1. August 1981, bereits ab 1979 Aushilfe
Bratscher

Siebenjährig erhielt er ersten Klavierunterricht bei seiner Mutter, der Klavierlehrerin Hanna Lepetit. Ersten Geigenunterricht hatte er achtjährig bei seinem Vater Gottfried Lepetit, der als Laie auf der Geige regelmäßig in Kammermusikkonzerten auftrat. Von 1963 bis 1971 war er in Leipzig Schüler der Thomasschule und Mitglied des Chores, ab 1969 2. Chorpräfekt. Hier hatte er ab 1965 Geigenunterricht bei → G. Hanstedt und Ludwig Schuster und wechselte 1967 zur Bratsche. Nach dem Abitur leistete er seinen Wehrdienst von November 1971 bis April 1973, studierte dann bis 1978 bei → D. Hallmann an der Leipziger Hochschule für Musik und war während dieser Zeit bereits als Substitut tätig. Anschließend hatte er ein Engagement beim Orchester der Musikalischen Komödie.
QUELLEN: Selbstauskunft.

|1033 Bernewitz, Ruth
Viola
* 30. August 1958 in Leipzig
Mitglied seit 1. August 1981
Bratscherin, seit September 1994 Vorspielerin

Sie erhielt siebenjährig an der Leipziger Musikschule ersten Geigenunterricht bei Wolfgang Linke, 14jährig wechselte sie zur Bratsche und hatte dann Unterricht bei Christiane Haake. Nach dem Abschluß der 10. Klasse studierte sie von 1975 bis 1981 bei → D. Hallmann an der Leipziger Hochschule für Musik und war während dieser Zeit bereits als Substitutin tätig.
QUELLEN: Selbstauskunft.

|1034 Hallmann, Olaf
Viola
* 2. August 1959 in Leipzig ♦ Sohn von → D. Hallmann
Mitglied seit 1. August 1981
Bratscher, ab 1882 Vorspieler, seit 1990 Solo-Bratscher für → H. Hannewald

Siebenjährig erhielt er ersten Geigenunterricht bei Rosemarie Unger[117] an der Musikschule Leipzig, später war er Schüler von Christoph Jacobi an der Kinderklasse der Leipziger Hochschule. Nach dem Abschluß der 10. Klasse 1976 studierte er bis 1981 Bratsche bei seinem Vater → D. Hallmann an der Leipziger Hochschule für Musik und war während dieser Zeit bereits als Substitut tätig.
Mitglied des Gewandhaus-Quartetts seit 2005 für → V. Metz.
QUELLEN: Selbstauskunft.

|1035 Schreiber, Matthias
Violoncello
* 20. Juli 1958 in Elbingerode/Harz
Mitglied seit 1. August 1981
Cellist, seit 1. Februar 1999 Vorspieler

Ersten Cellounterricht erhielt er siebenjährig an der Musikschule in Wernigerode. Nach dem Abschluß der 10. Klasse studierte er von 1975 bis 1981 bei Heinz Lösche an der Leipziger Hochschule für Musik und war während dieser Zeit bereits als Substitut tätig.
Vorsitzender des Personalrates seit Mai 2003.
QUELLEN: Selbstauskunft.

|1036 Loebner, Wolfgang
Flöte
* 24. Mai 1949 in Cottbus
Mitglied seit 1. August 1981
Solo-Flötist für → E. Weigel, seit 1. August 2002
2. Flötist

Sechsjährig erhielt er ersten Klavier- und elfjährig ersten Querflötenunterricht an der Musikschule in Cottbus. Von 1964 bis zum Abschluß der 10. Klasse 1965 war er Schüler der Spezialschule für Musik in Berlin und hatte dort Unterricht bei Eberhard Grünenthal[118], bei dem er anschließend bis 1970 an der Hochschule für Musik »Hanns Eisler« in Berlin studierte. Nach einem bestandenen Probespiel beim Berliner Sinfonieorchester 1969 war er dort Substitut und von 1970 bis 1976 Solo-Flötist, danach in gleicher Funktion beim Rundfunk-Sinfonieorchester Leipzig.
Mitglied des Gewandhaus-Bläserquintetts von 1983 bis 2002.
QUELLEN: Selbstauskunft.

|1037 Kretschmar, Christian
Horn
* 8. August 1959 in Halle/S.
Mitglied seit 1. August 1981
2. Hornist

Aufgewachsen in Halle-Neustadt, erhielt er an der dortigen Musikschule elfjährig den ersten Hornunterricht bei Herbert Horntrich. Von 1973 bis zum Abschluß der 10. Klasse 1977 war er Schüler der Spezialschule für Mu-

---

117 Mutter von → L. Unger.
118 Schüler von → E. Milzkott.

sik in Halle/S. und hatte dort Unterricht bei → G. Böhner. Anschließend studierte er bis 1981 bei → W. Schieber an der Leipziger Hochschule für Musik und war während dieser Zeit bereits als Substitut beschäftigt. Vorsitzender des Orchestervorstandes vom 1. Juni 1993 bis 31. Juli 1995 für → H. Brauer.

QUELLEN: Selbstauskunft.

|1038 Ross, James Edward
Horn
* 16. Mai 1959 in Boston
Mitglied vom 1. Oktober 1981 bis 15. August 1984
Solo-Hornist

Aufgewachsen in Boston, erhielt er sechsjährig ersten Klavierunterricht, hatte seit 1971 Hornunterricht bei Ralph Pottle und war außerdem von 1977 bis 1978 Schüler von David Ohanian. 1981 schloß er sein Studium an der Harvard University ab mit dem Bachelor of Arts. Er hörte das Gewandhausorchester bei einem Konzert in Boston und fragte im Anschluß daran → K. Masur, ob er bei ihm Dirigieren studieren und gleichzeitig im Orchester mitspielen könne. Dessen Antwort lautete, daß er ihn unterrichten werde, wenn er für einige Zeit unter den gleichen Bedingungen wie alle anderen Kollegen als Hornist nach Leipzig käme. Wenige Monate später spielte er in Tanglewood Masur vor, dem es gelang, die bürokratischen Hindernisse (im Zusammenhang mit dieser 1981 ungewöhnlichen Situation) aus dem Weg zu räumen. Das eigentliche Probespiel fand dann im September 1981 in Leipzig statt. ♦ Nach seinem Leipziger Engagement war er 1984 in Tanglewood bei Seiji Ozawa und 1985 bei Leonard Bernstein. Von 1987 bis 1989 war er Schüler von Otto-Werner Mueller am Curtis Institute of Music in Philadelphia, wo er von 1989 bis 1990 selbst Dirigieren lehrte. Von 1988 bis 1990 war er Lehrer am Haverford y Bryn Mawr Colleges, von 1990 bis 1994 Assistant Professor an der Yale University und von 1994 bis 2000 Solo-Hornist beim Orquesta Sinfónica de Galicia in La Coruña (Spanien), wo er die dort angegliederte Schule für Orchesterpraxis leitete und während dieser Zeit auch Assistant Director bei Les Arts Florissant in Paris war. Seit 2001 ist er Professor an der University of Maryland School of Music, leitet das dortige Orchester und ist künstlerischer Direktor des National Ochestral Institut.

QUELLEN: Selbstauskunft.

|1039 Masur, Kurt
Ehrenmitglied
* 18. Juli 1927 in Brieg/Schlesien[119]
Ehrenmitglied seit 25. November 1981 ♦ Ehrendirigent seit 31. Dezember 1996
Gewandhauskapellmeister von 1970 bis 1997

Aufgewachsen in Brieg, erhielt er zehnjährig ersten Klavierunterricht bei Katharina Hartmann und besuchte von 1942 bis 1944 die Landesmusikschule in Breslau, wo er auch Cellounterricht hatte. Nach dem Notabitur 1944 wurde er zum Reichsarbeitsdienst verpflichtet und anschließend zur Wehrmacht eingezogen. Nach dem Ende des Krieges war er bis Anfang Dezember 1945 in einem britischen Internierungslager in Pewsum bei Emden. Seine Familie fand in Oschersleben wieder zusammen, und er studierte von 1946 bis 1948 an der Leipziger Musikhochschule Dirigieren u. a. bei Kurt Soldan und Heinz Bongartz. Nach dem Studium war er bis 1951 Solo-repetitor und Kapellmeister am Landestheater Halle/S., danach 1. Kapellmeister der Städtischen Bühnen Erfurt und von 1953 bis 1955 1. Kapellmeister an den Städtischen Theatern Leipzig. 1955 wurde er neben Heinz Bongartz 2. Dirigent der Dresdner Philharmonie und ging 1958 als Musikalischer Oberleiter an das Mecklenburgische Staatstheater Schwerin. Von 1960 bis 1964 war er in gleicher Funktion an der Komischen Oper Berlin, von 1967 bis 1972 schließlich Chefdirigent der Dresdner Philharmonie. ♦ Am 25. November 1981 ernannte ihn das Orchester »in Würdigung seiner Verdienste um die Weiterführung der großen Tradition und den Wiederaufbau des Gewandhauses« zu seinem Ehrenmitglied und anläßlich seines letzten Dirigats als Gewandhauskapellmeister am 31. Dezember 1996 zum Ehrendirigenten. ♦ Von 1991 bis 2002 war er Musikdirektor des New York Philharmonic Orchestra und von 2000 bis 2005 Chefdirigent des London Philharmonic Orchestra. Seit 2002 ist er Chefdirigent des Orchestre National de France in Paris.

LITERATUR: J. Forner: Kurt Masur.

1982

|1040 Heinemann, Ralf
Viola
* 3. März 1957 in Elgersburg bei Ilmenau
Mitglied vom 1. August 1982 bis 18. Januar 1988
Bratscher

Siebenjährig erhielt er ersten Geigenunterricht an der Leipziger Musikschule bei Frau Haake. Von 1968 bis zum Abschluß der 10. Klasse 1974 war er Schüler der Spezialschule für Musik in Halle/S. und hatte dort Unterricht bei Frau Bauer, → Chr. Nagel und Christoph Jacobi. Er wechselte zur Bratsche und studierte dann bis 1979 bei → D. Hallmann an der Leipziger Hochschule für Musik und war während dieser Zeit bereits als Substitut tätig. Anschließend hatte er ein Engagement beim Großen Rundfunkorchester Leipzig. ♦ Nach einem Konzert des Bach-Orchesters des Gewandhauses in Berlin (West) kehrte er nicht wieder in die DDR zurück. Heute ist er beim Philharmonischen Orchester Essen.

QUELLEN: Selbstauskunft.

|1041 Strauch, Thomas
Kontrabass
* 8. September 1958 in Aschersleben
Mitglied seit 1. August 1982
Kontrabassist

Er ist der Sohn des Schulmusikers Hubert Strauch. Seine Mutter Irmgard Strauch hat in Leipzig Gesang studiert. Sechsjährig erhielt er ersten Klavierunterricht, von 1966 bis zum Abitur 1975 war er in Leipzig Schüler der Thomasschule und Mitglied des Chores. 1972 hatte er ersten Kontrabassunterricht als Seminarschüler des Studenten → W. Müller. Nach der Ableistung seines 18monatigen Wehrdienstes studierte er von 1977 bis 1982 bei → K. Siebach an der Leipziger Hochschule für Musik und war während dieser Zeit bereits als Substitut beschäftigt.

QUELLEN: Selbstauskunft.

---

[119] Heute Brzeg (Polen).

1042 Mäder, Wolfgang
Klarinette
* 28. September 1951 in Schmalkalden
Mitglied vom 1. August 1982 bis 30. September 1995
Solo-Klarinettist für → G. Balko

Elfjährig erhielt er den ersten Klarinettenunterricht an der Musikschule Schmalkalden, 1965 wurde Kurt Misgaisky sein Lehrer. Von 1966 bis 1970 war er Schüler der Spezialschule für Musik in Weimar. Anschließend studierte er bis 1974 an der Weimarer Hochschule für Musik, zunächst bei Kurt Misgaisky. Nach dessen Tod 1972 hatte er Unterricht bei Joachim Mäder aus Dresden, später bei Ewald Koch in Berlin. Von 1974 bis 1976 war er beim Erich-Weinert-Ensemble der NVA, danach bei der Staatskapelle Weimar. Lehrer an der Leipziger Hochschule seit 1983; 1993 Professur ◆ Lehrer von → M. Kreher.
QUELLEN: Selbstauskunft.

1043 Dathe, Günter
Klarinette
* 10. August 1946 in Jena
Mitglied vom 1. August 1982 bis 31. Juli 1984,
bereits ab 1980 Aushilfe
1./2. Klarinettist

Er erhielt 13jährig den ersten Klarinettenunterricht an der Volksmusikschule in Jena bei Ernst Schwarz. Von 1962 bis zum Abschluß der 10. Klasse 1963 war er Schüler der Spezialschule für Musik in Weimar und hatte Unterricht bei Kurt Misgaisky. Anschließend war er an der Fachschule für Musik in Weimar, ab 1965 studierte er an der dortigen Hochschule. 1966 wurde er von Mitarbeitern des Ministeriums für Staatssicherheit festgenommen, mit der Begründung, Vorbereitungen zum illegalen Verlassen der DDR getroffen zu haben, und zu 18 Monaten Haft verurteilt. Von Juli 1966 bis Januar 1968 in Naumburg inhaftiert, arbeitete er während dieser Zeit im Braunkohlentagebau in Profen. Nach seiner Entlassung war er Hilfsgütekontrolleur bei Carl Zeiss Jena, besuchte von 1968 bis 1971 die Abendschule, um den Facharbeiterabschluß für Elektromechanik zu erlangen. Von 1971 bis 1975 absolvierte er ein Abendstudium zum Ingenieur für Elektronik und wirkte in dieser Zeit sporadisch im Arbeitersinfonieorchester Jena mit. Von 1977 bis 1980 hatte er ein Engagement beim Greizer Orchester und absolvierte gleichzeitig von 1978 bis 1982 ein Fernstudium an der Weimarer Hochschule bei → W. Mäder. ◆ Er beendete sein Engagement auf eigenen Wunsch mit einem Aufhebungsvertrag. Es gab Probleme bei der Diensteinteilung, die im Zusammenhang mit den Reisen des Orchesters in das westliche Ausland standen, an denen er nicht teilnehmen durfte. ◆ Er war von 1984 bis 1986 und von 1987 bis 1990 wieder im Greizer Orchester und von 1986 bis 1987 in Rudolstadt bei den Thüringer Sinfonikern Saalfeld-Rudolstadt. Seit 1990 ist er wieder bei diesen engagiert.
QUELLEN: Selbstauskunft.

1044 Markwart, Erich
Horn
* 16. Juli 1956 in Borxleben
Mitglied vom 1. August 1982 bis 31. Juli 1989
Solo-Hornist für → R. Albrecht

Neunjährig erhielt er ersten Trompetenunterricht bei der Dorfblaskapelle in Ringleben. Von 1969 bis 1973 war er Schüler der Spezialschule für Musik in Weimar, das erste und letzte Jahr externer Schüler, und hatte dort ersten Hornunterricht bei Heinz Eisenhut. Nach dem Abschluß der 10. Klasse 1973 studierte er bis 1979 bei Karl Biehlig an der Hochschule für Musik in Weimar. Ab 1978 war er bereits als Praktikant beim Orchester der Komischen Oper in Berlin, von 1979 bis 1982 dann als Solo-Hornist. ◆ Nach seinem Leipziger Engagement ging er als Solo-Hornist zur Staatskapelle Dresden.
LITERATUR: A. Schreiber: Von der Churfürstlichen Cantorey zur Sächsischen Staatskapelle Dresden. QUELLEN: Selbstauskunft.

1045 Grunert, Ulrich
Pauke
* 3. März 1958 in Zobes bei Plauen
Mitglied vom 1. August 1982 bis 23. November 1987
Pauker für → E. Ockert

Er erhielt sechsjährig ersten Klavier- und zehnjährig ersten Schlagzeugunterricht an der Musikschule in Plauen. Von 1972 bis zum Abschluß der 10. Klasse 1975 war er Schüler der Spezialschule für Musik in Halle/S. und hatte Unterricht bei Ekkehard Keune. Anschließend studierte er bis 1979 bei → K. Mehlig an der Leipziger Hochschule für Musik und war während dieser Zeit schon als Substitut tätig. Nach dem Studium hatte er ein Engagement bei der Philharmonie Halle/S. ◆ Er kehrte nach einer Tournee des Orchesters durch die BRD nicht wieder in die DDR zurück und war von 1988 bis 1989 in Duisburg. Heute ist er Solo-Pauker beim Württembergischen Staatstheater Stuttgart.
QUELLEN: Selbstauskunft.

1983

1046 Conrad, Rudolf
Violine
* 15. Januar 1954 in Karl-Marx-Stadt[120]
Mitglied seit 1. August 1983
2. Geiger

Er ist der Sohn des Cellisten Günter Conrad, der zuletzt beim Großen Rundfunkorchester Leipzig tätig war, und der Cellolehrerin Ursula Conrad. Aufgewachsen in Chemnitz und Leipzig, erhielt er fünfjährig den ersten Geigenunterricht bei seiner Mutter, später hatte er u. a. Unterricht bei Lisa-Liane Max. Ab 1966 war er Schüler von → Kl. Hebecker an der Kinderklasse der Leipziger Hochschule. Nach dem Abitur 1972 leistete er seinen Wehrdienst. Von 1974 bis 1979 studierte er bei Kl. Hebecker an der Leipziger Hochschule und war während dieser Zeit bereits als Substitut tätig. Von 1979 bis 1983 hatte er ein Engagement als Konzertmeister bei der Staatskapelle Weimar und nahm während dieser Zeit noch Unterricht bei → G. Bosse. ◆ Seit 1990 hat er Lehraufträge zur Musikethnologie an den Instituten für Musikpädagogik, Ethnologie, Musikwissenschaft und Theaterwissenschaft an der Leipziger Universität und der Hochschule für Musik und Theater. 1992 war er mit einem Stipendium des Deutschen akademischen Austauschdienstes für sechs Monate zu musikethnologischen Forschungszwecken in Brasilien.
WERKE: Zahlreiche Publikationen zur Musikethnologie von Indianern. QUELLEN: Selbstauskunft.

---

[120] Heute Chemnitz.

Gewandhausorchester und Kurt Masur am Neuen Gewandhaus, 1984

|1047 Rauch, Andreas
Kontrabass
* 18. April 1956 in Leipzig
Mitglied seit 1. August 1983
Kontrabassist

Er erhielt siebenjährig ersten Geigenunterricht bei → Franz Weise an der Leipziger Musikschule, anschließend hatte er dort Unterricht bei Siegfried Raschke, dem späteren Orchesterdirektor des Gewandhauses. Nach dem Abschluß der 10. Klasse 1972 absolvierte er bis 1974 eine Lehre zum Buch- und Musikalienhändler bei Edition Peters Leipzig und hatte während dieser Zeit ersten Kontrabassunterricht bei → H. Morawietz an der Kinderklasse der Leipziger Hochschule. Nach dem Wehrdienst studierte er von 1976 bis 1980 bei → H. Morawietz an der Leipziger Hochschule für Musik. ◆ Von 1980 bis 1983 hatte er ein Engagement beim Friedrich-Wolf-Theater Neustrelitz.
QUELLEN: Selbstauskunft.

|1048 **Götz, Ralf**
Horn
* 25. Mai 1961 in Eisenberg
Mitglied seit 1. August 1983
3. Hornist, seit 1984 Solo-Hornist für → R. Sehring

Aufgewachsen in Bad Köstritz, erhielt er zehnjährig ersten Blockflöten-, elfjährig dann Hornunterricht bei Herbert Dehmel an der Musikschule in Gera. Von 1975 bis zum Abschluß der 10. Klasse war er Schüler der Spezialschule für Musik in Halle/S. und hatte dort Unterricht bei Gert Heimpold. Anschließend studierte er bis 1983 bei → H. Märker an der Leipziger Hochschule für Musik und war während des Studiums Substitut beim Orchester der Bühnen der Stadt Gera, bei der Robert-Schumann-Philharmonie Karl-Marx-Stadt[121] und beim Gewandhausorchester.
Mitglied des Gewandhaus-Bläserquintetts seit 1985; Vorsitzender des Orchestervorstandes vom 18. Juni 2001 bis 1. Juli 2004 für → H. Brauer.
QUELLEN: Selbstauskunft.

|1049 **Fischer, Gerd**
Trompete
* 25. Oktober 1961 in Bad Elster
Mitglied vom 1. August 1983 bis 6. November 1988
3./1. Trompeter, ab 1984 Solo-Trompeter für → G. Rößler

Aufgewachsen in Markneukirchen, besuchte er die dortige Musikschule. Von 1976 bis zum Abschluß der 10. Klasse 1979 war er Schüler der Spezialschule für Musik in Halle/S. und hatte Unterricht bei → G. Rößler. Anschließend studierte er bis 1983 bei → K. Ramm an der Leipziger Hochschule für Musik und war während dieser Zeit bereits als Praktikant tätig. ◆ Nach einer Westeuropa-Tournee des Orchesters kehrte er nicht in die DDR zurück, hatte dann bis 1989 einen Zeitvertrag beim Bayerischen Staatsorchester in München und war von 1989 bis 1994 bei den Münchner Symphonikern. Seit 1. August 1994 ist er Solo-Trompeter beim Sinfonieorchester des MDR.
QUELLEN: Selbstauskunft.

1984

|1050 **Hallmann, Susanne** geb. Kootz
Violine
* 4. Januar 1963 in Leipzig
Mitglied seit 1. August 1984
1. Geigerin

Die Tochter der Pianisten Günter und Eva Kootz erhielt sechsjährig ersten Geigenunterricht bei Klaus Hertel, ab 1973 in der Kinderklasse der Leipziger Hochschule. Nach dem Abschluß der 10. Klasse 1979 studierte sie bis 1984 weiter bei Klaus Hertel, außerdem Kammermusik in der Meisterklasse von → G. Bosse an der Leipziger Hochschule für Musik und war während dieser Zeit bereits als Substitutin tätig.
QUELLEN: Selbstauskunft.

|1051 **Tauber, Thomas**
Violine
* 20. März 1962 in Rodewisch
Mitglied seit 1. August 1984
1. Geiger

Aufgewachsen in Auerbach, erhielt er achtjährig an der dortigen Musikschule den ersten Geigenunterricht bei Oswald Kapeller. Von 1974 bis zum Abschluß der 10. Klasse 1979 war er Schüler der Spezialschule für Musik in Dresden und hatte dort Unterricht bei Reinhard Hösel, ab 1976 bei Dieter Jahn. Anschließend studierte er bei ihm bis 1984 an der Dresdner Hochschule für Musik.
QUELLEN: Selbstauskunft.

|1052 **Reinhold, Dietrich**
Violine
* 22. Januar 1962 in Leipzig
Mitglied seit 1. August 1984
2. Geiger

Er ist der Sohn des Sängers Wolf Reinhold, der an der Leipziger Hochschule Professor für Korrepetition war, und der Korrepetitorin Eva-Maria Reinhold. Siebenjährig erhielt er ersten Geigenunterricht an der Musikschule bei Gabriele Schwarz. Von 1974 bis zum Abschluß der 10. Klasse 1979 war er Schüler der Spezialschule für Musik in Halle/S. und hatte Unterricht bei Ulrich Klupsch. Anschließend studierte er bis 1984 bei → G. Bosse an der Leipziger Hochschule für Musik und war während dieser Zeit bereits als Substitut, später als Praktikant tätig.
Mitglied des Orchestervorstandes vom 18. Juni 2001 bis 1. Juli 2004.
QUELLEN: Selbstauskunft.

|1053 **Leuscher, Rainhard**
Kontrabass
* 18. Mai 1952 in Klotzsche bei Dresden
Mitglied seit 1. August 1984
Solo-Kontrabassist für → A. Beyer

Aufgewachsen in Weixdorf, erhielt er neunjährig ersten Akkordeon-, später Klavierunterricht bei Gisela Janus und Klarinettenunterricht an der Musikschule in Dresden. Nach dem Abitur in Radebeul 1971 leistete er bis April 1973 seinen Wehrdienst als Klarinettist beim Musikkorps Potsdam und nahm in dieser Zeit Unterricht bei Diethelm Kühn in Berlin. Von 1973 bis 1979 studierte er in Dresden an der Hochschule für Musik, zunächst Klarinette bei Werner Metzner und im zweiten Hauptfach Kontrabass bei Heiko Hermann. Ab 1974 hatte er nur noch Kontrabassunterricht, ab 1976 bei Heinz Hermann[122], außerdem belegte er zwei Jahre den Klavier-Improvisationskurs von Günter Philipp. Von 1979 bis 1984 hatte er ein Engagement beim Hans-Otto-Theater in Potsdam und absolvierte während dieser Zeit ein Dirigierstudium bei Rolf Reuter an der Hochschule für Musik »Hanns Eisler« in Berlin.
WERKE: mehrere Stücke für Big-Band; Kammermusik; Lieder. QUELLEN: Selbstauskunft.

---

[121] Heute Chemnitz.

[122] Schüler von → A. Starke.

| 1054 **Richter, Jörg**
Posaune
* 19. Februar 1960 in Magdeburg
Mitglied seit 1. November 1984
Solo-Posaunist für → G. Eßbach

Zehnjährig erhielt er an der Musikschule in Magdeburg ersten Trompetenunterricht. Von 1974 bis zum Abschluß der 10. Klasse 1977 war er Schüler der Spezialschule für Musik in Halle/S. und hatte dort ersten Posaunenunterricht bei → G. Eßbach. Anschließend studierte er bei ihm bis 1982 an der Leipziger Hochschule für Musik und war während dieser Zeit bereits als Substitut tätig. Von 1982 bis 1984 war er Solo-Posaunist beim Rundfunk-Sinfonieorchester Leipzig.
QUELLEN: Selbstauskunft.

1985

| 1055 **Seidel, Andreas**
Violine
* 13. Juni 1962 in Halle/S.
Mitglied vom 1. August 1985 bis 31. Juli 1993
1. Geiger, ab Oktober 1988 Konzertmeister für → G. Kröhner

Sein Vater Joachim Seidel war Kapellmeister am Landestheater Halle/S., seine Mutter Helga Seidel ist Klavierlehrerin. Ersten Geigenunterricht erhielt er siebenjährig bei Herbert Ehrt an der Bezirksmusikschule in Halle, elfjährig wurde er Schüler an der Kinderklasse der Spezialschule für Musik in Halle und hatte Unterricht bei Katja Rebling, die bis 1982 seine Lehrerin blieb. Von 1974 bis 1980 war er Schüler der Spezialschule für Musik. Anschließend studierte er bis 1985 an der Leipziger Hochschule für Musik, ab 1982 bei → G. Bosse, und war während dieser Zeit bereits als Substitut tätig. ◆ Er kündigte seinen Vertrag, um sich ganz den Verpflichtungen als Primarius des Neuen Leipziger Streichquartetts widmen zu können.
QUELLEN: Selbstauskunft.

| 1056 **Tunze, Norbert**
Viola
* 3. Februar 1962 in Halle/S.
Mitglied seit 1. August 1985
Bratscher, seit 1. November 1996 Vorspieler

Siebenjährig erhielt er ersten Geigenunterricht bei Erich Erber an der Musikschule Halle-Neustadt, an der seine Mutter Gisela Tunze Klavierlehrerin war. Von 1973 bis zum Abschluß der 10. Klasse 1979 war er Schüler der Spezialschule für Musik in Halle und hatte Unterricht bei Anna-Louise Krollig. 1975 wechselte er zur Bratsche, und Thomas Wünsch wurde sein Lehrer, bei dem er auch von 1979 bis 1984 an der Hochschule für Musik in Weimar studierte. Während dieser Zeit war er Substitut beim Rundfunk-Sinfonieorchester Leipzig. Nach dem Studium hatte er bis 1985 ein Engagement beim Staatlichen Sinfonieorchester Saalfeld.
QUELLEN: Selbstauskunft.

| 1057 **Tunze-Wiesenhütter, Ute**
Violoncello
* 28. Januar 1962 in Sondershausen
Mitglied seit 1. August 1985
Cellistin

Sie ist die Tochter des Generalmusikdirektors Gerhart Wiesenhütter und der Cellistin am Loh-Orchester Renate Wiesenhütter. Siebenjährig erhielt sie ersten Cellounterricht an der Musikschule Sondershausen bei Frau Kliedisch. Ab 1971 hatte sie Unterricht in Weimar, zunächst bei Lieselotte Pieper, später bei Erich Neumann, ab 1974 bei Bernhard Günther in Berlin und ab 1976 bei → Fr. Erben in Leipzig. Nach dem Abschluß der 10. Klasse in Sondershausen studierte sie von 1987 bis 1983 bei Erich Neumann[123] an der Hochschule für Musik in Weimar. Anschließend hatte sie ein Engagement beim Großen Rundfunkorchester Leipzig.
QUELLEN: Selbstauskunft.

| 1058 **Ziesch, Thomas**
Klarinette
* 22. Dezember 1962 in Räckelwitz
Mitglied seit 1. August 1985
1./2. Klarinettist, seit Januar 1989 Solo-Klarinettist für → K. Hiltawsky

Aufgewachsen in Schmeckwitz, erhielt er achtjährig an der Bautzener Musikschule ersten Blockflötenunterricht, neunjährig dann auch Schlagzeug- und Klarinettenunterricht bei Andreas Wenk. Von 1975 bis zum Abschluß der 10. Klasse 1980 war er Schüler der Spezialschule für Musik in Dresden und hatte dort Unterricht bei Josef Oehl. Anschließend studierte er bei ihm bis 1985 an der Dresdner Hochschule für Musik und war während dieser Zeit zwei Jahre Substitut bei der Dresdner Philharmonie. ◆ Für seine Stelle war ursprünglich Wolfhard Pencz engagiert, der diese aber nicht angetreten hat.
Mitglied des Gewandhaus-Bläserquintetts seit 1989.
QUELLEN: Selbstauskunft.

| 1059 **Reike, Erik**
Fagott
* 17. Oktober 1963 in Radebeul
Mitglied vom 1. August 1985 bis 31. Juli 1988
1./2. Fagottist

Er erhielt sechsjährig ersten Klavierunterricht. Von 1976 bis zum Abschluß der 10. Klasse 1981 war er Schüler der Spezialschule für Musik in Dresden und hatte Unterricht bei Helmut Radatz. Anschließend studierte er bis 1986 bei Bernhard Rose an der Dresdner Hochschule für Musik und war während dieser Zeit bereits als Substitut in Leipzig tätig. ◆ Nach seinem Leipziger Engagement ging er als Solo-Fagottist zur Staatskapelle Dresden.
QUELLEN: Selbstauskunft.

---

[123] Bruder von → W. Neumann.

| 1060 **Schubert, Jürgen**
Posaune
* 8. August 1959 in Dresden
Mitglied seit 1. August 1985
2. Posaunist

Ersten Posaunenunterricht erhielt er 13jährig an der Dresdner Musikschule bei Paul-Gerhard Schmidt, der bis zum Ende des Studiums sein Lehrer blieb. Später war er bis 1976 externer Schüler der Spezialschule für Musik in Dresden. Nach dem Abschluß der 10. Klasse 1976 studierte er bis 1981 an der dortigen Hochschule und hatte gleichzeitig ab 1979 ein Engagement als stellvertretender Solo-Posaunist beim Philharmonischen Orchester Magdeburg.
QUELLEN: Selbstauskunft.

1986

| 1061 **Schumann, Heiko**
Violoncello
* 9. Januar 1964 in Altenburg
Mitglied seit 1. August 1986
Cellist

Er erhielt siebenjährig ersten Cellounterricht an der Altenburger Musikschule bei Helga Peiselt und war ab 1978 Schüler von Heinz Lösche an der Kinderklasse der Leipziger Hochschule. Nach dem Abschluß der 10. Klasse 1980 in Altenburg studierte er bis 1986 an der Leipziger Hochschule für Musik, zunächst weiter bei Heinz Lösche, nach dessen Tod 1983 bei Wolfgang Weber, und war während dieser Zeit bereits als Praktikant tätig.
QUELLEN: Selbstauskunft.

| 1062 **Meier, Bernd**
Kontrabass
* 8. April 1965 in Halle/S.
Mitglied seit 1. August 1986
Kontrabassist (Vorspieler), seit 1989 Solo-Kontrabassist

Aufgewachsen in Berlin, erhielt er zehnjährig ersten Kontrabassunterricht an der Musikschule Berlin-Mitte bei Wolfgang Zell. Nach dem Abschluß der 10. Klasse 1981 studierte er bis 1986 bei Horst Butter an der Hochschule für Musik »Hanns Eisler« in Berlin.
QUELLEN: Selbstauskunft.

| 1063 **Kreher, Matthias**
Klarinette
* 2. Februar 1964 in Leipzig
Mitglied seit 1. August 1986
Solo-Es- /2. Klarinettist für → H. Höfer; spielt auch hohe Saxophone

Er erhielt achtjährig ersten Blockflötenunterricht bei Louise Rummel und elfjährig dann Klarinettenunterricht bei Günter Habicht an der Leipziger Musikschule. Von 1977 bis zum Abschluß der 10. Klasse 1981 war er Schüler der Spezialschule für Musik in Halle/S. und hatte dort Unterricht bei → E. Stöbe, ab 1978 bei Rudi Reski. Anschließend studierte er bis 1986 an der Leipziger Hochschule für Musik Klarinette und im Nebenfach Komposition. Seine Lehrer waren → R. Bartl, später → Kl. Stöckel und ab 1983 → W. Mäder (Klarinette), sowie → H. Höfer (hohe Klarinetten und Saxophone) und Siegfried Thiele (Komposition). Während des Studiums war er bereits als Substitut tätig.
QUELLEN: Selbstauskunft.

| 1064 **Pleß, Jochen**
Horn
* 20. August 1962 in Leipzig
Mitglied seit 1. November 1986, bereits ab 1985 Aushilfe
2. Hornist

Er erhielt achtjährig ersten Blockflötenunterricht an der Leipziger Musikschule, elfjährig ersten Hornunterricht bei Waldemar Markus. Von 1975 bis zum Abschluß der 10. Klasse 1980 war er Schüler der Spezialschule für Musik in Halle/S. und hatte dort Unterricht bei → H. Märker. Anschließend studierte er bei ihm bis 1984 an der Leipziger Hochschule für Musik. Von 1984 bis 1986 hatte er ein Engagement beim Rundfunk-Sinfonieorchester Leipzig.
QUELLEN: Selbstauskunft.

1987

| 1065 **Erben, Frank-Michael**
Violine
* 7. September 1965 in Leipzig ◆ Sohn von → Fr. Erben, Bruder von → Chr. Erben
Mitglied seit 1. August 1987
1. Konzertmeister für → G. Bosse

Der Sohn von → Fr. Erben und der Pianistin Mathilde Erben erhielt fünfjährig ersten Geigenunterricht bei Klaus Hertel, ab 1972 war er sein Schüler an der Kinderklasse der Leipziger Hochschule. Nach dem Abschluß der 10. Klasse studierte er bei ihm bis 1987 an der Leipziger Hochschule und war ab 1986 bereits als Substitut, später als Praktikant tätig. Primarius des Gewandhaus-Quartetts seit 1993 für → K. Suske.
QUELLEN: Selbstauskunft.

1066 **Jung, Regine** geb. Hetzel
Violine
* 27. April 1963 in Olbernhau/Erzgebirge
Mitglied seit 1. August 1987
1. Geigerin

Aufgewachsen in Olbernhau, wo ihr Vater Eberhard Hetzel nebenberuflich in der Tanz- und Blasmusik tätig war, erhielt sie siebenjährig an der dortigen Musikschule den ersten Geigenunterricht bei Gudrun Flemming, ab 1972 bei Bernd Flemming. Sie war Schülerin der Spezialschule für Musik in Dresden ab 1975 und hatte dort Unterricht bei Götz Kühnel, später bei Klaus Hoene. Nach dem Abschluß der 10. Klasse 1980 studierte sie bei ihm bis 1985 an der Dresdner Hochschule. Von 1985 bis 1987 hatte sie ein Engagement bei der Robert-Schumann-Philharmonie Karl-Marx-Stadt[124].
QUELLEN: Selbstauskunft.

---

124 Heute Chemnitz.

|1067 **Borck, Peter-Michael**
Viola
* 29. September 1963 in Ortrand
Mitglied seit 1. August 1987
Bratscher, seit Oktober 1987 Vorspieler

Er ist aufgewachsen in Ortrand und Thurm bei Zwickau, wo sein Vater Joachim Borck Pfarrer war und seine Mutter Johanna Borck Kantorin. Fünfjährig erhielt er in Ortrand ersten Geigenunterricht bei seinem Vater, später war er Schüler der Musikschule in Lauchhammer. Von 1970 bis 1980 war er externer Schüler des Robert-Schumann-Konservatoriums in Zwickau und hatte dort Unterricht bei Gerhard Lindemann. Nach dem Abschluß der 10. Klasse 1980 studierte er bis 1987 an der Hochschule für Musik in Weimar und hatte bis 1984 Unterricht bei Eberhard Geschke, anschließend bei → D. Hallmann in Leipzig. Nach seinem bestandenen Probespiel 1986 war er als Substitut tätig. ◆ Von November 1987 bis April 1989 leistete er seinen Wehrdienst.

Mitglied des Orchestervorstandes von 1993 bis 2004; von 1992 bis 1997 Vorsitzender des Personalrates für → W. Schieber.

QUELLEN: Selbstauskunft.

|1068 **Ockert, Christian**
Kontrabass
* 8. Mai 1964 in Halle/S.
Mitglied seit 1. August 1987
Solo-Kontrabassist für → W. Neumann, seit 1. Januar 1992 kommissarisch, seit 1. August 1992 definitiv
1. Solo-Kontrabassist für → H. Morawietz

Fünfjährig erhielt er ersten Klavierunterricht bei Brigitte Jaeger, 1977 dann ersten Kontrabassunterricht bei Horst Günther an der Musikschule in Halle. Von 1978 bis zum Abschluß der 10. Klasse war er Schüler der Spezialschule für Musik in Weimar und hatte dort Unterricht bei Horst-Dieter Wenkel. Anschließend studierte er bei ihm bis 1987 an der Weimarer Hochschule für Musik.

QUELLEN: Selbstauskunft.

|1069 **Barchmann, Ingolf**
Klarinette
* 24. August 1963 in Bischofswerda
Mitglied seit 1. August 1987
Solo-Bass- /2. Klarinettist für → E. Stöbe

Achtjährig erhielt er ersten Blockflötenunterricht, zwölfjährig dann Klarinettenunterricht bei Andreas Wenk an der Musikschule Bischofswerda. Von 1977 bis 1980 war er externer Schüler der Spezialschule für Musik in Dresden und hatte Unterricht bei Hans-Detlef Löchner. Nach dem Abschluß der 10. Klasse 1980 studierte er bei ihm bis 1986 an der Dresdner Hochschule für Musik und war während dieser Zeit Substitut bei der Dresdner Philharmonie. Von 1986 bis 1987 hatte er ein Engagement beim Gerhard-Hauptmann-Theater in Görlitz.

QUELLEN: Selbstauskunft.

|1070 **Lehmann, Dirk**
Posaune
* 20. Mai 1966 in Crimmitschau
Mitglied seit 1. August 1987
2. Posaunist an der neu eingerichteten 9. Stelle

Aufgewachsen in Rostock, erhielt er an der dortigen Musikschule fünfjährig ersten Klavierunterricht und zehnjährig ersten Posaunenunterricht bei seinem Vater Harry Lehmann, der Solo-Posaunist beim Volkstheater Rostock war. Nach dem Abschluß der 10. Klasse studierte er von 1982 bis 1987 in Rostock an der Außenstelle der Hochschule für Musik »Hanns Eisler« Berlin und hatte dort bis 1986 Unterricht bei seinem Vater, danach noch ein Jahr bei Jürgen Heinel.

QUELLEN: Selbstauskunft.

|1071 **Müller, Mathias**
Schlagzeug, Pauke
* 24. Mai 1965 in Rostock
Mitglied vom 1. August 1987 bis 8. September 1989 und seit 1. September 1996
Schlagzeuger, später Pauker/Schlagzeuger für → S. Haßbecker; seit 1999 Solo-Pauker

Aufgewachsen in Schönberg bei Grevesmühlen und Rostock, erhielt er siebenjährig ersten Klavierunterricht und war ab 1978 Schüler am Rostocker Konservatorium, wo er Schlagzeugunterricht bei Heinz Viertel hatte. Nach dem Abschluß der 10. Klasse 1982 studierte er bis 1987 bei → K. Mehlig an der Leipziger Hochschule für Musik und war während dieser Zeit bereits als Substitut tätig. ◆ Nach einem Konzert des Orchesters in Berlin (West) kehrte er nicht wieder in die DDR zurück, hatte von 1989 bis 1990 einen Zeitvertrag bei den Bochumer Sinfonikern und war danach bis 1996 Pauker bei den Stuttgarter Philharmonikern.

QUELLEN: Selbstauskunft.

1988

|1072 **Gerlach, Peter**
Violine
* 21. April 1962 in Leipzig
Mitglied seit 1. August 1988
1. Konzertmeister der 2. Violinen für → E. Nietner

Der Sohn des Musikers, Theologen und Schriftstellers Johannes Rolf Gerlach wuchs in Berlin auf und erhielt zehnjährig ersten Geigenunterricht bei Heinz Nitschke. Von 1976 bis 1978 war er Schüler der Spezialschule für Musik in Weimar und hatte Unterricht bei Baldur Böhme, ab 1978 war er Schüler der Spezialschule in Dresden, wo → M. Scherzer sein Lehrer war. Nach dem Abschluß der 10. Klasse 1880 studierte er bei ihm bis 1985 an der Dresdner Hochschule für Musik. Von 1985 bis 1988 hatte er ein Engagement beim Rundfunk-Sinfonieorchester Leipzig, nahm während dieser Zeit Unterricht bei Reinhard Ulbricht in Dresden, nach 1988 bei → G. Bosse und Jost Witter[125] in Weimar.

QUELLEN: Selbstauskunft.

....

125 Schüler von → W. Hansmann.

|1073 **Sanderling, Michael**
Violoncello
* 21. Juni 1967 in Berlin (Ost)
Mitglied vom 1. August 1988 bis 31. Juli 1992
1. Solo-Cellist für → S. Arnold

Sein Vater, der Dirigent Kurt Sanderling, war 1962 einer der Favoriten bei der Neubesetzung der durch den Tod von → Fr. Konwitschny vakant gewordenen Stelle des Gewandhauskapellmeisters. Seine Mutter Barbara Sanderling studierte in Leipzig bei → K. Siebach und war während dieser Zeit Substitutin. ◆ Er besuchte ab 1973 die Musikschule Prenzlauer Berg in Berlin, war von 1978 bis 1984 Schüler der Spezialschule für Musik und hatte dort Unterricht bei Michael Pfaender. Anschließend studierte er bis 1989 bei Josef Schwab[126] an der Hochschule für Musik »Hanns Eisler« in Berlin. ◆ Von 1992 bis 1998 hatte er eine Professur an der Hochschule für Musik »Hanns Eisler« in Berlin, anschließend an der Hochschule für darstellende Kunst in Frankfurt/M. Gleichzeitig war er ab 1994 1. Solo-Cellist beim Rundfunk-Sinfonieorchester Berlin. Neben seinen zahlreichen Verpflichtungen als Solist, tritt er zunehmend auch als Dirigent in Erscheinung.
QUELLEN: Selbstauskunft.

|1074 **Minczuk, Roberto**
Horn
* 23. April 1967 in São Paulo (Brasilien)
Mitglied von 1988 bis 1989
3. Hornist

16jährig wurde er Solo-Hornist des São Paulo Symphony Orchestra, später studierte er bis 1987 an der Juillard School in New York. Während einer Konzertreise des Gewandhausorchesters durch die USA fand in New York ein Probespiel um die Stelle eines Solo-Hornisten statt, bei dem er als 3. Hornist engagiert wurde. ◆ Er ging wieder nach Brasilien, wo er bei Elezar de Carvalho und John Neschling Dirigieren studierte. Seit seinem Debüt beim New York Philharmonic Orchestra 1998 dirigierte er fast alle großen Nordamerikanischen Orchester und gastierte in vielen europäischen Städten. Seit 2006 ist er Musikdirektor des Calgary Philharmonic Ochestra.
QUELLEN: GewandhausA; Selbstauskunft.

|1075 **Bednarz, Jürgen**
Tuba
* 3. September 1963 in Meißen
Mitglied seit 1. August 1988
Tubist für → H. Sachse

Er erhielt zehnjährig ersten Blockflöten-, später Tenorhorn- und Baritonunterricht beim Jugendblasorchester in Meißen, 1975 hatte er ein halbes Jahr Tubaunterricht. Bis 1979 Autodidakt, nahm er dann Privatunterricht bei Klaus Schweter und studierte bei ihm nach dem Abschluß der 10. Klasse 1980 bis 1985 an der Hochschule für Musik in Dresden. Von 1985 bis 1988 hatte er ein Engagement beim Friedrich-Wolf-Theater Neustrelitz.
QUELLEN: Selbstauskunft.

|1076 **MacDonald, John Roderick**
Trompete
* 12. Februar 1959 in Providence/RI (USA)
Mitglied vom 1. September 1988 bis 30. April 2005[127], seit 7. März 2004 nicht mehr tätig
Solo-Trompeter für → G. Fischer

Er erhielt sechsjährig ersten Klavier-, zwölfjährig dann Trompetenunterricht. Von 1981 bis 1985 absolvierte er ein Ingenieurstudium an der Universität von Rhode Island und nahm in dieser Zeit Trompetenunterricht bei William Vacchiano in New York. Er war dann drei Jahre als Ingenieur tätig, gleichzeitig studierte er von 1886 bis 1988 am New England Conservatory in Boston, u. a. bei Charles Schlueter. Er kam nach Leipzig, um bei Gewandhauskapellmeister → K. Masur Dirigierunterricht zu nehmen, und studierte bei ihm von 1989 bis 1994 an der Leipziger Hochschule für Musik. ◆ Seit 2005 unterrichtet er Trompete an der State University of New York.
QUELLEN: Selbstauskunft.

1989

|1077 **Unger, Liane**
Violine
* 29. Dezember 1964 in Leipzig
Mitglied seit 1. August 1989
1. Geigerin

Sie ist die Tochter des Chorsängers Dietmar Unger und der Geigenlehrerin Rosemarie Unger. Ab 1974 war sie Schülerin von Klaus Hertel an der Kinderklasse der Leipziger Hochschule für Musik. Nach dem Abschluß der 10. Klasse 1981 studierte sie bei ihm bis 1986 an der Leipziger Hochschule für Musik. Von 1986 bis 1989 hatte sie ein Engagement beim Rundfunk-Sinfonieorchester Berlin.
QUELLEN: Selbstauskunft.

|1078 **Zühlke, Brita**
Violine
* 8. Februar 1961 in Weimar
Mitglied seit 1. August 1989
1. Geigerin

Sie ist die Tochter des Paukers der Staatskapelle Weimar Werner Zühlke und der Chorsängerin und Gesangslehrerin Uta Zühlke. Achtjährig erhielt sie ersten Geigenunterricht als Seminarschülerin eines Studenten der Hochschule für Musik, ein Jahr später wurde sie externe Schülerin der Spezialschule für Musik und hatte ein Jahr Unterricht bei Jochen Tutschku. Danach war sie bis zum Abschluß der 10. Klasse 1977 Schülerin von Hans Winkler an der Weimarer Musikschule. Anschließend studierte sie bis 1982 bei → E. Nietner an der Leipziger Hochschule für Musik. Von 1982 bis 1989 hatte sie ein Engagement beim Landestheater Halle/S.
QUELLEN: Selbstauskunft.

---

126 Schüler von → A. Eichhorn.

127 Er mußte das Orchester aus akuten gesundheitlichen Gründen verlassen, eine Option zum Wiedereintritt besteht.

|1079 **Schumann, Anne**
Violine
* 13. Oktober 1966 in Dohna
Mitglied vom 1. August 1989 bis 31. Juli 1993
1. Geigerin

Aufgewachsen in Halle/S., wo ihre Mutter Toni Schumann Geigerin beim Landestheater ist, erhielt sie sechsjährig ersten Geigenunterricht an der dortigen Musikschule bei Hartmut Opolka. Von 1975 bis 1984 (bis 1982 extern) war sie Schülerin von Peter Krebs an der Spezialschule für Musik in Weimar. Nach dem Abschluß der 10. Klasse studierte sie bis 1985 an der Hochschule für Musik in Weimar, zunächst weiter bei Peter Krebs, später bei Jörg Hofmann, von 1985 bis 1989 bei Heinz Rudolf an der Dresdner Hochschule für Musik. ◆ Sie kündigte ihren Vertrag, um sich freischaffend ganz auf die Praxis historischer Spieltechniken zu spezialisieren. Seitdem wirkt sie in Ensembles mit, die in diesem Bereich führend sind.

QUELLEN: Selbstauskunft.

|1080 **Pantzier, Kathrin** geb. Schlichting
Violine
* 23. Mai 1962 in Annaberg-Buchholz
Mitglied seit 1. August 1989
2. Geigerin

Aufgewachsen in Leipzig, erhielt sie siebenjährig ersten Geigenunterricht an der Musikschule bei Klaus Hoene, später hatte sie Unterricht bei Rosemarie Unger[128]. Von 1973 bis zum Abschluß der 10. Klasse 1979 war sie Schülerin der Spezialschule für Musik in Weimar und hatte Unterricht bei Rolf Baumgarten und Ulrike Vehlhaber. Anschließend studierte sie bis 1984 bei Christoph Jacobi an der Leipziger Hochschule für Musik und war während dieser Zeit bereits als Substitutin tätig. Von 1984 bis 1989 hatte sie ein Engagement beim Großen Rundfunkorchester Leipzig.

QUELLEN: Selbstauskunft.

|1081 **Dargel, Katharina**
Viola
* 7. August 1965 in Berlin (Ost)
Mitglied seit 1. August 1989
Bratscherin

Ihre Großmutter Hertha Dargel hat als Klavierlehrerin an den Fachgrundschulen für Musik in Torgau, Zwickau und Görlitz viele Mitglieder des Gewandhausorchesters im Pflichtfach Klavier unterrichtet. Aufgewachsen in Berlin, erhielt sie neunjährig ersten Geigenunterricht, ab 1979 Bratschenunterricht bei Jürgen Lampe an der Musikschule Berlin-Mitte. Nach der 11. Klasse 1983 verließ sie die Schule, studierte bis 1989 an der Hochschule für Musik in Weimar und besuchte gleichzeitig die Abendschule, wo sie 1984 das Abitur ablegte. Bis 1986 hatte sie Unterricht bei Thomas Wünsch, danach bei → D. Hallmann in Leipzig und war während ihrer Studienzeit Substitutin in Weimar und Leipzig.

QUELLEN: Selbstauskunft.

|1082 **Erben, Christian**
Violoncello
* 15. Juli 1959 in Leipzig ◆ Sohn von → Fr. Erben, Bruder von → Fr.-M. Erben
Mitglied seit 1. August 1989
Cellist

Der Sohn von → Fr. Erben und der Pianistin Mathilde Erben erhielt achtjährig ersten Cellounterricht bei Carola Schmidt, 1971 wurde er Seminarschüler des Studenten → J. Timm an der Leipziger Hochschule und hatte ab 1973 Unterricht bei seinem Vater. Nach dem Abschluß der 10. Klasse 1976 studierte er bis 1979 an der Hochschule für Musik »Hanns Eisler« in Berlin, zunächst bei Bernhard Günther, später bei Josef Schwab[129] und von 1979 bis 1981 bei seinem Vater an der Leipziger Hochschule. Nach dem Studium war er bis 1983 Solo-Cellist beim Orchester des Deutsch-Sorbischen Volkstheaters in Bautzen, leistete von November 1983 bis April 1985 seinen Wehrdienst und war dann bis 1986 Solo-Cellist beim Orchester des Stadttheaters Cottbus. Anschließend hatte er ein Engagement beim Großen Rundfunkorchester Leipzig.

QUELLEN: Selbstauskunft.

|1083 **Spree, Eberhard**
Kontrabass
* 4. August 1960 in Berlin (Ost)
Mitglied seit 1. August 1989
Kontrabassist

Aufgewachsen ist er in Großräschen-Süd[130] und Wolterdorf bei Luckenwalde, wo sein Vater Dieter Spree als Pfarrer auch den Kirchenchor leitete und Organistenaufgaben versah. Ersten Geigenunterricht erhielt er achtjährig an der Musikschule Senftenberg bei Fritz Rank. Nach dem Abschluß der 10. Klasse 1977 machte er bis 1979 zunächst eine Lehre als Baufacharbeiter und hatte 1978 an der Musikschule Luckenwalde ersten Kontrabassunterricht bei Roland Schreiber. Den anschließenden Wehrdienst leistete er wegen Verweigerung des Dienstes an der Waffe als Bausoldat, studierte dann von 1981 bis 1986 bei → H. Morawietz an der Leipziger Hochschule für Musik und war während dieser Zeit schon als Substitut tätig. Nach dem Studium hatte er ein Engagement als Solo-Kontrabassist an der Robert-Schumann-Philharmonie Karl-Marx-Stadt[131] und ab 1988 war er in gleicher Position bei der Jenaer Philharmonie.

QUELLEN: Selbstauskunft.

|1084 **Sprenger, Christian**
Flöte
* 29. April 1968 in Berlin (Ost)
Mitglied vom 1. August 1989 bis 31. Dezember 1994
1./2. Flötist

Der Sohn des Dirigenten und Pianisten Dietrich Sprenger und der Sängerin Bergith Sprenger erhielt fünfjährig ersten Blockflötenunterricht. Die Schulzeit verlebte er in Frankfurt/O., ab 1978 in Berlin, wo er 1980 Schüler der Spezialschule für Musik wurde und Unterricht bei Werner Tast hatte. Nach dem Abschluß der 10. Klasse 1985 studierte er bei ihm bis 1990 an der Hochschule für Musik »Hanns Eisler« in Berlin. ◆ Er wechselte vom Ge-

---

128 Mutter von → Liane Unger.

129 Schüler von → A. Eichhorn.
130 Dieser Ort ist einem Braunkohlentagebau zum Opfer gefallen.
131 Heute Chemnitz.

wandhausorchester zum Sinfonieorchester des MDR, wo er seitdem Solo-Flötist ist.
QUELLEN: Selbstauskunft.

|1085 **Schlag, Hans**
Fagott
* 18. August 1964 in Jena
Mitglied seit 1. August 1989
1./2. Fagottist, ab Herbst 1990 kommisarisch, ab
November 1991 definiv Solo-Fagottist für → H. Fuchs

Achtjährig erhielt er an der Jenaer Volkskunstschule Blockflötenunterricht bei Lieselotte Göring und zehnjährig ersten Fagottunterricht bei Gerd Knabe. Von 1977 bis zum Abschluß der 10. Klasse 1981 war er Schüler der Spezialschule für Musik in Halle/S. und hatte Unterricht bei Günter Angerhöfer. Anschließend studierte er bis 1987 in Leipzig an der Hochschule für Musik bei → W. Seltmann und hatte danach ein Engagement als 1. Fagottist beim Staatlichen Sinfonieorchester Greiz.
Mitglied des Gewandhaus-Bläserquintetts von 1991 bis 1993.
QUELLEN: Selbstauskunft.

|1086 **Wunder, Sven**
Trompete
* 20. März 1961 in Klingenthal
Mitglied vom 1. August 1989 bis 31. Juli 1995
Solo-Trompeter

Aufgewachsen in Artern und Radewitz bei Prenzlau, erhielt er zwölfjährig ersten Trompetenunterricht bei Helmut Katschner an der Musikschule Prenzlau. Nach dem Abschluß der 10. Klasse studierte er von 1977 bis 1982 bei Hans-Joachim Krumpfer an der Hochschule für Musik »Hanns Eisler« in Berlin. Ab 1980, schon während des Studiums, war er beim Großen Rundfunkorchester Berlin tätig, von 1982 bis 1987 fest engagiert und leistete von 1983 bis 1986 seinen Wehrdienst beim Zentralen Orchester der NVA unter Generalmusikdirektor Oberst Gerhard Baumann. Von 1987 bis 1989 war er beim Rundfunk-Sinfonieorchester Leipzig. ◆ Er wechselte 1995 zur West-Sächsischen Philharmonie Borna.
QUELLEN: Selbstauskunft.

1990

|1087 **Stoschek, Kathrin**
Violine
* 29. März 1967 in Freiberg/Sa.
Mitglied seit 1. Januar 1990
1. Geigerin

Achtjährig erhielt sie ersten Klavierunterricht bei ihrem Vater, dem Generalmusikdirektor Walter Stoschek, neunjährig dann Geigenunterricht an der Freiberger Musikschule bei Erich Fischer. Von 1979 bis zum Abschluß der 10. Klasse 1984 war sie Schülerin der Spezialschule für Musik in Dresden und hatte dort Unterricht bei Gudrun Schröter, später bei Annemarie Dietze. Anschließend studierte sie bis 1990 an der Dresdner Hochschule für Musik, zunächst weiter bei Annemarie Dietze, dann bei Reinhard Ulbricht und war während dieser Zeit Substitutin bei der Dresdner Philharmonie.
QUELLEN: Selbstauskunft.

|1088 **Hochschild, Henrik**
Violine
* 26. Oktober 1967 in Leipzig
Mitglied seit 1. August 1990
Konzertmeister für → R. Gamalski

Er erhielt achtjährig ersten Geigenunterricht an der Leipziger Musikschule bei Gabriele Schwarz. Nach dem Abschluß der 10. Klasse 1984 studierte er bis 1990 bei Klaus Hertel an der Leipziger Hochschule für Musik. Mitglied des Orchestervorstandes von 1993 bis 1995 und seit 2004.
QUELLEN: Selbstauskunft.

|1089 **Büning, Tilmann**
Violine
* 1. April 1968 in Bergen/Rügen
Mitglied vom 1. August 1990 bis 31. Juli 1993
Konzertmeister der 2. Violinen für → E. Zettl

Aufgewachsen in Stralsund und Zwickau, erhielt er siebenjährig am Konservatorium in Zwickau ersten Geigenunterricht. Ab 1977 war er Schüler von Thomas Abbé, ab 1882 erhielt er außerdem Förderunterricht bei → G. Bosse in Leipzig. Nach dem Abschluß der 10. Klasse 1984 studierte er bis 1990 bei G. Bosse an der Leipziger Hochschule für Musik und war während dieser Zeit bereits als Substitut, später als Praktikant tätig. ◆ Er kündigte seinen Vertrag, um sich ganz der kammermusikalischen Tätigkeit im Neuen Leipziger Streichquartett widmen zu können.
QUELLEN: Selbstauskunft.

|1090 **Ilg, Edwin**
Violine
* 24. März 1967 in Leipzig ◆ Sohn von → H. Ilg
Mitglied seit 1. August 1990
2. Geiger

Ersten Geigenunterricht erhielt er neunjährig bei Lisa-Liane Max. Nach dem Abschluß der 10. Klasse 1983 studierte er bis 1986 an der Leipziger Hochschule für Musik, zunächst weiter bei L.-L. Max, später bei Gustav Schmahl. 1986 wechselte er zur Weimarer Hochschule, studierte dort bis 1990 bei → Chr. Funke und war während dieser Zeit bereits als Substitut tätig.
QUELLEN: Selbstauskunft.

|1091 **Bauer, Ivo**
Viola
* 10. Oktober 1967 in Leipzig
Mitglied vom 1. August 1990 bis 31. Juli 1993
Bratscher (Vorspieler)

Aufgewachsen in Halle/S., erhielt der Sohn des Trompeters beim Landestheater Jörg Bauer fünfjährig ersten Geigenunterricht an der Musikschule Halle-Neustadt. Von 1976 bis 1982 hatte er Unterricht bei Hartmut Opolka, ab 1979 als Schüler der Spezialschule für Musik in Halle/S. Von Halle aus hatte er ab 1982 Unterricht bei → G. Bosse und ab 1984 dann Bratschenunterricht bei → D. Hallmann in Leipzig. Nach dem Abschluß der 10. Klasse 1985 studierte er bis 1990 bei D. Hallmann an der Leipziger Hochschule. ◆ Er kündigte seinen Vertrag, um sich ganz der kammermusikalischen Tätigkeit im Neuen Leipziger Streichquartett widmen zu können.
QUELLEN: Selbstauskunft.

|1092 **Schurrock, Peter**
Klarinette
* 17. Januar 1965 in Halle/S.
Mitglied seit 1. August 1990
Solo-Klarinettist für → Kl. Stöckel

Sein Großvater Albert Schurrock war Klarinettist in Cottbus, sein Vater Hans-Martin Schurrock war Solo-Fagottist bei der Halleschen Philharmonie. Achtjährig erhielt er ersten Blockflöten-, zehnjährig dann Klarinettenunterricht am Hallenser Konservatorium bei Rudi Reski. Von 1976 bis zum Abschluß der 10. Klasse 1982 war er Schüler der Spezialschule für Musik in Berlin und hatte dort Unterricht bei Diethelm Kühn. Anschließend studierte er bis 1986 bei Thomas Franke an der Hochschule für Musik »Hanns Eisler« in Berlin. Von 1986 bis 1990 hatte er ein Engagement als Solo-Klarinettist beim Rundfunk-Sinfonieorchester Leipzig.

QUELLEN: Selbstauskunft.

|1093 **Reinhardt, Thomas**
Fagott
* 3. Juli 1960 in Döbeln
Mitglied seit 1. August 1990
Solo-Fagottist für → W. Seltmann

Der Sohn des Döbelner Kirchenmusikers Wolfgang Reinhardt erhielt siebenjährig ersten Klavier- und Geigenunterricht. Als 13jähriger entschied er sich bei der Aufnahmeprüfung an der Schule für Musik in Dresden für das Fagott. Er war dort von 1973 bis zum Abschluß der 10. Klasse 1978 Schüler von Helmut Radatz. Anschließend studierte er bis 1983 bei → W. Seltmann an der Leipziger Hochschule für Musik. Von 1982 – also schon während des Studiums – bis 1990 hatte er ein Engagement beim Rundfunk-Sinfonieorchester Leipzig.

QUELLEN: Selbstauskunft.

|1094 **Röger, Clemens**
Horn
* 23. April 1966 in Berlin (Ost)
Mitglied seit 1. August 1990
Solo-Hornist für → E. Markwart

Achtjährig erhielt er an der Musikschule Berlin-Friedrichshain ersten Blockflötenunterricht, zehnjährig dann Hornunterricht bei Rainer Hofmann. Nach dem Abschluß der 10. Klasse 1982 studierte er bis 1987 bei Karl Biehlig an der Hochschule für Musik in Weimar. Anschließend hatte er ein Engagement beim Philharmonischen Orchester Erfurt.
Mitglied des Orchestervorstandes von 1995 bis 1998.

QUELLEN: Selbstauskunft.

|1095 **Weiner, Ralf**
Posaune
* 27. April 1961 in Leipzig
Mitglied seit 1. August 1990
Bass-Posaunist für → R. Bachmann

Neunjährig erhielt er ersten Posaunenunterricht bei → H. Müller an der Leipziger Musikschule. Nach dem Abschluß der 10. Klasse 1977 studierte er bis 1982 bei → K. Jacob an der Leipziger Hochschule für Musik und war während dieser Zeit als Substitut beim Rundfunk-Sinfonieorchester und als Aushilfe beim Gewandhausorchester. Von 1982 bis 1990 hatte er ein Engagement beim Rundfunk-Sinfonieorchester Leipzig.

QUELLEN: Selbstauskunft.

|1096 **Cotta, Steffen**
Schlagzeug
* 22. Juli 1963 in Erfurt
Mitglied seit 1. August 1990
Schlagzeuger

Sein Vater ist der Kapellmeister Erhard Cotta, der in Hildburghausen und ab 1971 in Leipzig bei der Musikalischen Komödie als Trompeter war. Aufgewachsen in Hildburghausen und Leipzig, erhielt er achtjährig ersten Klavierunterricht beim Kantor in Hildburghausen. Während seiner Leipziger Schulzeit war er an der Leipziger Hochschule Seminarschüler der Studenten Dietmar Nawroth (Klavier) und Bernd Franke (Theorie) und autodidaktisch Schlagzeuger in der Schulband. Nach dem Abitur 1982 leistete er seinen Wehrdienst und studierte dann von 1984 bis 1989 an der Hochschule für Musik in Weimar, bis 1985 Schulmusik, wo er im Nebenfach ersten Schlagzeugunterricht hatte, ab 1985 Schlagzeug bei Hans-Joachim Naumann. Von 1989 bis 1990 hatte er ein Engagement beim Großen Rundfunkorchester Leipzig.

QUELLEN: Selbstauskunft.

|1097 **Schroeder, Philipp**
Schlagzeug
* 31. Januar 1969 in Leipzig ◆ Sohn von → J. Schroeder
Mitglied seit 1. August 1990
Schlagzeuger

Er erhielt fünfjährig ersten Blockflöten-, siebenjährig dann Klavierunterricht. Von 1978 bis 1982 war er Schüler der Thomasschule und Mitglied des Chores und hatte dort weiter Klavierunterricht. Nach dem Stimmbruch besuchte er wieder die Schule in Leutzsch und war ab 1982 Seminarschüler des Studenten Ben Fischer[132] an der Hochschule für Musik. Nach dem Abschluß 10. Klasse 1985 studierte er bis 1990 bei → K. Mehlig an der Leipziger Hochschule für Musik, legte während des Studiums an der Abendschule das Abitur ab und war bereits als Substitut beschäftigt. Von 1989 bis 1990 war er Praktikant an der Halleschen Philharmonie.

QUELLEN: Selbstauskunft.

|1098 **Vietz, Christoph**
Violoncello
* 24. November 1965 in Görlitz
Mitglied seit 1. Dezember 1990
Cellist

Sechsjährig erhielt er ersten Cellounterricht bei Sigrid Richter an der Görlitzer Musikschule, wo seine Mutter Johanna Vietz Korrepetitorin war. Ab 1976 bekam er außerdem Förderunterricht in Dresden bei Inge Schreier, die bis zum Ende des Studiums seine Lehrerin blieb. Von 1979 bis zum Abschluß der 10. Klasse 1983 war er Schüler der Spezialschule für Musik in Dresden und studierte anschließend bis 1988 an der Dresdner Hochschule für Musik. Danach hatte er bis 30. November 1990 ein Engagement beim Landestheater Halle/S.

QUELLEN: Selbstauskunft.

---

132 Sohn von → P. Fischer.

1991

|1099 Vogel, Dorothea
Violine
* 8. Juni 1966 in Rostock
Mitglied seit 1. August 1991
2. Geigerin, seit 1. August 1992 1. Geigerin

Aufgewachsen in Groß Lüsewitz bei Rostock, erhielt die Tochter der Schulmusikerin Rosemarie Vogel fünfjährig ersten Geigenunterricht bei Christa Jokisch an der Musikschule in Rostock, später wurde Ulfert Thiemann ihr Lehrer. Nach dem Abitur studierte sie von 1985 bis 1986 weiter bei Thiemann an der Außenstelle der Berliner Hochschule in Rostock und von 1986 bis 1991 bei Gustav Schmahl an der Hochschule für Musik in Leipzig.
QUELLEN: Selbstauskunft.

|1100 Stahr, Thomas
Kontrabass
* 31. August 1960 in Eitorf
Mitglied seit 1. August 1991
Kontrabassist

Aufgewachsen in Eitorf und Stommeln, besuchte er dort die Grundschule, später bis zum Abitur 1979 das Gymnasium in Pulheim. Zehnjährig erhielt er ersten Geigenunterricht, 14jährig dann Bassgitarren- und 17jährig ersten Kontrabassunterricht an der Rheinischen Musikschule in Köln. Nach dem Wehrdienst studierte er von 1981 bis 1989 an der Hochschule für Musik in Köln, zunächst bei Gottfried Engels, ab 1986 bei Wolfgang Güttler. Anschließend war er mit Zeitverträgen bis 1990 bei den Düsseldorfer Sinfonikern und bis 1991 beim Gürzenichorchester in Köln.
QUELLEN: Selbstauskunft.

1101. Krug, Bernhard
Horn
* 22. Juli 1967 in Berlin (West)
Mitglied seit 1. August 1991
3. Hornist, seit 1. August 1992 Solo-Hornist für
→ W. Schieber

Sein Vater Hans Krug war Solo-Flötist des Orchesters der Deutschen Oper Berlin. Sechsjährig erhielt er ersten Klavierunterricht, 16jährig dann Hornunterricht bei Anton Hammer. Nach dem Abitur 1985 studierte er von 1986 bis 1991 bei Gerd Seifert an der Hochschule der Künste in Berlin und war ab 1989 gleichzeitig Stipendiat der Orchesterakademie des Philharmonischen Orchesters Berlin.
Vorsitzender des Personalrates von 1997 bis 2003 für → P.-M. Borck.
QUELLEN: Selbstauskunft.

|1102 Lehmann, Ulf
Trompete
* 19. Juni 1968 in Wittenberg
Mitglied seit 1. August 1991
2. Trompeter

Siebenjährig erhielt er ersten Blockflötenunterricht, neunjährig dann Trompetenunterricht bei Martin Thamm an der Musikschule in Wittenberg, ab 1981 hatte er gleichzeitig Unterricht bei → Harry Haertel in Leipzig. Nach dem Abschluß der 10. Klasse 1985 studierte er bis 1991 an der Leipziger Hochschule für Musik, zunächst ein Jahr bei → K. Ramm, ab 1986 bei → H. Haertel, und war während dieser Zeit bereits als Substitut, später als Praktikant tätig.
Mitglied des Orchestervorstandes von 1998 bis 2001.
QUELLEN: Selbstauskunft.

|1103 Schießer, Klaus
Posaune
* 30. März 1965 in Bad Kissingen
Mitglied vom 1. September 1991 bis 31. Juli 1997
Solo-Posaunist für → G. Fleischer

Er erhielt neunjährig ersten Unterricht auf dem Tenorhorn, 14jährig dann auf der Posaune beim Jugendblasorchester Bad Kissingen. Nach dem Abschluß der Realschule 1981 in Bad Kissingen absolvierte er zunächst eine Schreinerlehre. Von 1984 bis 1993 studierte er bei Herbert Kammleitner, Martin Göß und Hans Rückert an der Hochschule für Musik Würzburg. Bereits während des Studiums war er von 1986 bis 1988 Solo-Posaunist in Koblenz und von 1988 bis 1991 in Karlsruhe. ♦ Er wechselte 1997 zum Orchester des Südwestfunks nach Freiburg/Breisgau.
QUELLEN: Selbstauskunft.

1992

|1104 Petersen, David
Fagott
* 13. September 1968 in Schwerin
Mitglied seit 1. Januar 1992
1./2. Fagottist, seit 1. August 1992 Solo-Fagottist für
→ G. Schulze

Sein Vater Winfried Petersen war Domkantor und Organist in Schwerin. Achtjährig erhielt er ersten Klavierunterricht, ab 1982 hatte er Fagottunterricht bei Hans-Jürgen Hallmann an der Musikschule Schwerin. Von 1983 bis zum Abschluß der 10. Klasse 1986 war er Schüler der Spezialschule für Musik in Dresden und hatte dort Unterricht bei Bernhard Rose. Danach studierte er bei ihm bis 1988 an der Dresdner Hochschule für Musik und war während dieser Zeit Substitut bei der Dresdner Staatskapelle. Bis 1989 studierte er dann bei Holger Straube an der Hochschule für Musik »Hanns Eisler« in Berlin, leistete von Januar 1990 bis Mai 1991 seinen Zivildienst im sozialen Bereich in Hannover und studierte anschließend bis 1994 bei Klaus Thunemann an der dortigen Hochschule.
QUELLEN: Selbstauskunft.

|1105 Hemken, Dorothea geb. Neumann
Viola
* 1. Mai 1969 in Halle/S.
Mitglied vom 1. August 1992 bis 31. Juli 2004
Bratscherin, ab 1994 Vorspielerin

Ihr Vater Hans-Dieter Neumann war Geiger in Halle/S., Meiningen und Frankfurt/O. Aufgewachsen in Bad Salzungen, besuchte sie die Schule in Frankfurt/O. und erhielt vierjährig bei ihrem Vater ersten Geigenunterricht. Ab 1981 war sie Schülerin der Spezialschule für Musik in Berlin, kam

Festkonzert »250 Jahre Gewandhausorchester« am 11. März 1993 im Großen Saal des Neuen Gewandhauses unter Leitung von Kurt Masur mit dem gesamten Orchester bei der Uraufführung der »Gewandhaus-Sinfonie« von Siegfried Matthus

1982 an die Spezialschule in Halle/S. und hatte dort Unterricht bei Hans-Hagen Menz. Nach dem Abschluß der 10. Klasse 1986 studierte sie bis 1991 an der Leipziger Hochschule für Musik, zunächst Geige bei Lisa-Liane Max, ab Januar 1987 Bratsche bei → Kl. Schwenke. Nach dem Studium hatte sie bis 1992 ein Engagement beim Sinfonieorchester des MDR. ♦ Seit 2004 ist sie stellvertretende Solo-Bratscherin bei der Sächsischen Staatskapelle in Dresden. ♦ Nach einer 2006 bestandenen Probezeit wird sie zum 1. Januar 2007 Solo-Bratscherin des Gewandhausorchesters werden.
QUELLEN: Selbstauskunft.

| 1106 **Giger, Christian**
Violoncello
* 16. Mai 1967 in St. Gallen (Schweiz)
Mitglied seit 1. August 1992
1. Solo-Cellist für → M. Sanderling

Aufgewachsen im Kanton St. Gallen, erhielt er achtjährig ersten Cellounterricht und war dann von 1977 bis 1987 Schüler von Susanne Basler am Konservatorium in Winterthur. Nach dem Abitur 1986 in St. Gallen studierte er von 1987 bis 1992 bei Boris Pergamentschikow an der Hochschule für Musik in Köln.
QUELLEN: Selbstauskunft.

| 1107 **Forster, Kilian**
Kontrabass
* 27. April 1968 in Memmingen
Mitglied vom 1. August 1992 bis 31. Juli 1996
Solo-Kontrabassist

Sein Großvater ist der Münchner Konzertpianist Friedrich Hübsch. Seine Mutter Beatrice Forster war Schulmusikerin. Er besuchte das Gymnasium in Vilsbiburg bis zur 11. Klasse und erhielt sechsjährig ersten Klavier-, zwölfjährig dann Kontrabassunterricht. 1980 wurde er Schüler von Georg Hörtnagel und studierte von 1985 bis 1992 an der Hochschule für Musik in München, zunächst weiter bei Hörtnagel, später bei Antonius Schröder und Klaus Trumpf. Außerdem war er ab 1991 Schüler von Rainer Zepperitz an der Orchesterakademie des Berliner Philharmonischen Orchesters. ◆ Nach seinem Leipziger Engagement ging er als 1. Solo-Kontrabassist zur Dresdner Philharmonie. Seit 1. März 2006 ist er freischaffend tätig.
QUELLEN: Selbstauskunft.

1108 **Grohmann, Cornelia**
Flöte
* 4. Mai 1964 in Berlin (West)
Mitglied seit 1. August 1992
Solo-Flötistin für → H. Hörtzsch

Sie erhielt fünfjährig ersten Unterricht auf der Blockflöte, zehnjährig Querflötenunterricht an der Musikschule in Berlin-Steglitz. Nach dem Abitur 1982 studierte sie von 1983 bis 1986 bei Ellen Töttcher an der Hochschule der Künste in Berlin, danach bis 1989 bei Klaus Schochow und Robert Dohn an der Hochschule für Musik in Stuttgart. Von 1990 bis 1992 hatte sie ein Engagement beim Orchester des Staatstheaters Mainz.
QUELLEN: Selbstauskunft.

| 1109 **Hipper, Thomas**
Oboe
* 21. Dezember 1966 in Rosenheim
Mitglied seit 1. August 1992
Solo-Oboist für → P. Fischer

Aufgewachsen in Rosenheim, wo seine Eltern Ursula und August Hipper als Laienmusiker aktiv sind, erhielt er sechsjährig ersten Blockflötenunterricht bei seiner Mutter, 14jährig ersten Oboenunterricht bei seinem Vater. Er besuchte ab 1976 das Musische Gymnasium und hatte ab 1881 in Salzburg Unterricht bei Otfried Ruprecht, ab 1984 bei Reinhold Malzer. Nach dem Abitur 1985 leistete er seinen Wehrdienst beim Musikkorps der Luftwaffe in München und studierte anschließend von 1987 bis 1992 bei Günther Passin[133] an der dortigen Hochschule für Musik. Während des Studiums hatte er für ein halbes Jahr einen Aushilfsvertrag bei den Stuttgarter Philharmonikern.
QUELLEN: Selbstauskunft.

| 1110 **Hemken, Volker**
Klarinette
* 4. Januar 1964 in Emden
Mitglied seit 1. August 1992
Solo-Bass- /2. Klarinettist für → W. Wunder

Er erhielt während der Schulzeit ersten Klarinettenunterricht bei Reinhold Westphal, später war Hardy Schulz in Oldenburg sein Lehrer. Nach dem Abitur am »Gymnasium am Treckfahrtstief« 1983 leistete er seinen Zivildienst und studierte ab 1985 an der Hamburger Universität Schulmusik, Philosophie und Erziehungswissenschaften und hatte in dieser Zeit Klarinettenunterricht bei Dietrich Hahn. Nach dem Grundstudium gab er das Berufsziel Schulmusiker auf und studierte dann an der Hochschule für Musik weiter bei Dietrich Hahn bis 1990. Während dieser Zeit war er als Substitut an der Staatsoper Hamburg, als Aushilfe bei den anderen Hamburger Orchestern und spielte in einer Band von Tom Waits bei einer Produktion des Thalia-Theaters. Von 1989 bis 1990 belegte er gleichzeitig am Sweelinck-Conservatorium Amsterdam das Fach Bassklarinette bei Harry Sparnaay. Von 1990 bis 1991 absolvierte er ein Aufbaustudium bei Hans Rudolf Stalder an der Musikakademie Basel.
QUELLEN: Selbstauskunft.

| 1111 **Kegel, Albert**
Fagott
* 24. August 1968 in Bremen
Mitglied seit 1. August 1992
1./2. Fagottist

Siebenjährig erhielt er ersten Blockflötenunterricht, zwölfjährig dann Fagottunterricht bei Fritz Goffing. Nach dem Abitur 1986 leistete er seinen Zivildienst im sozialen Bereich und studierte dann ab 1989 bei Klaus Thunemann an der Hochschule für Musik in Hannover, wo er 1994, während seines Leipziger Engagements, seinen Abschluß machte.
Mitglied des Gewandhaus-Bläserquintetts seit 1997.
QUELLEN: Selbstauskunft.

| 1112 **Brückner, Jörg**
Horn
* 14. Oktober 1971 in Leipzig
Mitglied vom 1. August 1992 bis 31. Juli 1997
3. Hornist

Aufgewachsen in Leipzig und in Dessau, erhielt er neunjährig ersten Hornunterricht bei Joachim Schulz in Dessau. Von 1985 bis zum Abschluß der 10. Klasse 1989 besuchte er die Spezialschule für Musik in Weimar und hatte Unterricht bei Rainer Heimbuch. Anschließend studierte er bis 1992 weiter bei Heimbuch und bei Karl Biehlig an der Weimarer Hochschule für Musik. Während seines Engagements studierte er noch zwei Jahre bei → H. Märker an der Leipziger Hochschule. ◆ Er ging als 1. Hornist an die Dresdner Philharmonie, gleichzeitig hat er seit 2006 eine Professur an der Weimarer Hochschule für Musik.
QUELLEN: Selbstauskunft.

[133] Schüler von → W. Gerlach, Bruder von → K.-H. Passin.

|1113 **Müller, Christian**
Horn
* 28. Januar 1972 in Potsdam
Mitglied vom 1. August 1992 bis 30. September 1993
3. Hornist

Aufgewachsen in Caputh, erhielt er sechsjährig ersten Blockflöten-, zehnjährig dann Hornunterricht an der Musikschule Potsdam bei Jürgen Runge[134]. Nach dem Abschluß der 10. Klasse 1988 studierte er bis 1994 bei Kurt Palm an der Hochschule für Musik »Hanns Eisler« in Berlin und absolvierte noch bis 1996 ein Aufbaustudium bei ihm. ♦ Nach seinem Leipziger Engagement ging er nach Berlin zum Orchester der Komischen Oper, wo er seit 1999 Solo-Hornist ist.
QUELLEN: Selbstauskunft.

|1114 **Freytag, Lars**
Horn
* 26. März 1968 in Düsseldorf
Mitglied vom 1. August 1992 bis 31. Juli 1994
4. Hornist

Aufgewachsen in Neukirchen bei Neuss, erhielt er siebenjährig an der dortigen Musikschule ersten Hornunterricht bei Alfred Dedens, später war Günter Schock sein Lehrer. 1987 legte er das Abitur ab, studierte aber schon ab 1985 als Jungstudent an der Hochschule für Musik in Köln bei → E. Penzel. Von 1987 bis 1992 studierte er bei Jan Schroeder an der Hochschule für Musik in Hannover und hatte gleichzeitig von 1991 bis 1992 ein Engagement beim Philharmonischen Orchester Dortmund. Während seines Engagements in Leipzig absolvierte er von 1992 bis 1995 ein Studium bei → H. Märker an der Hochschule für Musik. ♦ Nach seinem Leipziger Engagement war er zunächst freischaffend, ab 1997 beim Orchester der Landesbühnen Radebeul und von 1998 bis 1999 beim Orchester des Opernhauses Halle. Seitdem ist er beim Rundfunk-Blasorchester Leipzig.
QUELLEN: Selbstauskunft.

|1115 **Hasselt, Tobias**
Posaune
* 8. Februar 1969 in Steinhöring bei München
Mitglied seit 15. August 1992
Solo-Posaunist für → K. Jacob

Aufgewachsen in Falkenberg bei Mosach, erhielt er zwölfjährig den ersten Posaunenunterricht bei seinem Vater Friedrich Hasselt, der als Laienmusiker auf verschiedenen Instrumenten tätig war und den örtlichen Posaunenchor leitete, dann bei seinem Bruder Philipp Hasselt, später bei Ulrich Pförtsch. Er besuchte in Mosach die Grundschule, in Grafing das Gymnasium und in Ebersberg die Realschule bis zur mittleren Reife 1986. Nachdem er ein Jahr Schüler am Richard-Strauss-Konservatorium war, studierte von 1987 bis 1991 bei Michael Stern an der Hochschule für Musik in München und war während dieser Zeit Aushilfe beim Bayerischen Staatsorchester und den Münchner Philharmonikern. Von 1991 bis 1993 war er Stipendiat der Orchesterakademie des Berliner Philharmonischen Orchesters und hatte dort Unterricht bei Christhart Gössling. Zwischen 1991 und 1994 absolvierte er ein Meisterklassenstudium bei Michael Stern in München.

Mitglied des Orchestervorstandes von 2001 bis 2004.
QUELLEN: Selbstauskunft.

1993

|1116 **Baumgärtel, Johann-Georg**
Schlagzeug
* 4. November 1971 in Döbeln
Mitglied seit 1. Mai 1993
Schlagzeuger

Er ist der Sohn des Kirchenmusikdirektors Lothar Baumgärtel und der Sängerin Marion Baumgärtel. Aufgewachsen in Leisnig, wo sein Vater Kantor war, erhielt er dort vierjährig ersten Blockflöten-, sechsjährig dann Klavierunterricht und wirkte ab 1981 im dortigen Posaunenchor mit. 1984 kam die Familie nach Leipzig, wo er Schlagzeugunterricht hatte, zunächst als Seminarschüler des Studenten Ben Fischer[135] an der Hochschule für Musik, ab 1987 bei dessen Lehrer → K. Mehlig. Nach dem Abschluß der 10. Klasse 1988 studierte er bis 1994 bei → K. Mehlig an der Leipziger Hochschule und war während dieser Zeit bereits als Substitut beschäftigt.
QUELLEN: Selbstauskunft.

|1117 **Arzberger, Stefan**
Violine
* 21. September 1972 in Rodewisch
Mitglied seit 1. August 1993
1. Geiger, ab 15. April 1999 Vorspieler, seit 1. Februar 2003 Konzertmeister für → G. Glaß

Seine Mutter Marie-Louise Arzberger ist Gitarrenlehrerin. Aufgewachsen in Falkenstein/Vogtland, erhielt er vierjährig ersten Geigenunterricht an der Auerbacher Außenstelle des Robert-Schumann-Konservatoriums Zwickau. Dort war er von 1977 bis 1989 Schüler von Christian Pflug, ab 1986 hatte er außerdem Förderunterricht bei Klaus Hertel in Leipzig. Nach dem Abschluß der 10. Klasse 1989 studierte er bis 1993 bei Klaus Hertel an der Leipziger Hochschule für Musik und war während dieser Zeit bereits als Substitut tätig.
Mitglied des Orchestervorstandes von 2001 bis 2004.
QUELLEN: Selbstauskunft.

|1118 **Wiehe, Ina** geb. Möser
Violine
* 6. Dezember 1969 in Dresden
Mitglied seit 1. August 1993
1. Geigerin, seit 1995 Vorspielerin

Siebenjährig erhielt sie ersten Geigenunterricht an der Dresdner Musikschule bei Leonore Marschner. Nach dem Abschluß der 10. Klasse 1986 studierte sie bis 1992 bei Gert Kleindienst an der Hochschule für Musik in Dresden und war während dieser Zeit Substitutin bei der Dresdner Philharmonie. Von 1991 bis 1993 hatte sie ein Engagement beim Sinfonieorchester des MDR.
QUELLEN: Selbstauskunft.

---

134 Zwillingsbruder von → E. Runge.

135 Sohn von → P. Fischer.

|1119 **Weise, Matthias**
Viola
* 21. Juni 1970 in Leipzig ◆ Sohn von → J. Weise
Mitglied seit 1. August 1993
Bratscher

Ab 1977 war er Schüler der Leipziger Musikschule und hatte dort Geigenunterricht bei Gundel Zieschang, ab 1983 bei Inge Schmidt[136]. Nach dem Abschluß der 10. Klasse 1987 an der Thomasschule studierte er bis 1993 an der Leipziger Hochschule für Musik, zunächst Geige bei Christoph Jacobi, ab 1989 Bratsche bei → Kl. Schwenke.
QUELLEN: Selbstauskunft.

|1120 **Hinze-Hönig, Gudrun**
Flöte
* 16. November 1964 in Homburg/Saar
Mitglied seit 1. August 1993
Solo-Piccolo- /2. Flötistin für → Fr. Brittall

Aufgewachsen in Bonn, erhielt sie an der dortigen Musikschule sechsjährig ersten Blockflötenunterricht, zehnjährig dann Querflötenunterricht bei Veronika Schröder. Nach dem Abitur in Meckenheim 1983 studierte sie bis 1986 an der Hochschule für Musik in Düsseldorf Instrumentalpädagogik bei Hans-Jürgen Möhring und hatte Piccolounterricht bei → K. Nitschke. Von 1986 bis 1990 studierte sie bei Matthias Rütters an der Folkwang-Hochschule in Essen. Während des Studiums war sie als Lehrerin an den Musikschulen Meckenheim, Bonn und Leverkusen tätig. Von 1990 bis 1991 hatte sie ein Engagement als Piccolo-Flötistin beim Sinfonieorchester des WDR in Köln und war danach beim Sinfonieorchester des MDR.
QUELLEN: Selbstauskunft.

|1121 **Merkert, Jürgen**
Horn
* 14. März 1972 in Reutlingen
Mitglied seit 1. August 1993
3. Hornist

Aufgewachsen in Bempflingen, erhielt er neunjährig ersten Klavier-, zehnjährig dann Hornunterricht, zunächst bei seinem Vater Peter Merkert, der Trompeter in der Württembergischen Philharmonie Reutlingen war, dann bei Klaus Pietsch. Nach dem Abschluß der Realschule 1988 studierte er bis 1989 bei Mahir Zakar an der Hochschule für Musik in Mannheim, dann bis 1990 bei Joachim Bänsch an der Stuttgarter Hochschule. Von 1990 bis 1993 studierte er bei → E. Penzel an der Hochschule für Musik in Köln und war während dieser Zeit Praktikant beim Gürzenich-Orchester.
QUELLEN: Selbstauskunft.

1994

|1122 **Pinquart, Markus**
Violine
* 8. Dezember 1967 in Jena
Mitglied seit 1. August 1994
2. Geiger, seit August 2003 Vorspieler

Aufgewachsen in Creutzburg/Werra, Eisenach und Stadtroda, erhielt er sechsjährig ersten Geigenunterricht an der Musikschule Eisenach bei Otto Pickel. Von 1982 bis 1985 war er externer Schüler der Spezialschule für Musik in Weimar und hatte Unterricht bei Baldur Böhme. Nach dem Abschluß der 10. Klasse 1985 studierte er bis 1986 bei ihm an der Weimarer Hochschule für Musik, danach bis 1990 bei → G. Bosse an der Leipziger Hochschule. Anschließend hatte er bis 1994 ein Engagement bei der Robert-Schumann-Philharmonie in Chemnitz, absolvierte in dieser Zeit noch bis 1993 ein Aufbaustudium bei Jost Witter[137] in Weimar und leistete seinen Zivildienst.
QUELLEN: Selbstauskunft.

|1123 **Ude, Sebastian**
Violine
* 17. Juli 1967 in Leipzig
Mitglied seit 1. August 1994
2. Geiger, seit 1. Januar 2006 Vorspieler

Aufgewachsen in Bernburg, erhielt er sechsjährig an der dortigen Musikschule ersten Geigenunterricht bei Richard Elze, später war er Schüler am Hallenser Konservatorium und hatte Unterricht bei Erich Erber. Von 1978 bis zum Abschluß der 10. Klasse 1984 war er Schüler der Spezialschule für Musik in Halle/S. und hatte dort ab 1982 Unterricht bei Ulrich Klupsch. Anschließend studierte er bis 1989 bei ihm an der Leipziger Hochschule für Musik, außerdem war er ab 1987 in der Meisterklasse Kammermusik bei → G. Bosse. Während des Studiums war er bereits als Substitut tätig. Von 1989 bis 1994 hatte er ein Engagement beim Sinfonieorchester des MDR.
QUELLEN: Selbstauskunft.

|1124 **Wahlgreen, Henrik**
Oboe
* 15. November 1967 in Grödinge (Schweden)
Mitglied vom 1. November 1994 bis 31. Juli 1997 und seit 1. August 1999
Englischhornist für → G. Flade, ab Februar 1996 1./2. Oboist; seit 1999 Solo-Oboist

Siebenjährig erhielt er an der Musikschule in Botkyrka ersten Klavierunterricht, später Blockflöten-, Geigen- und Trompetenunterricht, elfjährig ersten Oboenunterricht. Nach der Grundschule besuchte er das Musikgymnasium und studierte von 1985 bis 1990 bei Alf Nilsson an der Hochschule für Musik in Stockholm und leistete während dieser Zeit seinen neunmonatigen Wehrdienst bei einem Musikkorps. Von 1991 bis 1993 hatte er ein Engagement beim Sinfonieorchester der Stadt Norrköping, anschließend studierte er von 1993 bis 1995 bei Günther Passin[138] an der Hochschule

---

136 Ehefrau von → B. Schmidt.

137 Schüler von → W. Hansmann.
138 Bruder von → K.-H. Passin.

für Musik in München. ♦ Von 1997 bis 1999 war er Solo-Oboist bei der Sächsischen Staatskapelle Dresden.

LITERATUR: A. Schreiber: Von der Churfürstlichen Cantorey zur Sächsischen Staatskapelle Dresden. QUELLEN: Selbstauskunft.

1995

|1125 Lehnert, Andreas
Klarinette
* 8. Juni 1969 in Augsburg
Mitglied seit 1. April 1995
Solo-Klarinettist für → W. Mäder

Aufgewachsen in Giengen bei Ulm, erhielt er achtjährig ersten Klarinettenunterricht bei Klaus Grüger an der dortigen Musikschule. Nach dem Abitur am Gymnasium in Heidenheim 1988 leistete er seinen Wehrdienst beim Heeresmusikkorps Ulm und studierte dann von 1989 bis 1994 bei Ulf Rodenhäuser an der Hochschule für Musik in Stuttgart, gleichzeitig hatte er von 1993 bis 1994 einen Zeitvertrag beim Hessischen Staatstheater Darmstadt. Anschließend studierte er noch bis 1997, also während seines Leipziger Engagements, bei Hans-Dietrich Klaus an der Hochschule in Detmold.

Geschäftsführer der »Gemeinschaft der Mitglieder des Gewandhausorchesters« seit 2004 für → G. Navratil.

QUELLEN: Selbstauskunft.

|1126 Starke, Veronika
Violine
* 24. Dezember 1971 in Leipzig ♦ Tochter von → Fr. Starke
Mitglied seit 1. August 1995
2. Geigerin, ab 1. Oktober 2000 1. Geigerin, seit 1. August 2006 Vorspielerin

Sie erhielt sechsjährig ersten Geigenunterricht an der Leipziger Musikschule, ab 1987 war sie Schülerin von Christoph Jacobi an der Kinderklasse der Leipziger Hochschule. Nach dem Abschluß der 10. Klasse 1988 studierte sie bis 1995 bei ihm an der Leipziger Hochschule für Musik, unterbrochen von einem Aufenthalt in Wien, wo sie von 1993 bis 1994 Unterricht bei Michael Frischenschlager an der Hochschule für Musik und darstellende Kunst hatte. Ab 1992 war sie als Substitutin im Orchester tätig. Während ihres Engagements absolvierte sie von 1995 bis 1997 noch ein Aufbaustudium bei Christoph Jacobi. Außerdem hatte sie von 1997 bis 2000 Unterricht bei → A. Seidel. ♦ Ab 1. August 2006 wird sie Vorspielerin bei den 1. Violinen sein.

QUELLEN: Selbstauskunft.

|1127 Martin, Tobias
Kontrabass
* 30. Mai 1969 in Braunschweig
Mitglied vom 1. August 1995 bis 31. Juli 1997 und seit 1. September 1999
Kontrabassist

Aufgewachsen in Nordenham und Westerstede, erhielt er zehnjährig ersten Gitarrenunterricht an der Musikschule Nordenham, 1985 dann Kontrabassunterricht an der Musikschule in Westerstede bei Gerhard Thomas, später bei Ralf Santo in Oldenburg. Nach dem Abitur in Westerstede 1989 leistete er seinen Zivildienst und studierte dann von 1990 bis 1995 bei Willi Beyer an der Hochschule für Musik in Lübeck. Während des Studiums war er Praktikant an der Staatsoper Hamburg, beim Sinfonieorchester des NDR und hatte für Herbst 1994 einen Zeitvertrag bei der Deutschen Oper Berlin. ♦ Zwischen 1997 und 1999 hatte er ein Engagement beim Sinfonieorchester des NDR.

QUELLEN: Selbstauskunft.

|1128 Tomiyasu Palma Marques, Miho
Violine
* 18. August 1966 in Tokyo
Mitglied seit 1. Oktober 1995
Konzertmeisterin der 2. Violinen für → T. Büning

Aufgewachsen in Thiba, erhielt sie dort fünfjährig den ersten Geigenunterricht und besuchte sechs Jahre die Grundschule, drei Jahre die Mittelschule und drei Jahre die Highschool. Von 1984 bis 1991 studierte sie bei Kôsaku Jamaoka und Bela Katona an der Staatlichen Hochschule für Musik und bildende Kunst in Tokyo und von 1992 bis 1995 bei Walter Forchert an der Hochschule für Musik in Frankfurt/M.

QUELLEN: Selbstauskunft.

|1129 Garzuly, Anna
Flöte
* 5. September 1970 in Szombathely (Ungarn)
Mitglied seit 5. Dezember 1995
1./2. Flötistin

Neunjährig erhielt sie ersten Querflötenunterricht an der Musikschule in Szombathely, später besuchte sie die dortige Musikfachschule bis zum Fachabitur 1988. Anschließend studierte sie bis 1990 bei Lóránt Kovács an der Akademie für Musik in Budapest, danach bis 1993 bei Paul Meisen an der Hochschule für Musik in München. Von 1993 bis 1995 war sie Schülerin von Jeanne Baxtresser an der Manhattan School of Music in New York.

QUELLEN: Selbstauskunft.

1996

|1130 Teutsch, Robert
Horn
* 27. August 1970 in Berlin (West)
Mitglied vom 1. Februar 1996 bis 31. Juli 2000
4. Hornist

Sein Vater Götz Teutsch war Solo-Cellist beim Berliner Philharmonischen Orchester, seine Mutter Valentina Teutsch ist Geigenlehrerin. Vierjährig erhielt er ersten Klavier- und siebenjährig ersten Cellounterricht. Ab 1982 hatte er Hornunterricht bei Gerd Seifert, bei dem er auch nach der mittleren Reife bis 1989 an der Hochschule der Künste in Berlin studierte. Anschließend studierte er bis 1996 bei Ifor James an der Hochschule für Musik in Freiburg/Breisgau. ♦ Nach seinem Leipziger Engagement ging er nach Zürich zum Orchester der Tonhalle.

QUELLEN: Selbstauskunft.

|1131 Harms, Gunnar
Violine
* 25. Juni 1966 in Holzminden
Mitglied seit 1. August 1996, bereits ab August 1995 Aushilfe
1. Geiger

Sein Vater Hans-Martin Harms war Kantor in Detmold, Lage und Bad Salzuflen. Seine Mutter Heike Harms ist Schulmusikerin. Achtjährig erhielt er ersten Geigenunterricht bei Otto Schad, elfjährig wurde er Schüler von August-Wilhelm Torweihe. Nach dem Abitur in Detmold 1985 studierte er bis 1986 bei Ernst Mayer-Schierning an der Nordwestdeutschen Musikakademie in Detmold, wo er 1983 bereits Jungstudent war. Anschließend studierte er an der Hochschule für Musik in Trossingen bei Wolfram König, später im zweiten Hauptfach auch Dirigieren. Von 1991 bis 1993 war er Schüler von Franco Gulli an der Indiana University in Bloomington/IND (USA). Von 1994 bis 1995 hatte er einen Zeitvertrag bei den Münchner Philharmonikern. Von 1994 bis 1996 studierte er Dirigieren bei Manfred Schreier in Trossingen. ◆ Während seines Leipziger Engagements absolvierte er noch bis 1999 ein Kammermusikstudium bei → D. Hallmann an der Leipziger Hochschule für Musik.
QUELLEN: Selbstauskunft.

|1132 Wilhelm, Veronika
Violoncello
* 21. Mai 1971 in Schwerin
Mitglied seit 1. August 1996
Solo-Cellistin für → L. Max

Die Tochter von Ildikó Wilhelm, Geigenlehrerin am Schweriner Konservatorium, erhielt fünfjährig ersten Cellounterricht am Schweriner Konservatorium bei Doris Müller, ab 1985 war Andrea Häfer ihre Lehrerin. Nach dem Abschluß der 10. Klasse 1987 studierte sie bis 1994 bei Josef Schwab[139] an der Hochschule für Musik »Hanns Eisler« in Berlin. Anschließend war sie bis 1996 als Praktikantin, später mit Zeitvertrag beim Radio-Sinfonieorchester in Berlin und hatte gleichzeitig einen Lehrauftrag an der dortigen Hochschule für Musik.
QUELLEN: Selbstauskunft.

|1133 Himstedt, Norbert
Pauke
* 6. März 1968 in Stuttgart
Mitglied vom 1. September 1996 bis 31. Juli 1998 und vom 1. August 1999 bis 31. Juli 2001
Solo-Pauker für → S. Haßbecker

Sechsjährig erhielt er ersten Klavier- und 14jährig dann Schlagzeugunterricht beim seinem aus Leipzig stammenden Vater Karl-Heinz Himstedt, der Pauker im Staatsorchester Stuttgart ist. Nach der mittleren Reife 1986 leistete er seinen Wehrdienst beim Stabsmusikkorps der Bundeswehr in Siegburg. Von 1988 bis 1990 studierte er bei Klaus Tresselt und Werner Zühlke[140] an der Hochschule für Musik in Stuttgart und anschließend bis 1994 bei → K. Mehlig an der Hochschule für Musik in Leipzig. Während des Studiums war er bereits als Aushilfe beim Gewandhausorchester und hatte von 1993 bis 1996 ein Engagement beim Philharmonischen Orchester Gelsenkirchen. ◆ Von Oktober 1998 bis Juli 1999 war er beim Niedersächsischen Staatsorchester in Hannover. Heute ist er Solo-Pauker beim Orchester des Opernhauses Zürich.
QUELLEN: Selbstauskunft.

1997

|1134 Schob, Falko
Trompete
* 26. September 1972 in Borna
Mitglied vom 1. Februar 1997 bis 31. Juli 2003
Solo-Trompeter für → S. Wunder

Aufgewachsen in Pegau, erhielt er sechsjährig ersten Klavier-, neunjährig dann Trompetenunterricht an der Musikschule Zeitz bei Waldemar Fröh. Ab 1986 war er Schüler der Spezialschule für Musik in Dresden und hatte dort Unterricht bei Günther Luck. Im Sommer 1989 verließ er mit seiner Familie die DDR, beendete 1992 die Schule in Frankfurt/M. mit dem Abitur und war ab 1989 Jungstudent bei Bernhard Schmid an der Frankfurter Hochschule. Von 1992 bis 1999 studierte er bei Max Sommerhalder[141] an der Hochschule für Musik in Detmold und hatte gleichzeitig von 1995 bis 1997 ein Engagement bei den Bochumer Sinfonikern. ◆ Seit 2003 ist er beim SWR-Sinfonieorchester Baden-Baden/Freiburg.
QUELLEN: Selbstauskunft.

|1135 Beringer, Ekkehard
Kontrabass
* 8. Juni 1969 in Stuttgart
Mitglied vom 1. März 1997 bis 28. Februar 1998
Solo-Kontrabassist für → K. Forster

Aufgewachsen in Hannover, erhielt er dort siebenjährig ersten Blockflöten-, zehnjährig dann Kontrabassunterricht bei Karl-Heinz Bethmann, ab 1985 war Rudolf Schlegel sein Lehrer. Nach dem Abitur 1988 leistete er seinen Wehrdienst beim Stabsmusikkorps der Bundeswehr in Siegburg und studierte von 1989 bis 1992 bei Wolfgang Güttler an der Hochschule für Musik in Köln, anschließend bei ihm an der Karlsruher Hochschule bis 1994. Von 1994 bis 1997 hatte er ein Engagement bei den Münchner Philharmonikern. ◆ Nach seinem Leipziger Engagement studierte er kurze Zeit bei Horst-Dieter Wenkel an der Hochschule für Musik in Weimar, ab Herbst 1998 war er dann 1. Solo-Kontrabassist beim Orchester der Deutschen Oper Berlin. Seit 2003 ist er in gleicher Position beim Sinfonieorchester des NDR in Hamburg.
QUELLEN: Selbstauskunft.

|1136 Schaar, Immo
Viola
* 13. Oktober 1970 in Gotha
Mitglied seit 1. August 1997
Bratscher

Ersten Geigenunterricht erhielt er sechsjährig, von 1977 bis 1987 war er Schüler von Edeltraut Hennig an der Musikschule in Gotha. Ab 1983 erhielt

---

[139] Schüler von → A. Eichhorn.
[140] Vater von → Br. Zühlke.
[141] Vater von → J. Sommerhalder.

er Förderunterricht an der Weimarer Hochschule, zunächst bei Baldur Böhme, ab 1985 bei Friedemann Bätzel[142]. Nach dem Abschluß der 10. Klasse 1987 studierte er bis 1992 bei Friedemann Bätzel an der Hochschule für Musik in Weimar, wechselte dann zur Bratsche und studierte von 1992 bis 1995 bei Alfred Lipka[143] an der Hochschule für Musik »Hanns Eisler« in Berlin. Von 1994 bis 1995 war er Praktikant (Ferenc-Fricsay-Stipendium) beim Deutschen Sinfonieorchester, von 1995 bis 1997 setzte er das Studium bei Jürgen Kussmaul an der Robert-Schumann-Hochschule in Düsseldorf fort. ◆ Von 2004 bis 2005 pausierte er, um sich einige Zeit ausschließlich der Kammermusik zu widmen, und absolvierte während dieser Zeit mit dem Faust-Quartett ein Kammermusikstudium bei dem Alban-Berg-Quartett an der Kölner Musikhochschule.
QUELLEN: Selbstauskunft.

|1137 Schnirring, Tobias
Horn
* 29. Juli 1969 in Freiburg/Br.
Mitglied seit 1. August 1997
3. Hornist

Ersten Hornunterricht erhielt er neunjährig bei Heinz Klauser und ab 1981 bei Günter Theis im Kammermusikunterricht an der Jugendmusikschule in Freiburg. Nach dem Besuch der Waldorfschule legte er 1989 das Abitur ab und studierte dann bis 1995 bei Ifor James an der Hochschule für Musik in Freiburg/Breisgau, an der er bereits ab 1984 als Jungstudent Unterricht hatte. Während des Studiums war er als Aushilfe beim Philharmonischen Orchester Freiburg tätig, nach dem Studium hatte er von 1996 bis 1997 ein Engagement beim Philharmonischen Orchester Essen.
QUELLEN: Selbstauskunft.

|1138 Winter, Albrecht
Violine
* 14. Juni 1970 in Rüdersdorf
Mitglied vom 1. November 1997 bis 31. Juli 2003
Konzertmeister der 2. Violinen für → E. Dinter

Seine Mutter Christine Winter war Kantorin in Finowfurt. Aufgewachsen in Finow, hatte er ab 1976 Geigenunterricht an der Musikschule in Eberswalde. Von 1981 bis zum Abschluß der 10. Klasse 1988 war er Schüler der Spezialschule für Musik in Halle/S. und hatte Unterricht bei Klaus Hertel. Anschließend studierte er bis 1993 bei ihm an der Leipziger Hochschule für Musik. Nach dem Zivildienst war er von 1995 bis 1997 Assistent an der Leipziger Hochschule und gleichzeitig Substitut, später Praktikant im Orchester. Von 1997 bis 2004 hatte er einen Lehrauftrag an der Leipziger Hochschule. Seit 2003 ist er Professor für Violine und Fachdidaktik an der Hochschule für Musik Köln/Standort Wuppertal.
QUELLEN: Selbstauskunft.

1998

|1139 Lampelzammer, Tobias
Kontrabass
* 3. Dezember 1971 in München
Mitglied seit 1. März 1998
Kontrabassist, seit 1. Oktober 1999 Vorspieler

Er erhielt vierjährig ersten Klavierunterricht, 16jährig hatte er ersten Kontrabassunterricht bei Matthias Weber. Nach dem Abitur 1991 studierte er zunächst von 1992 bis 1993 weiter bei Weber an der Hochschule für Musik in München, anschließend bis 1996 bei Ulrich Lau an der Stuttgarter Hochschule. Von 1997 bis 1998 war er Stipendiat der Orchesterakademie des Berliner Philharmonischen Orchesters und hatte dort Unterricht bei Klaus Stoll.
QUELLEN: Selbstauskunft.

|1140 Wundrak, Bernadette
Violine
* 12. Juni 1971 in Erfurt
Mitglied seit 1. August 1998
2. Geigerin

Sie erhielt siebenjährig ersten Geigenunterricht an der Erfurter Musikschule bei Margit Börner[144]. Von 1985 bis zum Abschluß der 10. Klasse 1989 war sie Schülerin der Spezialschule für Musik in Weimar und hatte Unterricht bei Ulrike Vehlhaber. Anschließend studierte sie bis 1993 bei Friedemann Bätzel[145] an der Weimarer Hochschule und von 1994 bis 1997 bei Victor Liberman an der Hochschule der Künste in Utrecht.
QUELLEN: Selbstauskunft.

|1141 Schlag, Johanna geb. Sigler
Flöte
* 12. Juli 1969 in Nürnberg
Mitglied seit 1. August 1998
2. Flötistin für → Fr. Brittall

Sie ist die Tochter von Michael Sigler, Konzertmeister des Orchesters des Staatstheaters Nürnberg, und der Flötistin Margarete Sigler. Sechsjährig erhielt sie ersten Blockflöten- und elfjährig dann Querflötenunterricht. Nach dem Abitur 1988 studierte sie bis 1991 an der Hochschule der Künste in Berlin Schulmusik und hatte Flötenunterricht bei Wolfgang Siggemann. 1991 wechselte sie das Hauptfach und studierte bis 1998 bei Eberhard Grünenthal[146] an der Hochschule für Musik »Hanns Eisler« in Berlin. Gleichzeitig hatte sie von März bis November 1996 einen Zeitvertrag bei der Norddeutschen Philharmonie Rostock und von Dezember 1996 bis Juli 1998 ein Engagement beim Philharmonischen Staatsorchesters Halle/S.
QUELLEN: Selbstauskunft.

---

142 Schüler von → W. Hansmann.
143 Schüler von → W. Hansmann.
144 Schülerin von → G. Bosse.
145 Schüler von → W. Hansmann.
146 Schüler von → E. Milzkott.

|1142 **Lewis, Anna** geb. Deeva
Viola
* 3. Oktober 1972 in Obninsk
Mitglied vom 1. Oktober 1998 bis 31. Juli 2002
Solo-Bratscherin

Sie war Schülerin der Spezialschule für Musik in Moskau und studierte später am dortigen Konservatorium. 1992 kam sie nach Deutschland, wo sie an den Hochschulen für Musik in Weimar und Freiburg/Breisgau studierte. Nach einem einjährigen Engagement als Solo-Bratscherin am Opernhaus Zürich setzte sie ihre Studien bei Tabea Zimmermann an den Hochschulen in Bremen und Frankfurt/M. fort. ◆ Nach ihrem Leipziger Engagement ging sie zur Deutschen Kammerphilharmonie Bremen.
QUELLEN: Selbstauskunft.

1999

|1143 **Bussian, Claudia**
Viola
* 29. April 1967 in Leipzig
Mitglied seit 1. August 1999
Bratscherin

Aufgewachsen in Bitterfeld, besuchte sie die dortige Musikschule und hatte Unterricht in Leipzig bei → D. Hallmann und → Kl. Schwenke. 1984 verließ sie mit ihren Eltern die DDR und studierte von 1987 bis 1989 bei Walter Müller[147] an der Hochschule für Musik in Frankfurt/M., von 1989 bis 1993 bei Thomas Riebl am Mozarteum in Salzburg. Danach war sie bis 1994 Schülerin von David Takeno an der Guildhall School of Music in London, anschließend studierte sie bis 1996 bei Kim Kashkashian an der Hochschule für Musik in Freiburg/Breisgau. Von 1995 bis 1999 hatte sie als Assistentin von Thomas Riebl einen Lehrauftrag am Mozarteum in Salzburg und war gleichzeitig bei der Camerata Akademica Salzburg. Von 1998 bis 1999 hatte sie ein Engagement bei der Staatskapelle Berlin.
QUELLEN: Selbstauskunft.

|1144 **Jannemann-Fischer, Gundel**
Oboe
* 29. Juli 1971 in Nordhorn
Mitglied seit 1. August 1999
Solo-Englischhornistin/2. Oboistin

Sie erhielt an der Musikschule in Nordhorn sechsjährig ersten Geigenunterricht, elfjährig dann Oboenunterricht bei Allard Oosten. Nach dem Abitur 1990 studierte sie bis 1997 bei Ingo Goritzki an der Hochschule für Musik in Stuttgart und hatte danach ein Engagement bei der Robert-Schumann-Philharmonie Chemnitz.
QUELLEN: Selbstauskunft.

|1145 **Straßer, Wolfram**
Horn
* 28. Oktober 1971 in Erlangen
Mitglied seit 1. August 1999
4. Hornist

Sechsjährig erhielt er ersten Blockflötenunterricht an der Musikschule in Erlangen, und von 1981 bis 1992 hatte er privaten Hornunterricht bei Ewald Ritschel[148] in Nürnberg. Nach dem Abitur 1992 leistete er seinen Wehrdienst beim Stabsmusikkorps der Bundeswehr in Bonn und nahm in dieser Zeit Unterricht bei Karl Biehlig in Weimar. Von 1993 bis 1995 studierte er bei → P. Damm an der Hochschule für Musik in Dresden und während dieser Zeit noch ein Semester bei Frau Frøydis Ree Wekre in Oslo. Während des Studiums war er von 1995 bis 1998 Substitut an der Sächsischen Staatskapelle und von 1998 bis 1999 beim Gewandhausorchester.
QUELLEN: Selbstauskunft.

2000

|1146 **Schwiertz, Waldemar**
Kontrabass
* 24. August 1966 in Kosmidry[149] (Polen)
Mitglied seit 1. Januar 2000
Kontrabassist

Er kam 1970 mit seinen Eltern nach Mannheim und erhielt dort neunjährig ersten Gitarrenunterricht. Während der Schulzeit am Johann-Sebastian-Bach-Gymnasium in Mannheim, wo er 1986 das Abitur ablegte, hatte er 1985 den ersten Kontrabassunterricht. Danach leistete er seinen Zivildienst in der Schwerbehindertenbetreuung und studierte dann von 1988 bis 1993 an der Hochschule für Musik Mannheim-Heidelberg Kontrabass bei Christoph Schmidt und als zweites Hauptfach Gitarre bei Walter Schumacher. Vom 1. Februar 1994 bis 31. Dezember 1999 hatte er ein Engagement als Solo-Kontrabassist am Pfalztheater Kaiserslautern und studierte während dieser Zeit noch von 1993 bis 1997 bei Francesco Petracci am Conservatoire de musique in Genf.
QUELLEN: Selbstauskunft.

|1147 **Kupke, Eckehard**
Fagott
* 24. Dezember 1965 in Rochlitz
Mitglied seit 14. Februar 2000, bereits ab 1. August 1999 Aushilfe
Solo-Kontra- /2. Fagottist

In Coswig aufgewachsen, besuchte er von 1972 bis 1982 die Musikschule Radebeul, hatte dort vier Jahre Blockflöten- und Querflötenunterricht und zwei Jahre Fagottunterricht bei Harald Schurig. Nach dem Abschluß der 10. Klasse war er ein Jahr als ungelernter Gärtner tätig und studierte dann von 1983 bis 1988 bei Günther Klier und Bernhard Rose an der Hochschule für Musik in Dresden. Von 1987 bis 1991 hatte er ein Engagement beim Or-

---

147 Vater von → L. P. Leser.

148 Dieser war wie → P. Damm, → E. Markwart, → Cl. Röger und → J. Brückner ein Schüler von Karl Biehlig in Weimar.

149 früher Koschmieder/Schlesien.

chester der Komischen Oper Berlin und studierte von 1991 bis 1994 Fagott bei Klaus Thunemann an der Hochschule für Musik in Hannover und Blockflöte bei Christoph Hunthgeburt an der Hochschule der Künste in Berlin. Ab 1995 hatte er ein Engagement bei der Thüringen-Philharmonie Suhl, nach deren Auflösung 1997 lediglich einen Lehrauftrag an der Musikschule Dresden.

QUELLEN: Selbstauskunft.

1148 Fünfstück, Andrea
Violine
* 9. September 1973 in Cottbus
Mitglied seit 1. März 2000
2. Geigerin

Von 1980 bis 1992 war sie Schülerin des Cottbuser Konservatoriums und hatte dort ab 1986 Unterricht bei Gabriel Zinke. Nach dem Abitur 1992 studierte sie bis Oktober 1998 bei Joachim Scholz und Stephan Picard an der Hochschule für Musik »Hanns Eisler« in Berlin. Von 1997 bis 1998 war sie Praktikantin (Ferenc-Fricsay-Stipendium) beim Deutschen Sinfonieorchester. Nach dem Examen im Februar 1999 nahm sie noch Unterricht bei Angela Sinell in Berlin.

QUELLEN: Selbstauskunft.

1149 Leitner, Kristin
Violoncello
* 16. Mai 1972 in Hannover
Mitglied seit 1. August 2000
Cellistin

Aufgewachsen in Nienburg/Weser, erhielt sie dort seit 1977 Klavier- und seit 1980 Cellounterricht. Ab 1986 besuchte sie das Gymnasium in Detmold und war dort Schülerin von Barbara Raffel-Westermann, später von Marcio Carneiro. Nach dem Abitur hatte sie ein Jahr Unterricht bei Philippe Muller in Paris und studierte dann von 1992 bis 1998 bei Helmar Stiehler[150] an der Hochschule für Musik in München. Während dieser Zeit war sie auch anderthalb Jahre an der Orchesterakademie der Münchner Philharmoniker. Nach dem Studium war sie von 1998 bis 1999 Aushilfe beim Sinfonieorchester des WDR in Köln und von 1999 bis 2000 mit einem Zeitvertrag beim Gürzenichorchester.

QUELLEN: Selbstauskunft.

1150 Neubert, Henriette-Louise
Violoncello
* 15. November 1969 in Nordhausen
Mitglied seit 1. August 2000
Cellistin

Sie hatte zunächst Klavier-, ab 1980 auch Cellounterricht an der Musikschule in Nordhausen. Ab 1982 war sie externe Schülerin der Spezialschule für Musik in Weimar und hatte Unterricht bei Christina Meißner und Jochen Seyd. Nach dem Abschluß der 10. Klasse 1986 studierte sie bis 1992 bei Jochen Seyd und Brunhard Böhme an der Hochschule für Musik in Weimar, dann ein Jahr Kammermusik bei Wolfgang Jahn an der Hochschule für Musik in Karlsruhe und von 1993 bis 1995 nochmals in Weimar bei Brunhard Böhme. Anschließend war sie in Dresden zwei Jahre Schülerin von Jan Vogler[151] an der Orchesterakademie der Sächsischen Staatskapelle und hatte dort ab 1997 einen Aushilfsvertrag. Von 1998 bis 2000 hatte sie ein Engagement beim Orchester des Opernhauses Halle/S.

QUELLEN: Selbstauskunft.

1151 Strobel, Otmar
Posaune
* 8. Juli 1965 in Brigachthal-Klengen /Schwarzwald
Mitglied seit 1. August 2000, bereits ab Oktober 1999 Aushilfe
Solo-Posaunist für → K. Schießer

Aufgewachsen in Brigachthal-Klengen, wirkte er ab 1975 als Autodidakt in der dortigen Blaskapelle mit und machte nach der mittleren Reife zunächst eine Gärtnerausbildung. Nach erfolgreicher Teilnahme am Wettbewerb »Jugend musiziert« hatte er ersten Posaunenunterricht bei Rudolf Tschabrun, ein viertel Jahr vor der Aufnahmeprüfung an der Hochschule für Musik in Trossingen. Er studierte von 1985 bis 1994 bei Marc Reift und Branimir Sloka an der Hochschule für Musik in Trossingen und war ab 1987 gleichzeitig Solo-Posaunist beim Philharmonischen Orchester Dortmund.

QUELLEN: Selbstauskunft.

1152 Leser, Lars Peter
Violine
* 24. August 1974 in Berlin (Ost)
Mitglied seit 1. Oktober 2000
2. Geiger

Er ist der Sohn der Bratschisten Walter Müller und Ditte Petra Müller, geb. Leser. Vierjährig erhielt er ersten Geigenunterricht bei seiner Mutter, die Bratscherin beim Rundfunk-Sinfonieorchester Berlin ist. Ab 1979 hatte er Unterricht bei Ursula Scholz und ab 1980 bei Anne Techritz an der Musikschule Berlin. Von 1986 bis 1991 war er Schüler der Spezialschule für Musik in Berlin und hatte dort u. a. Unterricht bei Claudia Benker. Nach dem Realschulabschluß am Spezialgymnasium für Musik in Weimar 1992, wo Anne-Kathrin Lindig seine Lehrerin war, ging er an das Dr. Hoch's Konservatorium in Frankfurt/M., wo Gerhard Miesen sein Lehrer war. Von 1994 bis 2000 studierte er bei Antje Weithaas an der Hochschule für Musik »Hanns Eisler« in Berlin und war während dieser Zeit Substitut, später Praktikant beim Rundfunk-Sinfonieorchester Berlin.

QUELLEN: Selbstauskunft.

2001

1153 Burmeister, Eva
Violine
* 27. Februar 1973 in Philadelphia/PA (USA)
Mitglied seit 1. Januar 2001
1. Geigerin

In Virginia aufgewachsen, besuchte sie von 1987 bis 1991 die Milton Academy (Highschool) in Boston und gleichzeitig das New England Conservatory. Nach dem Abitur studierte sie von 1991 bis 1999 bei Joel Smirnoff an

---

150 Solo-Cellist der Münchner Philharmoniker, Sohn von → K. Stiehler.

151 Schüler von Josef Schwab, einem Schüler von → A. Eichhorn.

der Juillard School in New York und absolvierte gleichzeitig von 1992 bis 1997 ein Studium der Kunstgeschichte an der Columbia University in New York. Sie kam mit einem Stipendium der City-Bank nach Leipzig, wo sie von 1999 bis 2000 bei Klaus Hertel Unterricht hatte und ab 1. September 2000 Praktikantin im Orchester war.

QUELLEN: Selbstauskunft.

|1154 Wettemann, Peter
Trompete
* 17. Oktober 1974 in Ravensburg
Mitglied seit 1. Januar 2001
Wechsel-Trompeter[152] für → G. Rößler, vom 1. August 2002 bis November 2004 2./3. Trompeter

Aufgewachsen in Wolfegg, besuchte er bis zum Abitur 1994 das Salvatorkolleg in Bad Wurzach. Dort erhielt er elfjährig ersten Trompetenunterricht und hatte ab 1987 Unterricht bei Jürgen Brausch, ab 1993 bei Bernhard Kratzer in Stuttgart. Nach dem Abitur leistete er seinen Zivildienst beim Deutschen Roten Kreuz in Calw. Vom Herbst 1995 bis Oktober 2000 studierte er weiter bei Bernhard Kratzer an der Hochschule für Musik und Theater in Saarbrücken und war während dieser Zeit Praktikant beim Rundfunk-Sinfonieorchester Saarbrücken. Ab März 1999 hatte er ein Engagement als Solo-Trompeter bei der Jenaer Philharmonie.

QUELLEN: Selbstauskunft.

|1155 Balogh, Attila
Klarinette
* 17. August 1972 in Pécs
Mitglied seit 1. April 2001, bereits ab 1. September 2000 Aushilfe
Solo-Es- /2. Klarinettist

Neunjährig erhielt er den ersten Klarinettenunterricht an der Musikschule in Pécs bei Balint Morvay, ab 1986 besuchte er das dortige Konservatorium (Musikgymnasium) bis zur Matura 1990. Er studierte dann ein Jahr an der Hochschule in Pécs, anschließend von 1991 bis 1998 bei Alois Brandhofer am Mozarteum in Salzburg. Bis 2000 war er Stipendiat der Orchester-Akademie des Berliner Philharmonischen Orchesters und hatte Unterricht bei Peter Geissler.

QUELLEN: Selbstauskunft.

|1156 Weise, Birgit geb. Steinbach
Viola
* 28. Dezember 1975 in Jena
Mitglied seit 1. August 2001
Bratscherin

Sie erhielt fünfjährig den ersten Geigenunterricht an der Volkskunstschule in Jena und war dort bis 1992 Schülerin von Gerhard Warnke. Danach wechselte sie zur Bratsche und hatte zwei Jahre Privatunterricht bei Monika Steinhöfel[153] und gelegentlich Unterricht bei Ditte Leser[154] in Berlin. Nach dem Abitur studierte sie von 1994 bis 1998 bei Erich Krüger, Alfred Lipka und Volker Sprenger[155] an der Hochschule für Musik »Hanns Eisler« in Berlin, danach bis zum Diplom 1999 weiter bei Erich Krüger an der Hochschule für Musik in Weimar. 1999 hat sie ein Aufbaustudium begonnen.

QUELLEN: Selbstauskunft.

|1157 Wessely, Jan
Horn
* 20. Juli 1972 in Torgau
Mitglied seit 1. August 2001
3. /1. Hornist

Aufgewachsen in Schildau, erhielt er zehnjährig ersten Hornunterricht an der Musikschule Torgau und war ab September 1983 Schüler von → E. Runge. Von 1985 bis zum Abschluß der 10. Klasse 1990 war er Schüler der Spezialschule für Musik in Halle/S. und hatte Unterricht bei → A. Schwantge. Anschließend studierte er bis 1992 bei → H. Märker an der Leipziger Hochschule für Musik, danach bis 1994 bei → E. Penzel an der Hochschule für Musik in Köln und war während dieser Zeit Praktikant beim Gürzenich-Orchester. Von 1995 bis 1997 war er Stipendiat der Orchester-Akademie des Berliner Philharmonischen Orchesters, hatte dort Unterricht bei Norbert Hauptmann und war dann wieder in Köln bis zum Examen 2000. Von September bis Dezember 1997 hatte er einen Zeitvertrag als Solo-Hornist beim Sinfonieorchester des MDR, dann ein Engagement bei der Robert-Schumann-Philharmonie Chemnitz.

QUELLEN: Selbstauskunft.

|1158 Breuninger, Sebastian
Violine
* 19. Juni 1972 in Stuttgart
Mitglied seit 1. November 2001
1. Konzertmeister für → K. Suske

Aufgewachsen in Schweighausen im Südschwarzwald, erhielt er vierjährig den ersten Geigenunterricht an der Musikschule in Lahr. Von 1982 bis 1992 hatte er Unterricht bei Max Speermann in Würzburg, zunächst privat, dann als Schüler des dortigen Konservatoriums. Anschließend studierte er bis 1994 bei Rosa Fain an der Hochschule für Musik in Düsseldorf, war dann von Januar 1994 bis Dezember 1996 Mitglied des Berliner Philharmonischen Orchesters und studierte gleichzeitig bei Thomas Brandis an der Hochschule der Künste. Ab Januar 1997 war er dann 1. Konzertmeister des Deutschen Symphonie-Orchesters Berlin.

QUELLEN: Selbstauskunft.

---

152 Stellvertretender 1. Trompeter, mit Verpflichtung zur 2. und 3. Trompete und Piccolotrompete.
153 Monika Steinhöfel, geb. Wundrak, Schwester von → B. Wundrak.
154 Mutter von → L. P. Leser.

155 Cousin von → Chr. Sprenger und Schüler von Afred Lipka, einem Schüler von → W. Hansmann.

2002

|1159 **Stefula, Marek**
Pauke
* 24. Mai 1973 in Bratislava
Mitglied seit 1. August 2002, bereits ab 1. September 2001 Aushilfe
Solo-Pauker für → K. Mehlig

Er ist der Sohn von Georg Stefula, Schlagzeuger der Staatsphilharmonie Bratislava, und der Sängerin Daniela Stefula. 1978 kam er mit seinen Eltern nach Deutschland, wo sein Vater später Pauker bei der Philharmonia Hungarica in Marl war. Siebenjährig erhielt er den ersten Klavierunterricht bei seiner Mutter, ab dem neunten Lebensjahr hatte er Schlagzeugunterricht bei seinem Vater. Er besuchte bis zur 11. Klasse das Gymnasium in Haltern und war dann von 1991 bis 1992 Jungstudent an der Hochschule für Musik in Köln. Von 1993 bis 1998 studierte er an der Hochschule für Musik in Dortmund und war ab 1995 gleichzeitig Pauker bei der Philharmonia Hungarica. Dort war er bis zur Auflösung des Orchesters im August 2001 tätig. In dieser Zeit nahm er von 2000 bis 2001 unbezahlten Urlaub und war während dieser Zeit Schüler von Rainer Seegers[156] in Berlin.
QUELLEN: Selbstauskunft.

|1160 **Gartmayer, Stefan**
Violoncello
* 8. März 1974 in Wien
Mitglied seit 15. August 2002
Cellist, ab 2003 Vorspieler

Er erhielt fünfjährig ersten Klavierunterricht, siebenjährig dann Cellounterricht bei Hedwig Feierl am Konservatorium der Stadt Wien. Nach der Matura am Humanistischen Gymnasium 1992 studierte er bis 1996 bei Tobias Kühne an der Hochschule für Musik und darstellende Künste in Wien, dann bis 1998 bei Hans-Christian Schweiker in Aachen. Von März 1999 bis 2000 war er auf Probe 1. Solo-Cellist am Radio-Sinfonie-Orchester Wien, anschließend studierte er bis 2002 bei Christoph Henkel an der Hochschule für Musik in Freiburg/Breisgau.
QUELLEN: Selbstauskunft.

|1161 **Stefula, Katalin** geb. Kramarics
Flöte
* 10. November 1977 in Budapest
Mitglied seit 1. September 2002
Solo-Flötistin für → W. Loebner

Aufgewachsen in Prag, Szentendre und Bratislava, erhielt sie zwölfjährig dort den ersten Flötenunterricht. Nach der Matura 1995 in Bratislava studierte sie bis 1996 bei János Bálint und Lóránt Kovács an der Hochschule für Musik in Budapest, ab 1996 bei Martin Kofler am Mozarteum in Salzburg. Von 1999 bis 2001 war sie an der Orchesterakademie der Münchner Philharmoniker und hatte anschließend ein Engagement bei den Prager Sinfonikern.
Mitglied des Gewandhaus-Bläserquintetts seit 2002.
QUELLEN: Selbstauskunft.

---
[156] Solo-Pauker beim Berliner Philharmonischen Orchester, Enkel von → K. Seegers.

|1162 **Holl, Wolram Michael**
Schlagzeug
* 20. April 1972 in Heidelberg
Mitglied seit 1. September 2002
Schlagzeuger

Er erhielt achtjährig ersten Blockflöten- und Klavierunterricht, 13jährig dann Schlagzeugunterricht an der Städtischen Musikschule in Heidelberg. Nach dem Abitur und Zivildienst studierte er von 1992 bis 1997 bei Hans-Jörg Bayer und Jürgen Heinrich an der Hochschule für Musik Karlsruhe. Von August 1997 bis Dezember 1998 war er Stipendiat bei der Orchesterakademie der Deutschen Staatskapelle in Berlin und hatte Unterricht bei Andreas Haase (Schlagzeug) und Torsten Schönfeld (Pauke). Anschließend hatte er ein Engagement als Schlagzeuger und Pauker beim Philharmonischen Orchester Regensburg.
QUELLEN: Selbstauskunft.

|1163 **Engelhardt, Holger**
Violine
* 4. April 1979 in Aachen
Mitglied vom 1. Oktober 2002 bis 31. Juli 2003
1. Geiger

Aufgewachsen in Eschweiler, erhielt er sechsjährig an der dortigen Musikschule den ersten Geigenunterricht. Von 1989 bis 1995 war er Schüler der Musikschule in Aachen und hatte danach bis zum Abitur 1997 Privatunterricht bei Klaus Hertel in Leipzig. Von 1997 bis 2002 studierte er bei ihm an der Leipziger Hochschule für Musik und war während dieser Zeit bereits als Substitut tätig. Später hatte er einen Aushilfsvertrag, der nach dem Probespiel in eine Festanstellung umgewandelt wurde. ♦ Seit 2003 ist er beim Orchester des Anhaltischen Theaters Dessau, seit 2004 als Stellvertretender Konzertmeister.
QUELLEN: Selbstauskunft.

2003

|1164 **Perowne, Hannah**
Violine
* 10. November 1974 in Norwich (GB)
Mitglied seit 1. Februar 2003
1. Geigerin

Sie erhielt vierjährig ersten Klavier- und siebenjährig ersten Geigenunterricht. Nach dem Abitur, das sie in Norwich ablegte, studierte sie von 1993 bis 1999 bei Howard Davis und Maurice Hasson an der Royal Academy of Music in London. Anschließend war sie Stimmführerin der 2. Violinen bei der Camerata Salzburg.
QUELLEN: Selbstauskunft.

|1165 **Krug, Christian**
Violine
* 15. August 1972 in Berlin (West) ♦ Bruder von → B. Krug
Mitglied seit 1. September 2003
1. Geiger

Der Sohn von Hans Krug, Soloflötist des Orchesters der Deutschen Oper Berlin, erhielt fünfjährig den ersten Geigenunterricht, ab 1983 war sein Lehrer Karl-Heinz Brößling, ein Mitglied des Orchesters der Deutschen Oper Berlin. Nach dem Abitur 1991 studierte er von 1992 bis 2000 an der Hochschule der Künste Berlin, zunächst bei Tomasz Tomaszewski, ab 1998 bei Uwe-Martin Haiberg. Anschließend hatte er ein Engagement als stellvertretender Stimmführer der 2. Violinen beim Philharmonischen Orchester Kiel.

QUELLEN: Selbstauskunft.

|1166 Gartmayer-Yosida, Miharu
Violine
* 3. Oktober 1972 in Tokyo
Mitglied seit 1. September 2003
1. Geigerin

Die Tochter einer Klavierlehrerin erhielt vierjährig ersten Geigenunterricht. Von 1987 bis 1994 studierte sie bei Takeaki Sumi und Koichiro Harada in Tokyo. Anschließend war sie bis 1997 selbst als Lehrerin tätig. Nachdem sie 1997 in Japan noch ein halbes Jahr Schülerin von → G. Bosse war, kam sie nach Österreich und studierte von 1998 bis 1999 bei Alfred Staar an der Außenstelle der Hochschule für Musik Graz in Oberschützen und war während dieser Zeit Substitutin beim Radio-Symphonieorchester Wien, wo sie 1999 fest angestellt wurde.

QUELLEN: Selbstauskunft.

|1167 Freiherr Axel von Hoyningen, genannt Axel von Huene
Violoncello
* 22. April 1974 in Braunschweig
Mitglied seit 1. September 2003, bereits ab Oktober 2002 Aushilfe
Cellist

Aufgewachsen in Bernried/Oberbayern, erhielt er sechsjährig an der dortigen Musikschule ersten Cellounterricht und besuchte die Gymnasien in Tutzingen und Weilheim bis zum Abitur. Nach seinem Wehrdienst, den er als Schlagzeuger beim Musikkorps Regensburg leistete, studierte er von 1995 bis 1998 bei Helmar Stiehler[157] an der Hochschule für Musik in München und war während dieser Zeit als Aushilfe bei den Münchner Philharmonikern und Sinfonikern tätig. Von 1989 bis 1999 hatte er Unterricht bei Uzi Wiesel in Sidney und studierte dann ab 1999 bei Gustav Rivinius an der Hochschule für Musik Saarbrücken, wo er 2001 das Examen ablegte und dann noch Schüler der Meisterklasse war. Während dieser Zeit war er Substitut beim Orchester des Saarländischen Rundfunks und drei Monate Solo-Cellist in Ludwigshafen.

QUELLEN: Selbstauskunft.

|1168 Hennicke, Susanne
Oboe
* 19. September 1975 in München
Mitglied seit 1. September 2003
1./2. Oboistin

Vierjährig erhielt sie ersten Geigenunterricht und 14jährig Oboenunterricht, zunächst bei Franziska Becker-Greling, später bei Bernhard Berwanger und Dieter Salewski. Nach dem Abitur 1995 in München studierte sie bis 2001 bei Günther Passin[158] an der dortigen Hochschule für Musik. Von 2000 bis 2003 hatte sie ein Engagement beim Deutschen Sinfonieorchester Berlin als 2. Oboistin mit Verpflichtung zum Englischhorn.

QUELLEN: Selbstauskunft.

|1169 Zell, Raimund
Horn
* 1. September 1977 in Biberach/Riß
Mitglied seit 1. September 2003
2./4. Hornist

Aufgewachsen in Aßmannshardt, erhielt er dort achtjährig Trompeten- und ein Jahr später Hornunterricht. Nach dem Abitur 1997 in Biberach studierte er bis 1999 an der Hochschule für Musik in Detmold bei Michael Höltzel, bei dem er schon seit 1995 als Jungstudent war. Von 1999 bis 2003 studierte er bei Christian Dallmann in Berlin, zunächst an der Hochschule für Musik »Hanns Eisler«, seit 2003 an der Universität der Künste, wo er 2005 das Konzertexamen ablegte. Während seiner Studienzeit hatte er von 1998 bis 1999 einen Zeitvertrag beim Radio-Sinfonieorchester Stuttgart, war von 2001 bis 2002 Praktikant bei der Sächsischen Staatskapelle in Dresden und hatte von 2002 bis 2003 ein Engagement als 2. Hornist beim Orchester der Komischen Oper Berlin.

QUELLEN: Selbstauskunft.

|1170 Haupt, Tobias
Violine
* 25. Januar 1976 in Dresden
Mitglied seit 1. November 2003
2. Geiger

Der Sohn des Solo-Flötisten der Sächsischen Staatskapelle Eckart Haupt erhielt fünfjährig ersten Geigenunterricht, war von 1986 bis 1994 externer Schüler der Spezialschule für Musik in Dresden und studierte danach bis 2001 an der dortigen Hochschule für Musik. Unterricht hatte er von 1986 bis 1999 bei Annemarie Dietze, danach bei John Holloway. Ab 1997 war er Substitut bei der Sächsischen Staatskapelle. Von 2000 bis 2002 war er Stipendiat der Orchesterakademie der Dresdner Philharmonie, hatte Unterricht bei Wolfgang Hentrich und anschließend bis 2003 einen Zeitvertrag bei der Dresdner Philharmonie.

QUELLEN: Selbstauskunft.

2004

|1171 Römer, Adam
Viola
* 29. Januar 1976 in Debrecen (Ungarn)
Mitglied vom 1. Januar 2004 bis 31. Juli 2005
Solo-Bratscher

Sechsjährig erhielt der Sohn zweier Musiker den ersten Geigenunterricht. Nach dem Abitur 1994 studierte er bis 1996 bei Peter Konlos an der Liszt-

---

[157] Solo-Cellist der Münchner Philharmoniker, Sohn von → K. Stiehler.

[158] Schüler von → W. Gerlach, Bruder von → K.-H. Passin.

Akademie in Budapest, anschließend bis 2003 bei Steven Dann an der Glenn-Gould-School in Toronto.
QUELLEN: Selbstauskunft.

|1172 **Hazuka, Wojciech**
Violine
* 16. April 1978 in Warschau
Mitglied seit 12. Februar 2004
2. Geiger

Sein Vater Józef Hazuka war Chorsänger, seine Mutter Krystyna Hazuka Geigerin bei der Warschauer Philharmonie. Siebenjährig erhielt er ersten Geigenunterricht an der Musikschule in Warschau, von 1993 bis zum Abitur 1997 besuchte er das dortige Musikgymnasium. Anschließend studierte er von 1997 bis 2002 an der Chopin Akademie Warschau, zunächst bei Janus Kucharski, später bei Krzysztof Jakowicz. Ab 2001 hatte er ein Engagement bei der Warschauer Philharmonie und studierte gleichzeitig von 2002 bis 2003 bei Jan Pospihal an der Hochschule für Musik in Wien.
QUELLEN: Selbstauskunft.

|1173 **Beno, Lukas**
Trompete
* 16. Oktober 1980 in London
Mitglied seit 22. März 2004,
bereits ab September 2003 Aushilfe
Solo-Trompeter

Aufgewachsen in Mönchengladbach, erhielt der Sohn eines zypriotisch-griechischen Dirigenten und einer australischen Korrepetitorin zehnjährig Klavier- und Violinunterricht und ab dem elften Lebensjahr Trompetenunterricht. Ab 1994 hatte er Privatunterricht bei Bernd Fritz, nach dem Abitur 2000 studierte er bei Günter Beetz an der Hochschule für Musik in Mannheim.
QUELLEN: Selbstauskunft.

|1174 **Butz, Alexander**
Violine
* 22. Dezember 1976 in Mainz
Mitglied seit 1. September 2004
2. Geiger

Aufgewachsen in Moers, erhielt er fünfjährig an der dortigen Musikschule den ersten Geigenunterricht nach der Suzuki-Methode, auf Empfehlung seines Großvaters, der Konzertmeister in Krefeld war. Nach dem Abitur 1996 leistete er seinen Wehrdienst beim Stabsmusikkorps in Siegburg und studierte dann bis 1999 bei Uwe-Martin Haiberg an der Hochschule der Künste Berlin und von 1999 bis 2001 bei Serguei Azisian an der Royal Danish Academy of Music in Kopenhagen. Von 2001 bis 2002 hatte er einen Zeitvertrag bei den Münchner Philharmonikern und war anschließend bis 2004 Stipendiat der Orchesterakademie des Sinfonieorchesters des Bayerischen Rundfunks.
QUELLEN: Selbstauskunft.

|1175 **Winker, Stephanie**
Flöte
* 1. Oktober 1976 in Villingen-Schwenningen
Mitglied seit 30. August 2004
Solo-Flötistin für → K.-H. Passin

Aufgewachsen in Tübingen, erhielt sie dort achtjährig ersten Flötenunterricht an der Musikschule, ab 1991 hatte sie Privatunterricht bei Gaby Pasvan Riet in Stuttgart. In Tübingen besuchte sie die Waldorfschule, legte 1996 das Abitur ab und studierte dann bis 2000 in New York, ein Jahr an der Manhattan School of Music und drei Jahre bei Jeanne Baxtresser an der Juillard School. Von 2000 bis 2001 war sie Schülerin von Irena Grafenauer am Mozarteum in Salzburg, anschließend studierte sie bis 2003 bei Eberhard Grünenthal[159] an der Hochschule für Musik »Hanns Eisler« in Berlin. Während ihres Studiums hatte sie Zeitverträge beim New York City Ballett, beim Berliner Sinfonieorchester, bei der Kammerphilharmonie Bremen und der Staatskapelle Berlin.
Quellen. Selbstauskunft.

|1176 **Brüggemann, Silvia**
Violine
* 1. April 1976 in Hamburg
Mitglied seit 30. August 2004
Konzertmeisterin der 2. Violinen für → S. Hildner

Aufgewachsen in Ahrensburg, erhielt sie dort achtjährig den ersten Geigenunterricht. Nach dem Abitur 1995 studierte sie bis 2000 bei Thomas Brandis an der Hochschule der Künste in Berlin und war während dieser Zeit Aushilfe beim Philharmonischen Orchester Berlin und dem Deutschen Sinfonieorchester. Ab 2001 studierte sie bei Nora Chastain an der Hochschule für Musik in Lübeck. Anschließend hatte sie von 2003 bis 2004 einen Zeitvertrag bei den Münchner Philharmonikern.
QUELLEN: Selbstauskunft.

|1177 **Winkler, Christoph**
Kontrabass
* 1. Januar 1981 in Berlin (Ost)
Mitglied seit 30. August 2004
Kontrabassist

Er ist der Sohn von Mathias Winkler, Stellvertretender Solo-Kontrabassist der Staatskapelle Berlin, und der Neffe von Harald Winkler, der dort ebenfalls Kontrabassist ist. Fünfjährig erhielt er ersten Geigenunterricht an der Musikschule in Berlin-Weißensee, ab 1993 war er Schüler der Spezialschule für Musik in Berlin. 1995 wechselte er zum Kontrabass und studierte nach dem Abitur 2000 an der Hochschule für Musik »Hanns Eisler« in Berlin, zunächst bei Stephan Petzold, ab 2004 bei Esko Laine. Während dieser Zeit war er Praktikant beim Rundfunk-Sinfonieorchester Berlin, außerdem hatte er von 2003 bis 2004 Unterricht bei Manfred Pernutz an der Orchesterakademie der Berliner Staatskapelle.
QUELLEN: Selbstauskunft.

|1178 **Rozlach, Sławomir**
Kontrabass
* 22. November 1971 in Katowice
Mitglied seit 1. April 2004, bereits ab 15. September 2002 Aushilfe
Kontrabassist

Sechsjährig erhielt er ersten Klavier-, 13jährig ersten Kontrabassunterricht. Von 1984 bis 1990 war er Schüler des Musik-Gymnasiums »Karol Szymanowski« in Katowice und hatte Unterricht bei Waldemar Tamowski. An-

---
159 Schüler von → E. Milzkott.

schließend studierte er bei ihm bis 1995 an der dortigen Hochschule für Musik. Von 1996 bis 1998 studierte er bei Michael Wolf an der Hochschule der Künste. In der Folgezeit war er u. a. beim Ensemble Oriol in Berlin und als Solo-Kontrabassist beim Mahler Chamber Orchestra.
QUELLEN: Selbstauskunft.

| 1179 **Berndt, Johanna**
Violine
* 21. Oktober 1977 in Rüdersdorf
Mitglied seit 1. Oktober 2004,
bereits ab Januar 2004 Aushilfe
1. Geigerin

Die Tochter der Geigenlehrerin Brunhilde Berndt erhielt sechsjährig ersten Unterricht an der Musikschule Friedrichshain in Berlin und war dann von 1989 bis zum Abitur 1997 Schülerin der Spezialschule für Musik in Berlin. Anschließend studierte sie bis 2003 bei Lothar Friedrich und Christian Trompler an der Hochschule für Musik »Hanns Eisler« in Berlin und war während dieser Zeit Substitutin beim Berliner Sinfonieorchester und an den Orchesterakademien der Staatskapelle Berlin und des Rundfunk-Sinfonieorchesters Berlin.
QUELLEN: Selbstauskunft.

2005

| 1180 **Wiechmann, Anne**
Viola
* 20. Juni 1978 in Dresden
Mitglied seit 1. Januar 2005, bereits ab September 2004 Aushilfe
Bratscherin

Sie erhielt siebenjährig ersten Geigenunterricht bei Uta-Maria Frenzel, war ab 1995 Schülerin der Spezialschule für Musik in Dresden und hatte dort Unterricht bei Reinhard Ulbricht. 1997 wechselte sie zur Bratsche, und Uta Vincze wurde ihre Lehrerin. Nach dem Abitur an der Kreuzschule 1998 studierte sie bis 2001 bei Alfred Lipka an der Hochschule für Musik »Hanns Eisler« in Berlin und war während dieser Zeit Aushilfe beim Berliner Philharmonischen Orchester. Anschließend studierte sie bei Wolfram Christ an der Hochschule für Musik in Freiburg/Breisgau, ab 2002 bei Erich Krüger[160] an der Hochschule Weimar. Seit 2003 absolviert sie dort ein Aufbaustudium.
QUELLEN: Selbstauskunft.

| 1181 **Pluta, Dorothee**
Violoncello
* 19. Februar 1975 in Viersen
Mitglied seit 1. März 2005, bereits ab Oktober 2003 Aushilfe
Cellistin

Sie erhielt achtjährig ersten Cellounterricht an der Musikschule in Viersen. Nach dem Abitur in Dülken 1994 studierte sie bis 1999 bei Christoph Richter an der Folkwang-Schule in Essen, anschließend bei Josef Schwab[161], zunächst an der Hochschule für Musik »Hanns Eisler« in Berlin, von 2002 bis 2004 in Rostock. Während ihrer Studienzeit war sie Substitutin beim Rundfunk-Sinfonieorchester Berlin, später an deren Orchesterakademie.
QUELLEN: Selbstauskunft.

| 1182 **Guez, Nimrod**
Viola
* 12. Mai 1977 in Afula bei Nazareth (Israel)
Mitglied seit 1. April 2005
1. Solo-Bratscher

Siebenjährig erhielt er ersten Geigenunterricht an der Musikschule in Afula bei Nahum Liberman, 1978 wurde Ilona Feher seine Lehrerin. Später hatte er Unterricht bei Schlomo Tintpulver und Chaim Taub. Er kam 1996 nach Deutschland, wo er bis 2000 bei Tabea Zimmermann an der Hochschule für Musik in Frankfurt/M. Bratsche studierte, anschließend bis 2003 bei Nora Chaistain (Violine) und Barbara Westphal (Viola) an der Hochschule für Musik in Lübeck.
QUELLEN: Selbstauskunft.

| 1183 **Wedel, David**
Violine
* 13. März 1982 in Frunse/Kirgisien (Sowjetunion)[162]
Mitglied seit 29. August 2005
1. Geiger

Seine Eltern, die Geiger Anatoli und Tamara Wedel, betreiben seit 1987 eine Musikschule in Detmold. Sein Großvater, der Bildhauer Jacob Wedel, entstammt einer deutschen Bauernfamilie aus Kirgisien und kam bereits 1986 nach Deutschland. Aufgewachsen in Frunse und Detmold, erhielt er dreijährig ersten Klavier-, siebenjährig dann Geigenunterricht bei seiner Mutter. Er besuchte das Gymnasium in Detmold bis zur 11. Klasse und hatte seit 1993 Unterricht bei Ulf Wallin, von 1995 bis 2000 war er Schüler von Zakhar Brom, erst in Lübeck, dann in Köln. Von 2000 bis 2005 studierte er bei Ulf Wallin an der Hochschule für Musik »Hanns Eisler« in Berlin und war während dieser Zeit Praktikant beim Berliner Sinfonieorchester.
Quelle: Selbstauskunft.

| 1184 **Laucke, Stefanie**
Violine
* 13. August 1977 in Nordhausen
Mitglied seit 25. Juli 2005, bereits ab 16. August 2004 Aushilfe
1. Geigerin

Die Tochter der Geigenlehrerin Erika Laucke hatte 1984 ersten Geigenunterricht an der Musikschule in Nordhausen bei Gothild Große. Von 1991 bis 1996 war sie Schülerin der Spezialschule für Musik in Halle/S. und hatte Unterricht bei Klaus Hertel, bei dem sie anschließend bis 1999 an der Leipziger Hochschule studierte. Von 1999 bis 2002 studierte sie bei Magdalena Rezler an der Hochschule für Musik in Freiburg/Breisgau und war danach Praktikantin bei der Württembergischen Philharmonie Reutlingen und dem Münchner Rundfunkorchester.
QUELLEN: Selbstauskunft.

---

160 Schüler von Alfred Lipka, einem Schüler von → W. Hansmann.

161 Schüler von → A. Eichhorn.

162 Heute Bischkek (Kirgistan).

|1185 **Schmitt, Tobias**
Oboe
* 13. Juli 1970 in Dudweiler bei Saarbrücken
Mitglied vom 22. August 2005 bis 31. Juli 2006
Solo-Englischhornist/2. Oboist

Aufgewachsen in St. Ingbert, erhielt er neunjährig den ersten Oboenunterricht an der dortigen Musikschule. Nach dem Abitur 1990 leistete er seinen Wehrdienst beim Stabsmusikkorps in Siegburg. Von 1992 bis 1994 studierte er bei Armin Aussem an der Hochschule für Musik in Saarbrücken, von 1994 bis 1997 bei Omar Zoboli an der Musikakademie Basel, danach bis 1999 wieder in Saarbrücken. Von 1998 bis 1999 hatte er ein Engagement beim Philharmonischen Kammerorchester Wernigerode, absolvierte von 1999 bis 2003 noch ein Aufbaustudium bei Axel Schmidt an der Hochschule für Musik in Weimar und war gleichzeitig von 1999 bis 2000 beim Staatstheater Darmstadt und von 2002 bis 2005 beim Orchester des Anhaltischen Theaters in Dessau.
QUELLEN: Selbstauskunft.

|1186 **Cribb, David**
Tuba
* 21. März 1975 in Murgon/Queensland (Australien)
Mitglied seit 26. September 2005
Tubist für → D. Meschke

Aufgewachsen in Murgon, wo er siebenjährig ersten Klavierunterricht hatte und bis zum Highschool-Abschluß 1992 zusammen mit seinen Eltern und der Schwester regelmäßig als Gesangsquartett auftrat. Zehnjährig erhielt er an der Grundschule Unterricht auf dem Euphonium bei Laurie Case, wirkte unter dessen Leitung im sinfonischen Schulblasorchester mit und wechselte 1988 zur Tuba. Von 1993 bis 1994 studierte er bei Craig Cunningham am Queensland Konservatorium in Brisbane und von 1995 bis 1997 bei Steven Rosse am Sydney Konservatorium. 1998 kam er nach Deutschland, studierte bis 2000 bei David Glidden an der Hochschule für Musik Frankfurt/M. und hatte anschließend ein Engagement an der Komischen Oper Berlin.
QUELLEN: Selbstauskunft.

2006

|1187 **Bekesch, Julius**
Violine
* 1. Mai 1979 in Kiel
Mitglied seit 2. Februar 2006
Konzertmeister

Aufgewachsen in Heide/Holstein, erhielt er sechsjährig ersten Geigenunterricht bei Irmgard Kullmann, ab dem elften Lebensjahr hatte er Unterricht bei Martynas Švėgžda-von Bekker in Hamburg. Ab 1996 war er Jungstudent bei Marc Lubotzky an der Hamburger Hochschule und besuchte noch bis 1997 das Gymnasium in Heide. Von 1998 bis 2005 studierte er an der Hamburger Hochschule für Musik, erst weiter bei Lubotzky, ab 1999 bei Kolja Blacher. Seitdem absolviert er ein Aufbaustudium.
QUELLEN: Selbstauskunft.

|1188 **Pfister, Daniel**
Violoncello
* 12. Dezember 1977 in München
Mitglied seit 2. Februar 2006
Solo-Cellist für → G. Stephan

Aufgewachsen in Bamberg, wo sein Vater Hermann Pfister Solo-Flötist bei den Bamberger Sinfonikern ist, erhielt er siebenjährig ersten Geigenunterricht, hatte ab 1987 Cellounterricht bei Karlheinz Busch und von 1995 bis 1998 bei Markus Mayers. Ab 1986 besuchte er die Waldorfschule in Erlangen, legte dort 1997 das Abitur ab und leistete dann seinen Wehrdienst beim Heeresmusikkorps der Bundeswehr als Trommler und in der Streicherkammermusik. Von 1998 bis 2001 studierte er bei Mario Blaumer an der Hochschule für Musik in Saarbrücken. Anschließend studierte er bis 2004 bei Martin Ostertag an der Karlsruher Hochschule und danach bis Februar 2006 bei Wen-Sinn Yang an der Hochschule für Musik München.
QUELLEN: Selbstauskunft.

Für die Saison 2006/07, in der die Jubiläen 225 Jahre Gewandhauskonzerte und 25 Jahre Neues Gewandhaus gefeiert werden, wurden bereits engagiert: der Cellist **Hendrik Zwiener** zum 1. August 2006, die Solo-Trompeter **Julian Sommerhalder** und **Gabor Richter** zum 11. August 2006, der Pauker **Thomas Greenleaves** zum 26. August 2006 und der Bratscher **Stéphane Gontiès**.

Anhang

Abkürzungen

☐	begraben		Pos.	Posaune
*	geboren		Rthl.	Reichsthaler
~	getauft		Schlgz.	Schlagzeug
†	gestorben		StadtA	Stadtarchiv (*siehe* aber auch StadtAL unter Siglen)
→	verweist auf einen Haupteintrag		StR	Sterberegister
BGL	Betriebsgewerkschaftsleitung		Tb.	Tuba
Fg.	Fagott		TfB	Taufbuch
Fl.	Flöte		TfR	Taufregister
Gr.	Groschen		TrB	Traubuch
Hf.	Harfe		Trp.	Trompete
Hr.	Horn		TrR	Trauregister
KB	Kirchenbuch		Va.	Viola
Kb.	Kontrabass		Vc.	Violoncello
Kl.	Klarinette		Vl.	Violine
Ob.	Oboe			
PfA	Pfarramt			
Pk.	Pauke			

Siglen

AB	Adreßbücher der Stadt Leipzig 1743–1918	MGG II	Die Musik in Geschichte und Gegenwart: allgemeine Enzyklopädie der Musik, hrsg. v. Ludwig Finscher, 2., neubearb. Ausg., Sachteil Bd. 1–8, Kassel u. a. 1994–1998
Archiv HMT	Archiv der Hochschule für Musik und Theater Leipzig		
Bernsdorf	Neues Universal-Lexikon der Tonkunst, hrsg. v. Eduard Bernsdorf. Dresden 1856–1865		
Dörffel Statistik	Dörffel, Alfred: Statistik der Concerte im Saale des Gewandhauses zu Leipzig. Leipzig 1881	Nösselt	Nösselt, Hans-Joachim: Das Gewandhausorchester. Leipzig 1943
Dörffel Nr.	Dörffel, Alfred: Geschichte der Gewandhausconcerte zu Leipzig. Leipzig 1884, S. 236–244, »Die Mitglieder des Orchesters«	Riemann I	Riemann, Hugo: Hugo Riemanns Musik-Lexikon, 9. Aufl., Berlin 1919
		Riemann II	Riemann-Musik-Lexikon, hrsg. v. Willibald Gurlitt, 12. Aufl., Mainz 1959–1975
Dörffel	Dörffel, Alfred: Geschichte der Gewandhausconcerte zu Leipzig. Leipzig 1884	Riemer	Stadtgeschichtliches Museum Leipzig: Riemer, Johann Salomon: »Andere Fortsetzung des Leipzigischen Jahr-Buchs so ehemals von Herr Mag. Vogeln aufgeschrieben und heraus gegeben worden, nunmehro aber von 1714 fernerweit bis 17. allhier continuiret wird …« Ms. Leipzig [1771]. Der Chronik beigeheftet: »Tabula Musicorum der Löbl. großen Concert-Gesellschaft. 1746.47.48«
Erler	Die jüngeren Matrikel der Universität Leipzig 1559 bis 1809, hrsg. v. Georg Erler, 3 Bde., Leipzig 1909		
Gerber I	Gerber, Ernst Ludwig: Historisch-Biographisches Lexicon der Tonkünstler … Leipzig 1790 ff.		
Gerber II	Gerber, Ernst Ludwig: Neues historisch-biographisches Lexikon der Tonkünstler. Leipzig 1812–1814		
GewandhausA	Gewandhausarchiv		
Grenser	Grenser, Carl August: Geschichte der Musik in Leipzig. 1750–1838; hauptsächlich aber des großen Conzert- u. Theater-Orchesters, hrsg. v. Otto Werner Förster. Leipzig 2005	Schering	Schering, Arnold: Johann Sebastian Bach und das Musikleben Leipzigs im 18. Jahrhundert. Leipzig 1941
		StadtAL	Stadtarchiv Leipzig
		UniA	Universitätsarchiv Leipzig
Hempel	Hempel, Gunter: Von der Leipziger Ratsmusik zum Stadt- und Gewandhausorchester. Leipzig 1961 (Diss.)	Vollhardt	Vollhardt, Reinhard: Geschichte der Cantoren und Organisten von den Städten im Königreich Sachsen, Berlin 1899, Nachdr. mit Ergänzungen von E. Stimmel. Leipzig 1978
KAL	Kirchliches Archiv Leipzig		
Kon Nr.	Inskriptionsnummer am Leipziger Konservatorium/Hochschule für Musik		
MGG I	Die Musik in Geschichte und Gegenwart: allgemeine Enzyklopädie der Musik, hrsg. v. Friedrich Blume. Kassel u. a. 1949–1986		

Literatur

125 Jahre Dresdner Philharmonie, hrsg. v. Dieter Härtwig. Altenburg 1995

Adreßbücher der Stadt Leipzig 1743–1918

Album des Gymnasiums zu Zittau, bearb. v. Oskar Friedrich. Zittau 1886

Allgemeine deutsche Biographie. Leipzig u. a. 1875–1912

Allgemeine Musikalische Zeitung. Leipzig 1798 ff.

Altes und Neues von der Churfürstlichen Sächsischen Stadt Grimma, hrsg. v. Gottlob Sigismund Ermel. Leisnig 1792

Altner, Stefan: Das Thomaskantorat im 19. Jahrhundert. Leipzig 2006

Apell, David August von: Gallerie der vorzüglichsten und merkwürdigsten Musikdilletanten in Cassel. Kassel 1806

Assmann, Christian Gottfried: De indefesso mutuae benevolentiae Studio homini ab omni rerum natura variaratione commendata. Wittenberg 1795

Avgerinos, Gerassimos: Künstler-Biographien. Die Mitglieder des Berliner Philharmonischen Orchesters von 1882–1972. Berlin 1972

Bach-Dokumente, hrsg. v. Bach-Archiv Leipzig, 4 Bde., Kassel u. a. 1963 bis 1979

Baumeister, Friedrich Christian: Verzeichnis aller derjenigen Studirenden, so unter meiner Rectorats-Verwaltung von Ao. 1736 bis 1785 in Prima Classe des Görlitzischen Gymnasii sich als Zuhörer befunden ... haben. Görlitz 1785

Betz, Marianne: Stationen in der Geschichte des Querflötenbaus, in: Das Orchester, Jg. 47, Heft 5, 1999

Bestand-Liste der Communalgarde zu Leipzig. 1848–1865

Biehle, Herbert: Musikgeschichte von Bautzen bis zum Anfang des 19. Jahrhunderts. Leipzig 1924

Biener, Christian Gottlob: Procancellarius Christian Gottlob Bienerus ... Viro ... Gustavo Ludovico Hübel Dresdensi iuris utriusque Baccalaureo summos in utroque iure honores a. D. VII. Februarii MDCCCXXII. ... indicit

Bio-Bibliographisches Verzeichnis von Universitäts- und Hochschuldrucken vom Ausgang des 16. bis Ende des 19. Jahrhunderts, begr. v. Hermann Mundt, hrsg. v. K. Wickert, 4 Bde., Leipzig 1965–1980, tlw. Nachdr.

Blum, Klaus: Musikfreunde und Musici: Musikleben in Bremen seit der Aufklärung. Tutzing 1975

Böhm, Claudius: Ohne Bach kein Großes Konzert?, in: Gewandhausmagazin Nr. 25, 1999

Böhm, Claudius u. Staps, Sven-W.: Das Leipziger Stadt- und Gewandhausorchester. Dokumente einer 250jährigen Geschichte. Leipzig 1993

Böhm, Claudius u. Staps, Sven-W.: Statistik der Gewandhauskonzerte 1835 bis 1847. Leipzig 1997

Boetticher, Walter von: Geschichte des Oberlausitzischen Adels und seiner Güter, Bd. 1, Görlitz 1912

Bronisch, Paul Gotthold: Geschichte der Kirche zu Schönberg. Seidenberg 1889

Brückner: Ortsgeschichte von Gersdorf bei Reichenbach O/L, in: Neues Lausitzisches Magazin, Bd. 74, Görlitz 1898

Brümmer, Franz: Deutsches Dichterlexikon. Eichstätt u. a. 1876–1877

Bulling, Burchard: Fagott-Bibliographie. Wilhelmshaven 1989

Bürgerbuch der Stadt Weißenfels von 1558 bis 1852, hrsg. v. der Stiftung Stoye. Neustadt an der Aisch 1978

Calender für die evangelischen Geistlichen, Schullehrer und Kirchendiener im Königreiche Sachsen. Dresden 1817–1838

Calender für Prediger und Schullehrer der Königl. Sächsischen Lande. Dresden 1808–1816

Catalogue of the Mendelssohn Papers in the Bodleian Library, Oxford Vol. I.: Correspondence of Felix Mendelssohn Bartholdy and others. Compiled by Margaret Crum. Tutzing 1980

Cesko Slovensky Hudebni Slovnik, hrsg. v. Gracian Cernusák, 2 Bde., Prag 1963–1965

Creuzburg, Eberhard: Die Gewandhaus-Konzerte zu Leipzig 1781–1931. Leipzig 1931

Deutsche Biographische Enzyklopädie, hrsg. v. Walther Killy. München u. a. 1995–2003

Deutsches Bühnenjahrbuch, hrsg. v. der Genossenschaft Deutscher Bühnen-Angehöriger. Hamburg 1915 ff.

Deutsches Musiker-Lexikon, hrsg. v. Erich H. Müller. Dresden 1929

Dlabac, Bohumir Jan: Allgemeines historisches Künstler-Lexikon für Böhmen und zum Theil auch für Mähren und Schlesien. Prag 1913

Dörffel, Alfred: Statistik der Concerte im Saale des Gewandhauses zu Leipzig. Leipzig 1881

Dörffel, Alfred: Geschichte der Gewandhausconcerte zu Leipzig. Leipzig 1884

Demmler, Fritz: Johann George Tromlitz: (1725–1805). Ein Beitrag zur Entwicklung der Flöte und des Flötenspiels. Berlin 1961 (Diss.)

Das Dresdner Hoftheater in der Gegenwart. Biographien und Charakteristiken, hrsg. v. Bodo Wildberg. Dresden u. a. 1902

Engel, Hans: Musik in Thüringen. Köln u. a. 1966

Engelbrecht, Christiane: Theater in Kassel. Aus der Geschichte des Staatstheaters Kassel von den Anfängen bis zur Gegenwart. Kassel 1959

Felix Mendelssohn Bartholdy: Briefe aus Leipziger Archiven, hrsg. v. Hans-Joachim Rothe und Reinhard Szeskus, 2. Aufl., Leipzig 1972

Festschrift zum 150. Jubiläum des Bayerischen Staatskonservatoriums. Würzburg 1954

Festschrift zum 175jährigen Bestehen der Gewandhauskonzerte 1781–1956, hrsg. v. Hermann Heyer. Leipzig 1956

Fey, Hermann: Schleswig-Holsteinische Musiker von der ältesten Zeit bis zur Gegenwart. Hamburg 1921

Forner, Johannes: Gewandhaus-Konzerte zu Leipzig 1781–1981. Leipzig 1981

Forner, Johannes: Kurt Masur. Zeiten und Klänge. Biographie. München 2002

Gabler, Karl: C. G. Müller, der erste Altenburger Musikdirektor, in: Altenburger Heimatblätter Jg. 7, Nr. 9 u. 10, 1938

Ders.: Die Musikerdynastie Belcke in Lucka. Altenburg 1935

Ders.: Wie Richard Wagners Musiklehrer der erste Altenburger Stadtmusikdirektor wurde, in: Altenburger Heimatblätter Jg. 2, Nr. 12, 1933

Gaertner, Theodor: Quellenbuch zur Geschichte des Gymnasiums in Zittau, 2 Bde., Leipzig 1905–1911

Gebauer, Gertraude: Quellen zur Geschichte des Gewandhausorchesters im Stadtarchiv, in: Arbeitsberichte zur Geschichte der Stadt Leipzig, hrsg. v. Stadtarchiv Leipzig. Leipzig 1968

Gerber, Ernst Ludwig: Historisch-Biographisches Lexicon der Tonkünstler … Leipzig 1790 ff.

Ders.: Neues historisch-biographisches Lexikon der Tonkünstler. Leipzig 1812–1814

Die Geschichte der Stadt Bautzen, bearb. v. Richard Reymann, Bautzen 1902, Nachdr. 1990

Geschichte und gegenwärtiger Zustand der kursächsischen Armee. Dresden 1796

Der Gewandhauskapellmeister Kurt Masur, hrsg. v. Karl Zumpe. Leipzig 1987

Gewandhaus-Magazin, hrsg. v. Gewandhaus zu Leipzig. Altenburg 1992 ff.

Glasenapp, Franzgeorg von: Georg Simon Löhlein. Sein Leben und seine Werke, insbesondere seine volkstümlichen Musiklehrbücher. Halle 1937 (Diss.)

Glöckner, Andreas: Die Musikpflege an der Leipziger Neukirche zur Zeit Johann Sebastian Bachs, in: Beiträge zur Bach-Forschung, Heft 8. Leipzig 1990

Goldberg, Adolph: Porträts und Biographien hervorragender Flöten-Virtuosen, -Dilettanten und -Komponisten, hrsg. v. Karl Ventzke. Berlin 1906, Nachdr. Celle 1987

Goltz, Maren: Ein spektakulärer Fund, in: Gewandhausmagazin Nr. 42, 2004

Grabau, Wilhelm Albert: Die Geschichte der Familie Grabau, 2 Bde., Leipzig 1928–33

Gräbner, Karl: Die Großherzogliche Haupt- und Residenzstadt Weimar, hrsg. v. Hans Henning. Erfurt 1830

Graff-Höfgen, Gisela: Spitzen von Iklé u. Jacoby, in: Hamburgische Geschichts- und Heimatblätter, Bd. 9, Heft II, 1976

Grenser, Carl August: Geschichte der Musik in Leipzig. 1750–1838; hauptsächlich aber des großen Conzert- u. Theater-Orchesters, hrsg. v. Otto Werner Förster. Leipzig 2005

Die Grossherzogliche Musikschule in Weimar von 1872–1897. Festschrift. Weimar 1897

Gudenberg, Eberhard Wolff von: Beiträge zur Musikgeschichte der Stadt Kassel unter den letzten beiden Kurfürsten (1822-1866). Göttingen 1958 (Diss.)

Das Gürzenichorchester, 75 Jahre stadtkölnisches Orchester. Köln 1963

Gürzenich-Orchester Köln 1888–1988, hrsg. v. Irmgard Scharberth, 2. Aufl., Köln 1988

Härtwig, Dieter: Die Dresdner Philharmonie, eine Chronik des Orchesters 1870 bis 1970. Leipzig 1970

Haffner, Herbert: Orchester der Welt. Berlin 1997

Hamberger, Georg Christoph/Meusel, Johann Georg: Das gelehrte Teutschland oder Lexikon der jetzt lebenden Teutschen Schriftsteller, 5. Aufl., Lemgo 1796–1834

Hellsberg, Clemens: Demokratie der Könige. Die Geschichte der Wiener Philharmoniker. Zürich u. a. 1992

Hempel, Gunter: Von der Leipziger Ratsmusik zum Stadt- und Gewandhausorchester. Leipzig 1961 (Diss.)

Hennenberg, Fritz: 300 Jahre Leipziger Oper. München 1993

Hermann, Gottfried: Emendationes coluthi. Leipzig 1828

Hertel, Friedrich Gottfried Wilhelm: De codicibus bibliothecae zwiccaviensis, Bd. 1, Zwickau 1825

Historie en kroniek van het Concertgebouw en het Concertgebouworkest 1888–1988, hrsg. v. H. J. van Royen. Zutphen 1989

Hof- und Staats-Handbuch für das Herzogtum Anhalt. 1867–1912

Hofpfalzgrafen-Register, hrsg. v. Herold, Verein für Heraldik, Genealogie und Verwandte Wissenschaften zu Berlin. Neustadt an der Aisch 1964 bis 1988

Hohlfeld, Johannes: Die Reformierte Bevölkerung Leipzigs 1700–1875. Leipzig 1939

Hübner, Maria: Die Akte Schwarz, in: Gewandhausmagazin Nr. 29, 2000

Hüttel, Walter: Zur Musikgeschichte der Stadt Glauchau und ihrer näheren Umgebung. Glauchau 1986

Huschke, Wolfram: Musik im klassischen und nachklassischen Weimar. 1756–1861. Weimar 1982

Jahrbuch des k. u. k. Auswärtigen Dienstes 1917. Wien 1917

Johann Adam Hiller. Kapellmeister und Kantor, Komponist und Kritiker, hrsg. v. Claudius Böhm. Altenburg 2005

Die jüngeren Matrikel der Universität Leipzig 1559–1809, hrsg. v. Georg Erler, 3 Bde., Leipzig 1909

Julius Schuberth's Musikalisches Conversationslexikon, hrsg. v. Emil Breslaur, 11. Aufl., Leipzig 1890

Jung, Hans Rudolf: 150 Jahre Musikleben in der Residenz- und Industriestadt Greiz. Eine Chronik vom Stadtbrand 1802 bis zum Ende des Zweiten Weltkrieges 1945. Bucha 1998

Katalog der Versteigerung 63, hrsg. v. L. Liepmannssohn. Berlin 1932

Keim, Friedel: Das Trompeter-Taschenbuch. Mainz 1999

Kessler, Harry Graf: Das Tagebuch 1880–1937, Bd. 6: 1916–1918. Stuttgart 2006

Kestner-Boche, Ruth: Das Leben von August Eichhorn, in: Visionen und Vermächtnis eines Künstlers und Lehrers. Konferenzbericht zum Symposium zum 100. Geburtstag von August Eichhorn, hrsg. v. der Hochschule für Musik und Theater Leipzig

Kneschke, Emil: Die Hundertfünfzigjährige Geschichte der Leipziger Gewandhaus-Concerte 1743–1893. Leipzig u. a. 1893

Kneschke, Ernst Heinrich: Neues allgemeines Deutsches Adels-Lexicon, 5 Bde., Leipzig 1859–1864

Königlich Sächsischer Hof- und Staatskalender. 1809, 1810, 1812 u. 1813

Das Königliche Conservatorium der Musik zu Leipzig. Inskriptionsregister 1843–1893. Leipzig 1893

Das Königliche Conservatorium der Musik zu Leipzig. Inskriptionsregister 1893–1918. Leipzig 1918

Königlich Sächsischer Hof- Civil- und Militärstaat. 1826 u. 1828

Krause, Sebastian: Der Posaunengott: Zum 200. Geburtstag des Posaunenheros Carl Traugott Queisser, in: Das Orchester, Jg. 48, Heft 12, 2000

Kühling, Karin u. Mundus, Doris: Leipzigs regierende Bürgermeister. Beucha 2000

Kühnel, Paul: Die slavischen Orts- und Flurnamen in der Oberlausitz, hrsg. v. Ernst Eichler, Görlitz 1891–99; Nachdr., Leipzig 1982

Kürschners Deutscher Musiker-Kalender. Berlin 1954

Lausitzisches Magazin: Bd. 9, Görlitz 1776; Bd. 22, Görlitz 1789

Laeger, Otto: Lebensskizzen der Lehrer des Königlichen Domgymnasiums zu Magdeburg, 4 Bde., Magdeburg 1902–1905

Ledebur, Carl von: Tonkünstler-Lexicon Berlin's von den ältesten Zeiten bis auf die Gegenwart. Berlin 1861

Leipziger gelehrtes Tagebuch, hrsg. v. Johann Georg Eck. Leipzig 1780 bis 1807

Leipziger Neueste Nachrichten vom: 30. März 1928, 1. April 1928 u. 1. November 1943

Das Leipziger Stadt- und Gewandhausorchester: Dokumente einer 250jährigen Geschichte, bearb. v. Claudius Böhm und Sven-W. Staps. Leipzig 1993

Lexikon Orchestermusik Barock, hrsg. v. Wulf Konold u. Eva Reisinger, 3 Bde., Mainz, München 1991

Lexikon Orchestermusik Klassik, hrsg. v. Wulf Konold, 2 Bde., Mainz, München 1987

Lexikon Orchestermusik Romantik, hrsg. v. Wulf Konold, 3 Bde., Mainz, München 1989

Leipziger Volkszeitung vom 28. Januar 2002

Lieberwirth, Steffen: Gerhard Bosse. Ein Leben am Ersten Pult, 2. Aufl., Leipzig 1989

Lorenz, Christian Gottlob Immanuel: Grimmenser-Album. Verzeichniß sämmtlicher Schüler der Königlichen Landesschule zu Grimma. Grimma 1850

Lütgendorff, Willibald Leo von: Die Geigen- und Lautenmacher vom Mittelalter bis zur Gegenwart, 4. Aufl., Frankfurt/M. 1922

Mannschatz, Hans-Christian: Die Leipziger Stadtbibliothek. Beucha 2001

Die Matrikel der Kreuzschule: Gymnasium zum Heiligen Kreuz in Dresden, bearb. v. Willy Richter, 3 Bde., Neustadt an der Aisch 1967–1975

Meerwein, Georg: Der Oboist Helmut Schlövogt wurde neunundachtzig, in: Rohrblatt, Jg. 15, Heft 3, 2000

Merkel, Walter: Vogtländische Musiker nach 1900. Plauen 1960

Meusel, Johann Georg: Teutsches Künstlerlexikon, 2. Aufl., Lemgo 1808 bis 1814

Meyer, Clemens: Geschichte der Mecklenburg-Schweriner Hofkapelle. Schwerin 1913

Mizler von Kolof, Lorenz Christoph: Musikalische Bibliothek oder Gründliche Nachricht nebst unpartheyischem Urtheil von alten und neuen musikalischen Schriften und Büchern, Bd. III, Leipzig 1752

Moser, Andreas: Geschichte des Violinspiels. Berlin 1923

Moser, Hans-Joachim: Musiklexikon. Berlin 1935

Muck, Peter: Einhundert Jahre Berliner Philharmonisches Orchester, Bd. 1–3, Tutzing 1982

Mühlfeld, Christian: Die herzogliche Hofkapelle in Meiningen: Biographisches und Statistisches. Meiningen 1910

Müller, Georg Hermann: Das Stadt-Theater zu Leipzig vom 1. Januar 1862 bis 1. September 1887. Leipzig 1887

Müller, Georg Hermann: Das Stadt-Theater zu Leipzig, Statistik vom Tage seiner Begründung am 26. August 1817 bis 1. April 1891. Leipzig 1891

Müller, M.: Festschrift zum Gedächtniß des 300jährigen Bestehens der Cantorei zu Leisnig. Leisnig 1881

Müller-Dombois, Richard: Die Fürstlich Lippische Hofkapelle. Regensburg 1972

Die Münchner Philharmoniker von der Gründung bis heute, hrsg. v. Regina Schmoll gen. Eisenwerth. München 1985

Die Musik in Geschichte und Gegenwart: allgemeine Enzyklopädie der Musik, hrsg. v. Friedrich Blume. Kassel u. a. 1949–1986

Musikalisches Conversations-Lexikon, hrsg. v. Hermann Mendel und August Reißmann. Berlin 1870–1883

Die Musik in Geschichte und Gegenwart: allgemeine Enzyklopädie der Musik, hrsg. v. Ludwig Finscher, 2., neubearb. Ausg., Sachteil Bd. 1–8, Kassel u. a. 1994-1998

Neue Deutsche Biographie. München 1953 ff.

Neue Leipziger Tageszeitung vom 7. November 1942

Das Neue Musiklexikon. Nach dem »Dictionary of modern music and musicians«, hrsg. v. Arthur Eaglefield-Hull, bearb. v. Alfred Einstein. Berlin 1926

Neuer Nekrolog der Deutschen, hrsg. v. Friedrich August Schmidt. Weimar u. a. 1824–1854

Neuer Theater-Almanach, hrsg. v. der Genossenschaft Deutscher Bühnen-Angehöriger. Berlin 1890–1914

Neue Sächsische Kirchengalerie, hrsg. v. Georg Buchwald, Bd.: Die Ephorie Borna. Leipzig 1903

Neue Zeitschrift für Musik vom 15. Februar 1841

Neues Handbuch der Musikwissenschaft, hrsg. v. Carl Dahlhaus, Bd. 5: Die Musik des 18. Jahrhunderts. Laaber 1985

Neues Handbuch der Musikwissenschaft, hrsg. v. Carl Dahlhaus, Bd. 6: Dahlhaus, Carl: Die Musik des 19. Jahrhunderts, 2. Aufl., Laaber 1989

Neues Handbuch der Musikwissenschaft, hrsg. v. Carl Dahlhaus, Bd. 7: Danuser, Hermann: Die Musik des 20. Jahrhunderts, 2. Aufl., Laaber 1992

Neues Lausitzisches Magazin: Bd. 1, Görlitz 1822; Bd. 14, Görlitz 1836

Neues Universal-Lexikon der Tonkunst, hrsg. v. Eduard Bernsdorf. Dresden 1856–1865

Noack, Fritz: Album des Gymnasiums zu Zittau. Zittau 1936

Nösselt, Hans-Joachim: Ein ältest Orchester: 1530–1980; 450 Jahre Bayerisches Hof- und Staatsorchester. München 1980

Nösselt, Hans-Joachim: Das Gewandhausorchester. Leipzig 1943

Die Oboe, Mitteilungsblatt des Oboistenbundes. Leipzig 1928–1931

Omonsky, Ute: Die Rudolstädter Hofkapelle in der Zeit des bürgerlichen Musiklebens vom Ende des 18. Jahrhunderts bis zum Beginn des 20. Jahrhunderts, in: Musik am Rudolstädter Hof. Rudolstadt 1997

Orf, Wolfgang: Julius Klengel. Ein Kapitel Leipziger Musikgeschichte, in: 150 Jahre Musikhochschule, hrsg. v. Johannes Forner. Leipzig 1993

Otis, Philo Adams: The Chicago Symphony Orchestra, its Organization, growth and development 1891–1924. Cicago 1924

Otterwischer und Stockheimer Stammreihen und Leichenpredigten nach Johann Julius Christian Fulda, Pfarrer in Otterwisch 1766–1796, bearb. v. Detlef Papsdorf. Neustadt an der Aisch 1987

Otto, Gottlieb Friedrich: Lexicon der seit dem fünfzehenden Jahrhunderte verstorbenen und jetzt lebenden Oberlausitzischen Schriftsteller und Künstler. Görlitz 1800–1803

Paulke; Karl: Musikpflege in Luckau. Guben 1918

Pförtner Stammbuch. 1543–1893. Zur 350jährigen Stiftungsfeier der Königlichen Landesschule Pforta, hrsg. v. Max Hoffmann. Berlin 1893

Phelan, Jack: Die Legende von J. Walter Guetter, in: The Instrumentalist. Evanston/IL (USA) März 1967

Planyavsky, Alfred: Geschichte des Kontrabasses, 2. Aufl., Tutzing 1984

Quellenbuch zur Geschichte des Gymnasiums in Freiberg von der Zeit vor der Reformation bis 1842, bearb. v. Emil Preuss u. Karl August Thümer. Freiberg 1915

Quellenbuch zur Geschichte des Lyzeums in Löbau, bearb. v. Ernst Alwin Seeliger. Leipzig 1909

Die Reden zur Feier des hundertfünfzigjährigen Bestehens der Gewandhaus-Konzerte. Leipzig 1931

Reichardt, Johann Friedrich: Briefe eines aufmerksamen Reisenden die Musik betreffend, Teil 2, Frankfurt, Breslau 1776

Reinecke, Carl: Erlebnisse und Bekenntnisse. Autobiographie eines Gewandhauskapellmeisters, hrsg. v. Doris Mundus. Leipzig 2005

Reinhard, Franz Volkmar: De conjugenda cum tradenis philosophiae plactis eorundem historia. Wittenberg 1780

Reiz, Friedrich Wolfgang: Saeculum ab inventis clarum XIII philosophiae candidatis … carmine solemni celebrat Fridericus Volgangus Reizius. Leipzig 1785

Riemann, Hugo: Hugo Riemanns Musik-Lexikon, 9. Aufl., Berlin 1919

Riemann-Musik-Lexikon, hrsg. v. Willibald Gurlitt, 12. Aufl., Mainz 1959 bis 1975

Richter, Alfred: Aus Leipzigs musikalischer Glanzzeit. Erinnerungen eines Musikers, hrsg. v. Doris Mundus. Leipzig 2004

Richter, Bernhard Friedrich: Johann Sebastian Bach im Gottesdienst der Thomaner, in: Bach-Jahrbuch, Jg. 12, 1915

Richter, Bernhard Friedrich: Stadtpfeifer und Alumnen der Thomasschule in Leipzig zu Bachs Zeit, in: Bach-Jahrbuch, Jg. 1, 1905

Rochlitz, Friedrich: Für Freunde der Tonkunst, 3. Aufl., Leipzig 1868

Roeder, Ernst: Das Dresdner Hoftheater in der Gegenwart: biographisch-kritische Skizzen der Mitglieder. Dresden u. a. 1896

Röntsch, Paul: Festschrift zum 75jährigen Bestehen des Königlichen Konservatoriums der Musik zu Leipzig am 2. April 1918. Leipzig 1918

Rosenmüller, Annegret: Carl Ferdinand Becker. Studien zu Leben und Werk. Hamburg 2000

Salmen, Walter: Beruf: Musiker – verachtet, vergöttert, vermarktet. Kassel u. a. 1997

Schering, Arnold: Johann Sebastian Bach und das Musikleben Leipzigs im 18. Jahrhundert. Leipzig 1941

Schilling, Gustav: Das musikalische Europa. Speyer 1842

Schmidt, Friedrich: Das Historische Mitgliederverzeichnis des Niedersächischen Staatsorchesters 1636–1986, in: Das Niedersächsische Staatsorchester Hannover 1636–1986, hrsg. v. W. Konold. Hannover 1986

Schneider, Wolfgang: Leipzig. Dokumente und Bilder zur Kulturgeschichte. Leipzig, Weimar 1990

Schönau, Eduard: Geschichte der Unterkirche zu Frankenhausen. Frankenhausen 1886

Schriften des Vereins für die Geschichte Leipzigs, Heft 16. Leipzig 1933

Schulze, Friedrich: Hundert Jahre Leipziger Stadttheater. Leipzig 1917

Schulze, Hans-Joachim: Johann Sebastian Bachs Kanonwidmungen, in: Bach-Jahrbuch, Jg. 67, 1982

Schünemann, Georg: Die Bewerber um das Freiberger Kantorat, in: Archiv für Musikwissenschaft, Heft 1, 1918/19

Schumann, Robert: Tagebücher, hrsg. v. Gerd Nauhaus, Band I: 1827–1838, bearb. v. Georg Eismann. Leipzig 1971

Schumann, Robert: Tagebücher, hrsg. v. Gerd Nauhaus, Bd. II: 1836–1854. Basel u. a. 1987

Schumann, Robert: Tagebücher, hrsg. v. Gerd Nauhaus, Bd. III: Haushaltsbücher, Teil 2, Basel u. a. 1987

Schreiber, Andreas: Von der Churfürstlichen Cantorey zur Sächsischen Staatskapelle Dresden. Dresden 2003

Schwarz, Franz Josef: »Ihr, werth des Beyfalls!«: die Schröters; Studien zu einer Musikerfamilie des späten 18. und frühen 19. Jahrhunderts. Tutzing 1993

Seeger, Horst: Musiklexikon: in zwei Bänden. Leipzig 1966

Ders.: Musiklexikon: Personen A–Z. Leipzig 1981

Seidel, Katrin: Carl Reinecke und das Leipziger Gewandhaus. Hamburg 1998

Skoda, Rudolf: Die Leipziger Gewandhausbauten. Konzertgebäude im internationalen Vergleich. Berlin 2001

Sous, Alfred: Das Bayreuther Festspielorchester. Geschichte und Gegenwart. Hof 1988

Steinitzer, Max: Gustav Mahler in Leipzig, in: Leipzig. Eine Monatsschrift, hrsg. v. Rate der Stadt Leipzig, Jg. 1, Heft 5, 1924

Staats- und Adreß-Handbuch für das Herzogthum Anhalt-Dessau, hrsg. v. Johann Friedrich Melchert. Zerbst 1845

Staatshandbuch für das Großherzogthum Sachsen-Weimar-Eisenach. Weimar 1859

Staatshandbuch für das Königreich Sachsen. 1837 u. 1854

Staatskapelle Dresden, hrsg. v. Eberhard Steindorf u. Dieter Uhrig. Berlin 1973

Statistik über Gehalts- und Anstellungs-Verhältnisse der Orchester Ia und Ib, hrsg. v. Deutschen Musiker-Verband. Berlin 1929

Stepf, Johann Heinrich: Gallerie aller juridischen Autoren von der ältesten bis auf die jetztige Zeit mit ihren vorzüglichsten Schriften nach alphabetischer Ordnung aufgestellt, 4 Bde., Leipzig 1820–25

Sturm, Arthur: Musik und Musiker in Grimma von Anfang bis Mitte des 19. Jahrhunderts, in: Die Grimmaer Pflege, 3–7, 1924

Tage-Buch der Königlich-Sächsischen Hoftheater. Dresden 1816–1917

Tarr, Edward: Ferdinand Weinschenk. Pivotel Figure in German Trumpet History, in: Historic Brass Society Journal, Nr. 11, 1999

Neuer Theater-Almanach, Jg. 7, 1896

Thomas, Christian Gottfried: Unpartheiische Kritik der vorzüglichsten seit drey Jahren allhier zu Leipzig aufgeführten und fernerhin aufzuführenden Concerte und Opern insonderheit der Thomaßischen, wie auch anderer die Musik betreffende Gegenstände. Leipzig 1798

Ullrich, Ingward: Hildburghäuser Musiker. Hildburghausen 2003

Veröffentlichungen zur Geschichte des gelehrten Schulwesens im Albertinischen Sachsen, hrsg. v. sächsischen Gymnasiallehrerverein, Nr. 1, 1900

Vollhardt, Reinhard: Geschichte der Cantoren und Organisten von den Städten im Königreich Sachsen, Berlin 1899, Nachdr. mit Ergänzungen von E. Stimmel. Leipzig 1978

Walter, Bruno: Thema und Variationen. Frankfurt/M. 1988

Warnecke, Friedrich: Der Kontrabaß. Seine Geschichte und seine Zukunft, Probleme und deren Lösung zur Hebung des Kontrabaßspiels. Hamburg 1909

Wasielewski, Wilhelm Joseph von: Aus siebzig Jahren. Lebenserinnerungen. Stuttgart u. a. 1897

Ders.: Das Violoncell und seine Geschichte. Leipzig 1925

Ders.: Die Violine und ihre Meister, Neuausg., Leipzig 1927

Weber, Karlheinz: Joseph Serafin Alschausky, in: Das Schallstück / Internationale Posaunen-Vereinigung e.V., Nr. 25, I / 1998

Weinmeister, Paul: Beiträge zur Geschichte der evangelisch-reformierten Gemeinde zu Leipzig 1700–1900. Leipzig 1900

Weissweiler, Eva: Clara Schumann. Eine Biographie, 6. Aufl., München 1998

Dies.: Ausgemerzt! Das Lexikon der Juden in der Musik und seine mörderischen Folgen. Köln 1999

Werner, Arno: Zur Musikgeschichte von Delitzsch, in: Archiv für Musikwissenschaft, Nr. 1, 1918/19

Wiener Philharmoniker: 1842–1942, 2. Teil, Statistik. Wien 1942

Wiermann, Barbara: Altnickol, Faber, Fulde – drei Breslauer Choralisten im Umfeld Johann Sebastian Bachs, in: Bach-Jahrbuch, Bd. 89, 2003

Wister, Frances Anne: Twenty-five Years of the Philadelphia Orchestra, 1900–1925. Philadelphia 1925

Wolf: Die Familie Hilf, in: Vogtländischer Anzeiger und Tageblatt, Nr. 132, 138, 144, 150, 156. Plauen 1907

Wolschke, Martin: Von der Stadtpfeiferei zur Lehrlingskapelle und Sinfonieorchester. Regensburg 1981

Würzberger, Manfred: Die Konzerttätigkeit des Musikvereins »Euterpe« und des Winderstein-Orchesters im 19. Jahrhundert. Leipzig 1966

Ders.: Die Entwicklung des Orchesterwesens in Leipzig außerhalb des Stadt- und Gewandhausorchesters. Leipzig 1967 (Diss.)

Zumpe, Karl: Die Geschichte des Gewandhausorchesters und die Probleme bei der Entwicklung des Klangkörpers zu einem führenden sozialistischen Musikinstitut der Deutschen Demokratischen Republik. Leipzig 1980 (Diss.)

Verzeichnis der Fundstellen

Allstedt: Evangelisch-Lutherisches Pfarramt
Altenburg: Gemeindekirchenamt ◊ Stadtarchiv ◊ Thüringisches Staatsarchiv Altenburg
Annaberg-Buchholz: Evangelisch-Lutherische Kirchgemeinde St. Katharinen ◊ Evangelisch-Lutherische St.-Annen-Kirchgemeinde
Artern: Evangelisches Kirchspiel Artern-Heldrungen
Audigast: Evangelisch-Lutherisches Pfarramt
Auligk: Evangelisch-Lutherische Kirchgemeinde Auligk-Gatzen-Michelwitz
Auma: Evangelisch-Lutherisches Pfarramt

Bad Arolsen: Evangelisches Pfarramt
Bad Elster: Evangelisch-Lutherische Kirchgemeinde St. Trinitatis
Bad Frankenhausen: Evangelisch-Lutherisches Pfarramt
Bad Langensalza: Evangelische Kirchgemeinde Taufregister St. Stephani
Bad Lausick: Evangelisch-Lutherisches Pfarramt
Bad Muskau: Evangelische Kirchengemeinde
Bad Tennstedt: Evangelisch-Lutherisches Pfarramt
Bad Wildungen: Evangelisches Pfarramt
Bautzen: Evangelisch-Lutherische Kirchgemeinde St. Petri ◊ Stadtarchiv ◊ Stadtmuseum
Bayreuth: Richard-Wagner-Museum
Bernsbach: Evangelisch-Lutherisches Pfarramt
Bernstadt: Evangelisch-Lutherisches Pfarramt
Bitterfeld: Evangelisch-Lutherisches Pfarramt
Brand-Erbisdorf: Evangelisch-Lutherisches Pfarramt
Brausbedra: Evangelisches Pfarramt
Bremen: Staatsarchiv
Burgkemnitz: Evangelische Kirchgemeinde
Burkhardswalde: Evangelisch-Lutherisches Pfarramt

Calbitz: Evangelisch-Lutherisches Pfarramt Calbitz-Malkwitz
Chemnitz: Evangelisch-Lutherische Kirchgemeinde St. Jakobi-Johannis
Clausthal-Zellerfeld: Evangelisch-Lutherische Kirchgemeinde Zellerfeld
Colditz: Stadtarchiv

Delitzsch: Kreiskirchenarchiv
Dessau: Landeshauptarchiv Sachsen-Anhalt ◊ Archiv der Evangelischen Landeskirche Anhalts ◊ Stadtarchiv
Dresden: Evangelisch-Lutherischer Kirchgemeindeverband, Kirchenbuchamt
Dippoldiswalde: Evangelisch-Lutherisches Pfarramt
Dommitzsch: Evangelisches Pfarramt
Döschnitz: Evangelisch-Lutherisches Pfarramt
Düsseldorf: Goethe-Museum. Anton-und-Katharina-Kippenberg-Stiftung

Eisenach: Landeskirchenarchiv
Eisenberg: Evangelisch-Lutherische Kirchgemeinde ◊ Stadtarchiv
Esperstedt: Evangelisch-Lutherische Kirchgemeinde
Frauenprießnitz: Evangelisch-Lutherisches Pfarramt
Freiberg / Sachs.: Evangelischer Kirchgemeindeverband ◊ Geschwister-Scholl-Gymnasium, Andreas-Möller-Bibliothek
Frohburg: Evangelisch-Lutherische Kirchgemeinde St. Michaelis ◊ Stadtarchiv

Geithain-Wickershain: Evangelisch-Lutherische Kirchgemeinde
Gera ◊ Evangelisch-Lutherisches Pfarramt St. Marien Gera-Unternhaus ◊ Kreiskirchenamt
Glauchau: Evangelisch-Lutherisches Pfarramt St. Georgen
Göda: Evangelisch-Lutherisches Pfarramt
Göllnitz: Evangelisches Pfarramt
Goseck: Evangelisches Pfarramt
Goslar: Evangelisch-Lutherischer Kirchenverband
Grimma: Evangelisch-Lutherische Kirchgemeinde ◊ Stadtarchiv
Groitzsch: Evangelisch-Lutherische Frauenkirchgemeinde
Großenhain: Evangelisch-Lutherisches Pfarramt der Marienkirchgemeinde
Großkorbetha: Evangelisches Kirchspiel
Großkühnau: Kirchgemeinde
Großrudestedt: Evangelisches Pfarramt
Guthmannshausen: Evangelisch-Lutherisches Pfarramt

Halberstadt: Domschatz-Verwaltung
Hamburg: Staatsarchiv
Hannover: Niedersächsisches Landesarchiv, Hauptstaatsarchiv Hannover
Hartmannsdorf: Evangelisch-Lutherische Kirchengemeinde
Herzberg: Evangelische Kirchengemeinde
Hettstedt: Evangelisches Pfarramt St. Jakobi
Hötensleben: Evangelische Kirchengemeinde St. Bartolomäus
Hohenmölsen: Evangelisches Pfarramt
Hohenstein-Ernstthal: Evangelisch-Lutherische Kirchengemeinde St. Trinitatis

Jahnatal: Evangelisch-Lutherische Kirchengemeinde

Karlsruhe: Landesarchiv Baden-Württemberg, Generallandesarchiv Karlsruhe
Kassel: Landeskirchliches Archiv der Evangelischen Kirche von Kurhessen-Waldeck
Kamenz: Evangelisch-Lutherisches Pfarramt
Kerpsleben: Evangelisches Pfarramt
Kitzingen: Evangelische Stadtkirche
Könnern: Evangelisches Pfarramt
Körner: Evangelisch-Lutherisches Pfarramt
Kühren-Sachsendorf: Evangelisch-Lutherische Kirchengemeinde

Leisnig: Evangelisch-Lutherisches Pfarramt St. Matthäi
Leipzig: Archiv der Freimaurerloge »Minerva zu den drei Palmen« ◊ Archiv der Hochschule für Musik und Theater ◊ Archiv Thomasalumnat ◊ Archiv der Universität Leipzig ◊ Gewandhaus-Archiv ◊ Kirchliches Archiv Leipzig ◊ Stadtarchiv ◊ Stadtgeschichtliches Museum
Lengefeld/Erzgeb.: Evangelisch-Lutherisches Pfarramt
Lengenfeld/Vogtland: Evangelisch-Lutherisches Pfarramt
Lichtenberg: Evangelisch-Lutherisches Pfarramt
Lichtenhain: Evangelisch-Lutherisches Pfarramt
Lichtenau: Evangelisch-Lutherisches Pfarramt Trockenborn
Lobenstein: Evangelisch-Lutherisches Pfarramt
Löbau: Evangelisch-Lutherische Kirchgemeinde ◊ Stadtarchiv
Lößnitz-Affalter: Evangelisch-Lutherische Kirchengemeinde
Lohmen: Evangelisch-Lutherische Kirchengemeinde
Lommatzsch: Evangelisch-Lutherische Kirchgemeinde Lommatzsch-Neckanitz
Lucka: Evangelisch-Lutherisches Pfarramt
Luckau: Evangelische Kirchgemeinde St Nikolai Luckau/Niederlausitz
Lübeck: Archiv der Hansestadt Lübeck
Lunden: Evangelisches Pfarramt
Marienberg: Evangelisch-Lutherisches Pfarramt ◊ Stadtarchiv

Martinroda: Evangelisch-Lutherisches Pfarramt
Meerane: Evangelisch-Lutherisches Pfarramt St. Martin
Meiningen: Thüringisches Staatsarchiv Meiningen
Meißen: Evangelisch-Lutherische Johanniskirchgemeinde
Merseburg: ◊ Evangelisches Kirchspiel ◊ Historisches Stadtarchiv
Meuselwitz: Evangelisch-Lutherisches Pfarramt
Mildenau: Evangelisch-Lutherische Kirchengemeinde

Naumburg: Kirchliches Verwaltungsamt
Neukirchen bei Borna: Evangelisch-Lutherisches Pfarramt
Neumark: Evangelisch-Lutherisches Pfarramt
Neustadt/Sachsen: Evangelisch-Lutherisches Pfarramt
Neustadt/Orla: Evangelisch-Lutherisches Pfarramt
Nerchau: Evangelisch-Lutherisches Pfarramt
Niederoderwitz: Evangelisch-Lutherisches Pfarramt
Nienburg/Saale: Evangelische Kirchengemeinde St. Johannis und St. Marien
Nossen: Evangelisch-Lutherisches Pfarramt
Nürnberg: Landeskirchliches Archiv der Evangelisch-Lutherischen Kirche in Bayern

Obercunnersdorf: Evangelisch-Lutherisches Pfarramt
Obercrinitz: Evangelisch-Lutherisches Pfarramt
Oelsnitz/Vogtland: Evangelisch-Lutherisches Pfarramt
Olbernhau: Evangelisch-Lutherische Kirchgemeinde
Oschatz: Evangelisch-Lutherisches Pfarramt St. Aegidien
Otterwisch: Evangelisch-Lutherisches Pfarramt

Pirna: Evangelisch-Lutherische Kirchgemeinde
Plauen: Evangelisch-Lutherisches Pfarramt St. Johannis
Pomßen: Evangelisch-Lutherisches Pfarramt
Potsdam: Domstiftsarchiv Brandenburg

Querfurt: Evangelisches Pfarramt

Raguhn: Evangelisches Pfarramt
Reichenbach: Evangelisch-Lutherisches Pfarramt Peter-Paul
Reinsdorf: Evangelisches Pfarramt
Rochlitz: Evangelisch-Lutherisches Pfarramt
Ronneburg: Evangelisch-Lutherisches Pfarramt
Rossla: Evangelisches Pfarramt
Rudolstadt: Evangelisch-Lutherisches Pfarramt ◊ Thüringisches Staatsarchiv Rudolstadt

Saalfeld: Evangelisch-Lutherische Kirchgemeinde
Schafstädt: Evangelisches Pfarramt
Schellenberg: Evangelisch-Lutherische Kirchengemeinde
Schloßvippach: Evangelisch-Lutherische Kirchengemeinde
Schönheide: Evangelisch-Lutherisches Pfarramt
Schwerin: Mecklenburgisches Kirchenbuchamt
Seehausen: Kirchgemeinde Seehausen
Seifhennersdorf: Evangelisch-Lutherische Kirchengemeinde
Sömmerda: Kirchgemeinde Sömmerda
Sohland: Evangelisch-Lutherisches Pfarramt
Sollstedt: Evangelisches Pfarramt
Sondershausen: Evangelisch-Lutherisches Pfarramt St. Trinitatis
Stolpen: Evangelisch-Lutherische Kirchgemeinde
Strassberg: Evangelisches Pfarramt
Strehla: Evangelisch-Lutherische Kirchgemeinde
Stuttgart: Landesarchiv Baden-Württemberg, Staatsarchiv Ludwigsburg
Suhl: Evangelisch-Lutherisches Pfarramt St. Marien

Taucha: Evangelisch-Lutherisches Pfarramt
Thum: Evangelisch-Lutherisches Pfarramt
Torgau: Evangelische Kirchgemeinde ◊ Stadtarchiv
Theißen: Evangelische Kirchgemeinde
Trebsen: Evangelisch-Lutherisches Pfarramt
Tribsees: Evangelische Kirchengemeinde
Trockenborn: Evangelisch-Lutherisches Pfarramt
Kühren-Sachsendorf: Evangelisch-Lutherisches Pfarramt

Wernigerode: Evangelische Kirchgemeinde St. Johannis
Wehrsdorf: Evangelisch-Lutherisches Pfarramt
Weida: Evangelisch-Lutherisches Pfarramt

Weimar: Archiv der Hochschule für Musik ◊ Stadtkirchenamt ◊ Thüringisches Hauptstaatsarchiv ◊ Weimar
Weißandt-Gölzau: Evangelisches Pfarramt
Weißenfels: Evangelische Kirchengemeinde
Werdau: Evangelisch-Lutherische Marienkirchgemeinde
Wermsdorf: Evangelisch-Lutherisches Pfarramt
Wolfenbüttel: Landeskirchliches Archiv

Zerbst: Evangelische Kirchgemeinde St. Bartolomäi
Zittau: Evangelisch-Lutherische Kirchgemeinde
Zörbig: Evangelisches Pfarramt St. Mauritius
Zwickau: Evangelisch-Lutherisches Dompfarramt St. Marien

Abbildungsnachweis

Gewandhausarchiv: 53, 59, 91, 99, 137, 150, 153, 154, 173, 191, 203, 204, 207, 208, 212, 225, 236, 239 (Repro Gert Mothes), 259 (Repro Gert Mothes), 269 (Repro G. W. Heyde), 270 (Repro Gert Mothes), 294 (Repro Barbara Stroff),
298 (Barbara Stroff), 308 (Gert Mothes).
Hochschule für Musik und Theater »Felix Mendelssohn Bartholdy« Leipzig: 104, 109.
Hochschule für Musik und Theater Leipzig: 104, 109.
Kustodie der Universität Leipzig: 21
Museum für Musikinstrumente der Universität Leipzig: 144.
Stadtarchiv Leipzig: 17, 26, 27, 45, 110, 155, 160, 169, 177, 184, 213, 220, 235.
Stadtgeschichtliches Museum Leipzig: Vorsatz, 12, 15, 16, 20, 28, 35, 38, 39, 42, 86, 87, 94, 97, 98, 100, 108, 129, 130, 152, 179, 185, 233.
Thomasalumnat Leipzig: 29 (Repro Christoph Sandig).

Persönliche Auskünfte und Hinweise

Renate Berhardt, Leipzig
Bridget Carr, Boston
Mathilde Erben, Leipzig
Paul Ganson, Detroit
Wolfgang Gaudich, Marienheide
Udo Hannewald, Leipzig
Inge Hirsch, Braunschweig
Volkmar Kalki, Magstadt
Anneliese Lorenz, Berlin
Georg Meerwein, Bamberg
Gerd Meyer, Marburg
Nina Milzkott, Berlin
Elke Mühlpfordt, Nürnberg
Karin Patzak, Leipzig
Jürgen Ramin, Baden-Baden
Hildegard Rebhan, Kollmar
Hans-Helfried Richter, Dresden
Erna Roscher, Berlin
Gisela Rucker, Dresden
Eduard Schmalnauer, Bad Reichenhall
Hilde Schwärsky, Berlin
Norman Schweikert, Washington Island/WI (USA)
Eberhard Steinbrecher, Schifferstadt
Ursula Stiehler, München
Thomas Terf, Markranstädt
Peter Tietze, Berlin
Karl Unger, Dresden

Ortsregister

A
Aachen 145, 177, 318
Aarhus 171
Abtnaundorf 46
Adorf 94
Affalter 281
Afula bei Nazareth (Israel) 321
Agra bei Lugano (Schweiz) 243
Agram (Zagreb) 232
Ahlbeck 211, 221
Ahrensburg 320
Alach bei Erfurt 144
Algier 161
Aliceville/AL (USA) 242
Allenstein/Ostpreußen 281
Altenburg 32, 71, 78, 83, 84, 90, 93f., 104, 106f., 133, 143, 172, 173, 180, 185, 188, 200, 217, 227, 232, 245f., 252, 255, 261, 266, 282, 285, 291, 301
Altkessel/Schlesien 280
Altona 42, 76, 113, 123, 138, 156, 168, 186
Altona-Blankenese 229
Altoschatz 83
Altscherbitz bei Leipzig 213
Alt-Schlawe/Pommern 264
Altwaltersdorf/Oberlausitz 74
Amsterdam 79, 93, 151, 161f., 169, 174, 309
Andernach 248
Ankara (Türkei) 256
Annaberg/Erzgebirge 69, 145, 215, 261, 284
Annaberg-Buchholz 69, 304

Annaburg 55, 261
Apolda 260
Arad/Banat (Rumänien) 290
Arnheim (Niederlande) 254
Arnsdorf bei Görlitz 264
Arnstadt 173, 196, 252, 264
Arolsen 124
Artern 92, 133, 146, 305
Aschersleben 79, 296
Aßmannshardt 319
Audigast 55
Aue 243, 248, 257f., 260, 264, 267, 278, 281
Auerbach/Vogtland 20, 94, 282, 284, 299, 310
Augsburg 79, 133, 220, 233, 312
Auligk 56
Auma 73, 117

B
Babelsberg 286f.
Baborow bei Raciborz (Polen) *siehe* Bauerwitz bei Ratibor/Schlesien
Bad Aiblingen 278
Bad Berneck 215
Bad Cannstatt 194
Bad Düben 250, 260
Bad Elmen 185, 192
Bad Elster 94, 114, 143, 149, 158, 163, 167, 176, 193, 245, 253, 260, 299
Bad Ems 161, 176, 215, 218
Bad Flinsberg 250
Bad Goczalkowitz/Schlesien 195

Bad Harzburg 193, 218, 245
Bad Hersfeld 232
Bad Hohenstein *siehe* Hohenstein-Ernstthal
Bad Homburg 115, 169, 217
Bad Ischl 134, 156, 199
Bad Kissingen 168, 171, 307
Bad Klosterlausnitz 283
Bad Königsborn 193
Bad Königstein 217
Bad Köstritz 299
Bad Kreuznach 162, 215, 226, 249, 251, 254
Bad Kudowa 215
Bad Landeck/Schlesien 222, 232
Bad Langensalza 56, 94
Bad Langenschwalbach 199
Bad Lausick 113f., 223, 262
Bad Liebenstein 232
Bad Liebenwerda 279
Bad Liebwerda 257
Bad Lippspringe 219
Bad Nauheim 175, 214, 217, 223, 232
Bad Naumheim 125
Bad Neuenahr 198
Bad Oeynhausen 192
Bad Oldesloe 198
Bad Pyrmont 172, 217, 223, 248
Bad Reichenhall 168, 172, 180, 191f., 199
Bad Reinerz/Schlesien 136, 190, 196, 218, 221, 253
Bad Rothenfelde/Teutoburger Wald 211, 216

Bad Sachsa 211
Bad Salzuflen 313
Bad Salzungen 232, 307
Bad Schandau 241, 251, 261
Bad Schmiedeberg 68, 262
Bad Schwalbach 134, 227, 231
Bad Soden/Taunus 211, 252
Bad Sulza 122, 177
Bad Tennstädt 56
Bad Warmbrunn/Schlesien 157
Bad Wildbad 218
Bad Wildungen *siehe* Niederwildungen
Bad Wurzach 317
Baden (Schweiz) 134
Baden-Baden 81, 106, 145, 182, 192, 200, 221, 227, 230, 232, 313
Bärenstein/Erzgebirge 19
Bahren bei Grimma 269
Ballenstedt 66, 148
Bamberg 86, 216, 223, 227, 322
Barchfeld bei Bad Salzungen 145
Barleben bei Magdeburg 194
Barmen 138, 160, 168
Basel 126, 131, 161, 278, 309
Battaune/Dübener Heide 216
Bauerwitz bei Ratibor/Schlesien 65
Bautzen 24, 27, 29, 41, 47ff., 89, 92, 114, 133, 255, 278, 300, 304
Bayreuth 144, 164, 181, 184, 226f., 247, 251
Bečov nad Teplou (Tschechien) *siehe* Petschau bei Karlsbad

Beichlingen 57
Belgrad 275
Belzig bei Wittenberg 75
Bempflingen 311
Benneckenstein 254
Bennewitz bei Torgau 265
Benningen 195
Bensheim-Auerbach 225
Bergen/Rügen 305
Berglase/Rügen 187
Berlin 20, 23, 28, 31, 40, 45, 63, 65 ff., 71 f., 75 ff., 81, 83, 91, 103, 106, 110 f., 113, 116, 124, 126, 128, 133 f., 140, 144, 148, 151 f., 155 f., 160 f., 164 f., 168, 170 f., 174 f., 178, 180, 184, 186 f., 190, 197 f., 205, 207, 211, 213, 216, 218 f., 221 ff., 224 ff., 227 ff., 233 f., 237, 241 ff., 245 ff., 250 ff., 255 ff., 259, 261 f., 264, 266 ff., 270 ff., 274, 280 f., 283 ff., 289 ff., 295 ff., 299, 301 ff., 306 f., 309 f., 312 ff., 318 ff.
Bermsgrün bei Schwarzenberg 159, 278
Bern 127, 205, 210
Bernburg 134, 215, 257, 261, 267, 268, 274, 311
Bernried/Oberbayern 319
Bernsbach/Erzgebirge 32
Bernstadt/Oberlausitz 109
Bernstadt/Schlesien 255
Beuthen/Schlesien 249, 259
Beverly Hills/CA (USA) 275
Beyersdorf 31
Biala bei Bielitz/Schlesien 172
Biberach/Riß 319
Bibra 25
Bielefeld 192, 260
Bielsko-Biała (Polen) siehe Biala bei Bielitz/Schlesien
Biere bei Schönebeck/Elbe 184
Bierutow (Polen) siehe Bernstadt/Schlesien
Binz 230
Bischkek (Kirgistan) siehe Frunse/Kirgisien (Sowjetunion)
Bischofswerda 302
Bitterfeld 21, 50, 260, 280, 315
Blankenburg/Harz 175
Blasewitz 220
Bloomington/IND (USA) 313
Bobkovo (Rußland) 231
Bochum 198, 251, 302, 313
Bochum-Werne 230
Bodenbach 261, 271

Böhlen 258
Bogatynia (Polen) siehe Reichenau bei Zittau
Bohnenland bei Brandenburg/Havel 222
Bologna 53, 113
Bonn 105, 202, 226, 250, 255, 257, 280, 311, 315
Borna 31, 94, 173, 184, 196, 200, 262, 268, 277, 305, 313
Bornum bei Zerbst 226
Borsdorf bei Leipzig 214, 287
Borstendorf bei Augustusburg 46
Borxleben 297
Boston 147, 148, 151, 152, 156, 162, 163, 164, 165, 192, 214, 218, 296, 303, 316
Botkyrka (Schweden) 311
Bozen 179, 278
Brand/Erzgebirge 160
Brandenburg/Havel 233
Bratislava 318
Braunau 245, 253
Braunschweig 79, 105, 128, 140, 174, 201, 244, 252, 260 f., 312, 319
Brehna 253
Breitenbach/Harz 199
Bremen 57, 73, 81, 87, 104, 109, 115, 128, 130 f., 136, 140, 156, 170, 176 f., 186, 202, 215, 234, 253, 309, 315, 320
Bremerhaven 135, 245
Breslau 19, 22, 25, 28, 66, 93, 111, 127, 132, 138, 156, 168, 171, 190, 198, 200, 219, 223, 230, 233, 243, 265, 268, 273, 275, 278, 280, 296
Brieg/Schlesien 270, 296
Brigachthal-Klengen/Schwarzwald 316
Brisbane (Australien) 322
Bromberg 247, 263
Brünn 171, 275
Brüssel 50, 140, 161, 179, 205 f., 211, 234
Brunndöbra bei Klingenthal 143, 249, 253
Brunshaupten 221
Brzeg (Polen) siehe Brieg/Schlesien
Brzeg Dolny (Polen) siehe Dyhernfurt/Oder
Buchenwald KZ 214
Budapest 118, 179, 312, 318, 320
Bückeburg 52, 174, 255, 263
Bürgel 190

Buffalo/NY (USA) 147
Bukarest 178
Burg 184
Burghausen an der Salzach 221
Burgkemnitz 85
Burgstädt 257, 261, 265 f., 268, 271, 273, 277, 282
Burgwitz bei Freital 263
Burkardtsdorf/Erzgebirge 265
Bydgoszcz (Polen) siehe Bromberg
Bytom (Polen) siehe Beuthen/Schlesien

C
Calbitz bei Oschatz 18, 59
Calgary 303
Calw 317
Camp McCain/MS (USA) 242
Caputh 310
Celle 139, 157, 229
Cento bei Bologna 53
Cheb (Tschechien) siehe Eger/Böhmen
Chelmno (Polen) siehe Culm/Westpreußen
Chemnitz 50, 72, 94, 116, 132, 142, 147, 178, 180, 183, 188, 197, 221, 224, 243, 245, 248, 251, 257, 261 f., 264, 266 ff., 273, 277 ff., 281 ff., 287, 289, 297, 299, 301, 304, 311, 315, 317
Chicago 162, 165, 167, 182
Chojnow (Polen) siehe Haynau
Chrast bei Lichtenstein 223
Chrastov bei Listany (Tschechien) siehe Chrast bei Lichtenstein
Christiania 128
Ciechanow (Polen) siehe Zichenau
Cincinnati 140, 197
Claußnitz bei Chemnitz 28
Cleve 79
Cluj (Rumänien) 290
Coblenz 187
Coburg 22, 62, 73, 115, 136, 147, 188, 216
Cölln bei Meißen 167
Colditz 42, 90, 93 f., 163, 172, 274
Colmar 102, 124
Connewitz 70
Cosel/Schlesien 253
Coswig 21, 315

Cottbus 47, 168, 259, 265, 286, 289, 295, 304, 306, 316
Creutzburg/Werra 311
Crimmitschau 180, 188, 263, 266, 275, 302
Crossen/Mulde 245
Crottendorf/Erzgebirge 144, 284
Cröbern 80
Culm/Westpreußen 123

D
Dallwitz/Böhmen 251
Dalovice (Tschechien) siehe Dallwitz/Böhmen
Danzig 24, 25, 70, 105, 171, 183, 216, 218, 223, 226, 277, 281
Darmstadt 63, 162, 197, 216, 256, 312, 322
Debrecen (Ungarn) 319
Děčín siehe Bodenbach
Delitzsch 48, 49, 52, 288
Den Haag 124, siehe 's Gravenhage
Derenburg am Harz 230
Dessau 57, 64, 67 f., 74, 90, 103, 105, 107, 118 f., 129, 135, 162, 175, 189, 196, 201 f., 211, 215, 226, 232, 241, 245, 248, 250, 252, 255, 257 f., 260, 263, 267, 277 f., 282, 286, 291, 309, 318, 322
Detmold 128, 247, 287, 312 f., 316, 319, 321
Detroit 192
Deutsch Luppa bei Dahlen 209
Deventer (Niederlande) 108
Dielsdorf bei Weimar 103
Diemarden bei Göttingen 192
Dippoldiswalde 19, 50, 121, 258, 293
Dirschau bei Danzig 247
Dittmanndorf bei Waldenburg/Schlesien 111
Doberschau/Schlesien 262
Dobichau bei Naumburg 30, 54
Dobroszow (Polen) siehe Doberschau/Schlesien
Döbeln 219, 281, 306, 310
Döben bei Grimma 79, 84
Döbern/Niederlausitz 289
Dohna 304
Domanice (Polen) siehe Domanze/Schlesien
Domanze/Schlesien 72
Dominium Semil im Bunzlauer Kreis in Böhmen 119

Dommitzsch 92, 231, 250, 253 f., 258
Domsdorf bei Bad Liebenwerda 279
Donawitz bei Carlsbad 83
Dornach (Schweiz) 141
Dorpat 91
Dorstadt bei Wolfenbüttel 108
Dortmund 173, 179, 187, 194, 196 f., 220, 291, 310, 316, 318
Dreißig bei Döbeln 245
Dresden 13 f., 16, 19, 22 ff., 28, 32 f., 35, 42, 46 f., 52 f., 57, 60 ff., 65 ff., 73 ff., 77, 79 f., 82 ff., 86, 88 ff., 92, 100, 105, 107, 109, 111, 115 f., 118, 121, 128, 130, 132 f., 135, 138, 141, 146, 151, 155 ff., 161, 165 ff., 171, 176, 178, 183 f., 190 f., 194 f., 199, 201, 207, 210, 213 f., 218, 220 ff., 226 f., 230, 232 f., 241 f., 245, 248 f., 251 f., 254 ff., 258, 260, 262 f., 265 f., 268 f., 271 ff., 275, 277 f., 282 f., 286 f., 290 f., 296 f., 299 ff., 304 ff., 312 f., 315 f., 319, 321
Dresden-Bühlau 121
Droyßig 266
Düben/Mulde 246
Duchcov (Tschechien) *siehe* Dux
Dudweiler bei Saarbrücken 322
Dülken 321
Düsseldorf 86, 92, 105, 109, 111, 113, 116, 149, 151, 157, 181, 197, 227, 255, 278, 288, 310, 314, 317
Duisburg 260, 297
Duszniki Zdroj (Polen) *siehe* Bad Reinerz/Schlesien
Dux 244
Dyhernfurth/Oder 19
Dziecmorowice (Polen) *siehe* Dittmannsdorf bei Waldenburg/Schlesien

E

Ebendorf bei Magdeburg 286
Ebersberg 310
Ebersbrunn 285
Ebersdorf bei Chemnitz 127
Eberswalde 314
Egeln 253
Eger/Böhmen 246
Ehrenberg 269
Eibau/Oberlausitz 255
Eibenstock 94
Eichicht/Thüringen 280
Eilbeck 202

Eilenburg 25, 48, 54, 67, 84, 189, 191, 216
Einbeck 137
Eisenach 125, 193, 208, 214, 277 f., 283, 311
Eisenberg 69, 90, 118, 132, 141, 299
Eisleben 70, 229, 245, 252, 284, 289
Eitorf 307
Elberfeld 122, 168, 199, 214, 228
Elbing 70, 127, 233
Elbingerode/Harz 295
Elbisbach bei Bad Lausick 261, 277
Elgersburg bei Ilmenau 296
Elster *siehe* Bad Elster
Elstra/Oberlausitz 213
Emden 309
Engelsdorf bei Leipzig 202, 287
Eperies (Prešov) 70
Erfurt 66, 103, 176, 180, 188, 194, 200, 215, 222, 247, 250, 252 f., 256, 260, 267 f., 275, 279, 281, 283, 293, 296, 306, 314
Erlangen 315, 322
Ermlitz bei Schkeuditz 55
Ernstthal bei Chemnitz 77
Eschwege 232
Eschweiler 318
Espenhain 261
Esperstedt bei Bad Frankenhausen 119
Essen 256, 296, 311, 314, 321
Eutritzsch 89, 112

F

Falkenberg bei Mosach 310
Falkenberg/Elster 261
Falkenberg/Lothringen 197
Falkenstein/Vogtland 265, 282, 310
Finow 314
Finowfurt 314
Flensburg 232, 246, 252, 272
Flintbek bei Kiel 131
Florenz 53, 113, 283
Flößberg 277
Flurstädt bei Apolda 186
Förderstedt bei Staßfurt 216
Fort Devens/MA (USA) 242
Fort Jackson/SC (USA) 253
Frankenberg bei Chemnitz 167, 172
Frankenhausen 20, 141, 148, 175

Frankfurt/Main 13 f., 16, 37, 95, 99, 105 f., 111, 114, 116, 119, 126, 130, 132, 146 ff., 173, 179, 189, 206 f., 214 f., 217, 232, 237, 246, 252, 275, 278, 291, 303, 312 f., 315 f., 321 f.
Frankfurt/Oder 247 f., 251, 254, 262, 279, 287, 304, 307
Frauenfeld/Thurgau (Schweiz) 120
Frauenstein/Erzgebirge 200
Freiberg/Sa. 17, 19, 21 ff., 26, 32, 49 ff., 54, 59, 69, 111, 273, 278, 280, 283, 290, 305
Freiburg/Br. 275, 307, 312 ff., 318, 321
Freital 263, 267, 292
Friedberg/Hessen 217
Friedrichroda 195, 226
Friedrichs-Tanneck bei Eisenberg 91, 118
Frohburg 20, 30, 50, 129, 136 f., 139, 143, 145, 181, 243, 245 f., 292
Frohnau bei Annaberg/Erzgebirge 82
Frunse/Kirgisien (Sowjetunion) 321
Fulda 278
Fulnek (Mähren) 275
Fürstlich Neudorf 281

G

Garmisch-Partenkirchen 255
Gaschwitz 20
Gautzsch bei Markkleeberg 244, 246
Gebesee 50, 161
Gebirgsneudorf/Sudetenland 244
Gefell bei Schleiz 292
Geithain 139
Gelsenkirchen 222, 255, 313
Genf 133, 179, 205 f., 232, 315
Gera 23, 57, 69, 115, 135, 139, 142, 147, 177, 187, 190, 192, 230, 232, 246, 248, 252 f., 259, 262, 268, 292, 299
Gera-Langenberg 292
Geringswalde bei Rochlitz 261
Gerlachsheim/Schlesien 199
Gersdorf bei Görlitz 23
Giengen bei Ulm 312
Gießen 278
Gießhübel/Sudetenland 253
Glasgow 161, 189
Glashütte/Vorpommern 283

Glashütten 223
Glauchau/Sa. 57, 90, 94, 138, 143, 276
Glogau/Schlesien 242
Glogow (Polen) *siehe* Glogau/Schlesien
Glösa bei Chemnitz 121
Glückstadt 142
Goczałkowice Zdrój (Polen) *siehe* Bad Goczalkowitz/Schlesien
Göda bei Bautzen 69
Goes bei Pirna 81
Goldingen (Kurland) 120
Golzern bei Grimma 118, 122, 269
Göritz/Niederlausitz 46
Görlitz 22, 32, 61, 168, 214, 242, 250, 258, 264, 267, 269, 273 f., 280, 282 f., 287, 291, 302, 304, 306
Gorzów Wielkopolski (Polen) *siehe* Landsberg a. d. Warthe
Goslar 147, 193, 201, 245
Gossa 85
Göteborg 256, 257
Gotha 67, 193, 214, 216, 232, 252, 258, 260, 265, 267 f., 275, 278 f., 292 f., 313
Göthewitz bei Weißenfels 124
Göttingen 52, 63, 83, 86, 163, 172, 192, 216, 245
Grabiszyce (Polen) *siehe* Gerlachsheim/Schlesien
Grabsleben 193
Grafing 310
Graudenz 211
Graz 215, 245, 319
Greifswald 231, 246, 254, 264, 290
Greiz 94, 133, 166, 176, 180, 257, 259, 260, 282, 291, 297, 305
Greulich bei Bunzlau 130
Grimma 31, 48, 57 f., 69, 71, 78 f., 81, 108, 137, 167, 175, 188, 198, 200, 252, 269, 271, 276, 289
Gröbzig bei Köthen 103
Grödinge (Schweden) 311
Grodzanowice bei Bolesławiec (Polen) *siehe* Greulich bei Bunzlau
Groitzsch 131
Groß Kühnau bei Dessau 114
Groß Lüsewitz bei Rostock 307
Großaga bei Gera 175
Großbothen bei Grimma 167

Großenhain 89, 243
Großgarnstadt bei Coburg 246
Großgraupa/Sa. 210
Großkayna bei Merseburg 55
Großleesen bei Danzig 105
Großlehna 252
Großleinungen bei Sangerhausen 255
Groß-Merzdorf bei Schweidnitz/Schlesien 283
Großmonra bei Kölleda 268
Großolbersdorf bei Zschopau 264
Großräschen-Süd 304
Großröhrsdorf 167
Großrückerswalde 261
Groß-Thurze/Schlesien 210
Grudziądz (Polen) *siehe* Graudenz
Grünbach/Vogtland 282
Grünberg/Schlesien 280
Grundhof bei Salzungen 147
Guben 190, 228
Guben/Niederlausitz 25
Güsten 267
Güstrow 120
Guteborn 200

H
Hadersleben 133
Hagen/Westfalen 228, 285
Hahnenklee/Harz 201
Hainsberg bei Freital 292
Halberstadt 18, 138, 277, 281, 286
Haldensleben 148
Halle/S. 19, 28, 70, 85, 103, 105, 111, 125, 137, 140, 168, 184 f., 188, 193, 215, 217 f., 228, 233, 242, 247, 250, 254 f., 258, 260 ff., 264 f., 270, 272 ff., 279 ff., 284 ff., 290 ff., 295 ff., 310 f., 314, 316, 321
Haltern 318
Hamburg 13 f., 16, 28, 38, 62, 72, 75, 91, 95, 98 f., 102, 104, 113, 126, 133 ff., 140 f., 162, 168, 175 f., 182, 185, 192 f., 202, 206 f., 214, 230, 232, 237, 240, 248 f., 252, 256, 275, 278, 283, 285, 287, 309, 313, 320, 322
Hannover 64, 79, 82, 85, 88, 106, 127, 128, 132, 139, 161, 172, 216, 221, 228 f., 233, 246, 248, 252, 258, 278, 307, 309 f., 313, 316
Harburg 141
Hartmannsdorf bei Chemnitz 110

Harvard 214
Häselrieth bei Hildburghausen 62
Hasserode 125
Haufeld bei Rudolstadt 270
Haynau 262
Heide/Holstein 182, 260, 322
Heidelberg 75, 113, 250, 315, 318
Heidenheim 312
Heilbronn 216
Heiligenstadt/Eichsfeld 246
Helbra bei Eisleben 229
Heldburg 62
Helgoland 198, 229
Helldorf bei Welun 272
Hellerau bei Dresden 248
Helmbrechts 214
Helsingfors 120, 162, 178, 202
Helsinki 211 *siehe auch* Helsingfors
Hemmendorf bei Lucka 173
Herford/Westfalen 211
Heringsdorf 191
Herschdorf bei Pößneck 260
Herzberg 52, 261
Hettstedt 30
Hildburghausen 62, 283, 306
Hildesheim 56
Himmelkron 230
Hintersee 283
Hirschberg/Schlesien 44, 74, 157, 215
Hochofen bei Karlsbad 251
Hof/S. 180, 216, 226, 250 f., 254
Hofgeismar 232
Hohenmölsen 190, 200 f.
Hohenstein/Ernstthal 168
Hohenstein-Ernstthal 77
Hohenthurm bei Halle/S. 281
Holdenstadt 138
Holzhausen bei Leipzig 214, 245
Holzminden 174 f., 313
Homburg *siehe* Bad Homburg
Homburg/Saar 311
Horka/Oberlausitz 79, 84
Hornburg bei Eisleben 192
Hoyerswerda 231, 249, 289
Hradec Králové (Tschechien) *siehe* Königgrätz
Hubertusburg 71
Hütten bei Pößneck 260

I
Ilmenau 214
Ingolstadt 253

Interlaken 189
Interlaken (Schweiz) 174
Iserlohn 252

J
Jaczkowa Dolna bei Klodzko (Polen) *siehe* Niederhannsdorf bei Glatz
Janówka 272
Jecha bei Sondershausen 267
Jechaburg bei Sondershausen 164
Jelenia Gora (Polen) *siehe* Hirschberg/Schlesien
Jena 24, 57, 74, 103, 125, 147, 178, 249, 253, 256, 260, 264, 278, 283 f., 290, 293, 297, 304 f., 311, 317
Jessen bei Wittenberg 211
Johanngeorgenstadt 282
Jöhstadt/Erzgebirge 47, 119

K
Kaaden/Böhmen 88
Kadan (Tschechien) *siehe* Kaaden/Böhmen
Kaimberg bei Gera 101
Kaiserslautern 172, 199, 226, 315
Kalcutta 149
Kaliz (Polen) *siehe* Kalisch
Kalkreuth bei Großenhain 251
Kaltennordheim/Rhön 232
Kamenz 51, 69, 123
Karl-Marx-Stadt *siehe* Chemnitz
Karlruhe 322
Karlsbad 98, 134, 168, 172, 192, 213, 241, 244
Karlsbad/Langensteinbach 225
Karlsruhe 61 f., 91, 124 f., 141, 161, 211, 217, 220, 227, 230, 307, 313, 316, 318
Kassel 25, 30, 62, 67, 81, 83 f., 88 f., 91, 94, 114, 161, 230, 268
Katowice 320
Kattowitz/Schlesien 243
Kehlheim/Donau 221
Kempten 134
Kersley/British Columbia (Kanada) 189
Kiel 228, 244, 249, 319, 322
Kilianstädten bei Frankfurt/Main 217
Kipsdorf 258
Kirchhain 231
Kirchheiligen bei Langensalza 211
Kirchsteitz 247

Kitsee bei Preßburg 106
Kitzingen 74
Kitzscher bei Leipzig 200
Klausenburg *siehe* Cluj (Rumänien)
Kleckewitz bei Raguhn 117
Kleinkorbetha 177
Kleinmachnow 284, 292, 295
Kleinmölsen bei Vieselbach 118
Kleinrudestedt bei Weimar 127
Klein-Schönebeck bei Berlin 261
Kleintschansch bei Breslau 198
Kleinzschocher bei Leipzig 202, 210
Klinga 279
Klingenthal 249, 253, 273, 280, 282, 305
Klosterlausnitz 145
Klosters (Schweiz) 91
Klötze 231
Klotzsche bei Dresden 299
Koblenz 79, 190, 200, 307
Kolin 24
Kölleda 20, 57, 248, 260
Kollmar bei Glückstadt 216
Köln 13 ff., 38 f., 100, 109, 116 ff., 138, 151 f., 168, 175, 181, 194, 205 ff., 209 f., 213, 218, 226 ff., 232, 237 f., 247, 250, 255, 275, 277, 283, 307, 309 ff., 313 f., 316 ff., 321
Königgrätz 191
Königsberg 41 f., 67, 70, 79, 81, 116, 157, 211, 250, 252, 256, 281
Könnern 189
Konstanz 293
Kopaczow (Polen) *siehe* Ober-Ullersdorf
Kopaniec (Polen) *siehe* Seifersau/Schlesien
Köpcsény bei Bratislava *siehe* Kitsee bei Preßburg
Kopenhagen 24, 138, 160, 171, 249, 320
Körner 199
Koschmieder/Schlesien *siehe* Kosmidry (Polen)
Köslin/Pommern 176
Kosmidry (Polen) 315
Koszalin (Polen) *siehe* Köslin/Pommern
Köthen 18, 85, 87, 190, 268, 295
Kozle (Polen) *siehe* Cosel/Schlesien
Krakau 178

Krásná Lípa bei Rumburk (Tschechien) *siehe* Schönlinde bei Rumburg
Krasny Les bei Ústí nad Labem (Tschechen) *siehe* Schönwald bei Aussig
Krefeld 191, 320
Kronstadt/Siebenbürgen 70
Krumhermsdorf bei Stolpen 93, 103
Kuldiga (Lettland) *siehe* Goldingen (Kurland)
Kulkwitz bei Leipzig 288
Künitzsch 31
Kursdorf bei Eisenberg 132
Küstrin 233
Kutna Hora (Tschechoslowakei) 266
Kyhna 288

L
La Coruña (Spanien) 296
La Crescenta/CA (USA) 164
Ladek Zdrój (Polen) *siehe* Bad Landeck
Lage 313
Lahr 317
Landau 133
Landsberg a. d. Warthe 233
Langensalza 73
Lauban/Schlesien 41, 43, 173, 256
Laucha/Unstrut 142
Lauchhammer 302
Lauchstädt *siehe* Bad Lauchstädt
Lausanne 234
Lausigk *siehe* Bad Lausick
Lauter 18
Lawrence/MA (USA) 182
Lazne Libverda (Tschechien) *siehe* Bad Liebwerda
Leeds 171
Legnica *siehe* Liegnitz
Lehesten 280
Leisnig 54, 60, 183, 259, 310
Leißling bei Weißenfels 170
Lemberg 148, 178, 275
Lemgo 210
Lengefeld/Erzgebirge 51
Lengenfeld/Vogtland 143, 166
Leningrad 270
Leśna (Polen) *siehe* Marklissa/Schlesien
Leutersdorf 256
Leutzsch 87
Leverkusen 311

Lewin Brzeski *siehe* Löwen/Schlesien
Leźno bei Gdańsk (Polen) *siehe* Großleesen bei Danzig
Libau (Lettland) 162, 188, 198
Liberec (Tschechien) *siehe* Reichenberg/Sudetenland
Lichtenau bei Neustadt/Orla 125
Lichtenstein 223
Lichtenstein-Callenberg 188
Liebertwolkwitz 217
Liegnitz 124, 173, 211
Liepaja (Lettland) 198, *siehe* Libau (Lettland)
Limbach-Oberfrohna 188
Lindau 134
Lindenthal bei Leipzig 264
Linz 245, 259, 285, 287
Litvinov (Tschechien) *siehe* Oberleutensdorf
Lobenstein 115, 260
Lochau bei Halle/S. 263
Lodz 275, 281
Löbau 23 f., 27, 29, 31, 34, 41, 44, 46 ff., 79, 84, 115, 254
Löberitz 52
Löbnitz bei Köthen 268
Lohmen bei Pirna 60, 65
Lommatzsch 69
London 13 f., 23, 81, 91, 105 f., 151, 162, 178, 221, 234, 240, 275, 296, 315, 318, 320
Lörrach 234
Los Angeles 195, 197
Lößnitz 30, 258, 260
Losswig 265
Löwen/Schlesien 270
Löwenberg/Schlesien 145
Luban (Polen) *siehe* Lauban/Schlesien
Lübeck 81, 148, 180, 192, 194, 199, 228, 243, 245, 252, 320, 321
Luby bei Skalna *siehe* Schönbach bei Wildstein
Lucka 32, 71, 89, 191, 291
Luckau 33, 51, 84, 122
Luckenwalde 304
Ludwigsburg bei Stuttgart 250
Ludwigshafen 319
Lugano 142, 158, 168
Lunden/Holstein 148
Lüneburg 72
Lünen 253
Lunzenau/Mulde 202
Lütgendortmund 230

Lützen 127
Luzern 117, 142, 146, 234
Lwow (Ukraine) *siehe* Lemberg
Lwowek Slaskie *siehe* Löwenberg/Schlesien
Lychen 286

M
Maasdorf bei Köthen 117
Magdeborn 277
Magdeburg 18, 21, 47, 52, 60 f., 66, 79, 88, 102, 122, 136, 156, 169 f., 178, 183 f., 198, 215, 223, 228, 254 f., 261, 268, 271, 276, 278 f., 282, 285 ff., 300 f.
Mainz 81, 117, 156, 187, 225, 250, 258, 309, 320
Manchester 113
Mannewitz bei Oschatz 94, 117
Mannheim 15 f., 67, 117, 177, 193, 226, 252, 278 f., 284, 293, 311, 315, 320
Marburg/Lahn 142, 234
Marcinowice (Polen) *siehe* Groß-Merzdorf bei Schweidnitz/Schlesien
Marienberg/Erzgebirge 20 f., 42, 264
Markersbach/Erzgebirge 278
Markkleeberg 290
Marklissa/Schlesien 18, 32, 171, 219
Markneukirchen 195, 299
Markneukirchen/Sa. 165, 170, 209
Markranstädt 200, 202, 252
Marl 318
Maroldsweisach 221
Martinroda bei Ilmenau 49
Mauthausen KZ 234
Meckenheim 311
Meerane 197
Meerane/Sa. 194, 261
Meilitz bei Neustadt/Orla 201
Meineweh 272
Meiningen 62, 75, 111 f., 118, 120 ff., 126, 138, 158, 181, 197, 214, 216, 218, 223, 241, 253, 260, 268, 278, 282, 286, 307
Meißen 58, 75, 79, 157, 253, 258, 280, 303
Meitingen bei Augsburg 232
Melkow 254
Melnik 50
Memel 197

Memmingen 309
Meran 159, 215, 217
Merseburg 18, 48, 56, 83, 111, 163, 254
Metz 142, 195
Meuselwitz/Thüringen 90, 107, 119, 161, 255, 260
Mildenau 60
Mitau 22, 32
Mittweida 143, 147, 260
Möchengladbach 320
Modena 53
Moers 320
Molau 63
Mönchpfiffel 114
Monte Grappa 214
Morungen bei Eisleben 70
Moskau 106, 120, 136, 140, 159, 167, 257, 290, 315
Mühlhausen 49
Muidenberg bei Amsterdam 93
Mulhouse *siehe* Mühlhausen/Elsass
München 63, 75, 126, 144, 151, 155, 158, 161 f., 178 f., 183, 185, 189, 205 ff., 214, 220 f., 224, 227, 233, 240, 245 ff., 249, 253, 257 f., 260, 267, 275, 288, 299, 309 f., 312 ff., 318 ff.
Münster/Westfalen 211, 252, 266
Murgon/Queensland (Australien) 322
Muskau 61, 77, 274

N
Naumburg/S. 60, 63, 66, 142, 252, 262, 290, 297
Naundorf bei Eilenburg 77
Naunhof 251, 264, 269, 272, 274, 279
Neidstein 193
Neinstedt 246
Neisse/Oberschlesien 283
Nerchau 280
Neubrandenburg 286
Neudorf/Erzgebirge 187, 215
Neudörfel bei Stolpen 271
Neukirchen bei Borna 71
Neukirchen bei Chemnitz 271
Neukirchen bei Neuß 310
Neukölln 176
Neumünster 186
Neusalz/Oder 217
Neustadt a. d. Haide 24
Neustadt a. d. Tafelfichte 257

Neustadt bei Coburg 145
Neustadt/Orla 58
Neustrelitz 53, 246, 258, 267, 271, 283, 286, 298, 303
New York 113, 135, 140, 147, 160 ff., 164, 182, 214, 240, 275, 296, 303, 312, 317, 320
Nichtewitz bei Torgau 243
Niederhannsdorf bei Glatz 132
Niederhone bei Eschwege 232
Niederoderwitz bei Zittau 83
Nieder-Poyritz bei Dresden 220
Niederwildungen 34
Niemcza *siehe* Nimptsch/Schlesien
Nienburg/Saale 128
Nienburg/Weser 316
Nikolaieff 214
Nikolajew (Ukraine) *siehe* Nikolaieff
Nimptsch/Schlesien 19
Nizza 120, 142, 158, 168
Nordenham 312
Norderney 168, 188
Nordhausen 60, 73, 74, 245, 255, 259, 279, 316, 321
Nordhorn 315
Norrköping (Schweden) 311
Northeim bei Göttingen 52
Norwich (GB) 318
Nossen 72, 247, 254, 268, 278
Nová Ves v Horách (Tschechien) *siehe* Gebirgsneudorf/Sudetenland
Nové Město pod Smrkem (Tschechien) *siehe* Neustadt a. d. Tafelfichte
Nowa Sol (Polen) *siehe* Neusalz/Oder
Nürnberg 132, 165, 189, 199, 284, 314 f.
Nysa (Polen) *siehe* Neisse/Oberschlesien

O

Obercrinitz bei Kirchberg 158
Obercunnersdorf /Oberlausitz 161
Ober-Grafendorf bei St. Pölten 181
Oberlauter bei Coburg 18
Oberleutensdorf 268
Oberplanitz bei Zwickau 196
Oberrenthendorf bei Triptis 141
Oberschlehna 248

Oberschreiberhau 256
Oberschützen 319
Oberspar bei Meißen 74
Obertau bei Schkeuditz 55
Ober-Ullersdorf 47
Obninsk 315
Oederan 72, 246
Oelsnitz 85
Oelsnitz bei Chemnitz 146
Oelsnitz/Vogtland 60, 282
Ohlau 219
Ohlau bei Breslau 253
Ohrum bei Wolfenbüttel 108
Okna (Tschechien) *siehe* Woken bei Hirschberg
Olawa (Polen) *siehe* Ohlau bei Breslau
Olbernhau/Erzgebirge 26, 32, 167, 301
Olbersleben bei Buttstädt 123, 125, 131
Oldenburg 62, 82, 263, 309, 312
Olešnice v Orlických Horách (Tschechien) *siehe* Gießhübel/Sudetenland
Olschynica bei Rybnik (Polen) *siehe* Groß-Thurze/Schlesien
Olsztyn (Polen) *siehe* Allenstein/Ostpreußen
Ortmannsdorf bei Zwickau 241
Ortrand 47, 137, 302
Oschatz 83, 92, 126, 133, 175, 180, 219, 223, 245, 251, 290
Oschersleben 296
Osiek Luzicki (Polen) *siehe* Wendisch-Ossig bei Görlitz
Oslo 215, 315, *siehe* Christiania
Osnabrück 216
Osterfeld 173, 272, 277
Osternienburg 292
Osterwiek 45
Otterwisch 22, 46
Oxford/England 91

P

Pabstleithen/Vogtland 277
Papitz bei Schkeuditz. 242
Parchim 197
Paris 13 f., 58, 62, 97, 105, 109, 113, 116, 124, 135 f., 138, 180, 205 ff., 213, 240, 244, 246, 256, 277, 283 f., 296, 316

Parschnitz bei Trautenau/Sudetenland 254
Pausa/Vogtland 230
Pécs 317
Pegau 313
Perleberg 233
Pest *siehe* Budapest
Petschau bei Karlsbad 232
Pewsum bei Emden 296
Pferdingsleben bei Gotha 190
Pforzheim 202
Philadelphia/PA (USA) 140, 162, 165, 214, 296, 316
Piesteritz 273
Pillnitz 234
Pilsen 223
Pirna 102
Pisa 29
Pittsburgh 162
Plauen 94, 104, 127, 163, 215, 230, 253, 258, 260, 276, 278, 282 f., 297
Podmokly (Tschechien) *siehe* Bodenbach
Pohlitz bei Greiz 172
Polleben bei Eisleben 245
Pomßen bei Naunhof 145
Poříří u Trutnova (Tschechien) *siehe* Parschnitz bei Trauenau/Sudetenland
Posen 66, 164, 241, 251
Pößneck 191
Potsdam 23 f., 115, 128, 195, 268 f., 272, 274, 279 f., 295, 299, 310
Prag 28, 62, 78, 118 f., 121, 126, 134, 179, 181, 214, 223, 244, 250, 253, 266, 278, 318
Prenzlau 305
Preßburg 67, 275
Pressel/Dübener Heide 250
Prettin bei Torgau 243
Pritzerbe/Havel 222
Pritzwalk 228
Profen 272, 297
Prößdorf bei Lucka 32
Providence/RI (USA) 303
Pulheim 307
Putbus 187

Q

Quedlinburg 45, 140, 148
Querfurt 192, 269, 272, 274 f., 279, 288
Quesitz bei Markranstädt 114, 139
Quesnitz bei Zeitz 272

R

Räckelwitz 300
Radebeul 189, 218, 263, 265, 269, 277 f., 299 f., 310, 315
Radeburg 137
Radefeld 288
Radegast bei Zörbig 131
Radewitz bei Prenzlau 305
Ragaz 189
Raguhn 60, 64, 101, 107, 257
Rasberg bei Zeitz 190
Rathmannsdorf bei Bernburg 267
Rauschen 252
Ravensburg 317
Rebesgrün bei Auerbach 284
Recklinghausen 253
Regensburg 163, 171, 318 f.
Reggio Calabria 279
Rehmsdorf bei Zeitz 125
Reichenau bei Zittau 29
Reichenbach/Oberlausitz 23
Reichenbach/Vogtland 71, 146, 166, 172, 218, 281, 283 f.
Reichenberg/Sudetenland 257
Reichenbrand bei Chemnitz 289
Reichstädt bei Dippoldiswalde 245
Reinholdshain 276
Reinsberg bei Nossen 81
Reinsdorf bei Artern 23
Reinsdorf bei Nebra 55
Reinsdorf bei Wittenberg 273
Reinsdorf bei Zwickau 181
Remscheid 293
Rendsburg 186
Rennersdorf 271
Reudnitz bei Leipzig 118, 194
Reutlingen 311, 321
Reval (Estland) 162
Rheinsberg 225
Richmond /VA (USA) 213
Riesa 251
Riethnordhausen 177
Riga 66, 70, 115, 117, 202, 275
Ringleben 297
Rinteln 52, 55
Ritteburg bei Artern 92, 122
Rochlitz 92, 315
Rockstedt bei Sondershausen 173
Rodewisch 299, 310
Rohrbach bei Döschnitz 126
Rom 113, 120
Ronneburg 69, 135, 190, 271
Rorschach (Schweiz) 141
Rosenheim 242, 309

Rositz 285
Roßla 45
Rostock 42, 115, 176, 193, 198, 247, 251, 265, 271, 280, 302, 307, 314, 321
Rotenburg/Wümme. 182
Rothenkirchen/Erzgebirge 265
Rottenbach bei Sonneberg 216
Rotterdam 126, 141
Rottleben bei Bad Frankenhausen 284
Rottwerndorf bei Pirna 285
Rüdersdorf 314
Rüdersdorf bei Gera 201
Rudolstadt 18, 73, 217, 221, 249, 263, 270, 297
Ruhland 200
Ruppertsgrün bei Werdau 218

S
Saalfeld 18, 129, 146, 260, 262, 267, 300
Saarbrücken 217, 317, 319, 322
Sadisdorf 258
Sagan/Schlesien 214, 262, 274
Sallgast/Niederlausitz 86
Salzbrunn 172
Salzburg 199, 232, 256, 275, 293, 315, 317 f., 320
Salzwedel 17, 202, 277
San Fernando/CA (USA) 195
San Fransisco 182
Sangerhausen 70, 92, 175, 255
São Paulo (Brasilien) 303
Satu-Mare (Rumänien) 290
Schafstädt 62
Schauberg/Oberfr. 216
Scheibe 188
Schellenberg bei Augustusburg 25
Schellerhau/Erzgebirge 258
Schienen/Bodensee 200
Schilda 48
Schildau 181, 266, 317
Schkeuditz 55, 278
Schkölen 265
Schlaitz 85
Schleiz 149, 230, 260, 283
Schleusingen 17, 214
Schmalkalden 17, 297
Schmannewitz 175, 277
Schmeckwitz 300
Schmiedeberg/Erzgebirge 258, 293
Schmölln 291

Schneeberg 19, 47, 94, 102, 265
Schnett 260
Schobrowitz bei Karlsbad 251
Schöna bei Eilenburg 273
Schönau bei Heidelberg 121
Schönau bei Zwickau 292
Schönbach bei Wildstein (Böhmen) 121
Schönberg bei Görlitz 43, 61
Schönberg bei Grevesmühlen 302
Schönbrunn bei Wien 205
Schönebeck siehe Bad Elmen
Schönefeld bei Leipzig 174
Schönheide/Erzgebirge 86, 265
Schönlinde bei Rumburg 250
Schönwald bei Aussig 258
Schulpforte 25, 85, 277
Schwarzenbach a. Wald 251
Schwarzenberg 159
Schweidnitz 170
Schweighausen/Südschwarzwald 317
Schweinfurt 226, 227
Schwerin 42, 103 f., 115, 118 f., 124 f., 131, 135, 161, 172, 195, 211, 221, 247, 263, 267, 271, 282, 284 ff., 290, 292 f., 296, 307, 313
Schwerstedt bei Weimar 214
Schwerta/Oberlausitz 18, 32
Sebaldsbrück bei Bremen 186
Sebnitz 250
Seehausen bei Bad Frankenhausen 134
Seehausen bei Leipzig 201
Seelingstädt 31
Seifersau/Schlesien 44
Seifhennersdorf/Oberlausitz 46
Sellerhausen bei Leipzig 168
Semily (Tschechien) siehe Dominium Semil im Bunzlauer Kreis in Böhmen
Senftenberg 304
's Gravenhage 121, 124
Sidney 319
Siebleben 279
Siegburg 313, 320, 322
Siershahn 261
Sitkowo bei Klin (Rußland) 229
Slawsko (Polen) siehe Alt-Schlawe/Pommern
Söhesten bei Hohenmölsen 162
Sohland/Oberlausitz 24, 41
Solingen 278, 293
Sollstedt 102

Sömmerda 44, 54, 256
Sondershausen 27, 31, 42, 86, 88, 101 f., 105, 111, 118, 124, 132, 140, 159, 161, 165, 167 f., 174, 180, 209, 251 f., 255, 262 f., 267 f., 278 f., 284, 286, 300
Sonneberg 188, 260, 279
Sonnefeld 62
Sopron 191
Sorau 61
Sorgau/Schlesien 75
Sowjetsk (Rußland) siehe Tilsit/Ostpreußen
Speyer 156, 177
Spielberg 55
Sprottau 22
St. Augustin/FL (USA) 182
St. Blasien 196
St. Etienne 250
St. Gallen 113, 125, 142, 309
St. Ingbert 322
St. Petersburg 64, 117, 120, 124, 161, 201
St. Pölten 156
Stadt Oldendorf 250
Stadtroda 311
Stammheim bei Winterthur 256
Stary Kisielin (Polen) siehe Altkessel/Schlesien
Stedten bei Querfurt 275
Steigra 32
Steinach/Thüringen 261
Steinbach-Hallenberg 17
Steinbrücken bei Gera 139
Steinhöring bei München 310
Stelzen bei Tanna 292
Stendal 88, 248, 284, 287
Stettin 170, 187, 195, 221, 248, 264
Stockholm 30, 311
Stolberg bei Aachen 228
Stolpen 68, 101, 117
Stommeln 307
Stötteritz 46
Stralsund 246, 305
Strasbourg siehe Straßburg/Elsaß
Straßburg 205
Streckewalde/Erzgebirge 261
Strehla bei Riesa 67
Striegau/Schlesien 170
Struppen 25
Struth-Helmershof 267
Strzegom (Polen) siehe Striegau/Schlesien
Stumsdorf bei Zörbig 180

Stuttgart 23, 91, 121, 128, 134, 140, 161, 179, 205 f., 210, 216, 224, 230, 241, 243, 248, 267, 275, 297, 302, 309, 311 ff., 317, 319 f.
Suhl 22, 283, 316
Sulikow (Polen) siehe Schönberg bei Görlitz
Sulkow bei Krakau 178
Sulza a. d. Ilm siehe Bad Sulza
Suttorf bei Hannover 229
Swetlogorsk (Rußland) siehe Rauschen
Swiecie (Polen) siehe Schwerta/Oberlausitz
Swieradow Zdroj (Polen) siehe Bad Flinsberg
Swinemünde 219
Sydney 322
Sylt 194
Szentendre 318
Szkarska Poręba (Polen) siehe Oberschreiberhau
Szombathely (Ungarn) 312
Szprotawa (Polen) siehe Sprotta

T
Tallinn (Estland) siehe Reval
Tanglewood 214
Tanglewood/MA (USA) 296
Taucha bei Leipzig 25, 72, 201
Taufkirchen/Vils 258
Tautendorf bei Leisnig 172
Tczew (Polen) siehe Dirschau bei Danzig
Těcíněves bei Litoměřice (Tschechien) siehe Tetschendorf beit Leitmeritz
Tellingstedt 263
Tennstedt 50
Teplice (Tschechien) siehe Teplitz-Schönau
Teplitz-Schönau 244
Tetschendorf bei Leibmeritz 262
Thallwitz bei Wurzen 211
Themar 18
Thiba (Japan) 312
Thorn/Westpreußen 123, 187
Thorun siehe Thorn/Westpreußen
Thossfell 61
Thränitz bei Gera 76
Thum 42
Thüringen/Vorarlberg (Österreich) 260

341

Thurm bei Zwickau 302
Tilsit/Ostpreußen 79, 116, 211
Tokyo 312, 319
Tolzin bei Güstrow 281
Torgau 70, 78, 90, 250, 262, 265, 266, 272 f., 291, 304, 317
Toronto 320
Trautenau 254
Travemünde 142
Trebelshain bei Wurzen 145
Trebsen 112
Trento (Italien) 266
Tribsees/Vorpommern 162
Trier 182, 218, 251, 260
Trinidad (Kuba) 135 f.
Troisdorf bei Bonn 287
Troitschendorf bei Görlitz 29
Trojca (Polen) *siehe* Troitschendorf bei Görlitz
Troska (Polen) *siehe* Sorgau/Schlesien
Trossingen 313, 316
Trutnov (Tschechien) *siehe* Trautenau
Tübingen 320
Tuttlingen 250
Tutzingen 319

U
Uebigau 137
Uelzen 138
Uhlstädt bei Rudolstadt 286
Uittwa bei Carlsbad 134
Ulbersdorf/Sächsische Schweiz 24
Ulm 167, 250, 252, 312
Untermhaus bei Gera 83
Uppingham/England 91, 109
Ursberg 233
Utrecht 161, 314
Útvina *siehe* Uittwa bei Carlsbad

V
Varnsdorf (Tschechien) *siehe* Warnsdorf/Böhmen
Verden 87
Vetschau 280
Vevey (Schweiz) 175
Viersen 321
Vieselbach 118
Villingen-Schwenningen 320
Vilsbiburg 309
Vippachedelhausen bei Weimar 157
Volkstedt bei Eisleben 250

Všeborovice (Tschechien) *siehe* Schobrowitz bei Karlsbad
Vysoká Pec (Tschechien) *siehe* Hochofen bei Karlsbad

W
Walbrzych (Polen) *siehe* Waldenburg/Schlesien
Waldenburg bei Glauchau 30
Waldenburg/Schlesien 253
Waldheim 158, 202, 266
Walkowa bei Milicz (Polen) *siehe* Wallkawe bei Militsch
Wallitz bei Rheinsberg 225
Wallkawe bei Militsch 255
Wanzleben bei Magdeburg 253
Warnsdorf/Böhmen 178
Warschau 25, 183, 191, 193, 320
Webstädt bei Langensalza 56
Weesenstein bei Dresden 23
Wehrsdorf/Oberlausitz 27
Weida 76, 146, 163, 165, 175
Weigmannsdorf/Erzgebirge 59
Weilar bei Bad Salzungen 129
Weilheim 319
Weimar 18, 23, 52, 58, 71, 105 f., 108, 118, 122, 127 ff., 132, 139, 145, 151, 161, 163, 173, 176, 180, 194, 200, 214, 221, 223, 241, 246 ff., 251, 253 ff., 259 ff., 264, 267 f., 270, 274, 279 f., 283, 287 ff., 297, 300, 302 ff., 309, 311, 313 ff., 322
Weißenfels 59, 93, 106, 162, 165, 170, 250, 254, 261
Weissensee 50
Weixdorf 299
Wendisch-Ossig bei Görlitz 22
Wendlingen bei Stuttgart 248
Wengelsdorf 70
Werdau 143, 263, 266, 275
Wermsdorf 71
Wernigerode 111, 125, 192, 241, 281, 295, 322
Wesel 234
Wesserling/Elsaß 117
Weßnig 265
Westerland/Sylt 190, 232
Westerstede 312
Wiehe/Thüringen 271
Wien 14, 23, 27, 35, 39, 55, 62, 67, 75 f., 89, 92, 98, 106, 120, 148, 151, 155 f., 162, 170, 172, 174, 178 f., 183,

190, 195, 197 f., 240, 256, 275, 291, 312, 318 ff.
Wiesbaden 23, 126, 127, 134, 142, 156, 184, 192, 218, 221, 225, 227, 258
Wiesenburg bei Zwickau 292
Wilhelmshaven 182, 196
Wilkau-Haßlau bei Zwickau 292
Wilsdruff 213, 245, 253, 258, 278
Wintersdorf bei Altenburg 291
Winterthur 112, 142, 195, 198, 256, 309
Wismar 156, 195
Wittenberg 46, 49, 82, 89, 195, 255, 273, 289, 307
Wittenberge 182
Wittgendorf bei Döschnitz 43
Wittgensdorf bei Chemnitz 188
Wittlich 285
Woken bei Hirschberg 250
Wolfegg 317
Wolfen 280
Wolfenbüttel 175, 266
Wolkenstein 264
Wöllnau/Dübener Heide 216, 260
Wolnzach bei Pfaffenhofen 220
Wolow 19
Wolterdorf bei Luckenwalde 304
Wronow (Polen) *siehe* Braunau
Wulfsahl bei Dannenberg 128
Wünsdorf bei Berlin 262
Wuppertal 122, 138, 160, 168, 199, 214, 228, 255, 314
Würzburg 23, 164, 168, 211, 218, 227, 307, 317
Wurzen 22, 31, 60, 69 f., 83 f., 187, 191, 209, 259, 276
Wüstenbrand 271

Z
Zabelsdorf 78
Zagan (Polen) *siehe* Sagan
Zagreb 232
Zagrudki/Lemberg 275
Zak/Böhmen 110
Zangenberg bei Zeitz 136, 140
Zehista bei Pirna 19
Zeithain bei Riesa 270
Zeitz 45, 54, 64, 125, 190, 252, 279, 313
Zellerfeld 88 f.
Zerbst 31
Zerchowitz/Böhmen 78

Žeretice (Tschechien) *siehe* Zerchowitz/Böhmen
Zermatt 189, 193
Zetzsch bei Hohenmölsen 200
Zeulenroda 133
Zeyst bei Utrecht 161
Zichenau 244
Zielona Gora (Polen) *siehe* Grünberg/Schlesien
Zingst bei Querfurt 65
Zinnowitz 198, 231
Zittau 18, 24, 27, 29 ff., 41, 44, 46 f., 74, 77, 83, 115, 291
Zitzschen 266
Zitzschewig bei Dresden 133
Zlatnik bei Prag 126
Zobes bei Plauen 284, 297
Zoppot 191, 200, 218, 231, 246 f.
Zörbig 52, 180
Zschaitz bei Döbeln 68
Zschernitz 288
Zschöchergen 263
Zschopau 116, 178, 194, 215, 241, 252, 261, 264, 266, 278
Zürich 115, 126, 138, 141, 159, 206, 220 f., 234, 256, 312 f., 315
Zwätzen bei Jena 57
Zwenkau 224
Zwickau 19, 61, 94, 105, 112, 130, 177, 196, 198, 215, 218, 219, 231, 245, 248, 260
Zwönitz 281

Personenregister

Die Mitglieder des Orchesters sind hervorgehoben,
die fett und kursiv gesetzte Seitenzahl verweist auf den Haupteintrag

A

Abbé, Thomas 305
Abel, Carl Friedrich 14
Abendroth, Hermann 205, 207, 226, 232
Adelmann, Alexander *siehe* Gyurkovits, Alexandru
Ählich, Bruno 245
Agthe, Carl Christian 66
Agthe, Wilhelm Johann Albrecht Vl. 66, 69
Ahna, Hermann de 148
Ahrens, Christine geb. Gödecke 108
Ahrens, Friedrich Kb. *108*, 111
Ahrens, Georg Christian Friedrich 108
Alard, Delphin Jean 113, 116
Albrecht, Va. *19*
Albrecht, Christiana Dorothea Justina geb. Jungmichel 108
Albrecht, Johann Traugott 108
Albrecht, Julius Bruno Kl. *108*, 125
Albrecht, Reiner Hr. 220, *285*
Alschausky, Franz Ernst 197
Alschausky, Josephine Bertha geb. Kraemer 197
Alschausky, Serafin Pos. *197*, 210
Altenberg, Peter 275
Altnickol, Johann Christoph 19
Amalie von Preussen, Äbtissin von Quedlinburg 45
Ander-Donath, Hans 258
Anders, Albrecht Vl. *283*
André Jaunet 256
André, Jean Baptiste 148
Andree, Otto 261
Angerhöfer, Günter 290, 305
Angerhöfer, Karl-Heinz 268, 289 f.
Anna Amalia, Herzogin von Sachsen-Weimar 23
Annacker, August Ferdinand 58
Anrath, Herbert *siehe* Unrath, Herbert
Arnold, Camillo 278
Arnold, Richard 269
Arnold, Siegfried Vc *264*
Arx, Dietland von Fl. 91, 109, *141*
Arx, Urs von 141
Arzberger, Marie-Louise 310
Arzberger, Stefan Vl. *310*
August II., König von Polen *siehe* Friedrich August I. (der Starke), Kurfürst von Sachsen
August III. König von Polen *siehe* Friedrich August II., Kurfürst von Sachsen
Augustin, Hermann Ob. *222* f.
Aussem, Armin 322
Azisian, Serguei 320

B

Baake, Peter Va. 215, *274*
Baasch, Friedrich 268
Baasch, Gerwin Fg. 211, *268*

Bach, Carl Philipp Emanuel 14, 18, 28
Bach, Heinrich G. 172
Bach, Johann Christian 14, 25
Bach, Johann Christoph 52
Bach, Johann Sebastian 14, 16 ff., 21, 26, 28, 30, 34, 100, 172
Bach, Walter Vl. 167, *172*, 194, 215
Bach, Wilhelm Friedemann 19
Bachmann, Carl Ernst Wilhelm Gottlob Schlzg. *122*, 123
Bachmann, Christian Gottlob 122
Bachmann, Johanna Christiana Charlotte geb. Angelrath 122
Bachmann, Manfred Vl. *267*
Bachmann, Rolf Pos. *252*, 306
Backhaus, Christiane Henriette geb. Schwalbe 111
Backhaus, Heinrich August Ottomar Kb. *111*, 119, 123
Backhaus, Johann Gottfried 111
Backhaus, Johann Heinrich 111
Backhaus, Johanne Christiane geb. Boehmer 111
Bading, Heinrich Kl. *176*, 203, 217
Baehr, Emil 133, 178
Bänsch, Joachim 311
Bärmann Georg Friedrich 17
Bärtich, Rudolf 243
Bärwald, Hans Vl. *276*
Bätzel, Friedemann 314

Bálint, János 318
Balko, Gunter Kl. *289*, 297
Balogh, Attila Kl. *317*
Bamberg, Andreas 177
Bamberg, Karl Pos. 142, *177*, 210
Bambula, Alois 251
Barchmann, Ingolf Kl. 293, *302*
Barchmann, Rainer 293
Barge, Johann H. 128
Barge, Maria geb. Haack 128
Barge, Wilhelm Fl. *128*, 133, 157, 175
Bargel, Anastasius Antonius Aloysius *siehe* Bargiel, August Adolph
Bargiel, August Adolph Vl. 63, *65*
Bargiel, Woldemar 65
Barmas, Issay 227, 247
Bartel, Hans-Christian Va. 259, *266*
Barth, Erich 273, 283 ff.
Barth, Friedrich August 57, 78, 81
Barth, Friedrich August Wilhelm 57, 90
Barth, Gotthelf Wilhelm 49, 57 f., 71, 79
Barth, Karl Traugott Vl. 57, 87, *90*
Barth, Wilhelm Leberecht Kl., Vl. 49, 53, 57 f., 62, 66, 68 f., 71 f., 77 ff., 81 ff., 86 f., 89 ff., 94, 96, 101 ff., 106 f.
Barthol, Guido 155
Bartl, Rudolf Kl. *245*, 250, 301

Bartmann, Walter Vl. *254*
Bartuzat, Carl Fl. 157, 187, 201, 231, 254 f., 262, 272
Basler, Susanne 309
Bassermann, Hans 246 f., 275
Bauer, Alwin Vc. *247*, 257, 261
Bauer, Eduard Kl. 107, *132*, 176
Bauer, Friedrich Wilhelm 132
Bauer, Geigenlehrerin 296
Bauer, Ivo Va. 265, *305*
Bauer, Johann Caspar Lorenz Hr., Vl., Kl. 24, *44*, 50, 54, 67
Bauer, Johanne Rosine geb. Biereigel 132
Bauer, Jörg 305
Baumann, Gerhard 271, 305
Baumann, Horst Vl. 270, *287*, 290
Baumbach, Edgar Vl. *259*
Baumgarten, Rolf 288, 304
Baumgärtel, Christiana Sophia geb. Weise 41
Baumgärtel, Georg Friedrich Vl. 24, *41*, 42
Baumgärtel, Johann 41
Baumgärtel, Johann-Georg Schlgz. 263, *310*
Baumgärtel, Lothar 310
Baumgärtel, Marion 310
Baxtresser, Jeanne 312, 320
Bayer, Hans-Jörg 318
Beck, Christian Daniel 41, 85
Becker, Albert 234
Becker, Carl Ferdinand Vl. 23, 30, 74, *76*, 111
Becker, Ernst Adolph 111
Becker, Ernst Carl Ruppert Vl. 91, *111*
Becker, Gottfried Wilhelm 76
Becker, Hans 176, 183, 187, 189, 193, 195 f., 199, 214, 216
Becker, Herbert Vl. 176, *247*
Becker, Hugo 126, 216
Becker, Jean 177, 216
Becker-Greling, Franziska 319
Beckmann, Max 201
Bednarz, Jürgen *303*
Beer, Fritz 227
Beethoven, Ludwig van 39, 74, 76, 93, 100, 106, 108, 142, 151, 205, 207, 228
Beetz, Günter 320
Behr, Horn- und Posaunenlehrer 134
Behrs, Rudolf 278

Beitkopf, Christoph Gottlob 33
Bekesch, Julius Vl. *322*
Bekker, Martynas Švėgžda von 322
Belcke, Christian Gottlieb Fl., Ob. 57, 70, *71*, 89
Belcke, Friedrich August Pos. 57, *71*, 83
Belcke, Rosina Dorothea geb. Baurad 71
Bellger, Christiane Sophie 49
Bellger, Heinrich Christian 49
Bellmann, Günther Va. *254*
Benda, Hans von 229
Bender, Cellist 230
Benker, Claudia 316
Benkert, C. Friedrich Vc. *136*, 157
Beno, Lukas Trp. *320*
Berber, Felix Vl. *178*, 179, 181, 184, 249
Berger, Carl Gottlieb Vl. 15, 23, *24*, 26, 29, 41, 44, 46 f., 49, 67
Berger, Christine Rosine 55
Berger, Franz 245
Berger, Gottfried 24
Berger, Johann Friedrich Vc. *24*, 26 f., 29, 41, 44, 46 ff.
Berger, Johann Gottfried Kl. *55*, 57, 62
Berger, Max Kb. 190, *255*
Bergter, Albert Vl. *136*, 140
Bergter, Ernst Friedrich 136, 140
Bergter, Hermann Gustav Vl. 136, *140*
Bergter, Johanne Sophie geb. Köhler 136, 140
Beringer, Ekkehard Kb. *313*
Beringer, Georg 258
Berlepsch, Otto von 167
Berlepsch, Otto von Hf. Va. *167*, 182
Berndt, Brunhilde 321
Berndt, Johanna Vl. *321*
Bernewitz, Ruth Va. 265, *295*
Bernhardt, Heino 263
Bernhardt, Heinz Vl. *263*
Berninger, Ernst 211
Berninger, Johannes Kl. 171, 200, *211*, 250
Bernstein, Leonard 296
Berwanger, Bernhard 319
Besrodny, Igor 291
Bethmann, Karl-Heinz 313
Bettner, Eduard 255

Beust auf Thossfell, Freiherr von 61
Beyer, Achim Kb. 230, *271*
Beyer, Arthur Vl. 105, 140, *147*, 157
Beyer, Franz 245
Beyer, Heinrich Christian Vl. 15, *19*, 21, 26, 34
Beyer, Wilhelm 147
Beyer, Willi 312
Biebl, Anton 223
Biebl, Barbara geb. Luft 223
Biebl, Karl Ob. *223*
Biehlig, Karl 268, 297, 306, 309, 315
Bielitz, Vl. *19*
Bielitz, Carl Gottfried 19
Bielitz, Carl Wilhelm 19
Bielitz, Johann Gottfriedt 19
Bielitz, Johanna Concordia geb. Köhler 19
Bielohlawek, Heinrich Hr. *232*
Bielohlawek, Josef 232
Bilfinger, Wolfgang Kl. 200, *272*
Bilitz siehe Bielitz
Bilse, Benjamin 133, 164, 168, 170, 174, 180
Biron, Peter von, Herzog von Kurland 22, 32, 61
Bischof, Günter 286
Blacher, Kolja 322
Blätter, Horst Vl. *233*
Blankensee, Julius 189
Blechschmidt, Carl Friedrich 159
Blechschmidt, Hermann Vl. 109, 117, 140, *159*, 166
Bleiß, Willy 257
Blohm, Fritz 251, 272
Blume, Agnes Henrietta geb. Wirth 146
Blume, Louis Hugo Schlgzg. *146*
Blume, Rudolph 146
Blüher, Lothar 279
Boche-Kestner, Ruth 256, 273, 280, 287, 290 f.
Bochmann, Lothar 292
Bochskanl, Dorothea 254, 260, 267, 271
Boell, Walter 270
Böhm, Joseph 106
Böhme, Baldur 302, 311, 314
Böhme, Brunhard 316
Böhme, Carl Gottfried 101, 117
Böhme, Christiana Caroline geb. Winkler 101, 117

Böhme, Gustav Louis Vl. *101*, 117
Böhme, Helmut Fl. 201, 231, *252*, 290
Böhme, Ottilie Therese geb. von Bonin 159
Böhme, Robert Hr. *159*, 162
Böhme, Wilhelm Adolf Vl. *101*, 116, *117*
Böhner, Georg Hr. 220, 284 f., 296
Böhner, Nikolaus 220
Böhner, Walburga geb. Schechinger 220
Böie, Geigenlehrer 123
Börner, C. 186
Börner, Johann Heinrich 71
Börner, Johanna Juliane geb. Barth 71
Börner, Margit 314
Börner, Wilhelm Lobegott Pos., Kb. 31, 51, 57, 68, *71*, 77 f., 82 f., 106
Böttger, Christiane Eleonore geb. Roth 145
Böttger, Heinrich Vl. *145*
Böttger, Christian Gottlieb 145
Boge, Uwe Vl. *291*
Bohnke, Emil 217
Boieldieu, François-Adrien 40
Bolland, Carl Christoph Ernst 123, 125, 131
Bolland, Carl Friedrich Emil Vl. 107, *123*, 125, 131
Bolland, Eva Dorothea Caroline geb. Stumpf 123, 125, 131
Bolland, Robert Vl. 123, *125*, 131, 160, 194 ff., 199, 202, 242
Bolland, Wilhelm Albert Vl. 117, 123, 125, *131*
Bolland, Wilhelm Eduard 124 f., 131
Bollmann, Peter Schlgz. 248, *273*, 310
Bondini, Pasquale 35
Bongartz, Heinz 296
Book, Hofmusiker 185
Borck, Joachim 302
Borck, Johanna 302
Borck, Peter-Michael Va. 265, *302*, 307
Bormann, Johann Gotthelf Hr. *112*
Bornmann, Anna Christine geb. Kayser 112

Bornmann, Johann Gottfried 112
Bornmann, Johann Gotthelf *siehe* Bormann, Johann Gotthelf
Borodin, Alexander 151
Boruvka, Otto 271
Bosmann, H. 174
Bosse, Gerhard Vl. 185, 253, 255, 257, *259,* 260, 265 f., 271, 273, 278 f., 281, 284, 286 ff., 290, 295, 297, 299 ff., 305, 311, 314, 319
Bosse, Oskar 259
Both, Friedrich 253, 278
Bott, Jean 139
Bouillon, Gabriel 246
Brahms, Johannes 151
Brandhofer, Alois 317
Brandis, Christian Friedrich 50
Brandis, Johann George Vl. 30, 49, *50*
Brandis, Thomas 317, 320
Brandt, Geigenlehrer 242
Brandt, Gustav 280
Brauer, Dietrich Vl. 259, 280, 284, 289
Brauer, Fritz 280, 284, 289
Brauer, Hartmut Vc. 258, 280, 284, **289,** 290, 296, 299
Braun, Peter-Karsten Vc. *264*
Brausch, Jürgen 317
Brecher, Gustav 208, 219, 223, 225
Brenner, Ludwig von 164
Breuer, Pk. 67, *70*
Breuer, Johann David 70
Breuninger, Sebastian Vl. *317*
Breyter, Geigenlehrer 113, 123
Brinkmann Georg 258
Brittall, Fritz Fl. 187, *272,* 311, 314
Brockhaus, Max Ehrenmitglied 187, 206, 208 f., **234**
Brodsky, Adolf 170, 172, 178, 180
Brößling, Karl-Heinz 319
Brötler, Carl Friedrich Samuel Vl., Va. 18, 24, *43*
Brötler, Christiane 43
Brötler, Johann Samuel 43
Brom, Zakhar 321
Bruch, Max 193, 196
Bruckner, Anton 151, 155
Brückner, Hans Ob. *227,* 232, 266
Brückner, Jörg Hr. 265, *309,* 315
Brückner, Ludwig 227

Brückner, Maria geb. Schleuse 227
Brückner, O. 226
Brüggemann, Sylvia. Vl. *320*
Brühl, Graf von 22
Brühl, Graf von Martinskirchen 22
Brühl, Heinrich Adolph, Graf von Martinskirchen 22
Brühl, Heinrich von Graf 25
Brüning, Heinrich 207
Bruder, Louis 175
Bruder, Max Hr. 126, *174,* 202
Bruns, Konrad 251
Buchenthal, Carl Gottlob Hr., Fg. 24, *43,* 44, 62
Buchheim, Carl Wilhelm 145
Buchheim, Ehregott Va. *145*
Buchheim, Gottlob 72
Buchheim, Johann Carl Traugott Kb. *122*
Buchheim, Johann Christian 122
Buchheim, Johann Gottlieb Va., Vl. 60, *72,* 83
Buchheim, Johanna Sophia geb. Goldammer 122
Buchheim, Marie Sophie geb. Schmidt 72
Buchheim, Rosina Elisabeth geb. Gaitzsch 145
Buchheister, Stadtmusikdirektor 162, 165, 170
Büchner, Carl Friedrich Ferdinand 117
Büchner, Franz Vl. *117,* 124, 129, 131, 135, 139, 145 f., 155, 158 f., 165 f., 174, 181
Bülow, Hans von 138, 158, 170
Bülow, Johannes 276, 282
Bünau, Henriette *siehe* Grabau, Henriette
Büning, Tilmann Vl. 259, *305,* 312
Büttner, Hans 281
Buggert, Wilhelm 202
Buggert, Will Vc. 202
Burckhardt, Elvire geb. Wetterhahn 101
Burckhardt, Johann Gottlob Trp. 57, *101,* 113, 122
Burgk, Carl Gottlieb Pos. 57, 94, 102, *103,* 133
Burgk, Johann Friedrich Gottlob 103
Burkhardt, Heinrich 143

Burmeister, Eva Vl. 316
Burscher, Johann Friedrich 41
Busch, Achim Kb. 190, *264*
Busch, Karlheinz 322
Buschmann, Carl Vc. 197
Bussian, Claudia Va. 265, 274, *315*
Butter, Horst 301
Butz, Alexander Vl. *320*

C
Campagnoli, Albertina 53
Campagnoli, Bartolomeo Vl. *53,* 55, 58, 61 f., 67, 70, 72
Campagnoli, Gianetta 53
Carl Christian Joseph, Herzog von Kurland 53
Carneiro, Marcio 316
Carolath, Fürst in Schlesien 70
Carvalho, Elezar de 303
Case, Laurie 322
Černy, Konzertmeister 244
Chastain, Nora 320 f.
Chopin, Frédéric 39
Christ, Wolfram 321
Christann, Paul Ob. 235
Cichorius, August 20
Cichorius, Carl August 20
Cichorius, Carl Immanuel 20
Cichorius, Friedrich 20
Cichorius, Friedrich August Vc. *20*
Cichorius, Friedrich August. d. Ä. 20
Cichorius, Friedrich Ludwig 20
Claraveaux, 60
Clasing, Johann Heinrich 72
Clausnitz, Otto Hermann *siehe* Klausnitz, Otto Hermann
Clauß, Carl August Vl., Kl. 51, *60,* 61, 64 ff., 73
Clauß, Johann Andreas 60
Clauß, Johanna Sophia geb. Schiefer 60
Clement, Manfred Ob. *258,* 267
Coblenz, Günther 201
Coccius, Theodor 141
Cölln, Vl. *72*
Cölln, Charlotte Friederike geb. Schultz 72
Cölln, Georg Leonhard Wilhelm 72
Cölln, Joachim Justus 72
Colditz, Clemens Vc. *209*
Conrad, Günter 297

Conrad, Kapellmeister 196
Conrad, Rudolf Vl. *297*
Conrad, Ursula 297
Corbach, Carl 209
Cornelius, Peter 76, 127
Cossmann, Bernhard Vc. *105,* 107, 136
Cossmann, Paul Nikolaus 136
Cotta, Erhard 306
Cotta, Steffen Schlgz. *306*
Crämer, Johann Gottfried 126
Crämer, Johanna Christiana 126
Cranach, Lucas d. Ä. 21
Cranz, August Ferdinand 104
Cranz, August Heinrich 104
Cranz, F. Va. *104*
Crass, Ferdinand Ehrenmitglied 187, *209,* 234
Creutzburg, Ekkehard Fl. *293*
Cribb, David Tb. *322*
Csillag, Herrmann 177
Cunis, Johann Jacob 20
Cunis, Johann Wilhelm Kb. 19, *20*
Cunningham, Craig 322
Cunz, Christian August Vl., Fl. 63, *70,* 74
Cunz, Christian Gottlieb 70
Cunz, Marie Christina 70
Czerny, Carl 52

D
Dahlhaus, Carl 100
Dahmen, H. S. 161
Dahmen, Jan 218, 249, 260
Dall'Occa 53
Dallmann, Christian 319
Damann, Rudolf 226
Dameck, Franz Hjalmar von Vl. 105, 140, *160*
Dameck, Franz von 160
Damm, G. Stadtmusikdirektor 175
Damm, Peter Hr. *268,* 285, 315
Damrosch, Geigenlehrer 132
Dankert, Friedrich 195
Dankert, Wilhelm Fg. *195*
Dann, Steven 320
Dargel, Hertha 304
Dargel, Katharina Va. 265, *304*
Darm, Werner Va. *264*
Dase, Jürgen Vl. 259, *288*
Dathe, Bernhard Pos. 142, 172
Dathe, Ernst 172
Dathe, Günter Kl. *297*

David, Ferdinand Vl. 79, *91*, 93f., 97f., 103ff., 108ff., 119ff., 127, 131ff., 135ff., 164, 167
David, Henriette geb. Hertz 91
David, Henriette Theresa 91
David, Jacob Heinrich 91
David, Johann Nepomuk 215
David, Julius Paul 91
David, Paul 109
David, Salomon 91
David, Sophie geb. von Liphardt 91
Davidoff, Karl Vc. *120*, 121, 123, 126
Davis, Howard 318
Davisson, Walther 209, 214f., 222, 224, 229, 233, 241f., 244, 255, 259f., 272, 281, 287
Debussy, Claude 151
Dedens, Alfred 310
Dehmel, Herbert 299
Dehn, Baron von *siehe* Dehn, Siegfried Wilhelm
Dehn, Ester geb. Israel 76
Dehn, Salomon 76
Dehn, Siegfried Wilhelm Vc. 75, *76*, 82, 83
Dehn, Simon 76
Deichsel, Carl Vl. 197, *198*
Deinhard, Fritz 216
Del Nero, Geigenlehrer 120
Demmrich, Konzertmeister 261
Denk, Heinrich Vl. *179*, 196
Denk, Johann 179
Deparade, Paul Vl. *242*
Derwies, Paul von, Baron 142, 158, 168
Dessau, B. Konzertmeister 186
Deutrich, Christian Adolf 96
Deutsch, Adolf Schlgz. Pk. *171*, 210
Didam, Otto 242, 272
Diekmann, Kapellmeister 214
Dienel, Otto 234
Diener, Christiane Louise geb. Rennenberg 147
Diener, Conrad Adolph Kb. *147*
Diener, Theodor 147
Diethe, Johann Friedrich Ob. *92*, 98, 122, 127
Dietze, Annemarie 291, 305, 319
Dietze, Jürgen Ob. *288*
Dinter, Eberhard Vl. *253*, 314
Dittersdorf, Karl Ditters von 55
Döbbelin, Carl Theophilus 36, 47

Döhler, Friedhelm 286
Dohn, Robert 309
Doles, Johann Friedrich Musikdirektor 15, *17*, 19, 22, 23, 26, 32, 34, 51
Döll, Werner 295
Donath, Günter Va. 199, *261*
Donizetti, Gaetano 39
Donnerhack, Erich 233, 252f.
Dörffel, Alfred 104, 121, 133f., 142, 145, 147
Döring, Vc. *88*
Dörrien, Heinrich 73
Dostal, Alois 199
Dotzauer, Elias Friedrich 62
Dotzauer, Johann Christian 62
Dotzauer, Justus Bernhard Friedrich 62
Dotzauer, Justus Carl Friedrich 62
Dotzauer, Justus Ernst Friedrich Ludwig 62
Dotzauer, Justus Johann Friedrich Vc. 31, 59, *62*, 63, 65, 87, 95, 105, 107, 118, 120, 140
Dotzauer, Justus Johann Georg 62
Dotzauer, Karl Ludwig 62
Doumergue, Gaston 206
Draeseke, Felix 210
Drechsel, Hans Va. *243*
Drechsler, Gusatv Adolf 263
Drechsler, Gustav Adolf 267
Drechsler, Karl 105, 107, 140
Dreyschock, Alexander 110
Dreyschock, Elisabeth geb. Nose 110
Dreyschock, Felix 110
Dreyschock, Raimund Vl. 91, 106, 108f., *110*, 112f., 115ff., 120ff., 127, 131f., 135, 140
Drobisch, Johann Friedrich Altus, Va. *19*, 22
Drobisch, Johann Gottfried Traugott Ob., Kl. 68, 73, *74*, 93
Drube, Carl Vl. 107, 117, 123, *124*
Drube, Eleonore geb. Müller 124
Drube, Ludwig 124
Dulcken, Louise geb. David 91
Duport, Jean Louis 62
Dürr, Alphons Friedrich 181
Dürrfeldt, von, Obrist 68
Dussek, Johann Ludwig (Ladislaus) 62

Dutschke, August Gotthold 161
Dutschke, Hermann Hr. *161*
Dvořák, Antonín 142, 151

E
Ebeling, Friedrich Christian 66
Eberhard, Siegfried 218
Eberhardt, Clara Elisabeth 49
Eberhardt, S. 279
Ebersbach, Arthur 282
Eberwein, Traugott Maximilian 73
Eccard, Johann 99
Ehlers, Fritz 176, 283, 288
Ehrlich, Musikdirektor 144, 146
Ehrt, Herbert 293, 300
Eichhorn, Alwin Vl. 117, *146*
Eichhorn, August Vc. 216, *225*, 230f., 243, 247, 261, 267, 271, 277, 290, 303f., 313, 316, 321
Eichhorn, Christian Friedrich 146
Eichhorn, Eduard 136
Eichhorn, Johanne Henriette geb. Teichert 146
Eichhorn, Theodor 225
Eichler, Christian 34
Eichler, Christian Friedrich Wilhelm 81
Eichler, Friedrich Wilhelm Vl. 69, *81*, 82ff.
Eichler, Johann Christ. Gottlieb Hr., Va. 31, *34*
Einert, Carl Ernst Maximilian Kb. *69*, 71
Einert, Carl Gottlob 69
Einert, Christian Gottlob 37, 57
Eiselt, Pepo 264
Eisengräber, Stadtrat 242
Eisenhut, Heinz 297
Eissert, Kl. *56*, 57
Eldering, Bram 178, 227, 232
Elisabeth Gabriele, Königin von Belgien 206
Ellsig, Ernst Vc. 85, *104*
Elssig, Carl Anton 104
Elssig, Johanne Auguste Friederike geb. Friedrich 104
Eltzner, Adolf 129
Elze, Richard 311
Enckhausen, Heinrich Friedrich 139
Engel, W. 202
Engelhardt, Holger Vl. *318*
Engelmann, Wilhelm 234
Engels Gottfried 307

Enger, Gerhard Vc. 186, 211, *243*, 264
Enger, Horst Vl. Va. 242, *255*
Enger, Louis Vl. *186*, 229, 243
Enke, Christoph Friedrich 41
Erben, Carl 258
Erben, Christian Vc. 257, 301, *304*
Erben, Frank-Michael Vl. 257, 301, 304
Erben, Friedemann Vc. 257, 274, 277, 282, 285f., 289, 293, 300f., 304
Erben, Mathilde 265, 301, 304
Erben, Volker 258
Erber, Erich 300, 311
Erfurt, Walther 276
Ernesti, August Wilhelm 41, 49
Ernst, Hermann Ob. *132*
Ernst, Herzog von Sachsen-Altenburg 162
Ernst, Johann August 133
Ernst, Wilhelm 178
Ernst, Wilhelmine geb. Eisenschmidt 133
Ersfeld, Christian Vl. 91, 109, *136*
Ersfeld, Joseph 136
Esche, Friedrich Gustav 181
Eschler, Paul Va. *251*
Espig, Wolfgang Va. 203, 215, 270, *274*
Eßbach, Gerhard Pos. 267, *282*, 300
Essigke, Carl Ferdinand 114
Essigke, Carl Heinrich Hermann Pos. *114*, 139, 145
Essigke, Georg Vl. 84, 91, 109, 114, *139*
Essigke, Rosina geb. Rämler 114
Ettelt, Adolph 177
Ettelt, Otto Vc. 123, 157, *177*
Etzel, Kl. *56*
Ewald, Franz 132
Ewald, Heinrich Friedrich Gustav Va. 91, 110, *132*
Eyertt, Theodor 132, 172

F
Faber, Benjamin Gottlieb 19
Fabian, G. Konzertmeister 198
Fahle, Kontrabassist 219
Fain, Rosa 317
Falb, R. Vc. 197, 201
Falkenberg, Max 282

Faulmann, Stadtmusikusgehilfe 57, 94, 102 f.
Feher, Ilona 321
Feierl, Hedwig 318
Feit, Karl-Heinz Vc. 226, *267*
Feit, Max 267
Felsenstein, Walter 277
Ferdinand, Herzog von Kurland 17
Fesca, Friedrich Ernst Vl. 47, 52, 59, *61*
Fesca, Johann Peter August 61
Fesca, Mariane geb. Podleska 61
Feuermann, Emanuel 144, 226
Ficker, Kb. *32*
Ficker, Adolf Trp. *144,* 146
Ficker, Anna Dorothea geb. Göthe 32
Ficker, Christian Heinrich 32
Ficker, Johannes 32
Fiehrig, Adolph Vl. *128,* 158
Fiehrig, Carl Julius 128
Fiehrig, Christiane Wilhelmine geb. Wursttich 128
Fiehring, Günter Vl. *270,* 287, 289, 291
Figlerowicz, Ernestine geb. Vietze 223
Figlerowicz, Kurt Fl. *223*
Figlerowicz, Wilhelm 223
Fillsack, Albert Va. *186*
Fillsack, Richard 186
Fincke, Johann Friedrich 104
Findeisen, Albin Kb. 130, 189, *190,* 219, 245
Findeisen, Theodor 190
Fink, Va. 47, *66,* 67
Fink, Gottfried Wilhel 66
Fiorillo, Ignazio 137
Fischer, Vl., Kl. *56*
Fischer, Andreas 56
Fischer, Ben 306, 310
Fischer, Bruno 175
Fischer, Carl Agust 160
Fischer, Carl Friedrich 51
Fischer, Carl Gotthelf Vl. 48, *51,* 58, 70, 73
Fischer, Christ. Carl 129, 145
Fischer, Christiana Concordia geb. Seidel 160
Fischer, Erich 305
Fischer, Erika 289
Fischer, Ernst Wilhelm Tb. *160,* 197
Fischer, Erwin 289

Fischer, Gerd Trp. 263, 265, *299,* 303
Fischer, Heinrich 280
Fischer, Heinrich Wilhelm Adam Anton 127
Fischer, Johann Christian 56
Fischer, Johann Friedrich 31
Fischer, Justina Maria, geb. Popp 56
Fischer, Michael Gotthard 66
Fischer, Oskar Fl. 128, *175,* 201, 203, 228, 231
Fischer, Peter Ob. 228, *244,* 251, 287, 306, 309, 310
Fischer, Philine 288
Fischer, Stadtmusikdirektor 158
Fischer, Th. Musikdirektor 202
Fischer, Theaterorchestergehilfe *82,* 83
Fischer, Wolfram Vl. 289
Flade, Gerhard Ob. 228, *277,* 311
Flaschner, Gotthelf Benjamin 23, 24, 27, 29, 46, *47*
Flaschner, Gottlob Benjamin 47
Flechsig, Paul 159
Fleischer, Georg Pos. *267,* 282, 291, 307
Fleischhauer, Friedrich Christian Conrad Hr., Trp. 44, *54,* 56, 64, 83
Fleischhauer, Heinz-Harald Vl. *260*
Fleischhauer, Johann Christoph 44, 54
Fleischhauer, Johann Friedrich Hr., Pk., Vl., Va., Kl. 24, *44,* 45, 49, 54, 66
Fleischhauer, Johann Sylvester 44
Fleischhauer, Martha Elisabeth Sophia 44
Fleischhauer, Sophia Barbara geb. Franck 44, 54
Fleischmann, Christian Traugott Fl. *58,* 74
Fleischmann, Johann Christoph 58
Fleischmann, Johann Gottlob jun. 58
Fleischmann, Johann Gottlob sen. 58
Flemming, Bernd 301
Flemming, Gudrun 301
Flemming, Oboenlehrer 228
Flesch, Carl 213 f., 224

Flisch, Heinz 181
Flor, Gerti 285
Föhr, Geigenlehrer 265
Fölck, Carl Friedrich Vl., Va. 80, 84, *85,* 104
Forbiger, Gottlieb Samuel 41
Forchert, Walter 312
Forker, Heinz 269
Förstel, Eduard Vl. *141,* 195
Förstel, Gerhard Vl. 141, 189, *195*
Förstel, Gertrud 141, 195
Förster, Fg. *59*
Förster, Hr., Trp. *56*
Forster, Beatrice 309
Forster, Kilian Kb. *309,* 313
Förster, Ludwig 166
Förster, Richard Kb. 120, 130, *166,* 201
Frach, Stadtmusikusgehilfe 57, 88, 102
Franck, César 151
Frank, Bruno 275
Franke, Bernd 306
Franke, Thomas 306
Frankenberger, Karl 194
Franz Joseph I., Kaiser von Österreich 205
Franz, Robert 105
Frehse, Albin Hr. *183,* 202 f., 225, 234, 247, 254, 262, 265, 275
Frehse, August 202
Frehse, Karl Hr. 183, *202*
Frehse, Marie geb. Pfeifer 202
Frei, Oskar Hr. *187*
Freiberg, Geigenlehrer 142
Freiberger, Eberhard Va. *283*
Freitag, Christian Friedrich Eduard 158
Freitag, Franz Fg. 117, *158,* 181, 188, 211
Frenzel, Uta-Maria 321
Freud, Konzertmeister 244
Freudenberg, Richard 267, 287
Freudenberger, Max Vl. 233
Freyberg, Alfred 229
Freytag, Lars Hr. 265, *310*
Fricke, Adolf *siehe* Ficker, Adolf
Friebe, Paul 274
Friedel, Vl. *77*
Friedel, Carl Friedrich 77
Friedel, Friedrich Wilhelm 77
Friedel, Johanna Christana Concordia geb. Leuschel 77
Friederichs, Johann Christian 120

Friederichs, Maria Christiane Dorothea geb. Liss 120
Friederichs, Wilhelm Christian Ludwig Vc. 107, *120,* 121
Friedrich August II., Kurfürst von Sachsen 13, 14
Friedrich August III., Kurfürst von Sachsen 14
Friedrich, Karl Gottlob 94
Friedrich, Lothar 321
Friese, August Robert 115
Friese, Carl Hermann 115
Friese, Edmund Robert Vl. 91, *115,* 117
Frischenschlager, Michael 312
Fritz, Bernd 320
Fritzsch, Christian Gottlob 127
Fritzsch, Ernst Wilhelm Va. 91, 105, 110, *127*
Fritzsch, Johannes Vl. *282*
Fritzsche, Gustav 176, 263, 291
Fritzsche, Oswald Hr. 126, *167,* 175, 220
Fröh, Waldemar 313
Fuchs, Albert 210
Fuchs, Christian Heinrich Leberecht Hr. *64,* 67, 69 f., 101, 107
Fuchs, Erhard 258
Fuchs, Friedrich Heinrich Adolph 64
Fuchs, Horst Fg. *258,* 305
Fuchs, Johann Christian Gottfried 64
Fuchs, Johann Christian Leopold 64
Fuchs, Johann Elias Ob., Fg. 33, 34, *51,* 56, 59, 62, 67
Fuchs, Johann Gottfried Ludwig 64, 101, 107
Fuchs, Kurt Va. *253,* 280
Fuchs, Wilhelm Hr. 183, *275*
Fügner, Heinz 272 f., 281
Fünfstück, Andrea Vl. *316*
Fürstenau, Moritz 109
Füssel, Rolf Kb. *293*
Fulde, Johann Gottfried Vl., Tenor *19*
Funcke, Kb. *20*
Funke, Christian Vl. *291,* 305
Furtwängler, Wilhelm 205, 207, 212, 222, 234

G

Gabler, Johann Friedrich 146
Gade, Niels Wilhelm 105, 113, 116, 138, 152, 171
Gährig, Musikdirektor 173
Gährig, Wenzel Vl. 59, *78*, 81, 83 f.
Gärtner, Fritz 282
Gamalski, Rudolf Vl. 233, *244*, 305
Ganns, Johann Christian 49
Ganz, Eduard Moritz 116
Garkisch, Carl Pos. 122, *134*, 162
Garscha, Alois 293
Gartmayer, Stefan Vc. *318*
Gartmayer-Yosida, Miharu Vl. *319*
Garzuly, Anna Fl. *312*
Gaston Crunelle 256
Gaudich, Christiana Charlotte geb. Schmidt 121
Gaudich, Ernst Friedrich August 121
Gaudich, Julius Cäsar Hr. *121*, 148
Gaugler, Theodor 141
Gaviniès, Pierre 195
Gebhardt, Andreas Christian 114
Gebhardt, Johann Christian Benjamin Va. *114*
Gebhardt, Maria Dorothea geb. Richter 114
Gebler, Carl August 83
Gebler, Friedrich Samuel August 57, 77, 82, *83*, 84 f., 94, 102 f.
Gebler, Johann Samuel 83
Gefe, Ernst 196
Gehler, Johann August Otto 55
Gehre, Gottlieb Va. *117*
Gehre, Wilhelm 117
Geidel, Christian Vl. 259, *271*
Geier, Oskar 286
Geissler, Anna Rosina geb. Berger 30
Geissler, Johann Gottlieb Vl., Ob., Va. 24, *30*, 33, 42, 54, 64 ff., 88
Geissler, Johann Gottlob 30
Geissler, Peter 317
Gellert, Christian Fürchtegott 22
Gellrich, Lehrer 132
Gentzsch, Carl 125
Gentzsch, Rebecca geb. Benkwitz 125

Gentzsch, Traugott Kl. *125*, 127, 170
Genzel, Elise geb. Knauth 214
Genzel, Franz Vl. *214*
Genzel, Friedrich 214
George, Friedrich Wilhelm Hr. 107, *118*, 119
George, Gottlob 118
George, Johanna Sophie 118
Georgi, Heinz 292
Georgi, Karl-Heinz Trp. 263, 265, *292*
Georgi, Otto 134, 161, 181, 205
Gerber, Ernst Ludwig Vc. 15, *27*, 55
Gerber, Heinrich Nikolaus 27
Gerhardt, Hans-Werner 283
Gerhardt, Kaufmann 78
Gerlach, Artur 228
Gerlach, Carl Gotthelf Vl. *18*, 19
Gerlach, Heinrich August 18
Gerlach, Johanna Hf. 194, *227*, 228, 284
Gerlach, Johannes Rolf 302
Gerlach, Melchior Gotthelf 18
Gerlach, Peter Vl. *302*
Gerlach, Willi Ob. 227, *228*, 244, 268, 278, 283, 309, 319
Gerstenberg, Samuel Traugott Vl. *31*
Gerster, Ottmar 266
Geschke, Eberhard 302
Geßner, Heinz Vl. *258*
Gestewitz, Frierich Christoph 24, 43
Gierden, Robert Vl. 242, *285*
Giese, Fr. 174
Giessing, Alfred 171
Giger, Christian Vc. *309*
Glaetzner, Burkhard 288, 292
Gland, Gustav 232
Glaß, Erich 273, 280
Glaß, Günter Vl. *273*, 280, 310
Glaß, Hans-Joachim Vl. 273, *280*
Gleißberg, Alfred Ob. 128, *173*, 203, 220, 223, 225, 251, 267, 290
Gleißberg, Friedrich 174
Glidden, David 322
Glinka, Michail 76
Glötzner, Klavier- und Orgellehrer 164
Godard, Benjamin 196
Goerdeler, Carl Friedrich 207
Goethe, Johann Wolfgang 14

Göbler, Carl August *siehe* Gebler, Carl August
Göbler, Johann Samuel *siehe* Gebler, Johann Samuel
Göpel, Oswald Fg. 117, *165*
Göpfert, Carl Gottlieb Vl. 15, *23*, 24, 73
Göpfert, Johann Gottlieb 23
Göring, Lieselotte 305
Göring, Ludwig 159, 167
Görlach, Rudolf 247, 263, 265
Görlitz, Cellist 230
Görner, Carl 259
Görner, Johann Gottlieb 17
Görner, Johann Gottlieb 18
Göschen, Georg Joachim 58
Göß, Martin 307
Gössel, Carl Friedrich 23 f., 27, 29, 41, 44, 46 f.
Gössel, Johann Heinrich 24, 27, 29, 41, 44, 46
Gössling, Christhart 310
Goffing, Fritz 309
Gontiès, Stéphane Va. 322
Goritzki, Ingo 315
Gottlob, Ernst 35
Gottlöber, Adolf Bernhard Vl. 117, *133*
Gottlöber, Carl Gottlieb 133
Gottlöber, Flora Meditrine geb. Kegel 133
Gottschalk, Arthur 278
Gottsched, Johann Christoph 17, 21 f.
Gottwald, 60
Götz, Ralf Hr. 265, 289, *299*
Götze, Hermann 248
Grabau, Adelheit *siehe* Wilkens, Adelheit
Grabau, Georg 87
Grabau, Henriette 87
Grabau, Johann Andreas Vc. 58, *87*, 90, 92
Grabau, Johann Christian Leberecht 58, 87
Grabau, Juliane Eleonora geb. Ludwig 87
Graefe, Artur Vl. 185, *231*, 248, 276, 285
Graefe, Elfriede Hf. 194, 231, 248, 292
Graefe, Paul 231, 248
Gräfe, Va. *114*
Gräfe, Alfred 241
Gräfe, Geigenlehrer 147

Graf, Johann 18
Graf, Johann Ehrenfr. 58
Grafenauer, Irena 320
Graff, Anton 21
Gränitz, Wolfgang Va. *282*
Grantzel, Wolfgang Vl. 215, *271*
Gräser, Alfred 230
Grajeck, Adolf 274
Grasset, Jean-Jacques, 62
Grassi, Franz Dominic 76
Grassi, Franz Joseph Vl. *75*
Grassi, Joseph Peter 75
Graun, Christian Jacob Vl., Va. 37, *47*, 49, 66 f.
Graun, Johann Gottlieb 18
Graun, Thomasschüler 54, 59
Greenleaves, Thomas Pk. 322
Grenser, Carl Augustin Fl. 37, 53, 68, **69**, 71, 74, 77, 80, 89, 94, 96 ff., 104, 108, 112, 116
Grenser, Friedrich August Pos., Pk., Vl. *77*, 80, 82, 92 f., 98, 112
Grenser, Friedrich Wilhelm Vc. 65, 77, **80**, 82 ff., 98, 107, 118
Greve, Johann Christian Kb. *131*
Grevesmühl, Konzertmeister 185, 213
Grieg, Edvard 127, 171
Gröber, L. *siehe* Kröber, Friedrich Louis
Grohmann, Cornelia Fl. *309*
Grosch, Karl 271
Gross, Herbert Va. *222*
Groß, Johann Carl 96, 99
Gross, Leopold 223
Gross, Mathilde Wilhelmine Lina geb. Baum 223
Grosse, August Ferdinand Vl. *102*
Große, E. 145
Große, Gothild 321
Grosse, Johann Christoph 102
Grosse, Johanna Erdmuthe geb. Pannach 102
Großkunz, Herbart Pos. 117, *145*
Grube, Friedrich Pos. 142, *175*
Grube, Karl 175
Grüder, Klaus 312
Grüllmayer, Gustav Vl. 242, *246*
Grümmer, Paul 144
Grün, Jacob 178
Grünberg, Adam 148
Grünberg, Eugen Vl. *148*

Gründel, Paul Vl. 185, *215*
Grüneberg, Edmund 230
Grüneberger, Curt Ob. 197, 201
Grünenthal, Eberhard 295, 314, 320
Grünler, Alfred 267, 269
Grützmacher, Friedrich d. J. 118
Grützmacher, Friedrich Heinrich 107, 118
Grützmacher, Friedrich Wilhelm Ludwig Vc. 80, *107*, 118, 120 f., 126, 132, 144, 161, 174
Grützmacher, Leopold Vc. 107, *118*, 120
Grund, Vl. *75*
Grund, Chr. Eleon. geb. Steinert 75
Grund, Christiane Eleonore verh. Sengstack 75
Grund, Eduard 75
Grund, Friedrich Wilhelm 75
Grund, Georg Friedrich 75
Grunert, Ulrich Pk. 263, *297*
Grunewald, Konzertmeister 116
Guez, Nimrod Va. *321*
Günther, August Friedrich Wilhelm Kb. *42*
Günther, Bernhard 257, 271, 300, 304
Günther, Carl Gottlob 42
Günther, Caroline Amalia Albertina geb. Wind 123
Günther, Caroline geb. Hinze 131
Günther, Franz Schlgzg. 81, *123*, 146
Günther, Friedrich Andrea 123
Günther, Georg Vl. 117, *131*
Günther, Horst 302
Günther, Karl Wilhelm 202
Günther, Lina geb. Hübner 202
Günther, Paul Va. 125, 174, *202*, 274
Gütter, Adolf Fg. 118, *165*
Gütter, Gustav Adolph 165
Gütter, J. Walter 165
Gütter, Julius 165
Güttler, Ludwig 265
Güttler, Wolfgang 307, 313
Gütz, Klaus-Peter Ob. *283*
Gulli, Franco 313
Gumpert, Friedrich Hr. *125*, 162 f., 167, 170, 175, 181, 183
Gumpert, Johann Georg 125

Gumpert, Marie Wilhelmine geb. Billig 125
Gumprecht, Lothar Vl. 257, *276*
Gungl, Joseph 115, 161
Gunkel, Johannes 267
Gunkel, Otto 271
Gustarobba, 53
Guthe, Fritz 279
Gutsch, Anna Rosina geb. Prassin 46
Gutsch, Ephraim Gottlieb 46
Gutsch, Johann Georg 46
Gutsch, Johann Philipp Vc. 23 f., 27, 29, 41, 44, *46*, 47
Gutschlicht, Anna Selma geb. Wende 214
Gutschlicht, Karl Max 214
Gutschlicht, Otto Va. *214*, 244, 253, 276
Gutschmid, Christian Gotthelf von 53
Gyurkovits, Alexandru Kb. *290*

H

Haake, Andreas Friedrich 82
Haake, Christiane 295
Haake, Christiane geb. Schüttel 89
Haake, Ernst Adolph 82, 89
Haake, Frau 296
Haake, Friedrich 89
Haake, Friedrich Heinrich Ferdinand 82, *83*, 89
Haake, Georg Albrecht 82, 89
Haake, Gottlob Wilhelm Fl. 71, 82, *89*, 98, 116, 126
Haake, Hornist 248
Haake, Juliane Christiane geb. Schüttel 82, 89
Haake, Peter Andreas Kb. 82, *89*
Haas, Max 281
Haase, Andreas 318
Haase, Rudolf 293
Haberland, Johann Christian Friedrich Kl., Trp., Kb. *44*, 55 f.
Habicht, Günter 301
Haenflein, Georg 184
Haertel, Harry Trp. *268*, 307
Händel, Georg Friedrich 14, 16, 100
Häfer, Andrea 313
Händschke, Fritz Va. *256*, 265
Hänel, Christian Friedrich 33
Hänel, Gottlob 130
Hänel, Heinrich Julius 130

Hänsgen, Karl 214
Härtel, Gustav Adolph Vl. 84, 91, 110, *115*
Härtel, Herrmann 104
Häser, August Ferdinand 23
Häser, Carl Georg 23
Häser, Charlotte Henriette 23
Häser, Christian Wilhelm 23
Häser, Gottlob 23
Häser, Johann Friedrich Vl. 23, *52*, 55
Häser, Johann Georg Vl., Va. 15, 23, 24, 27, 29 f., 36, 41, 44 ff., 52 f.
Häuser, Gerhard Vl. 125, *196*
Häuser, Gustav Adolf 196
Häuser, Livia Helene Liesbeth geb. Stein 196
Häussler, Marie-Louise 283
Hagel, Stadtmusikdirektor 174 f.
Hahn, Dietrich 309
Haiberg, Uwe-Martin 319 f.
Hajek, Rudolf Vl. *244*
Halir, Karl 180
Hallmann, Dietmar Vl. Va. 259, *265*, 280 f., 288 f., 295 f. 302, 304 f., 313, 315
Hallmann, Hans-Jürgen 307
Hallmann, Olaf Va. 265, *295*
Hallmann, Susanne Vl. *299*
Hamann, Albert 245
Hamann, Carl August 180
Hamann, Hugo Vl. 105, 178, *180*, 213
Hammann, Stadtmusikus 125
Hammer, Anton 307
Hammer, Siegfried Hr. *257*
Handrow, Rolf Pos. 267, *291*
Hanewald, Pos. 51, *64*, 78
Hannewald, Hermann Va. 251, *253*, 259, 293, 295
Hannewald, Udo Vl. 246, 253, *293*
Hansen, Robert Emil *siehe* Robert-Hansen, Emil
Hansmann, Leonhard 176
Hansmann, Walter Vl. *176*, 192, 215, 247, 249, 256, 260, 263, 267, 281, 283, 288, 291, 302, 311, 314, 317, 321
Hanstedt, Elisabeth geb. Wahnes 222
Hanstedt, Georg Vl. 207, *222*, 295

Hantzschk, Joachim Vl. *255*
Harada, Koichiro 319
Harms, Gunnar Vl. *313*
Harms, Hans-Martin 313
Harms, Heike 313
Harrer, Gottlob 30
Hartmann, Joh. Marie Sophie geb. Fink 62
Hartmann, Johann Gotthardt 62
Hartmann, Johann Wilhelm Fg., Kl. 43, 60, *62*, 64 f., 88, 91
Hartmann, Katharina 296
Hartmann, Wilhelm Hr. *161*
Hartung, Anna Elisabeth geb. Witzel 94
Hartung, Christian 94, 118
Hartung, Johann Christoph 94
Hartung, Johann Christoph Vl. *94*
Hartwig, A. 214
Harzer, Paul 265, 271, 273, 282
Harzer, Rolf Vl. 218, 224, 233, 265, 271, 273, *282*, 284
Hasch, Dieter 283, 288
Haseloff, Herbert 272
Haßbecker, Siegfried Schlgz. Pk. 213, *251*, 302, 313
Hasse, Margot 273, 280
Hasselt, Friedrich 310
Hasselt, Philipp 310
Hasselt, Tobias Pos. *310*
Hassert, Adolph Vl. *146*
Hasson, Maurice 318
Hatzsch, August Pos., Kb. *143*, 160, 172
Hatzsch, Carl August 143
Hatzsch, Pauline geb. Wolf 143
Haubold, Christiane Agnes 130
Haubold, Ferdinand Friedrich 112
Haubold, Friedrich Georg Vl. 92, 110, *112*, 124 f., 128
Haucke, Gerhard Hr. 225, *248*, 268
Haun, Richard Vl. 197
Haupt, Eckart 319
Haupt, Tobias Vl. *319*
Hauptmann, Moritz 80, 91, 94, 100, 105 ff., 111 ff., 121, 123 ff.
Hauptmann, Norbert 317
Hauschild, August 122
Hauschild, Friedrich Emil. August Schlzg. 81, 89, 92, 102, 110, *122*

Hauschild, Johann Gottfried Va., Vl. 49, *81,* 83 ff., 88, 98, 102, 119, 122 ff.
Hauschild, Johann Gottlieb 81
Hauschild, Johanna Christiana verw. Rupprecht 81
Hausmann, Robert 164
Hausold, Gustav Schlgz. Pk. *168*
Haussmann, Geigenlehrer 242
Haussmann, Johanna Dorothea geb. Türppe 143
Haussmann, Karl Friedrich 143
Haußmann, Robert Vl. 129, 130, *143,* 197
Havemann, Gustav 200, 213, 219, 230, 252, 255
Haydn, Joseph 24, 26, 29, 33, 39 f., 62, 67, 100
Hayn, Carl Friedrich 48
Hazuka, Józef 320
Hazuka, Krystyna 320
Hazuka, Wojciech Vl. *320*
Hebecker, Klaus Vl. 259, *281,* 297
Hebenstreit, Johann Christian 17
Heber, Emanuel Vc. *130*
Heber, Paul 210
Heber, Paul Pos. 178, *210,* 243, 252, 268
Hebold, Alfred 230
Heermann, Hugo 184
Hegar, August 126
Hegar, Eduard Friedrich 126
Hegar, Emil Vc. 107, 120, *126,* 136, 140, 142, 144, 157
Hegar, Ernst Friedrich 126
Hegar, Friedrich 142
Hegar, Johannes 126
Hegar, Julius 126
Hegar, Peter 126
Hegar, Robert 126
Heidrich, Günter Ob. *274,* 290
Heifetz, Benar 219
Heikamp, Albert 274
Heimann, Ernst 219
Heimann, Paul Kb. 202, 207, 211, *219*
Heimbuch, Rainer 309
Heimpold, Gert 299
Hein, Albert Fl. *201*
Hein, Julius 201
Hein, Pauline geb. Störig 201
Heindl, Kammervirtuos 165
Heine, 77
Heine, Berthold Vc. *216*

Heinel, Jürgen 302
Heinemann, Ralf Va. 265, *296*
Heinig, Fritz Vl. 156, *197,* 198
Heinig, Oskar 197
Heinrich Christian Friedrich, Graf zu Stolberg-Roßla 45
Heinrich XXX., Graf von Reuß 45
Heinrich, Adolf Vc. 226, *271*
Heinrich, Julius 271
Heinrich, Jürgen 318
Heintzsch, Aloysia Franziska geb. Stikert 159
Heintzsch, Friedrich Va. *159*
Heintzsch, Karl August 159
Heinze, August 194
Heinze, Friedrich August Ferdinand Kl. 51, 57, 60, *66,* 74, 92 f., 98, 108
Heinze, Gustav Adolf Kl. 66, *93,* 98, 103
Heinze, Johann Gottfried 66
Heinze, Walter Ob. 158, 190, *194,* 222, 251
Heinzmann, Otto 250
Heise, Ralf Vl. 176, *267*
Held, Fritz 279
Helfer, Klavierlehrer 139
Hellmesberger, Georg d. Ä. 106
Hellmesberger, Joseph d. Ä. 172
Helm, Christoph 92
Helm, Johann Heinrich Kl. *48,* 60
Helm, Johanna Christina 48
Helmbach, Rudolf 291
Helmer, Georg Friedrich August Vl. *141*
Helmert-Poralla, Annemarie 278
Helmich, W. 170
Hemken, Dorothea Va. *274,* 307
Hemken, Volker Kl. *309*
Hempel, Klavierlehrerin 178
Henkels, Kurt 254
Hennicke, Susanne Ob. *319*
Hennig, Carl Traugott Kb. 31, 46, *48*
Hennig, Edeltraut 313
Hennig, Johann Christian 48
Hennigs, Ernst 267
Henselt, Adolph 117
Hentrich, Wolfgang 319
Herbrandt, Hans Vl. 235

Herbst, Franz Trp. *181,* 196, 200, 228 f., 263
Herbst, Kammermusikus 188
Herfurth, Benjamin 118
Herfurth, Johann Christian 106
Herfurth, Johanna Christiane geb. Damm 106
Herfurth, Wilhelm Kb. *106,* 110, 119 f., 127
Hering, Hofrat Dr. med. 183
Hering, Kurt Vl. 170, *182,* 195, 199
Herlitz, Christiane Karoline geb. Müller 119
Herlitz, Franz Woldemar 119
Herlitz, Heinrich Otto Vl. 107, *119*
Herlitz, Johann Wilhelm Heinrich 119
Hermann, Friedrich Va. 92, *105,* 127, 146 f., 158, 160, 163, 166, 170, 176, 179 f., 189
Hermann, Gottfried 31, 48
Hermann, Heiko 299
Hermann, Heinz 190, 269, 287, 293, 299
Hermsdorf, Vl. *80*
Hermsdorf, Johann Gottfried 80
Hermsdorf, Wilhelm Eduard 80, 84 f.
Herner, Karl 139
Herold, Friedrich Leberecht 64
Herold, Johann Friedrich Vl., Va. 30, *64,* 66 f.
Herold, Johanna Regina geb. Panitsch 64
Herr, Anna Rosina geb. Müller 60, 65
Herr, Carl Christian Hr. 60 f., 64, *65*
Herr, Christian Gottlieb Hr., Trp. 49, *60,* 64 f., 69, 83, 103
Herr, Johann Christoph 60, 65
Herrig, Carl Wilhelm 128
Herrig, Johannes Christian Friedrich Carl 128
Herrmann, Carl Va., Ehrenmitglied 179, *187,* 191, 199 f., 209, 217, 233 ff., 244, 256, 260
Herrmann, Peter 288
Hertel, Gottlob Friedrich Va., Musikdirektor 23 f., *26,* 29, 47, 52
Hertel, Johann Gottfried 26

Hertel, Klaus 280, 288, 290, 293, 299, 301, 303, 305, 310, 314, 317 f., 321
Hertel, Sängerin 26
Herzog, Johann Gottlieb Fl., Ob. 24, *25,* 26, 32, 34
Heß, Bernhard Vl. 105, 140, *145*
Hesse, Heinrich Traugott 57, *81,* 82 ff.
Hetzel, Eberhard 301
Hetzer, Jürgen Vl. 231, *285*
Heuck, Thilo Hr. *211,* 233
Heuer, Albert Kb. *187*
Heun, Karl 269
Hewers, August 252
Hewers, Jürgen Hinrich Vl. *252,* 255, 265
Heyde, Erhard Vl. *183*
Heyde, Franz 183
Heyde, Siegmund Friedrich August von der 48 f., 83
Heyer, Hermann 266
Heyneck, Edmund Kl. 125, *170,* 200, 212
Heyneck, Julius 170
Hiebendahl, Rudolf 128
Hietzschold, Heinrich Vc. *142*
Hietzschold, Johana Christiane geb. Zetzsch 142
Hietzschold, Johann Heinrich 142
Hildner, Kurt 273
Hildner, Siegfried Vl. 259, *273,* 320
Hilf, Arno Vl. 94, 109, 114, 140 f., 143, 149, *167,* 170, 172, 176, 178, 180, 192
Hilf, Christian Adam Arno Vl. 94, *114,* 141, 143, 149, 167
Hilf, Christiane Ernestine 141
Hilf, Christoph Wolfgang Vl. 92, *94,* 114, 141, 143, 149, 167
Hilf, Hans 241, 244, 256
Hilf, Johann Adam 141, 167
Hilf, Johann Christoph 94, 114
Hilf, Robert 94, 114, 141, 143, *149,* 167
Hille, Paul 265
Hiller, Ferdinand 138
Hiller, Friedrich Adam Vl. 22, *41,* 47
Hiller, Henriette geb. Schmidt 25

Hiller, Johann Adam Fl., Musikdirektor 15 ff., 21, *22*, 23 ff. 28 ff., 32 f., 41, 43 f., 49, 52, 54, 61, 95
Hillmann, Erich Vc. 216, 226, *250*
Hillmann, Heinrich Vl. 92, 109, *138*
Hillmann, Johann Hermann 138
Hillmann, Musikdirektor 144
Hiltawsky, Kurt Kl. 200, *259*, 300
Himstedt, Karl-Heiz 313
Himstedt, Norbert Pk. 263, *313*
Hindemith, Paul 207
Hinke, Gustav Ob. *128*, 140, 158, 174, 181
Hinke, Johann Gottfried 128
Hinke, Juliane Henriette geb. Jehmlich 128
Hinten, Friedrich Christian von *siehe* Inten, Friedrich Christian von
Hinten, Johanne Christiane von geb. Asmus *siehe* Inten, Johanne Christiane von geb. Asmus
Hinze-Hönig, Gudrun Fl. 255, *311*
Hipper, August 309
Hipper, Thomas Ob. *309*
Hipper, Ursula 309
Hirsch, Walter Va. 187, *260*
Hochschild, Henrik Vl. *305*
Hoelscher, Ludwig 144
Hoene, Klaus 301, 304
Höfer, Heinz Kl. 200, *252*, 301
Höflmayer, Christoph Kl. *163*
Höh, Arthur von der Va. *251*, 253
Höhne, Christoph 114
Höhne, Gottfried Friedrich Hr. *114*, 135
Höhne, Wilhelmine geb. Gerngroß 114
Höltzel, Michael 319
Höne, Adolph Gotthold 50
Höne, Johann Christian Vl. *50*, 52, 55
Höppner, Organist 139
Hörtnagel, Georg 309
Hörtzsch, Gustav 272
Hörtzsch, Heinz Fl. 187, *272*, 309

Hösel, Reinhard 299
Hoffmann, Carl Traugott Fl. 22, *32*
Hoffmann, Fritz 286
Hoffmann, Gottlob 32
Hoffmann, Ingeborg 281, 285, 288, 290, 293
Hoffmann, Johann Christian 46
Hoffmeister, Franz Anton 55
Hofmann, Hermann Kl. *217*, 245
Hofmann, Jörg 304
Hofmann, Marie Hf. *169*, 174
Hofmann, Rainer 306
Hofmann, Walter Va. *260*
Hofmannsthal, Hugo von 275
Holdt, Rudolf 266
Holl, Wolfram Schlgz. *318*
Holloway, John 319
Holtzhauer, Helmut 242
Hombsch, Regine *siehe* Jung, Regine
Homilius, Gottfried August 19, 22, 28
Honegger, Arthur 207
Hopfe, Va., Cemb./Fortepiano *31*
Hopfe, Johann Christoph 31
Hopfe, Johanna Maria Friederike 31
Hopf-Geidel, Frau 223
Hoppe, C. G. E. 123
Hoppe, Gustav Ferdinand Vl. 92, 110, *123*
Horn, Franz Anton Vl. 81, *83*, 84, 98, 115
Horntrich, Herbert 295
Hossa, Franz Vl. *50*
Hossa, Georg 50
Hossa, Thomas 50
Hoyer, Dore 248
Hrabĕ, Josef 119, 126
Huene, Axel von Vc. *319*
Hübel, Vl. 75
Hübel, Gustav Ludwig 75
Hübel, Heinz Richard Alexander 75
Hübel, Mauritius Albert 75
Hübel, Moritz Ludwig 75
Hübler, Carl Fiedrich Ob., Fl. 24, *44*, 51
Hübsch, Friedrich 309
Hüchelheim, Anna Matha geb. Nicolai 224

Hüchelheim, Joachim Schlgz. 194, 213, *224*, 246, 248
Hüchelheim, Justus 224
Hüller, Johann Christoph *siehe* Hiller, Johann Christoph
Hünerfürst, August Wilhelm Vl. 63, *71*, 74
Hünerfürst, Christian Friedrich 71
Hubrich, Carl Gottlieb Ob. *33*, 42, 48
Hucke, Rainer Kb. *289*
Hug, Gebrüder 126, 138
Huhn, Ernst Va. *231*
Huhn, Fritz 231
Huhndorf, Werner Va. *265*
Humann, Adolph Heinrich Fg. 51, *67*, 68
Humann, Carl Heinrich 67
Humann, Christiana Beada geb. Donner 67
Hundhammer, Friedrich 166, 172
Hundt, Beate *siehe* Roth, Beate
Hundt, Gerhard Schlgz. 248, *286*
Hundt, Irmgard 291
Hunger, Anna Christiana 77
Hunger, Christoph Friedrich Ehrenmitglied 25, *46*, 47 f.
Hunger, Dorothea geb. Schild 25
Hunger, Friedrich Louis 77
Hunger, Fritz Ob. 174, *251*, 292
Hunger, Gottlob Gotthold 25
Hunger, Gottlob Gottwald Fl., Cemb./Fortepiano 24, *25*
Hunger, Gottlob Leberecht 25
Hunger, Henriette Albertina 83
Hunger, Hermann Otto Vl., Va. 77, 84, *89*
Hunger, Johann Gottlieb Va. 48, 60, 77, 83, 89
Hunger, Johann Heinrich Kl., Ob. 33, *48*, 77
Hunger, Paul 224
Hunger, Samuel 46
Hunger, Siegfried Vc. *274*
Hunthgeburt, Christoph 316
Hurfer, Conrad 216
Hutschenreuther, R. Musikdirektor 196

I

Ihle, Stadtmusikdirektor 101
Iklé, Berta 113

Iklé, Moses 113
Ilg, Edwin Vl. *305*
Ilg, Hiltrud Vl. *283*, 305
Insprucker, August Hf. 139, *161*, 162
Inten, Carl Wilhelm von Fg. 57, *88*, 89, 98, 118
Inten, Georg Heinrich Friedrich von Vl. 88, *89*, 98, 122
Irmisch, Klavierlehrer 165
Irmscher, Albert Musikdirektor 188

J

Jachimowicz, Kasimir Vl. 193, 224, 235, *270*
Jacob, Helmut Vl. 218, 230, *249*
Jacob, Johanne Christiane 82
Jacob, Karl Pos. *251*, 306, 310
Jacobi, August 136, 147
Jacobi, Christoph 295 f., 304, 311 f.
Jacobi, Martin 113
Jacobi, Siegfried Vl. 91 f., 110, *113*, 115
Jacobsen, Heinrich Vl. 92, 106, 109, *133*
Jacobsen, Peter 133
Jacquar, Leon Jean 124
Jaeger, Brigitte 302
Jäcklin, Bernd Va. 215, *282*
Jäger, Johann Christian 94
Jäger, Johann Gottlieb Kb. 57, *94*, 102 f.
Jäger, Johanna Sophia geb. Berndt 94
Jäger, Siegfried Vc. *271*
Jahn, August Vl. *143*
Jahn, Dieter 299
Jahn, Wolfgang 316
Jakowicz, Krzysztof 320
Jamaoka, Kôsaku 312
James, Ifor 312, 314
Janek, Werner Vl. 270, *291*
Jannemann-Fischer, Gundel Ob. *315*
Jansa, Leopold 94
Janus, Gisela 299
Japha, Georg Joseph Vl. 92, 110, 113, *116*
Japha, Louise 113
Jauch, Andreas Balthasar 46
Jehmlich, Julius Emanuel 128
Jehnigen, Joseph Hr. 68, 71, 82 f., *106*, 112, 114

Jentsch, Alfred 231
Jentzsch, Caroline Emilie geb. Jässing 165
Jentzsch, Richard Va. *165,* 191
Jentzsch, Wilhelm August 165
Jimenez, José Julian Vl. 110, *135,* 136
Jimenez, José Manuel 135 f.
Jimenez, Nicaseo Vc. 126, 135, *136*
Jinkertz, Willi 228
Joachim, Fanny 106
Joachim, Joseph Vl. 91, 105, *106,* 110, 134, 161, 247
Joachim, Julius 106
Jöcher, Christian Gotlieb 17
Johanna Magdalena, geb. Prinzessin von Sachsen-Weißenfels 17
John, Christiane geb. Jakobi 157
John, Emil Kb. *157*
John, Johann Ernst 157
John, Johann Friedrich Wilhelm 111
John, Johann Ludwig Ernst Vl. 92, *111*
John, Manfred Hr. *279*
Johns, Gerhard Fg. *248,* 274
Jokisch, Christa 307
Jonne, Andreas Christoph Fg., Kb. 26, 33, 34, 42, 43
Jonne, Carl August Ob., Va., Vc., Pk. 24, 26, ***33***, 42
Jonne, Friedrich Gabriel Ob. 26, 33, *42*
Jonne, Wilhelmine 33
Joseph II., Kaiser 35
Joseph Maria Friedrich Hollandinus, Prinz von Sachsen-Hildburghausen 62
Josifko, Jaroslav Fl. *266*
Jürgens, Matthias 66
Jürgens, Wilhelm Fl. 52, 60, *66,* 68
Jütner, Samuel Gottfried Va. 23 f., 27, 29, 41, *44,* 46 f.
Jung, Hans Rudolf 288
Jung, Hans-Rainer Vl. *288,* 293
Jung, Regine Vl. *301*
Junge, Georg Fg. 181, *211,* 241, 254, 258, 268, 272
Junge, Wilhelm 211
Junghänel, Peter 289
Just, August Vl. 77, 80, 82
Just, Wilhelm Trp. *228*

K
Kachler, Vl. *66,* 67, 69
Kähler, Ludolf Vl. 259, *290*
Kahnt, Cellolehrer 126
Kaiser, Julius 139
Kalki, Max Vl. *230,* 247
Kaltofen, Gunnar Vl. 259, *284*
Kammleitner, Herbert 307
Kaneffke, Melitta 276
Kapeller, Oswald 284, 299
Kapp, Vl. *76*
Kappe, Heinrich Ferdinand 76
Kappe, Johann Caspar 76
Kappe, Johanne Eleonore geb. Sandig 76
Karger, Ernst Adolf *224*
Karger, Herbert Ob. 223, 225
Karger, Theresa Emilie geb. Mittrach 224
Karl Drechsler 118
Karl, Adolf 272
Kashkashian, Kim 315
Kaspar, Albert Vl. 105, *189,* 194
Kater, Erna 285
Katona, Bela 312
Katschner, Helmut 305
Kauffmann, Konzertmeister 218
Kayser, Julius *siehe* Kaiser, Julius
Kayser, Kurt 197, 201
Kegel, Albert Fg. *309*
Keilberth, Joseph 166, 278
Keim, Werner Vl. *260*
Keller, Oswin 200
Kempe, Alfred 220
Kempe, Rudi Ob. *220,* 224, 228, 238, 266, 286
Kempe, Rudolf *siehe* Kempe, Rudi
Kern, Oboist 228
Kerner, Rudolf 261, 286
Kersten, Friedrich 173
Kersten, Reinhold Kl. *173,* 176
Kessel, Johann Caspar 22
Kessel, Johann Christoph Hr., Vl. 19, *22,* 32, 49 ff., 54, 59
Kessel, Johann Friedrich 22
Kessler, Stadtmusikus 159
Keßner, Caroline Henriette Therese geb. Stötzer 163
Keßner, Friedrich Kl. *163*
Keßner, Friedrich August 163
Kette, Alfred 280
Keune, Ekkehard 286, 289, 297
Keyl, Hugo 190

Kiebeler, Siegfried Kl. 200, *250,* 297
Kiefer, Carl Moritz Ob. *106,* 132
Kiefer, Ignatz 106
Kiefer, Johanne Christiane geb. Lanzendörfer 106
Kiel, Friedrich 140
Kienzl, Hermann 227
Kiesling, F. L. 172
Kiesling, Max Vc. 144, 148, *172,* 210
Kießling, Herbert 292
Kilian, Martha geb. Könitzer 211
Kilian, Wilhelm Kb. 202, *211,* 253, 262
Killinger, Manfred von 275
Kimmerling, Johann Georg Vl. *43,* 49, 66, 69
Kindscher, Erich Vl. *226,* 245
Kippenberg, Anton Ehrenmitglied 187, 209, *234*
Kippenberg, August 234
Kirchhoff, Christian Friedrich 21
Kirchhoff, Johann Friedrich Ob., Fl. *21,* 25, 33 f., 49
Kirchhoff, Marie Elisabeth 21
Kirchhübel, Adam Gottfried 32
Kirchhübel, Carl Gottlob Kb. *32,* 46
Kirchhübel, Susanna geb. Bellhut 32
Kirchner, Musikdirektor 142
Kirchner, Oskar 265
Kirmse, Fritz Vl. 177, 214, *233,* 282
Kirmse, Johann August 135
Kirmse, Johanne Christiane Henriette geb. Back 135
Kirmse, Reinhard Hr. *135*
Kirsch, Christiane Wilhelmine 158
Kirsten, Carl Friedrich Gotthelf Vl. 50, *51*
Kirsten, Christian Gottfried 51
Kirsten, Johann Gottfried 51 f.
Kirsten, Johann Gottlob 51
Kirsten, Johann Traugott 51
Kistner, Karl Friedrich 56
Kittel, Karl 227
Klamroth, Geigenlehrer 159
Klauber, Gebrüder 53
Klaus, Hans-Dietrich 312
Klaus, Karl 190
Klauser, Heinz 314

Klausnitz, Christiana Friederike geb. Gey 116
Klausnitz, Karl Friedrich 116
Klausnitz, Otto Hermann Fl. *116,* 133
Kleekamp, Reinhard Va. 215, 242, *291*
Kleekamp, Werner 291
Klein, Bernhard 266
Klein, Walter 235
Kleindienst, Gert 310
Kleinsorge, Uwe Ob. *290*
Klemm, Vl. *59*
Klemm, Georg Israel 59
Klemm, Johann Georg 59
Klemm, Johanna Christiana geb. Klemm 59
Klemperer, Otto 213
Klengel, August Alexander 68
Klengel, August Gottlieb 68
Klengel, Eva 285
Klengel, Johann Christian 68
Klengel, Johann Gottlieb 68
Klengel, Julius Vc. 68, 108, 126, 139, *144,* 156, 165 f., 172, 177 f., 182, 186, 189 ff., 193, 202, 210 f., 216, 219, 226, 230 f., 247, 249, 261, 271, 285, 290
Klengel, Julius d. Ä. 139, 144
Klengel, Moritz Gotthold Vl. 59, *68,* 70, 98, 106, 108, 112, 139, 144
Klengel, Nora 249
Klengel, Paul Vl. 68, 92, 108, 109, *139,* 144, 198, 215, 242
Klepel, Lutz Fg. 254, *290*
Klesch, Margot 248
Klesse, August 132
Klesse, Ferdinand 132
Klesse, Heinrich Va. 92, 109, *132,* 142, 180, 181
Kliebert, Karl 164
Kliedisch, Cellolehrerin 300
Klier, Günther 315
Klinger, Max 262
Kloß, Carl Johann Christian Vl. 29, 59, 61, 67 f., *70,* 79
Kludt, Albert Vc. 144, *182,* 216
Kludt, Friedrich 182
Klug, Christian 247, 261, 290
Kluge, Albert 210
Klupsch, Ulrich 299, 311
Knabe, Gerd 305
Knauer, Heinrich 213, 248
Knauff, Jutta Vl. 259, *286*

Knoblauch, Willi Vl. 184, 233, *242*
Knochenhauer, Karl 263
Knoll, Hofmusikus 69
Knorre, Fritz 285, 289
Kobin, Otto 286
Koch, Cellolehrer 165
Koch, Ewald 289, 297
Koch, Fritz 275
Koch, Heinrich Christoph 73
Koch, Heinz Vl. *255*
Koch, Justus 121
Koch, Max Hf. *284*
Koch, Walter 284
Köhler, Bruno 246, 292
Köhler, Gottlieb Heinrich Fl., Vl., Pk. *52*, 55, 58, 66, 71, 77, 92
Köhler, Reinhard 248
König, E. Musiklehrer 195
König, Emil 191
König, Herbert Vl. *244*
König, Johannes 220, 224
König, K. 217
König, Musikdirektor 178
König, Musiklehrer 170
König, Wolfram 313
Königsberg, 77
Köpping, Dieter Kb. 230, *272*
Körner, Johann Gottfried 41
Körnert, Alfred Pos. 197, *210*, 251
Körnert, Auguste Marie geb. Schütze 210
Körnert, Karl August 210
Kofler, Martin 318
Kogel, Eva Sophie Elisabeth geb. Lüttig 103
Kogel, Friedrich 103
Kogel, Gottlob Friedrich Pos. *103*, 142
Kogel, Gustav Friedrich 103
Kogel, Johann Daniel 103
Kolb, Emil Vl. *177*, 233
Konlos, Peter 320
Konwitschny, Franz Ehrenmitglied 237 ff., 241 f., 248, *275*, 303
Koop, Organist 186
Kootz, Eva 299
Kootz, Günter 299
Kootz, Susanne *siehe* Hallmann, Susanne
Kopp, Theodor Louis Vc. 144, *165*
Kopp, Wilhelm 165

Kopprasch, Johann Gotthold 64
Kormann, M. Dr. 171
Kornagel, Johann Gottfried Discant *22*
Korndörfer, Christiane Margarethe geb. Hilf 141, 143
Korndörfer, Ernst Vl. *94*, 114, *141*, 143, 149, 167
Korndörfer, Johann Wolfgang 141, 143
Korndörfer, Oskar Va. *94*, 114, 141, *143*, 149, 167, 175
Kotte, Johann Gottlieb 93
Kovács, Lóránt 312, 318
Krake, Alfred 246
Krake, Günter Schlgz. 213, *246*
Kral, Hans Vc. 226, *231*
Kral, Theresia 231
Kramarics, Katalin *siehe* Stefula, Katalin
Krämer, Karl Vl. 235
Kratz, Hubert 97
Kratzer, Bernhard 317
Kraus, Karl 275
Kraus, Karl Ob. 228, *241*
Krausch, Johann Christian Fl. 24, *32*, 52
Krause, Willy Kb. 137, 190, *216*
Krebs, Johann Ludwig 19
Krebs, Peter 304
Krebs, Stadtmusikus in Dresden 69
Kreher, Matthias Kl. 245, 266, 297, *301*
Křenek, Ernst 208
Kresse, Karl Kb. *209*
Kretschmar, Christian Hr. 220, 262, 289, *295*
Kretschmer, Theater-orchestergehilfe 84, *85*, 92
Kretzschmar, Chr. Dorothea geb. Zimmermann 92
Kretzschmar, Hermann 170, 180
Kretzschmar, Johann Gottlob 92
Kretzschmar, Johann Gottlob Ob. 85, *92*
Kreuchauff, Daniel Friedrich 19
Kreutz, Karl Trp. 193, *241*
Kreutzer, Rudolphe 58, 137
Krieg, Christian August 33
Krieg, Kantor 125
Kriegk, Johann Jacob 62
Kröber, Friedrich Louis Va. *131*
Kröber, Gottfried 131
Kröber, Gustav Vl. 90, *131*

Kröber, Kurt 193
Kröber, Wilhelmine geb. Krug 131
Kröhner, Giorgio Vl. 224, 259, *279*, 295, 300
Kröhner, Karla Vc. *287*
Krollig, Anna-Louise 300
Kronfeld, Gottfried Fg. 254, *289*
Kropfgans, Johann d. J. Laute *25*
Krüger, Auguste geb. Pappel 225
Krüger, Erich 317
Krüger, Siegfried Hr. *243*
Krüger, Wilhelm Hr. *225*, 243, 245 ff., 254, 257, 275
Krüger-Lindhorst, Ernst Va. *250*
Krug, Bernhard Hr. *307*, 318
Krug, Carl Gottlob Kb. *56*, 57, 59
Krug, Christian Vl. *318*
Krug, Hans 307, 319
Krug, Traugott Wilhelm 85
Krumbholz, Carl Theodor Vc. 107, 120, *121*, 123, 124
Krumbholz, Stadtmusikdirektor 163
Krumpfer, Hans-Joachim 305
Krutzsch, Wolfgang Vl. *263*
Kucharski, Janus 320
Küchler, Ferdinand 243
Kühn, Carl Friedrich August Hr. *112*, 118
Kühn, Diethelm 299, 306
Kühn, Johann Friedrich 49
Kühn, Johann Friedrich Christian Vl. 22, *49*, 57, 59 ff., 66, 69, 73, 81, 95
Kühn, Johann Sebastian 49
Kühne, Tobias 318
Kühne, Volkmar Schlgz. 213, *246*
Kühnel, Ambrosius Vl. *55*, 56, 69
Kühnel, Götz 301
Künscher, 60
Küster, Hans-Joachim 290
Küstner, Vl. *63*
Küstner, Johann Heinrich 63
Küstner, Karl Theodor 63, 70, 74, 79, 97
Kulenkampff, Georg 226

Kullmann, Irmgard 322
Kummer, Alexander Vl. *92*, 109, *135*
Kummer, Friedrich August 87 f., 90, 105
Kummer, Otto 135
Kummerlöwe, Werner Vc. *277*
Kunath, Hermann Kl. *183*
Kuntze, Johann Christoph 90
Kuntze, Johanna Friederike Martha geb. Barth 90
Kunze, August 139
Kunze, Carl Heinrich Otto Vl. 92, 109, *139*
Kunze, Gustav Fg. 90, *118*
Kunze, Heinrich Gustav Vl., Va. 57, *90*, 102 f., 118
Kunze, Johann Friedrich 70
Kunze, Wilhelm Friedrich Vl. *70*, 84, 86
Kunze, Wilhelmina Sophia, geb. Wurfbein 70
Kupfer, Carl Moritz Tb. 107, *126*
Kupfer, Caroline Charlotte geb. Sachse 134
Kupfer, Ernst Fl. 117, *134*, 141
Kupfer, Johann Gottlob 126
Kupfer, Theodor Franz Friedrich 134
Kupke, Eckehard Fg. *315*
Kurzaj, Richard 209, 238, 256
Kussmaul, Jürgen 314
Kutschke, Alwin 227
Kutschke, Emma geb. Otto 227
Kutschke, Johanna *siehe* Gerlach, Johanna

L
L'hermet, Hans 203, 210, 216
Laade, Friedrich 133
Labitzky, Musikdirektor 134
Lachner, Geigenlehrer 179
Lämmerhirt, K. 228
Laine, Esko 320
Lalo, Edouard 196
Lampe, Jürgen 304
Lampelzammer, Tobias Kb. *314*
Lampe-Vischer, Carl 181
Landgraf, Bernhard Kl. *103*, 111, 125
Landgraf, Johanna Magdalene Sophie geb. Otto 103
Landgraf, Karl Heinrich 103

353

Landmann, Holger Ob. 244, *287*
Landmann, Ilse 287
Landvoigt, Dorothea geb. Schiel 21
Landvoigt, Johann August Fl. 19, *20*, 21
Lange, Discant, Va. *19*
Lange, Carl August Vl., Va. 49, *61*, 63, 65, 68f., 80, 98, 111
Lange, Elisa 61
Lange, Gustav Vl. *199*, 242, 244, 251, 253, 261
Lange, Johann Elias 61
Lange, Stadtmusikdirektor 189
Lange-Frohberg, Paul 261
Langhagen, Georg Wilhelm 137
Langhagen, Wilhelm Vl. 92, 109, *137*
Langhans, Anna Augusta geb. von Horn 113
Langhans, Carl Friedrich 113
Langhans, Friedrich Wilhelm Vl. 91f., *113*, 116
Langhans, Louise geb. Japha siehe Japha, Louise
Langhof, Emil 253, 282
Lankau, Amalie Auguste geb. Ruccius 130
Lankau, Carl Vl. *130*
Lankau, Johann Albert 130
Lasmanis, Voldemars Vl. 235
Lau, Ulrich 314
Laube, Albin Richard 198
Laube, Ida Ernestine geb. Heinrich 198
Laube, Julius 164, 170, 176
Laube, Richard Vl. 156, 197, *198*
Laucke, Erika 321
Laucke, Stefanie Vl. *321*
Lautenbach, Geigenlehrer 148
Lauterbach, Musikdirektor 215
Lehmann, Harry 302
Lehmann, Dirk Pos. *302*
Lehmann, Rudolf Hr. *233*
Lehmann, Ulf Trp. 263, 268, *307*
Lehnert, Andreas Kl. *312*
Leibnitz, Johann Christian Trp. *48*, 57, 60, 95
Leichsenring, Carl Theodor 102
Leichsenring, Eduard Julius Hr. 57, 94, *102*, 103, 105, 125
Leichsenring, Johann Christoph 102

Leichsenring, Johanna Wilhelmine geb. Ulrich 102
Leichsenring, Max 102
Leidiger, Karl-Heinz Vl. 176, 259, *260*
Leine, Theaterorchestergehilfe 57, 82, *83*
Leitner, Kristin Vc. *316*
Lemmnitz, Max 272
Lenski, Victor 244
Léonard, Hubert 140
Lepetit, Gottfried 295
Lepetit, Hanna 295
Lepetit, Konrad Va. 222, 265, 295
Leser, Ditte 317
Leser, Lars Peter Vl. 315, *316*, 317
Leuscher, Rainhard Kb. *299*
Lewinger, Max Vl. *178*, 179f., 191
Lewis, Anna Va. *315*
Lewy, Anton 100
Liberman, Nahum 321
Liberman, Victor 314
Liebau, Alfred Vc. *199*
Liebau, Emma Johanne Friederike geb. Kirchberg 199
Liebau, Gottfried Carl 199
Liebermann, Konzertmeister 283
Liebeskind, Carl August Cemb./Fortepiano *55*
Liebeskind, Johann Samuel 55
Liebig, Carl 161
Liersch, Kurt 249
Limburger, Jacob Bernhard 55, 63
Linde, Hans-Peter Vc. 219, 226, 258, *277*
Lindemann, Gerhard 302
Lindig, Anne-Kathrin 316
Lindner, Adolph Hr. 57, *115*, 125, 128
Lindner, Carl Wilhelm 57, 115
Lindner, Edwin 218
Lindner, Johann Siegmund 115
Lindner, Konzertmeister 218
Lindner, Kurt 279
Lindner, Maria Dorothea geb. Wurmstich 184
Lindner, Richard Va. *184*, 199, 242
Lindner, Wilhelm 184
Link, Gustav Vl. *215*, 241

Linke, Wolfgang 295
Liphardt, Karl von 91
Lipinski, Karol 178
Lipka, Alfred 176, 314, 317, 321
Lippel, Friedrich 241
Lippold, Albert 229
Lippold, Hans Vl. *229*
Lisso, Stadtrat Dr. 210
List, Erich Fl. 157, *230*, 252, 272f.
List, Hugo 230
Liszt, Franz 106, 128, 151, 153
Loebner, Wolfgang Fl. *295*, 318
Löchner, Hans-Detlef 302
Löhlein, Georg Simon Vl., Cemb./Fortepiano, Musikdirektor *24*, 25f., 52
Lösche, Heinz 289, 295, 301
Löwe, Christian 291
Löwe, Kammermusiker 211
Logier, Johann Bernhard 54, 66
Lohse, August 223
Lohse, Otto 200
Lohse, Siegfried Hf. *223*, 227
Lolli, Antonio 53
Lorbeer, Christiane Juliane geb. Fritzsche 163
Lorbeer, Friedrich Louis 163
Lorbeer, Heinrich Hr. 126, *163*
Lorbeer, J. 200
Lorenz, Vl., Kl. 57, 72, *77*, 82f.
Lorenz, Rolf Ob. *266*, 277
Lorey, Geigenlehrer 284
Lübeck, Ernst 124
Lübeck, Johann Heinrich 124
Lübeck, Louis Theodor Vc. 121, *124*, 126
Lubotzky, Marc 322
Luck, Günter 293
Luck, Günther 313
Lucke, Gottfried 255
Ludewig, 24
Ludwig I., König von Bayern 63
Ludwig XVI., König von Frankreich 35
Ludwig, Christian Friedrich 87
Ludwig, Felix Kb. 190, 230, *261*
Ludwig, Kammermusiker 249
Ludwig, Karl Richard Schlgz. *157*
Ludwig, Musikdirektor 137
Luprich, Alfons 273
Luther, A. Musikdirektor 188
Lux, A. Stadtmusikdirektor 195

M
Maaß, Alfred 281

MacDonald, John Roderick Trp. *303*
Macht, Arno Schlgz. Pk. *194*, 224, 234
Mäder, Joachim 297
Mäder, Wolfgang Kl. *297*, 301, 312
Männel, Armin Trp. 193, *265*
Märker, Hermann Hr. 183, 247, *265*, 299, 301, 309f., 317
Mahler, Carl Friedrich 104
Mahler, Gustav 148, 151, 160, 275
Mahn, Kurt 266
Mai, Friedrich August Pos. 57, 93, *103*, 107
Mai, Friedrich Traugott Vl. *93*, 103, 112
Maier, Heinz Fl. *281*
Major, Klavierlehrer 172
Makomaski, Johann von 123
Makomasky, Xavery von Vl. 92, 110, *123*
Malzer, Reinhold 309
Mangelsdorf, Gerhard 276
Manger, Robert 232
Mangold, Max Vl. 197
Manko, Berta geb Hackbarth 230
Manko, Gerhard Vl. *230*, 250, 253
Manko, Michael 230
Mannsfeldt, Hermann Gustav 142, 159, 164f.
Mara, Ignaz 45
Markgraf, 60
Markus, Waldemar 301
Markwart, Erich Hr. *297*, 306, 315
Marmotel, Antoine François 135, 136
Marschner, Heinrich 74, 88
Marschner, Leonore 310
Marteau, Henri 179, 214
Martersteig, Oswald Kb. 137, *216*
Martin, Tobias Kb. *312*
Martinec, Klaus Fg. *278*
Martini, Gottfried Kb. 24, *46*, 48, 54
Martini, Rosina geb. Hofmann 46
Masur, Kurt Ehrenmitglied 202, 215, 238, 294, *296*, 298, 303, 308
Matthäi, Gottlob Heinrich 58

Matthäi, Heinrich August Vl. 31, *58*, 59, 61 f., 65, 68, 70, 78 f., 85, 88, 91, 95
Matthäi, Johanna Christiana geb. Köhler 58
Matthies, Christian Vl. 90, 107, *117*, 119, 133 f., 166
Matthies, Richard Vl. 105, 117, *166*
Matthus, Siegfried 308
Matz, Arnold Vl. Va. 185, *215*, 256, 258, 265, 274, 277, 280, 282, 284, 289, 291
Matz, Johannes 215
Matz, Louise geb. Gropius 215
Matzat, Karl Vl. 197, 201
Matzka, Victor 292
Mauersberger, Rudolf 184
Maul, Kurt 276, 284
Maurer, Carl August 67
Maurer, Gottlob Anton Ignatius Ob. 44, *51*, 57 f., 60 ff., 64, 67 ff., 71, 78, 82, 84, 96, 106
Maurer, jun. Vl., Va., Hr. 51, 53, 61, 63, 66, *67*, 68, 70, 79
Maurer, Louis 117
Max, Lisa-Liane 287, 290, 297, 305, 308
Max, Lothar Vc. *261*
May, Erich 274, 282
May, Friedrich August *siehe* Mai, Friedrich August
May, Friedrich Traugott *siehe* Mai, Friedrich Traugott
May, Johann Gottfried 93, 103
May, Johanna Sophie geb. Friese 93, 103
Mayer, Carl Ob. *168*
Mayer, G. *siehe* Meyer, Martin Hinrich
Mayers, Markus 322
Mayer-Schierning, Ernst 313
Mehlig, Gudrun *siehe* Spörl, Gudrun
Mehlig, Karl Pk. *262*, 286, 289, 297, 302, 306, 310, 313, 318
Mehls, Fritz 288
Meier, Bernd Kb. *301*
Meier, Eberhard 292
Meincke, Bademusikdirektor 187
Meinel, Friedrich August 127, 157
Meinhardt, Ernst Trp. *200*, 231
Meinhardt, Friedrich Karl 200

Meinhardt, Horst Schlgz. 194, 200, 213, *231*
Meinhardt, Pauline Friederike geb. Klingler 200
Meisel, Christoph Ferdinand 129
Meisel, Cornelius Vl. *129*, 163, 175
Meisel, Hermann 210
Meisel, Joh. Sophia Caroline geb. Jahn 129
Meißner, Christina 316
Mejo, August Wilhelm Va. 57, *72*, 77, 82
Mejo, Joachim Gotthilf 72
Melanchthon, Philipp 100
Mende, Eduard 268
Mende, Kaufmann 54
Mende, Wolfgang Hr. *268*
Mendel, Hermann 113
Mendelssohn Bartholdy, Felix 7, 39, 68, 79, 91, 93, 97 ff., 100, 103 ff., 116, 138, 196, 224, 262
Menz, Hans-Hagen 308
Menzel, Emil Musikdirektor 201
Menzel, Günter Vl. *263*
Menzel, Kurt 263
Menzel, R. Vl. 197
Merk, Josef 92
Merkert, Jürgen Hr. 247, *311*
Merkert, Peter 311
Mertké, Ernst Eduard Vl. 92, 110, *117*, 121
Meschke, Va. 32
Meschke, Dieter Tb. *269*, 322
Meschke, Johann 32
Meschke, Johann Samuel 32
Meschke, Johanna Dorothea geb. Wetzel 32
Messinger, Roland Ob. *292*
Metius, Christiane geb. Schirmer 141
Metius, Guido Vl. *141*
Metius, Johann Friedrich Louis 141
Metz, Volker Va. 215, *280*, 295
Metzler, Carl 172
Metzler, Karl Vl. *172*
Metzler, Wilhelm Anton Vl. 92, *112*, 115
Metzmacher, Rudolf 144, 252
Metzner, Werner 299
Meyer, Anna Maria Margaretha geb. Schlottmann 131

Meyer, Carl Heinrich Vl., Va. 51, 56 f., 61, 63 f., 66, *69*, 72, 77, 79, 91, 102
Meyer, Johann Georg 131
Meyer, Johann Heinrich 69
Meyer, Martin Hinrich Vl. *131*
Meyer, Walter Kb. Tb. 190, *250*
Meyerbeer, Giacomo 39, 76
Meyer-Olbersleben, Max 164
Michel, Gerhard Vl. 185, *247*
Miesen, Gerhard 316
Mieth, Clemens 280
Mikorey, Franz 211
Militzer, H. Va. 197
Milzkott, Erwin Fl. *228*, 230, 295, 314, 320
Minczuk, Roberto Hr. *303*
Misgaisky, Kurt 297
Mituzass, Erik Vl. 235
Mladenoff, Wesselin Vl. 234
Mlynarczyk, Hans Vl. 187, *233*, 242, 244
Möbus, Paul 246
Möhring, Hans-Jürgen 311
Möller, Carl Wilhelm Vc. 34, 45, *46*, 58, 62 f., 65, 95
Möller, Heinrich 290
Mönnig, M. M. 157
Mörchen, Hans-Ludwig Ob. 228, *267*
Mörike, Eduard 218
Möritz, Walter Vl. *216*
Möser, Ina *siehe* Wiehe, Ina
Moosdorf, Otto-Georg Vl. *269*
Morawietz, Heinz Kb. 211, *253*, 298, 302, 304
Morbitzer, Egon 176
Morgenstern, Arthur 266, 277
Moritz, Johann Gottfried 79
Morus, Samuel Friedrich Nathanael 41
Morvay, Balint 317
Moscheles, Ignaz 111, 117
Moschke, Stadtmusikgehilfe 88
Moser, Baldur 293
Moßner, Wolfgang Vl. *250*
Mottl, Felix 275
Mozart, Wolfgang Amadeus 24, 26, 29, 39 f., 54, 59, 62, 100, 205 ff.
Muck, Erich Vl. *249*
Muck, Peter Vl. 192, *244*
Mueller, Otto-Werner 296
Mühling, Friedrich Christian 60

Mühling, Heinrich Leberecht August Vl. *60*
Mühling, Johanne Amalie geb. Meese 60
Mühlmann, Ernst 143
Mühlmann, Ernst Vl. 109, *143*
Mührau, Alfred 276
Müller, Adolph Heinrich Fl. 45, 51 f., *55*, 58, 66, 76
Müller, Albert 133
Müller, Albin 285
Müller, Alfred 279
Müller, Arno Kb. 190, *245*, 271
Müller, August Eberhard Fl. 30, *52*, 55, 61
Müller, Carl 252
Müller, Carl Gottlob Kb. *54*, 56, 59, 67
Müller, Carl Wilhelm 35, 37, 53
Müller, Christian 41
Müller, Christian Hr. *310*
Müller, Christian Gottlieb Vl. 77 ff., 81, *83*, 84 f., 93, 107
Müller, Christiana Charlotta 54, 59, 67
Müller, Christoph Gotthold Pk. 54, 59, 60, *67*, 70
Müller, Ditte Petra geb. Leser 316
Müller, Doris 313
Müller, Eduard Hr. *143*, 156, 181
Müller, Friedrich Vl. *249*
Müller, Friedrich August Wilhelm Vc. *110*
Müller, Gebrüder 126
Müller, Gerhard 292
Müller, Gottlieb 83
Müller, Gottlieb Benjamin Pk. 54, *59*, 67
Müller, Hans Alexander 185
Müller, Heinz Pos. *243*, 306
Müller, Horst Schlgz. *267*
Müller, J. D. Gambe *25*, 27
Müller, Johann Christian Vl., Cemb./Fortepiano 23, 24, 27 ff., 31, *41*, 44, 46 f., 53, 67
Müller, Johann Christoph 54, 59, 67
Müller, Johann Gottlob 41
Müller, Johanna Dorothea 145
Müller, Kurt 272
Müller, Leopold Vl. 92, 109, *133*, 137
Müller, Mathias Schlgz. Pk. 263, *302*

355

Müller, Matthäus 52, 55
Müller, N. Kantor 18
Müller, Robert Pos. *142,* 172, 175, 177, 192
Müller, Robert Vc. *252*
Müller, Sophie Marie 83
Müller, Theodor 105
Müller, Walter 315 f.
Müller, Werner Kb. 230, *292,* 296
Müller, Wilhelm Hermann 143
Müller-Berghaus, Carl 142
Müller-Crailsheim, Prof. 249, 251, 260
Münch, Carl Vl. 198, 205, 209, *213,* 224, 226, 233, 280
Münch, Ernst Prof. 213
Münch-Holland, Hans Vc. 206, *210,* 216, 219, 225, 243
Muller, Philippe 316
Muskat, August 232
Muth, Bernhard 215
Muth, Max Vl. *215*
Mütze, Johannes 271

N

Nagel, Christine Vl. 259, 282, *287,* 296
Nagel, Dora 282, 287
Nagel, Kurt 287
Napoleon Bonaparte 35, 38
Nardini, Pietro 53
Natschinski, Gerd 252
Nauber, Franz 268
Naumann, Carl 188
Naumann, Georg Trp. 123, 146, *188*
Naumann, Gotthold Eusebius Hr., Trp. *34*
Naumann, Hans-Joachim 266, 306
Naumann, Joachim Fl. 187, *254*
Naundorf, Christian Magnus Kb. *89*
Naundorf, Johann Gottlob 89
Naundorf, Maria Dorothea geb. Kleinicke 89
Navarra, André 287
Navratil, Gunter Trp. *293,* 312
Nawroth, Dietmar 306
Neblung, Arthur Vl. *196*
Neblung, Bianka 196
Neblung, Ferdinand 196
Neer *siehe* Nörr, Georg Wilhelm
Nel, Rudolf 244

Nellinger, Kapelle 195
Nerling, Erwin Kb. *272*
Neruda, Franz 171
Neschling, John 303
Nettelbladt, Daniel 288
Netzer, Josef 102
Neuberg, Hans 282
Neubert, Henriette-Louise Vc. *316*
Neubert, Johann Gottfried Trp. 25, 34, 48, *49*
Neuhaus, Fritz 274
Neuling, Hermann 279
Neumann, Angelo 144
Neumann, Dorothea *siehe* Hemken, Dorothea
Neumann, Erich 257, 274, 287, 300
Neumann, Hans-Dieter 307
Neumann, Hermann 257
Neumann, Monika Vl. 176, 246, *281*
Neumann, Wilhelm Kb. *257,* 274, 287, 300, 302
Nicolet, Aurèle 256
Nielsen, Carl 207
Nietner, Einhart Vl. *241,* 242, 285, 291, 302 f.
Nietzsche, Friedrich 127
Nikisch, Arthur 134 f., 138, 147 f., 150 f., 155 f., 158, 163 ff., 171, 176, 178, 180 f., 183 ff., 188 f., 193 f., 197 f., 205, 207, 210
Nilsson, Alf 311
Nissen, Ernst Vl. 109, *148,* 192, 194
Nissen, Hans Vl. 148, *194*
Nissen, Peter 148
Nitschke, Heinz 302
Nitschke, Kurt Fl. 187, *255,* 311
Nörr, Andreas Ludwig 74
Nörr, Friederika Wilhemina geb. Rieß 74
Nörr, Georg Wilhelm Vl. *74*
Nösselt, Hans-Joachim Vl. *221*
Nolze, Elisabeth geb. Schiebold 217
Nolze, Erich Va. 187, *217*
Nolze, Otto 217
Nowak, Konzertmeister 218
Nowak, Walter 263, 279

O

Oberländer, R. Geigenlehrer 176
Ochs, Renate Ob. *252*

Ockert, Christian Kb. *302*
Ockert, Erich Schlgz. Pk. *248,* 273, 286, 297
Oehl, Josef 300
Oehl, Karl 272
Oeser, Adam Friedrich 46
Oeser, Carl Vl. 92, 110, *119*
Oettel, Eberhard Vl. 215, 231, 276
Ohanian, David 296
Ondriček, Franz 179
Oosten, Alard 315
Opitz, Domorganist 132
Opolka, Hartmut 304 f.
Oschatz, Johann Christian Ob., Fl., Trp. *21*
Oschatz, Nicolai Jacobi 21
Ostertag, Martin 322
Other, Edith 290
Other, Theodor 290
Other, Ulrich Fl. *290*
Otho, Carl Kb. *137*
Otto, Ernst Peter 33
Otto, Georg 215
Otto, Musikdirektor 284
Otto, Gerhard 287
Ozawa, Seiji 296

P

Paasch, Musikdirektor 182
Paganini, Nicolo 178
Pahls, Theaterorchestergehilfe 81, *85*
Palestrina, Giovanni Pierluigi da 99
Paliala, Fürst von 149
Palm, Eberhard Vl. *273*
Palm, Kurt 286, 310
Pammler, Andreas Vc. 258, *285*
Pammler, Rudolf 285
Pank, Christian 277
Pank, Siegfried Vc. 186, 226, *277*
Pantzier, Kathrin Vl. *304*
Panzner, Karl 171, 175 f., 178, 180
Pape, Anna Engel geb. Westphal 81
Pape, Christoph Nicolaus Carl 82
Pape, Johann August 81
Pape, Johann Christian Ludwig Vl. *81,* 82 ff.
Pape, Matthias Wilhelm Diedrich 82
Papperitz, Robert 140

Parlow, Albert 164, 168
Passin, Günther 309, 311, 319
Passin, Karl-Heinz Fl. 231, *273,* 309, 311, 319 f.
Pas-van Riet, Gaby 320
Patolla, Alfons 258
Patzak, Albert Vl. 178, *191,* 192
Patzak, Alfred 191 f.
Patzls, Vl. *84*
Paufler, Christian Heinrich *47,* 51
Paul, Ernst 210
Paur, Emil 133, 170 f.
Pechmann, August Hermann 181
Pechmann, Kurt Ob. 117, 128, *181*
Peglow, Johann Emanuel 78
Peglow, Johann Jacob Friedrich Pos., Fg., Kb. 51, 57, 62, 64, 77 f., 82, 88 f., 98, 119
Peiselt, Helga 301
Pencz, Wolfhard 300
Pensel, Martin 214
Pensel, Oskar Vl. *214,* 256, 271, 276, 279
Penzel, Erich Hr. 183, 225, *247,* 262, 265, 268, 310 f., 317
Pergamentschikow, Boris 309
Pernutz, Manfred 320
Perowne, Hannah Vl. *318*
Perscher, J. 230
Pestel, Albert Wilhelm Vl. 140, *159*
Pestel, Heinrich 159
Pester, Caroline Sophie geb. Dressler 123
Pester, Friedrich Vc. *123,* 157, 177
Pester, Johann Gottfried 123
Pester, Woldemar Vc. 123, 136, 141, *157,* 177
Peters, Carl Friedrich 55
Petersen, David Fg. *307*
Petersen, Winfried 307
Petiscus, Pastor 67
Petracci, Francesco 315
Petri, Egon 161
Petri, Henri Vl. 106, 128, *161,* 166 f., 178, 184
Petrick, Johann Gottfried Vl. *61*
Petzold, Franz Trp. *158,* 181
Petzold, Stephan 320
Pfaender, Herbert 273

Pfaender, Michael 303
Pfaffe, Carl Friedrich 34
Pfaffe, Johann Michael Hr., Trp. 17, 25f., *34*
Pfau, Carl Gustav Hr. 54, 65, *93,* 98, 101
Pfau, Johann Gottlieb Trp. 44, *54,* 56, 60, 93
Pfeifer, Karla *siehe* Kröhner, Karla
Pfeuffer, Helmut 293
Pfeuffer, Renate 293
Pfeuffer, Ulrike *siehe* Strauch, Ulrike
Pfister, Daniel Vc. *322*
Pfister, Hermann 322
Pfitzner, Carl Robert 136
Pfitzner, Gottfried 136, 146
Pfitzner, Hans 136, 213
Pfitzner, Oskar Vl., Va. 92, 106, 109, *136*
Pflug, Christian 310
Pförtsch, Ulrich 310
Pfund, Christian August 92
Pfund, Johann Gabriel 92
Pfundt, Ernst Gotthod Benjamin Pk. 78, *92,* 135, 173
Pfundt, Ernst Wilhelm Ob. *92,* 98, 106
Pfundt, Joh. Christiana geb. Glaus 92
Pfundt, Johanna Christiana Friederike geb. Wieck 92
Philipp, Günter 299
Piatigorsky, Gregor 144
Picard, Stephan 316
Pickel, Otto 311
Piening, Karl 216
Pieper, Lieselotte 293, 300
Pietsch, Klaus 311
Pilz, Kurt 267, 282
Pilz, Werner Hr. 235, *241*
Pinquart, Markus Vl. 259, *311*
Pirrmann, Paul Vl. 197
Pitterlin, Friedrich Adolph Vc., Va. 29, 41f., 44ff., *47,* 61
Pitterlin, Gottfried Siegmund 47
Pixis, Friedrich Wilhelm 110
Platner, Ernst 41
Platz, Kurt 227
Plawetzki, Josef Schlgz., Pk. 194, 209, *210*
Pleier, Bruno 232
Pleß, Jochen Hr. 265, *301*
Plötz, Christian von 33

Pluta, Dotothee Vc. *321*
Podehl, Paul 258
Podleska, Marianne 22, 32
Podleska, Thekla 22, 32
Podleska., Marianne *siehe* Fesca, Marianne
Pörschmann, Fg., Fl. *21,* 43
Pörschmann, Johann 21, 43, 69, 77, 80
Pörschmann, Johann Gottlob Fg. *21, 43*
Pörschmann, Susanna Regina geb. Seyfried 43
Poeschel, Carl Ernst 234
Pohbe, Theaterorchestergehilfe 84, *85*
Pohle, A. 174
Pohle, Christian Friedrich Vl., Va. 81, *85,* 88
Pohle, Christian Gotthilf August 85
Pohle, Christoph Louis Pos. 64, 101, *107,* 114
Pohle, Friedrich 101
Pohle, Gottlob Julius Eduard Hr. 64, *101,* 107, 113ff.
Pohle, Johann Friedrich 107
Pohle, Johann Gottfried 64
Pohle, Johanna Christiana geb. Burkhardt 85
Pohle, Kapellmeister 180
Pohle, Rosalie geb. Zwarg 101
Pohlenz, Anna Matia geb. Klaunigk 86
Pohlenz, Christian 86
Pohlenz, Christian August Musikdirektor 65, *86*
Pohlenz, Martin 86
Pölcke, Christian Gottlieb *siehe* Belcke, Christian Gottlieb
Poley, Jacob Michael Vl. 30, *54,* 59, 66, 69, 77, 88, 98
Poley, Michael 54
Poley, Rudolph Vl. 30, 54, 84f., *88*
Polgar, Alfred 275
Politz, Stefanie Hf. *183,* 223
Poll, Friedrich Christian Vl. *31*
Poll, Samuel Gottlieb 31
Poppenberg, Klavierlehrer 147
Porsche, Carl Wilhelm August 96
Portig, Gustav Wilhelm Vl. 68, 90

Portig, Heinrich Gotthelf Ob. 51, 57, *68,* 71, 73f., 82f., 87, 90, 92, 106
Portig, Johann Christoph 68
Pospihal, Jan 320
Pottle, Ralph 296
Prager, Geigenlerer 172
Präger, Heinrich Aloys Va., Musikdirektor 63, 67, 70, 78, *79,* 82, 86
Präger, Johann Arnold August Vc. *78,* 79
Prescher, Paul 265
Preuße, Amalie Louise Antonie geb. Eichentopf 148
Preusse, Carl Hr. *148*
Preuße, Heinrich Gottlob Carl 148
Prill, Carl 170
Prill, Emil 170
Prill, Karl Vl. 106, *170,* 178, 183
Prill, Paul 170
Primenko, Tatjana 290
Prinz, Johann Rudolph Hf. *56*
Prinz, Konzertmeister 215
Prokofjew, Sergej 207
Püschel, Heinz-Peter Vl. *292*
Puffhold, Christiana Sophia geb. Küntzel 114
Puffhold, Johann Gottlob 114
Puffhold, Moritz Erdmann Vl. *114*
Pupke, Heinz Fg. *248*
Pusch, Kapellmeister 170

Q
Quadflieg, Albert 271
Quarte, Erich 254
Quasdorf, Paul 195
Queisser, Carl Traugott Pos., Va. 57, 59, 65, 72, 77, *79,* 80, 84, 89, 91, 98, 101, 105
Queisser, Carl Traugott Benjamin 79, 84
Queisser, Friedrich Benjamin 79, 84
Queisser, Johann Gottlieb 57, 79, *84,* 85
Quinque, Rolf Trp. 193, *253*

R
Raab, August Vl. 125, *132,* 134, 182
Raab, Barbara Wilhelmine geb. Heydt 132

Raab, Johann Balthasar 132
Radatz, Helmut 300, 306
Radecke, Ernst 111
Radecke, Robert Vl. 92, *111,* 275
Radecke, Rudolf 111
Raderschatt, Hans 260
Raffel-Westermann, Barbara 316
Ramin, Fritz Pos. *221*
Ramin, Günther 246
Ramm, Kurt Trp. 181, 229, 263, 292, 299, 307
Rank, Fritz 304
Rank, Konzertmeister 284
Rappoldi, Adrian 282
Raschke, Siegfried 298
Rathgeber, Kl. 60, *65*
Rathgeber, Carolina Erdmuthe geb. Wolf 65
Rathgeber, Friedrich August Christian 65
Rathgeber, Johann Georg 65
Rauch, Andreas Kb. 254, *298*
Rauch, Christian Daniel 120
Rauch, Johann Nepomuk Vl. 92, 110, *120,* 121
Rauch, Karl Tb. *197,* 232
Rauchfuß, Friedrich Vl. 117, *135*
Rauchschindel, Fiedrich Marius Wilhelm 60
Rauer, Kurt 292
Ravel, Maurice 207
Rebhan, Hermann 216
Rebhan, Margarete geb. Neubauer 216
Rebhan, Willy Vc. *216,* 250
Rebling, Katja 291, 300
Ree Wekre, Frøydis 315
Regner, Franz Theodor 133
Rehse, Ludwig Ob. *164*
Reichardt, Hagen Schlgz. 263, *286*
Reichardt, Johann Friedrich 14
Reichardt, Max 248
Reichel, Adolph 128
Reichelt, Manfred 287
Reichelt, Wolfgang Va. *281*
Reichmann, Kapelle 172
Reift, Marc 316
Reike, Erik Fg. *300*
Reimann, Heinrich 234
Reimann, Johann Heinrich 18
Reimers, Carl 142

Reimers, Christian 108
Reimers, Emil Vl. 132, *142*
Reimers, Max 142
Rein, Friedrich Ob. *195*
Reinecke, Carl Musikdirektor 112, 121, 123 ff., 132 ff., ***138***, 142, 170 ff., 189
Reinecke, Johann Peter Rudolf 138
Reinecke, Roald Vl. *279*
Reinelt, Manfred 266
Reinhard, Franz Volkmar 49
Reinhardt, Vl. *19*
Reinhardt, Alfred Vl. *193*
Reinhardt, Ernst 193
Reinhardt, Thomas Fg. 254, ***306***
Reinhardt, Wolfgang 306
Reinhold, Dietrich Vl. 259, ***299***
Reinhold, Eva-Maria 299
Reinhold, Wolf 299
Reininger, Wolfgang Vl. 199, ***242***, 255
Reiß, Johann Gottlob Fg., Hr. ***33***, 45, 51
Reißiger, Carl Gottlieb Vl., Va. ***75***, 76, 116
Reißiger, Christian Gottlieb 75
Reißiger, Friedrich August 75 f.
Reiter, Wenzel 223
Reitz, Robert 223
Reitzenstein, Carl Heinrich von 49
Reiz, Friedrich Wolfgang 41
Rembt, P. 225
Renner, Emil Friedrich Vl. 92, 110, ***121***
Reski, Rudi 301, 306
Resphigi, Ottorino 207
Reuter, Artur 229
Reuter, Willi Albrecht Vl. ***229***, 265
Reuter, Rolf 299
Rezler, Magdalena 321
Rhode, siehe Rothe, Va., Vl.
Rhoden, Anton 224
Riccius, August Ferdinand 80, 107, 109, 112, 123 ff.
Riccius, August Gottlieb 109
Riccius, Heinrich Julius Vl. 92, ***109***, 111
Riccius, Karl August Gustav 109
Richter, Ob. *59*
Richter, Alfred 143
Richter, Arthur 195, 245, 266
Richter, Christoph 321

Richter, Ernst Friedrich 99 f., 140 f.
Richter, Fritz Trp. *196*
Richter, Gabor Trp. 322
Richter, Gottfried 87
Richter, Gottfried Wilhelm Ob. 57, 68, 82, ***87***
Richter, Hellmut Va. 234
Richter, Johann Carl August 42
Richter, Johann Salomon 28
Richter, Jörg Pos. 282, ***300***
Richter, Kantor 172
Richter, Sigrid 306
Riebl, Thomas 315
Riede, Friedrich 114, 118 f., 125, 127, 129, 131, 133 f., 139, 141
Riedel, Heinrich Robert Julius Vc. *130*
Riedel, Karl Vc. 144, 186, ***202***
Riel, A. Stadtmusikdirektor 180
Riem, Friedrich Ernst 57
Riem, Friedrich Wilhelm Vc. ***57***, 63, 73, 87
Riem, Sophie Regine geb. Schartau 57
Riemer, Christoph 22
Riemer, Johann Salomon Hr., Va., Pk. 12, 15, 18, 21, ***22***
Riemer, Kurt 254
Riemer, Maria geb. Beyer 22
Rietschel, Christian Gottfried Fg., Hr. ***49***, 95
Rietz, Eduard 116
Rietz, Julius Musikdirektor 80, 107 f., 111, 113, 115, ***116***, 138, 153
Ring, Heinz Vl. 176, ***249***, 270
Ringleb, Frank Kb. *293*
Ringleb, Helmut 293
Risse, Emil Va. 125, 186, ***194***
Ritschel, Emil Vl. *258*
Ritschel, Ewald 315
Ritter, Alexander 164
Ritter, Erna 194
Ritter, Ferdinand 194
Ritter-Schmidt, Christian 195
Rivinius, Gustav 319
Robert, Willy Paul Vl. 233
Robert-Hansen, Emil Vc. ***171***, 182
Rochlich, Christiane Caroline geb. Wagner 127
Rochlich, Karl Friedrich 127
Rochlich, Otto Heinrich Va. *127*
Rode, Pietro 68, 137, 195

Rödelberger, Franz Va. *164*
Rödelberger, Georg 164
Rödelberger, Philipp 164
Röder, 24
Röder, Walter 263
Röger, Clemens Hr. 306, 315
Röhl, Wilhelm Pos. 222
Röhrs, E. Konzertmeister 186
Rölke, Johannes Vl. 259, ***278***
Römer, Adam Va. *319*
Röntgen, Engelbert Vl. 68, 91, 92, ***108***, 109 f., 132 ff., 138 ff., 143, 148 f., 167, 178
Röntgen, Friederike Pauline, geb. Klengel 109
Röntgen, Johann Engelbert 108
Röntgen, Julius 109
Rösemeier, Heinz 278
Rößler, Günter Trp. 193, 229, ***265***, 292, 299, 317
Rodenhäuser, Ulf 312
Rofs, Geigenlehrer 123
Romberg, Andreas 62
Romberg, Bernhard 62, 77, 116
Roscher, Erna 215
Roscher, Ernst Vl. ***215***, 274
Rose, Bernhard 300, 307, 315
Rose, J. G. 45
Rose, J. H. V. 45
Rose, Johann Gottfried Vl. *30*
Rosenkranz, F. Musikdirektor 122
Rosenmüller, Johann Georg Superintendent 41
Ross, James Edward Hr. *296*
Rosse, Steven 322
Rossini, Gioacchino 39 f.
Rost, Carl Christian Heinrich 24, 26, 29
Rost, Johann Christoph 118
Rost, Maria Elisabeth geb. Köhler 118
Rost, Nikolaus Emil Vc. *118*
Roterberg, Max 286
Roterberg, Ulrich Vc. *286*
Roth, Beate Vl. 270, ***291***
Roth, Fred Vl. 259, ***279***
Roth, Werner Vl. *285*
Roth, Willibald 282
Rothe, Hr. *114*
Rothe, Emma Bertha geb. Mehmel 199
Rothe, Karl 207
Rothe, Karl Emil 199

Rothe, Va., Vl. 72, 77 f., 82 f.
Rothe, Willy Hr. *199*
Rother, Max Vl. 105, ***170***, 188, 218, 275
Rother, Moritz 170
Rother, Walther 170
Rozlach, Sławomir Kb. *320*
Rubinstein, Anton 76
Rucker, Fritz 262, 272, 278
Rucker, Helmut Fl. ***262***, 278
Rückert, Eberhard Kb. 230, ***264***
Rückert, Hans 307
Rückner, Carl Heinrich Ob. 57, 72, 77, ***82***, 83 f., 92
Rückner, Johann Christian 82
Rühlmann, Adolf Julius 128
Rühmer, Christoph siehe Riemer, Christoph
Rütters, Matthias 311
Rudolf, Heinz 304
Rudolph, Anton 134
Rudolph, Arno Hr. 126, ***162***, 170, 183, 195, 211
Rudolph, Frank Vl. *291*
Rudolph, Harry-Heinz 265
Rudolph, Heinz 291
Rudolph, Juliane Laura verw. Patschke geb. Deihandt 162
Rudolph, Louise Augusta geb. Rochlitz 134
Rudolph, Louise Therese 132, 134
Rudolph, Oboenlehrer 174
Rudolph, Th. Hf. 128, 132, ***134***
Ruge, Johann Valentin siehe Ruhe, Johann Valentin
Ruhe, Johann Friedrich 18
Ruhe, Johann Valentin 18
Ruhe, Johann Wilhelm Vl. 18, 24, ***30***, 42, 52, 95
Ruhe, Ulrich Heinrich Christoph Vl., Trp. ***18***, 30, 43 f., 48 f.
Rummel, Louise 301
Runge, Eckhard Hr. ***286***, 310, 317
Runge, Jürgen 310
Ruprecht, Otfried 309
Rust, Gustav Hf. 182, 183
Rust, Hugo 182
Rust, Wilhelm 133 f., 137, 163

S
Saal, Alfred 210, 216
Saal, Max 223

Sachs, C. Musikdirektor 165, 170, 195
Sachse, 60
Sachse, Ernst 122
Sachse, Ernst Friedrich Ludwig 93
Sachse, Hellmut Kb. Tb. *254,* 271, 303
Sachse, Rudolf Vl. 84, 92, *93,* 105
Sachse, Stadtmusikus 90
Sadlik, Reiner Vl. *288*
Sakom, Jacob 252
Salamanek, Heinz Va. 214 f., *276*
Salewski, Dieter 319
Salomon, Frau 120
Salzmann, Kantor 188
Sander, Harald Hr. 220, *284*
Sanderling, Barbara 303
Sanderling, Kurt 303
Sanderling, Michael Vc. *303,* 309
Sandow, J. 219
Sannemüller, Horst Vl. *246,* 257, 276, 281, 285, 288, 290, 293, 295
Sannemüller, Matthias Va. 246, 265, *288*
Santo, Ralf 312
Sattlo, Auguste Sophie geb. Schweinitz 60
Sattlo, Joseph Benjamin 60
Sattlow, Friedrich Erdmann *60*
Sauer, Georg Friedrich Vl. 105, 140, *147*
Sauer, Heinz Vc. 226, 261
Sauer, Johann 147
Sauerbier, Georg Heinrich 42
Saupe, Friedrich August Kl. *90*
Saurbier, Johann Christian Jacob Kb. *42*
Sax, Adolphe 79
Schaar, Immo Va. *313*
Schachowskaja, Natalja 290
Schachtebeck, Augusta geb. Soroker 192
Schachtebeck, Dorothea geb. Füllgrabe 192
Schachtebeck, Heinrich 192
Schachtebeck, Heinrich Vl. 167, 176, 191, *192,* 242, 244, 252
Schachtzabel, Anton Fl. *126,* 128

Schachtzabel, Johann Nicolaus Heinrich Ferdinand 126
Schachtzabel, Mararethe Pauline geb. Bauersachs 126
Schad, Otto 313
Schaefer, Carl Fg. *180,* 203, 211, 228, 254, 258
Schäfer, Johann August 56
Schäfer, Johann Gottlob Ob., Kl., Trp., Va. *56,* 59, 63, 77, 81, 88
Schaefflein, Willy Vl. *203*
Schafer, Elisabeth 232
Schaller, Adolf 195
Schaller, Richard Hr. Vl. 125, 162, *195,* 241
Schaller, Willy Va. *218,* 219, 282
Scharff, Fritz Hf. 174, *194,* 227, 248
Scharwenka, Xaver 113
Schaub, Gérard Fl. *256*
Schauß, Willy Vl. 207, *218,* 231
Schefczyk, Witold Vl. 246, *285*
Scheffel, Hermann 201
Scheffel, Paul Fl. *201,* 217, 252
Scheffler, Georg 262
Scheibe[l], Auguste Louise Ludwig 73
Scheibe[l], Johann Heinrich 73
Scheibel, Carl Heinrich Ob. 68, 71, *73*
Scheiter, Werner Va. *261*
Scheitzbach, Hans-Joachim Vc. 258, *274*
Schendel, Werner 293
Schenk, Paul 224
Scher, Benjamin 273
Scherbach, Richard Vl. 226, *245*
Schertel, Ernst Karl 226
Schertel, Fritz Vc. *226,* 231, 250
Schertel, Marie geb. Pfeiffer 226
Schertel, Peter 226
Schertel, Sigmund 226
Schertel, Wilhelm 226
Scherzer, Manfred Vl. 257, *286,* 302
Scherzer, Max 286
Schicht, Constantia Alexandria 67
Schicht, Friedrich 29
Schicht, Henriette 30
Schicht, Johann Gottfried Vl., Cemb./Fortepiano, Musik-

direktor 19, 23 f., 26 f., *29,* 30 f., 33, 40 f., 44 ff., 52, 58, 67, 73 f., 86
Schicketanz, Hermann Va. 215, *284*
Schicketanz, Karl 284
Schieber, Waldemar Hr. 183, *262,* 296, 302, 307
Schiefer, Johann Ferdinand Kb. 57, 68, 71, 77, *82,* 83 ff., 88, 94, 102 f., 106
Schiering, Prof. 227
Schießer, Klaus Pos. *307,* 316
Schilde, Geo Va. 215, *258*
Schindler, Alfred 265
Schirinski, Sergej 290
Schirow, Carl 198
Schirow, Walter Vl. 197, *198*
Schkommodau, Heinz Vl. *232*
Schladitz, Friedrich Franz 194
Schlag, Hans Fg. 254, *305*
Schlag, Johanna Fl. *314*
Schlager, Friedrich Schlgz. *263,* 289
Schlegel, August Wilhelm 21
Schlegel, Christian Friedrich *143*
Schlegel, Ernst Louis Hr. *143*
Schlegel, Friederike Sophie 21
Schlegel, Friedrich 21
Schlegel, Joh. Christiane geb. Kaufmann 143
Schlegel, Rudolf 313
Schleinitz, Heinrich Conrad 68, 91, 109, 110
Schlenstedt, L. Stadtmusidirektor 122
Schlesinger, Bruno Walter *siehe* Walter, Bruno
Schleusner, Johann Friedrich 41
Schlick, Gustav 86
Schlövogt, Helmut Ob. 174, *225,* 232
Schlossarek, Fred 254
Schlotter, Christian Gottlieb Fl. 51, 57, *68,* 69, 71, 82 f., 106
Schlotter, Gerd 271
Schlueter, Charles 303
Schmahl, Gustav 290, 305, 307
Schmalnauer, Josef Vl. 197, *199*
Schmalz, Eduard 263
Schmalz, Herbert Vl. *263*
Schmeisser, Kurt Trp. *123, 191*
Schmeling, Gertrud Elisabeth 36
Schmerbauch, Richard *siehe* Scherbach, Richard
Schmid, Bernhard 313

Schmidt, Axel 322
Schmidt, Burkhard Vc. 258, *282,* 311
Schmidt, Carl August Hr., Trp. *113,* 122, 133
Schmidt, Carola 304
Schmidt, Christoph 315
Schmidt, Georg 226
Schmidt, Gerhard Vl. *276*
Schmidt, Gustav 125, 142
Schmidt, H. Vl. 197
Schmidt, H. Cellolehrer 120
Schmidt, Hans-Jürgen Kb. *280*
Schmidt, Heinz Kl. *217,* 266
Schmidt, Hermann Pk. *173,* 213
Schmidt, Johann Theodor 113
Schmidt, Johanna Juliane 113
Schmidt, Oskar Vl. *226,* 230
Schmidt, Paul-Gerhard 301
Schmidt, Sophie geb. Strebel 226
Schmidt, Wilhelm 196
Schmidt, Willi 264
Schmidtbach, Carl Ferdinand Fg. *88*
Schmidtbach, Gustav Carl Adolph 88
Schmiedichen, Christian Vl. *62*
Schmitt, Tobias *322*
Schmitz, Paul 226
Schnabel, August 132
Schneider, 60
Schneider, Eberhard 287
Schneider, Ernestine Wilhelmine geb. Schmidt 146
Schneider, Ernst Trp. *146,* 197
Schneider, Friedrich Musikdirektor 40, 52, 60, 63, 71, 73 f., 76, 79, 86, 90, 107, 118
Schneider, Friedrich Anton 49
Schneider, Friedrich August 146
Schneider, H. Mühlenbesitzer 18
Schneider, Henry Va. *292*
Schneider, Johann Gottlieb 74
Schneider, Johann Gottlob 74
Schneider, Johann Musikdirektor *18*
Schneidewind, Helmut Trp. 193, *255,* 265
Schnerwitz, Theaterorchestergehilfe 84, *85*
Schnirring, Tobias Hr. *314*
Schnitzler, Arthur 275
Schnott, Stadtmusikus in Eisenberg 69

Schob, Falko Trp. *313*
Schoch, Anton Kb. *134*
Schochow, Klaus 309
Schock, Günter 310
Schönberg, Arnold 205, 207, 275
Schönert, Klaus 272
Schönfeld, Torsten 318
Scholz, Joachim 316
Scholz, Ursula 316
Scholz, W. Pianist 223
Scholz, Werner 270
Schork, Hans Vl. *193*
Schott, Georg Balthasar 18
Schradieck, Fritz 140
Schradieck, Henry Vl. 91 f., 109 f., 128, *140*, 146 f., 159 ff., 167, 178
Schreck, Gustav 176, 198, 234
Schreiber, Matthias Vc. *295*
Schreiber, Roland 304
Schreier, Inge 306
Schreier, Manfred 313
Schreiner, August Va. *124*
Schreiner, Johann Gottfried 124
Schreiner, Johanne Christiane geb. Hanf 124
Schreinicke, August 200
Schreinicke, Christiane geb. Schneider 200
Schreinicke, Willy Kl. 171, *200*, 245, 250, 252, 259, 266, 272, 278
Schrepper, Oskar 242
Schrepper, Willy Vl. 192, 233, *242*
Schröck, A. 71
Schroeder, Jürgen Vc. *271*, 306
Schroeder, Philipp Schlgz. 263, 271, *306*
Schröder, Alwin Vc. 140, *148*, 164, 166, 171 f., 177
Schröder, Antonius 309
Schröder, Bernhard Ob. *138*
Schröder, Carl Vc. *140*, 144, 148, 157, 168
Schröder, Franz 140, 148
Schröder, Heinrich Alban 138
Schröder, Hermann 140, 148
Schröder, Johann Friedrich 138
Schröder, Johann Gottfried 138
Schröder, Karl 140, 148
Schröder, Veronika 311
Schroeder, Jan 310
Schröter, Christian 229
Schröter, Corona 25, 36
Schröter, Eduard Kb. 119, 120

Schröter, Gudrun 305
Schröter, Hugo Vl. 185, *229*
Schröter, Johann Andreas Christoph 120
Schröter, Johann Friedrich Ob. *25*
Schröter, Johann Heinrich 25
Schröter, Johann Peter 25
Schröter, Johann Samuel 25
Schröter, Johanne Wilhelmine geb. Grahmann 120
Schröter, Kammermusikus 101
Schröter, Therese geb. Bayerer 229
Schubert, Franz 119, 207
Schubert, Hermann 272
Schubert, Jürgen Pos. *301*
Schuberth, Karl 120
Schuchardt, Gustav Julius Vl. *144*
Schuchardt, Louis 144
Schuëcker, Edmund Hf. *162*, 169, 174
Schuëcker, Heinrich 162
Schuëcker, Joseph E. 162
Schünemann, Georg 290
Schüttau, Otto Kb. *159*
Schütte, Karl 217, 224
Schütze, Friseur 166
Schütze, Gustav 198
Schuhbank, siehe Schupang,
Schuller, E. Stadtmusikdirektor 181
Schüller, Richard Kb. 233
Schultz, Albrecht Vl. 92, 109, *139*
Schultz, August 139
Schultz, Elisabeth 139
Schultz, Léon Vc. 156, *164*, 166, 172
Schultze, Gustav 138
Schultze, Michael siehe Schulz, Michael
Schulz, Edmund 190
Schulz, Hansjoachim Vl. 176, *256*
Schulz, Hardy 309
Schulz, Joachim 309
Schulz, Johann Philipp Christian Musikdirektor 37, 48, 51, 55, 58, 69, 71, *73*, 74 f., 86
Schulz, Konzertmeister 170
Schulz, Maria Elisabeth Henrietta geb. Weidemann 73

Schulz, Max Kb. 130, *190*, 216, 230, 245, 253, 262, 264
Schulz, Rosalie 190
Schulz, Walter 261, 264, 274, 277
Schulze, Gerd Fg. 211, *272*, 307
Schulze, Herbert 274
Schulze, Karl 272
Schulze, Klaus Hr. *268*
Schulze, Lisbeth 286
Schumacher, Walter 315
Schumann, Anne Vl. *304*
Schumann, Clara geb. Wieck 23, 65, 93, 111, 113, 116, 124
Schumann, Ernst Va. 125, 184, 197, *199*
Schumann, Heiko Vc. *301*
Schumann, Karl 199
Schumann, R. Musikdirektor 186
Schumann, Robert 39, 87, 93, 101 f., 105 f., 111, 116, 151
Schumann, Toni 304
Schupang, Pos. 51, 60 f., *64*, 78
Schuricht, Carl 225
Schurig, Harald 315
Schurrock, Albert 306
Schurrock, Hans-Martin 306
Schurrock, Peter Kl. *306*
Schuster, Hans 193
Schuster, Ludwig 263, 270, 273, 276, 278, 281, 295
Schwab, Josef 290, 303 f., 313, 316, 321
Schwabe, Johann Jacob 130
Schwabe, Oswald Kb. 119 f., *130*, 137, 166, 180, 189 f., 209
Schwalbe, Vl. 18
Schwärsky, Klaus Va. 215, 277
Schwanebeck, Gudrun siehe Spörl, Gudrun
Schwantge, Amand Hr. 183, *274*, 317
Schwarz, Anette geb. Ehrlich 214
Schwarz, Ernst 297
Schwarz, Gabriele 299, 305
Schwarz, Jacques 214
Schwarz, Leo Vl. 208, *214*, 226
Schwarze, Bernhard 113
Schwedler, Maximilian Fl. Ehrenmitglied *157*, 183, 187, 192, 201, 230
Schweiker, Hans-Christian 318
Schwendemann, Konzertmeister 164
Schwenke, Klaus Va. 215, *274*, 308, 311, 315

Schweter, Klaus 303
Schweyda, W. 244, 250
Schwiertz, Waldemar Kb. *315*
Schwips, Johann Gottlob Kb. 54, 58, *59*
Scipio, Kathrin siehe Stoschek, Katrin
Scranowitz, Franz 281
Sebald, Alexander Va. *179*
Seckendorff, Chr. A. v. 65
Seconda, Josef 34, 47, 63, 66
Seeburg, Moritz 96, 97, 106
Seegers, Friedrich 229
Seegers, Karl Trp. *229*, 255, 263, 265, 318
Seegers, Rainer 229, 318
Seehafer, Cornelia siehe Smaczny, Cornelia
Seele, Otto Schlgz. *168*, 171
Seelemann, Hugo Schlzg, Va., Pk. *147*, 173
Seelmann, Friedrich 115
Sehring, Rolf Hr. *279*, 299
Seidel, Andreas Vl. 259, *300*, 312
Seidel, Anton 164
Seidel, Ernst Hr. 126, *170*
Seidel, Helga 300
Seidel, Joachim 300
Seidel, Wilhelm Ernst 170
Seidenglanz, Musikdirektor 142
Seifert Georg 283
Seifert, Alfred Pk. *213*, 224, 231, 243, 246, 248, 251, 254 f., 262, 283
Seifert, Georg 213, 243, 254 f.
Seifert, Gerd 307, 312
Seifert, Gustav Adolf 213
Seifriz, Max 145
Seitz, Fritz 215
Seltmann, Werner Fg. 181, 183, 225, *254*, 289 f., 305 f.
Semsch, Karl Pos. 262
Senf, Carl Heinrich Vl. *55*
Senf, Johann Christian 55
Sennewald, Johann Adam Vl. *50*, 60, 66, 69
Serwaczynski, Stanislaus 106
Sesselmann, Friedrich Otto 117
Sesselmann, Georg Joseph Vl. 92, 110, *117*
Sevcik, Otakar 257
Seyd, Jochen 316
Seydelmann, Helmut 238
Seydlitz, Christian Gottlieb 41
Seyffarth, Franz Pos. *192*, 268

Seyfferth, Wilhelm 73, 85, 101, 121, 124
Siebach, Konrad Kb. 190, *230*, 262, 264, 271f., 289, 292, 296, 303
Siebeck, August David Heinrich 30, 61
Siebeck, Carl Christian Heinrich Va. 30, 47, *61*, 66f., 70
Siebeck, Johann Heinrich Vl. 24, *30*, 50, 61
Siebeck, Peter August 30
Siegel, C. F. W. 127
Siegler, Philipp Christoph Fg. *21*
Siggemann, Wolfgang 314
Sigler, Johanna *siehe* Schlag, Johanna
Sigler, Margarete 314
Sigler, Michael 314
Simantel, Franz 190
Simon, Wilhelm 268
Sinell, Angela 316
Singer, Edmund 116
Sipp, Bertha geb. Richter 84
Sipp, Friedrich Ehrenfried 84
Sipp, Friedrich Robert Vl. 71, 80f., *84*, 85, 98, 139
Sipp, Johanna Friederike geb. Schön 84
Sitt, Hans 163, 166, 175f., 179f., 185f., 188f., 194, 196ff., 202, 214f., 217f.
Sitt, Lotte 197
Skrjabin, Alexander 207
Sládec, Joseph Franz Kb. 119, *126*, 134
Sloka, Branimir 316
Smaczny, Cornelia Hf. 257, *292*, 295
Smigelski, Ernst 224
Smirnoff, Joel 317
Snoer, Johannes Hf. 162, 169, *174*, 182f., 194
Sörgel, Carl Friedemann 73
Sörgel, Friedrich Wilhelm Vl. 71, *73*, 81, 83, 85
Soldan, Kurt 296
Sommerhalder, Julian Trp. 313, 322
Sommerhalder, Max 313
Sondermann, Peter 262
Sonntag, Carl Hermann 197
Sonntag, Louise Auguste geb. Steinmüller 197
Sonntag, Oswin Pos. *197*

Sophia Dorothea Henriette, Gräfin zu Stolberg-Roßla 45
Sparnaay, Harry 309
Speck, Hans 186
Speermann, Max 317
Sperber, Arno 271
Spieler, Anton 274, 285
Spieler, Eduard 244
Spindler, Fritz Va. 176, 179, *249*, 283
Spitzbarth, Bruno 230
Spitzbarth, Konrad *siehe* Siebach, Konrad
Spörl, Christoph Vl. *285*
Spörl, Gudrun Vl. *293*
Spohr, Ernst Gustav Adolph Hr. *128*, 143
Spohr, Franz Christian Friedrich 128
Spohr, Louis 67, 75, 81, 83f., 88f., 91, 94, 114, 179, 196
Spohr, Marie Elisabeth geb. Abel 128
Spree, Dieter 304
Spree, Eberhard Kb. 254, *304*
Sprenger, Bergith 304
Sprenger, Christian Fl. *304*, 317
Sprenger, Dietrich 304
Sprenger, Volker 317
Staar, Alfred 319
Stade, W. Hofkapellmeister 185
Staegemann, Max 146, 176, 181
Stahl, Johann Christoph 42
Stahlbaum, Gerhard 290
Stahlbaum, Uwe Vc. *290*
Stahlbaum, Verena 290
Stahr, Thomas Kb. *307*
Stalder, Hans Rudolf 309
Stallmann, Organist 186
Starke, Alwin Kb. 130, 144, *189*, 190, 230, 250, 256, 289, 293, 299
Starke, August Eduard 122
Starke, Carl 189
Starke, Friedemann Va. 215, 252, *265*, 312
Starke, Johann Christian Gottlob Vl., Va., Vc. 56, 61, *63*, 65, 71, 77, 86f., 90
Starke, Johann Philipp 63
Starke, Maria Magdalena geb. Bürger 63
Starke, Veronika Vl. 265, *312*
Stefula, Daniela 318
Stefula, Georg 318
Stefula, Katalin Fl. *318*

Stefula, Marek Pk. *318*
Steger, Richard 187, 209
Steglich, Carl Gottlieb Hr. 57, *69*, 93, 98, 102, 106
Steglich, Johann Christoph 69
Stegmann, Alfred Vl. 117, *128*
Stegmann, Emilie geb. Maaß 128
Stegmann, Karl 128
Stein, Alfred 273, 285
Stein, E. 137
Stein, Friedrich Ludwig 161
Stein, Klaus Vl. 259, *273*, 285
Stein, Paul Vc. 107, *161*, 164
Steinbach, Birgit *siehe* Weise, Birgit
Steinbrecher, August Ernst Vl. *125*, 241
Steinbrecher, Eberhard 241
Steinbrecher, Ernst 125
Steinbrecher, Friederike Christiane geb. Quedenfeldt 125
Steinbrecher, Karl Fg. 125, *241*, 248
Steiner, Richard Va. *246*
Steinfeldt, Christine Sophia Louise Martina geb. Nauenbeck 119
Steinfeldt, Friedrich Carl Christian August Hr. 81, 114, *119*, 121
Steinfeldt, Johann Christian 119
Steinhöfel, Monika 317
Steinkopf, Dorette geb. Peters 228
Steinkopf, Otto Fg. 211, *228*
Steinkopf, Otto sen. 228
Stemmler, Franz Vl. 197, 201, *216*
Stephan, Günter Vc. 188, 219, 226, 258, *277*, 322
Stepper, Klavierlehrer 179
Stern, Michael 310
Steurer, Hugo 254
Stiehl, Herbert 290
Stiehler, Helmar 224, 316, 319
Stiehler, Kurt Vl. 219, *224*, 225, 247, 259, 270, 279, 282, 316, 319
Stiehler, Urs 224
Stieler, Johann Friedrich 58
Stöbe, Ewald Kl. 200, *266*, 301f.
Stöckel, Klaus Kl. 200, *266*, 274, 301, 306
Stör, Carl 128
Stör, Friederika geb. Gebhardt 128
Stör, Marie Hf. *128*, 139, 154

Stößer, Otto Hr. *243*, 247
Stockhausen, Julius 124, 126
Stoll, Klaus 314
Stolle, Heiner Va. 215, 265, *288*, 291
Stolz, Paul 228
Storch, Josef Emanuel Kb. *119*, 126, 130, 137
Storm-Dunik, Maria 278
Stoschek, Kathrin *305*
Stoschek, Walter 305
Stradtmann, Ludwig Kl. *158*
Stransky, 210
Straßer, Wolfram Hr. *315*
Straube, Holger 307
Straube, Johannes 234
Straube, Karl Ehrenmitglied 156, 187, 209, 223, *234*, 258
Strauch, Hubert 296
Strauch, Irmgard 296
Strauch, Markus Kb. *287*
Strauch, Peter Kb. 211, *262*
Strauch, Thomas Kb. 230, *296*
Strauch, Ulrike Vc. 258, *293*
Strauss, Eduard 164
Strauss, Richard 151, 161, 207f.
Stravinskij, Igor *siehe* Strawinsky, Igor
Strawinsky, Igor 205, 208
Strelewitz, Kurt Vl. *218*, 249
Stresemann, Gustav 275
Striegel, Johann Friedrich Trp. 60, *64*, 98
Striegel, Johann Wilhelm 64
Strobel, Otmar Pos. *316*
Ströbel, Heinrich Friedrich Vl. 24, *45*
Ströbel, Johann Ludwig Adam 45
Ströbel, Sophie Christiane Auguste geb. Meißner 45
Stross, Wilhelm 246
Strub, Max 246, 252
Strzelewicz, Bernhard 218
Sturm, Josef 243, 257, 268
Sumi, Takeadi 319
Suske, Conrad Vl. 257, 259, 292, *295*
Suske, Cornelia *siehe* Smaczny, Cornelia
Suske, Franz 257
Suske, Karl Va. Vl. *257*, 259, 276, 292, 295, 301, 317
Suske, Sibylle 292, 295
Suttner, Josef 220

Svendsen, Johann   127, 171
Szigeti, Josef   221

T
Takeno, David   315
Tamme, Carl Ob. Ehrenmitglied   147, *158*, 163, 171, 174, 177, 181, 195, 200
Tamme, Christiane Wilhelmine geb. Oehmig   158
Tamme, Johann Christian   158
Tamowski, Waldemar   320
Tartini, Guiseppe   53
Tast, Werner   304
Taub, Chaim   321
Tauber, Thomas Vl.   *299*
Taute, Richard Schlgz.   *201*
Techritz, Anne   316
Telemann, Georg Philipp   13 f.
Teller, Romanus   17
Temmler, Johann Gottlieb Kb.   31, 51, 57, *58*, 69, 71, 82, 89, 98, 103, 108
Terf, Joachim Vl.   176, *249*
Terf, Willy   249
Teubel, Siegfried   290
Teubig, Heinrich Trp.   *192*, 241, 246, 253, 255, 265
Teubig, Ludwig   229
Teubig, Wilhelm   192
Teuner, Alexander Vc.   *253*, 264
Teutsch, Götz   312
Teutsch, Jürgen Hr.   *312*
Teutsch, Valentina   312
Teutscher, Werner   269
Thamm, Martin   307
Theile, Stadtmusikus in Sorau   61
Theis, Günter   314
Theubert, J. Musikdirektor   194
Theuerkauf, Gottlob   152
Thibaud, Jacques   246
Thiele, Klavierlehrer   132
Thiele, Lehrer   139
Thiele, Siegfried   301
Thielemann, Eleonora Sophia geb. Hauschild   102
Thielemann, Friedrich Adolph Wilhelm Vl.   *102*
Thielemann, Johann Friedrich Ferdinand   102
Thielemann, Johanna Rosina geb. Ritzschel   102
Thiemann, Friedrich   180
Thiemann, Gustav Kb.   130, *180*
Thiemann, Ulfert   307

Thieme, Hartmut Trp.   *280*
Thieme, Paul   280
Thierbach, Johannes Kl.   200, *278*
Thierfelder, Max   268
Thomas, Christian Gottfried Hr.   25, *27*, 28 f., 31, 34, 41, 44, 46, 65
Thomas, Gerhard   312
Thomas, Gottfried   27
Thomson, César   179
Thoulpour, Fürst von   149
Thrandorf, Johannes Vl.   *245*
Thronicker, Stadtpfeifer   34
Thümer, Julius Va.   126, *127*, 133, 162
Thümmler, Christiane Friederike geb. Ott   105
Thümmler, Friedrich August Kb.   *105*
Thümmler, Johann Christian   105
Thunemann, Klaus   307, 309, 316
Tiede,   60
Tietz, Hermann   193
Tietze, Peter   247
Tietze, Walter Vl.   *247*, 252, 263
Timm, Jürnjacob Vc.   *286*, 304
Tintpulver, Schlomo   321
Tischendorf, Gustav Fl.   *133*, 165
Tittmann, Johann August Heinrich   85
Todt, Bürgermeister   94
Töttcher, Ellen   309
Tolksdorf, Alfred Ob.   *232*, 244, 274, 283
Tolksdorf, Carl   232
Tomaszewski, Tomasz   319
Tombo, Auguste   161
Tomiyasu Palma Marques, Miho Vl.   *312*
Torweihe, August-Wilhelm   313
Tottmann, Albert Carl Vl., Va.   92, 110, *115*
Tottmann, Auguste Amalie, geb. Mäser   115
Tottmann, Carl Moritz   115
Trebs, Ernst   185
Trebs, Fritz Vl.   *185*
Treßelt, Klaus   313
Trier, Johann Vl., Bass   *18*, 29, 51
Trier, Johann Matthäus   18
Trier, Magdalena, geb. Steitz   18
Tröber, Arthur   243

Trobisch   siehe Drobisch, Johann Friedrich
Trobisch, Burkhard   19
Trobisch, Johanne Marie geb. Wetzel   19
Tröbs, Johann Andreas   76
Tröndlin, Bruno   181, 190
Tromlitz, Johann Georg Fl.   15, 16, *23*, 32, 65
Trompler, Christian   321
Tronicker, August Eduard   *84*
Trube, Vl.   *123*, 124
Trumpf, Klaus   309
Tschabrun, Rudolf   316
Tschaikowsky, Pjotr Iljitsch   151, 166
Tschirner, Ernst   223
Türk, Daniel   28
Türk, Daniel Gottlob Vl.   *28*, 70, 75
Türppe, Ernst Vl.   *129*, 143
Türppe, Johanne Dorothee geb. Hänel   129
Türppe, Karl   143
Türppe, Karl August   129
Tunze, Gisela   300
Tunze, Norbert Va.   *300*
Tunze-Wiesenhütter, Ute Vc.   *300*
Tutschku, Jochen   293, 303
Tzschirner, Heinrich Gottlieb   85

U
Ude, Sebastian Vl.   *311*
Uebe, Gustav Adolf Pk.   *135*, 147
Uebel, Stadtmusikdirektor   253
Uhlig, Eberhard Pos.   192, 210, *268*
Uhlrich, Franz Eduard   88
Uhlrich, Johanna Christina geb. Schatz   88
Uhlrich, Wilhelm Carl Vl.   59, *88*, 98
Ulbricht, Reinhard   302, 305, 321
Ullrich, Anna geb. Deikert   217
Ullrich, Josef   217
Ullrich, Maximilian Fl.   *217*
Umblaufft, Christian   19
Unger, Dietmar   303 f.
Unger, Ida geb. Dallmann   221
Unger, Karl Vl.   207, *221*
Unger, Liane Vl.   295, *303*, 304
Unger, Max   221
Unger, Rosemarie   295, 303 f.
Unger-Mätje, Elisabeth Hf.   *278*

Unkenstein, Bernhard Va.   *162*, 167, 192
Unrath, Herbert Vl.   205, *209*
Uschmann, Carl August Traugott   127
Uschmann, Ernst Ob.   107, *127*, 128
Uschmann, Johann Michael Christian   127

V
Vacchiano, William   303
Valdesturla, Constanza Alessandra Ottavia   30
Vehlhaber, Ulrike   304, 314
Venzl, Heinrich   158
Veress, Antal   257
Viertel, Heinz   302
Vietz, Christoph Vc.   *306*
Vietz, Johanna   306
Vieuxtemps, Henri   161, 179
Villaret, E. F. Vl.   28, 44, *53*
Vincze, Uta   292, 321
Viotti, Giovanni Battista   195
Vit, Johannes Vc.   *264*
Vitzen, Musikdirektor   142
Vögely, Fräulein   193
Vörckel-Carstensen, Margarete   285
Vogel Rosemarie   307
Vogel, Dorothea Vl.   *307*
Vogel, Johann Jacob   22
Vogler, Georg Joseph, genannt Abt Vogler   67
Vogler, Jan   316
Voigt, C. C.   45
Voigt, Carl Ludwig Vc.   45, 62, *64*, 67, 80, 86 f.
Voigt, Fg.   *22*
Voigt, Johann Friedrich Maria Theodor   103
Voigt, Johann Georg Hermann Vl., Va., Vc.   *45*, 58, 61 f., 64, 95
Voigt, Musikdirektor   279
Voigt, O.   230
Voigt, Th. Vc.   *103*

W
Waal, Geigenlehrer   166
Wach, Carl Gottfried Wilhelm Vl., Kb.   24, 28, *31*, 34, 42, 46, 48, 54, 58 f., 62, 71, 73, 95
Wach, Carl Wilhelm   31
Wätzig, Hans-Werner   274, 283
Wagner,   24

Wagner, Alfred 279
Wagner, Christian Friedrich 76
Wagner, Elisabeth Laura geb. Schindler 200
Wagner, Ernst Gottlob 200
Wagner, Gerhard 253
Wagner, Johannes Ob. *200,* 266
Wagner, Richard 83 f., 127, 138, 144, 151 ff., 155, 164, 207 f.
Wagner, Siegfried 227
Wagner, Theaterorchestergehilfe 81, 84, **85**
Wagner, Theo 261
Wahlgreen, Henrik Ob. *311*
Waits, Tom 309
Walda, Erwin 264, 267
Walden, Dworzak von 159
Waldenberger, Emma Henriette geb. Keil 201
Waldenberger, Wilhelm Friedrich 201
Waldenberger, Willy Kb. 137, 166, 197, **201,** 257
Waldmann, Horst 290
Wallin, Ulf 321
Walter, Adolf Va. 187, 214, **244**
Walter, Bruno Ehrenmitglied 112, 170, 204 f., 208, 219, 223 f., 234, **275**
Walter, Johannes 290
Walter, John Vl. *185,* 188
Walter, Rudolf 283
Walther, Johann Gottfried 27
Wandelt, Rudolf Va. 283
Wappler, Hans 248
Warnke, Gerhard 317
Warwas, Erdmann 221
Wasielewski, Wilhelm Joseph von Vl. 92, *105,* 109, 111
Wassermann, Jacob 275
Weber, Va. 47, 66, **67**
Weber, Carl Vl. 159, **166**
Weber, Carl Maria von 40, 75, 79, 83, 90, 207
Weber, Kantor 143
Weber, Matthias 314
Weber, Max 166
Weber, Wolfgang 301
Weck, Ed. 168
Weck, Henriette geb. Veit 168
Weck, Paul Schlgz. *168*
Wedel, Anatoli 321
Wedel, David Vl. *321*
Wedel, Jacob 321
Wedel, Tamara 321

Wegener, Musikschule 201
Wegerich, Dieter Schlgz. *279*
Wegerich, Walter 279
Weidt, Dorothea geb. Remes 135
Weidt, Ferdinand Va. *117,* **135**
Weidt, Johann Christian Ludwig 135
Weigel, Cl. 197
Weigel, Erich Fl. *278,* 295
Weigelt, Günther Fg. 158, **188,** 219, 241, 254, 277
Weigelt, Werner Vc. 188, 207, **219,** 277
Weih, Walter Ob. *267,* 274
Weiland, Stadtmusikdirektor 177
Weill, Kurt 208
Weimann, Helmut Vc. 226, **230**
Weinberger, Elisabeth 284, 292
Weinberger, Siegfried 284, 292
Weiner, Gottlieb Kb. 32
Weiner, Ralf Pos. 251, **306**
Weinhold, Georg 91
Weinlig, Christian Ehregott 27
Weinlig, Christian Theodor 27, 81, 96
Weinschenk, Dorothea geb. Abicht 122
Weinschenk, Ferdinand Trp. 92, 113, **122,** 125, 127, 158, 188, 191, 196
Weinschenk, Johann Christoph Gotthold 122
Weirauch, Herbert Kl. 221
Weise, Birgit Va. *317*
Weise, Daniel Vl. *288*
Weise, Franz Vl. 176, **260,** 298
Weise, Jürgen Vl. *280,* 311
Weise, Matthias Va. 274, 280, *311*
Weiskopf, Heinz Trp. 193, **246,** 292, 299
Weiß, Sylvius Leopold 25
Weiß, Theaterorchestergehilfe **82,** 83
Weiß, Walter Vl. *254*
Weisse, Albert Vc. 144, **190,** 201, 219
Weiße, Willy Pos. 190, **201,** 267
Weissenborn, August Friedrich Vl. *102*
Weissenborn, Caroline Ernestine geb. Freitag 102
Weissenborn, Friedrich 102

Weissenborn, Friedrich Louis Fg. 70, **91,** 94, 98, 102, 118
Weissenborn, Johann Wilhelm 91, 118
Weissenborn, Johanne Christiane geb. Busch 91, 118
Weissenborn, Julius Fg. 91, 94, **118,** 158, 165, 181
Weissenborn, L. Va. 91, *118*
Weissenborn, Max 91, 118
Weissenborn, Paul Felix 102
Weisswange, Carl 136
Weithaas, Antje 316
Welcker, Carl Heinrich Vl. *107,* 117, 119, 124, 126, 132
Welker, Carl Heinrich siehe Welcker, Carl Heinrich
Welker, Christiane Eleonore geb. Seidel 107
Welker, Johann Gottlieb 107
Wenck, Heinrich Moritz Va. **90,** 117, 122, 131
Wende, Stadtrat 256
Wendler, Dr. Theaterarzt 73
Wendler, Emil 107, 112, 116, 118
Wendt, Amadeus 48, 51, 63
Wendt, Otto 295
Wenger, Julius 187
Wengert, Gustav 279
Wengert, Siegfried 288
Wenk, Andreas 300, 302
Wenk, Christian Gottlieb 60, 90
Wenk, Christiane Sophie geb. Kötzschke 90
Wenk, Friedrich August Wilhelm 41
Wenkel, Horst-Dieter 289, 302, 313
Wenkel, Paul 190, 289
Wentzel, Vc. *19*
Wenzel, Carl Robert Hf. *139,* 161
Wenzel, Caroline Charlotte geb. Kretschmar 139
Wenzel, Ernst Ferdinand 140
Wenzel, Gotthard 19
Wenzel, Gottlob Daniel 139
Werchau, Karl-Heinz Vc. **261,** 266
Werfel, Franz 275
Werndt, 24
Werner, Ob. *56*
Werner, Albert 172
Werner, Cellolehrer 136
Werner, Organist 60

Werther, Robert Fl. 133, *164*
Weschke, Paul 221
Wessely, Jan Hrn. 247, 265, 275, 286, *317*
Westphal, Barbara 321
Westphal, Reinhold 309
Wettemann, Peter Trp. *317*
Wetzel, Christian Ferdinand Kb. 119, *120*
Weyrauch, Regina 293
Wick, Joe 252
Wiechmann, Anne Va. *321*
Wieck, Friedrich 65, 93
Wieck, Marianne geb. Tromlitz 65
Wiedner, Johann Gottlieb Vl., Tenor *18,* 44, 51
Wiegand, Albin 261
Wiegand, Carl Fg. **129,** 188
Wiehe, Ina Vl. *310*
Wiemann, Carl Ludwig Wilhelm 175
Wiemann, Louis Va. 129, *175,* 186, 191
Wiemann, Thekla 175
Wiemann, Thekla Amalie Wilhelmine geb. Rieke 175
Wieniawski, Henryk 161
Wieprecht, Friedrich Jacob 79
Wieprecht, Friedrich Wilhelm Vl. 57, **79**
Wiesel, Uzi 319
Wiesenhütter, Gerhart 300
Wiesenhütter, Renate 300
Wiesenhütter, Ute siehe Tunze-Wiesenhütter, Ute
Wilcke, Carl Heinrich Conrad Hr. 57, **102,** 112, 118
Wilcke, Johann Carl Gottfried 102
Wilcke, Johanna Christiana geb. Henschig 102
Wilcke, Karl Heinrich August 102
Wilfer, Anton Vl. 90, *121*
Wilfer, Ignaz 122
Wilhelm, Ildikó 313
Wilhelm, Veronika Vc. *313*
Wilhelm, Walter Vl. *245*
Wilke, Carl Heinrich Conrad siehe Wilcke, Carl Heinrich Conrad
Wilke, Elisabeth geb. Gragert 219
Wilke, Hermann Va. 207 f., **219,** 225, 229

Wilke, Richard 219
Wille, Alfred Fg. *211*
Wille, Alfred Vl. 166, 176, ***180***
Wille, Alfred Bodo Va. 117, ***138***
Wille, August 211
Wille, Georg Vc. 144, ***166***, 171 f., 176, 179 f., 257
Wille, Gottfried 138
Wille, Gustav 166, 176, 180
Wille, Luise geb. Ludewig 138
Wille, Margarethe geb. Jäckel 211
Wille, Paul Vl. 105, 166, ***176***, 180, 218
Winderstein, Hans 180, 183, 194
Winker, Stephanie Fl. *320*
Winkler, Christoph Kb *320*
Winkler, Fritz Hr. 225, ***245***
Winkler, Hans 303
Winkler, Harald 320
Winkler, Helmut Va. 215, 256
Winkler, Johann Heinrich 17
Winkler, Kurt 280, 291
Winter, Vc. *90*
Winter, Albrecht Vl. *314*
Winter, Christian Eduard Vl. *84*, 85, 88 f.
Winter, Christine 314
Winter, Gottfried 84
Winter, Johanna Rosina geb. Knoblauch 84
Wintgen, Ferdinand 186
Wintgen, Joachim Vc. 186, 226, 234, ***243***
Wintgen, Rudolf Vc. 144, 186, 202, 219, 243, 277
Winzer, Ferdinand 162
Winzer, Hermann Pos. *162*
Winzer, Lisette geb. Räthke 162
Wipper, Jürgen Va. 265, ***281***
Wipprecht, Carl Rudolph *50*
Wipprecht, Gottlieb Rudolph 50
Wipprecht, Haubold Christian 50
Wipprecht, Johanna Elisabeth geb. Niemeyer 50
Wirsing, Bernhard Rudolph 121, 124
Wirth, Emanuel 170
Wittenbecher, Otto 198
Witter, Alfred Va. 186, ***191***, 192, 199
Witter, Jost 176, 291, 302, 311
Wittmann, Carl Franz Vc. *92*, 98, 104, 116, 121

Witzsche, Stadtmusikus in Torgau 78
Wohlert, Stadtmusikdirektor 178
Wolf, Bernhard Tb. *145*, 160
Wolf, Carl Friedrich 145
Wolf, Dieter Va. *274*
Wolf, Eleonora Henrietta geb. Kießling 145
Wolf, Friedrich Heinrich Schlzg. *146*
Wolf, Heinrich Fg. 197, ***199***, 211
Wolf, Johanne Ernestine Johanna geb. Kynast 146
Wolf, Michael 321
Wolf, Salomo Friedrich 146
Wolf, Willy 201
Wolff, Chr. Sibylla geb. Gerischer 86
Wolff, Christian Friedrich Vc. *86*
Wolfsthal, Josef 178
Wollgandt, Edgar Vl. 179, ***184***, 185, 191, 214 f., 224, 229 ff., 247, 259
Wolschke, Albert Kb. 81, 119, ***137***, 148, 158 f., 163, 167, 172, 180 f., 185, 188 ff., 192, 201, 209, 216
Wolschke, Eduard Gustav 163, 172, 192
Wolschke, Emil Waldemar 180, 188
Wolschke, Fritz Alfred 200
Wolschke, Henriette Wilhelmine geb. Wissel 137
Wolschke, Johann Friedrich d. Ä. 137
Wolschke, Johann Friedrich d. J. 81, 137, 167
Wolschke, Karl Vl. 81, 137, 163, 167, 172, 180, ***188***, 191 f., 197 f.
Wonneberger, Herbert 228, 241, 248
Wötzel, H. Stadtmusidirektor 192
Wünsch, Bruno Fg. *171*
Wünsch, Gottfried 29
Wünsch, Johann August 110
Wünsch, Johann Christian Vl. 24, ***29***, 42, 49, 52, 55
Wünsch, Johann David Kb. *110*, 119
Wünsch, Johanne Sophie geb. Fleischer 110
Wünsch, Thomas 300, 304
Wünsch[e], Trp. *72*
Wünsche, Ewald Heinrich 178

Wünsche, Max Vc. 144, ***178***, 215
Wunder, Sven Trp. 305, 313
Wunder, Werner Kl. 281, 309
Wunderlich, Johann Christian Fg., Pk. 51, 60, ***61***, 64, 86, 122
Wunderlich, Julius Robert Vl. 57, 61, 72, ***86***, 94, 102 f., 122
Wunderlich, Oskar Friedrich Tb. 61, 86, ***122***, 126
Wundrak, Bernadette Vl. 314, 317
Wyrott, Prof. 227

Y
Yang, Wen-Sinn 322
Ydo, Johann 226
Yosida, Miharu *siehe* Gartmayer-Yosida, Miharu

Z
Zahn, Friedrich 163
Zahn, Friedrich Vl. 105, 129, ***163***
Zahn, Hugo Vl. 92, ***103***, 109, 115
Zakar, Mahir 311
Zamara, Antonio 162
Zauthier, Christoph Heinrich von 34
Zehetmayer, Thomas 266
Zehrfeld, Johann Gottfried Trp. 57, 71, 83, 98, 101, 118
Zeidler, Robert 219
Zell, Raimund Hr. 319
Zeller, Paul 256
Zellner, Reinhard Vl. 281
Zemisch, Gottlob Benedict 19, 23, 26
Zepperitz, Rainer 309
Zettl, Eduard Vl. 199, ***251***, 272, 305
Zettl, Josef 251
Zeumer, Bernhard Hr. Vl. 126, 143, ***181***
Zeumer, Gottfried 181
Zhorel, Friedrich Vl. *250*
Zickler, Heinz Trp. *258*
Ziegler, Walter 265
Zier, Johann Christian 31, 34
Ziesch, Thomas Kl. *300*
Zieschang, Dorothea 293
Zieschang, Gundel 311
Zilcher, Prof. Dr. 227
Zillmann, Johann Gottlieb 88, 101
Zimmer, Heinz 272, 280, 293

Zimmermann, Va. ***78***, 82
Zimmermann, Carl Heinrich Fg. 60, 67, ***68***, 78
Zimmermann, H. Stadtmusikus 83
Zimmermann, Johann Andreas 68
Zimmermann, Johann Carl Samuel 78
Zimmermann, Johanna Carolina Wilhelmina, geb. Eberhardt 68
Zimmermann, Johanna Christina Sophia geb. Eberhardt 68
Zimmermann, Richard 216
Zimmermann, Susanna Rebecka geb. Knauth 68
Zimmermann, Tabea 315, 321
Zinke, Gabriel 316
Zirckler, Josef 263, 278
Zitzmann, 24
Zitzmann, Hermann 232
Zizold, August 133
Zoboli, Omar 322
Zoller, Friedrich Gottlieb 31
Zöllner, Heinrich 60
Zörner, Stadtmusikdirektor 165, 175
Zscherneck, Carl Friedrich Sigismund 133
Zscherneck, Hermann Pos., Trp. *133*, 134, 146
Zscherneck, Johanna Friederike geb. Schubert 133
Zscherneck, Otto Adolph 133
Zschiedrich, Eduard 188
Zschiedrich, Johann Otto Vl. 188, 195
Zühlke, Brita Vl. 242, ***303***, 313
Zühlke, Uta 303
Zühlke, Werner 303, 313
Zülch, Karl Tb. *232*, 254
Zülch, Theodor 232
Zürner, Geigenlehrer 139
Zumpe, Karl 209
Zwiener, Hendrik Vc. 322

Die Publikation wurde gefördert:

Das Gewandhaus zu Leipzig

KPMG, Leipzig

IGEPAgroup

Copyright 2006 by Faber & Faber Verlag GmbH
　　Alle Rechte vorbehalten
　　Quellen- und Rechtenachweis für die Abbildungen Seite 334
Gestaltung Frank Eilenberger
Layout und Herstellung atelier eilenberger, Leipzig
Druck Jütte-Messedruck, Leipzig
　　Gedruckt auf Maxibulk, Markenpapier der IGEPAgroup
　　produced by Nordland Papier GmbH,
　　member of UPM-Kymmene Group
Bindung Kunst- und Verlagsbuchbinderei, Leipzig
　　Printed in Germany

ISBN (10) 3-936618-86-0
ISBN (13) 978-3-936618-86-0

www.faberundfaber.de

Statistische Tabelle von der Stadt Leipzig

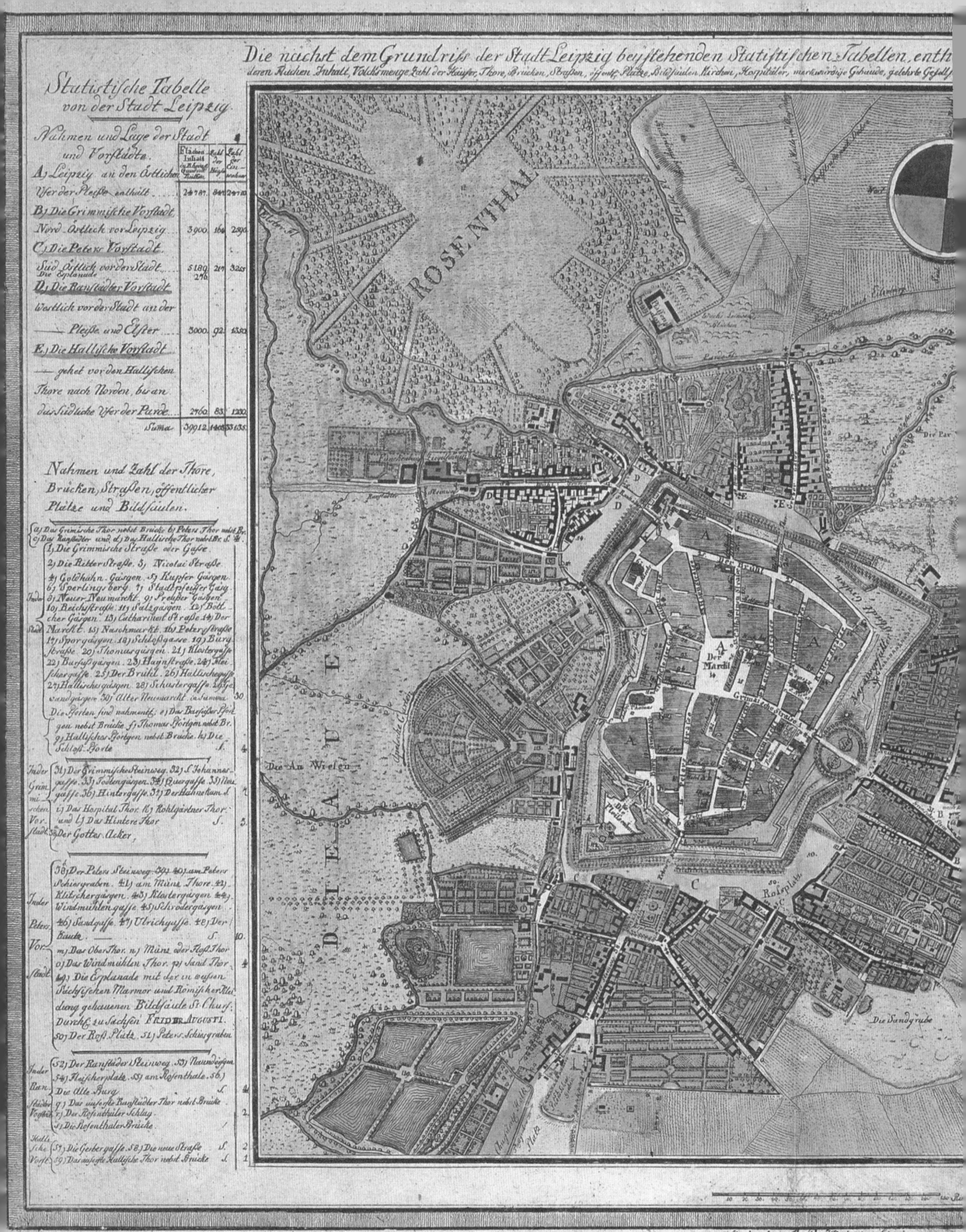

Die nächst dem Grundriß der Stadt Leipzig beystehenden Statistischen Tabellen, enth[alten] deren Räumen Inhalt, Volksmenge, Zahl der Häuser, Thore, Brücken, Straßen, öffentl. Plätze, Bildsäulen, Kirchen, Hospitäler, markwürdige Gebäude, gelehrte Gesell[schaften]...

Nahmen und Lage der Stadt und Vorstädte

	Flächen Inhalt in Rhein. Quadrat-Ruthen	Zahl der Häuser	Zahl der Einwohner
A) Leipzig an den östlichen Ufer der Pleiße enthält	24787	844	24710
B) Die Grimmische Vorstadt, Nord-östlich vor Leipzig	3900	164	2390
C) Die Peters-Vorstadt, Süd-östlich vor der Stadt, die Esplanade	5180, 276	217	3245
D) Die Ranstädter Vorstadt, westlich vor der Stadt an der Pleiße und Elster	3000	92	1380
E) Die Hallische Vorstadt, gehet vor dem Hallischen Thore nach Norden, bis an das Südliche Ufer der Parde	2760	83	1200
Summa	39912	1400	33135

Nahmen und Zahl der Thore, Brücken, Straßen, öffentlicher Plätze und Bildsäulen

a) Das Grimische Thor nebst Brücke b) Peters Thor nebst Br. c) Das Ranstädter und d) Das Hallische Thor nebst Br. S. 4.

1) Die Grimmische Straße oder Gaße. 2) Die Ritter-Straße. 3) Nicolai Strasse. 4) Goldhähn-Gäßgen. 5) Kupfer Gäßgen. 6) Sperlingsberg. 7) Stadtpfeifer Gaß. 8) Neuer Neumarckt. 9) Prehher Gäßgen. 10) Reichstraße. 11) Salzgaßgen. 12) Bottcher Gäßgen. 13) Catharinen Straße. 14) Der Marckt. 15) Naschmarckt. 16) Peters/straße. 17) Sporgäßgen. 18) Schloßgasse. 19) Burg/straße. 20) Thomasgäßgen. 21) Klostergaße. 22) Barfußgäßgen. 23) Haynstraße. 24) Klei/schergaße. 25) Der Brühl. 26) Hallischeg./gaße. 27) Hallisches gäßgen. 28) Schusterga/sangäßgen. 30) Alter Neumarckt. in Summa 30

Die Pforten sind nahmentl: e) Das Barfüßer Pfortgen nebst Brücke. f) Thomas Pförtgen nebst Br. g) Hallisches Pförtgen nebst Brücke. h) Die Schloß-Pforte. S. 4

In der Grimmischen Vorstadt: 31) Der Grimmische Steinweg. 32) S. Johannes gaße. 33) Todengäßen. 34) Quergaße. 35) Neu/gaße. 36) Hintergaße. 37) Der Hahnekamm. i) Das Hospital Thor. k) Kohlgärtner Thor. und l) Das Hintere Thor. S. 3. 4) Der Gottes-Acker.

In der Peters Vorstadt: 38) Der Peters Steinweg. 39) 40) am Peters Schießgraben. 41) am Münz Thore. 42) Klitschergäßgen. 43) Klostergäßgen. 44) Windmühlengaße. 45) Schrödergäßgen. 46) Sandgaße. 47) Ulrichgaße. 48) Der Käufer. S. 10. m) Das Ober Thor. n) Münz oder Hof Thor. o) Das Windmühlen Thor. p) Das Sand Thor. q) Die Esplanade mit der in außen Sächsischen Marmor und Römischer Klei/dung gehauenen Bildsäule S. Churf. Durchl. zu Sachsen FRIDER AUGUSTI. 50) Der Roß Platz. 51) Peters Schießgraben.

In der Ranstädter Vorstadt: 52) Der Ranstädter Steinweg. 53) Naundorfgen. 54) Fleischerplatz. 55) am Rosenthale. 56) Die Alte Burg. S. r) Das äußerste Ranstädter Thor nebst Brücke. s) Der Rosenthaler Schlag. t) Die Rosenthaler Brücke.

In der Hallischen Vorstadt: 57) Die Gerber gasse. 58) Die neue Straße. S. 2. 59) Das äußerste Hallische Thor nebst Brücke. S. 1.

zu finden bey J.B. Klein in Leipzig.